JN386454

[제 5 판]

형 법 총 론

정 성 근
박 광 민 공저

三 英 社

제 5 판 머리말

심경(心耕) 정성근 교수님의 형법학에 대한 열정과 혼이 깃들어 있는 이 책이 제5판을 발행하게 되었다. 2001년 7월 초판을 발간한 이래 꼭 10년의 세월이 지났다. 10년이면 강산도 변한다는 긴 세월동안 아낌없는 사랑과 격려를 보내주신 독자 여러분들에게 다시 한 번 감사드린다. 그동안 우리나라 법학교육의 전반적인 체제 변화를 추구하는 로스쿨의 개원 등으로 형법학의 강의도 판례중심의 사례해결능력을 배양하는 방식으로 전환되고 있지만, 형법학의 기본적인 이론을 충실히 제시하는 교과서가 필요하다는 것이 입증되고 있어 다행으로 생각한다.

제5판을 발행하면서 이 책의 기본체제를 표제부터 내용까지 전부 한글로 바꾸는 새로운 변화를 시도하였다. 이는 한글세대 독자들의 요청을 적극적으로 수용하여 좀 더 편안하고 친숙하게 독자들에게 다가가기 위함이다. 그러나 완전한글화 이외에는 제4판까지의 기본적인 틀과 내용을 유지하면서, 2010년 12월까지의 대법원과 헌법재판소의 주요판례, 기존 국내 교과서의 개정 내용 및 학계의 연구성과를 대폭적으로 반영하였다.

특히 이번 개정판에서는 형법 제27조 위험성개념의 형법적 의미를 기존의 '구성요건실현가능성 내지 결과발생의 개연성'으로 보는 견해에서 '형법적 평가상의 구성요건실현가능성'으로 견해를 바꾸었으며, 법원조직법의 개정으로 양형위원회가 설치되어 우리나라 최초의 양형기준이 마련되는 등 변화하는 양형실무를 반영하기 위하여 양형부분을 대폭적으로 보완하였다.

이번 개정판에서도 교정과 색인정리 등 마무리 작업은 2010년 2학기부터 서남대학교 전임이 된 전범식 교수와 2010년 2월 박사학위를 받은 김재희 박사와 박사과정의 이성대 군이 맡아주었다. 이들의 헌신적인 노고에 감사드리고 학문적 대성을 기원한다. 끝으로 출판업계의 어려움에도 불구하고 연이어 개정판을 출판해 주신 三英社의 고덕환 사장님과 편집부 여러분께 진심으로 감사드린다.

2011년 2월

공동저자 박 광 민

제 4 판 머리말

심경(心耕) 정성근 교수님의 형법학에 대한 열정과 혼이 깃들어 있는 이 책이 독자들의 성원과 격려에 힘입어 제4판을 발행하게 되었다. 그 동안의 사랑에 감사드리며 계속적인 관심과 아낌없는 질정(叱正)을 기대한다.

제3판을 출간할 당시에는 초판과 제2판에 대한 전면적인 수정 · 보완작업을 통하여 당분간 개정판을 펴내지 않는다는 마음가짐이었다. 그러나 우리나라 법학교육의 전반적인 체제 변화를 추구하는 로스쿨의 거센 바람 속에서도 기존의 국내 교과서들은 개정판을 출간하였고 새로운 대법원 판례와 학계의 연구성과는 착실히 축적되는 등 고무적인 현상이 일어났다. 이에 비록 로스쿨이 개원되더라도 형법학의 기본적인 이론을 충실히 제시하는 교과서는 필요하다는 신념으로 다시 개정판을 출간하기로 하였다.

이번 개정판은 제3판의 기본적인 틀과 내용을 유지하면서, 제3판이 출간된 이후 2006년 1월부터 2007년 12월까지의 대법원과 헌법재판소의 판례, 기존 국내 교과서의 개정 내용 및 학계의 연구성과를 반영하였다. 특히 죄형법정주의의 내용 중 소급효금지의 원칙과 관련한 판례와 학설의 변화 등을 반영하여 대폭적으로 수정·보완하였으며, 형법의 적용범위에 관한 최근의 이론을 보완하였다. 또한 공범의 처벌근거에 관한 기존 이론들을 다시 정리하면서, 행위불법은 공범 스스로 결과불법은 정범에 종속한다는 혼합야기설을 보다 명백히 하였다.

이번 개정판에서도 교정과 색인정리 등 마무리 작업은 2007년 성균관대학교에서 학위를 받은 김범식 박사와 박사과정의 이성대 군이 맡아주었다. 우리나라 법학계의 지각변동 속에서도 꿋꿋이 학문의 길을 가고자 하는 이들의 학문적 대성을 기원한다. 끝으로 출판업계의 어려움에도 불구하고 연이어 개정판을 출판해 주신 고덕환 사장님과 이신정 주간님을 비롯한 편집부 여러분께 진심으로 감사드린다.

2008년 2월

공동저자 박 광 민

제 3 판 머리말

제2판을 출간하고 나서 죄수론과 형벌이론은 새로 써야 할 필요성을 느끼고 이에 대한 개고작업을 마무리하던 과정에 2005. 7. 29. 형법 일부개정에 이어서 2005. 8. 4. 사회보호법이 폐지됨과 동시에 치료감호법이 새로 제정되었다. 개정된 부분이 실체적 경합과 집행유예의 일부 규정에 한정되어 있고 사회보호법 폐지에 따른 대체입법으로서 치료감호법이 제정되는데 불과하였으므로 독자들을 위해서는 이 부분에 대한 개정판을 즉시 출간할 수도 있었다.

그러나 이왕 개정판을 출간한다면 다소 시간이 소요되더라도 전면적으로 수정 보완하고 새로 나온 중요 판례까지 추가하여 독자들이 부담없이 쉽게 이해할 수 있도록 해야 하겠다는 욕심으로 대폭적인 수정작업을 하다 보니 한 학기가 늦어지게 되었다. 교과서 전면에 걸쳐 보완 또는 수정하거나 부분적으로 새로 쓴 부분도 있지만 일부 삭제부분도 있기 때문에 전체적으로 교과서 양은 늘어나지 아니하였다.

제3판은 서론부터 형벌론까지 전면적으로 수정 보완하였으므로, 제2판보다 내용이 충실하고 논점을 빠짐없이 쉽게 서술하였다. 초판이나 제2판 독자들을 위해서 제3판의 특히 중요한 수정부분을 예시하면 아래와 같다.

첫째, 죄수론에 있어서는 학설을 개설함과 동시에, 결과적 가중범, 형벌이론 부분과 함께 완전히 새로 작성하였다.

둘째, 특별한 주관적 불법요소, 위법성조각사유의 전제사실에 대한 착오, 기대가능성, 강요된 행위, 과실범론, 자수범, 누범, 양형의 조건에 대해서는 대폭적으로 수정하면서 내용을 보완하였다.

셋째, 상당인과관계설, 객관적 귀속론, 정당방위, 긴급피난, 규범적 책임론, 예방적 책임개념, 예비죄, 미수론(중지미수 · 불능미수)에 있어서는 미진한 부분을 이해하기 쉽도록 보완하였다.

이번 개정판의 마무리 작업도 대학원 박사과정 수료자 김범식 군, 윤해성 군, 김재희 양과 박사과정의 이성대 군이 맡았다. 감사의 뜻을 여기에 전하며 학문의 대성을 빌어 맞이 않는다. 끝으로 출판업계의 어려움에도 불구하고 연이어

개정판을 출판해 주신 高德煥 사장님과 편집부 여러분께 진심으로 감사드린다.

2006. 元旦

공동저자 鄭 盛 根

제 2 판 머리말

이 교과서를 공저로 출간한지 3년 이상의 세월이 흘렀다. 먼저 초판에 대한 독자들의 성원과 격려에 감사드리며 시의적절한 보완이 늦어진 점에 사과드린다. 그 동안 국내외에서 기존교과서들의 개정판도 출간되었으며 새로운 대법원 판례와 학계의 연구 성과도 많이 축적되어 초판에 새로운 활력을 불어 넣어야 할 필요성을 절감하고 있었다. 뿐만 아니라 강의를 하면서 초판의 내용이나 서술방법이 미비한 점도 눈에 띄어 최근(2004년 9월)까지의 대법원 판례와 개정판 교과서의 문헌을 추가 정리하는 기회에 전면적인 수정·보완을 하기로 한 것이다.

이번 개정판은 교과서 내용으로 불필요한 부분은 과감하게 삭제하고, 수정 또는 보완할 필요가 있는 부분은 대부분 다시 쓰다시피 완전히 개정하였으며, 문장 표현이나 학설 내용을 설명함에 있어서도 가급적 독일식 표현을 피하고 우리말 용어례에 따라 최대한 간략하게 정리하여, 쉽게 이해할 수 있도록 서술하는 등 교과서 전반에 걸쳐 대폭적인 수정작업을 하였다. 초판과 비교하여 달라진 중요한 부분을 예시하면 아래와 같다.

첫째, 구성요건의 개념과 불법의 내용, 책임의 의의와 근거, 중지범의 자의성, 과실범과 부작위범, 공범의 종속성, 간접정범과 공동정범의 착오, 법조경합과 2003. 12. 29에 개정된 실체적 경합을 포함한 죄수론 등은 전면 수정 또는 개고하였다.

둘째, 범죄론의 체계, 인과관계론에 있어서의 상당인과관계설·합법칙조건설·객관적 귀속의 이론, 고의의 체계상의 지위, 형법 제20조 후단의 사회상규, 책임의 본질, 원인에 있어서의 자유로운 고의행위, 위법성의 인식과 그 착오, 예비죄의 실행행위 개념, 동시범, 공범의 착오, 공범과 신분 등은 부분적으로 수정하거나 대폭 보완하였다.

셋째, 특별한 주관적 불법요소, 위법성과 책임의 관계, 공동정범의 실행의 착수와 미수를 새로 추가하였다.

넷째, 범죄의 종류 중에서 자연범·법정범 및 목적범과, 행위반가치와 결과반가치의 차이점, 가벌적 위법성이론, 형벌론에서의 형벌목적 등은 모두 삭제하고 관련부분에서 필요한 설명만 하였다.

이번 개정작업에서 성균관대학교 대학원 박사과정의 金範植, 宋昇垠, 尹海星, 金宰姬 석사가 마지막 교정과 색인작업을 맡아 헌신적으로 도와주었다. 앞으로 이들의 학문적 연구에 대성이 있기를 진심으로 기원한다.

끝으로 어려운 여건임에도 불구하고 개정판 출판에 물심양면으로 아낌없이 도와주신 삼지원 高德煥 사장님과 주간님을 비롯한 편집부 여러분께 깊은 감사를 드린다.

2004년 12월

상일동 書齋에서
공저자를 대표하여 鄭 盛 根

머 리 말

필자가 1983년 형법총론 교과서를 처음 펴낸 이후 18여 星霜 동안 개정판, 개고판, 증보판, 전정판을 거쳐, 1997년 초빙교수로 독일 Köln대학에 머물면서 독일 형법학계의 상황을 접하고 귀국 후 신판 형법총론을 펴낸 바 있다.

그 동안 우리 형법학계는 양적·질적으로 비약적인 발전을 하여 무게 있는 이론서뿐만 아니라 우수한 논문도 많이 출간되었으며, 선도적인 판례도 많이 축적되었다. 이에 따라 우리나라의 형법학도 일본과 독일에 의존하던 시대에서 벗어나 독자적인 시대를 열어갈 수 있는 중흥기를 맞이하고 있다. 이러한 시대적 변화와 한글세대 독자들의 욕구와 감각에 부응한 새로운 형법총론 교과서의 필요성이 절실하여 "새 술은 새 부대에 담아야 한다"는 마음으로 필자와 같은 대학의 朴光玟 교수와 공동집필하기로 결심하였다. 이 책은 필자의 기존의 형법총론과는 완전히 다른 새로운 책이다. 책의 내용뿐만 아니라 체제나 활자형태 및 글자의 간격과 행간에 이르기까지 하나부터 열까지 세심하게 배려하여 이 책을 읽는 독자들이 형법에 대해서 흥미를 가지고 쉽게 이해할 수 있도록 그야말로 참신한 교과서를 출간하였다고 감히 말할 수 있다.

이 책을 집필하면서 아래와 같은 몇 가지를 특히 유념하였다.

첫째, 형법적 용어와 개념정의는 간결하면서도 정확하게 설명하여 쉽게 이해할 수 있도록 배려하였다. 우리나라 문헌 중에는 개념정의와 내용설명이 불명확내지 애매모호하여 독자로 하여금 오히려 혼란을 가중시키거나 잘못 이해하기 쉬운 부분도 발견되기 때문에 토씨 하나까지도 유의하면서 개념정의와 내용설명의 정확성에 심혈을 기울여 서술하였다. 특히 내년부터 사법시험 1차시험 출제경향이 5지 선다형에서 내용의 정확한 이해를 필요로 하는 다양한 형태의 변화가 예상되므로 우리나라에서 주장자가 없거나 소멸된 학설까지도 그 내용과 개념의 정확성을 기하려고 노력하였다.

둘째, 중요한 논점과 학설에 대해서는 가능한 한 요약 정리하여 간결하게 서술하고 학설대립이 있는 부분은 반드시 검토·비판하고 이 책의 견해를 논리적으로 검증하였다. 형법에는 정해진 하나의 정답이 있을 수 없다. 통설, 다수설, 소수설 할 것 없이 반대설을 검토·비판하여 자설의 타당성을 논증하는 서술방법을 논리적으로 수긍할 수 있으면 모두 정답이 된다. 논증과정이 논리적이면 고득점을 받는 논문이나 답안이 되므로 이 책을 읽는 독자들이 이 점을 습득할 수 있도록 유의하였다. 흔히 오해하고 있듯이 통설 또는 다수설이 정답인양 잘못 이해하거나 소수설 기피현상이 만연될 때에는 학문의 발전을 기대할 수 없다.

셋째, 판례의 중요성을 감안하여 2000년 말까지 나온 대법원 판례는 논점마다 보완하고, 특히 리딩케이스에 해당하는 중요한 판례의 판시 내용은 본문 중간에 넣어 참신한 기분으로 판례 내용을 파악할 수 있도록 배려하였다. 최근에 판례와 관련된 시험문제가 많이 출제되고 있을 뿐만 아니라 이론만 알고 사례해결을 하지 못하는 절름발이 학문에서 탈피해야 하므로, 개별사례에 따른 논점해결을 판례를 통해서 독자 스스로 생각하고 판단할 수 있도록 배려한 것이다. 다만 지면을 고려하여 리딩케이스 판례를 대폭 수용하는 대신 연혁, 학설사 등 기타 중요하지 않다고 생각되는 내용은 과감히 배제하고, 본문의 내용을 이해하는 데 참고가 될 만한 사항에 대해서는 작은 활자로 구별하여 전체적으로 종래의 분량을 유지하도록 노력하였다.

넷째, 이 책에 인용된 문헌은 2001년도 초까지 출간된 국내외의 형법 교과서 및 각종 논문집과 주석서 등이다. 우리 문헌 인용을 원칙으로 하면서 국내 주장자나 문헌이 없는 부분에 한하여 독일과 일본의 문헌을 참조하였다. 그리고 국내문헌 인용에 있어서는 이미 고인이 되었거나 폐간된 문헌도 우리 자료의 흔적을 보존한다는 뜻에서 필요한 부분은 인용하였고, 문헌 인용의 순서는 가급적 학자의 연배와 학설의 주장 선후관계 및 문헌의 출간연도 등을 고려하여 정했다.

머리말을 맺으면서 이 책의 출간에 헌신적으로 도와 주신 분들의 노고를 기록에 남기고자 한다. 공동저자인 朴光玟 교수는 내용의 수정 보완은 물론, 리딩케이스 판례보충에서부터 체제에 이르기까지 어느 하나 손때 묻지 않은 곳 없이 심혈을 기울여 주었다. 이 책이 독자들 앞에 햇빛을 보게 된 것은 오로지 朴교수 열정의 결실이다. 그리고 성균관대학교 대학원 박사과정의 羅光柱, 林錫源 군과, 석사과정의 鄭善均, 安映重 군은 마지막 교정과 색인작업을 맡아 어려움 없이 출간준비를 마칠 수 있었다. 학문적 대성이 있기를 기원한다.

끝으로 출판계의 어려운 여건에도 불구하고 사운을 건다는 각오로 참신한 책을 만들기 위하여 물심양면으로 최선을 다해 주신 三知院 高德煥 사장님과 편집부 여러분에게 지면을 통해 감사의 뜻을 전한다.

2001. 7. 31.

연구실에서
공동저자 정 성 근

차 례

제 1 편 형법의 기초이론

제 1 장 형법의 기본개념

제 2 장 형법이론의 형성과 발전

제 3 장 형법의 적용범위

제2편 범죄론

제1장 범죄 일반론

제 3 장 구성요건해당성

제 4 장 위법성론

제5장 책 임 론

제6장 미 수 론

제 7 장 과실범론

제 8 장 부작위범론

제 9 장 정범과 공범의 이론

제3편 죄 수 론

제1장 죄수와 범죄경합의 기초이론

제2장 일죄와 수죄

제 4 편 형벌과 보안처분의 이론

제 1 장 형 벌 론

제 2 장 보안처분론

참고문헌

[국내문헌]
권오걸, 형법총론, 형설출판사, 2005.⇒(권오걸)
김성돈, 형법총론(제2판), SKKUP, 2009.⇒(김성돈)
김성천/김형준, 형법총론(제3판), 동현출판사, 2005.⇒(김성천/김형준)
김성천, 형법총론, 소진출판사, 2009.⇒(김성천)
김일수, 형법학원론, 박영사, 1992.⇒(김일수, 원론)
______, 한국형법Ⅰ·Ⅱ, 박영사, 1992.⇒(김일수Ⅰ·Ⅱ)
김일수/서보학, 형법총론(제11판), 박영사, 2006.⇒(김일수/서보학)
남흥우, 형법총론, 박영사, 1980.⇒(남흥우)
박동희, 형법학총론, 법문사, 1977.⇒(박동희)
박문복, 증정 형법총론, 보문각, 1960.⇒(박문복)
박상기, 형법총론(제8판), 박영사, 2009.⇒(박상기)
배종대, 형법총론(제9개정판), 홍문사, 2008.⇒(배종대)
백남억, 형법총론(제3전정판), 법문사, 1963.⇒(백남억)
손동권, 형법총론(제2개정판), 율곡출판사, 2005.⇒(손동권)
손해목, 형법총론, 법문사, 1996.⇒(손해목)
신동욱 외 7인공저, 신고 형법총론, 한국사법행정학회, 1978.⇒(저자, 8인공저)
신동운, 형법총론(제5판), 법문사, 2010.⇒(신동운)
______, 판례백선 형법총론(개정판), 경세원, 1997.⇒(신동운, 판례백선)
안동준, 형법총론, 학현사, 1998.⇒(안동준)
염정철, 형법총론, 한국사법행정학회, 1966.⇒(염정철)
오영근, 형법총론(제2판), 박영사, 2009.⇒(오영근)
유기천, 개정 형법학(총론강의), 일조각, 1984.⇒(유기천)
유병진, 한국형법총론, 고시학회, 1956.⇒(유병진)
이건호, 형법학개론, 고려대학교 출판부, 1977.⇒(이건호)
이영란, 형법학(총론강의), 형설출판사, 2008⇒(이영란)
이재상, 형법총론(제6판), 박영사, 2009.⇒(이재상)
이정원, 형법총론(제3판), 법지사, 2004.⇒(이정원)
이형국, 형법총론연구Ⅰ, 법문사, 1984.⇒(이형국, Ⅰ)
______, 형법총론연구Ⅱ, 법문사, 1986.⇒(이형국, Ⅱ)
______, 형법총론(제4판), 법문사, 2007.⇒(이형국)
임 웅, 형법총론(제3정판), 법문사, 2010.⇒(임웅)

정성근, 신판 형법총론, 법지사, 1998.⇒(정성근)
정영석, 형법총론(제5전정판), 법문사, 1984.⇒(정영석)
정영일, 형법총론(제3판), 박영사, 2010.⇒(정영일)
정창운, 형법학(총론)(제4전정판), 박영사, 1966.⇒(정창운)
조준현, 형법총론(3정판), 법원사, 2004.⇒(조준현)
진계호, 형법총론(제6판), 대왕사, 2000.⇒(진계호)
차용석, 형법총론강의(Ⅰ), 고시연구사, 1988.⇒(차용석)
하태훈, 사례중심 형법총론, 법원사, 2002.⇒(하태훈)
한국형사법학회 편, 형사법강좌Ⅰ, 박영사, 1981.⇒(형사법강좌Ⅰ)
__________, 형사법강좌Ⅱ, 박영사, 1984.⇒(형사법강좌Ⅱ)
형사판례연구회 편, 형사판례연구 1-18, 박영사, 1993-2010.⇒(형사판례연구)
황산덕, 형법총론(제7전정판), 방문사, 1983.⇒(황산덕)

[일본문헌]
內田文昭, 刑法Ⅰ(總論)(昭和 52年)⇒(內田, 刑法Ⅰ)
大塚 仁, 刑法概說(總論)(昭和 59年)⇒(大塚, 概說)
小野淸一郞, 新訂刑法講義總論(昭和 30年)⇒(小野, 總論)
木村龜二, 刑法總論(昭和 48年).⇒(木村, 總論)
__________, 犯罪論の新構造(上)(下)(昭和 44年)⇒(木村, 新構造(上)(下))
草野豹一郞, 刑法總則講義(第一分册)(昭和 27年)⇒(草野, 講義)
莊子邦雄, 刑法總論(昭和 55年)⇒(莊子, 總論)
佐伯千仭, 三訂 刑法講義(總論)(昭和 52年)⇒(佐伯, 講義)
瀧川幸辰, 犯罪論序說(昭和 30年)⇒(瀧川, 序說)
團藤重光, 刑法綱要(總論), 改訂版(昭和 56年)⇒(團藤, 綱要)
內藤 謙, 刑法講義(總論, 上)(1985年)⇒(內藤, 總論(上))
__________, 刑法講義(總論, 中)(1991年)⇒(內藤, 總論(中))
__________, 刑法講義(總論, 下)(1991年)⇒(內藤, 總論(下))
西原春夫, 刑法總論(昭和 55年)⇒(西原, 總論)
平場安治, 刑法總論講義(昭和 27年)⇒(平場, 講義)
平野龍一, 刑法(總論)Ⅰ(昭和 51年), 刑法(總論)Ⅱ(昭和 54年)⇒(平野, 刑法Ⅰ, Ⅱ)
福田 平, 全訂 刑法總論(昭和 62年)⇒(福田, 總論)
藤木英雄, 刑法講義總論(昭和 55年)⇒(藤木, 總論)
前田雅英, 刑法總論講義(第2版, 1994年)⇒(前田, 講義)
牧野英一, 重訂日本刑法 上卷(昭和 12年)⇒(牧野, 日本刑法)

宮本英脩, 刑法大綱(總論)(昭和 10年)⇒(宮本, 大綱)

[독일문헌]

Baumann, Jürgen, Strafrecht, Allgemeiner Teil, 8. Aufl.(1977)⇒(Baumann)

Baumann, Jürgen/Weber, Ulrich/Mitsch, Wolfgang, Strafrecht, Allgemeiner Teil, 10. Aufl.(1995)⇒(Baumann/Weber/Mitsch)

Beling, Ernest, Grundzüge des Strafrechts, 11. Aufl.(1930), Die Lehre vom Verbrechen(1906)⇒(Beling)

Binding, Karl, Grundriß des deutschen Strafrechts, Allgemeiner Teil, 8. Aufl. (1913)⇒(Binding)

Blei, Harmann, Strafrecht I, Allgemeiner Teil, 16. Aufl.(1977)⇒(Blei)

Bockelmann, Paul, Strafrecht, Allgemeiner Teil, 3. Aufl.(1979)⇒(Bockelmann)

Dreher, Edward, Strafgesetzbuch mit Nebengesetzen und Verordnungen, 37. Aufl. (1977)⇒(Dreher)

Dreher/Tröndle, Strafgesetzbuch und Nebengesetze, 40. Aufl.(1981)⇒(Dreher/Tröndle)

Eser, Albin, Strafrecht I, 3. Aufl., II, 3. Aufl.(1980)⇒(Eser)

Frank, Reinhard, Das Strafgesetzbuch für das Deutsche Reich, 18. Aufl.(1931)⇒(Frank)

Freund, Georg, Strafrecht, Allgemeiner Teil, Personale Straftaflehre(1998)⇒(Freund)

Gropp, Walter, Strafrecht, Allgemeiner Teil, 2. Aufl.(2001)⇒(Gropp)

Haft, Fritjof, Strafrecht, Allgemeiner Teil(1984)⇒(Haft)

Hassemer, Winfrid, Einführung in die Grundlagen des Strafrechts, 2. Auhl. (1990) ⇒(Hassemer)

Hippel, Robert von, Deutsches Strafrechts, Bd. I(1925). Bd. II(1930), Lehrbuch des Strafrechts(1932)⇒(Hippel)

Jeschek, Hans-Heinrich, Lehrbuch des Strafrechts, Allgemeiner Teil, 4. Aufl. (1988)⇒(Jeschek)

Jescheck/Weigend, Thomas, Lehrbuch des Strafrechts, Allgemeiner Teil, 5. Aufl.(1996)⇒(Jescheck/Weigend)

Kienapfel, Diethelm, Strafrecht, Allgemeiner Teil, 2. Aufl.(1978)⇒(Kienapfel)

Kohlrausch, Eduard, Strafgesetzbuch mit Erläuterungen und Nebengesetzen, 43. Aufl., bearb. von Richard Lange(1961)⇒(Kohlrausch)

Kühl, Kristian, Strafrecht, Allgemeiner Teil, 2. Aufl.(1997)⇒(Kühl)

Lackner, Karl, Strafgesetzbuch mit Erläuterungen, 22. Aufl.(1997)⇒(Lackner)

Liszt, Franz von, Lefrbuch des deutschen Strafrechts, 21/22. Aufl.(1919)⇒(Liszt)

Liszt/Schmidt, Eberhard, Lehrbuch des deutschen Strafrechts, 26. Aufl.(1932)⇒ (Liszt/Schmidt)

Maurach/Gössel/Zipf, Strafrecht, Allgemeiner Teil, Teilband 2, 7. Aufl.(1989)⇒ (Maurach/Gössel/Zipf)

Maurach/Zipf, Strafrecht, Allgemeiner Teil, Teilband. 1, 8. Aufl.(1992)⇒(Maurach/Zipf)

Mayer, Hellmuth, Strafrecht, Allgemeiner teil(1953)⇒(Mayer)

Mayer, Max Ernst, Der Allgemeine Teil des deutschen Strafrechts, 2. Aufl. (1923)⇒(Mayer)

Mezger, Edmund, Strafrecht, I. Allgemeiner Teil, 7. Aufl.(1958), Strafrecht, Allgemeiner Teil, Ein Lehrbuch, 3. Aufl.(1949)⇒(Mezger)

Mezger/Blei, Strafrecht, Allgemeiner Teil, Ein Studienbuch, 14. Aufl.(1970)⇒ (Mezger/Blei)

Noll, Peter, Strafrecht, Allgemeiner Teil 1(1981)⇒(Noll)

Roxin, Claus, Strafrecht, Allgemeiner Teil 1, 3. Aufl.(1997)⇒(Roxin)

Rudolphi/Horn/Samson/Schreiber, Systematischer Kommentar Zum Strafgesezbuch (SK), BD. I, Allgemeiner Teil(1975)⇒(Rudolphi/Horn/Samson/Schreiber)

Sauer, Wilhelm, Allgemeine Strafrechtslehre, 3. Aufl.(1955), Grundlagen des Strafrechts nebst Umriß einer Recht- und Sozialphilosophie, 1921.⇒(Sauer)

Schmidhäuser, Eberhard, Strafrecht, Allgemeiner Teil, 2. Aufl.(1975)⇒ (Schmidhäuser)

Schönke, Adolf/Schröder, Horst, Strafgesetzbuch, Kommentar, 26. Aufl.(2001)⇒ (Sch/Sch)

Stratenwerth, Günter, Strafrecht, Allgemeiner Teil I, 4. Aufl.(2000)⇒ (Stratenwerth)

Weber, Hellmuth von, Grundriß des deuischen Strafrechts, 2. Aufl.(1948)⇒ (Weber)

Welzel, Hans, Das deutsche Strafrecht. Eine systematische Darstellung, 11. Aufl. (1969); Das neue Bild des Strafrechtssystems, 4. Aufl.(1961)⇒(Welzel)

Wessels, Johannes/Beulke, Werner, Strafrecht, Allgemeiner Teil, 31. Aufl.(2001)⇒ (Wessels/Beulke)

제 1 편
형법의 기초이론

제 1 장 형법의 기본개념

제 1 절 형법의 개념

Ⅰ. 형법의 의의

1. 형법의 정의

종래까지는 형법(Strafrecht)이란 범죄와 형벌 및 양자의 관계를 규정한 법규범의 총체라고 정의하여 왔다. 즉, 형법은 어떠한 행위가 범죄로 되며, 그 범죄에 대한 법적 효과로서 어떠한 형벌을 과할 것인가를 규정한 법규범이라 하였다. 이와 같이 형법은 범죄와 형벌을 규정한 법규범이므로 형벌을 중심으로 형(벌)법, 범죄를 중심으로 범죄법이라 부른다.[1)]

그러나 최근의 형사입법은 범죄에 대한 법적 효과인 형벌뿐만 아니라 범죄적 위험성이 있는 자에 대한 보안처분까지 규정하는 입법례가 일반화되면서 형법의 의의와 내용도 변하게 되었다. 이에 따라 형법이란 "범죄와 이에 대한 법적 효과로서의 형벌과 보안처분을 규정하고 있는 법규범의 총체"라고 정의한다. 우리 형법도 사형, 징역, 금고 등 9가지 종류의 형벌(제41조) 외에 보호관찰, 사회봉사명령, 수강명령 등 보안처분을 규정하고(제59조의2, 제62조의2, 제73조의2) 있고 보안처분에 관한 특별법들이 있다. 형법이 형벌 외에 보안처분까지 규정하고 있다고 하여도 형벌이 주된 법률효과로 되어 있고, 보안처분은 형벌을 보완하거나 제한된 범위 내에서 형벌을 대체하는 데에 그치고 있으므로 그 명칭은 여전히 형법이라 한다.

---

1) 주로 대륙법계 국가에서 사용하는 형(벌)법(Strafrecht, droit pénal)과 영미법계에서 사용하는 범죄법(criminal law, droit criminel)은 그 표현은 다르지만 같은 의미로 사용된다. 그 이유는 "범죄 없으면 형벌 없다"는 원칙에 따라 범죄와 형벌은 불가분의 필연적인 관계가 있기 때문이다.

【우리 형법의 제정과 개정】 우리나라는 1894년의 갑오개혁을 계기로 하여 방대한 신식 법령이 공포·실시되었는데, 광무 9년(1905년)에 형법대전(1905년)이 제정·공포되면서 최초로 근대법적 성격을 지닌 형법이 등장하였다고 할 수 있다. 그러나 1910년 한일합병으로 우리 형법의 독자적인 근대화와 발전은 중단되고, 1911년 조선총독부 제령 제11호에 의하여 조선형사령을 제정하고 일본 형법(구형법)을 의용하게 되었다. 구형법은 1945년 일제로부터 해방되어 맞이하게 된 미군정시대에도 군정법령 제21호(1945. 11. 2)에 의하여 계속 유효하게 되었으며, 대한민국 수립 이후에도 구헌법 제100조에 의하여 그 효력은 지속되었다.

신생 대한민국은 자유민주주의 국가로서 세계민주주의 형사입법의 추세와 그 보조를 같이 하여 진보적인 법전을 만들기 위해 미군정시대로부터 조직된 법전편찬위원회에서 형법전 편찬사업에 착수하였다. 그리하여 동 위원회의 손으로 형법요강이 성립되고 뒤이어 형법초안이 완성되었다. 이 형법초안은 1953년 7월 8일 국회의 법제법사위원회를 거쳐 국회를 통과하여 동년 9월 18일 법률 제293호로 공포되고, 동년 10월 3일 개천절을 기하여 시행되었다. 이것이 바로 현행 형법전이다. 현행 형법전은 1975년 3월 25일(법률 제2745호)과 1988년 12월 31일(법률 제4040호)에 각각 개정되어 시행하여 오다가, 1995년 12월 29일(법률 제5057호)에 제3차 개정에서는 우리말 용어의 정리와 더불어 최근에 새로 증가하고 있는 신종범죄를 신설하는 등 대폭적인 개정을 하였다. 그리고 다시 1997년 12월 13일(법률 제5454호), 2001년 12월 29일(법률 제6543호), 2004년 1월 20일(법률 제7077호) 및 2005년 7월 29일(법률 제7623호)의 일부개정을 거쳐 현재에 이르고 있다.[2]

2. 협의의 형법과 광의의 형법

형법은 광의와 협의의 두 가지 의미로 사용된다.

(1) 협의의 형법

협의의 형법은 특별히 형법이라는 명칭으로 공포·시행되고 있는 법률, 즉 형법전(1953. 9. 18. 법률 제293호)을 말하며, 이를 형식적 의미의 형법이라고도 한다. 형법전은 총칙과 각칙으로 나누어진다. 총칙에는 범죄와 형벌 및 보안처분에 대한 일반적·공통적 요소를 규정하고, 이를 후술하는 광의의 형법에까지 원칙적으로 적용한다(제8조). 각칙에는 중대한 기본적 범죄와 이에 대한 구체적 형벌을 개별적으로 규정하고 있다.

---

2) 우리 형법의 발달에 관한 자세한 설명은 오도기, 한국형법사(형사법강좌 Ⅰ), 15면 이하; 김종원, 한국형법연구 100년(법학교육과 법학연구, 1995), 74~91면 참조.

(2) 광의의 형법

광의의 형법은 그 법률의 명칭이나 형식 여하를 묻지 않고 범죄와 이에 대한 법적 효과로서 형벌이나 보안처분을 규정하고 있는 국가법률체계의 총체를 말한다. 여기에는 협의의 형법은 물론 특별형법과 행정형법까지 포함하며, 이를 실질적 의미의 형법이라고도 한다. 형법학은 이러한 광의의 형법을 연구대상으로 한다.

특별형법에 해당하는 것은 경범죄처벌법, 국가보안법, 군형법, 보호관찰등에관한법률, 보안관찰법, 치료감호법, 소년법, 폭력행위등처벌에관한법률, 특정범죄가중처벌등에관한법률, 특정경제범죄가중처벌등에관한법률, 특정강력범죄의처벌에관한특례법, 부정수표단속법, 환경범죄의단속에관한특별조치법, 성폭력범죄의처벌및피해자보호등에관한법률, 가정폭력범죄의처벌등에관한특례법, 보건범죄단속에관한특별조치법 등이 있다. 행정형법을 포함한 부수형법(Nebenstrafrecht)은 교통사고처리특례법, 식품위생법, 대기오염방지법, 조세범처벌법, 관세법 등 많은 행정단속법규에 개별적으로 규정되어 있다. 광의의 형법에 대해서도 그 법령에 특별규정이 없는 한 형법전의 총칙규정이 적용된다. 여기의 특별규정으로 조세범처벌법(제4조), 관세법(제194조), 인삼사업법(제27조) 등이 있다.

특별형법과 행정형법의 구별은 상대적이고 그 한계가 반드시 명확하다고 할 수 없다. 특별형법은 가벌적 행위가 한시적이거나 특히 경미하여 형법전에 규정을 두는 것이 부적합한 범죄행위를 처벌하기 위하여 제정된 것으로 형법전의 부속법규적 · 보충법규적 성격을 가지고 있으며, 형법전에 규정된 범죄와 마찬가지로 주로 윤리적 규범에 위반한 행위에 대해서 처벌의 범위를 명확하게 하는 데에 목적이 있다. 이에 대하여 행정형법은 원래 행정상의 단속목적을 위한 규범으로 부분적으로 형벌에 의하여 그 준수가 강제되는 부수형법의 성질을 가진 것이라 할 수 있다. 최근에는 행정형법, 조세형법, 상사형법 등을 포함한 부수형법이라는 용어가 일반화되고 있는데 부수형법도 당연히 실질적 의미의 형법에 포함된다.

(3) 범칙금납부통고처분

형벌과 보안처분 이외의 제3의 형사제재수단으로서 범칙행위에 대한 범칙금납부통고처분(도로교통법 제117조 이하, 경범죄처벌법 제5조 이하)이 있다. 범칙금납부통고처분은 10만원 이하의 벌금이나 구류 또는 과료의 형으로 처할 경미한 범죄에 대하여 경제적 형사사법절차라는 관점에서 경찰서장이 처분을 하고, 처분을 받은 자가 금융기관에 범칙금을 납부하면 형사사건을 종결시키고 행위자에게 전과기록을 남기지 않도록 한 특례이다.[3] 이는 독일의 질서위반법상의 질서위반금(Bußgeld) 부과처분과 유사하다고 할 수 있다.[4]

Ⅱ. 형법의 규범적 성격

1. 가설규범

형법규범은 일정한 범죄행위를 전제조건으로 하여 이에 대한 법적 효과를 규정하고 있다. 예컨대 "사람을 살해한 자는 사형 · 무기 또는 5년 이상의 징역에 처한다"(제250조)라고 규정하고 있는 것처럼 "사람을 살해한다"는 행위유형(구성요건)을 조건으로 하여 "사형 · 무기 또는 5년 이상의 징역"이라는 형벌을 과한다는 형식으로 기술되어 있다. 이와 같이 형법규범의 기본형태는 일정한 구성요건에 해당하는 행위를 전제조건으로 하여 일정한 요건 하에 법적 효과로서의 형벌을 과한다는 가설적 판단의 형식을 취하고 있다. 이러한 규범의 존재형식을 가설규범(Hypothetischenorm)이라 한다. 같은 규범이라도 도덕규범 · 종교규범처럼 "사람을 살해하지 말라"는 명령적 · 단언적 형식으로 표시되는 것과 다르다.

2. 행위규범과 재판규범

형법규범은 범죄에 대해서 형벌을 과함으로써 일정한 행위를 명령 또는 금지하고 있다. 형법은 가설규범의 형식으로 규정되어 있으므로 직접적으로 명령 · 금지가 표현되어 있지 아니하나, 예컨대 살인죄(제250조)의 구성요건은 "사람을 살해해서는 아니 된다"는 금지규범을 포함하고 있고, 퇴거불응죄(제319조 2항)의 구성요건은 "퇴거요구가 있으면 퇴거하여야 한다"는 명령규범을 포함하고 있다. 이와 같이 형법규범은 일정한 행위를 명령 · 금지함으로써 일반국민으로 하

3) 이 제도의 문제점에 대해서는 김성돈, 도로교통법상의 "범칙금"과 명칭사기(비교형사법연구, 1999), 297면 이하 참조.

4) 단순한 행정법규상의 질서위반에 대해 질서위반금을 부과하는 독일의 질서위반법은 실질적 의미의 형법과 구별되는 별도의 형사법체계를 구성하고 있으나, 우리나라는 아직 질서위반법이라는 독립된 법체계가 없다. 입법론적으로는 경찰단속위반사례와 경미한 행정법규위반사례들을 포괄하는 질서위반법을 독립된 법체계로 재구성하자는 주장이 제기되고 있다(김일수/서보학, 5면).

여금 행위의 준칙으로 삼도록 한다는 의미에서 행위규범(Verhaltensnorm)이라 한다.

또한 형법은 행위규범에 위반한 자에 대하여 재판을 통해 법적 제재를 과하므로 형법은 재판권과 형벌권을 행사하는 법관·검사 기타 사법관계자에 대하여 재판과 형벌권행사의 한계를 정하고 사법활동을 규제하고 있다. 이를 재판규범(Entscheidungsnorm) 또는 제재규범이라 한다. 그러므로 형법은 행위규범임과 동시에 재판규범이며, 법관이나 사법관계자를 포함한 일반국민 모두가 그 수명자가 된다.

3. 평가규범과 결정규범

형법은 일정한 행위를 범죄로 하고 이에 대하여 형벌 또는 보안처분을 과함으로써 그러한 행위가 공동체 질서에 반하는 반가치(反價値)이고 위법하다는 부정적 평가(반가치평가)를 한다. 행위에 대한 이와 같은 부정적 평가를 하는 형법규범의 성질을 평가규범(Bewertungsnorm)이라 한다. 한편 형법은 평가규범에 의하여 부정적으로 평가되는 행위를 주관적으로 의사결정하지 말고 규범합치적 의사결정을 하도록 요구하고, 이에 반한 규범위반적 의사결정에 대해서도 반가치라는 부정적 평가를 한다. 행위자의 규범위반적 의사결정에 대하여 이와 같은 부정적 평가를 하는 형법규범의 성질을 결정규범(Bestimmungsnorm)이라 한다. 즉, 형법은 평가규범인 동시에 결정규범의 성격을 갖는다.

Ⅲ. 형법의 기능

1. 규제적 기능

형법의 가장 중요한 본질적 기능의 하나는 형법이 범죄에 대하여 일정한 형벌과 보안처분을 과할 것을 예고하고, 그 범죄에 대한 국가의 규범적 평가를 명백히 함으로써 일반국민으로 하여금 행위규범으로서 형법의 준수를 명하는 동시에, 사법관계자에 대하여는 재판규범으로서 범죄인정과 형벌적용의 지표로 삼게 한다. 이를 형법의 규제적 기능 또는 규율적 기능이라 한다. 형법의 규제적 기능에 의하여 부차적으로는 질서유지기능과 국민을 위한 보호적 기능 및 보장적 기능이 파생한다.

2. 질서유지기능

국가의 궁극적 목적은 국민상호간의 이익을 조정·보호하여 사회공동생활의 안전을 유지하는 데 있으므로 범죄를 억제하고 사회질서를 유지하는 것은 국가의 중요한 행정적·사법적 임무이다. 따라서 규제적 기능을 가지고 있는 형법에 대해서 국가가 기대하는 것은 범죄를 억제함으로써 사회질서를 유지하는 데 있다. 이와 같이 범죄에 대하여 형벌이나 보안처분을 예고함으로써 국민으로 하여금 범죄를 억제하도록 하고, 나아가서 사회질서를 유지하는 기능을 질서유지기능이라 한다. 형법의 질서유지기능은 우선 형벌이라는 제재를 예고하여 일반국민으로 하여금 범죄를 억제하도록 하는 기능을 수행한다. 이를 일반예방적 기능이라 한다. 또 형법은 범죄인에게 형벌을 과함으로써 법질서를 존중하고 사회에 복귀할 수 있도록 촉진하는 기능도 수행한다. 이를 특별예방적 기능이라 한다.

질서유지는 반드시 형법에 의해서만 이루어지는 것은 아니다. 종교·도덕·관습 등 사회규범과 형법 이외의 모든 법규범은 물론이고, 국민생활의 안정도와 국가 내지 정치에 대한 신뢰도에 의해서도 질서유지는 담보된다. 그러나 이러한 담보는 어디까지나 자율적 또는 간접적으로 이루어지는 것이므로 형벌 또는 보안처분과 같은 타율적·직접적인 강제에 의해서 이를 보완할 필요가 있다. 이와 같이 형법은 직접적인 강제에 의하여 질서유지를 담보한다는 점에서 다른 규범과 구별되는 질서유지기능을 수행한다.

3. 보호적 기능

형법이 범죄에 대하여 형벌이나 범죄적 위험성이 있는 자에 대하여 보안처분을 과하도록 규정한 것은 범죄로 인하여 침해되거나 침해의 위협을 받게 될 일정한 가치·이익을 보호하기 위한 것이다. 형법의 이러한 기능을 보호적 기능이라 한다. 이 기능에는 법익보호기능과 사회윤리적 행위가치보호기능 두 가지가 있다.

(1) 법익보호

형법은 궁극적으로 법익을 보호하기 위해서 일정한 행위를 범죄로 하고 이에 대해서 형벌을 과한다. 즉, 법익침해 또는 법익침해의 위험이 있는 행위만을 범죄로 규정하고 형벌로서 법익보호를 담보한다. 따라서 형법의 가장 본질적인 기능은 법익보호에 있다. 법익(法益, Rechtsgut)이란 국가의 기능과 안전, 사회공공의 안전과 신용, 개인의 생명·신체·자유·명예·신용·재산 등과 같이 "법에 의하여 보호할 필요가 있는 생활이익 또는 가치"를 말한다. 형법이 어떠한 법익을 보호할 것인가는 입법정책에 의하여 결정될 문제이지만 대체로 개인적 법익·사회적 법익·국가적 법익으로 나누어 보호하는 것이 일반적이다.

그러나 법익보호는 법전체의 기능이므로 형법에 의해서만 법익이 결정되거나 형법만이 법익을 보호하는 것은 아니다. 다만 형법은 형벌과 같은 특수한 강제력에 의해서 직접적으로 법익을 보호한다는 의미에서 다른 법률과 구별되는 형법고유의 법익보호적 기능을 갖는다고 할 수 있다. 형법의 특수한 직접적 강제력 때문에 형법은 다른 법률이나 수단에 의한 법익보호가 불가능한 경우에 최후수단으로 법익보호에 개입해야 한다. 이를 형법의 보충성의 원칙이라 한다.

(2) 사회윤리적 행위가치보호

법익을 침해하는 범죄는 인간의 행위에서 야기된다. 그러므로 법익보호를 위해서는 우선 법익침해를 지향하는 행위 자체를 금지하고, 사회공동체에서 형성된 사회윤리적 질서에 부합하는 행위를 하도록 해야 한다. 여기에 형법은 사회공동체 일원으로서 개인이 실천해야 할 사회윤리적 의무를 이행하도록 함으로써 사회윤리에 부합하는 행위 그 자체도 사회공동생활상 가치있는 것으로 보호한다. 이를 사회윤리적 행위가치보호라 한다.

형벌에 의한 법익보호는 행위로 야기된 결과보호임에 대해서, 사회윤리적 행위가치보호는 법익침해 이전의 사회윤리에 합치되는 행위 그 자체의 사전적 보호라 할 수 있다. 그리하여 형법의 보호적 기능에 역행하는 법익침해와 반사회윤리적 행위가 있는 때 이에 대한 부정적 평가를 함으로써 결과반가치와 행위반가치라는 불법을 구성하게 되며, 범죄의 본질도 법익침해와 함께 의무위반의 성질을 가지게 된다. 따라서 법익보호의 기능과 사회윤리적 행위가치보호의 기

능은 우열의 차이가 있는 것이 아니라 상호보완하면서 제한하는 대등관계에 있다고 해야 한다.[5)]

4. 보장적 기능

형법은 범죄와 형벌 또는 보안처분을 명시하여, 국가는 형법에 규정되어 있는 범죄가 존재하지 않는 한 어떠한 이유로도 형벌권을 행사하지 못하게 함으로써 국가의 형벌권 남용으로부터 국민의 자유와 권리를 보장한다. 이를 보장적 기능 또는 인권보호적 기능이라 한다. 이 기능은 형법의 적용을 받는 자의 입장에서 본다면 어떠한 국민도 범죄를 범하지 아니하는 한 국가의 형벌권으로부터 자유가 보장된다는 의미를 가진다. 이 의미에서 형법은 "선량한 국민의 마그나 카르타(Magna Charta)"라 할 수 있다. 동시에 범죄를 범한 자라 하더라도 그 범죄에 대하여 규정되어 있는 형벌 또는 보안처분 이외의 부당한 처벌을 받지 아니한다는 보장도 받는다. 이 의미에서 형법은 "범죄인의 마그나 카르타"라 할 수 있다.[6)]

제 2 절 죄형법정주의

Ⅰ. 죄형법정주의의 의의

죄형법정주의(罪刑法定主義)는 어떠한 행위를 범죄로 하고, 이에 대하여 어떠한 형벌과 보안처분을 과할 것인가를 미리 성문의 법규에 정해 두고, 이러한

5) 정성근, 50면; 이형국, 8면; 이재상, 6면; 임웅, 9면; 조준현, 19면.
6) "범죄인의 마그나 카르타"로서의 보장적 기능은 재판에 있어서만 적용되는 것이 아니고 형벌집행에 있어서도 적용되어야 한다. 따라서 수형자는 재판에 의하여 확정된 특정한 형벌 이외의 부당한 형벌의 집행을 받지 않는다는 보장을 받는다. 이를 "수형자의 마그나 카르타"라 한다. 행형법은 이러한 의미의 보장적 기능을 수행한다. 이에 대해서 형사소송법은 피고인·피의자의 "마그나 카르타"라고 할 수 있다.

성문화된 법규가 없으면 어떠한 행위라도 범죄로 처벌하거나 보안처분을 과할 수 없다는 형법의 기본원칙이다. 이 원칙은 19세기 초 독일의 포이엘바하(Feuerbach)가 처음으로 표현한 "법률 없이는 범죄 없고, 법률 없이는 형벌 없다"(nullum crimen sine lege, nulla poena sine lege)라는 명제에 잘 나타나 있다.

죄형법정주의는 전제군주시대의 죄형전단주의(罪刑專斷主義)에 대한 반동으로 확립되었다. 즉, 죄형법정주의는 국가기관의 자의적인 형벌권행사를 제한함으로써 개인의 자유와 권리를 보장하기 위하여 주장되고 발전되어 왔으며, 형법의 보장적 기능은 이 원칙에 의하여 가장 잘 발휘되고 있다. 그러므로 오늘날 죄형법정주의는 형사입법과 형법해석을 지도·제약하는 시민적 법치국가형법의 최고 원리로서의 의미를 갖는다.

Ⅱ. 죄형법정주의의 연혁과 사상적 배경

1. 죄형법정주의의 연혁

죄형법정주의의 사상적 기원은 1215년에 영국 존(John)왕에 의해서 조인된 대헌장(Magna Charta)으로 소급한다. 대헌장 제39조는 "어떠한 자유인도 동등한 신분을 가진 자의 적법한 재판이나 국가의 법률에 의하지 아니하고는 체포·감금되지 아니하며, 재산을 빼앗기거나 법적 보호를 박탈당하지 아니하고, 추방이나 훼멸되지 아니하며, 폭력이 가해지거나 투옥되지 아니한다"고 규정하고 있다.[7] 대헌장의 정신은 법의 적정절차의 원칙으로 전개되어 1628년의 권리청원, 1689년의 권리장전으로 계승되었다. 그 후 이 사상은 자연법사상과 결부되어 1774년 미국의 필라델피아 식민지대표자회의의 선언 중에 채택되고, 다시 1776년 버지니아 권리선언을 비롯하여 각 주의 권리선언 중에 명시되었다가, 1787년의 미국 헌법에서 형사사후입법의 금지(제1조 9절 3항)를, 그리고 1791년의 미국 헌법에서 법의 적정절차의 보장(수정 제5조) 규정을 둠으로써 죄형법정주의가 확립되기 시작하였다.

한편 유럽대륙에서는 1789년 프랑스혁명의 인권선언에서 죄형법정주의가 구

7) 이 규정은 절차적 보장에 불과하고 죄형법정주의의 실체법적 보장을 선언한 것은 아니라고 평가받고 있다. Jescheck/Weigend, §15 Ⅱ 1; 이재상, 10면; 김일수/서보학, 59면; 배종대, 76면.

체적으로 확립되었다. 이 선언 제8조는 "누구든지 범죄 이전에 제정·공포되고 적법하게 적용되는 법률에 의하지 아니하고는 처벌되지 아니한다"고 규정하여 성문법상 처음으로 죄형법정주의 원칙을 선언하였고, 형법전으로는 1810년의 프랑스 형법 제4조(1995년시행 현행 프랑스 신형법 제111-3조)가 이를 계승하여 규정하였다. 그 후 유럽 여러 국가에서는 이에 영향을 받아 거의 예외 없이 헌법 또는 형법전 중에 죄형법정주의를 규정함으로써 형법의 기본원칙으로서의 기능을 하게 되었다.

2. 현행법과 죄형법정주의

현행 형법전에는 죄형법정주의 원칙에 관한 직접적인 규정은 두지 않았다. 그러나 헌법 제12조 1항 후단에 "누구든지 … 법률과 적법한 절차에 의하지 아니하고는 처벌·보안처분 또는 강제노역을 받지 아니한다"라고 규정한 것과, 제13조 1항 전단에 "모든 국민은 행위시의 법률에 의하여 범죄를 구성하지 아니하는 행위로 소추되지 아니하며"라고 규정한 것은 죄형법정주의를 규정한 것으로 볼 수 있다. 이를 근거로 형법 제1조 1항에서 "범죄의 성립과 처벌은 행위시의 법률에 의한다"라고[8] 규정하고 있고, 다시 형사소송법 제323조 1항에서 "형의 선고를 할 때에는 판결이유에 … 법령의 적용을 명시하여야 한다"고 규정하고 있다. 따라서 실제로 형법전도 죄형법정주의 원칙을 당연한 것으로 예정하고 있다고 해야 한다.

3. 죄형법정주의의 사상적 배경

죄형법정주의 원칙은 두 가지 사상적 배경에 의하여 성립된 것이다. 그 하나는 홉스(Hobbes)의 법을 통한 지배자의 자기구속사상과[9] 국법적 사상으로서의

8) 형법 제1조 1항의 규정이 죄형법정주의를 규정한 것으로 보는 입장은 유기천, 43면; 정영석, 52면; 황산덕, 25면; 정성근, 57면; 이재상, 9면; 이형국, 20면; 오영근, 40면 등이 있다. 이에 반하여 동 규정은 형법의 시간적 범위에 관한 규정이고 죄형법정주의를 규정한 것은 아니라는 견해는 강구진, 죄형법정주의와 적정절차의 원칙(고시연구, 1983. 5), 26면이 있다.

9) 죄형법정주의는 계몽사상가들이 주장하기 이전에 이미 절대군주론자인 홉스(Thomas Hobbes)가 안전국가사상과 결부시켜 주장하였다. 그는 개인의 안전을 보장하기 위하여 절대국가를 주장한 것이고, 개인의 안전은 타인에 의하여 침해되기도 하지만 국가에 의해서 침해될 수 있으므로 사회방위를 위하여 필요한 최소한도의 형벌을 법률로 정하여 놓고 그 한계를 벗어난 자의적인 형벌권의 행사로부터 국민의 안전을 보호하려고 하였다. Hobbes의 죄형법정주의 사

삼권분립론이고, 또 하나는 형사정책적 사상으로서의 심리강제설이다. 홉스의 사상을 제하고는 모두 근세 계몽적·자연권적 인권사상을 기초로 한다.

(1) 삼권분립과 죄형법정주의

삼권분립론은 국가의 권력작용을 입법·행정·사법으로 구분하여 각각 독립된 국가기관으로 하여금 분장하게 하고, 사법기관인 법원은 입법기관이 제정한 법률을 구체적인 경우에 적용만 하도록 하여 법관의 전단을 억제함으로써 시민의 자유와 권리를 보호하려는 이론이다. 삼권분립론은 형사재판에서 법원이 법을 적용하기 위해서는 사전에 입법자가 제정한 형벌법규가 있을 것을 전제하고 있으므로 이 이론은 죄형법정주의 원칙을 요구하고 있다고 해야 한다.[10] 이 사상의 대표자로는 록크(Locke)·몽테스키외(Montesquieu)·베까리아(Beccaria) 등을 들 수 있다.

(2) 심리강제설과 죄형법정주의

포이엘바하(Feuerbach)는 형벌의 목적이 일반예방에 있으며, 인간은 항상 이해타산적인 이성적 존재라는 점을 전제로 심리강제설을 주장하였다. 심리강제설은 인간이란 항상 불쾌를 회피하고 쾌락·이익을 추구하는 이해타산적인 존재이므로 범죄에 대한 법적 효과로서의 형벌을 법률에 규정하여 두고 범죄가 있을 때에 이를 과한다는 것을 예고하게 되면, 이성적인 인간은 범죄를 범함으로써 얻어지는 쾌락·이익보다 형벌을 받음으로써 얻어지는 불쾌·불이익이 더 크다는 것을 알게 되어 불쾌·불이익을 피하기 위하여 죄를 범하지 아니 한다는 이론이다. 이 이론의 논리적 귀결로서 범죄와 형벌은 미리 법률에 규정해 둘 것을 요구하는 죄형법정주의가 도출된다.

Ⅲ. 죄형법정주의의 현대적 의의

근대 계몽사상가에 의하여 확립된 죄형법정주의는 시민의 자유와 권리를 보

상에 대한 자세한 설명은 심재우, Hobbes의 죄형법정주의 사상(고시연구, 1980. 4), 92면; 同, T. Hobbes의 죄형법정주의 사상과 목적형사상(고려대 법대 법률행정논집, 1979), 119면 이하.

10) 정영석, 54면 이하; 김기두, 죄형법정주의(형사법강좌 I), 42면 이하.

장하는 형법의 기본원리로서 확립되었다. 그러나 끊임없는 사회변화와 법치주의 내용이 형식적 법치주의에서 실질적 법치주의에로 발전하면서 죄형법정주의는 그 의미와 내용도 수정될 수밖에 없었다. 즉, 종래까지의 죄형법정주의는 "법률 없으면 범죄 없고 형벌 없다"는 형식적인 법률에 의해서 보장적 기능을 수행하여 왔다. 이를 형식적 의미의 죄형법정주의라 한다. 이에 의하면 법률의 내용 여하와 관계없이 법률만 있으면 범죄를 인정할 수 있고, 형벌권도 행사할 수 있다. 이데올로기 공산국가나 나치스 전체주의 또는 군국주의 국가는 형식적인 법률에 근거하여 처벌하면 죄형법정주의에 반하지 않는다는 점을 악용하여 형벌권을 남용하였다. 국가가 애당초 부당한 법을 제정하여 형벌권을 남용한다면 비록 법률에 근거한 처벌이라 할지라도 국가형벌권이 자의적으로 행사되어 국민의 자유와 권리를 보장할 수 없다.

인간의 존엄과 가치는 현대국가의 최고가치이므로 국가는 이에 부합하는 형벌법규를 제정해야 하고, 제정된 법의 내용도 형벌법규로서 합리성을 가져야 하며, 실질적 정의에 합치되어야 한다. 현대적 의미의 죄형법정주의는 단지 "법률 없으면 범죄 없고 형벌 없다"는 형식에 의하여 보장적 기능을 수행하는데 그치지 않고, 나아가서 실질적으로 보장적 기능을 수행할 수 있도록 법률의 내용이 적정해야 한다. 그리하여 죄형법정주의는 "적정한 법률 없으면 범죄 없고 형벌 없다"라는 원칙이 되어야 한다.[11] 이를 실질적 의미의 죄형법정주의라 한다. 실질적 의미의 죄형법정주의는 "불법 없으면 형벌 없다", "필요 없으면 형벌 없다", "책임 없으면 형벌 없다"라는 세 가지 원칙을 그 내용으로 한다.

Ⅳ. 죄형법정주의의 내용

죄형법정주의는 전통적으로 관습형법금지의 원칙, 유추적용금지의 원칙, 소급효금지의 원칙, 명확성의 원칙이라는 파생원칙을 그 내용으로 하여 왔다. 그러나 실질적 의미의 죄형법정주의는 여기에 더하여 법의 적정성의 원칙까지 요구한다.

11) 심재우, 죄형법정주의의 현대적 의의(고시계, 1978. 1), 14면 이하; 정성근, 61면; 강구진, 전게논문, 23면; 차용석, 132면; 이형국, 26면; 이재상, 14면; 박상기, 35면; 임웅, 18면; 오영근, 43면; 김성돈, 55면.

1. 관습형법금지의 원칙

(1) 관습형법금지원칙의 의의

관습형법금지(Das Verbot des Gewohnheitsrechts)의 원칙이란 범죄와 형벌은 성문의 법률에 규정하여야 하고, 관습법을 직접 형벌법규의 법원(法源)으로 하여 처벌할 수 없다는 원칙을 말한다. 이를 법률주의 또는 성문법주의라고도 한다. 관습법은 성문법과는 달리 그 내용과 범위가 명백하지 않기 때문에 이에 의하여 범죄를 인정하고 처벌한다면 그 존재가 불명확한 법으로 처벌하게 되어, 범죄와 형벌을 미리 법률로서 정해야 한다는 죄형법정주의 취지에 반하기 때문이다.

(2) 관습형법금지원칙의 내용

1) 법률주의 이 원칙은 그 당연한 결론으로서 형벌법규에 대한 법률주의를 요구한다. 여기의 법률은 국회에서 제정한 형식적 의미의 법률을 말하므로 명령·조례·규칙 등에 의하여 범죄와 형벌을 규정할 수 없다. 그러나 법률주의는 법률에 형벌만을 규정하고 구성요건의 구체적 내용을 명령에 위임하거나(백지형법), 벌칙의 제정만을 명령·조례·규칙 등에 위임하는 것까지 금지하는 것은 아니다.[12] 다만 이러한 백지형법이나 위임입법도, ① 그 위임이나 수권의 범위가 법률에 명시되어 있어야 하며, ② 긴급한 필요가 있거나 미리 법률로써 상세하게 정할 수 없는 부득이한 사정이 있는 경우에 한하며, ③ 금지된 행위내용이나 형벌의 정도가 예측가능하게 정해진 경우에 한하여 법률주의에 반하지 않는다.

【판례】 〔위임입법의 허용전제〕 사회현상의 복잡다기화와 국회의 전문적·기술적 능력의 한계 및 시간적 적응능력의 한계로 인하여 형사처벌에 관련된 모든 법규를 예외 없이 형식적 의미의 법률에 의하여 규정한다는 것은 사실상 불가능할 뿐만 아니라 실제에 적합하지도 아니하기 때문에, 특히 긴급한 필요가 있거나 미리 법률로써 자세히 정할 수 없는 부득이한 사정이 있는 경우에 한하여 수권법률(위임법률)이 구성요건의 점에서는 처벌대상인 행위가 어떠한 것인지 이를 예측할 수 있을 정도로 구체적으로 정하고, 형벌의 점에서는 형벌의 종류 및 그 상한과 폭을 명확히 규정하는 것을 전제로 위임입법이 허용

12) 정성근, 61면; 강구진, 전게논문, 27면; 이재상, 15면; 임웅, 19면; 오영근, 44면; 손동권, 27면.

된다(대판, 2000. 10. 27, 2000도1007; 헌재결, 1991. 7. 8, 91헌가4).

[위임입법의 한계를 벗어난 예] ① 총포·도검·화약류등단속법시행령 제3조 제1항 제3호에서 총의 부품까지 총포에 속하는 것으로 규정한 것은 모법보다 형사처벌의 대상을 확장하고 있으므로, 이는 결국 위임입법의 한계를 벗어난 것이다(대판, 1999. 2. 11, 98도2816 전원합의체). ② 외국환관리규정 제6-15조의4 제2호 (나)목 소정의 '도박 기타 범죄 등 선량한 풍속 및 사회질서에 반하는 행위'라는 요건은 모법에서 규정한 허가규제기준을 넘어서는 것으로서, 모법의 위임 범위를 벗어난 것이라고 보지 않을 수 없다(대판, 1998. 6. 18, 97도2231 전원합의체). ③ 구 복표발행·현상기타사행행위단속법 제9조는 벌칙규정이면서도 형벌만을 규정하고 범죄의 구성요건설정은 완전히 각령에 백지위임하고 있는 것이나 다름없어 위임입법의 한계를 규정한 헌법 제75조와 죄형법정주의를 규정한 헌법 제12조 제1항, 제13조 제1항에 위반된다(헌재결, 1991. 7. 8, 91헌가). ④ 초등학교 졸업 이상의 학력을 가진 문맹자에게 운전면허 구술시험의 응시를 제한하고 있는 자동차운전면허 사무처리지침 제8조 제1항은 모법의 위임범위를 벗어나 무효이다(대판, 2007. 3. 29, 2006도8189).

[위임입법의 한계를 벗어나지 않은 예] ① 청소년유해매체물이 결과적으로 범죄의 구성요건의 일부를 이루게 되더라도 이 사건 법률조항(청소년보호법 제17조 제1항, 동법 제50조 제1호)에서 직접 청소년유해매체물의 범위를 확정하지 아니하고 행정기관(청소년보호위원회 등)에 위임하여 그 행정기관으로 하여금 청소년유해매체물을 확정하도록 하는 것은 부득이하다고 할 것이다.… 따라서 이 사건 법률조항이 형벌법규의 위임의 한계를 벗어나거나 불명확하여 죄형법정주의에 위반된다고 할 수 없다(헌재결, 2000. 6. 29, 99헌가16). ② 적출물을 지정된 장소에 처리하지 않은 적출물처리업자의 행위가 구 의료법 제17조 제2항의 위임을 받은 보건사회부령인 적출물등 처리 규정을 위반하였더라도 1981. 12. 31. 법률 제3504호로 개정되기 전의 구 의료법 제17조와 같이 '적출물처리업자는 위 적출물 등을 보건사회부령으로 정하는 바에 의하여 처리하여야 한다'는 등의 어떤 규범적 작위 또는 부작위의무를 명하는 규정이 있지 않는 한 이를 처벌할 수 없다(대판, 1989. 8. 8, 88도1161).

2) 유리한 관습법의 허용 관습형법의 금지는 관습법에 의하여 새로운 구성요건과 처벌규정을 만들거나 종래의 처벌규정 내지 보안처분보다 가중하여 국민에게 불이익하게 적용하는 것을 금지한다.[13] 그것은 실질적 의미의 죄형법정주의에 반하기 때문이다. 그러나 위법성조각사유, 면책사유, 인적 처벌조각사유, 객관적 처벌조건들은 범죄자에게 유리한 것이 되므로 관습법에 의해 창설되거나 적용이 확대되어도 이 원칙에 반하지 아니한다.

13) 정성근, 61면; 이재상, 16면; 이형국, 23면; 김일수/서보학, 77면; 손해목, 56-57면; 임웅, 19면; 안동준, 18면; 김성돈, 57면.

3) 관습법의 간접적 법원성 관습형법의 금지는 관습법을 직접 형법의 법원으로 할 수 없다는 의미일 뿐이고, 성문의 형벌법규에 내재하는 의미를 해석하는 데 있어서는 관습법에 의하여 보충할 수 있다.[14] 즉, 관습법의 간접적 법원성은 인정된다. 예컨대, 수리방해죄(제184조)에 있어서 수리권의 근거,[15] 배임죄(제355조 2항)에 있어서 타인의 사무를 처리하는 원인, 업무상횡령죄(제356조)에 있어서 업무의 근거, 부진정부작위범에 있어서 작위의무의 근거, 위법성의 내용을 결정하는 데 있어서 사회상규(제20조)의 범위 등은 사회통념·관습에 의하여 결정할 수 있다. 또 "음란"(제243조 이하)의 의미를 시대사조에 따른 선량한 성적 도의관념에 비추어 판단하는 것도 같은 취지이다.

2. 유추적용금지의 원칙

(1) 유추적용금지원칙의 의의

유추적용금지(Analogieverbot)의 원칙이란 형법의 해석은 가능한 한 엄격해야 하며, 법문의 의미 한계를 초월하여 이와 유사한 다른 사실에 적용할 수 없다는 원칙을 말한다. 여기서 "유추"란 관련사안에 대해 직접 적용할 명문규정이 없는데도 그 사안과 유사한 사안을 규정한 법률을 적용하는 것을 말한다. 따라서 유추적용은 법문의 가능한 의미를 초월하여 명문규정이 없는 사실에까지 추리·확충하는 것이므로 법관에 의한 법창조이고 일종의 입법에 속한다.[16] 이를 허용할 경우에는 형벌법규에 명시되지 아니한 행위가 처벌되어 개인의 자유와 권리가 침해될 위험성이 있으므로 죄형법정주의 원칙에 반하여 이를 금지한다.[17]

(2) 유추적용금지원칙의 내용

유추적용에 의하여 피고인에게 불리한 새로운 범죄를 인정하거나 불리한 형

14) 유기천, 46면; 정영석, 56면; 김종원, 죄형법정주의(고시계, 1972. 5), 65면; 차용석, 133면; 손해목, 56면; 정성근, 61면; 이재상, 16면; 이형국, 23면; 임웅, 19면; 김성돈, 57면.

15) 대판, 1968. 2. 20, 67도1667 : 농지경작자가 계속하여 20년 이상 평온 공연하게 유지의 물을 사용하여 농지를 경작한 경우, 그 물을 사용할 권리가 있으므로 이를 침해하면 수리방해죄를 구성한다.

16) 이런 의미에서 유추는 법해석의 한 방법이 아니므로, 일반적으로 사용하는 "유추해석금지"라는 표현보다는 "유추적용금지"라는 표현이 더 정확하다(김일수/서보학, 73면; 임웅, 25면 이하).

17) 형법의 해석에 의하여 허용되는 확장해석과 금지되는 유추적용과의 구별에 관해서는 후술하는 제3절 Ⅱ. 4. 참조.

벌과 보안처분을 과하는 것은 모두 금지된다. 따라서 형법적 제재를 가중하는 유추적용은 물론, 형벌법규상의 범죄요건에 대해서도 피고인에게 불리한 유추적용을 할 수 없다. 다만, 피고인에게 이익이 되는 유추적용은 죄형법정주의 취지에 반하지 않기 때문에 허용된다.[18]

3. 소급효금지의 원칙

(1) 소급효금지원칙의 의의

소급효금지(Rückwirkungsverbot)의 원칙이란 형벌법규는 그것이 시행된 이후의 행위에 대해서만 적용하고 시행 이전의 행위에까지 소급하여 적용할 수 없다는 원칙을 말한다. 소급효를 허용하게 되면 행위시에 범죄 아닌 행위가 사후에 범죄로 처벌되거나 행위시의 형벌법규보다 불리하게 처벌되어 국민의 법적 안정성을 해하고, 범죄와 형벌을 미리 법률로 정해야 한다는 죄형법정주의에 반하게 된다. 형법 제1조 1항도 행위시법주의와 함께 소급효금지를 명시하고 있다.

(2) 소급효금지원칙의 내용

1) 형사사후입법의 소급금지 소급효금지는 형사사후입법에 의한 소급적용을 금지하므로 소급입법뿐만 아니라 법관에 의한 소급적용도 금지한다.[19] 여기서 금지되는 사후입법은 새로운 범죄를 신설하거나 개정에 의해서 범죄성립요건과 처벌의 범위를 확장하는 경우를 포함한다.[20]

2) 유리한 소급효 허용 죄형법정주의는 국민의 자유와 권리를 실질적으로 보장하는 데에 그 목적이 있으므로 행위자에게 불리한 소급효만을 금지한다. 형법 제1조 2항에서 "범죄 후 법률의 변경에 의하여 그 행위가 범죄를 구성하지 아니하거나 형이 구법보다 경한 때에는 신법에 의한다", 동조 3항에서 "재판확정 후 법률의 변경에 의하여 그 행위가 범죄를 구성하지 아니한 때에는 형의 집행을 면제한다"라고 규정한 것도 이러한 취지이다.[21]

18) 유기천, 46면; 김기두, 전게논문, 45면; 정성근, 62면; 이형국, 24면; 이재상, 26면; 차용석, 142면; 김일수/서보학, 76면; 박상기, 34면; 안동준, 21면; 임웅, 27면.
19) 이형국, 25면; Rudolphi, SK, §1 Ⅱ Rdn. 6.
20) 정성근, 63면; 김일수/서보학, 61면; 배종대, 93면.
21) 강구진, 전게논문(하), 115면; 이재상, 17면; 이형국, 25면; 임웅, 24면; 오영근, 53면.

3) 형벌과 보안처분의 소급 소급법에 의하여 불이익한 형벌을 과할 수 없다는 것은 당연하다(제1조 2항). 그것이 자유형이든 벌금형이든 주형이든 부과형이든 묻지 아니한다.[22)]

문제는 보안처분에 대하여 소급효금지원칙이 적용되느냐에 있다. 독일 형법 제2조 6항은 "보안처분에 관하여는 법률에 특별한 규정이 없는 한 판결시의 법률에 의한다"라고 하여 이 원칙의 적용을 배제하고 있다. 그러나 이와 같은 명문규정이 없는 우리 형법에서는 보안처분도 형벌과 더불어 형사제재수단에 속하기 때문에 보안처분에 대하여도 이 원칙이 당연히 적용되어야 한다.[23)]

판례는 보안처분의 일종인 보호관찰에 대하여는 소급효금지의 원칙을 적용하지 않고 있으나,[24)] (구)사회보호법상의 보호감호의 경우에는 예외적으로 이 원칙을 적용해야 한다는 태도를 취해왔다.[25)] 최근에는 '가정폭력범죄의 처벌 등에 관한 특례법'상의 사회봉사명령도 이 원칙의 적용대상이 된다고 하였다.[26)]

【판례】 ① 개정형법 제62조 2의 제2항에서 말하는 보호관찰은 형벌이 아니라 보안처분의 성격을 갖는 것으로서 과거의 불법에 대한 제재가 아니라 장래의 위험성으로부터 행위자를 보호하고 사회를 방위하기 위한 합목적적 조치이므로 그에 관하여 반드시 행위 이전에 규정되어 있어야만 하는 것은 아니며, 재판시의 규정에 의하여 보호관찰을 받을 것을 명할 수 있다고 보아야 할 것이고, 이와 같은 해석이 형벌불소급의 원칙 내지 죄형법정주의에 위배되는 것이라고 볼 수 없다(대판, 1997. 6. 13, 97도703).

② 가정폭력범죄의 처벌 등에 관한 특례법이 정한 보호처분 중의 하나인 사회봉사명령은 가정폭력범죄를 범한 자에 대하여 환경의 조정과 성행의 교정을 목적으로 하는 것으로서 형벌 그 자체가 아니라 보안처분의 성격을 가지는 것이 사실이다. 그러나 한편으로 이는 가정폭력범죄행위에 대하여 형사처벌 대신 부과되는 것으로서, 가정폭력범죄를 범한 자에게 의무적 노동을 부과하고 여가시간을 박탈하여 실질적으로는 신체적 자유를 제한하게 되므로, 이에 대하여는 원칙적으로 형벌불소급의 원칙에 따라 행위시법을 적용함이 상당하다(대결, 2008. 7. 24, 자 2008어4).

---

22) 이재상, 17면. 따라서 벌금등임시조치법에 의하여 벌금형이 많아진 경우에도 이 원칙이 적용된다(대판 1960. 11. 16, 4293형상445).

23) 정성근, 63면; 차용석, 137면; 이재상, 18면; 김일수/서보학, 63면; 배종대, 93면; 손해목, 61면; 안동준, 18면; 임웅, 22면; 오영근, 45면; 정영일, 47면; 김성돈, 73면.

24) 대판, 1997. 6. 13, 97도703.

25) 대판, 1987. 2. 24, 86감도286.

26) 대결, 2008. 7. 24, 자 2008어4.

4) 소송법의 변경 소급효금지의 원칙은 실체법인 형법에 대해서만 적용되는 원칙[27]이므로 절차법인 소송법상의 규정에 대해서는 적용되지 않는 것이 원칙이다. 다만 소송법상의 규정이라도 순수한 절차규정이 아니라 범죄의 가벌성과 관련된 조건, 예컨대, 친고죄를 비친고죄로 개정하는 것이나, 시효완성 후 공소시효를 연장하는 경우(진정소급효)에는 소급효금지원칙의 적용을 받는다.[28] 이 경우에는 죄형법정주의의 본질인 개인의 신뢰보호와 국민의 법적 안정성에 중요한 영향을 미치기 때문이다. 이에 대하여 공소시효 유효기간 중에 시효기간을 연장하거나 시효진행을 정지시키는 것(부진정소급효)은 소급효금지의 원칙에 반하지 않아 소급효가 인정된다[29]고 본다. 이 경우 개인의 신뢰보호는 공소시효가 완성된 경우와는 달리 상대적인 보호에 불과하고, 개인의 신뢰보호보다 시효연장으로 인한 공익이 우선한다고 볼 수 있기 때문이다.[30]

판례에 의하면, 진정소급입법의 경우에는 소급효금지의 원칙이 적용되어 진정소급효는 원칙적으로 허용되지 않으나 신뢰보호의 요청에 우선하는 심히 중대한 공익상의 사유가 소급입법을 정당화하는 경우 등에 한하여 예외적으로 허용될 수 있으며, 부진정소급입법의 경우에는 소급효금지의 원칙이 적용되지 않아 부진정소급효는 전면적으로 인정된다고 한다.

【판례】 소급입법은 새로운 입법으로 이미 종료된 사실관계 또는 법률관계에 작용케 하는 진정소급입법과 현재 진행중인 사실관계 또는 법률관계에 작용케 하는 부진정소급입법으로 나눌 수 있는 바, 부진정소급입법은 원칙적으로 허용되지만 … 진정소급입법은 개인의 신뢰보호와 법적 안정성을 내용으로 하는 법치국가원리에 의하여 특단의 사정이 없는 한 헌법적으로 허용되지 아니하는 것이 원칙이고, 다만 일반적으로 국민이 소급입법을 예상할 수 있었

27) 헌법 제13조 1항 및 형법 제1조 1항에 의하여 소급효금지의 원칙은 범죄의 성립과 처벌에 관한 실질적 의미의 형법에만 적용된다고 보아야 한다.

28) 정성근, 63면 이하; 강구진, 전게논문(하), 115면 이하; 김일수/서보학, 62면; 이정원, 37면; 정영일, 44면; Jescheck/Weigend, §15 Ⅳ 4; Wezel, S. 24. 이에 반하여 이 경우도 절차에 관한 규정에 불과하므로 소급효금지의 원칙은 전면적으로 적용되지 않는다는 견해(전면적 소급효 긍정설)는 임웅, 22면. 한편 형사절차법에도 전면적으로 소급효금지원칙이 적용된다는 견해(전면적 소급효 부정설)는 오영근, 56면.

29) 소송법상의 규정 중 범죄의 가벌성과 관련된 조건이라도 소급효가 인정된다는 견해를 취하면서도, 진정소급입법의 경우에는 소급효를 부정하고, 부진정소급입법의 소급효를 인정하는 입장(부분적 소급효긍정설)을 따르는 견해는 이재상, 19면; 박상기, 31면; 배종대, 94면; 신동운, 41면; 김성돈, 71면.

30) 김일수/서보학, 62면; 소재용, 형법의 시간적 적용에 관한 연구(성균관대 대학원 박사학위논문, 2007), 192면.

거나 법적 상태가 불확실하고 혼란스러워 보호할 만한 신뢰이익이 적은 경우와 소급입법에 의한 당사자의 손실이 없거나 아주 경미한 경우 그리고 신뢰보호의 요청에 우선하는 심히 중대한 공익상의 사유가 소급입법을 정당화하는 경우 등에는 예외적으로 진정소급입법이 허용된다[헌법재판소 1999. 7. 22, 97헌바76, 98헌바50·51·52·54·55(병합)].[31)]

5) 판례의 소급변경　행위당시의 판례에 의하면 처벌대상이 될 수 없는 행위가 사후적으로 변경된 판례에 의해서 가벌행위로 되는 경우에도 소급효금지원칙의 적용여부가 문제된다. 소급효금지원칙 적용부정설(소급효 긍정설)은 판례의 변경이 가벌행위로 되어도 소급효금지의 원칙에 반하지 않는다고 한다.[32)] 소급처벌이 금지되는 것은 '법률'이지 법률의 적용에 불과한 판례에는 이 원칙이 적용되지 않는다는 것이 그 이유이다. 대법원의 다수의견[33)]도 이 입장을 따르고 있다. 그러나 판례 그 자체는 성문법은 아니지만 유권적 해석에 의하여 법의 내용이 확정되고 사실상 구속력을 갖고 있으며, 국민도 이를 신뢰하고 생활하고 있으므로 법에 충실한 선량한 시민의 법적 안정성을 위해서 소급효금지원칙의 적용을 긍정하는 견해(소급효 부정설)[34)]가 타당하다고 본다.

31) 同旨: 헌법재판소 1997. 6. 26, 96헌바94; 헌법재판소 1996. 2. 16, 헌가2, 96헌바7, 96헌바13(병합). 대법원도 "5·18민주화운동등에관한특별법 제2조는 그 제1항에서 그 적용대상을 1979년 12월 12일과 1980년 5월 18일을 전후하여 발생한 헌정질서파괴범죄의공소시효등에관한특례법 제2조의 헌정질서파괴범죄행위라고 특정"하고 있으므로, 그에 해당하는 범죄는 5·18민주화운동등에관한특별법 시행 당시 이미 형사소송법 제249조에 의한 공소시효가 완성되었는지 여부에 관계없이 모두 그 적용대상이 됨이 명백하다고 할 것인데, 위 법률조항에 대하여는 헌법재판소가 1996. 2. 16, 헌가2, 96헌바7, 96헌바13(병합)사건에서 헌법에 위반되지 아니한다는 합헌결정을 하였으므로 위 법률 조항의 적용범위에 속하는 범죄에 대하여는 이를 그대로 적용할 수밖에 없다(대판, 1997. 4. 17, 96도3376)고 판시하였다.

32) 박상기, 32면; 오영근, 57면; 정영일, 42면; 김성천, 23면; Rudolphi, SK, §1 Rdn.8; Roxin, AT, §5 Rdn. 이 학설의 연장선상에서, 판례변경으로 인하여 새롭게 형사처벌을 받거나 가중처벌을 받게 될 피고인을 구제하기 위하여 형법 제16조의 금지착오의 법리를 원용하자는 '금지착오원용설'도 주장되고 있다(이재상, 20면, 김일수/서보학, 66면; 임웅, 24면; 안동준, 19면; 손동권, 35면; 김성천/김형준, 46면). 그러나 판례변경의 문제는 금지착오의 법리와는 근본적으로 다른 차원의 문제이다. 즉, 금지착오의 경우는 법원이 당해사건에 관하여 종전의 판례를 변경하는지의 여부와는 관계없이 종전 판례에 대한 행위자의 신뢰에 대하여 형법 제16조를 적용할 수 있는지 여부를 판단하는 것이므로 판례변경의 문제와는 본질적으로 다르다(신동운, 43면; 정영일, 45면; 김성돈, 56면).

33) 대판(전원합의체), 1999. 7. 15, 95도2870. 소수의견은 법적 안정성과 예측가능성을 보장하기 위해 소급입법금지를 한 헌법정신에 상응될 수 없다고 하고 소급금지를 주장한다.

34) 정성근, 64면; 이형국, 25면; 이정원, 38면; 진계호, 114면; 하태영, 피고인에게 불리한 판례변경과 소급효금지의 문제(경남법학 제14집, 1998), 180면 이하; 신동운, 43면; 손해목, 61면; 구모영, 판례의 변경과 소급효금지원칙(비교형사법연구 제2호, 1999), 187면 이하; 강기

【판례】 ① 형사처벌의 근거가 되는 것은 법률이지 판례가 아니고, 형법조항에 관한 판례의 변경은 그 법률조항의 내용을 확인하는 것에 지나지 아니하여 이로써 그 법률조항 자체가 변경된 것이라고 볼 수는 없으므로, 행위 당시의 판례에 의하면 처벌대상이 되지 아니하는 것으로 해석되었던 행위를 판례의 변경에 따라 확인된 내용의 형법조항에 근거하여 처벌한다고 하여 그것이 헌법상 평등의 원칙과 형벌불소급의 원칙에 반한다고 할 수는 없다(대판, 1999. 9. 17, 97도3349).

② 대법원이 전원합의체 판결로서 피고인에게 불리한 판례로 변경한 예 : ㉠ 범죄불성립에서 범죄성립으로 변경한 판례로, 법인대표기관의 배임죄 주체를 인정한 것(대판, 1984. 10. 10, 82도2595), 복사문서가 문서위조죄의 객체인 문서에 해당한다고 한 것(대판, 1989. 9. 12, 87도506), 다른 사람의 운전면허증을 신분증명서로 제시한 경우에 공문서부정행사죄를 인정한 것(대판, 2001. 4. 19, 2000도1985) 등이 있고, ㉡ 가중적 구성요건으로 중하게 변경한 판례로, 강도행위가 야간에 주거에 침입하여 이루어지는 특수강도죄의 실행의 착수시기를 주거침입을 한 때로 변경한 것(대판, 1992. 7. 28, 92도917), 3인 이상의 합동절도에서 직접실행행위에 가담하지 않은 자에 대한 공동정범의 성립을 인정한 것(대판, 1998. 5. 12, 98도321) 등 실무에서 빈번히 일어나고 있다.[35]

4. 명확성의 원칙

(1) 명확성원칙의 의의

명확성의 원칙(Bestimmtheitsgrundsatz)이란 형벌법규의 구성요건과 법적 효과는 일반국민이 사전에 예측할 수 있도록 명확하게 규정하여야 한다는 원칙이다. 형벌법규의 내용이 추상적이거나 불명확할 때에는 법관의 자의가 개입하여 유추적용과 확장해석의 위험이 많기 때문에 국민의 자유와 권리를 보장한다는 죄형법정주의의 목적은 달성할 수 없게 된다. 그러므로 국민에게 어떤 행위가 범죄로 되는가를 명확하게 예고하고, 이에 대한 법적 효과를 예측가능하게 할 필요가 있다.[36] 미국 연방대법원 판례는 불명확한 형벌법규에 의한 처벌은 위헌

정, 죄형법정주의(손해목 교수 화갑기념논문집, 1993), 20면 이하; 강태수, 독일연방재판소의 베를린 장벽사살에 관한 소고(오선주 교수 정년기념논문집, 2001), 652면; Sch/Sch/Eser, §2 Rdn.8; Schreiber, JZ 1973, S. 718.

한편 법률을 보충하는 법관의 법창조 활동에 해당하는 법적 견해의 변경인 경우에는 소급적용을 금지하고, 단순한 법상황의 변경(법률안에서의 법발견)인 경우에는 소급적용이 허용된다는 절충적인 견해도 있다(배종대, 94면; 김일수, 한국형법Ⅰ, 187면 이하).

35) 이와 같이 대법원은 변경 전의 판례를 신뢰한 성실한 국민에 대하여 일방적으로 예측불가능한 가벌성을 확대하고 있다.

36) 정성근, 64면; 강구진, 전게논문(하), 27면 이하; 이재상, 21면; 이형국, 23면; 차용석, 108면; Rudolphi, SK, S. 6. 명확성의 원칙은 원래 입법의 지침을 위한 원리로 등장하였으나 점

으로 무효라고 하고 있다.[37]

(2) 명확성원칙의 내용

형벌법규의 명확성은 구성요건 자체의 명확성뿐만 아니라 법적 효과인 형사제재의 명확성도 요구한다.

1) 구성요건의 명확성 구성요건의 내용은 국민으로 하여금 금지된 행위가 무엇인가를 알 수 있도록 구체적으로 명백하게 하여야 하며, 법관이 자의적으로 확장할 수 없는 개념을 사용해야 한다. 예컨대, "민주적 기본질서에 위반한 행위" 또는 "기타 선량한 풍속, 사회질서에 반하는 행위"를 한 자는 처벌한다 등과 같이 구성요건의 내용을 추상적으로 규정한 것은 이 원칙에 반하게 된다. 이 원칙에 철저하면 규범적 구성요건요소, 개방적 구성요건을 인정할 수 없게 된다. 그러나 구성요건의 불법유형성과 범죄개별화기능 때문에 순수한 기술적 요소만으로 구성요건을 설정하는 것은 입법기술상 불가능하므로 어느 정도의 포괄적 내지 가치적 개념으로 규정하는 것은 불가피하다.[38]

문제는 명확성을 판단하는 기준이다. 대체로 법관이 행위자의 입장에서 합리적으로 판단할 때에 법적 확실성을 해하지 않고, 사회평균인이 무엇이 금지되어 있는지를 이해할 수 있는가에 따라 판단해야 한다. 이 경우 죄형법정주의 취지와 입법기술상의 불가피성도 고려하여야 할 것이다.

【판례】 〔명확성의 원칙의 판단기준〕 처벌법규의 입법목적이나 그 전체적인 내용, 구조 등을 살펴보아 사물의 변별능력을 제대로 갖춘 일반인의 이해와 판단으로서 그 구성요건에 해당하는 행위유형을 정형화하거나 한정할 합리적 해석기준을 찾을 수 있다면 죄형법정주의가 요구하는 명확성의 원칙에 반하는 것은 아니다(대판, 2002. 7. 26, 2002도1855).[39]

〔명확성의 원칙에 반한 예〕 ① 외국환관리규정 제6-15조의4 제2호 (나)목 소정의 "도박 기타 범죄 등 선량한 풍속 및 사회질서에 반하는 행위"라는 요건(대판, 1998. 6. 18, 97도2231). ② 구 가정의례에관한법률 제4조 1항 및 동 제7호상의 "가정의례의 참뜻에 비추어 합리적인 범위 안에서 대통령령이 정하는 행위 이외에 경조기간 중 주류 및 음식물의 접대를 금지한다"는 개념(헌재결,

차 법해석원리로 발전되었다.

37) Lanzetta v. New Jersey, 306 U.S. 451(1939); Winters v. New York, 333 U.S. 507(1948). 차용석, 108면도 명확성의 원칙에 반한 것은 죄형법정주의를 규정한 헌법에 위반한다고 한다.

38) 정성근, 65면; 강구진, 전게논문(상), 29면; 이재상, 22면; 이형국, 23면; 오영근, 48면; 김성돈, 58면.

39) 同旨 : 대판, 2000. 11. 16, 98도3665; 대판, 2001. 11. 13, 2001도3531.

1998. 10. 15, 98헌마168). ③ 직업안정법 제46조 제1항 제2호 중 "공중도덕상 유해한 업무"라는 개념(헌재결 2005. 3. 31, 2004헌바29). ④ 도로교통법 제78조 제1항 단서 제5호는 "운전면허를 받은 사람이 자동차 등을 이용하여 범죄행위를 한 때"를 필요적 운전면허 취소사유로 규정하고 있는 것(헌재결 2005. 11. 24, 2004헌가28).

[명확성의 원칙에 반하지 않은 예] ① 형법 제243조, 제244조에서 규정하는 "음란"은 평가적 · 정서적 판단을 요하는 규범적 구성요건 요소로서 그 개념은 일반 보통인의 성욕을 자극하여 성적 흥분을 유발하고 정상적인 성적 수치심을 해하여 성적 도의관념에 반하는 것이라고 풀이되고 있으므로 이를 불명확하다고 할 수 없다(대판, 1995. 6. 16, 94도2413). ② 유해화학물질관리법 제35조 제1항의 "섭취 또는 흡입"의 개념(대판, 2000. 10. 27, 2000도4187), ③ 구 식품위생법 제7조 제1항에서 규정하는 "일반인들의 전래적인 식생활이나 통념상 식용으로 하지 아니하는 것" 및 "식품원료로서 안전성 및 건전성이 입증되지 아니한 것"이라는 개념(대판, 2000. 10. 27, 2000도1007), ④ 군사기밀보호법상의 "군사상의 기밀"이라는 개념 및 "부당(不當)한 방법으로 탐지 · 수집한 자"라는 구성요건에서 "부당한 방법으로"라는 용어(헌재결, 1992. 2. 26, 89헌가104) 등.

2) 형사제재의 명확성 범죄에 대한 법적 효과인 형벌과 보안처분의 범위 · 종류는 특정하여야 하며, 어떤 범죄에 대한 제재인가를 명백히 규정하여야 한다. 그러므로 절대적 부정기형은 법적 효과의 명확성 원칙에 반한다. 법적 안정성을 해하고 인권보장을 위태롭게 할 위험성이 크기 때문이다.[40] 이에 대하여 상대적 부정기형과 형벌의 선택에 대한 재량을 인정하는 것은 허용된다. 소년법 제60조[41]는 상대적 부정기형을 인정하고 있는데, 형의 집행유예나 선고유예시에는 상대적 부정기형 규정은 적용하지 아니한다(동조 제1항, 제3항).

5. 법의 적정성의 원칙

(1) 적정성원칙의 의의

적정성의 원칙이란 형벌법규는 기본적 인권을 실질적으로 보장할 수 있도록 그 내용이 적정해야 한다는 원칙을 말한다. 종래의 형식적 의미의 죄형법정주의에 의하면 법관의 자의로부터 국민의 자유와 권리는 보장할 수 있지만, 입법자의 자의에 의한 형벌권의 확대는 방지할 수 없다. 입법자가 애당초 불법이

40) 김종원, 죄형법정주의(하), 66면; 이재상, 24면; 이형국, 23면.

41) 소년이 법정형 장기 2년 이상 유기형에 해당하는 죄를 범한 때 그 형의 범위 안에서 장기와 단기를 정하여 선고한다. 장기는 10년 단기는 5년을 초과하지 못한다.

될 수 없는 행위를 범죄로 규정한 법률이나 내용이 불합리한 법률을 제정하여 처벌한다면, 법률의 탈을 쓴 불법(법률적 불법)이 죄형법정주의라는 미명 하에 자행되어 사실상 국민의 기본권을 침해하게 된다. 적정성의 원칙이 실질적 의미의 죄형법정주의 내용이 되어야 하는 이유도 여기에 있는 것이며, 동시에 실질적 정의의 요청이기도 하다.[42]

(2) 적정성원칙의 내용

1) 인간의 존엄과 가치의 보장 형벌법규는 인간의 존엄과 가치를 보장하는 헌법적 가치체계(헌법 제10조)와 모순되어서는 아니된다. 인간의 존엄과 가치를 부정하거나 기본권을 침해하는 형벌법규는 애당초 부적정한 악법으로서 위헌이라 해야 한다(실질적 due process of law).[43]

2) 필요성·보충성 형벌법규는 필요성이 있어야 한다(필요 없으면 형벌 없다).[44] 형벌법규는 궁극적으로 법익보호를 위한 수단으로서만 사용해야 하고, 정치적 목적이나 이데올로기적 목적을 위한 수단으로 사용할 수 없다(형벌법규의 효용성의 원칙). 동시에 형벌권의 행사도 법익보호를 위해서 불가피한 최후수단으로서 최소한도에 그쳐야 한다(형벌법규의 보충성의 원칙).

3) 불법행위에 한정 형벌법규의 처벌대상이 되는 행위는 오로지 불법행위에 한정되어야 한다(불법 없으면 형벌 없다). 불법하지 않는 행위를 처벌대상으로 하는 형벌법규는 악법이며, 이에 의한 형벌권의 행사는 법의 탈을 쓴 형벌폭력에 지나지 않는다.[45]

4) 형벌의 적정 형벌의 정도가 적정해야 한다. 형벌의 적정성 여부는 다음과 같은 세 가지 점을 고려하여 결정해야 한다.[46] ① 범죄와 형벌 사이에 균형이 유지되어야 하고, 과잉처벌할 수 없으며(균형성과 과잉금지원칙), ② 사회윤리적으로 잔인하거나 가혹한 형벌을 과할 수 없으며(인도성의 원칙), ③ 책임의 범위 내에서만 형벌이 과해져야 한다(책임원칙).

---

42) 강구진, 전게논문(상), 30면 이하; 심재우, 형벌권의 제한(형사법강좌 I), 87면 이하; 정성근, 65면 이하; 이재상, 29면; 임웅, 31면; 김성돈, 76면; 손동권, 32면; 오영근, 64면 이하; 정영일, 54면. 이에 반해 적정성의 원칙을 부정하는 견해는 김일수/서보학, 81면.

43) 정성근, 66면; 강구진, 전게논문(상), 31면; 차용석, 109면.

44) 심재우, 형벌권의 제한, 86면 이하; 정성근, 66면.

45) 심재우, 형벌권의 제한, 83면; 정성근, 66면.

46) 강구진, 전게논문(상), 31면 이하; 심재우, 형벌권의 제한, 90면 이하; 정성근, 66면; 이재상, 30-31면.

【판례】 ① 폭력행위등처벌에관한법률 제3조 제2항 중 야간특수협박죄 부분은 그 행위가 야간에 행해지고 흉기 기타 위험한 물건을 휴대하였다는 사정만으로 일률적으로 5년 이상의 유기징역에 처하도록 규정한 것은 실질적 법치국가가 지향하는 죄형법정주의의 취지에 어긋날 뿐만 아니라 과잉금지원칙 내지 비례성원칙에도 어긋나 위헌이라고 판시하였다(헌재결, 2004. 12. 16, 2003헌가12).

이에 반해 대법원은 ② 특정범죄가중처벌등에관한법률 제5조의7 제6항(이 규정은 성범죄처벌및피해자보호등에관한법률 제9조 1항으로 옮겨 규정됨)의 특수강간치상의 법정형 하한이 7년으로 되어 있어 살인죄에 비해 형이 중하게 되어 있어도 헌법상 평등원칙과 비례성 원칙을 침해한 것으로 볼 수 없다고 판시하였다(대결, 1992. 8. 14, 92초38).

제 3 절 형법의 해석

Ⅰ. 형법규범과 형법해석학

형법규범의 규범적 의미를 해석에 의하여 체계적으로 인식하는 것을 형법해석이라 하고, 이러한 해석을 그 임무로 하는 학문을 형법해석학(Strafrechtsdogmatik) 또는 형법학(Strafrechtswissenschaft)이라 한다. 형법해석학의 연구대상은 현행 형법, 즉 형법규범이고 조문은 아니다. 그러나 죄형법정주의 원칙은 형법규범이 성문으로 명시될 것을 요구한다. 이와 같이 성문으로 명시된 것이 조문이므로 형법해석학은 그 대상인 형법규범을 인식하는 데 있어서 조문을 무시하거나 초월할 수 없다.

형법의 조문 중에는 단지 형법규범의 요소에 관한 개념정의만 하는 경우(제91조)도 있고, 하나의 조문에 두 가지 형법규범을 규정하는 경우(제276조)도 있다. 또 조문에 규정이 없는 것이라도 형법규범에 공통되는 요소(예컨대, 책임능력, 위법성)이면 형법규범의 내용이 된다.

형법전에 개별적 범죄를 규정하고 있는 형법규범을 형법각칙이라 하고, 이를 규정하고 있는 조문을 형법 각본조(刑法 各本條)라 한다. 그리고 형법각칙을 연구대상으로 하는 형법해석학을 형법각론이라 한다. 형법학은 광의의 형법을 연구대상으로 하므로 특별형법 기타의 형벌법규도 형법각론의 연구대상이 된다. 형법의 조문 중에는 형법각칙에 공통되는 일반적 요소, 예컨대 형법의 적용범위・위법성조각사유・책임능력・고의・과실・미수・공범・형벌의 종류와 경중 등에 관해서도 규정하고 있다. 이와 같이 형법각칙에 공통되는 일반적 요소를 규정하고 있는 규범을 형법총칙이라 하고, 형법총칙을 연구대상으로 하는 형법해석학을 형법총론이라 한다.

Ⅱ. 형법해석의 의의와 방법

1. 형법해석의 의의

형법해석학의 임무는 형법규범의 규범적 의미를 해석에 의하여 체계적으로 인식하는 데 있으므로 그 방법으로서 해석이 필요하게 된다. 여기의 해석이란 언어에 의하여 표현되어진 의미를 그 내부에서 내면적으로 인식하는 것을 말한다. 따라서 조문에 의하여 표시되어진 형법규범의 규범적 의미를 내면적으로 인식하는 것을 형법의 해석이라 할 수 있다.

2. 문리해석과 논리해석

문리해석(gramatische Auslegung)이란 법률의 의미를 언어의 의미에 따라 해석하는 것을 말하며, 논리해석(logisch-systematische Auslegung)이란 용어의 체계적 관련에 따라 논리적 의미를 밝히는 것을 말한다. 형법조문은 문법적으로는 단어에 의하여 문장으로 형성되어 있고, 논리적으로는 명제의 형식으로 표시되어 있다. 따라서 형법 해석에서도 문리해석과 논리해석은 불가결한 방법이다. 그러나 이러한 해석에 의해서는 언어학적・논리적 의미는 밝힐 수 있으나 형법의 규범적 의미는 밝힐 수 없다. 예컨대 살인죄(제250조)에 있어서의 "사람"과 방화죄(제164조 이하)에 있어서의 "사람"의 의미에 대해서 문리해석으로는 "사람"의 의미가 다의적이라는 것을 밝힐 수 있으나, 살인죄에 있어서의 "사람"은 자기 이외의 생존한 자연인을 의미하며, 방화죄에 있어서의 "사람"은 불특정 또는 다수인을 의미한다는 규범적 의미는 밝힐 수 없다.

또 명제는 논리적으로 두 개 이상의 가능한 의미를 가지고 있다. 예컨대 절도죄(제329조)에 있어서의 "재물"과 형법 제346조에서의 "동력"에 대해서, 전자는 유체물로서의 재물이지만 후자는 관리가능한 무체물로서 예외적으로 재물과 같이 취급한다고 해석할 수 있고, 반대로 유체물이건 무체물이건 관리가능한 것이면 모두 재물이 되므로 동력은 이를 예시한 것에 지나지 않는다고 해석할 수도 있다. 논리적·형식적으로는 이상의 두 가지 해석이 모두 가능하지만 형법의 규범적 의미를 밝혀주는 해석으로 어느 것이 타당한가는 이러한 해석만으로 결정할 수 없다. 여기에 목적론적 해석이 필요하게 된다.

3. 목적론적 해석으로서의 확장·축소해석

목적론적 해석(teleologische Auslegung)이란 법률의 의미 내용에 상이한 해석의 여지가 있는 경우에 법규범이 추구하는 실제 목적, 즉 법률의 객관적 의미에 따라 해석하는 것을 말한다. 목적론적 해석에 있어서는 조문의 의미를 보통의 어의(語義), 일상용어적 의미보다 어느 정도 넓게 해석하거나 어느 정도 좁게 해석하는 것이 필요하다. 전자를 확장해석, 후자를 축소해석이라 한다.

확장해석의 예로 감금죄(제276조)에 있어서의 "감금"의 일상용어적 의미는 물리력에 의하여 일정한 장소로부터 탈출하지 못하게 하는 것이지만, 공포심·수치심을 이용하여 일정한 장소로부터 임의로 탈출하지 못하게 하는 것도 감금에 해당한다고 해석하는 것을 들 수 있다. 축소해석의 예로 사기죄(제347조)에 있어서 "편취"나 공갈죄(제350조)에 있어서 "갈취"의 해석을 피해자가 임의로 재물을 교부한 경우에는 이에 해당하지 않는다고 하거나, 공무집행방해죄(제136조)에 있어서 "직무집행"은 적법한 직무집행을 의미한다고 해석하는 것을 들 수 있다.

> 확장해석에 있어서는 우선 각본조의 보호법익이 고려되어야 한다. 그러나 보호법익이 무엇인가가 명백하지 않고 의심이 있을 때에는 그 법명제의 논리적 구조, 다른 규정과의 관계, 법전상의 지위 등을 고려하여 보호법익을 도출해야 한다. 다음에 법익이 판명되었다 하더라도 그 법익은 조문에 기술되어 있는 행위태양의 범위 내에서 보호되는 것이므로 행위태양도 고려하여야 하며, 다시 법익보호의 정도에 따라 법정형도 참작할 필요가 있다. 축소해석에 있어

서도 행위의 구조, 불법과 위법성의 실질, 책임주의, 범죄론체계의 일관성 등을 고려하여야 하고, 다시 처벌규정이 국민의 인권을 특히 제한하는 경우에는 인권과 보호법익을 형량하면서 축소해석을 할 필요가 있다.[47]

4. 확장해석과 유추적용의 구별

확장해석에 유사한 것으로 유추적용(유추해석)이 있는데 양자의 구별은 반드시 용이하지 않다. 독일에서는 양자의 구별이 불가능하므로 확장해석을 허용할 수 없다는 견해가 유력하다.[48] 그러나 일반적으로는 문언(文言)의 가능한 의미의 범위 내에 있는가 없는가에 따라 구별할 수 있다.[49] 즉, 확장해석은 형법 문언의 가능한 의미의 범위 내에서 어느 정도 넓게 해석하는 것을 말하며, 유추적용은 그 가능한 의미의 범위를 초월하여 법문에 규정이 없는 사실에까지 형법규범의 타당성을 인정하는 방법이다. 따라서 문언의 가능한 의미의 범위 내에서 해석하는 확장해석과 이를 초월하여 법문에 규정이 없는 사실에까지 형법을 적용하는 유추적용은 양적인 차이가 아니라 질적인 차이이므로, 전자는 법해석으로 인정되지만 후자는 법의 창조 내지 입법의 일종이고 원칙적으로 인정할 수 없다.

유추적용의 예로 업무상 비밀누설죄(제317조)에서 변호사 아닌 소송대리인(民訴法 제80조 1항)도 변호사에 포함시켜서 처벌해야 한다는 것이 이에 속한다. 이러한 방법은 피고인에게 이익되는 경우를 제외하고는 죄형법정주의에 반하므로 허용될 수 없다.

【쟁점판례】 ① 대결(전원합의체), 1994. 12. 20, 94모32. 이 판결에서 〈다수의견〉은 "형법 제170조 제2항에서 말하는 '자기의 소유에 속하는 제166조 또는 제167조에 기재한 물건'이라 함은 '자기의 소유에 속하는 제166조에 기재한 물건 또는 자기의 소유에 속하든, 타인의 소유에 속하든 불문하고 제167조에 기재한 물건'을 의미하는 것이라고 해석하여야 하며, 제170조 제1항과 제2항의

47) 阿部純二, 刑法の解釋(現代刑法講座(一)), 1977, 112면 이하.

48) Germann, Zum sogenannten Analogieverbot, Schw ZStr, 61 Jg. 1946, S. 119ff.; Arthur Kaufmann, Analogie und "Natur der Sache", zugleich ein Beitrag zur Lehre vom Typus, in : Rechtsphilosophie im Wandel, 1972, S. 272ff.; Stratenwerth, 3/32; Freund, 1/28; Jescheck/Weigend, §17 Ⅳ 4; Baumann/Weber, AT, §13 Ⅰ 3; Welzel, S. 22.

49) 유기천, 46면; 정영석, 6면; 정성근, 70면; 이재상, 28면; 김일수/서보학, 73면; 임웅, 26면; 오영근, 62면; Engisch, Einführung, S.146; Larenz, Methodenlehre der Rechtswissenschaft, 3. Aufl., 1975, S. 309.

관계로 보아서도 제166조에 기재한 물건(일반건조물 등) 중 타인의 소유에 속하는 것에 관하여는 제1항에서 규정하고 있기 때문에 제2항에서는 그 중 자기의 소유에 속하는 것에 관하여 규정하고, 제167조에 기재한 물건에 관하여는 소유의 귀속을 불문하고 그 대상으로 삼아 규정하고 있는 것이라고 봄이 관련조문을 전체적 · 종합적으로 해석하는 방법일 것이고, 이렇게 해석한다고 하더라도 그것이 법규정의 가능한 의미를 벗어나 법형성이나 법창조행위에 이른 것이라고는 할 수 없어 죄형법정주의의 원칙상 금지되는 유추해석이나 확장해석에 해당한다고 볼 수는 없을 것이다."라고 한다.

이에 대하여 〈소수의견〉은 제170조 제2항의 '자기의 소유에 속하는'이라는 수식어는 우리말의 보통의 표현방법으로는 '제166조 또는 제167조에 기재한 물건'을 한꺼번에 수식하는 것으로 볼 수밖에 없기 때문에 이를 무시하는 다수의견은 문언의 가능한 의미의 범위를 넘어서는 것으로 유추적용금지의 원칙에 반하는 것이라고 한다.[50]

② 대판(전원합의체). 1997. 3. 20, 96도1167. 이 판결에서 〈다수의견〉은 "형법 제52조나 국가보안법 제16조 제1호에서도 공직선거법 제262조에서와 같이 모두 '범행발각 전'이라는 제한 문언 없이 '자수'라는 단어를 사용하고 있는데 형법 제52조나 국가보안법 제16조 제1호의 '자수'에는 범행이 발각되고 지명수배된 후의 자진출두도 포함되는 것으로 판례가 해석하고 있으므로 이것이 '자수'라는 단어의 관용적 용례라고 할 것인 바, 공직선거법 제262조의 '자수'를 '범행발각 전에 자수한 경우'로 한정하는 풀이는 '자수'라는 단어가 통상 관용적으로 사용되는 용례에서 갖는 개념 외에 '범행발각 전'이라는 또 다른 개념을 추가하는 것으로서 결국은 '언어의 가능한 의미'를 넘어 공직선거법 제262조의 '자수'의 범위를 그 문언보다 제한함으로써 공직선거법 제230조 제1항 등의 처벌범위를 실정법 이상으로 확대한 것이 되고, 따라서 이는 단순한 목적론적 축소해석에 그치는 것이 아니라, 형면제 사유에 대한 제한적 유추를 통하여 처벌범위를 실정법 이상으로 확대한 것으로서 죄형법정주의의 파생원칙인 유추해석금지의 원칙에 위반된다."고 한다.

이에 대하여 〈소수의견〉은 이러한 식의 해석은 입법의 취지를 살리는 '목적론적 축소해석'이고 이는 허용되는 해석방법의 하나일 뿐 유추와 같은 금지되는 해석방법이 아니므로, 이를 통해서 처벌의 범위가 확대되는 경우에도 허용되는 해석이라고 한다.[51]

50) 위 판결에 대한 평석으로는 법전편찬상의 과오에 해당하기 때문에 종합적 · 체계적 해석을 하는 것이 가능하다고 하여 다수의견을 지지하는 견해(이상돈, 법률해석의 한계(법이론), 121면 이하)와 다수의견이 목적론적 해석기준에 의해 "법문의 가능한 의미"를 지나치게 확장하는 것으로서 부당하고 소수의견이 죄형법정주의 요청에 부합한다고 보는 견해(김영환, 형법해석의 한계(형사판례연구 4), 14면 이하)가 대립하고 있다.

51) 이 판결에 대한 평석으로 "해석과 유추의 한계인 언어의 가능한 의미는 일상생활에서의 용어의 의미를 기준으로 하는 것임에도 불구하고, 이 판례가 언어의 가능한 의미를 판단하는 기준으로 '판례에 의하여 형성된 언어의 관용적 의미'를 제시하여 법문의 법률적 의미에 해석의 한계로 삼은 것은 해석을 부정하는 결과를 초래한다"고 하여 다수의견을 비판하는 견해는 이재상, 1997년의 형사판례회고(형사판례연구 6), 488면. 한편 이 판결이 목적론적 축소해석의 의의를 충분히 참작하지 못한 잘못이 있기는 하나 결론적으로 다수의견이 타당하

③ (전략) 이와 같이 명문의 근거 규정이 없을 뿐만 아니라 소추요건이라는 성질상의 공통점 외에 그 고소·고발의 주체와 제도적 취지 등이 상이함에도, 친고죄에 관한 고소의 주관적 불가분원칙을 규정하고 있는 형사소송법 제233조가 공정거래위원회의 고발에도 유추적용된다고 해석한다면 이는 공정거래위원회의 고발이 없는 행위자에 대해서까지 형사처벌의 범위를 확장하는 것으로서, 결국 피고인에게 불리하게 형벌법규의 문언을 유추해석한 경우에 해당하므로 죄형법정주의에 반하여 허용될 수 없다(대판. 2010. 9. 30. 2008도4762).

다는 견해는 장영민, 유추금지와 목적론적 축소해석(형사판례연구 7), 1면 이하.

제 2 장 형법이론의 형성과 발전

제 1 절 형법이론과 형법학파

Ⅰ. 형법이론

형법은 범죄에 대해서 형벌이나 범죄적 위험성에 대해서 보안처분이라는 제재를 과하는 규범이므로 형법학의 연구대상은 범죄와 형벌 및 보안처분이다. 그런데 무엇을 범죄로 하며, 그 내용과 요건을 어떻게 파악할 것이냐, 그리고 이러한 범죄에 대해서 왜 처벌하며, 처벌하는 경우에도 어떻게 처벌하고 형벌 이외에 보안처분을 인정해야 하는 이유가 무엇이냐에 대해서는 그 시대의 세계관·가치관에 따라 다르다. 이러한 차이는 형법을 해석하고 적용하는 데는 물론, 입법론에까지 영향을 미치게 된다. 그 결과 형법학에 있어서 학파의 대립 내지 학설의 나뉨은 필연적이라 할 수 있다.

원래 형법적 세계관·가치관 그 자체를 고찰하고 이를 체계적으로 연구하는 임무는 형법철학(Strafrechtsphilosophie)에 있다. 그러나 형법학 연구에 있어서는 현행형법이 어떠한 가치관과 세계관을 기초로 하고 있는가를 확정해야 하고, 이를 전제로 해서만 비로소 가능한 것이므로 이를 먼저 이해하지 않을 수 없다. 이와 같이 형법을 해석·적용하고 나아가서 형사입법정책을 논의하는 데에 있어서 그 기초가 되는 세계관·가치관을 확정하기 위한 법철학적 이론을 형법이론(Strafrechtstheorie)이라 한다. 형법이론에는 형벌의 본질·목적·근거·대상·효과 등을 논의하는 형벌이론과 범죄의 본질·처벌근거·요건 등을 논의하는 범죄이론이 있다.

형법이론에 관한 학설·학파의 대립은 19세기 이후 학파의 논쟁으로 발전하였는데, 오늘의 형법학은 사실상 이러한 학파의 논쟁 중에서 서서히 형성되었다고 할 수 있다. 특히 19세기 말에서 20세기 초에 걸쳐 독일 형법학계에서 전개된 "형법학파의 논쟁"은 가장 극심한 학파의 대립상이었는데, "고전학파 또는 구파"와 "근대학파 또는 신파" 사이의 논쟁이 그것이다.

이와 같은 형법학파의 논쟁은 단지 독일 형법학계에 그치지 않고 세계적으로 파급되어 한 때 일본 형법학계에서도 극심한 논쟁이 있었다. 우리 형법 학계는 이러한 학파의 논쟁을 경험하지 못했으나 독일 형법학의 영향은 거의 절대적이라 할 수 있다. 형법상의 거의 모든 문제는 형법이론에 관한 견해의 차이에 따라 학설이 나누어지고 이론이 발전 전개되어 왔기 때문에 형법을 연구하는 데 있어서는 우선 종래까지 각 학파에서 주장되고 있는 이론과 그 의미를 충분히 이해하고 이에 대한 비판적 검토를 통해서 현재의 형법이론을 전개하고 앞으로 나아갈 방향을 찾아야 한다.

Ⅱ. 형법학파의 형성과 전개

1. 고전학파(구파)의 형성과 전개

(1) 전기 고전학파

전기 고전학파의 형법이론은 18세기 후반부터 19세기 초에 걸쳐 근대 시민사회의 성립기에 형성되었다. 그 원류는 앙시앵 레짐(Ancien Régime)의 형벌제도에 대한 비판에서 전개된 계몽주의 형법사상이다. 계몽주의 형법사상은 형벌제도를 종교와 왕권의 권위에서 해방시키고 인간의 합리적 이성에 기초를 둔다. 즉, 형벌권의 근거와 한계를 사회계약설에 두고 죄형법정주의, 죄형균형주의, 가혹한 형벌의 폐지, 합리적·목적론적 형벌권을 주장하였다.

전기 고전학파의 특색은 죄형법정주의 확립, 형법과 종교·도덕의 엄격한 구별, 비범죄화에로의 지향, 죄형균형주의 요청, 객관주의 범죄이론의 확립, 일반예방적 목적형론 주장, 도덕적 응보관념 부정 등을 들 수 있다. 이 형법이론은 시민사회가 성립하던 초기 자본주의 사회에 있어서 시민의 자유를 확보하기 위하여 시민사회에 필요한 최소한도의 질서유지만을 국가의 임무로 하고, 국가권력행사에 명확한 한계를 두어야 한다는 개인주의적 자유주의 요청에 의한 것이었다. 형법의 인권보장적 기능은 이미 이 시기에 주장되었던 것으로 시대적 제약을 초월하여 그 의의를 잃지 않고 있다. 그 대표자는 베까리아(Beccaria)와 포이엘바하(Feuerbach)이다.

(2) 후기 고전학파

후기 고전학파의 형법이론은 1840년대 이후에 독일에서 전기 고전학파 형법이론의 변용으로 형성되었다. 이 학파는 계몽사상의 합리적 개인주의에 대하여 초개인적인 민족정신을 강조한 낭만주의, 법을 민족정신의 소산으로 보고 그 역사적 연구를 중요시하는 역사법학파 및 형이상학적 자유의사를 기초로 절대적 응보형주의를 주장한 칸트(Kant)·헤겔(Hegel)의 관념철학에서 절대적인 영향을 받은 것이다.

후기 고전학파 형법이론은 형법과 도덕을 엄격히 구별하지 않고 형이상학적인 자유의사를 기초로 하여 도의적 책임론에 의한 응보형을 주장한 점에 특색이 있다. 다만 죄형균형주의·객관주의를 기본으로 한다는 점에서는 전기 고전학파와 같다. 그 특색은, ① 범죄인을 포함한 일반인은 자기의 행동을 규율할 수 있는 자유의사를 가지며(비결정론), ② 책임의 근거는 이러한 자유의사에 있고, 자유의사 있는 자가 죄를 범하였기 때문에 도의 윤리적 책임을 부담하며(도의적 책임론), ③ 이 때문에 형벌은 응보형이라야 하고(응보형주의), 형벌은 사회일반인에 대한 범죄예방에 그 목적이 있으며(일반예방주의), ④ 범죄와 형벌은 균형하여야 하며(죄형균형주의), ⑤ 범죄적 위험성이 있는 자에 대하여 과하는 보안처분과 범죄에 대해 응보로 과해지는 형벌은 엄격히 구별한다(이원주의)는 점 등이다.

2. 근대학파(신파)의 형성과 전개

근대학파는 19세기 후반 자본주의 발달이 가져온 사회변동으로 누범·소년범죄 등 범죄가 격증하게 되자 고전학파의 관념적 형법이론 및 응보형주의에 의해서는 범죄를 예방할 수 없다는 비판에서 형성된 학파이다. 이 학파의 선구자는 롬브로조(Lombroso)·페리(Ferri)·가로팔로(Garofalo)에 의하여 대표되는 이탈리아 범죄인류학파이다. 이들은 당시 발달한 자연과학의 영향을 받아 실증주의적 방법에 의하여 범죄, 특히 범죄인을 연구하고 이에 대한 예방대책을 강구하려고 하였다. 이들의 이론은 독일의 리스트(Liszt)에 의하여 체계적으로 정리되고 계승되어 독일 형법이론에 큰 영향을 주었다.

근대학파 형법이론은 법실증주의적 개념법학에 대한 반동에서 출발하여 형식적 합법성보다 실질적 타당성을 강조한다. 그리고 실증과학에 근거하여 소질과 환경을 범죄의 원인으로 보며, 형사정책을 특히 강조하는 점에 특색이 있다. 그 특색은, ① 자유의사를 부정하고(결정론), ② 범죄는 행위자의 반사회적 성격이 외부로 징표되는 것이며(범죄징표설, 행위자주의), ③ 책임은 반사회적 성격을 가진 자에 대해 사회방위를 위해서 과해지는 사회방위처분을 받을 지위(사회방위주의)이고, 소질과 환경의 영향으로 결정된 반사회적 위험성 있는 성격이 책임의 근거가 되며(사회적 책임론, 성격책임론), ④ 형벌의 종류와 경중은 행위자의 범죄적 위험성에 상응하여 결정하며(주관주의), ⑤ 사회방위라는 점에서 형벌과 보안처분은 같은 성질을 가진 것이므로 양자를 구별할 필요가 없으며(일원설), ⑥ 형벌은 범죄인을 교화·개선하여 사회복귀시키는 특별예방에 목적이 있으며(목적형주의, 교육형주의, 특별예방주의), ⑦ 부정기형도 특별예방을 위해서 인정한다는 점 등이다.

Ⅲ. 학파의 논쟁후의 전개

후기 고전학파와 근대학파의 상호 대립되는 이론은 1890년대로부터 1910년대에 걸쳐 이른바 "학파의 논쟁"이라는 극심한 대립현상으로 나타났다. 그 중에서 특히 20세기 초 근대학파의 리스트(Liszt)와 고전학파의 비르크마이어(Birkmeyer)의 논쟁은 유명하다. 그러나 1920년대 이후부터는 학파의 논쟁은 점차 완화되어 두 학파가 어느 정도 타협적인 방향을 모색하였다. 근대학파의 특별예방론은 사회국가사상을 배경으로 행형의 사회복귀이념으로 수용되기 시작하였고, 형벌과 보안처분에 있어서 고전학파적인 책임에 대해서는 형벌을, 근대학파적인 행위자 위험성에 대해서는 보안처분을 인정하는 입법이 증가하였다(이원주의). 특히 근대학파가 제안한 단기자유형제한, 집행유예, 가석방 등이 채용·확충되는 등 형사정책적 고려가 상당히 채택되었다.

이와 같은 상황 중에 형법이론에 있어서도 고전학파는 자유의사를 상대적인 것으로 한정하여 응보형을 일반예방과 결합시키고, 근대학파는 범죄행위에서 나타난 위험성 있는 성격에 한정함으로써 객관주의에로 접근하였다. 이러한 타협의 소산으로 정당한 응보와 범죄예방론을 결합한 결합설(Vereinigungstheorie)과, 형벌의 목적을 단계별로 구별하여 형벌법정화로 인한 예고에 있어서는 일반예방, 형선고에 있어서는 응보, 형집행에 있어서는 특별예방을 지도이념으로 하는 분배설(Verteilungstheorie)[1]이 유력시되었다. 그리하여 고전학파의 응보형주의는 객관주의 · 일반예방주의와, 근대학파의 목적형주의는 주관주의 · 특별예방주의와 결합시키는 체제가 일반화되었다.

1930년대 나치스 전체주의 사상이 지배하면서 형법이론은 학파의 도식화된 내용과 다르게 변모하였다. 죄형법정주의 부정, 민족공동체의 성실의무위반에 대한 속죄 · 응보로서의 형벌, 극단적인 주관주의적 의사형법(意思刑法) 등이 주장되어 응보형주의와 주관주의 범죄이론이 결합되었다. 동시에 근대학파의 사회방위주의, 행위자주의, 성격책임론, 범죄인 정형론은 나치스 형법의 민족공동체보호론, 행위자형법론과 결합되었다. 근대학파의 국가주의적 · 권위주의적 측면이 강조되는 반면 자유주의적 측면이 제한되는 이론으로 형성된 것이다.

Ⅳ. 현대 형법이론의 기본동향

제2차 세계대전 이후 나치스 형법이론에 대한 반동으로 죄형법정주의는 형법의 기본원칙으로서 재평가 받게 되었다. 그 결과 형법의 보장적 기능이 재인식되어 명확성의 원칙과 적정성의 원칙이 죄형법정주의 내용으로 강조되었다. 또한 응보형주의를 기본으로 하면서 목적형주의 사상과 형사정책적인 주장을 채택하기 시작했다. 형벌을 책임과 균형 있는 응보에 한정함으로써 무제한적인 범죄예방목적의 추구로부터 인권을 보장하기 위한 것이었다. 1960년경까지 독일 형법이론의 주류는 도의적 책임에 균형하는 응보를 근간으로 하여 그 책임의 범위 내에서 일반예방 · 특별예방의 목적을 인정하는 결합설이었다. 이러한 사상은 입법에도 반영되어 1962년 독일 정부초안의 기본구상이 되었다.

그러나 1960년대 후반에 들어오면서 1962년 초안의 기본구상은 대폭적인 궤

---

1) 분배설은 원래 힙펠(Hippel)이 두 학파의 절충으로 주장하였고, 최근에도 주장된다. Haft, S. 125.

도수정을 받아, 독일 현행형법(총칙 1975년 1월 1일 시행, 각칙은 부분수정)에서는 범죄자의 사회복귀를 목적으로 하는 특별예방주의를 중심으로 여러 가지 형사정책적 개혁이 구체적으로 실현되고, 각칙에서는 비범죄화에로의 방향이 상당히 실현되었다. 특별예방주의와 개선형사상을 대폭 수용한 학자들의 대안(Alternativ-Entwurf)이 강하게 작용하였기 때문이다. 이 대안을 마련한 자는 당시 신진의 중견학자들로 정부안의 구상을 비판하면서 원칙적으로 일치된 대안을 기초한 것이라는 점에서 독일 형법이론의 동향을 짐작하게 한다.

이 대안의 취지를 살펴보면, 개인의 존엄과 자유를 확보하려는 데에 중점을 두고 객관주의 범죄이론을 강화하였고(대안 제25조 2항은 미수범을 필요적 감경으로 하고 있다), 동시에 사회복귀를 위하여 특별예방을 강조하여 형사정책적 고려를 중요시하고 있다. 즉, 범죄이론에 있어서는 고전학파의 객관주의를 채택하였으며, 형벌이론에 있어서는 일반예방주의 외에 근대학파의 특별예방주의 목적형사상을 대폭 채택하였다. 객관주의와 응보형주의, 그리고 일반예방주의와 특별예방주의를 결합한 결합설로 구성된 형법이론은 현재 독일뿐만 아니라 우리나라와 일본의 통설로 되어 있다. 범죄이론이 객관주의냐 주관주의냐의 문제는 형벌이론과 필연적 관계가 있는 것이 아니다. 이는 형법, 나아가서는 국가의 역할을 인권보장의 측면에서 자기 억제적으로 볼 것이냐 아니냐에 따라 좌우된다고 할 것이다.

제 2 절 형벌이론과 범죄이론

Ⅰ. 형벌이론

형벌이론을 논의함에 있어서는 형벌의 본질·목적·정당근거와의 관계를 먼저 이해할 필요가 있다. 형벌의 본질은 형벌의 개념 또는 의미라는 말로도 표현된다. 원래 형벌의 본질은 형벌 그 본연의 모습이 어떤 것인가를 해명해 주는 것으로, 형벌이 어떠한 형태로 존재하여야 하는가라는 형벌당위의 문제이다. 이에 대해서 형벌의 정당근거는 보통 형벌을 과하기 위한 근거로서 범죄가 존재하여야 한다는 의미, 즉 형벌의 이유·조건이라는 의미로 사용된다. 따라서 형벌의 정당근거는 형벌의 개념을 논리적 전제로 해서 비로소 논의되므로 형벌의 본질과 구별된다. 형벌의 목적도 형식논리적으로 형벌의 개념을 전제로 하므로 형벌의 본질과 구별된다.

이러한 구별은 자연적 사실에 있어서는 명백하다. 자연적 사실은 인간의 의사·목적·가치(정당성)로부터 자유로운 것이므로 사실의 개념과 목적·가치는 별개이다. 이에 대해서 인간의 의사·목적·가치의 소산인 문화적 사실에서는 그 목적은 사실에 내재하여 그 사실을 형성하므로 본질·개념과 목적·가치는 불가분의 관계가 있다. 즉, 문화적 사실로서의 형벌의 본질·개념과 형벌의 목적·정당성은 분리하여 이해할 수 없다. 이러한 의미에서 형벌의 본질 문제는 동시에 그 목적·정당성 문제로 논의하는 것이 일반적이다. 그리고 이 점에 관해서는 응보형주의와 목적형주의가 대립하여 왔다.

1. 응보형주의

(1) 응보형주의의 의의

응보형주의(Theorie der Vergeltungsstrafe)는 후기 고전학파에서 자유의사에 기초하여 주장된 이론으로, 형벌의 본질은 범죄에 대한 정당한 응보에 있다고 하는 사상이다. 응보대신에 속죄라고도 한다. 이에 의하면 응보는 정의의 요구이며, 사회 일반의 도덕적 원리이고, 형벌은 정의와 도의를 실현하기 위한 것이므로 범죄에 대해서는 당연히 응보로서의 형벌이 과해져야 한다. 여기의 응보는 선인선과(善因善果), 악인악과(惡因惡果)라는 형이상학적인 인과성을 말하므로 형법에 있어서의 응보도 범죄라는 악행에 상당하는 반동으로서의 악보(惡報), 즉 해악적 응보를 내용으로 하는 법적 응보를 의미한다. 따라서 이러한 응보는 단지 사실(존재)로서가 아니라 당위·이념으로 파악하는 데에 특색이 있다.

(2) 절대적 응보형주의와 상대적 응보형주의

초기의 응보형주의는, 형벌은 범죄에 대한 반동으로서의 응보이며, 그것이

정의를 실현하는 것이라고 보았다. 따라서 형벌에는 응보 이외의 다른 목적이 존재할 수 없고 오로지 응보 그 자체를 자기목적으로 한다. 이러한 응보형주의를 절대적 응보형주의라 한다. 칸트·헤겔 등의 응보형이 그 대표적인 예이다.

최근의 응보형주의는, 형벌의 본질은 정의실현으로서의 응보이지만 그 목적은 사회질서유지 또는 일반예방이라는 범죄예방에 있다고 하여 형벌의 목적을 시인한다. 형벌의 본질과 목적을 상대적으로 함께 인정한다는 의미에서 상대적 응보형주의라 한다. 오늘날 응보형주의라 할 때에는 상대적 응보형주의를 말한다.

(3) 응보형주의의 가치

응보형주의에 대해서는 다양한 비판이 제기된다. ① 응보는 동(動)에 대한 반동(反動)이므로 형벌은 충동 내지 본능적인 사실에 불과할 뿐이고 이념으로서의 정의가 될 수 없다. ② 응보적 정의는 모든 것을 평등하게 취급하는 평균적 정의를 의미하므로 다른 것을 다르게 취급하는 배분적 정의에 의해서 보충되지 않는 한 진정한 정의를 실현할 수 없는 부분적 정의일 뿐이다. ③ 동에 대한 반동으로서의 응보는 해악·고통을 내용으로 하므로 합리화된 문화국가의 형벌로서는 비인도적·비문화적이며, 문화국가가 자기 구성원에 대하여 해악·고통으로서의 응보를 실현하는 것은 문화국가 이념에 배치된다. ④ 해악·고통으로서의 응보는 형벌을 잔학화할 위험이 있고, 악에 대한 반동으로 형을 과한다 하여도 모든 악을 극복할 수는 없으므로 범죄예방에 미력하다.

응보형주의에 대해서는 이상과 같은 비판이 있으나 형벌이 해악으로서의 성질이 있음은 부정할 수 없으며, 전근대적인 형벌의 준엄성·잔학성을 평균적 정의이념에 의하여 제한하고, 범죄적 위험성에 근거한 형사제재를 부정하여 형벌권 행사를 책임주의에 의해 제한하려고 한 공적은 결코 과소평가할 수 없다.

2. 목적형주의

(1) 목적형주의의 의의

목적형주의(Theorie der Zweckstrafe)는 형이상학적인 자유의사(자유의지)에 기초를 둔 응보형사상이 범죄예방에 무력하다는 방법론적 반성에서 근대학파에 의해 주장된 이론으로 리스트(Liszt)에 의해 완성되었다. 즉, 형벌은 장래의 범죄를 예방하여 범죄로부터 사회를 방위하려는 목적을 달성하기 위한 수단이라고 하는 사상이다. 이를 사회방위를 위한 수단에 중점을 두어 사회방위주의라고도 한다. 또 형벌은 사회를 방위하기 위하여 장래의 범죄를 예방하려는 목적을 가졌기 때문에 형벌 그 자체와 목적을 상대적으로 파악하므로 상대주의라고 한다. 이에 의하면 형벌은 장래의 범죄를 예방하고 범죄로부터 사회를 방위하려는 목적 때문에 형벌의 타당근거를 인정할 수 있다고 한다.

(2) 목적형주의의 내용

목적형주의는, ① 형벌은 응보와 같은 본능형이 아니라 범죄예방과 사회방위를 위한 합목적적인 목적형으로 파악하며, ② 정의를 실현하는 형벌은 평균적 정의에 그치지 않고 배분적 정의도 그 이념으로 하므로 "같은 것은 같게", "다른 것은 다르게" 취급하여 개개인의 개성·특성·가치에 따라 형벌의 개별화를 요구하며(형벌 개별화이론), ③ 재범의 위험성이 있는 범죄적 성격을 교정·개선 내지 특별 교육시켜 사회에 복귀시킨다는 문화국가적·인도주의적 행형(개선형주의·교육형주의)을 요구한다는 적극적 의미를 갖고 있다. 따라서 목적형주의는 원래 특별예방주의·개선형주의·교육형주의와 결부되어 전개되었다. 오늘의 형벌사상이 예방적 형벌목적으로 통합되면서 목적형주의는 일반예방주의와 특별예방주의로 해소되고 있다.

1) 일반예방주의 일반예방주의(Generalpräventionstheorie)는 사회일반인 특히 잠재적 범죄인을 범죄예방의 대상으로 하여, 범죄와 형벌을 예고하여 범죄인을 처벌함으로써 사회일반인을 위하·경계하고 범죄적 충동을 억제시키어 범죄예방의 효과를 얻으려는 사상으로 포이엘바하의 심리강제설에 의해서 이론적으로 완성되었다. 심리강제설은 범죄를 범할 때의 이익·쾌락과 형벌을 받을 때의 불쾌·불이익을 이성적인 판단으로 교량하여 범죄적 충동을 억제할 수 있다는 인간을 전제로 한다.

그러나 심리강제설의 주장과 같이 모든 범죄자가 쾌락추구를 위해 범죄를 범한다고 할 수 없고, 또 범죄자 중에는 이성을 상실한 정신적 결함자도 많다는 것을 간과하고 있다. 일반예방주의는 다수인의 범죄방지를 위해 범인을 처벌한다는 사고를 기반으로 하므로 인간을 범죄방지를 위한 수단으로 취급하며, 사회일반인을 위하·경계하기 위해 형벌확대의 위험이 있다는 비판을 받는다.

2) 특별예방주의 특별예방주의(Spezialpräventionstheorie)는 범죄예방의 대상을 범죄인 그 자체에 두고, 형벌은 범죄인이 다시 범죄를 범하지 않도록 예방함을 그 목적으로 한다는 근대학파의 사상이다. 사상적으로는 특별예방의 수단에 따라 배해설(排害說)과 개선설(改善說)로 나눌 수 있으나 오늘날 특별예방이라 하면 개선설만을 말한다.

배해설은 사형·무기자유형에 의하여 범죄인을 사회로부터 배제처분하려는 견해이다. 배제처분 그 자체는 형벌 일반의 효과라 할 수 없을 뿐만 아니라, 아무런 인도적·도덕적·문화적 의식도 없는 처분을 형벌의 목적이라 할 수 없다.

개선설은 범죄인의 재범가능성을 방지하는 데에 중점을 두고, 범죄인에 대한 위하와 개선·교화를 통하여 사회일원으로 복귀시킴으로써 범죄인의 재범을 방지하는 데에 형벌의 목적이 있다는 견해이다. 그롤만(W. Grolman)이 제창하고 리스트(Liszt)에 의해서 확립된 이론이다. 이 견해는 범죄예방 목적달성을 위한 수단으로 형벌의 개별화, 단기자유형의 제한, 가석방제도·집행유예제도·선고유예제도의 채택, 상습범의 특별취급을 요구하고, 나아가서 행형의 특별교육화, 수인(囚人)분류제 등 인도주의적 행형을 요구하는 개선형주의 내지 교육형주의로 발전·전개된다.

【신사회방위론】 리스트의 특별예방주의와 형사정책적 고려를 수용하여 사회방위를 강조한 자는 프랑스의 앙셀(Mare Ancel)이다. 자유의사에 근거한 책임과 형벌은 인정하되 책임은 과거지향적인 응보에 상응하는 것이 아니라 범죄적 위험성에 가까운 미래지향적 내용을 가진 것이므로 이에 부과되는 형벌은 응보가 아니라 보안처분적 성질을 가지며, 범죄는 행위자의 인간성 표현이므로 형벌은 이러한 자유의지 있는 책임자를 교육·치료하여 사회복귀시키는 예방적 조치에 의해 사회방위를 해야 한다는 사상이다.

특별예방주의가 형벌의 개별화를 주장하여 범죄인을 재사회화하여야 한다는 목적사상은 형벌의 중요한 기능을 인정하였다고 해야 한다. 그러나 재사회화라는 특별예방목적은 형벌집행에 의해서 비로소 실현가능한 것이고 그것이 형벌 자체의 본질이라 할 수 없다. 특별예방주의를 일관하면 책임과 관계없이 행위자의 범죄적 위험성만으로 형벌과 이에 대체되는 보안처분을 과할 수 있게 되어 제재에 대한 법적 제한이 없게 되며 책임주의를 관철시킬 수 없다.

(3) 적극적 일반예방주의

적극적 일반예방주의(Theorie der positiven Generalprävention)는 위하에 의한 범죄억제를 기대하는 일반예방주의의 결함을 극복하고, 규범과 사회의 안정화에 기여하는 형벌의 기능에 착안하여 최근에 독일에서 주장된 이론이다. 형벌의 기능은 이를 예고하여 일반인과 잠재적 범죄인에 대한 위하에 의하여 범죄를 예방하는 소극적 기능이 아니라, 일반인의 규범승인에의 훈련을 통하여 법질서의 불가침성을 사회에 실증하고 일반국민으로 하여금 법질서 준수와 신뢰를 유지·강화하여 규범과 사회의 안정화에 기여하는 적극적인 기능을 한다는 것이다.

이에 의하면 ① 소극적 일반예방은 일반인 특히 잠재적 범죄인에 대한 형벌효과를 기대하지만 적극적 일반예방은 법에 충실한 시민에 대한 효과를 기대하며, ② 소극적 일반예방은 위하적 효과를 이성적으로 계산하는 범죄인에게 지향하지만 적극적 일반예방은 사회규범에 대하여 장기적으로 적극적인 영향을 미치는 효과를 기대하는 것이고, ③ 소극적 일반예방은 범죄인의 범죄적 성향에 대한 내적 효과만을 지향하지만 적극적 일반예방은 형사판결이 미치는 사회적 외적 효과에 지향하고 있다고 한다.[2)]

적극적 일반예방주의를 주장한 대표자는 야콥스(Jacobs)이다. 그에 의하면 형벌은 장래의 범죄를 억제하는 것이 아니라 오로지 규범의 타당성(효과)을 신뢰토록 하는 것이고, 형법규범은 법충실에의 훈련, 규범에 합치되지 않는 행위유형 거부, 규범위반 결과에 대한 학습을 통하여 규범승인에의 훈련을 수행토록 한다고 한다. 그리하여 모든 국민에 대한 규범승인에의 훈련을 통한 일반예방이 적극적 일반예방이라 선언하고 있다.[3)] 이 이론은 단지 형벌이론에 그치지 않고 적극적 일반예방목적을 책임내용으로 파악하는 데 특색이 있다.

---

2) Bernhard Haffke, Tiefenpsychologie und Generalprävention, 1976, S. 58ff.; Jakobs, AT, 1/27ff.; Roxin, AT, 1. Bd. §3 Rdn. 26f.; Heinz Zipf, Kriminalpolitik, 2. Aufl., 1980, S. 85; Heinz Müller/Dietz, Integrationsprävention und Strafrecht, Jescheck-FS, 1985, S. 813ff; 김성돈, 책임개념의 기능화와 적극적 일반예방이론(성균관대 대학원 박사학위논문, 1992), 67면 이하.

3) Jacobs, 1/2, 1/15; 同, Schuld und Prävention, 1976, S. 32. 이에 관한 국내문헌은 김성돈, 전게논문, 67면 이하; 同, 적극적 일반예방이론과 기능주의적 형법해석(형사법연구 제10호, 1998), 91면 이하.

그러나 형벌은 과거의 사회유해한 행위를 한 범죄인에 대하여 행위책임의 범위 내에서 과해지는 회고적 제재이므로 법에 충실한 일반인의 법충실에의 훈련을 위해서 범죄인에게 형벌을 과할 수 없다고 해야 하고, 규범승인과 법충실에의 훈련은 형벌부과의 효과로 나타나는 반사적 이익은 될 수 있어도 그것이 형벌 그 자체의 목적이라 할 수 없다.

형벌의 규범승인 훈련·사회통합 안정화 기여라는 적극적 기능은 그 기능을 총괄하는 개념내용과 취지는 다르지만 이미 목적형주의의 개선형·교육형 사상에서 전개되었고, H. Meyer의 전체사회에 대한 형벌의 교육적 의미[4]와, Welzel이 형벌을 통해 법적 심정이 갖는 행위가치(사회윤리적 행위가치)의 불가침적 효력을 확보하고 지속적으로 법에 충실한 심정을 갖도록 강화한다[5]는 표현 속에서도 나타나 있다.

형법규범을 통한 적극적 일반예방효과를 형법의 적극적 일반예방기능 또는 통합예방(Integrationsprävention)이라 부른다. 그러나 통합예방이라는 의미 내용은 주장자에 따라 다르다. 일반인의 법의식 강화와 이에 의한 법에의 충성을 확립하는 예방기능,[6] 혹은 법감정의 충족을 통한 일반인의 법의식 강화작용을 지향하는 일반예방,[7] 혹은 행위자에 대한 강제적 원조(재사회화)와 이 원조행위를 정형화된 형법의 통제수단(행위형법·비례성원칙)을 통해 제한된(행위응보) 범위 내에서 사회규범의식을 유용화(훈련)시키는 적극적 일반예방[8]이 통합예방이라 하고 있다.

3. 형벌이론의 과제

국가의 임무가 사회 국가사상·법치국가 사상을 실현하는 데에 있다면 형벌의 본질을 단순히 동에 대한 반동인 사실로서의 응보로만 볼 수 없다. 한편 경험적 사실에 비추어 형벌의 예방목적에 의해서 범죄인에게 불이익으로 작용하는 형벌의 해악적 성질을 완전히 부정할 수는 없다. 그리고 범죄예방에 있어서도 일반예방 또는 특별예방은 각각 단점이 있으므로 어느 하나만으로 실효성을 기대하기 어렵고 책임주의 한계를 벗어난 예방목적을 인정할 수도 없다. 따라서 형벌이론은 이러한 과제를 종합하여 합리적 경험적으로 파악해야 한다. 즉,

4) H. Meyer, S. 34.
5) Welzel, S. 3.
6) Müler/Dietz, Integrationsprävention und Strafrecht, Jescheck-FS, 1985, S. 822.
7) Roxin, Prävention und Verantwortlichkeit, Bockelmann-FS, 1979, S. 305f.
8) Hassemer, Generalprävention und Strafzumessung, 1979, S. 60.

행위책임의 범위 내에서 형벌의 응보적 성질과 일반예방·특별예방을 결합한 예방목적의 형벌로 파악해야 한다. 이 경우 예방목적은 형벌을 축소 제한하는 기능만 인정하여 법치국가 사상과 책임주의를 관철하도록 해야 할 것이다. 다만 보안처분은 극히 중대한 공공의 위험이 있는 경우에 한하여 법치국가적으로 시인되는 범위 내에서 책임의 정도와 관계없이 부과할 수 있다고 해야 한다.

Ⅱ. 범죄이론

형벌은 범죄에 대한 평가의 결론으로 범죄인에게 과해지는 법적 효과이다. 그러면 형벌평가의 대상이 되는 범죄는 그 어떤 부분에 중점을 두고 파악해야 할 것이냐가 문제된다. 범죄이론은 이 문제를 해결하기 위한 이론으로 객관주의와 주관주의가 대립하여 왔다.

1. 객관주의와 주관주의

(1) 객관주의

형법은 범죄에 대해서 형벌을 과하는 것이므로 형벌판단·평가의 대상은 범죄이다. 그리고 범죄는 인간의 행위에 의한 것이므로 주관적인 의사와 객관적인 외부적 행태 내지 그 결과인 실해(實害: 법익침해)의 복합체이다. 객관주의는 이 중에서 외부적 사실인 행위와 결과라는 객관적 요소를 중요시하여 행위와 그 결과인 실해를 형벌평가의 대상으로 하고, 형벌의 종류와 경중은 이에 상응해야 한다는 사상이다(범죄주의, 사실주의). 물론 객관주의라 해서 행위자의 주관을 전혀 무시하는 것은 아니다. 어린아이·정신병자 등 형사책임 무능력자의 행위에 대해서는 범죄의 성립을 부정하고, 고의와 과실도 없는 행위는 범죄로 인정하지 않는 이유도 이 때문이다. 그러나 그것은 행위자의 외부적 행위에 의해서 나타난 범위 내에서 주관적 부분을 고려하고 있을 뿐이고 기본적으로는 행위자와 관련없이 행위 자체에 독자적 현실적 의의를 인정한다(현실주의).

(2) 주관주의

주관주의는 행위자의 내부적·정신적 사실인 성격·인격 등 주관적 요소를 중요시하여 행위자의 반사회적 성격 또는 행위자의 범죄적 위험성을 형벌평가의 대상으로 하고, 형벌의 종류와 경중은 행위자의 범죄적 위험성에 상응하여 결정해야 한다는 사상이다(범인주의, 행위자주의). 그러나 주관주의도 행위라는 객관적 요소를 전적으로 무시하는 것은 아니다. "행위에 의해서 나타난" 범죄적 위험성만을 형벌평가의 대상으로 하기 때문이다. 다만, 여기의 행위는 행위자로부터 추상된 행위가 아니라 행위자의 행위로 파악하여 행위는 행위자의 범죄적 성격을 징표하는 것이라고 한다(범죄징표주의).

2. 객관주의와 주관주의에 대한 평가

(1) 객관주의에 대한 평가

객관주의는 범죄개념의 전제로서 자유의사의 존재를 가설로 인정한다. 즉, 행위주체가 책임능력자이면 자유의사는 모두 평등하게 가지므로 외부적 행위 내지 결과는 자유의사의 발현으로 파악한다. 그러나 인간에게 평등한 자유의사가 있는가는 불가지론에 속하며 형법학에서도 절대적 자유의사는 부정되고 있다. 또 범죄의 실증적 연구결과는 객관적으로 동일한 범죄를 범한 자도 주관적으로 인격·성격이 전혀 다른 경우가 있음을 명백히 하였다(예컨대 비정상인이나 우발범인과 상습범인의 차이). 그럼에도 불구하고 규범학에서는 제한된 범위의 자유의사를 가정하고 있는 이유는 규범이 인간 스스로 해야 할 것과 해서는 아니 될 것을 선택할 수 있다는 전제에서 그 준수를 요구하고 있기 때문이다. 따라서 소질과 환경의 영향을 받는 범위 내에서 자유선택의 여지를 제한적으로 인정할 수밖에 없다.

(2) 주관주의에 대한 평가

주관주의는 인간의 내부적 심정에 중점을 두고 외부적 사실을 등한시하므로 정조(情操)형법화할 위험성이 있고, 범죄적 위험성에 대하여 형벌을 과하는 것은 형벌 확대의 위험이 있다는 비판이 있다. 그러나 주관주의에서 범죄적 위험성이란 아직 죄도 범하지 아니한 자가 아니라 이미 죄를 범한 자의 재범의 위험성을 의미하고, 범죄적 성격의 징표적 의미를 중요시할 뿐 행위를 전혀 무시하는 것도 아니므로 정조형법이라는 비판은 타당하지 않다. 예컨대 상습범과 누범은 아직 죄를 범하지 아니한 위험성 때문에 가중 처벌하는 것이 아니라 이미 죄를 범한 행위자의 범죄적 위험성을 형벌평가의 대상으로 한다. 또 상습범, 누범에 대해서 부정기형 내지 부정기의 보안처분이 주장되기도 하는데, 이것도 행위자의 범죄반복의 개연성·범죄적 위험성을 고려한 것이다.

(3) 결 어

객관주의와 주관주의의 대립은 다음 세 가지로 집약할 수 있다.

첫째, 자유의사 인정 여부이다. 객관주의는 근대학파 사상을 어느 정도 수용하여 제한된 범위의 상대적 자유의사를 인정함으로써 주관주의에로 접근을 시도하였다. 그러나 자유의사를 전면적으로 부정하는 적극적 일반예방론(기능적 책임론)이 등장하면서 객관주의도 큰 도전을 받고 있다. 자유의사와 함께 형사책임을 어떻게 재구성할 것이냐는 형법학이 풀어야 할 새로운 과제이다.

둘째, 범죄적 위험성 있는 자로부터의 사회방위문제이다. 이에 대해 보안처분을 과해야 한다는 의견일치로 이미 입법적으로 해결되었다고 해도 좋다.

셋째, 인권보장이라는 보장적 측면이다. 주관주의도 행위에서 징표된 범위내의 위험성만을 형벌평가 대상으로 하고 형벌의 개별화를 통해서 보장적 기능을 수행하려고 한다. 그러나 주관주의를 채택한 전체주의국가와 공산국가에서 형벌권을 확대하였다는 경험에 비추어 객관주의가 법치국가 사상에 철저하다고 해야 한다.

인적 행위불법론이 일반화되어 불법의 내용이 행위반가치와 결과반가치로 정착하면서 주관주의와 객관주의의 사상은 사실상 여기에 해소되었다고 해도 좋다. 즉, 주관주의는 주로 행위반가치에, 객관주의는 주로 결과반가치에 각각 불법이론으로 변형되어 해소되었다고 할 수 있다. 다만 오늘의 범죄이론은 두 학설의 논쟁과정을 통해서 형성되었다는 학설사적 의의는 결코 지나칠 수 없다고 할 것이다.

제 3 장 형법의 적용범위

제 1 절 시간적 적용범위

형법의 시간적 적용범위란 형법이 적용될 수 있는 시간적 한계를 말하며, 언제부터 언제까지 행해진 범죄에 대해서 형법을 적용할 수 있느냐의 문제를 과제로 한다. 시제(時祭)형법 또는 시간적 효력범위라고도 한다.

원칙적으로 형법은 시행시부터 폐지시까지 효력을 가진다. 그러나 행위시와 재판시 사이에 형벌법규가 변경된 경우에 어느 법률을 적용할 것이냐가 문제된다. 재판시의 법률(신법)을 적용하면 사후법에 소급효를 인정하게 되며,[1] 행위시의 법률(구법)을 적용하면 이미 효력상실된 법률에 추급효(Nachwirkung)를 인정하는 것이 된다. 전자에 따르는 입장을 재판시법주의(신법주의)라 하고, 후자에 따르는 입장을 행위시법주의(구법주의)라 한다.

Ⅰ. 행위시법주의와 재판시법주의

1. 행위시법주의

형법 제1조 1항은 헌법 제13조 1항에 근거하여 "범죄의 성립과 처벌은 행위시의 법률에 의한다"고 규정함으로써 행위시법주의 원칙을 선언하고 있다. 이 원칙은 소급효금지원칙의 당연한 귀결이다. 즉, 행위시에 처벌법규가 없던 행위에 대하여 사후입법에 의해 처벌하는 것을 금지하여 개인의 자유와 인권을

1) 이 경우의 소급효 인정은 사전에 적법한 행위에 대해서 소급적용하는 경우와 그 의미가 다르다. 후자는 처음부터 형벌권을 행사할 수 없는 행위에 대해서 소급효를 인정할 것이냐의 문제임에 대해서, 전자는 이미 범죄인 행위에 대해서 재판시법에 의하여 형벌권의 행사를 확인한다는 의미이다.

보장하려는 것이다. 이 원칙은 사후입법에 의한 처벌뿐만 아니라 사후입법에 의한 형의 가중에 대하여도 적용된다. 따라서 행위시에 범죄가 아닌 것을 사후입법에 의하여 범죄로 하거나, 그 형을 가중하는 것은 허용되지 않는다.[2)]

2. 재판시법주의

(1) 행위시법주의의 예외

행위시법주의는 죄형법정주의의 당연한 요청이지만, 재판시의 법률을 적용하여 행위자에게 유리한 결과를 가져온다면 죄형법정주의에 위배되지 않는다. 따라서 재판시의 법률적용이 행위자에게 유리할 때에는 행위시법주의의 예외를 인정하여 재판시법을 적용할 수 있다.

형법 제1조 2항은 "범죄 후 법률의 변경에 의하여 그 행위가 범죄를 구성하지 아니하거나 형이 구법보다 경한 때에는 신법에 의한다"라고 규정하였고, 형사소송법 제326조 4호는 "범죄 후의 법령개폐로 형이 폐지되었을 때"에는 면소판결을 선고하도록 한 것은 행위시법주의의 예외로서 재판시법 적용을 명문으로 인정한 것이다.

(2) 재판시법의 적용요건

1) 범죄 후 법률변경으로 범죄를 구성하지 않게 된 경우(제1조 제2항 전단)

이 경우에는 형사소송법 제326조 4호의 "범죄 후의 법령개폐로 형이 폐지되었을 때"에 해당하여 면소판결을 선고하여야 한다.[3)] 이 요건을 분설하면 다음과 같다.

첫째, "범죄 후"란 구성요건적 실행행위가 종료한 이후라는 의미이며, 결과발생은 포함하지 아니한다. 따라서 실행행위가 계속되고 있는 동안에 법률이 변경되어 실행행위가 신·구법에 걸쳐 행하여진 때에는 신법 시행 중의 실행행위가 되므로 여기의 "범죄 후"에 해당되지 않고, 형법 제1조 1항의 행위시법원칙에 따라 행위시법인 신법이 적용된다. 형법 부칙(1995. 12. 29.) 제3조도 "1개

---

2) 이재상, 32면; 임웅, 53면.

3) 이에 반하여 기소된 사건의 적용법조가 헌법재판소의 위헌결정으로 소급하여 실효된 경우에는 당해 법조를 적용하여 기소한 피고사건이 범죄로 되지 아니한 때에 해당한다고 할 것(대판, 1991. 10. 22, 91도 1617 전원합의체)이므로 무죄를 선고하여야 한다(대판, 1992. 5. 8, 91도2825).

의 행위가 이 법 시행 전후에 걸쳐 행해진 경우에는 이 법 시행 이후에 행한 것으로 본다"고 규정하고 있다.[4]

둘째, "법률의 변경"이란 총체적 법률상태의 변경을 의미한다. 따라서 법률뿐만 아니라 명령·백지형법의 보충규범 변경도 포함한다(형소법 제326조 4호는 '법령'으로 되어 있다). 그리고 형법 자체가 변경된 경우는 물론, 친족 등의 범위에 관한 민법의 규정이 변경되어 형법의 적용에 영향을 미칠 수 있는 것도 포함한다.[5]

셋째, "범죄를 구성하지 아니하는 경우"란 범죄구성요건에 해당하지 않는 경우뿐만 아니라 정당화사유·면책사유·형사책임연령 등의 변경으로 가벌성이 폐지된 경우도 포함한다. 그리고 가벌성이 폐지되지는 않았지만 가벌성의 전제가 행위자에게 유리하게 변경된 경우에도 신법의 적용을 받는다.[6]

2) 행위시법과 재판시법 사이에 형의 경중이 있는 경우　재판시법의 형이 행위시법보다 경한 때에는 경한 재판시법이 적용된다(제1조 2항 후단). 형이 중하게 변경되거나 형의 경중이 없는 경우에는 형법 제1조 1항에 따라 행위시법을 적용해야 한다. 신구 양법 사이에 중간법이 있는 경우에도 제1조 2항의 취지에 따라 세 개 이상의 법률을 비교하여 피고인에게 가장 이익되는 법률을 적용하여야 한다.[7] "형이 구법보다 경한 때"라 할 때의 "형"은 법정형을 의미하고,[8] 형의 경중은 형법 제50조에 의한다. 그리고 형의 경중은 주형의 변경뿐만 아니라, 주형이 동일하면 부가형(몰수·추징)까지 비교하여 판단하여야 한다. 또 '벌금등임시조치법'이 개정되어 법령 중 소정의 벌금형이 증감·변경된 때[9]에도 형의 변경에 해당한다.

3) 재판확정 후 법률의 변경으로 범죄를 구성하지 아니한 경우　이 경우에는 판결의 기판력에 의하여 범죄 그 자체는 성립하고 유죄로 되지만, 형법 제1

4) 종전의 판례(대판, 1985. 7. 9, 85도740)는 포괄일죄의 경우에 개정전 부칙 제4조에 의하여 구법을 적용한다고 하였으나, 그 후 전원합의체 판결(대판, 1986. 7. 22, 86도1012)을 통하여 신법 시행 이후의 범행이 신법의 구성요건을 충족하는 때에는 신법을 적용해야 한다고 태도를 변경하였다. 同旨 : 대판, 1998. 2. 24, 97도183.

5) 유기천, 40면; 황산덕, 32면; 정성근, 76면; 이재상, 33면; 이형국, 36면; 김일수/서보학, 45면; 배종대, 122면; 손해목, 74면; 안동준, 24면; 임웅, 54면; 박상기, 43면.

6) 김일수/서보학, 45면; 배종대, 122면.

7) 대판, 1968. 12. 17, 68도1324; 대판, 1968. 12. 3, 68도1108.

8) 대판, 1955. 7. 29, 4288형상166; 대판, 1992. 11. 13, 92도2194.

9) 대판, 1958. 9. 12, 4291형상132; 대판, 1958. 9. 26, 4291형상339; 대판, 1960. 11. 16, 60형상445.

조 3항에 의하여 형의 집행만 면제한다. 여기의 "법률의 변경"은 형벌법규 그 자체가 폐지된 경우, 구성요건의 내용이 변경되어 행위가 불가벌로 된 경우 및 형이 폐지된 경우를 포함한다.

그러나 다음의 경우에는 형벌법규가 폐지된 것이 아니다. ① 일정한 형벌법규가 폐지됨과 동시에 이에 대신하여 다른 형벌법규가 제정되어 구성요건이 존속하고 있는 경우(경범죄처벌법 중의 죄에 대해서 이러한 관계가 인정되는 것이 많다), ② 형벌법규가 폐지되면서 폐지 전의 행위를 인수하여 처벌할 수 있다는 취지의 규정을 두는 경우이다(예컨대 '종전의 예에 의한다' 또는 '…효력이 있다'는 규정을 두는 것이 이에 해당한다).

Ⅱ. 한시법

1. 한시법의 의의

한시법(Zeitgesetz) 또는 한시형법에는 협의의 한시법과 광의의 한시법이 있다. 협의의 한시법은 일정한 유효기간을 명시하여 제정된 법률을 말한다. 이는 형벌법규의 형식적 규정을 중요시하여 한시법의 개념을 정립하는 입장(형식주의)이다.[10] 예컨대 "이 법은 1964년 12월 말일까지 효력을 가진다"(1963년 법률 제1346호 귀속재산처리에관한특별조치법 제2조)라고 규정한 것과 같이 일정한 유효기간을 법령제정 당시부터 사전에 명시하거나, "이 법은 시행일로부터 2년 내에 폐지한다"라고 규정하는 것과 같이 법령의 유효기간 내에 실효기일을 사후적으로 명시(새로운 입법조치)하는 것이 이에 속한다.

광의의 한시법은 협의의 한시법을 포함하여 형벌법규의 내용과 목적이 일시적 사정에 대응하기 위하여 제정된 법률을 말한다. 이는 형벌법규의 실질적 성격을 중요시하여 한시법의 개념을 정립하는 입장(실질주의)이다.[11] 예컨대 "본법은 국가재건사업의 수행을 방해하는 행위를 처벌함을 그 목적으로 한다"

---

10) 정영석, 66면; 남흥우, 59면; 황산덕, 33면; 심재우, 형법불소급의 원칙과 한시법(고시연구, 1978. 7), 93면; 강구진, 형법의 시간적 적용범위에 관한 고찰(형사법학의 제문제, 1983), 11면; 김일수/서보학, 47면; 박상기, 44면; 진계호, 99면; 오영근, 76면 이하.

11) 염정철, 168면; 박동희, 39면; 이재상, 35면 이하.

(1961년 법률 제663호 특수범죄처벌에관한특별법)라고 한 법률이 이에 속한다. 확정적으로 유효기간을 명시하지 않은 법률은 물론, 그 폐지시기가 일정하지 않고 임시적인 성격을 가진 이른바 임시법도 광의의 한시법이다.

한시법에 대해서 추급효(追及效)를 인정하는 경우에 광의의 한시법과 같이 일시적 사정이라는 애매하고 불확실한 기준에 의하여 한시법의 개념을 정립할 때에는 처벌의 범위가 확대되고 법적 안정성을 해할 염려가 있다. 그리고 유효기간을 명시하고 있는 법령과 그렇지 않은 법령을 동일시하는 것도 타당성이 없다. 그러나 한시법 개념의 중요성은 추급효를 인정할 경우에 실질적 의의가 있으므로 추급효를 부정할 때에는 한시법 개념을 어떻게 파악하여도 상관은 없다.

2. 한시법의 효력

한시법의 효력에 관하여, 한시법의 유효기간 중의 위반행위는 그 유효기간 경과 이후에도 처벌할 수 있다는 추급효 규정을 형법이나[12] 한시법 자체에 명시하고 있는 경우에는 추급효에 의해 당연히 처벌할 수 있다. 그러나 우리의 형법과 한시형법처럼 추급효에 관한 명시규정이 없는 경우에도 추급효를 인정할 수 있느냐가 문제된다. 추급효에 관한 명문규정이 없는 경우에도 행위시의 한시형법에 대해서 추급효를 인정하는 이론을 한시법이론이라 한다. 한시법이론을 인정할 것이냐에 관해서는 견해가 대립한다.

(1) 추급효인정설

추급효인정설은 추급효에 대해서 명문규정이 없는 경우에도 유효기간 경과후에 유효기간 중의 위반행위를 처벌할 수 있다는 견해이다.[13] 인정설의 주요 논거는 다음과 같다. ① 만일 한시법이 실효된 후에 추급효를 인정하지 않는다면 그 종기가 가까워옴에 따라 위반행위가 격증하여도 이를 처벌할 수 없게 되므로 법의 실효성을 유지할 수 없고, ② 한시법은 행위시에 이미 처벌규정이

12) 독일 형법은 제2조 4항에서 "일정한 기간을 정하여 공포된 법률은 그 법률이 실효된 후에도 그 효력의 존속 중에 이루어진 범죄행위에 대하여 적용한다. 다만, 법률이 달리 규정하고 있는 때에는 그러하지 아니하다"라고 규정하고 있다.

13) 유기천, 37면; 정영석, 65면; 강구진, 전게논문, 11면; 염정철, 167면 이하; 이재상, 37면; 이정원, 48-49면.

있었고 실효 후에도 행위의 범죄성과 반윤리성에는 변함이 없으므로 추급효를 인정한다 하여도 죄형법정주의와 무관한 법규범 본질론의 당연한 귀결이며, ③ 법률의 변경이 있는 때 재판시법(신법)을 적용하도록 규정한 제1조 2항은 피고인에게 이익이 된다는 정당한 이유가 있기 때문에 행위시법의 예외를 인정한 것이지만, 추급효의 경우에는 이러한 예외를 인정할 만한 정당한 이유가 없으며,[14] ④ 한시법의 효력상실은 "법률의 변경"이 아니므로 법률의 변경이 있는 때에만 적용하는 제1조 2항은 적용할 수 없고 행위시법에 의해 처벌해야 한다는 것이다.

(2) 동기설

동기설(Motiventheorie)은 한시법이 실효된 동기를 분석하여 추급효 인정 여부를 결정하는 견해이다. 즉, 그 법률변경의 동기가 가벌성에 대한 입법자의 법률적 견해가 변경(법제정의 이유가 된 법률이념이 변경)되어 법의 효력이 실효된 때에는 그 가벌성도 소멸되므로 추급효를 인정할 수 없으나, 단순한 사실관계의 변화(법률이념이 아닌 다른 사정의 변경)로 법의 효력이 실효된 때에는 행위시의 불법행위에 대한 가벌성은 그대로 존속하므로 추급효를 인정하여 처벌할 수 있다고 한다. 판례는 일관하여 동기설을 유지하고 있으며,[15] 이를 지지하는 입장[16]도 있다. 동기설의 주요 논거는, ① 한시법의 위반행위는 행위시에 이미 처벌규정이 있었던 행위이고, 행위시에 범죄 아닌 행위가 사후법에 의하여 처벌하는 소급입법이 아니므로 죄형법정주의에 반하지 않으며, ② 법률변경의 동기가 사실관계 변화 때문인가 법적 견해변경 때문인가는 입법취지와 법의 해석을 통하여 충분히 구별할 수 있으므로 동기설에 따라 제한적으로 추급효를 인정해야 한다는 것이다. 이에 의하면 형법 제1조 2항의 "법률의 변경"은 입법자의 법률적 견해가 변경되어 가벌성이 소멸된 때에만 인정하게 된다.

【판례】 [사실관계의 변화에 기인한 것으로 가벌성을 인정한 예] ① 계엄령의 해제로 계엄포고문이 개폐된 경우(대판, 1985. 5. 28. 81도1045), ② 부동산소유권이전등기등에관한특별조치법(1985. 1. 1 실효)을 폐지한 경우(대판, 1988. 3. 22.

14) 이재상, 38면, 이정원, 48-49면.

15) 후술하는 대판, 1982. 10. 26, 82도1861; 대판, 1997. 12. 9, 97도2682; 대판, 2000. 12. 8, 2000도2626 등.

16) 이재상, 38면; 이정원, 49면. 이 입장에서는 한시법의 개념을 일시적 사실관계에 대처하기 위한 법률로 제한하고 한시법의 추급효는 인정한다.

87도2678), ③ 도로교통법의 운전자준수사항에서 운전자의 부당요금징수를 삭제한 경우(대판, 1987. 3. 10, 86도42), ④ 공산품품질관리법에 의한 공업진흥청의 품질검사 지정상품에 관한 고시의 변경으로 밀링머신이 그 대상에서 제외된 경우(대판, 1989. 4. 25, 88도1993), ⑤ 유해화학물질관리법의 신고대상에서 제외되는 화학물질에 관한 환경처 고시가 변경된 경우(대판, 1994. 4. 12, 94도221), ⑥ 외국환관리규정의 개정으로 거주자가 허가 등을 받지 아니하고 휴대·출국할 수 있는 해외여행 기본경비가 증액된 경우(대판, 1996. 2. 23, 95도2858), ⑦ 식품위생법시행규칙상 수입 냉동감자에 대한 유통기한 표시기준이 폐지 또는 자율화된 경우(대판, 1997. 2. 28, 96도2247), ⑧ 공기업의 경영구조개선 및 민영화에 관한 법률에서 한국전기통신공사를 정부투자관리기본법상의 정부투자기관에서 제외하여 뇌물수수죄가 적용되지 않도록 한 경우(대판, 1997. 12. 9, 97도2682), ⑨ 도로교통법상 지정차로 제도가 폐지된 경우(대판, 1999. 11. 12, 99도3567), ⑩ 식품위생법상 일반음식점에 대한 영업시간제한 규정이 폐지된 경우(대판, 1999. 10. 12, 99도3870), ⑪ 군사기밀보호법상 누설한 군사기밀사항이 누설행위 이후 평문으로 저하되었거나 군사기밀이 해제된 경우(대판, 2000. 1. 28, 99도4022), ⑫ 부동산중개업법상 부동산중개업자의 중개보조원 고용인원수 제한규정이 폐지된 경우(대판, 2000. 8. 18, 2000도2943) 등.

[법률적 견해의 변경으로 가벌성을 부정한 예] ① 축산물가공처리법 시행규칙의 개정으로 식육점 경영자가 사전검사를 받지 않고 견육(犬肉)을 판매목적으로 진열한 행위를 삭제한 경우(대판, 1979. 2. 27, 78도1690), ② 계량법 시행령이 화학용 부피계에 대하여 검정제도를 폐지한 경우(대판, 1983. 2. 28, 81도165), ③ 특정범죄가중처벌등에관한법률의 가중처벌대상인 세금포탈금액이나(대판, 1983. 9. 13, 80도902), 뇌물수수의 금액이 변경된 경우(대판, 1991. 1. 8, 90도2485), ④ 특정경제범죄가중처벌등에관한법률의 가중처벌대상인 사기죄(대판, 1991. 1. 25, 90도2560)와 업무상배임죄의 재산상 이익의 가액이 변경된 경우(대판, 1991. 12. 27, 91도196), ⑤ 청소년보호법의 개정으로 청소년의 숙박업소 출입행위에 대한 처벌규정을 폐지한 경우(대판, 2000. 12. 8, 2000도2626), ⑥ 정당한 사유없이 명시기일에 출석하지 아니한 자에 대하여 형벌 대신 감치에 처하도록 법령이 개정된 경우(대판, 2002. 8. 27, 2002도2086) 등.

(3) 추급효부인설

추급효부인설은 추급효를 인정하는 명문규정이 없는 한 유효기간이 경과함과 동시에 한시법으로서의 효력은 상실되므로 그 이후에는 처벌할 수 없다는 견해이다.[17] 부인설의 주요 논거는, ① 독일 형법 제2조 4항과 같은 추급효 인정규정이 없는 이상 법의 일반원칙에 따라 유효기간 범위 내에서만 효력을 인

17) 황산덕, 36면; 남흥우, 58면; 김종원, 한시법에 관하여(完)(월간고시, 1978. 2), 97면; 심재우, 전게논문, 94면 이하; 정성근, 81면; 이형국, 39면; 김일수/서보학, 49면; 박상기, 46면; 배종대, 129면; 차용석, 134면; 진계호, 101면; 이영란, 52면; 임웅, 58면 이하; 김성돈, 84면; 손동권, 51면; 신동운, 54면; 오영근, 78-79면; 정영일, 59면.

정해야 하며, ② 한시법의 효력상실도 법률의 변경에 해당하므로 피고인의 이익을 위해서 형법 제1조 2항의 규정을 적용하여야 하며, ③ 특별규정이 없음에도 불구하고 효력이 상실된 법의 추급효를 인정하여 처벌하는 것은 죄형법정주의 취지에 반한다는 것이다.

(4) 학설의 검토

1) 추급효 인정설에 대한 비판 추급효인정설에 대해서는, ① 추급효를 인정하지 않으면 유효기간 말기에 범죄가 격증한다는 근거는 형사정책적 이유는 될지라도 죄형법정주의를 원칙으로 하는 형법적 이유는 될 수 없고, 이러한 결함은 추급효를 인정하는 특별규정을 둘 때에만 구제할 수 있으며, ② 실효된 법의 실효성 때문에 그 처벌만을 부활시키는 것은 불이익한 사후입법에 의해서 소급처벌하는 것과 실질에 있어서 차이가 없고, ③ 형법 제1조 1항이 행위시법주의를 명시한 것은 정치적 이유에서 국민의 자유와 권리를 보장하기 위하여 불이익한 사후입법의 소급을 금지한 것이고 법규범 본질론에 근거한 것이 아니며, ④ 행위의 반윤리성이나 범죄성을 인정할 필요가 있는 때에도 처벌법규가 존재하지 않으면 처벌할 수 없다고 하는 것이 죄형법정주의 취지이며, ⑤ "법률의 변경"은 신구법률의 "개폐"가 있는 경우뿐만 아니라 "실효"되는 경우도 포함하는 것이므로 긍정설은 타당하다고 할 수 없다.

2) 동기설에 대한 비판 동기설은, ① 그 근거가 되는 법률적 견해의 변경과 사실관계의 변화는 상호배척하는 것이 아니라 상호관련 하에 생기며, 양자의 구별도 상대적이므로 이를 근거로 추급효를 인정할 때에는 법적 안정성을 해하게 되며, ② 사실관계의 변화가 있는 경우에 처벌규정이 없음에도 불구하고 가벌성만을 인정하는 것은 역시 죄형법정주의에 반한다고 해야 하고,[18] ③ 형법 제1조 2항은 피고인에게 유리한 재판시법을 적용한다는 취지이므로 "법률의 변경"의 의미를 법률적 견해의 변경이 있는 경우로 축소해석하여 피고인에게 불리한 처벌을 하는 것은 이 규정의 근본 취지에 부합할 수 없다.[19]

3) 결 어 독일 형법은 추급효를 인정하는 일반적 규정을 두고 있으므로 동기설에 따라 사실관계의 변화가 있는 경우에만 제한적으로 추급효를 인정하여 오히려 처벌의 범위를 축소시키고 있다. 이에 대하여 추급효에 대한 아무런

18) 김종원, 전게논문, 97면.
19) 정성근, 80면; 김일수/서보학, 49면.

규정이 없는 우리 형법의 해석에서 동기설에 따르면 원래 제1조 2항 전단에 의해 처벌할 수 없는 행위가 처벌되어 오히려 처벌의 범위가 확대된다. 즉, 처벌범위를 축소시키는 독일의 동기설을 처벌확대를 위해 원용할 수 없다고 해야 한다. 그러므로 한시법이론을 인정하는 학설은 타당하지 않고, 추급효를 인정하는 특별규정이 없으면 법원은 면소판결을 하여야 한다(수사단계에서는 검사는 공소권이 없음을 이유로 불기소 처분을 해야 한다).

3. 백지형법

(1) 백지형법의 의의

백지형법(白地刑法, Blankettstrafgesetz)은 하나의 조문에 구성요건과 법정형을 완전히 기술하고 있는 완전형법에 대비되는 개념으로, 예컨대 형법 제112조(중립명령위반죄)와 같이 형벌만을 규정하고 형벌의 전제가 되는 구성요건의 전부 또는 일부의 내용은 다른 법령에 위임하고 이를 보충하여야 할 공백을 남기고 있는 형벌법규를 말한다. 공백형법(空白刑法)이라고도 한다. 이 경우 백지형법의 공백을 보충하는 규범을 보충규범 또는 충족규범이라 한다. 백지형법의 예는 특별형법, 특히 행정형법 내지 경제형법의 영역에 많고 대부분 한시법이다.

> 공백을 보충할 규범이 백지형법과 동일한 법률 중에 별도로 규정된 경우 또는 보충규범의 규정을 백지형법과 동등한 다른 법률·명령·행정처분에 위임하고 있는 경우를 광의의 백지형법이라 하고, 보충규범의 규정을 백지형법보다 하위의 단계에 있는 명령 또는 행정처분에 위임하고 있는 경우를 협의의 백지형법이라 한다. 특히 후자를 "진정백지형법"(echtes Blankettstrafgesetz)이라고도 한다.

(2) 백지형법의 효력

백지형법에 있어서 기본이 되는 백지형법 그 자체는 그대로 두고 보충규범만 개정 또는 폐지하는 경우에도 형법 제1조 2항의 "법률의 변경"에 해당하느냐, 그리고 이 경우에 추급효를 인정할 수 있느냐가 문제된다. 보충규범에서 추급효를 인정하는 특별규정이 없는 경우에 문제가 된다.

1) 전면처벌설 추급효를 인정하는 견해이다. 즉, 백지형법에 있어서 보충규범의 개정 또는 폐지는 형법 제1조 2항의 "법률의 변경"이 아니라 형벌의 전

제조건인 구성요건의 내용 변경에 불과하므로 동 조항을 적용할 수 없고, 따라서 행위시법을 적용하여 처벌하여야 한다는 것이다.[20)]

2) 전면면소설 추급효를 부인하는 견해이다. 즉, "법률의 변경"은 구성요건과 분리해서 논할 수 없는 것이므로 보충규범의 구성요건 내용이 변경되면 법률의 변경이 되는 것이고, 보충규범의 개정·폐지가 있으면 백지형법의 구성요건이 개정·폐지되는 것이므로 그 실효 이후에는 처벌할 수 없고, 공소제기 이후에는 범죄 후 법령의 개폐가 있는 경우로서 면소판결(형소법 제326조 4호)을 하여야 한다는 것이다.[21)]

3) 중간설 보충규범의 개정 또는 폐지가 구성요건 자체를 정하는 법규의 개정·폐지에 해당하는 때에는 "법률의 변경"에 해당하여 추급효를 인정할 수 없으나 단순히 구성요건에 해당하는 사실면의 변경에 해당하는 때에는 법률의 변경이 아니므로 추급효를 인정한다.[22)]

4) 결 어 한시법에 추급효를 인정할 수 있느냐의 문제는 대부분 백지형법에서 논의된다. 따라서 보충규범이 개폐된 경우에 추급효를 인정할 수 있느냐는 한시법이론 인정 여부에 따라 결정된다. 한시법의 추급효를 부정하는 입장에서는, ① 보충규범 자체에 추급효를 인정하는 규정이 없으면 추급효를 인정할 수 없으므로 전면처벌설은 타당하지 않고, ② 중간설에 의하면 법규자체의 변경인가 사실면의 변경인가를 구별하는 기준이 불명확하며, ③ 제1조 2항의 "법률의 변경"이라는 그 법률은 총체적 법률상태를 의미하며, 명령이나 행정처분 등 보충규범이 개폐되면 백지형벌법규의 구성요건 자체도 변경되므로 보충규범의 변경도 법률의 변경에 해당한다고 해야 한다. 따라서 보충규범이 개폐되면 제1조 2항의 "법률의 변경"에 해당하여 처벌할 수 없고 면소판결을 하여야 할 것이다.

(3) 고시의 변경

진정백지형법의 보충규범이 되는 행정처분, 즉 고시의 성질에 관하여 논의가

---

20) 염정철, 169면; 황산덕, 34면; 진계호, 102면. 한편 이재상, 41면은 보충규범의 변경도 법률의 변경에 해당한다고 하면서 추급효를 인정하여 처벌하여야 한다고 한다.

21) 김종원, 전게논문, 98면; 정성근, 82면; 이형국, 40면; 차용석, 137면; 김일수/서보학, 51면; 박상기, 47면; 배종대, 131면; 손해목, 83면; 이영란, 54면; 안동준, 27면; 손동권, 53면; 오영근, 74면; 정영일, 67-68면; 김성돈, 89면.

22) 남흥우, 59면; 강구진, 전게논문, 16면.

많다. 특히 경제통제법령에 근거하여 발표된 고시가 변경된 경우에 그 고시의 변경도 형법 제1조 2항의 "법률의 변경"에 해당하느냐가 문제된다. 이에 관해서도 긍정설[23] · 부정설[24]이 대립하는데, 판례는 중간설을 취하고 있다.[25]

경제통제법령의 처벌규정은 고시와 합쳐짐으로써 비로소 형벌법규로서의 기능을 하는 것이므로 고시는 단순한 행정처분에 불과한 것이 아니다. 즉, 행정처분인 고시에 의하여 백지형법의 공백이 보충되어 규범이 완성되는 경우에는 그 고시는 단순한 행정처분이 아니라 입법자의 위임에 의하여 일반적 · 추상적으로 적용될 처벌법규의 일부를 제정하는 것으로 보아야 한다. 마찬가지로 이러한 고시의 폐지도 제정된 법규의 폐지로서 본질상 입법작용과 다름없다. 따라서 이러한 의미의 고시가 폐지되면 형법 제1조 2항의 "법률의 변경"에 해당하여 면소판결을 하여야 한다.[26]

제 2 절 장소적 적용범위

Ⅰ. 의의 · 입법형식

1. 의 의

형법의 장소적 적용범위란 어떠한 장소에서 행해진 범죄에 대해서 형법을 적용할 것이냐의 문제를 취급하는 것으로 형법의 장소적 효력범위라고도 한다. 장소적 적용범위를 규정한 법률을 "국제형법"이라 하는데, 국제형법은 국제법

23) 김종원, 한시법에 관하여(完), 98면; 정성근, 83면; 이형국, 41면; 차용석, 137면; 김일수/서보학, 51면; 임웅, 60면; 김성돈, 88면.
24) 남흥우, 59면; 황산덕, 35면; 진계호, 91면.
25) 대판, 1989. 4. 25, 88도1993.
26) 부정설에서 고시는 하나의 행정처분으로 형법 제1조에 규정된 "법률"이 아니므로 고시의 변경은 형벌법규의 변경이 아니며, 따라서 이 경우 형법 제1조 1항에 의해 행위시법이 적용되어야 한다고 한다(황산덕, 35면).

이 아니라 국내법이므로 명칭으로서는 적절하지 않다.[27] 장소적 적용범위에 관한 원칙으로 속지주의 · 속인주의 · 보호주의 · 세계주의가 있다.

2. 입법형식

(1) 속지주의

속지주의(Territorialitätsprinzip)란 자국의 영역 내에서 발생한 모든 범죄에 대해서 범죄인의 국적 여하를 묻지 않고 자국 형법을 적용한다는 원칙이다. 자국에서 범한 것이면 침해의 대상이 자국법익이건 외국법익이건 묻지 않는다.

이 원칙은 배타적인 국가주권에 근거를 두고 있다. 따라서 적극적 측면에서는 자국에서 일어난 모든 범죄에 대해서 형벌권을 주장할 수 있으나, 소극적 측면에서는 국외의 범죄에 대해서 형벌권을 주장할 수 없다는 의미를 가지고 있다. 또 이 원칙은 실체법적으로 효과적인 범죄예방과 범죄인의 인권을 보장하는 역할을 할 수 있고, 소송법적으로 범죄지에서 증거수집이 용이하다는 점에서 가장 유용 · 공평한 해결원칙이라 하여 다수국가가 채택하고 있다.

그러나 이 원칙에 의하면, ① 외국으로 도망간 범죄인을 소추할 수 없고, ② 외국에서 죄를 범한 내국인과 외국에서 자국 법익을 침해하는 범죄를 처벌할 수 없으며, ③ 범죄지를 확정하는 것이 반드시 명백하지 않고(예컨대, 비행중의 항공기내의 범죄), ④ 무국적지(예컨대, 공해상)에서의 범죄를 처벌할 수 없다는 결함이 있다. 따라서 다른 원칙을 함께 채택할 필요가 생긴다.

(2) 속인주의

속인주의(Personalitätsprinzip)란 모든 자국민에 대해서는 범죄지 여하를 묻지 않고 자국 형법을 적용한다는 원칙을 말한다. 범죄자의 국적에 따라 형법의 효력이 미치고 범죄주체가 한정된다는 의미에서 국적주의라고도 한다.[28] 속인주

---

27) Liszt/Schmidt, Lehrbuch, 25. Aufl., S. 123. 국제형법(internationales Strafrecht)이란 관념은 J. Bentham에 의해서 처음으로 사용된 후 Hegler, Meili, Kohler, Maurach 등 다수학자가 사용하고 있다. 또 국제형법의 성격에 관해서도 국제사법에 속한다는 견해(Binding, Handbuch, S. 372, Anm. 5), 국제법에 속한다는 견해(Meili, Lehrbuch, S. 11), 형사소송법에 속한다는 견해(다수의 Rome 법학자) 등이 있으나 국내법으로 보는 견해가 많다. 국제형법에 관한 자세한 내용은 김주덕, 국제형법, 1997, 1면 이하 참조.

28) 이러한 관점에서 속인주의는 '적극적 속인주의'와 '소극적 속인주의'로 나눌 수 있다. 전자는 범죄지의 여하를 불문하고 자국민이 죄를 범한 때에 자국 형법의 적용을 인정하는 사고방식이며, 후자는 국외에서 자국민이 피해자가 된 일정한 범죄에 관하여 자국민 보호의 관점에

의는 속지주의에 대해서 국외에서 범한 범죄에까지 자국형법의 적용범위를 확대한다는 의미를 가진다.

속인주의의 근거에 관해서는 국외에 있는 자국민을 내국과 결합시키는 충성관계라고 설명하는 견해도 있다.[29] 이러한 주장의 이면에는 자국민은 외국에 인도하지 않고 외국의 사무관리자로서 자국민을 처벌한다는 대리적 처벌사상이 깔려 있다. 그러나 이는 반드시 속인주의 근거라 할 수 없다.[30] 국가는 자국민의 소재지 여하를 묻지 않고 직접·간접으로 보호하고 있으므로 자국민은 자국법에 복종하고 자국법에 의한 보호를 받는다는 데서 근거를 찾아야 한다. 속인주의를 일관하면 외국인이 자국에서 자국민의 법익을 침해하는 범죄에 대해서는 처벌할 수 없다는 결함이 생긴다.

(3) 보호주의

보호주의(Schutzprinzip)란 행위자의 국적과 범죄지 여하를 묻지 않고 자국 또는 자국민의 법익을 침해하는 범죄에 대해서는 자국 형법을 적용하는 원칙을 말한다. 이 원칙은 자국의 이익보호에 가장 철저한 것이고, 속지주의·속인주의 결함을 보충하는 역할을 한다. 특히 외국인이 국외에서 자국 또는 자국민에 대한 죄를 범한 경우에 실질적 의미를 갖는다.

이 원칙은 자국을 위한 정당방위적 성격에 근거한다고 한다. 그러나 이러한 근거는 국가적 법익을 보호하는 국가보호주의 경우에 타당하고, 자국민의 법익보호가 문제되는 국민보호주의(소극적 속인주의)의 경우에는 국가는 자국민의 소재지 여하를 묻지 않고 자국민에 대한 보호의무를 부담한다고 해야 한다.

(4) 세계주의

세계주의(Universalprinzip)란 범죄지, 행위자의 국적, 침해방법 여하를 묻지 않고 모든 문명국가의 공통되는 법익을 침해하는 행위에 대하여 자국법을 적용한다는 원칙이다.

이 원칙은 마약밀매·항공기납치·국제테러·인신매매·집단살해·해적 등

서 자국형법의 적용을 인정하는 사고방식이다. 따라서 소극적 속인주의는 국민보호주의라고도 하며, 보호주의의 범주에 속하는 것으로 이해될 수도 있다.

29) Frank, StGB, 18. Aufl., II 3 zu §5, S. 34; Mezger, AT, 3. Aufl., S. 58.

30) 대리적 처벌사상에 따르면 외국의 범죄지에서 처벌되는 범죄에 한하여 자국법의 적용을 인정하고, 또 어느 나라에도 속하지 않은 장소에서 죄를 범한 때에는 자국형법의 적용을 부정해야 할 것이다.

과 같이 인류공동의 법익을 침해하는 범죄행위를 근절하기 위하여 각국이 공동으로 노력할 것을 세계적인 과제로 한다는 문화적 사명에서 나온 것이다. 즉, 범죄극복에 관한 국제적 연대성이 세계범죄를 처벌하는 모든 국가의 권리와 의무의 기초가 되어 있다고 할 수 있다.

제2차 세계대전 후 세계범죄의 범위를 확대하려는 시도가 있었다. 그 대표적인 것이 집단살해의방지및처벌에관한 제노사이드(Genocide)조약(1948년)이다. 이 조약은 집단살해를 국제법상의 범죄로 인정하고, 이에 대해서는 국제법상 책임있는 통치자가 공무원이건 사인이건 묻지 않고 처벌한다는 규정을 두고, 모든 조약국은 필요한 입법을 할 것을 약속한다고 되어 있다(동조약 제1조, 제4조, 제5조). 일부 국가(유고 형법 제124조 이하)에서 입법적으로 채택되었으나 대부분 속지주의를 채용하고 세계적 제재의 사상은 거부되고 있다. 그 이유의 하나가 국제형사법원의 설치가 용이하지 않다는 점이다.

또 전후의 전쟁범죄와 관련하여 국제법상의 범죄에 대한 국제적인 처벌, 조직 및 절차에 관한 형사국제법 또는 국제적 형법이 논의되었다. 평화에 대한 죄, 전쟁의 죄, 인도에 관한 죄(집단살해죄가 전형) 등 국제범죄를 처벌하기 위한 것이다. 이 중에서 집단살해죄는 국내법의 적용을 받을 수 있고, 또 전쟁범죄 이외에는 국가가 재판권을 위임하지 않으면 국제재판권이 발동할 수 없으므로 실제적 의미를 가지지 못하고 있다. 결국 각국이 주권개념에 집착하는 한 전쟁범죄를 제외하고는 국내법을 적용하는 방법밖에 없을 것이다.

Ⅱ. 우리 형법의 규정

형법은 속지주의를 원칙으로 하고 속인주의와 보호주의를 보충하고 있다.

1. 속지주의

형법 제2조는 "본법은 대한민국의 영역 내에서 죄를 범한 내국인과 외국인에게 적용한다"라고 규정하여 속지주의를 기본으로 하였다. "대한민국의 영역"은 영토·영해·영공을 포함하며, "영토"는 한반도와 부속도서이다(헌법 제3조). 따라서 북한도 대한민국의 영역에 속한다. 판례도 북한 영역은 대한민국 영역이지만 재판권만 미치지 못하고 있다고[31] 한다. 영토 내에 있으면 외국의 대사

31) 대판, 1957. 9. 20, 57형상288; 대판, 1990. 9. 25, 90도1451; 대판, 1996. 11. 12, 96누1221. 이

관·공사관도 포함하며, 영해 내에 있는 외국선박 내의 범죄에도 적용된다. "죄를 범한" 범죄지는 실행행위지와 결과발생지를 포함하며, 공동정범의 경우 공모한 장소도 범죄지에 포함한다.[32] 판례[33]는 "외국인이 대한민국 공무원에게 알선한다는 명목으로 금품을 수수한 행위가 대한민국 영역 내에서 이루어지고 금품수수의 명목이 된 알선행위의 장소가 대한민국 영역 외인 경우"에도 속지주의에 따라 우리 형법을 적용한다.

그리고 형법 제4조는 "본법은 대한민국 영역 외에 있는 대한민국의 선박 또는 항공기 내에서 죄를 범한 외국인에게 적용한다"라고 하여 기국주의(旗國主義)를 채택하고 있다. "대한민국의 영역 외"는 공해상이건 외국이건 묻지 않는다.

【판례】 항공기운항안전법 제3조 규정과 도쿄협약("항공기 내에서 범한 범죄" 및 기타 행위에 관한 협약) 제1조, 제3조, 제4조의 규정 및 항공기의 불법납치 억제를 위한 협약(헤이그 협약으로서 1973. 2. 17 대한민국에 대하여 효력발생) 제1조, 제3조, 제4조, 제7조의 각 규정들을 종합하여 보면 이 사건 민간항공기 납치사건에 대하여는 항공기등록지국에 원칙적인 재판관할권이 있는 외에 이 사건 항공기의 착륙국인 우리나라에도 경합적으로 재판관할권이 생기어 우리나라 항공기운항안전법은 외국인의 국외범까지도 모두 적용대상이 된다(대판, 1984. 5. 22, 84도39).

2. 속인주의

형법 제3조는 "본법은 대한민국의 영역 외에서 죄를 범한 내국인에게 적용한다"라고 규정하여 속인주의를 채택하고 속지주의를 보충하고 있다. "내국인"이라 함은 대한민국의 국적을 가진 자를 말하고, 행위시에 국적을 가진 자이면 충분하다. 북한 주민은 우리 형법의 적용을 받는 내국인이 아니라는 견해[34]도 있으나, 판례는[35] 내국인으로 본다. 내국인이 범한 죄는 모든 범죄에 대하여 행위지법과 관계없이 독립하여 우리 형법이 적용된다. 따라서 행위지법상 불가

에 대하여 김일수/서보학, 54면과 배종대, 134면은 형법의 적용은 실제상 적용되는 범위라야 하므로 북한은 대한민국 영역이 아니라고 한다.

32) 대판, 1998. 11. 27, 98도2734.
33) 대판, 2000. 4. 21, 99도3403.
34) 김일수/서보학, 55면; 배종대, 135면.
35) 대판, 1996. 11. 12, 96누1221.

벌적 행위가 되거나 우리 형법보다 관대하게 규정된 경우에도 우리 형법이 적용된다.[36] 판례[37]도 같은 입장을 취하고 있다.

이와 같이 형법 제3조는 그 규정형식에 있어서 대상범죄뿐만 아니라 쌍방가벌성에 관하여서도 명문의 규정을 두지 않고 있는 점에서 '절대적 적극적 속인주의'[38]를 채택하고 있으며, 이러한 관점에서 보면 국제주의적 사고방식보다는 국가주의적 사고방식을 취하고 있다고 볼 수 있다.[39]

【판례】 서울 미국문화원 점거농성사건에서 장소적·인적 효력에 관해 형법은 제2조와 제3조가 각각 속지주의와 함께 속인주의도 채택하고 있으므로 "국제협정이나 관행에 의하여 서울에 있는 미국문화원이 치외법권(외교관계면제) 지역이고, 그 곳을 미국영토의 연장으로 본다 하더라도 그 곳에서 죄를 범한 피고인들에 대하여 우리 법원에 먼저 공소가 제기되고 미국이 자국의 재판권을 주장하지 않고 있는 이상 속인주의를 함께 채택하고 있는 우리나라의 재판권은 피고인들에게도 당연히 미친다 할 것이다. 또 미국문화원측이 피고인들에 대한 처벌을 바라지 않는다고 하여 그 재판권이 배제되는 것도 아니다 (대판, 1986. 6. 24, 86도403).

3. 보호주의

형법 제5조는 "본법은 대한민국 영역 외에서 다음에 기재한 죄를 범한 외국인에게 적용한다." 다음의 죄는 내란의 죄, 외환의 죄, 국기에 관한 죄, 통화에 관한 죄, 유가증권 및 우표와 인지에 관한 죄, 문서에 관한 죄 중 형법 제225조 내지 제230조의 죄(공문서), 인장에 관한 죄 중 형법 제238조의 죄(공인)를 말한다. 이는 국가보호주의를 채택한 것이다.

---

36) 신동운, 65면.

37) 대판, 1986. 6. 24, 86도403; 대판, 2004. 4. 23, 2002도2518(도박죄를 처벌하지 않는 미국 네바다주 소재의 카지노에서 한국인이 상습으로 도박한 사안에서 속인주의에 입각하여 유죄를 인정한 사례).

38) 속인주의에 근거하여 국외범에 대하여 자국 형법이 적용되기 위한 요건으로서 쌍방가벌성을 규정하고 있는 경우를 '제한적 적극적 속인주의'라고 하며(독일 형법 제7조 2항, 스위스 형법 제6조 1항 등), 우리나라와 일본 등과 같이 쌍방가벌성을 명문으로 규정하고 있지 않은 경우를 '절대적 적극적 속인주의'라고 한다.

39) 이에 대한 자세한 설명은 한국형사정책연구원, 범죄론 분야의 쟁점과 개정방향(2007. 4), 198면 이하 참조. 한편 이러한 형법의 태도에 대하여 한국형법을 '위성형법'으로 만들 우려가 있으므로 해석론이나 쌍방가벌성의 원칙을 제3조에 도입하는 입법론을 통해서 이를 제한하자는 견해는 김성돈, 94면 참조.

한편 형법 제6조는 "본법은 대한민국 영역 외에서 대한민국 또는 대한민국 국민에 대하여 전조에 기재한 이외의 죄를 범한 외국인에게 적용한다. 단, 행위지의 법률에 의하여 범죄를 구성하지 아니하거나 소추 또는 형의 집행을 면제할 경우에는 예외로 한다"고 규정하고 있다. 이는 주로 국민보호주의(소극적 속인주의)를 광범하게 채용하고, 행위지법상으로도 가벌적인 것을 요구하는 상호주의(쌍방가벌성)에 입각하고 있다.

형법 제207조 3항의 외국통용의 외국통화를 외국에서 외국인이 위조·변조한 행위를 처벌하는 것은(제5조 참조) 세계주의에 의한 것이라는 견해도[40] 있으나 보호주의(제5조)에 의한 것으로 본다.

> 형법개정법률안 제7조는 세계주의의 적용대상이 되는 범죄로서, ① 폭발물 폭발죄, 방사선이나 방사선 물질을 방류시켜 사람의 생명·신체·재산에 위험을 발생시킨 죄, ② 선박·항공기 납치·운항방해죄, ③ 통화위조죄, 위조통화 취득죄, ④ 유가증권위조죄, 우표·인지위조죄와 이상의 각 죄의 미수범, ⑤ 대한민국에 대해 구속력 있는 조약에 의하여 처벌할 범죄 등을 규정하고 있다.

4. 외국에서 받은 형집행의 효력

형법은 장소적 적용범위에 관하여 속지·속인·보호주의를 채택하고 있으므로 내국인 또는 외국인이 외국에서 확정판결을 받아 그 형의 전부 또는 일부의 집행을 받은 경우에 동일한 행위에 대하여 우리나라에서 다시 처벌할 수 있느냐의 문제가 생긴다.[41] 우리 형법은 외국에서 형의 전부 또는 일부의 집행을 받는 자에 대하여는 형을 감경 또는 면제할 수 있다(제7조)라고 규정하여 원칙적으로 외국의 형집행 효력을 인정하지 않는다. 즉, 임의적 감면사유로 하여 법원의 재량에 의하여 주문으로 형을 선고할 수 있으며,[42] 외국판결에서 몰수선고가 있는 때에는 그 가액을 추징해야 한다.[43] 외국에서 받은 형집행의 효력을 부정하고 다시 우리 형법에 의해서 처벌하면 일사부재리의 원칙에 반하지 않느

---

40) 김일수/서보학, (각론) 677면; 진계호, 107면; 정영일, 73면.

41) 외국에서 받은 형집행의 효력에 관하여 이를 전면적 또는 부분적으로 인정하는 입법(스위스 형법 제5조 2항, 프랑스 형소법 제692조, 일본 형법 제5조)과, 이를 부정하는 입법(폴란드 형법 제11조, 이탈리아 형법 제11조 1항)이 있다.

42) 대판, 1979. 4. 10, 78도831; 대판, 1988. 1. 19, 87도2287.

43) 대판, 1977. 5. 24, 77도629.

냐의 의문이 있을 수 있으나 일사부재리의 원칙은 한국의 재판권에 의한 이중처벌을 금지하는 것이므로 이 원칙에 저촉되는 것은 아니다. 다만, 입법적으로는 필요적 감면이 타당하다.

제 3 절 인적 적용범위

Ⅰ. 의의 · 원칙

1. 의 의

형법이 어떤 사람에게 적용되느냐의 과제를 형법의 인적 적용범위라 한다. 형법은 원칙적으로 시간적 · 장소적 적용범위 내의 모든 범죄에 대하여 효력을 가지고 있으므로 결국 형법의 적용을 받지 않는 자의 범위에 관한 문제가 형법의 인적 적용범위라 할 수 있다.

2. 원 칙

형법은 직접 규정을 두지 않았으나 원칙적으로 우리나라 형벌권에 복종하는 모든 사람에게 평등하게 적용된다. 다만, 국내법상의 관계에서 형법의 적용을 제한 받는 자와 국제법상의 관계에서 형법의 적용을 받지 않는 자가 있다.

Ⅱ. 인적 적용범위의 예외

1. 국내법상 예외

1) 대통령 대통령은 "내란 또는 외환의 죄를 범한 경우를 제외하고는 재

직 중 형사상의 소추를 받지 아니한다"(헌법 제84조)고 규정하고 있다. 이는 대통령에 한하고 대통령 권한대행에는 적용되지 않는다. 다만 대통령 재직 중에 한하여 소추만 받지 않을 뿐이므로 직위상실 후에는 재직 중의 행위에 대하여 소추할 수 있다. 또 내란·외환의 죄를 범한 경우에는 재직에 관계없이 소추가 가능하다.

2) 국회의원 국회의원은 "국회에서 직무상 행한 발언과 표결에 관하여 국회 외에서 책임을 지지 아니한다"(헌법 제45조). 이는 직무상 행한 발언과 표결에 한하고, 국회의원의 신분상실 이후에도 인정되는 특권이다.

3) 군 인 군인에 대하여는 특별권력관계에 의하여 군형법이 적용된다(군형법 제1조). 군인의 범위에 관하여는 군형법 제1조 2항에 규정되어 있다.

2. 국제법상 예외

1) 치외법권자 체재 중인 외국의 원수(군주, 대통령)와 그 가족 및 내국인이 아닌 종자(從者), 그리고 신임받고 체재하는 외국의 외교관(대사, 공사), 그 가족과 부속원(참사관·서기관·서기·대사관 무관 등) 및 내국인이 아닌 종자는 재임 중 형사소추를 받지 아니한다. 대통령 권한대행에는 적용되지 않는다. 국제예양(國際禮讓)으로 인정된 특권이며, 이 특권은 외국의 영사에 대하여 그 직무행위 중에 한하여 인정된다.[44] 재임 중 형사소추를 받지 아니하므로 외교관 기타 종자가 그 자격 또는 신분관계를 상실한 때에는 재임 중의 행위에 대하여 소추할 수 있다.

2) 외국의 군대 승인받고 주둔하는 외국군대의 구성원과 군속에 대하여는 협정(Status of Forces Agreement)에 의하여 형법의 적용이 배제될 수 있다. 예컨대 한미간에 체결된 군대지위협정(1966. 7. 9 서명, 1967. 3. 9 시행)에 의하면 공무집행 중의 미군범죄에 대하여는 우리 형법의 적용이 배제된다. 그러나 공무집행과 관계 없이 행한 범죄와 미군의 가족에 대하여는 우리 형법이 적용된다.

---

44) 1963년 4월 24일에 채택된 영사관계에 관한 비엔나 협약.

제2편
범 죄 론

제 1 장 범죄 일반론

제 1 절 범죄의 개념

Ⅰ. 범죄의 의의 · 본질

1. 범죄의 의의

형법은 범죄와 형벌 및 보안처분을 규정하고 있는 법규범이므로 형법학은 범죄개념과 그 분석에서 출발하지 않으면 안 된다. 따라서 먼저 가벌적 행태인 범죄란 무엇이며, 범죄가 성립하기 위해서 공통적으로 필요 · 충분한 조건이 어떤 것이냐가 문제된다. 이 문제를 연구하는 일반이론을 범죄이론이라 한다. 범죄의 의의는 실질적 측면에서 파악하는 입장과 형식적 측면에서 파악하는 입장의 두 가지가 있다.

(1) 범죄의 실질적 의의

범죄의 실질적 의의란 어떠한 실체를 가진 행위를 처벌할 것인가, 즉 처벌할 필요가 있는 그 실체가 무엇인가를 밝혀 범죄의 의의를 설명하는 입장이다. 여기에도 광협의 두 가지가 있다.

실질적 의의를 넓게 설명할 때에는 범죄는 사회공동생활의 존립이나 기능 기타 사회생활상의 이익 · 가치를 참을 수 없는 방법으로 훼손하는 것, 즉 사회적 유해성을 지닌 행위[1] 또는 문화규범에 위반한 행위[2]라고 한다. 이러한 범죄의의는 단순한 도덕위반이나 윤리위반을 범죄에서 제외시키는 데에 의미가 있다. 그러나 지나치게 추상적인 내용이므로 범죄의 구체적 내용을 파악할 수

1) Maurach/Zipf, 13/9; Rudolphi, SK, Vor §1 Rdn. 1; Roxin, Shuld und Verantwortlichkeit als Systemkategoriem, S. Henkel-FS, S. 174.
2) M. E. Mayer, AT, S. 44.

없다.

실질적 의의를 좁게 설명할 때에는 법익을 침해(위협)하는 반사회적 행위,[3] 형벌을 과할 필요가 있는 불법행위,[4] 또는 중대한 사회유해적 법익위해행위라고[5] 한다. 표현은 다르지만 범죄의 실체를 법적으로 제한한 같은 내용이다.

범죄의 실질적 의의는 형벌로서 처벌할 필요(當罰性)가 있는 범죄의 실체를 제시해 주는데 의의가 있다. 범죄의 실질적 의의는 1차적으로 입법자의 입법지침이 된다. 그러나 법관이 이러한 범죄를 어떤 방법으로 정확하고 신중하게 인정하도록 할 것이냐에 대해서는 구체적으로 제시해 주지 못한다.

(2) 범죄의 형식적 의의

범죄의 형식적 의의는 일정한 행위를 처벌하기 위해 갖추어야 할 법적 요건이 무엇인가를 밝혀 범죄의 의의를 설명한다. 범죄의 성립요건은 구성요건해당성, 위법성, 책임이므로 범죄의 형식적 의의도 구성요건에 해당하는 위법·유책한 행위라고 정의한다. 형식적 의의는 법관으로 하여금 범죄의 성립요소를 분석적·체계적으로 인식하게 하여 정확한 범죄를 확정할 수 있도록 한다. 그러나 형식적 의의는 범죄의 실질적 내용이 없으므로 어떤 실체를 가진 행위를 범죄로 할 것이냐에 대해서 아무런 내용을 제시하지 못한다.

(3) 실질적 의의와 형식적 의의의 관계

범죄의 형식적 의의를 확립하는 것은 죄형법정주의 요청이라 할 수 있다. 종래까지 범죄의 실질적 의의는 형사정책에 필요할 뿐이고 형법에서는 유용하지 않다고 생각하여 형식적 의의에 의하여 범죄개념을 정립하고 범죄론 체계를 구성하여 왔다. 그러나 범죄는 무형식의 관념적 산물이 아니라 하나의 사회존재 현상이므로 그 내용과 실체를 밝히고 이에 대한 법적 요건을 파악해야 한다. 처벌할 필요가 있는 실체와 내용을 제시하여 입법자의 자의를 방지하고, 범죄의 법적 요소에 대한 분석과 체계화를 통해서 처벌할 필요가 있는 실체를 정확하게 확인토록 함으로써 법관의 자의를 방지할 수 있다. 즉, 범죄의 형식적 의의는 형벌이라는 강력한 제재를 과함에 있어서 판단자의 관념적인 사고과정을

---

3) 정영석, 75면.
4) Jescheck/Weigend, §7 I 1; 정성근, 122면.
5) 김일수/서보학, 16면.

정리정돈하고, 처벌할 필요가 있는 범죄가 사실상 존재하는가를 신중히 확인하여 명확한 범죄상을 준비하는 데 요청된다.

그러나 아무리 세밀하고 명확한 범죄상을 수립한다 하여도 어떤 실체와 내용을 가진 형상이 구성요건에 해당하며 불법이 될 수 있는 것이냐를 밝히지 않으면 범죄 그 자체는 내용이 없다. 범죄의 실질적 의의는 당벌성의 내용이 되는 실체를 제시하여 그 한계를 제공해 주는 것이다. 따라서 두 가지 범죄개념은 서로 관련이 없는 것이 아니라 범죄개념을 파악함에 있어 상호보충적 기능을 갖는다. 즉, 구성요건해당성 · 위법성을 검토하기 위해서는 항상 법익침해의 유무 · 대소 · 정도와 행위의 반가치성(의무위반)이라는 실체를 전제해야 하며, 또 처벌할 필요가 있는 법익침해와 행위의 반가치성을 확인하기 위해서는 구성요건해당성 · 위법성이라는 범죄요소의 분석과 종합된 체계적 인식이 필요하다고 해야 한다.[6)]

2. 범죄의 본질

범죄의 실질적 의의와 관련하여 범죄의 본질이 무엇이냐에 대해서는 세 가지 학설이 있다.

(1) 권리침해설

권리침해설이란 범죄의 본질은 개별적인 권리를 침해하는 데에 있다고 하는 견해로, 포이엘바하(Feuerbach)가 종교 · 도덕과 법을 구별하면서 주장한 것이다. 그는 범죄란 개별적인 권리에 대한 침해이며, 이러한 권리보호를 임무로 하는 국가질서에 대한 배반이 그 본질이라고 하였다.[7)] 이에 의하면 개인의 권리를 침해하는 경우는 물론, 국가도 하나의 인격체로서 권리를 가지므로 국가에 대한 권리침해도 범죄가 된다.

그러나 권리침해설에서 말하는 "침해"는 권리침해에 대한 "위험"과의 구별이 불명확하여 위험범을 범죄로 인정할 수 없으며, 권리침해를 내용으로 하지 않는 범죄(예컨대 성풍속범죄 · 공공위험범죄 · 주거침입죄 등)를 설명할 수 없다.

6) 同旨: 김일수/서보학, 16면; 임웅, 71면.

7) Feuerbach, Revision der Grundsätze und Grundbegriffe des peinlichen Rechts, Bd. 1, 1799, S. 30ff., 39, 65, 169; derselbe, Lehrbuch des gemeinen in Deutschland gültigen peinlichen Rechts, 11. Aufl., 1832, §9 21ff.

(2) 법익침해설

법익침해설(Rechtsgutverletzungslehre)은 범죄의 본질은 법에 의해서 보호할 필요가 있는 생활이익 내지 가치를 침해하거나 침해할 위험성에 있다는 견해로 비른바움(Birnbaum)이 제창하였다. 그는 권리침해가 아닌 범죄도 존재할 수 있다고 하여 권리침해설을 비판하고, 범죄란 국가권력에 의하여 모든 사람에게 평등하게 보장되어 있는 재화(Guts)를 인간 의사에 귀책시킬 수 있는 행태로 침해하거나 위태롭게 하는 것이라 하였다.[8] 이에 의하면 법적 권리는 아니지만 선량한 풍속을 보호하는 경찰범, 풍속범과 위험범도 범죄가 될 수 있다. 이러한 주장은 빈딩(Binding), 리스트(Liszt), 메츠거(Mezger) 등에 의하여 체계적으로 발전되어 "범죄란 법익의 침해 내지 그 위태화이다"라는 종래의 통설적 견해가 확립되었다.[9]

범죄의 본질이 범익침해 내지 그 위태화에 있다는 것은 부정할 수 없다. 법익보호가 형법의 임무 중의 하나이며, 법익침해 내지 그 침해의 위험성이 없는 범죄는 존재하지 않기 때문이다. 그러나 법익보호는 법익침해를 지향한 반사회윤리적 행위를 금지할 때에 가능한 것이므로 범죄의 본질에서 행위의 반가치(의무위반성)를 제외해야 할 이유가 없다. 특히 범죄 중에는 행위의 반윤리성과 반가치성을 고려하지 않고는 설명할 수 없는 범죄도 있으므로[10] 법익침해성만으로 범죄의 본질을 파악할 수 없다.

(3) 의무위반설

의무위반설(Pflichtsverletzungslehre)이란 범죄의 본질은 사회질서 내지 법익을 침해하지 아니해야 할 의무위반성에 있다는 견해이다.[11] 이 견해는 원래 독일 국가사회주의가 지배하던 때에 범죄는 국가 사회공동체의 발전을 지지해야 할 의무·인륜적 의무에 반하여 사회공동체에 위해를 가하는 행위이다는[12] 사상

---

8) Birnbaum, Über das Erfordernis einer Rechtsverletzung zum Begriff des Verbrechens mit besonderer Rücksicht auf den Begriff der Ehrenkränkung, Archiv des Kriminalrechts, Neue Folge, Bd. 15, 1834, S. 149ff.

9) 유기천, 9면; 진계호, 115면.

10) 예컨대, 형벌의 경중(예: 존속살해죄의 가중형)을 인정하는 이유, 부진정부작위범의 성립, 위증죄, 명예훼손죄, 사기죄 등의 구성은 단지 법익침해의 결과만으로 설명할 수 없다.

11) Gallas, Zur Kritik der Lehre vom Verbrechen als Rechtsgutsverletzung, Gleispach-FS, 1936, S. 51.

12) F. Schaffstein, Das Verbrechen als Pflichtverletzung, Grindlagen der neuen Rechts-

에서 대두된 것이다.

행위의 반가치와 의무위반성을 고려하지 않고는 범죄의 불법내용을 설명할 수 없고, 범죄 중에 의무위반성 고려 없이 형이 가중되는 이유를 설명할 수 없는 범죄도 있다. 그러나 모든 범죄를 의무위반만으로 파악하면 범죄가 윤리화되어 형법의 보장적 기능을 수행할 수 없다.

(4) 결 어

실질적 범죄개념에 의하면 범죄의 실질은 법익침해와 반사회적·사회유해적 의무위반이다. 형법도 법익과 사회윤리적 행위가치 모두를 보호하기 위해서 법익침해를 지향하는 반사회윤리적 행위 자체를 금지한다. 이 금지위반이 범죄가 되므로 범죄의 본질은 법익침해설과 의무위반설을 종합하여 파악해야 한다.[13]

Ⅱ. 범죄의 성립요건·가벌요건·소추요건

1. 범죄의 성립요건

범죄의 형식적 의의에 의하면 범죄는 구성요건에 해당하는 위법·유책한 행위이다. 즉, 구성요건해당성·위법성·책임을 구비한 경우에 비로소 범죄가 된다. 이 세 가지를 범죄의 성립요건이라 하며, 이 요건을 구비한 범죄에 대해서는 법문에 규정되어 있는 형벌이 법적 효과로서 과해지는 것이 원칙이다.

1) 구성요건해당성 형벌법규에 금지 또는 명령된 일정한 행위를 추상적·유형적으로 규정하고 있는 행위유형을 구성요건이라 하고, 구체적인 행위사실이 구성요건에 합치된 때 구성요건에 해당한다고 한다. 구성요건해당성이란 구체적인 행위사실이 구성요건에 해당하는 성질을 말하고 범죄의 첫 번째 요소가 된다.

2) 위법성 위법성이란 구성요건에 해당하는 행위가 전체 법질서에서 허용되지 아니하는 성질(부정적 가치판단)을 말하고 범죄의 두 번째 요소가 된다. 구성요건해당성이 있는 행위라도 위법성이 없으면 책임판단을 할 필요 없이 범죄성

---

wissenschaft, 1935, S. 9.

13) 정성근, 125면; 이형국, 51면; 이재상, 68면; 임웅, 70면; Jescheck/Weigend, §7 Ⅰ 1; Welzel, S. 5; Wessels/Beulke, Rdn. 15; Sch/Sch/Lenckner, §§13ff. Rdn. 11.

립이 부정된다. 형법은 위법성에 대해서 적극적인 규정을 두지 않고 소극적으로 위법성이 배제되는 위법성조각사유를 규정하고 있을 뿐이다.

3) 책 임 책임이란 구성요건에 해당하고 위법성이 있는 행위를 한 행위자에 대한 비난가능성을 말하고 범죄의 세 번째 요소가 된다. 비난가능성은 법규범이 요구하는 규범합치적인 의사형성과 행위를 할 수 있음에도 불구하고 이를 하지 아니한 행위자에 대한 부정적 가치판단이다. 책임은 모든 처벌의 전제가 되며, 형벌을 정당화시킨다. 따라서 구성요건에 해당하고 위법성이 있는 행위라도 책임이 없으면 어떤 이유로도 형벌을 과할 수 없다. 형법은 책임무능력자, 한정책임능력자, 특수한 책임조각사유를 규정하고 있다.

2. 가벌요건

특수한 범죄에 있어서는 범죄의 성립요건을 구비한 것만으로 형벌을 과할 수 없고 형벌을 과하기 위해서는 다른 일정한 조건을 구비해야 하는 경우가 있다. 이와 같이 범죄가 성립하여도 다시 형벌권을 발생시키기 위한 필요조건을 가벌요건 또는 처벌요건이라 한다. 따라서 가벌요건은 범죄성립요건과 구별해야 한다. 가벌요건은 그것이 존재함으로써 비로소 처벌이 가능한 적극적 가벌요건과 그것이 존재함으로써 처벌할 수 없는 소극적 가벌요건이 있다. 객관적 가벌요건은 전자에, 인적 처벌조각사유는 후자에 해당한다.

(1) 객관적 가벌요건

1) 의 의 범죄 그 자체는 성립하지만 이에 대한 형벌권 발생은 다른 객관적 사유의 존재가 조건으로 되어 있는 경우를 객관적 가벌요건 또는 처벌요건이라 한다. 예컨대 사전수뢰죄에 있어서 "공무원 또는 중재인이 된 사실"(제129조 2항), 파산죄에 있어서 "파산선고의 확정이 있을 때"(채무자회생및파산에관한법률 제650조, 제651조) 형벌권을 행사할 수 있으므로 이러한 사유는 객관적 가벌요건에 해당한다.[14)]

2) 근거와 특색 객관적 가벌요건은 정책적 이유에서 일정한 처벌을 조건

14) 권리행사방해죄에 있어서 "타인의 권리행사를 방해한 사실"(제323조)과 강제집행면탈죄에 있어서의 "채권자를 해한 사실"(제327조)도 객관적 가벌요건이라는 견해(김일수/서보학, 각론, 536면)도 있다.

성취에 의존시키고 있는 것이고, 행위 또는 행위자에 대한 규범적 평가나 범죄의 성립과는 관계없는 가벌요건이다. 파산죄에 있어서의 파산선고의 확정을 예로 들면, 파산자에게 범죄가 성립하더라도 파산선고의 확정이 없는 동안에는 이를 처벌하는 것이 오히려 채권자 기타의 자의 이익을 해할 염려가 있으므로 파산선고 확정을 파산죄의 가벌요건으로 한 것이다.

이와 같이 객관적 가벌요건은 범죄의 성립과 관계없다는 점에서 다음과 같은 특색이 있다. ① 객관적 가벌요건의 유무는 행위의 위법성과 관계없으므로 이를 구비하지 않은 자의 행위에 대해서도 정당방위가 가능하다. ② 객관적 가벌요건에 해당하는 사실을 인식하였는가의 여부는 고의의 내용과 관계가 없다. ③ 객관적 가벌요건을 구비하지 못한 경우에도 협의의 공범은 성립할 수 있다. ④ 객관적 가벌요건을 구비하지 못한 경우에 법원은 형면제판결을 해야 한다.

(2) 인적 처벌조각사유

1) 의 의 범죄 그 자체는 성립하지만 행위자의 특별한 신분관계로 인하여 형벌권이 발생하지 않게 되는 사유를 인적 처벌조각사유 또는 일신적 형벌조각사유라 한다. 예컨대 친족상도례에 있어서 직계혈족·배우자·동거친족·동거가족 또는 그 배우자라는 신분(제328조 1항)이 대표적이고, 헌법 제45조의 국회의원의 면책특권, 국제법상 치외법권으로 면제권을 가진 외국원수·외교관이라는 신분 등도 여기에 해당한다. 그리고 인적 처벌조각사유는 행위시 행위자의 특수한 사정을 고려하여 형벌을 과하지 않는 경우(중지미수의 자의에 의한 형면제)와 구별해야 한다. 후자의 경우를 특히 인적 형벌소멸사유라 하고, 인적 처벌조각사유와 합쳐서 인적 형벌면제사유라고 한다.

2) 근 거 법은 가정에 간섭하지 않는다는 사상에 기초하고 있다. 친족 사이의 범죄행위에 대해서는 국가가 형벌로 처벌하는 것보다 가정 내의 자율에 일임하는 것이 가정의 평화와 가족정의를 유지할 수 있다는 정책적 배려 내지 인정(人情)의 자연성에 근거를 둔다.

3) 관련문제 인적 처벌조각사유를 규정한 형법은 제328조 3항과 제365조 2항 단서에서 비신분자인 공범에 대해서 처벌조각사유의 적용을 배제하고 있다. 인적 처벌조각사유가 있는 자도 범죄 자체는 성립하는 것이므로 이에 가담한 공범도 범죄가 성립할 수 있고, 정범의 가벌성 유무와 관계없이 당연히 가

벌적 행위가 된다. 또 인적 처벌조각사유가 있는 자의 행위도 구성요건에 해당하는 위법행위이므로 이에 대한 정당방위도 가능하다. 그리고 인적 처벌조각사유는 구성요건요소가 아니므로 고의의 인식대상이 아니며, 이에 대한 착오도 구성요건적 착오가 아니다.

3. 소추요건

(1) 의 의

범죄의 성립요건을 구비한 가벌행위에 대해서 형사소송법상 소추를 하기 위하여 필요한 요건을 소추요건(Verfolgungsbedingung) 또는 소송조건이라 한다. 소추요건은 소송법상의 제도 내지 개념으로 공소제기의 유효조건이므로 범죄 성립요건 및 가벌요건과 구별된다. 따라서 소추요건이 결여된 때에도 범죄 성립요건과 가벌요건을 구비하고 있으면 범죄는 성립하고 가벌적 행위가 되어 형벌청구권이 발생한다. 그러나 범죄성립요건과 가벌요건을 구비하지 못하면 애당초 형벌청구권 자체가 발생하지 않는다. 이러한 본질적 차이에서 소송법상으로 소추요건이 결여되면 공소기각 판결이라는 형식재판(형소법 제327조 5항, 6항)을 하여야 하지만 범죄성립요건 또는 가벌요건이 결여되면 무죄 또는 형면제라는 실체재판(형소법 제322조, 제325조)을 한다. 그리고 가벌요건, 소추요건과 구별되는 개념으로 처벌장애사유가 있다. 형이 확정된 자의 형 집행을 면제시키는 형의 시효완성(형법 제77조 이하)이 그 예이다. 형법이 규정하고 있는 소추요건으로 친고죄와 반의사불벌죄가 있다.

(2) 친고죄

친고죄(Antragsdelikte)란 피해자 또는 일정한 고소권자의 고소가 있어야 비로소 공소를 제기할 수 있는 범죄를 말한다. 고소를 조건으로 해서 공소제기가 가능하다는 의미에서 정지조건부 범죄라고도 한다.

친고죄를 인정하는 이유는 세 가지가 있다. ① 범죄를 소추해서 사실을 일반인에게 알리는 것이 도리어 피해자에게 이중의 불이익을 가져올 우려가 있고(강간죄, 강제추행죄, 비밀침해죄 등), ② 피해가 비교적 경미하여 피해자의 의사를 무시해 가면서까지 공소를 제기할 필요가 없고(사자명예훼손죄, 모욕죄), ③ 범인과 피해자의 특별한 인적 관계(친족상도례의 근친족)를 고려할 필요가 있기 때문이다.

친고죄 중 친족상도(제328조 2항, 제344조, 제354조, 제361조, 제365조 1항)와 같이 범인과 피해자 사이에 특별한 신분관계가 있기 때문에 친고죄로 한 것을 상대적 친고죄라 하고, 그 이외의 친고죄를 절대적 친고죄[15]라 한다. 양자를 구별하는 실익은 후자는 고소불가분의 원칙이 적용되므로 고소할 때에 범인을 지정할 필요가 없으나 전자는 범인을 지정하여 고소하지 않으면 다른 공범자를 고소하여도 그 효과는 친족인 공범자에게 미치지 않는다는 데 있다.

(3) 반의사불벌죄

반의사불벌죄란 피해자의 명시한 의사에 반해서 공소를 제기할 수 없는 범죄를 말한다.[16] 원칙으로는 공소를 제기할 수 있으나 피해자가 처벌을 희망하지 않는다는 의사를 명백히 표시한 경우에는 공소제기가 불가능한 범죄이다. 피해자의 명시적 의사가 없을 것을 소추요건으로 한다는 의미에서 해제조건부 범죄라고도 한다.

(4) 특별법상의 고발

고발은 원칙적으로 소추요건이 아니고 단순한 수사단서에 지나지 않으나 특별법상의 고발은 소추요건으로 되어 있는 경우가 있다. 조세범처벌법 위반(동법 제6조), 관세법 위반(동법 제200조 1항), 담배전매법 위반(동법 부칙 제3조), 물가안정에관한법률 위반(동법 제31조)은 사건의 대량성, 기술적 · 전문적 특수성을 고려하여 당해 기관의 고발이 있어야 공소를 제기할 수 있다.

Ⅲ. 범죄의 종류

1. 서 설

범죄는 여러 가지 관점에 따라 분류할 수 있다. 행위의 종류에 따라 작위범

15) 형법상 절대적 친고죄는 간통죄(제241조), 강간죄(제297조), 강제추행죄(제298조), 추행 · 간음 · 영리목적 약취유인죄(제288조 1항), 약취 · 유인 · 매매된 자의 수수 · 은닉죄(제292조 1항), 사자(死者)명예훼손죄(제311조), 비밀침해죄(제316조), 업무상 비밀누설죄(제317조) 등이 있다.

16) 형법상 반의사불벌죄는 폭행 · 존속폭행죄(제260조 3항), 과실치상죄(제266조 2항), 협박 · 존속협박죄(제283조 3항), 명예훼손죄(제309조) 등이 있다.

과 부작위범, 행위자의 내심의 상태에 따라 고의범과 과실범으로 구별할 수 있으며, 구성요건적 행위 이외에 일정한 결과발생을 요하느냐에 따라 실질범과 형식범으로, 그리고 보호법익에 대한 보호정도에 따라 침해범과 위험범으로 구별할 수 있다. 또 실행행위와 법익침해 상태의 시간적 계속성 유무에 따라 즉시범, 계속범, 상태범으로 구별된다. 이 이외에도 행위의 반윤리성 여부에 따라 자연범(형사범)과 법정범(행정범)으로 구별하기도 한다. 이상의 분류는 모든 범죄에 공통된 성질에 의한 분류이지만 이 이외에 특수한 범죄로서 신분범, 자수범이 있다.

【입법례】 1791년의 프랑스 형법과 같이 중죄(crime), 경죄(délit), 위경죄(contravention)의 3종으로 구분하거나 독일 형법처럼 중죄와 경죄로 구분하는 입법도 있다. 또 영미법은 반역죄(treason), 중죄(felony), 경죄(misdemeanor)로 나누고 있다.

우리 형법은 서구와 같은 범죄구별을 인정하지 않고 범죄라는 단일명칭을 사용하고 있다. 다만, 경범죄처벌법에서 말하는 경범죄는 경찰범에 속하는 것이고, 범죄로서의 가벌성이 경미하여 형법적 범죄로 승격시킬 필요가 없기 때문에 경하게 처벌하는 질서위반죄에 해당하고 서구형법에서 사용하는 경죄와 다르다.

2. 실질범과 형식범

(1) 실질범

실질범(Materialdelikte)이란 구성요건 내용상 범죄행위와 함께 결과발생까지 필요로 하는 범죄를 말한다. 결과의 발생을 필요로 한다는 의미에서 결과범(Erfolgsdelikte)이라고도 한다.[17] 예컨대 살인죄는 사람의 "사망"이라는 결과발생을 필요로 하므로 실질범에 속한다. 상해죄, 강도죄 등 대부분의 범죄와 결과적 가중범은 이에 해당한다. 실질범에 있어서는 실행행위와 결과 사이에 인과관계와 객관적 귀속이 인정되어야 범죄의 기수가 될 수 있으므로 인과관계 문제는 실질범에서만 논의된다.

---

17) 결과범에서의 결과는, ① "외계에서의 상태의 변화"라는 사실상의 관점에서 파악할 수도 있고, ② "법익침해 및 법익침해의 구체적 위험"이라는 가치적 관점에서 파악할 수도 있다 (이 경우 결과범은 침해범과 구체적 위험범을 의미한다). 그런데 후술하는 침해범과 위험범이 법익이라는 가치적 관점에서 구별되는 것과는 달리 결과범과 형식범은 사실적 관점에서 구별하는 것이 타당하다(임웅, 89면).

(2) 형식범

형식범(Formaldelikte)이란 구성요건 내용상 일정한 행위만 있으면 충분하고 결과발생을 필요로 하지 않는 범죄를 말한다. 이를 거동범 또는 단순거동범이라 한다. 예컨대 위증죄·폭행죄·퇴거불응죄 등과 같이 허위진술이나 유형력의 행사 또는 퇴거요구에 불응하는 태도만 있으면 범죄는 성립하고 이로 인하여 국가의 형사사법이나 신체의 안전성·주거의 안전에 영향을 미쳤는가는 범죄의 성립요건이 아니다. 무고죄(제156조)와 주거침입죄(제319조)도 이에 해당한다. 추상적 위험범의 대부분은 거동범이다.

3. 침해범과 위험범

구성요건 내용이 법익침해를 요하는가, 법익침해의 위험만으로 충분한가라는 법익보호의 정도에 따른 구별이다.

(1) 침해범

침해범(Verletzungsdelikte)이란 구성요건 내용이 법익침해가 있을 것을 요구하고 있는 범죄를 말한다. 살인죄·상해죄·절도죄·강도죄 등 다수의 범죄가 이에 속한다. 이에 대해서 행위객체(범죄의 객체)에 대한 침해를 요구하는 범죄를 침해범이라고 하는 견해도 있으나 침해범과 위험범의 구별은 법익보호의 정도에 따른 구별이라고 본다.

(2) 위험범

위험범(Gefährdungsdelikte) 또는 위태범이란 구성요건이 보호하고 있는 보호법익에 대한 침해의 위험만 있으면 성립하는 범죄를 말한다. 침해범인가 위험범인가의 판단은 일률적으로 정할 수 없고 개개 구성요건의 해석에 의하여 정할 수밖에 없다. 범죄 중에 침해범 이외에 위험범을 인정하는 것은 법익침해가 없는 때에도 침해의 위험만으로 그 행위를 처벌할 필요가 있다는 입법론적 요청에 의한 것이다.

위험범은 구성요건이 실현되기 위해서 필요로 하는 위험의 정도에 따라서 구체적 위험범과 추상적 위험범으로 구별한다.

1) 구체적 위험범　구체적 위험범은 법익침해의 구체적 위험, 즉 현실적으

로 위험이 발생할 것을 그 성립요건으로 하는 범죄이다. 일반적으로 구성요건 내용에 특히 위험이 현출될 것을 요한다는 취지가 명시되어 있는 경우가 많다. 구체적 위험범은 범익침해의 위험이 구체적으로 나타난 때에 한하여 가벌적 행위가 되며, 위험발생은 구성요건요소이고 고의의 내용이[18] 된다. 예컨대 자기소유일반건조물방화죄(제166조 2항), 일반물건방화죄(제167조), 자기소유 일반건조물·일반물건에 대한 실화죄(제170조 2항), 가스등 공작물손괴죄(제173조), 자기소유 일반건조물등 일수죄(제179조 2항), 과실일수죄(제181조) 등이 이에 속한다.

2) 추상적 위험범 추상적 위험범은 법익침해에 대한 일반적(추상적) 위험이 있으면 성립하는 범죄이다. 추상적 위험범은 위험의 출현을 구성요건에 명시할 필요가 없으므로 법익침해의 위험은 구성요건요소가 아니며, 단지 규정의 존재이유 내지 입법이유에 지나지 않고[19] 구성요건실행행위만 있으면 일반적 위험이 인정된다. 따라서 추상적 위험범에 있어서는 위험이 현실적으로 발생하였는지의 여부를 법관이 심사할 필요가 없으며, 행위자가 위험에 대한 고의를 가질 필요도 없다.

구체적 위험범에 해당하는 방화죄 이외의 모든 방화죄(제164조, 제165조, 제166조 1항, 제167조 등)·위증죄·무고죄·낙태죄·명예훼손죄·신용훼손죄·업무방해죄와 국가보안법상의 잠입탈출죄(제6조), 찬양·고무죄(제7조), 불고지죄(제10조) 등이 이에 속하는 범죄이다.

4. 즉시범·계속범·상태범

즉시범과 계속범은 법익침해가 있는 후에도 범죄행위(실행행위)가 계속되어야 하는가에 따른 구별이다.

(1) 즉시범

즉시범(卽時犯) 또는 즉성범(卽成犯)이란 행위에 의하여 일정한 법익의 침해 또는 침해의 위험이 발생하면 범죄도 완성(기수)되고 범죄행위도 종료하는 범죄를 말한다. 즉, 범죄의 기수와 범행의 종료시점이 일치하는 범죄이다. 살인죄·상해죄·방화죄 등 대부분의 범죄는 이 종류의 범죄이다.

18) 유기천, 96면; 정영석, 84면; 정성근, 152면; 이재상, 72면; 배종대, 191면; 임웅, 90면 이하; 손동권, 68면; 이형국, 53면.
19) 유기천, 96면; 정성근, 153면; 임웅, 90면; 이형국, 53면.

(2) 계속범

계속범(Dauerdelikte)이란 범죄가 기수로 되기 위해서는 행위가 시간적으로 계속되어야 하고, 기수가 된 후에도 법익침해의 계속과 함께 범죄행위도 종료하지 않고 계속되는 범죄를 말한다. 즉, 범죄행위의 계속과 위법상태의 계속이 일치하는 범죄라 할 수 있다. 체포죄, 감금죄, 약취유인죄, 주거침입죄가 여기에 속한다.

계속범은 법익침해가 계속하는 동안 범죄행위도 계속하므로, ① 법익침해가 계속하는 동안은 이에 대해 정당방위를 할 수 있고, ② 행위가 계속하는 동안은 공범의 성립이 가능하며, ③ 소송법적으로 토지관할의 범죄지를 결정하는 기준이 되어 행위가 계속하는 동안은 모두 범죄지가 되며, ④ 공소시효의 기산도 행위가 종료된 때를 기준으로 한다.

(3) 상태범

즉시범·계속범과 구별되는 상태범이 있다. 상태범(Zustandsdelikte)이란 범죄행위에 의해 법익침해가 있으면 범죄는 완성되고, 동시에 행위도 종료하지만 범죄완성 이후에도 법익침해의 위법상태는 계속되는 범죄를 말한다. 이 경우 범죄완성 후 계속되는 법익침해의 상태는 새로운 법익침해가 없는 한 별도로 다른 범죄를 구성하지 않는다. 절도죄·횡령죄·유아에 대한 약취죄 등이 이에 속한다.

상태범에 있어서는 범죄완성 이후에 계속되는 위법상태는 이미 사전적 행위에 대한 위법평가에서 포괄적으로 평가된 것이므로 이 범위 내에서 다시 다른 범죄가 성립하지 않는다. 예컨대 절도범이 절취한 재물을 소비·파괴·처분하더라도 그 실행행위의 범위를 초과한 새로운 법익침해를 하지 않는 한 별도로 횡령죄·손괴죄·장물죄 등이 성립하지 않는다. 이러한 사후적 행위를 불가벌적 사후행위라 한다.

5. 자연범과 법정범

(1) 의의·구별근거

종래의 통설은 자연법사상의 영향을 받아 자연범과 법정범을 구별한다. 이를 처음으로 구별한 가로팔로(Garofalo)도 인륜의 근본인 애타적 정조, 그 중에서도 연민과 성실의 감정에 반하는가의 여부에 따라 구별하였다. 최근에는 양자의 구별에 대해 기본적 생활질서에 반하는 행위는 자연범이고, 파생적 생활질서에 반하는 행위는 법정범이라는 주장도 있다. 그러나 자연범은 실정법과 관계없이 행위 자체의 성질상 반사회성·반윤리성을 가지는 범죄이고, 법정범은 행위 자체는 반사회성·반윤리성이 없으나 법에 규정을 두기 때문에 비로소 범죄성이 인정된다는 구별이 일반적이다. 이는 영미법상의 "본질적 악(惡)"(mala in se)과 "금지되어진 악(惡)"(mala prohibita)의 구별과 동일사상에 기초하고 있다.

자연범·법정범의 구별과 별도로 형사범·행정범을 다시 구별하는 견해도 있다. 그러나 그 내용은 자연범·법정범의 구별과 차이가 없으므로 이를 따로 구별하여 생각할 필요가 없다. 즉, 자연범·형사범은 당연히 반윤리적·반사회적인 행위이기 때문에 반법률적 행위가 되는데 반하여, 법정범·행정범은 반법률적 행위이기 때문에 반윤리적 또는 반사회적 행위가 된다고 할 수 있다.

(2) 구별의 유동성

자연범과 법정범의 구별은 실제상 유동적·상대적이다. 두 개념의 사회적 기반인 반윤리성·반사회성은 사회변동과 그 사회에서의 개인의 지위 여하에 따라 변화할 수 있기 때문이다. 따라서 종래 법정범이던 것이 사회적 가치관의 변화에 따라 자연범화할 수도 있다. 마찬가지로 기본적 생활질서와 파생적 생활질서의 구별도 유동적·상대적이므로 이에 따른 구별도 유동성을 면할 수 없다. 특히 사회생활 관계의 복잡화·가치관의 다원화로 급변해 가는 현대사회에서 본질적 악인가 아닌가를 절대적으로 구별하기 곤란하다. 뿐만 아니라 자연범이건 법정범이건 사회질서 내지 경제질서를 침해한다는 본질에는 차이가 없으므로 특히 양자를 구별할 의미는 없다고 본다.

【구별의 실익문제】 자연범과 법정범을 구별하는 종래의 통설은 다음과 같은 구별의 실익이 있다고 한다. ① 자연범에 있어서는 범죄의 주체는 형벌의 주체와 일치하나 법정범에서는 일치할 필요가 없고, ② 자연범에 있어서는 법인의 범죄능력 내지 형사책임이 부정되지만 법정범에서는 법인도 형사책임을 부담하며, ③ 법정범에 있어서는 고의의 성립에 위법성의 인식이 필요하고 행정적·합목적성이 우선하므로 자연범에 대한 형법이론과는 다른 원리가 지배된다고 한다.

그러나 이러한 주장은 타당하지 않다. ① 법정범에 있어서 법인·업무주체가 처벌되는 것은 타인행위에 의한 대위책임, 무과실책임이 아니라 법인·업무주가 구성원의 범죄를 저지·감독해야 할 작위의무에 위반하였다는 자기책임이라 해야 한다. ② 법인의 범죄능력을 긍정하는 입장에서는 법인에 대한 형사책임 때문에 자연범과 법정범을 구별해야 할 이유는 없다. ③ 고의와 위법성의 인식의 관계에 대해서도 책임설에 따르는 한 자연범이건 법정범이건 묻지 않고 위법성의 인식은 고의와 독립된 책임요소가 된다. ④ 법정범·행정범에 대해서 형벌적 제재를 사용하는 이상 합목적성 때문에 형법의 기본원칙에 대한 예외를 인정하는 것은 타당하지 않다.

6. 특수한 범죄유형

정범이 될 수 있는 행위자(범죄주체)가 특별히 한정되어 있는 범죄로서 신분범과 자수범이 있다. 이러한 범죄는 누구나 행위자(정범)가 될 수 있는 일반범죄와 구별되는 특수한 범죄유형이다.

(1) 신분범

구성요건상으로 행위(범죄)의 주체가 일정한 신분이 있을 것을 요하는 범죄를 신분범(Sonderdelikte)이라 한다. 여기의 신분이란 범인의 일신과 관련된 특별한 성질, 지위, 상태를 말한다. 신분범에는 두 가지 종류가 있다.

1) 진정 신분범　일정한 신분이 있는 자만이 그 행위(범죄)의 주체가 될 수 있는 신분범이다. **위증죄**(제152조), **수뢰죄**(제129조 이하), **횡령죄**(제335조 1항), **배임죄**(제355조 2항) 등이 여기에 해당한다.

2) 부진정 신분범　신분 없는 자도 범죄는 범할 수 있으나 특히 신분 있는 자가 그 행위(범죄)를 한 때에는 형이 가중되거나 감경되는 신분범이다. **존속살해죄**(제250조 2항), **업무상 횡령·배임죄**(제355도)는 형이 가중된 부진정 신분범이고(업무상 횡령·배임은 이중신분범), **영아살해죄**(제251조)는 형이 감경되는 부진정 신분범이다.

(2) 자수범

원칙적으로 대부분의 범죄는 타인을 이용하거나(간접정범) 타인과 함께(공동정범) 범죄를 실행할 수 있으나 범죄 중에는 이것이 불가능하고 오로지 행위자 자신에 의해서만 (구성요건이)실현될 수 있는 범죄를 자수범이라 한다. 어떤 범죄가 자수범인가에 대하여 견해가 대립하고 있으나, ① 자신의 신체를 범행수단으로 사용하는 행위만이 구성요건실현이 가능한 간통죄(제241조), 피구금부녀간음죄(제303조 2항), 준강간·준강제추행죄(제299조), ② 행위자 스스로의 행위를 요구하는 위증죄(제152조), 허위공문서작성죄(제227조)가 대표적인 자수범이라 할 수 있다.

제2절 범죄의 주체와 객체

Ⅰ. 범죄의 주체

1. 범죄주체의 의의

형법의 역사에서 자연현상이나 동물의 침해에 대해서도 그것이 인간생활에 실해(實害)를 주는 경우에 이를 범죄시하여 처벌대상으로 한 때도 있었다. 그러나 근대 이후의 형법은 범죄주체를 사람으로 한정하고 범죄를 단순한 재해 내지 사고와 구별한다. "범죄는 행위이다"라고 말한다면 범죄주체는 행위주체를 의미하며, 보통 행위자(Täter) 또는 범인(Verbrecher)이라고 한다. 여기의 행위자 또는 범인은 형벌을 과할 수 있는 대상자를 의미하므로 공범자도 행위자가 된다.

인격의 주체인 사람에는 자연인과 법인이 있다. 자연인이 범죄주체가 된다는 데는 이견이 없다. 법인도 범죄주체가 될 수 있느냐, 즉 법인의 범죄능력이 문제된다. 법인격 없는 단체는 법률상 인격의 소유자가 아니므로 범죄주체가 될 수 없고, 단체에 참가한 개인의 범죄가 된다[20](다만, 노동조합및노동관계조정법 제94조, 노동위원회법 제32조는 노동조합인 단체도 처벌하며, 공직선거및선거부정방지법 제256조 3항은 정당도 처벌한다).

20) 대판, 1997. 1. 24, 96도524.

2. 법인의 범죄능력[21)]

(1) 법인의 범죄주체성과 범죄능력

법인도 범죄주체가 될 수 있느냐의 문제는 법인처벌규정 유무와 관계없이 논의되고 있으나, 최근의 형사입법에서 법인을 처벌하는 규정(양벌규정)이 증가하면서 특히 법인의 범죄주체성이 중요한 과제가 되고 있다.

"범죄는 행위이다"라는 명제에 따르면 법인의 범죄주체성은 법인의 행위능력 문제가 된다. 또, 범죄주체와 형벌주체의 일치원칙에 따르면 법인의 범죄주체성은 법인의 범죄능력(행위능력, 책임부담능력)과 법인의 수형능력(형벌부담능력)을 포함하는 문제영역에 속한다. 범죄론 체계상으로는 행위능력(불법행위능력), 책임부담능력, 수형능력은 각각 행위론(구성요건), 책임, 과형의 단계서 논의되는 과제이다.

이와 같이 법인에 대한 범죄주체성, 행위능력, 책임능력, 수형능력 등은 개념상으로나 범죄체계상으로 구별되지만 여기서는 포괄하여 법인의 범죄능력 문제로 다루기로 한다.

1) 법인처벌의 법체계 법인처벌에는 비교법적으로 두 가지 법체계가 있다. 대륙법계 특히 독일의 형법관은 윤리적 책임관과 속죄사상에 기반을 두고 있으므로 윤리적 인격자로 볼 수 없는 법인의 범죄능력을 부정하는 것이 원칙임에 반하여, 영미법계의 실용주의 형법관은 법인처벌의 사회적 필요성을 강조하여 법인의 범죄능력을 인정하고 있다.

그러나 최근에 와서 법인의 범죄능력을 부정하는 독일도 법인 및 권리능력 없는 사단의 위법행위에 대해서는 질서위반법이라는 독립된 법체계에서 질서위반금이라는 금전적 제재(제30조)를 과하고, 형법은 법인의 임·직원 처벌(제14조)과 법인에 대한 추징(제73조 3항)·몰수(제75조)를 부가적 강제수단으로 인정하고 있다. 또 프랑스 신형법(1992년 제정)은 한결음 더 나아가서 법인의 기관 또는 대표자가 법인을 위하여 범한 범죄에 대하여 법인의 형사책임을 규정하고(제121-2조) 법인에게 선고할 형벌(벌금)과 특별형벌로서 법인해산·활동금지·영업소폐쇄·기업자금공모금지·몰수 등을 명시하여(제131-37조 내지 131-39조) 법인처벌을 일반화하고 있다.

---

21) 최근의 입법례와 상세한 논의에 대해서는, 정성근, 법인의 범죄능력 재론(오선주 교수 정년기념논문집, 2001), 1-23면 참조.

2) 법인의 본질론과 관계 법인의 본질에 관한 법인부인설과 법인의제설은 법인의 사실적 존재 자체를 부정하므로 법인의 범죄능력을 인정하기 곤란하며, 법인실재설에서는 법인의 범죄능력을 인정하기가 용이할 것이다.

그러나 비교법적으로 법인의제설에 기초한 후기주석학파와 영미법에서는 법인의 범죄능력을 인정하고 있음에 반하여, 법인실재설이 지배적인 독일법계에서는 이를 부정하는 것이 전통이므로 반드시 법인의 본질론에 따라 법인의 범죄능력 여부가 결정되는 것은 아니다.

(2) 범죄능력 인부에 관한 학설

1) 부정설 법인은 범죄의 주체가 될 수 없다는 견해로 우리나라 다수설[22)] · 판례의 입장이다. 부정설의 논거를 요약하면 다음과 같다. ① 법인은 자연인과 같은 의사와 육체가 없는 무형적 존재이므로 행위능력이 없으며, ② 법인은 그 기관인 자연인을 통해서 행위를 하므로 그 기관인 자연인을 처벌하면 충분하고 법인까지 처벌하면 이중처벌금지원칙에 반하고, ③ 법인을 처벌하면 범죄와 관계없는 법인의 구성원까지 처벌하게 되어 자기책임의 원칙에 반하며, ④ 사형 · 자유형 등 형벌은 자연인을 예정한 것이므로 애당초 법인의 범죄능력을 생각할 수 없고, ⑤ 책임은 사리를 판단하고 의사를 결정할 수 있는 윤리적 인간만이 부담할 수 있으며, ⑥ 법이 정한 목적의 범위 내에서 권리능력이 인정되는 법인은 범죄가 그 목적활동이 될 수 없다는 것이다.

【판례】 형법 제355조 제2항의 배임죄에 있어서 타인의 사무를 처리할 의무의 주체가 법인이 되는 경우라도 법인은 다만 사법상의 의무주체가 될 뿐 범죄능력이 없는 것이며, 그 타인의 사무는 법인을 대표하는 자연인인 대표기관의 의사결정에 따른 대표행위에 의하여 실현될 수밖에 없어, 그 대표기관은 마땅히 법인이 타인에 대하여 부담하고 있는 의무 내용대로 사무를 처리할 임무가 있다 할 것이므로 법인이 처리할 의무를 지는 타인의 사무에 관하여는 법인이 배임죄의 주체가 될 수 없고 그 법인을 대표하여 사무를 처리하는 자연인인 대표기관이 바로 타인의 사무를 처리하는 자, 즉 배임죄의 주체가 된다(대법원 전원합의체, 1984. 10. 10, 82도2595).[23)]

22) 남흥우, 79면; 정영석, 77면; 황산덕, 79면; 이재상, 94면; 진계호, 125면; 손해목, 216면 이하; 배종대, 212면; 안동준, 56면 이하; 박상기, 71면; 김성돈, 149면; 조준현, 158면; 정영일, 87면; 강동범, 경제범죄와 그에 대한 형법적 고찰(형사정책 제7호, 1995), 25면.
23) 同旨: 대판 1985. 10. 8, 83도1375; 대판, 1994. 2. 8, 93도1483 등.

2) 긍정설 법인도 범죄의 주체가 될 수 있다는 견해로 우리나라 소수설이나, 최근 이를 지지하는 견해가 점차 증가하고 있다.[24] 긍정설의 논거를 요약하면 다음과 같다. ① 법인실재설에 의하면 법인의 범죄능력을 인정하는 것이 논리적이며, ② 법인의 기관이 결정한 의사는 법인 고유의 의사이며, 이 의사를 기관을 통하여 실행하므로 법인의 의사능력과 행위능력을 인정할 수 있고, ③ 법인은 자연인과 같은 육체가 없으므로 작위는 불가능하지만 부작위는 가능하며, ④ 자격형, 재산형 특히 벌금형은 법인에 대해서도 효과적인 형벌이며, ⑤ 법인의 사회적 활동이 증가함에 따라 반사회적 활동도 격증하고 있으므로 공공정책적 입장에서 이를 처벌할 필요가 있으며, ⑥ 법인의 사회적 존재로서의 활동은 모두 법인의 목적범위 내의 활동에 속하는 것이고, ⑦ 책임능력을 형벌적응능력이라고 이해하면 이러한 능력은 법인에도 존재하며, ⑧ 법인기관의 행위는 기관 개인의 행위임과 동시에 법인의 행위라는 양면성이 있으므로 법인을 처벌한다 하여도 이중처벌금지원칙에 반하지 않는다는 것이다.

3) 학설의 검토 부정설과 긍정설의 논거 중 본질적으로 중요한 대립은 다음 여섯 가지이다.

(a) 법인의 행위능력 부정설은 애당초 자연인 이외에는 행위능력을 인정할 수 없다는 사고가 전제되어 있다. 그러나 행위능력 유무는 법 이전의 자연적 행위의 존재 여부가 아니라 법적 평가문제이므로 이를 자연인의 자연적 행위와 대비하여 논의할 것이 아니다. 법인의 행위능력 문제에서 중요한 것은 법인의 기관을 구성하는 자연인이 법인활동을 위해 의사를 결정하고 그 의사를 집행한 때 이를 자연인과 법인 중 누구의 행위로 평가할 수 있느냐를 경험적 실재적으로 파악하는 데 있다.

오늘날 법인은 개개의 구성원을 초월한 인격적 존재로서 사회적으로 실재한다는 것은 의문의 여지가 없다. 법인은 자연인처럼 정신과 육체를 가진 유기적

24) 정성근, 141면 이하; 차용석, 275면 이하; 김일수/서보학, 137면; 김성천/김형준, 145면 이하; 장영민, 환경범죄의 이론상의 문제점(1993), 152면; 오도기, 법인의 형사책임(고시계, 1986. 7), 24면; 하태훈, 사례연구 총론(1988), 57면; 김종덕, 기업환경범죄에 관한 연구(계명대 박사학위논문, 1995), 62면 이하; 박기석, 환경범죄의 효율적 대처방안에 관한 연구(한양대 박사학위논문, 1996), 85면 이하 등. 또 행정범에 한하여 긍정하는 소위 제한적 긍정설은 유기천, 105면. 법인처벌규정 있는 경우의 제한적 긍정설은 권문택, 법인의 형사책임(형사법강좌 I), 128면; 임웅, 80-82면; 조병선, 질서위반법(1991), 331면 이하; 이인규, 환경범죄에 있어서 형사책임의 주체(부산대 박사학위논문, 1993), 112면; 신동운, 113면; 오영근, 142면 이하 등.

총체는 아니지만 이에 상응하는 조직과 기관을 가진 유기적 조직체로 구성되어 있으므로 자연인과 동일한 인격이 인정되며, 인격체인 이상 조직에 합치되는 기관의 의사와 이를 집행하는 구성원의 행위도 언제나 법인의 의사 · 행위로 평가되고 있다.[25] 사법과 일반 공법분야에서 법인기관의 행위를 법인의 행위로 인정하는 이유도 여기에 있으므로 형법에서만 부정할 이유는 없다. 따라서 법인기관의 법인조직에 합치되는 업무활동은 법인의 구체적 활동행위로 평가해야 한다.[26]

(b) 법인의 책임부담능력 부정설은 형사책임의 윤리적 성질을 강조하여 윤리적 인간이 아닌 법인은 책임부담능력이 없으므로 범죄능력도 없다고 한다. 이에 따르면 법인은 형사책임을 부담할 수 없다고 해야 한다. 그럼에도 불구하고, 부정설에서는 법인처벌규정이 있는 때에는 법인의 형사책임 또는 무과실책임을 인정한다.[27] 그러나 책임부담능력이 없는 법인에 대한 형사책임 인정은 자기모순이며, 행위 없는 무과실책임부담은 행위책임원칙과 책임원칙에 정면으로 배치된다.

또 형법상의 책임은 윤리적 책임이 아니라 법적 책임이므로 법적 책임의 주체를 자연인에 한정할 이유가 없다. 자연인뿐만 아니라 법인의 반사회적 불법활동에 대해서도 법적 책임은 부담시킬 수 있다. 책임의 윤리성과 윤리적 인간이 법인의 형사책임을 부정하는 근거가 될 수 없다고 해야 한다.

(c) 법인의 목적 법인은 적법한 목적의 범위 내에서만 존재하므로 법인의 불법행위란 애당초 생각할 수 없다는 것이 부정설의 주장이다. 불법을 목적으로 하는 법인이 존재할 수 없다는데 이견이 있을 수 없고, 법에서도 불법을 목적으로 한 법인은 애당초 인정하지 않는다(민법 제34조 참조).

그러나 법에서 불법목적의 법인을 인정하지 않는다는 것과, 이미 적법한 목적으로 합법적으로 성립된 법인이 불법행위를 할 수 있느냐의 문제는 구별하여야 한다. 전자는 법인성립(설립)의 문제임에 대해서 후자는 이미 성립된 법인의 불법행위능력의 문제이므로 부정설은 이를 혼동하고 있다. 사법 영역에서는 법

25) 정성근, 141면; 김일수/서보학, 138면.

26) 다만 법인의 행위능력을 인정한다고 하여 바로 법인이 모든 범죄를 범할 수 있다는 것은 아니다. 특히 반윤리적 성격이 강한 범죄행위와 같이 법인조직체의 활동으로 보기 곤란한 구성요건에 대해서는 법인의 행위능력과 범죄능력도 부인해야 한다.

27) 이재상, 96면.

인의 불법행위능력을 인정한다(민법 제35조, 상법 제210조). 사법에서 인정하는 법인의 불법행위능력이 형법에서만 부정되어야 할 이유가 없다. 법인의 행위능력을 인정할 수 있다면 불법행위능력도 당연히 인정할 수 있다고 해야 한다.

(d) 이중처벌금지의 원칙 법인의 구성원 이외에 법인까지 처벌하면 이중처벌금지원칙에 반한다는 것이 부정설의 논거이다. 이에 따르면 양벌규정에 의해 처벌되고 있는 법인은 모두 이중처벌금지원칙에 반한 처벌이라 해야 할 것이다.

그러나 이를 이 원칙에 반한다는 주장은 찾기 어렵다. 이중처벌금지는 범죄를 인정한 다음 어떤 범위에서 누구를 처벌할 것이냐라는 법률효과의 문제이므로 이 원칙에 반한다고 해서 범죄능력까지 부정하는 이유가 될 수 없다. 그리고 이중처벌금지가 문제되는 경우에도 그것은 동일한 자연인, 동일한 법인을 이중으로 처벌할 수 없다는 원칙이므로 자연인과 법인을 각각 따로 처벌하는 것까지 이중처벌금지원칙에 반한다고 할 수도 없다.[28]

(e) 형벌체계와 수형능력 부정설의 가장 중요한 실질적 근거는 현행 형벌체계의 중심이 되는 자유형·생명형을 법인에게 과할 수 없다는 데에 있다. 형벌사적으로 형벌체계가 주로 자연인을 염두에 둔 것임은 부정할 수 없으나, 형벌체계를 근거로 범죄능력을 부정하는 것은 설득력이 없다고 해야 한다.

그 이유는 첫째, 형법은 범죄를 전제로 불법과 책임의 범위 내에서 형벌을 과하는 것이고, 형벌을 먼저 예정한 다음 이에 맞추어 범죄를 인정하는 것은 아니다. 법인에게 과할 수 있는 형벌이 부적당하다는 이유로 범죄능력을 인정할 수 없다는 것은 앞뒤가 바뀐 주장(본말전도)이 아닐 수 없다. 오히려 법인의 범죄능력을 인정하면 이를 기초로 법인에게 과할 수 있는 법적 제재도 입법적으로 구성할 수 있다. 즉, 생명형은 그 존재의 말살이고 자유형은 활동의 자유를 제한하는 것이므로 여기에 상응하는 법적 제재로서 해산, 면허박탈, 영업정지, 자격정지 등 보안처분을 고려할 수 있다.[29] 또, 벌금형을 이보다 중한 자유형(노역장유치 선고)으로 환형(換刑)(제70조)할 수 있음에 비추어 이상의 처분을 할 경우에 다액의 벌금형으로 환형할 수 있는 방법도 고려할 수 있다.

둘째, 현행 형벌제도 중 벌금형은 법인에게 가장 적합한 형벌이며, 벌금의 상

---

28) 만약 이것이 이중처벌이라면 공동정범도 이중처벌금지에 반하게 될 것이다.
29) 프랑스 신형법 제131-39조는 이를 법인에 대한 특별형벌로 규정하고 있다.

한을 한정하지 아니하므로 법인의 불법행위를 예방하는 데에도 효과적인 형벌이다. 벌금을 법인에게 과할 때에만 형벌이 아니라고 할 수 없다.

(f) 범죄주체와 수형주체의 일치원칙 범죄의 주체는 동시에 수형의 주체가 된다는 것이 기본원칙이다. 이를 범죄주체와 수형주체의 일치원칙이라 한다. 이 원칙에 따르면 법인에 대한 처벌은 그 전제로서 법인의 범죄능력을 인정하여야 한다. 부정설에 철저하면 범죄능력이 없는 법인은 처벌할 수 없다고 해야 함에도 불구하고, 법인에 대한 처벌규정이 있는 때에는 범죄능력이 없는 법인의 수형능력만을 인정한다.[30] 이는 범죄주체와 수형주체의 일치원칙에 반하며, 행위도 없는 법인에 대해 형벌만 인정하게 된다.

이 원칙에 반한다는 비판 때문에 주장된 학설이 행정범에 한하여 법인의 형사책임을 인정하는 부분적 긍정설이다. 즉, 행정형법은 윤리적 요소가 약한 반면에 행정목적 실현이라는 합목적성과 기술적 요소가 강하다는 특수성 때문에 수정된 형사책임을 인정해야 한다[31]는 것이다.

그러나 형사범과 행정범의 구별이 상대적이고 불명확하며, 행정법상의 범죄행위로 형벌이 과해지는 행정범도 형사범과 본질적 차이가 없으며, 환경범죄처벌에관한특별조치법 위반범죄와 같이 자연인과 법인이 형사범으로 처벌되는 경우(동법 제5조 양벌규정)를 합리적으로 설명할 수 없다. 또 양벌규정으로 처벌되는 자연인이 일반 형사책임이 아니라 수정된 형사책임을 부담한다면 책임주의와 조화될 수도 없다.

(g) 결 어 법인의 범죄능력을 부정해야 할 결정적 이유는 존재하지 않으며, 오히려 이론적으로 긍정할 수 있음을 알 수 있다. 형법은 "…한 자" 또는 "사람"이라고 하고 있을 뿐이고 "자연인"이라고 하고 있지 않다. 법인에 대한 처벌규정을 두고 있는 현행법제에서 우회적·예외적으로 법인의 수형능력을 인정할 것이 아니라 범죄주체와 수형주체 일치원칙에 따라 책임주의에 충실한 해석론이 형법의 기본원칙을 존중하는 합리적 해석이 될 것이다.

그리고 환경범죄를 비롯한 각종의 행정형벌법규 위반에 대해 법인처벌의 필요성이 현저히 증가하고 있는 현실에 비추어 이에 대한 실효성 있는 규제를 위해서도 법인의 범죄능력을 인정하고 형사제재를 정비함이 타당하다고 본다. 다만 법인은 자연인과 다른 존재구조 때문에 법인의 범죄가 자연인의 범죄구조와

30) 유기천, 108면; 황산덕, 78면; 정영석, 80면; 이재상, 101면.
31) 유기천, 108면; 임웅, 86면.

항상 동일할 수 없으므로 법인 조직체의 활동으로 볼 수 있는 재산범죄, 신용·업무범죄, 기업범죄, 경제범죄, 환경범죄, 조세범죄, 마약·위조범죄, 조직범죄 등을 중심으로 법인의 범죄능력을 인정하고 형법의 기본원칙에 부합하는 제재수단을 마련해야 할 것이다.

(3) 양벌규정과 법인의 처벌근거

1) 타인행위에 의한 처벌형태 외형상으로 타인의 행위로 인하여 처벌되는 입법형태는 대위책임과 양벌규정이 있다. 대위책임은 종업원의 위반행위가 있으면 종업원(행위자, 자연인)은 처벌하지 않고 법인·사용자만 그의 과실 유무를 묻지 않고 처벌하는 것으로 일종의 무과실책임을 인정한다. 연좌형제도가 폐지된 오늘날 타당한 입법형식이라 할 수 없으므로 이러한 입법은 거의 찾아볼 수 없고 양벌규정이 대부분이다.

양벌규정은 원칙적으로 그 법의 수명자가 누구인가에 관계없이 직접 위반행위를 한 종업원을 처벌하는 외에 그 종업원이 소속되어 있는 법인·사용자까지도 처벌하는 규정[32]으로 최근의 행정형법·경제형법·조세형법 영역에서 현저하게 증가하고 있다.

> **【양벌규정의 형식】** 양벌규정의 형식은, ① 종업원의 위반행위에 대한 방지조치를 취하지 아니한 때 행위자와 법인을 처벌하는 형식(근로기준법 제115조 단서, 선원법 제148조 단서), ② 종업원의 위반행위를 알면서 필요조치를 취하지 않거나 이를 교사한 때 행위자와 법인을 처벌하는 형식(구 근로기준법 제115조 2항, 구 선원법 제148조 2항), ③ 조직체의 구성원·종업원의 위반행위에 대해서 행위자와 함께 무조건 법인(사용인)까지 처벌하는 형식(구 성폭력특별법 제37조, 구 조세범처벌법 제3조, 구 관세법 제280조 등 과거의 양벌규정) 등이 있다.
>
> 부작위범인가의 여부를 제외하면 ①은 과실책임, ②는 고의책임·공범책임으로 처벌하므로 처벌근거가 어느 정도 명백하다. 그러나 ③은 처벌근거가 없는 전형적인 양벌규정 형식이므로 논의가 많다.

2) 법인처벌근거 법인의 범죄능력 부정설과 긍정설은 법인의 처벌근거와

---

32) 대법원은 양벌 규정의 수명자에 관하여 "중도매인은 자신의 명의로 독자적으로 중도매업의 허가를 받아 별도의 사업자로서 도매시장법인과는 독립적인 영업을 하고 있다고 볼 수 있고, 또한 도매시장법인을 중도매인이 수행하고 있는 업무의 주체라고 볼 수도 없으므로, 도매시장법인에 소속된 중도매인이 양벌규정인 농수산물유통및가격안정에관한법률 제89조에 정한 법인의 대리인·사용인 기타 종업원에 해당한다고 보기 어렵다"고 판시하였다(대판, 2005. 6. 24, 2005도2651).

관련하여 그 대립이 더욱 심화된다고 할 수 있는데, 무과실책임설을 제외하면 과실책임으로 접근하는 견해와 부작위책임으로 접근하는 견해가 있다.

(a) 무과실책임설 종업원의 위반행위에 대하여 행정단속목적을 위해 책임원칙의 예외로서 무과실책임을 부담한다는 견해이다.[33] 이는 법인의 범죄능력 부정설의 논리적 귀결이며, 종래 우리 판례[34]의 기본적인 입장이라 할 수 있다.

그러나 책임 없는 형벌은 책임원칙에 정면으로 배치되며, 법인의 행위능력을 부정하는 입장에서 행위 없는 책임을 인정하므로 일종의 연좌형을 시인하며, 행위책임원칙에도 반한다. 법인에 대한 처벌규정을 둔 것은 입법자가 법인의 수형능력을 인정한 것으로 보아야 한다.

(b) 과실책임설 법인의 종업원에 대한 선임·감독상의 과실을 인정하여 과실책임을 부담한다는 견해이다. 이 견해는 다시, ① 종업원에 대한 감독상의 과실이 법률상 의제된다는 과실의제설, ② 선임·감독에 대한 과실이 없었음을 법인 스스로 증명하지 못하면 과실이 법률상 추정된다는 과실추정설,[35] ③ 종업원에 대한 감독상의 자기과실 때문에 과실책임을 부담한다는 과실책임설[36]로 나누어진다. 판례 중에는 과실책임설에 따른 것도 있으며, 특히 헌법재판소는 명백히 과실책임설을 취하고 있다.

【판례】 ① 양벌규정(미성년자보호법 제7조, 현행 청소년보호법 제54조)에 의한 영업주의 처벌은 금지위반행위자인 종업원의 처벌에 종속하는 것이 아니라 독립하여 그 자신의 종업원에 대한 선임감독상의 과실로 인하여 처벌되는 것이므로 영업주의 위 과실책임을 묻는 경우 금지위반행위자인 종업원에게 구성요건상의 자격이 없다고 하더라도 영업주의 범죄성립에는 아무런 지장이 없다(대판, 1987. 11. 10, 87도1213).[37]

② 종업원의 업무 관련 무면허의료행위가 있으면 이에 대해 영업주가 비난받을 만한 행위가 있었는지 여부와는 관계없이 자동적으로 영업주도 처벌하도록 규정하고 있는 '보건범죄단속에 관한 특별조치법' 제6조 중 제5조에 의한 처벌부분은, 그 문언상 명백한 의미와 달리 "종업원의 범죄행위에 대해 영업주의 선임감독상의 과실(기타 영업주의 귀책사유)이 인정되는 경우"라는 요건을 추가하여 해석하는 것은 문리해석의 범위를 넘어서는 것으로서 허용될 수 없으므로, 결국 위 법률조항은 형사법의 기본원리인 책임주의에 반한다(헌법재판소

33) 유기천, 108면; 황산덕, 78면; 이재상, 101면; 배종대, 215면; 정영일, 91면.
34) 대판, 1983. 3. 22, 81도2545; 대판, 1990. 10. 12, 90도1219; 대판, 1992. 8. 14, 92도299 등.
35) 진계호, 127면.
36) 정영석, 80면; 권문택, 법인의 형사책임, 136면; 김성돈, 153면; 조준현, 160면.
37) 同旨: 헌재결, 2000. 6. 1, 99헌바73; 대판, 1992. 8. 18, 92도1395; 대판, 1977. 5. 24, 77도412.

2007. 11. 29, 2005헌가10 전원재판부).[38]

그러나 과실의제설은 무과실이 입증되어도 과실책임을 부담하므로 무과실책임설과 차이가 없고, 우리나라의 주장자도 없다. 과실추정설은 법인기관의 지시로 행하였거나 법인기관이 알고 있었던 경우도 항상 과실범을 인정하여야 하며, 무과실책임설처럼 행위 없는 책임을 인정하므로 타당하지 않다.

과실책임설도 법인의 범죄능력을 부정하는 입장이면 과실추정설에 대한 비판이 그대로 타당하며, 범죄능력을 긍정하는 입장이라도 고의 있는 경우까지 과실책임을 인정할 뿐만 아니라 감독과실 이외의 관리과실에 대한 책임을 인정하기 곤란하다.

(c) 부작위(감독)책임설 업무활동의 지배·관리자인 법인은 항상 종업원의 위험발생과 결과발생의 원인을 방지해야 할 보증인적 지위에 있으므로 관리·감독해야 할 법인 자신의 작위의무위반 때문에 책임을 부담한다는 견해이다.[39] 이는 독일(질서위반법상 법인제재)의 다수설과 판례의 태도이다.

법인의 범죄능력을 인정할 때에는 종업원에 대한 선임·관리·감독 모두에 대한 자기책임을 인정할 수 있고, 고의책임도 인정할 수 있으므로 부작위(감독)책임설이 타당하다고 본다.

(d) 부작위(감독)책임·행위책임 이원설 법인은 통일적 조직체로 활동하는 유기체이므로 법인기관 지배하의 종업원 위반행위에 대해서는 법인 자신의 행위책임을 부담하고, 단지 조직체 일원으로 행한 종업원 위반행위에 대해서는 부작위감독책임을 부담한다는 견해이다.[40]

법인의 범죄능력 긍정설에서 보면 행위책임·감독책임 모두 인정하는 것이 논리적이고 법인의 중간관리자까지 처벌할 수 있다는 장점이 있다. 그러나 관

38) 헌법재판소의 이 위헌 결정은 과실책임설을 엄격히 적용한 것으로 판단되며, 이 위헌결정 이후 우리나라 양벌규정의 대부분을 차지하고 있는 "처벌근거가 없는 전형적인 양벌규정 형식"(앞의 양벌규정 형식 중 ③ 형식)은 "법인 또는 개인이 그 위반행위를 방지하기 위하여 해당업무에 관하여 상당한 주의와 감독을 게을리하지 아니한 경우에는 그러하지 아니하다"라는 면책조항을 신설하는 형식으로 개정되고 있다. 이러한 개정의 문제점에 관하여는 조명화/박광민, 양벌규정과 형사책임(법학논총, 숭실대학교 법학연구소, 2010/2), 279면 이하 참조.

39) 정성근, 환경범죄규제에 관한 비교법적 고찰(성균관법학 제9호, 1998), 162면; 김일수/서보학, 142면; 임웅, 86면.

40) 조병선, 질서위반법, 321면; 장영민/박기석, 환경형법의 이론적 문제점에 관한 연구(1996), 86면; 박기석, 박사학위논문, 95면 이하.

리 · 감독책임도 법인의 자기책임이며, 관리책임은 중간관리자에 대한 관리도 포함하고 있고, 특히 전형적인 양벌규정은 그 수명자가 누구인가에 관계없이 행위자와 법인을 처벌하도록 처벌범위를 확장한 것이므로 행위책임까지 별도로 인정할 필요는 없다고 본다.

Ⅱ. 범죄의 객체

1. 범죄의 객체

범죄의 객체(Verbrechensobjekt)란 구성요건요소로 규정되어 있는 행위의 대상을 말하며, 행위객체(Handlungsobjekt)라고도 한다. 이는 물질적 · 외형적 대상으로서 감각적으로 지각할 수 있는 존재이다. 예컨대 살인죄(제250조)의 객체는 "사람"(사람의 육체)이고, 절도죄(제329조)의 객체는 "타인의 재물"이다.

범죄의 객체는 구성요건요소이므로 원칙적으로 개개의 구성요건에 규정되어 있다. 그러나 범죄의 객체는 모든 범죄에 반드시 존재하는 것이 아니고 범죄의 객체가 없는 범죄도 있다. 범죄의 객체가 없는 범죄는 퇴거불응죄(제319조), 공연음란죄(제245조),[41] 위증죄(제152조 1항), 무고죄(제156조), 명예훼손죄(제307조), 소요죄(제115조), 도주죄(제145조 1항), 다중불해산죄(제116조), 도박죄(제246조) 등이 있다.

2. 보호의 객체

보호의 객체(Schutzobjekt)란 형벌법규가 형벌을 과함으로써 보호하고자 하는 보호법익을 말한다. 보호의 객체는 범죄의 객체와 구별해야 한다. 보호의 객체는 구성요건이 보호하는 가치적 · 관념적인 대상으로 법규정의 표면에 나타나 있지 않고 그 배후의 정신영역에 존재(생명, 신체의 안전, 재산권, 공공의 안전 등)하는데 대해서, 범죄의 객체는 구성요건에 기술되어 있는 물질적 · 외형적 대상

41) 공연음란죄(제245조)의 "음란한 행위"는 사실상 객체가 있는 경우도 있으나 구성요건요소로서의 범죄의 객체는 없으므로 범죄의 객체는 존재하지 않는다. 범죄의 객체가 존재하지 않는 범죄를 마이어는 자동사적 결과범(Delikt mit intransitiven Erfolg)이라 한다(M. E. Mayer, S. 98).

(사람, 재물, 건조물 등)으로 감각적으로 지각할 수 있는 존재이다. 범죄에 따라 보호의 객체가 법문에 기술되어 있는 경우(타인의 비밀, 사람의 신용・명예 등)도 있으나 법문에 명시하지 않는 것이 원칙이다. 이에 대해 범죄의 객체는 법문에 기술하는 것이 원칙이다.

범죄의 객체와 보호의 객체를 구별하는 실익은 다음과 같다. ① 형법각칙의 범죄체계는 보호객체를 기본으로 분류하고 범죄의 객체를 기본으로 하는 것은 아니다. ② 결과반가치의 유무는 보호객체가 침해되었느냐에 따라 결정한다. ③ 범죄의 객체가 없는 범죄는 있으나 보호의 객체가 없는 범죄는 있을 수 없다. ④ 보호의 객체는 구성요건요소가 아니나 범죄의 객체는 구성요건요소가 된다. ⑤ 범죄의 객체는 동일하여도 보호의 객체를 달리하는 범죄(예컨대 살인죄와 상해죄)가 있는 반면, 보호의 객체는 동일하지만 범죄의 객체를 달리하는 범죄(예컨대 재산죄에 있어서 재물과 재산상의 이익)도 있다.

3. 법 익

법익(Rechtsgut)이란 법적으로 보호되고 있는 생활이익 또는 가치를 말한다. 법익은 법적으로 보호되고 있다는 측면에서 보호의 객체라고 하며, 또 범죄에 의하여 침해된다는 측면에서 침해의 객체라고도 한다. 이와 같이 법익은 법질서의 목적에 비추어 보호가치가 있는 것이라야 하므로, 단지 사회 또는 개인의 가치판단에서 가치가 있는 것이라도 법질서의 목적에 반하거나 법적 가치판단과 일치하지 않으면 법익성을 가질 수 없다. 따라서 어떤 이유로 법익에 대한 법적 보호가 상실되면 법익이 부정된다.

또 법익은 반드시 형법에서 보호하는 것에 한하지 않고 다른 법역에서 그 특수한 방법으로 보호한다. 다만, 형법은 범죄행위에 의한 법익침해 내지 침해의 위험에 대해서 형벌이라는 특수한 제재를 과함으로써 법익을 보호하는 데 특색이 있을 뿐이다.

법익은 그 주체가 누구인가를 표준으로 개인적・국가적・사회적 법익으로 구별하는 것이 통설이다. 또 법익은 생명・신체・자유・명예・정조 등과 같이 일신에 전속하는 전속적 법익과 재산과 같이 일신에 전속하지 않는 비전속적 법익으로 구별된다.

【법익의 기능】 법익은 다음과 같은 기능을 갖는다.

첫째, 법익의 분류는 범죄유형의 체계화를 가능하게 한다. 각칙의 범죄는 법익의 주체를 표준으로 하여 개인적 법익에 대한 죄, 사회적 법익에 대한 죄, 국가적 법익에 대한 죄로 삼분한다. 현행 형법전도 형식적으로는 이러한 분류방식에 따라서 제2편에 범죄유형을 체계화하고 있다.

둘째, 범죄성립에 있어 현실로 법익침해의 발생을 필요로 하는가, 법익침해의 위험을 생기게 함으로써 충분한가에 따라 침해범(實害犯)과 위험범(危殆犯)으로 구별한다. 보통의 범죄는 침해범이지만 어떠한 범죄가 위험범인가는 개개의 구성요건의 해석에 따라 정해진다. 침해범・위험범의 구별은 범죄의 기수・미수의 시기를 결정하는 데 특히 중요한 의미를 가진다.

셋째, 법익은 형법해석에 있어 방법론적 기능을 가진다. 법익은 형법의 목적론적 해석을 지도하는 이념의 하나가 된다는 기능이다. 그러나 법익만이 형법해석의 유일한 지도이념이 되는 것은 아니다. 형법해석에는 법익 이외에 법전체의 목적, 형법의 목적, 범죄의 객체, 행위의 의의, 범죄의 법전상의 지위, 논리해석, 비교법적 고찰 등도 고려해야 한다.

넷째, 법익은 위법성과 불법의 유무결정에 있어 중요한 기능을 가지고 있다. 법익침해는 위법성의 실질과 불법의 실질인 결과반가치의 내용이 된다.

제 3 절 범죄론의 체계

Ⅰ. 범죄론체계의 의의・기능

모든 범죄의 성립에 공통되는 필요・충분한 조건을 몇 가지로 구분・배열하고 이를 분석함으로써 그 상호관계를 명백히 하여 논리적으로 모순 없는 범죄개념을 통일적으로 형성하려는 과제를 범죄론의 체계라 한다. 현재 범죄론 체계의 구성방법으로 중요한 것은 행위를 범죄의 출발로 하여 구성요건해당성・위법성・책임의 삼단계로 체계화하는 것과, 행위를 출발로 하여 불법(불법구성요건과 위법성)과 책임의 이단계로 체계화하는 것이 있으나 3단계 체계가 지배적이다.

범죄론의 체계화는 단순히 체계를 위한 이론적 논쟁에 그치는 것이 아니라 독자적인 기능을 갖고 있는 범죄요소의 필요적 산물이다. 범죄론 체계의 독자적 기능은 다음과 같다.

첫째, 범죄론 체계는 현실적으로 발생하는 개개의 사건을 형법에 포섭하여 형법을 적용하는 유용한 도구가 되므로 범죄성 여부를 판단하는 법관의 임무를 용이하게 하고 능률적으로 만든다.

둘째, 복잡다양한 범죄사실에 대하여 법적용의 일관성과 형평성을 유지하도록 하여 사안별로 균형을 이룰 수 있게 한다.

셋째, 범죄론 체계가 치밀하고 논리적 모순이 없으면 없을수록 범죄에 대한 판단은 정확·공정하게 되어 법익보호와 인권보장의 기능을 수행할 수 있다.

넷째, 통일적인 체계를 통하여 형법적용에 있어서 자의적 해석과 적용을 배제할 수 있고, 법원의 판결결과에 대한 신뢰를 제고시킬 수 있다.

Ⅱ. 중요한 범죄론의 체계

1. 고전적 범죄체계

고전적 범죄체계는 19세기 말에서 20세기 초에 벨링(Beling)과 리스트(Liszt)에 의하여 완성된 체계로, 그 당시의 정신적 흐름인 자연과학적 실증주의를 충실히 반영하여 법적 안정성을 확보하려는 의도에서 주장되었다. 이 체계의 특색은 범죄의 모든 객관적 요소는 구성요건과 위법성에, 모든 주관적 요소는 책임에 귀속시키는 데에 있다.

1) 행위론　　전(前)구성요건적 행위를 범죄개념의 출발로 하고 자연주의적 인과적 행위개념을 주장한다. 작위는 유의적 동작에 의한 외계의 변동을 야기하는 것이고, 부작위는 유의적 의사에 의한 운동신경의 억지라고 하여 유의성(有意性)[42]과 유체성(有體性)을 행위의 요소로 파악한다.

2) 구성요건론　　구성요건은 위법성·책임과 독립된 범죄요소로서 입법자의 머리에 떠오르는 범죄의 윤곽 또는 범죄의 주관적·객관적 요소를 지시하는 지도형상이며, 행위의 외부적 표지를 단순히 객관적으로 기술한 것에 불과하다

42) 여기의 유의성은 외계의 변동을 야기시키는 인과적 원인이 되어있으면 족하고, 그 의사의 내용은 책임의 요소로 파악한다.

고 하여 삼단계 범죄체계를 수립하였다. 초기에는 구성요건 내용을 객관적 · 기술적 · 몰가치적인 요소만으로 파악하였으나, 점차 규범적 요소도 예외적으로 구성요건요소(부진정구성요건요소)가 된다는 것을 인정하였다.[43]

3) 위법성 위법성은 구성요건에 해당하는 행위가 법질서에서 허용되지 아니한다는 객관적인 부정적 가치판단이며, 구성요건에 의하여 위법성이 추정된다(위법성의 인식근거설)고 본다. 법규범의 명령 · 금지에 대한 위반이 위법이라는 형식적 위법성설을 주장하여 객관적으로 존재하는 평가규범에 반하면 위법성을 인정하고 철저한 객관적 위법성설을 전개한다.

4) 책 임 책임은 행위자의 내심에 있는 정신적 · 심리적 요소를 총괄한 것으로, 결과에 대한 행위자의 심리관계라고 하는 심리적 책임개념을 확립하였다. 그리하여 책임능력은 책임의 조건이고, 고의와 과실은 책임의 종류 · 형식이며, 긴급피난은 책임조각사유로 본다. 위법성의 인식(당시에는 의무위반성의 인식이라 함)에 대해서는 고의의 요소로 인정하는 견해도 있으나 대부분 이를 인정하지 아니한다.

2. 신고전적 범죄체계

신고전적 범죄체계는 고전적 범죄체계의 기본틀(삼단계 범죄체계)을 유지하면서 신칸트학파의 영향하에 모든 범죄표지의 내용을 가치관계 개념으로 수정하여 재구성한 범죄론체계이다.

1) 행위론 자연주의적 인과적 행위개념에서 출발하지만 부작위의 행위성을 인정하기 위하여 행위기대라는 가치개념을 도입한다. 그리하여 행위는 어떤 의사에 의한 인간의 행태로서 작위는 외계변동을 가져오는 적극적 행태이고, 부작위는 기대되는 일정한 행위를 하지 않는 소극적 행태라고 하는 목적론적 인과적 행위개념을 확립하였다.[44]

2) 구성요건론 규범적 구성요건요소와 주관적 구성요건요소의 발견으로 구성요건은 단지 객관적 · 기술적 · 몰가치적인 것이 아니라 규범적 가치내용과

43) M. E. Mayer에 이르러 구성요건에도 예외적으로 규범적 요소가 있다는 것을 인정하고 이를 부진정 구성요건요소라고 하였다.

44) 한편, 목적론적 인과적 행위개념에 의해서도 작위와 부작위는 행위에 통합할 수 없다고 하여 전(前)구성요건적 행위개념을 포기하고 구성요건해당성에서부터 출발하여 범죄론 체계를 구성하는 행위론의 거부도 주장된다.

주관적 사실도 구성요건요소가 된다는 것을 인정한다. 그리하여 구성요건은 위법성의 존재근거(인식근거설도 있다)로서 구성요건에 해당하는 행위는 원칙적으로 위법행위가 된다.

3) 위법성 위법성의 본질은 형식적인 규범위반이 아니라 법익침해 내지 법익침해의 위태화라는 실질적 내용으로 파악하는 실질적 위법성설을 일반화하고, 주관적 불법요소의 발견으로 객관적 위법성설의 내용을 수정하여 초과주관적 의욕(목적범 · 경향범 · 표현범의 주관적 의욕)도 위법성 내지 불법의 요소가 된다.

4) 책 임 책임의 본질은 심리적 사실관계가 아니라 비난가능성이라는 규범적 책임개념을 확립하였다. 그리하여 책임능력은 책임의 전제요소이고, 위법성의 인식 또는 그 인식가능성은 고의의 요소가 되며(고의설), 고의와 과실은 책임조건 · 형식으로, 기대가능성은 제3의 적극적 책임요소라고 하거나 기대불가능성이 있는 경우에 초법규적 책임조각사유가 된다는 전통적 책임개념을 확립하였다(복합적 책임개념). 그 결과 사실의 착오와 법률의 착오는 책임의 단계에 와서 고의조각의 문제로 취급하고, 고의설을 일반화하였다.

3. 목적적 범죄체계

목적적 범죄체계는 존재와 당위를 구별하여 범죄를 가치개념으로 구성하려고 한 신칸트학파의 이론을 비판하고, 행위의 목적성을 기초로 범죄개념을 확립하려고 한 목적적 행위론의 삼단계 범죄론체계이다. 불법의 주관화와 책임의 규범화(탈주관화)에 특색이 있다.

1) 행위론 행위를 목적 추구활동의 수행으로 파악하여 목적성은 행위의 본질적 요소이며, 범죄체계의 구성을 결정하는 의미로 파악한다. 그리하여 행위의 요소는 주관적 목적성과 인과과정을 지배 · 조종하는 목적 추구활동이고, 고의범에 있어서의 목적성은 고의와 동일한 의미로 파악한다. 과실행위는 구성요건적 결과 이외의 사실을 목적으로 한 부주의한 행위수행으로서 목적적 행위이지만 부작위는 인과적 지배 · 조종이 없으므로 행위가 아니라고 한다.[45]

45) 이 범죄론 체계에서도 부작위의 행위성을 인정하는 견해도 있으나 다수 견해는 이를 부정하고, 부작위는 인과적 과정에 대한 지배 · 조종이 없으므로 목적적 행위가 될 수 없는 비행위(非行爲)이지만, 작위와 마찬가지로 목적추구활동을 하는 인간의 행태이므로 행태(行態)를 상

2) 구성요건론 주관적 구성요건요소와 규범적 구성요건요소를 일반화하고 구성요건은 위법성의 인식근거로 파악한다. 행위의 요소인 목적성, 즉 고의는 체계상 구성요건요소가 되며, 객관적 주의의무를 내용으로 하는 과실도 구성요건요소가 된다. 그 결과 고의범과 과실범은 구성요건 단계에서 구별하여 구성요건의 범죄개별화 기능을 강조하고, 구성요건적 착오는 구성요건단계에서, 위법성의 착오(금지착오)는 책임의 단계에서 검토한다.

3) 위법성 위법성과 불법을 구별하여 위법성의 실질은 규범위반성에 있다는 규범위반설로 파악하고, 불법에서는 행위자의 작품으로 야기된 법익침해만이 불법이 된다고 하는 인적 행위불법론을 일반화하여 행위반가치(행위불법)가 모든 불법의 내용을 구성한다고 하였다. 그리하여 고의 일반은 주관적 불법요소로서 행위반가치의 내용이 되며, 객관적 주의의무위반은 과실범 불법의 행위반가치를 구성하고 모두 구성요건요소가 된다.

4) 책 임 비난가능성으로서의 책임은 규범위반적 의사결정을 한 행위자의 의사활동 자체라고 하고, 책임평가를 할 수 있는 규범적 요소(위법성의 인식, 기대가능성, 주관적 주의의무위반으로서의 과실)만이 책임요소가 되며 책임평가의 대상이 되는 심리적 사실(고의)은 책임요소가 될 수 없다는 순수 규범적 책임개념을 확립하였다. 그 결과 위법성의 인식은 고의와 분리된 독립된 책임요소가 되며(책임설), 구성요건착오는 구성요건 단계에서 고의조각의 문제로, 위법성의 착오는 책임단계에서 책임조각 내지 책임감경의 문제로 취급한다. 그리고 위법성조각사유의 전제사실에 대한 착오는 위법성의 착오로 해결하는 엄격책임설을 주장한다.

4. 합일태적 범죄체계

범죄의 모든 개념요소들은 가치결정에 바탕을 둔 것이므로 순수 사실적인 존재론적 개념으로는 범죄를 설명할 수 없다고 하여 인과적 및 목적적 행위론은 배척하되, 목적적 범죄체계가 이루어 놓은 인적 행위불법론과 착오이론 등을 수용하여 신고전적 범죄체계의 가치적 목적사상과 절충한 범죄론 체계이다.

1) 행위론 행위개념의 본질적 내용으로서 사회적 의미성이라는 가치적·

위개념으로 하여 작위와 부작위를 포섭하고 부작위범을 인정한다.

의미적 요소에 의하여 구성되는 사회적 행위개념을 확립하고, 과실과 부작위를 포함한 모든 행태를 행위개념에 포섭한다. 이 행위개념에 의하면 행위자의 주관적 목적성은 행위의 사회적 의미성을 부여하고 행위방향을 결정하는 행위의 요소가 되며, 목적활동의 조종가능성만 있는 과실과 행위기대에 반한 부작위도 사회적 의미성이 있는 중요한 행태가 되므로 모든 행태의 행위성을 설명할 수 있게 되었다.

2) 구성요건론 불법구성요건 개념을 일반화하여 불법유형으로서의 구성요건개념을 확립하고, 인적 불법개념을 수용하여 이원적 인적 불법개념을 체계화하였다. 즉, 불법은 행위반가치(행위불법)와 결과반가치(결과불법) 두 가지로 구성되며, 모두 불법구성요건의 내용을 구성한다. 구성요건은 위법성의 존재근거이고, 일반적 주관적 불법요소와 특별한 주관적 불법요소는 규범적 요소와 함께 모두 불법구성요건요소가 된다. 고의는 범죄실현을 위하여 행위방향을 결정하는 행위의사로서의 고의와, 그러한 행위방향으로 의사를 결정한 심정반가치로서의 고의를 구별하여, 전자는 구성요건고의로, 후자는 책임고의로서 체계를 달리하는 고의의 이중지위를 인정한다. 과실에 있어서의 객관적 주의의무는 과실범의 행위반가치 내용이 되는 구성요건요소가 되며, 주관적 주의의무는 책임요소가 된다.[46]

3) 위법성 법질서(규범)에 반하는 성질인 위법성과 법질서에 반한다고 평가된 반가치 자체인 불법을 구별하여 불법은 구성요건의 내용을 구성하고, 불법구성요건에 해당하는 행위는 위법성조각사유가 없으면 위법성이 확정된다. 그리고 불법구성요건 해당성 판단은 잠정적 불법판단이므로 실질적 위법성설에 의한 개별적 위법성 평가를 받음으로써 불법도 최종 확정된다.

4) 책 임 신고전적 범죄체계와 목적적 범죄체계의 책임내용을 결합한 합일태적 규범적 책임개념을 확립하고, 심정반가치(心情反價値)인 고의와 주관적 주의의무로서의 과실은 책임요소가 된다. 위법성의 인식 내지 위법성의 인식가능성은 심정반가치인 고의와 독립된 독자적 책임요소가 된다(책임설). 착오론에 있어서는 목적적 범죄체계와 마찬가지로 구성요건적 착오는 구성요건단계에서

46) 과실의 "객관적" 주의의무와 "주관적" 주의의무는 같은 것이 아니므로 각각 불법과 책임의 요소가 된다고 하여도 고의처럼 이중지위라 할 수 없다. 객관적 주의의무는 과실범의 객관적 귀속의 문제로 취급하고, 주관적 주의의무만이 과실범의 구성요건요소와 책임요소가 된다고 하여 이중지위를 인정할 수 있다는 견해(김일수/서보학, 441면 이하)도 있다.

고의조각의 문제로, 위법성의 착오는 책임단계에서 책임조각 내지 책임감경의 문제로 취급한다. 다만, 위법성조각사유의 전제사실에 대한 착오는 구성요건적 착오와 같이 취급하여 불법고의를 조각시키거나 혹은 심정반가치인 고의를 조각시키는 제한책임설을 주장한다.

5. 본서의 범죄론체계

본서는 기본적으로 합일태적 범죄체계와 동일하나 책임개념에 있어서만 순수 규범적 책임개념에 따른다. 즉, 사회적 행위개념에 의하여 행위를 범죄개념의 출발로 하여, 불법구성요건론과 이원적 인적 불법개념은 합일태적 범죄체계 그대로 인정한다. 그 결과 구성요건 고의는 행위반가치의 내용을 구성하는 주관적 불법요소이고, 객관적 주의의무는 과실범의 불법요소가 되며 주관적 주의의무는 과실범의 책임요소가 된다. 그리고 착오론에 있어서도 구성요건적 착오는 구성요건 단계에서 고의조각의 문제로, 위법성의 착오는 책임단계에서 책임조각 또는 책임감경을 인정하는 것도 합일태적 범죄체계와 같다. 다만, 순수 규범적 책임개념에서는 책임고의를 인정하지 않고 위법성의 인식에서 심정반가치를 인정하므로, 위법성조각사유의 전제사실에 대한 착오를 위법성의 착오로 취급하여 책임조각 또는 책임감경을 인정하는 엄격책임설을 따른다는 점이 제한책임설을 주장하는 합일태적 범죄체계와 결론을 달리한다.

제 2 장 행 위 론

Ⅰ. 서 설

1. 범죄개념 기초로서의 행위

형식적 범죄개념이 범죄란 구성요건에 해당하는 위법·유책한 "행위"라고 하는 것처럼 범죄의 출발 내지 기초는 행위이다. "범죄는 행위이다"라는 명제는 부작위(不作爲)를 행위에서 배제하는 일부를[1] 제외하면 형법학파를 초월하여 대체로 시인한다.[2]

범죄개념의 출발 내지 기초로서 행위의 개념을 인정하는 것은 실정법적 요청이다. 형법은 주관적·객관적 사정으로 위법이라 할 수 없는 인간의 행태(제20조 내지 제24조)와, 유책하지 아니한 행태(제9조 내지 제12조)와 같이 범죄가 성립하지 않는 경우도 행위라 하고 있고, 상상적 경합(제40조)과 같이 범죄 성립요건을 모두 구비한 행태까지도 행위라고 규정하여 무엇을 처벌할 것인가라는 형법적 평가의 대상이 되는 것은 모두 행위임을 명시하고 있다.

행위론이 범죄론에서 갖는 의의는 행위가 아닌 것은 범죄가 될 수 없다는 소극적 의미 외에, 행위가 있기 이전의 단순한 사상과 인격은 처벌대상이 되지 않는다는 행위주의원칙을 강조하는 데에 있다.[3] 즉, 구성요건해당성·위법성·책임이라는 형법적 평가에 들어가기 이전에 먼저 형법적 평가의 대상이 되는 행위를 객관적으로 확정함으로써 입법자와 해석자의 주관성과 자의성을 배제한다는 의미를 가지고 있다(형법의 존재구속성). 따라서 행위론의 과제는 행

---

1) G. Radbruch, Der Handlungsbegriff in seiner Bedeutung für das Strafrechtssystem, 1904, Neudruck, S. 140; Welzel, S. 200; 平場安治, 刑法における行爲概念, 1974, 49면, 78면 이하.

2) 구성요건해당성을 범죄의 출발기초로 파악하는 행위론의 거부에서도 행위 그 자체를 알지 않고서는 "구성요건에 해당하는 행위"를 알 수 없다. Arthur Kaufmann, Die ontologische Struktur der Handlung, H. Mayer-FS, 1966, S. 79f.

3) 특히 이 점을 강조한 것은 Jescheck, Der strafrechtliche Handlungsbegriff in dogmengeschichtlicher Entwicklung, E. Schmidt-FS, 1961, S. 141.

위의 기능이 무엇이며, 행위개념에 어떠한 의의와 내용을 부여할 것이냐라는 실질적·기능적 행위개념을 정립하는 데 있다.

2. 행위의 기능

형법상의 행위의 의의·내용을 어떻게 파악할 것이냐의 문제는 행위개념이 범죄론에서 갖는 기능이 무엇이냐에 따라 달라진다. 행위의 기능을 수행할 수 있는 행위개념을 정립해야 하기 때문이다. 행위의 기능에 대해서 견해의 차이가 있으나 다음의 세 가지로 집약할 수 있다.[4)]

(1) 기본요소로서의 기능

형법적 가치판단의 대상이 되는 모든 술어는 기술적 요소이건 규범적 요소이건 묻지 않고 행위에 부가된 것으로서 행위라는 기본개념에 포섭하여 통일적으로 파악하게 하는 행위의 기능이다. 이 기능은 형법상 의미를 가질 수 있는 모든 종류의 인간의 행태, 즉 고의행위, 과실행위, 작위, 부작위, 과실에 의한 부작위, 기수행위, 미수행위 등을 모두 단일한 행위에 포섭할 수 있어야 한다. 이러한 기능 때문에 행위는 체계상위개념의 지위를 갖는다.

(2) 결합요소로서의 기능

형법적 판단을 구성요건해당성·위법성·책임·형벌(가벌성) 등의 체계적 순서로 연결시키는 행위의 기능이다. 일정한 행위는 구성요건에 해당하는 실행행위가 되고, 그 중에서 일정한 행위만이 위법행위가 되며, 다시 위법한 행위 중에서 책임 있는 행위 및 가벌적 행위가 선별되면서 불법·책임·가벌성의 순서로 결합시킨다. 이러한 행위기능을 행위개념의 체계적 의미라 한다.

---

4) 분류기능, 정의기능(Mezger, Ein Studienbuch, S. 94f.)으로 이분하는 견해, 기본요소·결합요소·한계요소의 세 가지 기능으로 분류하는 견해[Maihofer, Der Handlungsbegriff im Verbrechenssystem, 1953, S. 6ff.; Stratenwerth, Die Bedeutung der finalen Handlungslehre für das schweizerische Strafrecht, SchwZStr., 81, S. 182; 심헌섭, 행위론(형사법강좌 Ⅰ), 109면; 정성근, 162면; 이형국, 59면; 심재우, 형법학에 있어서 목적적 행위론과 사회적 행위론(저스티스, 1975), 112면; 이재상, 75면 이하]. 한계기능, 분류기능, 정의기능, 결합기능으로 사분(Jescheck/Weigend, S. 219)하는 견해 등이 있으나 모두 내용에서는 큰 차이가 없고 유형별로 대별하느냐 다시 구체적으로 세별하느냐의 차이에 지나지 않는다.

(3) 한계요소로서의 기능

형법적으로 의미 있는 행위와 형법적으로 자유로운 무의미한 비행위(非行爲)를 선별하여 불법판단의 대상이 될 수 없는 비행위는 애당초 형법적 평가대상에서 제외시키는 행위의 기능이다. 이 기능에 의하면 형법규범이 타당할 수 없는 자연현상・사회현상은 물론, 인간의 반사운동이나 단순한 의사・사상 그 자체는 애당초 범죄개념의 범위 밖으로 배제되며, 구성요건해당성이라는 형법적 평가의 대상이 될 수 있는 필요한 최소한도의 행위만을 형법상의 행위로 인정한다. 그러므로 한계요소로서의 기능은 법관이 형벌법규를 해석・적용하는 데 있어서는 물론, 입법에 있어서도 입법자를 구속하는 의미를 갖는다.

(4) 행위기능에 의한 행위의 성질

행위가 기본요소와 결합요소로서의 기능을 수행하기 위해서는 그 행위는 필연적으로 가치중립적・추상적 개념이 되지 않으면 안 된다. 반면에 비행위를 행위에서 배제시키는 한계요소로서의 기능을 수행하기 위해서는 그 행위는 어느 정도의 가치성・구체성을 가져야 한다. 종래의 행위론이 전법률적(前法律的)・존재론적 행위개념과 법적・규범적 행위개념으로 대립시켜 온 것은 어느 기능을 중요시하느냐에 따른 것이라 할 수 있다.

일반적으로 인과적 행위론과 목적적 행위론은 존재론적 행위개념을 전제로 하고, 사회적 행위론은 규범적 행위개념을 전제로 한다고 이해되고 있다. 그러나 이러한 대치는 타당하지 않다. 인간의 문화적 사실에 있어서의 존재는 경험적인 사실성과 인과성에 의해서만 인정되는 것이 아니라 목적적, 의미적, 가치적인 것도 존재에 포섭되는 포괄적・복합적 개념이다.[5] 즉, 목적 내지 의미의 요소를 무시 또는 배제한 행위개념은 순사실적 행위개념이며, 존재론적 행위개념이 아니다. 이러한 행위개념은 인간행위의 본질적 요소로서의 사회성과 정신성을 무시하고 있기 때문에 과실행위와 부작위의 행위성을 설명하기 곤란하다. 반면에 행위를 규범적・가치적으로 이해하는 행위개념은 필연적으로 행위의 사실성과 존재성을 무시하게 되어 행위개념의 독자성을 상실하게 된다. 형법이 자연적・사회적 상황에 제약을 받고 있는 이상 행위 개념도 사실적 요소와 의미・목적・가치 등의 내용도 종합적으로 고려하여 한계기능을 가질 수 있는

---

5) Arthur Kaufmann, H. Mayer-FS, S. 83f.

존재론적 행위개념을 구상해야 한다.

3. 행위의 체계상 지위

형법상의 행위를 이해하는 방법은 두 가지가 있다. 하나는 행위를 구성요건에 선행하는 독립된 범주로 생각하고 범죄개념을 행위에서 출발하는 방법이다. 이는 전(前)법률적 · 전(前)구성요건적 행위를 전제로 하므로 일반적 행위론이라 한다. 일반적 행위론은 범죄에 대한 형법적 판단을 하기 이전에 어떤 것이 형법상의 행위가 될 수 있느냐를 검토하고 행위의 독자적 의의와 기능을 인정한다.[6]

다른 하나는 구성요건 내부에 형법상의 행위를 귀납하는 방법으로, 행위는 구성요건요소로서의 행위라야 하고 전구성요건적 행위를 부인하는 방법이다.[7] 이를 행위론의 거부(행위론부정설)라고 한다.[8] 행위론의 거부는 개개 구성요건의 특성에 합치되는 행위만이 형법적으로 의미있는 행위가 되므로, 범죄론의 출발은 전구성요건적 행위가 아니라 구성요건해당성에서 하게 된다.

범죄성립요건이라는 점에서 본다면 전법률적 · 전구성요건적인 나(裸)의 행위론(일반적 행위론)은 중요한 의미를 갖지 않는다. 죄형법정주의는 범죄를 형벌법규에 명시할 것을 요구하므로 범죄의 성부를 논의함에 있어 구성요건적으로 특별한 의미가 없는 행위의 존재를 독립적으로 판단하는 것은 무의미하다고 할 수 있다.

그러나 행위론의 거부에 따르면 구성요건해당성 판단의 대상은 전혀 무한정한 사상(事象)이 된다. 또 행위의 세 가지 기능, 특히 한계요소로서의 기능을 수행하기 위해서는 구성요건해당성 판단 이전에 어떤 행태가 형법적으로 의미있는 행위가 되느냐를 예정하고 형법적 평가의 대상을 한정할 때에 입법자의 자의성과 해석자의 주관성을 배제할 수 있다. 따라서 행위는 입법자가 개개 구성요건을 설정할 때에 이를 지도 · 구속하는 의미를 갖기 때문에 전구성요건적

---

6) Kühl, (2. Aufl.), 2/3.

7) M.E. Mayer, S. 89ff.; G. Radbruch, Der Handlungsbegriff, S. 143; W. Gallas, Zum gegenwärtigen Stand der Lehre vom Verbrechen, 1961, S. 12ff.; Noll, S. 67; Eser, I, S. 49; Roxin, Zur Kritik der finalen Handlungslehre, ZStW 74. S. 681; 남흥우, 70면; 김일수/서보학, 117면 이하.

8) 심헌섭, 행위론, 104면 참조.

행위개념이 되지 않으면 안된다.

Ⅱ. 행위론의 현황

실질적·기능적 행위개념의 내용이 무엇이냐가 문제된다. 이에 대해서는 종래부터 논의가 많은데 이러한 논의는 의사의 내용을 행위의 본질적 요소로 인정할 것이냐와 관련되어 있다.

1. 인과적 행위론

(1) 의의·내용

인과적 행위론(kausale Handlungslehre)은 19세기의 자연과학적 인과적 사고의 영향을 받아 행위를 "어떤 의사에 의하여 외부세계에 변동을 야기시키는 인과과정"으로 보는 견해이다. 즉, 행위란 어떤 의사에 기인한 신체동작 또는 태도라고 한다.[9]

이 행위론의 특색은, 신체동작을 야기시키는 인과적 원인으로서의 "어떤 의사"와 외계의 변동인 "신체동작·태도"를 행위의 요소라 하고, 어떤 의사는 단지 신체동작을 야기시키는 인과적 원인이 될 뿐이고 의사의 내용(고의, 과실)은 책임요소가 된다는 데 있다. 어떤 의사는 그것만으로 인과과정을 조정할 수 없고, 아무런 내용도 없이 단지 신체동작을 야기시키는 의미밖에 없으므로 유의성(Willentlichkeit)이라 하고, 신체동작은 외계의 변동을 야기하는 것이므로 유체성(거동성; Körperlichkeit)이라 한다. 즉, 인과적 행위론은 유의성과 유체성(거동성)을 행위의 요소라 한다.

> 초기의 인과적 행위론은 행위를 순수한 자연과학적 인과과정으로 파악하기 때문에 자연주의적 인과적 행위론이라 한다. 이에 의하면 유체성과 인과과정이 없는 부작위는 행위라 할 수 없으므로 신체동작인 작위와 외계의 변동이 없는 부작위는 행위와 비행위의 관계에 있고, 양자에 공통되는 행위개념을 찾을 수 없다.[10] 그래서 부작위의 행위성에서 좌초하게 된 행위개념을 법적 가치개

9) 정영석, 95면; Baumann/Weber, S. 193; Mezger, Lehrbuch, S. 91ff .

10) 이러한 이유로 Radbruch는 범죄의 출발점과 상위개념은 구성요건해당성이라 하고(Rad-

념으로 파악하여, 행위는 "일정한 평가를 받는 인간의 의욕된 행태" 또는 "어떤 의사에 의한 신체동작 또는 태도"라 하고, 기대되는 일정한 동작을 하지 않는 부작위도 작위와 함께 행위에 포섭된다고 하였다. 이러한 행위개념을 목적론적 인과적 행위개념이라 한다. 오늘날 인과적 행위론이라 하면 이 의미의 행위개념을 말한다.

(2) 인과적 행위론의 가치와 비판

1) 인과적 행위론의 가치 유의성과 유체성을 행위의 요소라 하므로 유의성이 없는 반사운동과 유체성이 없는 단순한 사상, 범죄의사, 인격 등은 행위개념에서 제외된다. 또 행위로 야기된 법익침해의 결과에 대해서만 불법판단을 하며, 의사의 내용은 책임요소라 하므로 행위개념에는 불법·책임이라는 가치판단을 선취하지 않고 가치중립적 행위개념을 정립할 수 있다.

2) 인과적 행위론에 대한 비판 첫째, 인과적 행위론은 모든 형태의 행위태양을 어떤 의사에 의한 인과과정으로 파악하므로, 범죄의 대부분을 이루는 고의행위의 본질을 파악할 수 없다. 고의행위는 단순한 인과과정이 아니라 그러한 인과과정을 의사에 의하여 어느 정도 형성·조종해 나가는 것이며, 특히 가벌적 미수행위는 의사의 내용(고의)을 고려하지 않고는 그 행위의 형법적 의미를 파악할 수 없다.

둘째, 인과과정은 무한하기 때문에 행위를 인과과정으로 파악할 때에는 불법행위의 한계를 정하기 곤란하다. 이에 철저하면 의사에 의한 지배가 불가능한 사실, 예컨대 살인범을 출산한 사실까지도 이론상 행위에 포함시킬 수 있으므로 행위의 한계기능을 수행할 수 없고, 행위의 형법적 의미를 전혀 파악할 수 없다.

셋째, 행위의 요소로 유의성을 요구하므로 결과발생에 연결되는 심리적 유의성이 없는 인식 없는 과실은 행위에서 제외해야 한다. 그렇다면 기본요소로서의 행위기능도 수행할 수 없다.

넷째, 행위의 요소로 유체성을 요구하므로 부작위를 행위에 포섭할 수 없다. 인과적 행위개념에서 행위를 법적·가치개념으로 파악하여 일정한 평가를 받는 행태라고 하여도 유체성과 인과과정이 없는 부작위는 작위와의 관계에서는 역시 행위와 비행위의 관계에 있으므로 행태(Verhalten)라는 내용 없는 말을 사

bruch, Der Handlungsbegriff, S. 140) 행위론의 거부를 최초로 주장하였다.

용하여 작위와 부작위를 통합시킬 수는 없다. 부작위를 행위에 포섭할 수 없다면 행위의 기본요소로서의 기능을 수행할 수 없고, 행위 아닌 부작위범죄를 인정해야 하므로 행위의 한계기능도 포기하지 않으면 안된다.

2. 목적적 행위론

(1) 의의·내용

1) 의 의 1930년대에 벨첼(Wezel)이 주장하여 많은 학자들의 지지를 받으며 발전된[11] 목적적 행위론(finale Handlungslehre)은 법규정에 앞서있는 사물논리적 구조가 존재한다는 데서 출발하여 존재론적 행위개념을 만들어 내었다. 이에 의하면 인간의 행위는 단지 유의(有意)한 인과과정이 아니라 목적 활동성의 수행(Ausübung der Zwecktätigkeit)이고 목적성이 행위의 본질적 요소라고 한다. 그리고 행위의 목적성은 자신의 인과적 지식을 기초로 자기의 동작이 가져올 결과를 일정한 범위에서 예견하여 목표를 설정하고, 이 목표를 달성하기 위하여 필요한 수단을 선택하며, 그 선택된 수단을 목표에 향하여 계획적으로 지배·조종할 수 있도록 하며, 고의행위 과실행위도 이러한 목적적 행위라고[12] 한다.

2) 내 용 목적적 행위론의 특색 내지 주요내용은 다음과 같다.

첫째, 목적성을 행위의 핵심요소로 파악하는 데 있다. 목표를 설정하고 그 목표달성을 위하여 계획적으로 인과과정을 조종하는 목적적 의사는 행위의 본질적 요소이고, 이러한 행위의 목적적 구조는 입법자라도 임의로 변경할 수 없는 영원한 진리로서 범죄론 체계의 초석이 된다는 것이다.[13]

둘째, 고의는 구성요건적 결과실현을 지향한 목적적 행위의사로서 행위의 본질적 요소이며[14] 체계상 구성요건요소가 된다.

셋째, 과실행위는 과실범의 구성요건적 결과 이외의 사실을 지향한 목적적

---

11) 목적적 행위론은 Welzel 이후 Busch, Niese, Maurach, Schaffstein, Hirsch, Armin Kaufmann, Stratenwerth 등의 지지를 얻어 제2차 세계대전 직후에는 독일의 지배적 학설로 부상하였다. 우리나라에서는 1950년대에 김종원 교수가 소개·주장한 후 이건호, 황산덕, 진계호 교수 등이 이에 따르고 있다.

12) Welzel, S. 33; derselbe, Das neue Bild des Strafrechtssystems, 4. Aufl., S. 1; 황산덕, 51면 이하; 진계호, 146면.

13) Welzel, Naturrecht und materiale Gerechtigkeit, 2. Aufl., 1955, S. 197f.

14) Welzel, S. 64.

행위의 부주의한 행위수행이고, 객관적 주의의무위반은 과실범의 불법요소가 된다.[15] 따라서 고의와 과실은 그 구조를 달리하므로 고의범과 과실범도 구성요건해당성 단계에서 구별된다.

넷째, 불법의 실질은 야기된 법익침해(결과반가치)에 있는 것이 아니라 이를 야기하는 목적수행의 행위(행위반가치)에 있으므로 불법은 행위자의 목적수행으로서의 인적 행위불법이어야 하고, 고의와 과실은 행위반가치의 내용을 구성하는 불법요소가 된다.[16]

다섯째, 책임은 비난가능성이라는 부정적 가치판단(반가치판단)이므로 가치판단의 대상이 되는 고의는 책임요소가 될 수 없고, 오로지 규범적 요소만 책임요소가 된다는 순수한 규범적 책임론을 주장한다.[17] 그 결과 위법성의 인식 내지 그 인식의 가능성은 고의와 독립된 책임요소가 된다(책임설).

(2) 목적적 행위론의 가치와 비판

1) 목적적 행위론의 가치 목적적 행위론이 형법학에 미친 공적은, 행위의 전법률적(前法律的)인 존재구조를 파악함으로써 종래까지 규범적으로 고찰하기만 하면 어떠한 형법적 개념도 구성할 수 있다는 신칸트학파의 규범주의적 방법론을 가능한 한 배제하고, 형법도 존재의 기본구조에 의하여 제약되어야 한다는 방법론을 제시한 점에서 높이 평가되어야 한다. 그리하여 ① 고의일반과 과실을 구성요건요소로 인정하여 구성요건의 범죄개별화 기능을 인정하였고, ② 위법과 불법을 구별하고 인적 불법론을 제창하여 불법의 실질은 결과반가치가 아니라 행위반가치에 있다고 하고, 이를 근거로 주관적 정당화요소를 일반화시켰다. ③ 책임설을 일반화하여 착오를 구성요건적 착오와 금지착오로 나누어, 전자는 구성요건해당성 단계에서, 후자는 책임의 단계에서 검토하게 하였으며, ④ 정범의 표지로서 행위지배설을 일반화시키는 등 전통적 형법이론에 일대 전환을 가져왔다.

2) 목적적 행위론에 대한 비판 목적적 행위론이 존재론적 행위개념이 될 수 있느냐라는 점과 행위개념의 기능을 원활히 수행할 수 있느냐라는 점에서 비판이 제기된다.

---

15) Welzel, S. 130.
16) Welzel, S. 62.
17) Welzel, S. 193.

첫째, 목적적 행위론은 자연주의적 요소를 행위에서 제거하고 존재론적 행위개념을 수립하기 위해 인과적 행위의 요소인 유의성(有意性)을 목적성으로 대체시키고 목적활동성의 수행이라 하였다. 그러나 ① 고의범에 있어서의 목적성은 범죄실현 의사인 고의이고, 고의는 자연주의적 잔재인 심리적 사실이므로 이 행위론에서도 자연주의적 행위개념을 완전히 극복할 수 없다. 그리고 목적성을 강조하면 인식 없는 과실은 애당초 행위가 될 수 없다. ② 고의는 구성요건요소에 대한 인식 · 의사이므로 목적성과 고의를 동일시 할 때에는 목적성의 의미 · 내용도 구성요건이라는 법적 개념에 의하여 결정될 수밖에 없다. 따라서 이러한 목적성을 행위의 요소로 요구할 때에는 애당초 가치중립적 존재론적 행위개념은 수립할 수 없다.[18]

둘째, 목적적 행위론은 고의를 목적성과 동일시하므로 고의의 작위범, 그 중에서도 인간행위의 가장 전형적 행태인 목적모형만을 전제로 하고 있다. 그러나 인간의 모든 활동이 이와 같은 목적모형에 따라 이루어지는 것이 아니며, 이에 따르면 과실행위와 부작위는 애당초 목적적 행위에 포섭할 수 없다.[19]

과실을 목적적 행위라 할 수 없고 부작위를 행위에 포섭할 수 없다면 행위의 기본요소로서의 기능은 파괴된다. 또 부작위를 행위에서 제외하면 부작위범은 행위 아닌 범죄를 인정하므로 행위의 한계요소로서의 기능도 포기해야 한다. 특히 인식 없는 과실에 의한 부작위범(망각범)은 목적적 행위론에서 절망의 영역으로 되어 있다.

목적적 행위론은 과실행위에 대하여 구성요건적 결과 이외의 사실을 지향한 목적적 행위의 부주의한 수행이라고 하고 있다. 그러나 구성요건적 결과 이외의 사실은 형법적으로 의미가 없으므로 이를 지향한 목적적 행위는 법적 평가의 대상이 될 수 없다. 그리고 목적적 행위의 "부주의한 행위수행"[20]은 과실범의 행위반가치와 위법성의 내용을 설명할 뿐이고, 주의의무위반인 과실행위가 목적적 구조를 가지는 것은 아니다.

부작위에 대해서는 목적적 행위론자도 목적적 활동의 가능성만 있는 잠재적인 목적적 행위일 뿐이며, 목적적 실현의사와 인과적 조종이 없으므로 존재론

18) 심헌섭, 행위론, 98면 이하; 정성근, 169면; 이재상, 80-81면 이하.

19) Vgl. Arthur Kaufmann, Die finale Handlung und die Fahrlässigkeit, JuS, 1967, S. 145ff.; Roxin, Zur Kritik, S. 529f.; 심재우, 형법에 있어서 목적적 행위론과 사회적 행위론, 117면 이하, 123면 이하.

20) Welzel, S. 130f.; 김종원, 과실범(형사법강좌 Ⅰ), 336면; 황산덕, 126면.

적으로 보면 행위가 아니라 하고, 다만 작위와 부작위는 목적적 행동력이 있는 인간의 행태(Verhalten)라는 점에서 공통할 뿐이므로 "행태"를 상위개념으로 하여 행위인 작위와 비행위인 부작위를 포섭할 수 있을 뿐이라고 한다.[21)]

3. 사회적 행위론

(1) 의의 · 내용

사회적 행위론(soziale Handlungslehre)은 일정한 통일적인 철학적 사고의 기반 없이 주로 인과적 행위론과 목적적 행위론의 난점을 구제 내지 비판하는 데서 발전된 이론이다. 이 행위론에도 학자에 따라 차이가 있으나 최소공약수적인 공통점은 행위의 사회적 의미성을 추구하여, 이를 기초로 일반적 행위론이 가지는 행위기능을 수행하면서 과실범 · 부작위범 · 망각범에까지 통일적으로 타당한 행위개념을 정립하는 데 있다. 슈미트(Eb. Schmidt)가 창시한 이후 다수학자의 지지를 얻어 현재 우리나라와 독일의 통설이라 할 수 있는데, 여기에도 세 가지 이론이 있다.

1) 초기의 사회적 행위론　슈미트에 의하면 사회적 존재로서의 인간은 공동생활을 통해서 사회영역에 관여하므로 개개인의 거동은 타인의 생활영역에 일정한 효과를 미치게 마련이고, 이러한 거동은 행위자의 의사와 다르게 사회적으로 특별한 의미를 가질 수 있으므로 거동의 특별한 의미는 행위자가 주관적으로 인식한 인과과정이나 유체성만으로 파악할 수 없고 객관적으로 타인이나 공동생활에 일정한 효과를 미치는 행위의 사회적 의미성을 밝힘으로써 행위의 본질을 파악해야 한다.[22)] 즉, 유체성과 인과과정을 행위의 요소로 요구할 때에는 부작위를 행위라 할 수 없으므로 유체성은 행위에서 배제한다. 그리고 행위의 사회적 의미는 행위자의 주관적 의사를 완전히 배제하고 확정할 수 없으므로 유의성은 행위의 요소로 인정한다.[23)] 그리하여 행위란 "타인의 생활영역에 영향을 미치고 사회적 의미 있는 형태로 나타나는 유의적 행태"라고[24)] 정의한다. 엥기쉬(K. Engisch)도 슈미트의 행위개념을 지지하고 사회적 의미성

21) Welzel, S. 200; Armin Kaufmann, Die Dogmatik der Unterlassungsdelikte, 1959, S. 35ff., 85. 다만, Maurach, S. 577f.와 木村, 新構造(上), 119면 이하는 부작위의 행위성을 인정한다.

22) Liszt/Schmidt, Lehrbuch, S. 153; Eb. Schmidt, Soziale Handlungslehre, K. Engisch-FS, 1969, S. 340.

23) Eb. Schmidt, Soziale Handlungslehre, S. 343f.

24) Eb. Schmidt, Soziale Handlungslehre, S. 140.

을 갖는 행위의 범위를 예견가능한 범위로 한정하여 "예견가능하고 사회적으로 중요한 결과에로의 유의적 야기"라 한다.[25)]

이 행위론의 특색은 행위의 본질적 요소가 사회적 의미성에 있다고 하므로 부작위의 행위성을 쉽게 인정할 수 있다는 공적이 있다. 그러나 유의성은 그대로 인정하기 때문에 애당초 고의행위의 본질을 설명할 수 없으며, 인과적 행위론의 범죄체계를 그대로 답습한다고 해야 한다.

2) 객관적 사회적 행위론 마이호퍼(Maihofer)는 행위개념의 세 가지 기능을 유지하기 위해서 행위의 요소를 최소한도로 축소하였다. 즉, 유의성은 인식없는 과실과 망각범을 행위에서 배제시키며, 유체성은 부작위의 행위성을 부인하므로 유의성·유체성은 물론 행위의 인과성까지 배제하여 자연주의적 잔재 모두를 행위에서 일소하고 오직 사회적 의미성만으로 행위의 본질을 파악한다.

그에 의하면 행위는 단순히 외부세계에 인과적으로 야기되는 것이 아니라 행위로 야기되는 사회적 효과를 타인에게 알맞도록 목적적으로 예방하고 지배할 수 있는 정신적 소여(Leistung, 所與: 소산 또는 성과)이다. 이에 따라 사회적으로 의미 있는 반소여행위(反所與行爲)가 있을 때 그것이 형법상의 행위가 되며, 사회적으로 의미있는 반소여행위인가의 여부는 행위자의 주관이 아니라 객관적·사회적 목적성에 비추어 판단한다.[26)] 그리하여 행위란 "객관적으로 예견가능한 사회적 결과에로 지향하면서 의미합치적으로 지배가능한 일체의 행태"라고[27)] 정의한다.

마이호퍼의 행위개념의 특색은 다음과 같다. ① 행위는 지적 요소로서 객관적 목적성에 대한 예견가능성과, 의적 요소로서 잠재적 목적성에 대한 지배가능성이 있으면 충분하고 유의성, 유체성, 인과성은 모두 배제한다. ② 행위로 인한 사회적 효과를 받는 타인인 사회적 입장에 맞추어 행위를 목적 지향적으로 조종하는 객관적 목적성을 주장하므로 목적적 행위론의 주관적 목적성과 다르다. ③ 객관적 목적성은 유의적·무의식적·의사적·비의사적인 모든 행태에 공통하는 목적활동의 가능성, 즉 잠재적 목적성을 의미하므로 목적적 행위론의 현실적 목적성과 구별된다.

---

25) K. Engisch, Der finale Handlungsbegriff, E. Kohlrausch-FS, 1944, S. 161.

26) 심재우, 형법학에 있어서 목적적 행위론과 사회적 행위론(저스티스, 1975), 128면 이하; Maihofer, Handlungsbegriff, Eb. Schmidt-FS, S. 170f.

27) 심재우, 전게논문, 126면; Maihofer, Handlungsbegriff, S. 178.

3) 주관적 사회적 행위론 인간은 인과적 과정을 조종할 수 있는 능력을 갖고 있으므로 적극적인 인간의 행태는 주관적 목적성에 있다고 하여, 목적적 행위론의 주관적 목적성을 행위개념에 수용하여 사회적 행위론과 결부시킨 행위개념이다.

예쉑(Jescheck)에 의하면 고의행위는 목적성이 있는 경우가 보통이지만 충동적 행위처럼 목적성 없는 고의행위도 있고, 과실행위와 부작위는 애당초 목적성이 없다. 과실행위는 주의하여 결과가 발생하지 않도록 조종가능만 있을 뿐이며, 특히 부작위는 의식적인 인과적 조종을 생각할 수 없고, 행위기대라는 규범적·가치적 요소에 의해서만 작위와 부작위를 통합할 수 있다. 따라서 모든 형태의 행위는 사회적 의미성에 의해서 규범적으로 판단해야 한다고 하고, 행위란 "사회적으로 중요성이 있는 인간의 행태"라고[28] 정의한다. 그리하여 목적활동의 조종가능성만 있는 목적 없는 과실과 행위기대에 반하는 부작위도 행위개념에 포섭한다.

베셀스(Wessels)도 모든 행태는 행위자의 의도 여하와 관계없이 그 결과가 사회관련적으로 가치판단의 대상이 될 수 있는 것이면 사회적 의미성을 갖는 행위가 된다고 하고, 행위란 "인간의사에 의하여 지배되거나 지배가능한 사회적으로 중요한 행태"라고 한다.[29] 이러한 행위개념은 치프(Zipf),[30] 하프트(F. Haft)[31] 등 다수학자가 지지하고 있다.

4) 인격적 행위론 인간은 물질·생명·심리·정신으로 구성된 복합체이므로 동물과 달리 사리를 판단하고 이에 따라 활동할 수 있는 능력이 있다. 이러한 활동은 심리적 의식과 정신적 조종능력의 활동중심체를 의미하는 인격이 있기 때문이다. 그러므로 행위는 의미의 세계에 나타난 인격의 객관화 또는 인격의 발현이며, 인격의 객관화 여부는 사회활동의 객관적 의미 내용에 따라 결정된다고 한다. 그리하여 행위란 "인격의 발현으로서 의사에 의하여 지배가능한 인과적 결과를 수반하는 의미있는 행상"이라고[32] 정의한다.

---

28) Jescheck/Weigend, §23 Ⅵ 1.

29) Wessels/Beulke, Rdn. 93; 정성근, 175면; 이형국, 68면 이하; 이재상, 87면; 임웅, 99면; 박상기, 64면; 김성돈, 138면; 신동운, 89면 이하; 손동권, 86면.

30) Maurach/Zipf, 16/58f.

31) Haft, S. 22f.

32) 강구진, 형법상의 행위론(고시계, 1984. 5), 119면; 김일수, 124면; 손해목, 166면; Arthur Kaufmann, Die ontologische Struktur der Handlung, Schuld und Strafe(1966), S. 34f., 63, 65.

이 행위론이 사회적 행위론의 일종인가에 대해서 논의가 있다. 인격의 객관화(발현)인 행위는 규범의 세계인 사회생활 속에서 그 사회활동의 객관적 의미내용에 따라 결정된다고 하므로 사회적 의미성을 인격의 객관화(발현)로 대체한 것에 불과하다. 따라서 이 행위론은 사회적 행위론의 범주에 속한다고 본다.[33] 그리고 행위를 인격의 객관화라고 할 경우 그 의미·내용이 구체적으로 불명하며, 인간의 행태를 인격의 객관화로 볼 수 없는 행위는 없으므로 행위개념에서는 무의미한 수식어이다.

5) 사회적 행위론의 가치　　행위개념은 일반적 행위론으로서 세 가지 기능을 수행할 수 있어야 한다면 그것은 사회적 행위론일 수밖에 없다. 또 과실행위, 부작위를 포함한 인간의 모든 행태를 통일적으로 포섭할 수 있는 행위개념도 사회적 행위론이라 해야 한다.

존재론적으로 볼 때 행위는 인간의 심리적·정신적 현상임과 동시에 그 효과가 사회관련적으로 외계에 나타난다. 단순한 사실성과 인과성만으로 행위구조를 이해한다면 그것은 형법적으로 무의미한 순수한 사실적 자연주의적 행위에 불과하다. 이에 대해서 사회적 의미성만 강조하여 행위를 규범적·의미적으로 파악한다면 행위의 정신성과 사실성을 무시하여 행위개념의 독자적 의미를 부정하게 된다. 그러므로 행위는 정신적 현상인 사실성과 사회적 의미성에 구속되는 존재론적 행위개념이어야 한다.

슈미트류(流)의 사회적 행위론은 유의성을 인정하므로 인간이 지배가능한 원칙적인 행태가 목적활동의 수행이라는 점을 간과하고 있다. 마이호퍼의 사회적 행위론은 행위의 정신적·의사적 요소를 모두 제거한 결과, 의사에 의한 행위의 한계 자체를 포기하여 행위의 내용을 공허하게 만들고, 행위개념의 독자적 의의(범죄개념의 출발점이요 초석이 되는 행위의 유용성)를 부정하고 있으므로 타당하지 않다. 따라서 원칙적인 인간의 행태는 목적활동 수행이고, 그 외에는 조종가능성이나 행위기대가 요구되는 행태로 파악하고, 사회적 의미성에 의해 모든 인간행태를 하나의 행위개념으로 포섭하는 주관적 사회적 행위론이 타당하다고 해야 한다. 현재 우리나라의 통설이라 할 수 있다.

---

33) 심헌섭, 행위론, 101면; 정성근, 174면; 이형국, 67면 이하; 이재상, 87-88면; 임웅, 101면.

Ⅲ. 행위의 개념적 내용

1. 의사지배가능성

범죄의 출발점으로서의 행위는 사람의 행위라야 한다. 사람의 행위이기 때문에 동물의 활동이나 자연현상과는 다른 특성을 가지고 있다. 자연현상은 자연과학적 인과법칙에 지배되고 있지만 사람의 행위는 오히려 인과법칙을 지배할 수 있다는 점에서 양자는 구별된다. 물론 사람의 행위도 자연현상과 마찬가지로 존재현상이고 인과법칙이 지배된다. 그러나 자연현상은 인과법칙에 지배될 뿐 선택의 여지가 없으나 인간은 이를 선택할 수 있는 가능성과 능력을 가지고 있다. 그리고 이 선택은 인간의 의사에 의하여 이루어진다.

그러므로 행위는 "인간의 의사에 의하여 지배되거나 지배가능한 태도"라야 한다. 물리적 · 생리적 · 병적인 반사운동과 의사결정능력이 전혀 없는 자의 행태는 의사에 의한 지배가능성조차 없으므로 이는 행위에서 제외된다. 그러나 한정책임능력자와 같이 시비변별력이 감퇴된 자의 행위는 의사결정능력이 남아 있는 한 의사에 의한 지배가 가능하다.

행위는 보통 일정한 시간적 폭을 가지고 행해지므로 어느 시점의 행위가 의사에 의해 지배가능한 것이냐가 문제된다. 예컨대 어머니가 유아에게 젖을 물리고 취침하여 수면 중에 유아를 질식사시킨 경우에, 질식시키는 태도 그 자체는 생리적 반사운동에 의한 것이므로 의사에 의한 지배가 불가능하다. 그러나 잠들기 전의 시점에서 인과과정을 선택할 수 있는 것이므로, 유아의 질식사도 의사에 의한 지배가 가능한 행위라 할 수 있다. 의사지배가능성을 행위의 내용으로 인정하는 실익은 과실부작위범, 특히 망각범의 행위성을 긍정할 수 있다는 데에 있다.

2. 사회적으로 의미있는 행태

행위는 사회생활상 무엇인가의 독립된 의미 내지 중요성을 가진 외부적 행태이다. 형법상의 행위를 외부적 행태에 한정하는 것은 법규범이 사람의 외부적 행태를 규율하는 규범이라는 데에 근거한 것이고, 이렇게 한정함으로써 단순한 의사·사상·동기 등 내심적 태도를 행위에서 제외시킬 수 있다.

행위를 외부적 행태에 한정한다고 해서 행위자의 의사와 그 내용을 전적으로 도외시하는 것은 아니다. 행위는 사회적 의미성이 있는 외부적 행태이므로 행위성 판단이나 행위의 종류·성질을 결정하는 데 있어서는 행위자의 의사내용을 고려해야 한다. 예컨대 총을 발사한 경우에 그것이 사회적으로 의미가 있는 살인행위인가 단순한 수렵행위인가는 행위자의 의사 내용에 따라 결정된다.

외부적 행태는 운동(적극적 태도)과 정지(소극적 태도)가 있다. 신체운동은 필연적으로 외계에 대해서 일정한 변동을 가져오므로 의사지배가능성이 있는 한 행위라는 점에 의심이 없다. 부작위 그 자체는 물리적으로 볼 때에 외계에 대한 변동이 없으므로 단순한 의사·사상과 구별하여 외부적 태도라고 하기 곤란하다. 그러나 사회생활상 중요한 의미성이 있는 부작위는 항상 "아무 것도 하지 않는 것"이 아니라 "무엇인가를 하지 않는 것"을 의미한다. 즉, 신체운동과의 관계에서 이를 하지 않는 태도라는 의미일 뿐이고 사회적 의미성이 있는 외부적 행태로서 행위라 할 수 있다.

제 3 장 구성요건해당성

제 1 절 구성요건론

Ⅰ. 구성요건의 개념

1. 구성요건의 의의

범죄는 구성요건에 해당하는 위법·유책한 행위이므로 구성요건해당성(Tatbestandmäßigkeit)은 범죄성립의 첫번째 요소이다. 구성요건 해당성은 구성요건이라는 개념을 중심요소로 하고 있다. 구성요건(Tatbestand)이란 "형벌을 과하기 위한 근거로서 금지 또는 명령되는 행위가 어떤 것인가를 추상적·일반적으로 기술해 놓은 행위유형"을 말한다. 금지 또는 명령되는 행위내용을 금지의 실질이라 하므로 구성요건은 금지의 실질을 기술한 것이라 할 수 있다. 다만 구성요건 개념에 어떤 요소와 의미를 포함시킬 것인가는 구성요건의 내용에 따라 달라지므로 단일한 구성요건 개념은 정립할 수 없다. 따라서 그 의미와 내용도 이를 사용하는 자에 따라 다를 수 있다. 이를 유형별로 구별하면 다음과 같다.

(1) 협의의 구성요건(불법구성요건)

협의의 구성요건은 형벌법규에서 금지 또는 명령하고 있는 행위가 어떤 것인가를 추상적·일반적으로 규정하고 있는 불법행위의 유형을 의미한다. 예컨대 살인죄(제250조 1항)의 구성요건은 "사람을 살해한 자"이다. 형법각칙에는 보통 "~(행위)를 한 자"라고 기술하고 있다. 이 의미의 구성요건은 금지 또는 명령하고 있는 행위의 불법내용을 근거지우는 모든 표지를 포괄하고 있으므로 불법구성요건(Unrechtstatbestand)이라 하고, 형법각칙의 구성요건은 대부분 여기에 속한다. 보통 강학상 구성요건이라 하면 이 의미의 구성요건을 말한다.

불법구성요건(협의의 구성요건)과 구별되는 총체적 불법구성요건이라는 구성요건 개념도 있다. 총체적 불법구성요건이란 불법을 근거지우는 불법구성요건뿐만 아니라 불법을 배제하는 정당화사유(위법성조각사유)까지 총괄하는 구성요건개념이다. 여기에는 형벌법규에 명시되어 있는 불법표지는 물론, 불문의 불법표지(작위·부작위의 불법표지)와 해석에 의해서 구성요건을 보충하는 불법표지 및 모든 정당화사유까지 포함한다. 말 그대로 총체적 불법구성요건이다. 소위 소극적 구성요건표지이론에서 주장하는 구성요건 개념이다.

(2) 광의의 구성요건(범죄구성요건)

광의의 구성요건은 가벌성의 모든 전제조건을 총괄하여 유형화한 범죄구성요건을 말한다. 불법을 근거지우는 불법구성요건뿐만 아니라 형벌의 가중·감경요건, 객관적 가벌요건, 특별한 책임표지도 포함한다. 불법과 특별한 책임의 표지는 물론, 가벌요건까지 포함한다는 의미에서 범죄구성요건(Deliktstatbestant)이라 한다. 특별한 책임표지의 예로서 "특히 참작할 동기"(제251조, 제272조)와 같은 심정표지와, "분만 중", "분만 직후"(제251조)와 같은 행위사정을 들 수 있고, 가벌요건의 예는 "공무원 또는 중재인이 된 때"(제129조 2항)가 있다.

(3) 최광의의 구성요건(보장구성요건)

최광의의 구성요건은 형법각칙에 규정된 가벌성의 전제조건을 총괄한 범죄구성요건뿐만 아니라 형법총칙에 들어있는 가벌성의 필수요건인 위법성, 책임 그 밖에 모든 처벌조각, 감면사유까지 포함한 의미의 구성요건이다. 따라서 임의적 감경(장애미수), 필요적 감면(중지범), 면책특권(국회의원, 외국원수 등 외교관), 재직 중의 형사소추제한(대통령) 등도 이 구성요건에 포함되며, 나아가서 죄형법정주의 책임원칙을 비롯한 총칙상의 모든 보장적 원칙까지 포괄한 의미로 사용한다. 형법의 보장적 기능과 관련되어 있다는 의미에서 보장적 구성요건이라 한다.

2. 구성요건의 기능

불법구성요건(협의의 구성요건)은 범죄론에서 다음과 같은 기능을 한다.

(1) 선별기능

선별기능은 여러 형태의 행위 중에서 애당초 형법적으로 가벌적 심사대상이 될 수 없는 행위와 가벌대상이 될 수 있는 형법적 불법을 가려주는 기능이다. 이 기능으로 처벌대상이 될 수 있는 불법과 애당초 처벌대상도 될 수 없는 행위를 식별하게 하여 법관의 자의를 방지할 수 있으므로 죄형법정주의 기능이라 한다.

(2) 지시기능

지시기능은 일반국민에게 어떤 행태가 법익을 침해하는 당벌적 행위가 되는 가를 알려주는 기능으로 정향(定向)기능이라고도 한다.

(3) 징표기능

징표기능은 불법구성요건을 실현한 행위가 있으면 그 행위는 원칙적으로 위법하거나 일단 위법하다는 것을 추단시켜 주는 기능이다. 이 기능은 위법성조각사유가 있으면 행위의 위법성이 확정적으로 부정되므로 정당화 여부에 대한 잠정적 판단을 하는 기능이다.

(4) 개별화기능

개별화기능은 모든 범죄가 각각의 특성을 가지고 그 불법의 내용이 다르므로 다른 범죄의 구성요건과 구별시켜 주는 기능이다. 이 기능을 강조할 때에는 주관적 구성요건요소와 규범적 구성요건요소를 폭넓게 인정할 수 있다.

(5) 고의규제기능

고의규제기능은 구성요건이 그 객관적 요소를 명시함으로써 고의의 인식대상을 한정・규제하는 기능이다. 과실은 구성요건의 객관적 요소에 대한 인식가능성이 있는 경우이므로 구성요건은 과실의 내용도 간접적으로 규제한다고 할 수 있다.[1)]

3. 구성요건해당성

범죄의 제1의 성립요소는 구성요건해당성이고 구성요건 자체는 아니다. 사실적・구체적인 행위가 형벌법규에 기술되어 있는 구성요건에 합치되었을 때 그 사실적・구체적 행위는 구성요건에 해당한다고 하고, 사실적・구체적 행위가

1) 차용석, 243면.

구성요건에 해당하는 성질(판단)을 구성요건해당성이라 한다. 구성요건에 해당하느냐의 판단은 가치관계적인 사실판단이고 추상적·유형적 기준에 의한 판단이다. 구성요건에 해당하는 행위가 있으면 구성요건을 완전히 충족시키지 못한 때에도 미수범은 성립한다. 더 나아가서 구성요건을 완전히 충족하면 기수가 된다.

구성요건은 구성요건해당성 판단의 전제가 되므로 양자는 구별해야 한다. 구성요건은 불법 또는 가벌성의 전제조건들을 추상적·일반적으로 유형화해 놓은 법적 기술임에 대해서, 구성요건해당성은 구체적인 사실행위가 형벌법규에 기술되어 있는 구성요건 내용을 실현하여 가벌성의 첫째 요건(범죄성립의 제1의 요건)을 충족시켰는가를 평가하는 사실판단이다. 따라서 구성요건은 정적 유형개념이고, 구성요건해당성은 동적 평가개념이라 할 수 있다.[2)]

4. 구성요건과 위법성의 관계

(1) 인식근거설

구성요건은 위법성·책임과 개념적으로 구별되지만 어떤 형태의 행위가 위법으로 되는가를 확인하는 근거가 되므로 구성요건은 위법성의 인식근거가 되며 위법성을 징표한다는 견해이다.[3)] 이에 의하면 일정한 행위가 구성요건에 해당하면 위법하다는 추정을 받고, 그 추정을 깨뜨리는 위법성조각사유가 존재할 때 비로소 그 행위는 위법하지 않다고 확정된다. 마이어(M.E. Mayer)가 구성요건과 위법성의 관계를 "연기와 불"의 관계라고 설명한 것은 이 견해를 표현한 것이고 우리나라 다수학자가 따르고 있다.

(2) 존재근거설

구성요건과 위법성은 체계상 독립된 범죄요소이지만 구성요건은 범죄로서 처벌할 필요가 있는 법익침해(또는 위태화) 행위를 유형적으로 기술한 것이므로 구성요건은 위법행위의 유형[4)] 또는 불법행위의 유형[5)]이며 위법성의 존재근거가 된다는 견해이다. 이에 의하면 행위가 구성요건에 해당하면 그 행위는 원칙

2) 김일수/서보학, 121면.
3) 황산덕, 82면; 이재상, 106면; 임웅, 114면; M. E. Mayer, AT, 1915, S. 52; Welzel, S. 58f.
4) Sauer, Grundlagen, S. 307, 310.
5) Mezger, Studienbuch, S. 182f.; 김일수/서보학, 266면; 정성근, 183면.

적으로 위법행위가 되며, 예외적으로 위법성조각사유가 있는 경우에 한하여 처음부터 정당화 된다.

(3) 소극적 구성요건표지이론

구성요건과 위법성은 체계상 독립된 범죄성립요소가 아니라 구성요건은 위법성의 표지를 모두 총괄한 것이므로, 위법성조각사유가 있으면 애당초 구성요건해당성이 배제된다는 견해를 소극적 구성요건표지이론(Die Lehre von den negativen Tatbestandsmerkmalen)이라 한다.[6] 이에 의하면 위법성조각사유는 구성요건해당성을 부정하는 소극적 구성요건표지가 되므로 행위가 구성요건에 해당하기 위해서는 적극적 구성요건표지(객관적 구성요건요소)를 실현할 뿐만 아니라 소극적 구성요건표지인 위법성조각사유가 존재하지 아니하여야 한다. 이와 같이 구성요건은 위법성의 표지를 남김없이 총괄한 것이므로 구성요건은 문자 그대로 총체적 불법구성요건이 되며, 범죄체계는 불법과 책임의 이단계로 구성한다.[7]

그리하여 형벌법규에 명시되어 있는 불법의 표지(협의의 구성요건 표지), 법규에 명시되어 있지 않는 불문(不文)의 불법표지 및 해석에 의하여 보충될 수 있는 불법의 표지(구성요건을 보충하는 불법표지), 부작위범에 있어서 작위의무의 기초가 되는 불법의 표지(행위의무표지) 등 모든 불법표지는 구성요건 표지가 되며, 고의개념에 있어서는 구성요건고의와 구별되는 불법고의(객관적 구성요건 표지와 위법성 조각사유의 부존재 인식)를 주장한다.

(4) 학설의 평가

인식근거설과 존재근거설은 모두 구성요건과 위법성을 구별하고, 위법성조각사유가 존재하면 구성요건에 해당하는 행위의 위법성이 부정된다는 점에서 결론은 같다. 양자의 차이는 위법성조각사유가 존재하는 경우, 인식근거설은 추정되었던 위법성이 사후적으로 배제된다고 하는 데 대해서 존재근거설은 애

---

6) 심재우, 구성요건의 본질(법률연구, 연세대 법률문제연구소 제2집, 1982), 82면; v. Weber, negative Tatbestandsmerkmale, Mezger-FS, 1954, S. 183ff.; Arthur Kaufmann, Tatbestand, Rechtfertigungsgründe und lrrtum, in: Schuld und Strafe, 1966, S. 132ff.

7) 심재우, 구성요건의 본질, 86면 이하; 이정원, 93면; 문채규, 위법성조각사유의 객관적 전제사실에 관한 착오(고시연구 2001. 6), 119면; Lang-Hinrichsen, Tatbestandslehre und Verbotsirrtum, JR, 1952, S. 307; Roxin, Offene Tatbestände und Rechtspflichtmerkmale, 2. Aufl., 1970, S. 174f.

당초 위법하지 않다(원칙과 예외의 관계)는 데에 있다.

구성요건은 금지의 실질이고 위법성은 그 실질의 금지위반이므로 양자는 개념적으로 구별된다. 그러나 ① 불법유형인 구성요건은 행위반가치(행위불법)와 결과반가치(결과불법)를 그 내용으로 하는 불법구성요건이며, ② 그 구성요건은 예컨대 "사람을 살해한 자"(금지의 실질)에 대해서 법적 제재를 규정함으로써 "사람을 살해하지 말라"는 금지(실질의 금지성)까지 포함하고 있으며, ③ 형법의 1차적 규제대상은 법익침해라는 결과가 아니라 법익침해를 지향한 행위 자체이고 이 행위를 금지하고 있으므로 구성요건은 위법성의 존재근거라 해야 한다.

한편 소극적 구성요건표지이론은 위법성조각사유의 전제사실에 대한 착오를 구성요건적 착오로 취급할 수 있는 이론적 장점이 있지만, 다음과 같은 결함 때문에 타당하지 않다. ① 위법성조각사유가 구성요건해당성을 부정하는 소극적 구성요건요소라 하면, 애당초 가벌대상도 될 수 없는 행위와 형법적 불법을 유형적으로 구별하는 구성요건의 범죄선별기능을 부정해야 한다. 예컨대, 모기 한 마리를 죽이는 비행위와 정당방위로 사람을 살해하는 행위는 애당초 구성요건에도 해당할 수 없는 행위가 되어 양자의 법적 가치차이를 부정하고 동일하게 취급하기 때문이다. ② 위법성조각사유가 범죄론에서 가지는 독자적 기능도 부정한다. 위법성조각사유는 구성요건의 범죄선별기능에 의하여 형법적으로 의미있는 불법행위라고 선별된 행위에 대해 다시 법질서에 비추어 허용되느냐의 여부를 구체적·개별적으로 심사하는 것이므로 구성요건해당성 판단과 같은 유형적·추상적 판단이 아니기 때문이다. ③ 소극적 구성요건표지이론은 위법성조각사유가 존재하지 아니한 때에만 행위의 구성요건해당성을 인정할 수 있으므로 위법성조각사유의 부존재까지 인식하여야 고의(소위 불법고의)가 인정된다. 그러나 고의는 존재하는 구성요건표지를 인식하는 것이므로 부존재한 사실은 그 인식대상이 될 수 없을 뿐만 아니라, 책임설에 의하여 이미 극복된 소위 악의 내지 사악한 고의개념(고의설의 고의개념과 같다)을 전제하고 있으므로 타당하지 않다고 해야 한다.

Ⅱ. 구성요건이론의 전개

1. 구성요건개념의 생성

구성요건이라는 말은 중세 이탈리아의 corpus delicti(죄체)라는 라틴어 용어에서 유래한다고 한다. 이 용어는 중세의 규문절차(糾問節次) 중 특별규문에 앞서서 실시되는 일반규문에서 "증명될 범죄사실의 총체"를 의미하는 소송법적 용어로 사용되었다.[8] 이러한 개념은 16세기에 와서 독일 형사소송법에 계수되어 18세기 말까지 사용되었는데, 1796년에 독일의 클라인(F. Klein)이 이를 Tatbestand라는 독일어로 번역하였다. 그리고 현재 우리가 사용하는 구성요건이라는 말은 Tatbestand를 한자로 옮겨 표현한 것이다.

그 후 Tatbestand라는 용어는 포이엘바하 및 슈튀벨(Stübel)에 의하여 소송법적 의미에서 실체법적 의미로 전환되어 비로소 형법적 개념으로 등장하게 되었다. 그리하여 19세기 형법학에서는 Tatbestand라는 말을 범죄사실 또는 법률상 범죄의 성립을 제약하는 모든 조건 내지 요소라는 의미로 사용하였다. 즉, 모든 범죄의 성립에 필요한 요소의 총체인 일반적 구성요건과 각종의 범죄에 특유한 요소인 특별구성요건으로 나누고, 전자는 다시 사람의 일정한 태도인 객관적 구성요건과, 책임과 같은 주관적 구성요건으로 구별하였다. 이러한 사고는 벨링(Beling)이 범죄개념과 관련하여 구성요건론을 체계적으로 전개하기 전까지 통설적 견해로서 일반화되어 있었다.

2. 벨링의 구성요건이론

구성요건론이란 구성요건 내지 구성요건해당성을 위법성·책임 등 범죄성립요소와 독립시키고 구성요건은 범죄의 출발점이며, 그 제일의 요소가 된다는 이론을 말한다. 이러한 구성요건론은 20세기 초에 벨링(Beling)에 의하여 창시되었다. 그는 범죄론에서 구성요건은 순객관적·몰가치적·외부적·기술적인

8) 구성요건의 생성과 구성요건론의 역사에 대해서는 Schweikert, Die Wandlungen der Tatbestandslehre seit Beling, 1957; 佐伯, 刑法における違法性の理論, 1974, 94-148면; 정영석, 구성요건론(형사법강좌 Ⅰ), 111면 이하 등.

개념이며, 범죄유형의 윤곽을 기술한 것이라 하였다.9)

그 결과 구성요건의 내용은, ① 객관적 요소만으로 구성되고, 행위자의 주관적 심리적 사실은 모두 구성요건에서 배제하여 책임에 귀속시켰다.10) ② 구성요건은 모두 기술적 요소만으로 구성된다고 하므로 규범적·문화가치적 판단 없이는 그 의미·내용을 확정할 수 없는 규범적 요소는 모두 구성요건 개념에서 추방하고 이를 위법성의 요소라고 하였다. 즉, 구성요건은 '평가의 객체' 를 유형적으로 기술하여 놓은 것이며, '객체의 평가'인 위법성과 완전히 독립된 것이므로 구성요건은 입법자와 법관의 가치평가로부터 자유로운·가치중립적인 개념으로 본다.11) ③ 구성요건에 해당하는 행위는 일반적으로 규범이 금지하고 있는 행위이므로 이 경우에 한하여 그 구성요건은 위법성을 징표하고, 위법성을 잠정적으로 추정하고 있을 뿐이다.12) 다만, 위법성조각사유가 있으면 그 추정은 깨어지고 위법성만 부정하게 된다.13)

벨링은 법관의 가치평가로부터 자유로운 가치중립적 구성요건 개념을 기초로 하여 가치평가 개념인 위법성·책임의 판단 이전에 먼저 구성요건해당성을 판단하는 삼단계범죄체계를 확립하고, 구성요건이 없으면 범죄도 없으며, 구성요건해당성 판단에서도 법관의 자의적 판단을 방지하여 형법의 보장적 기능을 수행하려고 하였다.14)

> 그러나 구성요건을 범죄유형의 윤곽이라고 한다면 범죄의 유형적 특징, 즉 범죄를 개별화하는 요소인 주관적·규범적 요소도 구성요건에 포함시키지 않으면 안된다.15) 그래서 벨링은 구성요건의 인권보장적 기능과 범죄 개별화기능이라는 두 가지 모순에 고심한 나머지 만년에 이르러서는 후자의 기능을 포기할 수밖에 없었다. 그리하여 구성요건의 몰가치성·객관성을 유지하면서 구성요건을 범죄유형과 엄격하게 구별하고, 개개의 범죄유형에 논리적으로 선행하면서 범죄의 주관적 측면과 객관적 측면을 포함한 범죄유형을 규제하는 지도형상(Leitbild)이라 하였다.16) 그러나 지도형상으로서의 구성요건도 순수한 객관적·기술적인 것이므로 현실적으로 주관적 요소와 규범적 요소가 포함되

9) E. Beling, Die Lehre vom Verbrechen, 1906, S. 110f.
10) Beling, Verbrechen, S. 178.
11) Beling, Verbrechen, S. 146f., 150f., 181, 206f.
12) Beling, Verbrechen, S. 162f.
13) Beling, Verbrechen, S. 166.
14) Beling, Verbrechen, S. 110f.
15) 이에 관하여는 정영석, 구성요건론, 115면 참조.
16) Beling, Die Lehre vom Tatbestand, 1930, S. 18.

어 있는 다수의 구성요건을 설명할 수 없다.

3. 마이어의 구성요건이론

벨링의 구성요건론을 계승하면서 이를 발전시킨 학자는 마이어(M.E. Mayer)이다. 마이어도 벨링과 같이 구성요건은 일체의 가치판단으로부터 자유로운 몰가치적 개념이고, 법질서에 의하여 내려지는 반가치판단인 위법성과 완전히 분리시킨다.[17] 그리고 위법성의 실질은 사회생활 중에 존재하는 문화규범에 위반하는 것이라 하고, 이 문화규범 중에서 국가적으로 승인된 것이 법규범이며, 법정구성요건을 정립함으로써 국가적으로 승인되는 것이라 한다.[18] 따라서 구성요건은 어떠한 문화규범이 국가에 의하여 승인되어 있는가를 확인하는 인식근거가 되므로 구성요건은 위법성의 인식근거라 하였다.[19] 그리하여 구성요건에 해당하는 행위가 있으면 일단 위법한 것으로 추정되며 반증, 즉 위법성조각사유가 있는 경우에 한하여 그 추정은 깨어져 위법하지 아니한 것으로 된다. 그러므로 구성요건과 위법성의 관계는 '연기(煙)와 불(火)'의 관계에 있으나,[20] 양자는 별개·독립한 범죄요소이므로 각각 평가의 객체와 객체의 평가에 지나지 않는다.

그러나 마이어는 규범적 구성요건요소를 인정하여 객관적·몰가치적 구성요건에도 예외를 인정한다. 예컨대 절도죄에 있어서의 재물의 타인성, 명예훼손죄에 있어서의 적시된 사실의 비진실성, 학대죄에 있어서의 학대 등은 가치판단을 필요로 하는 규범적 요소이지만 구성요건요소로 되어 있다. 이러한 요소는 가치판단이 있어야 구성요건의 구체적 내용도 확정할 수 있으므로 이러한 구성요건은 위법성을 추정하는 것이 아니라 존재근거가 된다고 한다.[21] 다만, 이러한 규범적 구성요건요소는 어디까지나 예외적인 것이므로 구성요건요소로서는 부진정구성요건요소라 하였다.[22]

또 마이어는 주관적 불법요소를 인정한다. 즉, 행위자의 주관적 목적성이나

---

17) M.E. Mayer, AT, 1915, S. 9f.
18) M.E. Mayer, AT, S. 43, 51, 56f.
19) M.E. Mayer, AT, S. 52.
20) M.E. Mayer, a.a.O.
21) M.E. Mayer, AT, S. 185.
22) M.E. Mayer, AT, S. 184.

경향성은 비록 내심적인 것이지만 그것 없이는 행위의 위법성 여부를 확정할 수 없으므로, 이는 책임요소가 아니라 위법요소, 즉 주관적 불법요소라고 하였다.[23] 다만, 마이어는 주관적 불법요소를 인정하였지만 구성요건을 객관적·기술적인 것으로 이해하고 있었으므로 이를 구성요건 요소로 인정하지 아니하였다.

이와 같이 마이어는 규범적 구성요건요소를 인정함으로써 구성요건과 위법성과의 관계를 일층 밀착시키고 주관적 불법요소를 인정함으로써 위법성 평가에서도 주관적 요소를 인정하였으나, 구성요건해당성은 위법성과 책임으로부터 완전히 독립된 제일의 범죄요소라고 하는 입장을 견지하고 3단계 범죄체계를 완성하였다.[24]

4. 자우어·메츠거의 구성요건이론

자우어(Sauer)는 구성요건은 위법행위를 유형적으로 구체화한 것으로 본다. 그래서 그는 구성요건을 '유형화된 위법성'이라고[25] 하였다. 즉, 구성요건에 해당하는 행위는 원칙적으로 위법행위가 되며, 다만 예외적으로 위법성조각사유가 있는 경우에 한하여 정당화된다고[26] 한다. 또한 자우어는 독일 형법상의 영득의사나 이득의사와 같은 주관적 불법요소를 구성요건의 주관적 요소로 인정한다. 구성요건이 위법유형이라면 주관적 불법요소도 구성요건요소로 받아들여야 한다는 것이다.

위법유형으로서의 구성요건이론을 체계적으로 발전시킨 학자는 메츠거(Mezger)이다. 메츠거는 평가규범과 결정규범을 구별하는 입장에서 객관적 위법성설을 강조하고, 특수 형법적 불법이라는 관념을 확립하기 위해서는 구성요건을 위법성의 존재근거로 이해하여야 하며, 불법행위의 유형이 된다고[27] 하였다. 그에 의하면 입법자가 형법에 구성요건을 설정하고 이에 해당하는 행위를 처벌하는 것은 그러한 행위가 불법하기 때문이라고 한다. 따라서 구성요건에 해당하는 행

23) M.E. Mayer, AT, S. 10ff., 185ff.
24) 이러한 삼단계체계는 당시 독일의 유력한 학자들의 지지를 받아 통설적 지위를 차지하게 되었다.
25) W. Sauer, Grundlagen, S. 307.
26) W. Sauer, Grundlagen, S. 319.
27) Mezger, Studienbuch, 3. Aufl., S. 162ff.

위는 특수한 위법성조각사유가 존재하지 않는 한 불법이 되고, 이 경우의 구성요건은 평가의 대상이 아니라 그 자체가 평가를 한다고 하였다.

이와 같이 메츠거는 구성요건을 위법성의 존재근거라고 한 결과 규범적 요소도 진정구성요건요소로 인정한다. 그리고 규범적 구성요건요소는 법관에 의한 가치판단을 필요로 하는 구성요건요소이고, 여기에는 형법 이외의 다른 法域에서의 평가를 필요로 하는 법적 평가범,[28] 윤리적 · 사회적 · 경제적 · 문화적 평가를 필요로 하는 문화적 평가범,[29] 평가가 법관의 재량에 맡겨진 주관적 평가범[30] 등이 포함된다고 하였다.

그리고 그는 주관적 불법요소도 구성요건요소로 인정한다. 주관적 요소 중에서 구성요건에 기술되어 있는 "외부적 행위에 대한 단순한 의욕"인 고의는 책임요소이지만 고의를 초과하여 법익침해에 대해 새로운 의미를 부가하는 "외부적 행위의 의미충족적 의욕"은 주관적 불법요소로서 구성요건요소가 된다고[31] 하고 목적범 · 표현범 · 경향범이 주관적 불법요소를 필요로 하는 범죄이며[32] 행위자의 내심적 태도가 행위의 위법성을 결정한다고 하였다.

벨링 이후 순수한 기술적 · 몰가치적 · 객관적 구성요건이론은 자우어 · 메츠거에 이르러 가치적 · 규범적 개념으로 발전하고 주관적 구성요건요소도 확고한 자리를 잡게 되었다. 이러한 자우어 · 메츠거의 구성요건이론을 벨링 · 마이어류(流)의 구성요건이론과 구별하여 신구성요건론이라 부른다.

5. 벨첼의 구성요건이론

벨첼(Welzel)의 초기의 구성요건이론은 사회적 상당성이론에 의하여 사회적 의미 개념으로 이해하였다. 사회적 상당성은 구성요건을 형성하는 내재적 원칙이고 사회적 상당성이 없는 행위만이 구성요건에 해당한다[33]고 보았다. 이에 의하면 사회적 상당성이 없는 행위, 즉 불법행위만이 구성요건에 해당하게 되

28) 예컨대, 타인의 물건 · 연령 · 성년 · 미성년 · 후견인 · 화폐 · 공문서 · 공무원 등이 이에 속한다. Mezger, a.a.O., S. 225f.
29) 예컨대, 음란 · 모욕 · 신용 · 방화 · 이익 · 질병 등이 이에 속한다. Mezger, a.a.O., S. 226ff.
30) Mezger, a.a.O., S. 229.
31) Mezger, a.a.O., S. 199f.
32) Mezger, a.a.O., S. 200ff.
33) Welzel, Studien zum System des Strafrechts, ZStW, Bd. 59, 1939, S. 527ff.

므로 형법적 구성요건은 원칙적으로 불법행위의 유형이 된다.

그 후 벨첼은 이러한 구성요건이론을 포기하고 불법징표구성요건으로 전환하였다. 구성요건은 불법행위를 유형화한 것이 아니라 무엇이 금지되어 있느냐라는 금지의 실질(Materie des Verbotes)을 제시할 뿐이고, 금지되는 행위수행을 내용적·대상적으로 기술하는 기능을 갖는다고[34] 하였다. 따라서 내용적·대상적으로 기술된 행위수행은 항상 불법한 것이 아니라 위법성조각사유가 있는 경우에는 정당화 되며, 구성요건은 다만 위법성을 징표하는데 지나지 않는다고 하였다. 결국 마이어류(流)의 인식근거설에 귀착한 것이다.

이와 같은 주장은 "금지의 실질"과 "실질의 금지"(Verbotensein der Materie)를 구별한 데에 기인한다. 즉, 금지의 실질인 구성요건은 위법성조각사유가 존재하는 경우에도 제한 또는 배제될 수 없고 단지 실질의 금지만이 배제된다는 것이다. 예컨대 정당방위로 사람을 살해한 경우에 살해라는 금지의 실질이 배제되는 것이 아니라, 사람을 죽여서는 아니 된다는 실질의 금지성만이 배제될 뿐이라고 한다. 그러므로 정당방위로 사람을 살해한 때에도 일단 금지의 실질인 살인죄의 구성요건에는 해당하고, 다만 그것이 허용규정에 의하여 살해의 금지위반성, 즉 위법성만이 배제된다는[35] 것이다. 그 결과 후기 벨첼의 구성요건은 "평가의 객체"일 뿐이고 "객체의 평가"는 위법성과 책임만이 담당하게 되었다. 여기서 금지의 실질이라는 의미는 국가가 금지하고 있는 행위내용을 대상적으로 기술하고 있다는 뜻이고, 금지의 실질적 내용이 위법하다는 의미는 아니다.

구성요건은 위법성의 인식근거라고 하므로 벨첼의 범죄론체계도 삼단계설을 취하게 된다. 다만, 그는 행위를 목적적으로 지배·조종하는 행위자의 실현의사의 표현으로 파악하기 때문에 범죄의 실현의사, 즉 고의는 물론 과실도 구성요건요소가 된다는 점이 벨링·마이어의 구성요건 개념과 차이가 있다.

6. 소극적 구성요건표지이론

소극적 구성요건표지이론이란 구성요건과 위법성은 체계상 독립된 범죄성립요소가 아니라 구성요건은 모든 위법성의 표지를 총괄한 것이므로, 위법성조각

34) Welzel, Aktuelle Strafrechtssystem im Rahmen der finalen Handlungslehre, 1953, S. 13.
35) Welzel, S. 80f.

사유가 있으면 애당초 구성요건해당성이 배제된다는 견해를 말한다. 이 이론에 의하면 구성요건은 예외 없이 위법성의 표지를 모두 총괄하고 있어야 하므로, 구성요건은 문자 그대로 총체적 불법구성요건이 되며, 구성요건과 위법성은 하나의 불법으로 구성되어 범죄체계는 불법과 책임의 이단계로 구성한다.

이 이론은 메르켈(A. Merkel) · 프랑크(Frank) · 바움가르텐(Baumgarten) 등이 주장해 왔으나,[36] 제2차 세계대전 이후에 엥기쉬(Engisch) · 카우프만(Arthur Kaufmann) · 랑 힌리센(Lang-Hinrichsen) · 록신(Roxin) 등에 의하여 체계적으로 전개되었다.[37]

> 록신에 의하면 구성요건은 반사회적인 범죄행위에 대한 입법자의 반가치판단의 표현이고, 여기에는 불법이 항상 전제되어 있으므로 불법을 근거지우는 모든 표지는 구성요건에 총괄된다고 한다.[38] 그래서 그는 어떤 행위가 구성요건에 해당하느냐는 구성요건에 속하는 이러한 불법표지들을 충족시키느냐에 달려있다고 한다. 그리고 구성요건은 반드시 각칙상 개별적 구성요건에 규정된 불법표지뿐만 아니라 법관의 해석에 의하여 보충되는 불법표지, 불법을 배제하는 초법규적 정당화사유, 행위상황에 관한 반사회적 의미 내용 등 모든 불법의 표지가 남김없이 구성요건에 총괄되는 총체적 구성요건이어야 한다고 하였다. 이와 같은 구성요건은 문자 그대로 '총체적 불법구성요건'(Gesamt-Unrechtstatbestand)이 되므로, 갈라스가 말하는 총체적 구성요건[39]이나 메츠거 이후의 불법구성요건과는 그 의미 · 내용이 다르다.

---

36) A. Merkel, Lehrbuch des deutschen Strafrechts, 1889, S. 82; R. Frank, Das StGB, für das deutsche Reich, 1. Aufl., 1897, S. 73; A. Baumgarten, Der Aufbau der Verbrechenslehre, 1913, S. 210ff.

37) K. Engisch, Die normativen Tatbestandselemente im Strafrecht, Mezger-FS, 1954, S. 132; A. Kaufmann, Tatbestand, Rechtfertigungsgründe und Irrtum, in: Schuld und Strafe, 1966, S. 132ff.; D. Lang-Hinrichsen, Tatbestandslehre und Verbotsirrtum, JR, 1952, S. 307; C. Roxin, Offene Tatbestände und Rechtspflichtmerkmale, 1970, 2. Aufl., S. 174ff.

38) C. Roxin, a.a.O; Roxin, §10 Ⅲ, Rdn. 13ff.

39) Gallas도 총체적 구성요건이라는 말을 사용하고 있으나 그 의미는 구성요건이 불법유형임과 동시에 책임유형이라고 하는 '범죄유형'을 뜻한다. 또 Jescheck/Weigend, §25 Ⅱ 2, Lehrbuch, S. 197과 Sch/Sch/Lenckner, StGB, §§13ff. Rdn. 47도 동일한 입장이다.

제2절 구성요건의 구분

1. 기본적 구성요건 · 파생적 구성요건 · 수정 구성요건

(1) 기본적 구성요건

형벌법규상 일정한 불법유형에 해당하는 유사한 여러 행태 중 가장 본질적이고 공통되는 요소를 포함하고 있는 구성요건을 말한다. 살인의 죄 중에서 보통살인죄(제250조 1항), 절도의 죄 중에서 단순절도죄(제329조)의 구성요건이 여기에 해당한다.

(2) 파생적 구성요건

기본적 구성요건과 공통되는 요소를 포함하고 있으나 불법과 책임의 내용차이로 형이 가중 또는 감경되는 구성요건을 말한다. 예컨대 기본적 구성요건인 보통살인죄에 대해 존속살해죄(제250조 2항)는 가중적 구성요건, 영아살해죄(제251조), 촉탁 · 승낙살인죄(제252조)는 감경적 구성요건이고 모두 파생적 구성요건이 된다.

(3) 수정 구성요건

형법각칙에 구성요건이 기술되어 있지 않고, 총칙에 규정을 둠으로써 가벌성이 확장된 범죄유형을 말한다. 예비죄, 음모죄, 미수범, 공동정범, 간접정범 · 교사범 · 종범 등의 구성요건이다. 이를 확장된 구성요건이라고도 한다.

2. 봉쇄적 구성요건과 개방적 구성요건

벨첼을 위시한 일부 목적적 행위론자는 구성요건을 봉쇄적 구성요건(geschlossene Tatbestände)과 개방적 구성요건(offene Tatbestände)으로 구별한다. 이에 의하면 봉쇄적 구성요건은 금지의 실질이 남김없이 규정되어 있기 때문에 구성요건 자체에서 위법성이 도출되지만(예컨대 살인죄), 개방적 구성요건은 구성요건표지의 일부만이 기술되어 있고, 나머지 부분은 법관의 보충을 필요로 하는 구성요건이라 한다.[40] 후자의 경우에는 구성요건 자체에서 위법성이 생기지 아니하고 다른 제정법이나 관습적 요소에 의하여 위법성이 나오게 된다. 따라서 전자에 있어서는 구성요건에 해당하는 자체가 불법한 행위가 되지만 후자에 있어서는 구성요건에 해당하는 행위만으로는 불법이 되지 않고(예컨대, 정당방위에 있어서도 상당성이 없는 경우에 위법으로 된다) 법관의 가치판단에 의하여 불법을 결정하게 된다. 그리고 이 후자의 예로 과실범(주의의무위반 여부의 판단)·부진정불작위범(보증인적 지위 유무의 판단) 등을 들고 있다.

개방적 구성요건에 대해서는 불법구성요건론의 입장에서 비판이 있다. 즉, 구성요건을 불법유형이라 한다면 구성요건은 범죄의 불법내용을 결정하는 요소를 모두 포함하고 있으므로 개방적일 수 없고 폐쇄적이라야 하며, 만일 개방적 구성요건을 인정하면 구성요건의 정형성을 부정하는 결과가 된다는[41] 것이다. 법관에 의한 구성요건의 보충은 단지 구성요건의 요소를 가치판단이나 다른 요소에 의하여 밝혀주는 데 그칠 뿐, 결코 새로운 것을 만들어 낼 수는 없다고 해야 한다.

제 3 절 구성요건요소

I. 서 설

형법규범의 내용은 구성요건과 위법성조각사유(정당화사유)에 의하여 인식된다. 그리고 구성요건은 불법유형이므로 위법성의 실질을 파악하기 위해서는 먼저 개개 구성요건의 내용을 파악하는 것이 불가결의 전제가 된다.

원래 개개의 구성요건의 내용을 명확하게 이해하는 것은 형법각론의 임무에

40) Welzel, S. 23, 49f., 82; 황산덕, 82면; 진계호, 191면 이하.
41) Jescheck/Weigend, §25 II 1; Sch/Sch/Lenchner, StGB, §§13ff. Rdn. 66; Samson, SK, Vor §32 Rdn. 17; 정성근, 196면; 이형국, 79면; 이재상, 108면; 임웅, 110면 등.

속한다. 그러나 형법총론의 임무가 모든 범죄에 공통되는 요소와 문제를 논의하는 것이므로 개개 구성요건의 내용을 형성하는 요소를 일단 종합하여 이를 총론적으로 의미 있는 관점에서 분류할 필요가 있다. 아래에서는 구성요건 요소를 객관적 요소와 주관적 요소, 기술적 요소와 규범적 요소로 나누어 살펴보기로 한다.

Ⅱ. 객관적 요소와 주관적 요소

1. 객관적 요소

구성요건의 객관적 요소란 외계에 나타난 현상을 기술한 것으로, 행위자의 의사·목적·심정 등 주관적 요소와 독립하여 외부적으로 그 존재를 인식할 수 있는 것을 말한다. 객관적 요소는 다음과 같다.

(1) 행 위

객관적 요소의 중심이 되는 것은 행위이다. 형법 각 본조의 구성요건은 모두 동사의 형식으로 행위를 기술하고 있다. 예컨대 "살해한"(제250조)·"절취한"(제329조)·"상해한"(제257조)이라고 규정한 것이 그것이다.

(2) 결 과

결과범에 있어서의 행위의 결과도 객관적 요소에 포함된다. 결과의 대부분은 행위 중에 포함되어 있고, 구성요건에 기술되어 있지 않은 것이 많다. 예컨대 살인죄에 있어서의 "사망", 절도죄에 있어서의 "점유(소지)의 이전" 등이다. 또 구성요건에 따라서는 행위와 결과가 모두 기술되어 있는 것도 있다. 예컨대 방화죄에 있어서의 "불을 놓아"와 "소훼"(제164조)하는 것, 명예훼손죄에 있어서의 "사실의 적시"와 명예를 "훼손"(제307조)하는 것 등이다.

(3) 인과관계·객관적 귀속

결과범에서는 행위와 결과 사이에 인과관계와 객관적 귀속이 인정되어야 한다. 인과관계와 객관적 귀속 그 자체는 구성요건에 기술되어 있지 않으나 행위와 그 인과과정은 객관적으로 존재하는 것이며, 객관적 귀속은 객관적 평가에 의해 결과귀속이 결정되므로 기술되지 아니한 객관적 구성요건요소가 된다.

(4) 범죄의 주체

구성요건에 따라서는 범죄의 주체를 일정한 인적 범위로 한정하는 경우가 있다(신분범). 이 경우의 범죄의 주체는 객관적 요소이다. 예컨대 수뢰죄에 있어서의 "공무원·중재인"(제129조 이하), 도주죄에 있어서의 "법률에 의하여 체포·구금된 자"(제145조) 등이다. 또 법률의 문언상으로는 표시되어 있지 않으나 내용적으로 주체가 일정한 인적 범위로 한정되어 있는 구성요건도 있다. 예컨대 강간죄에 있어서의 "남자"(제297조), 존속살해죄에 있어서의 "직계비속"(제250조 2항) 등이다.

(5) 행위의 객체

행위의 객체란 형법 각 본조에 규정되어 있는 행위의 대상물, 즉 사람 또는 물건을 말한다. 살인죄에 있어서의 "사람", 절도죄에 있어서의 "타인의 재물", 통화위조죄에 있어서의 "화폐·지폐·은행권"(제207조 이하) 등이 이에 해당한다. 일반적으로 행위객체는 구성요건에 기술되어 있으나 행위객체가 없는 범죄도 있다.

(6) 행위상황

구성요건에 따라서는 행위시에 특정한 상황이 있을 것을 요구하는 범죄가 있다. 예컨대 진화방해죄에 있어서의 "화재에 있어서"(제169조), 공연음란죄(제245조)·명예훼손죄(제307조)·모욕죄(제311조)에 있어서의 "공연히", 야간주거침입절도죄(제330조)에 있어서의 "야간에", 해상강도죄(제340조)에 있어서의 "해상에서", 법정 또는 국회회의장모욕죄(제138조)에 있어서의 "법정이나 국회회의장 또는 그 부근에서" 등이 그 범죄의 행위상황이다.

2. 주관적 요소

주관적 요소란 행위자의 내심에 존재하는 심리적 현상을 말한다. 구성요건의 주관적 요소로서 어떤 것을 인정할 것이냐에 관해서는 주관적 불법요소와 관련하여 논의가 있으나 통설은 일반적 주관적 불법요소로서 고의를 인정하고, 특별한 주관적 불법요소로서 목적범에 있어서의 "목적", 경향범에 있어서의 "내심의 경향", 표현범에 있어서의 "내심의 상태"를 인정한다. 이러한 주관적 요소의 대부분은 불법유형의 범위 내에서 명시적으로 기술하지 아니한 구성요건 표지이다.

이 이외에 특별한 주관적 요소는 "피해자의 내심의 상태"를 들 수 있다. 피해자 내지 행위객체인 사람에게 일정한 내심적 상태가 생겨야 범죄가 성립하는 경우이다. 예컨대 협박에 의한 강도죄(제333조)가 성립하기 위해서는 피해자에게 반항이 억압될 정도의 공포심이 생겨야 하고, 사기죄(제347조)에 있어서는 피기망자가 착오에 빠져있어야 한다.

3. 특별한 주관적 불법요소

불법의 내용을 구성하는 행위자의 주관적·심리적 의욕을 주관적 불법요소라 한다. 고의는 고의범 일반에 요구되는 일반적 주관적 불법요소가 된다. 그리고 특수한 범죄에 한하여 불법을 인정하기 위해서는 고의를 초과한 행위자 내심의 의욕이 특별히 요구되는 범죄가 있는데 이 내심의 의욕을 특별한 주관적 불법요소라 한다. 목적범, 경향범, 표현범에 있어서의 주관적 의욕이 그것이다. 이러한 범죄를 고의를 초과하는 "초과 내심적 경향"을 지닌 범죄 또는 "외부적 행위의 의미있는 의욕"을 필요로 하는 범죄라 한다. 특별한 주관적 불법요소는 주관적 의욕·심리상태가 법익침해(위태화)나 행위태양의 반가치성을 구성하는 것이므로 법익침해·행위태양과 관계없이 행위자의 의사형성에 부가하여 심정적 반가치성을 증가시키는 동기·심정·감정 등 특별한 책임요소(치욕은폐·참작할 동기 등)와 구별해야 한다.

형법학에서 주관적 불법요소를 처음 발견한 자는 헤글러(Hegler)와 마이어(M. E. Mayer)이다. 그 후 메츠거(Mezger)는 구체적으로 주관적 불법요소이론을 전개하여 법익침해라는 불법은 행위자의 주관적 의사와 독립하여 확정할 수 없다고 하고, "외부적 행위의 단순한 의욕"인 고의는 법익침해성에 새로운 의미를 부여하는 것이 아니므로 책임요소가 되지만 고의 이외에 행위자의 부수적 심리현상이 있어야 법익침해에 새로운 의미를 부여하는 "외부적 행위의 의미있는 의욕"은 주관적 불법요소가 된다고 하였다. 그리하여 그는 목적범, 경향범, 표현범이 주관적 불법요소를 지닌 범죄라 하였는데, 오늘날 통설로 되어 있다. 나아가서 목적적 행위론의 인적 행위불법론은 주관적 불법요소를 일반화하여 고의범에 있어서의 고의는 일반적 주관적 불법요소이고, 과실범에 있어서의 객관적 과실 자체도 불법요소가 된다고 하였다. 이러한 이론은 오늘날 목적적 행위론과 관계 없이 지배적인 지지를 받고 있다(이원적 인적 불법론).

(1) 목적범

목적범이란 외부적 행위가 고의 이외의 다른 목적실현의 수단으로 의욕된 범죄를 말한다. 행위의 목적은 고의를 초과하는 "초과 내심적 경향을 지닌 범죄"의 대표적 범죄이다. 고의를 초과하는 주관적 의욕이므로 고의, 동기와 구별하여야 한다. 목적범에 있어서의 목적의 내용은 확정적으로 인식해야 한다(통설). 다만 판례는 미필적 인식으로 족하다고 하고 있다.[42]

목적범은 목적의 내용에 따라 단절된 결과범과 불완전한 두 행위범으로, 또 목적의 성질에 따라 진정목적범과 부진정목적범으로 구분된다.

1) 단절된 결과범　구성요건적 행위 자체 또는 그 부수현상으로 목적이 실현되고, 목적 실현을 위한 다른 행위를 할 필요가 없는 목적범이다. 내란죄(제87조)의 "국헌문란의 목적", 출판물에 의한 명예훼손죄(제309조)의 "사람을 비방할 목적", 준강도죄(제335조)와 준점유강취죄(제325조 2항)의 "재물의 탈환을 항거할 목적" 등이다.

2) 불완전한 두 행위범　구성요건적 행위만으로 목적을 실현할 수 없고 행위자 또는 제3자의 새로운 목적 실현의 행위가 있어야 그 목적을 실현할 수 있는 목적범이다. 각종 위조죄(제207조 이하)의 "행사할 목적", 음행매개죄(제242조)와 영리목적 약취유인죄(제288조)의 "영리의 목적", 무고죄(제156조)의 "타인으로 하여금 형사처분 또는 징계처분을 받게 할 목적" 등이다.

3) 진정목적범　목적의 존재가 그 범죄의 불법을 인정하게 하는 목적범이다. 각종 위조죄의 "행사할 목적" 등 대부분의 목적범이 이에 해당한다.

4) 부진정목적범　목적의 존재가 불법을 가중 또는 감경하여 형을 가중 또는 감경하는 사유가 되는 목적범이다. 영리목적 약취유인죄(제288조)의 "영리목적", 아편흡식기구소지죄(제198조, 제199조)의 "판매할 목적", 모해위증죄(제152조 2항)와 모해증거인멸죄(제155조 3항)의 "모해할 목적" 등은 불법가중의 목적범이며, 결혼목적 약취유인죄(제291조)의 "결혼할 목적"은 불법이 감경된 목적범이다.

---

42) 대판(전원합의체), 1992. 3. 31, 90도2033. 同旨: 대판, 1999. 12. 7, 98도4398.

(2) 경향범

경향범이란 외부적 행위가 행위자의 일정한 내심의 경향(의욕)을 실현하는 범죄를 말한다. 내심적 경향은 구성요건표지로 되어 있는 경우가 많다. 경향범은 구성요건적 행위가 행위자의 강한 내심의 경향에 따라 지배되고, 내심적 경향이 법익침해에 대하여 특별한 위험성을 갖고 있다는 특징이 있다. 예컨대 음란행위를 육욕(肉慾)의 목적으로 행하면 불법이 되지만 의사가 치료를 목적으로 행한 때에는 불법이 부정된다.

목적범과 경향범의 구별은 명백한 것은 아니다. 개념적으로는 구성요건적 행위가 다른 목적을 실현하기 위한 수단으로 의욕된 것이면 목적범이고, 구성요건적 행위가 행위자의 특수한 내심적 의욕을 실현하는 것이면 경향범이라 할 수 있으나, 개별적으로 검토할 문제이다. 실무상으로 굳이 구별할 필요가 있는 것은 아니다.

1) 풍속·성범죄적 경향범 공연음란죄(제245조), 음화등 반포·판매·공연전시죄(제243조), 음화등 제조·소지·수입·수출죄(제244조) 등 건전한 풍속을 해하거나 성적 수치심을 유발하는 육욕적 목적에서 행하는 풍속범·성범죄의 대부분이 여기에 해당한다.

2) 위험한 경향을 지닌 경향범 행위자의 내심의 의사가 보호법익에 대해 특별히 위험한 경향으로 나타나는 범죄이다. 학대죄(제273조의 "학대행위"), 가혹행위죄(제125조의 "가혹행위"), 모병이적죄(제94조)·시설파괴죄(제96조)·간첩죄(제98조 등의 "적국을 위하여"), 사전수뢰죄(제129조 2항의 "청탁을 받고"), 제3자뇌물제공죄(제130조의 "부정한 청탁을 받고"), 알선수뢰죄(제132조의 "지위를 이용하여"), 뇌물전달죄(제133조 2항의 "공할 목적으로") 등 보호법익에 대한 특별한 위험을 일으키는 범죄와, 준강간·준강제추행죄(제299조의 "항거불능상태 이용행위"), 준사기죄(제349조의 "지려천박·심신장애를 이용하는 행위"), 부당이득죄(제349조의 "궁박상태를 이용하는 행위") 등 각종 이용행위가 여기에 해당한다.

3) 영업·상습성의 경향범 행위자의 내심의 의욕이 반복성·계속성·직업성을 띨 정도로 강화된 범죄이다. 상습도박죄(제246조 2항)의 "상습으로", 도박개장죄(제247조)와 음행매개죄(제242조)의 "영리의 목적" 등이 있다.

(3) 표현범

표현범이란 외부적 행위가 행위자 내심의 정신현상(심리사실)을 일정한 방법으로 왜곡하여 표현된 것이거나 법이 요구하는 표현을 태만함으로써 성립하는 범죄를 말한다. 행위자가 내면적으로 알고 있는 지식과 모순된 의사를 표현하는데 특색이 있다. 위증죄(제152조), 허위의 감정·통역·번역죄(제154조)와 같이 자신이 알고 있는 심리현상을 왜곡된 방법으로 외부에 표현하는 적극적 표현범은 전자에 속하고, 국가보안법 제10조의 불고지죄와 같이 범죄사실을 알면서 내심의 현상표현을 태만하는 소극적 표현범은 후자에 속한다.

> 표현범은 소위 표시범(Äusserungsdelikte)과 구별해야 한다. 명예훼손죄·모욕죄·협박죄와 같이 단순한 사상의 표시에 의해 범해지는 범죄는 표시범이다. 표시범은 행위자가 행한 언어 동작에 어떤 의미를 부여했느냐는 문제되지 않고 단지 사회관념상 주어진 객관적 의미만 알고 있으면 족하다. 자신이 표시한 바가 명예를 훼손하고 사람을 공포시킨다는 객관적 의미를 알고 행하면 죄가 성립한다. 즉, 외부적 행위의 단순한 의욕일 뿐이다.

Ⅲ. 기술적 요소와 규범적 요소

1. 기술적 요소

구성요건의 기술적 요소란 사람의 오관(五官)의 작용으로 그 내용을 감지·확정할 수 있는 대상적·물적 요소를 말한다. 예컨대 살인죄에 있어서의 "사람"·"살해"(제250조), 상해죄에 있어서의 "사람의 신체"·"상해"(제257조), 방화죄에 있어서 "불"·"건조물"(제164조 이하) 등이다.

2. 규범적 요소

구성요건의 규범적 요소란 언어의 기술, 오관의 감지만으로 그 내용의 의미를 알 수 없고 문화적·규범적 가치척도에 의하여 보완적인 가치판단이 있어야 그 내용을 확정할 수 있는 요소를 말한다. 예컨대 소요죄에 있어서의 "다중"·"폭행 또는 협박"(제115조), 방화죄에 있어서의 "공공의 위험발생"(제166조

2항, 제167조), 수뢰죄에 있어서의 "공무원"·"뇌물"(제129조 이하), 공연음란죄(제245조)·음화등반포죄(제243조)에 있어서의 "음란", 명예훼손죄에 있어서의 "명예"·"훼손"(제307조), 신용훼손죄에 있어서의 "신용"·"훼손"(제313조), 업무방해죄에 있어서의 "업무"·"방해"(제314조), "문서", "직계존속", "배우자", "유가증권", "통화", "재물의 타인성" 등이다.

규범적 구성요건요소에 해당하는 사실은 구성요건해당성을 확정할 때에 법관의 가치판단이 불가피하므로 법관에 따라 다른 결론도 나올 수 있다. 따라서 입법에 있어서는 가능하면 기술적 요소를 사용하고 규범적 요소를 피하는 것이 바람직스럽다. 그러나 불법유형인 구성요건의 요소를 기술적 요소만으로 기술할 수 없기 때문에 규범적 구성요건요소를 인정하지 않을 수 없다.

Ⅳ. 구성요건요소 구별의 형식성

구성요건은 우선 객관적 요소와 주관적 요소로 구별하고 있으나, 이러한 구별은 단지 형식적·논리적 구별에 지나지 않는다. 물론 순객관적·순주관적 사실이 구성요건요소에 기술되어 있다는 것은 부정할 수 없으나 그 존부를 판단함에 있어서 외부적·객관적 측면과 내부적·주관적 측면을 동시에 고려해야 하는 사실도 많다. 특히 행위는 외계에 나타난 현상이지만 행위자의 내심의 의사를 고려하지 않고는 행위의 사회적 의미성을 밝힐 수 없고 그 행위가 어느 구성요건에 해당하는가를 확정할 수도 없다. 따라서 "살해"라는 구성요건요소는 객관적 요소임이 명백하지만 그 내용은 주관·객관을 종합한 요소에 지나지 않는다.

또 기술적 요소와 규범적 요소의 구별도 형식적·개념적 구별에 지나지 않는다. 기술적 요소는 오관의 감지에 의한 사실인식으로 확정할 수 있다고 해서 법적 문화적 가치판단이 전혀 필요 없다는 의미는 아니다. 예컨대 살인죄에 있어서의 "사람"은 기술적 요소임이 명백한 개념이지만 사람의 시기·태아와의 구별·사망시기·사체와의 구별 등에 대해서는 역시 법적 평가가 필요하다. 따라서 기술적 요소도 법적 개념인 이상 모두 법적인 해석이 필요하다. 결국 법적 개념은 모두 규범적 성격을 가진다고 할 수 있다. 다만 어떤 개념에 대해서 해석이 일정한 경우에 단순한 사실인식만으로 확정할 수 있는 것이 기술적 요소이고, 해석이 일정한 경우에도 어떤 사실이 어떤 개념에 해당하느냐의 여부를 사실인식만으로 확정할 수 없고, 사실인식을 초과한 문화적 규범적 가치판단이 필요한 경우는 규범적 요소라고 할 수 있다.

V. 행위반가치와 결과반가치

1. 행위반가치와 결과반가치의 의의

불법구성요건에서 불법의 내용과 실체를 어떻게 파악할 것이냐에 대해서 행위반가치와 결과반가치가 대립한다. 행위반가치(Handlungsunwert)란 행위자의 법익침해를 지향한 행위의 태양·행위의 의도·목적 등 객관적 사실과 주관적 요소에 의하여 특정지워지는 행위의 전체적 양상이 사회윤리적으로 상당성을 일탈한 반가치를 말한다. 이에 대해서 결과반가치(Erfolgsunwert)란 행위에 의하여 야기된 법익침해 또는 법익침해의 위태화라는 객관적 사실적 사태가 반가치인 것을 말한다.[43] 즉, 행위반가치는 행위의 반윤리성에 대한 부정적 가치판단임에 대해서 결과반가치는 법익침해적 사실에 대한 부정적 가치판단이다. 따라서 전자는 규범위반설과 결부되고, 후자는 법익침해설과 결부되어 불법의 실질내용으로 파악한다. 행위반가치와 결과반가치는 법적으로 부정되는 반가치이므로 불법구성요건에서 금지하고 있다. 그리고 이러한 반가치를 실현하는 행위에 대하여 구성요건해당성을 판단하므로 행위반가치와 결과반가치는 구성요건해당성 판단의 내용이 되며, 동시에 그 내용은 실질적 위법성의 실질내용이 된다.

2. 인적 행위불법개념의 등장과 행위반가치

행위반가치(론)와 결과반가치(론)가 대립하여 논의되기 시작한 것은 벨첼이 법익침해설을 비판하고 "인적 행위불법개념"을 제창한 이후이다. 그에 의하면 불법은 위법하다고 평가된 행위(반가치)자체이므로 불법은 행위자의 인격과 내용적으로 단절된 결과야기(법익침해)에 존재하는 것이 아니라 그 결과가 어떤

43) 차용석, 398면.

특정된 행위자의 작품(Werk)으로서의 행위가 불법으로 된다는 것이다. 즉, 행위자의 목적 설정, 목적 활동으로서의 행위, 행위자의 내심적 태도와 의무위반 등 모두가 법익침해와 함께 행위의 불법을 구성한다고 하고, 법익침해는 행위반가치 내부에서 불법을 제한하는 의미를 가질 뿐이라고 하였다. 그래서 그는 위법성이란 언제나 특정된 행위자와 관련된 행위의 비인(非認, Mißbilligung)이고, 불법은 행위자관계적·인적 행위불법(täterbezogenes, personales Handlungsunrecht)이며 인적 행위불법이 모든 범죄의 일반적 반가치라고[44] 하였다.

벨첼이 제창한 인적 행위불법론의 행위반가치는 그 내용에서는 차이가 있을지라도 목적적 행위론을 초월하여 다수 학자의 지지를 받고 있다. 다만, 본(Bonn)학파에서는 행위규범인 형법은 결과를 금지하는 것이 아니라 행위자체를 금지한다는 이유로 의도반가치(고의, 특별한 주관적 불법요소, 행위태양)만 불법의 내용이 되고 사태반가치(법익의 침해와 위태화)는 불법판단에서는 의미가 없고 객관적 가벌요건이 될 뿐이라고 하여 일원적·주관적·인적 행위불법론을 주장한다.

3. 행위반가치와 결과반가치의 관계

(1) 행위반가치론의 검토

일원적·주관적·인적 행위불법론은 형법이 행위규범·결정규범이고, 형법이 금지하는 것은 결과가 아니라 행위라는 이유로 의도반가치만 불법의 내용으로 파악하고 사태반가치는 객관적 가벌요건으로 본다. 형법규범의 본질을 결정규범으로 한정한다면 불법구성요건 해당성은 의도반가치 내지 행위반가치 측면에서만 평가할 수 있다.

그러나 ① 형법규범은 결정규범임과 동시에 평가규범의 성질을 함께 가진 것이므로 결정규범에 위반한 행위의 결과는 평가규범에 의하여 평가를 받지 않을 수 없다. 따라서 사태반가치 내지 결과반가치 측면에서도 불법구성요건 해당성을 평가해야 한다. ② 사태반가치 내지 결과반가치를 불법에서 배제한다면 기수와 미수는 동일하게 취급할 수밖에 없으며, 결과범도 위험범으로 취급하고 심지어 결과발생 없는 과실행위까지도 불법을 인정해야 한다. ③ 형법규범은

---

44) Welzel, S. 62.

단지 행위를 금지하는 것이 아니라 법익침해를 지향한 행위를 금지하므로 법익침해는 소극적으로 불법을 제한하는 데 그치는 것이 아니라 불법의 본질적 내용을 구성한다고 해야 한다. 그리고 ④ 형법이 사회윤리적 행위가치만 보호한다면 형법은 윤리화되어 형법의 보장적 기능을 수행할 수 없으며, ⑤ 형법의 궁극적 기능은 법익보호에 있으므로 법익침해를 배제하거나 소극적 의미만 부여하는 행위반가치만으로 형법적 불법은 구성할 수 없다고 해야 한다.

(2) 결과반가치론의 검토

형법은 법익침해 자체를 직접 금지하는 것이 아니라 법익침해 또는 그 위태화를 지향한 인간의 행위를 금지하고 있으므로 금지된 행위의 반가치성을 불법에서 배제할 이유가 없다. ① 행위의 의도·목적과 이를 실행하는 행위 자체를 배제하고 결과반가치만으로 불법을 인정한다면 행위 자체에 대한 반가치판단을 할 수 없고, ② 사회윤리적으로 타당한 행위로 법익침해가 발생한 우연적 사고까지도 형법적 불법을 인정해야 하므로 불법개념이 확대될 수밖에 없으며, ③ 법익침해가 동일한 살인죄·상해치사죄·과실치사죄의 처벌상의 차이를 인정하는 이유도 설명할 수 없다. 특히 ④ 사기죄·공갈죄와 같이 일정한 행위태양으로 결과발생을 요구하는 행위의존적 결과범의 불법은 애당초 설명할 수가 없다.

(3) 행위반가치·결과반가치 이원론

형법은 법익침해를 지향한 행위를 금지하므로 1차적 금지대상은 법익침해를 지향한 행위 자체이며, 법익보호는 일정한 행위를 금지함으로써 비로소 가능하다. 형법전의 구성요건은 예외 없이 "~한 자"라고 하여 행위자의 일정한 행위를 금지·명령하는 형식으로 기술되어 있고(행위규범), 보호법익은 구성요건요소가 아니라고 하는 이유도 이러한 취지라 할 수 있다. 따라서 형법적 불법은 우선 행위반가치에 있다. 한편 형법은 법익보호를 위해서 일정한 행위를 금지하는 것이므로 법익침해사실에 대한 반가치 판단을 불법에서 배제할 이유가 없다. 단순한 윤리위반을 형법적 평가대상에서 제외하여 형법의 윤리화를 방지하기 위해서도 결과반가치는 불법의 내용이 되어야 한다. 그리고 행위반가치와 결과반가치 모두 불법의 내용이 될 때 우연적 사고로 인한 법익침해를 불법에서 배제하여 불법의 범위를 한정할 수 있다. 따라서 행위반가치와 결과반가치는 어느 하나의 선택문제가 아니라 양자 모두 대등하게 불법을 구성한다는 이원적 인적불법론이 타당하다. 우리나라 통설이다.[45]

이원적 인적불법론에 의하면 결과반가치의 내용에는 차이가 있을 수 있지만 결과범, 거동범, 미수범, 공범 등을 포함한 모든 범죄행태는 행위반가치와 결과반가치 모두 인정될 때에 비로소 불법구성요건에 해당한다고 판단할 수 있다. 다만 구성요건해당성 판단은 유형적 사실판단이고, 구성요건은 잠정적 위법인정기능이 있을 뿐이므로 양자의 반가치가 존재한다고 해서 불법 자체가 바로 확정되는 것은 아니다. 실질적 위법성설에 의하여 위법성조각사유의 유무에 따라 최종적으로 불법이 확정될 것이다.

4. 행위반가치와 결과반가치의 내용

(1) 행위반가치의 내용

행위반가치의 내용에 어떠한 것을 포함시킬 것이냐에 관해서는 견해가 일치하지 않는다. 대체로 행위반가치와 결과반가치를 함께 고려하는 통설은 행위의 태양(범행의 종류, 수단, 방법, 행위사정), 특별한 주관적 불법요소(목적 · 내심적 경향, 내심의 상태), 일반적 불법요소(고의 · 객관적 과실), 객관적 행위자적 요소(공무원범죄에 있어서 "공무원" 등 신분)를 행위반가치의 내용으로 본다.[46]

(2) 결과반가치의 내용

야기된 법익침해(침해범의 침해결과, 구체적 위험범의 위험결과)와 법익침해에 대한 위태화(미수범과 위험범의 법익위태화)를 결과반가치의 내용으로 파악하는 것이 일반적이다. 거동범은 침해행위 자체가 행위객체 내지 법익에 대한 침해결과를 내포하고 있다. 이에 대해서 결과반가치 일원론에서는 법익침해와 그 위태화를 판단함에 있어 행위의 방법 · 태양까지도 결과반가치의 내용으로 파악하는 견해도 있다.[47] 또 법익침해의 위태화에 이르지 않았으나 법익침해를

45) 정성근, 253면; 이형국, 133면 이하; 이재상, 115면; 김일수/서보학, 244면 이하; 손해목, 372면; 배종대, 202면; 안동준, 97면; 진계호, 276면; 임웅, 188면; 손동권, 160면; 오영근, 155면 이하.

46) 다만, Lenckner는 범행방법, 객관적 행위자적 요소를 포함시키지 않는다. Sch/Sch/Lenckner, StGB, §§13ff. Rdn. 56a.

47) 차용석, 439면; 內藤, 違法性における行爲無價値論と結果無價値論, 論爭刑法, 1976, 42면; 平野, 刑法Ⅱ, 216면.

지향한 범죄의사가 객관화되어 "법익평온상태를 교란"시킨 그 자체만으로 결과반가치를 인정하는 견해도[48] 있다.

그러나 법익평온상태는 형법에서 보호하는 법익이라 할 수 없고, 이를 인정할 때에는 모든 범죄를 추상적 위험범화할 수 있으므로 이를 결과반가치 내용으로 인정할 이유가 없다. 이원적 인적 불법론에서는 행위의 방법과 태양은 행위반가치의 내용으로 파악하고 있으므로 법익침해와 그 위태화(다만, 미수범은 법질서 효력에 대한 신뢰와 법적 안전성)만이 결과반가치의 내용이 된다고 해야 한다.

제 4 절 인과관계와 객관적 귀속

Ⅰ. 총 설

1. 인과관계의 의의

결과의 발생을 요하는 결과범(침해범)에 있어서는 그 행위로 인하여 결과가 발생하였다는 일정한 연관관계가 있어야 한다. 즉, 행위자의 행위로 그 결과가 발생하였다는 관계가 인정되어야 행위의 구성요건해당성을 인정할 수 있다. 이와 같이 행위와 결과 사이의 연관관계를 인과관계(Kausalität)라 한다. 인과관계는 구성요건상 결과발생을 필요로 하는 결과범에서만 문제되고 결과발생과 관계없이 범죄가 성립하는 형식범 내지 거동범에 있어서는 인과관계 문제는 생기지 않는다. 그리고 결과범에서의 인과관계는 미수와 기수의 구별기준이 된다.

결과범에 있어서의 인과관계는 행위자에게 결과귀속을 인정하기 위한 전제조건에 불과하므로, 인과관계의 존재만으로 그 결과를 행위자의 작품으로 귀속시킬 수 없다. 인과관계의 존재가 확정되어도 그 결과를 행위자의 작품으로 귀

48) 김일수/서보학, 247면; Mylonopoulus, Über das Verhältnis Handlungs- und Erfolgsunwert im Strafrecht, 1981, S. 84f.

속시키기 위해서는 다시 형법의 목적에 합치되는 객관적 귀속이 확정되어야 한다. 인과관계 문제와 결과귀속 문제를 구별하여 인과관계의 존재를 확정한 다음에 객관적 귀속을 논의하는 이유도 여기에 있다. 그리고 인과관계와 객관적 귀속은 결과범에 있어서 기술되지 아니한 객관적 구성요건요소가 된다.

2. 인과관계의 본질

인과관계 문제는 철학이나 자연과학에서도 논의되므로 형법상의 인과관계 개념과 철학 내지 자연과학상의 인과관계 개념이 동일한 것이냐, 아니면 형법에 고유한 특수한 인과관계를 인정할 것이냐의 문제가 있다. 논리적 인과개념에서는 인과관계는 논리적 사유(思惟)를 하기 위한 수단이므로 모든 과학에 공통적으로 타당할 수 있는 인과개념이어야 하고, 형법 독자적인 인과관계를 부정한다. 이에 대해서 형법적 인과개념에서는 형법상의 인과관계는 결과귀속을 인정하기 위한 법적·규범적 판단이므로 철학 내지 자연과학적 인과개념과 구별된다고 하고 있다.

종래의 인과관계이론에서는 인과관계의 존재만으로 결과귀속까지 인정하므로 철학 내지 자연과학적 인과개념과 구별되는 형법적 인과개념을 인정하는 것이 일반적이다. 이에 대하여 인과관계론과 객관적 귀속이론을 구별하여 결과귀속을 확정하는 입장에서는 사실적 판단인 인과관계와 법적 규범적 판단인 객관적 귀속의 문제를 구별한다. 그러나 여기의 인과관계가 사실판단의 문제라 하여도 철학이나 자연과학상의 그것과 동일한 것은 아니다.

철학상의 인과개념은 결과발생에 기여한 모든 조건을 등가적으로 취급하므로 특정한 사람의 행위만을 추출하여 그 행위가 결과에 대하여 인과관계가 있느냐를 검토하는 형법상의 인과개념에 이를 그대로 적용할 수 없다. 또 자연과학상의 인과개념은 현실적으로 작용되고 측정할 수 있는 실재하는 원인만을 기초로 하여 결과발생에 대하여 자연법칙적인 필연성 유무를 확정한다. 이를 그대로 형법에 적용할 때에는 실체가 없고 현실적 측정이 불가능한 부작위의 인과관계를 설명할 수 없게 된다. 그리고 보편타당성이라는 가치판단을 문제삼는 형법에서 자연법칙적 필연성에 그대로 따를 수도 없다. 따라서 형법적 인과개념은 사실판단의 문제이지만 철학과 자연과학상의 인과개념과 구별해야 한다.

3. 인과관계의 사례유형

(1) 기본적 인과관계

다른 행위의 개입 없이 그 행위만으로 직접 구성요건적 결과를 발생시킨 경우이다. 예컨대 甲이 단독으로 치사량의 독약을 복용케 하여 A가 사망한 경우이다. 이 경우에는 인과관계를 인정하는데 특별히 문제될 것이 없다.

(2) 이중적(택일적) 인과관계

단독으로 동일한 결과를 발생시킬 수 있는 수 개의 조건이 동시에 결합하여 결과가 발생한 경우이다. 예컨대 甲과 乙이 각각 치사량의 독약을 복용케 하여 A가 사망한 경우이다.

(3) 누적적(중첩적) 인과관계

단독으로 동일한 결과를 발생시킬 수 없는 수 개의 조건들이 공동으로 작용하여 결과를 발생시킨 경우이다. 예컨대 甲과 乙이 각각 치사량 반분(半分)의 독약을 복용시켜 그 누적적 효과로 A가 사망한 경우이다.

(4) 가정적 인과관계

다른 조건에 의하여 결과는 발생하였으나 그 조건이 없었다 하여도 현실로 작용하지 않은 가정된 조건에 의하여 같은 결과발생의 개연성이 있었던 경우이다. 예컨대 甲은 A가 승용차를 타기 직전에 사살하였으나, 그 승용차에는 이미 乙이 시한폭발장치를 하였으므로 甲의 사살행위가 없었더라도 A는 곧 사망하였으리라고 예상되는 경우이다.

1) 추월적 인과관계 가정적 인과관계의 형태 중에서 다른 원인의 개입으로 결과발생이 앞당겨진 경우를 추월적 인과관계라고 한다. 이 경우 선행하던 인과관계는 단절된다. 예컨대 甲이 치사량의 독약을 A에게 복용시켰으나 약효가 나타나기 전에 乙이 A를 사살한 경우, 사형집행 직전에 피해자의 가족이 사살한 경우 등이 여기에 해당한다.

2) 경합적 인과관계 가정적 인과관계의 형태 중에서 어느 행위에 의하더라도 결과가 동시에 발생한 경우를 경합적 인과관계라고 한다. 예컨대 甲이 A를 살해하는 시점에 乙이 장치한 시한폭탄도 동시에 폭발하여 같은 결과가 발생한 경우가 여기에 해당한다.

⑸ 단절적 인과관계

단독으로 결과를 발생시킬 수 있는 조건이 진행 도중에 다른 독립된 행위가 개입하여 그 결과를 발생시키고 이미 진행하던 인과관계를 단절시킨 경우이다. 예컨대 치명적인 독약을 복용시켰으나 아직 사망하기 이전에 타인이 사살하여 인과관계가 단절된 경우이다. 이 경우 결과를 발생시킨 행위는 추월적 인과관계, 선행하던 행위는 단절적 인과관계가 된다.

⑹ 비유형적 인과관계

단독으로 결과발생이 가능한 조건에 의하여 인과관계가 진행하던 중 예상할 수 없는 다른 원인이 개입하여 양자의 결합으로 결과가 발생한 경우이다. 예컨대 甲이 A에게 권총을 발사하여 상처를 입혔으나 피해자에게 특수체질(예컨대 혈우병)이 있거나, 병원에 호송 도중 교통사고가 발생하거나, 의사의 치료 잘못으로 사망한 경우가 여기에 해당한다.

Ⅱ. 인과관계에 관한 학설

형법 제17조는 "어떤 행위라도 죄의 요소되는 위험발생에 연결되지 아니한 때에는 그 결과로 인하여 처벌되지 아니한다"라고 규정하여 행위와 결과 사이에 인과관계와 객관적 귀속이 인정되어야 처벌된다는 것을 명시하고 있다. 그러나 구체적으로 어떤 경우에 인과관계와 객관적 귀속을 인정할 것이며, 객관적 귀속을 판단하기 위한 구체적 기준이 무엇이냐에 대해서는 학설에 일임하고 있다.

1. 조건설

⑴ 의 의

조건설은 만일 "그것이 없었더라면 결과도 발생하지 않았을 것"이라는 절대적 제약공식(conditio sine qua non Formel)에 의하여, 이와 같은 관계가 있는 모든 조건은 결과를 발생시키는 등가적 원인이므로 그 모든 조건은 결과발생에 대하여 인과관계가 인정된다는 학설이다. 조건설은 절대적 제약공식이 가지는 논리적 인과개념을 형법에 적용시켜 조건관계가 있는 모든 조건은 결과발생에 대하여 동일한 가치를 가진 원인이 된다는 의미에서 등가설이라 한다.

이 학설은 오스트리아의 글라저(Glaser)가 제창하고 독일의 부리(Buri)에 의해서 완성된 후[49] 오늘날까지 독일의 판례[50]가 일관하여 취하고 있는 입장이다. 그리고 일본의 대부분의 판례와 우리나라 대법원의 일부 판례[51]도 이에 따른다.

(2) 문제점

조건설은 다음과 같은 문제가 있기 때문에 인과관계 확정에 적합한 이론이라고 할 수 없다.[52]

첫째, 조건설은 인과관계를 직접 논증하는 것이 아니라 절대적 제약공식에 따라 인과관계가 존재한다는 가정적 사고과정을 통해 인과관계가 없는 경우를 제거하는 절차에 따르고 있으므로 논리상 순환논법에 빠져 있다.[53]

둘째, 논리적 조건관계가 있는 모든 조건은 동가치이므로, 이에 철저하면 예컨대 권총으로 사람을 살해한 경우에 살인범을 출산한 부모와 권총제작자나 판매자까지도 인과관계를 인정하게 되어 인과관계의 인정범위를 지나치게 확대시킨다. 특히 비유형적 인과관계에 있어서도 행위와 중한 결과 사이에 인과관계를 인정하므로 결과적 가중범의 성립범위를 지나치게 확장하고 있다.

셋째, 절대적 제약공식(c.s.q.n공식)에 따르면 이중적 인과관계와 가정적 인과관계의 경우에 현실적으로 작용한 조건에 대해 인과관계를 부정해야 한다. 그러나 이러한 결론은 사리에 어긋난다.[54]

넷째, 경합적 인과관계와 부작위의 인과관계에 대해서는 절대적 제약공식을 적용하기 곤란하다.

다섯째, 환경범죄의 인과관계를 전혀 설명할 수 없다.

---

49) Julius Glaser, Abhandlungen aus dem österreichischen Strafrecht, 1958, S. 298; Vgl. Jescheck/Weigend, §28 Ⅱ 2; Maurach/Zipf, 18/17.

50) RGSt 1, 373; BGHSt 1, 322; BGHSt 7, 112; BGHSt 4, 360.

51) 대판, 1955. 5. 24, 4288형상26; 대판, 1955. 6. 7, 55형상88.

52) 이에 대해서는 정성근, 환경형법에 있어서의 인과관계(형사정책 제11호, 1999), 100면 이하 참조.

53) 정성근, 205면; 이재상, 138면 이하; 김일수/서보학, 159면; 임웅, 128면; Jescheck/Weigend, §28 Ⅱ 4; Sch/Sch/Lenckner, §13ff. Rdn. 74.

54) 정성근, 205면; 이재상, 139면; 김일수/서보학, 157면; 임웅, 128면.

2. 원인설

(1) 의 의

원인설은 조건설에 의해서 인과관계가 있는 조건 중에서 특별히 결과발생에 중요한 영향을 준 원인과 그렇지 않은 단순한 조건을 구별하여, 원인에 해당하는 조건만이 결과발생에 대하여 인과관계가 있다고 하는 학설이다. 이 학설은 여러 가지 조건의 차별화 내지 개별화를 시도하여 원인과 조건을 구별한다는 의미에서 차등조건설 또는 개별화설이라고도 한다.

원인설은 무엇을 기준으로 원인과 조건을 구별하느냐에 따라 다시 견해가 나누어진다. ① 필연적 조건만이 원인이라는 필연조건설(Stübel), ② 최후의 결과발생에 영향을 준 조건만이 원인이라는 최종조건설(Ortmann), ③ 가장 유력하게 작용한 조건만이 원인이라는 최유력조건설(Birkmayer), ④ 추진력 또는 원동력을 준 조건만이 원인이라는 동력조건설(Kohler), ⑤ 결과발생에 결정적인 원동력을 준 조건만이 원인이라는 결정조건설(Nagler), ⑥ 결과를 야기시키는 조건을 우세하도록 결정적 방향을 준 조건만이 원인이라는 우월적 조건설(Binding) 등이 있다. 이 중에서 최유력조건설과 우월적 조건설이 원인설을 대표한다.

(2) 문제점

원인설은 조건설의 지나친 확대를 제한하기 위하여 등장하였으나, 다음과 같이 방법론에서나 실제적으로 더 큰 결함을 갖게 되어 오늘날 이를 지지하는 자는 없다. 다만, 후술하는 상당인과관계설은 원인설에서 출발한 것이고, 상당인과관계설이 발전하면서 여기에 해소되고 말았으므로 학설사적 의의가 있을 뿐이다.

첫째, 경험적으로 볼 때 조건적 인과관계는 개별적 사실에 따라 이를 다시 구별한다는 것은 불가능하다(등가설). 즉, 행위는 어떤 결과에 대해서 원인이 되느냐 안 되느냐의 어느 하나일 뿐이고, 어떤 것은 크게 또 어떤 것은 작게 원인이 되는 것은 아니다.[55]

둘째, 사실상으로 여러 가지 조건 중에서 어떤 것이 최유력·최종적·우월적·결정적 원인이 되느냐를 판단하는 기준이 없을 뿐만 아니라, 가령 이러한 구별이 가능하더라도 그것은 형법에서 의미 없는 자연과학적 방법을 무비판적으

---

55) 정성근, 206면; 이형국, 98면.

로 응용한 것에 지나지 않는다.

셋째, 실제상으로도 불합리한 결론이 나온다. 예컨대 치사량이 10g인 독약을 甲은 3g, 乙은 4g, 丙은 3g씩 각각 순차로 丁에게 복용시켜 丁을 살해한 경우에 최종조건설에 따르면 丙만이, 최유력조건설에 따르면 乙만이 살인기수 책임을 지게 되는 기이한 결론이 된다. 또한 사망 직전의 중태에 있는 환자를 살해한 경우에 필연조건설에 따르면 인과관계를 부정하여야 한다.

3. 인과관계중단론

(1) 의 의

인과관계중단론은 조건적 인과관계가 진행되는 과정에 타인의 고의행위나 예기치 못한 우연한 사정이 개입하면 이에 선행하였던 행위와 결과 사이의 인과관계가 중단되어 선행자에게 기수의 책임을 물을 수 없다는 견해이다. 이 이론도 조건설의 부당한 확대를 제한하기 위해 등장한 이론으로 인과관계가 중단되는 경우는 다음의 세 가지가 있다.[56]

① 행위와 결과발생 사이에 자연적 사실이 개입하여 행위의 조건관계가 상실된 경우이다. 예컨대, 치사량의 독약을 복용시켰으나 아직 약효가 나타나기 전에 벼락에 맞아 사망한 경우이다. 보통 인과관계의 단절이라 한다.

② 행위와 결과발생 사이에 조건관계는 있으나 예견하지 못한 이상사정의 개입으로 인과관계가 중단되는 경우이다. 예컨대, 경상을 입혔던 바 의사가 치료를 잘못하여 사망한 경우 또는 피해자의 부주의로 파상풍균에 감염되어 사망한 경우이다.

③ 행위와 결과발생 사이에 책임능력자의 자유로운 고의행위가 개입하여 인과관계가 전개된 경우이다. 추월적 인과관계의 예와 같이 甲이 치사량의 독약을 A에게 복용시켰으나 약효가 나타나기 전에 乙이 총으로 A를 사살한 경우, 갑이 독약을 복용시킨 행위와 A의 사망 사이의 인과관계는 중단된다.

(2) 소급금지이론

인과관계중단론과 유사한 이론으로 소급금지이론이 있다. 이 이론은 자유롭고 의식적(고의 또는 유책적)으로 결과를 발생시킨 행위가 있는 경우에는 그 이전의 모든 조건은 원인이 될 수 없고, 그 이전의 조건을 설정한 자는 공범의 요

56) 정성근, 207면; 木村, 總論, 188면 이하.

건을 구비한 경우에 한하여 협의의 공범으로 책임을 부담한다는 견해이다.[57]

(3) 문제점

형법상의 인과관계는 원인과 결과 사이에 인과관계가 있느냐 없느냐의 어느 하나의 택일을 전제로 하여 구성요건적 결과를 행위자에게 귀속시킬 수 있느냐를 심사하기 위해서 논의되는 것이므로 존재하는 인과관계는 물론 존재하지 않는 인과관계의 중단이란 생각할 수 없다. 앞의 예에서 ①과 ③에 있어서는 인과관계도 없는 경우이고, ②에 있어서는 조건적 인과관계가 있는 경우이다. 소급금지이론도 과실이나 책임 없는 행위가 개입한 경우에 소급을 금지하지 않는 이유가 명백하지 않다. 인과관계중단론과 소급금지이론은 오늘날 지지를 받지 못하고 소멸된 학설이다.

4. 상당인과관계설

(1) 의 의

상당인과관계설(Adäquanztheorie)은 "사회생활상의 일반경험칙"(인류의 경험적 지식)에 비추어 결과발생에 대해서 상당성이 있다고 인정되는 조건만 행위와 결과 사이에 인과관계가 있다는 견해이다.[58] 여기의 상당성은 객관적 가능성(개연성)의 의미로 파악한다.[59]

> 상당인과관계설도 원인설과 마찬가지로 조건설의 지나친 확대를 제한하기 위하여 제창된 이론이다. 그러나 원인설이 개별화적 고찰방법을 통하여 형법상 중요한 원인을 찾는 것임에 대하여, 상당인과관계설은 상당성이라는 일반적 · 보편적 고찰방법을 통하여 형법상 중요한 원인을 찾는 데에 특색이 있다. 또 상당인과관계설은 절대적 제약공식에 의한 조건적 인과관계가 있다는 것을 전제로 하여 상당성 범위 내에서 인과관계와 결과귀속을 동시에 인정한다는 점[60]에서 후술하는 객관적 귀속이론과 다르다.

---

57) 이 이론은 프랑크(Frank, Das Strafgesetzbuch für Deutsche Reich, 18. Aufl., 1931, §1 Anm. Ⅲ 2a)와 오토(H. Otto, Kausaldiagnose und Erfolgszurechnung im Strafrecht, Maurach-FS, 1972, S. 97) 등이 주장하였다.

58) 이 학설은 1871년 Bar에 의해서 처음으로 제창된 후 Kries가 이론적 기초를 확립하고 Träger가 발전시킨 이론이다.

59) 성시탁, 인과관계, 194면.

60) Maurach/Zipf, 18/30; Bockelmann, AT, S. 67; 성시탁, 인과관계, 194면; 진계호, 152면.

(2) 상당성판단의 기준

상당인과관계설은 사회생활상의 일반 경험칙에 따라 상당성을 판단하므로 상당성 자체는 객관적 가능성(개연성)에 대한 판단이다. 이러한 상당성(객관적 가능성) 판단의 기준을 어디에 둘 것이냐에 따라 다시 견해가 나뉜다.

1) 주관적 상당인과관계설 행위 당시에 행위자가 인식하였거나 인식할 수 있었던 사정을 기초로 결과발생의 상당성을 판단하는 견해이다.[61] 예컨대, 타인이 알 수 없는 특이체질을 가진 자를 구타하여 쇼크사시킨 경우에 행위자가 특이체질임을 알 수 없었다면 건강한 사람에 대한 구타행위로 사망할 수 있느냐가 상당성 판단의 대상이 되므로 구타행위와 사망 사이에 상당성을 인정할 수 없고 인과관계도 부정된다.

2) 객관적 상당인과관계설 행위 당시에 존재한 객관적 사정과 행위 후에 생겨난 사정도 일반 경험칙상 예견가능한 사정을 기초로 결과발생의 상당성 여부를 판단하는 견해이다.[62] 객관적 사후예측설이라고도 한다. 위의 예에서 특이체질은 행위 당시에 객관적으로 존재하는 사정이므로 특이체질을 가진 자를 구타하면 사망할 수 있느냐가 상당성 판단의 대상이 되어 상당성이 있는 인과관계를 인정할 수 있다.

3) 절충적 상당인과관계설 행위 당시에 통찰력 있는 일반인이라면 인식할 수 있었던 사정과 일반인이 인식할 수 없었던 사정이라도 행위자가 특별히 인식하고 있는 사정을 기초로 결과발생의 상당성을 판단하는 견해이다.[63] 위의 예에서 특이체질은 일반인도 행위자도 인식할 수 없었던 것이므로 건강한 사람을 구타하는 것이 사망할 수 있느냐가 상당성 판단의 대상이 되어 상당성과 인과관계가 부정된다. 다만, 통찰력있는 일반인은 인식하였으나 행위자만 인식하지 못한 경우에는 인과관계를 긍정하게 될 것이다. 절충적 상당인과관계설은 종래의 통설이고, 판례의 기본입장이라고 할 수 있다.

【상당인과관계를 인정한 판례】 ① 안면은 두부의 일부이므로 안면을 강타

61) Kries에 의하여 주장되었으나 우리나라에서는 주장자가 없다.

62) Rümelin에 의하여 주장되었으며, 우리나라에서는 백남억, 104면; 심재우, 형법상의 인과관계(월간고시, 1977. 8), 45면; 배종대, 227면.

63) Träger에 의하여 주장되었으며, 우리나라에서는 종래의 통설이었다. 이건호, 67면; 정창운, 129면; 권문택, 형법상의 인과관계(고시계, 1972. 8), 77면; 염정철, 431면; 김종원, 형법에 있어서의 인과관계(고시계, 1965. 4), 87면; 남흥우, 100면; 성시탁, 전게논문, 194면.

할 때에는 두뇌부에 생리적으로 변화가 생길 수 있고 정신적으로 신경이 격동되어 두뇌부출혈이 급작히 항진될 위험성이 있는 동시에 혈관파열을 초래할 수 있음은 실험칙에 비추어 예측할 수 있으므로 이러한 경우 폭행과 치사간에 상당인과관계가 있다 할 것이다(대판, 1956. 7. 13, 4289형상129).

② 평소부터 고혈압 증세에 있는 피해자가 피고인의 폭행행위로 지면에 전도할 때의 자극에 의하여 뇌출혈을 일으켜서 사망하였을 때에는 폭행과 치사 사이에 상당인과관계가 있다(대판, 1967. 2. 28, 67도45).

③ 피고인은 폭행을 가하여 간음하려고 하므로 피해자는 극도의 흥분과 공포심에 사로잡힌 나머지 이를 피하기 위하여 창문을 박차고 튀어나가기에 이르러 죽음이라는 결과가 발생한 경우에 피고인의 강간행위와 피해자의 사망 사이에 상당인과관계가 있다(대판, 1968. 5. 21, 68도419).[64]

④ 피해자를 2회에 걸쳐 두 손으로 힘껏 밀어 땅바닥에 넘어뜨리는 폭행을 가함으로써 그 충격으로 인한 쇼크성 심장마비로 사망케 하였다면 비록 위 피해자에게 그 당시 심관성동맥경화 및 심근섬유화 증세 등의 심장질환의 지병이 있었고 음주로 만취된 상태였으며 그것이 피해자가 사망함에 있어 영향을 주었다고 해서 피고인의 폭행과 피해자의 사망간에 상당인과관계가 없다고 할 수 없다(대판, 1986. 9. 9, 85도2433).

⑤ 피고인이 주먹으로 피해자의 복부를 1회 강타하여 장파열로 인한 복막염으로 사망케 하였다면, 비록 의사의 수술지연 등 과실이 피해자의 사망의 공동원인이 되었다 하더라도 피고인의 행위가 사망의 결과에 대한 유력한 원인이 된 이상 그 폭력행위와 치사의 결과간에는 인과관계가 있다(대판, 1984. 6. 26, 84도831).[65]

⑥ 일산화탄소(연탄가스) 중독환자가 퇴원할 당시 치료한 담당의사에게 자신의 병명을 문의하였는데도 의사가 아무런 요양방법을 지도하여 주지 아니하여, 환자가 일산화탄소에 중독 되었던 사실을 모르고 퇴원 즉시 사고 난 자기 집 안방에서 다시 취침하다 전신피부파열 등 일산화탄소 중독을 입은 것이라면, 위 의사에게는 그 원인 사실을 모르고 병명을 문의하는 환자에게 그 병명을 알려주고 이에 대한 주의사항인 피해장소인 방의 수선이나 환자에 대한 요양의 방법 기타 건강관리에 필요한 사항을 지도하여 줄 요양방법의 지도의무가 있는 것이므로 이를 태만한 것으로서 의사로서의 업무상과실이 있고, 이 과실과 재차의 일산화탄소 중독과의 사이에 인과관계가 있다고 보아야 한다(대판, 1991. 2. 12, 90도2547).

64) 이와 유사한 사안에서 상당인과관계를 인정한 판례는 대판 1978. 7. 11, 78도1331; 대판, 1995. 5. 12, 95도425. 한편 이와 반대로 강간을 모면하기 위하여 4층 여관방의 창문을 넘어 뛰어내리다가 상해를 입은 데 대하여 예견가능성이 없다는 이유로 강간치상죄로 처벌할 수 없다(대판, 1993. 4. 27, 92도3229)고 하여 상당인과관계를 부정한 판례도 있다.

65) 이와 같이 살인의 실행행위가 피해자의 사망이라는 결과를 발생하게 한 유일한 원인이거나 직접적인 원인일 필요가 없다는 전제에서, 의사의 수술지연 · 피해자의 과실 등 다른 사실이 개재되어 그 사실이 치사의 직접적인 원인이 되었다고 하더라도 그와 같은 사실이 통상 예견할 수 있는 것에 지나지 않는다면 살인의 실행행위와 피해자의 사망과의 사이에 인과관계가 있는 것으로 보아야 한다는 판례는 대판, 1994. 3. 22, 93도3612. 대판, 1982. 12. 28, 82도2525; 대판, 2001. 6. 1, 99도5086(임차인의 과실로 가스가 유출되어 폭발한 사건).

【상당인과관계를 부정한 판례】 ① 고등학교 교사가 제자의 잘못을 징계코자 왼쪽뺨을 때려 뒤로 넘어지면서 사망에 이르게 한 경우 위 피해자는 두께 0.5미리밖에 안되는 비정상적인 얇은 두개골이었고 또 뇌수종을 가진 심신허약자로서 좌측뺨을 때리자 급성뇌압상승으로 넘어지게 된 것이라면 위 소위와 피해자의 사망간에는 이른바 인과관계가 없는 경우에 해당한다(대판, 1978. 11. 18, 78도1961).[66]

② 강간을 당한 피해자가 집에 돌아가 음독자살하기에 이르른 원인이 강간을 당함으로 인하여 생긴 수치심과 장래에 대한 절망감 등에 있었다 하더라도 그 자살행위가 바로 강간행위로 인하여 생긴 당연의 결과라고 볼 수는 없으므로 강간행위와 피해자의 자살행위 사이에 인과관계를 인정할 수는 없다(대판, 1982. 11. 23, 82도1446).

③ 피고인 운전의 차가 이미 정차하였음에도 뒤쫓아오던 차의 충돌로 인하여 앞차를 충격하여 사고가 발생한 경우, 설사 피고인에게 안전거리를 준수치 않은 위법이 있었다 할지라도 그것이 이 사건 피해 결과에 대하여 인과관계가 있다고 단정할 수 없다(대판, 1983. 8. 23, 82도3222).

④ 녹색등화에 따라 직진하는 차량의 운전자는 대향차선 위의 다른 차량이 신호를 위반하고 직진하는 자기 차량의 앞을 가로질러 좌회전할 경우까지 예상하여 그에 따른 사고발생을 미리 방지하기 위한 특별한 조치까지 강구하여야 할 업무상의 주의의무는 없고, 위 직진차량 운전자가 사고지점을 통과할 무렵 제한속도를 위반하여 과속운전한 잘못이 있었다 하더라도 그러한 잘못과 교통사고의 발생과의 사이에 상당인과 관계가 있다고 볼 수 없다(대판, 1993. 1. 15, 92도2579).[67]

(3) 문제점

상당인과관계설에 대하여는 다음과 같은 비판이 제기되고 있다.

첫째, 상당인과관계설에서 제시된 일반생활경험칙 또는 상당성 자체는 인과관계 유무판단의 명백한 기준이 될 수 없다. 이는 이 설에 따르는 판례가 특이체질이 문제되는 유사한 사례에서 인과관계를 인정하거나 부정하기도 하고,[68] 강간을 피하기 위해 도피하다가 중한 결과가 발생한 사례에서도 중한 결과 발생에 대한 예견가능성이 있다고 하여 인과관계를 인정하기도 하고,[69] 이를 부인하기도[70] 하는 일관성 없는 판결을 내리는 데서 잘 나타난다.

---

66) 피해자의 특이체질이 문제되는 유사한 사안이지만 상당인과관계를 부인하는 이 판례와 상당인과관계를 인정한 위 ④의 대판, 1986. 9. 9, 85도2433은 상당성 판단이 일관되어 있지 않다.

67) 대판, 1998. 9. 22, 98도1854; 대판, 2002. 9. 6, 2002다38767(손해배상) 등.

68) 대법원은 두개골이 얇고 뇌수종환자인 피해자의 사망에 대해서는 인과관계를 인정하였으나(대판, 1978. 11. 18, 78도1691), 고혈압, 심장질환환자의 피해자에 대해서는 인과관계를 부인하고 있다(대판, 1970. 9. 22, 70도1387).

69) 대판, 1995. 5. 12, 95도425.

둘째, 상당성 개념은 객관적 가능성(개연성)으로 파악하므로 비유형적인 인과과정의 경우는 애당초 개연성이 없으므로 모두 인과관계가 없다고 할 뿐이고 인과관계 유무에 대한 해석상의 기준을 제시하는 것이 아니며,[71] 가정적 인과관계와 단절적 인과관계의 경우는 결과발생의 개연성이 있는 것이므로 인과관계를 인정해야 한다는 결함이 있다.

셋째, 상당인과관계설이 조건설의 지나친 확대를 구성요건 단계에서 제한하려고 한 것은 타당하지만 상당성 범위 내에서 인과관계와 결과귀속을 동시에 인정하므로 "사실판단"인 인과관계 존부 문제와 "법적 평가"인 결과귀속의 문제를 구별하지 않고 무리하게 결합시키고 있으며, 상당성·개연성 자체가 결과귀속의 기준을 충분히 제시하는 것도 아니다.[72] 그리하여 상당성이 없는 인과관계의 경우에는 결과귀속뿐만 아니라 조건적 인과관계까지 부정하므로 부당하다.[73]

넷째, 주관적 상당인과관계설에 대해서는 객관적인 사실판단을 해야 하는 인과관계 존부를 행위자의 주관적 인식만으로 확정될 수 없고, 객관적 상당인과관계설은 행위자와 일반인이 전혀 알지 못하는 사정까지 상당성 판단의 대상으로 하므로 상당인과관계설 본래의 취지에 반한다. 그리고 절충적 상당인과관계설은, 예컨대 혈우병이 있음을 알고 있는 甲이 이를 알지 못하는 乙을 교사하여 상해한 경우에 공범인 甲에게만 인과관계를 인정해야 하므로 정범과 공범에 따라 인과관계의 유무가 달라진다는 결함이 있다.

5. 중요설

(1) 의 의

중요설(Relevanztheorie)은 행위와 결과 사이의 사실판단인 인과관계 문제와 법적 평가인 결과귀속의 문제를 구별하여, 인과관계는 조건설에 의해서 확정하고, 결과귀속은 개개 구성요건의 의미에 합치되는 중요성 여부에 따라 결정해야 한다는 견해이다. 즉, 인과관계유무의 문제는 조건설에 의하여 결정하지만 이는

70) 대판, 1993. 4. 27, 92도3229.
71) 정성근, 210면; 이재상, 142면; Liszt/Schmidt, Lehrbuch, Bd. 1, S. 168; Eser, (Ⅰ), S. 60.
72) 이형국, 100면; 이재상, 143면; Jescheck/Weigend, §28 Ⅲ 5; Wessels/Beulke, Rdn. 171.
73) 정성근, 209면.

형법적으로 중요한 것이 아니므로 결과귀속은 조건관계가 있는 인과사상(因果事象)이 개개 구성요건의 의미에 비추어 중요성이 있다고 인정되는 조건만이 행위자에게 귀속된다고 한다.[74]

이 견해는 인과관련의 문제는 인과관계론으로 확정하고 귀속관련의 문제는 인과관계론과 별도로 개개 구성요건의 의미에 따라 개별적으로 결정하므로 후술하는 객관적 귀속이론과 태도를 같이 한다. 또 결과귀속을 인정함에 있어 상당한 조건이 구성요건적으로 중요성이 있느냐에 따라 제한한다는 점에서 상당인과관계설과 유사하다. 그러나 결과에 대한 귀속관련의 문제까지 인과관계론으로 해결하려는 상당인과관계설과 본질적으로 다르며, 인과성의 상당성 유무로 중요성을 확정하는 것이 아니라 개개 구성요건에 대한 의미합치적 해석을 통하여 결과귀속이 되는 중요성 여부를 개별적으로 판단한다는 점에서 상당인과관계설과 다르다.

(2) 문제점

중요설은, ① 인과관계 확정에 있어서는 절대적 제약공식을 그대로 적용하므로 조건설에 대한 비판이 그대로 타당하고, ② 결과귀속에 있어서는 막연히 구성요건적 중요성만을 강조하고 있을 뿐이고 그 구체적·실질적인 판단기준을 제시하지 못하고 있으므로 일반적인 귀속론이 될 수 없다.[75]

6. 합법칙적 조건설

(1) 의 의

합법칙적 조건설(Die Lehre von der gesetzmäßigen Bedingung)은 일상적인 경험법칙에 기초한 자연과학적 인과법칙에 포섭될 수 있는 조건에 한하여 인과관계를 인정하는 수정조건설이다. 이에 의하면 인과관계는 "만일 그것이 없었더라면 결과도 발생하지 않았을 것"이라는 논리적 조건관계가 아니라, 역으로 결과발생에 선행하는 행위에 의하여 그러한 결과가 발생하는 것이 경험칙에 비추어 자연과학적 인과법칙에 포섭(합법칙)될 수 있는 경우에만 조건관계를 인정하고 그 행위는 결과에 대하여 인과관계가 있다고 한다.[76]

---

74) 중요설은 메츠거에 의하여 주장되었다. Mezger, AT, 3. Aufl., S. 122; Mezger/Blei, AT, S. 73f.

75) 정성근, 210면; 이재상, 144면; Sch/Sch/Lenckner, StGB, §§13f. Rdn. 20; Jescheck/Weigend, §28 Ⅲ 3.

이 설은 인과관계를 확정함에 있어 두 단계 심사를 거친다. 먼저, 일반적 인과관계의 확인이다. 여기서는 개개의 사례에 적용가능한 법칙으로서 전문지식에 의하여 이미 확립된 자연과학적 인과법칙의 존재를 확인한다. 다음으로 구체적 인과관계의 확정이다. 구체적으로 행해진 현실사상이 이미 확인된 자연과학적 인과법칙에 포섭(합법칙)될 수 있느냐를 심사하여 합법칙성이 인정될 경우에 구체적 인과관계를 확정한다. 따라서 합법칙적 조건설은 자연과학적으로 확립되어 있는 인과법칙에 부합하는 사실적 자연적 인과관계를 확인하는 이론이라 할 수 있다.

(2) 구체적 내용

합법칙적 조건설의 구체적 내용은 다음과 같다. ① 비유형적 인과과정에서도 조건설과 마찬가지로 결과에 대한 모든 조건은 동일한 가치를 가지고 있으므로 인과관계가 인정된다. 다만 선행사실의 결과귀속만 부정된다. ② 이중적 인과관계와 누적적 인과관계에서의 각 행위는 결과발생에 대한 합법칙적 조건관계가 있으므로 인과관계가 인정된다. 다만, 누적적 인과관계의 경우에는 결과귀속이 부정되어 행위자 모두 미수책임만 부담한다. ③ 추월적 인과관계, 경합적 인과관계에서도 합법칙적 조건관계가 있으므로 인과관계를 인정할 수 있다. ④ 가정적 인과관계에 있어서 가정된 조건은 인과관계가 부정되지만, 현실적으로 작용한 조건은 합법칙적 조건관계가 있는 한 인과관계가 인정된다. ⑤ 단절적 인과관계에서도 사전행위의 인과관계는 부정되지만 후에 개입한 행위에 대하여는 합법칙적 조건관계를 인정할 수 있으므로 인과관계가 인정된다. ⑥ 부작위의 인과관계는 어려움 없이 인정할 수 있다. 부작위는 작위를 하였다면 결과를 방지할 수 있었다는 관계에서 결과발생에 대한 합법칙적 조건관련을 인정할 수 있다. ⑦ 구조적 인과관계의 단절 예에서도 인과관계를 인정하는 데 어려움이 없다. 예컨대 익사자를 구조하는 행위를 방해하여 익사의 결과가 발생한 경우에 그 방해행위와 익사 사이에는 합법칙적 인과관련이 인정된다.

---

76) 합법칙적 조건설은 엥기쉬(Engisch)가 주창한 이래 독일의 다수설이며, 현재 우리나라의 다수설이다. Vgl. Sch/Sch/Lencker, Vor §13 Rdn. 77f.; 이형국, 형법상의 인과관계와 객관적 귀속(고시연구, 1982. 3), 133면; 정성근, 214면 이하; 심헌섭, 인과관계의 확정과 합법칙조건설(고시연구, 1979. 9), 54면; 이재상, 150면; 김일수/서보학, 159면 이하; 손해목, 266면; 진계호, 202면; 임웅, 135면; 김성돈, 178면; 신동운, 154면.

(3) 문제점

합법칙적 조건설은 단절적 인과관계, 가정적 인과관계, 추월적 인과관계와 부작위의 인과관계를 합리적으로 설명할 수 있으므로 인과관계 존부를 판단함에 있어서는 타당한 학설이다.[77] 다만, 이 설은 인과관계가 있는가라는 그 존부만을 존재론적으로 확정할 뿐이고, 확정된 인과관계가 법질서에 대해서 어떤 의미를 가지고 있으며, 그 결과를 행위자에게 귀속시킬 수 있느냐에 대해서는 아무런 해답을 주지 못한다. 따라서 그 결과를 행위자의 작품으로 귀속(결과귀속)시키기 위해서는 법적·규범적 판단에 의하여 형법의 목적에 합치되는 결과귀속의 기준을 다시 제시하지 않으면 안 된다. 객관적 귀속론은 이 문제를 해결하는 이론이다.

Ⅲ. 객관적 귀속의 이론

1. 의 의

객관적 귀속의 이론(Die Lehre von der objektiven Zurechnung)은 행위와 결과 사이의 인과관계 존재를 확정한 다음,[78] 그 결과를 행위자의 작품으로 귀속시키기 위한 이론이다. 이 이론에 의하면 인간의 행태를 통하여 야기된 불법한 결과는 그 행태가 법적으로 허용될 수 없는 위험을 발생시키고, 또 그 위험이 구성요건에 해당하는 결과에로 실현되었을 경우에만 행위자에게 귀속시킬 수 있고 구성요건을 충족한다는 것이다.[79] 따라서 객관적 귀속론은 인과관계(합법

77) 대판, 2004. 6. 24, 2002도995는 소위 보라매사건판결이유에서 피해자 처의 계속된 간곡한 부탁으로 회복가능한 중환자 퇴원과 인공호흡보조장치제거를 지시한 사안에서 "회복할 가능성이 전혀 없었던 것이 아닌 이상 의사(전담의사와 주치의)의 이 사건 범행과 피해자 사망 사이에 합법칙 연관 내지 상당인과관계를 인정할 수 없다고 보기 어렵다"고 판시하여 합법칙조건설을 간접적으로 인용하고 있어 주목된다.

78) 따라서 객관적 귀속이론은 인과관계론을 배제하거나 대체하는 이론이 아니라 인과관계의 존재를 전제로 하고 있다.

79) 이재상, 157면 이하; 이형국, 102면; 정성근, 214면 이하; 김일수/서보학, 171면 이하; 박상기, 105면 이하; 손해목, 264면; 임웅, 136면 이하; 진계호, 219면 이하; 정영일, 128면; 신동운, 154면 이하; 김성돈, 181면 이하; Jescheck/Weigend, §28 Ⅳ 1; Roxin, Zum Schutzzweck der Norm bei fahrlässigen Delikte, Gallas-FS, 1973, S. 241ff; Schmidhäuser, AT, S. 228; Rudolphi, SK, §1 Rdn. 57; Wessels/Beulke, Rdn. 183; Sch/Sch/Lenckner, StGB, Vor §13 Rdn. 91.

칙적 조건관계)가 존재한다는 것을 전제로 법적 규범적 관점에서 결과귀속의 범위를 구성요건 단계에서 제한하려는 이론이라 할 수 있다. 구성요건 단계에서 인과관계의 존재와 결과귀속의 범위를 한정한다는 점에서 상당인과관계설과 유사하나 인과관계유무와 결과귀속의 문제를 각각 구별하여 별도로 판단한다는 점이 다르다.

2. 법적 성질

객관적 귀속관계가 인정되면 객관적 구성요건이 충족되어 결과범의 기수가 된다. 그러나 객관적 귀속이 결여된 경우에는 두 가지 법적 평가가 가능하다. ① 구성요건해당성이 배제되어 애당초 가벌성 자체가 탈락하는 경우이고, ② 구성요건 충족이 부인되어 기수가 될 수 없고 미수범 처벌 규정이 있는 경우에 한하여 미수범이 성립하는 경우이다. 후자의 경우에 미수범은 고의범에 한하므로 고의결과범에 대해서만 위법성·책임이 논의될 것이다.

3. 객관적 귀속의 판단기준(척도)

객관적 귀속이론의 핵심은 객관적 귀속의 척도 내지 판단기준을 어떻게 합목적적으로 설정하느냐에 있다고 할 수 있다. 일반적으로 예시된 객관적 귀속의 척도는 다음과 같다.

(1) 위험창출·위험강화

결과발생(법익침해)의 원인된 행위가 허용되지 않은 위험을 창출하거나 위험을 강화시킨 경우에만 그 결과를 귀속시킬 수 있으며, 위험창출·위험강화가 있어도 허용된 위험의 범위 내에 있는 때에는 객관적 귀속을 부정한다.

1) 허용되지 않은 위험　허용된 위험(Erlaubtes Risiko)이란 자동차 운전행위, 의료행위, 대규모공사 등과 같이 항상 위험을 수반하는 행태이지만 현대사회에서 그 사회적 유용성 때문에 법적으로 허용되는 경우를 말한다. 허용된 위험은 원래 과실범과 관련하여 논의된 것이지만 객관적 귀속에서는 고의범·과실범 모두에 적용되는 요건이다. 허용되지 않은 위험원칙이 객관적 귀속의 전제요건이 된다. 따라서 허용된 위험에 대해서는 애당초 객관적 귀속의 문제가 생기지

않는다.

2) 위험창출 결과발생에 대해 현실적으로 중요한 위험을 창출해야 한다. 위험을 창출하는 구성요건적 행위는 고의행위 · 과실행위를 묻지 않는다. 고의범의 위험창출은 실행의 착수에 상응하는 불법의 실현이 있으면 족하다. 과실범은 사회생활상 요구되는 객관적 주의의무 위반(객관적 과실)이 있으면 위험창출을 인정할 수 있다.

3) 위험강화 일정한 의무위반적 행위가 새로운 결과발생 위험을 창출하지는 않았으나 이미 발생한 위험을 강화시킨 경우에 객관적 귀속이 되며, 위험감소를 가져온 경우에는 객관적 귀속이 부정된다. 예컨대, 시한폭탄을 장치한 비행기가 엔진고장으로 추락하는 순간에 폭탄이 폭발한 경우에는 위험강화로 객관적 귀속이 되지만, 불이 난 화재현장에서 달리 구출할 방법이 없어 구명보에 싼 어린아이를 창밖으로 던져 상해를 입힌 경우에는 위험감소로 객관적 귀속이 부정된다.

(2) 위험의 구체적 실현

행위자가 창출 · 강화시킨 위험은 구체적 결과에로 사실상 실현된 때 객관적 귀속이 인정된다. 위험창출이 있어도 구체적 결과에로 실현되지 않은 때에는 애당초 인과관계도 없는 미수범의 문제가[80] 될 뿐이다.

1) 객관적 지배가능성 구체적으로 실현한 결과는 행위자가 객관적으로 예견가능하고 지배가능한 때에만 객관적 귀속이 가능하다. 객관적 지배가능성 유무는 일반인과 행위자가 행위 당시 인식한 사정을 기초로 일반인의 입장에서 판단해야 한다.[81] 대체로 과실범의 객관적 주의의무위반의 판단기준(사회일반인의 주의능력)에 따라 결정하면 족하다. 예컨대, 벼락에 맞아 사망할 것으로 예상하고 들판에 다녀오라고 했던 바 우연히도 벼락에 맞아 사망한 경우 또는 예상할 수 없는 비유형적 인과과정(혈우병 사례)과 제3자의 고의행위가 개입한 경우에는 지배가능성이 없으므로 객관적 귀속이 부정되고 미수범 성립이 문제된다. 결과적 가중범에 있어서는 중한 결과의 발생이 기본범죄의 범행에 전형적으로 내재하는 위험으로부터 직접 초래된 때에만 객관적 귀속을 인정할 수 있다.

---

80) 이재상, 153면 이하; 김일수/서보학, 175면; 임웅, 137면.
81) 임웅, 138면 이하.

2) 적법한 대체행위 행위자가 금지된 행위로서 결과발생을 야기하였으나 달리 적법행위를 하였더라도 결과발생이 확실시되는 경우에는 객관적 귀속이 부정된다. 과실범에 있어서 주의의무위반으로 발생한 결과는 주의의무를 다하였어도 같은 결과의 발생이 확실시 되는 경우에는 객관적 귀속이 부정된다.[82]

행위자가 주의의무위반 행위로 결과를 야기했지만 주의의무에 합치된 행위를 했더라도 똑같은 결과가 야기되었을 것이라는 전제하에서 결과의 객관적 귀속을 부인하는 것이 독일의 다수설이다. 이를 흔히 의무위반관련성 또는 위법관련성 이론이라고 한다. 이에 반하여 록신(Roxin)에 의하여 발전된 '위험증대이론'은 주의의무에 합치된 행위를 하였더라도 결과발생의 개연성을 높인 경우에는 금지된 위험을 창설하여 위험을 증대시킨 결과라는 이유로 객관적 귀속이 가능하다고 한다.

그러나 행위자가 주의의무를 다했더라도 결과발생이 불확실함에도 불구하고 결과귀속을 인정하는 것은 "의심스러운 때에는 피고인의 이익"으로(in dubio pro reo) 해야 하는 원칙에 반할 뿐만 아니라 결과범을 위험범으로 변질시킬 수 있으므로 위험증대이론은 부정함이 타당하다.[83]

(3) 규범의 보호목적

발생된 결과는 규범(구성요건)이 금지하고 있는 행위 자체로 인하여 직접 야기된 것이 아니면 그 결과는 객관적 귀속이 부정된다. 이를 규범의 보호목적이라 한다. 예컨대 무면허운전자가 사고를 냈으나 그 사고가 음주운전 때문에 발생한 경우에는 무면허 운전죄가 직접 금지하는 운전미숙 때문에 발생한 것이 아니므로 "그 사고"는 객관적 귀속이 부정되며 무면허 운전죄의 구성요건을 충족할 수 없다. 즉, 규범의 보호목적 범위 내에서만 객관적 귀속이 가능하다. 허용되지 아니한 위험의 창출이나 위험실현이 있는 때에도 그 실현행위가 당해 구성요건이 직접 금지하는 행위가 아닌 때에는 객관적 귀속이 부정된다.

규범의 보호목적은 주로 과실범에 대한 "결과귀속을 배제하기 위하여" 사용된다. 과실행위에 있어서는 객관적 주의의무를 다한 때에는 결과발생이 있어도 규범의 보호영역 밖에서 이루어진 것이므로 객관적 귀속이 부정된다. 고의행위에 있어서는 원칙적으로 적용되지 않는다. 고의행위는 금지내용을 침해하지 않고 법익보호 조치를 취하는 것이 구성요건 본래의 임무이기 때문이다. 다만 다

82) 김일수/서보학, 177면 이하.
83) 김일수/서보학, 177-178면; 김성돈, 476면 이하.

음의 고의행위에 대해서는 규범의 보호목적이 결과귀속을 제한 또는 배제할 수 있다.

1) 고의적 자손행위에의 관여 고의적인 자손·자상행위가 불가벌인 경우에는 이에 관여한 자도 불가벌이 된다. 이러한 결과는 애당초 법이 방임한 것으로서 구성요건상의 보호목적 밖에서 이루어진 것이기 때문이다. 예컨대 함께 술마신 후 오토바이 경주를 하다가 한 사람이 자기 잘못의 사고로 사망한 경우에는 함께 경주한 다른 사람의 객관적 귀속은 부정된다. 강간당한 피해자가 수치심으로 자살한 때에도 고의적 자손행위의 개입으로 원인제공자의 객관적 귀속은 배제된다.

2) 위험방지의무가 타인의 전속책임인 행위 규범의 보호목적은 위험결과의 방지의무가 오직 타인의 책임에 전속할 경우에는 그 위험결과를 행위자에게 귀속시킬 수 없다.

양해가 있는 피해자에게 가해행위를 한 때에 결과귀속이 부정될 수 있다는 견해도 있다. 예컨대 술취한 운전자를 졸라 동승하던 중 사고로 동승자가 사망한 경우에 동승자도 가해자만큼 위험실현에 대한 책임이 있다는 이유로 객관적 귀속을 부정한다. 그러나 이 경우는 규범의 보호영역 밖에서 이루어진 것이라고 할 수 없으므로 결과귀속의 문제로 해결할 이유가 없다.

4. 학설의 평가

객관적 귀속이론에 대하여도 다음과 같은 비판이 제기되고 있다.

첫째, 객관적 귀속이론에서 주장하는 허용되지 않은 위험창출과 객관적 지배가능성이라는 귀속의 척도는 기존의 범죄론에서도 허용된 위험의 법리와 과실범의 회피가능성이론으로 해결할 수 있으므로 이 이론을 그대로 두고 이에 덧붙여 객관적 귀속의 척도를 논의하는 것은 불필요한 이중의 척도가 중복되어 혼란과 비효율을 초래한다.[84]

둘째, 비유형적 인과과정과 가정적 인과관계의 경우, 금지된 행위로 결과를 야기했으나 합법적 행위를 하였더라도 결과발생의 개연성이 있는 경우와 규범

84) 예컨대 허용되지 않은 위험의 창출이라는 척도는 기존의 범죄론에서 허용된 위험의 법리에 의하여 구성요건해당성 배제사유로 취급되어 있고, 실현된 결과의 객관적 예견가능성 및 지배가능성이라는 척도는 과실범과 결과적 가중범에 있어서 예견가능성과 회피가능성이라는 성립요건에서 다루어지고 있다. 이에 대하여는 임웅, 139면; 배종대, 237면 이하 참조.

의 보호목적이 결여된 경우에 객관적 귀속이 되느냐에 대하여 견해가 일치된 것은 아니므로 불확정적인 기준이다.

그러나 허용된 위험의 법리와 과실범의 회피가능성이론은 과실범에 한정된 이론이며 반드시 구성요건해당성 문제로 논의되는 것은 아니므로 첫째의 비판은 타당하지 않다. 현재 발전과정에 있는 객관적 귀속론에 대한 둘째의 비판은 일리가 있다. 귀속의 기준이 발생가능한 모든 구체적 사례를 포섭할 수 있는 때에 비로소 완전한 귀속이론이 된다는 것은 사실이다. 그러나 법학에 있어서 완전무결한 이론이나 학설은 있을 수 없으므로 학설 내부에서 부분적으로 이견이 있다는 이유만으로 학설의 존재 자체를 부인하거나 불확정 이론이라고 단정하는 것은 올바른 법학연구방법론이라 할 수 없다.

객관적 귀속론은 인과관계 확정 문제와 규범적 평가인 결과귀속 문제를 모두 인과관계론으로 해결하려는 종래의 방법론적 오류를 시정하고, 양자를 구별하여 전자를 전제로 규범적 관점에서 귀속범위를 해결하려는 방법론은 타당하다고 본다. 따라서 인과관계의 유무는 합법칙적 조건설에 의하여, 결과귀속은 객관적 귀속이론에 의하여 해결하여야 할 것으로 본다.

Ⅳ. 형법 제17조의 해석

형법 제17조가 규정하고 있는, ① "어떤 행위"와 "위험발생에 연결"은 인과관계가 있어야 한다는 것을 명시하고 있다. 인과관계 존부에 대해서는 조건설과 상당인과관계설에서도 확정할 수 있으나 모두 절대적 제약공식에 따라 판단하고 있으므로 합법칙적 조건관계가 있는 인과관계로 확정해야 한다. 다만, 합법칙적 조건관계의 확정은 구성요건해당성 단계에서 결과귀속을 판단하기 위한 전제가 될 뿐이므로 결과귀속에 대해서는 별도의 규범적 평가가 요구된다.

② "죄의 요소되는 위험발생에 연결되지 아니한 때"란 구성요건적으로 중요성이 있는 객관적 귀속이 인정되지 아니한 때란 의미로서, 허용되지 아니한 위험이 구성요건 결과에로 실현되지 아니한 때라고 해석할 수 있다. 구체적 귀속척도에 대해서는 위험창출, 위험강화, 위험실현, 규범의 보호목적 등 귀속이론으로 해결해야 한다.

③ "그 결과로 인하여 벌하지 아니한다"란 합법칙적 조건관계와 객관적 귀속이 결여된 때에는 애당초 귀속의 가능성도 없기 때문에 구성요건해당성이 배제되어 가벌성의 대상에서 제외된다는 의미로 해석해야 한다.

다만, 고의범의 경우에 합법칙적 조건관계가 없거나 위험실현이 결여된 때에는 구체적 사안에 따라 기수범은 불가능하나 미수범은 인정될 수 있다는 의미를 배제하지 않는다.

제 5 절 고 의

Ⅰ. 고의의 의의

형법 제13조는 "죄의 성립요소인 사실을 인식하지 못한 행위는 벌하지 아니한다. 단, 법률에 특별한 규정이 있는 경우에는 예외로 한다"고 규정하고 있다. 이 규정에 의하면 그 반대해석으로서 죄의 성립요소인 사실을 인식하고 이를 실현하는 의사를 고의(Vorsatz; intention)라 할 수 있다. 또 제13조는 죄의 성립요소인 사실을 인식하지 못한 행위, 즉 고의 없는 행위는 원칙적으로 처벌하지 않는다는 것과, 법률에 특별한 규정이 있는 경우에 한하여 고의 없는 행위, 즉 과실행위는 예외적으로 처벌한다는 것을 명백히 하고 있다.

죄의 성립요소인 사실은 구성요건의 객관적 요소(객관적 행위상황)를 말하며 간단히 "범죄사실"이라 하는데 이에 대한 인식과 실현의사가 고의이다. 보통 객관적 구성요건표지에 대한 인식과 구성요건 실현의사 또는 구성요건 실현의 인식과 의사라고 정의하고 있다.[85] 법문에는 인식만 기술하고 있으나, 이는 적어도 인식은 있어야 한다는 의미로 해석해야 하고 실현의사를 배제하는 것은

85) 고의를 구성요건고의와 책임고의로 구별하는 입장에서는 책임고의는 심정반가치로서의 고의를 의미한다고 한다. 이에 대한 검토는 정성근, 범죄론에 있어서 고의의 체계상의 지위(성균관법학 제3호, 1990), 75면 이하 참조.

아니다. 인식하고 행위할 때 실현의사 없이는 실행이 불가능하고, 행위자가 무엇을 의욕하였느냐는 인식을 전제로 해서만 그 의욕 내용이 확정되므로 고의는 인식이라는 지적요소와 실현의사라는 의적요소의 의미통일체이며, 순수한 정신적·심리적 활동에 속하는 정신적 실체이다.

고의의 본질에 관해서 종래까지는 인식설(표상설)과 의사설이 대립하고 있었다. 인식설은 구성요건 내용에 대한 표상 또는 인식만 있으면 고의를 인정하는 데 반하여, 의사설은 구성요건을 실현하는 의사(희망·의욕)가 있어야 고의를 인정하였다. 그러나 인식설에 철저하면 인식있는 과실도 고의에 포함되어 고의의 범위가 부당하게 확대되고, 의사설에 의하면 미필적 고의를 고의라고 설명할 수 없게 되어 고의의 범위가 부당하게 축소된다는 결함이 지적되었다. 의사는 인식을 떠나서는 아무런 의미를 가질 수 없고, 그 내용도 확정할 수 없다. 반면에 인식하고 실행한 때 실현의사 내지 결과발생에 대한 의지적 태도를 수반하지 않을 수 없다. 그래서 인식설과 의사설은 고의의 일면만을 강조한다는 것이 밝혀지면서 학설로서의 가치가 부정되고, 고의는 지적 요소로서의 인식과 의적 요소로서의 실현의사가 결합된 의미통일체로서 "구성요건의 객관적 행위상황을 인식하고 이를 실현하는 의사"(구성요건실현의 인식과 의사)라고 정의하게 되었다.

Ⅱ. 고의의 체계상의 지위

1. 구성요건요소설

고의는 책임요소가 될 수 없고 구성요건요소라는 견해이다. 원래 목적적 행위론에서 주장되었으나 사회적 행위론에서도 주장된다. 목적적 행위론은 행위를 목적추구 활동으로 파악하므로 행위의 목적성인 고의는 행위의 본질적 요소가 되며, 이러한 행위는 고의범의 구성요건에 해당하는 실행행위가 되므로 고의는 범죄론체계상 구성요건요소가 될 수밖에 없다. 그리고 이 견해는 불법의 내용에 대해서 인적 행위불법을 강조하므로 고의는 불법구성요건의 행위반가치의 내용을 구성하는 주관적 불법요소가 된다.[86)]

사회적 행위론에서도 고의는 행위의 사회적 의미성을 파악하는 요소가 되므

86) Welzel, S. 64f.; Stratenwerth, 8/59f.; Maurach/Zipf, 22/5f.; 황산덕, 104면 이하; 김종원, 고의의 지위와 목적적 행위론(상)(고시계, 1969. 6), 112면; 진계호, 169면.

로 행위의사인 고의는 행위요소가 되며, 고의를 알아야 그 행위가 어느 구성요건에 해당하느냐를 결정할 수 있으므로 고의는 구성요건요소가 된다.[87] 그리고 고의는 불법구성요건의 행위반가치 내용을 구성하므로 주관적 불법요소가 된다고 한다.

2. 구성요건요소 및 책임요소설

고의는 구성요건요소임과 동시에 책임요소도 된다는 견해로, 사회적 행위론의 다수와 인격적 행위론에서 주장하는 견해이다.

고의는 구성요건 내용을 실현하기 위하여 지적(知的)·의적(意的)으로 행위방향을 결정하는 행위의사이므로 고의는 행위요소가 되며, 이러한 행위가 구성요건에 해당하는 실행행위가 되므로 "행위의사로서의 고의"는 구성요건요소가 되고, 그 고의는 불법구성요건의 행위반가치 내용을 구성하는 주관적 불법요소가 된다. 그리고 법질서 요구에 반하여 그러한 행위방향으로 의사를 잘못 결정한 심정은 행위자를 비난할 수 있는 책임의 근거가 되므로 "심정반가치로서의 고의"는 책임요소가 된다고 한다(고의의 이중지위설).[88]

3. 책임요소설

고의는 책임의 요소가 될 뿐이라고 하는 견해로, 인과적 행위론의 다수가 주장하여 왔다. 즉, 행위는 어떤 의사에 기인한 신체의 동작 또는 태도라 하므로 행위의 요소가 되는 것은 어떤 의사(유의성)와 신체의 동작·태도(유체성)뿐이고, 의사의 내용인 고의는 책임요소가 된다고 한다.[89] 이 견해는 행위의 외부적·객관적 측면은 위법성에, 내부적·주관적 측면은 책임에 귀속한다는 고전적 사고와, 위법성은 객관적인 법익침해만으로 판단해야 한다는 철저한 객관적 위법성설을 기초로, 고의와 과실뿐만 아니라 표현범·경향범에 있어서의 주관적 심리 상태까지 책임요소라고 한다.[90]

87) 정성근, 220면; 西原, 總論, 155면.

88) 이형국, 109면; 이재상, 158면 이하; 김일수/서보학, 186면 이하; 손해목, 300면; 임웅, 145면; 손동권, 132면; 오영근, 192면. 독일의 다수설: Jescheck/Weigend, §24 Ⅲ 5; Wessels/ Beulke, Rdn. 142f.; Eser, (Ⅱ), S. 51; Sch/Sch/Cramer, StGB, §15 Rdn. 11.

89) 정영석, 176면; 염정철, 329면 이하; 남흥우, 150면; 中山, 刑法總論の基本問題, 1971, 67면 이하; 平野, 刑法Ⅰ, 122면 이하, 160면.

사회적 행위론 중에도 행위의 사회적 의미성만 강조하여 일체의 의사적 요소는 행위에서 배제하고, 철저한 객관적 위법성설을 기초로 고의뿐만 아니라 과실, 목적범·표현범·경향범에 있어서의 주관적 목적·심리상태 등 모든 주관적·심리적 사실은 책임요소가 된다는[91] 주장도 있다.

4. 학설의 검토

(1) 책임요소설에 대한 비판

책임요소설은, ① 책임의 단계에 와서 비로소 고의·과실의 유무를 판단해야 하므로 구성요건해당성과 위법성 판단에서는 그 판단의 대상이 무한정하여 형법적 판단의 대상을 한정할 수 없고, ② 고의와 과실은 책임단계에 와서 검토하므로 고의범과 과실범은 구성요건해당성과 위법성 단계에서는 구별이 불가능하여, 예컨대 법익침해가 동일한 살해, 상해치사, 과실치사는 책임판단 이전까지 동일하게 취급할 수밖에 없고 구성요건의 범죄개별화기능을 부정해야 하며, ③ 행위의사인 고의를 완전히 배제하고 객관적 사태인 법익침해만으로 불법을 판단하므로 행위반가치 없는 불법을 인정해야 하며(결과반가치일원론), ④ 미수범에 있어서는 행위자가 무엇을 지향하고 있었느냐에 따라 그 미수행위의 법적·사회적 의미가 결정되므로 구성요건 단계에서 고의를 고려하지 아니하고는 애당초 미수행위의 형법적 의미를 파악할 수 없다. 그리고 ⑤ 행위개념에서 의사적 요소를 완전히 배제시키면 인간행위의 전형(典型)인 고의행위의 본질과 행위의 사회적 의미성을 파악할 수 없다.

(2) 구성요건요소 및 책임요소설에 대한 비판

고의의 이중지위설은 구성요건 고의를 인정하므로 책임요소설의 결함을 시정할 수 있다. 그러나 이중지위설에 의하면, ① 구성요건 고의는 있으나 책임고의(심정반가치인 고의)가 부정될 때 논리체계상의 모순이 생긴다. 즉, 행위의사인 구성요건 고의가 있으면 고의범의 구성요건에 해당하는 불법행위라고 평가된 고의행위에 대해서 책임 단계에 와서 심정반가치인 책임고의가 부정되면(예, 오상방위 등), 이 단계에서 과실범을 인정하여 과실형벌을 과하므로 고의범의 구성

90) 平野, 刑法 I, 122면 이하, 160면, 191면 등 참조.
91) 차용석, 189면, 252면 이하.

요건에 해당하는 고의 불법행위가 책임단계에 와서 과실범으로 의제된다는 체계모순이 생긴다. 고의범과 과실범은 이미 구성요건해당성 단계에서 구별되어 있으므로 고의범의 구성요건에 해당하는 고의 불법행위는 사후적으로 과실범이 되거나 과실형벌을 과할 수 없다고 해야 한다. ② 책임고의의 내용이 되는 심정반가치는 법질서 요구에 반한 의사결정이라 하고 있다. 그렇다면 법질서 요구에 반한 동기형성(의사형성) 때문에 책임비난을 가능하게 하는 위법성의 인식과는 책임평가 단계에서 책임고의와 구별을 할 수 없다고 해야 한다.

(3) 구성요건요소설의 타당성

구성요건요소설에 대해서는, ① 고의를 책임에서 배제하면 책임은 판단자의 머리 속에 있는 관계개념이 되어 책임 자체의 내용이 공허해지고, ② 불법 단계에서는 고의가 불법평가의 대상인 동시에 불법요소가 되므로, 마찬가지로 책임 단계에서도 책임평가의 대상이 되는 고의는 책임요소가 되어야 불법과 책임의 내용을 같은 체계로 구성할 수 있다는 비판이 있다.

그러나 ① 책임은 비난가능성이라는 반가치 평가이므로 고의가 책임요소이건 아니건 상관없이 책임은 항상 판단자가 하는 관계개념일 수밖에 없고, ② 심정반가치는 책임고의가 아니라 법질서 요구에 반한 동기형성(의사형성) 때문에 책임비난을 가능하게 하는 위법성의 인식에서 징표되는 것이므로 위법성의 인식이라는 심정반가치가 있는 책임이 공허하다고 할 수 없다. ③ 고의는 행위반가치의 내용을 구성하는 주관적 불법요소이므로 불법평가의 대상인 동시에 불법요소가 될 수밖에 없다. 이에 대해서 책임은 비난가능성이라는 가치평가이므로 책임평가를 할 수 있는 규범적 요소만이 책임을 구성할 수 있다. 고의는 순수한 심리적 사실로서 평가의 대상일 뿐이고 고의 자체가 평가의 기능을 하는 규범적 요소는 아니므로 고의가 책임평가의 대상이 된다고 해서 평가의 기능을 하는 책임요소까지 되어야 할 이유가 없다. 따라서 고의는 구성요건요소이고 행위반가치 내용을 구성하는 불법요소이지만 책임요소는 아니라고 하는 구성요건요소설이 타당하다고 본다.

Ⅲ. 고의의 구성요소

고의는 객관적 구성요건요소(객관적 행위상황)를 인식하고 실현하는 의사이므로 지적 요소로서 구성요건요소에 대한 인식과, 의적 요소로서 구성요건 결과를 실현하는 의사로 구성된다. 여기에는 기술적 요소와 규범적 요소가 모두 포함된다.

1. 지적 요소

지적 요소란 객관적 구성요건요소인 사실(범죄사실)에 대한 인식을 말한다. 객관적 구성요건요소를 인식하는 것이므로 고의·목적 등 주관적 구성요건요소는 인식대상이 아니다. 또 구성요건에 기술된 객관적 사실이라도 불법 책임과 관련성이 없는 가벌성, 가벌요건, 인적 처벌조각사유, 소추요건은 구성요건요소가 아니므로 고의의 인식대상이 아니다. 또 형벌법규의 존재에 대한 인식도 고의와 상관없다. 그리고 위법성의 인식 자체는 책임의 규범적 요소이므로 고의의 인식대상이 아니라 독립된 책임요소(책임설)이다.

(1) 인식의 대상

고의의 지적 요소로서 인식대상이 되는 객관적 구성요건요소는 다음과 같다.

1) 행위주체 자신이 행위의 주체인 사람이라는 사실은 자명한 사실로서 당연히 행위의 전제가 되므로 이를 특별히 인식하지 않아도 인식한 것이 된다. 그러나 신분범에 있어서의 신분(공무원, 보관자, 사무처리자)은 인식하여야 한다. 다만, 신분의 인식은 수반인식으로 족하다.

2) 행위객체 구성요건요소로서 행위객체가 예정되어 있는 때에는 이를 인식하여야 한다. 살인죄에 있어서의 "사람", 방화죄에 있어서의 "건조물", 절도죄에 있어서의 "타인의 재물" 등이다.

3) 행위·결과 행위는 그 자체로서 객관적 의미를 갖는 것이므로 행위의 태양은 인식하여야 한다. 예컨대 살해, 허위진술, 절취, 기망, 위조 등이다. 또 결과범에 있어서는 "사망", "상해" 등과 같은 행위의 결과도 예견하고 있어야 한다. 대부분의 행위결과는 법문에 기술되어 있지 않고 행위에 포함되어 있다.

구체적 위험범에 있어서는 위험발생도 예견하고 있어야 한다.

4) 행위상황　행위상황이 구성요건요소로서 예정되어 있는 때에는 이를 인식하여야 한다. 예컨대 "화재에 있어서"(진화방해죄), "선서한"(위증죄), "공연히"(명예훼손죄, 공연음란죄), "야간에"(야간주거침입절도죄), "해상에서"(해상강도죄), "법정·국회회의장 또는 그 부근에서"(법정·국회회의장모욕죄) 등의 상황을 인식하여야 한다.

5) 인과관계　결과범(침해범)에 있어서는 행위와 결과 사이의 인과관계도 객관적 구성요건요소이므로 이를 인식하여야 한다. 인과관계의 인식은 고의의 인식대상이 아니라는 견해도[92] 있으나 인과관계의 본질적 부분에 대해서는 인식이 있어야 하고, 생활경험칙에 비추어 그 행위로 결과가 발생할 것이라는 예견으로 족하다. 이에 대하여 객관적 귀속은 규범적 평가를 하는 것이므로 행위자의 고의에 그대로 반영될 수 없다. 따라서 객관적 귀속은 고의의 인식대상이 될 수 없다.

6) 형의 가중·감경사정　형을 가중·감경하는 사정이 구성요건요소로 되어 있는 때에는 이를 인식하여야 한다. 예컨대 존속살해죄에 있어서의 "자기 또는 배우자의 직계존속"임을 인식하여야 한다. 다만, 이러한 사정은 행위객체의 속성이므로 실제로는 존속살해죄의 행위객체를 인식하고 있으면 존속살해죄의 고의가 인정된다. 이에 대해서 촉탁·승낙살인죄에 있어서는 촉탁·승낙의 인식이 있어야 한다.

7) 결과적 가중범　결과적 가중범에 있어서는 기본적 구성요건의 객관적 요소만이 그 고의의 인식대상이 된다. 다만 고의있는 결과적 가중범을 인정하는 견해에 의하면 중한 결과발생에 대한 예견도 있어야 한다.

8) 환각범·사실의 흠결　환각범은 범죄가 된다고 인식하여도 구성요건이 존재하지 않는 한 고의를 인정할 수 없다. 사실의 흠결의 경우는 고의는 존재하나 경우에 따라 불능범, 불능미수 또는 구성요건해당성이 배제될 뿐이다.

(2) 인　식

여기의 인식은 객관적 구성요건요소를 지적으로 의식·파악하는 것을 말하고, 반드시 확정적 인식일 필요가 없다. 과거와 현재적 사실에 대해서는 오관

92) 유기천, 162면.

(五官)의 작용으로 감지하고 있으면 족하지만, 장래적 사실에 대해서는 감지만으로는 부족하고 생활경험적 지식에 의한 실현가능성을 예견하고 있어야 한다.

1) 물체의 인식과 의미의 인식　인식 방법에는 물체의 인식과 의미의 인식 두 가지가 있다. "물체의 인식"은 자연적으로 존재하는 사실을 있는 그대로 외형적 사실적으로 인식하는 것을 말한다. 예컨대 음란문서의 경우, 그 내용 여하와 관계없이 사실적으로 존재하는 문서 그 자체의 존재에 대하여 외형적으로 인식하는 것이다. "의미의 인식"은 사실적・외형적인 인식으로 부족하고 그 내용・의미까지 인식하는 것을 말한다. 예컨대 음란문서의 문장이 지니고 있는 의미, 언어학적인 표현, 문학적인 의미・내용까지 인식하는 것이다. 의미의 인식은 메츠거가 규범적 구성요건요소를 인식하는 데에 필요하다고 주장한[93] 이후 규범적 구성요건요소에 대해서만 의미의 인식이 필요하다는 견해가[94] 일반화되었다.

그러나 구성요건요소는 모두 법적・사회적 의미와 관련되어 있으므로 의미의 인식은 규범적 구성요건요소뿐만 아니라 모든 객관적 구성요건요소에 필요하다고 하여야 한다.[95] 기술적 구성요건요소는 물체의 인식이 있으면 동시에 의미의 인식도 하게 되므로(예컨대, 살인의 객체인 육체를 가진 사람을 인식하면 동시에 생명있는 사람을 인식한 것이 된다) 특별히 양자를 구별할 필요가 없다. 이에 대해서 규범적 구성요건요소는 물체의 인식(예컨대, 음란문서 존재 자체의 외형적 인식)이 있어도 의미의 인식(예컨대, 음란문서의 의미・내용에 대한 인식)이 없는 것이 일반적이므로 양자를 개념적으로 구별하는 의미가 있을 뿐이다.

의미의 인식이 필요하다고 하여 정확한 법적 의미 또는 전문가적 인식까지 요구하는 것은 아니다. 행위자가 소속되어 있는 사회일반인의 판단으로 이해할 수 있는 정도의 소박한 문외한으로서의 법적・사회적 의미 내용을 인식하고 있으면 충분하다.[96] 따라서 인식한 사실에 대하여 법적 평가에 대한 착오가 포섭의 착오에 해당할 때는 고의는 조각하지 않고 위법성의 착오가 문제될 뿐이다.

---

93) Mezger, Studienbuch, S. 321f., 328.

94) 이형국, 109면; Welzel, S. 76.

95) 유기천, 162면; 정성근, 222면; 이재상, 162면; 배종대, 246면; Sch/Sch/Cramer, StGB, §15 Rdn. 45; Wessels/Beulke, Rdn. 242.

96) Kühl, 5/93.

2) 인식의 형태 고의의 원칙적인 인식의 형태는 "현재적(顯在的) 인식"이다. 객관적 구성요건요소를 명확하게 알고 있는 것을 현재적 인식이라 한다. 반드시 심사숙고하거나 뚜렷한 성찰까지 할 필요는 없다. 격정상태에서의 인식도 현재적 인식에 속한다.

고의의 예외적인 인식형태는 "수반인식(隨伴認識)"이다. 수반인식이란 객관적 사정을 명확하게 인식하고 있는 것은 아니지만 명확하게 인식하고 있는 다른 의식의 내용 속에 암암리에 알고 있으므로 특별한 노력 없이도 그 사정의 존재를 즉시 현재적 인식으로 재생시킬 수 있는 형태의 인식을 말한다.

수반인식으로 족한 경우는 두 가지가 있다. ① 감각적으로 지각할 수 있는 대상 자체의 의미·속성에 대한 인식이다. 재물의 타인성(절도죄), 직계존속(존속살해죄), 13세 미만의 부녀(의제강간죄, 의제강제추행죄) 등이 여기에 해당한다. ② 행위자의 일상생활의 내용을 구성하는 의미와, 행위자의 자격·특별의무·신분관계에 대한 인식이다. 예컨대, 뇌물을 수수(收受)한 공무원은 뇌물수수시에 공무원이란 신분을 명확하게 인식하지 못한 때에도 수반인식이 있는 고의가 인정된다.

2. 의적 요소

의적 요소란 구성요건 결과를 실현하려는 의사를 말한다. 실현의사는 "구성요건적 결과실현을 지향한 의사"라야 하므로 구성요건 실현과 관계없는 단순한 의사, 희망, 소원, 행위동기 등은 고의와 관계없다. 실현의사는 객관적 구성요건요소에 대한 인식을 전제로 해서만 논의된다. 따라서 구성요건요소에 대한 인식이 없으면 실현의사도 생각할 수 없다. 형법 제13조는 인식만 기술하고 있으나 이는 최소한 인식이 있어야 한다는 의미일 뿐이고 실현의사가 불필요하다는 의미는 아니다. 그리고 실현의사는 구성요건이 실현될 장래적 사태에 대해서만 문제되며, 과거와 현재의 사태는 인식·예견으로 족하다. 어느 정도의 의적 요소가 있어야 하느냐에 대해서는 인용설, 감수설, 개연성설, 등이 대립하고 있으나 인용설이 통설이며 판례의 태도이다.[97]

---

97) 이에 대하여는 후술하는 Ⅳ. 3. (2) 참조.

Ⅳ. 고의의 종류

고의는 지적 요소인 인식과 의적 요소인 실현의사와 관련하여 확정적 고의와 불확정적 고의로 구별할 수 있다.

고의의 종류에 대해서, ① 의적 요소가 가장 강한 의도적 고의, ② 지적 요소가 가장 강한 지정고의, ③ 지적·의적 요소가 가장 약한 미필적 고의로 구분하는 견해[98]가 있다. 이는 오스트리아 형법이 채택하고 있는 종류이며, 독일의 다수설이 목적(의도), 직접고의, 간접고의로 구별하는 것과 내용에서 일치한다. 우리나라에서도 독일의 다수설에 따라 목적, 직접고의, 미필적 고의로 구별하는 견해도 있다.[99] 이러한 구별은 목적을 고의의 내용에 포함시킨 이외에는 확정적 고의와 불확정적 고의로 구별하는 통설과 내용에서 차이가 없을 뿐만 아니라,[100] 독일 형법처럼 의도된 중상해죄(독일 형법 제255조, 오스트리아 형법 제87조)와 같은 규정이 없는 우리 형법의 해석에서 목적을 고의의 내용으로 파악하면 목적범에 있어서의 목적과 고의가 혼용될 염려가 있고, 고의의 의적 요소와 지적 요소는 정상참작에서 고려하면 족하므로 실익도 없다고 해야 한다. 또 지정고의는 장물죄(제362조), 증뇌물수령죄(제133조 2항), 위조통화지정행사죄(제210조)의 고의 등을 전제로 한 것이나 지정(知情)은 장물(뇌물, 위조통화) 자체에 대한 인식이고, 장물죄의 고의는 장물(뇌물, 위조통화)을 인식하는 것이 아니라 장물의 정을 알고 취득·운반·알선·보관한다(뇌물을 교부받는다, 위조통화를 행사한다)는 것을 인식·예견하고 이를 실현하는 의사라고 해야 한다.

1. 확정적 고의

확정적 고의란 구성요건적 결과발생을 확신하였거나 확실히 예견하고 있는 고의를 말하며, 직접고의라고도 한다. 결과발생에 대한 확신 내지 확실한 예견이 있으면 족하고, 결과발생을 희망하였는가는 문제되지 않는다. 보통의 고의는 모두 이러한 고의에 해당한다.

2. 불확정적 고의

불확정적 고의란 구성요건적 결과발생에 대한 인식 내지 예견이 불명확한

98) 김일수/서보학, 188면 이하; 배종대, 248면; 손해목, 314면 이하; 손동권, 147면.
99) 박상기, 108면 이하.
100) 정성근, 223면 註 17; 이재상, 163면.

상태에 있거나 결과발생은 확실하지만 어느 객체에서 결과가 발생할 것인지가 불명확한 고의를 말한다. 여기에는 택일적 고의, 개괄적 고의, 미필적 고의가 포함된다.

(1) 택일적 고의

택일적 고의란 결과발생은 확정적이지만 행위객체가 택일적인 관계에 있기 때문에 둘 가운데 어느 하나에 결과가 발생할 것인지가 확정되지 아니한 고의를 말한다. 예컨대 甲・乙 두 사람 중 누가 살해되어서도 좋다고 생각하고 총을 발사한 경우이다. 택일관계가 있는 행위객체에 대한 고의는 같은 종류이건 다른 종류이건 묻지 않는다.

택일적 고의의 구체적 취급에 대해서는, ① 현실적으로 결과가 발생한 범죄의 기수와 발생하지 아니한 미수의 상상적 경합으로 처리하는 견해와[101] ② 현실적으로 발생된 범죄의 고의범으로 처벌하되 결과가 발생하지 아니한 범죄가 중한 때에만 미수범도 인정하여 상상적 경합으로 처리하는 견해가[102] 대립한다. 택일적 고의의 경우는 택일관계가 있는 객체 어느 것에 대해서도 고의범을 인정하는 것이므로 전자가 타당하다고 본다.

(2) 개괄적 고의

개괄적 고의란 일정한 범위 내에 있는 객체에 대해서 구성요건적 결과가 발생하는 것은 확정적이지만 그 객체가 다수이기 때문에 구체적으로 어느 객체에 대해서 결과가 발생할 것인지가 불확정한 고의를 말한다. 예컨대 군중을 향하여 총을 발사하는 경우가 여기에 해당한다.

이에 대해서 최초의 고의행위에 의하여 결과가 발생하지 않았으나 결과가 발생된 것으로 오인하고 제2의 고의행위를 한 결과 비로소 최초의 고의가 실현된 경우에도 개괄적 고의라는 견해도 있다(소위 베버의 개괄적 고의).[103] 예컨대 살해의 고의로 목을 졸라 실신상태에 빠진 피해자가 사망한 것으로 믿고 증거를 인멸할 의사로 물속에 던져버렸는데, 비로소 익사한 경우이다. 판례도 이를 인정한다. 이러한 개괄적 고의를 인정하면 제2의 고의행위는 최초의 고의행위

---

101) 이형국, 113면; 진계호, 223면; 김일수/서보학, 202면; 배종대, 259면; 박상기, 119면.
102) 이재상, 170면.
103) 이형국, 113면 이하. 개괄적 고의 개념을 다르게 이해하는 입장으로는 김성돈, 227면 이하.

와 다른 것임에도 불구하고 최초의 고의를 인정하므로 고의를 의제하게 된다. 따라서 이 경우는 인과관계의 착오로 취급하는 것이 타당하다.[104]

【판례】 피해자가 피고인들의 살해의 의도로 행한 구타행위에 의하여 직접 사망한 것이 아니라 죄적을 인멸할 목적으로 행한 매장행위에 의하여 사망하게 되었다 하더라도 전과정을 개괄적으로 보면 피해자의 살해라는 처음에 예견된 사실이 결국은 실현된 것으로서 피고인들은 죄책을 면할 수 없다(대판, 1988. 6. 28, 88도650).

3. 미필적 고의

(1) 의 의

미필적 고의란 구성요건적 결과발생 자체는 확실하게 인식하지 못했으나 그 발생의 가능성을 부정하지 않고 행위한 경우를 말한다. 예컨대 자동차를 고속으로 달리면 통행인과 접촉사고가 일어날지도 모른다고 생각하였으나 지금은 급하므로 접촉사고가 일어나도 상관없다고 생각하고 운전하다가 사고가 생긴 경우가 여기에 해당한다. 미필적 고의를 조건부 고의라고 부르기도 한다. 그러나 고의는 언제나 무조건적 행위의사를 전제로 하므로 아직 내심의 결심도 없는 조건부 고의는 고의라고 할 수 없다. 따라서 미필적 고의를 조건부 고의라고 하는 것은 용어로서 타당하지 않다.

(2) 미필적 고의와 인식있는 과실의 구별

미필적 고의와 인식있는 과실은 모두 결과발생의 가능성을 인식하고 있다는 점에서 차이가 없다. 그럼에도 불구하고 고의의 일종인 미필적 고의와 과실의 일종인 인식 있는 과실은 형법적 취급에서 현저한 차이가 있으므로 양자의 구별이 문제된다.

고의의 본질에 관한 인식설과 의사설의 논쟁은 고의에는 인식과 실현의사가 모두 필요하다는 결론에 이르면서 무의미하게 되자 인식설과 의사설은 그 연장선상에서 미필적 고의와 인식 있는 과실의 구별에 대하여 각각 다른 학설들을 제시하였다. 개연성설과 가능성설은 인식설의 입장에서, 인용설과 무관심설은 의사설의 입장에서, 그리고 감수설, 회피설과 신중설은 절충설의 입장에서

104) 정성근, 225면; 이재상, 182면; 김일수/서보학, 207면; 배종대, 282면; 박상기, 140면; 이영란, 194면; 임웅, 176면; 신동운, 219면; 정영일, 191면.

제시된 학설이다.

1) 개연성설 개연성설은 구성요건적 결과발생에 대하여 개연성이 있다고 인식한 때에는 미필적 고의이며, 단순한 가능성 정도의 인식이 있는 때에는 인식 있는 과실이라고 한다.

그러나 ① 고의와 과실은 질적으로 다른 것이므로 결과발생의 개연성이라는 양적 차이만으로 구별할 수 없으며, ② 고의 일반에 대해서는 지적 요소인 결과발생의 가능성 인식으로 족한 것임에도 불구하고 미필적 고의에 한하여 결과발생의 개연성을 요구하는 근거가 불명하고, 개연성과 단순한 가능성을 구별할 수 있는 기준도 없으며, ③ 이에 의하면 회복의 가능성이 희박한 중환자에 대하여 수술성공을 기원하면서 집도한 성실한 의사는 고의범이 되고, 반대로 도무지 기망되지 않는다고 믿고 농담삼아 거짓말을 하여 의외로 많은 돈을 사기취득한 때에는 인식 있는 과실로 무죄가 되므로 실제상으로도 불합리한 결론에 이르게 된다.

2) 가능성설 구성요건적 결과발생이 구체적으로 가능하다고 인식하여 결과가 발생하면 미필적 고의이고, 전혀 가능성이 없다고 부인한 때에만 과실이 된다는 견해이다. 이에 의하면 고의의 의적 요소는 공허한 내용에 불과하므로 법익침해에 대한 가능성만 인식하면 금지에 대한 인식도 있으므로 가능성의 인식으로 족하며, 인식 있는 과실은 미필적 고의에 해당한다.

【판례】 9세의 여자 어린이의 목을 졸라 실신시킨 후 그 곳을 떠나버렸다면 피해자가 사망할 수 있다는 사실을 인식하지 못하였다고 볼 수 없다. 살인죄의 범의는 자기행위로 인하여 피해자가 사망할 수도 있다는 사실을 인식·예견하는 것으로 족하고 피해자의 사망을 희망하거나 목적으로 할 필요는 없다(대판, 1994. 12. 22, 94도2511).[105]

그러나 ① 결과발생의 가능성이라는 양적 기준에 의하여 질적으로 다른 고의와 과실을 구별할 수 없으며, ② 과실은 주의의무위반에 그 본질이 있으므로 인식 있는 과실을 고의로 보아야 할 이유도 없으며, ③ 예컨대, 주의를 받고도 끄지 않은 담배불을 화재의 위험이 있는 장소에 함부로 던진 경우와, 위험한 강가에서 수영을 하게 한 교사에게 고의를 인정하는 것은 고의 범위를 지나치

105) 유사판례: 대판, 1988. 2. 9, 87도2564; 대판, 1994. 3. 22, 93도3612; 대판, 1998. 6. 9, 98도980.

게 확대하므로 실제상으로도 불합리하다.

3) 인용설 구성요건적 결과발생의 가능성을 인식하면서 그 실현을 부인하지 않고 내심으로 용인(容認) 또는 양해(諒解)한 때에는 미필적 고의이고, 결과발생의 가능성은 인식하였으나 이를 내심으로 거부하거나 결과발생을 부인한 때에는 인식 있는 과실이 된다는 견해이다. 통설이며[106] 판례의 태도이다.

【판례】 미필적 고의라 함은 결과의 발생이 불확실한 경우, 즉 행위자에 있어서 그 결과발생에 대한 확실한 예견은 없으나 그 가능성은 인정하는 것으로 미필적 고의가 있었다고 하려면 결과발생에 대한 인식이 있음은 물론 나아가 이러한 결과발생을 용인하는 내심의 의사가 있음을 요한다(대판, 1985. 6. 25, 85도660; 대판, 1987. 2. 10, 86도2338).

인용설에 대해서는, ① 고의의 의적 요소는 결과에 대한 실현의사라는 심리적 현상이므로 인용이라는 정서적·심정적 요소와 구별해야 하며, ② 인용이라는 정서적 요소는 책임요소인 고의의 내용이 되는 것이므로 이를 구성요건고의의 내용으로 파악하는 것은 책임고의와 혼동하고 있다는 비판이 있다.

그러나 ① 인용은 의적 요소를 확인하는 표지일 뿐이고, 의욕·의도·감수·묵인·결의의 태도에도 정서적·심정적 요소가 포함되어 있으므로 정서적 요소 때문에 인용설만이 비판의 대상이 될 수 없으며, ② 책임고의를 인정하지 않는 입장에서는 심정반가치는 위법성의 인식에 있다고 하므로 구성요건고의와 책임고의의 혼동이란 애당초 생길 수 없다고 해야 한다.

4) 감수설 구성요건적 결과발생의 가능성을 인식하면서 그 실현을 감수하는 의사가 있거나 그 실현을 묵인하고 이를 받아들이는 결의가 있으면 미필적 고의이고, 감수의사가 없거나 결과가 발생하지 않는다고 신뢰한 때에는 인식 있는 과실이 된다는 견해로[107] 독일의 다수설이며, 묵인설이라고도 한다.

여기의 감수의사는 결과실현을 긍정하는 정서적 태도 또는 결과실현을 묵인하고 불명확한 상태를 견디기로 결의하였다는 심정적 태도라 하고 있으므로 인용설과 마찬가지로 정서적·심정적 요소를 포함하고 있다고 해야 한다. 따라서

106) 이건호, 174면; 유기천, 157면; 정영석, 169면; 황산덕, 106면; 남흥우, 165면; 정성근, 228면; 이형국, 112면; 배종대, 256면; 손해목, 321면; 안동준, 81면; 임웅, 153면; 오영근, 180면; 김성돈, 195면; 신동운, 188면; 정영일, 139면.

107) 이재상, 169면; 김일수/서보학, 197면; 박상기, 118면; 손동권, 151면.

인용과 감수의사는 실제상으로 구별이 불가능하다. 특히 인용을 영합의사로 이해할 때에는 감수의사와 차이가 없다고 해야 한다.

【기타 학설】 ① 무관심설 구성요건적 결과발생의 가능성이 있다고 생각한 부수적 결과를 긍정적으로 시인하거나 무관심한 태도로 받아들인 때에는 미필적 고의이고, 부수적 결과를 원하지 않거나 발생하지 않기를 희망한 때에는 인식 있는 과실이라고 한다.108)

그러나 인용설과 구별이 불가능할 뿐만 아니라 결과발생에 대한 무관심이 결여된 때에도 고의를 인정해야 하는 경우가 있으므로 고의와 과실의 구별기준이 될 수 없다(막연한 바램이나 희망으로 무관심이 결여된 때에도 고의가 된다).

② 회피설 구성요건적 결과발생의 가능성을 인식하였음에도 불구하고 결과회피를 위한 조종의사가 없는 때에는 미필적 고의가 되고, 행위시에 가능하다고 생각한 부수적 효과가 발생하지 않도록 회피의사를 조종한 때에는 인식 있는 과실이 된다는 견해이다.

그러나 결과발생의 가능성을 인식하면서 회피의사를 조종하지 않고 행운을 기대한 때에도 과실이 될 수 있고, 반대로 회피조정의 성과를 믿지 않고 계속 행위한 때에는 회피의사가 있어도 고의가 성립하므로 회피의사는 의적 요소에 대한 징표는 될 수 있으나 결과방지행위의 한계기준은 될 수 없다.

(3) 결 어

미필적 고의는 고의의 일종이므로 지적 요소와 의적 요소가 있어야 한다. 지적 요소는 인식 있는 과실에도 존재하므로 의적 요소에 의하여 고의와 과실을 질적으로 구별할 수밖에 없다. 지적 요소에 대해서 단순한 가능성과 충분한 가능성을 구별하는 견해도109) 있으나 심리적 현상을 정도에 따라 구별하기 어려울 뿐만 아니라 구별의 필요도 없다. 그리고 행위자의 의욕의 형태가 양해·묵인에서부터 최종결단에 이르는 과정에서 인용·감수·묵인·신중 등의 심리상태를 경험적으로 구별할 수도 없다.110) 특히 인용설의 내용을 영합의사라고 이해하면 감수의사와 차이가 있다고 할 수 없으며, 감수설도 정서적 태도를 포함하고 있으므로 경험적으로 인정하여 온 인용설을 부정할 이유는 없다고 해야 한다. 특히 책임고의를 인정하지 않는 입장에서는 정서적 요소가 문제되지 아니하므로 통설·판례의 입장이 타당하다고 본다.

---

108) Sch/Sch/Cramer, Vor §15 Rdn. 82.
109) 김일수/서보학, 191면 이하.
110) 배종대, 255면.

제6절 구성요건적 착오

Ⅰ. 착오와 착오론

1. 고의와 사실의 부합문제

행위자에 대해서 고의의 기수책임을 부담시키기 위해서는 행위자가 객관적 구성요건요소를 인식하고, 그 행위로 인하여 장래에 야기될 결과발생을 예견하고 있어야 하며, 그 예견한 결과는 실제로 발생된 범죄사실과 일치하여야 한다. 만일 행위자가 인식·예견한 구성요건적 사실과 발생사실이 일치하지 않으면 구성요건적 착오가 있는 것이고, 원칙적으로 발생사실에 대한 고의는 조각된다.

그런데 행위자가 인식·예견한 사실과 발생사실 사이에 조금이라도 불일치가 있는 경우에 모두 고의가 조각된다면 실제로 고의범으로 처벌되는 경우는 거의 없을 것이다. 여기에 인식·예견한 사실과 발생사실 사이에 어느 정도의 불일치가 있어도 발생사실에 대한 고의(기수)를 인정할 수 있느냐가 문제된다. 즉, 구성요건적 착오가 있으면 원칙적으로 고의가 조각되지만 일정한 범위 내에서 인식·예견한 사실과 발생사실의 부합(符合)을 인정하여 발생사실에 대한 "고의(기수)를 인정"하려는 이론이 착오이론이다. 착오론을 고의와 사실의 부합, 또는 이면에서 본 고의론이라 하는 이유도 여기에 있다.

2. 구성요건적 착오의 개념

(1) 구성요건적 착오의 의의

구성요건적 착오(Tatbestandsirrtum)라 함은 행위자가 주관적으로 인식·예견한 범죄사실과 현실적으로 발생한 범죄사실이 일치하지 아니하는 경우를 말한다. 여기서 일치되지 아니하는 범죄사실은 객관적 구성요건요소인 사실, 즉 고의의 인식대상이 되는 사실을 말한다. 따라서 고의의 인식대상이 아닌 사실, 예컨대 형벌의 종류·가벌성·처벌조건·소추요건·책임능력·범행동기 등에 관한 착오는 구성요건적 착오가 아니며, 고의의 성립과 관계없다.

객관적 구성요건요소인 사실은 행위의 주체·객체, 행위, 결과, 인과관계, 행위상황, 형의 가중·감경사정 등이므로 이러한 요소에 대한 착오가 있으면 구성요건적 착오가 있다고 할 수 있다. 그러나 이상의 착오 중 구성요건적 착오로서 고의의 성립 여부가 문제되는 것은 객체·행위·인과관계의 착오에 한정되며, 나머지 착오는 발생사실에 대해서 모두 고의가 조각된다.

(2) 구별유형

구성요건적 착오는 인식사실과 발생사실 모두가 구성요건에 해당하는 범죄사실인 경우에만 논의되며, 다음의 경우는 구성요건 착오가 아니다.

첫째, 인식사실은 범죄사실이지만 발생사실은 범죄사실이 아닌 경우이다. 예컨대 사람을 향하여 발사하였으나 나무에 맞은 경우, 산토끼를 사람으로 오인하고 발사한 경우가 이에 해당한다. 이 경우에는 인식한 결과는 발생하지 않았으나 구성요건요소인 객관적 사실은 인식하고 행위한 것이므로 고의는 존재한다. 다만, 행위의 위험성 유무에 따라 가벌미수범 또는 불능범의 문제가 생길 뿐이다.

둘째, 인식한 사실은 범죄사실이 아니지만 발생결과는 범죄사실인 경우이다. 예컨대 자기의 물건으로 오인하고 타인의 물건을 가져온 경우가 이에 해당한다. 구성요건요소인 사실의 인식이 없으므로 고의는 존재하지 아니한다. 다만, 발생사실에 대한 과실이 있는 경우에 한하여 과실범의 문제가 될 뿐이다.

3. 구성요건적 착오의 체계상의 지위

형법상의 착오는 사실인식면에서의 착오와 위법평가면에서의 착오로 대별할 수 있다. 종래까지는 전자를 사실의 착오, 후자를 법률의 착오라 하여 왔으며, 형법 제15조와 제16조도 이러한 구별의 표제를 붙이고 있다. 그러나 최근에는 이러한 착오를 각각 "구성요건적 착오"와 "금지착오" 혹은 "위법성의 착오"로 구별하는 것이 일반적이다. 이 구별은 목적적 행위론을 제창한 벨첼(Welzel)이 사용한 후[111] 목적적 행위론과[112] 관계 없이 널리 사용되고 있다.[113]

111) "금지의 착오"란 용어는 Alexander Graf zu Dohna에 의해서 형법에 사용되었다고 한다(Welzel, S. 167).

이러한 용어의 변화는 언어의 의미에서 뿐만 아니라 착오의 체계적 지위와 불가분의 관계가 있다. 고의와 과실을 책임요소라고 하는 입장에서는 사실의 착오와 법률의 착오로 구별하고 모두 책임 단계에서 검토한다. 이에 대하여 고의는 구성요건요소이고 위법성의 인식 또는 그 인식의 가능성은 고의와 독립된 책임요소라고 하는 책임설에 의하면 구성요건적 착오는 구성요건해당성 단계에서, 금지착오(위법성의 착오)는 책임 단계에서 검토한다.

객관적 "구성요건요소"에 대한 착오는 사실의 착오라고 하는 것보다 구성요건적 착오라고 함이 개념적으로 명확하다. 이에 대하여 위법성의 인식에 대한 착오는 위법성의 인식이 없거나 위법하지 않다고 오인한 것이므로 위법성의 착오라 함이 정확하다. 이를 법률의 착오라고 하면 법개념의 착오 또는 형벌법규의 해석을 잘못한 경우만을 의미한다고 해석할 수 있으므로 적절한 표현이 아니라고 본다.[114]

【판례】 절도죄에 있어서 재물의 타인성을 오신하여 그 재물이 자기에게 취득(빌린 것)할 것이 허용된 동일한 물건으로 오인하고 가져온 경우에는 범죄사실에 대한 인식이 있다고 할 수 없으므로 범의가 조각되어 절도죄가 성립하지 아니한다(대판, 1983. 9. 13, 83도1762). 이 판례는 의미의 인식은 규범적 판단에 속하지만 그 인식에 대한 착오는 구성요건적 착오(사실의 착오)라고 파악한 것이다. 이에 대하여 타인이 소유권을 포기하고 버린 물건으로 오인하고 취득한 경우에 그 오인에 정당한 사유가 인정되는 한, 절도의 범의를 인정할 수 없다(대판, 1989. 1. 17, 88도971)고 하여 위법성의 착오로 취급한 판례도 있다.

Ⅱ. 구성요건적 착오의 태양

구성요건적 착오의 태양은 두 가지 관점에서 구분될 수 있다. 하나는 착오의

112) Stratenwerth, 8/80ff., 10/64ff.; Maurach/Zipf, §23, §38; R. Busch, Die Abgrenzung von Tatbestands und Verbotsirrtum, Mezger-FS, 1954, S. 165ff.; 황산덕, 115면; 이건호, 82면, 363면; 김종원, 구성요건적 착오(법정, 1977. 4), 46면; 진계호, 234면 등.

113) Schmidhäuser, S. 180, 294, 414; Jescheck/Weigend, §29 V 1; Lehrbuch, S. 245ff., 368ff.; 정성근, 232면; 이형국, 115면 이하; 김일수/서보학, 396면; 임웅, 161면; 김성돈, 207면 등.

114) 예컨대 타인의 책을 자기의 책이라고 잘못 알고 가져간 경우의 착오는 재물의 타인성에 대한 착오, 즉 민법상 소유권의 귀속에 관한 착오(민법에 대한 착오)이므로 이를 법률의 착오라고 볼 수 있다. 그러나 이는 절도죄의 객관적 구성요건요소에 관한 착오로 구성요건적 착오의 문제이다.

발생이 동일한 구성요건에 속하는가 아닌가(구성요건의 일치 여부)를 기준으로 하여 동일구성요건내의 착오(구체적 사실의 착오)와 다른 구성요건간의 착오(추상적 사실의 착오)로 분류한다. 다른 하나는 착오가 생기는 구성요건 요소를 기준으로 객체의 착오, 방법의 착오, 인과관계의 착오로 분류한다.[115]

위의 두 기준은 서로 복합적으로 결부되어 있으므로 동일구성요건 내의 착오와 다른 구성요건간의 착오에서도 객체의 착오와 방법의 착오가 있으며, 객체의 착오와 방법의 착오도 각각 동일구성요건 내의 착오와 다른 구성요건간의 착오가 있다. 어느 방법에 따르건 내용에서는 동일하지만 편의상 전자의 방법에 따르기로 한다.

> 이에 대해서 ① 이(異)가치적 객체의 착오(추상적 사실의 착오라고 표시)만이 구성요건적 착오에 해당하고, 방법의 착오는 인과과정의 착오의 특수한 예에 해당하며, 동(同)가치적 객체의 착오(구체적 사실의 착오라고 표시)와 함께 구성요건적 착오가 아니라 착오론과 관계없는 고의의 구체화, 즉 직접 고의의 문제라고 하는 견해와,[116] ② 객체의 착오, 방법의 착오, 인과과정의 착오 모두는 구성요건적 착오라고 하면서 구체적 사실의 착오는 동가치의 객체의 착오, 추상적 사실의 착오는 상이한 가치의 객체의 착오라고 설명하는 견해가[117] 있다. ①의 견해는, 방법의 착오는 인식과 발생사실의 불일치 문제가 아니라 인과과정의 착오와 성질이 같다는 데 근거한 것으로 보인다.
>
> 그러나 방법의 착오도 인과과정의 일탈(상위)이 있음은 사실이나 행위자가 선택한 방법(타격)에 의한 공격행위의 적절성에 관해서 착오가 있는 것이므로 이를 인과과정의 착오와 동일시하여 구성요건적 착오에서 제외할 이유는 없으며, 예상과 다른 인과과정을 거쳐 의도한 결과가 발생하는 인과과정의 착오와 예상한 인과과정을 거쳐 목표와 다른 대상에 대해 결과가 발생하는 방법의 착오는 본질적으로 다른 것이므로 이상의 모든 착오는 구성요건적 착오로 취급함이 옳다고 본다. 그리고 구체적 사실의 착오와 추상적 사실의 착오는 각각 객체의 착오인 경우와 방법의 착오인 경우(구체적 사실의 착오에는 인과관계의 착오도)가 포함되므로 ②의 견해와 같이 이를 객체의 착오에 한정하여 동가치냐 다

115) 행위주체·행위상황 등에 대한 착오도 구체적 사실의 착오의 문제이지만 착오가 있으면 고의가 조각되므로 고의의 성부문제를 특히 논의할 실익이 없다. 이 외에도 형의 가중·감경사정에 관한 착오도 생각할 수 있다. 예컨대 타인이라 오신하고 존속을 살해한 경우이다. 이 착오는 기본적 구성요건과 파생적 구성요건 사이의 문제이므로 추상적 사실의 착오에서만 논의될 수 있다. 그러나 위의 예의 경우에는 결국 추상적 사실의 착오 중 경한 사실을 인식하고 중한 사실을 발생시킨 객체의 착오 또는 그 반대에 해당하므로 죄질부합설의 입장에서는 특별히 구별하여 논의할 실익이 없다고 본다.

116) 김일수/서보학, 229면 이하; 김일수, Ⅰ, 488면.

117) 박상기, 128면. 同旨: 배종대, 264면 이하.

른 가치냐에 따라 구체적 사실의 착오와 추상적 사실의 착오로 구별하는 것은 용어관행상 적절하지 않을 뿐만 아니라 개념의 혼동을 초래한다고 본다.

1. 동일구성요건내의 착오

인식사실과 발생사실의 내용이 구체적으로 일치하지 아니하지만 두 사실이 동일한 구성요건에 속하는 경우의 착오를 동일구성요건 내의 착오 또는 구체적 사실의 착오라 한다. 동일구성요건 내의 착오는 착오가 생긴 구성요건요소를 기준으로 보면 객체의 착오, 방법의 착오 및 인과관계의 착오가 있다.

(1) 객체의 착오

객체의 착오란 객체의 성질, 특히 객체의 동일성을 착오한 경우를 말한다. 목적의 착오 또는 대상의 착오라고도 한다. 예컨대, 甲이라고 생각하고 사살하였으나 실은 乙이었던 경우가 이에 해당한다.

(2) 방법의 착오

방법의 착오란 행위자가 선택한 수단·방법이 잘못되어 의도한 객체가 아닌 다른 객체에 결과가 발생한 경우를 말한다. 타격의 착오 또는 수단의 착오라고도 한다. 예컨대 甲을 향하여 총을 발사하였으나 옆에 있던 乙에게 명중한 경우가 전형적인 방법의 착오이다. 이 착오는 방법(타격) 그 자체의 착오가 아니라 행위자가 선택한 방법에 의한 "공격행위의 적절성"에 관해 착오가 있기 때문에 이를 방법의 착오라 한다.[118)]

(3) 인과관계의 착오

인과관계의 착오란 행위자가 인식·예견한 범죄사실과 발생한 범죄사실의 결과는 법적으로 일치하지만 행위자가 예견하지 못한 인과과정을 거쳐서 예견한 결과가 발생한 경우를 말한다. 따라서 인과관계의 착오는 동일구성요건 내의 착오에서만 논의된다. 예컨대 익사의 고의로 강물에 밀었는데, 다리의 교각에 부딪혀 두개골 파열로 사망한 경우이다.

---

118) 방법의 착오개념과 객체의 착오 및 인과과정의 착오와의 관계 등에 관해서는 정성근, 방법의 착오에 관한 최근의 논의(성균관법학 제13호, 2001), 7-20면 이하 참조.

2. 다른 구성요건간의 착오

인식한 범죄사실과 발생한 범죄사실의 내용이 서로 다른 구성요건에 속하는 경우의 착오를 다른 구성요건 간의 착오 또는 추상적 사실의 착오라 한다. 여기에도 객체의 착오와 방법의 착오가 있다.

(1) 경한 사실을 인식하고 중한 사실을 발생시킨 경우

객체의 착오의 예로 甲의 개(犬)라 믿고 손괴의 의사로 개집을 향하여 돌을 던졌는데 개집에서 놀고 있던 甲의 아기가 맞아 부상을 입은 경우 또는 점유이탈물이라 믿고 영득하였으나 아직 타인의 점유 하에 있는 재물인 경우를 들 수 있다. 방법의 착오의 예로 甲의 개를 향하여 돌을 던졌는데, 돌이 빗나가서 옆에 있던 甲에게 명중한 경우를 들 수 있다.

(2) 중한 사실을 인식하고 경한 사실을 발생시킨 경우

객체의 착오의 예로 甲이라 믿고 상해의 의사로 투석하였으나 실은 甲의 개(犬)에게 상처를 입힌 경우, 방법의 착오의 예로 살해의 의사로 甲에게 발사하였으나 옆에 있던 甲의 개(犬)에게 명중한 경우를 들 수 있다.

Ⅲ. 구성요건적 착오와 고의의 성부

1. 형법 제15조 1항의 적용범위

구성요건적 착오를 논의하는 실익은 그 착오가 어느 정도의 착오인 때 발생사실에 대한 고의(기수)를 인정할 수 있느냐, 즉 인식사실과 발생사실이 어느 정도로 부합하면 고의(기수)를 인정할 수 있느냐의 문제를 해결하는 데 있다. 이 문제에 관하여 형법 제15조 1항은 "특별히 중한 죄가 되는 사실을 인식하지 못한 행위는 중한 죄로 벌하지 아니한다"라고 규정하고 있다.

이 규정은 다른 구성요건 간의 착오 중 경한 범죄사실을 인식하고 중한 범죄결과를 발생시킨 경우에 한하여 중한 범죄에 대한 고의범으로 처벌할 수 없다는 소극적인 제한을 하고 있을 뿐이고, 구체적으로 어떤 범죄로 처벌해야 할 것이냐에 대해서는 적극적으로 아무런 언급을 하지 않고 있다. 뿐만 아니라 중한 범죄사실을 인식하고 경한 범죄사실을 발생시킨 경우에 어떻게 처벌할 것이냐에 대해서는 전혀 언급이 없다. 따라서 구성요건적 착오가 있는 경우에는 제15조 1항의 제한을 전제로 학설에 의하여 해결할 수밖에 없다. 이를 해결하기 위한 학설이 구체적 부합설, 법정적 부합설, 추상적 부합설 등이다.

형법 제15조 1항에 대한 해석은 두 가지 견해로 나뉘어져 있다. ① 이 규정의 취지는 중한 죄를 범할 의사가 없는 경우에는 실제로 중한 결과가 발생한 때에도 중한 죄의 고의범으로 처벌할 수 없다는 의미로 해석하여[119] 경한 범죄를 인식하고 중한 범죄결과가 발생한 모든 경우에 적용된다고 한다. 이에 대해서 ② 이 규정은 착오가 있는 두 개의 구성요건이 기본적 구성요건과 파생적 구성요건의 관계(또는 죄질의 동일성)가 있는 경우에만 적용될 뿐이라고 하고, 예컨대 타인을 살해할 의사로 존속을 살해한 경우에 보통살인죄(제250조 1항)로 처벌해야 한다는 취지로 해석하는 견해가[120] 있다(단순절도와 특수절도, 단순강도와 특수강도도 동일). "특별히"라는 문언의 의미가 기본적 구성요건과 파생적 구성요건의 관계(또는 죄질동일의 관계)가 있는 경우를 한정하고 있다는 적극적 의미로 해석해야 한다는 점을 근거로 한다.

그러나 "특별히"라는 문언이 반드시 기본적·파생적 관계가 있는 구성요건으로 한정하거나 죄질이 동일한 범죄를 의미한다고 해야 할 근거와 이유는 없다. 오히려 문언상으로는 중한 죄를 특별히 강조하기 위한 의미로 해석해야 하며, 보통살인의 의사로 존속을 살해한 때에는 결국 경한 죄의 고의로 중한 결과를 발생시킨 경우에 해당하므로 제한적으로 해석할 필요가 없다고 본다.

2. 구성요건적 착오에 관한 학설

(1) 구체적 부합설

구체적 부합설이란 행위자가 인식·예견한 범죄사실과 현실로 발생한 범죄사실이 구체적으로 부합하는 경우에만 발생사실에 대한 고의(기수)가 성립하고, 구체적으로 부합하지 않으면 발생사실에 대한 고의를 인정할 수 없고, 인식사실의 미수범과 발생사실에 대하여는 과실범 규정이 있는 경우에 한하여 과실범을 인정[121]하여 상상적 경합으로 처리하는 학설이다. 이 견해는 고의는 추상

119) 정영석, 190면; 심재우, 구성요건착오, 62면; 정성근, 235면; 배종대, 282면; 임웅, 176면 이하.
120) 황산덕, 123면; 남흥우, 188면; 이건호(8인 공저), 256면; 김일수/서보학, 218면. 다만, 유기천, 242면 이하와 이재상, 173면 이하는 죄질이 동일한 범죄, 즉 보통살인죄와 존속살해죄, 점유이탈물횡령죄와 절도죄, 촉탁살인죄와 보통살인죄와 같이 형의 가중·감경사정에서 착오가 있는 경우에도 적용된다고 한다.
121) 이형국, 123면; 차용석, 932면, 935면; 김일수/서보학, 228면 이하; 이영란, 189면; 배종대, 270

적 고의가 아니라 "특정된 객체" 또는 "구성요건 상황에 대한 구체적 인식"이 있어야 한다는 것을 근거로 한다. 이를 구성요건적 착오 태양에 따라 나누어 설명하면 다음과 같다.

1) 동일구성요건내의 착오

(a) 객체의 착오 동일구성요건 내의 객체의 착오는 행위자가 인식·예견한 객체와 현실로 발생한 객체가 동가치이므로 구체적 부합을 인정하여[122] 발생사실에 대한 고의(기수)를 인정한다. 예컨대 甲이라고 오신하고 乙을 살해한 경우에는 乙에 대한 살인기수죄가 성립한다.

(b) 방법의 착오 동일구성요건 내의 방법의 착오는 행위자가 인식·예견한 객체와 발생한 객체는 동가치가 아니므로 구체적 부합을 인정할 수 없고, 발생사실에 대한 고의를 인정하지 아니한다. 따라서 甲을 향하여 발사한 탄환이 옆에 있던 乙에게 명중한 경우에는 甲에 대한 살인미수죄와 乙에 대한 과실치사죄를 인정하고 상상적 경합으로 처리한다.

2) 다른 구성요건간의 착오 다른 구성요건 사이의 착오는 인식사실과 발생사실의 구성요건이 다르므로 구체적 부합을 인정할 수 없다. 따라서 경한 죄를 인식하고 중한 범죄결과가 발생하였건, 중한 죄를 인식하고 경한 범죄결과가 발생하였건 모두 인식사실의 미수범과 발생사실의 과실범을 인정하고 상상적 경합에 의하여 중한 죄에 정한 형으로 처벌한다.

(2) 법정적 부합설

법정적 부합설이란 행위자가 인식·예견한 범죄사실과 현실로 발생한 범죄사실이 "법정적 사실(구성요건)의 범위" 내에서 부합하면 객체의 착오이건 방법의 착오이건 모두 발생한 범죄사실에 대하여 고의 기수범을 인정하고, 부합하지 않으면 인식사실의 미수범과 발생사실에 대한 과실범을 인정하여 상상적 경합으로 처리하는 학설이다. 이 학설은 고의가 "구성요건이라는 법적 관념현상"을 인식대상으로 하므로, 예컨대 甲이건 乙이건 사람을 살해하는 살인죄의

면; 안동준, 85면; 박상기, 135면 이하; 김성돈, 214면 이하; 오영근, 236면; 정영일, 172면.

122) 구체적 부합설에서는 행위대상을 잘못 믿은 객체의 혼동은 단순한 동기의 착오에 불과하기 때문에 형법상 아무런 영향을 미치지 않는다고 한다(이형국, 118면; 김일수/서보학, 229면). 특별한 규정이 없는 한 단순한 동기의 착오가 형법상 무의미한 것은 사실이다. 그렇다면 동기의 착오인 객체의 착오는 애당초 구성요건적 착오 문제도 생기지 아니한다(김일수/서보학, 229면)고 해야 한다.

구성요건을 실현하였다는 것은 동일하다는 데에 근거한다. 이 견해는 다시 법정적 사실의 범위를 "구성요건이 동일한 범위"로 한정하는 구성요건부합설[123]과, 구성요건상의 "죄질이 동일한 범위"까지 확대하는 죄질부합설[124]로 나누어진다. 법정적 부합설이 우리나라 다수설이며 판례의 기본적 입장이다.

【판례】 ① 피고인이 공소외인과 동인의 처를 살해할 의사로서 농약 1포를 숭늉그릇에 투입하여 공소외인의 식당에 놓아둠으로써 그 정을 알지 못한 공소외인의 장녀가 이를 마시게 되어 동인을 사망케 하였다면 피고인이 공소외인의 장녀를 살해할 의사는 없었다 하더라도 피고인은 사람을 살해할 의사로서 이와 같은 행위를 하였고 그 행위에 의하여 살해라는 결과가 발생한 이상 피고인의 행위와 살해하는 결과와의 사이에는 인과관계가 있다 할 것이므로 공소외인의 장녀에 대하여 살인죄가 성립한다(대판, 1968. 8. 23, 68도884).

② 피고인이 먼저 위 피해자 최○○을 향하여 살의를 갖고 소나무 몽둥이를 양손에 집어들고 힘껏 후려친 가격으로 피를 흘리며 마당에 고꾸라진 동녀와 동녀의 등에 업힌 피해자 양○○의 머리부분을 위 몽둥이로 내리쳐 위 양○○를 현장에서 두개골절 및 뇌좌상으로 사망케 한 소위를 살인죄로 의율한 원심조처는 정당하게 긍인되며, 소위 타격의 착오가 있는 경우라 할지라도 행위자의 살인의 범의 성립에 방해가 되지 아니한다(대판, 1984. 1. 24, 83도2813).[125]

1) 구성요건부합설

(a) 동일구성요건내의 착오 동일구성요건 내의 착오인 경우에는 법정적 사실인 구성요건이 부합(동일)하므로 객체의 착오이건 방법의 착오이건 모두 발생사실에 대한 고의 기수범을 인정한다. 예컨대 甲으로 오인하고 乙을 살해한 경우(객체의 착오), 甲을 향하여 발사한 탄환이 乙에게 명중하여 사망한 경우(방법의 착오)는 인식한 범죄사실의 구성요건과 발생한 범죄사실의 구성요건이 모두 "사람을 살해"한 살인죄의 구성요건에 해당하므로 살인죄의 기수범이 성립한다.

(b) 다른 구성요건간의 착오 다른 구성요건 사이의 착오인 경우에는 객체의 착오, 방법의 착오 모두 인식사실과 발생사실의 구성요건이 다르므로 인식사실의 미수범과 발생사실의 과실범을 인정하고 상상적 경합에 의하여 중한 죄

123) 백남억, 228면; 정창운, 240면; 이건호(8인 공저), 259면; 김종원, 구성요건적 착오(법정, 1977. 4), 55면; 진계호, 241면; 신동운, 211면.

124) 유기천, 242면; 황산덕, 118면 이하; 정성근, 240면; 이재상, 178면; 임웅, 167면 이하 등.

125) 이와 유사한 방법의 착오가 있는 경우에 법정적 부합설을 따른 판례는 대판, 1975. 4. 22, 75도727; 대판, 1987. 10. 26, 87도1745 등 참조.

에 정한 형으로 처벌한다. 예컨대 타인을 살해할 의사로 존속을 살해한 경우(형가중사유에 관한 객체의 착오)는 보통살인죄의 미수범과 과실치사죄의 상상적 경합에 의하여 살인미수죄의 형으로 처벌한다.

> 구성요건부합설 중에는 기본적 구성요건과 파생적 구성요건의 관계와 같이 두 구성요건 사이에 중합(重合)이 있는 때에는 행위자는 동일한 구성요건적 평가를 받는 사실을 인식한 것이므로 발생사실의 미수・기수에 관계없이 모두 고의를 인정하는 견해(수고의범설)도 있다.[126] 이에 의하면 존속살해 의사로 보통살인의 결과가 발생한 때에는 존속살해 미수범과 보통살인 기수범의 상상적 경합을 인정한다.[127]
>
> 그러나 존속살해의 고의만 있음에도 불구하고 두 개의 고의를 인정하면 고의 없는 결과에 대해서 고의범을 인정하게 되며, 보통살인의 고의로 존속을 살해하면 살인미수죄와 과실치사죄가 성립하는 것과 비교하여 인식사실이 존속인 때에만 존속살해미수와 살인기수죄의 두 고의범을 인정하는 근거가 불명할 뿐만 아니라 구성요건부합설의 논리일관성도 없다고 본다.

2) 죄질부합설 죄질부합설은 인식사실과 발생사실이 동일구성요건 내에 있는 경우는 물론, 구성요건이 서로 다른 경우에도 죄질이 부합하는 범위 내에서 발생사실에 대한 고의 기수범을 인정하고, 죄질이 부합하지 않은 경우에는 인식사실의 미수범과 발생사실의 과실범을 인정하여 상상적 경합으로 처리하는 견해이다.[128] 따라서 죄질부합설은 기본적으로 구성요건부합설과 같으나 죄질이 같은 다른 구성요건 사이에도 발생사실에 대하여 고의(기수)를 인정하므로 구성요건부합설보다 고의범 성립범위가 다소 넓어진다. 여기의 죄질부합이란 피해법익이 같고 행위태양이 같거나 유사한 경우를 의미한다.

예컨대 甲에게 발사하여 乙을 살해한 경우(동일구성요건 내의 착오)에는 죄질이 일치하므로 구성요건부합설과 같이 乙에 대한 살인죄의 기수범을 인정한다. 그리고 기본적 구성요건(보통살인죄)과 파생적 구성요건(존속살해죄) 사이와, 절도의 고의로 점유이탈물횡령죄를 범한 경우(다른 구성요건 간의 착오)에도 죄질은 동일하므로 전자는 죄질이 부합하는 경한 보통살인죄, 후자는 점유이탈물횡령죄의 고의범을 인정한다.[129]

126) 김일수/서보학, 각론(6판), 30면; 박상기, 각론(6판), 29면; 임웅, 각론, 33면.
127) 김종원, 형법각론(上), 1971, 41면. 구성요건부합설에 따르면 존속살해 미수범과 보통살인 기수범 인정(수고의범설)이 타당하다는 견해는 임웅, 166면; 하태훈, 111면.
128) 정성근, 240면; 이재상, 178면; 임웅, 167면.

(3) 추상적 부합설

추상적 부합설이란 행위자가 범죄를 범할 의사가 있었고 그 의사에 의하여 범죄결과도 발생한 이상, 객체의 착오 방법의 착오를 묻지 않고 인식한 범죄와 발생한 범죄의 가벌성이 추상적으로 부합(중합)하는 범위 내의 경한 죄의 고의 기수범을 인정하고, 인식사실보다 발생사실이 중한 죄에 해당하는 경우에는 제15조 1항의 제한으로 중한 죄의 고의범으로 처벌할 수 없다는 견해를[130] 말한다.

1) 동일구성요건내의 착오　　인식사실과 발생사실이 동일구성요건에 해당하는 경우에는 가벌성이 일치하므로 객체의 착오 방법의 착오를 묻지 않고 모두 법정적 부합설과 같이 발생사실에 대한 고의 기수범을 인정한다.

2) 다른 구성요건간의 착오　　인식사실과 발생사실의 구성요건이 다른 경우, ① 경한 죄를 인식하고 중한 죄를 발생시킨 때에는 가벌성이 추상적으로 부합하는 경한 죄의 고의범과 중한 죄의 과실범을 인정하여 상상적 경합에 의하여 중한 죄의 형으로 처벌하고, ② 중한 죄를 인식하고 경한 죄를 발생시킨 때에는 중한 죄의 미수범과 가벌성이 추상적으로 부합하는 경한 죄의 고의 기수범을 인정한 다음 양자를 합일하여 중한 죄의 미수범으로 처벌한다.

예컨대, ① 손괴의 고의로 사람을 상해한 경우에는 경한 손괴죄와 중한 상해의 과실범(과실치상죄)을 인정하고 상상적 경합에 의하여 손괴죄의 형으로 처벌하며, ② 중한 상해의 고의로 경한 손괴를 실현한 경우에는 중한 상해의 미수범과 경한 손괴죄의 성립을 인정하고, 중한 고의는 경한 고의를 흡수하므로 두 죄의 경합은 생기지 않고 양자를 합일하여 중한 상해미수범으로 처벌하며, 중한 죄의 미수가 불가벌인 때에는 경한 죄의 고의범으로 처벌한다.

(4) 학설의 검토

1) 구체적 부합설의 검토　　구체적 부합설은, ① 동일구성요건 내의 객체의 착오는 구체적 부합을 인정하면서 방법의 착오는 구체적 부합을 부정하는 이유가 명백하지 않다. 구체적 부합의 의미를 행위자가 "특정한 객체"의 부합(동일

---

129) 예컨대, 점유이탈물횡령의 고의로 절취한 경우에는 형법 제15조 1항의 제한이 있으므로 점유이탈물횡령죄가 성립한다. 이에 대해서 이 경우 구체적 부합설과 구성요건부합설에 의하면 점유이탈물횡령죄의 미수와 과실절도의 상상적 경합을 인정해야 하지만 양자에 대한 처벌규정이 없으므로 불가벌이 된다.

130) 정영석, 194면 이하.

성)이라고 한다면 동일구성요건 내의 객체의 착오(예, 乙을 甲으로 오인한 경우 乙은 행위자가 특정한 甲이 아니므로)도 고의 기수범을 인정할 수 없으며, "물체로서의 객체 그 자체"가 부합(동일성)한다는 의미라고 한다면 구성요건을 달리하는 객체의 착오(타인이건 존속이건 사람이란 물체는 동일하므로 존속을 타인으로 오인한 때)에도 고의 기수범을 인정하여야 한다. ② 이 설이 주장하는 객체(상황)의 특정화가 예컨대 "그 사람"을 인식하고 "그 사람"을 살해한 경우에 인정된다면 행위자가 행위객체를 직접 시각적으로 인식할 수 없는 경우(예, 예상과 다른 객체가 우연히 나타난 경우, 간접정범, 격리범, 협의의 공범 등)에는 피이용자(생명있는 도구) 또는 피교사자(정범)의 객체의 착오는 항상 간접정범 또는 교사범의 방법의 착오가 되어 미수범의 책임만 인정하므로 법감정에 반한다. ③ 객체의 착오인지 방법의 착오인지가 구별이 애매한 소위 한계사례의 경우, 어느 착오로 볼 것이냐에 따라 고의인정 여부가 달라진다. 예컨대 전화 다이얼을 잘못 돌려 타인에게 모욕한 경우, 우편집배원이 타인에게 협박편지를 배달한 경우, 甲을 살해할 의사로 甲 자동차에 폭탄장치를 하였으나 우연히 乙이 자동차 시동을 걸다가 폭발한 경우 등은 어느 착오에 해당하느냐에 따라 고의범 성립이 달라진다. ④ 甲이라 믿고 乙을 살해한 때에는 살인죄를 인정하면서 가령 乙이 존속인 때에는 살인미수를 인정하는 것은 법감정에 반하여 불합리하다고 해야 한다.

2) 추상적 부합설의 검토　이 설은 범죄징표설의 입장에서 과실범을 지나치게 경하게 처벌하고 상해죄와 손괴죄의 미수를 처벌하지 않았던 일본 개정 전의 형법 해석상 법정적 부합설에 의하면 처벌의 불균형이 생기므로 이를 구제하기 위하여 주장된 것이다.[131)]

그러나 ① 우리 형법은 이러한 불합리성을 입법적으로 해결하였으므로 이 설을 주장할 이유가 없고, ② 이에 의하면 항상 발생하지 아니한 경한 죄의 기수범을 인정하므로 실제사실과 부합하지 않는 고의범을 인정하며, ③ 중한 사

131) 이 설은 원래 일본에서 법정적 부합설에 의한 처벌의 불균형을 시정하기 위해서 주장된 것이다. 예컨대 동물을 상해할 의사로 사람을 치사한 경우에 법정적 부합설에 의하면 손괴미수죄와 과실치사죄를 인정하여야 하지만 개정 전의 일본 형법에 의하면 손괴미수가 불가벌이고 과실치사죄는 벌금형이었으므로 사람의 사망이라는 중한 결과가 발생했음에도 불구하고 벌금형으로 처벌할 수밖에 없다는 처벌의 불균형이 생겼다. 그러나 개정된 일본 형법은 중과실치사죄(제211조 후단)를 신설하여 5년 이하의 형으로 처벌할 수 있으므로 처벌의 불균형은 없다. 우리 형법상으로는 손괴미수(제317조)와 중과실치사죄(제268조 후단)를 규정하고 있으므로 애당초 형의 불균형은 생길 여지가 없다.

실을 인식하고 경한 사실이 발생한 경우에는 중한 죄의 미수범과 경한 죄의 기수범을 인정하므로 고의 없는 결과에까지 고의범을 인정하여 두 개의 고의범을 인정하고, 사실과 부합하지 않는 고의범을 인정하는 것은 죄형법정주의와 조화될 수 없는 해석이라 해야 한다.

3) 법정적 부합설의 검토 법정적 부합설에 대해서는 구체적 부합설로부터의 비판이 있다. 즉, 방법의 착오의 경우, 고의 없는 결과에 대해 고의가 있다고 평가하여 고의를 일종의 규범적 관념으로 취급하여 확장시킨다는 비판이다.

그러나 ① 고의라는 관념은 구성요건고의, 불법고의, 책임고의 등을 묻지 않고 법적 평가의 결과로서 인정되는 것이므로 행위자의 표상·인식을 기초로 법관이 그 유무를 판단하는 법적 평가이며, ② 법정적 부합설은 고의의 실체가 없는 것에 대하여 고의가 있다고 평가하는 것이 아니라 고의를 인정할 수 있는 사태를 기초로 구성요건에 한정된 범위 내의 고의가 있다고 평가하는 것이며, ③ 고의는 구성요건이라는 유형성을 인식대상으로 하므로 예컨대, 甲이건 乙이건 "사람을 살해한다"는 유형성에서 부합하면 고의를 인정하는 법정적 부합설이 타당하다.

다만, ① 구성요건부합설은 구성요건이 동일한 경우에만 발생사실에 대한 고의를 인정하므로 이에 철저하면, 예컨대 甲이라 믿고 乙을 살해한 때에는 살인죄를 인정하는 데 반하여, 타인(甲)을 살해할 의사로 존속(乙)을 살해한 때에는 살인미수죄의 형으로 처벌하는 것은 법적 관념과 균형이 맞지 않으며, ② 유형성을 전제로 한 구성요건은 원래 법기술적 산물이고, 법률가 아닌 일반인이 이에 정확히 대응하는 고의를 가지고 행위를 하는 것이 아니므로 유형성을 강조하여 고의의 성립범위를 제한하는 것은 타당하지 않다. 따라서 동일한 법익침해를 지향한 것이면 침해태양에서 구성요건적으로 다소간 차이가 있어도 피해법익이 같고 행위태양이 유사하면 고의를 인정하는 죄질부합설이 타당하다고 본다.

【예상외의 병발사례】 강학상 방법의 착오에서 논의되는 병발사례는, ① 甲을 향하여 발사한 탄환이 甲의 신체를 관통하고 옆에 있는 乙의 심장에 명중하여 양자가 사망한 경우, ② 甲을 향하여 발사한 탄환이 甲을 살해하고 다시 乙에게 부상을 입힌 경우, ③ 甲을 향하여 발사한 탄환이 甲에게 부상을 입히고 다시 乙에게 명중하여 乙이 사망한 경우 등을 들 수 있다.

1) 구체적 부합설에 의한 해결　구체적 부합설에 의하면 ①의 경우는 甲에 대한 살인죄와 乙에 대한 과실치사죄의 상상적 경합, ②의 경우는 甲에 대한 살인죄와 을에 대한 과실치상죄의 상상적 경합, ③의 경우는 甲에 대한 살인미수죄와 乙에 대한 과실치사죄의 상상적 경합으로 해결한다.

2) 법정적 부합설에 의한 해결　법정적 부합설에 의할 때에는 각각의 경우에 견해가 대립한다.

①의 경우에는, ⓐ 2개의 살인죄의 성립을 인정하고 양자는 포괄일죄 내지 상상적 경합이 된다는 견해[132]와, ⓑ 甲에 대한 살인죄와 乙에 대한 과실치사죄의 상상적 경합이 된다는 견해[133]로 나누어진다. 그런데 乙의 사망에 대하여 미필적 고의 내지 개괄적 고의가 있는 경우 이외에는 살인죄의 고의의 수는 행위자가 인식·인용한 피해자의 수에 따라서 결정하여야 하며, 착오론은 고의론의 예외 경우로서 본래의 고의가 예상과 다르게 실현된 경우에 그 예상 못한 객체에 발생한 결과에 대해 고의행위로 귀속시킬 수 있느냐의 문제이므로 의도한 본래의 고의가 실현된 때에는 착오론을 적용할 필요가 없다. 따라서 甲에 대한 살인죄와 乙에 대한 과실치사죄의 상상적 경합이 된다고 해야 한다.

②의 경우에는, ⓐ 甲에 대한 살인기수죄와 乙에 대한 살인미수죄의 상상적 경합이 된다는 견해[134]와, ⓑ 甲에 대한 살인죄와 乙에 대한 과실치상죄의 상상적 경합이 된다는 견해[135]로 나누어진다. 살인죄와 살인미수죄의 두 개의 고의범을 인정하면 고의 없는 결과에 대해 고의를 인정하므로 책임원칙에 반한다. 甲을 살해할 의사로 甲을 살해한 것이므로 착오론을 적용할 필요없이 당연히 살인죄가 성립한다. 다만 乙에 대해서는 고의 없는 과잉결과이므로 이에 대한 과실범을 인정하여 살인죄와 상상적 경합으로 처리해야 한다.

③의 경우에는, ⓐ 甲에 대한 살인미수죄와 乙에 대한 살인죄의 상상적 경합이 된다는 견해, ⓑ 甲에 대한 과실치상죄와 乙에 대한 살인죄의 상상적 경합이 된다는 견해, ⓒ 乙에 대해서만 1개의 살인죄를 인정하고 甲에 대한 살인미수 내지 상해의 점은 이에 흡수된다는 견해[136]로 나누어진다. 살인미수죄와 살인죄를 인정하는 견해(수고의범설)는 하나의 고의만 있는 자에게 두 개의 고의범을 인정하므로 책임원칙에 반한다. 그리고 과실치상죄와 살인죄를 인정하는 견해는 애당초 고의가 있었던 甲에 대해서는 과실치상죄를 인정하고, 살해의 고의가 없었던 乙에 대해서는 살인죄의 고의범을 인정하여 사실과 부합할 수 없는 고의를 인정하므로 불합리하다. 따라서 예기치 않은 乙에 대해서는 피해법익이 같고 행위태양이 유사한 점을 고려하여 살인죄의 기수를 인정하고,

132) 藤木, 總論, 154면; 日大判, 1933. 8. 30, 刑集 12, 1445면; 日最判, 1978. 7. 28, 刑集, 32. 5, 1068면.

133) 정성근, 241면; 이재상, 177면.

134) 구성요건부합설 중 두 개의 고의범을 인정하는 수개고의설의 논리적 결론이다. 註 127 참조. 日東京高判, 1950. 10. 30, 高裁判特, 14, 3면.

135) 정성근, 241면; 이재상, 177면.

136) 정성근, 241면; 이재상, 178면.

갑에 대한 살인미수·상해 부분은 乙에 대한 중한 살인죄에 흡수된다고 해석함이 타당하다.

3. 인과관계의 착오

(1) 인과관계의 착오의 의의

인과관계의 착오란 행위자가 인식·예견한 범죄사실과 발생한 범죄사실은 법적으로 일치하지만 행위자가 예견하지 못한 인과과정을 거쳐서 결과가 발생한 경우를 말한다. 인과관계도 객관적 구성요건요소이므로 이에 대한 착오도 구성요건적 착오에 해당한다. 다만, 인과관계의 상세한 진행과정은 예견 불가능한 것이므로 인과과정의 본질적 부분에 착오가 있는 때에만 구성요건적 착오 문제가 된다. 인과관계의 착오가 있는 때에는 원칙적으로 발생사실에 대한 고의는 조각되지 않으나 미수범인가 기수범인가가 문제된다.

(2) 인과관계착오의 태양

인과관계의 착오는 매우 다양하게 발생할 수 있으나 이를 유형화하면 다음과 같다.

1) 행위의 작용방법에 대해 착오가 생긴 경우 ① 익사시킬 의사로 강물에 밀었는데 다리 교각에 부딪쳐 두개골 파열로 사망하여 물에 빠진 경우, ② 살해의 고의로 칼로 찔렀는데 칼에 묻어 있던 독균에 감염되어 사망한 경우, ③ 살해의사로 총을 발사하여 빗나간 총알이 땅속에 묻혀 있는 폭발물에 명중하여 그 폭발로 사망한 경우, ④ 심장을 향하여 발사한 탄환이 복부관통으로 사망한 경우 등이다.

2) 예상보다 빠르게 결과가 발생한 경우 ① 격투 후 살해하려고 하였는데 격투 중에 이미 사망한 경우, ② 권총으로 내리친 다음 사살하려고 하였는데, 내리치는 순간에 방아쇠가 당겨져서 사살된 경우 등이다.

3) 소위 베버의 개괄적 고의사례 제1의 고의행위가 미수에 그쳤음을 모르고 제2의 고의행위를 하여 비로소 제1의 고의가 실현된 소위 베버(Weber)의 개괄적 고의에 해당하는 경우에 대해서는 개괄적 고의로 취급하는 견해[137]도 있으나 인과관계의 착오 일종으로 본다.

---

137) 이형국, 124면.

(3) 인과관계착오의 판단기준

인과관계의 착오가 있는 경우를 어떻게 취급할 것이냐의 문제는 인과관계의 본질적 부분에 대한 착오의 유무를 판단하는 기준이 무엇이냐에 귀착한다.[138]

1) 상당인과관계설의 입장　행위자가 예견한 인과과정과 현실적으로 진행한 인과과정이 상당인과관계의 범위 내에 있으면 본질적 부분의 착오가 아니므로 고의 기수범을 인정하고, 상당인과관계의 범위를 초과한 때에만 미수범이 된다고 한다.

그러나 ① 인과관계의 유무 및 범위는 고의론·착오론 이전에 확정해야 할 문제이므로 인과관계 유무·범위와 고의 인정을 위한 착오론의 문제는 구별하여야 하며, ② 객관적으로 판단해야 할 상당인과관계의 범위와 주관적인 고의가 반드시 일치한다고 할 수 없으므로 타당하지 않다.

2) 예견가능성설　행위자가 인식·예견한 인과과정과 현실적으로 진행한 인과과정이 일반 생활경험칙에 비추어 예견가능한 범위 내에 있고, 다른 행위의 개입이 없는 때에만 그 착오는 본질적 부분의 착오가 아니므로 고의성립에 영향이 없다는 견해다. 이에 따르면 생활경험칙상 예견불가능한 착오인 때에만 본질적 부분의 착오가 되어 미수범이 성립한다. 행위규범은 생활경험상 예견가능한 행태(行態)만 규제대상으로 하고 예견불가능한 것은 규제대상이 될 수 없으므로 이 견해가 타당하다.

> 인과관계의 착오문제는 결과에 대한 객관적 귀속이 인정된 다음에 검토되는 것이므로 객관적 귀속이 부정될 때에는 애당초 인과관계의 착오 문제는 생기지 아니한다. 따라서 비유형적 인과과정에 의해 결과가 발생한 때에는 객관적 귀속이 부정되므로 인과관계 착오 문제는 생기지 아니한다.

(4) 인과관계착오의 효과

결과발생이 생활경험칙상 예견가능성이 있느냐에 따라 인과관계 착오태양을 검토해 보면 다음과 같다. 1)의 착오태양에서는 ③의 경우만 예견불가능한 본질적 착오이므로 살인미수가 되고 나머지는 모두 살인죄가 성립한다. 2)의 착오태양에서는 모두 예견가능한 비본질적 착오이고 살인죄가 성립한다. 다만 실행착수 이전의 예비단계에서 피해자가 사망하였다면 과실범 또는 예비죄의 성

138) Kühl, 13/41.

부가 문제될 것이다. 3)의 경우처럼 제2의 고의행위에서 제1의 고의가 실현된 소위 베버의 개괄적 고의사례에 대해서는 견해가 대립한다.

개괄고의설은 제1행위와 제2행위 사이에 개괄적 고의를 인정하여 제1행위에 대한 고의범을 인정한다.[139] 그러나 제1의 고의행위와 제2의 고의행위는 다른 것이므로 이에 대해 개괄적 고의를 인정하면 고의가 의제된다. 따라서 이 경우도 인과관계 착오로 취급(인과관계 착오설)하여 제2행위에 대해 생활경험칙상 예견가능한 범위 내에서 제1행위의 고의범으로 처벌하고, 예견불가능한 때에는 본질적 부분의 착오로서 제1행위의 미수범과 제2행위의 과실범을 인정하는 것이 타당하다고 본다.

【개괄적 고의사례의 해결에 대한 기타 학설】 ① 객관적 귀속설 개괄적 고의의 사례는 고의가 아니라 객관적 귀속의 문제라는 견해이다.[140] 즉, 인과관계는 고의 대상이지만 인과과정은 행위자의 주관에 의하여 결정되는 것이 아니라 현실적으로 야기된 결과가 객관적으로 귀속될 수 있는가라는 규범적 평가의 문제이므로, 인과과정에 대한 주관적 착오는 고의의 성립에 영향을 미치지 않는다고 한다. 그러나 인과과정은 인과관계의 구성요소이므로 인과과정의 착오는 인과관계의 착오내용에 포함하여 구성요건적 착오로 취급해야 하며, 착오론은 객관적 귀속이 긍정된 다음에 문제될 수 있다는 점을 간과하고 있다.

② 미수와 과실의 경합범설 전체적인 행위과정을 상이한 고의를 갖는 두 개의 독립된 부분행위로 구분하여, 제1행위시의 고의는 결과가 발생한 것으로 오신한 때에 소멸하고 제2행위시는 제1의 고의가 없기 때문에 제1행위에 대한 미수범과 결과가 발생한 제2행위의 과실범의 경합범이 성립한다고 한다.[141] 그러나 고의는 행위의 인과관계가 진행되는 동안에 존재하면 되는 것이기 때문에 제2행위를 분리하여 생각하여야 할 이유는 없으며, 자신의 행위로 객관적 귀속이 가능한 결과가 발생했는데도 불구하고 미수범으로 처벌하는 것도 타당하지 않다.

---

139) Welzel, S. 74; 우리 판례의 태도는 명백하지 않으나 "… 전 과정을 개괄적으로 보면 처음에 예견된 사실이 결국 실현된 것으로 … 살인죄의 죄책을 면할 수 없다"(대판, 1988. 6. 28, 88도650)고 판시하여 이 견해와 같은 취지로 보인다(신동운, 216면).

140) 김일수/서보학, 232면; 이정원, 152면 이하.

141) 오영근, 250면 이하; 이용식, 소위 개괄적 고의의 형법적 취급(형사판례연구 2), 34면.

제 4 장 위법성론

제 1 절 위법성의 개념

Ⅰ. 위법성의 의의 · 불법

1. 의 의

범죄는 구성요건에 해당하는 위법 · 유책한 행위이므로 위법성(Rechtswidrigkeit)은 범죄성립의 두 번째 요소이다. 위법은 문자 그대로 법에 배치(모순)된다는 것을 의미하므로 "위법성"이란 규범과의 관계에서 전체 법질서에 배치되는 성질을 의미하며, 행위가 전체 법질서에서 허용되지 아니한다는 부정적 가치판단(법적 무가치판단)을 말한다.[1]

형법은 위법성이 무엇이냐에 대하여 적극적 규정을 두지 않고 소극적으로 위법성이 조각되는 경우만을 규정(제20조 내지 제24조)[2]하고 있다.[3] 따라서 구체적인 경우에 구성요건에 해당하는 행위에 대한 위법성 판단은 실제로는 그 행위가 위법성조각사유에 해당되어 실질적으로 위법하지 않게(정당화)되는가의 여부에 따라 판단하게 된다.

---

1) 여기의 전체 법질서란 형법은 물론이고 민법 · 행정법 등 성문법과 관습법 · 사회상규 · 조리 등 불문법을 포함하는 넓은 뜻이다.

2) 이 이외에도 형법각칙과 특별법에는 개별적으로 위법성조각사유를 인정하는 경우가 있다. 즉, 명예훼손죄에 있어서의 진실성(제310조), 모자보건법이 일정한 조건하에서 인공임신중절을 허용하는 것(제14조) 등을 들 수 있다. 그리고 가벌적 위법성을 인정하는 입장에서는 초법규적 위법성조각사유도 인정한다.

3) 우리 형법뿐만 아니라 독일 형법, 일본 형법 등도 위법성이 무엇을 의미하는가에 대한 적극적인 규정을 두고 있지 않다. 이는 형법에서는 위법성 그 자체가 문제되는 것이 아니라 범죄유형적 위법성만 문제되기 때문이다(이재상, 208면).

2. 위법성과 불법

위법성은 행위가 전체 법질서에서 허용되지 아니한다는 부정적 판단이고, 행위와 전체 법질서 사이의 관계개념이며 법질서에 배치된다는 성질판단이다. 이에 대해서 불법(Unrecht)은 전체 법질서에 배치된다고 평가된 실체이고, 위법하다는 부정적 평가를 받은 반가치(反價値) 자체를[4] 의미하므로 불법은 실체개념이다. 보통 불법은 위법하다고 평가된 행위 자체라고 하는 의미도 이를 말한다. 그리고 구성요건은 반가치 자체인 불법을 유형화한 것이므로 불법은 구성요건에 의하여 구체적으로 실정화되며 구성요건도 불법구성요건을 의미하게 된다.

위법성은 행위와 전체 법질서 사이의 관계개념이므로 위법성은 항상 단일하고 동일한 평가를 할 뿐이고, 개개 행위에 대한 개별적 위법성이나 질과 양이 다른 상대적 위법성이란 있을 수 없다. 이에 대해서 불법은 부정적 평가를 받은 반가치 자체이므로 불법은 개개 행위에 따라 질과 양의 정도에 차이가 생긴다.[5] 예컨대 살인행위와 상해행위, 고의행위와 과실행위, 기수와 미수는 모두 동일한 위법행위이고 단일한 위법성이 있는 행위이지만 그 개별 행위의 불법은 후자보다 전자가 크고 형벌도 전자가 중하게 예정되어 있다. 따라서 불법은 항상 특수적이며, 개별적이다.

위법(성)과 불법은 구별할 필요가 없다는 견해도 있다.[6] 구성요건은 불법유형이므로 구성요건상의 불법은 곧 위법을 의미하며 양자 모두 법질서와 모순된다는 점에서 동일하다는 것을 이유로 한다.

그러나 법질서와 모순된다는 것과 법질서와 모순된 행위의 반가치 자체는 구별해야 하며, 불법행위는 동시에 위법행위가 되지만 위법행위의 모두가 불법행위로 되는 것은 아니므로 양자는 구별해야 한다(미수는 형법상의 불법이 되지만 민법상의 불법은 아니며, 과실손괴는 민법상의 불법이 되지만 형법상의 불법은 될 수 없다).

3. 가벌적 위법성이론

(1) 의 의

가벌적 위법성이론이란 구성요건에 해당하는 형식·외관을 가지는 행위에

---

4) 황산덕, 94면; 정성근, 245면; 이형국, 127면 이하; 이재상, 208면; 김일수/서보학, 267면; 박상기, 145면; 진계호, 297면; 손해목, 380면; 안동준, 92면; 임웅, 179면 이하.
5) Sch/Sch/Lenckner, Vor §13ff. Rdn. 51; 정성근, 245면; 이재상, 208면 이하; 임웅, 180면.
6) Mezger, Ein Studienbuch, 8. Aufl., S. 83; 차용석, 398면.

대하여 그 행위가 구성요건이 예상하는 정도의 실질적 위법성을 구비하지 못한 때에는 구성요건해당성 또는 위법성을 부정하는 이론을 말한다.[7] 이 이론은 범죄가 성립하기 위해서는 법규범에 반한다는 위법성만으로 부족하고 형벌을 과할 수 있는 정도의 위법성을 구비한 행위라야 한다고 하여 위법성의 정도에 차이를 인정한다.

이 이론은 우리 형법 제20조와 같은 사회상규에 해당하는 위법성조각사유의 규정이 없고, 선고유예제도를 채택하지 않은 일본의 실무계에서 특히 경미한 사건에 대해 무죄로 처리하기 위해서 주장된 후 학계에 정착된 것이다.

> 가벌적 위법성의 체계상의 지위에 관해서는, ① 가벌적 위법성이 없는 행위는 애당초 구성요건해당성이 부정된다는 견해,[8] ② 애당초 구성요건해당성이 부정되는 경우도 있고 구성요건에는 해당하지만 위법성감경사유 또는 위법성조각사유가 되는 경우도 있다는 견해가[9] 대립하고 있다.

(2) 이론에 대한 평가

가벌적 위법성 이론은 원래 위법성의 유무를 결정하기 위한 기준을 제시하여 온 것이지만, 이 기준은 동시에 이익형량 내지 가치형량에 기초를 두고 위법성의 상대성과 정도의 차이를 인정한다.

그러나 우리 형법의 해석에서는 이 이론을 인정할 필요가 없다. 경미사건에 대해서는 사회상규에 반하지 않는 행위(제20조 후단) 또는 선고유예로 처리할 수 있으며, 불법과 위법성을 구별하고 있으므로 처벌가능한 형법적 위법성과 그렇지 않은 일반적 위법성을 구별할 필요가 없다.

Ⅱ. 위법성의 본질

위법성의 본질에 관해서는 두 가지 측면에서 견해가 대립하여 왔다. 하나는 위법성의 평가기준을 어디에 둘 것이냐에 관한 문제로서 형식적 위법성설과 실질적 위법성설의 대립이고, 또 하나는 형법규범의 구조 및 기능에 관한 문제로

---

7) 임웅, 가벌적 위법성론(형사법강좌 Ⅰ, 1981), 210면.
8) 藤木, 可罰的違法性, 1975, 9면.
9) 佐伯, 可罰的 違法性の理論の擁護[法學セミナー(No. 170), 1970. 4], 83면.

서 위법성의 평가방법에 관한 객관적 위법성설과 주관적 위법성설의 대립이다.

1. 형식적 위법성설과 실질적 위법성설

(1) 형식적 위법성설

법규범의 형식은 명령(Gebot)과 금지(Verbot)로 되어 있으므로 명령 또는 금지에 대한 위반성이 위법성이라고 하는 견해를 형식적 위법성설이라 한다. 명령·금지는 일정한 작위·부작위를 요구하므로 작위 또는 부작위 의무를 침해하는 것이 위법성의 본질이라고 하는 견해라 할 수 있다. 형식적 위법성설은 위법성 평가의 기준을 명령·금지규범 그 자체에 두고, 이에 위반하면 위법성을 인정하므로 결국 구성요건에 해당하는 행위는 형식적으로 위법하다고 하게 되어 위법성의 내용이 아무 것도 없게 된다. 따라서 위법성 판단의 기준으로서는 아무런 역할을 하지 못한다.

(2) 실질적 위법성설

실질적 위법성설은 위법성의 평가기준을 형식적인 금지규범이 아니라 실질적 내용에서 찾으려는 견해로서 다시 두 가지 견해가 대립하고 있다.

1) 규범위반설　　위법성의 실질은 사회윤리질서에 반한다는 데에 있다는 견해이다. 이 견해는 법규범의 기초가 되는 명령·금지위반이 위법이 된다는 빈딩(Binding)의 형식적 위법성설을 발전시켜, 법규범의 근저에 있는 종교·도덕·관습규범, 기타 직업상의 규범총체인 문화규범에 위반한 것이 위법성의 실질이라고 한 마이어(M.E. Mayer)에 의해 그 기초가 마련되었다.[10]

그 후 공서양속 또는 사회윤리적 규범에 위반한다거나[11] 사회생활 중에서 역사적으로 형성된 사회윤리적 질서 범위 내에 있는 사회적 상당성을 일탈한 법익침해가[12] 위법성의 실질이라고 주장하게 되었다.

2) 법익침해설　　위법성의 실질은 법익침해 내지 그 위태화에 있다는 견해이다. 이 견해는 포이엘바하의 권리침해설을 비판한 비른바움(Birnbaum)이 제창한 후 리스트(Liszt) 등에 의하여 널리 보급되어진 이론이다. 법익침해설에

10) M. E. Mayer, AT, 2. Aufl., S. 179f.
11) 牧野, 日本刑法, 338면, 342면; 團藤, 綱要, 170면 이하; 大塚, 概說, 227면.
12) Welzel, S. 55ff.; 황산덕, 97면.

의하면 법은 인간의 생활이익을 보호하기 위해서 존재하므로 형법도 법익보호 기능을 가질 수밖에 없으며, 법익침해라는 객관적 사태를 위법성의 실질로 파악할 때에만 위법성 판단의 객관성을 유지하고, 보장적 기능도 수행할 수 있다고 한다.

3) 학설의 평가　　규범위반설은 사회윤리질서에 반한 행위에 대해서 위법성 평가를 하므로 이를 강조하면 법익침해 내지 그 위태화가 없는 행위도 위법행위로 평가되어 가벌성 범위가 확대될 우려가 있다. 반면 법익침해설은 법익침해만으로 위법성 평가를 하므로 사회윤리적으로 타당한 행위를 하였음에도 법익침해의 결과가 발생한 우연적 사고까지 위법성을 인정해야 한다.

법규범은 인간의 행위를 규율대상으로 하고 형법규범의 1차적 규율대상도 법익침해를 지향한 인간의 행위이므로 사회윤리질서에 반한 행위자체를 위법성 평가대상에서 제외할 이유가 없다. 한편 형법의 궁극적 임무는 법익보호에 있으므로 법익침해성도 위법성의 실질내용을 구성한다고 해야 한다. 그리하여 행위가 사회윤리적 질서에 위반한 방법과 태양으로 법익침해를 야기한 경우에만 위법성을 인정할 때에 위법성의 범위를 한정하고 보장적 기능도 수행할 수 있다. 따라서 위법성의 실질은 규범위반설과 법익침해설 어느 하나가 아니라 양자 모두 그 실질이 된다고 해야 한다. 다만 불법구성요건의 불법개념이 일반화되어 규범위반설은 행위반가치의 내용으로, 법익침해설은 결과반가치의 내용으로 사실상 해소되고 있다. 그렇다고 해서 위법성의 실질이 무의미하다고 할 수 없다. 구성요건해당성 판단은 잠정적인 불법판단일 뿐이므로 구성요건에 해당하는 행위에 대하여 확정적으로 불법을 귀속시키기 위해서는 위법성 단계에서 위법성에 대한 구체적·개별적 판단이 필요하다고 해야 한다.

2. 객관적 위법성설과 주관적 위법성설

(1) 객관적 위법성설

객관적 위법성설(objecktive Rechtswidrigkeitstheorie)은 객관적으로 존재하는 평가규범 위반이 위법이라고 하는 견해이다.[13] 이 견해는 법은 의사결정규범의

13) Mezger, ein Studienbuch, S. 85; Liszt/Schmidt, Lehrbuch, S. 174; Beling, Grundzüge, 2. Aufl., S. 29; 정영석, 128면; 남흥우, 119면; 이건호, 94면; 염정철, 217면; 백남억, 118면; 정성근, 251면; 이재상, 214면; 임웅, 194면 이하.

기능을 하기 이전에 그 논리적 전제로서 평가규범의 기능을 한다는 법규범의 구조분석에서 출발하여 평가규범의 성질을 강조하고 모든 법규범은 행위의 반가치성 여부를 판단하는 가치평가의 총체라고 한다.

객관적 위법성설에 의하면 책임 없는 위법성이 존재할 수 있으므로 행위가 위법하기 위해서는 행위자에게 책임이 있는가 없는가를 물을 필요는 없다. 따라서 책임무능력자의 위법한 침해에 대해서도 정당방위는 가능하다.

(2) 주관적 위법성설

주관적 위법성설(subjektive Rechtswidrigkeitstheorie)은 인간의사에 대한 명령·금지가 법규범이라고 하는 명령설을 근거로, 규범의 명령·금지를 이해하고 이를 준수할 수 있는 자의 결정규범 위반이 위법이라고 하는 견해이다.[14] 법규범은 평가규범과 결정규범의 성질을 가지고 있지만 규범의 요구에 따라 의사결정을 할 수 있는 자에 대해서만 법적 평가가 가능하다고 하여 결정규범을 강조한다. 이에 의하면 결정규범을 준수할 수 없는 책임무능력자는 애당초 위법행위를 할 수 없으므로 법규범의 수명자가 될 수 없고 위법성 판단의 대상도 될 수 없다. 따라서 책임무능력자의 침해행위에 대해서는 정당방위를 할 수 없고 긴급피난만이 가능하다.

(3) 학설의 평가

주관적 위법성설은 결정규범 위반이 위법이라 하여 행위자의 의사결정에 대한 귀책가능성 문제까지 위법성 평가의 대상으로 하므로 책임 평가와 위법성 평가를 혼동하고 있다. 또 형법규범은 평가규범인 동시에 결정규범이므로 결정규범만 강조하여 위법 내지 불법을 인정할 수 없다.

객관적 위법성설은 평가규범 위반은 위법성, 결정규범 위반은 책임이라 하여 양자의 체계상의 성질을 구별한 자체는 타당하다. 법규범이 의사결정규범으로 작용하기 위해서는 이에 선행하여 일정한 가치를 긍정하거나 부정하는 평가규범이 존재해야 하기 때문이다. 따라서 두 가지 성질은 법규범 수명자에 대하여 항상 함께 작용하고 우열의 차이가 없다고 해야 한다. 그리고 이 설의 본래의

14) A. Merkel, Zur lehre von der Grundeinteilungen des Unrechts und seiner rechtlichen Folgen, Kriminalistische Abhandlungen, 1867, S. 47; G. Z. Dohna, Die Rechtswidrigkeit als allgemeines Merkmal im Tatbestande strafbarer Handlungen, 1905, S. 38, 48, 54, 69, 131, 150.

취지는 평가규범으로서의 법규범은 객관적으로 존재하는 가치평가의 총체이므로 위법성 평가는 객관적 사실에 대한 객관적 평가일 뿐이고 일체의 주관적 심리적 사실은 책임요소로 파악한다(철저한 객관적 위법성설). 그러나 주관적 불법요소와 책임의 객관화가 일반화되고 있으므로 불법 내지 위법성은 객관적인 것, 책임은 주관적인 것으로 구별할 수 없다.

따라서 객관적 위법성설에서 위법성은 객관적이라 할 때의 "객관적"이라는 의미는 위법성 평가방법을 객관적으로 해야 한다는 뜻일 뿐이고 불법 내지 위법성 판단의 대상까지 객관적 사실을 뜻하는 것은 아니라고 파악해야 한다. 즉, 위법성 평가에서는 보편타당한 일반적 기준에 의한 판단을 하면 족하고 그 판단의 대상에는 주관적·객관적 사실을 구별할 필요가 없다.

제 2 절 위법성조각사유

Ⅰ. 위법성조각사유의 의의와 형법의 규정

1. 의 의

불법을 유형화한 구성요건은 위법성의 존재근거이므로 구성요건에 해당하는 행위는 원칙적으로 위법하다. 그러나 법질서는 일정한 행위가 구성요건에 해당할지라도 예외적으로 특별한 사정이 있는 때에는 그 행위를 허용(위법성을 배제)하기도 한다. 이와 같이 구성요건에 해당하는 행위에 대하여 법적으로 허용하는 규정을 허용규범이라 하며, 이를 정당화사유(Rechtfertigungsgründe) 또는 위법성조각사유(Rechtswidrigkeitsausschliessungsgründe)라 한다. 정당화사유는 정당성을 긍정하는 측면에서의 표현이고, 위법성조각사유는 위법성을 부정하는 측면에서의 표현이므로 동일대상에 대한 표현방법의 차이일 뿐이다.[15)]

15) 다만, 소극적 구성요건표지이론에 의하면 위법성조각사유를 소극적 구성요건요소라고 하므로 위법성조각사유가 존재하면 구성요건해당성이 부정된다(제2편 제3장 제1절 Ⅰ 4. (3) 참조).

2. 형법의 규정

형법총칙은 정당행위(제20조), 정당방위(제21조), 긴급피난(제22조), 자구행위(제23조) 및 피해자의 승낙에 의한 행위(제24조)를 위법성조각사유로 규정하고 있는데 위법성조각사유는 이에 한정되지 않는다. 형법 각칙상의 명예훼손죄에 있어서의 허용규정(제310조)과 모자보건법상의 인공임신중절의 허용규정(동법 제14조)도 위법성이 조각되는 사유이다. 또 형법 제20조 후단에서 “기타 사회상규에 위배되지 아니하는 행위는 벌하지 아니한다”라고 규정하여 위법성이 조각되는 경우를 포괄적으로 인정하고 있으므로 반드시 실정법에 구체적으로 열거하고 있는 경우로 한정할 이유가 없다.

그리고 형법은 위법성조각사유에 해당하는 경우를 “위법성이 조각된다”라고 규정하지 않고 “벌하지 아니한다”라고 규정하고 있는데, 이는 구성요건에는 해당하지만 위법성이 배제되고 정당화되어 범죄가 성립하지 아니하므로 벌하지 아니한다는 의미로 해석하여야 한다.

Ⅱ. 위법성조각사유의 일반원리

위법성조각(정당화)사유의 일반원리란 실질적 위법성설의 관점에서 다양하고 동태적인 개개의 모든 위법성조각사유를 포괄하는 통일적인 원리를 제시하는 것으로, 개개의 위법성조각사유의 인정 여부와 해석상의 기준이 되는 일정한 원칙을 말한다.

위법성조각사유의 일반원리를 어떻게 파악할 것이냐에 대해서는 단일한 원리로 파악하는 일원론과 복수의 원리로 파악하는 다원론이 대립하고 있다.

1. 일원론

일원론은 위법성의 실질에 관한 기본사상을 중심으로 하여 규범위반설을 기초로 하는 목적설 · 사회상당성설과 법익침해설을 기초로 하는 법익형량설 · 우월적 이익설이 주장되고 있다.[16)]

---

16) 일원론은 독일에서 초법규적 긴급피난의 정당화와 관련하여 논의되기 시작하였다. 의학적으

(1) 목적설

목적설은 국가적으로 승인된 정당한 목적 달성을 위한 상당한 수단인 때에 위법성을 조각시키는 원리가 된다고[17] 한다. 목적설은 모든 위법성조각사유를 통일적으로 파악하고 특히 주관적 정당화 요소를 인정할 수 있는 기초를 마련한 데에 의의가 있다.

그러나 ① 목적설은 "정당한 것은 정당하다"라는 동어반복에 불과하여 무엇이 정당한가를 설명하지 못하므로 위법성조각사유의 해석에 적극적인 도움을 줄 수 없으며,[18] ② 정당성의 판단도 실질적인 판단원리(실질적 정의)에 의하여 구체적 내용이 다시 보충되지 않으면 그 내용이 공허하여 추상적·다의적 성격을 면할 수 없으며,[19] ③ 법적 기준이 아니라 도덕적·윤리적 기준에 의해 위법성조각의 원리를 인정하므로 이에 대한 충분한 근거를 제시하지 않을 때에는 국가가 요구하는 윤리관·가치관을 강요하게 될 위험성이 있다.[20]

(2) 사회적 상당성설

사회적 상당성설은 행위가 사회생활 중에서 역사적으로 형성되어진 사회윤리적 질서에 합치되는 때, 즉 사회적 상당성이 위법성조각사유의 일반원리라고 한다.[21]

그러나 ① 사회적 상당성이라는 개념은 긴급행위와 같은 특별한 정당화사유를 설명하는 데 적절하지 못하며,[22] ② 일반조항의 성격을 가지는 사회적 상당성을 위법성조각사유의 원리로 사용하면 위법성의 한계가 불명하게 되어 법치국가사상에 반하며, ③ 사회적 상당성의 개념이 포괄적·추상적·다의적이므로 결국 목적설과 차이가 없다.[23]

로 처방된 낙태에 관한 1927년의 독일 제국법원 판결(RGSt 61, 242)은 목적설을 배제하고 법익형량설을 채택함과 동시에 초법규적 긴급피난을 인정하였다.

17) 대표적인 주장자는 독일의 도나, 리스트, 슈미트 등이다(Graf zu Dohna, Der Aufbau der Verbrechenslehre, S. 30f.; Liszt/Schmidt, Lehrbuch, S. 187f.).

18) Mezger, S. 243; Maurach/Zipf, 25/7.

19) Mezger, S. 242; 정성근, 266면; 이재상, 215면. 이와 같이 목적설에 대한 비판은 대부분 이 설의 추상성에 집중된다.

20) 차용석, 위법성조각사유의 일반적 원리(上)(월간고시, 1981.1), 19면; 손해목, 초법규적 정당화원리(현대형사법론, 김기두 교수 화갑기념논문집, 1980), 84면.

21) Welzel, S. 58; 황산덕, 147면, 154면; 김종원, 위법성조각사유의 일반원리에 관한 소고(차용석박사 화갑기념논문집, 1994), 181면.

22) Hirsch, Die Lehre von den negativen Tatbestandsmerkmalen, 1960, S. 284; Maurach/Zipf, 25/10.

(3) 법익형량설

법익형량설은 충돌하는 법익 사이에 가치가 같거나 높은 법익을 보호하는 것이 위법성조각사유의 원리라고 하는 견해이다.[24)]

법익형량설은 목적설 및 사회적 상당성설의 추상성을 완화할 수 있다는 장점이 있다. 그러나 ① 법익가치의 대소·경중을 측정하는 기준이 없기 때문에 모든 법익을 비교형량할 수 없고,[25)] ② 법익형량은 위법성 판단에 있어 중요한 요소이지만 유일한 요소는 아니므로 법익의 가치관계 이외의 사정을 위법성 판단에 고려할 수 없다.[26)]

(4) 우월적 이익설

우월적 이익설(überwiegende Interessestheorie)은 법익형량설의 결함을 시정하여 법익 이외의 이익·가치의 형량까지 고려하는 입장이다. 즉, 일반적인 가치의 우열에 있어서는 법익가치의 형량을 기본으로 하지만 보호법익에 대한 위험의 정도, 보호법익과 침해법익의 양과 범위, 법익보호의 필요성의 정도, 행위의 태양·방법이 가지는 법익침해의 위험성의 정도 등 대립하는 법익의 요보호성에 관한 모든 사정을 고려하여 침해된 법익의 요보호성보다 보호하려는 법익의 요보호성이 우월하다는 것이 위법성조각사유의 일반원리라고 한다.[27)] 이 설은 법익형량설보다 넓은 범위에서 이익의 개별적·구체적 사정 등을 고려하여 포괄적으로 비교형량하므로 특히 이익형량설(Interessenabwägungstheorie)이라고도 한다.

우월적 이익설은 법익형량을 함에 있어 행위의 태양·방법이 가지는 법익침

23) 정성근, 266면; 이재상, 215면; 손해목, 초법규적 정당화원리, 85면; 차용석, 429면.

24) 이러한 법익형량설은 헤겔학파의 우월적 권리유지설을 기반으로 하여 빈딩, 메르켈을 거쳐 메츠거에 의해서 확립된 이론이다(Binding, Handbuch des Strafrechts, Bd. 1, 1885, S. 760; Mezger, Studienbuch, S. 126). 이에 의하면 피해자 승낙에 의한 행위는 법익형량설에 의하여 설명할 수 없으므로 이에 대해서는 이익흠결의 원칙(Prinzip das mangelnden Interesses)이 타당하게 된다.

25) 정성근, 267면; 內藤, 總論(中), 312면.

26) 정성근, 267면; 김일수/서보학, 272면.

27) 우월적 이익설의 이론적 기초는 놀(Noll)의 가치형량설에서 나타나지만, 앞에서 본 메르켈(Merkel)을 거쳐 렝크너(Lenckner)에 의하여 확립되었다(Noll, Tatbestand und Rechtswidrigkeit: Die Wertabwägung als Prinzip der Rechtfertigung, ZStW 77, S. 14; Sch/Sch/Lenckner, StGB, §34 Rdn. 22). 렝크너의 주장은 1966년 택일안(Alternativ Entwurf) 제15조에 반영되었고 오늘에 이르기까지 슈트레(Stree), 히르쉬(Hirsch), 크라이(Krey) 등 폭넓은 지지를 받고 있다.

해의 위험성 정도를 고려하므로 행위반가치도 고려한다. 또 법익의 가치관계 이외의 사정도 넓게 고려하므로 법익형량설의 결함을 시정할 수 있다는 장점이 있다.

그러나 ① 이익의 개념을 무제한으로 확대시키는 것은 일반적 설득력을 갖지 못하며,[28] ② 제3자의 법익을 위한 정당방위와 피해자의 승낙에 의한 행위에 대해서는 우월적 이익 원칙이 타당할 수 없으며, ③ 우월적 이익설에 의하더라도 일반적인 가치 순위에 있어서 가치가 크다는 것을 어떻게 형량할 것이며, 또 법익의 요보호성에 관한 모든 사정을 어떤 방법으로 고려하여 우월적 이익을 인정할 것이냐는 역사적·사회적 제약을 받을 수밖에 없으므로 유동적·상대적 판단임을 면할 수 없다는 비판이 있다.

2. 다원론

(1) 다원론의 의의

다원론은 통일적인 위법성조각사유의 일반원리를 설정하는 것이 불가능하다는 관점에서 위법성조각사유를 몇 개의 그룹으로 유형화하여 개개의 위법성조각사유의 구조와 특수성에 맞는 복수의 기준을 제시하는 이론이다. 즉, 위법성조각사유는 개별적 사유마다 특수성이 있고 내용상으로 차이가 있으므로 이를 획일적으로 결정하면 개개 조각사유의 특수성을 밝힐 수 없고 내용의 추상성을 면할 수 없다는 것이다.[29]

(2) 이원설

피해자의 승낙과 추정적 승낙에 의한 행위는 이익흠결의 원칙이, 그 외의 모든 위법성조각사유는 우월적 이익의 원칙이 위법조각사유의 원리가 된다고 한다.[30] 이익흠결의 원칙이란 법적으로 보호해야 할 이익이 존재하지 않을 때에는 위법성이 부정된다는 원칙을 말한다. 이원설은 승낙에 의한 행위에 대해 행위반가치와 승낙자의 자기결정권이라는 가치를 전혀 고려하지 않는다는 결함

28) 이형국, 긴급피난이론으로서의 이익형량설과 목적설(법철학과 형법, 황산덕 박사 화갑기념논문집, 1979), 400면.

29) Sch/Sch/Lenkner, Vor §32 Rdn. 6; Maurach/Zipf, 25/9; Stratenwerth, AT, 9/2; Jescheck/Weigend, §31 Ⅱ 1; 정성근, 268면; 이재상, 216면.

30) Mezger/Blei, S. 122; Blei, S. 118; 배종대, 302면.

이 있다.

(3) 개별화설

개별화설은 법익론을 기초로 결과반가치만을 고려하는 이원론을 비판하고 행위반가치를 고려하는 목적 사상도 함께 고려하여, 개개의 위법성조각사유에 따라 어느 원리를 특히 중시하거나 그 결합에 의하여 위법성조각사유의 근거를 설명하려는 견해이다.[31] 이에 의하면 피해자의 승낙과 추정적 승낙에 의한 행위는 이익흠결의 원리가, 이 이외의 위법성조각사유에 대해서는 우월적 이익과 정당한 목적의 원리가 타당하며, 이러한 원리는 개개의 위법성조각사유에 대해서 개별적으로 작용하는 것이 아니라 상호 다양하게 종합적으로 작용한다고 한다.

3. 결 어

위법성은 법질서에 배치되는 행위의 성질판단이므로 그 판단은 행위가 법질서와의 관계에서 정당화되느냐 안되느냐의 어느 하나일 뿐이다. 이러한 양자택일적 판단은 우선 단일원리에서 출발해야 한다. 그리고 위법성조각사유의 일반원리는 단순한 해석상의 제한원리에 그치는 것이 아니라 법의 구성원리이므로 통일적 원리를 전제하지 않을 수 없다.

한편 위법성조각사유의 원리를 단일한 획일적 기준으로 정하면 일반조항적 성질을 갖게 되어 오히려 위법과 정당화의 한계가 불명료하게 되고, 구조와 특성이 각각 다른 개개의 위법성조각사유의 특수성을 밝힐 수 없다. 그러므로 위법성조각사유의 원리는 통일적 일반원리를 전제로 하면서 개개의 특수성에 따른 개별원리를 찾는 것이 타당하다고 본다. 즉, 유개념으로서의 일원적 원리를 전제로 하여 다원적 체계화를 시도해야 한다.[32]

첫째, 위법성은 사회공동체 법질서와의 관계에서 내려지는 평가이므로 위법성조각사유의 일반원리는, 법이념적 측면에서의 정당성의 원리를 기초로 하여

---

31) Jescheck/Weigend, §31 Ⅱ 2; Sch/Sch/Lenckner, Vor §32 Rdn. 7; 이재상, 217면; 임웅, 197면; 오영근, 289면; 손동권, 165면; 김성돈, 250면.

32) 이러한 견해는 Roxin이 취하고 있다. Roxin은 위법성조각사유의 일반원리로서 충돌하는 이익과 반대이익의 사회적으로 정당한 조절을 목적으로 하는 '사회조절적 이익형량'을 상위개념으로하고, 개별원리로는 4가지 추진원리를 구체화하는 '사회적 질서원리'를 제시한다(Roxin, Kriminalpolitik und Strafrechtssystem, 2. Aufl., 1973, S. 26ff.; 김일수/서보학, 274면 이하; 정성근, 270면).

위법성의 실질에 관한 규범위반설과 법익침해설의 취지를 함께 고려한 통일적 원리가 되어야 한다. 이러한 원리를 "사회적 이익형량"이라 부르기로 한다. 사회적 이익형량은 요보호성에 관한 이익형량뿐만 아니라 행위의 목적·행위의 상규성(수단·방법의 상당성)·긴급성·보충의 원칙·자율의 원리 등 구체적 사정을 종합적으로 고려하여 그 행위가 사회공동체의 법질서 정신이나 사회윤리에 비추어 용인된다고 할 때에 정당화를 인정한다. 형법 제20조의 사회상규는 이러한 사회적 이익형량을 실정화한 개념으로 본다.[33]

둘째, 사회적 이익형량은 구체적인 개별원리를 도출하는 추상적인 일반원리에 불과하므로 이를 상위개념으로 하여 개개의 위법성조각사유의 특수성에 맞는 개별원리를 도출해야 한다. ① 정당방위와 자구행위는 자기보호의 원리와 법확증원리가, ② 긴급피난은 자기보호원리(또는 사회연대성의 원리)와 우월적 이익의 원리가, ③ 피해자 승낙·추정적 승낙, 명예훼손죄의 진실성은 이익옹호의 원리와 자율의 원리가 각각 기본적인 개별원리가 된다. 그리고 우월적 이익의 원리(이익형량), 자율의 원리(자기결정권), 행위의 상규성 원칙은 원칙적으로 모든 조각사유의 공통된 원리로 작용할 수 있다. 판례는 목적과 행위수단·방법의 정당성, 보호법익과 침해법익의 균형성·긴급성·보충성 등을 고려하여 위법성조각 여부를 판단하고 있는데,[34] 그 취지는 같다고 볼 수 있다.

Ⅲ. 주관적 정당화요소

1. 의 의

위법성조각사유(정당화사유)의 객관적 전제상황(전제사실)을 인식하고 위법성조각사유에 해당하는 행위를 하였을 때에 그 주관적 의사를 주관적 정당화요소(Subjektive Rechtfertigungselement)라 한다. 즉, 위법성조각사유를 인정하기 위한 행위자의 주관적 의사 또는 위법성조각사유의 주관적 요건이라 할 수 있다. 예컨대 방위의사, 피난의사, 자구의사와 같은 것을 말한다.

33) 이에 대한 자세한 설명은 박광민, 정당화사유의 일반원리에 관한 연구(성균관대 대학원 박사학위논문, 1989), 77면 이하 참조.

34) 대판, 1986. 9. 23, 86도1547 등.

2. 주관적 정당화요소의 필요여부

위법성조각사유에 있어 그 객관적 요건 이외에 주관적 정당화요소가 필요한가에 관하여 불요설과 필요설이 대립한다.

(1) 불요설

불요설은 위법성조각사유의 객관적 상황(요건)만 갖추고 있으면 행위의 위법성은 부정되므로 주관적 정당화요소는 위법성조각사유의 필요요건이 아니라고 한다.[35] 이 견해는 객관적 위법성설과 결과반가치 일원론을 근거로 행위의 위법성 여부는 객관적 사정만으로 판단해야 하며, 객관적 상황만 갖추고 있으면 결과반가치가 탈락하여 정당화된다는 것을 이유로 한다.

(2) 필요설

필요설은 위법성조각사유의 객관적 상황뿐만 아니라 주관적 정당화요소가 있는 경우에 한하여 행위의 위법성을 부정할 수 있으므로 주관적 정당화요소는 위법성조각사유의 필요요건이라 한다. 이 견해는, ① 불법의 실질이 행위반가치에 있다는 인적 불법론(또는 이원적 인적 불법론)을 근거로 정당화를 지향하고 있는 주관적 의사가 있는 경우에만 행위반가치가 탈락하고, ② 형법이 위법성조각사유에 관하여 방위하기 위한 행위(제21조), 피난하기 위한 행위(제22조), 피하기 위한 행위(제23조)라고 할 때의 "위한"이라 한 것은 주관적 정당화요소를 명문으로 요구한 것이고, ③ 객관적 위법성설은 위법성 평가방법의 객관성을 요구할 뿐, 위법성 평가대상까지 객관성을 요구하는 것은 아니라는 것을 이유로 한다. 우리나라의 통설이며[36] 판례의 태도이다.

【판례】 …설사 그 당시의 사태가 소론 현재의 위난이 존재하는 상태이었다고 가정하더라도 소위 피난의사가 있었다고 인정할 수 없는 이상 이건 긴급피난의 성립을 인정할 수 없다(대판, 1980. 5. 20, 80도306).[37]

---

35) 차용석, 585면 이하.

36) 유기천, 171면; 정영석, 139면; 황산덕, 160면; 정성근, 285면; 이형국, 131면; 이재상, 218면; 진계호, 273면; 김일수/서보학, 277면; 박상기, 150면; 배종대, 294면; 손해목, 409면; 안동준, 101면; 임웅, 199면; 손동권, 167면; 신동운, 265면.

37) 同旨: 대판, 1986. 9. 23, 86도1547; 대판, 1993. 8. 24, 92도1329 등.

(3) 결 어

불법은 결과반가치와 행위반가치가 있을 때 인정되므로 불법이 완전히 부정되기 위해서는 결과반가치뿐만 아니라 행위반가치도 탈락해야 하며, 주관적 정당화요소가 있는 때에는 주관적 불법요소인 고의가 상쇄되어 행위반가치가 탈락하므로 주관적 정당화요소가 필요하다는 통설이 타당하다.

3. 주관적 정당화요소의 내용

(1) 인식설 · 의사요구설

주관적 정당화요소가 필요하다고 할 때에 그 내용이 무엇인가, 즉 인식으로 족한가 의사까지 있어야 하느냐에 대해 견해가 대립한다. 이러한 대립은 주관적 요소에 목적 · 동기까지 필요한가에 귀착한다. 주관적 정당화요소가 고의(행위반가치)를 상쇄시키는 대응관계에 있으므로 인식과 의사가 있어야 할 것이다. 다만 인식은 의사를 수반하고, 의사는 인식을 전제로 하므로 이러한 논쟁은 별 의미가 없다.

문제는 주관적 정당화요소가 정당화 목적 또는 동기라야 하느냐에 있다. 이를 긍정하는 견해가[38] 있으나 목적 · 동기까지 요구할 필요가 없다고 본다. 이를 요구할 때에는 긴급행위의 경우에는 대부분 위법한 행위가 되어 정당방위, 긴급피난 등이 성립할 여지가 없게 될 것이다. 정당화 의사가 있는 한 다른 목적 · 동기가 부차적으로 병존한 경우, 예컨대 방위의사를 가진 자가 분노 · 복수심같은 동기가 개재되어 있어도 주관적 정당화요소가 있다고 해야 한다.

(2) 의무합치적 검토

정당화 의사에 추가하여 의무합치적 심사(양심에 따른 심사) 또는 성실한 검토의무까지 필요한가에 대하여 이를 긍정하는 견해,[39] 부정하는 견해,[40] 그리고 허용된 위험의 법리가 적용되는 정당화 사유에 한정해서 긍정하는 견해가[41] 있다.

정당화사정의 의무합치적 심사는 위법성조각사유의 전제조건이 아니므로 원

38) 이재상, 219면(단, 피해자승낙은 인식으로 족하다고 한다. 同旨 : 손해목, 406면).
39) 이재상, 219면; 배종대, 296면; 손해목, 407면.
40) 김일수/서보학, 279면.
41) 임웅, 201면.

칙적으로 이를 요구할 필요가 없다. 이것이 요구되는 경우는 위법성조각사유의 전제사실에 대한 착오와 관련하여 정당화 사정이 불확실할 때 의무합치적 심사가 고려될 뿐이다. 예컨대 공무원의 직무집행행위, 정당화적 긴급피난, 추정적 승낙, 명예훼손죄에 있어서의 진실성에 대해서 고려될 수 있다.

4. 주관적 정당화요소가 결여된 경우의 효과

주관적 정당화요소의 불요설에 의하면 정당화 사정이 존재하는 한 주관적 정당화요소가 없는 경우에도 위법성이 조각된다. 필요설에 의하면 정당화 사정과 주관적 정당화요소가 있어야 위법성이 조각되므로 주관적 정당화요소가 결여되면 인식한 고의범이 성립한다. 다만, 그 취급에 대해서는 견해가 나누어진다. 우연적 방위, 우연적 피난 등의 취급문제이다.

(1) 기수범설

위법성조각사유의 객관적 사정이 존재하여도 주관적 정당화요소가 없으면 인식한 고의의 기수범이 성립한다는 견해이다.[42] ① 구성요건적 결과가 발생한 이상 결과반가치를 부정할 수 없고 행위반가치도 있으므로 기수범의 불법을 인정해야 하며, ② 만일 이 경우에 미수범을 인정하면 침해행위가 과실행위이거나 미수에 그친 경우 과실범의 미수 또는 미수범의 미수가 되어 처벌이 불가능한 결과가 생긴다는 것을 이유로 한다.

그러나 ① 불법행위는 법질서의 목적상 그 불법에 상응하는 법적 보호가 배제되어 법익침해가 부정되므로 법질서를 침해하는 한도 내에서 결과반가치는 상쇄된다고 해야 하며, ② 정당화 사정이 있는 자의 행위와 이것이 없는 일반의 범죄는 그 불법내용을 동일하게 평가할 수 없으며, ③ 과실범의 주관적 정당화요소를 부정하는 입장에서는 애당초 과실범의 미수가 문제될 수 없다고 해야 한다. 그리고 ④ 미수범의 미수란 존재할 수 없는 것이며 이 경우도 항상 미수범만이 문제된다고 해야 한다.

(2) 불능미수유추적용설

주관적 정당화요소가 결여되면, ① 행위자의 행위반가치는 인정되지만 정당

42) 이재상, 220면; 진계호, 288면; 배종대, 298면(주관적 정당화요소가 결여된 자의 처벌은 양형에서 고려하면 족하다고 한다); 정영일, 217면; 김성천, 178면.

화 사정의 존재로 인하여 상대방에 대한 결과반가치가 상쇄되어 기수범의 결과반가치가 탈락하고 미수범의 결과반가치만 있을 뿐이므로 기수범의 불법이 부정되며, ② 애당초 기수범의 결과반가치가 불가능한 상태에 있으므로 불능미수에 있어서의 결과발생의 불가능성과 유사하므로 불능미수는 아니지만 불능미수 규정을 유추적용하여 불능미수와 같이 취급해야 한다는 견해이다. 우리나라 다수설이다.[43]

(3) 결 어

정당화 사정이 존재하는 경우와 존재하지 않는 경우는 불법에서 차이가 생기므로 양자를 동일한 기수범으로 취급할 수 없다. 정당화 사정(객관적 전제상황)이 존재할 때에는 법질서 목적상 불법을 보호하거나 불법에 양보할 수 없으므로 법익침해라는 결과반가치가 상쇄된다고 해야 한다. 결국 정당화 사정은 존재하지만 주관적 정당화요소가 결여된 자의 행위는 행위반가치는 있으나 기수범의 결과반가치가 탈락하여 미수범의 불법정도밖에 없으므로 애당초 기수범의 불법을 인정할 수 없다. 즉, 불법에서 기수범의 결과반가치의 불가능성은 불능미수의 결과발생 불가능성과 유사하므로 불능미수는 아니지만 불능미수 규정을 유추적용하는 견해가 타당하다고 해야 한다.

제 3 절 정당행위

Ⅰ. 정당행위의 의의 · 성질

정당행위란 사회상규에 위배되지 아니하는 행위로서 국가적 · 사회적으로 정당시되는 행위를 말한다. 형법은 법령에 의한 행위 · 업무로 인한 행위 · 기타

43) 정성근, 286면; 이형국, 131면; 김일수/서보학, 282면; 박상기, 152면; 안동준, 104면; 임웅, 204면; 손동권, 168면; 오영근, 296면. 다만, 손해목, 408면은 원칙적으로 불능미수를 인정하지만 처벌상 불합리한 경우에 기수범으로 처벌해야 한다고 한다.

사회상규에 위배되지 아니하는 행위를 정당행위라고 규정하고 있다(제20조). 법령에 의한 행위와 업무로 인한 행위는 사회상규에 위배되지 아니하는 행위를 예시한 것에 지나지 않으며, 구체적으로 어떤 행위가 정당행위가 되느냐는 사회상규에 위배되느냐에 따라 판단하게 된다. 따라서 법령에 의한 행위나 업무로 인한 행위라도 그것이 사회상규에 위배되면 위법행위가 된다.

그리고 넓은 의미의 정당행위는 애당초 위법성이 조각되는 정당화된 행위이므로 사회상규에 위배되지 아니하는 행위는 정당행위뿐만 아니라 모든 위법성조각사유를 판단하는 실정법상의 기준이라 할 수 있다. 즉, 형법은 사회상규라는 객관적인 척도를 내세워 모든 위법성조각사유의 일반원리인 사회적 이익형량을 실정화한 것이며, 사회상규는 해석론상 다른 개별적인 위법성조각사유의 지도원리로서 최종적·보충적인 성격을 갖는다고 할 수 있다.

Ⅱ. 정당행위의 내용

1. 법령에 의한 행위

법령에 의한 행위라 함은 법령의 근거에 의하여 권리 또는 의무로 행해지는 행위를 말하고, 법령에 근거한 행정명령에 의한 행위도 포함한다. 법령에 의한 행위는 그 행위가 타인의 법익을 침해하여 구성요건에 해당하는 때에도 위법성이 조각된다. 구체적으로 어떤 행위가 법령에 의한 행위인가는 개별적으로 검토되어야 하나 그 중요한 것은 다음과 같은 것을 들 수 있다.

(1) 공무원의 직무집행행위

법령에 의한 행위의 대부분은 공무원의 직무권한에 속하는 직무집행행위라 할 수 있다. 이에는 두 가지 종류가 있다.

1) 법령에 의한 직무집행 직접 법령에 의하여 직무를 수행하는 행위이다. 예컨대 형법(제66조)·행형법(제70조)에 의한 사형집행, 형사소송법에 의한 검사·사법경찰관의 구속(제70조)·압수(제106조 이하)·수색(제109조)·검증(제215조) 등의 강제처분, 민사집행법에 의한 집행관의 강제집행(제43조) 등이다. 이러한 행위가 위법성이 조각되기 위해서는, ① 법령에 규정된 요건을 갖추어야 하고, ②

법령에 규정된 절차에 따라 행해져야 하며,[44] ③ 공무원의 직무범위 내의 행위라야 한다.[45] 직무가 공무원의 담당사무이고 그 담당영역 안에서 행하여진 때 직무범위에 속한다고 할 수 있다.

2) 상관의 명령에 의한 행위 상관의 직무명령에 의하여 직무를 집행하는 행위이다. 검사의 명령에 따른 사법경찰관의 범죄수사(검찰청법 제35조)가 대표적 예이다. 이 경우의 상관의 명령은, ① 부하의 신분 또는 직무를 감독할 권한이 있는 기관의 명령이어야 하고, ② 그 명령의 내용이 적법하고 부하의 직무에 관한 것이라야 하며, ③ 법률상 불가능한 명령이 아니라야 한다.

상관의 명령이 구속력을 가진 것이라도 상명하복은 법이 인정하는 범위 내에서만 허용되며, 법률상의 의무 내지 형벌법규에 반한 명령은 명령 그 자체가 위법으로 된다. 따라서 상관의 위법한 명령에 대해서는 거부해야 할 의무가 있고, 만일 위법명령에 따라 위법행위를 행한 때에는 불법한 범죄행위가 된다.[46] 다만, 상관의 위법명령을 적법한 것으로 오신한 경우와 절대적 구속명령인 경우에는 위법성은 조각되지 않으나 책임이 조각될 수 있다.[47] 어느 경우이건 공무원의 직무행위는 단지 형식적으로 법령에 근거하고 있다는 것만으로는 부족하고 그 집행방법도 상당한 것이 아니면 안된다. 직무행위의 범위를 일탈한 경우에는 직권남용죄(제231조) 등 범죄가 성립할 수 있다.

【판례】 공무원이 그 직무를 수행함에 있어 상관은 하관에 대하여 범죄행위 등 위법한 행위를 하도록 명령할 직권이 없는 것이고 하관은 소속상관의 적법한 명령에 복종할 의무는 있으나 그 명령이 참고인으로 소환된 사람에게 가혹행위를 가하라는 등과 같이 명백한 위법 내지 불법한 명령인 때에는 이는 벌써 직무상의 지시명령이라 할 수 없으므로 이에 따라야 할 의무는 없다. 설령 대공수사단 직원은 상관의 명령에 절대복종하여야 한다는 것이 불문율로 되어 있다 할지라도 … 고문치사와 같이 중대하고도 명백한 위법명령에 따른 행위가 정당한 행위에 해당하거나 강요된 행위로서 적법행위에 대한 기대가능성이 없는 경우에 해당하게 되는 것이라고는 볼 수 없다(대판, 1988. 2. 23, 87도2358).

44) 대판, 1971. 3. 9, 70도2406.
45) 대판, 1951. 4. 5, 4283형상11.
46) 우리나라의 통설과 판례의 입장이다. 대판, 1966. 1. 25, 65도997; 대판, 1988. 2. 23, 87도2358; 대판(전원합의체), 1997. 4. 17, 96도3376; 대판, 1999. 4. 23, 99도636 등.
47) 대판, 1961. 4. 15, 4290형상201.

(2) 징계행위

법령에 의해서 징계권을 가진 자의 징계행위도 사회상규에 위배되지 않을 때에 정당행위로서 위법성이 조각된다. 예컨대 친권자가 그 자녀를 보호 또는 교양하기 위한 징계행위(민법 제915조), 학교장이 교육상 필요한 때에 행할 수 있는 학생에 대한 징계행위(초중등교육법 제18조 1항), 소년원장이 수용된 소년의 규율위반시에 행할 수 있는 원생에 대한 징계행위(소년원법 제15조) 등이다. 징계의 요구와 방법·범위 등을 법률에 규정하는 경우도 있으나 대부분 명백한 기준이 없기 때문에 그 한계가 문제된다.

어느 정도의 징계행위가 허용되느냐는 행위가 행해진 구체적 사정을 기초로 교육의 목적 달성을 위하여 징계의 필요성이 있고, 그 정도가 징계의 수단으로서 사회상규에 반하지 않는가를 기준으로 하여 판단해야 한다. 문제는 폭력을 사용하는 육체적 징계, 즉 체벌이 허용되느냐이다. 친권자의 징계행위로서 체벌이 허용된다는 점에 관하여는 이견이 없으나, 그 방법이 지나치게 가혹한 경우에는 허용되지 않는다고 보아야 한다.[48] 교사의 체벌도 징계행위의 한계를 일탈하지 않는 범위 내에서 징계행위로서 허용된다고 본다.[49] 징계권의 한계에 대한 판례의 입장은 상해정도에 이르지 않는 징계에 한하여 정당행위라고 하고 있다.[50]

【판례】 ① 교사가 피해자인 학생이 욕설을 하였는지도 확인하지 못할 정도로 침착성과 냉정성을 잃은 상태에서 욕설을 하지도 아니한 학생을 오인하여 구타하여 상해를 입혔다면, 그 교사가 비록 교육상 학생을 훈계하기 위하여 한 것이라 하더라도 이는 징계권의 범위를 일탈한 위법한 폭력행위이다(대판, 1980. 9. 9, 80도762).

② 피청구인으로서는 체벌의 수단과 그 정도 및 피해자의 피해정도를 면밀하게 수사하여 만약 청구인들의 행위가 체벌로서 허용되는 범위 내의 것이라면 형법 제20조 소정의 정당행위에 해당하므로 '죄가 안됨' 처분을 하였어야

---

48) 대판, 1969. 2. 4, 68도1793 참조. 한편 제3자도 친권자의 추정적 승낙의 범위 내에서 상당한 정도의 징계행위는 허용된다고 본다(다만, 황산덕, 149면은 이를 부인한다).

49) 우리나라의 다수설(유기천, 192면; 정영석, 144면; 황산덕, 149면; 임웅, 207면; 박상기, 157면; 오영근, 304면 이하)이다. 그러나 이를 부정하는 입장은 이재상, 279-280면; 김일수/서보학, 344면; 배종대, 310면.

50) 교사의 체벌이 폭행에 그친 정도의 경우에는 정당행위로서 허용하고(대판, 1976. 4. 27, 75도115), 상해에 이른 때에는 징계권의 범위를 일탈한 폭력행위라고 판시하고 있다(대판, 1980. 9. 9, 80도762; 대판, 1990. 10. 30, 90도1456; 대판, 1978. 3. 14, 78도303). 헌법재판소(헌재, 2000. 1. 27, 99헌마481)도 대법원의 입장을 지지하고 있다

함에도 수사가 미진하여 일부 인정되는 폭행사실만으로 청구인들의 범죄혐의를 인정하여 각 기소유예처분하였다면 이는 수사를 다하지 아니함으로써 청구인들의 평등권을 침해하였다고 할 것이다(헌재, 2000. 1. 27, 99헌마481).

③ 중학교 교장직무대리자가 훈계의 목적으로 교칙위반학생에게 뺨을 몇차례 때린 정도는 감호교육상의 견지에서 볼 때 징계의 방법으로서 사회 관념상 비난의 대상이 될 만큼 사회상규를 벗어난 것으로는 볼 수 없어 처벌의 대상이 되지 아니한다(대판, 1976. 4. 27, 75도115).

④ 4세인 아들이 대소변을 가리지 못한다고 닭장에 가두고 전신을 구타한 것은 친권자의 징계권행사에 해당한다고 볼 수 없다(대판, 1969. 2. 4, 68도1793).

⑤ 소위 군대의 기합의 정도가 상해행위에 이르면 이미 정당행위라고는 볼 수 없다(대판, 1967. 4. 25, 67도418).

⑥ 징계 이외의 학생지도의 경우에 교사의 성격 또는 감정에서 비롯된 지도행위, 낯모르는 사람이 있는 데서 공개적으로 처벌·모욕을 가하는 지도행위, 신체나 정신건강에 위험한 물건이나 교사의 신체를 이용하여 부상의 위험이 있는 부위를 때리거나, 학생의 성별·연령, 개인적 사정에서 견디기 어려운 모욕감을 주어 방법·정도가 지나친 지도행위는 특별사정이 없는 한 사회통념상 객관적 타당성이 없다(대판, 2004. 6. 10, 2001도5380).

(3) 사인의 현행범체포행위

범인의 체포는 원래 수사기관의 임무에 속하고 사인(私人)의 임무는 아니다. 그러나 현행범인은 누구든지 영장없이 체포할 수 있으므로(형소법 제212조) 사인의 현행범체포행위도 법령에 의한 정당행위가 된다. 형사소추를 위해서 공적 기능을 개인에게 위임한 것이다. 현행범을 체포하는 경우에 사인이 폭행·구속 등 실력행사를 하더라도 체포나 도주저지를 위한 필요한 범위 내에서 위법성이 조각된다. 다만, 현행범체포의 범위를 일탈하여 상해를 가하거나 체포를 위하여 타인의 주거에 침입하면 위법행위가 된다. 또 사인이 현행범을 체포하기 위하여 무기를 사용할 수 없다.

(4) 노동쟁의행위

헌법 제33조 1항 본문은 노동조건의 향상을 위하여 자주적인 단결권·단체교섭권 및 단체행동권을 보장하고 있으며, 이를 근거로 노동조합및노동관계조정법은 동맹파업, 태업 등 쟁의행위를 규정하고 있다(동법 제2조 6호). 따라서 법에서 허용한 노동쟁의행위는 형법상 업무방해죄(제341조 1항)의 구성요건에 해당하더라도 법령에 의한 행위로서 위법성이 조각된다. 그러나 노동쟁의행위가 정당성을 갖기 위해서는 일정한 한계를 지켜야 한다.

쟁의행위가 정당화되기 위해서는, ① 전체로서의 노동쟁의가 정당한 것이라야 한다. 즉, 쟁의주체가 단체교섭의 주체가 될 수 있는 자라야 하고, 단체교섭의 대상이 될 수 있는 사항에 대하여[51] 노동조건의 개선 기타 노동자의 경제적 지위향상을 목적으로 하여야 하며, 정치적 목적이나 구속자 석방을 위한 쟁의는 노동쟁의로서 허용될 수 없다. ② 전체로서의 쟁의행위가 정당하더라도 개개의 쟁의행위가 법이 정한 절차에 따라 수단과 방법이 상당해야 한다. 사업장의 안전보호시설을 폐기·방해하거나 폭력행위, 파괴행위는 정당한 행위가 될 수 없다. 판례의 입장도 이와 같다.

【판례】 ① 근로자의 쟁의행위가 형법상 정당행위가 되기 위하여는 첫째 그 주체가 단체교섭의 주체로 될 수 있는 자이어야 하고, 둘째 그 목적이 근로조건의 향상을 위한 노사간의 자치적 교섭을 조성하는 데에 있어야 하며, 셋째 사용자가 근로자의 근로조건 개선에 관한 구체적인 요구에 대하여 단체교섭을 거부하였을 때 개시하되 특별한 사정이 없는 한 조합원의 찬성결정 및 노동쟁의 발생신고 등 절차를 거쳐야 하는 한편, 넷째 그 수단과 방법이 사용자의 재산권과 조화를 이루어야 함은 물론 폭력의 행사에 해당되지 아니하여야 한다는 여러 조건을 모두 구비하여야 한다(대판, 1998. 1. 20, 97도588).[52]

② … 쟁의행위를 함에 있어 조합원의 직접·비밀·무기명투표에 의한 찬성결정이라는 절차를 거쳐야 한다는 노동조합및노동관계조정법 제41조 제1항의 규정(에) … 위반한 쟁의행위는 그 절차를 따를 수 없는 객관적인 사정이 인정되지 아니하는 한 정당성이 상실된다. … 따라서 견해를 달리하여 … 조합원의 직접·비밀·무기명 투표에 의한 과반수의 찬성결정을 거치지 아니하고 쟁의행위에 나아간 경우에도 조합원의 민주적 의사결정이 실질적으로 확보된 경우에는 위와 같은 투표절차를 거치지 아니하였다는 사정만으로 쟁의행위가 정당성을 상실한다고 볼 수 없다는 취지의 대법원 2000. 5. 26. 선고 99도4836 판결은 이와 어긋나는 부분에 한하여 변경하기로 한다(대판, 2001. 10. 25, 99도4837 전원합의체).

(5) 정신병자에 대한 감호행위

정신병자는 자신을 상해하거나 타인에게 해를 끼칠 우려가 많기 때문에 이를 보호할 의무자가 감호 또는 강제입원 등의 조치를 하더라도 체포죄·감금

51) 대판, 2002. 2. 26, 99도5380: 정리해고나 사업조직의 통폐합 등 기업의 구조조정 실시여부는 경영주체에 의한 고도의 경영상 결단에 속하는 사항으로서 이는 원칙적으로 단체교섭의 대상이 될 수 없다.

52) 同旨: 대판, 1990. 5. 15, 90도357; 대판, 1991. 5. 24, 91도324; 대판, 1994. 4. 30, 94다4042; 대판, 1996. 1. 26, 95도1959; 대판, 2001. 6. 12, 2001도1012; 대판(전원합의체), 2001. 10. 25, 99도4837 등.

죄 등이 성립하지 않고 정당행위가 된다.[53] 만일 정신병자를 감호할 의무 있는 자가 감호를 태만하여 옥외에 배회하게 한 자는 구류 또는 과료에 처하게 된다(경범죄처벌법 제1조 제31호).

(6) 모자보건법에 의한 인공임신중절수술

형법전은 낙태죄의 위법성조각사유를 특별히 규정하지 않았으나, 모자보건법에는 모체(母體)의 생명과 건강을 보호하고 건전한 자녀의 출산과 양육을 위하여 인공임신중절수술을 허용하고 있다(동법 제14조). 따라서 이 규정에 의한 인공임신중절수술을 한 경우에는 낙태죄의 구성요건에 해당하여도 정당행위로서 위법성이 조각된다.

(7) 공인된 투표권 · 복표

승마투표권의 발매와 적중자에게 일정한 금액을 교부하는 행위(한국마사회법 제38조, 제41조) 및 법률에서 인정한 복표에 대해서는 법령에 의한 정당행위로서 위법성이 조각된다.

2. 업무로 인한 행위

업무란 사람이 사회생활상의 지위에 의하여 계속 또는 반복할 의사로 행하는 사무를 말한다. 이러한 업무로 인한 행위가 법령에 규정되어 있는 때에는 법령에 의한 행위로서 위법성이 조각된다. 그러나 법령에 규정이 없는 경우에도 사회통념상 업무내용으로 확립된 행위는[54] 위법성이 조각된다.

업무는 사회생활상의 지위에서 계속 · 반복할 의사로 행해지는 사무이면 충분하고 반드시 경제적인 대가를 추구하는 영업 · 직무일 필요가 없다. 그리고 업무는 반드시 정당한 업무일 필요도 없다. 업무행위가 위법성이 조각되는 것은 "업무 그 자체의 성질"이 정당하기 때문이 아니라, 업무행위가 그 "업무의 정당한 범위"에 속하기 때문이다. 어떠한 업무행위가 정당행위로 되느냐는 그 행위가 사회상규에 위배되느냐 않느냐에 따라 결정된다. 업무로 인한 행위의

---

53) 대판, 1980. 2. 12, 79도1345.

54) 판례도 타인 소유의 산림 안에서 토석을 채취한 행위는 비록 위 채취한 토석을 도로보수자재에 사용하였다 하더라도 사회통념상 정당한 업무로 인한 행위라고는 볼 수 없다고 하였다(대판, 1971. 1. 26, 70도2543).

대표적인 예로 논의되는 것은 다음과 같다.

(1) 치료행위

1) 치료행위의 의의 치료행위란 환자의 동의를 받아 주관적으로 환자의 건강회복이나 생명의 연장 기타 위험으로부터 건강을 유지하고자 하는 치료의 목적을 가지고, 객관적으로는 의술의 법칙과 의술의 적정성(의학적 적응)에 맞추어 행하여지는 신체침해행위를 말한다.[55]

2) 치료행위의 법적 성질 우리나라에서는 치료행위, 특히 대표적인 외과수술행위가 처벌되지 않는 근거에 관하여 치료행위는 상해죄의 구성요건에 해당하지만 업무로 인한 행위이기 때문에 정당행위가 되어 위법성을 조각한다는 것이 종래의 통설[56]과 판례[57]의 입장이었다. 그러나 최근에는 이러한 종래의 통설 · 판례에 대하여 다음과 같은 비판이 제기된다.

첫째, 치료행위는 개별적인 부분행위들을 하나하나 분리하여 판단할 것이 아니라 전체로서 통일적으로 판단해야 하기 때문에, ① 성공한 치료행위는 건강을 침해하거나 악화시킨 것이 아니라 이를 개선하고 회복시킨 것이므로 상해죄의 구성요건에 해당할 수 없으며, ② 실패한 치료행위의 경우도 치료목적으로 의술의 법칙에 맞게 행하여졌다면 결과불법은 부정할 수는 없으나 행위불법이 결여되기 때문에 상해죄의 구성요건해당성을 조각시킨다.[58]

둘째, 의사의 치료행위가 상해죄의 구성요건에 해당한다고 하여도 그 정당화 근거는 형법 제20조의 업무로 인한 행위에서 찾을 수 없다. 업무행위로 인하여 위법성이 조각된다고 해석한다면 환자의 신체는 의사의 업무행위의 단순한 객

---

55) 치료행위는 의료행위의 일종으로 넓은 의미의 의료행위에는 의사 · 간호사 등 의료관계자의 치료행위와 치료행위 이외의 질병예방을 목적으로 의학상 인정된 약리 및 기술에 따라 행하는 의료행위(예컨대, 안구이식, 검사, 투약, 마취, 성형수술 등 치료유사행위)가 모두 포함되며(이형국, 141면), 그 행위주체가 의사가 아닌 경우도 있다.

56) 남흥우(8인 공저), 154면; 유기천, 193면; 정영석, 145면; 황산덕, 152면; 배종대, 318면 등.

57) 의사가 인공분만기인 샥숀을 사용하면 통상 약간의 상해정도가 있을 수 있으므로 그 상해가 있다 하여 샥숀을 거칠고 심하게 사용한 결과라고는 보기 어려워 의사의 정당업무의 범위를 넘는 위법행위라고 볼 수 없다(대판, 1978. 11. 14, 78도2388). 피고인이 태반의 일부를 떼어낸 행위는 그 의도, 수단, 절단부위 및 그 정도 등에 비추어 볼 때 의사로서의 정상적인 진찰행위의 일환이라고 볼 수 있으므로 형법 제20조 소정의 정당행위에 해당한다(대판, 1976. 6. 8, 76도144).

58) 이재상, 283면; 김일수/서보학, 346면; 안동준, 138면; 김영환, 의사의 치료행위에 관한 형법적 고찰(계산 성시탁 교수 화갑기념논문집, 1993), 271면. 이 견해에 의하면 수술이 실패한 경우라도 주의의무를 위반하지 않는 한 과실범의 성립조차도 인정하지 않는다.

체로 취급될 뿐이고 환자의 의사는 문제삼지 아니하므로 환자의 신체에 대한 자기결정권을 침해하는 결과가 된다는[59] 것이다.

3) 결 어 치료행위는 환자의 승낙을 전제로 해서만 가능하므로 의사의 업무보다 환자의 자기결정권이 우선한다. 개인의 자기결정권이라는 인격적 자유는 타인의 업무활동에 의해 침해될 수 없는 법익이다. 따라서 치료행위는 의사의 업무로 인한 행위가 아니라 환자의 승낙 또는 추정적 승낙에 의한 행위라고 해야 한다.[60] 치료행위가 피해자의 승낙에 의한 행위라고 한다면 그 법적 성질이 문제된다. 애당초 상해죄의 구성요건해당성을 배제시킨다는 견해[61]와 상해죄의 구성요건에는 해당하지만 그 위법성만 조각시키는 견해[62]가 대립한다. 판례는 위법성이 조각된다고 하고 있다.

【판례】 피고인인 의사가 … 진단상의 과오가 없었으면 당연히 설명받았을 자궁외 임신에 관한 내용을 설명받지 못한 피해자로부터 수술승낙을 받았다면 위 승낙은 부정확 또는 불충분한 설명을 근거로 이루어진 것으로서 수술의 위법성을 조각할 유효한 승낙이라고 볼 수 없다(대판, 1993. 7. 27, 92도2345).

사회구성원으로서의 개개인은 사회공동체 이익과 불가분의 관련을 가진 것이므로 자기의 신체를 언제나 마음대로 처분할 수 있는 법익이라 할 수 없다. 따라서 의사의 치료행위는 일단 상해죄의 구성요건에 해당하는 행위라고 해야 한다. 그리고 상해죄의 구성요건에 해당하는 치료행위가 정당화되기 위해서는 환자의 유효한 승낙이 있어야 하고, 주관적으로 치료의 목적과 객관적으로 의술의 법칙 및 의술의 적정성(의학적 적응)이 있어야 한다.[63]

(2) 변호사 · 성직자의 업무행위

변호인의 법정에서의 변론은 정당한 업무행위에 속한다. 따라서 변호인이 법

---

59) 이형국, 141면; 이재상, 282면; 안동준, 138면.

60) 오스트리아 형법은 제110조 1항에서 타인을 의학적 원칙에 따른 경우라 하더라도 그 동의 없이 진료한 자는 6월 이하의 자유형 또는 360일 이하의 일수벌금형에 처한다고 규정하고 있다.

61) 이재상, 283면; 김일수/서보학, 346면; 안동준, 138면. 이 견해는 독일의 통설이다(Schmidhäuser, S. 110; Sch/Sch/Eser, §223 Rdn. 32ff.; Welzel, S. 289 etc.).

62) 진계호, 334면; 임웅, 213면; 박상기, 159면. 이 견해는 1894년 5월 31일의 독일 제국재판소의 판결(RGSt 25, 375) 이후 독일의 일관된 판례의 입장이다.

63) 이에 대한 자세한 설명은 박광민, 형법상 의사의 치료행위의 본질(성균관법학 제12호, 2000), 141면 이하 참조.

정에서 한 변론의 내용이 타인의 명예를 훼손하는 사실을 적시하여도 그것이 권리남용에 해당하지 아니하면 업무로 인한 정당행위가 되어 위법성이 조각된다. 또 성직자가 직무상 알게 된 타인의 범죄행위를 고발하지 아니하는 경우도 업무로 인한 행위로서 위법성이 조각된다. 그러나 성직자라 하여도 적극적으로 범인을 은닉하거나 도피하게 하면 위법이 될 수 있다. 판례도 같은 취지이다.

【판례】 성직자라 하여 초법규적인 존재일 수는 없으며 성직자의 직무상 행위가 사회상규에 반하지 아니한다 하여 그에 적법성이 부여되는 것은 그것이 성직자의 행위이기 때문이 아니라 그 직무로 인한 행위에 정당, 적법성을 인정하기 때문인 바, 사제가 죄지은 자를 능동적으로 고발하지 않는 것에 그치지 아니하고 은신처 마련, 도피자금 제공 등 범인을 적극적으로 은닉 도피케 하는 행위는 사제의 정당한 직무에 속하는 것이라고 할 수 없다(대판, 1983. 3. 8, 82도3248).

3. 사회상규에 위배되지 아니하는 행위

법령에 의한 행위 · 업무로 인한 행위는 사회상규에 위배되지 아니하는 행위를 예시한 것이고, 법령에 의한 행위 · 업무로 인한 행위라도 사회상규에 위배되면 위법행위가 된다. 그리고 사회상규는 모든 위법성조각사유를 판단하는 실정법상의 기준이 되므로 정당방위 · 긴급피난 · 자구행위 · 피해자의 승낙에 의한 행위도 사회상규에 위배될 때에는 모두 위법행위가 되며, 반대로 사회상규에 위배되지 아니하는 행위는 실정법에 예시되어 있는가를 묻지 않고 모두 위법성이 조각된다(통설).

(1) 사회상규의 의의

사회상규의 의의에 관하여 "사회생활에 있어서 일반적으로 인정되는 일상적 규칙"[64], "국민일반의 건전한 도의감",[65] "사회생활상 원칙적으로 승인된 정상적인 행위규칙"[66]으로 설명하고 있는데, 그 기본적 사고는 같다. 사회상규는 위법성조각사유의 일반원리인 사회적 이익형량을 실정화한 것이므로 "법질서 전체의 정신이나 사회윤리에 비추어 용인될 수 있는 정상적인 생활규칙"이라고 할 수 있다.[67] 최근의 판례도 같은 취지로 판시하고 있다.[68] 이와 같이 사

64) 이형국, 142면.
65) 이재상, 285면; 대판, 1983. 11. 22, 83도2224; 대판, 1956. 4. 6, 4289형상42.
66) 김일수/서보학, 348면.

회상규는 포괄적 · 추상적인 성격을 가질 수밖에 없으므로 사회상규의 구체적 내용은 개개 위법성조각사유의 특수성에 따라 개별적으로 구체화해야 한다.

(2) 사회상규의 판단기준

형법에 예시된 위법성조각사유는 각각의 개별원리가 구체적 판단기준이 된다.[69] 그 외의 구체적인 개개의 행위가 사회상규에 위배되느냐의 여부를 판단할 때에는 이익형량, 목적의 정당성, 자율의 원리(자기결정권), 행위의 상규성(수단 · 방법 · 태양의 상당성), 보충성의 원칙 등을 종합적으로 고려하여 그 행위가 법질서 정신이나 사회윤리에 비추어 용인되느냐에 따라 판단하여야 한다. 판례는 사회상규의 판단기준으로, ① 행위동기 · 목적의 정당성, ② 행위수단 · 방법의 상당성, ③ 법익균형성, ④ 긴급성, ⑤ 보충성의 요건을 제시하고 있다.

【판례】 형법 제20조 규정의 뜻은 어떤 행위가 형식적으로는 범죄의 구성요건에 해당한다고 보이는 경우에도 국법질서 전체의 이념에 비추어 용인될 수 있는 것이라면 이를 정당행위로 보아 처벌하지 아니한다는 것으로서, 어느 행위가 정당행위에 해당한다고 인정할 수 있기 위해서는 그 행위의 동기나 목적의 정당성, 행위의 수단이나 방법의 상당성, 보호법익과 침해법익과의 법익권형성, 긴급성, 그 행위 외에 다른 수단이나 방법이 없다는 보충성 등의 요건이 갖추어져야 한다(대판, 1986. 10. 28, 86도1764).[70]

(3) 사회상규성이 인정되는 행위

사회상규에 위배되지 아니하는 행위는 일상생활에서 많이 발생한다. 의료법에 위배하지 않는 범위 내에서의 일반인의 치료행위, 상관행상 인정되는 과대광고, 치료유사행위, 허용된 위험행위 등은 사회상규에 위배되지 않는 전형적인 행위들이다.

판례는, ① 오진으로 인한 수술도 의학적 상식에 벗어나지 않은 경우,[71] ②

---

67) 양화식, 형법 제20조의 사회상규에 위배되지 아니하는 행위에 관한 고찰(고시연구 2004. 9), 85면.

68) 대판, 2001. 2. 23, 2000도4416; 대판, 2002. 12. 26, 2002도5077; 대판, 2004. 6. 10, 2001도5380.

69) 제2편 제4장 제2절 Ⅱ. 3. 사회적 이익형량의 개별원리 참조.

70) 同旨: 대판, 1984. 5. 22, 84도39; 대판, 1987. 1. 20, 86도1809; 대판, 1994. 4. 15, 93도2899; 대판, 1997. 3. 28, 95도2674; 대판, 1999. 2. 23, 98도1869; 대판, 2001. 2. 23, 2000도4415 등.

71) 소파수술로 복통이 있는 경우에는 그 수술이 현재의 의학이론에 크게 벗어나지 않고 상처가 경미한 경우에는 자궁외임신으로 오진한 과실이 있어도 통상의 진료행위에 속하며, 과실치상으로 볼 수 없다(대판, 1986. 6. 10, 85도2133).

상대방의 도발행위나 폭행・강제연행을 피하기 위해 소극적으로 저항하는 경우,[72] ③ 징계권 없는 일반인의 어린아이에 대한 징계행위가 목적과 수단에서 상당한 경우,[73] ④ 고소・고발 등 권리실행의 수단이 사회상규에 벗어나지 아니한 경우[74]는 모두 사회상규에 위배되지 않는다고 하고 있다.[75]

72) 피해자가 먼저 멱살을 잡고 머리채를 잡아 늘어지는 등 덤벼들었기 때문에 이를 뿌리치는 과정에서 그 수단으로 여러 차례 밀고 당기거나 머리채를 잡았던 것에 불과하다면 이는 사회통념상 용인될 수 있는 행위로서 위법성이 조각된다(대판, 1986. 10. 14, 86도1129). 同旨: 대판, 1983. 5. 24, 83도942; 대판, 1987. 4. 14, 87도339; 대판, 1995. 2. 28, 94도2746; 여러 사람으로부터 포위 압박을 당하게 된 상황에서 벗어나려고 하다가 그 중 일인의 가슴을 당겨 넘어지게 하여도 이러한 행위는 사회통념상 허용될만한 정도의 상당성이 있는 것으로서 위법성이 결여된 행위이다(대판, 1983. 4. 12, 83도3217); 강제연행을 모면하기 위하여 팔꿈치를 뿌리치면서 가슴을 잡고 벽에 밀어부친 행위는 소극적인 저항으로 사회상규에 위배되지 아니한다(대판, 1982. 2. 23, 81도2958). 同旨: 대판, 1995. 8. 22, 95도936.

73) 연소자의 불손한 행위에 대하여 훈계할 의사로 피해자의 행패를 제지하기 위한 것이면 피해자의 행패로 침해당한 피고인의 법익과 피고인의 폭력행위로 피해자가 입은 신체침해의 법익을 교량하여 피고인 등의 행위가 그 목적이나 수단이 상당하다고 인정될 때 이는 사회상규에 위배되지 않는 정당행위에 해당한다(대판, 1978. 12. 13, 78도2617). 同旨: 대판, 1978. 4. 11, 77도3149.

74) 업자보증금을 환불받을 권리자가 이유 없이 그 환불을 거절하는 상대방에게 구속시키겠다는 언사를 썼다 하여도 법에 고소하여 받아내겠다는 취지로 이해할 수 있으므로 이러한 행위가 당연히 공갈죄를 구성한다고 보기 어렵다(대판, 1977. 6. 7, 77도1107). 同旨: 대판, 1971. 11. 9, 71도1629(피해자가 치료비를 요구하여 이에 응하지 않아 무고죄로 고소하겠다고 언명한 사례).

75) 이에 반하여 외국에서 침구사자격을 취득하였으나 국내에서 침술행위를 할 수 있는 면허나 자격을 취득하지 못한 자가 단순한 수지침 정도의 수준을 넘어 체침을 시술한 경우(대판, 2002. 12. 26, 2002도5077), 피해어민들이 그들의 피해보상 주장을 관철하기 위하여 집단적인 시위를 하고 선박의 입·출항 업무를 방해하며 진압 경찰관들을 구타하여 상해를 입힌 경우(대판, 1991. 5. 10, 91도346), 병원 곳곳을 돌아다니며 소리지르고, 상복을 입고 병원 앞 인도에서 살인병원이라 쓴 베니어판을 목에 걸고 1인 시위를 벌이는 행위(대판, 2004. 11. 25, 2004도6408), 아파트 입주자대표회의 회장이 다수 입주민들의 민원에 따라 위성방송 수신을 방해하는 케이블TV방송의 시험방송 송출을 중단시키기 위하여 위 케이블TV방송의 방송안테나를 절단하도록 지시한 행위(대판, 2006. 4. 13, 2005도9396) 등은 사회상규에 위배되는 행위라고 판시하였다.

제 4 절 정당방위

Ⅰ. 의의 · 정당화 근거

1. 의 의

정당방위(Notwehr; self-defense)란 "자기 또는 타인의 법익에 대한 현재의 부당한 침해를 방위하기 위한 상당한 행위"(제21조 1항)를 말한다. 자기 또는 타인의 법익에 대한 현재의 부당한 침해를 방위하기 위한 개인의 긴급행위라고 할 수 있다.

> 정당방위는 인간의 자연본능에 근거한 자연발생적인 것으로 거의 모든 시대를 통하여 불가벌적 행위로 인정되어 왔으며, 19세기 후반부터 20세기 초에 걸쳐 위법성의 개념이 범죄의 일반적 개념요소로 인정됨에 따라 위법성조각사유의 하나로서 확고한 위치를 차지하게 되었다.[76] 형법도 정당방위를 긴급피난·자구행위와 함께 위법성조각사유의 하나로 규정하고 있다.

2. 정당화 근거

정당방위의 정당화 근거는 "자기보호의 원리"와 "법확증의 원리"에 있다. 전통적으로는 전자가 강조되었지만 최근에는 정당방위에 대해 일정한 제한을 가하려는 사상이 일반화되자 후자의 중요성이 강조되고 있다.

(1) 자기보호의 원리

정당방위는 긴급상황에서 타인의 위법한 침해에 대항하여 개인 스스로 자기의 법익을 보전하는 권리로서의 성질을 갖는다. 이를 개인의 권리보호 측면에서 자기보호의 원리라고 한다.[77] 정당방위는 인간의 고유권으로서 자연법상의 권리로 인정해 온 것이다. 자기보호를 위한 권리이므로 국가적 사회적 법익을

76) 정성근, 279면; 이형국, 146면.
77) 정성근, 278면; Kühl, 7/8.

위한 정당방위는 원칙적으로 허용되지 않는다. 다만 자기보호의 원리는 모든 긴급행위에 공통적으로 적용되는 원리이지만 절대적인 원칙이 아니므로 무제한적으로 타당할 수 없다. 특수한 긴급사정으로 스스로 법익보호를 하지 않으면 안될 부득이한 상황에서만 그 정당성이 인정된다.

(2) 법확증의 원리

정당방위는 불법한 침해에 대하여 불법의 반가치성을 명백히 하여 정당한 법질서를 수호하는 권리로서의 성질을 갖는다. 이를 사회권적 측면에서 법확증의 원리(법질서수호의 원리)라 한다. 이 원리는 "정은 불법에 양보할 필요가 없다"는 사상[78]을 기초로 한다. 타인을 위한 정당방위를 인정하고 정당방위에 있어서는 법익균형의 원칙과 보충의 원칙을 엄격하게 적용하지 않는 이유도 여기에 있다. 이 원리는 법질서 수호의 이익이 없는 때에는 정당방위를 인정할 수 없고, 긴급한 상황에서 국가권력 작용의 예외로서 일반시민이 법질서를 수호하도록 한다는 내재적 의미를 포함하고 있다.

Ⅱ. 정당방위의 성립요건

정당방위가 성립되기 위해서는, ① 현재의 부당한 침해가 있어야 하고, ② 이에 대한 자기 또는 타인의 법익을 방위하기 위한 행위라야 하며, ③ 방위행위에 대한 상당한 이유가 있을 것을 요건으로 한다.

1. 현재의 부당한 침해

법익에 대한 현재의 부당한 침해는 정당방위를 할 수 있는 객관적 (전제)상황이다. 현재의 부당한 침해가 없으면 애당초 정당방위는 물론 방위의 정도를 초과하는 과잉방위(제21조 2항)도 있을 수 없다.

(1) 현재성

"현재"란 법익에 대한 침해가 현실로 존재하고 있거나 침해행위가 긴박한

78) Berner, Lehrbuch des deutschen Strafrechts, 14. Aufl., 1886, S. 102.

상황에 있는 것을 말한다. 침해가 직접 임박하였거나 지금 막 시작되거나 아직 계속되고 있으면 현재성은 인정된다. 따라서 과거의 침해나[79] 장래에 나타날 침해에 대해서는 현재성이 없으므로 정당방위는 성립할 수 없다. 그러나 침해행위가 반드시 실행에 착수하고 있어야 하는 것은 아니다. 법익 침해가 최종적으로 발생할 때까지 현재성은 존재한다.

1) 현재성 판단기준·시기　현재 또는 과거의 침해인가 아닌가의 여부는 객관적·사실적 상황을 기초로 판단해야 한다. 침해가 이미 종료되어 과거의 침해가 되는 시점은 그 침해에 의한 범죄의 기수시기와 반드시 일치하지 않는다. 예컨대 절도행위가 기수로 된 후에도 그 직후에 추적 중에 있고, 피해자가 그 재물의 탈환을 확보할 수 있는 상태이면 침해는 계속 중에 있으므로 정당방위로 탈환할 수 있다.[80] 그러나 수일 후에 그 절도범으로부터 재물을 탈환하는 것은 과거의 침해에 해당하여 자구행위의 문제가 된다.

2) 예상된 침해　장래의 침해를 예상하고 방위설비(전류·자발총장치)를 한 경우에도 침해가 급박한 현재의 시점에서 방위의 효과가 발생하면 정당방위가 된다. 현재성을 판단하는 시점은 방위행위가 아니라 침해행위시이기 때문이다. 다만, 이 경우는 예상된 침해이므로 방위행위의 상당성(보충성 원칙, 이익균형 원칙, 상대적 최소방위 원칙, 수단의 상규성 원칙 등) 판단이 엄격할 것이다. 계속범에 있어서는 위법상태가 계속되는 동안 침해의 현재성이 있다.

3) 예방적 방위　장래에도 반복될 위험이 있는 침해에 대하여 정당방위(소위 예방적 정당방위)를 인정할 수 있느냐가 논의된다. 예컨대 술만 마시면 계속 구타하는 남편을 살해한 경우이다. 침해의 현재성을 인정하는 견해도 있으나 부정하는 것이 타당하다. 판례는 침해의 현재성과 방위의사는 인정하였지만 상당성이 결여되어 정당방위가 될 수 없다고 하였다.

【판례】 의붓아버지의 강간행위에 의하여 정조를 유린당한 후 계속적으로 성관계를 강요받아 온 피고인이 상피고인과 사전에 공모하여 범행을 준비하고

79) 결투를 하다가 패주하는 피해자를 추격하여 그를 찔러 죽인 행위는 정당방위가 아니다(대판, 1959. 7. 24, 4292형상556).

80) Welzel, S. 85; Sch/Sch/Lenkner, §32 Rdn. 15; Kühl, 7/46; Roxin, 15/27; 유기천, 181면; 황산덕, 157면; 정성근, 280면; 이형국, 148면; 이재상, 223면; 배종대, 340면; 박상기, 169면; 임웅, 221면 등. 이를 자구행위로 보는 견해는 정영석, 136면; 남흥우, 130면; 신동운, 273면; 김성돈, 261면; 김성천, 204면.

의붓아버지가 제대로 반항할 수 없는 상태에서 식칼로 심장을 찔러 살해한 행위는 사회통념상 상당성을 결여하여 정당방위가 성립하지 아니한다(대판, 1992. 12. 22, 92도2540).[81]

(2) 침 해

"침해"란 법익에 대한 공격(實害) 또는 위태화를 야기시키는 인간의 행위를 말한다. 침해가 되기 위해서는, ① "행위(행태)"에 의한 것임을 요한다. 행위는 형법상의 행위개념에 상응한 것이라야 한다. 따라서 단순한 반사적 행동·무의식적 거동·절대적 강제에 의한 동작은 행위로서의 성질을 가질 수 없으므로 침해행위라 할 수 없고 긴급피난이 가능할 뿐이다. ② 사람의 침해라야 한다. 일반 동물이나 자연현상에 의한 침해사실(재해)은 긴급피난의 문제가 된다. 동물의 침해와 관련하여 대물방위가 논의된다.

1) 대물방위 　대물방위란 인간행위 이외의 동물의 침해사실에 대한 방위를 말한다. 대물방위는 원칙적으로 부정하는 것이 타당하다. 동물이 무주물(야생동물)인 경우에는 이를 살해하여도 애당초 구성요건해당성이 없으므로 대물방위를 논의할 필요도 없다. 다만, 야생동물이라도 수렵이 금지된 보호동물인 경우에는 수렵법과의 관계에서 긴급피난의 문제가 된다. 사람이 소유·관리하는 동물을 소유자·관리자가 고의·과실로 범행의 도구로 이용(또는 관리부주의)한 경우에는 소유자·관리자의 행위로 인정되므로 정당방위를 할 수 있다. 그러나 고의도 과실도 없는 경우에는 긴급피난의 문제로 취급하여야 한다.

【대물방위를 인정하는 학설의 논거와 비판】 대물방위를 인정하는 견해는 세 가지로 나누어진다. ① 동물에 의한 침해사실도 법익침해에 대한 위법한 상태는 존재하며, 위법성 판단은 객관적으로 하여야 하므로 동물의 침해사실도 부당한 침해로서 정당방위를 할 수 있다는 견해(위법상태설),[82] ② 동물의 침해사실 그 자체에 대해서는 정당방위를 할 수 없으나 위법상태는 존재하므로 정당방위를 준용할 수 있다는 견해(준용설),[83] ③ 타인의 동물에 의한 침해에 한하여 소유자의 부작위에 의한 침해로서 정당방위를 인정하는 견해(부작위

81) 이 판례에 대하여 예상되는 침해의 정도 및 현실화될 가능성을 토대로 침해의 현재성을 인정하는 견해(박상기, 171면)가 있으나 침해의 현재성은 엄격히 해석하여야 하므로, 반복될 위험을 방위하기 위한 정당방위(예방적 정당방위)나 장래위험에 대한 정당방위는 허용하지 않는 것이 타당하다(이재상, 224면; 김일수/서보학, 294면; 김성돈, 262면). 따라서 이 판례의 경우에는 애당초 침해의 현재성이 없다고 해야 한다.

82) 차용석, 578면 이하.

83) 佐伯, 講義, 200면.

침해설)[84] 등이 있다.

위법상태설과 준용설은 침해의 개념에 인간의 불법행위 이외의 위법상태까지 포함시킨다. 그러나 형법규범은 행위규범임과 동시에 의사결정규범이므로 단순한 위법상태를 위법평가의 대상으로 할 수 없다. 또 이에 의하면 정당방위에 있어서의 부정 대 정의 관계도 불분명하게 된다. 부작위침해설은 동물의 침해사실에 대해 고의 또는 과실도 없는 소유자에게 위법성을 인정하므로 타당하지 않다.

2) 침해방법　　침해는 고의행위 과실행위를 묻지 않는다. 또 작위에 의한 침해가 보통이지만 부작위에 의해서도 가능하다.[85] 다만, 부작위 침해는 부작위행위자에게 보증인적 지위(작위의무)가 있어야 한다. 퇴거불응의 경우와 형기만료자를 석방하지 않는 경우 등이 부작위에 의한 침해의 예이다. 그러나 채무불이행이나 임대차계약 만료 후 계속 거주하는 단순한 의무불이행은 부작위 침해가 아니다. 이 경우에는 민사소송절차에 의하여 구제하여야 한다. 침해는 법익에 대한 실해 또는 구체적 위험이 있는 행위라야 하므로 불능범의 경우에는 침해가 있다고 할 수 없다. 또 욕설을 가한 것도 현재의 침해가 있다고 할 수 없다.[86]

(3) 부　당

침해는 부당한 침해라야 한다. "부당"이란 위법한 것을 말한다. 즉, 형법적 불법을 포함하는 일반적 위법(객관적 위법성)을 의미한다.[87] 정당방위는 위법한 침해에 대해서만 가능하므로 정당한 행위에 대해서는 정당방위가 있을 수 없다. 따라서 정당행위·정당방위·긴급피난 등 위법성조각사유에 해당하는 행위에 대해서는 긴급피난만이 가능하다. 이와 같이 정당방위는 위법한 침해에 대한 정당한 방위행위라는 의미에서 "부정(不正) 대 정(正)"의 관계에서만 성립한다(정확증의 원리).

객관적으로 위법한 행위이면 그 행위가 구성요건해당성이 없거나 책임이 없는 경우에도 정당방위는 가능하다.[88] 따라서 남의 집 담벼락에 무단으로 벽보

---

84) 平野, 刑法Ⅱ, 232면; 內藤, 總論(中), 338면.
85) 정성근, 281면; 이재상, 222면; 김일수/서보학, 293면; 배종대, 339면; 박상기, 168면; 임웅, 220면.
86) 대판, 1957. 5. 10, 4290형상73.
87) 정성근, 282면; 이형국, 148면; 이재상, 224면 이하; Baumann, S. 311; Sch/Sch/Lenckner, §32 Rdn. 19.

를 붙이거나 고의·과실도 없는 행위, 책임무능력자나 책임조각사유가 있는 자의 공격행위에 대해서도 정당방위를 할 수 있다. 다만, 이러한 경우에는 상당성 판단에서 제한을 받게 된다.

싸움의 경우에는 원칙적으로 정당방위가 부정된다. 싸움은 방어행위인 동시에 공격행위의 성격을 가진 것이므로 "부정 대 정"의 관계로 볼 수 없기 때문이다. 그러나 싸움에 있어서도 당연히 예상되는 정도를 초과한 과격한 침해행위(예컨대 살인 흉기사용 등)이거나 일방이 싸움을 중단하였음에도 상대방이 계속 공격해 오는 경우에는 그 초과 부분에 대해서 정당방위를 할 수 있다. 또한 겉으로는 서로 싸움을 하는 것처럼 보이더라도 실제로는 한쪽 당사자가 일방적으로 위법한 공격을 가하고 상대방은 이러한 공격으로부터 자신을 보호하고 이를 벗어나기 위한 저항수단으로서 유형력을 행사한 경우에는 정당방위가 성립된다.[89] 판례의 입장도 같다.

【판례】 ① 피고인과 피해자 사이에 상호시비가 벌어져 싸움을 하는 경우에는 그 투쟁행위는 상대방에 대하여 방어행위인 동시에 공격행위를 구성하며, 상대방의 행위를 부당한 침해라고 하고 피고인의 행위만을 방어행위라고는 할 수 없다(대판, 1984. 5. 22, 83도3020).[90]

② 싸움을 함에 있어서 격투를 하는 자 중의 한 사람의 공격이 그 격투에서 당연히 예상할 수 있는 정도를 초과하여 살인의 흉기 등을 사용하여 온 경우에는 이를 '부당한 침해'라고 아니할 수 없으므로 이에 대하여는 정당방위를 허용하여야 한다(대판, 1968. 5. 7, 68도370).

③ 상대방 일행이 서로 합세하여 甲을 구타하였고, 甲은 이를 벗어나기 위하여 손을 휘저으며 발버둥치는 과정에서 상대방 등에게 상해를 가하게 된 사안에서, 상대방의 남편과 甲이 불륜을 저지른 것으로 생각하고 이를 따지기 위하여 甲의 집을 찾아가 甲을 폭행하기에 이른 것이라는 것만으로 상대방 등의 위 공격행위가 적법하다고 할 수 없고, 甲은 그러한 위법한 공격으로부터 자신을 보호하고 이를 벗어나기 위한 사회관념상 상당성 있는 방어행위로서 유형력의 행사에 이르렀다고 할 것이어서 위 행위의 위법성이 조각된다(대판, 2010. 2. 11, 2009도12958).

88) 정성근, 282면; 이재상, 225면 이하; 배종대, 341면.
89) 대판, 2010. 2. 11, 2009도12958.
90) 同旨: 대판, 1986. 12. 23, 86도1491; 대판, 1993. 8. 24, 92도1329.

2. 자기 또는 타인의 법익을 방위하기 위한 행위

(1) 자기 또는 타인의 법익

1) 법익의 범위 방위행위로 보호되는 법익은 원칙적으로 제한이 없다. 보통 생명·신체·자유·명예·정조·재산·주거의 안전 등 형법이 보호하고 있는 개인의 법익을 예시하고 있으나 반드시 이에 한정할 필요는 없다. 형벌에 의한 보호가 보장되어 있지 않아도 위법한 침해를 피해자가 수인해야 할 의무가 없는 이상 방위를 위한 법익이 된다(자기보호의 원리). 예컨대 프라이버시의 권리·초상권, 헌법상 보장된 각종의 정치활동의 자유 등도 법률에 제한이 없는 범위 내에서 방위를 위한 법익이 된다.

2) 자기 또는 타인의 법익 방위행위로 보호할 법익은 자기의 법익뿐만 아니라 타인의 법익을 보전하기 위해서도 정당방위는 가능하다. 타인의 법익을 보전하기 위한 정당방위를 긴급구조라 한다. 타인은 자연인 이외에 법인·법인격 없는 단체도 포함한다. 그리고 타인은 근친자 기타 침해를 받고 있는 자와 특별한 관계가 있을 필요가 없고 면식이 없는 자라도 무방하다. 이 경우 타인의 의사와 관계없이 정당방위를 할 수 있다. 다만, 제3자를 위한 긴급구조에 있어서는 상당성 판단에서 자기법익에 대한 방위보다 제한된다.[91]

3) 국가적·사회적 법익 국가적 법익이나 사회적 법익도 타인의 법익에 포함되느냐가 문제된다. 즉, 국가적·사회적 법익을 위한 정당방위(국가긴급구조, 사회적 긴급구조)를 인정할 수 있느냐이다. 정당방위는 원래 개인의 법익보호를 위해서 인정된 것이며(자기보호의 원리), 법문에서 타인의 법익이라 한 것도 개인의 법익을 전제로 한 것이다. 만일 정당방위의 대상을 확대하면 정치적 목적이나 테러에 악용될 위험이 있으므로 국가적·사회적 법익 일반에 대하여 원칙적으로 정당방위를 인정할 수 없다고 해야 한다. 특히 국가의 권력기구·권력작용에 관한 것은 개인이 정당방위를 할 수 있는 법익이 아니라고 해야 한다. 이러한 법익보호는 국가기관의 임무이고 개인의 임무는 아니기 때문이다. 다만 국가적·사회적 법익에 대한 침해가 동시에 개인의 법익(개인의 생명·신체·재산과 관련된 법익)에 대한 현재의 침해를 포함하는 경우에 한하여 정당방위를 할 수 있다고 본다.[92] 예컨대, 방화죄·일수죄·교통방해죄 등이 이에 속

91) 타인을 위한 정당방위(긴급구조)의 구조와 상당성판단에 관한 자세한 설명은 정용기, 타인을 위한 정당방위에 관한 연구(성균관대 대학원 박사학위논문, 1996), 109-111면 참조.

한다. 또 보호주체가 국가라 할지라도 그 법익이 개인적 법익(국가소유 건물에 대한 절도, 손괴 등)이면 이에 대한 정당방위가 허용된다.

(2) 방위하기 위한 행위

1) 방위행위 긴박한 침해를 사전에 방지하거나 현재 계속 중인 침해를 배제하기 위한 행위이다. 여기에는 보호방어(Schutzwehr)와 반격방어(Trutzwehr)가 있다. "보호방어"는 공격에 대한 순수한 수비적 방어로 상대방의 침해를 받아넘기는 정도의 방어이다. "반격방어"는 직접 반격적 행위를 하는 방어이다. 양자는 침해 그 자체를 배제하는 방어라는 점에서 같으나 상당성을 판단하는 데 있어서는 후자가 전자보다 제한적으로 고려된다. 방위행위의 상대방은 오직 부당한 침해자에 한하며, 침해자 이외의 자에 대한 불가피한 방어는 긴급피난이 문제될 수 있다.

2) 방위의사 방위의사란 현재의 부당한 침해를 인식하고 이를 방위하려는 주관적 의사를 말한다. 정당방위에 있어서 방위의사는 필요하지 않고 객관적으로 방위의 효과가 생기면 족하다는 견해도 있다. 그러나 정당방위는 위법한 침해로부터 정당한 법질서를 수호하는 데 본질이 있으므로 방위의사가 없는 공격행위는 정당방위라 할 수 없다. 따라서 정당방위는 방위의사를 필요로 하며, 방위의사는 주관적 정당화요소가 된다.[93] 타인을 위한 방위에 있어서도 타인의 의사와 관계없이 방위의사는 있어야 한다.

(a) 방위의사의 내용 방위의사는 단순한 긴급상황의 인식을 초월하여 목적·동기를 가진 경우가 많다. 그러나 부당한 침해에 대해서 격분·흥분 때문에 반사적으로 반격을 가하는 경우에도 정당방위라고 해야 하므로 방위의사의 내용을 반드시 방위의 목적·동기로 제한할 필요는 없다. 따라서 방위의사가 있는 한 분노·증오·복수심과 같은 다른 목적·동기가 부차적으로 개재되어 있어도 주관적 정당화요소가 있는 방위행위라고 해야 한다.

---

92) 정성근, 284면; 김일수/서보학, 303면; 박상기, 174면; 배종대, 339면; 진계호, 318면 이하; 손동권, 177면; 오영근, 331면 이하. 이에 대하여 사인에게는 원칙적으로 국가적 정당방위가 허용되지 않지만, 국가가 스스로 방위수단을 취할 수 없는 예외적인 경우는 허용될 수 있다는 견해는 이재상, 226면; 이형국, 147면; 임웅, 234면; 손해목, 450면; 김성돈, 261면; 신동운, 271면; 정영일, 210면.

93) 방위의사 필요설이 우리나라의 통설·판례의 입장이다. 필요설과 불요설의 근거 및 주장자는 제2편 제4장 제2절 Ⅲ 2. 참조.

(b) 우연적 방위　방위의사 없이 법익침해 의사로 공격하였으나 객관적으로 정당방위의 효과가 생긴 경우를 우연적 방위라 한다. 주관적 정당화요소가 결여된 경우이다. 우연적 방위도 정당방위가 될 수 있느냐의 문제는 주관적 정당화요소가 결여된 경우의 형법적 효과를 어떻게 취급할 것이냐에 귀착한다.

aa) 방위의사 불요설　방위의사 불요설에 의하면 객관적으로 방위의 효과가 있으므로 정당방위가 된다. 그러나 방위의사 없는 우연적 방위는 행위반가치가 탈락될 수 없고, 법질서 수호행위도 아니므로 우연적 방위는 정당방위가 될 수 없다고 해야 한다.

bb) 방위의사 필요설　방위의사 필요설(통설)에 의하면 방위의사 없는 우연적 방위는 법질서 수호행위가 아니므로 정당방위가 될 수 없고, 의도한 고의범이 성립한다. 이 경우 고의범의 취급에 대해서는 기수범설과 불능미수유추적용설이 대립한다. 우연적 방위자의 공격도 행위반가치는 있으나 법질서 목적상 상대방 침해자에 대한 결과반가치(법익침해)가 상쇄되어 애당초 기수범의 불법을 인정할 수 없고, 단지 법질서에 대한 신뢰와 일반인의 법적 안정감을 깨뜨리는 미수범의 불법 정도만 인정될 뿐이다. 그리고 우연적 방위자에 있어서 기수범의 결과반가치(법익침해) 불가능은 불능미수에 있어서의 결과발생 불가능과 유사하므로 불능미수는 아니지만 불능미수 규정을 유추적용하여 불능미수와 같이 취급함이 타당하다.[94] 우리나라 다수설이다.

3. 상당한 이유

(1) 상당한 이유의 의의 · 내용

1) 의　의　방위행위는 상당한 이유가 있어야 한다. "상당한 이유"란 행위당시의 사정에 비추어 방위에 필요하고 사회상규에 반하지 않는 경우를 말한다.[95] 독일 형법(제32조 2항)은 방위의 필요성(Erforderlichkeit)이라 하여, ① 침해의 배제가 확실하고 위험의 제거가 보장되는 효과적 방위와, ② 최소한의 피해를 그 내용으로 요구한다.[96] 그리하여 정당방위의 사회윤리적 제한문제는 별도로 취급한다. 그러나 우리 형법상에서 상당한 이유라 할 때의 상당성은 보충성

---

94) 제2편 제4장 제2절 Ⅲ 4. 참조.
95) 정성근, 286면; 이형국, 150면; 이재상, 227면.
96) Sch/Sch/Lenckner, §32 Rdn. 34; Wessels/Beulke, Rdn. 335.

의 원칙, 이익균형의 원칙, 상대적 최소방위 원칙, 수단의 상규성 기타 행위당시의 구체적 사정까지 포함한 객관적 판단을 요구하는 기준이므로 필요성의 원칙보다는 일층 포괄적인 개념이다. 따라서 필요성이 요구되는 것만 아니라 사회윤리적 제한도 포함한다고 해야 한다.[97]

2) 내 용 정당방위는 개인의 법익을 보호함과 동시에 법질서를 수호하고 이를 유지하기 위해서 인정되는 긴급행위이므로 반드시 달리 회피할 방법이 없거나(보충성의 원칙) 보호하려는 법익이 침해할 법익보다 가치적으로 초과할 필요(법익균형의 원칙)는 없다. 대체로 방위행위가 방어를 위한 적합한 수단이고 상대방에게 상대적으로 경미한 피해를 입히는 정도이면 상당한 행위라 할 수 있다. 그러나 구체적으로 방위행위로 침해되는 법익의 종류와 정도, 침해방법 및 침해의 강도, 방위하려는 법익의 종류, 방위수단 등 구체적 사정을 고려하여 객관적으로 판단해야 할 것이다.

【판례】 ① 피해자가 피고인에게 다가와 폭언을 하면서 피고인의 오른손 둘째 손가락을 물어뜯으므로 피고인이 이를 피하려고 손을 뿌리치면서 두 손으로 피해자의 양어깨를 누르게 되었다면, 피고인의 소위는 피해자의 부당한 공격에서 벗어나려고 한 행위로서 그 행위에 이르게 된 경위, 목적, 수단, 의사 등 제반사정에 비추어 사회통념상 허용될 만한 정도의 상당성 있는 것으로 위법성이 결여되어 폭행죄를 구성하지 아니한다(대판, 1984. 4. 24, 84도242).[98]

② 피고인이 그 소유의 밤나무 단지에서 피해자 甲이 밤 18개를 푸대에 주워 담는 것을 보고 푸대를 빼앗으려다 반항하는 피해자의 뺨과 팔목을 때려 상처를 입혔다면 위 행위가 비록 피해자의 절취행위를 방지하기 위한 것이었다 하여도 긴박성과 상당성을 결여하여 정당방위라고 볼 수 없다(대판, 1984. 9. 25, 84도1611).

③ 이혼소송 중인 남편이 찾아와 가위로 폭행하고 변태적 성행위를 강요하는 데에 격분하여 처가 칼로 남편의 복부를 찔러 사망에 이르게 한 경우, 그 행위는 방위행위로서의 한도를 넘어선 것으로 사회통념상 용인될 수 없으므로 정당방위나 과잉방위에 해당하지 않는다(대판, 2001. 5. 15, 2001도1089).

(2) 정당방위의 제한

정당방위이론은 원래 19세기의 극단적인 자유주의적 개인주의 영향으로 "부정 대 정"(Recht gegen Unrecht)의 관계를 강조하여 정당방위권의 행사를 폭넓

97) 정성근, 287면; 이형국, 150면; 임웅, 227-229면.

98) 대법원은 이와 동일한 취지로 강제추행범의 혀를 깨물어 혀 절단상을 입힌 경우에도 정당방위가 성립한다고 판시하였다(대판, 1989. 8. 8, 89도358).

게 인정하였다. 그러나 오늘날은 사회국가 · 복지국가 이념에 부합하여 정당방위권 행사에 일정한 제한을 가하려는 움직임이 일반화되고 있다. 특히 20세기에 들어와 독일에서는 정당방위의 사회윤리적 제한에 관한 이론이 보편화되기에 이르렀다. 이러한 변화를 가리켜 "정당방위의 역사는 정당방위 제한의 역사이다"라고[99] 한다.

그런데 정당방위의 제한도 정당방위의 본질과 성립요건의 관련 속에서 인정해야 하므로, 우리 형법상의 정당방위 제한은 독일과 같이 별도의 사회윤리적 제한이론으로 구성할 것이 아니라 그것도 상당성 개념에 포함하여 인정해야 한다.[100] 따라서 위법한 침해에 대한 방위행위가 사회윤리적 견지에서 상당성이 있으면 정당방위가 성립하고, 상당성이 없으면 정당방위가 성립하지 않는다.[101] 정당방위의 제한이 문제되는 경우는 다음과 같다.

1) 책임무능력자 · 책임감소된 자의 침해 정당방위는 위법한 침해가 있으면 충분하므로 책임능력자의 침해를 요건으로 하지 않는다. 따라서 책임 없는 자의 위법한 침해에 대하여도 원칙적으로 정당방위는 가능하다. 다만, 유아 · 정신병자 · 명정자 · 착오에 빠진 자 · 과실행위자의 침해에 대해서 방위자가 이러한 사정을 인식하고 있는 경우에 한하여 법확증의 이익이 현저히 약화되므로 이에 대한 정당방위는 제한된다. 이러한 자의 침해에 대해서는 원칙적으로 방위수단을 택하지 말고 회피해야 하며, 회피할 수 없는 부득이한 상황이라도 반격방어는 제한되며 최소한의 보호방어에 그쳐야 한다.

2) 긴밀한 인적 관계 있는 자의 침해 부부나 친자관계와 같이 긴밀한 인적 관계가 있는 사람들 사이에서는 법확증의 이익이 현저히 약화되므로 정당방위는 제한된다. 긴밀한 인적 관계가 있는 사람들 사이는 중대한 법익침해가 없는 한 자기보호를 위해 필요한 범위 내에서 보호방위만이 허용된다. 예컨대 술에 취한 남편의 폭행을 막기 위하여 우산으로 남편을 찔러 죽인 처의 행위는 정당

99) Sch/Sch/Lenckner, §32 Rdn. 43.

100) 정당방위의 사회윤리적 제한을 상당성 요건에서 취급하고 있는 견해는 정성근, 287면; 이형국, 150면; 진계호, 322면; 임웅, 227-229면; 신동운, 276면 이하; 오영근, 339면; 손동권, 182면 이하; 김성돈, 268면. 한편 사회윤리적 제한을 상당성 요건에서 취급하되 독일 형법처럼 방위행위의 요구성에 의한 제한으로 설명하고 있는 견해는 김일수/서보학, 298면 이하; 정영일, 221-222면; 박상기, 177면 이하. 사회윤리적 제한을 상당성 요건과는 별개의 제한사유로 취급하고 있는 견해는 손해목, 458면 이하; 이재상, 230면 이하.

101) 임웅, 228면.

방위가 성립하지 않는다.[102)]

3) 극히 경미한 침해　정당방위는 부정 대 정의 관계에서 성립하므로 경미한 법익침해에 대해서도 원칙적으로 정당방위가 가능하다. 다만 침해법익이 극히 경미하여 침해법익과 보호법익이 현저하게 불균형한 때에는[103)] 자기보호의 이익이 현저히 약화되고 법확증의 이익도 후퇴하기 때문에 정당방위는 제한된다. 예컨대 어린이나 정신병자의 과수원 사과절취에 대하여 이를 저지할 방법이 없는 "절름발이 농부"가 이들을 살해하는 것은 정당방위가 성립하지 않는다.[104)]

4) 도발한 침해(자초침해)　방위자의 책임있는 사유로 침해가 도발(유발)된 경우에 정당방위가 허용될 것인가는 자초방위의 문제로 종래부터 논의가 많다. 도발침해 일반에 대해서 정당방위가 허용된다는 견해[105)]도 있다. 그러나 구체적 상황에 따라 정당방위가 허용되지 않거나 또는 제한되는 경우도 있으므로 이를 의도적 도발(목적 또는 고의에 의한 도발)과 비의도적 도발(유책적 도발)로 나누어 검토해야 한다.

(a) 의도적 도발　도발자가 정당방위를 구실로 하여 상대방을 해치고자 의도적으로 공격행위를 도발(유발)한 경우이다. 이 경우에는 정당방위의 형식적 요건을 충족시키는 방위행위라 할지라도 정당방위권의 실질적인 한계를 초월한 권리남용이 되며, 법질서 수호행위도 아니므로 도발자의 정당방위는 원칙적으로 인정되지 않는다.[106)] 다만 도발된 공격자가 과잉행위를 하는 경우, 예컨대 신체에 대한 경미한 공격을 유발하였으나 상대방이 생명에 위험을 주는 강도의 공격을 하는 경우에는 제한된 범위의 정당방위를 할 수 있다. 즉, 강도의 공격을 회피하는 것이 가능한 때에는 회피해야 하고(회피의무), 회피불가능한 때에는 보호적 방위를 해야 하고 최소한의 피해를 주어야 한다.

---

102) BGH, NJW 1969, S. 802.

103) Kühl, 7/171.

104) 이 '절름발이 농부'의 사례는 정당방위권의 남용의 예로 자주 인용되고 있다. 이에 대해서는 Courakis, Zur sozialethischen Begründung der Notwehr, 1978, S. 18f. 참조.

105) Bockelmann, Notwehr gegen verschuldete Angriffe, Honig-FS(1970), S. 31; Hassemer, Die provozierte Provokation oder über die Zukunft des Notwehrrechts, Bockelmann-FS (1979), S. 243.

106) 피고인이 피해자를 살해하려고 먼저 가격한 이상 피해자의 반격이 있었더라도 피해자를 살해한 소위가 정당방위에 해당한다고 볼 수 없다(대판, 1983. 9. 13, 83도1467). 同旨: 대판, 1969. 9. 23, 69도1249.

도발된 침해에 대하여 정당방위를 제한하는 근거에 대해서는 권리남용설이 우리나라의 통설이며 독일의 다수설이다. 이 외에도 도발자의 반격행위는 정당방위를 가장한 공격행위로서 애당초 방위의사가 결여되어 정당방위가 될 수 없다는 방위의사부정설,107) 도발된 침해에 대한 방위행위 그 자체는 정당화되지만 방위행위에 선행하는 도발행위는 정당방위의 요건을 구비하지 못한 위법한 행위이므로 정당화될 수 없다는 원인에 있어서 위법한 행위설(Lehre von der actio illicita in causa)108)이 주장되고 있다.

그러나 방위의사는 방위의 목적 내지 동기가 아니라 단순히 방위의 인식이 있으면 충분하고, 설사 방위의 목적이 요구된다고 하여도 의도적으로 침해를 유발한 자가 객관적으로 존재하는 정당방위상황을 인식하고 반격을 하였으면 방위의사는 인정해야 하므로 방위의사 부정설은 타당하지 않다. 또한 원인에 있어서 위법한 행위설은 도발자의 방위행위에 대해서, 한편으로는 방위행위의 정당성을 인정하면서 다른 한편으로는 도발 때문에 방위행위의 위법성을 인정한다는 논리모순에 빠져있으므로 타당하지 않다.109)

(b) 비의도적 도발 도발자가 정당방위를 구실로 한 공격의도는 없었으나, 과실 기타 유책하게 상대방의 공격을 유발한 경우이다. 이 경우에는 정확증 원리가 배제되지는 않지만 현저히 약화되므로 정당방위는 할 수 있다. 다만 회피원칙이 적용되고 상대적 최소방위의 원칙이 엄격히 적용된다. 즉, 가능한 한 공격을 피하고 보호적 방어를 하여야 하고, 더 이상 피할 수 없는 극한 상황인 때에는 최후수단으로 최소한의 피해를 주는 범위 내에서 정당방위를 해야 한다.

한편 비의도적 도발의 경우에 도발행위가 위법·유책한 정도에 이르지 않고, 단지 사회윤리적으로 지탄받는 정도의 유발행위로 초래된 침해에 대해서는 정당방위가 전면적으로 허용될 수 있다.110)

Ⅲ. 정당방위의 효과

정당방위의 요건을 구비한 때에는 방위행위 자체가 구성요건에 해당하여도

107) Blei, S. 129.

108) Bertel, Notwehr gegen verschuldete Angriffe, ZStW 84, S. 25.

109) 도발방위의 구체적 형태와 이에 대한 정당방위 인정 여부에 관한 이론적 근거(현재성부정설, 방위의사부정설, 상당성흠결설, 승낙설, 권리남용설, 원인에서 위법한 행위이론 등)에 관한 상세한 검토는 정성근, 도발방위(김선수 교수 정년기념논문집, 1996), 78-110면 참조.

110) 임웅, 233면; 대판, 1989. 8. 8, 89도358(혀절단 사건).

위법성이 조각되어 범죄는 성립하지 않으며, 처벌하지 아니한다. 법문에서 "벌하지 아니한다"라고 규정하고 있는 의미는 이와 같은 의미로 해석하여야 한다.

Ⅳ. 과잉방위

1. 과잉방위의 의의

과잉방위(Notwehrexzeß)란 방위행위가 방위의 정도를 초과한 경우, 즉 방위행위의 상당성이 없는 경우를 말한다. 과잉방위가 되기 위해서는 방위자가 방위의 정도를 초과하고 있음을 인식하고 있어야 한다는 견해도 있다. 그러나 정당방위에 있어서의 상당한 이유는 객관적 기준에 의하여 결정하므로 방위자가 상당성 초과를 인식하였는가의 여부는 중요하지 않다.[111] 따라서 현재의 부당한 침해가 있고, 상당성을 초과한 때에는 방위자가 상당성 초과를 인식하였건 아니건 모두 과잉방위가 된다. 그리고 방위행위의 요건을 구비하였다고 할 수 없는 경우, 예컨대 사전의 선제공격·사후의 보복공격 또는 침해를 받을 당시에 상대방을 해할 의사로 공격행위를 한 경우에는 애당초 과잉방위의 문제는 생기지 않는다.

2. 과잉방위의 태양

(1) 질적 과잉방위와 양적 과잉방위

과잉방위는 방위행위의 범위를 초과하는 질적 과잉방위와 시간적 범위를 초과하는 양적 과잉방위로 나눌 수 있다.[112]

---

111) 정성근, 288면; 이재상, 234면; 배종대, 352면. 이에 반하여 방위자가 상당성의 초과를 인식하여야 한다는 견해(인식필요설)는 인식이 없는 경우를 오상방위의 일종으로 취급한다[차용석, 오상과잉방위(고시연구, 1978.2), 33면 이하; 平野, 刑法Ⅱ, 247면].

112) 독일에서는 보통 과잉방위를 한축적(내포적) 과잉방위(intensiver Notwehrexzeß)와 확장적(외연적) 과잉방위(extensiver Notwherexzeß)로 구별한다. 전자는 정당방위를 할 수 있는 위법한 침해가 존재하는데 대해서 방위의 정도를 초과한 경우를 말하며, 후자는 침해가 없거나 또는 침해가 종료한 후에 방위행위를 하는 경우를 말한다. 그런데 특히 후자는 오상방위도 포함한다는 견해(Maurach/Zipf, 34/27)와 전자도 오상방위를 포함한다는 견해(Sch/Sch/Lenckner, §33 Rdn. 7; Dreher/Tröndle, §33 Rdn. 2; Blei, S. 185; Jakobs, 20/31)가 있으므로 반드시 일치되어 있지 않다.

첫째, 질적 과잉방위는 예컨대, 주먹으로 방위할 수 있는 것을 쇠뭉치로 강타하여 중상을 입히는 경우와 같이 상당성 정도를 초과하여 강한 반격을 가한 경우이다. 보통 과잉방위라 하면 이 경우를 말한다.

둘째, 양적 과잉방위는 예컨대, 주먹으로 침해하는 상대방을 넘어뜨려 이미 침해를 중지하였음에도 불구하고 공포·흥분 등으로 계속하여 구타하는 경우와 같이 침해를 중지한 자에 대해서 반격을 계속하는 경우이다. 이 경우 제1의 폭행은 정당방위이지만 제2의 폭행은 현재의 부당한 침해나 방위의 효과도 없으므로 원칙적으로 과잉방위가 아니며 오상방위에 해당한다. 다만 제2의 폭행이 공포·흥분 등의 심리적 긴장상태에서 제1의 폭행에 연속된 일련의 행위라고 할 수 있을 때에 한하여 과잉방위가 될 수 있다.[113]

(2) 고의의 과잉방위와 과실의 과잉방위

과잉방위는 과잉부분에 대한 방위자의 인식이 있는 고의의 과잉방위와 인식이 없는 과실의 과잉방위로 나눌 수 있다. 과실의 과잉방위와 관련하여, 예컨대 몽둥이(棒)로 공격하는 상대방에 대해서 몽둥이로 방위할 의사로 반격을 하였으나 실은 공포·흥분 등으로 인하여 도끼(斧)로 반격하고 있음을 인식하지 못한 경우는 과잉방위가 아니라 오상방위의 일종이라는 견해도 있다.[114] 그러나 이 경우는 현재의 부당한 침해가 존재하고, 상당성 여부는 객관적 기준으로 판단해야 하므로 과잉방위라고 해야 한다. 객관적 판단은 과잉성(상당성) 자체에 대한 것이고, 행위자가 과잉성에 대해서 인식을 하였느냐의 문제와는 별개이다.

3. 과잉방위의 효과

과잉방위는 정당방위가 아니므로 위법성이 조각될 수 없고, 원칙적으로 불법한 가벌행위가 된다. 다만, 형법은 보통의 불법행위와 다르게 취급하여 처벌에서 특전을 부여한다. 즉, "그 정황에 의하여 형을 감경 또는 면제할 수 있다"(제21조 2항)고 하고, 특히 과잉방위가 "야간 기타 불안스러운 상태 하에서 공포·경악·흥분 또는 당황으로 인한 때에는 벌하지 아니한다"(제21조 3항)라고 규정하고 있다. 이와 같이 과잉방위를 임의적 감면 또는 불가벌로 하는 근거에

113) 정성근, 289면; 이재상, 235면; 대판, 1986. 11. 11, 86도1862.
114) 차용석, 오상과잉방위, 33면 이하; 平野, 刑法 Ⅱ, 247면.

대해서는, ① 책임감소·소멸설, ② 불법감소·소멸설, ③ 불법감소·책임감소 소멸설이 대립한다. 통설은 책임감소·소멸설을 취하고 있다.

과잉방위는 현재의 부당한 침해라는 정당방위상황이 존재하는 경우에 인정되므로 정당화사유인 정당방위행위와 분리·독립해서 책임만 감소·소멸된다고 할 수 없고, 현재의 부당한 침해에 대해 법질서를 수호한다는 불법의 감소도 고려해야 한다. 반면에 과잉방위는 긴박한 특수한 심리적 비정상상태에서 상당성을 초과한 것이므로 이러한 상태를 불법이 감소·소멸된다고 할 수 없고 책임이 감소·소멸한다고 해야 한다. 즉, 과잉방위는 현재의 부당한 침해에 대한 법질서 수호라는 방위행위를 전제로 하므로 방위상황과 주관적 정당화요소가 있는 과잉방위자의 불법감소를 고려해야 하며, 긴박한 상황과 특수한 심리적 비정상상태는 책임감소·소멸의 요인이 된다. 따라서 책임감소·소멸을 기본으로 하면서 불법감소도 고려하는 불법감소·책임감소소멸설이 타당하다.[115]

【책임감소·소멸설과 불법감소·소멸설의 근거와 비판】 ① **책임감소·소멸설** 책임감소·소멸설은 현재의 부당한 침해라는 긴급상황으로 인하여 적법행위의 기대가능성이 감소·소멸되거나 일시적으로 책임능력이 결여되므로 임의적 감면 또는 불가벌로 한다는 견해이다. 이와 같은 긴급상태하에서는 정신적인 동요가 있기 마련이고, 특히 공포·경악·흥분·당황 등의 특수한 심리적 긴급상태에서는 책임비난을 할 수 없다는 것이 그 이유이다.

② **불법감소·소멸설** 불법감소·소멸설은 방위의 정도는 초과하고 있으나 현재의 부당한 침해자에게 반격함으로써 정당한 자의 법익을 수호한다는 방위효과가 생기므로 불법성이 감소 내지 소멸되어 임의적 감면 또는 불가벌이 된다고 하는 견해이다.[116] 이에 의하면 정당한 자의 법익수호라는 방위효과가 과잉방위의 필수요건이 되며 방위의사의 유무는 중요하지 않다.

③ **양설의 비판** 책임감소·소멸설에 의하면 방위의사가 있어도 책임만이 감소·소멸하므로 정당방위와 과잉방위에 있어 행위반가치를 상쇄시키는 방위의사가 필요하다는 이유를 합리적으로 설명할 수 없다. 또 이 설에 철저하면 정신적 동요 또는 심리적 긴급상태만 있으면 정당화 전제요건인 현재의 부당한 침해사실(정당방위상황)과 관계없이 과잉방위를 인정하여 임의적 감면 또는 불가벌로 할 수 있다고 해야 할 것이다. 불법감소·소멸설에 의하면 과잉방위의 취급을 필요적 감면으로 하는 것이 논리적이고 방위의사를 반드시 요구하

115) 정성근, 291면; 손해목, 463면; 차용석, 606면; 손동권, 188면; 團藤, 綱要, 221면; 藤木, 總論, 171면; 曾根威彦, 緊急行爲[現代刑法講座(2), 1979], 64면 이하; 內藤, 總論(中), 351면 이하.
116) 町野 朔, 誤想防衛·過剩防衛(警察研究 50卷 9號, 1979), 52면.

지 않기 때문에 타당하지 않다.

V. 오상방위

1. 오상방위의 의의

오상방위(Putativnotwehr)란 현재의 부당한 침해가 객관적으로 존재하지 않음에도 불구하고 주관적으로 그러한 침해가 있다고 오신하고 방위행위로 나아간 경우를 말한다. 즉, 정당방위상황에 관하여 착오가 있는 경우를 말한다. 예컨대 甲이 乙을 놀라게 할 의사로 손을 들었던 바 乙은 몽둥이로 때리는 것으로 오인하고 몽둥이를 갖고 방위행위로 나아간 경우, 야간에 찾아온 전보집배원을 강도로 오인하고 방위의사로 공격한 경우이다.

현재의 부당한 침해는 있으나 방위자가 상당성 초과를 인식하지 못한 경우에도 오상방위라는 견해도[117] 있다. 그러나 과잉방위와 오상방위의 본질적 차이는 현재의 부당한 침해에 대한 것인가 아닌가에 있다. 따라서 현재의 부당한 침해가 없음에도 있다고 오인하여 방위행위로 나온 것이면 오상방위로 보아야 하고, 현재의 부당한 침해가 있는 것이면 방위행위의 상당성에 오인이 있느냐에 관계없이 과잉방위라고 해야 한다. 다만, 현재의 부당한 침해와 방위행위의 상당성 모두가 존재한다고 오인한 경우는 본질적으로는 오상방위이지만 오상방위가 상당성까지 과잉인 경우에 해당하여 오상과잉방위가 된다.

2. 오상방위의 법적 취급

오상방위는 정당방위의 요건을 구비한 것이 아니므로 정당방위처럼 위법성이 조각될 수 없다. 오상방위는 위법한 행위이지만 정당방위의 객관적 전제상황에 관해 착오가 있는 것이므로 위법성조각사유의 전제사실에 대한 착오에 해당한다. 따라서 오상방위의 법적 취급도 위법성조각사유의 전제사실에 대한 착오를 어떻게 취급하느냐에 귀착한다.

다수설은 이 착오에 대하여 고의범의 성립을 부정하고 과실범 처벌규정을

117) 황산덕, 163면; 남흥우, 134면 註 12; 차용석, 오상과잉방위, 33면.

전제로 과실범이 성립한다고 한다(제한책임설). 그러나 오상방위의 경우도 상대방에 대하여 반격한다는 의사, 즉 구성요건적 고의는 있는 것이고 객관적 전제상황을 오인함으로써 허용되는 정당방위를 한다고 행위한 것이므로 위법성의 착오에 해당한다고 해야 한다. 위법성의 착오에 대해서는 고의는 조각되지 않으나 회피불가능한 착오이면 책임이 조각되고, 회피가능한 착오이면 책임을 감경할 수 있다(엄격책임설).[118] 그리고 회피가능한 착오에 대해서 현재의 부당한 침해가 있는 과잉방위처럼 형면제는 할 수 없다.

Ⅵ. 오상과잉방위

1. 오상과잉방위의 의의

오상과잉방위(Putativnotwehrexzeß)란 현재의 부당한 침해가 없음에도 불구하고 이를 존재한다고 오인하고 상당성을 초과하는 방위행위를 한 경우를 말한다. 오상과잉방위는 오상방위가 과잉방위로 된 경우, 즉 오상방위와 과잉방위가 결합된 형태라고 할 수 있다. 이에는 방위자가 상당성 초과를 인식한 경우도 있고, 상당성 초과를 오인한 경우가 있다. 예컨대 甲이 乙을 놀라게 할 작정으로 몽둥이를 들었는데, 乙은 자기를 공격하는 것으로 오인하고 방위의사로 도끼를 몽둥이로 오인하고 도끼를 가지고 반격한 경우는 후자에, 甲과 乙이 언쟁 중에 흥분한 甲이 갑자기 손을 들자 乙은 자기를 구타하려는 것으로 오인하고 방위의사로 소지한 칼로 상대방을 찌른 경우는 전자에 해당한다.

2. 오상과잉방위의 본질 · 법적 취급

오상과잉방위는, ① 현재의 부당한 침해가 없는 경우이므로 본질상 오상방위의 일종이라는 견해,[119] ② 상당성을 초과하고 있음을 인식한 경우에는 과잉방

118) 위법성조각사유의 전제사실의 착오취급에 대해서는 제2편 제5장 제6절 참조. 또 오상방위의 개념 · 범위와 형법적 취급에 관한 이론 접근방법에 대한 상세한 검토는 정성근, 오상방위론(성균관법학 제7호, 1996), 1-27면 참조.

119) 정성근, 294면; 손해목, 464면; 이재상, 236면 이하; 배종대, 360면; 안동준, 111면; 임웅, 236면; 오영근, 467면; 박상기, 190면; 정영일, 224면.

위, 이를 인식하지 못한 경우에는 오상방위에 해당한다는 견해,[120] ③ 오상방위 또는 과잉방위와 구별되는 고유한 별개의 범죄유형이라는 견해가[121] 대립한다. 오상방위의 본질은 현재의 부당한 침해가 없음에도 불구하고 그것이 있다고 오인한 데 있으므로 오상과잉방위도 오상방위의 일종이라 해야 한다. 다만 오상과잉방위를 오상방위의 일종이라 하더라도 그 법적 취급에 대해서는 제한책임설과 엄격책임설이 대립한다.

엄격책임설에 따르면 오상과잉방위도 오상방위의 법적 취급과 같이 방위자의 상당성 과잉에 대한 인식 유무를 묻지 않고 위법성의 착오로 취급한다. 즉, 방위자의 고의는 조각되지 않으나 부당한 침해에 대한 착오가 회피불가능한 때에는 책임이 조각되고, 회피가능한 착오인 때에는 책임감경이 가능하다.

3. 형감면의 가부

오상과잉방위는 정당방위상황이 존재하지 않는 오상방위의 일종이지만 동시에 과잉성도 있는 것이므로 과잉방위와 같이 제21조 2항과 3항을 적용하여 형을 감면하거나 불가벌로 할 수 있느냐가 문제된다. 이 경우에 오상에 대하여 과실이 있는 때에는 제21조 3항을 적용할 수 없으나 과실이 없는 때에는 이 규정을 적용해야 한다는 견해도 있다.[122]

그러나 ① 이 규정들은 과잉방위에만 적용되는 것이며,[123] ② 오상과잉방위를 엄격책임설에 의하여 처리하면 그 착오를 회피할 수 있었느냐에 따라 책임조각 또는 책임감경을 할 수 있으므로 형감면에 관한 규정을 적용할 필요는 없다.

---

120) 차용석, 625면.

121) 문채규, 오상과잉방위(안암법학 제2집, 1994), 382면; 손동권, (오상)과잉방위에 대한 책임비난(형사판례연구 8), 39면 이하.

122) Rudolphi, SK, §32 Rdn. 6; Dreher/Tröndle, §32 Rdn. 27; Sch/Sch/Lenckner, §33 Rdn. 9. 한편 오상(과잉)방위를 하게 된 데에 피해자가 원인을 제공하였다면 행위자를 위해서는 고의불법을 그대로 인정하면서 형법 제21조 3항에 의한 면책이 가능하다는 견해도 있다(손동권, 193면).

123) 정성근, 295면; 이재상, 237면; 배종대, 360면.

제5절 긴급피난

Ⅰ. 의의 · 정당화 근거

1. 의 의

긴급피난(Notstand)이란 자기 또는 타인의 법익에 대한 현재의 위난을 피하기 위하여 그 위난을 제3자에게 전가하거나 타인의 법익을 희생시키고 위난으로부터 모면하는 상당한 행위를 말한다(제22조 1항 참조). 예컨대, 화재 발생시에 자기 생명을 구하기 위해 이웃집의 시설물을 손괴하고 화재를 피하거나 교통사고로 위독한 부상자를 병원으로 이송하기 위해 도로교통법상의 제한속도를 초과하여 과속질주하는 경우를 들 수 있다.

긴급피난도 자기보존 원리에 근거한 긴급행위이며, 처벌되지 않는다는 점에서 정당방위와 유사한 성격을 가지고 있다. 그러나 정당방위는 위법한 침해에 대한 반격행위로서 법질서를 수호하는 "부정(不正) 대 정(正)"의 관계에서 성립하는데 반하여, 긴급피난은 위난의 원인이 반드시 위법한 것임을 요하지 않고, 위난과 관계없는 제3자에게 그 위난을 전가시킴으로써 타인의 정당한 법익을 희생시키는 "정(正) 대 정(正)"의 관계에서 성립한다는 데에 차이가 있다. 즉, 정당방위는 침해에 대한 반격행위임에 대해서 긴급피난은 위난을 제3자에게 전가 내지 회피하는 데에 특색이 있다. 이와 같은 본질적 차이 때문에 상당성을 판단함에 있어서도 긴급피난은 정당방위의 경우보다 엄격하고 또 벌하지 않는 이유(긴급피난의 본질)에 관해서도 논의가 많다. 그리고 긴급피난은 보호되어야 할 정당한 법익 상호간의 충돌로 인하여 그 어느 하나를 희생시킬 수밖에 없는 부득이한 긴급상황에서 개인 스스로 법익을 보호하도록 법적으로 인정해 주는 제도이다. 따라서 긴급피난 제도는 위난을 당한 자만 희생을 감수할 것이 아니라 다른 관련자도 사회공동체 일원으로서 위난으로 인한 손실을 분담하게 함으로써 최소한의 손실을 가져오게 한다는 사회적 가치재분배의 기능을 하는 데에 그 의의가 있다.

연혁적으로 보면 긴급피난은 정당방위보다 늦게 발달된 개념이지만, 오랜 옛날부터 철학상 · 윤리학상의 문제로서 거론되어 왔다.[124] 독일 사원법에서는 "필요는 법률을 갖지 않는다"(Necessitas non habet legem) 또는 "긴급은 명령을 알 수 없다"(Not kennt kein Gebot)라는 일반원칙을 인정하고 있었고, 카로리나(Carolina)형법전 제166조는 행위자가 굶어 죽어가는(아사) 위급상황에서 자기 또는 처자를 구하기 위하여 음식물을 절취한 경우에 긴급피난을 인정하였다. 근세에 와서는 계몽사상의 영향을 받은 자연법학자들이 긴급피난의 합리성을 주장하였으며, 특히 헤겔(Hegel)은 생명과 재산이 충돌하는 경우에는 생명을 보호하기 위한 긴급피난을 인정하여야 한다고 강조하였다.[125]

한편 입법적으로는 1794년 프러시아 보통법(Allgemeines Landrecht), 1810년 프랑스 형법전(code pénal), 1851년 프러시아 형법 및 1861년 바이에른 형법 등에서 생명과 신체의 위험에 대한 긴급피난을 인정하였고, 1871년 독일 제국형법 제54조도 이러한 취지에 따라 자기 또는 친족의 생명 · 신체에 대한 현재의 위난을 피하기 위한 긴급피난을 규정하였다. 그러나 긴급피난 개념은 아직도 명료한 것이 아니라고 하며,[126] 오늘날 각국의 입법례도 그 태도를 달리하고 있다.[127]

2. 정당화 근거

긴급피난이 위법성조각사유가 되는 근거에 대해 종래의 통설은 법익형량설과 목적설에 의해 설명해 왔다. 즉, 충돌하는 두 법익(이익)을 형량하여 보호하려는 이익이 침해되는 이익보다 우월하고, 사회윤리적 관점에서 피난행위가 정당한 목적을 위한 상당한 수단을 사용한 경우에 정당화 된다고 한다.

그러나 사회적 이익형량을 전제로 한 긴급피난의 구체적 개별원리는 자기법익에 대한 긴급피난의 경우에는 자기보존의 원리와 우월적 이익의 원리가,

124) 문헌상으로는 생명에 대한 긴급피난의 설례로서 기원전 2세기경의 희랍의 철학자인 카르네아데스(Karneades)가 제시한 소위 카르네아데스의 판자(난파 당한 선객이 자기만 살기 위해 타인을 밀쳐서 익사시킨 경우)가 유명하다. 오늘날 국제적으로 긴급피난에 관한 중요한 사례로서는 미국의 윌리암 브라운호 사건[U.S. v. Holmes, 26 Fed. Cas. 360, No. 15383(E.D. Pa. 1842)]과 미뇨넷트호 사건[The Queen v. Dudley and Stephens, 14 Q.B. 273(1884)](표류 중인 선원이 아사와 갈증을 면하기 위하여 소년선원을 살해하여 그 살(肉)을 먹고 살아난 사례)을 들 수 있다. 이에 관하여는 김종원, 긴급피난(상)(고시연구, 1975. 4), 59면 이하 참조.

125) 이형국, 긴급피난(형사법강좌 I), 259면 이하. 긴급피난이론의 연혁에 관한 보다 자세한 설명은 森下 忠, 緊急避難の硏究, 1960, 1면 이하 참조.

126) Henkel, Der Notstand nach gegenwärtigem und künftigem Recht(1932), S. 4.

127) 각국의 입법례에 대해서는 김종원, 전게논문, 61면 이하 참조.

타인 법익에 대한 긴급피난의 경우는 사회연대성의 원리와 우월적 이익의 원리가 각각 고유한 정당화의 근거가 되며, 이에 부가하여 목적설까지 함께 상호보충하는 관계에서 정당화 여부를 판단해야 할 것이다.

3. 긴급피난의 본질

정당방위는 위법한 침해에 대한 법질서 수호이므로 위법성조각사유가 된다는 데에 이론이 없다. 그러나 긴급피난은 현재의 위난을 제3자에게 전가시키거나 회피함으로써 타인의 정당한 법익을 훼손시키는 것이므로 긴급피난이 불가벌로 되는 이유에 관하여는 여러 가지 견해가 주장되고 있다. 위법성조각사유 또는 책임조각사유의 하나에 해당한다는 단일설과 두 사유가 모두 포함된다는 이분설이 있다.

(1) 단일설

1) 책임조각설　　긴급피난은 제3자의 정당한 법익을 훼손시키므로 피난행위 그 자체는 위법하지만 긴급상태에서 긴급행위 이외의 적법행위를 기대하기 곤란하므로 책임이 조각된다는[128] 견해이다.

그러나 ① 타인의 법익에 대해서도 긴급피난을 인정하고 있는 우리 형법의 해석상 타인을 위한 긴급피난이 항상 그 피난행위 이외의 태도를 기대할 수 없다고 할 수 없으며, ② 이에 의하면 보호할 필요가 있는 우월적 이익을 위한 긴급피난도 언제나 위법행위가 된다고 해야 하며, ③ 공범의 제한종속원칙에 따르면 피난행위를 교사·방조한 자만이 공범으로 처벌되고 피난자는 책임조각으로 처벌되지 않게 되므로 타당하지 않다.

2) 위법성조각설　　긴급피난은 우월적 이익(이익형량)이 있기 때문에 위법성이 조각된다는 견해이다. 즉, 피난행위에 의하여 보호되는 이익과 희생되는 이익을 비교형량하여 보호되는 이익이 우월하다고 인정되는 때에는 피난행위의 위법성이 조각된다는[129] 것이다.

---

128) 이 견해는 독일 구형법(1871년)상의 긴급피난규정(제54조)의 해석과 관련하여 종래 독일의 통설적 견해였으나, 현재 우리나라에서 이 견해를 취하는 학자는 없다. 종래 우리나라에서 이 견해를 취하고 있는 입장은 백남억, 208면; 박문복, 263면.

129) 남흥우(8인 공저), 183면; 유기천, 187면; 정영석, 132; 김종원, 긴급피난(中), 54면; 이형국, 155면; 이재상, 241면; 안동준, 114면; 김성천/김형준, 344면; 손동권, 198면.

위법성조각설에 대하여는, ① 자기에게 닥친 위난을 타인에게 전가시켜 같은 가치의 타인의 정당한 법익을 훼손시키는 것은 사회윤리적 규범에 반하는 것이므로 위법하다고 해야 하며,130) ② 생명과 생명, 신체와 신체의 법익이 충돌하는 경우에는 애당초 이익형량을 할 수 없음에도 불구하고 모든 긴급피난을 위법성조각사유로 파악하는 것은 타당하다고 할 수 없고,131) ③ 동가치의 법익이 충돌한 경우에 위법성을 조각시킨다면 먼저 선수를 가한자, 다수자, 강자에게 항상 우선권을 법이 허용하게 되므로 부당하다는132) 비판이 있다.

> 한편 긴급피난은 현재의 위난을 제3자에게 전가 내지 회피함으로써 제3자의 정당한 법익을 훼손시키므로 정당행위라고 할 수 없고 법적으로 방임된 행위로서 위법성이 조각된다고 하는 방임행위설도 있다.133) 그러나 ① 객관적 위법성설을 전제로 하는 이상 행위는 적법 아니면 위법행위이고 그 중간영역인 방임행위라는 것은 인정할 수 없으며, ② 피난행위를 방임행위라 하여 위법성이 조각된다고 하면 이는 바로 정당화행위라고 해야 한다. 우리나라에서 이 견해를 주장하는 학자도 없다.

(2) 이분설

긴급피난은 위법성이 조각되는 경우와 책임이 조각되는 경우가 있다는 견해(차별설)이다. 이 견해도 어떤 기준에 의하여 위법성조각사유와 책임조각사유를 구별할 것이냐에 관하여 다시 두 가지로 나누어진다.

1) **생명 · 신체에 대한 책임조각설** 생명 · 신체 이외의 법익 상호간에 충돌하는 경우와, 생명 또는 신체와 그 이외의 법익이 충돌하는 경우는 이익형량이 가능하므로 위법성이 조각되지만, 생명과 생명, 신체와 신체가 각각 충돌하는 경우에는 이익형량이 불가능하므로 책임이 조각된다는 견해이다.134) 생명과 신체는 인격의 기본요소이므로 상호 비교형량할 수 없는 것이며, 또 항상 자기목적을 가진 것이므로 이를 다른 목적을 위한 수단으로 사용할 수 없다는 것이 책임조각사유설의 근거이다.

그러나 ① 신체에 대한 중대한 위난을 피하기 위하여 타인의 신체에 경미한

---

130) 진계호, 330면; 차용석, 568면.
131) 손해목, 472면.
132) 정성근, 298면.
133) Beling, Grundzüge, S. 15; 西原, 217면(동가치 법익에 대해서는 방임행위설).
134) 이건호, 113면; 황산덕, 168면; 진계호, 331면; 배종대, 368면 이하.

침해를 가한 경우에는 이익형량이 가능할 뿐만 아니라, 이 설에서도 중대한 신체침해를 피하기 위하여 경미한 신체침해를 하는 경우에는 위법성이 조각된다고 하고 있으며, ② 생명 또는 신체 이외의 법익에 대해서도 법익동가치의 경우에는 항상 위법성이 조각된다고 할 수 없다는 비판이 있다.

2) 법익동가치의 책임조각설 우월적 이익의 원리가 타당한 범위 내에서는 위법성이 조각되고, 이 원리가 타당할 수 없는 법익동가치의 경우에는 행위 자체는 위법하지만 적법행위의 기대불가능성으로 책임이 조각된다는[135] 견해이다. 독일의 통설이며, 현행 독일 형법 제34조와 제35조도 이러한 취지를 입법화한 것이다.[136]

그러나 이 견해도, ① 긴급피난으로 인하여 책임이 조각되는가는 책임조각사유의 일반원리에 의하여 해결해야 하며, ② 형법 제22조의 "상당한 이유"는 기대불가능성이라는 책임조각사유를 포함하고 있는 개념으로 파악할 수는 없다는[137] 비판을 받고 있다.

(3) 학설의 평가

책임조각설과 생명·신체에 대한 긴급피난만이 책임이 조각된다는 이분설은, 긴급피난이 우월적 이익을 보전하는 행위에 대해서 사회적 가치재분배의 기능을 한다는 취지에 비추어 타당하지 않다. 특히 타인 법익에 대한 긴급피난에 대해서 항상 책임이 조각된다고 할 수 없으며, 생명·신체 이외의 동가치 법익에 대해서 위법성을 인정하는 근거가 불명하다. 따라서 위법성조각설과 법익동가치의 책임조각설 중 어느 것이 더 타당하느냐가 문제된다.

긴급피난은 법익 상호간의 충돌상황에서 타인의 정당한 법익을 훼손시키기 때문에 그 본질은 보호 필요성이 더 큰 우월적 이익이 있는 경우에는 정당화적

135) 정성근, 300면; 차용석, 577면; 손해목, 473면; 김일수/서보학, 308면; 김성돈, 278면 이하.

136) 독일 형법 제34조(정당화적 긴급피난) 생명·신체·자유·명예·재산 또는 기타의 법익에 대한 현재의 달리 피할 수 없는 위난 하에서 그 위난을 자기 또는 타인으로부터 피하기 위하여 행위한 자는 대립하는 이익, 특히 당해 법익과 그것에 절박하는 위난도를 저울질해서 보호된 이익이 침해된 이익보다 중요성에 있어서(wesentlich) 우월한 때에는 위법하게 행위한 것이 아니다. 단, 이것은 그 행위가 위난을 피할 상당한(angemessen) 수단인 때에 한하여 적용된다. 제35조(면책적 긴급피난) ① 생명·신체 또는 자유에 대한 현재의 달리 피할 수 없는 위난 하에서 그 위난을 자기·친족 또는 기타의 자기와 밀접한 관계에 있는 자로부터 피하기 위하여 위법한 행위를 한 자는 책임없이 행위한 것이다. …(후략).

137) 이재상, 241면.

긴급피난으로, 이 원리가 타당할 수 없는 법익동가치의 경우에는 책임조각적 긴급피난으로 파악하는 이분설이 이론적으로 우수하다. 그러나 독일 형법처럼 이분설을 채택하지 않고 있는 우리 형법 제22조의 해석론에서는 위법성조각설이 타당하다고 해야 한다.

즉, ① 형법 제22조는 "타인"을 위한 긴급피난도 허용하고 있으며, "상당한 이유" 있는 행위를 긴급피난의 요건으로 규정하고 있으므로 이익이 충돌하는 모든 경우가 긴급피난이 되는 것이 아니라 상당성이 있을 때에만 긴급피난이 된다. 그리고 상당성 개념은 기대불가능성을 포함하는 개념이 아니라 주로 우월적 이익 원칙에 기초한 것으로 보아야 한다.[138] ② 위법성조각설에 의하면 우월적 이익 원칙이 적용될 수 없는 경우가 문제가 될 수 있으나 이 경우는 긴급피난 이론이 아니라 초법규적 책임조각사유인 기대불가능성에 따라 책임조각을 인정하면 될 것이다(결론에서 법익동가치 책임조각설과 같다).

요컨대, 우리 형법상 긴급피난은 그 규정의 내용 및 형식의 특성상 주로 자기보존의 원리(타인 법익에 대한 긴급피난은 사회 연대성의 원리)와 우월적 이익의 원리에 근거하는 위법성조각사유라고 해석하는 것이 가장 무난하다고 본다.

Ⅱ. 긴급피난의 성립요건

긴급피난은 현재의 위난이 있어야 하고, 자기 또는 타인의 법익에 대한 위난을 피하기 위한 행위라야 하며, 피난행위의 상당한 이유가 있을 것을 요한다(제22조 1항).

1. 현재의 위난

현재의 위난은 긴급피난을 할 수 있는 객관적 상황(긴급피난상황)이다. 현재의 위난이 없는 때에는 애당초 긴급피난도 과잉피난(제22조 3항)도 있을 수 없다.

---

138) 이재상, 241면.

(1) 현재성

1) 현재성의 의의 "현재"란 위난이 현실로 존재하고 있거나 위난발생이 긴박한 상태에 있는 것을 말한다. ① 즉시 대응조치를 취하지 않으면 위난의 발생이 확실하거나 거의 확실시 될 정도로 절박한 상태에 있으면 긴박상태라 할 수 있다. 또 ② 위난이 아직 직접 현존한 상태는 아니나 더 늦어지면 위난을 피할 수 없거나 더 큰 위험이 생길 염려가 있는 경우와, 이미 발생한 위험을 그대로 두면 손해가 증대될 위험이 있는 경우에도 현재의 위난이 된다. 따라서 긴급피난에 있어서의 현재성은 지금 막 개시된 침해나, 침해가 직접 임박한 것을 요구하는 정당방위의 현재성보다 그 범위가 넓다.

2) 예상된 위난 위난이 절박하지 않은 과거 · 미래의 위난에 대해서는 긴급피난을 할 수 없다. 그러나 미래 예상되는 위난도 즉시 구제하지 않으면 위난을 피할 수 없는 부득이한 경우에는 현재의 위난이 될 수 있다.

3) 계속적 위난 현재의 위난은 일시적이건 계속적이건 묻지 않는다. 따라서 계속적 위난에 대한 긴급피난도 인정된다. "계속적 위난"이란 위험상태가 계속 또는 반복되어 앞으로도 같은 손해가 예상되는 경우를 말한다. 예컨대 붕괴위험이 있는 건축물이나 위험한 정신병자의 계속된 출입과, 의붓아버지의 계속된 성폭행이나 생명위협이 앞으로 동일한 상태가 계속 예상되는 때에는 계속적 위난에 해당하여 현재성이 인정된다.[139] 다만 이 경우에 긴급피난이 되기 위해서는 달리 피할 방법이 없거나(보충성의 원칙) 균형성의 원칙이 유지되어야 한다.

4) 현재성 판단기준 위난의 "현재성"이 있는가 아닌가는 피난자의 주관적 사정으로 결정할 것이 아니라 객관적 사정을 기초로 판단하여야 한다. 따라서 피난자가 주관적으로 예상한 위험은 "현재"의 위난이 아니다. 예컨대 단순히 죽인다는 협박만으로 생명 · 신체에 대한 현재의 위난이 있다고 할 수 없다.

(2) 위 난

위난(Gefahr)이란 법익침해에 대한 위험이 있는 상태를 말한다. 위난도 객관적으로 존재하여야 하며, 주관적으로 예상한 것은 위난에 해당하지 않는다. 여기의 "객관적"이란 문제상황을 판단할 자격 있는 전문가의 예측을 기준으로

---

139) 이재상, 243면; 김일수/서보학, 310면; 김성돈, 280면.

판단해야 한다.[140] 다만 전문가의 지식이 전혀 도움이 되지 않을 때에는 이성적 관찰자(법관)의 판단에 따라 결정해야 할 것이다. 위난의 판단시기는 피난행위의 바로 앞선 시점을 기준으로 법관이 사후적으로 판단해야 한다(객관적 사전적 척도).

1) 위난의 원인　위난의 원인은 묻지 않는다. 사람의 행위에 의한 것이건 전쟁상태·야생동물·천재지변·자연재해에 의한 것이건 묻지 않는다. 다만, 동물에 의한 위난이 사람의 고의(사주)·과실에 의한 경우에는 정당방위를 할 수 있다.

2) 위난의 부당성 불요　위난은 위법하거나 부당한 것임을 요하지 않는다. 위법한 공격에 의한 위난은 정당방위는 물론 긴급피난도 가능하며, 정당한 행위로 인한 위난에 대해서도 긴급피난을 할 수 있다. 따라서 타인의 긴급피난행위를 피하기 위하여 제3자의 법익을 희생시키는 경우도 긴급피난이 된다(정 대 정의 관계). 다만, 피해자의 승낙이 있는 경우와 법령에 의한 행위 기타 사회상규에 반하지 않는 행위임이 명백한 경우, 예컨대 구속영장의 집행을 받는 경우에는 그 본인은 긴급피난을 할 수 없다.

(3) 자초위난

위난이 피난자의 귀책사유로 초래된 자초위난(selbst verursachte Gefahr)에 대해서 긴급피난을 허용할 수 없다는 견해도[141] 있다. 그러나 위난상황에 대하여 책임이 없다는 것이 긴급피난의 요건이 되는 것은 아니므로 자초위난을 일률적으로 부정할 것은 아니다.

자초위난이 과실에 의한 경우, 예컨대 부주의로 맹견의 꼬리를 밟아 그 습격을 피하기 위하여 부득이 타인의 주거에 침입하고 재물을 손괴한 경우에는 긴급피난으로 보아야 한다. 목적 또는 의도적으로 위난을 초래한 경우에는 권리남용이 되거나 피난행위의 상당성이 없으므로 원칙적으로 긴급피난을 할 수 없다. 그러나 고의로 위난을 야기한 경우라도 권리남용이 아니거나 예상 외의 위난이 초래된 경우에는 예외적으로 긴급피난을 할 수 있다고[142] 본다(예, 자기낙

140) Kühl, 8/47.
141) Maurach/Zipf, 34/6; 유기천, 188면.
142) Baumann, S. 356; Sch/Sch/Lenckner, §35 Rdn. 26; 황산덕, 165면; 김종원, 긴급피난(下), 63면; 정성근, 302면; 이형국, 156면; 이재상, 243면; 김일수/서보학, 315면; 배종대, 370면.

태로 생명위험초래). 다만 이 경우에는 상당성 판단이 엄격해질 것이다.

【판례】 ① 선박의 이동에도 새로운 공유수면점용허가가 있어야 하고 휴지선을 이동하는 데는 예인선이 따로 필요한 관계로 비용이 많이 들어 다른 해상으로 이동을 하지 못하고 있는 사이에 태풍을 만나게 되고 그와 같은 위급한 상황에서 선박과 선원들의 안전을 위하여 사회통념상 가장 적절하고 필요불가결하다고 인정되는 조치를 취하였다면 형법상 긴급피난으로서 위법성이 없어서 범죄가 성립되지 아니한다고 보아야 하고 미리 선박을 이동시켜 놓아야 할 책임을 다하지 아니함으로써 위와 같은 긴급한 위난을 당하였다는 점만으로는 긴급피난을 인정하는데 아무런 방해가 되지 아니한다(대판, 1987. 1. 20, 85도221).

② 피고인이 스스로 야기한 강간범행의 와중에서 피해자가 피고인의 손가락을 깨물며 반항하자 물린 손가락을 비틀며 잡아 뽑다가 피해자에게 치아결손의 상해를 입힌 소위를 가리켜 법에 의하여 용인되는 피난행위라 할 수 없다(대판, 1995. 1. 12, 94도2781).[143)]

③ 피고인은 상관인 피해자로부터 빰을 한 대 얻어맞은 후 홧김에 피해자의 뒤통수를 대검 뒷자루로 한번 쳤다. 이에 피해자도 야전용 삽으로 대항하는 중 대검으로 다시 피해자의 쇄골부분을 찔러 사망케 하였다면 위 행위는 급박한 경우에 해당한다 할 수 없어, 긴급피난이 성립되지 아니한다(대판, 1970. 8. 18, 70도1364).

2. 자기 또는 타인의 법익에 대한 위난을 피하기 위한 행위

(1) 자기 또는 타인의 법익

현재의 위난으로부터 보호하기 위한 법익은 자기 또는 타인의 법익이다. 여기의 타인이란 자기 이외의 모든 자연인은 물론, 법인 · 법인격 없는 단체도 포함한다. 그리고 타인은 근친자이거나 위난에 처해 있는 자와 특별한 관계가 있을 필요가 없으며, 전혀 면식이 없는 자도 무방하다. 이 경우에 타인의 의사와 관계없이 긴급피난을 할 수 있는 것은 정당방위와 같다.

1) 법익의 범위　피난행위로서 보호하려는 법익의 내용은 개인적 법익이면 무엇이든 좋다. 보통 생명 · 신체 · 자유 · 명예 · 정조 · 재산 등 형법이 보호하고 있는 법익을 예시하고 있는데, 반드시 이에 한정할 이유가 없다. 따라서 노동법상의 법익과 경제적 손실을 방지하기 위한 긴급피난도 허용된다.

2) 국가적 · 사회적 법익　개인적 법익 이외의 국가적 · 사회적 법익을 보전

143) 이 경우 피해자의 이가 부러지는 상해는 피고인의 강간에 수반하여 일어난 결과이므로 피고인은 강간치상죄(폭력행위등처벌에관한법률 위반)에 해당한다.

하기 위한 긴급피난도 가능하다는 것이 다수설이다.144) 이 경우의 긴급피난을 사회적 긴급피난 또는 국가긴급피난이라 한다. 그 예로서 일반대중이 마시는 정수에 독물을 혼입하였음을 알고 정수시설을 파괴하는 경우(사회적 긴급피난)와, 국가기밀을 누설하는 집회에 무단침입하여 기밀문서를 탈취하는 경우(국가긴급피난)를 들고 있다.

정당방위와 마찬가지로 긴급행위는 개인적 법익을 보전하기 위해서 인정된 것이며(자기보존원리), 국가의 권력기구나 권력작용에 관한 것은 개인이 보전할 수 있는 법익이 아니다. 국가의 권력기구 · 권력작용 및 사회적 법익에 대한 보호는 국가기관, 특히 국가 경찰의 임무이고 개인의 임무는 아니다. 국가적 · 사회적 법익에 대한 긴급피난을 해야 할 상황은 경찰권이 그 본래의 임무를 수행할 수 없는 경우에 생기며, 이러한 법익보호에 대한 경찰권의 임무태만을 개인이 긴급피난으로 대신해 줄 필요성과 정당성도 없다.145) 특히 개인은 정당한 제3자 또는 국가의 법익을 희생시키면서까지 국가적 · 사회적 법익을 위해 긴급피난을 할 수는 없다고 해야 한다. 다만, 국가적 · 사회적 법익이라도 그 법익에 대한 위난이 동시에 개인적 법익에 대한 현재의 위난을 포함하는 경우에 한하여 긴급피난을 인정할 수 있을 것이다(예, 정수독물 혼입 · 방화).

(2) 피하기 위한 행위

1) 피난행위　　피난행위란 긴박한 위난을 사전에 방지하거나 현재 계속 중인 위난을 회피하기 위한 일체의 행위를 말한다. 위난의 원인에 대해서 직접 반격행위를 하여 법익을 보전하는 경우는 물론, 위난과 관계 없는 제3자에게 위난을 전가시키고 그 위난으로부터 모면하는 경우도 피난행위가 된다.

2) 피난의사　　피난의사란 현재의 위난을 회피하려는 주관적 의사를 말한다. 긴급피난에 있어서도 피난의사가 필요하느냐가 논의된다. 피난자의 주관적 의사가 정당화사유를 지향하고 있는 경우에 행위반가치를 상쇄시킬 수 있으므로 정당방위의 방위의사가 필요한 것처럼 피난의사도 필요하다고 해야 한다. 즉, 피난의사도 주관적 정당화요소가 된다. 따라서 현재의 위난을 인식하지 못하고 침해행위를 하였는데, 객관적으로 피난행위의 효과가 발생한 우연적 피난은 긴

144) Maurach/Zipf, 27/42; Sch/Sch/Lenckner, §34 Rdn. 11; Kühl, 8/26; 이재상, 242면; 김일수/서보학, 310면; 임웅, 241면.
145) 배종대, 370면.

급피난이 될 수 없고 인식한 고의범이 성립한다. 다만, 피난의사가 없는 우연적 피난은 불능미수 규정을 유추적용 하는 것이 타당하다.

피난의사는 행위의 목적이나 동기가 될 정도로 적극적일 필요는 없다. 위난에 대한 의식 속에서 피난행위가 위난에 처한 법익보전에 유일한 방법이라는 인식을 가진 정도로 충분하다.

3. 상당한 이유

상당한 이유란 피난행위가 사회상규에 비추어 당연시 될 수 있는 경우, 즉 사회통념상 용인될 수 있는 정도를 초과하지 않았다고 인정되는 경우를 말한다. 다만, 긴급피난은 제3자의 정당한 법익을 희생시키는 것이므로 상당성을 판단함에 있어서 다른 긴급행위보다 엄격한 해석을 요한다. 따라서 피난행위에 대해서 상당한 이유가 있다고 하기 위해서는 보충성의 원칙, 균형성의 원칙, 수단의 적격성 및 상대적 최소피난의 원칙이 요구된다.[146]

(1) 보충성의 원칙

보충성의 원칙(Prinzip der Subsidiarität)이란 피난행위 이외의 달리 법익보존 방법이 없는 경우를 말한다. 즉, 피난행위가 법익보존의 유일한 수단이라야 한다. 제3자의 법익을 희생시키지 않고 위난을 회피할 수 있는 다른 방법이 있는 경우에는 회피수단을 선택해야 한다(회피원칙). 가능한 회피수단을 선택하지 않은 피난행위는 과잉피난이 된다.

(2) 균형성의 원칙

1) 균형성의 의의　균형성이란 피난행위로 보호되는 이익이 희생되는 이익보다 본질적으로 우월한 것을 말한다. 종래에는 보호법익이 침해법익보다 "작지 않아야 한다"고 하여 동등한 법익 사이에도 균형성을 인정하였다(법익형량설).[147]

그러나 법익의 형량은 법익의 가치관계 이외의 사정을 고려하지 아니하므로 법익가치뿐만 아니라 법익의 요보호성에 관한 모든 사정까지 형량하여 우월한 때에만 균형성을 인정해야 한다. 이를 우월적 이익의 원칙이라 한다. 그러므로

146) 유기천, 189면 이하; 정성근, 305면; 이형국, 156면 이하; 이재상, 244면 이하.
147) 황산덕, 166면; 남흥우, 187면; 김종원, 긴급피난(下), 64면 등.

침해이익이 보호이익보다 크거나 동등할 경우에는 상당성을 인정할 수가 없다.

2) 균형성의 판단 충돌하는 이익 사이의 균형성을 판단할 때에는 일차적으로 법익에 대한 추상적 가치가 기준이 된다. 그러나 법익형량만으로 모든 이익을 형량할 수 없으므로 법익의 가치뿐만 아니라 보호법익과 침해법익에 대한 양과 범위, 위난의 정도와 보호가치, 피난행위에 의한 구조가능성 등 법익과 관련된 모든 이익을 종합적으로 비교하여 판단하여야 한다.

(a) 법익의 가치 재산에 대한 침해에 대하여는 침해의 양에 의하여 우월적 이익판단이 가능하며, 사람의 생명 · 신체 · 자유 · 명예 등 인격적 가치는 재산적 법익보다 우선한다. 그 밖에도 사람의 생명 · 신체의 보호는 사람의 다른 인격적 가치보다 더 우월한 이익이 된다.

문제는 생명 · 신체와 같은 인격적 법익 상호간, 공공의 추상적 법익 상호간이나 개인적 법익과의 비교형량이다. 사람의 생명 그 자체는 최대한 절대적으로 보호되어야 하므로 생명 대 생명의 관계는 그 수의 대소나 기타의 사정으로 결정할 수 없다. 따라서 긴급피난으로 사람을 살해하면 위법성조각이 될 수 없다. 신체와 공공법익에 대해서도 끝내 이익형량이 불가능할 때에는 위법성 조각이 되지 않는다. 이러한 경우에는 기대가능성 유무에 따라 책임조각이 문제될 뿐이다.

【예】 "미뇨넷트호 사건"과 같이 표류 중인 선원이 아사를 면하기 위하여 다른 선원을 살해한 경우나, 한 로프에 몸을 감고 바위를 타던 두 사람의 등산객 중 한사람이 추락하자 나머지 한사람이 추락을 면하기 위해 줄을 끊어 한사람을 희생시킴으로써 안전할 수 있었던 경우 등은 긴급피난으로 정당화되지 않는다.

(b) 법익침해의 정도 법익의 가치가 아니라도 구체적 상황에서 발생하는 법익침해의 정도가 이익형량의 기준이 되는 경우가 있다. 일반적으로 인격적 법익은 재산적 법익보다 우월적 가치가 인정되지만 막대한 재산상의 손해를 방지하기 위하여 경미한 신체상처를 입히는 경우, 또는 응급환자를 운반하는 구급차량이 교통사고의 잠재적 위험성이 있는 교통법규위반을 하는 경우는 상당성이 있는 긴급피난이 될 수 있다. 특히 죄질이 같은 법익 사이에는 법익침해의 정도가 형량의 결정적 기준이 될 것이다.[148]

(c) 위난의 개연성 보호법익에 대한 손해발생의 개연성이 높을수록 구조필요성도 증가하므로, 예컨대 생명이 위독한 교통사고 환자를 구조하기 위해 음주 중에 있던 의사가 자동차를 운전하고 사고 현장에 가는 경우에도 긴급피난으로 정당화 된다고 해야 한다. 일반적으로 구체적 위험은 추상적 위험보다 우선한다고 할 수 있다.[149]

(d) 구조가능성 사회적 가치재분배의 기능을 하는 긴급피난은 위난에 처한 법익의 구조가능성을 전제로 하므로 구조가능성이 희박하면 다른 법익을 훼손해야 할 근거도 그만큼 감소한다. 애당초 구조가능성이 전혀 없는 피난행위는 수단의 적격성도 인정할 수 없다. 법익이 동일인에게 귀속하는 동가치의 법익이 충돌하는 경우에는 위난의 개연성과 구조가능성만으로 형량할 수도 있다.[150] 예컨대 사망할 것이 확실시되는 화재현장의 어린아이를 부득이 구명보에 싸서 창 밖으로 던진 경우이다. 이 경우 생명구조가능성이 충분히 있는 한 생사 여부와 관계없이 정당화된다고 본다.

(3) 수단의 적격성

수단의 적격성이란 사회상규에 비추어 적합한 수단을 사용하는 것을 말한다. 수단의 적격성은 원래 "정당한 목적을 위한 적합한 수단"이 위법성을 조각시킨다는 목적설을 긴급피난에 적용하면서 주장된 것인데, 독일 형법 제34조(위법조각적 긴급피난)는 이를 명문으로 규정하고 있다. 우리 형법은 아무런 규정이 없기 때문에 이를 긴급피난의 상당성 요소에 포함시킬 수 없다는 견해[151]와 포함시키는 견해[152]가 대립한다.

긴급피난의 정당화 원리로서 우월적 이익원칙뿐만 아니라 목적설도 고려해야 하므로 적합한 수단도 상당한 이유의 내용이 된다고 본다. 따라서 보충성원칙과 균형성원칙이 인정되는 경우에도 수단의 적격성이 없으면 정당화되지 않는다.

---

148) 김일수/서보학, 313면; 손해목, 481면; 이재상, 246면; 배종대, 376면.
149) 김일수/서보학, 313면; 배종대, 376면.
150) 이재상, 246면; 배종대, 376면.
151) 정영석, 135면.
152) 이익형량을 제한하는 하나의 요소로 보는 견해(김일수/서보학, 315면; 진계호, 375면), 상당성 해석의 독자적 요소로 보는 견해(정성근, 306면; 손해목, 485면; 이형국, 159면; 이재상, 246면; 임웅, 243면; 박상기, 196-197면)로 나누어진다.

수단의 적격성이 문제되는 사례는 사람의 신체를 다른 사람의 생명구조를 위해 강제로 사용한 경우이다. 그러나 위급한 중환자의 생명구조를 위해 타인의 의사에 반한 강제채혈행위는[153] 사람의 신체를 다른 목적을 위한 도구로 사용할 뿐만 아니라 개인의 자기결정권을 침해하는 것이므로 수단의 적격성이 없고 정당화될 수 없다고 해야 한다. 다만 위급한 중환자와 강제채혈을 당한 자 사이에 연대성을 요하는 특별관계가 있는 때에는 정당화 될 수 있다.[154]

(4) 상대적 최소피난의 원칙

긴급피난은 정당한 타인의 법익을 희생시키는 것이고, 사회적 가치재분배의 기능도 하고 있으므로 가능한 한 타인의 법익훼손은 최소화해야 한다. 위난을 회피할 수 없는 불가피한 상황에서 최후수단으로 피난행위를 하는 경우에도 상대방에게 가장 경미한 손해를 주는 방법으로 피난행위를 하여야 한다.

Ⅲ. 긴급피난의 효과

긴급피난의 요건을 구비한 때에는 피난행위 자체가 구성요건에 해당하여도 위법성이 조각되어 벌하지 아니한다. 따라서 이에 대한 정당방위는 허용되지 않는다. 이에 대하여 긴급피난을 위법성조각과 책임조각으로 구분하는 이분설에 따르면 책임조각적 긴급피난에 대하여 정당방위도 가능할 것이다.

Ⅳ. 긴급피난의 특칙

긴급피난은 위난을 피하지 못할 업무상 특별의무자에 대해서는 원칙적으로 허용하지 않는다(제22조 2항). 위난을 피하지 못할 업무상 특별의무자란 군인·경찰관·소방관·의사·선장 등과 같이 직무수행에 있어 오히려 일정한 위난에 대처해야 할 의무가 있는 자를 말한다. 이들도 직무수행에 있어 긴급한 위

153) 이는 갈라스(Gallas)가 제시한 강제채혈사례이다. Gallas, Pflichtenkollision als Schuldausschließungsgrund, Mezger-FS, 1954, S. 325.

154) Vgl. Kühl, 8/173.

난에 처할 수 있지만, 형법은 이들이 맡고 있는 직무의 성격과 이에 따른 의무를 중시하여 특칙으로 긴급피난을 허용하지 않고 있는 것이다.

그러나 이러한 특별의무자에게 절대적으로 긴급피난을 허용할 수 없다고 해석할 수 없다. 특별의무자에 대한 특칙은 "위난을 피하지 못할 책임"이 인정되는 범위 내에서 긴급피난을 인정하지 아니한다는 뜻으로 해석하여야 한다. 따라서 이들이 그 책임을 다한 이상은 자기뿐만 아니라 타인을 위한 피난행위도 허용된다.

> 경찰관직무집행법 제11조 단서의 반대해석에 의하여 긴급피난에 해당하는 경우에는 경찰관도 무기사용으로 사람에게 위해를 줄 수 있도록 허용하고 있고, 특히 타인을 위한 긴급피난은 실제로 특별의무자의 경우가 많다. 이 경우의 예외규정을 두지 않고, 업무상 특별의무자에 대해서 일률적으로 긴급피난의 규정을 적용할 수 없다고 규정한 것은 입법형식으로 타당하지 않다.

Ⅴ. 과잉피난 · 오상피난

1. 과잉피난

과잉피난(Notstandsexzeß)이란 법익에 대한 현재의 위난을 피하기 위한 피난행위는 있었으나 그 피난행위가 상당성 정도를 초과한 경우를 말한다. 긴급피난의 상당성 판단에는 보충성의 원칙, 균형성의 원칙, 수단의 적격성, 상대적 최소피난원칙이 요구되므로 과잉피난은 결국 이러한 원칙을 초과한 경우라 할 수 있다. 이 경우 피난자에게 의도적 침해가 없는 이상 상당성 정도를 초과하고 있음을 인식하고 있었느냐를 묻지 않고 과잉피난이 된다. 과잉피난은 긴급피난이 아니므로 위법성이 조각되지 않는다. 다만, 형법은 "그 정황에 의하여 형을 경감 또는 면제할 수" 있고(제22조 3항), 또 과잉피난이 "야간 기타 불안스러운 상태 하에서 공포 · 경악 · 흥분 또는 당황으로 인한 때에는 벌하지 아니" 하므로(제22조 3항) 과잉방위와 같은 특전을 부여한다. 이 경우 형을 감면 또는 불가벌로 하는 근거는 과잉방위와 같이 불법감소와 책임이 감소 또는 소멸한다고 해야 한다.

2. 오상피난

오상피난(Putativnotstand)이란 현재의 위난이 없음에도 불구하고 위난이 존재한다고 오신하여 피난행위를 한 경우를 말한다. 오상피난은 긴급피난이 아니므로 위법성이 조각되지 아니한다. 오상피난은 긴급피난의 객관적 상황을 인식하지 못한 것이므로 오상방위와 마찬가지로 그 착오는 위법성조각사유의 전제사실에 대한 착오에 해당한다. 이 착오에 대해서 다수설은 구성요건적 착오와 같이 취급하여 고의범의 성립을 부정하고 과실범 처벌규정을 전제로 과실범이 성립한다고 한다(제한책임설). 그러나 이 착오도 위법성의 착오로 취급하는 엄격책임설이 타당하다. 즉, 구성요건적 고의는 존재하지만 그 착오가 회피불가능한 때에는 책임이 조각되고, 회피가능한 때에는 책임을 감경할 수 있다.

Ⅵ. 의무의 충돌

1. 의의와 법적 성질

(1) 의 의

의무의 충돌(Pflichtenkollision)이란 수개의 의무를 동시에 이행할 수 없는 긴급상황에서 일방의 의무이행을 위하여 다른 의무이행을 방치한 결과 방치한 의무불이행이 가벌적 행위에 해당하는 경우를 말한다. 예컨대 친권자인 아버지가 익사 직전의 두 아들을 동시에 구조할 수 없는 긴급상황에서 큰 아들을 구조하는 동안 작은 아들을 구조하지 못하고 익사한 경우에는 친권자의 보호의무(민법 제913조)의 충돌이 생긴다.

의무의 충돌은 법의 세계의 여러 방면에서 다양하게 일어날 수 있는데, 형법상 문제가 되는 경우는 충돌되는 의무의 불이행이 가벌적 의무이고, 일방의 의무이행 때문에 방치한 의무불이행도 가벌적인 경우에 한한다.

(2) 법적 성질

의무의 충돌의 법적 성질에 관해서는 사회상규에 위배되지 아니하는 정당행위(제20조)가 된다는 견해와[155] 긴급피난의 일종이라는 견해가[156] 대립한다. 정당행위설은 의무의 충돌과 이익의 충돌을 명백히 구별해야 한다는 점을 근거로 한다. 그러나 의무의 충돌은 이익의 충돌과 구조적으로 유사한 것이고, 일방의 이행을 위해서 다른 의무를 방치할 수밖에 없는 긴급상황에서 생기는 것이므로 긴급피난의 일종이라고 해야 한다. 그리고 의무의 충돌은 위법성만 조각된다는 견해와[157] 구체적 내용에 따라 위법성조각뿐만 아니라 책임조각이 되는 경우도 있다는 견해로[158] 나누어지는데, 후설이 통설이고 타당하다고 본다.

(3) 긴급피난과 비교

의무충돌은 긴급피난에 유사한 구조를 가지므로 넓은 의미의 긴급피난에 포함시킬 수 있으나 양자는 다음과 같은 차이가 있다.

첫째, 긴급피난의 피난행위는 피난자가 자기결정에 따라 피난행위를 하지 않을 수 있다. 그러나 의무의 충돌은 대립하는 일방의 의무를 위반하는 이외의 다른 방법이 없으며, 현재의 위난을 반드시 요하지 아니한다.

둘째, 긴급피난은 위난을 당한 자가 피난행위 대신에 그 위난을 스스로 감수할 수 있고, 위난과 관계 없는 타인이 위난에 처한 자를 위하여 피난행위를 해 줄 수도 있다. 그러나 의무의 충돌은 충돌하는 의무이행이 강제되고 있으므로 의무자가 의무위반 대신에 불이익을 스스로 감수한다는 것은 불가능하며, 또 타인을 위한 의무충돌의 법리는 존재하지 않는다.

셋째, 긴급피난의 피난행위는 작위에 의한 것임에 대해서 의무의 충돌에서 방치되는 의무는 부작위에 의한 것이다.

넷째, 긴급피난은 상대적 최소피난의 원칙이 요청되지만, 의무의 충돌은 어느 일방의 의무불이행으로 발생되는 법익손해는 부작위에 의한 것이므로 의무자가 그 손해를 최소화할 방법을 선택할 여지가 없고 상대적 최소피난의 원칙을 적용할 수가 없다.

---

155) 황산덕, 152면; 김일수/서보학, 352면; 차용석, 482면; 임웅, 246면; 오영근, 361면; 김성돈, 533면.

156) Stratenwerth, 9/94, 115; Baumann, S. 356ff.; Welzel, S. 91; 정영석, 148면; 정성근, 309면; 이형국, 349면; 박재윤, 의무의 충돌(고시계, 1976. 7), 33면; 이재상, 252면; 진계호, 334면; 배종대, 385면.

157) 이재상, 253면 이하.

158) 정영석, 148면; 남흥우(8인 공저), 191면 이하; 정성근, 310면; 이형국, 350면; 배종대, 387-388면 이하; 진계호, 347면 이하; 임웅, 247-248면.

다섯째, 의무의 충돌은 부작위에 의하여 행하여지므로 긴급피난에서 요구하는 수단의 적격성 문제는 논의될 여지가 없다.

2. 의무의 충돌의 분류와 요건

(1) 의무의 충돌의 분류

1) 논리적 충돌과 실질적 충돌　논리적 충돌은 법규 사이의 모순·저촉 때문에 그 법규상의 법의무가 논리적으로 충돌하는 경우(예컨대, 전염예방법에 의한 의사의 신고의무와 형법상 비밀유지의무)이고, 실질적 충돌은 의무를 발생시키는 법규 자체와 관계없이 행위자의 일신적 사정으로 두 가지 의무가 충돌하는 경우(예컨대, 동일인이 동일시간에 두 법원의 증인과 피고인으로 출석명령을 받은 경우)를 말한다. 그러나 논리적 충돌의 경우는 하나의 의무가 다른 의무를 배제하고 있으므로 하나의 의무만 이행하면 족하고 사실상 의무의 충돌은 생기지 아니한다.

2) 해결할 수 있는 충돌과 해결할 수 없는 충돌　해결할 수 있는 충돌은 행위자가 적법행위 또는 위법행위를 선택할 수 있는 경우, 즉 충돌되는 의무 사이에 형량이 가능한 경우의 충돌을 말한다. 해결할 수 없는 충돌은 행위자가 적법행위냐 위법행위냐를 선택할 여지가 없는 경우, 즉 두 의무의 형량이 불가능한 경우의 충돌을 말한다. 의사가 한 개밖에 없는 인공심폐기를 두 사람의 환자 중 어느 한 사람에게 부착해야 하는 경우가 해결할 수 없는 의무충돌의 예에 해당한다.

(2) 의무의 충돌의 요건

의무의 충돌이 위법성을 조각시키려면 다음의 요건을 구비해야 한다.

1) 법적 의무의 충돌　둘 또는 두 개 이상의 의무가 충돌해야 한다. 충돌이란 하나의 의무이행으로 다른 의무의 이행이 불가능한 것을 말한다. 불이행된 의무는 형벌법규상 가벌적 의무라야 하고, 이행된 의무도 법적 의무에 한하며, 단순한 도덕적·종교적 의무는 제외된다.[159] 법적 의무이면 관습상 또는 법질서의 정신에 비추어 법적 효력이 인정되는 의무도 포함한다. 그리고 여기의 의

159) 정영석, 148면; 남흥우(8인 공저), 192면; 정성근, 311면; 이형국, 350면; 이재상, 252면; 임웅, 246면.

무는 작위의무의 충돌에 한한다.[160] 작위의무와 부작위의무의 충돌은 긴급피난의 법리로 해결되고,[161] 부작위의무 상호간의 충돌은 의무자가 충돌하는 모든 부작위의무를 동시에 이행할 수 있으므로 실질적으로 의무의 충돌이 생기지 않는다.

2) 실질적 충돌　충돌은 실질적이라야 하므로 하나의 의무를 이행한 후 다른 의무도 이행 가능하거나 충돌하는 모든 의무이행이 가능한 경우, 또는 단순한 법규 사이의 충돌인 논리적 충돌은 의무충돌이 아니다. 동시에 이행할 수 없는 의무 중 의무자의 사실상의 사정으로 어느 하나를 이행하고 다른 의무를 방치하는 것이 최후수단인 경우라야 한다.

행위자가 고의·과실에 의하여 충돌을 야기한 때에는 위법하다는 견해,[162] 경미한 과실이면 위법성이 조각된다는 견해,[163] 의무충돌의 원인은 묻지 않고 위법성이 조각된다는 견해가[164] 대립한다. 의무의 충돌을 긴급피난과 같이 취급하는 이상 우월적 이익과 상당성이 있으면 위법성이 조각된다고 본다.

3) 동가치 이상의 의무이행　의무이행자는 최소한 동가치 이상의 의무이행이 있어야 한다. 따라서 두 개 이상의 의무충돌 중 높은 가치 또는 적어도 같은 가치의 의무이행이 있는 경우에 위법성이 조각될 수 있다. 충돌하는 의무의 가치서열은 의무형량에 의해 판단해야 한다. 즉 의무의 성질, 위험에 처한 이익의

---

160) 김일수/서보학, 351면; 배종대, 387면; 임웅, 246면.

161) 예컨대, 응급환자인 아들을 자동차에 태워 병원으로 가던 중 교통신호준수의무를 지키지 않은 아버지의 경우 아들의 생명을 구해야 할 작위의무는 이행하였지만, 적색신호에 운전하지 말아야 할 부작위의무를 이행하지 않았다. 이 경우 행위자(아버지)의 행위는 부작위범이 아니라, 신호위반이라는 작위범의 구성요건에는 해당되지만 아들의 생명을 구하기 위한 긴급피난행위로 위법성을 조각한다(김성돈, 532면). 또한 어느 병원의 단 하나밖에 없는 인공자동심폐기에 이것이 없으면 생명을 유지할 수 없는 위독한 환자 A가 연결되어 있는데, 이때에 역시 인공자동심폐기에 의하지 않고는 소생될 수 없는 위급환자 B가 송치되어 왔다면 이 경우는 A의 치료를 중단해서는 안 될 부작위의무와 B를 치료해야 할 작위의무가 충돌하는 경우이다. 이를 의무의 충돌로 인정하지 않는 입장에서는 행위자(의사)가 A대신에 B를 치료하는 행위를 긴급피난의 원리에 따라 이해하게 된다. 그리하여 이 행위가 긴급사태에서 우월한 이익을 보전했고 그 수단도 적합했다고 인정되는 한도내에서만 위법성을 조각한다. 그러나 이 경우 B의 생명을 구하기 위하여 A의 생명을 희생시키는 생명 대 생명의 긴급피난은 정당화될 수 없다. 한편 이 경우 행위자(의사)가 A의 치료를 계속하고 B를 위한 긴급피난을 하지 아니하는 것은 형버방의 문제가 되지 않는다(이형국(Ⅰ), 331면 이하 참조).

162) 남흥우(8인 공저), 193면; 정성근, 312면; 이형국, 350면; 손해목, 의무의 충돌(월간고시, 1988. 8), 115면; 박재윤, 의무의 충돌(고시계, 1976. 7), 35면; 안동준, 121면.

163) 안동준, 121면.

164) 차용석, 484면; 이재상, 253면; 김일수/서보학, 354면.

가치, 위험의 개연성 정도, 보호대상에 대한 의무이행자의 관련성과 일반인의 가치관 등 보호의 필요성에 관련된 구체적 사정을 종합적으로 고려하여 판단해야 한다. 다만 의무충돌에서는 의무이행의 강제성이 수반되므로 의무형량에 있어서 긴급피난의 경우처럼 본질적으로 우월할 필요는 없다.

4) 주관적 정당화요소　의무이행자는 의무의 충돌상황을 인식하여야 하고 적어도 동가치 이상의 의무를 이행한다는 인식이 있어야 한다. 즉, 의무이행의 인식은 의무충돌에 있어서 주관적 정당화요소가 된다.

3. 의무의 충돌의 효과

(1) 동가치 이상의 의무이행의 경우

높은 가치의 의무를 이행하고 낮은 가치의 의무를 방치한 때에는 법질서의 목적에 합치되므로 위법성이 조각되는 것은 당연하다. 그러나 동가치의 의무가 충돌하여 하나의 의무만 이행한 때에는 견해가 대립하고 있다. ① 법은 같은 가치의 의무 가운데 어느 것도 포기할 수 없으므로 어떤 의무의 침해도 정당화될 수 없고 책임이 조각될 뿐이라는 책임조각설,[165] ② 동가치의 의무가 충돌한 때에는 위법성이 조각되지만 해결할 수 없는 의무가 충돌한 때에는 책임이 조각된다는 견해,[166] ③ 법은 불가능한 것을 강요할 수 없고 어느 의무를 이행하는가는 행위자가 선택할 수밖에 없으므로 어느 경우건 위법성이 조각된다는 위법성조각설[167] 등이 있다.

긴급피난에 있어서는 위난에 처한 자가 피난행위를 하지 않고 그 위난을 감수할 수도 있지만 의무충돌에서는 충돌하는 의무는 그 의무이행이 강제되고 있으므로 이를 이행하지 않는 부작위로 나아갈 수 없는 상태에 있다. 따라서 의무이행자가 부득이 다른 동가치의 의무를 불이행한 경우 법질서는 애당초 이러한 경우를 예상하고 허용한 것이라 해야 한다. 따라서 동가치의 의무충돌은 물론, 해결할 수 없는 의무충돌의 경우에도 위법성이 조각된다는 위법성조각설이 타당하다. 긴급피난의 본질을 이분설로 설명하는 때에도 의무충돌의 경우는 그

165) 정성근, 313면; 차용석, 484면; 손해목, 496면; 배종대, 386면; 진계호, 384면.
166) 박재윤, 전게논문, 36면.
167) 이형국, 351면; 이재상, 254면; 김일수/서보학, 353면; 임웅, 248면; 신동운, 302면; 오영근, 362면.

것과 구별해야 한다.

(2) 하위가치 의무이행 · 의무이행의 착오

높은 가치의 의무를 방치하고 낮은 가치의 의무를 이행한 경우에는 위법성이 조각될 수 없고, 행위당시의 구체적 사정을 고려하여 기대불가능성을 이유로 초법규적 책임조각이 될 수 있다. 또 의무형량에 있어 착오로 낮은 가치의 의무를 이행한 때에는 그 착오는 작위의무의 착오로서 위법성의 착오(제16조)에 해당하고 그 착오에 정당한 이유가 있으면 책임이 조각될 것이다.[168]

4. 입법론

형법전에는 긴급피난에 관한 규정만 있을 뿐 의무충돌에 관한 규정은 별도로 두고 있지 않다. 그러므로 그 형법적 취급에 대해서 위법성조각적 의무충돌은 형법 제22조 긴급피난의 규정을 준용하고, 책임조각적 의무충돌은 위법성의 착오와 기대불가능이론에 따라 해결할 수밖에 없다. 입법적 해결이 바람직하다.

제 6 절 자구행위

Ⅰ. 의의 · 법적 성질

1. 의 의

자구행위(Selbsthilfe)란 청구권을 침해당한 자가 국가의 공권력에 의한 구제를 받을 여유가 없는 긴급한 사정에서 스스로 실력을 행사하여 그 청구권을 구제하는 상당한 행위를 말한다.[169] 예컨대 구두를 도둑맞은 자가 다음날 그 구

168) 정성근, 312면; 이형국, 351면; 임웅, 248면.

169) 보통 자구행위라 할 때는 이와 같은 협의의 의미로 사용된다. 한편 광의의 의미로는 일정한 권리자가 자력에 의하여 침해된 권리를 구제 또는 보전하는 일체의 행위를 말한다. 이 의미에

두를 신고 가는 범인을 발견하고 경찰관에게 신고할 여유가 없기 때문에 자력에 의하여 이를 탈환하거나, 채무를 변제하지 않고 외국으로 이민 떠나는 채무자의 가방을 공항에서 빼앗는 행위가 자구행위이다.

자구행위에 관해서 형법은 "법정절차에 의하여 청구권을 보전하기 불능한 경우에 그 청구권의 실행불능 또는 현저한 실행곤란을 피하기 위한 행위는 상당한 이유가 있는 때에 벌하지 아니한다"(제23조 1항)라고 규정하고 있다.

연혁적으로 보면 근대적 의미의 자구행위는 민법분야에서 제도화된 자력구제의 영향이 크다. 종래까지 스위스에서는 민법상의 자력구제에 해당하는 행위는 형법상으로 허용된다고 이해하였고, 독일 형법도 자구행위에 관한 규정을 두지 않았으나 다수학자와 판례는 민법의 규정을 근거로 자구행위를 인정하고 있다.[170] 일본도 1927년의 형법개정예비초안(제20조, 제21조)과 1940년의 개정형법가안(제20조)에 자구행위를 규정하고 있을 뿐이고 형법전에는 직접 규정하고 있지 않다. 그러나 판례가 구체적 사안에 따라 자구행위가 위법성을 조각시키는 경우가 있을 수 있음을 시사한 이래,[171] 현재 학설도 위법성조각사유로서 자구행위를 인정하는 데 거의 일치되어 있다.

우리나라의 경우는 자구행위에 관한 명문규정이 없었던 구형법 하에서 정당방위 내지 긴급피난의 개념을 확장하여 사실상 초법규적 위법성조각사유로 인정하여 왔다. 현행 형법은 일본개정형법가안 제20조의 영향을 받아 형법 제23조에 명문규정을 두고 있다.

2. 인정이유

권력적 조직체인 국가가 형성된 이후부터 권리 또는 법익에 대한 구제방법은 전적으로 공권력에 의존한다. 특히 근세 이후 법치국가는 청구권의 실행에서도 사력(私力)에 의한 자력구제는 원칙적으로 금지한다. 그러나 만일 공권력에 의한 권리실현 내지 구제가 곤란 또는 불가능한 긴급사정이 있는 경우에 이에 대신할 긴급구제 방법을 인정하지 않는다면 법이 개인에게 불가능을 강요하는 것이 되어 도리어 정의·공평의 관념에 반한다. 반면에 이를 무제한으로 인

의하면 정당방위와 긴급피난도 자구행위의 일종이 된다.

170) Jescheck/Weigend, §35 Ⅳ 1; Welzel, S. 93; Maurach/Zipf, 29/14; Wessels/Beulke, Rdn. 357; RGSt 69, 308(312); BGHSt 17, 87; BGHSt 17, 328(331).

171) 日最判, 1952. 3. 4, 刑集 6. 3, 345면; 同, 1955. 11. 11, 刑集 9. 12, 2438면; 日最決, 1971. 7. 30, 刑集 25. 5, 756면 등은 당해사건에 대해서는 자구행위에 의한 위법성조각을 부정하고 있으나 해석상 자구행위가 독자적인 위법성조각사유가 될 수 있다는 것을 시사 또는 승인하고 있다.

정하면 개인의 실력행사가 보편화되어 폭력주의적 풍조가 조성되고 사회질서를 유지할 수 없음은 물론, 권리보호에 있어서도 개인의 실력에 따라 차이가 생기므로 공평을 기할 수 없다. 그러므로 형법은 청구권 보전을 위한 자구행위를 인정하되 이는 국가공권력에 의한 구제를 기대할 수 없는 예외적 상황에서만 인정하고 사회질서와의 관계에서 그 성립요건과 범위도 엄격하게 제한하고 있다.

3. 법적 성질

자구행위에 대한 명문규정이 없는 독일과 일본에서도 그 법적 성질은 위법성조각사유라고 하는데 거의 일치하고 있다. 권리침해가 있는 긴급상황에서는 위법한 침해를 배제하고 자신의 정당한 이익을 옹호하도록 하는 것이 법질서 목적에 합치되기 때문이다. 자구행위는, ① 위법한 침해로부터 자기의 법익을 보전하는 자기보호원리에 기초하는 것이며, ② 위법한 침해로부터 법질서를 수호하는 정확증원리에 근거하며, ③ 과거에 침해된 법질서를 회복하는 법의 자기보전원리에 근거한다. 그리고 ④ 국가공권력에 의한 청구권보존이 불가능한 예외적인 경우에 개인에게 국가공권력을 대행시킨다는 기능도 한다.

따라서 자구행위는 위와 같은 원리에 근거한 위법성조각사유라고 해야 한다. 다만, 자구행위의 위법성조각을 넓게 인정하면 국가 공권력에 의한 권리의 구제・회복을 경시하는 폭력적 풍조가 생기고 사회평화질서를 해할 위험이 있다. 이를 제한하기 위해서는 국가강제수단우위의 원칙이 적용되어야 한다. 형법 제23조가 자구행위를 독립된 위법성조각사유로 규정한 것은 이와 같은 취지라 해야 한다.

4. 정당방위・긴급피난과 이동(異同)

자구행위는 자기보호원리, 정확증원리, 법의 자기보전원리에 근거한 긴급행위라는 점에서 정당방위・긴급피난과 유사한 성질을 갖는다.

(1) 정당방위와 이동

1) 유사점　자구행위는, ① 국가 공권력에 의한 권리구제를 기대할 수 없는

경우에 인정되는 긴급행위이며, ② 타인의 위법한 권리침해에 대하여 사력(私力)으로 자기의 정당한 권리를 보전하는 "부정 대 정"의 관계에서 성립하며, ③ 상당성을 요건으로 한다는 점이 정당방위와 유사하다.

2) 차이점 ① 정당방위는 현재의 부당한 침해에 대한 사전적 구제임에 대해서, 자구행위는 과거의 위법한 권리침해에 대한 사후적 구제라는 데에 특색이 있다. ② 정당방위는 타인을 위한 모든 개인적 법익에 대해서도 인정되지만 자구행위는 "자기의 청구권"에 한하여 인정된다. ③ 자구행위는 국가강제수단이 우선적으로 적용되므로 정당방위의 경우보다 상당성 판단이 보다 엄격하다.

(2) 긴급피난과 이동

1) 유사점 자구행위는 긴급한 상태에서 개인이 자력으로 권리를 보전하는 긴급행위이며, 상당성을 요구하고 있다는 점에서 긴급피난과 유사하다.

2) 차이점 ① 자구행위는 과거의 권리침해에 대한 사후적 구제행위임에 대하여 긴급피난은 현재의 위난을 피하기 위한 사전적 보전행위이며, ② 자구행위는 부정 대 정의 관계에서, 긴급피난은 정 대 정의 관계에서 성립하며, ③ 긴급피난은 정당방위와 같이 모든 개인적 법익에 대해서 인정되며, 상당성을 판단함에 있어 보충성·균형성·수단의 적격성 원칙이 엄격하게 적용된다는 점이 자구행위와 다르다.

Ⅱ. 자구행위의 성립요건

자구행위는 ① 법정절차에 의하여 청구권을 보전하기 불가능한 상태가 있어야 하고, ② 청구권의 실행불능 또는 현저한 실행곤란을 피하기 위한 행위라야 하며, ③ 상당한 이유가 있는 경우에 성립한다(제23조 1항).

1. 법정절차에 의하여 청구권을 보전하기 불가능한 상태

법정절차에 의한 청구권 보전이 불가능한 상태는 자구행위의 객관적 상황이므로 이러한 상태가 존재하지 않으면 애당초 자구행위도 과잉자구행위도 있을 수 없다.

(1) 법정절차

법정절차란 각종의 권리보호제도, 즉 민사소송법상의 가압류·가처분 등 보전절차와, 사정에 따라서는 경찰관리 기타 국가기관에 의한 구제절차를 말한다. 반드시 재판상의 절차에 한하지 않으며, 경찰 기타 국가기관 등 모든 공권력에 의한 구제를 포함한다.

(2) 청구권

1) 청구권의 의의·내용　자구행위의 보호대상은 청구권이다. "청구권"이란 개인의 작위 또는 부작위를 요구하는 사법상의 권리를 말한다. 이러한 청구권은, ① 채권뿐만 아니라 점유회수청구권, 소유물반환청구권 등 원상회복을 목적으로 하는 청구권과, ② 물권을 침해한 자에 대해 행사할 수 있는 물권적 청구권과 같은 실체법상의 전형적인 권리는 물론, ③ 무체재산권·친족권(출생자 인지청구권, 동거청구권)·상속권 등 절대권에서도 발생할 수 있다.[172]

2) 청구권의 범위　청구권은 재산상의 청구권에 한한다는 견해도 있다.[173] 자구행위가 권리보호를 위해서 인정된 것이고, 소구(訴求)가능한 법정절차일 필요가 없으므로 재산상의 청구권으로 한정해야 할 이유가 없다. 다만 보전이 가능한 청구권만 자구행위의 대상이 되므로 원상회복이 불가능한 생명·신체·자유·정보·명예 등 인격권은 청구권이 될 수 없다. 판례도 명예훼손자에 대한 폭행은 자구행위에 해당되지 않는다고 하고 있다.[174] 인격권 침해 자체에 대해서는 정당방위 또는 긴급피난을 할 수 있을 뿐이다.

(3) 자기의 청구권

청구권은 자기의 청구권에 한한다. 타인의 청구권을 위한 구제행위는 자구행위가 아니다. 다만, 청구권자로부터 자구행위의 실행을 위임받은 자는 자구행위를 할 수 있다. 예컨대 주인이 사환을 시켜 여관숙박료를 지불하지 않고 도주하는 투숙객을 붙들고 숙박료를 받는 경우는 자구행위가 된다. 그러나 타인이 절도현장에서 범인을 추적하여 체포하는 행위는 정당방위가 된다.

---

172) 백남억, 159면; 남흥우, 141면; 권문택, 자구행위(형사법강좌 Ⅰ), 280면; 유기천, 202면; 정성근, 319면; 이재상, 258면; 김일수/서보학, 322면.

173) 정영석, 150면; 임웅, 250면.

174) 대판, 1969. 12. 30, 69도2138.

(4) 위법한 침해

청구권에 대한 보전불능의 상태는 위법한 침해에 의한 것이라야 한다. 위법한 침해를 법문에 표시하지 않았으나 공권력 기타 법정절차에 의한 권리구제는 위법한 침해를 당연히 전제하고 있다. 따라서 적법한 타인의 행위에 대해서는 자구행위를 할 수 없다. 여기의 위법한 침해는 정당방위에 있어서의 부당한 침해와 동일하다. 즉, 자구행위도 정당방위처럼 부정 대 정의 관계에서 성립한다. 다만, 사전적 구제인 정당방위와 차이가 있으므로 장래의 침해위험과 현재의 침해상태에 대해서는 자구행위를 할 수 없으며, 경우에 따라 정당방위 또는 긴급피난이 될 수 있다. 사후적 구제를 위한 자구행위는 과거의 침해에 대해서만 가능하다. 침해 직후라도 어느 정도 시간이 경과하면 과거의 침해가 된다.

1) 도품탈환　절도범인을 추적하여 도품을 탈환하는 피해자의 행위가 자구행위인가 정당방위인가가 문제된다. 자구행위가 된다는 견해는,[175] ① 우리 형법이 특히 자구행위를 명문으로 규정하고 있고, ② 범인의 재물취득으로 이미 기수가 되어 있으며, ③ 재물은 이미 범인의 점유에 속하여 침해행위가 완료하고 있다는 이유를 들고 있다.

기수시기와 침해행위의 종료시기는 구별해야 하지만 과거의 침해인가의 여부는 침해행위의 종료시기가 아니라 침해가 종국적으로 발생하였는가에 따라 결정해야 한다. 침해의 종국적 발생이 있으면 과거의 침해가 된다. 따라서 절도가 기수로 된 후에도 그 직후 현장에서 추적 중에 있고, 절도범인이 도품의 점유를 사실상 또는 충분히 확보하지 못하여 탈환가능성이 남아 있는 상태이면 아직 침해의 종국적 발생이 있다고 할 수 없으므로 정당방위가 된다.[176] 그러나 절도범이 도주한 후 추적을 이탈하였거나 또는 수일 후에 도품을 탈환하는 때에는 과거의 침해가 되므로 자구행위가 된다.

2) 부작위에 의한 침해　부작위에 의한 침해, 예컨대 퇴거불응자를 강제 퇴거시키는 행위도 자구행위가 되느냐에 대해서 이를 긍정하는 견해도[177] 있다. 정당방위에서의 침해는 반드시 작위에 의한 침해로 한정할 이유가 없으므로 이

175) 정영석, 136면; 백남억, 153면; 남흥우, 130면; 권문택, 자구행위, 286면.

176) Welzel, S. 85; Baumann, S. 313; 황산덕, 157면; 유기천, 169면; 정성근, 321면; 이형국, 163면; 이재상, 259면; 진계호, 352면; 배종대, 391면; 임웅, 252면. 이에 대해 김일수/서보학, 323면은 주관적 구성요건요소의 흠결이 있는 것으로 구성요건해당성 자체가 인정되지 않는다고 한다.

177) 유기천, 179면.

경우는 정당방위가 된다[178]고 본다. 다만 퇴거불응으로 인한 과거의 재산상의 청구권이 보전불능한 상황이면 이에 대한 자구행위는 가능할 것이다.

(5) 보전불능의 상태

자구행위는 청구권의 보전이 불가능한 상태에서만 허용된다. 법정절차에 의한 청구권보전이 가능한 상황이면 중대한 침해가 있었다 하여도 자구행위는 인정될 수 없다. 보전하기 불가능한 상태는 공권력 기타 법정절차에 의한 구제가 불가능한 상황을 말한다. 이와 같이 청구권보전이 불가능한 긴급상황에서만 자구행위가 허용되는 것을 자구행위의 보충성이라 한다(청구권 보전의 긴급성·보충성 원칙). 외국으로 출국하는 채무자를 붙잡는 것은 자구행위가 되지만 도주하기 위해 부동산을 처분하였다는 것만으로 청구권 보전불가능상태라 할 수 없다.

2. 청구권의 실행불능 또는 현저한 실행곤란을 피하기 위한 행위

(1) 실행불능 또는 현저한 실행곤란

즉시 자력으로 구제하지 않으면 청구권 실행이 사실상 불가능하거나 심히 곤란한 긴급사정이 있어야 한다. 법정절차에 의한 청구권 보전이 불가능하여도 실행불능 또는 현저한 실행곤란의 긴급한 사정이 없으면 자구행위를 할 수 없다. 청구권의 실행불능 또는 현저한 곤란이 있는 긴급사정은 청구권 실행에 관한 긴급상황이다(청구권 실행의 긴급성·보충성). 즉, 자구행위는 청구권 보전에 대한 긴급성과 청구권 실행에 대한 긴급성이 이중으로 요구된다(이중의 긴급성·보충성). 법정절차에 의한 공권적 구제가 당장은 불가능한 사정이 있다 하여도 충분한 물적 담보(저당권·근저당)나 인적 담보(보증인)가 있어 후일에 담보권을 실행할 수 있거나 보증인에 대한 소구(訴求)에 의하여 청구권 내용을 실행할 수 있는 경우에는 자구행위를 할 수 없다.

어떠한 경우에 실행불능 또는 현저한 실행곤란이 있다고 할 것이냐는 일률적으로 판단할 수 없고, 개별적 사정에 따라 구체적으로 검토하여야 한다. 판례는 가옥명도소송 계속 중의 점유회복행위, 채무자의 가옥매각대금에 대한 강제추심행위, 도주한 채무자의 재물을 임의로 취득하는 행위 등은 자구행위가 성립하

178) 황산덕, 171면; 정영석, 137면; 남흥우, 170면; 이건호, 212면; 정성근, 321면; 이재상, 259면; 김일수/서보학, 324면; 배종대, 391-392면 이하; 임웅, 252면.

지 않는다고 하였다.

【판례】 ① 소유권의 귀속에 관한 분쟁이 있어 민사소송이 계속중인 건조물에 관하여 현실적으로 관리인이 있음에도 위 건조물의 자물쇠를 쇠톱으로 절단하고 침입한 소위는 법정절차에 의하여 그 권리를 보전하기가 곤란하고 그 권리의 실행불능이나 현저한 실행곤란을 피하기 위해 상당한 이유가 있는 행위라고 할 수 없다(대판, 1985. 7. 9, 85도707).

② 채무자가 유일한 재산인 가옥을 방매하고 그 대금을 받은 즉시 멀리 떠나려는 긴급한 순간에 있어서 각 채권자가 할 수 없이 강제적인 채권추심을 하였더라도 반드시 자구행위의 요건을 갖추었다고 단정할 수 없다(대판, 1966. 7. 26, 66도469).[179]

③ 피고인이 피해자에게 석고를 납품한 대금을 받지 못하고 있던 중 피해자가 화랑을 폐쇄하고 도주하자, 피고인이 야간에 폐쇄된 화랑의 베니어판 문을 미리 준비한 드라이버로 뜯어내고 피해자의 물건을 몰래 가지고 나왔다면, 위와 같은 피고인의 강제적 채권추심 내지 이를 목적으로 하는 물품의 취거행위를 형법 제23조 소정의 자구행위라고 볼 수 없다(대판, 1984. 12. 26, 84도2582).

자구행위는 청구권 보전이나 구제의 효과를 가져올 수 있는 경우에만 허용된다. 청구권의 보전·구제가 애당초 불가능하여 그 효과를 기대할 수 없음에도 자력을 행사하는 것은 복수의 효과는 있을지라도 자구행위는 아니다.

(2) 피하기 위한 행위

1) 자구행위 "피하기 위한 행위"란 공권적 구제가 불가능한 긴급상황에서 청구권을 보전·구제하기 위하여 필요한 조치로 나오는 것을 말한다. 이를 자구행위라 한다. 자구행위의 필요한 조치를 하기 위한 행위태양은 사회상규에 반하지 않는 한 원칙적으로 묻지 않는다. 재물탈환·손괴·체포·감금·강요·주거침입·저항·폭행·협박 등의 행위를 생각할 수 있다.

권리행사를 위하여 갈취·편취 또는 강취하는 행위도 자구행위가 될 수 있다는 견해도[180] 있다. 그러나 법정절차에 의한 청구권 보전이 불가능할 것을 요건으로 하므로 청구권 보전이 불가능하지 아니하면 권리행사라 하여도 자구행위가 성립할 여지는 없다고 해야 한다. 경우에 따라 정당행위에 해당할 수 있을 것이다. 판례도 권리행사가 사회상규에 적합하였느냐의 여부에 따라 위법성을

179) 이와 같이 판례는 단순히 도주하기 위하여 부동산을 처분하는 것만으로는 법정절차에 의하여 청구권보전이 불가능한 것이 아니라고 보았다.

180) 황산덕, 171면; 유기천, 204면.

판단하고 있다.

【판례】 피고인 등이 비료를 매수하여 시비한 결과 딸기묘목 또는 사과나무 묘목이 고사하자 그 비료를 생산한 회사에게 손해배상을 요구하면서 사장 이하 간부들에게 욕설을 하거나 응접탁자 등을 들었다 놓았다 하거나 현수막을 만들어 보이면서 시위를 할 듯한 태도를 보이는 등 하였다 하여도 이는 손해배상청구권에 기한 것으로서 그 방법이 사회통념상 용인된 범위를 일탈한 것이라 단정하기 어려우므로 공갈 및 공갈미수의 죄책을 인정할 수 없다(대판, 1980. 11. 25, 79도2565).

2) 자구의사 자구행위는 청구권을 보전하기 위한 행위이므로 행위자는 자구행위의 객관적 상황에 대한 인식을 하고, 청구권의 실행불능 또는 현저한 실행곤란을 피하려는 의사로 보전행위를 하여야 한다. 이를 자구의사라 하며, 자구행위의 주관적 정당화 요소가 된다. 정당방위나 긴급피난에서 방위의사·피난의사가 필요한 것과 같은 취지이다. 객관적으로 자구행위에 해당하는 외관을 보이더라도 자구의사가 없으면(우연적 자구행위) 자구행위라 할 수 없다. 처음부터 권리행사를 빙자하여 타인의 권리를 침해할 목적이 있는 경우도 같다. 우연적 자구행위도 우연적 방위와 같이 불능미수 규정을 유추적용해야 할 것이다.

3. 상당한 이유

자구행위는 상당한 이유가 있는 경우에 한하여 위법성이 조각된다. 상당성을 판단함에는 청구권의 종류·침해방법·침해의 강도·자구행위의 수단 등 구체적 사정을 고려하여 사회상규에 비추어 당연시 될 수 있는 것이라야 한다. 자구행위의 상당성은 정당방위나 긴급피난의 상당성과 반드시 같은 의미가 아니다. 상당성 판단에 고려할 수 있는 것은 다음과 같다.

(1) 보충성의 원칙

청구권 보전의 불가능성과, 청구권 실행의 불가능성 또는 현저한 곤란성의 두 가지 긴급상황에서 최후수단으로 자구행위를 해야 한다(이중의 긴급성·보충성).

(2) 이익형량의 원칙

자구행위도 부정 대 정의 관계에서 인정되므로 긴급피난의 경우처럼 이익형량의 원칙은 엄격히 요구되지 않으나, 사후적 구제수단의 성격상 정당방위보다는 더 요구된다고 해야 한다.

(3) 수단의 상당성

사회상규에 비추어 용인될 수 있는 수단이어야 한다. 사후적 구제수단인 자구행위는 이 원칙이 엄격히 요구된다. ① 부득이 구성요건적 행위에 의한 보전방법을 사용할 경우에도 청구권 보전의 실효성이 있는 범위 내에서 최소한의 보전방법을 사용해야 한다. ② 사회윤리적으로 제약된 자구행위라야 한다. 자구행위 자체가 권리남용 기타 이유로 사회윤리에 반한 때에는 상당성을 초과하는 행위가 될 것이다. ③ 원칙적으로 청구권을 보전하는 데 그쳐야 하고 적극적으로 임의처분은 할 수 없다.

Ⅲ. 자구행위의 효과

자구행위의 요건을 구비한 때에는 자구행위 자체가 구성요건에 해당하여도 위법성이 조각되어 범죄는 성립되지 않는다. 따라서 자구행위에 대해서는 정당방위로 대항할 수 없고, 만일 상대방이 자구행위자에게 방위행위로 나온다면 오히려 자구행위자가 정당방위로 대항할 수 있다.

Ⅳ. 과잉자구행위 · 오상자구행위

1. 과잉자구행위

과잉자구행위(Selbsthilfeexzeß)란 청구권을 보전하기 불가능한 긴급상황은 있으나 자구행위의 상당성이 없는 경우를 말한다. 과잉방위, 과잉피난에 상응하는 것이다. 과잉자구행위는 자구행위가 아니므로 위법성은 조각되지 않으나 정황에 따라 그 형을 감경 또는 면제할 수 있다(제23조 2항). 이 경우에 형을 감면하는 근거는 과잉방위처럼 불법감소와 책임감소 또는 소멸이라고 본다. 과잉자구행위에 대해서는 과잉방위나 과잉피난의 경우처럼 형법 제21조 3항은 준용하지 아니한다.

2. 오상자구행위

오상자구행위(Putativselbsthilfe)란 청구권보전의 불가능상태가 존재하지 않음에도 불구하고 이를 존재한다고 오신하여 자구행위로 나온 경우를 말한다. 이 착오는 위법성조각사유의 전제사실에 대한 착오에 해당하며, 위법성의 착오로서 고의는 조각되지 않으나 그 착오를 회피할 수 없는 경우에 한하여 책임이 조각된다(엄격책임설). 회피가능한 착오인 때에는 책임감경이 가능하지만 과잉자구행위처럼 형 면제까지 할 수 있는 것은 아니다.

제 7 절 피해자의 승낙

Ⅰ. 피해자의 승낙의 형법적 의미

1. 피해자의 승낙의 의의

피해자의 승낙(Einwilligung des Verletzten)이란 법익의 주체(피해자)가 타인에게 자기의 법익에 대한 침해를 허용하는 것을 말하며, 일정한 경우 승낙에 의한 행위의 위법성을 배제시키는 효과가 있는 제도이다. 형법 제24조는 "처분할 수 있는 자의 승낙에 의하여 법익을 훼손한 행위는 법률에 특별한 규정이 없는 한 벌하지 아니한다"라고 규정하고 있다.[181)]

피해자의 승낙은 고대 로마법 이래 "원하는 자에게는 침해가 존재하지 않는

181) 이에 반하여 독일이나 일본 형법은 피해자의 승낙에 관한 총칙적 규정을 두지 않고 일부 각칙에서 개별적인 규정을 두고 있을 뿐이므로, 학설 · 판례상으로 인정하고 있는 실정이다. 특히 독일 형법은 각칙 제226조에서 상해죄와 관련하여 피해자의 승낙을 받고 상해한 자는 그 상해행위가 승낙에도 불구하고 '선량한 풍속'에 반하는 때에는 위법이다라고 규정하여, 이를 상해뿐만 아니라 다른 개인적 법익에 관한 행위에도 확대하여 해석하고 있다.

다"(승낙이 있으면 불법을 조각한다. volenti non fit injuria)라는 법언의 확립과 함께 위법성조각사유의 하나로 인정되어 왔었다. 그 후 근대 형법학의 발달과 더불어 피해자의 승낙이 정당화되느냐에 대하여도 각 학파간에 활발한 논쟁의 대상이 되어 왔지만,[182] 제2차 세계대전 이후에는 자기보존과 함께 자기결정에 의한 자기처분(자율의 원리)도 하나의 정당화원리로 인정되어 피해자의 승낙을 모두 정당화사유로 보는 것이 일반적 견해가 되었다.[183] 그러나 피해자의 승낙은 단순히 위법성조각사유에만 관계되는 것이 아니라 형법상 여러 가지 의의와 기능을 가지고 있다. 우리 형법상 피해자 승낙에 대한 취급은 4가지로 구분할 수 있다.

2. 피해자의 승낙의 형태

첫째, 피해자의 승낙이 있으면 형의 감경사유가 되어 다른 구성요건에 해당하는 경우이다. 예컨대 살인죄에 대한 촉탁·승낙살인죄(제252조 1항), 일반건물방화죄에 대한 자기소유일반건물방화죄(제166조 2항), 일반물건방화죄에 대한 자기물건방화죄(제167조 2항), 부동의낙태죄에 대한 동의낙태죄(제269조 2항, 제270조 1항) 등이 이에 속한다. 이러한 범죄는 승낙이 있으면 법정형이 감경된 경한 범죄가 성립할 뿐이다.

둘째, 피해자의 승낙 유무를 묻지 않고 범죄가 성립하는 경우이다. 예컨대 13세 미만의 부녀에 대한 간음·추행죄(제305조), 피구금부녀에 대한 간음죄(제303조) 등이 이에 속한다. 이러한 범죄에 있어서 피해자의 승낙은 구성요건요소가 된다.

셋째, 피해자의 승낙이 없는 것(피해자의 의사에 반한다는 것)이 구성요건요소가 되어 있는 경우이다. 예컨대 비밀침해죄(제316조), 주거침입죄(제319조), 절도죄(제329조), 횡령죄(제355조), 손괴죄(제366조) 등이 이에 속한다. 이러한 범죄는 피해자의 승낙이 있으면 구성요건해당성이 배제되어 애당초 형법적 불법판단의 대상도 되지 아니한다.

넷째, 피해자의 승낙이 있으면 구성요건에는 해당하지만 위법성이 조각되는 경우이다. 형법 제24조의 피해자 승낙에 의한 행위가 여기 해당한다.[184]

---

182) Jescheck/Weigend, §34 Ⅰ 1. 이하; 정성근, 326면 이하; 이형국, 166면; 김일수, Ⅰ, 536면 이하 등.

183) 이재상, 264면.

184) 이러한 경우가 전형적으로 피해자의 승낙이 문제되는 경우로 신체에 대한 죄, 특히 상해죄(제

3. 승낙과 양해

피해자의 승낙에 의한 행위 중에서 범죄론에서 의미를 갖는 것은 승낙이 있으면 구성요건해당성을 배제하는 경우와 행위의 위법성만 배제시키는 경우이다. 게에르츠(Geerds)가 이 두 가지를 구별하여, 구성요건해당성을 배제시키는 경우를 양해(Einverständnis)라 하고, 위법성을 배제시키는 경우를 승낙(Einwilligung)이라 한 후 이 구별이 독일과[185] 우리나라의[186] 통설이 되었다.

이에 반하여 피해자의 승낙은 양해와 승낙을 구별할 필요 없이 모두 구성요건해당성 배제사유라고[187] 하거나 위법성조각사유라고[188] 하는 견해도 있다. 그러나 법익주체의 동의가 있으면 행위에 대한 추상적 심사만으로 일상생활의 일환이 되는 행위가 있으며, 일반적으로 허용되는 행위와 예외적으로 허용되는 행위는 구별해야 하므로 양해와 승낙을 구별하는 통설이 타당하다고 해야 한다.[189]

Ⅱ. 양 해

1. 양해의 의의 · 법적 성질

(1) 양해의 의의

구성요건의 의미 · 내용 · 보호법익을 고려하여 피해자의 의사에 반한 행위만

257조)를 둘러싸고 종래부터 논의되어 왔다. 최근에는 장기이식 내지 장기매매를 위한 장기취거, 의사의 의료과실로 인한 신체상해(대판, 1993. 7. 27, 92도2345) 등 일상생활과 관련된 중요한 문제들의 형법적 취급이 문제가 되고 있다.

185) Sch/Sch/Lenckner, Vor §32 Rdn. 29; Jescheck/Weigend, §34 Ⅰ 1 b, c; Wessels/Beulke, Rdn. 361; Eser, I, S. 85; Haft, S. 104; Samson, SK, Vor §32 Rdn. 36.

186) 유기천, 198면; 남흥우(8人 공저), 159면; 황산덕, 172면; 정성근, 328면; 이형국, 167면; 진계호, 357면; 신동운, 309면; 안동준, 125면; 임웅, 256면; 오영근, 375면; 정영일, 249면; 장영민, 피해자의 승낙(고시계, 1994. 11), 66면; 최우찬, 피해자의 승낙(고시계, 1999. 10), 109면; 손동권, 219면 이하.

187) 김일수/서보학, 257면 이하; 손해목, 536면; 구모영, 피해자승낙과 범죄체계론(동아법학 19, 1995), 94면; 이용식, 하자 있는 피해자의 동의(고시계, 1998. 3), 166면; 정규원, 피해자승낙에 대한 연구(한양대 대학원 박사학위청구논문, 1999), 51면.

188) 배종대, 400면 이하; 박상기, 208면.

189) 자세한 설명은 박광민, 피해자의 승낙과 정당화원리(공범론과 형사법의 제문제, 心耕 정성근 교수 화갑기념논문집, 1997), 470면 이하 참조.

형법적 의미를 가지며, 동의(Zustimmung)가 있으면 행위의 구성요건해당성이 배제되는 경우를 양해라 한다. 어떤 행위가 양해에 해당하느냐에 대해서는 자율의 원리와의 관계에서 개별적으로 결정해야 한다. 일반적으로 양해는 훼손되는 법익의 가치보다 개인의 자율적 의사(자기결정권)가 우월한 경우에 인정되며, 양해에 의한 행위는 구체적·실질적 심사 없이 형식적·추상적 판단만으로 일상 사회생활의 일환으로 인정되는 행위이므로 자유·정조·모욕·사생활평온·재산 등 대부분의 개인적 법익에 대한 범죄는 양해에 해당한다고 본다.

(2) 양해의 법적 성질

1) 사실적 성질설　양해는 순수한 사실적(자연적) 성질을 가졌다는 견해이다.[190] 이에 의하면 양해는 피해자가 자연적 의사능력만 있으면 족하고 판단능력까지 있을 필요가 없고, 훼손되는 법익의 의미를 이해하거나 양해 의사표시가 있어야 할 필요가 없다. 그리고 양해의 상대방은 피해자의 내심에 반하지 않으면 족하고, 양해가 있음을 인식할 필요도 없다.

2) 개별설　양해의 일률적인 사실적 성질을 부정하고 개개 구성요건 내용에 따라 개별적으로 양해의 의미와 성질을 판단하는 견해이다.[191] 이에 의하면 자연적 활동의 자유·의사결정의 자유, 사실상의 지배관계 등을 침해하는 구성요건은 피해자의 특별한 동의능력을 요하지 않고 자연적 의사능력만으로 양해할 수 있으나, 의료적 침해(치료유사행위), 모욕, 기망, 공갈 등의 구성요건은 피해자의 통찰력과 판단능력이 있어야 한다.

3) 결　어　양해에 해당하는 행위에 대해 구체적 실질적 심사 없이 형식적·추상적 판단만으로 그 행위가 일상생활의 일환으로 인정되는 이유는 양해자의 자유로운 의사로 임의 처리하더라도 "법관념상 사회생활에 아무런 문제가 없기" 때문에 형법적 간섭을 억제하려는 데에 있다. 그렇다면 구성요건의 보호법익과 행위태양에 따라 개별적으로 검토하는 개별설이 타당하다.

---

190) Geerds, Einwilligung und Einverständnis der Verletzten im Strafrecht, GA, 1954, S. 265; Bockelmann/Volk, S. 102; Samson, SK, Vor §32 Rdn. 36; Wessels/Beulke, Rdn. 367; Welzel, S. 95.

191) 심헌섭, 양해·승낙·추정적 승낙(고시계, 1977. 2), 81면; 정성근, 329면; 이형국, 168면; 이재상, 266면; 진계호, 358면; 안동준, 127면; 임웅, 258면; 손동권, 221면; 신동운, 309면; 김성돈, 297면.

2. 양해의 유효요건

형법 제24조는 위법성조각적 승낙을 규정하고 있을 뿐 양해에 대해서는 전혀 언급이 없다. 그러나 양해와 승낙은 동의가 있다는 점이 동일하므로 공통되는 범위 내에서 승낙에 관한 이론에 따를 수밖에 없다. 양해의 유효요건은 다음과 같다.

첫째, 법익을 임의로 처분할 수 있는 자의 양해가 있어야 하며, 적어도 자연적 의사능력이 있는 자의 양해라야 한다. 단순한 방치나 수동적 인내는 양해가 아니다.

둘째, 양해는 적어도 행위시에 있어야 하고, 사후 양해는 형법적으로 무의미하다. 이 경우는 인식한 고의범이 성립할 수 있다.

셋째, 자연적 의사능력으로 충분한 경우는 양해의사가 외부에 표시될 필요가 없고, 행위자는 양해가 있다는 사실을 인식하지 않았어도 그 의사 내지 내심에 반하지 않으면 양해가 된다. 그러나 자연적 통찰력・판단능력을 요구하는 구성요건은 양해의사가 외부에 표시되어야 하고, 행위자는 양해가 있음을 인식하고 행위하여야 한다.[192] 강간죄・감금죄・협박죄・절도죄는 전자에, 모욕죄・주거침입죄・강도죄・사기죄는 후자에 속하는 범죄이다.

3. 양해의 효과

양해의 요건을 구비한 행위는 애당초 구성요건해당성이 배제되므로 형법적 판단의 대상에서 제외된다. 행위자가 양해가 있음을 알지 못하고 행위를 한 때에는 불능미수의 문제가 되며, 양해가 있다고 착오한 때에는 구성요건적 착오로서 고의가 조각된다.

192) 정성근, 329면 이하; 이형국, 168면; 이재상, 266면.

Ⅲ. 승 낙

1. 의의 · 위법성조각근거

(1) 의 의

법익 주체가 자기법익을 침해하는 데 동의하면 그 침해행위는 구성요건에 해당하지만 일정한 요건 하에서 위법성을 배제시키는 동의를 승낙이라 한다. 승낙에 의한 행위는 법익훼손에 대한 승낙이 있어도 이로써 정상적인 일상생활에 속하는 행위라 할 수 없고, 훼손행위에 대한 허용 여부를 법질서에 비추어 구체적 실질적으로 판단해야 한다. 예컨대 상해와 중감금과 같이 신체훼손을 야기시키는 행위는 개인이 임의대로 처분할 수 있는 법익이 아니라 사회공동체 생활이익으로 보호받는 것이므로 그 훼손행위에 대하여 허용 여부를 판단해야 한다.

승낙은 법질서 전체와 관련된 것이고 법적 보호에 대한 포기를 의미한다.[193] ① 법적 보호를 포기하는 것이므로 그 범위 내에서 행위불법을 감소시키는 효과를 가져온다. ② 법질서 전체와 관련된 것이므로 승낙만으로 위법성을 배제할 수 없고, 승낙의 내용과 형식이 사회윤리에 합치되어야 하며, ③ 승낙에 의한 행위도 사회상규에 반하지 않아야 한다.

(2) 승낙의 위법성조각근거

피해자의 승낙이 위법성을 조각하는 근거에 대해서는 견해가 대립하고 있다.

1) 이익흠결설 처분권을 가진 법익주체가 보호받을 이익을 스스로 포기하면 형법이 보호해야 할 법익이 흠결되어 위법성이 조각된다는 견해이다.[194]

그러나 이 견해는, ① 극단적인 경우 비도덕적인 행위동기에서 법익포기를 한 때에도 국가의 법익보호기능을 배제시켜야 하며, ② 동일한 이익흠결 내지 이익포기임에도 불구하고 법익의 종류(예컨대, 생명)에 따라 위법성조각이 제한되는 이유를 설명하지 못한다.

2) 사회상당성설 승낙에 의한 행위는 사회질서 전체 이념에 비추어 상당성이 있는 행위이므로 위법성이 조각된다는[195] 견해이다. 이 견해는 이익흠

---

193) 정성근, 330면; 이재상, 267면.
194) 박상기, 208면; 조준현, 281면.

결·공동생활상의 목적 등을 포함하여 상당성이 있는 행위라고 하므로 형법 제20조의 사회상규와 조화될 수 있는 장점이 있다.

그러나 사회상당성이란 추상적 개념이므로 다른 원리에 의하여 상당성의 의미를 보충해야 한다는 결함이 있다.

3) 법률정책설 개인의 자기결정권도 일정한 범위 내에서 사회적 가치로 보호할 필요가 있으므로 법률정책상 처분대상이 되는 법익(예, 신체 등)의 공동체 이익보다 자기결정권이 우월하다고 인정될 때에는 위법성이 조각된다는[196] 견해이다.

4) 결 어 자기결정권은 법이 보호해야 할 사회적 가치이며, 승낙에 의한 법익훼손은 자기결정권이라는 가치가 침해되는 것이 아니라 오히려 이를 실현시켜 주는 것이다. 즉, 법질서는 임의처분이 가능한 개인적 법익에 대해서는 자기의 가치관과 스스로 선택한 바에 따라 법익처분을 결정할 수 있는 자유를 인정하고 있다. 이를 자율의 원리(Autonomieprinzip)라고 한다. 다만, 자율의 원리는 무제한으로 인정되는 것이 아니라 훼손될 법익보다 우월적 이익이고, 승낙에 의한 행위가 사회윤리적으로 상규성을 가질 때에 비로소 법질서에 의해 보호된다. 따라서 법률정책상 자기결정권이 우월하다고 인정될 때 위법성이 조각된다는 법률정책설이 타당하다.

2. 승낙의 유효요건

법익을 처분할 수 있는 자의 유효한 승낙이 있어야 하고, 승낙에 의한 행위가 사회상규에 위배되지 않아야 하며, 법률에 특별규정이 없을 것을 요한다.

(1) 법익을 처분할 수 있는 자의 유효한 승낙

1) 승낙자 승낙자는, ① 법익포기, 승낙내용, 행위결과 등을 이해할 수 있는 자연적 통찰력과 판단력을 가진 승낙능력자라야 한다. 승낙능력은 반드시 민법상의 행위능력과 일치하지 않는다. 그러나 의사무능력자는 애당초 승낙능력이 없다. 형법이 유효한 승낙을 할 수 있는 연령한계를 설정한 경우(제274조의

195) 황산덕, 176면; 진계호, 364면.

196) 정성근, 332면; 이형국, 170면; 이재상, 268면; 안동준, 128면; 임웅, 260면; 최우찬, 피해자의 승낙, 107면; 신동운, 312면.

16세, 제305조의 13세)에는 그 범죄에 대한 승낙능력을 판단하는 기준이 될 수 있다. 또 책임무능력자는 승낙자가 될 수 없으나 승낙자를 판단하는 하나의 자료는 된다. 결국 개별적으로 승낙능력자인가 아닌가를 판단할 문제이다. ② 원칙적으로 법익주체(피해자)가 승낙자로 되지만 법정대리인과 같이 법적 처분권이 인정된 자도 승낙자가 될 수 있다.[197] 그러나 승낙의 대리는 인정되지 않는다. ③ 올바른 판단을 위하여 전문적 지식이 필요한 경우에는 승낙을 얻고자 하는 측이 사전에 충분히 설명해야 할 설명의무가 요구된다. 특히 의사의 치료행위의 경우에 그러하다.[198] 의사의 설명의무는 진단결과 현재의 건강상태, 치료방법과 종류, 치료의 효과, 치료진행상황, 부작용과 위험의 정도 등을 구체적으로 설명해야 한다.

2) 유효한 승낙 승낙자의 자유로운 의사결정에 의한 진지한 승낙이 있어야 한다. 따라서 ① 농담·취중의 승낙, 기망·착오·폭행·협박·강제에 의한 승낙은 유효한 승낙이 될 수 없다. 그러나 단순한 동기의 착오는 유효한 승낙이 될 수 있다. ② 진지한 승낙임을 요하므로 단순히 방임하는 것은 승낙이 있다고 할 수 없다. 예컨대 치료의 목적을 가진 의사로 오인하고 치료를 승낙하였으나 실험의 의사로 치료한 경우에는 진지한 승낙이 있다고 할 수 없다.

3) 승낙의 본질 승낙의사가 외부에 표시되어야 하느냐에 대해서는 학설이 대립한다.

(a) 의사방향설 피해자 내심의 찬의(贊意)만 있으면 충분하고 반드시 승낙의사가 외부에 표시될 필요가 없다[199]고 한다. 이에 의하면 승낙받은 행위자는 승낙이 있음을 인식하고 행위할 필요가 없다.

(b) 의사표시설 승낙의사가 명백하게 외부적으로 표시되어야 한다[200]고 한다. 이에 의하면 승낙받은 행위자는 승낙이 있음을 명백히 인식하고 행위하여야 한다.

(c) 절충설 민법상의 법률행위와 같은 외부적 표시는 필요하지 않으나 어떤 방법으로든지 승낙이 있다는 것이 인식가능해야 한다[201]고 한다. 이에 의하

197) 정성근, 333면; 김일수/서보학, 262면; 박상기, 209면

198) 따라서 의사가 설명의무를 다하지 않은 상태에서 피해자로부터 수술의 승낙을 받은 경우에는 수술의 위법성을 조각할 유효한 승낙이 되지 않는다. 제4장 제3절 Ⅱ. 2참조. 대판, 1993. 7. 27, 92도2345.

199) Mezger, Studienbuch, S. 111f.

200) 황산덕, 175면; 진계호, 365면; 임웅, 262면.

면 행위자는 승낙이 있음을 인식하고 행위하여야 한다.

(d) 결 어　양해와 달리 승낙에서는, 승낙의 의미 · 내용 · 형식 및 행위자의 행위태양을 고려하여 실질적 가치판단을 하여야 하므로 승낙의 내용 · 형식이 사회윤리적으로 타당해야 한다.[202] 그러기 위해서는 승낙은 명시적이건 묵시적이건 행위자가 인식할 수 있어야 하므로 절충설이 타당하다. 따라서 승낙의 인식은 주관적 정당화요소가 된다. 피해자의 승낙이 있었음에도 불구하고 이를 인식하지 못한 경우에는 위법성이 조각되지 아니한다. 그러나 승낙이 없음에도 불구하고 이를 오인한 경우에는 위법성조각사유의 전제사실에 대한 착오가 된다.

4) 승낙의 시기　승낙은 행위 전에 있거나 적어도 행위시에 있어야 한다. 따라서 사후승낙은 용서가 될 수는 있어도 위법성이 조각될 수 없다. 다만 양형에서 고려될 뿐이다. 또 승낙은 원칙적으로 자유의사에 의하여 철회할 수 있으나 철회 전의 행위에 대해서는 영향을 미치지 못한다.

5) 승낙할 수 있는 법익　승낙에 의하여 훼손되는 법익은 피해자 자신이 임의로 처분할 수 있는 개인적 법익에 한한다. 따라서 개인적 법익 중 생명(살인죄 · 낙태죄)과 국가적 · 사회적 법익에 대해서는 승낙에 의하여 위법성을 조각시킬 수 없다. 무고행위는 개인이 부당하게 형벌 또는 징계처분을 받지 않는다는 법적 안전성을 침해하는 면도 있으나 국가심판작용의 적정행사라는 국가적 법익을 보호하는 범죄이므로 개인이 자유로이 처분할 수 있는 법익이 아니다.

개인적 법익 중에서도 승낙에 의하여 위법성을 조각시킬 수 있는 법익은 오히려 예외에 속한다. 의료처치, 미용수술, 과학적 실험, 치료목적 이외의 상해 등 주로 상해가 많으나 중체포감금 · 명예훼손도 이에 해당한다고 볼 수 있다. 친고죄나 반의사불벌죄의 대부분은 구성요건해당성이 배제되는 양해라고 본다.

(2) 행위의 사회상규성

1) 승낙에 의한 행위　승낙에 의한 행위는, ① 피해자의 승낙의사를 인식하고 한 행위라야 한다. 그러므로 피해자의 승낙에 의해서 비로소 행위를 하게 된 경우라야 한다. ② 승낙에 의한 행위 자체가 사회상규에 위배되지 않아야

---

201) 정성근, 334면; 이형국, 171면; 이재상, 271면; 김일수/서보학, 260면; 박상기, 211면; 배종대, 405면.

202) 정성근, 334면; 대판, 1985. 12. 10, 85도1982.

한다. 법문에는 이 점을 명시하지 않았으나 위법성 여부를 판단하기 위해서는 행위의 반가치성도 고려하여야 하므로 당연히 요구된다고 해야 한다. 판례도 같은 태도이다.

【판례】 ① 형법 제24조의 규정에 의하여 위법성이 조각되는 피해자의 승낙은 개인적 법익을 훼손하는 경우에 법률상 이를 처분할 수 있는 사람의 승낙을 말할 뿐만 아니라 그 승낙이 윤리적 · 도덕적으로 사회상규에 반하는 것이 아니어야 한다(대판, 1985. 12. 10, 85도1892).

② 군 상급자인 피고인이 피할 수도 없는 좁은 공간에서 1분 이상 피해자인 하급자의 가슴과 배를 때렸다면 그에게 생리적으로 중대한 영향을 줄 수 있고 때로는 쇼크사에 이르게 할 수도 있다는 점에 대해 예견할 수 있었다고 보아야 하므로 피고인은 폭행치사죄를 면할 수 없다. 피고인의 진술에 따르면 장난으로 권투를 한 것이라고 하지만 이와 같은 행위는 피해자의 승낙에 따라 정당화되는 것이라고 볼 수 없다(대판, 1989. 11. 28, 89도201).

피해자의 승낙을 악용할 의사가 있는 경우, 예컨대 위법한 목적을 위하여 승낙을 얻은 후 그 승낙을 위법목적으로 남용한 경우에는 승낙은 있으나 위법성은 조각되지 않는다.[203] ③ 승낙에 의한 행위는 승낙의 범위 내에서 행한 것이라야 한다. 승낙의 범위를 초과한 경우에는 초과부분 또는 행위전체가 불법행위로 될 수 있다.

2) 과실행위 승낙에 의한 행위는 고의행위가 일반적이지만 과실행위인 경우도 있다. 객관적으로 위험한 행위를 승낙한 때에는 승낙이 있는 위험행위에 대해서 주의의무가 저하하고, 그것이 허용된 위험에 해당할 때에는 위법성이 조각된다. 예컨대 술취한 운전자인 줄 알고 동승(同乘)을 승낙한 자는 운전과실에 의한 상해를 승낙한 것으로 보아야 한다.

(3) 법률의 특별규정

승낙이 구성요건요소로 되어 있는 경우와, 승낙이 있으면 법정형만 감경되는 경우에는 위법성이 조각되지 않는다. 이 경우는 승낙의 유무를 묻지 않고 범죄행위가 되며, 후자는 승낙이 없는 경우보다 죄책이 경하게 된다. 예컨대 촉탁 · 승낙살인죄(제252조 1항), 촉탁 · 승낙에 의한 낙태죄(제269조 2항)는 후자의 예이

203) 따라서 장기이식 내지 장기매매를 위한 장기취거, '앵벌이 구걸집단'의 자의에 의한 신체상해, 보험사기를 위한 상해, '베니스의 상인'에서의 '샤일록'의 행위 등은 승낙이 있어도 위법성이 조각되지 않는다.

다. 사람의 생명은 인간의 존엄이라는 최고의 가치이므로 개인의 의사로 임의 처분할 수 없다. 다만, 동의살인과 관련하여 안락사의 위법성 여부가 문제된다. 태아의 생명은 모체(母體)와 별개의 생명체이므로 모체가 임의로 처분할 수 있는 법익이 아니다.

3. 승낙의 효과

승낙의 요건을 구비한 행위는 구성요건에는 해당하지만 행위의 위법성이 조각되어 범죄가 성립하지 않고 처벌되지 않는다. 형법 제24조 후단에서 "벌하지 아니한다"라고 규정한 것은 이 의미로 해석해야 한다. 승낙이 객관적으로 존재하지 않음에도 불구하고 존재한다고 오신한 때에는 위법성조각사유의 전제사실에 대한 착오가 되고, 객관적으로 승낙이 있음에도 불구하고 행위자가 그것을 알지 못하고 행위한 때에는 주관적 정당화요소가 결여된다(우연적 승낙).[204]

Ⅳ. 추정적 승낙

1. 의의 · 위법성조각근거

(1) 의 의

추정적 승낙(mutmaßliche Einwilligung)이란 피해자의 승낙은 없었으나 행위 당시의 객관적 사정에 비추어 만일 피해자 기타 승낙권자가 그 사정을 알았다면 당연히 승낙할 것으로 기대되는 경우를 말한다. 예컨대 부재 중인 이웃집의 수도관이 파열되어 물이 유출되고 있는 것을 수리하기 위해 그 집에 들어간 경우, 부재 중인 이웃집의 화재를 소화하기 위해 대문을 부수고 들어간 경우, 출장 중인 판매원이 여비가 부족하여 보관 중인 주인의 현금을 필요한 여비로 사용하는 경우이다.

(2) 위법성조각근거

추정적 승낙에 의한 행위는 현실적 승낙이 없다는 점에서 피해자 승낙에 의

---

204) 김성돈, 305면.

한 행위와 다르지만, 이 행위도 위법성이 조각된다고 하는 데는 견해가 일치한다. 다만 위법성조각의 근거가 무엇이냐에 대해서는 견해가 대립한다.

1) 사무관리원용설 추정적 승낙에 의한 행위는 피해자의 이익을 위한 것이고, 피해자가 유효한 승낙을 부여할 것이라고 추정되는 경우에는 민법상의 사무관리에 의해 위법성이 조각된다고[205] 한다.

그러나 ① 피해자의 이익을 위한 경우에도 지나친 간섭인 때에는 허용할 수 없다고 해야 하고, ② 위법성조각의 근거를 민법이론으로 설명하는 것은 타당하지 않다.

2) 사회상당성설 이성적인 인간이 그 사정을 알았다면 당연히 승낙하였을 것으로 추정되는 행위는 사회적 상당성이 있거나 사회상규에 반하지 아니하므로 위법성이 조각된다고[206] 한다.

그러나 ① 상당성의 개념이 추상적이고 애매하므로 이를 다시 보충해야 할 기준이 필요하고, ② 추정적 승낙에 의한 행위는 모두 사회상규에 위배되지 아니하는 정당행위의 일종으로 보아야 한다는 결함이 있다.

3) 피해자승낙설 추정적 승낙은 행위자가 피해자의 가상적 의사에 따라 행동하므로 현실적 승낙이 있는 경우와 같이 피해자 승낙과 동일한 법적 성질을 가진 것이라는[207] 견해이다.

그러나 ① 승낙이 없는 경우를 항상 승낙이 있는 경우와 동일하게 취급할 수 없으며, ② 가정적 승낙의 구조적 특수성을 충분히 설명하지 못한다.

4) 긴급피난설 추정적 승낙에 의한 행위는 피해자에게 발생하는 이익충돌에 해당하므로 긴급피난의 일종으로[208] 위법성이 조각된다는 견해이다.

그러나 ① 추정적 승낙에 있어서는 충돌하는 이익이 모두 동일한 법익의 주체에게 귀속되는 경우가 많으며, ② 이익충돌이 없는 경우에도 행위자의 이익을 위한 행위가 있으므로 항상 제3자의 이익과 충돌하는 긴급피난과 구조상 차이가 있다.

5) 독자적 위법성조각사유설 추정적 승낙은 행위자가 법익 주체의 가상적

---

205) Baumann, S. 339f.; Noll, Übergesetzliche Rechtfertigungsgründe im besonderen die Einwilligung des Verletzten, 1955, S. 135f.

206) 진계호, 369면; 김일수/서보학, 328면 이하; 김성돈, 306면.

207) 박상기, 213면; 배종대, 407면.

208) Welzel, S. 92.

진의에 따라 행위하였을 때에는 피해자의 승낙가능성도 있기 때문에 위법성이 조각되며, 긴급피난과 피해자의 승낙 중간에 위치하는 독자적 위법성조각사유라는 견해이다.[209]

6) 결 어 추정적 승낙은 반드시 충돌하는 법익 사이의 이익형량에 근거를 둔 것이 아니며, 피해자의 가상적 승낙의사를 전제로 객관적·합리적 사리에 따른 것이므로 승낙에 의한 행위와 구별되는 독자적 위법성조각사유설이 타당하다고 본다.

2. 추정적 승낙의 유형

(1) 피해자의 이익으로 추정되는 경우

피해자의 이익을 위해 피해자의 높은 가치의 이익을 구조하기 위하여 낮은 가치의 이익을 침해하는 경우이다. 예컨대 의사가 승낙받고 수술하던 중 마취상태에 있는 환자의 승낙 없이 부득이 필요한 다른 부분에까지 수술을 확대하는 경우, 처(妻)가 중대사를 처리하기 위하여 부재 중인 남편에게 온 편지를 개봉한 경우, 일시 출타 중인 이웃집에 침입하여 고장난 수도를 수리하는 경우, 소방관이 불길에 싸여 달리 구조할 방법이 없는 어린이를 구명보에 싸서 밖으로 던진 경우가 이에 해당한다. 이러한 경우는 피해자의 이익보전을 위한 것이므로 피해자의 가상적 진의에 합치된다.

(2) 피해자의 이익포기로 추정되는 경우

이익이 경미하거나 행위자와 신뢰관계로 피해자가 그 이익을 포기한 것으로 추정되는 경우이다. 예컨대 가정부(파출부)가 주인이 입지 않는 헌옷을 거지에게 주는 경우, 과실풍년에 어린이들이 과수원에 들어가서 떨어진 과실을 주어온 경우, 기차시간에 맞추기 위하여 가까운 친구의 자전거를 타고 가는 경우, 친구집에 방문하여 거실 탁자 위에 있는 친구 담배를 꺼내어 피운 경우 등이다. 이러한 경우는 행위자 자신의 이익을 위한 것이지만 역시 피해자의 가상적 진의에 합치된다고 볼 수 있다.

209) 심헌섭, 양해·승낙·추정적 승낙, 91면; 정성근, 339면; 이형국, 173면; 이재상, 273면; 차용석, 667면; 안동준, 132면; 임웅, 266면.

3. 추정적 승낙의 성립요건

추정적 승낙이 위법성을 조각하기 위한 요건은 다음과 같다.

(1) 처분할 수 있는 법익

피해자의 승낙의 경우와 같이 법익의 주체가 임의로 처분할 수 있는 법익이라야 한다.

(2) 피해자의 처분능력

추정적 승낙은 현실적 승낙이 없지만 피해자가 행위내용을 알았다면 현실적 승낙이 가능한 경우라야 하므로 피해자는 법익침해와 그 결과에 대한 통찰력과 판단능력이 있어야 한다.[210] 다만, 의식 없는 중환자에 대한 의사의 수술은 그 상황에 대한 의사의 설명으로 환자의 동의를 예견할 수 있는 경우에 한하여 추정적 승낙을 인정할 수 있다.

(3) 현실적 승낙의 불가능성

행위시의 주위 사정에 비추어 현실적 승낙을 얻을 수 없는 경우라야 한다. 따라서 피해자가 승낙을 명시적으로 거부하였거나 사전에 충분히 승낙할 수 있었던 경우에는 추정적 승낙이 될 수 없다.

(4) 승낙의 추정시기

승낙의 추정은 적어도 행위시에 있어야 하며, 행위자는 추정적 승낙을 인식하고 있어야 한다.

(5) 승낙의 기대

피해자가 행위의 내용을 알았다면 확실히 승낙할 것으로 기대되는 경우라야 한다. 이 경우의 기대는 모든 사정을 종합하여 이성적 인간이 행위자의 입장에 있었다면 기대할 수 있는 객관적인 개연성이 있어야 한다. 따라서 주관적인 추정이 아니라 객관적 추정이다. 피해자의 승낙을 추정함에 있어 법익주체의 진의에 반하는지의 여부가 불확실할 때에는 행위자는 모든 사정에 대한 양심적 심사(gewissenhafte Prüfung)를 하여 피해자의 가상적 진의에 합치되도록 하여야 한다. 그렇지 아니한 때에는 그 행위는 위법행위가 된다. 이 경우의 양심적

210) 정성근, 340면; 이형국, 174면; 이재상, 274면; 임웅, 266면.

심사는 주관적 정당화요소가 된다.[211]

【판례】 피해자에 대하여 소를 함부로 끌고 가게 되어 미안하다고 양해를 구하는 취지의 편지를 써 놓고 나서 소를 가지고 나왔다 하여 범죄가 안된다고 볼 수 없고, 피고인이 이렇게 오인한 데 대하여 정당한 이유가 있는 것으로 보기 어렵다(대판, 1970. 7. 24, 70도1149).

4. 추정적 승낙의 효과

추정적 승낙의 성립요건을 구비한 행위는 피해자의 현실적 승낙이 있는 경우와 같이 위법성이 조각되고 범죄가 되지 않는다. 추정적 승낙에서도 구성요건해당성이 배제되는 경우가 있다는 견해도[212] 있으나 위법성만 조각된다고 본다. 양해는 반드시 사전에 현실적으로 존재해야 하며, 추정으로 부족하기 때문이다.

Ⅴ. 안락사

1. 의 의

피해자의 승낙과 관련하여 특히 논의가 많은 것은 안락사(Euthanasie)이다. 안락사라는 용어는 다양한 뜻으로 사용되기 때문에 여기서는 특히 문제되는 안락사에 한정하여, 사기(死期)가 임박한 환자의 승낙을 받아 그 환자의 참을 수 없는 육체적 고통을 완화·제거하여 편안한 죽음을 맞게 하는 의학적 조치라는 넓은 의미로 정의해 두기로 한다.

2. 안락사의 유형

안락사는 여러 관점에서 분류할 수 있다. 여기서는 생명단축을 수반하는 안락사와 생명단축을 수반하지 않는 안락사로 대별하여 살펴본다.

---

211) 정성근, 341면; 이형국, 174면 이하; 이재상, 275면; 진계호, 371면; 박상기, 214면; 배종대, 409면; 안동준, 134면; 임웅, 267면.
212) 남흥우(8인 공저), 160면.

(1) 생명단축을 수반하지 않는 안락사

생명단축을 수반하지 않는 안락사는 임종시의 고통을 완화·제거하기 위하여 적정양의 마취약을 사용하여 사기의 단축 없이 안락하게 자연사하도록 하는 처치를 말한다. 이를 진정안락사라고 한다.

진정안락사는 정당화된다는 것이 지배적이다. 이 경우는 생명단축 없이 임종의 고통만을 제거하여 안락하게 자연사를 맞이하게 하는 것이므로 일종의 치료행위로서 이해한 것이다. 원래 치료행위는 건강의 유지·증진을 목적으로 하므로 질병의 악화를 저지하고 건강회복을 위한 것이라야 한다. 그러나 의학적으로 구제가 불가능하다는 것이 확실한 빈사상태의 말기환자에 대해서 죽음에 이르는 격심한 고통을 제거하고 안락하게 자연사를 맞도록 하는 것도 환자의 이익이 되며, 의학적 적응성도 있으므로 치료행위로 인정할 수 있다. 따라서 생명단축이 없는 진정안락사는 의료 본래의 업무와 일치하므로 살인죄의 구성요건에도 해당하지 않는다고 해야 한다.

(2) 생명단축을 수반하는 안락사

일반적으로 안락사라 하면 생명단축을 수반하는 안락사를 말한다. 여기도 여러 가지 형태가 있다.

1) 적극적 안락사　적극적 안락사는 작위에 의하여 사기에 임박한 환자의 승낙을 받아 그 생명을 단축시킴으로써 죽음에 이르는 고통을 끝나게 하는 처치이다. 치사량의 몰핀을 주사하여 고통 없이 사망에 이르게 하는 경우가 그 예이다.

2) 간접적 안락사　간접적 안락사는 생명단축을 직접적인 목적으로 하는 것이 아니라 죽음에 이르는 고통을 완화하기 위하여 환자의 승낙을 받아 위험성이 있는 마취약을 사용한 결과 그 부작용으로 사기가 단축된 경우이다. 이를 치료형안락사라고 한다. 말기암환자의 고통을 제거·완화하기 위하여 몰핀 등 강한 마취약을 주사한 결과 사망한 경우가 그 예이다.

간접적 안락사는 일반적으로 치료행위의 요건을 구비하고 있으면 위법성이 조각된다고 본다. ① 환자의 격심한 고통을 제거·완화하기 위한 조치가 필요하다는 의학적 적응성이 있고, ② 현대 의술의 기준에 합치되는 방법으로 처치하였다는 의술적 정당성이 있으며, ③ 죽음의 시기를 앞당길 위험성이 있는 방법으로 고통을 완화시키는 데 대하여 환자의 진지한 동의가 있었을 때에는 정당한 치료행위로서 위법성이 조각된다.

3) 소극적 안락사 소극적 안락사는 죽음에 이르는 고통이 오래 가지 않도록 하기 위해 환자의 승낙을 받아 생명연장을 위한 적극적 조치를 취하지 아니함으로써 죽음의 시기가 앞당겨진 경우이다. 부작위에 의한 안락사라고 한다. 링겔주사나 영양제주사를 주입하면 생명을 연장시킬 수 있으나 이는 죽음에 이르는 고통만 계속시키기 때문에 환자의 진지한 승낙 하에 주사를 놓지 않고 방치하여 사망한 경우가 그 예이다.

소극적 안락사도 위법성이 조각된다는 것이 다수설이다. 환자가 주사 등의 의료조치의 의미를 이해하고 그 조치를 거부한 때에는 이에 반하여 건강회복의 가망이 없는 환자에게 죽음에 이르는 고통만을 연장시키는 조치를 취해야 할 작위의무는 의사에게 없다고 해석해야 할 것이다.

3. 적극적 안락사와 위법성조각

(1) 적극적 안락사의 인부

안락사가 허용될 수 있느냐가 특히 문제되는 경우는 적극적 안락사이다.

1) 부정설 부정설은 생명을 적극적으로 단축시키는 안락사는 위법성을 조각시킬 수 없다는 견해이다.[213] 생명절대보호사상을 전제로, ① 피해자의 승낙에 의한 행위가 항상 위법성이 조각되는 것은 아니며, ② 촉탁·승낙에 의한 살인과 같이 피해자의 승낙이 있는 경우에도 가벌적 행위가 되므로 생명을 단축시키는 안락사도 고의살인으로 보아야 하고, ③ 치료행위는 사람의 건강을 유지·증진시키는 데 있으므로 생명을 단축시키는 안락사는 치료행위가 될 수 없다는 것이다.

2) 긍정설 긍정설은 일정한 요건 하에서 생명을 단축시키는 안락사는 위법성이 조각된다는 견해이다. 여기에도 ① 죽음에 임박한 환자의 고통을 제거하는 부수적 효과로 생명을 단축시키는 경우에만 위법성이 조각된다는 견해와,[214] ② 현대의학상으로 구제불가능한 말기환자의 육체적 고통을 완화하여 안락하게 죽음에 이르도록 하는 것은 모두 사회윤리적 요청이므로 위법성이 조

213) 황산덕, 152면; 이재상, 284면; 김일수/서보학, 347면; 박상기, 163면; 배종대, 321면.

214) Sch/Sch/Eser, S. 1254.

각된다는 견해[215]가 있다.

3) 결　어　현대사회는 의료의 발달에 따라 건강유지와 증진이 의료시설에서 관리되고 죽음도 그에 좌우된다고 할 수 있다. 여기에 환자와 의사의 관계는 밀접해지고 생명존엄을 기초로 한 윤리가 존재한다. 이 윤리는 생명의 연장을 전적으로 의사에게 맡기고 있는 환자에 대해서 가능한 처치를 다하여 환자가 천수를 다하도록 하는 데 있다. 따라서 안락사는 단순한 동정만으로 취급할 문제는 아니며, 이를 인정한다 하더라도 그 요건이 엄격할 수밖에 없다. 문제는 현대의학상 불치의 개념이다. 이는 의학의 발달에 따른 상대적 개념이다. 그러나 현대의 의학수준으로 어느 정도는 환자의 수명을 예측할 수 있다. 따라서 안락사는 생(生)인가 사(死)인가라는 택일문제가 아니라, 고통에 의한 죽음인가 고통에서 해방된 죽음인가를 선택한다는 관점에서 인정되어야 한다. 동시에 생명단축의 경우에는 본인의 동의를 필수조건으로 해야 하며, 본인이 전혀 의식불명한 경우는 근친가족의 동의로 대신할 수 있으나 이는 피해자의 이익을 위한 경우에 한하여 예외로 인정해야 한다.

(2) 위법성조각근거

적극적 안락사의 위법성이 조각되는 근거가 무엇이냐에 대해서도 견해가 대립한다. ① 피해자의 승낙에 의한 행위이므로 위법성이 조각된다는 견해(피해자승낙설),[216] ② 죽음이 임박한 자의 심한 통증을 제거해 주는 것은 의료임무에 속하는 일종의 치료행위이므로 위법성이 조각된다는 견해(치료행위설), ③ 목적・동기・내용 등이 법질서에 반하지 않는 한 사회상규에 반하지 아니하므로 정당행위[217] 또는 업무로 인한 정당행위[218]이므로 위법성이 조각된다는 견해(정당행위설) 등이 있다.

안락사는 말기환자의 이익을 위해 격심한 고통에 의한 죽음인가, 고통으로부터 해방된 죽음인가를 선택한다는 관점에서 행해져야 하며, 원칙적으로 죽음이 임박한 자의 사전동의를 전제로 해서만 가능할 뿐만 아니라 이러한 말기환자의 격심한 아픈 고통을 제거해 주는 것도 일종의 치료행위라 할 수 있으므로 피해

215) 유기천, 194면; 정영석, 162면; 차용석, 493면; 정성근, 344면; 진계호, 307면; 임웅, 형법각론, 23-28면.
216) 남흥우(8人 공저), 125면.
217) 이형국, 141면.
218) 유기천, 193면.

자 승낙에 의한 정당행위라고 본다.

(3) 적극적 안락사의 요건

치료행위의 일종이라 한다면 안락사는 다음과 같은 엄격한 요건을 구비한 경우에만 위법성이 조각된다.

첫째, 죽음이 임박하였고 현대 의학상으로 치료·회복이 불가능해야 한다. 치명적인 불치의 질병·상해가 있는 경우도 직접 생명과 관계없거나 죽음의 시기가 불확실한 때에는 안락사 시킬 수 없다.

둘째, 죽음의 임박과 치료·회복의 불가능 여부는 행위시를 기준으로 의사가 판정해야 하며, 이 판정을 하는 의사는 안락사를 시술하는 의사 이외의 의사가 하여야 한다.

셋째, 격심한 육체적 아픈 고통으로 신음하며 일반인이 이를 볼 수 없을 정도의 심한 고통을 겪고 있는 말기환자라야 한다. 따라서 질병으로 인한 육체적 고통이 아니라 정신적 고통을 제거하기 위한 안락사는 인정할 수 없다.

넷째, 환자 본인이 죽음에 대한 진지한 부탁·애원이 있어야 한다. 말기환자의 동의는 필수적이며 동의의 대리는 인정할 수 없다.

다섯째, 안락사는 치료행위의 일종이므로 반드시 의사가 하여야 한다. 여기의 의사는 의료법상 자격을 구비한 의사이면 족하고, 수의과 의사는 포함하지 않는다.

여섯째, 안락사의 수단·방법이 사회상규에 위배되지 않아야 한다. 잔인한 방법, 비윤리적·비인도적 수단·방법을 사용한 때에는 이상의 요건을 구비한 경우에도 위법성이 조각될 수 없고, 경우에 따라 살인죄 또는 촉탁살인죄가 성립한다.

Ⅵ. 존엄사

1. 존엄사의 의의

존엄사(death with dignity)의 개념은 다의적이지만 여기서는 회복 가망이 없는 말기환자의 요청에 따라 지금까지 계속해 온 생명유지치료를 중지하고 인간으로서의 존엄을 유지하면서 죽음을 맞이하게 하는 것이라고 정의해 둔다. 죽음을 맞이하는 환자의 간청을 존경해야 한다는 의미에서 존엄사라 하고, 환자의 자기결정권과 이에 의한 의사의 치료의무가 결부된 문제이다.

2. 안락사와 구별

존엄사도 안락사와 같이 말기환자에 대한 치료행위의 한계가 문제된다는 점에서 같다. 그러나 ① 존엄사는 회복 불가능한 환자에 대해서 생명유지치료의 중지가 문제되고 환자의 육체적 고통과 그 완화·제거는 문제되지 않는다는 점에서 다르다. ② 존엄사는 환자가 의식이 없거나 적어도 판단능력을 상실하고 있으므로 안락사와 비교하여 환자의 자기결정이 있느냐를 판단하기 곤란하다. ③ 안락사는 죽음에 이르는 고통을 완화·제거한다는 환자의 객관적 이익이 존재하지만, 존엄사는 환자에게 고통이 없으므로 환자 자신의 객관적 이익은 명백하지 않고 오히려 환자의 가족이나 병원의 재정 등 부담경감이 객관적 이익이라는 점에서 차이가 있다.

3. 환자의 자기결정권과 치료의무

(1) 자기결정권

존엄사는 생명유지치료를 중지함으로써 죽음의 시기를 단축시키므로 환자가족의 이익을 위해서 이용될 위험이 있다. 따라서 환자의 자기결정권을 엄격하게 판단하여 위법성조각을 인정해야 한다.

생명유지치료의 중지는 환자의 자기결정권에 기초하고 있다. 미국 뉴저지州 최고재판소는 뇌사는 아니지만 지속적인 식물상태에서 인공호흡기를 부착하고 있는 21세의 여성에 대해서 부모의 요청으로 환자의 프라이버시권(자기결정권을 포함)의 우월적 이익을 인정하고 인공호흡기의 제거를 허용했다. 그러나 의식이 없거나 판단능력을 상실한 환자의 경우에는 자기결정권을 인정하기 곤란하다. 여기에 두 가지 방안이 제시되고 있다. 하나는 자기결정권의 대행이다. 환자의 가족·후견인이 환자를 대신하여 의사를 표명하는 방안이다. 그러나 대행은 환자의 의사가 아니므로 의제에 불과하다는 비판이 있다. 따라서 의제라는 요소를 줄이기 위해서는 환자의 의사라고 추인할 수 있는 근친가족에 한정하여 환자의 최선의 이익을 위한 경우에만 대행을 인정하여야 한다. 다른 하나는 환자의 사전 의사표명이다. 생자의 의사(生者의 意思, living will)라고 하는데, 환자의 사전 의사표명을 중요시하여 존엄사를 허용하는 것이다.

(2) 의사의 치료의무

의사는 환자의 치료를 인수한 이상 원칙적으로 치료의무가 있다. 그러나 환자의 자기결정에 의한 진지한 치료중지 요청이 있는 때에는 말기환자의 무의미한 치료를 계속할 의무는 없다고 본다.

대법원도 ① 죽음이 임박한 환자의 의식회복 가능성이 없고, 생명과 관련된 중요생체기능의 상실을 회복할 수 없으며, ② 환자의 연명치료 중단의사가 인정되는 경우에 존엄사를 인정하였다.[219)]

219) 대판(전원합의체), 2009. 5. 21, 2009다17417. 이 판결의 자세한 내용과 바람직한 연명치료 중단의 허용기준에 관하여는 박광민/김웅선, 연명치료중단의 허용기준에 관한 고찰(성균관법학 제22권 제3호, 2010.12.), 77면 이하 참조.

제5장 책 임 론

제1절 책임의 기초이론

Ⅰ. 책임의 개념

1. 위법성과 책임

범죄는 구성요건에 해당하고 위법·유책한 행위이므로 책임은 범죄의 세 번째 성립요소이다. 구성요건에 해당하는 행위에 대해서 위법성을 판단하지만 불법은 구성요건해당성과 위법성을 포괄한 상위개념이므로 체계적 범죄개념의 실질적 표지는 불법과 책임이다. 그리고 평가규범의 기능은 결정규범에 선행하므로 가벌성 판단의 사고논리상 불법 판단은 책임 판단에 선행한다. 따라서 책임 없는 불법은 있을 수 있지만 불법 없는 책임은 있을 수 없다. 책임 판단에서는 불법 단계에서 심사한 불법행위를 행위자에게 귀속시킬 수 있느냐라는 불법의 주관적 귀속이 책임론의 과제가 된다.

위법성과 책임(유책성)은 각각 당위(Sollen)와 가능(Können)의 문제에 속한다. 규범은 사회일반인에 대해서 일정한 행위를 해 줄 것을 명령·금지하고, 이에 위반한 때에 위법하다고 평가하므로 위법성 판단에서는 규범 수명자가 규범을 준수했느냐를 심사하는 당위성의 문제이며, 항상 일반인을 예정하고 개인적 능력은 고려하지 않는다. 한편 규범위반자 중에는 애당초 규범을 준수할 수 없는 자도 있으므로 책임 판단에서는 규범합치적 의사결정을 하여 달리 타행위가능성이 있음에도 불구하고 이를 하지 아니하였는가를 심사하여 책임을 인정한다. 따라서 책임은 행위자가 규범위반적 태도를 취하지 않고 달리 할 수 있었느냐라는 가능성이 문제되며 개인적 능력이 고려된다.

일반적으로 구성요건해당성과 위법성은 "행위"에 대한 사실판단과 반가치판단(무가치판단)이고, 책임은 "행위자"에 대한 반가치판단(무가치판단)이라 이해하고 있다. 인적 행위불법론이 범죄론에 정착하기까지는 이에 대해 의문이 있을 수 없다. 그러나 인적 행위불법은 불법과 위법성 판단에서 "행위자관련성"을 떠나서 생각할 수 없고, 책임 판단에서는 달리 행위할 수 있었느냐라는 타행위가능성이 문제되므로 책임에서도 "행위관련성"을 고려하고 있다. 따라서 위법성 판단에서도 행위자를, 책임 판단에서도 행위를 고려하고 있지만 전자는 사회 일반인에 대한 행위의 규범위반성 자체를, 후자는 평균인이 행위자의 입장에 있었을 때의 타행위가능성(규범준수능력)을 심사한다는 의미에서의 행위 또는 행위자로 파악해야 한다.

2. 책임의 의의

(1) 형법의 인간상과 윤리책임

책임(Schuld)이라는 말은 법적 책임 이외에도 윤리적 책임으로 사용되고 있다. 종래까지 형법의 인간상은 이성적인 윤리적 인간으로 파악하고 형법상의 책임도 도의윤리적 책임이라 하여 왔다. 모든 인간은 이성을 가지고 스스로 의사형성(결정)을 하고 자신의 행위를 선택할 수 있는 자유의사(의사자유)가 있다는 것을 근거로 한다.

규범 자체는 인간 스스로 의사형성(결정)과 행위 선택의 능력이 있다는 것을 전제로 하여 존재하는 것이므로 적극적으로 자유의사를 부정할 수 없는 이상 인정할 수밖에 없다. 다만 정신병자 기타 비정상적인 인간은 이러한 능력이 없거나 감소되어 있으므로 이성적인 윤리적 인간만을 형법의 인간상으로 상정할 수 없다.

그리고 법은 윤리의 최소한이라는 말처럼, 형법규범이 명령 또는 금지하고 있는 내용 중에는 윤리규범과 일치하는 부분도 많고 이 한도에서 법과 윤리가 중첩하고 있다. 법과 윤리의 부분적 중첩 때문에 양자를 혼합하여 파악할 때에는 모든 법적 책임이 윤리화되어 책임 판단에서 법감정과 판단자의 자의가 개입할 수 있다. 형법규범은 수명자 개인의 윤리적 의무와 관계없이 구속력과 타당성을 갖는다. 따라서 형법규범은 윤리규범과 혼합된 규범이 아니라 애당초 독립적으로 존재하는 고유규범이며, 형법적 의무(책임)와 윤리적 의무(책임)도 구별되어 있다고 해야 한다.

(2) 법적 책임으로서의 형법상의 책임

형법상의 책임은 법적 책임이라는 점에서 윤리적 책임과 구별되며, 또 법적 책임 중에서도 형법 이외의 법률상의 책임과 관계없는 형법 고유의 책임이다. 법적 책임이기 때문에 법규범과 관련없이는 형법적 책임을 생각할 수 없다. 행위자의 내심적 동기나 양심 여하와 관계없이 행위 자체의 합법성만 인정되면 형법상의 책임은 생길 여지가 없는 반면에 법규범에 반한 법적 심정이 있으면 형법적 책임을 인정할 수 있다. 따라서 종교적 · 정치적 신념으로 죄를 범하는 확신범은 양심적 선한 동기로 확신하였어도 법적 책임은 면책될 수 없다.

1) 의사책임　형법상의 책임은 행위자의 규범위반적 의사결정에 대한 비난가능성이다. 규범위반적 의사결정 때문에 책임비난을 하는 것이므로 의사책임이라 할 수 있다.

비난가능성(Vorwerfbarkeit)은 행위자가 자기 행위의 불법을 인식하고 이러한 인식에 기초하여 규범 합치적 의사결정과 달리 행위할 수 있었음에도 불구하고 이에 반한 의사형성(결정)을 한 자에 대하여 가해지는 부정적 가치판단이다. 규범위반적 의사결정을 해서는 아니된다는 결정규범 위반과 타행위가능성에 대한 부정적 가치판단이라 할 수 있다. 다만, 여기의 타행위가능성은 행위자 개인의 가능성이 아니라 평균인이 행위자의 입장에서 달리 행위할 수 있는가라는 평균적 행위가능성을 의미한다. 이러한 사고는 평가규범에 반한 것은 위법성의, 결정규범에 반한 것은 책임의 문제라고 한 메츠거(Mezger) 이후로 현재까지 일반적으로 인정되고 있다.

2) 행위책임　형법상의 책임은 행위자에 의해 범해진 개개 행위에 대한 행위책임이다. 행위는 행위자 인격표현의 일면이긴 하지만 행위자 인격이나 행위에서 나타난 성격을 책임비난의 대상으로 하지 않는다. 즉, 형사책임은 인격책임, 성격책임, 행위자책임이 아니다. 성격결함자와 상습범에 대해서는 행위자의 인격 · 성격을 고려하고 있지만 그렇다고 해서 형사책임을 인격책임, 성격책임이라 할 수 없다. 형법은 죄를 범하였기 때문에 처벌하는 행위형법이며, 행위자의 인격 · 성격 때문에 처벌하는 행위자형법은 아니다.

3. 책임주의

(1) 책임주의의 의의

책임주의 또는 책임원칙(Schuldprinzip)이란 책임 없으면 형벌 없으며, 형벌의 양은 책임의 크기에 따라 결정하여야 한다는 원칙을 말한다. 보통 "책임 없으면 형벌 없다"(Keine Strafe ohne Schuld)라는 표어로 표현되고 있다.

책임주의는 결과만 야기되면 이에 대해서 형벌을 과하였던 결과책임사상을 극복하고 책임의 범위 내에서 형벌을 한정함으로써 형벌권의 과도한 행사로부터 개인의 자유를 보장하는 기능을 수행하는 데에 그 의의를 가지고 확립된 것이다. 우리 형법은 책임주의에 관한 규정을 두고 있지 아니하나 학자들에 의하여 형법의 기본원칙으로 인정되고 있다.

(2) 책임주의의 내용

1) 처벌의 전제　책임은 모든 처벌의 전제가 되므로 책임이 없으면 어떤 이유로도 형벌을 과할 수 없다. 즉, 책임은 형벌의 근거가 되며 형사제재를 정당화시킨다. 이를 책임의 형벌근거적 기능이라 한다. 따라서 발생된 결과만을 이유로, 또는 범행과 무관한 행위자의 단순한 심정이나 과거의 생활형상을 근거로 형벌을 과할 수 없다. 형법상의 책임은 불법행위를 행한 행위자 개인에 대한 법적 비난이므로 자기책임의 원칙과 행위책임원칙을 기본으로 하고 결과책임, 우연책임, 연대책임, 단체책임, 연좌책임을 인정하지 않는다.

2) 양형의 기초　형벌은 책임의 정도에 따라야 하며, 책임의 정도를 초과하는 형벌은 과할 수 없다. 이를 책임의 형벌제한적 기능이라 한다. 따라서 책임은 양형의 기초로서 형벌부과 여부와 그 정도의 기준을 제시하는 것이며, 책임의 정도를 초과하는 양형을 할 수 없다.[1] 다만, 형벌은 범죄예방적 기능을 가지고 있으므로 범죄예방의 관점에서 형벌은 책임에 상응한 정도보다 낮추어 부과할 수는 있다.

3) 책임의 전제로서의 불법　책임은 불법을 전제로 하므로 불법의 내용과 정도는 책임의 경중에 불가분적으로 영향을 미친다. 따라서 불법 없는 책임을 인정할 수 없으며, 책임 없는 불법만으로 처벌할 수 없다. 다만, 불법의 내용과

1) 형법개정법률안 제44조(양형의 기준)는 "형을 정함에 있어서는 범인의 책임을 기초로 한다" 라고 규정하고 있다.

정도는 책임의 양을 결정하는 하나의 척도가 되지만 불법만이 책임을 결정하는 유일한 척도가 되는 것은 아니다.

Ⅱ. 책임의 근거

책임을 비난가능성이라 할 때에 행위자를 비난하는 근거가 무엇이냐가 문제된다. 책임주의는 인간에게 범죄행위 이외에 달리 행위할 수 있다는 타행위가능성을 전제로 하므로 책임의 근거는 인간에게 자유의사(意思自由)가 있느냐의 문제와 관련되어 있다.

1. 도의적 책임론

도의적 책임론(moralische Schuldlehre)은 인간에게 자유의사가 있다는 이성적 인간을 전제로 하여, 책임의 근거는 자유의사에 있다(비결정론)고 한다. 즉, 책임이란 자유의사를 가진 자가 자유로운 의사결정에 의하여 법질서 요구에 따른 규범합치적 의사형성(결정)을 할 수 있었음에도 불구하고 이에 반한 의사형성(결정)을 하였으므로 도의 윤리적 비난을 가한다고 한다. 행위자의 잘못된 의사에 책임의 근거가 있다는 의미에서 의사책임(意思責任), 잘못된 의사가 드러난 행위의 범위 내에서 책임을 인정한다는 의미에서 행위책임(行爲責任)이라 한다.

이에 의하면 자신의 의사와 행위를 자유롭게 결정·지배할 수 있는 자유의사가 없으면 책임은 없다고 해야 하므로 타행위가능성이 없는 책임무능력자는 범죄무능력자로서 형벌을 과할 수 없고, 경우에 따라 형벌과 성질을 달리하는 보안처분을 과할 뿐이다(이원주의). 그리고 타행위가능성이 정상적인 사람보다 제한되어 있는 한정책임능력자는 그 형을 감경한다. 이론적으로 객관주의 및 응보형주의와 결부되어 주장되어 온 고전학파의 전통적인 견해이다.

2. 사회적 책임론

사회적 책임론(soziale Schuldlehre)은 19세기 말 페리(Ferri)에 의해서 제창되고 리스트(Liszt)에 의해 확립된 이론으로, 자유의사를 부정하고, 이성적 인간을 전제로 한 도의적 책임론에 대한 비판에서 출발한다. 즉, 범죄는 소질과 환경에 의하여 필연적으로 결정(결정론)된 행위자의 사회적 위험성이 있는 성격의 소산이므로 책임의 근거는 자유의사가 아니라 사회적으로 위험한 행위자의 성격에 있다는 견해이다(성격책임론 혹은 행위자책임론). 그리고 이러한 자에 대해서는 사회방위를 위하여 행위자의 특성에 따라 합리적인 처우를 할 필요가 있으므로 책임은 사회적 위험성이 있는 행위자가 사회방위처분(형벌 또는 보안처분)을 받아야 할 법적 지위라고 한다.

이에 의하면 책임능력자이건 책임무능력자 내지 한정책임능력자이건 모두 사회적 위험성이 있는 성격을 가질 수 있으므로 사회방위를 위해 이러한 자에 대해서 사회방위처분을 과해야 하는데, 책임능력자에 대해서는 형벌을, 책임무능력자와 한정책임능력자에 대해서는 보안처분을 과하는 것이 보다 합리적이며, 사회방위처분이라는 점에서 형벌과 보안처분은 성질상 동일한 것이라 한다(일원주의). 이 견해는 주관주의 및 목적형주의(특별예방주의)와 결부되어 근대학파에서 주장되었다.

3. 인격적 책임론

인격적 책임론(Persönlichkeitsschuldlehre)은 도의적 책임론과 사회적 책임론이 각각 이성적 인간과 숙명적 인간이라는 일면적인 인간상만 파악한 것이라고 비판하고, 책임의 근거를 행위자의 배후에 있는 인격에서 찾는 견해이다. 이에 의하면 인간은 소질과 환경의 제약을 받으면서 그 제약된 범위 내에서 제한된 자유의사를 가지고 주체적으로 인격을 형성해 나가는 것이므로 과거에 인격이 형성되어 온 과정에서 그 인격형성에 비난할 사정이 있는 경우 그 잘못된 인격형성이 책임의 근거라고 한다.[2)]

이 견해의 특색은 현실적으로 나타난 일회적인 불법행위 외에도 하나 하나의 인격형성과정까지 책임비난의 기초가 된다는 데 있다. 따라서 이 견해를 인격형성책임이라고 한다. 이 책임론은 행위자가 자신의 성격학적 인격에 대해서 무엇인가를 할 수 있는 범위 내에서만 비난을 귀속시킬 수 있다고 하는 메츠거(Mezger)의 행상책임론(行狀責任論)에서[3)] 기원한다.

---

2) 박정근, 인격책임의 신이론(1986), 61면 이하; 團藤, 人格責任の理論, 法哲學四季報, 2號(1948), 100면 이하; 同, 責任の理論, 刑事法講座(二), 249면 이하.

복켈만(Bockelmann)은 메츠거의 정신의학적·생물학적 고찰방법에 더하여 의사적 요소를 부가한 행위자의 생활결정, 즉 악(惡)에로 향하는 생활전향(Wendung zum Bösen)에 책임의 근거가 있다고[4] 한다. 그러나 이러한 성격학적 책임론은 행위 당시의 행위자 인격을 책임의 근거로 하므로 인격형성의 모든 과정이 책임의 기초가 된다는 인격형성책임과는 차이가 있다.

4. 학설의 평가

(1) 도의적 책임론의 평가

도의적 책임론은 책임의 근거를 자유의사(의사책임)에 두고 있지만 외부적으로 나타난 행위를 책임의 척도로 하여(행위책임) 판단하므로 판단자의 자의는 배제할 수 있다. 따라서 이 책임론은 객관주의 범죄이론과 결부되어 법치국가사상과 죄형법정주의 요청에 부응한다는 장점이 있다. 그러나 범죄는 이성적인 인간만이 아니라 성격이상자의 범죄도 있으므로 소질과 환경의 영향을 배제할 수 없다. 따라서 형법적 책임은 도의·윤리적 책임이 아니라 형법 고유한 법적 책임으로 수정되지 않을 수 없다. 즉, 형법적 책임은 의사책임, 행위책임에 한정된 법적 책임이라 해야 한다.

(2) 사회적 책임론의 평가

사회적 책임론은 현실적으로 소질과 환경의 영향을 받고 있는 구체적 인간상을 발견하고, 범죄인을 추상적·관념적으로 고찰한 고전학파의 범죄관에 대해서 개개 범죄인의 특성에 맞게 범죄예방을 하려는 실천적 의미를 가지고 있다. 그러나 성격의 위험성이라는 관념은 원래 다의적이므로 판단자의 자의가 개입될 위험성이 있다. 사회방위를 위해서는 목적형주의를 강조할 수 있지만 이는 행위책임의 범위 내에서 인정되어야 하고, 또 행형처우는 사회복귀에 적합하도록 해야 하지만 이것과 책임근거는 구별하여야 한다.

(3) 인격적 책임론의 평가

인격적 책임론은 형법상의 인간상을 추상적 인간이나 숙명적 인간을 전제로 하지 않고, 소질과 환경의 영향을 받으면서 주체적으로 활동하는 합리적 인간

---

3) Mezger, Studienbuch, S. 181.
4) Bockelmann, Studien zum Täterstrafrecht, Teil II, 1940, S. 153.

상을 전제로 한다는 그 자체는 타당하다. 그러나 모든 인격형성과정이 책임의 기초가 된다고 하면 인격체계의 형성에 관련되는 부분을 먼저 확정해야 하는데, 인격형성과정은 복잡할 뿐만 아니라 이를 확정한다는 것은 자연과학이나 형법상으로 거의 불가능하다. 또 기대불가능성 때문에 책임이 조각되는 경우에 과거의 잘못된 인격형성이 현실적으로 나타나면 책임을 인정하여야 하므로 처벌의 범위가 확대될 수 있다. 책임은 행위책임의 범위를 초과할 수 없고, 행위자의 과거의 경력은 책임을 감경하는 데 참작될 뿐이다.

(4) 결 어

책임의 근거에 관한 학설대립의 근저에는 인간에게 자유의사가 있느냐에 있다. 의사의 결정·비결정의 문제는 실재하는 사실로서가 아니라 규범의 세계에서 가설로 논의된다. 규범은 모든 인간에 대해서 규범에 따라 행위해 줄 것을 기대하고 그 준수를 명하고 있으므로, 특별한 사정이 없는 한 인간은 범죄적 충동을 조절하고 규범합치적 의사를 형성·결정할 수 있다는 것을 전제하고 있다. 또 실제로 인간은 동물과 달리 인과법칙을 어느 정도 선택할 수 있는 능력과 가능성을 가지고 있으므로 정상적인 보통의 인간이면 규범합치적 의사를 결정할 수 있는 자유로운 인격적 존재라 해야 한다. 소질과 환경이 의사결정에 영향을 주고 있음은 사실이지만 그렇다고 해서 이로 인해 인간의사가 결정되었다고 할 수 없다. 소질과 환경의 제약을 받는 범위 내에서 의사를 결정할 수 있는 제한된 자유의사는 인정해야 한다(상대적 자유의사론). 형법 제10조 1항이 심신장애로 인한 사물변별능력이나 의사결정능력을 책임능력 판단의 내용으로 한 것도 소질과 환경에 의해 제한된 범위의 자유의사에 근거한다고 해야 한다.

Ⅲ. 책임의 본질

책임의 본질에 관한 논의는 책임개념과 그 내용이 무엇이냐에 귀착하는 과제에 속한다. 책임의 실체를 비난가능성으로 파악하는 책임개념은 심리적 책임론을 극복한 규범적 책임론에서 확립되었는데, 이 책임개념은 행위자에게 타행위가능성이 있다는 것을 전제로 한다. 이에 대해서 타행위가능성이 아니라 형벌목적 내지 형사정책적 목적을 기초로 책임개념을 재구성하려는 예방적 책임개념이 주장되고 있다.

1. 심리적 책임개념

(1) 심리적 책임론

심리적 책임론(psychologische Schuldlehre)은 책임이란 발생결과에 대한 행위자의 심리적 관계라 하고, 심리적 사실인 고의 또는 과실이 있으면 책임이 있고 그 어느 것도 없으면 책임이 없다는[5] 견해이다. 이 이론은 책임능력을 책임조건으로 하고 결과에 대한 심리관계의 태양에 따라 고의와 과실을 구별하여, 양자는 책임의 두 종류이고 그 공통된 상위개념이 책임이라고 하는 데에 특색이 있다. 이에 따라 심리적 사실과 관계없이 야기된 결과에까지 책임을 인정하였던 결과책임을 배제하고, 고의·과실이라는 심리적 사실이 없으면 책임도 형벌도 없다는 책임주의를 관철하는 데 공헌하였다.

그러나 심리적 책임론은 책임을 결과에 대한 심리관계로 이해한 결과 다음과 같은 비판[6]을 받는다. ① 고의 또는 과실이 있으면 책임을 인정해야 하므로 다른 책임조각사유(예컨대, 형법 제12조의 강요된 행위)가 있을 때 책임이 부정되는 이유를 설명할 수 없고, ② 인식 없는 과실은 인식의 가능성만 있을 뿐, 현실적으로는 구성요건요소의 불인식이므로 결과에 대한 심리적 사실관계를 인정할 수 없고 이를 책임에서 배제할 수밖에 없으며, ③ 과실은 주의의무위반이라는 규범적 요소가 본질적 요소이고, 순수한 심리적 사실인 고의와 성질이 다르므로 양자에 공통되는 상위개념으로 책임을 정립하는 것은 불가능하다.

(2) 수정된 심리적 책임론

심리적 책임론은 고의와 과실의 상위개념으로 책임정립이 불가능하다는 것이 밝혀지자, 고의도 과실처럼 규범적 요소로 구성하여 양자 성질이 같은 책임의 두 종류로 파악하려는 견해가 수정된 심리적 책임론이다. 즉, 고의의 요소에 의무위반성의 인식(규범적 책임론에 와서는 위법성의 인식으로 수정)이라는 규범적

---

5) Liszt, Strafbemessung, in: Aschortt-Liszt, Reforme des Reichsstrafgesetzbuchs, Bd. I, S. 385.
6) 성시탁, 책임론의 발전과 고의(단국대 논문집 4, 1970), 131면.

요소를 부가하여 고의·과실의 상위개념으로 책임을 파악하는 견해이다.[7]

이 책임론은 고의와 과실은 책임의 두 가지 종류이며, 고의 또는 과실이 있으면 책임이 있고, 그 어느 것도 없으면 책임이 없다고 하는 점에서 심리적 책임론과 같다. 그러나 고의의 요소에 의무위반성의 인식이라는 규범적 요소를 부가하여, 책임은 심리사실 자체가 아니라 비난가능성이라는 실체개념으로 파악한 점이 심리적 책임론과 다르다.[8]

이 책임론은 규범적 요소를 기초로 고의와 과실을 책임의 종류로 통합하고, 책임의 실체를 비난가능성이라는 가치평가 개념으로 구성함으로써 심리적 책임론의 결함은 어느 정도 시정할 수 있다. 그러나 이 책임론도 고의 또는 과실이 있으면 책임이 있다고 하므로 역시 다른 책임조각사유가 있는 때에 책임을 부정해야 하는 이유를 설명할 수 없다.

2. 규범적 책임개념

(1) 규범적 책임론

규범적 책임론(normative Schuldlehre)은 책임을 심리적 사실관계로 파악하지 않고 규범적 요소를 기초로 비난가능성이라는 가치평가 개념(실체개념)으로 파악한다.[9] 그리하여 고의범은 법이 요구하는 규범합치적 의사결정을 하지 않았다는 규범위반적 의사결정 때문에, 과실범은 요구되는 주의의무를 침해하였다는 주의의무위반 때문에 각각 비난이 가능하다고 하고, "고의 또는 과실이 없으면 책임이 없으나, 고의 또는 과실이 있었다 하여도 적법행위에 대한 기대가능성이 없으면 책임이 조각된다"고 한다. 이에 따르면 고의와 과실은 책임의 필요조건은 되지만 충분조건은 아니므로 고의와 과실은 책임조건·책임형식이고 최종적으로 책임을 확정하는 것은 규범적 요소인 기대가능성 유무가 된다. 이러한 책임개념은 자유의사에 의하여 스스로 의사를 결정하고 달리 행위할 수 있다는 타행위가능성을 기초로 한 것이다.

---

7) Hippel, Ⅱ, 1930, S. 279f., 337; M. E. Mayer, AT(1915), S. 231f.

8) 그래서 이 책임론은 심리적 책임론에 지나지 않는다거나(Graf zu Dohna, Der Aufbau der Verbrechenslehre, 4, Aufl.(1950), S. 39f), Hipple류의 규범적 책임론이라고도 한다(성시탁, 전게논문, 137면 이하).

9) 규범적 책임론은 1907년 Frank의 논문 "책임개념의 구조에 관하여(Über den Aufbau des Schuldbegriffes)"에서 처음으로 전개되었다.

규범적 책임론의 초기에는 책임의 구성요소는 책임능력 외에 고의·과실이라는 심리적 요소와 기대가능성이라는 규범적 요소의 복합으로 파악한 복합적 책임개념이었다. 그러나 최근의 규범적 책임론은 고의의 이중적 지위를 부여하여 구성요건적 고의·과실을 인정함과 동시에 책임형식으로서의 고의·과실도 인정하고, 위법성의 인식 또는 그 인식 가능성은 책임고의(심정반가치)와 독립된 책임의 규범적 요소가 된다고 하는 합일태적 책임개념을 주장한다. 이에 의하면 책임의 구성요소는, ① (책임의 전제로서의) 책임능력, ② 책임형식(조건)으로서의 고의·과실, ③ 위법성의 인식 또는 그 인식가능성, ④ 책임조각사유로서의 기대불가능성이 된다. 이 견해가 우리나라 다수설이다.[10)]

(2) 순수 규범적 책임론

순수 규범적 책임론(rein normativer Schuldlehre)은 타행위가능성을 기초로 한 규범적 책임론을 그대로 계승하면서 단지 책임형식 중에서 심리적 사실인 고의를 책임에서 배제하고, 비난가능성이라는 가치평가를 할 수 있는 규범적 요소(위법성의 인식, 기대불가능성, 주관적 과실)만이 책임의 내용을 구성한다고 하는 견해를 말한다.[11)] 이 견해는 객체의 평가와 평가의 객체를 엄격히 구별하여, 책임은 비난가능성이라는 가치평가를 하는 객체에 대한 평가일 뿐이고 평가의 대상이 될 수 없다는 이유로 평가의 객체가 되는 심리적 사실인 고의를 배제하고 순수한 규범적 요소만으로 책임을 구성하는 철저한 규범적 책임론이다.[12)] 이 책임론에 의하면 심리적 사실인 고의는 주관적 불법요소로서 구성요건요소가 되므로 위법성의 인식 내지 그 인식가능성은 필연적으로 고의와 독립된 책임의 규범적 요소가 된다(책임설). 그리하여 책임의 구성요소는 ① 책임의 전제로서의 책임능력, ② 위법성의 인식 또는 그 인식가능성, ③ 책임조각사유로서의 기대불가능성, ④ 과실범의 경우 주관적 과실이 된다.

(3) 규범적 책임론의 평가

순수 규범적 책임론에 대해서는 고의의 이중적 지위설에서 다음과 같은 비

10) 이형국, 179면; 이재상, 294면; 김일수/서보학, 373면; 배종대, 422-424면; 박상기, 220면; 임웅, 280면; 김성천/김형준, 389면; 손동권, 266면; 오영근, 403면.

11) Welzel, S. 140; 황산덕, 187면; 이건호, 138면 이하; 성시탁, 전게논문, 140면 이하; 정성근, 359면 이하; 진계호, 382면.

12) Graf zu Dohna, Der Aufbau der Verbrechenslehre, S. 11ff., 39ff.; Welzel, S. 130f.

판이[13] 있다. ① 불법평가의 대상과 책임평가의 대상은 동일한 고의행위임에도 불구하고 책임 평가에서만 고의를 책임에서 배제하면 불법평가의 대상으로 고의를 인정하는 것과 비교하여 체계상 균형이 맞지 않게 되며, ② 고의를 책임에서 배제하면 책임의 내용이 공허하여 책임평가의 독자성이 상실된다는 것이다.

그러나 ① 고의는 행위반가치의 본질적 내용이므로 불법요소가 되지만 그 고의는 책임평가의 대상일 뿐 그 자체가 책임을 평가하는 것은 아니므로 책임요소가 되어야 할 이유가 없으며, ② 책임평가의 대상은 불법하다고 평가된 고의행위이고, 고의불법행위에 대해서 책임평가를 할 수 있으므로 이에 대한 책임평가의 독자성이 상실된다고 할 수 없고, ③ 만일 고의가 불법요소인 동시에 책임요소가 된다면 구성요건 해당성과 위법성 단계에서 확정된 고의불법행위가 책임 단계에 와서 책임고의가 부정될 때 과실범을 의제하게 되며, ④ 순수규범적 책임론에서는 심정반가치는 고의가 아니라 위법성의 인식에서 징표된다고 파악하므로 위법성의 인식이라는 심정반가치가 있는 책임이 공허해질 수 없으며, ⑤ 이중지위설의 주장과 같이 책임고의를 법질서의 요구에 반한 의사결정(법질서에 반한 심정적 태도)이라 한다면 책임고의는 위법성의 인식(법질서 요구에 반한 법적 심정)과 같은 내용이 되어 양자를 구별할 수 없다. 따라서 체계논리상 순수 규범적 책임론이 타당하다고 본다.

3. 예방적 책임개념

자유의사와 타행위가능성에 기초하고 있는 규범적 책임개념은 형벌의 전제로서 필요한 조건에 불과하고 처벌의 필요성 여부에 대해서는 아무런 근거를 제시하지 못한다고 비판하고, 형벌목적(특별예방과 일반예방 목적)에 의해서 책임내용을 보충하거나, 타행위가능성을 배제하고 적극적 일반예방 목적만으로 책임내용을 구성하여 적극적 일반예방 목적이 처벌의 여부와 정도를 결정해야 한다는 견해가 예방적 책임개념이다. 책임은 형벌목적을 기능적으로 파악할 때에 의미가 있다는 취지에서 기능적 책임론이라고도 한다. 여기에는 두 가지가 있다.

---

13) 이재상, 297면.

(1) 록신(Roxin)의 벌책성론

타행위가능성을 전제로 하는 책임은 형벌제한의 표지로 그대로 인정하면서, 이에 부가된 특별예방과 일방예방이라는 형벌목적이 처벌 여부와 그 범위(형량)를 결정한다는 견해를 벌책성(Verantwortlichkeit) 이론이라 한다.[14] 이 견해에 의하면 책임과 예방적 형벌목적간의 상호제한적 기능을 인정하고, 양자를 통합한 벌책성(책임+예방적 형벌목적)이 범죄의 세 번째 제3의 범죄성립요소가 된다.

벌책성론에 대해서는, ① 형벌은 책임을 상쇄시키는 것이므로 책임과 예방적 형벌목적은 서로 결합·조화될 수 없는 대립개념이며, 따라서 양자가 대치관계로 존재할 때에만 책임이 형벌을 제한하는 기능을 수행할 수 있으므로 양자를 통합하여 범죄요소를 인정할 수 없으며, ② 예방목적의 형벌효과는 실증적으로 증명된 바 없으므로 이 목적에 의한 처벌은 추상적 일반조항적 성격 이외의 구체적 내용과 기준을 제시할 수 없고, ③ 예방목적을 강조할 때에는 책임무능력자나 면책될 자까지도 예방적 관점에서 처벌할 수 있다는 주장도 가능하다는 비판을 받는다.

(2) 적극적 일반예방론

타행위가능성에 기초한 규범적 책임론은 인간에게 자유의사가 있다는 전제에서 출발하지만 자유의사는 증명불가능한 것이고, 이를 전제로 한 과거 지향적 책임개념도 내용 없는 형식개념에 불과하다는 이유로 이러한 책임개념을 배척한다. 그리하여 책임은 미래 지향적인 예방적 형벌목적을 추구할 때 합리성을 인정할 수 있다고 하고, 일반예방목적만이 책임의 내용을 구성한다는 이론이 적극적 일반예방론이다. 즉, 범죄억제라는 소극적 예방이 아니라 법준수자로 하여금 법에 충실하도록 훈련시키고 일반인이 규범을 신뢰하고 이를 유지시키는 적극적 일반예방 목적만이 책임의 내용이 되어야 하고, 이러한 적극적 일반예방목적을 내용으로 하는 책임이 형벌의 근거가 되며 형벌을 제한할 수 있다는 것이다.[15]

---

14) Roxin, Kriminalpolitik und Strafrechtssystem, 1973, S. 33f.; Schünemann, Die funktion des Schuldprinzips im Prävention-strafrecht, in: Grundfragen des modernen Strafrechtssystems, 1984, S. 169ff. 同旨: 김일수/서보학, 367면 이하. 다만, Rudolphi와 손동권 264면은 타행위가능성 있는 책임을 책임이념이라 하고, 예방관점의 책임개념을 결합한 기능적 책임개념을 주장한다.

그러나 이 이론에 의하면, ① 책임주의 내용이 공허해질 뿐만 아니라 형법이 형사정책 목적달성을 위한 기능적 부속물이 되어 법치국가적 보장기능을 담보할 수 없고, ② 적극적 일반예방이 법충실에의 훈련과 규범신뢰를 유지시키는 명확한 기준이 없으므로 이를 책임의 내용으로 할 때에는 책임은 입법자나 법관의 재량에 맡기게 되며, ③ 책임은 단지 적극적 일반예방의 수단에 불과하여 예방목적의 필요성이 있을 때에만 책임이 확인될 뿐이므로 책임 자체는 독자적 의미가 없는 형벌부과기구로 전락하게 되며, ④ 형법은 과거의 행위책임에 대해서 형벌을 부과하는 회고적 법률이고 예방목적은 형벌부과의 효과로 나타나는 2차적 기능이므로, 장래적 전망적 입장에서 일반예방목적을 강조할 때에는 형법은 책임형법이 아니라 보안처분법 또는 행정제재법으로 변질될 수밖에 없다는 비판을 면할 수 없다. 그리고 ⑤ 타행위가능성의 출발이 되는 자유의사는 경험적 사실이 아니므로 애당초 그 존재뿐만 아니라 부존재의 증명도 생각할 수 없다. 규범은 그 본질상 정상적 인간이면 규범합치적으로 의사를 결정하고 행위할 수 있다는 것을 전제로 존재하는 것이므로 법규범의 의사결정규범으로서의 성질을 부정하지 않는 이상 경험적으로 증명할 수 없다는 이유로 자유의사를 완전히 배제할 수 없다고 해야 한다.

제2절 책임능력

Ⅰ. 책임능력의 개념

1. 책임능력의 의의

책임을 행위자에게 귀속시키기 위한 첫 번째 요건은 행위자가 형사책임을 부담할 수 있는 책임능력이 있어야 한다. 책임능력이란 자유로운 의사를 결정

15) Jakobs, Schuld und Prävention, 1976, S. 22ff.; derselbe, 17/3; 김성돈, 책임개념의 기능화와 적극적 일반예방이론, 126면 이하; 同, 책임론의 새로운 전개(고시계, 1993), 10면, 17면 이하.

하고 행위를 통제할 수 있는 귀책능력이라고 요약할 수 있다. 형법은 책임능력에 관한 적극적 규정을 두지 않고, 소극적으로 책임능력이 없는 자와 책임능력이 미약한 자를 규정하여 전자의 행위는 벌하지 아니하고, 후자의 행위는 형을 감경하고 있다(제9조, 제10조, 제11조). 따라서 책임능력은 순수한 학문상의 개념이고 형법적인 가치개념이다. 가치개념이므로 심신상실, 심신미약, 농아 등의 개념은 의학적 · 심리적 판단에 의해서 그러한 상태가 인정되어도 책임무능력자가 되느냐 한정책임능력자가 되느냐의 여부는 규범적인 가치판단에 의해 결정된다.

2. 책임능력의 본질

(1) 유책행위능력설

도의적 책임론에 의하면 행위의 시비선악을 인식하고 이에 따라 의사를 결정할 수 있는 자에 대해서 비로소 비난을 가할 수 있으므로, 책임능력은 행위의 시비선악을 구별하고 이에 따라 의사를 결정하여 행위를 할 수 있는 능력이라 한다.[16] 이에 의하면 책임무능력자는 애당초 유책행위능력이 없으므로 책임을 인정할 수 없으며, 유책행위능력이 정상인보다 미약한 한정책임능력자는 책임을 감경한다.

또 책임의 근거는 행위자의 인격의 현실화인 생활결정 또는 인격형성과정에 있다는 인격적 책임론에 의하면 책임능력은 법질서에 합치되는 행위를 할 수 있는 능력(인격적 부책능력)이라 하므로,[17] 그 내용은 유책행위능력과 같은 의미가 된다.

(2) 형벌적응능력설

사회적 책임론에 의하면 책임의 근거는 소질과 환경에 의하여 결정된 사회적 위험성이 있는 성격에 있다고 하므로 범죄적 성격이 이미 결정된 자에 대한 유책행위능력이란 의미가 없다. 다만 사회방위를 위해 형벌을 과함으로써 과형의 목적을 달성할 필요가 있을 뿐이므로 책임능력이란 형벌을 받음으로써 사회

16) 유기천, 125면; 정영석, 169면; 남흥우, 156면; 정성근, 363면; 이형국, 184면; 이재상, 301면; 배종대, 429면; 임웅, 283면; 손동권, 268면.
17) 황산덕, 195면; 진계호, 385면.

에 적응할 수 있는 형벌적응능력(수형능력)이라 한다.[18] 이에 의하면 한정책임능력자도 수형능력이 있으므로 형을 감경한다는 것은 무의미하다.

(3) 결 어

형벌적응능력설에 의하면, ① 상습범은 형벌적응성이 없는 책임무능력자로, 과음으로 대취한 명정자(酩酊者)는 책임능력자가 되며, ② 수형능력은 형벌을 과할 때 존재하면 충분하므로 형법이 책임무능력자(14세 미만 자, 심신상실자)를 사전에 규정하고 있는 이유를 설명할 수 없으며, ③ 형벌을 과함으로써 사회방위 목적을 달성할 수 있느냐의 문제는 형벌집행 단계에서 판단해야 하므로 행위당시에 존재해야 하는 책임능력 문제와는 구별해야 한다.

책임을 비난가능성이라고 하면 시비선악을 구별하여 의사를 결정할 수 없는 자에 대해서는 비난할 수 없다. 따라서 책임능력은 유책행위능력이라 할 수 있다. 다만, 형법상의 책임은 법적 책임이므로 책임능력도 윤리적 관점에서 파악할 것이 아니라 법규범의 명령·금지에 따라 자유로운 의사를 결정하고 자기행위를 통제할 수 있는 능력이라 해야 한다.

형법 제10조 1항은 심신상실자에 대하여 이를 책임무능력자라 하였고, 동조 2항은 이러한 능력이 미약한 자를 한정책임능력자로 하고 있는 것도 이러한 취지로 이해해야 한다. 그리고 책임무능력자의 행위도 불법 평가를 받을 수 있으므로 책임능력은 행위능력과 구별해야 한다.

3. 책임론상의 지위

책임능력이 없으면 책임이 조각되므로 책임능력은 책임요소가 된다. 다만 책임능력은 책임의 전제조건인가, 다른 책임요소와 같이 비난가능성 그 자체를 구성하는 요소인가에 관해서는 견해가 대립한다.

다수설에 의하면 책임능력은 책임을 부담할 수 있는 일반적인 행위자의 인격적 적성(능력)이므로 책임의 전제가 된다고[19] 한다. 책임능력은 행위자의 의사결정 그 자체가 아니라 의사결정을 하기 위한 전제조건에 지나지 않는다는

18) 이건호, 141면.
19) 차용석, 책임능력(형사법강좌 Ⅱ), 410면 이하; 정성근, 364면; 이형국, 183면; 이재상, 300면; 임웅, 283면.

것이다. 이에 대해서 소수설은 책임능력도 다른 책임요소와 같이 비난가능성 자체를 구성하는 요소라고 한다.[20)]

책임능력이 비난가능성 그 자체의 구성요소가 된다고 하면 다른 책임요소인 기대가능성과의 한계가 불명해진다. 위법성을 인식하고 자기의 행위를 통제하지 못한 경우에 그것이 책임능력의 결여 때문인지 기대불가능성 때문인지를 구별하기 곤란하다. 또 정신장애 유무는 책임능력의 존부와 정도에 영향을 주게 되므로 책임능력 이외의 주관적·객관적 원인으로 위법성의 인식이 불가능하거나 기대불가능한 것과의 구별도 곤란하다. 그리고 책임능력은 불법 판단능력을 전제로 하고 있으므로 책임능력은 책임의 전제조건이 되는 책임요소라 함이 타당하다. 따라서 책임무능력자라는 것이 판명되면 위법성의 인식과 기대불가능성을 판단할 필요 없이 책임은 조각된다.

Ⅱ. 책임능력의 판단기준

통설과 판례[21)]에 의하면 정신장애로 인하여 사물을 변별할 능력이 없거나 그 변별에 따라 행위할 능력이 없는 경우를 책임무능력이라 한다. 형법 제10조 1항은 "심신장애로 인하여 사물을 변별할 능력이 없거나 의사를 결정할 능력이 없는 자"라고 규정하고 있는데, "의사를 결정할 능력"이란 의사를 결정해서 자기행위를 통제할 능력을 의미하므로 제10조 1항과 통설·판례의 내용은 같다고 해야 한다.

책임능력 유무를 판단하는 기준이 무엇이냐, 즉 책임무능력 또는 한정책임능력을 규정하는 방법을 어떻게 정할 것이냐에 관해서 세 가지 입법형식이 있다.

1. 생물학적 방법

정신장애나 정신적 결함과 같은 비정상적인 상태를 규정하고, 이러한 상태가

20) 박상기, 222면.
21) 대판, 1980. 5. 27, 80도656(판례월보 121), 120면. 이 판결은 심신장애로 인하여 '사물을 변별하고, 그에 따라서 자신의 의사를 결정하거나 자기의 의지를 제어할 능력'이 없는 것이라고 하고 있으나(형법 제10조 1항), 결국 본문과 그 내용은 같다고 해야 한다.

있으면 책임능력이 없다고 하는 방법이다. 이 방법은 정신의학적 · 정신병리학적 진단에 의존하므로 생물학적 방법(판단)이라 하고, 의사 · 정신의학자 등 전문가의 감정으로 그 유무가 결정된다.

그러나 이 방법에만 의존할 때는, ① 정신의학자 · 의사 등의 자의와 편견이 개재될 염려가 있고, ② 생물학적 판단을 완전히 신뢰할 만큼의 의학이 발달되었다고 하기 어렵고, ③ 생물학적 요소가 구체적 행위에 대해서 어떤 영향을 주느냐를 밝히지 못한다.

2. 심리적 방법

행위당시 시비변별능력이나 행위통제능력이 없는 심리상태가 있다고 판단되면 생물학적 영향에 관계 없이 책임능력이 없다고 규정하는 방법이다. 자유의사가 책임의 근거라는 입장에서 강조하고 있는 방법으로 책임능력 유무는 법관이 판단하게 된다.

이 방법에만 따르면, ① 행위당시 행위자의 심리상태에 영향을 미치는 생물학적 제약요인은 전혀 고려하지 아니하므로 책임능력 판단이 규범화 · 윤리화할 수 있고, ② 심리적 방법만으로 행위통제능력 유무가 확정되는 것은 아니므로 판단자의 자의가 개입하여 피고인의 법적 안정성을 해할 염려가 있다.

3. 혼합적 방법

정신장애나 정신결함과 같은 비정상적인 상태는 생물학적 방법으로 규정하고, 시비변별력이나 의사결정능력의 유무는 심리적 방법에 의하도록 규정하여 책임능력을 판단하는 방법이다. 인간은 소질과 환경의 영향을 받으면서 제한된 범위에서 자유의사를 갖는다는 점을 전제로 한다. 이에 의하면 책임능력의 유무는 의학 · 정신의학 등 전문가에 의한 생물학적 감정을 기초로 법관이 심리적 방법에 의한 검토를 통하여 법적으로 최종 확정한다. 어느 하나의 방법에 따른 결함을 보완하므로 다수의 입법례가 혼합적 방법을 채택하고 있다.

4. 형법의 태도

형법 제10조는 심신장애와 사물변별능력 또는 의사결정능력이라는 두 가지 요건을 규정하고 있으므로 전자는 생물학적 방법에, 후자는 심리적 방법에 따르고 있다. 다만, 혼합적 방법에 따른다 하여도 책임능력 유무를 최종 판단하는 자는 법관이므로 심리적 방법의 경우와 동일한 결함이 생길 수 있다. 그러므로 법관은 가능한 한 객관적·경험칙에 따른 판단을 해야 하며, 전문가의 감정을 배제할 경우에는 의심 없을 정도로 명백하고 합리적인 이유를 명시하도록 해야 한다.

Ⅲ. 책임무능력자

1. 형사미성년자

14세 되지 아니한 자의 행위는 벌하지 아니한다(제9조). 육체적·정신적으로 미성숙하기 때문에 책임무능력자로 취급한 것이다. 사람의 육체적·정신적 발육은 개인에 따라 차이가 있으므로 정신적 성숙의 정도에 이르렀는가를 개개인에 대해서 확정하기가 곤란하다. 그래서 형법은 개개인의 사실상의 능력과 관계없이 일반적·획일적으로 14세 미만자를 책임무능력자로 규정하고 있다. 즉, 형법은 만 14세를 형사책임연령으로 한다.

행위의 시비변별력과 의사결정능력을 기준으로 하면 만 14세라는 책임연령이 비교적 높은 것이라 할 수 있다. 그러나 만 14세라는 책임연령은 단지 시비변별력·의사결정능력만을 고려하여 결정한 것은 아니다. 심신발육 과정에 있는 소년의 특수한 정신상태와 성인보다 개선가능성이 크다라는 형사정책적 고려도 포함한 것이므로 만 14세가 반드시 높다고 할 수 없다.

만 14세이므로 만 14세 미만자가 14세 이상자의 정신능력을 가지고 있어도 책임무능력자이며, 반대로 만 14세 이상자가 14세 미만자의 정신능력을 가진 것만으로 책임능력이 부정되지 않는다. 만 14세인가 아닌가의 산정은 사실문제이므로 가족관계등록(호적)이 절대적 근거가 되는 것은 아니며, 증인, 감정인 등의 진술도 인정자료가 될 수 있다.

【특별규정】 소년법(2007.12.21, 법8722호)은 형사정책적인 고려에서 19세 미만자를 특별취급하고 있다. 즉, 법정형 장기 2년 이상의 유기형에 해당하는 죄를 범한 때에는 그 형의 범위 내에서 장기와 단기를 정하여 선고하되, 장기는 10년, 단기는 5년을 초과하지 못하며(소년법 제60조), 죄를 범할 당시 18세 미만인 소년에 대하여 사형 또는 무기형으로 처할 때에는 15년의 유기징역으로 한다(소년법 제59조). 또 심리의 분리(동 제57조), 구속영장의 제한(동 제55조) 외에도 형벌법령에 저촉되는 행위를 한 10세 이상 14세 미만의 미성년자, 장래 형벌법령에 저촉되는 행위를 할 우려가 있는 10세 이상의 미성년자, 죄를 범한 14세 이상의 미성년자에 대해서는 보호처분을 하도록 규정하고 있다(동법 제4조 1항, 제32조). 형사미성년자라도 담배사업법(제31조) 위반행위에 대하여 형법 제9조의 적용을 배제하는 특별규정이 있다.[22]

2. 심신상실자

심신장애로 인하여 사물을 변별할 능력이 없거나 의사를 결정할 능력이 없는 자의 행위는 벌하지 아니한다(제10조 1항). 이러한 상태에 있는 자를 심신상실자라 한다.

(1) 생물학적 요소

심신장애는 정신장애를 의미하며,[23] 그것이 심신상실의 정도에 이르면 책임무능력자가 된다. 구체적으로 어떠한 장애가 이에 해당하느냐는 학설과 판례에 위임되어 있다. 정신장애의 내용을 요약하면 다음과 같다.

1) 정신병 병적 정신장애라고 하며, 신체적·병적 질환을 거쳐 정신활동이 파괴된 정신질환이다. 이에는, ① 내인성정신병으로 정신분열증, 조울병, 간질이 있고, ② 외인성정신병으로 창상성(創傷性)뇌손상, 알콜·약품의 중독, 감염성정신질환 등이 있다. 정신병은 일시적·영속적이건, 지적 장애·정서적 장애이건 묻지 않으며, 정신장애가 심하여 심신상실 정도가 된 때 책임무능력자가 된다. 판례는 간질,[24] 정신분열증[25]에 대해서 심신상실이라 하고 있다.

2) 정신병질 선천적인 이상성격을 말하며, 충동장애,[26] 심한 신경쇠약도

22) (구)조세범처벌법(제4조), (구)관세법(제278조)에도 이러한 특별규정이 있었다. 이 중에서 현행 조세범처벌법[법률 제9919호, 2010.1.30.]은 이에 대하여 규정하고 있지 아니하나, 2013. 1.1. 시행예정인 개정 조세범처벌법은 제4조에서 이에 대한 규정을 신설하고 있다.

23) 정성근, 368면; 이형국, 186면; 이재상, 304면; 차용석, 책임능력, 426면 이하.

24) 대판, 1969. 8. 26, 69도1121.

25) 대판, 1970. 7. 28, 70도1358; 대판, 1980. 5. 27, 80도656.

이에 유사한 정신장애가 될 수 있다. 선천적인 이상상태이므로 지속적이다.

3) 의식장애 수면상태, 명정상태, 최면상태와 같이 의식이 없거나 현저하게 저하된 경우이다. 명정상태가 심신상실에 이르렀는가는 행위자의 체질과 특성을 고려하여 판단해야 하는데, 사물변별능력 또는 의사결정능력과 관련하여 판단되는 경우가 많다. 판례는 만취되어 정신이 없을 정도이면 책임무능력이라 하고 있다.[27)]

4) 정신박약 지능발달이 현저히 낮은 경우로 "정신지체"라고도 한다. 그 정도에 따라 백치(白痴, IQ 20 이하), 치우(癡愚, IQ 20~51), 노둔(魯鈍, IQ 52~67)으로 구별한다.

5) 생물학적 요소의 판단방법 심신장애가 심신상실로서 책임무능력이 되느냐는 정신의학·의학 등 전문지식에 의한 생물학적 판단이 필요하므로 법관은 전문가의 감정을 거치는 것이 보통이다. 그러나 전문가의 감정 없이 행위당시의 구체적 사정이나 공판정에서의 태도, 목격자의 증언 등을 참작하여 판단하여도 위법은 아니다.

(2) 심리적 요소

사물변별능력이나 의사결정능력이 없는 경우이다. 심신상실이 되기 위해서는 심신장애로는 부족하고, 다시 심신장애로 인하여 사물변별능력이나 의사결정능력이 없어야 한다. 사물변별능력이 없으면 의사결정능력도 없지만 사물변별능력은 있으나 의사결정능력이 없는 경우가 있다.

1) 사물변별능력 시비선악을 구별할 수 있는 능력과 합리적으로 판단할 수 있는 능력을 포함한다. 전자는 행위의 성질과 의미를 인식하고 선악을 판단할 수 있는 능력이며, 후자는 행위의 불법도 통찰할 수 있는 능력이다. 그러나 사물변별능력은 기억능력과 일치하는 것은 아니다. 이러한 능력은 심리적 요인 중에서 지적 요소에 해당한다.

【판례】 ① 행위자가 범행전후의 사정을 비교적 사리에 맞도록 기억한다고 하여 반드시 범행당시 사물을 변별할 능력을 갖추었다고 할 수 없다(대판, 1969. 10. 14, 69도1265).

② 범행의 동기와 방법 등에 관하여 소상하게 진술하고 있을 뿐만 아니라

---

26) 후술하는 Ⅳ. 1. 참조.

27) 대판, 1974. 1. 15, 73도2622; 대판, 1977. 9. 28, 77도2450; 대판, 1969. 3. 31, 69도232.

그 진술에 혼란이 있었다는 흔적을 찾아 볼 수 없어 본건 범행 당시 사물을 변별할 능력이 없거나 의사를 결정할 수 없는 심신상실상태에 있었다고는 보기 어렵다(대판, 1978. 1. 31, 77도3428).

③ 정신적 장애가 있는 자라고 하여도 범행 당시 정상적인 사물변별력이나 행위통제능력이 있었다면 심신장애로 볼 수 없다. 나아가서 정신적 장애가 정신분열증과 같은 고정적 정신질환의 경우에는 범행충동을 느끼고 범행과정에 범인의 의식상태가 정상인과 같아 보이는 경우에도 범행충동을 억제하지 못한 것이 흔히 정신질환과 연관이 있을 수 있고, 이러한 경우에는 정신질환으로 말미암아 행위통제능력이 저하된 것이어서 심신미약으로 볼 여지가 있다(대판, 1992. 8. 18, 92도1425).

2) 의사결정능력　　사물변별능력에 따라 이성적 판단을 하고 자기 행위를 통제·조종할 수 있는 능력을 의미한다. 형법은 행위의 통제능력·조종능력을 명시하지 않았으나 의사결정능력이 있으면 행위도 통제·조종할 수 있다고 보아야 한다(독일 형법 제20조는 '인식에 따라 행위할 수 있는 능력'이라 하고 있다). 심리적 요소 중에서 의지적 요소에 해당한다. 지적 요소인 사물변별능력은 있어도 의지적 요소인 의사결정능력 및 행위통제능력이 없을 수 있다. 양자 중 어느 하나가 없으면 심신상실자가 된다.

(3) 형법상의 취급

혼합적 방법에 따라 심신상실 여부를 최종 판단하는 것은 법적·규범적 판단이므로 전문가의 감정에 따르느냐는 법관의 재량에 속한다. 일단 심신상실자로 판단되면 그 행위자는 책임무능력자가 되므로 다른 책임요소를 판단할 필요 없이 책임은 조각되고 벌하지 아니한다. 책임이 조각되어 형벌이 부과될 수 없는 행위라도 보안처분의 대상은 될 수 있다. 심신장애자로서 형법 제10조 1항의 규정에 의하여 벌할 수 없는 자가 금고 이상의 형에 해당하는 죄를 범하고 재범의 위험성이 있는 때에는 치료감호에 처한다(치료감호법 제2조 1항 1호).

【판례】 형법 제10조 제1항 및 제2항 소정의 심신장애의 유무 및 정도의 판단은 법률적 판단으로서 반드시 전문감정인의 의견에 기속되어야 하는 것은 아니고, 정신분열증의 종류 및 정도, 범행의 동기 및 원인, 범행의 경위 및 수단과 태양, 범행전후의 피고인의 행동 … 등을 종합하여 법원이 독자적으로 판단할 수 있다. 따라서 원심이 피고인은 편집형 정신분열증환자로서 심신상실의 상태에 있었다는 감정인의 의견을 배척하고 제반사정을 종합하여 심신미약만을 인정한 것은 적법하다(대판, 1994. 5. 13, 94도581).

Ⅳ. 한정책임능력자

형법은 심신미약자와 농아자를 한정책임능력자로 규정하고 있다.

1. 심신미약자

심신장애로 인하여 사물을 변별할 능력이나 의사를 결정할 능력이 미약한 자의 행위는 형을 감경한다(제10조 2항). 심신장애로 인하여 사물변별능력이나 의사결정능력이 미약한 자를 심신미약자라 한다. 한정책임능력자도 책임능력자이다. 형법은 심신상실자와 마찬가지로 심신미약자에 대해서 혼합적 방법을 규정한 것이다.

(1) 생물학적 요소

심신장애가 있어야 하고 그 정도가 심신상실에 이르지 않아야 한다. 보통 중병이 아닌 정신박약자·신경쇠약자·히스테리환자·노쇠자·알콜중독자·경증의 정신병질자·경한 충동장애자인 경우가 많다. 그러나 구체적으로 심신장애 중에서 정신의학적·심리학적 지식과 형사정책적인 고려에 의하여 판단될 문제이다. 판례는 원칙적으로 충동조절장애와 같은 성격결함은 심신장애에 해당하지 않으나, 그 정도가 심각하여 정신병을 가진 사람과 동등하다고 평가할 수 있는 경우에는 형감경의 심신장애에 해당한다고 한다.

【판례】 원칙적으로는 충동조절장애와 같은 성격적 결함은 형의 감면사유인 심신장애에 해당하지 않는다고 봄이 상당하지만, 그 이상으로 사물을 변별할 수 있는 능력에 장애를 가져오는 원래의 의미의 정신병이 도벽의 원인이라거나 혹은 도벽의 원인이 충동조절장애와 같은 성격적 결함이라 할지라도 그것이 매우 심각하여 원래의 의미의 정신병을 가진 사람과 동등하다고 평가할 수 있는 경우에는 그로 인한 절도 범행은 심신장애로 인한 범행으로 보아야 한다(대판, 2002. 5. 24, 2002도1541).[28]

28) 이에 따라 생리기간 중에 심각한 충동장애에 빠져 절취한 자도 형감경의 심신장애자라 하였으나(同旨: 대판, 1995. 2. 24, 94도3163; 대판, 1999. 4. 27, 99도693 등), 소아기호증이 있다는 자체만으로는 심신장애에 해당하지 않는다(대판, 2007. 2. 8, 2006도7900)고 하였다..

(2) 심리적 요소

사물변별능력이나 의사결정능력이 미약해야 한다. 심신미약의 판단도 법적 판단이므로 법관이 한다. 이 경우 전문가의 감정은 중요한 자료가 될 수 있다.

(3) 형법상의 취급

심신미약자는 한정책임능력자로서 형을 감경한다. 심신미약자는 책임능력자보다 책임이 감경되므로 형을 감경한 것이다. 또 심신미약자는 형벌 외에 보안처분의 대상이 될 수 있다. 심신장애자로서 형법 제10조 2항의 규정에 의하여 형이 감경되는 자가 금고 이상의 형에 해당하는 죄를 범하고 재범의 위험이 있는 때에는 치료감호에 처한다(치료감호법 제2조 1항 1호). 다만, 치료감호와 형이 병과된 때에는 치료감호를 먼저 집행한다. 이 경우 치료감호의 집행기간은 형기에 산입한다(치료감호법 제18조).

특별법은 일정한 범칙행위에 대하여 형법 제10조 2항의 적용이 배제되는 경우가 있다(조세범처벌법 제4조, 관세법 제278조, 담배사업법 제31조).

2. 농아자

농아자의 행위는 형을 감경한다(제11조). 농아자란 청각기능과 발음기능 모두 장애가 있는 자를 말한다. 선천적으로 장애가 생긴 경우이건 유아시에 생긴 경우이건 묻지 않는다. 이러한 자는 정신발육이 불충분한 것이 보통이므로 형법은 특별취급하여 형을 감경하기로 한 것이다. 농아 그 자체는 신체장애의 일종이지만 농아교육이 발달된 오늘날 이로 인해 반드시 정신장애를 일으킨다고 할 수 없고, 또 정신장애가 있는 농아자는 심신장애자로 취급할 수 있으므로 농아자를 일률적으로 한정책임능력자로 특별취급하는 것은 의문이다.[29] 농아자에 대해서도 심신미약자에서와 같이 이 규정의 적용을 배제하는 특별규정이 있다.

29) 형법개정법률안은 농아자를 한정책임능력자로 한 규정을 폐지하였다.

제 3 절 원인에 있어서 자유로운 행위

Ⅰ. 서 설

1. 원인에 있어서 자유로운 행위의 의의

원인에 있어서 자유로운 행위(actio libera in causa)란 책임능력자가 자의로 자신을 심신장애의 상태(책임능력 결함상태)에 빠뜨리고 이 상태에서 범죄를 실현하는 범행형태를 말한다. 즉, 책임능력이 있는 때의 원인설정행위와 심신장애상태 하의 결과실현행위가 결합되어진 범행형태라 할 수 있다. 예컨대 살인의 의사가 있는 자가 용기를 얻기 위하여 음주대취한 후 명정상태에서 의도한 범행을 저지른 경우(고의범), 또는 자동차운전자가 자동차사고를 예견가능함에도 불구하고 과음하여 만취상태에서 운전을 하다가 사고를 낸 경우(과실범)가 여기에 해당한다. 구성요건적 결과를 실현하는 단계에서는 자신의 의사에 따라 그 범행을 자유로이 조종할 수 없으나, 책임능력 결함상태를 야기하는 원인설정 단계에서는 원인설정에 의한 범행을 스스로 의사결정할 수 있는 자유가 있었다는 의미에서 원인에 있어서 자유로운 행위 또는 원인이 자유로운 행위라 한다.

행위자가 자의로 심신장애상태를 야기하여 범행을 하였다는 점에서 행위자의 자의와 관계 없이 야기된 심신장애상태에서 범행을 하는 심신상실자(제10조 1항), 심신미약자(제10조 2항)의 행위와 구별된다. 우리 구형법은 이에 관한 명문규정을 두지 않았으나 현행형법은 원인에 있어서 자유로운 행위에 대해서 완전책임능력자의 행위로 취급(제10조 3항)하여 그 가벌성을 인정하고 있다.[30]

30) 독일 형법총칙에는 원인에 있어서 자유로운 행위에 관한 직접적인 규정이 없다. 다만 형법각칙 제323조 a에서 완전명정죄(Vollrausch)를 규정하고 있기 때문에 총론에서 원인에 있어서 자유로운 행위를 불가벌이라 하여도 제323조 a가 적용될 수 있다. 이에 관해서는 김종원, 소위 원인에 있어서 자유로운 행위에 관한 소고(한국형사법학의 새로운 지평, 오선주 교수 정년기념논문집, 2001, 83면; 손동권, 원인에 있어서 자유로운 행위에 관한 연구(한국형사법학의 새로운 지평), 101-105면 참조.

2. 형법의 기본원칙과 이론상의 문제

(1) 실행행위와 책임의 동시존재의 원칙

책임주의는 행위책임을 기초로 하므로 행위와 책임은 동시에 존재해야 한다. 즉, 실행의 착수 이후 실행행위가 종료하는 시점 사이에 책임이 존재하는 경우에 한하여 행위자에 대한 책임을 인정할 수 있다. 책임능력도 책임요소이므로 실행행위시에는 책임능력이 존재하여야 한다. 이와 같이 실행행위시에 책임이 있어야 한다는 원칙을 실행행위와 책임의 동시존재의 원칙이라 한다. 형법은 이 원칙에 따라 실행행위시에 심신상실 상태가 있으면 책임을 조각시키고(제10조 1항), 심신미약 상태가 있으면 책임감경을 인정하고 있다(제10조 2항).

이 원칙에 따르면 원인에 있어서 자유로운 행위는 구성요건적 행위를 실행하는 시점에서 책임능력이 없거나 한정책임능력밖에 없음에도 불구하고 완전한 책임능력자와 같이 취급하여 가벌성을 인정하는 이론적 근거가 무엇이냐가 문제된다.

(2) 실행행위의 정형성의 원칙

범죄의 실행행위는 해당 구성요건이 예상하고 있는 정도의 위험성이 있는 정형적 행위에 합치될 때에 그 행위의 구성요건해당성을 인정할 수 있다. 이를 실행행위의 정형성의 원칙이라 한다. 이 원칙은 금지의 실질을 규정한 구성요건의 명확성 원칙(죄형법정주의)에 기초하고 있다. 실행행위의 정형성 요구에 의하면 책임능력이 있는 때의 원인설정행위를 실행행위라고 할 수 있느냐가 문제된다.

(3) 형법의 규정과 가벌성의 근거

형법 제10조 3항은 "위험발생을 예견하고 자의로 심신장애를 야기한 자의 행위에는 전 2항의 규정(심신상실자 불가벌, 심신미약자 형감경)을 적용하지 아니한다"라고 규정하여, 원인에 있어서 자유로운 행위를 책임능력자의 행위로 취급하여 그 가벌성을 인정하고 있다. 이 규정 때문에 우리 형법의 해석에서는 원인에 있어서 자유로운 행위의 가벌성의 근거는 형법 제10조 3항으로 충분하다는 견해[31]도 있다. 그러나 가벌성 인정 여부에 대한 법적 근거문제와 이미

31) 오영근, 원인행위책임(고시계, 1996. 1.), 211면.

실정법에서 명문으로 규정한 이 행위의 가벌성을 합리적으로 설명할 수 있는 이론적 근거가 무엇이냐의 문제는 구별해야 한다.

따라서 형법 제10조 3항에서 가벌성을 예정하고 있어도 이에 대한 해석론으로서 동시존재의 원칙 및 실행행위의 정형성과 관련하여 가벌성의 이론적 근거를 설명하는 작업이 필요하다. 다만, 원인에 있어서 자유로운 행위의 가벌성 문제와 그 실행의 착수문제는 각각 범죄성립의 단계를 달리하는 것이지만 행위와 책임의 동시존재의 원칙에 관련된 문제를 검토할 때에는 자연히 실행행위도 함께 논의하게 된다.

Ⅱ. 원인에 있어서 자유로운 행위의 가벌성의 근거

1. 동시존재원칙을 유지하는 견해

간접정범의 정범성을 인정하기 위한 도구이론을 원용하여 원인에 있어서 자유로운 행위의 가벌성 근거를 설명하는 견해(도구이론원용설)로 종래의 통설이다.

(1) 도구이론원용설의 의의

범죄실현을 위하여 자의로 야기한 책임능력결함상태를 자신의 도구로 이용하는 범행형태는 생명 있는 타인의 행위를 도구로 이용하여 범죄를 실현하는 간접정범과 법적 구조가 동일하므로, 간접정범과 마찬가지로 원인에 있어서 자유로운 행위도 가벌적 행위가 된다는 견해이다.[32)]

(2) 실행의 착수시기

도구이론에 의하면 간접정범의 실행의 착수는 피이용자를 이용할 시점이므로 원인에 있어서 자유로운 행위도 책임능력이 존재하던 원인설정시가 실행의 착수가 되고, 책임능력결함상태에서의 결과실현행위는 원인설정행위의 인과과정에 지나지 않는다고 한다. 다만, 도구이론을 원용하면서도 행위동기의 연속

---

32) 정영석, 173면; 황산덕, 199면; 백남억, 178면; 남흥우, 162면; 이건호(8인 공저), 216면; 염정철, 328면; 권문택, 원인에 있어서의 자유로운 행위(고시계, 1970. 1.), 20면; 손해목, 원인에 있어서 자유로운 행위(고시계, 1969. 3.), 63면.

성이 존재하는 이상 원인설정행위가 완전히 끝나고 책임능력결함상태에 빠진 행위자가 실행행위를 향해 진행을 결정적으로 개시한 때 실행의 착수가 있다는 견해도[33] 있다.

이 견해는 책임능력 결함상태에서의 결과실현행위는 원인설정행위의 인과과정에 불과하므로 원인설정시에 책임능력이 있으면 결과야기에 대하여 책임비난이 가능하고, 동시존재의 원칙을 유지하는 것이 법치국가적 요청에 합치한다는 점을 근거로 한다.

(3) 비 판

도구이론원용설에 의하면 실행행위와 책임의 동시존재원칙을 관철할 수 있다는 장점이 있다. 그러나 ① 예비행위에 불과한 원인설정행위를 실행행위라고 하므로 실행행위의 정형성원칙에 반하여 형법의 보장적 기능을 저해할 위험이 있으며, ② 예컨대 살인의사로 음주대취한 후 의식불명이 되어 직접 살해행위로 나아가지 못한 때에도 살인미수죄를 인정해야 하므로 실제상으로도 불합리하다. ③ 책임능력결함상태에 빠진 행위자가 실행행위를 향해 진행을 결정적으로 개시한 때에 실행의 착수가 있다는 견해에 의하면, 명정상태에서 실행행위로 나아가지 못한 때에는 예비행위에 지나지 않는다고 하므로 도구이론원용설의 결함은 시정할 수 있다. 그러나 이 견해도 책임능력결함상태에 빠진 자의 행위를 기준으로 실행의 착수를 인정하므로 동시존재의 원칙을 유지하였다고 할 수 없다. ④ 도구이론원용설에 따른다 하여도 한정책임능력을 야기한 때에는 자신의 행위를 도구로 이용하였다고 할 수 없으므로 도구이론을 원인에 있어서 자유로운 행위에 적용할 수 없다. 특히 ⑤ 행위자가 책임무능력상태에 빠지는 순간부터는 더 이상 사건경과에 대한 행위지배도 상실된다고 해야 하므로 배후에서 행위지배를 하는 간접정범이론을 여기에 원용할 수 없다고 해야 한다.

2. 동시존재원칙의 예외로 보는 견해

(1) 관습·법감정을 이유로 가벌성을 인정하는 견해

1) 의 의 책임능력 있는 때의 원인설정행위 그 자체는 예비행위에 지나지

33) 김일수/서보학, 387면.

않지만 원인에 있어서 자유로운 행위를 처벌하지 않으면 법질서를 유지할 수 없으므로 관습법 내지 법감정 때문에 책임능력결함상태 하의 행위를 처벌해야 한다는[34] 견해이다. 원인에 있어서의 자유로운 행위에 대한 가벌성을 인정하는 명문규정이 없는 독일에서 포이에르바흐(Feuerbach) 이후로 당시의 관습법을 받아들여 그 가벌성을 인정하였던 견해이다.

2) 실행의 착수　책임능력이 있는 때의 원인설정행위는 예비행위에 불과하므로 책임능력결함상태 하의 실행행위를 개시한 때에 실행의 착수가 있다고 한다.

3) 비 판　가벌성에 대한 일반적 규정이 없는 독일 형법의 해석에서 명정자의 범죄행위를 처벌하기 위하여 착안한 주장으로, 연혁적으로는 타당할지 모르나 명시적으로 가벌성을 규정하고 있는 우리 형법의 해석에서는 주장자가 있을 수 없다.

(2) 반무의식상태의 실행행위가 가벌성의 근거라는 견해

1) 의 의　원인설정행위 자체는 예비행위에 불과하고, 원인설정행위인 예비단계로부터 정형적인 실행행위 단계로 돌입할 때에는 무의식상태가 아니라 의식이 있는 반무의식상태에서 행해지므로 책임능력자의 가벌행위가 된다는[35] 견해이다. 이 견해는 인간의 의식과 무의식의 한계가 획일적으로 구별되는 것이 아니라 의식 있는 단계에서 반무의식단계를 거쳐 무의식상태로 이행하는 것이므로, 행위는 반무의식상태에서 행해진다는 심리학상의 가설을 기초로 가벌성을 설명하는 데에 특색이 있다.

2) 실행의 착수　원인설정행위는 예비행위에 불과하고, 반무의식상태에서 정형적인 실행행위를 개시한 때에 실행의 착수가 있다고 한다.

3) 비 판　인간이 의식과 무의식의 중간단계인 반무의식상태에서 행위를 한다는 주장은 심리학상의 가설이다. 그것이 타당하다고 하여도 범죄를 실행하는 범행단계에서는 의식과 무의식의 중간단계인 반무의식상태를 설명하기 곤란하고, 의식이 있는 반무의식상태에서 행위를 한다고 하면 사실상 대부분의 범죄는 책임능력자의 행위가 될 것이므로 원인에 있어서 자유로운 행위는 불필

---

34) Hruschka, Der Begriff der actio libera in causa und die Begründungen ihre Strafbarkeit, JuS 1968, S. 554, 558.

35) 유기천, 138면.

요한 개념이 될 것이다.

(3) 원인설정과 실행행위의 연관성이 가벌성 근거라는 견해

1) 의 의 예비행위에 불과한 원인설정행위와 책임능력결함상태 하의 실행행위는 책임능력 있는 때의 동일한 의사결정의 내용을 실현하는 불가분의 연관 과정이므로 그 일련의 행위과정 전체에 대해서 책임비난과 가벌성을 인정할 수 있다는 견해이다. 이 견해는 실행행위시에는 책임능력결함상태에 있으나 범죄실현을 위한 최종 의사결정시에 책임능력이 있으면 행위과정 전체에 대해서 책임을 인정하여도 책임주의에 반하지 않는다는 것을 논거로 한다. 현재의 다수설이다.[36]

2) 실행의 착수 원인설정행위는 예비행위에 불과하고 책임능력결함상태 하의 정형적인 실행행위 개시시에 실행의 착수가 있다. 이에 대해서 결과실현행위가 과실행위이거나[37] 부작위인 때에는[38] 원인설정행위시에 실행의 착수를 인정하는 견해도 있다.

3. 결 어

원인에 있어서 자유로운 행위는 법을 악용하여 범행한 원인제공자를 처벌하려는 데에 그 취지가 있다. 애당초 범죄실현을 예견하였거나 예견할 수 있었음에도 불구하고 자의로 자신을 책임능력결함상태에 빠뜨린 자는 스스로 유책하게 자신의 행위통제능력을 제한한 것이므로 이 상태를 이용하여 범죄를 실행한 자에 대해서 책임비난을 할 수 있다고 해야 한다. 따라서 원인설정행위와 실행행위의 불가분적 연관성에서 가벌성의 이론적 근거를 찾는 견해가 타당하다.

문제는 원인설정행위와 실행행위 중 어느 시점에서 실행의 착수를 인정해야 하느냐에 있다. 실행행위의 정형성에 비추어 원인에 있어서 자유로운 행위에 한하여 이에 대한 예외를 인정할 이유가 없고, 음주행위와 같은 원인설정행위는 정형적인 실행행위가 될 수 없다고 해야 한다. 원인설정행위와 실행행위는

36) 진계호, 437면; 정성근, 378면; 이형국, 192면; 이재상, 316면; 손해목, 612면; 배종대, 437면; 임웅, 295면; 손동권, 278면; 안동준, 155면; 조준현, 306면; 이기헌, 원인이 자유로운 행위(고시계, 1993. 10), 39면; 이용식, 원인에 있어서 자유로운 행위(고시계, 1994. 5), 127면; 김성돈, 355면; 전지연, 원인에서 자유로운 행위(한림법학 제3권, 1993), 104면; 김성천, 271면.

37) 임웅, 298면.

38) 이재상, 317면.

동일한 범죄를 실행하는 일련의 연관과정이며, 형법 제10조 3항도 "심신장애를 야기한 자의 행위"에 대하여 가벌성을 인정하고 있으므로 실행행위는 책임능력결함상태 하의 결과 실현행위라고 해야 한다.

이러한 결론은 부작위범, 과실범에 있어서도 동일하다고 본다. 즉, 부작위범의 경우에는 책임능력결함상태에서 작위를 하지 아니함으로써 보호법익에 대한 위험을 창출하였거나 위험을 강화시킨 때에, 그리고 과실범의 경우에는 책임능력결함상태에서 객관적 주의의무위반이 있는 때에 실행의 착수가 있다. 다만, 과실범의 미수는 불가벌이므로 원인에 있어서 자유로운 과실행위에 대한 실행의 착수를 논의할 실익은 없다.

Ⅲ. 원인에 있어서 자유로운 행위의 유형

1. 원인에 있어서 자유로운 고의행위

결과발생의 고의를 가지고 의도적으로 심신장애상태를 야기하여 이 상태에서 작위 또는 부작위로 구성요건을 실현하는 것을 말한다. 즉, 원인설정행위시에 책임능력결함상태를 만들려는 의도가 있고, 이 상태에서 애당초 계획하였던 결과실현의 고의가 있는 때에 이 행위의 고의행위가 되며, 고의범이 성립한다(의도와 고의의 조합). 이 경우 결과실현에 대한 고의는 미필적 고의로 족하다. 예컨대 사람을 살해할 고의로 의식적으로 음주대취하여 명정상태에서 살해한 경우(작위범), 전철수가 기차충돌의 고의를 가지고 의식적으로 과음하여 잠들어버림으로써 기차가 충돌한 경우(부작위범)가 여기에 해당한다.

다수설은 책임능력결함상태를 야기하는 원인설정행위에 대해서도 고의가 있어야 한다고 하여 고의행위는 원인설정에 대한 고의와 구성요건실현에 대한 고의, 즉 이중고의가 필요하다고 하고 있다.[39] 그러나 구성요건적 결과실현을 지향하고 있지 않은 고의란 생각할 수 없으므로 구성요건실현과 무관계한 책임능력결함상태 야기의사를 고의라고 할 수 없다. 따라서 이 경우의 고의범은 책임능력결함상태의 야기의사(의도)와 구성요건적 결과실현에 대한 고의가 있는 경우라고 해야 한다.

39) 이재상, 316면 이하; 김일수/서보학, 385면; 박양빈, 형법사례연습, 56면; 배종대, 439면; 임웅, 296면.

이에 대해서 책임능력결함상태 자체는 과실로 야기하여도 책임능력결함상태에서 결과실현의 고의가(과실과 고의의 조합) 있으면 원인에 있어서 자유로운 고의범이 성립한다는 견해도[40] 있다. 그러나 ① 원인설정시에 책임능력결함상태에서 범행을 하겠다는 결의가 있고, 책임능력결함상태를 야기하겠다는 의사까지 있는 경우에 전후 두 행위를 같은 의사결의에 의한 불가분의 연관관계를 인정할 수 있으며, ② 동시존재원칙에 대한 예외는 제한적으로 해석해야 하므로 이 경우는 고의범으로 처벌할 수 없다고 본다.

원인에 있어서 자유로운 고의행위에 있어서는 원인설정시와 책임능력결함상태 하의 실행행위는 고의내용이 일치하여야 한다. 일치되는 고의는 구체적으로 구성요건 실현을 지향하고 있으면 족하고, 범죄 피해자가 특정되어 있을 필요는 없다. 따라서 예컨대 원인설정시에는 피해자를 특정하지 않았으나 부녀를 강간할 결심을 한 후 명정상태에서 어느 여성을 강간한 때에도 고의는 인정된다. 원인설정시에 계획하였던 고의와 책임능력결함상태 하의 행위가 일치하지 않는 때에는 구성요건적 착오가 되며, 착오론에 따라 고의의 성부를 결정해야 한다.

2. 원인에 있어서 자유로운 과실행위

구성요건적 결과실현을 의도하였거나 결과발생이 예견 가능함에도 불구하고 의도적 또는 부주의로 책임능력 결함상태를 야기하여 이 상태에서 작위 또는 부작위로[41] 범죄결과가 발생되는 것을 말한다. 즉, ① 의도적으로 책임능력결함상태를 야기한 후 이 상태에서 사전에 예견가능하였던 범죄결과를 부주의로 야기한 경우(의도와 과실의 조합)와, ② 부주의로 책임능력결함상태를 야기한 후 이 상태에서 애당초 예상하였던 범죄결과를 실현한 경우(과실과 고의의 조합)에 원인에 있어서 자유로운 과실범이 성립한다. 예컨대 상해의 고의 없이 과음하

---

40) 박상기, 230면; Maurach/Zipf, 36/57.

41) 원인에 있어서 자유로운 행위를 책임능력 결함상태에서 작위가 있는 경우에만 성립하고, 결과발생시에는 책임무능력상태가 아니라 행위무능력상태에 있다는 이유로 부작위에 의한 원인에 있어서 자유로운 행위를 부정하는 견해도 있다(이기헌, 전게논문, 36면). 그러나 자신의 보증의무를 인식하면서 의식적으로 그 의무이행을 불가능하게 만든 경우에는 작위범의 경우와 다르지 않으며, 심신장애는 한정책임능력의 상태도 포함하므로 부작위에 의한 원인에 있어서 자유로운 행위를 부정할 이유가 없다.

면 음주벽이 발동한다는 것을 알면서 과음한 결과 상해를 입힌 경우(의도와 과실조합의 작위범), 조금만 음주하면 대취하는 전철수가 분별 없이 과음하여 잠들어 버림으로써 애당초 의도한 대로 기차가 충돌한 경우(과실과 고의조합의 부작위범)가 여기에 해당한다.

이에 대해서 통설은[42] 이 이외에도 부주의로 책임능력결함상태를 야기한 후 예견가능한 범죄결과를 부주의로 실현한 때(과실과 과실의 조합)에도 원인이 있어서 자유로운 과실행위가 된다고 하고 있다. 그러나 과실과 과실이 조합된 경우는 법을 악용하여 범행한 자라 할 수 없고 일반의 과실범과 차이도 없으므로 이 경우는 일반의 과실범으로 보아야 하고 특별히 원인에 있어서 자유로운 행위라고 할 필요가 없다.

그 밖에 "자의"는 의도적인 경우를 의미한다는 이유로 의도적으로 책임능력결함상태를 야기하여 이 상태에서 애당초 예견가능한 범죄결과를 부주의로 야기한 경우(의도와 과실의 조합)에만 원인에 있어서 자유로운 과실 행위가 된다는 견해도[43] 있다. 이에 따르면 과실과 고의가 조합된 경우(②의 경우)는 일반 고의범과 같은 것이 되므로 애당초 범죄실현의 고의 있는 자가 심신상실자 또는 심신미약자가 되어 면책되거나 형을 감경해야 하는 불합리한 결과가 된다. 따라서 과실과 고의가 조합된 경우도 원인에 있어서 자유로운 과실범이 성립한다고 해야 한다. 원인에 있어서 자유로운 과실행위는 과실범이므로 과실범의 처벌규정이 있는 경우에 한하여 처벌된다.

Ⅳ. 형법 제10조 3항의 요건과 효과

형법 제10조 3항은 원인에 있어서 자유로운 행위의 요건으로서 "위험발생의 예견"과 "자의에 의한 심신장애의 야기"를 규정하고 있다.

42) 이재상, 318면; 김일수/서보학, 386면; 박양빈, 연습, 57면; 임웅, 297면 이하; 명형식, 원인에 있어서의 자유로운 행위(고시연구, 1990. 2), 40면; 이기헌, 전게논문, 34면 이하.

43) 이에 대해서 과실과 고의의 조합과, 과실과 과실의 조합에 대해서는 원인에 있어서 자유로운 행위가 아니고 의도와 과실의 조합만이 원인에 있어서 자유로운 행위라고 하는 견해(박상기, 232면; 배종대, 440면; 오영근, 424면)와 원인에 있어서 자유로운 과실행위 자체를 부정하고 이상의 경우를 모두 일반의 과실범으로 취급하는 견해(전지연, 전게논문, 109면)도 있다.

1. 위험발생의 예견

위험발생은 구성요건적 결과발생[44]에 대한 가능성을 말하며, 행위자가 예견할 수 있는 것이라야 한다. 따라서 책임능력결함상태가 되기 전부터 결과 발생을 예견하고 있는 경우(고의)는 물론, 애당초 예견하지 못했으나 예견할 수 있었던 경우(과실)도 포함한다.

"위험발생을 예견하고"라고 규정한 것을 근거로 원인에 있어서 자유로운 행위는 고의범에 한하여 인정된다는 견해도[45] 있으며, 여기서 "예견"이라는 문언을 고의 또는 과실로 해석할 수는 없고 "위험의 발생"과 관련하여 '장래의 사실을 예상하는 행위자의 적극적인 심리적 태도'로 해석하는 견해[46]도 있다. 그러나 인식있는 과실도 예견한 것이라 할 수 있고, 심신장애상태에서 과실범의 결과가 초래할지도 모른다는 예견도 가능하며, 원래 원인에 있어서 자유로운 행위는 주로 과실범을 처벌하기 위해서 인정되어 온 것이므로 예견가능성이 있는 경우를 제외할 이유가 없다.

위험발생에 대한 예견 없이 단순히 명정상태에 빠진 다음에 부주의로 구성요건을 실현한 경우, 예컨대 술에 대취하여 상해를 하거나 음주운전으로 사고를 낸 경우에는 일반의 과실범이 성립하므로 형법의 일반원리에 따라 책임능력 유무로 해결하면 족하다.

2. 자의로 심신장애의 야기

(1) 자 의

심신장애 상태는 자의로 야기한 것이라야 한다. 여기의 "자의"의 의미에 대해서 심신장애의 상태는 의도적으로 야기한 경우에 한한다는 견해와[47] 의도적인 경우뿐만 아니라 과실(부주의)로 야기한 경우도 포함한다는 견해가[48] 대립

44) 위험발생을 이렇게 엄격하게 해석하는 것이 통설적 견해이다. 그러나 최근에는 위험발생을 이렇게 엄격하게 해석하게 되면 입법자가 의도한 형사정책적 목표를 달성할 수 없으므로, 위험발생이란 원인행위에 전형적으로 수반되는 법익침해의 가능성을 의미하는 것으로 해석하는 견해(신동운, 361면; 김성돈, 356면)도 등장하였다.

45) 이정원, 237면; 오영근, 424면.

46) 김성돈, 357면.

47) 배종대, 440면; 이정원, 237면; 오영근, 421면.

48) 정성근, 382면; 이형국, 193면; 김일수/서보학, 388면; 손동권, 282면 이하; 임웅, 300면.

한다.

자의라는 말은 책임능력결함상태 야기가 타인의 강요 없이 자유로웠다는 의식상태를 의미하므로 책임능력이 있는 상태에서 스스로 야기한 것이면 자의로 야기하였다고 해야 한다. 따라서 심신장애 상태는 의식적으로 야기할 수 있을 뿐 아니라 부주의로도 야기할 수 있다. 판례도 과실로 야기한 경우까지 포함하고 있다.

【판례】 형법 제10조 3항은 … 고의에 의한 원인에 있어서 자유로운 행위만이 아니라 과실에 의한 원인에 있어서 자유로운 행위까지도 포함하는 것으로서 위험의 발생을 예견할 수 있었는데도 자의로 심신장애를 야기한 경우도 그 적용대상이 된다고 할 것이어서, 피고인이 음주운전할 의사를 가지고 음주만취한 후 운전을 결행하여 교통사고를 일으켰다면 피고인은 음주시에 교통사고를 일으킬 위험성을 예견하였는데도 자의로 심신장애를 야기한 경우에 해당하므로 위 법조항에 의하여 심신장애로 인한 감경 등을 할 수 없다(대판, 1992. 7. 28, 92도999).[49]

(2) 심신장애

심신장애의 상태는 심신상실과 심신미약의 상태를 모두 포함한다.

3. 효　과

원인에 있어서 자유로운 행위에 해당하면 그 행위는 책임능력자의 행위로 취급된다. 따라서 심신상실상태 하의 행위는 책임이 조각되지 않으며, 심신미약상태 하의 행위에 대해서도 형을 감경하지 않는다. 행위자가 심신장애상태에서 실행행위를 하는 도중에 생기게 되는 착오는 구성요건적 착오에 관한 일반원칙이 그대로 타당하다. 실행행위 도중에 책임능력이 회복되어 결과를 발생시킨 때에는 형법 제10조 3항을 적용할 필요도 없이 애당초 책임능력자의 행위가 된다.

---

49) 이 판례의 평석과 관련하여 대법원은 「행위자가 범한 도주운전죄의 '범행'까지 예견한 것이 아니라 단지 "교통사고를 일으킬 위험성"만을 예견하였음에도 심신장애를 야기한 경우에 해당한다고 함으로써 '위험발생'을 구체적인 구성요건적 결과로 해석하는 태도를 취하고 있지 않다」고 해석하는 견해도 있다. 이는 만약 위험발생을 구성요건실현 내지 구성요건적 결과에 국한시키면 음주만취된 상태에서 사고를 내고 도주한 경우 '사고후 도주운전죄'(특가법 제5조의 3 제1항 제1호)라는 구성요건적 실현에 대해 행위자의 책임을 물을 수 없기 때문이라고 한다(김성돈, 356면).

【판례】 피고인 등은 상습적으로 대마초를 흡연하는 자들이며 사건 당시에도 대마초를 흡연하여 심신이 다소 미약한 상태에 있었음은 인정할 수 있다. 그러나 피고인들은 피해자들을 살해할 의사를 가지고 범행을 공모한 후에 대마초를 흡연하고 범행에 이른 것이므로 형법 제10조 3항에 의하여 심신장애로 인한 감경을 할 수 없다(대판, 1996. 6. 11, 96도857).

제 4 절 위법성의 인식

Ⅰ. 위법성의 인식의 개념

1. 의 의

위법성의 인식(Bewußtsein der Rechtwidrigkeit)이란 자기의 행위가 법질서에 반한다는 것을 인식(불법의식)하는 것을 말하며, 위법성의 인식가능성은 주의를 기울였다면 자기행위가 법질서에 반한다는 것을 인식할 수 있었던 경우를 말한다. 불법행위(불법구성요건 실현행위)를 한 책임능력자에 대하여 책임귀속을 인정하기 위해서는 먼저 위법성의 인식이 있거나 적어도 위법성의 인식가능성이 있어야 한다. 따라서 위법성의 인식 또는 그 인식가능성은 책임의 핵심적 요소가 된다.

(1) 고의 · 과실과 구별

위법성의 인식 또는 그 인식의 가능성은 고의 · 과실과 구별해야 한다. 위법성의 인식(제16조)은 자기 행위가 법적으로 금지되어 있다는 금지 자체에 대한 인식임에 대해서, 고의(제13조)는 금지규범의 내용이 되는 범죄(구성요건)사실과 그 범죄사실의 사회적 의미를 인식하는 것이다. 즉, 위법성의 인식은 규범의식이며, 고의는 사실의 인식 · 표상이다.

또 위법성의 인식가능성은 금지 자체를 의식할 가능성임에 대해서 과실(제14조 구성요건과실, 책임과실)은 범죄(구성요건)사실에 대한 인식가능성이다. 양자 모두 인식의 가능성, 즉 주의하면 인식할 수 있는 것을 부주의로 인식하지 못했다는 점에서 같으나 그 인식의 대상이 다르다. 그래서 전자는 위법성의 과실(또는 법률의 과실), 후자는 구성요건적 과실 · 책임과실이라 하여 구별한다.

⑵ 위법성과 구별

위법성의 인식이라 할 때의 "위법성"과 범죄성립의 두 번째 요소인 "위법성"도 구별해야 한다. 범죄성립요소인 위법성은 범죄판단의 두 번째 단계인 위법성 판단에서 구성요건에 해당하는 행위가 법질서에 반한다는 부정적 가치판단(무가치판단)을 의미한다. 이에 대해서 위법성의 인식이라 할 때의 위법성은 범죄판단의 세 번째 단계인 책임 단계에 와서 행위자의 잘못된 법적 심정(법질서 요구에 반한 의사형성)에 대하여 부정적 가치판단(무가치판단)을 하기 위한 규범의식의 대상을 의미한다.

2. 위법성의 인식의 기능

위법성의 인식은 책임의 규범적 요소이고, 인식이라는 순수한 심리적 사실이 아니다. 위법성의 인식을 규범의식이라고 하는 이유는 금지규범을 인식했음에도 불구하고 규범합치적 의사결의를 하지 않고 규범위반적 행위결의를 한 행위자의 법적 심정에 대하여 부정적 가치평가를 할 수 있기 때문이며, 그 때문에 이를 특별히 책임의 규범적 요소라 한다. 즉, 위법성의 인식은 법질서에 반한다는 인식을 가짐으로써 법질서 요구에 반한 의사형성(의사결정)을 하지 않도록 반대동기를 부여하여 그 의사형성을 억제하고 규범합치적 의사형성을 가능하도록 하는 기능을 하고 있다.

이와 같이 법질서 요구에 반한 의사형성을 억제하여 규범합치적 의사형성을 해야 함에도 불구하고 규범위반적 의사형성을 한 때, 그 행위자의 법적 심정이 무가치하다는 부정적 평가를 내리게 되며, 이러한 잘못된 행위자의 법적 심정 때문에 비난가능성이라는 책임을 인정할 수 있다. 따라서 위법성의 인식은 책임평가를 하는 책임의 규범적 요소가 되며, 이에 근거하여 행위자의 잘못된 법적 심정인 심정반가치(心情反價値)가 징표된다.[50] 즉, 심정반가치는 고의가 아

50) 同旨: 박정근, 團藤重光의 인격책임의 이론(현대형사법론, 김기두 교수 화갑기념논문집, 1980), 121면; 同, 인격책임의 신이론(1986), 119면; 임웅, 275면.

니라 위법성의 인식에서 징표된다고 해야 한다.

위법성의 인식가능성은 부주의로 법질서에 반한다는 인식을 하지 못했으나 이를 인식할 수 있었고, 이에 따라 규범합치적 의사형성도 가능했음에도 불구하고 가능한 의사형성을 하지 못한 반법적 심정(심정반가치) 때문에 책임비난이 가해진다. 다만 위법성의 인식이 있는 경우보다 책임비난의 정도가 낮을 뿐이다.

3. 위법성의 인식의 내용·형태

(1) 위법성의 인식의 내용

위법성의 인식 내용이 무엇이냐에 대해서 견해가 대립한다. ① 법 이전의 조리·사회윤리에 반한다는 인식(의무위반성의 인식)이라는 견해,[51] ② 전체 법질서에 반한다는 인식이라는 견해,[52] ③ 형법 이외의 법위반 인식으로 형사책임을 인정하는 것은 부당하므로 형벌법규에 반한다는 인식(형벌 제재를 받게 된다는 인식)이라는 견해[53]가 있는데, ②설이 통설이다.

1) 도덕·윤리 책임과 법적 책임의 구별 단순한 조리와 사회윤리에 반한다는 인식 때문에 형사책임을 부담하는 것은 도덕·윤리 책임과 법적 책임을 혼동한 것이라 해야 한다. 따라서 확신범 또는 양심범은 자신의 행위가 도덕적·종교적·정치적으로 정당하다고 확신하고 있어도, 일반적 구속력을 가진 실정법질서에 반한다는 것을 인식하고 있는 이상 위법성의 인식을 가졌다고 해야 한다.[54]

2) 전체 법질서에 반한다는 인식 위법성의 인식은 규범합치적 의사형성을 하도록 동기억제기능을 하는 것이므로 이러한 기능은 반드시 형벌법규를 인식할 때에만 생기는 것은 아니다. 법규범의 가치질서는 민법, 행정법, 형법 등 규범 사이의 질적 차이를 인정하지 않으며, 국가적 강제를 받을 수 있다는 인식만

---

51) 백남억, 230면; 허일태, 법률의 부지(고시계, 1993. 10), 68면 이하; 대판, 1961. 2. 24. 형상 937; 대판, 1987. 3. 24, 86도2673.

52) 정성근, 384면; 이형국, 195면; 이재상, 319면; 김일수/서보학, 393면; 박상기, 236면; 배종대, 447면; 임웅, 301면; 오영근, 445면; 김성돈, 366면; 김성천, 277면.

53) 차용석, 위법성의 인식·위법성의 착오(Ⅰ)(고시연구, 1993. 8), 27면.

54) 이형국, 195면; 이재상, 321면; 김일수/서보학, 393면; 박상기, 236면; 배종대, 447면; 임웅, 301면; 오영근, 443면; 손동권, 286면.

으로도 동기억제와 규범합치적 의사형성은 가능하다고 해야 한다. 따라서 위법성의 인식은 민법 · 행정법 · 형법 등을 묻지 않고 전체로서의 법질서에 반한다는 인식이 있으면 족하고, 형벌법규에 반한다는 인식으로 제한할 이유가 없다.

3) 위법성인식의 분리가능성 원칙　위법성의 인식은 행위의 가벌성이나 구체적 법규정까지 반드시 인식할 필요는 없지만, 자기행위가 금지되어 있다는 금지내용은 인식하고 있어야 하므로 구성요건과 관련을 가질 것을 요한다. 그러므로 행위자의 행위가 수개의 구성요건을 충족한 때에는 그가 실현한 모든 구성요건의 실질적 불법내용에 대한 위법성의 인식이 있을 것을 요한다. 만약 그 중 일부의 불법내용에 대하여 인식하지 못하였다면 그 부분에 대한 위법성의 인식을 인정할 수 없다. 이를 위법성인식의 분리가능성 원칙이라 한다.

(2) 위법성의 인식의 형태

위법성의 인식은 위법성을 확정적으로 인식한 경우는 물론, 법에 위반할 가능성을 인용하고 있을 정도의 미필적 인식도 포함한다. 또 위법성의 인식은 반드시 현실적으로 인식하는 경우뿐만 아니라 잠재적 인식으로도 족하므로 충동범죄에 대하여도 위법성의 인식은 긍정될 수 있다.

4. 고의범 · 과실범의 규범적 요소

위법성의 인식가능성은 고의범과 과실범 모두에 공통되는 책임의 규범적 요소이다. 고의범은 객관적 구성요건요소를 인식하고 있으므로 일반적으로 위법성의 인식이 있는 경우가 많다. 위법성의 인식이 없는 경우에도 구성요건적 고의가 있는 이상 위법성의 인식 가능성은 항상 존재한다. 객관적 구성요건요소는 인식하고 있었으나 자기 행위가 법적으로 허용된다고 오신한 경우에는 위법성의 착오가 된다.

과실범은 행위자가 객관적 구성요건요소를 인식하고 이를 실현한다는 의사가 없으므로 자기 행위에 대한 위법성의 인식이 있을 수 없다. 그러나 과실범은 결과범이므로 그 결과발생에 대하여 예견가능성이 있으면 위법성의 인식가능성도 있다고 해야 한다.[55] 따라서 위법성의 인식가능성은 과실범을 유책하게 하는 책임의 규범적 요소가 된다. 다만, 과실범은 주의의무위반을 판단할 때에

55) Jescheck/Weigend, §57 I 2.

위법성의 인식가능성 유무도 동시에 확정되므로 이 단계에서 위법성의 인식가능성이 없다고 판단되면 과실책임도 부정된다.

【특별법의 규정】 특별법은 일정한 위법행위에 대하여 형법 제16조의 적용을 배제하고 있으므로 이 경우에는 위법성의 인식과 그 인식가능성이 없어도 책임이 조각되지 아니한다(구 조세범처벌법[56] 제4조, 구 관세법 제278조 제2항, 담배사업법 제31조 등).

Ⅱ. 고의와 위법성의 인식의 관계(체계상의 지위)

심리적 책임론을 극복하고 규범적 책임론으로 발전하는 과정에서 위법성의 인식 내지 그 인식가능성은 비난가능성을 구성하는 책임의 규범적 요소로 등장하였으나 그것이 고의의 요소가 되느냐에 대해서는 오랫동안 논의가 계속되어 왔다.[57] 그리하여 고의와 위법성의 인식관계에 대해 고의의 요건으로 위법성의 인식이 있어야 한다는 위법성의 인식필요설, 위법성의 인식은 고의는 물론 책임요소로서 필요하지 않다는 위법성의 인식불요설,[58] 위법성의 인식은 반드시 요하지 않으나 그 인식가능성은 고의 요건으로 필요하다는 위법성의 인식가능성설 등 다양한 견해가 등장하였다. 그러나 순수규범적 책임론이 주장되면서 위법성의 인식 내지 그 인식의 가능성은 고의와 독립된 책임요소가 된다는 책임설이 지지를 받아 오늘에는 고의설과 책임설의 대립으로 귀착하였다.

1. 고의설

고의설(Vorsatztheorie)은 주로 고의를 책임요소로 파악하는 입장에서 주장한다. 즉, 책임요소인 고의(책임고의)의 요건(내용)은 객관적 구성요건표지에 대한

---

56) 현행 조세범처벌법[법률 제9919호, 2010.1.30]은 이에 대하여 규정하고 있지 아니하나, 2013.1.1. 시행예정인 개정 조세범처벌법은 제4조에서 이에 대한 규정을 신설하고 있다.

57) 이 논의의 실천적 의의는 위법성의 인식의 지위를 어떻게 파악할 것인가에 따라 위법성의 인식이 없는 경우인 법률의 착오에 대한 법률상의 효과가 달라지는데 있다.

58) 위법성인식불요설은 위법성의 인식이 없는 때에도 고의의 성립에 영향이 없다는 점에서는 책임설과 결론을 같이 하지만, 위법성의 인식 또는 그 인식가능성이 없음에도 불구하고 비난가능성이라는 책임을 인정하는 것은 규범적 책임론의 입장에서는 타당하다고 할 수 없으므로 오늘날 소멸된 이론이다.

인식・의사뿐만 아니라 위법성의 인식 또는 그 인식가능성이나 법배반적 태도, 혹은 위법성을 인식하지 못한데 대하여 과실(법과실)이 있어야 한다는 견해를 총칭하여 고의설이라 한다. 고의설에는 엄격고의설과 제한고의설이 있다.

(1) 엄격고의설

1) 의의・내용 엄격고의설(strenge Vorsatztheorie)이란 책임요소인 고의가 성립하기 위해서는 객관적 구성요건표지인 사실의 인식(表象) 외에 위법성의 인식까지 있어야 한다는 견해를[59] 말한다. 이 견해는 위법성의 인식까지 하고 있는 경우에 고의를 인정하므로 객관적 구성요건표지에 대한 인식・의사가 있어도 위법성의 인식이 없으면 고의가 조각되고, 과실범의 처벌규정이 있는 때에 한하여 과실범의 성립이 가능할 뿐이다. 위법성의 인식이 있는 때에는 반대동기에 의하여 법질서에 반한 의사형성을 억제할 수 있으므로, 애당초 이러한 동기억제를 할 수 없는 과실의 경우보다 중한 고의책임을 인정할 수 있다는 이유로 규범적 책임론 및 도의적 책임론과 결부되어 주장된 것이다.

2) 엄격고의설에 대한 비판 엄격고의설에 대해서는 다음과 같은 이론적・형사정책적 측면에서의 비판이 가해진다.

먼저, 이론적 측면에서의 비판은, ① 위법성의 인식은 책임을 평가하는 규범적 요소이고, 객관적 구성요건표지를 인식하는 사실적 고의는 책임평가의 대상이 되는 심리적 사실이므로 평가의 대상인 고의 속에 이를 평가하는 위법성의 인식을 포함시키는 것은 모순일 뿐만 아니라, 심리적 사실과 규범적 요소라는 서로 성질이 다른 것을 함께 결합시킬 수 없다. ② 객관적 구성요건표지인 사실의 인식이 있어도 위법성의 인식이 없으면 과실범으로 취급하므로 고의와 과실은 위법성의 인식 유무에 따라 구별하게 된다. 따라서 사실의 인식이 있는 고의와 사실의 인식은 없으나 그 인식의 가능성만 있는 과실의 본질적 차이를 부정하고, 사실의 인식이 있는 과실까지 인정하여 두 가지 과실개념을 인정한다.

다음으로, 형사정책적 측면에서의 비판은, ① 엄격고의설에 의하면 위법성의 인식이 결여되거나 마비되는 경우가 대부분인 상습범, 확신범, 격정범 등의 고의를 인정할 수 없고, 이러한 범죄의 대부분은 과실범 처벌규정도 없으므로 처벌이 불가능하다. 반면에 ② 도덕・윤리의식이 강한 사람이나 법률가는 고도의

59) 백남억, 230면; 정영석, 177면; 정창운, 246면; 박문복, 218면.

위법성의 인식이 가능하다고 하여 항상 고의범으로 처벌하므로 형사정책적으로 불합리하다는 비판을 받지 않을 수 없다.

(2) 제한고의설

1) 의의·내용 　제한고의설(eingeschränkte Vorsatztheorie)은 엄격고의설의 형사정책적 결함을 시정하기 위하여 주장된 견해로 내용상으로 여러 견해가 있으나 위법성의 인식가능성설이 제한고의설을 대표한다.

위법성의 인식가능성설이란 책임요소인 고의가 성립하기 위해서는 객관적 구성요건표지인 사실의 인식과 위법성의 인식가능성만 있으면 충분하고 위법성의 인식은 반드시 요하지 않는다는 견해를[60] 말한다. 또 위법성의 인식까지 있어야 고의가 성립하지만 위법성의 인식이 없어도 법배반적 태도가 있으면 책임비난은 가능하므로 고의는 아니지만 고의에 준해서 고의범으로 처벌해야 한다는 법배반성설과,[61] 위법성을 인식하지 못한 데 대해서 과실(법과실)이 있으면 고의에 준해서 고의범으로 처벌해야 한다는 법과실준고의설[62]도 제한고의설에 속한다. 제한고의설에 의하면 위법성의 착오가 있는 경우에도 바로 고의가 조각되지 않고 위법성의 인식가능성이나 법배반적 태도 또는 법과실이 없는 때에 한하여 고의가 조각되며, 과실범 처벌규정이 있는 경우에 한하여 과실범이 성립할 뿐이다.

> 【학설의 근거】 ① 위법성의 인식가능성설은 고의의 요건으로 위법성의 인식가능성이 있으면 충분하다는 근거를 직접적인 반규범적 인격태도에 두고, 객관적 구성요건표지인 사실의 인식이 있으면 이미 행위자는 규범의식에 직면(고의의 위법경고기능)하고 있으므로 위법성의 인식가능성만 있어도 반규범적 인격태도를 인정할 수 있다고 한다.
> ② 법배반성설은 법배반적(법적대적) 태도로 위법성을 인식하지 못한 경우에도 이에 대한 회피가능성이 있으면 반규범적 태도는 인정할 수 있다고 한다.
> ③ 법률과실준고의설도 구성요건표지는 인식하고 있으므로 과실보다 중한 고의책임을 인정할 수 있다고 한다.

60) 유기천, 228면; 남흥우, 166면; 염정철, 374면.

61) Mezger, Rechtsirrtum und Rechtsblindheit, FS-Kohlrausch(1944), S. 180ff.; derselbe, Moderne Wege der Strafrechtsdogmatik(1950), S. 44. 이에 의하면 회피가능한 금지착오가 있는 경우에 법배반성이 인정되면 고의행위와 같이 처벌되고, 법배반성이 인정되지 아니하여도 위법성의 인식을 하지 못한데 대한 과실이 있으면 과실처벌규정이 있는 경우에 한하여 과실범이 성립한다(Mezger, Moderne Wege, S. 46f.).

62) 정창운, 288면.

2) 제한고의설에 대한 비판 제한고의설 중 위법성의 인식가능성설은 위법성의 인식가능성만 있어도 고의책임을 인정할 수 있으므로 후술하는 책임설과 결론이 같다. 그러나 ① 위법성의 인식가능성도 규범적 요소이므로 이것과 성질을 달리하는 심리적 사실(사실적 고의)과 함께 평가의 객체인 고의의 요건으로 파악한다는 점에서 엄격고의설에 대한 비판이 그대로 타당하다. ② 위법성의 인식가능성이 있는 경우란 주의하면 인식할 수 있는 경우, 즉 과실(법과실)이 있는 경우를 의미하므로 본질적으로 고의와 성질이 다른 과실적 요소를 고의 내용으로 파악한다는 비판을 받는다.

그리고 법배반성설은 법배반성이라는 개념 그 자체가 불명확하므로 이를 근거로 반규범적 태도와 책임을 인정하기 곤란할 뿐만 아니라 고의 아닌 것을 고의로 의제한다. 법과실준고의설도 고의 아닌 것을 고의로 취급하여 고의를 의제할 뿐만 아니라 고의범과 과실범을 구별하고 있는 형법의 취지에도 반하며, 책임구조에서 법과실만이 고의처럼 취급해야 하는 이유도 명백하지 않다.

2. 책임설

(1) 의의 · 내용

책임설(Schuldtheorie)이란 위법성의 인식 내지 그 인식가능성은 고의와 독립된 책임요소라고 하는 견해를 말한다.[63] 이에 의하면 위법성의 인식이 없는 경우에는 위법성의 착오로서 그 착오가 회피불가능한 때에는 고의가 조각되는 것이 아니라 책임만이 조각되며, 회피가능한 경우에 한하여 책임이 감경된다고 한다. 현재의 통설이다.

책임설은 고의의 체계상의 지위에 따라, ① 고의는 주관적 구성요건요소이고, 위법성의 인식은 이와 독립된 책임요소라는 견해,[64] ② 행위의사로서의 고의는 주관적 구성요건요소이고, 심정반가치로서의 고의는 책임요소(이중지위)이지만 위법성의 인식은 고의와 독립된 책임요소라는 견해,[65] 그리고 ③ 고의는 책임요소이지만 위법성의 인식은 고의와 병존하는 독립된 책임요소라는 견

63) 이건호, 79면; 황산덕, 209면; 김종원, 금지착오에 관한 연구, 27면 이하; 성시탁, 위법성의 착오와 형법 제16조(박정근 교수 화갑논문집), 349면 이하 ; 심재우, 금지착오와 위법성의 인식(고시계, 1979. 5), 12면 이하; 정성근, 389면; 진계호, 406면; 이형국, 198면; 이재상, 328면; 김일수/서보학, 392면; 배종대, 455면; 임웅, 309면.

64) 이건호, 79면; 황산덕, 209면; 김종원, 연구, 27면 이하; 정성근, 389면; 진계호, 407면.

65) 이형국, 198면; 이재상, 328면.; 김일수/서보학, 392면; 배종대, 445면; 임웅, 309면.

해[66] 등이 있다. 이와 같은 내용상의 차이는 고의의 체계적 지위를 파악하는 방법이 다르기 때문이고, 어느 입장이건 객관적 구성요건표지인 사실을 인식하고 위법행위를 하면 고의불법 또는 책임고의가 인정되며, 위법성의 착오가 있는 때에는 그 착오의 회피가능성 여부에 따라 책임조각 또는 책임감경을 한다는 점에서 동일한 책임설이다. 다만 순수규범적 책임론에서는 책임고의를 인정하지 아니하므로 ①설에 따른다.

(2) 책임설의 타당성

책임설은 구성요건적 사실의 인식 유무로 고의와 과실의 구조적 차이를 인정하고 있으며, 과실적 요소를 고의 내용으로 인정하지 아니하므로 제한고의설의 결함을 시정할 수 있다. 또 위법성의 인식 또는 그 인식의 가능성은 책임평가의 기능을 하며, 고의는 책임평가의 대상에 불과하다는 순수규범적 책임론의 입장에서는 책임설이 타당하다고 하지 않을 수 없다. 책임설은 현재의 통설이다. 다만, 책임설도 위법성조각사유의 전제사실에 대한 착오를 구성요건적 착오로 취급할 것이냐 위법성의 착오로 취급할 것이냐에 따라 제한책임설과 엄격책임설로 나누어진다.

〔전제사실의 착오와 책임설〕

1) 엄격책임설　주로 목적적 행위론에서[67] 주장되었지만 사회적 행위론에서도[68] 주장된다. 위법성조각사유의 모든 착오는 위법성의 착오(금지착오)로 파악하므로 위법성조각사유의 전제사실에 대한 착오도 위법성의 착오에 해당하고, 모든 위법성조각사유의 착오는 예외없이 책임설에 따라 해결하는 견해를 엄격책임설(strenge Schuldtheorie)이라 한다.

2) 제한책임설　위법성조각사유의 착오를 두 가지로 나누어 위법성조각사유의 존재 그 자체와 법적 허용한계에 관한 착오는 위법성의 착오이므로 책임설에 따라 해결하지만, 위법성조각사유의 전제사실에 대한 착오에 대해서는 구성요건적 착오처럼 취급하여 책임설의 적용을 제한하는 견해를 제한책임설(eingeschränkte Schuldtheorie)이라 한다. 우리나라의 다수설이며, 독일의 통설과 판례[69]가 취하고 있는 입장이다.[70]

---

66) 차용석, 전게논문, 27면; 内藤謙, 總論(下), 1006면; 平野, 刑法 Ⅱ, 263면; Baumann, S. 393, 452; Schmidhäuser, S. 389f., 411.

67) 황산덕, 146, 153, 155면; 김종원, 정당화사정의 착오에 관한 일고찰(고시연구, 1993. 8), 20면; 진계호, 236면.

68) 정성근, 402면; 西原, 總論, 422면; E. Schmidt. Bockelmann, Hartung, Heitzer 등도 이 입장이다(Vgl. Sch/Sch/Cramer, §16 Rdn. 13a).

69) BGHSt 2, 236; 3, 12; 17, 91.

70) 제한책임설은 최광의로는 소극적 구성요건표지이론, 유추적용설 및 법효과 제한책임설을 포

제 5 절 위법성의 착오

Ⅰ. 위법성 착오의 의의

위법성의 착오(Irrtum über die Rechtswidrigkeit)란 자기 행위가 법질서에 반한다는 것을 인식하지 못한 경우를 말한다. 즉, 객관적 구성요건표지는 정확하게 인식하였으나 자기행위가 위법하지 않다고 오신하고 위법행위를 한 경우이다. 보통 법적으로 허용되지 않음에도 불구하고 이를 허용된다고 오신한 경우라고 하고 있다. 위법성의 착오에는 위법하지 않는 행위를 위법한 행위라고 오신하는 위법성의 적극적 착오(반전된 위법성의 착오)와 위법한 행위를 위법하지 않다고 오신하는 위법성의 소극적 착오가 있다. 전자는 환각범(Wahnverbrechen)에 해당하는 것으로 구성요건해당성이나 위법성이 없는 것이므로 위법성의 착오로서 형법상 문제가 되는 것은 소극적 착오에 한정된다.

Ⅱ. 위법성 착오의 유형

1. 직접적 착오

자기행위에 대하여 직접적으로 적용되는 금지규범 자체를 오해하여 행위가 허용된다고 오인한 경우를 직접적 착오라 한다. 여기에는 세 가지가 있다.

(1) 법규의 부지

자기행위를 직접 금지하고 있는 법규정 자체의 존재를 인식하지 못한 경우를 법규의 부지(법률의 부지)라 한다. 법규의 부지가 위법성의 착오에 해당하느

함한 의미이며, 광의로는 유추적용설과 법효과 제한책임설만 의미하고, 협의로는 유추적용설만 의미한다. 우리나라 광의의 제한책임설: 이형국, 198면; 이재상, 334면; 손해목, 560면; 임웅, 310면; 배종대, 455면; 박상기, 252면 이하. 협의의 제한책임설: 김일수/서보학, 288면.

냐에 대해서, 판례는 일관하여 단순한 법규의 부지는 위법성의 착오에 해당하지 않는다고 하고 있다.[71] 위법성의 인식은 구체적인 법규정의 내용까지 인식할 필요가 없다. 그러나 금지규범 그 자체를 인식하지 못하고 "허용된다"고 믿었던 경우와 금지규범은 인식하였으나 자기의 경우는 "허용된다"고 오인한 경우에 차이가 있는 것도 아니며, 위법성의 착오는 위법성의 인식이 없는 모든 경우를 포함한다고 해야 하므로 법규의 부지도 위법성의 착오에 해당한다고 해석해야 한다.[72] 예컨대 형법 제163조의 규정을 알지 못하고 검시를 받지 않은 변사자를 화장한 경우가 이에 해당한다.

【판례】 ① 형법 제16조에서 "자기 행위가 법령에 의하여 죄가 되지 아니한 것으로 오인한 행위는 그 오인에 정당한 이유가 있는 때에 한하여 벌하지 아니한다."고 규정하고 있는 것은 단순한 법률의 부지를 말하는 것이 아니고 일반적으로 범죄가 되는 행위이지만 자기의 특수한 경우에는 법령에 의하여 허락된 행위로서 죄가 되지 아니한다고 그릇 인식하고 그와 같이 그릇 인식함에 정당한 이유가 있는 경우에는 벌하지 않는다는 취지이다(대판, 2003. 4. 11, 2003도451; 대판, 2005. 9. 29, 2005도4592 등).

② 단순한 법률의 부지에 불과하다고 하여 위법성의 착오를 부정한 예: ㉠ 유흥접객업소에 미성년자의 출입을 금지하고 있던 구 미성년자보호법(현행 청소년보호법)의 규정을 알지 못하여 18세 미만의 고등학생의 출입만 금지되었다고 오인하고 18세 이상이거나 대학생을 출입시킨 경우(대판, 1985. 4. 9, 85도25),[73] ㉡ 구 건축법상의 허가대상인 줄 모르고 근린시설인 건축물을 교회로 용도변경한 경우(대판, 1991. 10. 11, 91도1566), ㉢ '금융실명거래및비밀보장에관한긴급재정경제명령'상의 비밀보장의무를 동 긴급명령이 시행된 지 오래되지 않아 비밀보장의무의 내용에 관해 확립된 규정, 판례·학설, 관계기관의 유권해석·금융관행이 확립되지 않았을 때 위반한 경우(대판, 1997. 6. 27, 95도1964), ㉣ 보험회사의 지점장 등이 규정에 어긋나는 행위를 하는 것을 모르고 보험계약과 관련하여 그들로부터 금원을 수수하여 '특정경제범죄가중처벌등에관한법률'을 위반한 경우(대판, 2001. 6. 29, 99도5026) 등이 있다.

71) 손해목, 635면은 아래 판례의 견해를 따르고 있다.

72) 정성근, 391면; 이재상, 328면 이하; 이형국, 200면; 김일수/서보학, 398면; 배종대, 450면; 안동준, 160면; 임웅, 304면; 이정원, 250면.

73) 이에 반하여 음반법과 그 시행령의 규정(연소자를 18세 미만의 자로 규정하면서 출입문에 '18세 미만 출입금지'표시를 하도록 한)을 반대해석하여 18세 이상 19세 미만의 청소년을 자신의 비디오감상실에 출입시키는 것이 허용되는 것으로 착오한 청소년보호법 위반사건에 대해서는 형법 제16조의 적용을 긍정한 판례(대판, 2002. 5. 17, 2001도4077)도 있다.

(2) 효력의 착오

구속력 있는 법규정을 잘못 판단하여 그 규정은 효력이 없다고 오인한 경우를 효력의 착오(Gültigkeitsirrtum)라 한다. 예컨대, "누구든지 일출시간 전, 일몰시간 후에는 옥외집회 또는 시위를 하여서는 아니 된다"는 규정(집회및시위에관한법률 제10조)은 위헌이므로 효력이 없다고 생각하고 이에 위반한 경우가 여기에 해당한다.

(3) 포섭의 착오

금지규범의 법률해석을 잘못하여 자기 행위는 금지규범의 적용대상이 아니라고 오신한 경우를 포섭의 착오(Subsumtionsirrtum) 또는 적용의 착오라고 한다. 금지규범을 좁게 해석하여 자기 행위는 금지규범에 포섭되지 않는다고 믿었던 경우라 할 수 있다. 예컨대 이 정도의 문서는 음란문서(형법 제234조)에 해당하지 않는다고 오신하고 음란문서를 출판한 경우, 국립대학 교수에 대해서는 뇌물공여죄(제133조)가 성립하지 않는다고 믿고 뇌물을 제공한 경우가 이에 해당한다.

【판례】 피고인이 제약회사에 근무한다는 자로부터 마약이 없어 약을 제조하지 못하니 구해달라는 거짓 부탁을 받고 제약회사에서 쓰는 마약은 구해 주어도 죄가 되지 아니하는 것으로 믿고 생아편을 구해 주었다 하더라도 피고인들이 마약 취급의 허가가 없는 이상 위와 같이 믿었다 하여 이러한 행위가 법령에 의하여 죄가 되지 아니하는 것으로 오인하였거나 그 오인에 정당한 이유가 있는 경우라고 볼 수 없다(대판, 1983. 9. 13, 83도1927).

2. 간접적 착오

금지되어 있는 행위를 한다는 것은 인식하였으나 자기의 경우는 특별한 사정(위법성조각사유)이 있기 때문에 허용된다고 오인한 경우를 간접적 착오라 한다. 즉, 위법성조각사유에 관하여 착오가 생긴 경우이다. 여기에는 세 가지가 있다.

첫째, 위법성조각사유의 존재 그 자체에 대한 착오이다. 법이 인정하지 아니한 위법성조각사유가 존재한다고 오인한 경우이다. 이를 허용규범의 착오라고도 한다. 예컨대 처가 남편에게 온 편지를 뜯어보아도 허용된다고 오인하였거나, 사인(私人)이 현행범 체포를 위해 타인의 주거에 침입하는 것도 허용된다고 생각한 경우이다.

둘째, 위법성조각사유의 한계에 대한 착오이다. 행위자가 위법성조각사유의 법적 한계를 오인한 경우이다. 이를 허용한계의 착오라고도 한다. 예컨대 침해의 현재성이 없음에도 불구하고 부당한 침해이면 정당방위를 할 수 있다고 오신하였거나, 자녀 징계를 위해 장기간 골방에 감금하는 것도 허용된 징계라고 오신한 경우를 들 수 있다.

셋째, 위법성조각사유의 전제사실에 대한 착오이다. 위법성조각사유의 객관적 상황이 실제로 존재하지 아니함에도 불구하고 이를 존재한다고 오인한 경우이다. 이를 허용구성요건의 착오라고도 한다. 예컨대 밤중에 찾아온 전보집배원을 강도로 오인하고 방위의사로 상해를 입힌 경우이다.

위법성조각사유의 존재와 한계에 대한 착오는 위법성의 착오로 보는 데에 이견이 없다. 그러나 위법성조각사유의 전제사실에 대한 착오에 관해서는 구성요건적 착오와 같이 취급하는 견해와 위법성의 착오로 취급하는 견해가 대립하므로 이에 대해서는 다음 절에서 설명한다.

Ⅲ. 위법성 착오의 취급

1. 학 설

위법성의 착오가 있는 경우에 형법적으로 어떻게 취급할 것이냐는 고의와 위법성의 인식과의 관계 및 고의의 체계상의 지위를 어떻게 파악하느냐에 따라 차이가 생긴다. 이에 관해서 고의설과 책임설의 입장이 대립하는데, 이 학설들은 앞에서 설명하였으므로 여기서는 착오 취급에 대해서만 요약 설명한다.

(1) 엄격고의설

엄격고의설에 의하면 고의(책임요소로서의 고의, 책임고의)가 성립하기 위해서는 객관적 구성요건표지인 사실의 인식뿐만 아니라 위법성의 인식도 하고 있어야 한다. 이에 의하면 위법성의 인식을 하지 못하고 허용된다고 오인한 때에는 고의가 조각되고(위법성조각사유의 존재·한계의 착오도 고의가 조각된다), 다만 그 착오에 과실이 있으면 과실범의 처벌규정이 있는 경우에 한하여 과실범이 성립한다고 한다.

(2) 제한고의설

제한고의설에 의하면 고의(책임요소로서의 고의, 책임고의) 또는 고의범이 성립하기 위해서는 객관적 구성요건표지인 사실의 인식이 있고 다시 위법성의 인식은 없더라도 적어도 위법성의 인식가능성이 있거나 또는 법배반적 태도나 법과실이 있으면 족하다고 한다. 이에 의하면 위법성의 착오가 있으면 바로 고의가 조각되지 않고, 위법성의 인식가능성이나 법배반적 태도 또는 법과실이 없는 때에 한하여 고의가 조각되며, 과실범 처벌규정이 있는 경우에 한하여 과실범이 성립한다.

(3) 책임설

책임설에 의하면 위법성의 인식은 고의(사실적 고의 또는 책임고의)와 독립된 책임요소라 하므로 위법성의 인식이 없는 때에도 고의는 조각되지 않으며, 그 착오가 회피불가능한 착오이면 (고의불법행위에 대한) 책임만이 조각되고, 회피가능한 착오이면 (고의불법행위에 대한) 책임이 감경될 뿐이라고 한다.

(4) 결 어

모든 고의설의 견해는 서로 성질이 다른 심리적 사실과 규범적 요소를 결합하여 규범적 요소인 위법성의 인식 또는 그 인식의 가능성을 심리적 사실인 고의의 요소라 함으로써 객체의 평가(규범적 요소)와 평가의 객체(심리적 사실인 고의)를 혼동하고 있다. 특히 엄격고의설은 위법성의 인식이 곤란한 상습범, 확신범, 격정범 등을 고의범으로 처벌할 수 없거나 가중처벌하는 이유를 설명할 수 없고, 제한고의설은 위법성의 인식가능성 또는 법과실이라는 과실적 요소를 고의의 요건으로 하거나 법배반적 태도를 고의의 요건이라 하여 고의 아닌 것을 고의로 의제하여 고의범으로 처벌하므로 타당하지 않다. 따라서 위법성의 착오는 이론적 일관성을 유지하고 있는 책임설에 따라 해결해야 한다.

2. 판례의 태도

우리 판례는 위법성의 인식이 고의의 요소인지 명백하지 않은 것도 있으나,[74] 위법성의 인식을 범죄 성립요건이라 하고 법률의 착오가 있으면 고의를 조각한다[75]고 하므로 엄격고의설의 입장이라 할 수 있다. 다만 판례 중에는 "자기 행위가 법령에 의하여 죄가 되지 아니하는 것으로 오인하였더라도 범의가 없다고 할 수 없다"고 하여 책임설의 취지에 가까운 판시도[76] 있다.

독일은 1952년 3월 18일의 연방법원 판결에서[77] 책임은 비난가능성이므로 책임비난의 내적 근거로서 위법성의 인식이 필요하고, 이 인식이 없으면 책임은 조각하지만 행위자가 그 불인식을 회피할 수 있었을 경우(위법성의 인식가능성이 있는 경우)에는 책임은 조각되지 않으며, 회피가능성의 정도에 따라 책임이 감경될 뿐이라고 하여 책임설을 확립하였다. 현재에도 책임설이 유지되고 있으며, 독일 형법 제17조는 책임설을 입법적으로 채택하고 있다.

3. 형법 제16조와 책임설

(1) 형법의 규정

형법 제13조는 "죄의 성립요소인 사실을 인식하지 못한 행위는 벌하지 아니한다"라고 하고, 형법 제16조는 "자기의 행위가 법령에 의하여 죄가 되지 아니하는 것으로 오인한 행위는 그 오인에 정당한 이유가 있는 때에 한하여 벌하지 아니한다"라고 규정하고 있다. 형법 제13조는 고의, 형법 제16조는 위법성의 인식과 그 착오에 관한 규정이다. 이 규정에서 보면 고의와 위법성의 착오는 명백하게 구별하여 규정되어 있으나, 고의의 내용·요소로서 위법성의 인식 또는 그 인식의 가능성이 필요한가의 문제는 전적으로 학설에 위임되어 있다.

이 규정에 대한 해석은 고의설이나 책임설 어느 쪽에서도 가능하다. 그러나 고의에 대하여 "죄의 성립요소인 사실"을 인식하는 것이라 하고 있고, 죄의 성립요소인 사실은 객관적 구성요건요소를 말하므로 고의의 요건·내용으로 위법성의 인식이나 그 인식가능성은 예정하고 있지 않다고 해석해야 한다. 또 위법성의 착오에 관해서도 "정당한 이유가 있는 때에 한하여 벌하지 아니한다"고 하였을 뿐 그 착오가 고의를 조각한다는 의미로 해석하여야 할 이유는 없다. 오히려 고의와 관계없이 책임이 조각되어 벌하지 아니한다고 해석하는 것

74) 대판, 1987. 3. 24, 86도2673.
75) 대판, 1970. 9. 22, 70도1206; 대판, 1974. 11. 22, 74도2676.
76) 대판, 1987. 4. 14, 87도160.
77) BGHSt 2, 194.

이 타당하다. 따라서 형법 제16조는 책임설에 의해서 해석해야 한다.

⑵ 형법 제16조의 해석

1) 법령에 의하여 죄가 되지 아니하는 것으로 오인 "법령에 의해 죄"가 되지 아니하는 것으로 오인한다는 것은 자기행위가 위법하지 아니한 것으로 오인하는 것, 즉 위법성의 인식이 없는 경우로서 위법성의 착오가 있는 것을 말한다.

2) 정당한 이유 "정당한 이유가 있는 때"란 행위자가 위법성을 인식하지 못한데 대해서 상당한 이유가 있는 때, 즉 착오를 회피할 수 없는 때라는 의미로서 위법성의 인식가능성조차도 없는 경우라고 해야 한다. 그 착오가 회피가능한 경우, 즉 위법성의 인식가능성이 있는 경우에는 책임이 조각될 수 없고 위법성의 인식이 있는 경우보다 비난가능성이 감소하여 책임이 감경된다.

(a) 회피가능성 회피가능성(Vermeidbarkeit)은 과실에 있어서의 주의의무(예견가능성과 결과회피의무)의 판단기준과 같다고 할 수 있다.[78] 독일 연방법원은 착오를 회피하기 위해 자신의 양심을 긴장시킬 것을 요구하고(양심긴장의무), 양심긴장의 정도는 행위상황과 행위자의 생활 및 직업, 행위자 개인적인 지적능력 등을 총동원하여 양심적인 숙고를 해야 한다고[79] 하고 있다. 이러한 판단에는 도덕적 판단은 물론 일반적인 생활규범에 대한 보통인으로서의 판단도 포함하는 지적 인식을 기준으로 해야 한다.

(b) 문의·조사의무 회피 가능성 유무판단에 있어서는 그 착오의 내용이 직업상 특별영역에 속하거나 행위의 정당화 여부에 의심이 있으면 법률전문가나 관계기관에 문의하고 조사해야 할 의무가 있다(문의의무, 조사의무). 다만 이러한 의문을 문의하고 조사할 의무는 과실범의 주의의무 정도로 족하다고 해야 한다. 만일 성실한 문의·조사까지 요구한다면 위법성의 착오에 빠질 자가 거의 없고, 대부분 고의범으로 처벌되기 때문이다. 다만 이러한 의무는 자신의 주의능력을 기준으로 해야 하므로 과실범의 주의의무 판단과 정도의 차이는 있을 수 있다.[80] 이러한 조회 없이 자신의 직업과 관련된 일반적인 생활규범을 몰랐

78) 정성근, 396면; 이재상, 336면; 배종대, 456면; 대판, 1983. 2. 22, 81도2763; Jeschek/Weigend, §41 Ⅱ. 2. b; Rudolphi SK, §17 Rdn. 32. 과실범의 주의의무보다 엄격한 기준을 요구하는 견해는 김일수/서보학, 402면; 임웅, 312면; Sch/Sch/Cramer, §17 Rdn. 16; Maurach/Zipf, 38/34; Eser, S. 149.

79) BGHSt 2, 201.

다고 해서 회피불가능한 착오가 되는 것은 아니다. 그러나 변호사 · 전문가 · 담당공무원 · 직무상 상사의 판단이나 하급심 상호간의 모순된 판례를 신뢰한 경우에는 회피불가능한 경우라 해야 한다.[81] 이에 대해서 대법원의 판례가 사후적으로 변경된 경우 행위시의 판례를 신뢰한 당해 행위자에 한해 사후 변경판례의 소급효금지원칙이 적용된다고 본다(판례소급변경금지).

【정당한 이유를 인정한 판례】 ① 서울특별시 공문, 식품제조허가지침 등의 공문의 취지상 사람들이 물에 씻어 오거나 볶아온 쌀 등을 빻아서 미싯가루를 제조하는 행위에는 별도의 허가를 얻을 필요가 없다고 믿고서 미싯가루 제조 행위를 한 경우(대판, 1983. 2. 22, 81도2763).

② 이전에 검찰의 "혐의없음" 결정을 믿고서 가감삼십전대보초와 한약 가지 수에만 차이가 있는 십전대보초를 한의사 · 약사 · 한약업자 면허나 의약품 판매업 허가가 없이 판매한 경우(대판, 1995. 8. 25, 95도717).

③ 허가를 담당하는 공무원이 허가를 요하지 않는 것으로 잘못 알려 주어 이를 믿었기 때문에 행정청의 허가를 받지 않고 처벌대상 행위를 한 경우(대판, 1995. 7. 11, 94도1814 등).

④ 중대장의 당번병이 중대장과 함께 외출 나간 그 처로부터 마중을 나오라는 연락을 받고 당연히 해야 할 일로 생각하고 관사를 이탈한 경우(대판, 1986. 10. 28, 86도1406).

【정당한 이유를 불인정한 판례】 ① 당국에 신고하지 않고 사체를 매장한 경우(대판, 1979. 8. 28, 79도1671).

② 변호사 등에게 문의하여 자문을 받았다는 사정(그 자문내용이 구체적이고 상세한 것으로서 신뢰할만 하다고 볼 수 있는 등의 자료가 없는 경우)은 존재하나, 압류물을 집달관의 승인 없이 임의로 그 관할구역 밖으로 옮긴 경우(대판, 1992. 5. 26, 91도894).[82]

③ 도의회의원 선거에 출마하려는 농협조합장이 의례적인 행위로 합법이라고 판단하고 조합자금으로 노인대학을 운영하면서 관광을 제공하고 그 행사를 주관한 경우(대판, 1996. 5. 10, 96도620).

④ 관할 환경청이 피고회사에 대해 무허가 폐기물운송업자로부터 장비를 임차하여 폐기물을 스스로 운반하는 것에 대해 허가했을 뿐임에도 불구하고 피고회사가 그 무허가업자에게 전적으로 위탁하여 폐기물을 수집 · 운반하는 것까지 적법한 것으로 믿은 경우(대판, 1998. 6. 23, 97도1189).

---

80) Kühl, 13/61.

81) 정성근, 396면; 이형국, 202면; 이재상, 342면 이하; 임웅, 313면 이하.

82) 이와 유사한 상표법위반사건에서 전문가인 변리사로부터 자문과 감정을 받아 타인의 등록상표와 유사한 상표를 사용한 경우(대판, 1995. 7. 28, 95도702), 체신부장관의 회신내용에 의거해서 허가 없이 유선비디오 방송설비를 설치한 경우(대판, 1989. 2. 14, 87도1860)에 위법성의 착오에 정당한 이유가 없다고 판시하였다. 이러한 판례에 대해 일반국민의 예측가능성에 지장을 주고 있다는 비판은 임웅, 318면 이하.

⑤ 부동산중개업자가 부동산중개업협회의 자문을 통하여 인원수의 제한없이 중개보조원을 채용하는 것이 허용되는 것으로 믿고서 제한인원을 초과하여 중개보조원을 채용한 경우(대판, 2000. 8. 18, 2000도2943).

⑥ 공무원이 그 직무에 관하여 실시한 봉인 등의 표시를 손상 또는 은닉 기타의 방법으로 그 효용을 해함에 있어서 그 봉인 등의 표시가 법률상의 효력이 없다고 믿은 경우(대판, 2000. 4. 21, 99도5563).

⑦ 레스토랑 주인이 레스토랑에서는 청소년을 고용해도 괜찮은 줄 알았고 시청위생과에 문의해도 레스토랑은 청소년을 고용해도 괜찮다는 대답을 듣고 19세 미만의 청소년을 종업원으로 고용한 경우(대판, 2004. 2. 12, 2003도6282).

⑧ 부동산중개업자가 아파트 분양권의 매매를 중개하면서 중개수수료 산정에 관한 지방자치단체의 조례를 잘못 해석하여 법에서 허용하는 금액을 초과한 중개수수료를 수수한 경우(대판, 2005. 5. 27, 2004도62).

3) 벌하지 아니한다 위법성의 착오는 고의조각과 관계 없이 책임만 조각되어 처벌하지 아니한다는 의미로 해석해야 한다. 그러나 정당한 이유가 없는 경우, 즉 회피가능한 경우에는 행위자는 고의 불법행위에 대해서 책임을 부담하여야 하나 형량에서 감경된다. 이 경우의 감경은 현행법상 작량감경(제53조)이 될 것이다.

제6절 위법성조각사유의 전제사실에 대한 착오

Ⅰ. 전제사실에 대한 착오의 개념

1. 전제사실에 대한 착오의 의의

위법성조각사유의 객관적 전제사실(객관적 상황)이 실제로 존재하지 아니함에도 불구하고 이를 존재한다고 오인하고 위법성조각사유에 해당하는 행위로 나아간 경우를 위법성조각사유의 전제사실에 대한 착오(이하 전제사실에 대한 착오라 한다) 또는 정당화사정의 착오라 한다(독일에서는 허용구성요건의 착오라 한다). 이러한 착오는 그 전제 사실이 실제로 존재하였다면 위법성조각사유에 해당하여 정당화되었을 것이므로 정당화 사정의 적극적 착오에 해당한다(정당화 사정의 소극적 착오는 우연적 방위, 우연적 피난 등이다).

【예】 ① 밤중에 찾아 온 전보집배원을 강도로 오인하고 정당방위 의사로 상해를 입힌 경우(오상방위), ② 임신부의 생명에 위험이 있다고 경솔하게 오진한 의사가 낙태수술을 한 경우(오상피난), ③ 격심한 전쟁터에서 밤중에 가까이 오는 아군이나 민간인을 적군으로 오인하고 사살한 경우(오상정당행위), ④ 일시적으로 해외여행을 떠나는 채무자가 채무면탈을 위해 도주하는 것으로 오인하고 폭력으로 채무자의 가방을 빼앗은 경우(오상자구행위), ⑤ 허위투고의 내용을 진실한 사실로 오인한 신문기자가 그 내용을 신문에 게재한 경우(진실성의 착오)가 이 착오에 해당한다.

2. 전제사실에 대한 착오의 특성

전제사실에 대한 착오의 경우는 행위자가 객관적 구성요건표지를 인식하고 행위한 것이므로 구성요건적 고의는 있다. 다만, 위법성조각사유의 요건 중에서 객관적 전제상황이 존재한다고 오인하여, 위법성조각사유에 해당하는 허용된 행위를 한다고 생각하고 행위로 나아간 것이므로 전제사실과 위법성의 인식에 대하여 이중의 착오가 있는 경우라 할 수 있다. 따라서 전제사실이라는 사실면의 착오라는 점에서 구성요건적 착오와 유사하지만, 구성요건적 고의가 있고 착오사실이 객관적 구성요건표지인 사실이 아니라 위법성조각사유의 요건인 사실이라는 점에서 구성요건적 착오와 구별된다.

또 전제사실에 대한 착오는 구성요건적 고의가 있고 위법성의 인식이 없다는 점에서 위법성의 착오와 같다. 그러나 위법성조각사유의 객관적 전제사실을 오인하여 다시 허용되는 행위를 한다고 믿었던 이중의 착오가 있는 것이므로, 전제사실을 정확하게 인식하면서 허용된다고 착오한 위법성의 착오(위법성조각사유의 존재와 한계의 착오)와 일치하지 않는다. 여기에 이 착오를 어떤 착오로 취급할 것이냐가 문제되는데, 궁극적으로는 착오자의 고의를 조각시킬 수 있느냐에 귀착한다.

Ⅱ. 전제사실에 대한 착오의 취급[83)]

1. 구성요건적 착오로 취급하는 견해

전제사실에 대한 착오에 대하여 고의를 조각시키고 과실범의 처벌규정이 있는 경우에 한하여 과실범으로 처벌하는 견해로 다음과 같은 견해들이 있다.

(1) 고의설의 입장

1) 고의설의 내용　고의설은 책임요소인 고의의 요건으로 객관적 구성요건표지인 사실의 인식뿐만 아니라 위법성의 인식 또는 위법성의 인식가능성이나 법배반적 태도가 필요하다고 한다. 이 입장에서는 형법상의 착오는 사실에 관련된 착오이건 평가에 관련된 착오이건 모두 착오가 있으면 고의가 조각된다고 하므로, 전제사실에 대한 착오도 사실에 관련된 착오(사실의 착오)이므로 고의가 조각되고 과실범 처벌규정이 있는 때에 한하여 과실범이 성립할 뿐이라고[84)] 한다.

2) 고의설의 문제점　① 전제사실을 착오한 자도 구성요건표지는 인식하고 행위한 것이므로 그 인식의 가능성만 있는 과실과 다름에도 불구하고, 전제사실에 대한 착오에 한하여 객관적 구성요건요소를 인식하고 있는 과실을 인정하여 두 가지 과실 개념을 인정하고 있으며, ② 전제사실은 행위의 위법성을 조각시키는 요건에 해당하는 사실임에도 불구하고, 이를 객관적 구성요건표지인 사실과 동일시하는 것은 개념의 혼동이라 해야 하며, ③ 이에 의하면 주관적으로 법질서 수호의사가 있고 객관적으로 법질서 수호행위로 나아간 과잉방위는 고의범으로 처벌하는 데 반하여, 주관적으로 법질서를 수호할 의도가 있으나 객관적으로 법질서 수호행위가 될 수 없는 오상방위(전제사실 착오)에 대해서는 과실범 처벌규정이 있는 예외적 경우에만 과실범으로 처벌하는 것은 현저하게 형평을 잃은 처벌이 되어 법감정에 반한다고 해야 한다.

---

83) 전제사실의 착오의 특색, 학설분류 · 접근방법, 학설의 근거 · 내용, 검토에 관한 상세한 연구는, 정성근, 위법성조각사유의 전제사실에 대한 착오(성시탁 교수 회갑기념논문집, 1993), 381-412면; 同, 오상방위론(성균관 법학 제7호, 1996), 1-27면 참조.

84) 정영석, 142면; 남흥우, 134면.

(2) 소극적 구성요건표지이론

1) 소극적 구성요건표지이론의 내용 위법성조각사유는 구성요건해당성을 부정하는 소극적 구성요건요소가 된다고 하므로 구성요건적 고의가 성립하기 위해서는 객관적 구성요건요소를 인식할 뿐만 아니라 위법성조각사유가 존재하지 아니한다는 것까지 인식해야 한다(소위 불법고의). 전제사실을 착오한 자는 법질서를 수호한다(위법성조각사유에 해당한다)고 생각한 것이므로 애당초 고의가 성립할 수 없고 구성요건단계에서 고의범의 성립이 부정되어 과실범의 처벌 규정을 전제로 과실범이 성립될 뿐이다(제13조에 의하여 과실범의 성부만 검토한다).[85)]

2) 소극적 구성요건표지이론의 문제점 이 이론에 따르면 법질서 수호의사가 있는 과잉방위도 과실범이 되므로 오상방위를 과실범으로 처벌하여도 양자의 처벌은 불합리하지 않다. 그러나 ① 위법성조각사유의 부존재까지 인식해야 하는 고의(불법고의)개념은 책임설에 의하여 이미 극복된 악의 내지 사악한 고의개념(고의설의 고의개념과 같다)을 인정하고 있을 뿐만 아니라 고의는 존재하지 않는 것을 인식하는 것이 아니라 존재하는 구성요건 표지를 인식하는 것이므로 부존재는 고의의 인식대상이 될 수 없으며, ② 전제사실을 착오한 자는 과실범 처벌규정이 있는 경우에만 과실범으로 처벌하므로 과실범 처벌규정이 없는 대부분의 경우에 처벌의 필요가 있는 자에 대해서까지 처벌의 유루(공백)현상이 생기며, ③ 전제사실을 착오한 자는 고의가 없으므로 착오자의 행위가 미수에 그쳐도 미수범으로 처벌할 수가 없고, 전제사실을 착오한 자에 가담한 공범도 처벌할 수 없다.

(3) 유추적용설

1) 유추적용설의 내용 전제사실에 대한 착오는 구성요건적 착오는 아니지만 구성요건적 착오 규정을 유추적용하여 과실범 처벌규정이 있는 경우에 과실범으로 처벌해야 한다는 견해로 두 가지가 있다.

(a) 행위반가치 탈락설 전제사실을 착오한 자는 고의불법(행위반가치)이 탈락하고 과실불법을 인정하여 과실범으로 처벌한다는 견해이다. 즉 전제사실을 착오한 자도 구성요건적 고의는 있으므로 구성요건적 착오는 아니지만 법질

85) 심재우, 구성요건착오, 61면; 이정원, 255면; 문채규, 위법성조각사유의 객관적 전제사실에 관한 착오(고시연구, 2001. 6), 119면.

서에 충실하려는 의도가 있으므로 행위반가치가 탈락하여 고의불법이 부정되고 과실범 불법밖에 인정할 수 없으며, 불법구성요건의 불법을 유형화하는 표지와 위법성조각사유의 표지는 모두 행위의 위법성 여부를 판단함에 있어서 질적인 차이가 없으므로 행위반가치가 탈락하면 구성요건적 착오규정을 유추적용하여 고의범의 불법구성요건 해당성을 부정하고, 그 착오가 회피가능한 경우에 한하여 과실불법을 인정하여 과실범이 성립된다는[86] 것이다.

(b) 불법고의 탈락설　소극적 구성요건표지이론의 불법고의 개념을 수용하여 행위의사인 구성요건적 고의와 별도로 고의범 처벌에 필요한 불법고의라는 두 개의 고의개념을 인정하여, 구성요건표지와 위법성조각사유의 부존재까지 인식해야 하는 불법고의가 있는 때에 고의범으로 처벌할 수 있다고 한다. 그리하여 전제사실을 착오한 자는 구성요건적 고의는 있으나 불법고의가 탈락하여 고의범으로 처벌할 수 없고, 전제사실은 사실이라는 점에서 구성요건요소인 사실과 유사하므로 구성요건적 착오규정을 유추적용하여 과실범 처벌규정이 있는 경우에 한하여 과실범으로 처벌해야 한다는 것이다.[87]

2) 유추적용설의 문제점　① 불법구성요건의 불법표지와 위법성조각사유의 표지를 동일시하는 이론구성은 소극적 구성요건표지이론에서만 가능한 것이므로 소극적 구성요건표지이론을 부정하는 입장에서는 양자를 동일시해야 할 이론적 근거가 없으며, ② 고의범과 과실범은 이미 구성요건 단계에서 구별되어 있으므로 전제사실을 착오한 자에게 구성요건고의를 인정하여 고의범의 구성요건해당성을 인정한 다음에는 불법고의가 탈락한다고 하여도 다시 과실범의 구성요건해당성을 인정할 수 없으므로 이 견해는 과실범을 의제한다고 해야 한다. ③ 구성요건적 고의와 구별되는 불법고의는 소극적 구성요건표지이론의 불법고의개념을 수용한 것으로, 전제사실의 착오가 있는 경우에 한하여 특별히 불법고의를 강조하여 두 가지 고의개념을 인정해야 할 이유가 없으며, ④ 불법고의 개념은 책임설에 의해서 이미 극복된 사악한 심정을 고의로 파악하고 있을 뿐만 아니라 존재하지 않는(부존재한) 사실은 고의의 인식대상이 될 수 없다고 해야 한다. 그리고 ⑤ 구성요건적 착오규정을 유추적용하여 과실범을 인정

86) Sch/Sch/Cramer, §16 Rdn. 14; Eser, (Ⅰ), S. 158; Stratenwerth, 10/159.
87) 김일수/서보학, 288면 이하; 장영민, 위법성조각사유의 착오와 책임설(고시계, 1992. 7), 153면 이하; 하태훈, 오상방위(고시계, 1994. 11), 96면; Kühl, 13/73.

하면 착오자의 미수행위와 여기에 가담한 공범을 처벌할 수 없고, 과실범 처벌규정이 없는 대부분의 경우에 처벌의 유루현상이 생기게 된다.

3) 반론에 대한 평가 처벌의 유루현상이 생긴다는 비판에 대해서 착오자에게 가담한 자는 간접정범으로 처벌할 수 있고, 그 외의 유루현상은 처벌할 형사정책적 필요성이 없는 경우이므로 처벌의 유루현상은 오히려 당연하다는 반론을 제기하고 있다.

그러나 ① 행위지배가 없는 간접정범은 존재할 수 없으므로 이 착오자에 가담한 자가 항상 간접정범이 된다고 할 수 없고, 과실범을 교사·방조하면 간접정범이 되지만 전제사실 착오자는 애당초 과실범이 아니라 착오규정 유추적용에 의해서 사후적으로 과실범을 인정한 것이므로 가담자의 간접정범은 성립할 수 없다. ② 구성요건적 고의는 위법경고기능을 하므로 이러한 고의가 있는 전제사실의 착오자와 구성요건사실에 대한 인식가능성만 있고 애당초 위법경고기능조차 불가능한 과실은 불법과 책임에서 차이가 있으므로 이러한 착오자를 과실범과 동일하게 취급할 수 없고, ③ 형사정책적 예방목적은 양형에서 고려될 수는 있으나 구체적인 처벌기준으로 작용할 수 없으므로 형사정책 예방목적이 불법과 책임을 결정하는 만능의 척도가 될 수도 없다.

(4) 법효과제한책임설

1) 법효과제한책임설의 내용 전제사실을 착오한 자도 구성요건적 고의를 가지고 행위하였으므로 행위반가치가 있는 고의불법은 인정되지만 법질서에 합치되는 심정으로 행위한 것이므로 심정반가치인 책임고의와 고의형벌이 탈락하여 법효과에서 구성요건적 착오가 있는 것과 같이 과실범을 인정하여 과실형벌을 과해야 한다는 견해이다(독자적 착오설).[88] 이 견해는 고의의 이중지위를 인정하는 입장에서 전제사실을 착오한 자의 행위도 고의범의 구성요건해당성과 고의불법, 위법성은 인정하지만 법질서에 충실하려는 심정 때문에 책임단계에 와서 책임고의가 탈락한다는 이유로 과실범을 인정하는 데에 특색이 있다. 우리나라 다수설이다.

88) 이형국, 126면; 이재상, 334면; 박상기, 251면; 배종대, 454면; 손해목, 561면; 임웅, 324면; 오영근, 법률의 착오(고시계, 1994. 11), 85면; 강동범, 위법성조각사유의 전제 사실의 착오(고시계, 1997. 3), 83면; 정진연, 위법성조각사유의 객관적 전제사실에 대한 착오(김종원 교수 화갑기념논문집, 1991), 292면; 장영민, 위법성조각사유의 착오(고시계, 1984. 2), 167면 이하; 정영일, 317면.

2) 법효과제한책임설의 문제점 ① 고의범과 과실범은 구성요건단계에서 이미 구별되어 있으므로 고의범의 구성요건해당성과 고의불법, 위법성까지 인정된 자에 대해서 책임단계에 와서 과실범을 인정하는 것은 체계모순일 뿐만 아니라 과실범 아닌 것을 과실범으로 의제하는 것이며, ② 고의벌은 고의행위를 전제로 하며, 과실벌은 과실행위를 전제로 하므로 고의불법을 행한 자에게 과실형벌을 과하는 것은 죄형법정주의와 조화될 수 없을 뿐만 아니라 과실형벌을 과할 수 있다고 하여도 이로써 과실범이 의제되는 이유는 설명할 수 없고, ③ 이 착오자를 과실범으로 취급하면 대부분의 경우에 처벌의 유루현상이 생기게 되며, ④ 주관적으로 법질서 수호의사가 있고, 객관적으로도 법질서 수호행위로 나아간 과잉방위에 대해서는 고의범으로 처벌하는 데 반하여 주관적으로만 법질서 수호의사가 있고 객관적으로 법질서 수호행위가 될 수 없는 오상방위(전제사실 착오)에 대해서는 예외적으로 과실범을 인정하므로 양자의 취급은 현저히 형평에 어긋나고 법감정에 반한다.

2. 위법성의 착오로 취급하는 견해

전제사실을 착오한 자도 객관적 구성요건표지는 인식하고 있으므로 고의는 조각되지 않으나 정당화사유에 해당하는 행위를 한다고 생각하고 행위한 것이므로 위법성의 착오(법률의 착오)로 취급해야 한다는 견해이다. 여기에는 두 가지 대표적 견해가 있다.

(1) 법과실준고의설의 입장

고의(책임고의)의 요소로서 위법성의 인식이 필요하다는 고의설의 입장에서, 전제사실을 착오한 자도 객관적 구성요건표지에 대한 사실의 인식은 있으나 위법성의 인식이 없는 것이므로 법률의 착오에 해당하고, 그 착오에 과실(법과실)이 있으면 고의는 아니지만 고의에 준해서 고의범으로 처벌해야 한다는[89] 견해이다. 이 견해는 책임단계에 와서 위법성의 인식이 없는 법률의 착오로 취급하므로 전제사실의 착오자에 대해서 구성요건해당성과 위법성은 인정하고 있다는 데에 특색이 있다.

그러나 고의설에 대한 비판은 차치하더라도 전제사실을 착오한 자를 고의에

89) 정창운, 288면.

준해서 고의범으로 의제하고 있으므로 타당하다고 할 수 없으며, 현재 우리나라 주장자도 없다.

(2) 엄격책임설

1) 엄격책임설의 내용 책임고의라는 개념을 부정하는 책임설의 입장에서 전제사실에 대한 착오에 대해서 고의범의 구성요건해당성과 위법성을 인정한 후에 책임단계에 와서 위법성의 착오로 취급하여 책임설에 따라 책임조각 또는 책임감경이 된다는 견해이다. 즉, 전제사실을 착오한 자도 구성요건적 고의와 행위반가치가 있으므로 고의범의 구성요건에 해당하는 불법행위가 되지만 전제사실을 오인함으로써 위법성의 인식(법질서에 반한 심정)이 없으므로 위법성의 착오에 해당하고, 그 착오가 회피불가능한 때에는 책임이 조각되어 불가벌이 되며, 회피가능한 때에 한하여 책임을 감경하여 감경된 고의책임을 인정한다.[90)]

엄격책임설은 구성요건고의와 고의불법이 있는 위법행위에 대해서 고의조각을 인정하지 아니하고 책임조각 또는 책임감경만 하므로 과실범이나 고의범을 의제하지 않고 체계상 일관된 이론을 유지할 수 있고, 착오자에게 가담한 공범과 착오자의 미수범도 처벌할 수 있으며, 과잉방위와 오상방위에 대해서도 형평에 맞게 고의범으로 처벌할 수 있다는 장점이 있다.

2) 엄격책임설에 대한 비판론 엄격책임설에 대해서는, ① 심정반가치인 책임고의가 탈락하여 고의의 위법경고기능이 마비되어 있는 착오자에게 고의범을 인정하고, 법질서에 충실하려는 심정은 과실책임과 동일함에도 불구하고 고의범을 인정하는 것은 법감정에 반하며, ② 전제사실도 사실에 관한 것이므로 그 착오는 구성요건착오와 유사함에도 불구하고 이를 평가에 관련된 위법성의 착오로 취급하는 것은 부당하다는 비판이 있다.

3) 엄격책임설의 타당성 엄격책임설에 대한 위의 비판은 다음과 같은 이유로 타당하다고 할 수 없고, 논리일관된 엄격책임설이 타당하다고 해야 한다.

첫째, 구성요건고의로 행위한 자는 범죄사실을 인식·인용함으로써 행위의

---

90) 황산덕, 290면; 이건호, 79면; 김종원, 금지착오(형사법강좌 Ⅱ), 512면; 진계호, 295면; 정성근, 402면; 김성돈, 382면; 오영근, 451면 이하. 또 이 착오에 관한 자세한 학설의 내용, 근거 및 그 검토는 정성근, 위법성조각사유의 전제사실에 대한 착오(성시탁 교수 화갑기념논문집, 1993), 381-412면 참조.

위법 여부를 환기·자극하고 있으므로 고의의 위법경고기능은 책임단계에 와서 작용하는 것이 아니라 체계순서상 구성요건적 고의에서 작용하는 것이고, 위법판단 이후의 위법경고기능은 무의미하다고 해야 한다. 따라서 구성요건 고의가 있는 자의 위법경고기능이 마비되었다고 할 수 없으며, 위법경고기능이 작용하고 있는 전제사실의 착오자와 애당초 그것이 전혀 없는 과실은 불법과 책임에서 차이가 있을 수밖에 없으므로 양자를 동일하게 취급하여 과실범 책임을 인정할 수 없다.

둘째, 고의불법은 과실불법과 일치할 수 없으므로 고의불법이 인정된 착오자에 대해서 과실책임 내지 과실범을 인정할 수 없다. 과실범은 처벌규정이 있는 경우에 한하여 예외적으로 인정하는 취지에 비추어 고의불법이 있는 위법행위에 대해서 심정반가치가 탈락한다는 이유만으로 해석에 의해서 과실범을 의제할 수 없다고 해야 한다. 엄격책임설은 전제사실을 착오한 자 모두를 고의범으로 처벌하는 것이 아니라 그 착오를 회피불가능한 경우에는 불가벌로 하며, 회피가능한 경우에도 감경하여 처벌하므로 반드시 법감정에 반한다고 할 수 없다. 법감정론으로 말한다면 법질서에 합치되는 의도는 있었지만 객관적으로 법질서수호가 될 수 없는 오상방위에 대해서는 과실범 처벌규정이 있는 예외적인 경우에 한하여 과실범으로 처벌하면서, 주관적으로나 객관적으로 모두 법질서수호를 하는 과잉방위에 대해서는 고의범으로 처벌하는 그 자체가 형평성과 법감정에 반한다고 해야 한다.

셋째, 전제사실의 착오도 사실에 관련된 착오임에는 틀림없으나 그 사실은 행위를 정당화시키는 위법성조각사유의 요건인 사실이므로 이것과 구성요건표지인 사실을 동일시하는 것은 개념의 혼동이라 해야 한다.

제7절 기대가능성

Ⅰ. 기대가능성의 의의

기대가능성(Zumutbarkeit)이란 행위시의 구체적 사정에 비추어 규범의 요구에 따라 적법행위로 나아갈 것을 기대할 수 있는 경우를 말하고, 행위시의 특수사정으로 "적법행위를 기대할 수 없는 경우에는 행위자를 비난할 수 없고 책임이 조각된다는 이론"을 기대가능성의 이론이라 한다.

이 이론은 규범의 요구에 따라 규범합치적 의사형성을 하여 불법행위를 피하여야 하고, 또 피할 수 있었음에도(타행행위가능성이 있음에도) 불구하고 불법행위를 한 행위자에 대해서 가해지는 비난가능성을 책임이라고 이해하는 규범적 책임론의 핵심적 요소로 이해되고 있다.

19세기 중엽 이후의 심리적 책임론은 책임을 범죄사실에 대한 인식(고의) 또는 인식의 가능성(과실)이라는 심리상태로 이해하였으나, 부주의라는 규범적 요소를 본질로 하는 과실과 심리적 사실인 고의는 서로 성질이 다르므로 책임의 두 종류로 이해할 수 없다는 비판을 받게 되자 고의의 요건으로 의무위반성의 인식이라는 규범적 요소를 부가하여 과실과 함께 책임의 종류로 이해하고 책임을 비난가능성으로 파악하는 수정된 심리적 책임론이 주장되었다. 그러나 책임을 비난가능성이라는 평가개념으로 파악한다면 진정한 규범적 책임요소는 의무위반성의 인식(후에 위법성의 인식으로 변경됨) 외에도 심리적 사실(고의·과실)을 평가할 수 있는 규범적 요소를 구비할 필요가 있었다. 여기에 고의와 과실에 공통되는 규범적 요소로서 기대가능성이론을 인정하는 규범적 책임론이 확립된 것이다.

Ⅱ. 기대가능성이론의 발전

기대가능성이론의 단서가 되는 것은 19세기 말의 라이넨팽어 사건(Leinenfänger Fall)에 관한 독일 제국법원의 판결에서[91] 찾아 볼 수 있으나, 이를 이론적으로 체계화한 것은 프랑크(Frank)이다. 프랑크는 라이넨팽어 사건의 판결을 검토한 후 책임의 실체를 비난가능성이라 한다면, 행위자가 정상적인 사정 하에서 적법행위를 할 수 있었음에도 불구하고 이를 하지 아니한 경우, 그 부수사정의 정상성도 책임능력, 고의 · 과실과 병존하는 책임요소로 인정하여야 한다고 하였다.[92] 그 후 기대가능성이론은 골트슈미트(Goldschmidt), 프로이덴탈(Freudenthal)을 거쳐 슈미트(Eb. Schmidt)에 의하여 초법규적 책임조각사유를 인정하는 이론으로 완성되었다.

> 슈미트는 법규범의 기능을 평가규범과 결정규범으로 구별하고, 평가규범은 행위자가 누구인가를 묻지 않고 일반적으로 타당하나 결정규범은 그 명령에 따라 의사결정을 하여야 할 자가 그 요구에 반하여 위법행위를 결의한 데에 대한 책임판단의 문제라 하고, 기대가능성은 법률규정이 없어도 고의 · 과실의 개념적 요소로서 초법규적 책임조각사유라고 하였다.[93]

기대가능성이론이 생성 · 발전되던 당시에는 범죄인의 개인적 사정에 편중하여 국가의 법질서 유지기능을 경시한다거나, 형사사법의 운영을 약화시킨다거나, 혹은 형법해석의 한계를 초월한 자유법론으로서 확신범에 대한 처벌을 불가능하게 한다는 비판이 강하였다. 특히 나치 시대에는 개인주의적 · 자유주의적 사고라 하여 격렬한 비난의 대상[94]이 되기도 하였다. 그럼에도 기대가능성이론은 규범적 책임론의 핵심요소로 발전되어 왔고, 우리나라와 일본에서도 통설[95]로 지지되어 현재에는 기대불가능성을 초법규적 책임조각사유로 이해하는

91) RGSt 30, 25. 이 사건은 피고용인인 마부가 꼬리를 고삐에 감는 습성이 있는 말을 마차에서 사용하는 것은 위험하므로 고용주에게 다른 말로 교체해 줄 것을 수차 요구했으나 고용주는 이를 거절하고 그 말을 그대로 사용할 것을 명령하였기에 할 수 없이 피고용인으로서 그 명령에 순응하지 않을 수 없었는데, 어느 날 그 말이 마부가 조종하는 고삐에 꼬리를 휘감아 마차를 조종할 수 없게 되고 그 결과 통행인에게 상해를 입힌 사건이다. 독일 제국법원은 피고인이 수차 악습 있는 말의 교체를 요구하였으나 거부당한 사실과, 피고인이 만일 그 말의 사용을 거절하면 해고당하여 생계의 위협을 받게 된다는 사실 등을 고려하여 피고인에게 그 말을 사용하지 아니할 것을 기대할 수 없다는 이유로 무죄를 선고한 원심을 지지하였다(1897. 3. 23. 판결).

92) Frank, Über den Aufbau des Schuldbegriffs, 1907.

93) Liszt/Schmidt, Lehrbuch, S. 208ff.

94) Schaffstein, Die Nichtzumutbarkeit als allgemeiner übergesetzlicher Schuldausschlessungsgrund, 1933.

95) 남흥우, 151면; 정영석, 205면; 이건호(8인 공저), 271면; 권문택, 기대가능성, 112면; 정성근, 406면; 이형국, 204면; 이재상, 345면 이하; 진계호, 422면; 임웅, 326면; 김성천/김형준, 438

것이 일반적이며 판례의 태도이다.

【판례】 ① 입학시험에 응시한 수험생으로서, 자기 자신이 부정한 방법으로 탐지한 것이 아니고 우연한 기회에 미리 출제될 시험문제를 알게 되어 그에 대한 답을 암기하였을 경우, 그 암기한 답에 해당된 문제가 출제되었다 하여도 위와 같은 경위로서 암기한 답을 그 입학시험 답안지에 기재하여서는 아니된다는 것을 그 일반 수험자에게 기대한다는 것은 보통의 경우 도저히 불가능하다 할 것이다(대판, 1966. 3. 22, 65도1164).

② 동해방면에서 명태잡이를 하다가 기관고장과 풍랑으로 표류 중 북한괴뢰집단의 함정에 납치되어 북괴지역으로 납북된 후 북괴를 찬양, 고무 또는 이에 동조하고 우리나라로 송환됨에 있어 여러 가지 지령을 받아 수락한 소위는 살기 위한 부득이한 행위로서 기대가능성이 없다고 할 것이다(대판, 1967. 10. 4, 67도1115).

Ⅲ. 기대가능성의 책임론상 체계적 지위

기대가능성이라는 책임요소가 다른 책임요소인 고의·과실·책임능력·위법성의 인식과의 관계를 어떻게 파악할 것이냐에 대해서 견해가 대립한다.

1. 고의·과실과의 관계

(1) 고의·과실의 구성요소설

기대가능성은 책임의 심리적 요소인 고의·과실의 구성요소로 파악하여 기대가능성이 없으면 고의·과실이 부정되어 책임도 조각된다는[96] 견해이다. 기대가능성이라는 규범적 요소를 심리적 사실인 고의·과실의 개념적 요소로 인정함으로써 책임의 실체를 기대가능성에 의하여 통일적으로 파악하는 데에 특색이 있다.

그러나 고의는 순수한 심리적 사실로서 내부적·정신적 현상임에 반하여, 기

면. 이에 대해서 기대가능성은 책임조각사유가 아니라 개별적인 형법규정의 범위와 한계를 제한하는 기능(주의의무와 작위의무의 범위를 한계 짓는 규제원리)만 있다는 견해는 김일수/서보학, 409면; 배종대, 466면 이하; 박상기, 255면; 안동준, 167면; 이정원, 265면; 조준현, 328면.

96) Freudenthal, Schuld und Vorwurf im geltenden Strafrecht, 1922, S. 10ff.; Liszt/Schmidt, Lehrbuch, S. 212ff.; 瀧川(幸), 序說, 108면 이하; 小野, 總論, 150면; 團藤, 綱要, 300면.

대가능성은 이러한 심리적 사실에 영향을 주는 외부적 사정에 의해서 객관적인 가치평가를 하는 규범적 요소이므로 양자는 성질을 달리한다. 이와 같이 성질이 다른 기대가능성을 고의의 요소로 인정하면 평가의 객체(고의) 속에 객체의 평가(기대가능성)를 포함시키는 모순이 생기므로 타당하지 않다.

(2) 독립된 책임요소설

기대가능성은 책임능력, 고의 · 과실과 함께 병존하는 독립된 책임요소라는 견해이다.97) 책임을 비난가능성이라 한다면 비난가능성의 본질적 요소는 기대가능성이므로 이는 책임판단의 독자적 요소가 되어야 한다는 것이다.

그러나 ① 기대가능성"이론"은 적법행위를 기대할 수 없는 경우에 책임을 조각시킨다는 이론이고, 기대가능성 있는 경우에 적극적으로 책임을 긍정하기 위한 이론이 아니며, ② 정상적인 사정에서는 항상 기대가능성이 있으므로 구체적 책임평가에서는 적법행위를 기대불가능한 특수사정이 있느냐가 문제될 뿐이다. 따라서 기대가능성은 책임요소이지만 적극적으로 책임을 긍정하는 독립된 초법규적 책임요소는 아니라고 해야 한다.

(3) 소극적 책임요소설

기대가능성이 없는 경우에 책임이 조각된다는 견해이다. 즉, 기대가능성은 책임요소이지만 적극적으로 책임을 긍정하기 위한 요소로 기능하는 것이 아니라 기대가능성이 없는 경우에 소극적으로 책임을 조각시키는 기능을 한다는 데에 특색이 있다. 우리나라의 통설이다.98)

(4) 결 어

규범은 규범 수명자가 규범을 준수할 수 있다는 전제에서 그 준수를 요구하고 있으므로 책임평가에서는 규범준수가 불가능한 사정이 있느냐가 문제될 뿐이다. 그리고 "초법규적" 책임요소인 기대가능성은 적극적으로 책임을 긍정하는 요소로 작용할 수 없다. 정상적인 사정에서는 항상 기대가능성이 있다고 해

97) Frank, a.a.O., S. 12; Goldschmidt, Notstand, ein Schuldproblem, 1913, S. 13f.; Stratenwerth, AT, 7/27; 심재우, 규범적 책임론과 기대가능성(고시연구, 1979. 9), 24면; 이형국, 204면; 진계호, 419면; 임웅, 328면; 손동권, 305면; 오영근, 430면.

98) 정영석, 205면; 이건호(8인 공저), 270면; 권문택, 기대가능성(형법문제연구), 111면; 염정철, 381면; 황산덕, 213면, 217면; 정성근, 406면; 이재상, 346면; 손해목, 664면; 김성돈, 387면; 안동준, 166면; 정영일, 319면.

야 하므로 기대가능성이 없는 경우에 책임이 조각된다는 소극적 책임요소설이 타당하며, 기대가능성의 "이론"에도 부합한다고 해야 한다.

2. 책임능력 · 위법성의 인식과의 관계

(1) 책임능력과의 관계

기대가능성은 원래 책임능력, 고의 · 과실 이외의 제3의 책임요소로 인정된 것이고, 그 후 고의 · 과실의 구성요소라는 주장도 나왔으나 어느 입장이건 책임능력과 별개의 책임요소라는 데 거의 일치하고 있다.

이에 대해서 형사미성년자와 심신상실자는 애당초 기대가능성이 없기 때문에 벌하지 않는다고 하여 기대가능성이 책임능력을 제한한다는 의미로 파악하는 견해도[99] 있다. 심신장애자는 정상인보다 적법행위의 기대가능성이 감소하고 있다는 점은 부인할 수 없다. 그러나 책임능력은 행위자의 내부적 사정을 기초로 생물학적 방법과 심리적 방법에 의하여 판단하는 것임에 대해서, 기대가능성은 책임능력 있는 자에 대해서 행위당시의 객관적 외부사정을 기초로 규범준수불가능 여부를 판단하는 것이므로 양자는 엄격하게 구별해야 한다.

(2) 위법성의 인식과의 관계

위법성의 인식과 기대가능성은 모두 책임의 규범적 요소이지만, 전자는 규범의식임에 대해서 후자는 객관적 외부적 사정에 의한 평가이므로 양자는 구별된다. 다만, 특수사정으로 위법성의 인식 자체를 기대불가능하거나 규범합치적 의사형성이 불가능한 경우도 있으므로 기대가능성 이론은 위법성의 인식에도 작용할 수 있다[100]고 본다.

Ⅳ. 기대가능성의 판단기준

1. 행위자표준설

행위당시 행위자의 개인적 능력을 기준으로 적법행위에 대한 기대가능성 여

99) 정영석, 208면.
100) 권문택, 기대가능성, 109면 이하, 113면.

부를 판단하는 견해이다.[101] 행위자가 불가능한 것에 대해서는 책임비난을 할 수 없으므로 행위자의 개인적인 능력과 사정을 기초로 기대가능성 유무를 판단하는 것이 기대가능성 이론 본래의 취지에 합치된다는 점을 근거로 한다.

이에 대해서는, ① 사람은 누구나 구체적인 행위를 함에 있어 행위 외적인 사정에 의하여 필연적으로 영향을 받게 되므로 만일 행위자표준설에 따르면 그러한 사정 하에서는 적법행위를 기대할 수 없었다고 주장하여 사실상 거의 대부분 책임비난이 불가능하게 되며, ② 확신범은 항상 기대가능성이 없으므로 대부분 책임이 조각되어 처벌할 수 없게 된다.

2. 평균인표준설

사회일반의 평균인이 행위자의 입장에 있었다면 적법행위의 기대가능성이 있었는가의 여부에 따라 판단하는[102] 견해이다. 규범은 사회일반인이 준수할 수 있다는 것을 예상하고 그 준수를 요구하고 있으며, "초법규적" 책임조각사유인 기대불가능성의 확대를 제한하기 위해서는 평균인을 기준으로 해야 한다는 데에 근거를 둔다.

이에 대해서는, ① 평균인이란 관념 그 자체가 불명확하므로 이를 전제로 한 기대가능성 유무 판단도 모호해질 것이고, ② 행위자에 대한 책임비난에 대해서 행위자 아닌 평균인을 그 판단기준으로 사용하는 것은 타당하지 않으며, ③ 사회 평균인은 기대가능하다고 하여도 행위자 본인은 불가능한 경우도 있으므로 이런 경우에 책임을 부담시키는 것은 부당하다는 비판이 있다.

3. 국가표준설

적법행위를 기대하고 있는 국가가 법질서 내지 현실을 지배하는 국가이념에 따라 기대가능성 유무를 판단해야 한다는[103] 견해이다. 이에 의하면 기대가능성

---

101) 백남억, 186면; 정창운, 270면; 심재우, 규범적 책임론과 기대가능성, 30면; 이형국, 206면; 진계호, 420면; 배종대, 477면(기대불가능상황은 이미 형법 제12조 등에 구체화되어 있으므로 학설대립의 실익이 없다고 한다).

102) Goldschmidt, Eb. Schmidt 등이 주장하였고 우리나라 다수설이다. 유기천, 214면; 정영석, 206면; 황산덕, 216면; 이재상, 350면; 권문택, 기대가능성, 112면; 정성근, 409면; 손해목, 654면; 임웅, 331면; 김일수/서보학, 411면; 김성돈, 391면; 오영근, 432면.

103) 佐伯, 總論, 290면; 平場, 講義, 113면.

판단은 행위자에 대한 개별적 판단이 아니라 법질서와 법률에 의한 일반적 판단이 되며, 법과 국가이념의 요구에 따라 기대가능성 표준도 달라진다.

이에 대해서는, ① 국가는 항상 국민에게 법질서 준수를 기대하고 있으므로 기대불가능성으로 책임이 조각되는 경우는 거의 없을 것이고, 따라서 기대가능성이론의 기본사상과 조화될 수 없으며, ② 어떠한 경우에 기대가능성을 인정할 수 있느냐에 대해서 법질서가 기대하고 있는 경우에 기대가능성이 있다는 순환론법에 빠져 있으며, 우리나라 주장자도 없다.

4. 학설의 평가

적법행위를 기대하고 있는 자는 국가이므로 국가는 일반인이면 적법행위를 할 수 있었느냐에 따라 판단해야 하고, 형법규범은 사회일반인이 준수할 수 있는 규범위반에 대해서 가벌성을 인정하고 있으므로 평균인표준설이 타당하다고 본다.

평균인이라는 개념은 보통의 사회일반인이라는 사회적 유형개념이므로 반드시 불명확한 개념이라 할 수 없고, 평균인표준설에서도 기대가능성판단의 기준은 객관적인 일반인에 두지만 그 판단의 대상은 행위자이므로 판단의 개별성도 배제하지 않는다. 특히 "초법규적" 책임조각사유의 범위를 한정하고 그 확대를 제한한다는 의미에서도 평균인표준설에 따라야 한다고 본다. 판례도 평균인표준설에 따라 양심적 병역거부자는 양심의 결정에 반하는 적법행위를 기대할 가능성이 있다고 판시하고 있다.

【판례】 양심적 병역거부자에게 그의 양심상의 결정에 반한 행위를 기대할 가능성이 있는지 여부를 판단하기 위해서는, 행위 당시의 구체적 상황하에 행위자 대신에 사회적 평균인을 두고 이 평균인의 관점에서 그 기대가능성 유무를 판단하여야 할 것인 바, 양심적 병역거부자의 양심상의 결정이 적법행위로 나아갈 동기의 형성을 강하게 압박할 것이라고 보이기는 하지만 그렇다고 하여 그가 적법행위로 나아가는 것이 실제로 전혀 불가능하다고 할 수는 없다고 할 것인 바, 법규범은 개인으로 하여금 자기의 양심의 실현이 헌법에 합치하는 법률에 반하는 매우 드문 경우에는 뒤로 물러나야 한다는 것을 원칙적으로 요구하기 때문이다(대판 전원합의체, 2004. 7. 15, 2004도2965).

V. 기대가능성의 적용범위

1. 적용범위

기대가능성은 고의범 · 과실범 모두에 적용되는 공통적인 규범적 요소인가에 대해서 논의가 있다.

(1) 과실범

기대가능성이론은 원래 과실범의 책임조각사유로 인정된 것이고 현재의 통설도 이를 인정한다. 기대불가능성은 책임조각사유가 아니라 규제원리에 불과하다는 입장에서도 기대가능성 유무는 과실범의 주의의무 여부를 제한하는 기능을 한다고 하므로 과실범에 대해서 기대가능성이 적용된다는 점에 있어서는 견해가 일치한다.

(2) 고의범

프로이덴탈, 슈미트 이후로 기대불가능성은 고의범에 대해서도 초법규적 책임조각사유가 된다는 것이 일반적으로 지지를 받아 왔고, 현재 우리나라의 통설이다. 이에 대해서 고의범에 대해서는 제한적으로 적용해야 한다는 견해도 있다.

제한적 적용설은 실정법에 규정이 있는 경우와 부득이한 예외적 경우에만 초법규적 책임사유로서 인정한다.[104] 모든 고의범에 대해서 제한없이 초법규적 책임조각사유를 인정하면, ① 책임은 사람에 따라 상대적으로 인정하게 되어 시민에게 부과된 의무이행을 감소시키게 되며, ② 형법의 일반예방작용을 약화시키고 법 적용상의 불균형을 가져온다는 것을 이유로 한다. 그러나 기대불가능한 사정 모두를 실정법에 규정한다는 것은 입법기술상 불가능할 뿐만 아니라 적법행위의 기대가능성 여부가 고의행위 과실행위에 따라 달라질 수 없으므로 이를 구별하여 취급할 이유가 없다고[105] 본다.

초법규적 책임조각사유의 적용제한은 기대불가능성 판단요건을 엄격히 한정함으로써 가능하다.[106] 즉, ① 기대불가능의 원인이 되는 특수사정을 객관적

104) 황산덕, 216면; 이형국, 207면 이하는 부득이한 경우에 제한적으로 인정해야 한다고 한다.
105) 남흥우, 151면; 정영석, 205면; 이건호(8인 공저), 271면; 권문택, 기대가능성, 112면; 정성근, 410면; 이재상, 348면; 임웅, 332면.

으로 확정할 수 있어야 하고, ② 사회일반의 평균인이 행위자의 입장에 있었더라도 달리 행위할 수 없다는 것을 경험칙으로 증명할 수 있어야 하며, ③ 행위자가 그러한 특수사정과 달리 피할 방법이 없다는 것을 인식하고, ④ 최후수단으로 행한 것인 때에 한하여 책임조각사유를 인정해야 한다.

2. 규제원리

(1) 규제원리의 내용

기대불가능성은 초법규적 책임조각사유가 아니라 개별적인 형벌규정의 적용범위와 한계를 명백히 해 주는 규제원리(regulativen Prinzips) 또는 보정원리에 지나지 않고, 특히 부작위범과 과실범의 구성요건해당성 내지 불법의 내용을 규제하는 기능을 할 뿐이라고 한다. 현재 독일의 통설이다.

이에 의하면, ① 진정부작위범에 대해서만 기대가능성이 작위의무의 범위를 한정하므로 기대불가능성이 있으면 구성요건해당성이 조각된다는 견해,[107] ② 진정부작위범뿐만 아니라 부진정부작위범에 대해서도 기대가능성은 보증의무(Garantenpflicht)의 범위를 한정하므로 기대불가능성은 구성요건해당성을 조각시킨다는 견해,[108] ③ 부작위범뿐만 아니라 과실범에 대해서도 기대가능성은 불법단계에서는 객관적 주의의무 이행 여부를, 책임단계에서는 주관적 주의의무 이행 여부를 결정하는 이중의 기능을 가졌다는 견해,[109] ④ 개개 사례에 따라(예컨대 과실범과 부작위범, 고의범의 경우는 친족간의 증거인멸·범인은닉 등) 불법과 책임을 한계지우는 규제원리라고 하는 견해[110]등 다양한 주장이 있다.

(2) 규제원리에 대한 평가

규제원리는 법적 의무의 한계를 설명해 준다는 의미를 갖고 있으나, 이는 부작위범·과실범의 성립요건으로 가능하다. 부작위범에 있어서의 작위의무는 규범의 성질상 일반인에게 요구되는 법적 의무이므로 그것은 구성요건 또는 불

---

106) 임웅, 332면 이하.

107) Jescheck/Weigend, §59 Ⅷ. 2.

108) Sch/Sch/Lenckner, §§32ff. Rdn. 125; Dreher/Tröndle, §13 Rdn. 16, 심재우, 규범적 책임론과 기대가능성, 28면 이하는 부진정부작위범에 대한 기대가능성이 행위자의 능력에 대해서는 책임조각의 문제로, 사회일반인의 능력에 대해서는 위법성조각의 문제로 본다.

109) Wessels/Beulke, Rdn. 451; Eser, I, S. 39; Henkel, Zumutbarkeit und Unzumutbarkeit als regulatives Rechtsprinzip, Mezger F.S, 1954, S. 281.

110) 김일수/서보학, 408면 이하; 박상기, 256면.

법의 요소가 되지만 기대가능성은 그러한 작위의무를 개인적으로 이행할 수 있었느냐를 평가하는 책임요소라고 해야 한다. 즉, 작위의무 이행가능성(타행위가능성)은 구성요건해당성 문제와 구별해야 한다. 같은 취지로 과실범에 있어서도 기대가능성은 주의의무위반자에 대해서 행위자의 의무이행가능성 여부를 평가하는 것이므로 주의의무와 기대가능성 문제는 구별해야 한다. 기대불가능성은 구성요건에 해당하는 불법행위에 대해서 책임조각의 여부만을 판단하는 초법규적 책임조각사유라고 해야 한다.[111)]

Ⅵ. 기대가능성에 관한 착오

기대가능성에 관한 착오란 기대불가능한 사정이 없음에도 불구하고 그것이 존재한다고 오인한 경우에 생기는 착오를 말한다. 즉, 기대가능성의 기초가 되는 행위 사정에 관한 착오를 말한다.[112)] 이에 관해서, ① 이 착오를 구성요건적 착오라 하고, 고의가 조각된다는 견해,[113)] ② 고의는 조각되지 않으나 과실범과 동일하게 처벌하여야 한다는 견해,[114)] ③ 위법성의 착오에 관한 규정을 유추적용하여야 한다는 견해,[115)] ④ 특별한 종류의 착오로 위법성의 착오와 같이 취급한다는 견해[116)] 등이 있다.

형법상의 착오는 구성요건적 착오와 위법성의 착오 이외의 착오취급은 별도로 존재하지 아니하므로 특별한 제3의 착오를 인정할 이유가 없다. 기대가능성은 위법성의 인식과 구별되는 책임의 규범적 요소이지만 위법성의 착오규정을 유추 적용하여 그 오인에 정당한 이유(회피불가능한 사정)가 있으면 기대가능성이 없는 경우와 마찬가지로 책임이 조각되고, 정당한 이유가 없는 경우(회피가능한 경우)에는 책임이 감경된다고 함이 타당하다고 본다.

---

111) 정성근, 411면; 이재상, 348면.

112) 기대불가능성의 존재와 한계에 관한 착오는 행위자 스스로 판단할 성질이 아니므로 법적으로 아무런 의미가 없다. 따라서 기대가능성에 관한 착오는 기대가능성의 기초가 되는 행위사정에 관한 착오만이 의미를 갖는다.

113) Mezger, Studienbuch, S. 179f.

114) Roxin, Die Behandlung des Irrtums im Entwurf, 1962, ZStW, Bd. 75, S. 612.

115) 정성근, 412면; 김일수/서보학, 412면; 임웅, 335면.

116) 이재상, 351면; 진계호, 424면.

Ⅶ. 형법의 규정과 기대불가능성

1. 형법상의 책임조각·책임감경

형법은 기대가능성 유무에 대해서 적극적인 규정을 두고 있지 않으나 기대가능성이 없거나 감소되는 것을 이유로 책임이 조각 또는 감경되는 경우는 여러 가지가 있다.

(1) 책임조각

강요된 행위(제12조), 과잉방위의 특수한 경우(제21조 3항), 긴급피난의 특수한 경우(제22조 3항 후단), 친족간의 범인은닉·증거인멸(제151조 2항, 제155조 4항), 범인 자신의 도피·증거인멸(제151조 1항·제155조 1항·2항) 등을 들 수 있다. 형법은 범인 자신의 도피·증거인멸에 대해서 직접 불가벌성을 규정하고 있지 않으나 범인 자신이 도피하거나 자기의 형사피고사건에 관한 증거인멸을 하지 않을 것을 기대할 수 없음은 당연하다고 해야 한다.[117]

(2) 책임감경

과잉방위(제21조 2항)·과잉피난(제22조 3항 전단)·과잉자구행위(제23조 2항)를 들 수 있다.[118] 이러한 행위는 불법감소도 인정되지만 궁극적으로 책임이 감소된다. 이 이외에 위조통화취득 후 지정행사죄(제210조)도 위조통화행사의 경우보다 법정형이 경한 이유도 기대가능성이 감소하여 책임이 감경된 것이라 할 수 있다. 단순도주죄(제145조)가 도주원조죄(제147조)보다 경한 이유도 같다.

2. 형법규정의 예시성

기대가능성이 없거나 기대곤란성으로 인하여 책임이 소멸 또는 감소되는 경우는 형법에 규정이 없는 특수상황에서 생기는 경우가 일반적이다. 따라서 형

117) 이에 대해서 친족간의 범인은닉·증거인멸행위는 인적 처벌조각사유가 된다는 견해도 있다. 또 친족상도(제328조, 제344조, 제354조, 제391조, 365조)의 경우에도 기대불가능에 의한 책임조각사유라고 하는 견해도 있으나 이 경우는 인적 처벌조각사유로 보아야 한다.

118) 다만, 이 책에서는 책임감소·소멸뿐만 아니라 위법감소도 고려하여야 한다고 본다(과잉방위·과잉피난 참조).

법의 규정은 기대불가능 내지 기대곤란으로 인하여 책임조각·감소되는 중요한 것을 예시한 것으로 볼 수 있다. 이 이외의 초법규적 책임조각사유가 되는 경우로, ① 절대적 구속력을 가진 위법명령에 따른 행위, ② 생명·신체 이외의 자유·정조·재산에 대하여 방어방법이 없는 협박에 의하여 강요된 행위, ③ 가치가 낮은 의무를 이행한 의무충돌의 경우, ④ 비교형량이 불가능한 긴급피난을 들 수 있다.

종교적·양심적 갈등상황에서 법률에 반한 행위를 하는 양심범에 대해서도 기대가능성이 없는 책임조각사유를 인정할 것이냐가 문제된다. 양심범의 경우는 행위자가 규범과의 충돌을 알고 있었고, 또 적법행위의 기대가능성도 있으므로 원칙적으로 책임조각이 될 수 없으나 예방적 관점에서 처벌을 배제(면책)할 가능성은 있다는 견해[119)]도 있는데, 양형에서 고려하면 족하다고 본다.

Ⅷ. 강요된 행위

1. 형법 제12조와 기대불가능성

형법 제12조는 "저항할 수 없는 폭력이나 자기 또는 친족의 생명·신체에 대한 위해를 방어할 방법이 없는 협박에 의하여 강요된 행위는 벌하지 아니한다"고 규정하여 '강요된 행위'의 불가벌성을 규정하고 있다. "강요된 행위"는 행위자가 사실상 불가항력적인 상황에서 행한 것이므로 적법행위의 기대가 불가능하여 책임이 조각되는 예시규정으로서의 존재의의가 있다.

판례도 북한공산치하에서 부득이 국가보안법·반공법을 위반한 행위와 납북어부들의 국가보안법·반공법 위반사건에 대해서 이 규정에 의하여 책임조각을 이유로 무죄를 선고한 것이 많다.[120)]

강요된 행위는 구형법 하에서는 초법규적 책임조각사유로서 학설상 인정되어 왔던 것을 현행형법 제12조에서 명문화한 것이다. 입법론적으로는 독일 구형법 제52조의 영향을 받은 것이라고 하는데,[121)] 이 규정은 그 후 삭제되었다.

119) 김일수/서보학, 430면.
120) 대판, 1954. 12. 14, 4287형상49; 대판, 1956. 3. 6, 4288형상392; 대판, 1960. 10. 7, 4292형상829; 대판, 1968. 11. 5, 68도1334; 대판, 1971. 12. 14, 71도1657; 대판, 1972. 3. 28, 71도1558; 대판, 1976. 9. 14, 75도414.

독일 현행형법과 일본 형법은 물론, 일본 형법가안이나 개정형법준비초안에도 이를 규정하지 않았으나, 학설과 판례는 초법규적 책임조각사유가 된다는 데에 이견이 없다.

2. 강요된 행위의 법적 성질

강요된 행위는 긴급피난과 유사한 성격을 지니고 있다. 그러나 ① 긴급피난은 사람의 행위나 자연적 사실로 인한 현재의 위난이 있으면 충분함에 대하여, 강요된 행위는 반드시 사람의 폭력 또는 협박으로 인하여 강요된 상태가 있어야 하고, 그 강요의 원인이 불법해야 하며, ② 긴급피난은 피난행위의 상당성이 있어야 하고 이익형량이 그 중요한 기준이 되는데 반하여, 강요된 행위는 상당성과 관계 없이 강제상태 때문에 적법행위의 기대불가능성이 책임조각의 기준이 되므로 긴급피난과 성질상 구별된다고 해야 한다.[122]

3. 강요된 행위의 요건

(1) 강제상태

행위자는 저항할 수 없는 폭력이나 자기 또는 친족의 생명 · 신체에 대한 위해를 방어할 방법이 없는 협박에 의하여 강압된 상태에 있어야 한다. 강제상태는 원칙적으로 피강요자의 책임있는 사유(자초한 강제상태)에 의하여 발생한 것이 아님을 요한다. 다만 이 요구는 절대적인 것은 아니므로[123] 자초한 강제상태도 사정에 따라 제한된 범위에서 강요된 행위가 될 수 있다고 본다.

1) 저항할 수 없는 폭력

(a) 폭력의 의미 "폭력"이란 상대방의 저항을 억압하기 위하여 행사되는 유형력을 말하고, 그 강도에 따라 절대적 폭력(물리적 폭력)과 강제적 폭력(의사폭력)의 두 가지가 있다.

절대적 폭력(vis absoluta)이란 육체적으로 행위를 할 수 없도록 완전히 억압

---

121) 유기천, 245면; 남흥우, 180면; 이형국, 강요된 행위(고시계, 1980. 3), 70면.

122) 백남억, 217면; 정성근, 414면; 이형국, 210면; 이재상, 352면; 손해목, 669면; 김일수/서보학, 422면; 임웅, 338면; 배종대, 480면; 진계호, 426면.

123) 대판, 1973. 9. 12, 73도1684는 어로 작업 중 북한지역임을 알고 자의로 들어갔다가 납북된 자의 국가보안법 및 반공법위반행위는 특별한 사유(예컨대 피난선구조 등)가 없는 한 강요된 행위에 해당되지 않는다고 예시하였다. 同旨: 대판, 1973. 1. 30, 72도2585.

하는 폭력을 말한다. 의사 없는 도구로 이용하는 것이다. 예컨대 강제로 손을 붙들고 무인(拇印)을 찍거나, 연약한 여인이 손목을 잡힌 채 끌려가는 것이다. 이러한 피강요자의 거동은 형법상의 행위라고 할 수 없으므로 강요된 행위의 폭력개념에서 제외된다.[124]

강제적 폭력(vis compulsiva)이란 피강요자의 의사결정에 작용하여 강요된 사실을 행하게 하는 심리적 폭력을 말한다. 심리적 폭력에 의한 행위는 단순한 도구로서 이용된 것이 아니며, 형법상의 행위로 평가되므로 강요된 행위의 폭력은 이 폭력을 의미한다. 폭력사용의 수단은 제한이 없다. 직접폭력·간접폭력을 불문한다. 따라서 감금·마취제사용·맹견사주도 무방하다.

(b) 저항의 불가능과 그 판단　"저항할 수 없다"는 것은 피강요자가 강제에 대항할 수 없는 경우를 말한다. 물리적 힘의 열세로 인한 경우는 물론, 폭력을 제거할 힘은 있어도 이를 거부할 입장이 못되는 경우도 포함한다. 저항할 수 있었느냐의 여부는 폭력의 성질·수단·방법·시간과 장소 등 구체적 사정을 종합적으로 고려하여 피강요자의 능력을 기준으로 결정해야 한다.[125]

"저항할 수 없는 폭력"은 반드시 생명·신체에 대한 현재의 위난과 결부되어 있을 필요가 없다.[126] 폭력의 긴박성 여부와 공격법익은 구체적 사정을 고려함에 있어 중요한 자료가 된다.

2) 자기 또는 친족의 생명·신체에 대한 위해를 방어할 방법이 없는 협박

(a) 협　박　"협박"이란 일반적으로 사람에게 공포심을 일으킬 만한 해악의 고지를 말한다. 협박을 실현할 의사가 없거나 실현이 불가능하여도 그 협박이 진지하다는 사실을 상대방이 인식할 수 있으면 협박이 된다. 다만, 형법 제12조의 "협박"은 그 내용이 자기 또는 친족의 생명·신체에 대한 것이라야 하고, 위해를 방어할 방법이 없는 것이라야 한다. 그러므로 협박은 현실로 공포심을 일으키게 하여 의사결정과 의사활동의 자유를 침해할 정도는 되어야 한다.

(b) 자기 또는 친족의 생명·신체에 대한 "위해"　협박의 내용은 자기 또는 친족의 생명·신체에 대한 것임을 요한다. 살해·현저한 신체훼손을 내용으

124) 백남억, 214면; 정영석, 209면; 황산덕, 219면; 정성근, 415면; 이재상, 353면; 진계호, 410면; 김일수/서보학, 422면; 배종대, 480면 이하; 임웅, 338면. 대판, 1983. 12. 13, 83도2276도 이 입장이다.

125) 정성근, 416면; 이재상, 353면; 김일수/서보학, 423면; 배종대, 480면; 임웅, 339면.

126) 독일 구형법 제52조의 해석에서 현재의 신체 또는 생명에 대한 위난과 결부된 폭력만이 저항할 수 없는 폭력이 된다고 하였다(Jescheck, AT, 3 Aufl., S. 366).

로 하는 협박이다. 생명·신체 이외의 자유·재산·명예·비밀에 대한 위해는 포함되지 않는다. 위해의 대상이 되는 법익을 한정하는 것은 타당한 입법이 아니라는 견해도[127] 있다. 생명·신체 이외의 법익에 대한 위해는 형법 제12조에 해당할 수 없으나 초법규적 책임조각사유가 된다.

"위해"는 자기 또는 친족에 대한 것임을 요한다. 친족의 범위는 민법(제777조)에 의해 정해진다. 다만 제12조의 취지에 비추어 사실상의 부부, 사생자도 친족에 준하여 포함시키는 것이 타당하다.[128] 한편 애인, 절친한 친구 등에 대한 위해는 초법규적 책임조각사유가 될 수 있을 것이다. 이러한 관계의 유무는 강요된 행위당시를 기준으로 판단하여야 한다. 위해는 긴박한 현재의 것임을 요하지 않는다.[129] 다만, 위해의 긴박성은 위해의 방어가능성 여부를 판단하는 중요한 자료는 될 수 있다.

(c) 방어방법 없는 협박 　위해를 방어할 방법이 없는 협박임을 요한다. "방어할 방법이 없다"는 것은 위해를 저지할 수 없거나 강요에 굴복하는 방법 이외의 달리 피할 가능성이 없다는 것을 의미한다. 즉, 범죄행위가 유일한 회피방법이어야 한다. 친족에 대한 위해는 친족 자신은 방어방법이 있어도 피협박자에게는 방어방법이 없는 위해가 될 수 있다.

(2) 강요된 행위

폭력이나 협박에 의하여 강요된 행위가 있음을 요한다. "강요된 행위"란 의사결정이나 활동의 자유가 침해된 강제상태에서 강요자가 요구하는 행위를 하는 것을 말한다. 다음의 세 가지 요건을 갖추어야 한다.

첫째, 피강요자는 강요된 상태에서 부득이 위난을 피한다는 인식을 가지고 행위해야 한다. 이는 긴급피난에 있어서의 피난의사에 상응한다고 할 수 있다. 이러한 인식이 없는 때에는 다른 요건을 갖추어도 강요된 행위에 해당하지 아니한다.

둘째, 피강요자의 행위는 구성요건에 해당하는 위법한 행위라야 한다. 피강요자가 강요된 행위를 하였어도 이 요건을 갖추지 못하면 강요자가 강요한 행

---

127) 백남억, 180면 이하; 유기천, 247면.

128) 백남억, 217면; 정영석, 210면; 황산덕, 220면; 정성근, 417면; 이형국, 211면;박정근, 전게논문, 21면; 이재상, 354면; 진계호, 402면; 김일수/서보학, 424면; 손해목, 671면; 배종대, 481면; 임웅, 339면.

129) 위해의 현재성이 있어야 한다는 견해는 백남억, 217면.

위에 대한 책임을 애당초 판단할 필요가 없다. 다만 이 경우 강요자에 대해 폭행죄·협박죄는 성립할 수 있으나 이는 강요된 행위 그 자체와 별개의 문제이다.

셋째, 강요자의 폭행·협박과 강요된 행위 사이에는 인과관계가 있어야 한다. 인과관계가 없는 때에는 피강요자의 책임이 조각되지 않고 강요자와 공범관계가 성립할 수 있다.

4. 강요된 행위의 효과

강요된 행위는 적법행위의 기대가능성이 없기 때문에 책임이 조각되어 벌하지 않는다. 형법 제12조의 "벌하지 아니한다"는 의미는 이를 말한다.

강요자는 강요죄(제324조) 외에도 피강요자가 범한 죄의 간접정범이 성립한다.[130] 이에 대해서는 제한종속형식을 취하는 입장에서 강요자는 간접정범이 될 수 없고, 교사범의 책임을 진다는 견해도 있으나[131] 형법 제34조(간접정범)의 해석과 관련하여 간접정범이 된다고 해야 한다.

---

130) 백남억, 218면; 유기천, 248면; 황산덕, 221면; 박문복, 261면; 정성근, 418면; 손해목(8인 공저), 447면; 이재상, 355면 이하; 김일수/서보학, 424면; 임웅, 340면.

131) 박정근, 전게논문, 22면. 박교수는 극단종속형식을 취하는 경우에는 강제자를 간접정범으로 보는 것이 당연하지만, 엄격한 제한종속형식을 전제로 하여 강요자는 교사범의 책임을 진다고 한다.

제 6 장 미 수 론

제 1 절 범죄실현의 단계와 예비죄

Ⅰ. 범죄실행의 단계

형법이 예정하고 있는 원칙적인 범죄는 고의의 기수범이다. 고의범은 범죄의사를 실현함으로써 성립한다. 범죄의사를 실현하기 위해서는 그 의사가 외부에 표시되고 일정한 단계를 거치는 것이 보통이다. 이러한 단계를 범행의 단계(Stufen der Straftat)라 한다. 범행의 단계는, ① 범죄의 결심, ② 예비·음모, ③ 미수, ④ 기수, ⑤ 종료의 순서로 진행된다. 이러한 범행의 제단계를 순차적으로 살펴보기로 한다.

> 그러나 모든 고의적 범죄가 이와 같은 범행의 단계를 거쳐야만 하는 것은 아니다. 순간적으로 범죄의 결심을 하고 예비·음모의 단계를 거치지 않고 바로 실행에 착수하여 미수 또는 기수가 되는 경우도 많다. 또 범죄의 성질상 실행행위에 들어가면 바로 기수가 되는 범죄도 있다.

1. 범죄의 결심

범죄의 결심이란 범죄를 실현하려는 의사를 내심에서 확정하는 것을 말한다. 행위자 자신은 범죄의 결심을 하였다고 생각해도 그것이 형법상의 범죄가 될 수 없는 내용을 실현한 때에는 범죄의 결심이 될 수 없고, 경우에 따라 환각범(幻覺犯) 또는 오상범(誤想犯)의 문제가 될 뿐이다. 범죄의 결심은 순수한 심리적 현상에 지나지 않는 것이므로 그것이 외부에 표시되지 않는 한 형법적 평가의 대상이 될 수 없다. "누구든지 사상(思想)으로 인하여 처벌되지 아니한다"라는 법언은 이를 표현한 것이다.

범죄결심의 외부적 표시 자체도 처벌하지 않는 것이 원칙이다. 다만, 범죄결심을 표시하는 자체가 구성요건 내용으로 되어 있는 범죄가 있다(소위 표시범). 모욕죄(제311조)·협박죄(제283조) 등이 이에 속한다. 예컨대 살해하겠다는 의사표시가 협박죄를 구성하는 경우이다. 이 경우는 사람을 공포시킬 의사로 표시하는 자체가 범죄실행행위가 된다. 그러나 이러한 내심의 의사가 없는 때에는 살해의사에 협박의사가 당연히 포함되는 것은 아니므로 가령 상대방이 공포심을 가졌더라도 협박죄는 성립하지 않는다.

2. 예비·음모

(1) 예비와 음모의 의의

예비와 음모도 넓은 의미에서는 범죄결심을 외부에 표시하는 형태의 하나이다. 예비(Vorbereitun)란 결심한 범죄의사를 실현하기 위한 준비행위로서 아직 실행의 착수에 이르지 아니한 행위를 말한다. 예컨대 살인을 하기 위하여 독약이나 칼·총기를 구입하거나, 범행하려는 장소를 미리 답사하여 지형을 익혀두거나, 통화위조를 하기 위하여 설비·재료 등을 준비하는 행위가 예비에 해당한다. 범죄의사를 실현하기 위한 준비행위이므로 범죄의사의 단순한 표시 또는 단순한 범죄계획·내심적 준비는 예비가 아니다. 따라서 범죄의사를 일기장에 적어두는 것만으로는 예비가 되지 않는다.

음모(Komplott)란 2인 이상이 일정한 범죄를 실현하기 위하여 모의(합의)하는 것을 말한다. 단순히 범죄결심을 외부에 표시·전달하는 것이 아니라 특정범죄를 실현하기 위하여 공동의사를 형성하는 것(공동모의)이다. 학설 중에는 음모는 범죄의사의 교환·합의·모의이지만 공모(共謀) 또는 통모(通謀)와는 구별되고, 공모 또는 통모는 음모보다 더 발전된 단계라는 견해가 있다.[1] 그러나 범죄실현을 위한 모의는 범죄실현을 위한 공동의사의 형성, 즉 공동모의라고 해야 하므로 이를 음모보다 더 발전된 단계라고 할 수 없다.[2]

(2) 예비와 음모의 구별

예비와 음모의 구별에 관해서는, ① 음모는 예비행위의 하나의 태양이라는 견해,[3] ② 음모는 심리적 준비행위이고 예비는 그 이외의 준비행위 또는 물적

1) 염정철, 292면: 이형국, 범죄실현의 제단계(고시연구, 1983. 5), 49면.
2) 정성근, 공모공동정범론에 관한 연구, 1979, 6면.
3) 木村, 總論, 406면.

준비행위로서 시간적 전후관계가 없다는 견해,[4] ③ 음모는 예비행위에 선행하는 범죄발전의 단계라는 견해가[5] 대립한다.

일본 형법은 예비만을 처벌하는 경우도 있으므로 음모를 단순히 예비행위의 태양이 아니라고 볼 수 있다. 우리 형법은 예비를 처벌하는 경우는 예외 없이 음모도 처벌하고 있으므로 예비행위의 태양이 아니라는 적극적인 근거는 없다.[6] 그러나 ① 음모가 있고 예비도 있는 범죄의 실현단계는 음모를 한 다음에 예비행위를 한다고 해야 하고, ② 단순히 음모에 그치고 예비행위로 나아가지 않으면 예비죄로 처벌되는 것이 아니라 음모죄로 처벌되며, ③ 만일 음모를 예비의 하나의 태양이라 하면 예비와 음모를 구별하여 규정할 필요도 없다.

한편 예비행위의 태양은 무한정·무정형이고, 판례는 예외 없이 물적 준비행위를 예비, 2인 이상의 모의·약속을 음모라 하고 있는 점에 비추어 음모는 심리적 준비행위로 보아야 한다. 따라서 음모는 심리적 준비행위로서 예비행위에 선행하는 범죄발전의 하나의 단계이고 예비는 그 이외의 준비행위라고 하는 견해가 타당하다. 판례도 같은 태도이다.

【판례】 일본으로 밀항하고자 공소외인에게 도항비로 일화 100만엔을 주기로 약속한 바 있었으나 그 후 이 밀항을 포기하였다면 이는 밀항의 음모에 지나지 않는 것으로 밀항의 예비정도에는 이르지 아니한 것이다(대판. 1986. 6. 24. 86도437).

3. 미 수

범죄의 실행에 착수하여 행위를 종료하지 못하였거나 결과가 발생하지 아니한 경우를 미수(Versuch)라 한다. 즉, 구성요건 내용을 충족하지 못한 경우를 말한다. 미수는 실행행위의 착수 이후의 개념이며, 형법 각 본조에 처벌규정이 있는 경우에만 가벌적 미수가 되고, 가벌적 미수를 미수범이라 한다. 형법은 비교적 중한 범죄의 미수를 처벌하고 있다. 미수범의 구성요건도 수정·확장된 구성요건이다.

---

4) 김일수/서보학, 546면; 이재상, 408면; 배종대, 531면; 박상기, 326면; 임웅, 341면.

5) 정영석, 216면 이하; 정성근, 481면; 차용석, 예비죄(고시계, 1985. 5), 65면.

6) 다만 특별법인 밀항단속법은 예비만 처벌한다(동법 제3조 3항). 단순한 밀항 또는 이선(離船)·이항(離航)의 모의까지 처벌의 필요성이 없기 때문이다.

4. 기 수

실행에 착수한 행위가 구성요건 내용을 충족한 경우를 기수(Vollendung)라 한다. 기수는 범행의 형식적 완성단계라는 점에서 범죄의 미완성 단계인 미수와 구별되고, 범행의 실질적 종료인 범행의 종료와 구별된다. 형법이 처벌대상으로 하는 원칙적 범죄형태는 기수이다. 어느 단계에 이르면 기수가 되느냐, 즉 기수시기는 개개의 범죄에 따라 다르다. 따라서 기수 여부는 형법 각칙에 규정된 구성요건 해석문제에 속한다. 그러므로 기수문제는 총론에서 다룰 것이 아니라 각론에서 다루어야 한다.

5. 범행의 종료

범행의 종료(Beendigung der Straftat)란 범죄가 기수로 된 후 보호법익에 대한 침해가 실질적으로 끝난 경우를 말한다.[7] 보통 범행의 종료와 동시에 기수가 되지만 그렇지 않은 경우도 있다. 예컨대 총을 발사하여 즉사시키는 결과범과 거동범은 양자가 일치하는 경우이지만, 재물절취에서 취득이 있으면 기수가 되나 재물소유자의 지배권을 배제하였을 때에 종료된다. 양자를 구별하는 실익은 공범의 성립, 공소시효의 기산점, 정당방위의 성부 등에서 나타난다. 즉, ① 기수 이후에도 범행의 종료 전까지는 공범(방조범)이 성립할 수 있으며, ② 공소시효의 기산점은 기수시가 아니라 범행의 종료시이고(형소법 제252조 1항), ③ 기수 이후에도 범행이 종료되기 전까지는 정당방위가 가능하다.

Ⅱ. 예비죄

1. 예비죄의 의의

형법 제28조는 "범죄의 음모 또는 예비행위가 실행의 착수에 이르지 아니한 때에는 법률에 특별한 규정이 없는 한 벌하지 아니한다"고 규정하여 원칙적으

7) Welzel, S. 188f. Welzel은 기수를 형식적 기수(die formelle Vollendung)와 실질적 기수(die materielle Vollendung)로 나누고, 구성요건을 충족한 경우는 전자, 범행의 종료는 후자라고 한다.

로 예비·음모는 벌하지 않는다. 그러나 법익이 중대한 범죄유형에 한하여 예외적으로 실행행위 이전의 예비·음모 행위를 처벌하고 있다. 이와 같이 예외적으로 처벌하는 예비행위·음모행위를 각각 예비죄·음모죄라 한다.

예외적으로 처벌하는 이유는 법익의 중대성에 비추어 실행행위로 나아가기 전에 미연에 방지하려는 입법자의 의도가 작용하고 있다. 중대 범죄에 한하여 예비·음모자가 목적한 범죄를 실행하기 전에 자수한 때에는 형을 감경 또는 면제하도록 한 것은 이러한 취지라고 해야 한다.

반면에 예비·음모를 원칙적으로 처벌하지 않는 이유는 예비행위 그 자체가 형법적으로 중요하지 않은 행위이며, 범죄의사를 증명하기도 곤란하고, 기수에 이르게 될 가능성도 불확정하여 상대적으로 위험성이 적기 때문이다.[8)]

예비죄는 예비행위 그 자체, 즉 범죄실행의 착수 이전의 준비행위를 처벌하는 범죄유형이므로 실행의 착수 이전의 관념이며, 만일 예비행위가 실행의 착수에 이르게 되면 미수죄·기수죄만 성립하고 예비죄는 처벌하지 않는다. 이러한 의미에서 예비·음모행위는 불가벌적 사전행위(Straflose Vortat)가 된다.

> 형법에서 예비·음모가 처벌되는 범죄는 내란(제90조 1항), 외환(제101조 1항), 외국에 대한 사전(私戰, 제111조 3항), 폭발물사용(제120조 1항), 도주원조(제150조), 방화(제175조), 일수(溢水, 제183조), 교통방해(제191조), 음용수유독물혼입·수도불통(제197조), 통화위조·변조(제213조), 유가증권 위조·작성 및 우표·인지의 위조(제224조), 살인(제255조), 외국이송목적 약취·유인·매매 및 그 이송(제290조), 강도(제343조) 등이다. 이 이외에도 총칙상의 기도된 교사(제31조 2항, 3항)도 예비·음모에 준하여 처벌한다.

2. 예비죄의 법적 성질

예비죄의 법적 성질로서 기본범죄와의 관계를 어떻게 이해할 것이며, 예비행위의 실행행위성을 인정할 것이냐에 대해서 견해가 대립한다. 예비죄의 법적 성질을 파악하는 방법에 따라 예비죄의 미수와 공범을 해결하는 결론이 달라진다.

(1) 기본범죄와의 관계

1) 발현형태설　예비죄는 독립된 범죄유형이 아니라 기본범죄의 발현형태

8) Jescheck/Weigend, §49 Ⅵ 1; 임웅, 353면.

로서 중대한 범죄의 효과적인 법익보호를 위해 미수 이전의 준비단계까지 구성요건을 확장한 기본범죄의 수정형식 또는 기본범죄의 수정구성요건이라 하는 견해이다. 우리나라 다수설이다.[9)]

2) 독립범죄설　예비죄는 독립된 구성요건을 실현하는 독립된 범죄형태라는 견해이다.[10)] 예비죄의 규정은 미수범의 규정과 구별하여 "…의 죄를 범할 목적으로 예비한 자는 …에 처한다"라는 형식으로 규정하여 독자적 불법유형을 갖추고 있으므로 미수범은 기본적 구성요건의 수정형식이지만 예비죄는 기본범죄와 독립된 범죄유형이라고 한다.

3) 이분설　예비죄의 규정형식에 따라 발현형태인 경우와 독립범죄형태인 경우가 있다는 견해이다. 예비죄의 규정이 "…죄를 범할 목적으로 예비한 자"(일본 형법 제201조)라고 규정한 경우는 기본범죄의 발현형태이지만, "…에 공할 목적으로 …을 준비한 자"(일본 형법 제153조)라고 규정하여 "준비한다"라는 예비행위만을 처벌하는 독자적 행위유형이 있는 경우는 독립범죄형태라고 한다.[11)]

4) 결 어　이분설은 일본 형법처럼 예비죄의 규정 형식에 차이를 두지 않는 우리 형법의 해석상 구별의 근거가 불명할 뿐만 아니라 실익도 주장자도 없다. 독립범죄설은 "…의 죄를 범할 목적으로 예비한 자"라는 독자적 불법유형을 규정하였고, 독자적 처벌 규정을 두고 있다는 점을 근거로 한다. 그러나 이 규정 형식은, ① 기본적 구성요건을 실현하려는 목적으로 예비한 것이므로 기본적 범죄의 발현형태를 명시한 것이라 해야 하고, ② 미수범도 기본범죄의 수정형식에 불과하다고 하는 이상 그 이전 단계인 예비죄를 독립범죄라 할 수 없으며, ③ 행위태양이 무정형·무한정한 예비죄의 성립범위를 제한하기 위해서 예비죄의 고의도 기본범죄의 고의로 한정할 필요가 있으므로 기본적 구성요건의 수정형식으로서 발현형태설이 타당하다고 본다.

---

9) 정성근, 483면; 이형국, 224면; 이재상, 409면; 진계호, 437면; 차용석, 예비죄, 65면; 박상기, 334면; 안동준, 206면; 임웅, 355면; 오영근, 493면; 손동권, 446면; 김성돈, 444면; 신동운, 537면; 정영일, 369면.

10) 권문택, 예비죄(형사법강좌 Ⅱ), 557면, 211면; 김일수/서보학, 548면; 배종대, 533면; 조준현, 355면. 또 독일 형법 제80조(침략전쟁예비죄), 제149조(통화·유가증권위조예비죄), 제265조(보험사기예비죄)와 같이 예비만 독립범죄로 규정한 형식은 독립범죄라고 한다.

11) 平野, 刑法(Ⅱ), 340면.

(2) 예비행위의 실행행위성

예비행위는 기본범죄의 실행행위와 구별되는 독자적 실행행위성을 인정할 수 있느냐가 문제된다. 독립범죄설에 의하면 예비행위의 실행행위성을 당연히 인정할 수 있으나, 발현형태설에는 긍정설과 부정설이 대립한다.

1) 긍정설 범죄의 실행행위는 가벌적 행위의 구성요건에 따라 상대적·기능적으로 파악해야 하므로 기본범죄의 수정형식인 예비죄에 대해서도 수정구성요건의 실행행위성을 인정할 수 있다는 견해로 우리나라 다수설이다.[12]

2) 부정설 실행행위는 기본범죄를 실행하는 정범의 실행에 한정될 뿐이고, 예비행위는 실행의 착수 이전의 무정형·무한정한 것이므로 실행행위 개념을 인정할 수 없다고[13] 한다.

3) 결 어 예비죄라는 구성요건이 있는 이상 그 구성요건적 행위를 인정해야 하며, 형법은 기본범죄의 수정형식으로 예비행위의 가벌성을 특별히 확대규정하고 있으므로 이러한 수정구성요건 자체의 실행행위성을 인정하는 긍정설이 타당하다고 본다. 다만, 예비는 실행의 착수 이전의 기본적 구성요건의 실행을 준비하는 행위이므로 여기의 실행행위성은 "예비죄라는 범죄의 실행행위"라는 의미일 뿐이고, 기본적 구성요건의 실행행위(제25조 1항)와 같은 의미로 해석할 것은 아니다.

3. 예비죄의 성립요건

(1) 주관적 요건

예비죄는 기본이 되는 구성요건을 실행하기 위한 준비행위이므로 고의가 있어야 한다. 따라서 과실에 의한 예비죄, 과실범의 예비죄란 존재할 수 없다. 예비죄의 고의 내용에 대해서는 견해가 대립한다.

1) 실행고의설 예비죄의 고의는 기본적 구성요건을 실현하려는 의사, 즉 기본범죄의 고의라고 한다.[14] 예비죄는 기본범죄의 발현형태이고, 예비와 미수는 기본적 구성요건의 수정형식이므로 미수범의 고의와 마찬가지로 예비죄의

12) 이재상, 410면; 차용석, 예비죄, 72면; 진계호, 438면; 손해목, 824면; 안동준, 206면; 백형구, 예비죄(고시연구, 1988. 5), 80면; 손동권, 446면.

13) 임웅, 356면; 오영근, 494면; 정영일, 370면.

14) 정성근, 483면; 이형국, 225면; 박상기, 335면; 백형구, 예비죄, 81면; 정영일, 371면.

고의도 기본범죄를 지향한 것이라야 하며, 기본범죄를 지향하지 않은 준비행위 자체만으로는 범죄성을 띠지 않는 경우가 대부분이므로 이에 대한 인식은 무의미하다는 점을 근거로 한다.

2) 예비고의설 예비죄의 고의는 준비행위 그 자체를 인식하는 고의라고 한다.[15] 예비행위는 기본범죄의 실행을 준비하는 데 불과하므로 양자 사이에 질적 차이가 있으며, 예비죄는 일종의 목적범의 구조를 취하고 있으므로 예비죄의 고의는 준비행위 자체에 한정해야 한다는 점을 근거로 한다. 이에 의하면 예비죄는 목적범이고, 예비 자체에 대한 고의 이외에 기본범죄를 범할 목적이 있어야 하므로 기본범죄에 대한 인식은 목적의 내용이 된다.

3) 결 어 예비죄의 실행행위성을 인정한다고 하여도 그것은 어디까지나 기본범죄 실행을 위한 준비행위이며, 기본범죄를 범할 목적은 목적범의 목적이 아니라 기본범죄를 실현할 의도를 의미하므로 예비죄의 고의는 기본적 구성요건을 실현하려는 고의라고 함이 타당하다. 따라서 예비죄에 있어서의 목적은 고의의 내용이 된다고 해야 한다.

예비죄의 고의는 조건부라도 좋다. 따라서 예컨대 상대방의 태도 여하에 따라 살해 여부를 최종담판으로 결정하고 이에 응하지 않으면 살해하기로 작정하고 준비하는 행위도 살인예비죄가 된다.

⑵ 객관적 요건

예비죄가 성립하기 위해서는 객관적으로 기본범죄를 실현하기 위한 외부적 준비행위가 있어야 하며, 이는 실행의 착수에 이르지 않아야 한다.

1) 범죄실현을 위한 외부적 준비행위 단순한 계획·내심적 준비는 예비가 아니다. 또 범죄의사의 단순한 표시도 예비죄가 되지 않는다. 예비는 물적 형태의 준비행위가 보통이지만 알리바이조작을 위한 대인접촉이나 장물처분자 확보를 위한 인적 예비도 가능하다. 범죄의사의 표시 자체가 범죄를 구성하는 경우(협박죄, 모욕죄)도 있으나, 이러한 범죄는 표시 자체가 구성요건의 실행행위가 된다. 준비행위의 수단·방법·태양에는 제한이 없으며, 도구구입, 은닉장소 물색, 현장잠입 내지 답사도 무방하고 기도된 교사(企圖된 教唆)도 예비에 준해서 처벌한다.

15) 이재상, 411면; 김일수/서보학, 550면; 진계호, 438면; 배종대, 534면; 임웅, 357면; 김성돈, 449면; 손해목, 827면; 오영근, 498면; 차용석, 「예비죄」, 70면.

또 예비행위는 자기 스스로 또는 타인과 공동으로 준비행위를 하는 자기예비에 한한다고 본다. 타인의 범죄 실행행위를 위한 준비행위인 타인예비행위도 예비죄가 되느냐에 대해서 긍정설과[16] 부정설이[17] 대립한다. 그러나 기본범죄의 실행을 준비하는 행위와 그 준비에 도움을 주는 행위는 구별해야 하고, 긍정설에 따르면 타인의 실행단계에 따라 정범 혹은 공범으로 되어 불합리하며, 예비행위의 무한정 · 무정형성을 제한한다는 의미에서 부정설이 타당하다.

2) 실행의 착수에 이르지 않는 준비행위 예비행위는 실행의 착수 이전의 준비행위이므로 실행의 착수로 나아가면 미수죄 내지 기수죄만 성립한다(불가벌적 사전행위. 법조경합).[18] 즉, 예비죄의 규정은 미수 · 기수규정에 대해서 기본법에 대한 보충법의 관계(보충관계)에 있고, 기본법이 우선 적용되어 미수죄 · 기수죄만 성립한다. 따라서 중지미수죄로 형이 면제되는 경우에도 별도로 예비죄로 처벌할 수 없다. 예비행위에서 직접 결과가 발생한 경우에는 실행의 착수가 없으므로 역시 예비행위일 뿐이고 별도로 과실이 문제될 것이다.

(3) 처벌규정의 존재

예비행위는 모두 처벌되는 것이 아니라 특별히 처벌규정에 있는 예외적인 경우만 처벌한다(제28조). 예외규정은 예비죄를 처벌한다는 취지와 그 형을 함께 규정하고 있을 때에 한하여 처벌된다.[19]

4. 예비죄의 처벌

예비(음모)죄는 기본적 범죄의 법정형보다 감경된 형으로 형법 각칙에 규정되어 있다. 다만, 내란 · 외환(外患) · 방화 · 통화위조 등의 예비죄는 실행의 착수 이전에 자수하면 그 형을 감경 또는 면제한다.

---

16) 권문택, 예비죄, 557면; 차용석, 예비죄, 68면.

17) 정성근, 484면; 이재상, 413면; 김일수/서보학, 549면; 이형국, 225면; 진계호, 440면; 배종대, 535면; 박양빈, 연습, 133면; 백형구, 예비죄, 79면; 임웅, 358면; 안동준, 208면; 박상기, 335면; 오영근, 497면; 김성돈, 448면.

18) 정성근, 484면; 이재상, 415면; 김일수/서보학, 550면; 배종대, 536면.

19) 대판, 1977. 6. 28, 77도251.

5. 예비죄의 관련문제

(1) 예비죄의 중지

1) 예비죄중지의 의의　　예비죄의 중지란 기본범죄의 실행행위로 나아가기 전에 예비행위 자체를 자의로 중지하거나 실행의 착수를 포기한 경우를 말한다. 예비행위 자체를 자의로 중지하는 것이므로 실행의 착수 후에 자의로 중지하는 중지미수와 유사하다.

형법은 예비죄 중 일부 예비죄에 한하여 자수자에 대한 필요적 감면을 인정하고 예비중지 일반에 대해서는 법정형을 감면하지 않는다. 이는 실행에 착수한 후에 자의로 중지하면 필요적 감면을 하는 중지미수(제26조)와 비교하여 처벌의 균형을 잃은 것이므로 예비죄의 중지도 중지미수의 감면규정을 적용해야 하느냐가 문제된다.

2) 중지미수의 규정준용 여부

(a) 준용부정설　　중지미수는 실행의 착수 이후의 개념이기 때문에 실행의 착수 이전의 예비행위에 대해서는 중지미수의 규정을 준용할 수 없다는 견해이다.[20] 예비죄는 일종의 거동범이므로 예비죄에 해당하는 예비행위가 있으면 예비죄는 완성되므로 중지미수의 관념을 생각할 수 없다는 것을 이유로 한다. 판례도 같은 입장이다. 다만 예비중지가 자수 정도에 이른 때에만 자수의 필요적 감면규정을 유추적용하여 형의 불균형을 시정할 뿐이라는 견해도 있다.[21]

> **【판례】** 중지범은 범죄의 실행에 착수한 후 자의로 그 행위를 중지한 때를 말하는 것이므로 실행의 착수가 있기 전인 예비 음모의 행위를 처벌하는 경우에 있어서는 중지범의 관념을 인정할 수 없다(대판, 1999. 4. 9, 99도424).[22]

(b) 준용긍정설　　예비행위를 중지하는 것은 결국 구성요건적 실행행위, 즉 실행의 착수를 중지하는 것이 되므로 실행의 착수 이후의 실행단계에서 중지미수를 인정하는 경우보다 더욱 참작할 이유(형감면의 이유)가 크기 때문에 중지미수의 규정을 준용해야 한다는 견해이다. 긍정설도 모든 예비죄의 중지에 대해서 준용해야 한다는 견해와[23] 예비죄의 형이 중지미수의 형과 균형을 잃는

20) 남흥우, 207면; 김성돈, 451면.
21) 김일수/서보학, 552면.
22) 同旨: 대판, 1966. 4. 21, 66도152; 대판, 1966. 7. 12, 66도617; 대판, 1991. 6. 25, 91도436 등.

범위 내에서만 준용해야 한다[24]는 견해가[25] 대립하는데, 후설이 다수설이다.

실행의 착수 이후의 행위를 중지하면 형을 감경·면제까지 하면서 실행의 착수도 나아가지 아니한 예비행위를 중지한 때에는 법정형으로 처단하는 것은 형의 균형상 타당하지 않다. 따라서 준용긍정설 중에서도 다수설이 타당하다고 본다.

⑵ 예비죄의 공범

1) 문제점　예비죄에 대하여 공동정범, 교사범, 종범이 성립할 수 있느냐가 문제된다. 즉, 2인 이상이 공동으로 범죄를 실행하려고 하였으나 가벌적 예비에 그친 경우에 공동 예비자를 예비죄의 공동정범으로 처벌할 수 있느냐, 그리고 정범이 범죄의 실행에 착수할 것을 예상하고 교사·방조하였으나 정범의 행위가 예비단계에 그친 경우에 예비죄의 교사범·종범으로 처벌할 수 있느냐가 문제된다. 다만 형법은 예비죄의 교사에 해당하는 기도된 교사(제31조 2항, 3항)를 처벌하는 특별규정이 있기 때문에 예비죄의 공범은 주로 예비죄의 공동정범과 종범이 성립하느냐의 문제로 다루어진다.

2) 예비죄의 공동정범

(a) 긍정설　예비죄는 기본범죄의 수정형태이고 예비죄 자체의 실행행위도 인정할 수 있으므로 2인 이상이 예비행위에 가공하면 예비죄의 공동정범이 된다고[26] 한다. 판례가 취하는 태도이다.[27]

(b) 부정설　기본적 구성요건 이외에는 실행행위의 관념을 생각할 수 없고, 예비죄는 기본범죄의 발현형태에 지나지 않으므로 예비죄의 공동정범을 인정할 수 없으며, 기본범죄에 대한 음모죄가 성립한다는[28] 것이다.

(c) 결 어　예비죄의 실행행위성을 인정할 때에는 예비죄의 공동정범뿐만

---

23) 백남억, 259면.

24) 예컨대, 살인예비죄(제255조)의 법정형(10년 이하의 징역)은 살인의 중지미수가 감경되는 형(무기 또는 2년 6월 이상의 징역)보다는 가벼우므로 준용할 필요가 없고, 형이 면제되는 경우보다는 중하므로 "형의 면제" 부분만을 준용하면 된다고 한다.

25) 정영석, 232면; 김종원(8인 공저), 298면; 정성근, 486면; 이형국, 228면; 이재상, 391면; 진계호, 442면; 배종대, 517면; 박상기, 356면; 안동준, 195면; 조준현, 349면.

26) 정성근, 488면; 이재상, 414면; 이형국, 229면; 김일수/서보학, 552면; 박상기, 336면; 손해목, 832면; 진계호, 443면; 배종대, 536면; 신동운, 545면; 오영근, 500면; 백형구「예비죄」, 91면; 차용석「예비죄」, 74면

27) 대판, 1976. 5. 25, 75도1549; 대판, 1978. 2. 23, 77도340; 대판, 1979. 5. 22, 79도552.

28) 임웅, 358면.

아니라 그 종범도 긍정하는 것이 논리적이다. 예비죄의 공동정범은 공동자가 함께 예비행위를 실행하는 것이므로 단독으로 예비행위를 하는 것과 불법에서 차이가 없다. 따라서 예비죄의 공동정범을 인정하는 긍정설이 타당하다.

3) 예비죄의 종범

(a) 공범독립성설의 입장　방조행위 그 자체를 공범의 실행행위라고 하는 공범독립성설에 의하면 피방조자가 실행에 착수하지 아니하여도 방조의 미수는 성립하고, 만일 피방조자의 행위가 가벌적 예비행위에 해당하면 방조자는 예비죄의 종범(교사범도 성립)으로 처벌된다고[29] 한다.

그러나 방조행위 자체를 실행행위라고 하면 피방조자의 예비행위가 없는 때에도 방조미수를 인정해야 하는데, 종범에 대해서는 교사의 경우처럼 기도된 교사에 해당하는 처벌규정이 없다는 점에 비추어 형법의 취지에 반하며, 형법은 종속성설을 취하고 있다고 해야 하므로 예비죄의 종범도 종속성설을 전제로 검토되어야 한다.

(b) 공범종속성설의 입장　공범은 정범의 실행행위에 종속해서만 실행행위를 인정할 수 있다는 공범종속성설에서는 예비죄의 공범(교사범, 종범)을 인정할 것이냐에 대해서 견해가 대립한다.

aa) 긍정설　예비죄의 종범(교사범)이 성립하고 가벌행위가 된다는 견해로, 종래 우리나라 다수설이다.[30] 그 이유는, ① 정범이 예비죄로 처벌될 정도의 위험을 발생시킨 이상 이를 방조·교사한 자도 그 공범으로 처벌하는 것이 공범종속성설에 부합하며, ② 예비죄도 예비죄의 구성요건을 실행하는 예비행위가 예비죄의 실행행위가 되므로 이에 대한 공범도 성립할 수 있으며, ③ 부정설에 의하면 정범만 예비죄로 처벌하고 그 공범을 처벌에서 제외하게 되므로 정책적으로 타당하지 않다는 것이다.

이에 대해서는, ① 예비행위를 실행행위라고 하면 실행행위의 개념이 불명확하게 되며, ② 종속성설에 의하면 정범이 실행에 착수할 것을 요구하고 있고, ③ 기도된 교사에 해당하는 규정이 없다는 취지에 비추어 긍정설은 타당하지 않다는 비판이 있다.

---

29) 木村, 總論, 418면, 423면; 同, 新構造(下), 16면.

30) 염정철, 356면; 유기천, 303면; 권문택, 형법문제연구, 161면, 172면; 김일수/서보학, 554면; 안동준, 210면.

bb) 부정설 예비죄의 종범(교사범)을 부정하는 견해로,[31] 그 이유는, ① 종범(교사범)이 정범에 종속하려면 정범의 실행행위가 있어야 하는데, 예비죄는 이러한 실행행위가 없고, ② 예비행위 그 자체가 원래 무정형·무한정한 것이므로, 여기서 더 나아가 그 종범까지 가벌성을 인정할 수 없으며, ③ 예비를 처벌하는 그 자체도 중대범죄의 미연 방지라는 정책적 배려 때문에 극히 예외적으로 인정할 뿐인데 여기서 더 나아가서 예비의 종범까지 처벌하는 것은 법감정에 반한다는 것이다. 판례도 같은 태도이다.

【판례】 형법 32조 1항 소정 타인의 범죄란 정범이 범죄의 실행에 착수한 경우를 말하는 것이므로 종범이 처벌되기 위하여는 정범의 실행의 착수가 있는 경우에만 가능하고 형법 전체의 정신에 비추어 정범이 실행의 착수에 이르지 아니한 예비의 단계에 그친 경우에는 이에 가공하는 행위가 예비의 공동정범이 되는 경우를 제외하고는 종범의 성립을 부정하고 있다고 보는 것이 타당하다(대판, 1976. 5. 25, 75도1549).[32]

이에 대해서는, ① 실행행위 개념이 지나치게 형식논리적이고, ② 예비죄는 예외적으로 처벌하지만 가벌적인 구성요건이 별도로 존재한다는 점을 고려하지 않고 있다는 비판이 있다.

cc) 결 어 예비죄의 종범(교사범)은 공동정범의 경우와 구별해야 한다. 예비행위 그 자체가 무정형·무한정하고 그 불법도 미미하여 예외적으로 처벌하는 것임에도 불구하고 이보다 불법이 거의 없는 예비죄의 종범까지 처벌하는 것은 행위의 위험성이 없는 행위를 처벌하는 것과 다르지 않으며, 공범종속성설은 정범의 실행행위에 종속해서 종범의 범죄성을 논의하므로 기도된 방조규정을 두지 않는 형법의 취지에 비추어 부정설이 타당하다고 본다.

---

31) 이형국, 230면; 황산덕, 예비죄(고시계, 1966. 7), 91면; 이재상, 415면; 박상기, 337면; 배종대, 537면; 손해목, 836면; 진계호, 443면; 임웅, 359면; 김성돈, 661면; 신동운, 547면; 오영근, 501면; 백형구, 「예비죄」, 92면; 김성천, 373면.

32) 同旨: 대판, 1978. 2. 23, 77도340; 대판, 1979. 5. 22, 79도552.

제2절 미 수 범

Ⅰ. 미수범의 의의 · 처벌근거

1. 미수범의 의의

범죄의 실행에 착수하여 행위를 종료하지 못하였거나 종료하였어도 결과가 발생하지 아니한 미수(Versuch)가 가벌적인 경우를 미수범이라 한다. 형법은 장애미수 · 중지미수 · 불능미수의 세 종류 미수범을 규정하고 있다. 장애미수(제25조 1항)는 행위자의 의사에 반하여 우연적 사정으로 범죄를 완성하지 못했으나 위험성이 있는 미수이고 협의의 미수라 한다. 중지미수(제26조)는 행위자가 자의로 범죄를 중지한 미수이고 미수범 중에서 가장 관대하게 처벌한다. 불능미수(제27조)는 행위자의 의사에 반하여 범죄를 완성하지 못했으나 애당초 범죄의 결과발생이 불가능하고 위험성만 있는 미수이다. 행위자의 의사에 반하여 미수가 된다는 점에서 (광의의) 장애미수의 일종이며, 범죄의 결과발생 가능성 유무에 따라 장애미수와 불능미수가 구별된다. 세 종류 미수범을 광의의 미수(범)라 한다.

2. 미수범의 처벌근거

모든 미수범의 본질은 무엇이며, 결과발생도 없는 미수를 처벌하는 근거가 무엇이냐에 대하여 견해가 대립하고 있다. 미수범의 가벌성 근거와 가벌성의 차등근거에 관련된 이론이다.

(1) 객관설

미수범의 처벌근거는 구성요건이 보호하고 있는 보호법익에 대한 직접적 위험성에 있다는 견해이다. 포이엘바하(Feuerbach) 이후 객관주의 범죄이론에서 주장되어 온 것으로, 범죄 실현의사인 고의는 예비 · 미수 · 기수의 모든 범행단계에서 동일하므로 예비와 미수의 한계는 물론, 미수범의 처벌근거도 객관적으로 나타나는 구성요건 결과실현의 근접한 위험성(개연성)에 있다는 것이다. 이에 의하면 법익침해 내지 결과발생(결과반가치)에 대한 개연성이 있는 미수는 양적인 면에서 예비와 구별되며, 애당초 이러한 개연성도 없는 불능범은 질적인 면에서 구별하여 가벌성을 부정한다. 그리하여 미수범은 법익침해 내지 결과발생이 있는 기수범에 비하여 예외적으로 처벌하며, 처벌하는 경우에도 그 형을 감경해야 한다는 결론이 된다.

객관설은 법익침해 내지 결과실현에 대한 개연성·위험성에 의해 미수범의 처벌범위를 제한하려는 취지 자체는 타당하다. 그러나 결과반가치만 강조한 결과 법익침해(결과발생)가 있는 기수범보다 미수범의 처벌을 임의적 감경으로 하는 이유를 설명하기 곤란하고, 행위반가치를 전혀 고려하지 않는다는 결함이 있다.

(2) 주관설

미수범의 처벌근거는 행위에 의하여 외부에 나타난 범죄의사 내지 법적대적 의사에 있다는 견해이다. 원래 범죄징표설에서 주장되었으나 오늘날에는 행위반가치일원론에서 주장한다.[33] 이에 의하면 미수범은 실행에 착수하여 범죄의사 내지 법적대적 의사가 외부에 나타난 이상, 사회일반의 법적 평온상태는 침해되므로 보호법익에 대한 직접적 위험이 없는 미수도 처벌대상이 된다고 한다. 결국 법익침해 내지 결과발생이 없어도 범죄의사를 실현하기 위한 행위반가치가 있으면 법적 평온상태가 침해되어 처벌해야 한다는 것이다. 범죄의사 내지 법적대적의사의 외부적 표현은 미수와 기수의 차이가 없으므로 미수범도 기수범과 같이 원칙적인 가벌대상이 되며, 처벌에서도 차이를 둘 필요가 없게 된다. 또 불능범도 법적대적 의사의 표현이 있다는 점에서 미수범과 차이가 없으므로 가벌대상이 될 수밖에 없다.

주관설은 행위자의 법적대적 의사라는 주관적 요소가 불법의 내용이 된다고 한 것은 타당하다. 그러나 주관적 요소만 강조한 결과, 미수범 처벌이 예외적이고 처벌하는 경우에도 임의적 감경을 하는 이유를 설명할 수 없고, 불능미수와 장애미수의 처벌의 차이도 인정할 수 없으며, 미수범의 처벌범위를 시간적(실

---

33) Welzel, S. 192f.; Stratenwerth, 11/19, 21.

행의 착수시기), 질적(불능범)으로 지나치게 확대하여 심정형법화할 위험이 있으며, 결과반가치를 고려하지 않는다는 결함이 있다.

(3) 절충설

행위자의 법적대적 의사(범죄의사)에 중점을 두면서 객관적 기준에 의하여 미수범의 가벌성 범위를 제한하는 견해이다. 즉, 미수범의 처벌근거는 범죄의사에 있지만 그 가벌성은 범죄의사가 외부에 표현됨으로써 법질서 효력에 대한 일반인의 신뢰와 법적 안정성을 침해하였기 때문에 처벌된다[34]는 것이다. 절충설에 의하면 예비와 미수의 구별에서도 주관적 측면과 객관적 측면을 고려하며(실행의 착수에 있어 절충설), 애당초 위험성도 없는 불능범은 가벌대상이 될 수 없고, 미수범의 처벌은 기수범의 형보다 감경할 수 있다고 한다.

독일의 통설은[35] 법질서 효력에 대한 신뢰와 법적 안정성이 법적대적 의사에 의해 나타난 법동요적(법익평온상태의 교란) 인상이 사회일반인에게 심리적 효과로 나타난다는 인상설(Eindruckstheorie)이 미수범의 처벌근거라고 하는데, 우리나라 절충설과 같은 것은 아니다.

(4) 결 어

모든 가벌적 행위의 불법은 결과반가치와 행위반가치가 있는 때에 형법적 불법을 인정해야 한다. 이는 기수범이건 미수범이건 차이가 없다. 미수범에는 현실적인 법익침해나 결과발생이 없다. 그러나 미수범도 법익침해를 지향한 행위로 인하여 법질서 효력에 대한 신뢰와 법적 안정성을 해한다는 결과는 있으므로, 이 결과가 미수범의 결과반가치가 되며, 기수범의 결과반가치와 정도의 차이가 있을 뿐이다. 즉, 미수범은 행위로 인하여 법질서 효력에 대한 일반인의 신뢰와 법적 안정성을 해하는 결과반가치와, 범죄의사 내지 법적대적 의사를 가지고 법익침해를 지향한 행위반가치가 있으므로 가벌행위로 평가받을 수 있다. 미수범의 불법근거를 옳게 설명하는 절충설이 타당하다고 해야 한다.

절충설에 의하면 미수범의 가벌성 차등근거도 합리적으로 설명할 수 있다.

---

34) 정성근, 494면; 이형국, 233면; 이재상, 360면; 김일수/서보학, 515면; 진계호, 446면; 손해목, 844면; 배종대, 491면; 임웅, 351면; 정영일, 332면; 오영근, 479면; 김성돈, 405면.

35) Jescheck/Weigend, §49 Ⅱ 2; Wessels, Rdn. 594; Maurach/Gössel/Zipf, 40/40; Sch/Sch/Eser, Vor §22 Rdn. 23; Rudolphi, SK, Vor §22 Rdn. 14.

행위반가치에서는 미수범과 기수범은 동일하지만 법질서 효력에 대한 신뢰와 법적 안정성을 침해하는 미수범은 법익침해까지 있어야 하는 기수범에 비하여 결과반가치에 차이가 있으므로 임의적 감경을 할 수 있고, 장애미수(범)와 불능미수(범)는 행위반가치에서는 동일하지만 결과발생의 가능성조차 없는 불능미수의 결과반가치가 더욱 감소되므로 임의적 감면을 할 수 있다. 중지미수(범)는 법적대적의사의 포기로 인한 중지 때문에 법적 신뢰가 회복되므로 행위반가치와 결과반가치가 현저히 감소하여 필요적 감면을 하게 된다.

Ⅱ. 장애미수(범)

1. 장애미수(범)의 의의

장애미수(범)는 고의로 범죄실행에 착수하였으나 자기의사에 반하여 실현가능한 범죄를 완성시키지 못하고 가벌적 행위에 해당하는 범죄유형을 말한다. 협의의 미수라고 한다. 형법 제25조는 "범죄의 실행에 착수하여 행위를 종료하지 못하였거나 결과가 발생하지 아니한 때"라고 규정한 것은 이를 말하며 모든 가벌미수의 성립요건이 된다.

2. 장애미수(범)의 성립요건

장애미수(범)는 주관적 구성요건요소로서 고의가 있고, 객관적 구성요건요소로서 실행에 착수하여 범죄가 완성되지 않아야 한다. 또 특수한 주관적 불법요소가 요구되는 범죄는 이를 구비해야 한다. 그리고 모든 미수범의 구성요건은 형법총칙에서 기술하고 있는 확장된 구성요건이므로 미수범의 구성요건 그 자체만으로 독립하여 가벌행위가 될 수 없고, 항상 각칙상의 개개의 구성요건과 결합해서만 존재한다. 즉, 미수범은 항상 예컨대 "살인의 미수범", "절도의 미수범"의 형식으로 존재하고 각칙상의 죄명없는 단지 "미수범"만으로 가벌행위가 될 수 없다.

(1) 주관적 구성요건요소

1) 고 의 형법 제25조는 미수범의 요건으로서 고의를 명시하지 않았으나, 과실의 미수범을 인정하지 않는 현행법상 기수의 고의범처럼 모든 미수범은 고

의가 있어야 한다. 미수범의 고의도 기수범의 그것과 마찬가지로 기본적 구성요건의 객관적 요소에 대한 인식 · 의사이고 무조건적인 구성요건 실현의사라야 한다. 아직 범죄의사가 결의되지 않은 조건부 고의는 고의가 아니다. 확정적 고의는 물론, 미필적 고의도 미수범의 고의가 되며, 가중 구성요건에 대한 미수범은 가중사정에 대한 인식이 있어야 한다.

미수범의 고의는 기수범의 고의와 동일하므로, ① 기수의 의사가 있어야 하고, 애당초 미수에 그치겠다는 미수의 고의는 미수범의 고의가 아니며 불가벌이다. ② 과실범은 범죄실현의사가 없으므로 과실의 미수란 있을 수 없다. ③ 미수범의 고의도 미수범의 행위반가치의 내용이 되는 주관적 불법요소가 된다.

2) 특수한 주관적 불법요소　특수한 주관적 불법요소가 요구되는 범죄에서는 이러한 주관적 불법요소도 갖추고 있어야 그 죄의 미수범이 성립할 수 있다. 목적범에 있어서의 목적, 경향범에 있어서의 내심의 경향, 표현범에 있어서의 내심의 상태가 이에 속한다.

(2) 객관적 구성요건요소

1) 실행의 착수

범죄의 실행에 착수하여야 한다. 범죄의 실행이란 구성요건에 해당하는 실행행위를 말하며,[36] 실행행위는 실행의 착수로 개시된다. 실행의 착수가 없으면 실행행위는 존재하지 않고 예비 · 음모가 문제될 뿐이다. 따라서 미수와 예비의 한계는 실행의 착수에 있다. 실행의 착수는 실행행위의 개시를 의미한다. 그러나 구체적으로 어떠한 시점에서 실행의 착수가 있다고 할 것이냐에 대해서 학설이 대립한다.

(가) 실행의 착수에 관한 학설

(a) 객관설　구성요건의 내용을 실행하는 객관적 · 외부적 행위를 기준으로 실행의 착수를 정하려는 견해이다. 객관주의 범죄이론의 전통적인 실행의 착수개념으로 다시 두 가지로 나뉘어진다.

aa) 형식적 객관설　법적으로 기술되어 있는 개개 구성요건적 행위를 기준으로 구성요건에 해당하는 정형적인 행위, 또는 그 일부를 개시한 때에 실행

36) 결과범은 결과와 인과관계를 제외하고 이에 선행하는 행위, 예컨대 살인죄에서 "칼로 사람의 가슴을 찌르는 행위" 그 자체만이 실행행위이다. 거동범은 범죄의 완성에 필요한 행위, 예컨대 위증죄에서 선서한 증인이 "허위의 진술을 하는 것" 자체가 실행행위로 된다.

의 착수가 있다고[37] 하는 견해이다. 예컨대 절도죄는 금고나 장롱의 문을 여는 정도로 부족하고 직접 손으로 재물을 잡은 때, 살인죄는 권총의 방아쇠를 당길 시점에 실행의 착수가 있다고 한다.

그러나 ① 범죄의 실행행위는 천태만상이며 구성요건의 정형성과 관계없는 실행도 많기 때문에 구체적으로 어떤 행위가 구성요건에 해당하는 정형적 행위인지는 명백하지 않으며, ② 구성요건적 행위의 앞 단계에 있는 행위에 대해서는 모두 실행의 착수를 인정할 수 없으므로 가벌성의 범위를 지나치게 제한한다. 예컨대 여러 사람이 협력·분담하는 범행형태에서 공모 후 망보는 행위, 공모 후 단순한 협력만 하는 행위는 법익침해에 대한 위험에 직면하고 있어도 실행의 정형성이 없으므로 실행의 착수를 인정할 수 없다. ③ 공동정범, 간접정범, 격리범 등의 실행의 착수를 인정하기 곤란하다는 비판을 받는다.

bb) 실질적 객관설 실행행위를 실질적으로 고찰하여 실행의 착수를 설명하는 견해로 두 가지가 있다. ① 하나는 프랑크(Frank) 공식이다. 행위가 사물의 자연적 경과에 의하여 구성요건적 결과를 실현하는 데 불가결한 상태에 이른 때, 혹은 구성요건적 행위와 필연적 관계가 있고 자연적 관념에 비추어 실행의 일부라고 볼 수 있는 행위를 개시한 때에[38] 실행의 착수가 있다고 한다. ② 다른 하나는 보호법익에 대한 직접적 위험 또는 법익침해에 대한 제1의 행위가 있는 때에[39] 실행의 착수가 있다고 한다. 판례가 법익침해에 대한 밀접한 행위가 있으면 실행의 착수가 있다는 것도 여기에 속한다.

【판례】 ① 절도죄의 실행의 착수시기는 재물에 대한 타인의 사실상의 지배를 침해하는 데 밀접한 행위가 개시된 때라 할 것인 바, 피해자소유 자동차 안에 들어 있는 밍크코트를 발견하고 이를 절취할 생각으로 공범이 위 차 옆에서 망을 보는 사이 위 차 오른쪽 앞문을 열려고 앞문손잡이를 잡아당기다가 피해자에게 발각되었다면 절도의 실행에 착수하였다고 봄이 상당하다(대판, 1986. 12. 23, 86도2256).

② 노상에 세워 놓은 자동차 안에 있는 물건을 훔칠 생각으로 자동차의 유리창을 통하여 그 내부를 손전등으로 비추어 본 것에 불과하다면 … 타인의 재물에 대한 지배를 침해하는 데 밀접한 행위를 한 것이라고는 볼 수 없어 절취행위의 착수에 이른 것이었다고 볼 수 없다(대판, 1985. 4. 23, 85도464).

---

37) 백남억, 245면.
38) Frank, StGB. §43 Ⅱ 2, S. 87.
39) M.E. Mayer, AT, 2. Aufl., 1923, S. 353.

그러나 ① 실질성의 내용이 되는 "자연적 경과에 의한 결과실현의 불가결한 상태", "자연적 관념에 의한 실행의 일부" 또는 "법익침해의 직접적 위험이나 그 제1의 행위"가 구체적으로 어떤 것인가를 판단하는 기준이 애매하고, ② 이러한 실질적 내용은 행위자의 범죄의사나 범행계획을 제외하고 외부적 사정만으로 판단이 불가능하며, ③ 법익에 대한 위험을 전제로 하면 위험의 존재를 요구하지 않는 추상적 위험범의 실행의 착수를 설명하기 곤란하다.

(b) 주관설　행위자의 주관적 의사를 기준으로 실행의 착수를 정하는 견해이다. 범죄의사의 수행성과 확실성이 외부적 행위에 의하여 명백하게 나타난 때,[40] 범죄의사가 수행적 행위에 의하여 확정적으로 인정된 때에,[41] 실행의 착수가 있다고 한다. 판례[42]가 간첩죄의 실행의 착수시기를 국내에 잠입한 때로 보는 것은 주관설의 입장이다.

그러나 주관설에 의하면, ① 범죄의사의 수행성·확실성·확정적 인정은 행위자의 입장에서 판단해야 하므로 실행행위의 정형성을 고려할 수 없으며, ② 실행행위의 정형성(또는 구성요건의 유형성)을 떠나서 범죄의사의 수행성·확실성·확정적 인정을 논증할 수도 없고, ③ 범죄의사의 수행성·확실성을 강조하면 예비와 미수의 구별이 곤란하여 미수를 예비단계까지 부당하게 확대할 위험이 있다.

(c) 절충설(주관적 객관설)　객관설의 지나친 엄격성과 주관설의 부당한 확대를 시정하기 위해 두 견해를 절충한 견해로서, 행위자의 범죄의사와 보호법익에 대한 위험성을 고려하여 실행의 착수를 인정한다.[43] 즉, 행위자의 전체적 범행계획에 비추어 범죄의사가 보호법익을 직접 위태롭게 할만한 행위 속에 명백하게 나타난 때 실행의 착수가 있다고 한다. 이를 주관적 객관설이라고도 하며, 우리나라의 통설[44]이다. 독일 형법 제22조는 이 견해를 입법화하고 있다.

---

40) 牧野, 日本刑法, 254면.

41) 정영석, 219면; 이건호, 154면 이하.

42) 대판, 1969. 10. 28, 69도1606; 대판, 1961. 9. 28, 4294형상232.

43) 절충설에는 객관적 측면을 강조하는 객관적 절충설과 주관적 측면을 강조하는 주관적 절충설로 나눌 수 있는데, 실제상 차이가 없으므로 여기서는 후자의 주관적 절충설을 기본으로 설명한다. 객관적 절충설과 주관적 절충설에 대한 자세한 설명은 김종원(8인 공저), 282면 이하; 정성근, "실행의 착수"(고시연구, 1976. 2) 참조.

44) 유기천, 257면; 황산덕, 227면; 김종원(8인 공저), 284면; 성시탁, 실행의 착수(고시계, 1985. 5), 33면; 정성근, 499면; 이재상, 366면; 이형국, 236면; 김일수/서보학, 518면; 진계호, 450면; 임웅, 346면; 손해목, 851면; 안동준, 181면; 배종대, 496면; 박상기, 338면; 오영근, 484

미수범의 처벌근거가 법질서 효력에 대한 신뢰와 법적 안정성을 침해하고, 법익침해를 지향하고 있는 행위자의 법적대적 의사에 있다면 실행의 착수도 이를 전제로 결정하여야 한다. 절충설은 법익침해를 지향하고 있는 범죄의사와 법익침해의 직접적 위험이 있는 행위까지 고려하여 실질적 관점에서 실행의 착수를 판단하므로 타당하다고 본다. 이에 따른 판례도 있다.

【판례】 실행의 착수는 범인의 결정적 범의의 표현이 범죄구성요건의 실현단계에 돌입하는 순간에 있다 할 것이고 만연히 범죄결과의 발생에 대한 밀접한 행위 또는 일반적 위험성 있는 행위가 있을 때 그 착수가 있다고 할 수 없다. 따라서 중앙청내 개천절 경축식장에서 수류탄을 투척하여 대통령을 살해할 목적으로 갑이 사직공원에서 실행담당자인 을, 병에게 수류탄 2개를 교부하였다 해도 이를 범죄실행의 착수로는 볼 수 없다(대판, 1956. 11. 30, 4289형상217).

(d) 절충설에 의한 착수시기 범행계획에 비추어 범죄의사가 보호법익을 직접 위태롭게 하는 행위에서 나타나야 한다. ① 구성요건이 예정하고 있는 행위의 개시가 있는 경우는 물론, 구성요건이 예정한 행위가 아니라도 보호법익에 대한 직접 위험이 있는 행위의 개시가 있으면 실행의 착수를 인정할 수 있다. 보호법익에 대한 직접 위험성은 구성요건적 행위와 시간적 장소적으로 불가분의 관계가 있고 전체로서 구성요건 실현에 기여하는 행위가 있으면 인정할 수 있다. 다만 구성요건 실현을 위해 행위자의 별도의 행위를 특별히 요구하는 범죄(행위의존적 범죄)에서는 그 요구되는 행위가 있어야 한다. ② 구성요건적 행위 또는 법익에 대한 직접 위험성이 있는 행위는 범죄의사의 표현으로 인정할 수 있어야 한다. 보통 행위자의 계획대로 진행되면 다른 개입행위 없이 구성요건이 실현될 수 있으면 실행의 착수를 인정할 수 있다.

(나) 특수범죄유형의 착수시기

(a) 간접정범 간접정범의 실행의 착수에 관해서는, ① 이용자의 이용행위가 있는 때,[45] ② 피이용자의 행위개시가 있는 때,[46] ③ 피이용자가 선의의 도구인 경우는 이용자의 이용행위가, 악의의 도구인 경우는 피이용자의 행위개시

면: 김성돈, 410면: 신동운, 461면: 손동권, 401면 이하: 정영일, 332면: 김성천, 317면.

45) 유기천, 134면: 정영석, 205면: 신동욱, 미수범의 이론구조(고시계, 1974. 1), 18면: 손해목, 854면: 이재상, 369면: 박상기, 340면: 안동준, 182면: 임웅, 348면: 김일수/서보학, 521면: 김성돈, 628면.

46) 이형국, 237면: 신동운, 663면 이하.

가 있는 때에 실행의 착수가 있다는 견해[47]가 대립한다.

실행행위를 자연적 사실적 의미로 파악하면 간접정범은 결과발생(법익침해)에 대해 직접 원인을 주는 피이용자의 행위를 기준으로 판단하게 된다. 그리고 이용자 행위설은 실행행위를 규범적으로 파악하여 피이용자의 행위는 이용자의 유치행위의 당연한 연장으로 본다. 그러나 간접정범은 의사지배가 있어야 하고, 피이용자가 악의의 도구인 경우에는 의사지배가 있다고 할 수 없으므로 이 경우에는 이용자의 이용행위를 기준으로 실행착수를 인정할 수 없다고 본다. 따라서 피이용자가 선의의 도구인 경우(원칙적인 간접정범 형태)에는 이용행위시에, 악의의 도구인 경우(예외적인 간접정범 형태)에는 피이용자의 실행행위시에 실행의 착수가 있다고 해야 한다.

(b) 공동정범　공동정범자 개인의 행위가 아니라 공동자 전체의 행위를 기준으로 실행의 착수를 인정하는 것이 다수설이다. 즉, 공동자 중 어느 한 사람이 공동의 범행계획에 따라 실행에 나아가면 다른 공동자가 아직 구체적인 실행에 나아가지 아니한 때에도 모든 공동정범에 대하여 실행의 착수를 인정한다. 그러나 공동정범은 기능적 행위지배가 있어야 하므로 공동자 각자의 기능적 역할분담에 따른 행위의 개시가 있는 때에 실행의 착수를 인정해야 한다.

(c) 격리범　격리범(Distanzverbrechen)이란 실행행위와 결과발생(법익침해)이 시간적·장소적으로 간격이 있는 범죄(격시범·격지범)를 말한다. 독이 들어있는 케익을 생일선물로 우송하여 사람을 살해하는 경우가 그 예이다.

객관설은 결과발생에 근접·밀접한 행위를 한 때(적어도 독이 혼입된 케익이 배달된 때 또는 식탁에 놓인 때) 실행의 착수가 있다고 하고, 주관설은 원인행위를 설정한 때(우체국에 위탁한 때)에 실행의 착수가 있다고 한다. 절충설은 전체 범행계획을 고려하여 범죄의사가 직접적으로 법익침해의 위험성이 있는 행위로 나타난 때를 기준으로 하므로 원인설정행위가 종료된 때(우체국에 배달위탁이 끝난 때) 실행의 착수를 인정한다.

(d) 원인에 있어서 자유로운 행위　객관설은 책임능력결함상태 하의 행위시에, 주관설은 원인설정시에 실행의 착수를 인정하는 것이 논리적이라 할 수 있다. 이에 대해서 고의의 작위범은 책임능력결함상태의 실행행위를, 고의의 부작위범은 의무에 반한 부작위 개시시에 실행의 착수가 있다는 견해도 있다.

---

47) 김종원(8인 공저), 284면; 정성근, 500면; 진계호, 451면 이하; 배종대, 618면.

책임능력 있는 때의 원인설정행위와 책임능력결함상태 하의 실행행위는 동일한 의사결정에 의한 불가분의 연관과정이므로 책임능력결함상태 하의 실행행위시에 실행의 착수가 있다고 해야 한다.

(e) 결합범 결합범이란 강도죄, 야간주거침입절도죄, 강도살인죄 등과 같이 독립하여 각각 범죄가 될 수 있는 수개의 행위가 결합하여 하나의 구성요건을 구성하는 범죄유형을 말한다.

결합범의 실행의 착수에 관해서는 어느 학설에 따라도 결합된 행위의 어느 하나가 개시되면 결합범 전체의 실행의 착수를 인정한다. 예컨대 강도죄는 강도의사로 폭행을 개시한 때, 야간주거침입절도는 주거침입시에 실행의 착수가 있다. 또 결합범은 아니나 결합행위를 요구하는 강간죄도 강간의사로 폭행을 개시한 때 실행의 착수가 있다.

【판례】 ① 강간죄는 부녀를 간음하기 위하여 피해자의 항거를 불능하게 하거나 현저히 곤란하게 할 정도의 폭행 또는 협박을 개시한 때에 그 실행의 착수가 있다고 보아야 할 것이고, 실제로 그와 같은 폭행 또는 협박에 의하여 피해자의 항거가 불능하게 되거나 현저히 곤란하게 되어야만 실행의 착수가 있다고 볼 것은 아니다(대판, 2000. 6. 9, 2000도1253).

② 야간에 타인의 재물을 절취할 목적으로 사람의 주거에 침입한 경우에는 주거에 침입한 단계에서 이미 야간주거침입절도라는 범죄행위의 실행에 착수한 것이다(대판, 1970. 4. 28, 70도507).[48]

(f) 부작위범 부작위범의 실행의 착수시점은 작위의무가 발생하고 있음에도 불구하고 작위로 나아가지 아니한 때이다. 작위의무의 발생시기에 대해서는 진정부작위범과 부진정부작위범을 나누어 개별적으로 고찰할 필요가 있다.[49]

2) 범죄의 미완성

(a) 범죄 미완성의 의의 범죄의 실행에 착수하여 범죄가 완성되지 않아야 한다. 장애미수(범)에 있어서 행위자의 의사에 반한 의외의 장애로 인하여 범죄가 완성되지 않아야 한다. 범죄의 완성 여부는 행위자가 의도한 목적의 달성 여부와 관계없다. 의외의 장애라는 점에서 자의로 범행을 중지한 중지미수(범)와 구별된다. 다만 중지미수(범)도 실행에 착수한 행위가 범죄를 완성시키지 못했다는 점에서 장애미수(범)와 같다. 결과가 발생한 때에도 행위와 결과 사

48) 同旨: 대판, 1972. 6. 27, 72도1028; 대판, 1983. 3. 8, 83도145 등.
49) 이에 대해서는 후술하는 부작위범의 미수(제2편 제8장 제2절 Ⅳ. 2) 참조.

이에 인과관계가 없으면 미수가 된다.

(b) 착수미수 · 실행미수 장애미수는 강학상 실행행위의 종료 유무에 따라 착수미수(unbeendeter Versuch)와 실행미수(beendeter Versuch)로 구별한다.[50] 착수미수는, 예컨대 칼로 찌르려고 하는 순간에 타인이 제지하여 살해하지 못한 경우와 같이 실행에 착수하였으나 실행행위 그 자체를 종료하지 못한 경우를 말한다. 형법 제25조에서 "행위를 종료하지 못하였거나"라고 한 것은 이를 의미한다. 실행미수는, 예컨대 총을 발사하였으나 명중하지 않은 경우 또는 명중은 하였으나 치명상이 아니기 때문에 사망하지 아니한 경우와 같이 실행행위는 종료하였으나 결과가 발생하지 아니한 경우를 말한다. 형법 제25조에서 "결과가 발생하지 아니하여"라고 한 것은 이를 의미한다.

착수미수와 실행미수는 다 같이 범죄의 실행에 착수하여 이를 완성하지 못한 경우이고, 또 처벌에 있어서도 차이가 없으므로 형법상 중요하지 않으나 중지미수의 성립요건을 달리한다는 점에서 구별의 실익이 있을 뿐이다.

3. 장애미수(범)의 처벌

장애미수(범)가 가벌적 행위가 되기 위해서는 미수범의 구성요건을 충족한 것만으로 부족하고 다시 위법성과 책임이 인정되어야 한다. 모든 미수범의 위법성과 책임은 기수범의 그것과 같다. 다만 불법에서만 결과반가치의 내용이 다를 뿐이다(미수범 처벌근거 참조).

미수범은 형법 각 본조에 처벌규정이 있는 경우에만 처벌한다(제29조). 미수범의 형은 기수범보다 감경할 수 있다(제25조 2항). 임의적 감경이다.[51] 감경 여부는 미수범의 불법과 책임이 기수범보다 경하게 평가될 수 있는가를 고려하여 결정해야 한다. 미수범의 경우에 감경할 수 있는 형은 주형(主刑)에 한한다. 따라서 부가형과 보안처분에 대해서는 감경할 수 없으나[52] 징역과 벌금형이 병

50) 최근 이러한 용어사용은 혼동의 우려(착수미수의 경우는 실행에 이미 '착수'한 경우이고 실행미수는 실행을 이미 '종료'한 경우이기 때문에)가 있으므로 실행의 착수후 행위를 종료하지 못한 경우를 '미종료미수'라고 부르고, 실행행위를 종료하였으나 결과가 발생하지 않은 경우를 '종료미수'라고 부르는 견해(김성돈, 403면)도 있다.

51) 입법례로는 미수범과 기수범을 동일형으로 처벌하는 경우(프랑스 형법 제121-5조, 오스트리아 형법 제15조), 기수범보다 반드시 감경하는 경우(이탈리아 형법 제56조 2항), 임의적 감경에 그치는 경우(독일 형법 제23조 2항, 스위스 형법 제21조 1항, 제22조 1항) 등이 있다. 우리 형법은 절충적 입장에 따라 임의적 감경주의를 채택하고 있다.

과된 때에는 징역형 · 벌금형 모두 감경할 수 있다.

제 3 절 중지미수(범)

I. 중지미수(범)의 의의 · 법적 성질

1. 중지미수(범)의 의의

중지범 또는 중지미수(Rücktritt vom Versuch)란 범죄의 실행에 착수한 자가 범죄를 완성하기 전에 자의로 중지하거나 그 범행으로 인한 결과의 발생을 방지한 경우의 가벌미수를 말한다. 자의에 의하여 미수가 되었다는 의미에서 임의미수라고도 한다. 자의로 중지 또는 결과발생을 방지한 모두가 중지미수라 할 수 있으나 중지미수 중 특히 가벌성이 인정되는 경우에만 의미를 가지므로 중지범 또는 중지미수범이라 함이 타당하다.

형법 제26조는 중지미수(범)에 관하여 "범인이 자의로 실행에 착수한 행위를 중지하거나 그 행위로 인한 결과의 발생을 방지한 때에는 형을 감경 또는 면제한다"고 규정하고 있다. 중지미수(범)도 광의의 미수범에 속하나 범죄를 완성하지 못한 이유가 자의로 중지하였다는 점에서 협의의 장애미수(범)와 구별하여 필요적 감면으로 하고, 미수범 중에서 가장 관대한 취급을 하고 있다.

【입법례】 중지범에 대한 관대한 취급은 역사적으로 이미 13·4세기 후기 주석학파에 의해서 인정되어 왔다. 중지범에 관한 각국의 입법례를 보면 영미법과 같이 범죄의사를 포기하더라도 처벌에 아무런 영향 없이 일률적으로 미수범으로 처벌하는 법제(다만, 모범형법전 5장 5절 4 제외)와, 반대로 독일 형법(제24조), 오스트리아 형법(제16조), 프랑스 형법(제121-5조 반대해석)과 같이 중지미수는 처벌하지 않는 법제도 있다. 그 밖의 대다수 입법례는 중지미수범을 장애

52) 대판, 1977. 9. 13, 77도2028: 수뢰죄의 피고인에게 주형에 대한 선고를 유예하는 경우에도 수수한 뇌물은 이를 필요적으로 몰수하여야 하고 몰수불능일 때에는 그 가액을 추징하여야 한다.

미수범보다 관대하게 특별 취급한다. 우리 형법과 일본 형법은 필요적 감면사유임에 대해서 스위스 형법(제21조 1항, 제22조 2항)은 착수미수의 중지는 불가벌이지만 실행미수의 중지는 임의적 감경사유로 하고 있다.

2. 중지미수(범)의 법적 성질

중지미수(범)도 범죄의사를 실현하기 위하여 실행에 착수하였으나 범죄를 완성하지 못하였다는 점에서 장애미수(범)와 같다. 그러나 장애미수(범)의 형은 임의적 감경임에 대해서 중지미수(범)는 필요적 감면을 하고 있으므로 중지미수(범)를 필요적 감면하는 근거가 무엇이냐가 문제된다. 중지미수(범)의 법적 성질에 관한 문제이다. 이에 관해서 학설이 대립한다.

(1) 형사정책설

범죄의 실행에 착수한 이상 자의로 중지 또는 결과발생을 방지하여도 미수라는 기존사실은 사후적으로 폐기 또는 소멸되지 않으나 범죄를 미연에 예방한다는 형사정책적 이유에서 형을 필요적 감면한다는 견해이다.[53] 즉, 중지미수의 형 감면 규정을 둠으로써 미수단계에서 범죄실행을 중지하거나 결과발생을 방지하기 위한 충동을 주어 행위자에게 "되돌아 올 수 있는 황금의 다리"를 만들어 준 것이라 한다.

그러나 ① 정책적 효과는 중지미수가 특히 유리하게 취급된다는 것이 일반인에게 알려지지 아니한 때에는 기대할 수 없고, ② 대부분의 행위자가 행위시에 이러한 고려를 하는 것도 아니므로 실제에 있어 행위자에게 별다른 영향을 주지 못하며, ③ 정책적 효과는 중지미수를 처벌하지 않는 법제(독일, 오스트리아 형법)에서는 기대할 수 있으나, 감경과 면제의 두 단계로 구별하여 취급하는 우리 형법에서는 그 본래의 효과를 크게 기대할 수 없고, ④ 중지미수자에게 형을 감경할 것이냐 면제할 것이냐에 대한 기준도 없다는 비판이 있다.[54]

(2) 법률설

중지미수(범)는 중지로 인하여 범죄성립요건인 불법이나 책임이 감소 또는 소멸되어 감경 또는 면제한다는 견해로, 불법소멸·감소설과 책임소멸·감소

53) 정창운, 269면.
54) 김종원, 중지미수범(고시계, 1967. 9), 106면; 성시탁, 중지범(고시계, 1975. 3), 106면; 정성근, 505면; 이형국, 246면; 이재상, 375면.

설이 있다.

1) 불법소멸·감소설　미수범에 있어서의 고의는 주관적 불법요소이기 때문에 범죄가 기수로 되기 전에 자의로 범죄중지를 결의하면 주관적 불법요소가 감소 또는 소멸되어 행위의 불법도 감소 또는 소멸되므로 감경 또는 면제한다는 견해이다.[55)]

그러나 ① 공범종속성설(제한·극단 종속형식)에 의하면 정범의 중지행위로 불법이 소멸되었음에도 불구하고 공범이 처벌되는 이유를 설명할 수 없고, ② 객관적 위법성설에 의하면 중지의사를 갖기 이전의 불법요소는 후에 생긴 주관적 불법소멸사유가 있어도 부정되지 아니하며, ③ 불법이 소멸되면 범죄 그 자체가 성립하지 아니 함에도 불구하고 형면제 판결(유죄판결)을 하는 형법의 취지를 설명할 수 없다는 결함이 있다.[56)]

2) 책임소멸·감소설　자의에 의한 중지 때문에 행위자에 대한 책임(비난가능성)이 감소 또는 소멸되어 감경 또는 면제한다는 견해이다.[57)] 즉, 자의로 중지하면 행위반가치를 부정하는 규범의식이 각성되거나 중지행위에 나타난 규범합치적 인격태도로 인하여 책임이 감소되거나 소멸된다는 것이다.

그러나 ① 중지에 의하여 책임이 감소할 수는 있으나 이미 존재한 책임을 사후적으로 소멸시킬 수 없으며, ② 책임이 소멸한다면 책임이 조각되어 범죄성립이 부정됨에도 불구하고 유죄판결인 형면제 판결을 하는 이유를 설명할 수 없다.

(3) 결합설

형사정책설과 법률설을 결합하여 형면제는 형사정책설에 의하여, 형감경은 법률설에 의하여 설명하는 견해이다. 여기에도 형감경의 근거를 법률설 중 어느 것과 결합시키느냐에 따라 여러 견해가 있다. ① 형감경은 불법이 감소되기 때문에, 형면제는 형사정책설에 의해서 설명하는 견해(불법감소·형사정책설),[58)] ② 형감경은 책임이 감소되기 때문에, 형면제는 형사정책설에 의해서 설명하는 견해(책임감소·형사정책설),[59)] ③ 형감경은 불법과 책임이 감소되기

55) 平野, 刑法(Ⅱ), 334면; 平場, 講義, 140면.
56) 성시탁, 중지범, 107면 이하; 정성근, 506면; 이형국, 244면; 이재상, 376면.
57) 정영석, 224면; 김종원(8인 공저), 293면.
58) 福田, 總論, 174면.
59) 이건호, 162면; 백남억, 258면; 황산덕, 232면; 성시탁, 중지범, 110면; 진계호, 438면; 임웅,

때문에, 형면제는 형사정책설에 의해서 설명하는 견해(불법 · 책임감소 · 형사정책설)[60]가 있으나 책임감소 · 형사정책설이 우리나라 다수설이다.

그러나 불법감소 · 형사정책설에 대해서는 일단 불법으로 판단된 행위는 사후적으로 감소될 수 없으며(객관적 위법성설), 실제로 감소될 수 없는 불법도 있을 수 있으므로 타당하지 않다. 그리고 결합설 모두에 대해서는, ① 감경과 면제를 각각 다른 기준에 의해서 설명하므로 중지미수(범)에 대한 특별취급을 통일적으로 설명하지 못하며, ② 감경과 면제를 구별하는 구체적 기준이 없으므로 형사정책설의 결함은 그대로 남아있다는 비판이 가해진다.

(4) 형벌목적설

자의로 범행을 중지한 자에 대해서는 일반예방과 특별예방이라는 형벌의 목적에 비추어 처벌의 필요성이 감소 또는 소멸된다는 견해로 독일의 판례와 일부 학자들이 주장한다.[61] 행위자가 자의로 범행중지를 결심하고 중지하면 범죄의사가 범죄완성에 필요할 정도로 강하지 못하고, 행위자의 위험성도 사후적으로 현저하게 감소되므로 일반예방이나 특별예방상 형벌을 과할 필요가 없거나 감경해야 한다는 것이다.[62]

그러나 중지가 우연한 외적 상황에 의해서 일어날 수도 있으므로 이러한 경우에는 행위자의 범죄의사가 강화되어 위험성이 감소되지 않는 경우도 있다는 비판이 가해진다.

(5) 보상설

중지에 의하여 법적대적 의사를 포기하고 법의 세계로 돌아오면 행위자의 규범의식과 일반인의 법질서에 대한 신뢰가 회복되므로 이에 대한 중지자의 공적을 보상하여 형을 감형 또는 면제한다는 견해이다.[63] 공적설이라고도 하며, 종래에는 은사설이라고도 하였다. 이에 의하면 중지미수(범) 성립자체를 전적으로 부정하지 않기 때문에 중지미수(범)는 인적 형벌감경 · 소멸사유가 된다.

364면.

60) 성시탁, 중지범, 110면 참조.

61) BGHSt 6, 52; 14, 78; Rudolphi, SK, Vor §24 Rdn. 4; Schmidhäusser, S. 358; Sch/Sch/Eser, Vor §24 Rdn. 2.

62) 김성천/김형준, 431; 손동권, 413면. 또 형벌목적과 책임감소의 결합설은 김일수/서보학, 535면.

63) 정성근, 508면; 이형국, 246면; 이재상, 378면; 손해목, 871면.

보상설은 법적대적 의사를 포기한 중지자에 대해서 그 공적을 참작하여 형을 감경 또는 면제하는 것이므로 형감면이라는 규범적 평가를 배제하지 않는다. 따라서 규범적 평가에 의한 형감면을 단순한 은사라고 할 수 없고, 은사설이라는 용어도 타당하지 않다. ① 중지로 인하여 법적대적 의사를 포기하고 법의 세계로 돌아온 자는 책임비난이 감소하거나 처벌의 필요성이 감소·소멸되는 경우가 있음을 부정할 수 없고, 동시에 범죄의 미연방지라는 입법자의 공리적인 지혜도 전혀 배제할 수 없다. 그리고 ② 형감경과 면제를 각각 다른 기준으로 설명할 때에는 이를 구별하는 기준이 없으므로 통일적으로 설명하는 것이 합리적이다. 보상설은 보상의 구체적 내용으로 책임감소, 형벌목적 및 형사정책적 효과를 모두 고려하여 중지의 공적에 따라 형의 감경과 면제를 합리적으로 조정·평가할 수 있으므로 보상설이 타당하다고 본다.

Ⅱ. 중지미수(범)의 성립요건

중지미수(범)는 미수범의 일종이므로 그것이 가벌적 행위가 되려면 중지미수(범)의 수정구성요건을 충족하는 외에 다시 위법성과 책임을 구비하여야 한다. 중지미수(범)의 수정구성요건은 고의에 의한 범죄의 실행의 착수가 있고, 이를 자의로 중지하거나 결과발생을 방지한 때에 충족된다.

1. 주관적 구성요건요소·실행의 착수

일반적 주관적 불법요소(고의)와 실행의 착수가 있어야 하는데, 이는 전술한 장애미수범의 그것과 같다.

2. 자의성(특수한 주관적 요소)

중지미수가 되려면 실행에 착수한 행위를 자의로 중지하거나 결과발생을 방지하여야 한다. 자의성 문제는 범행의 시도가 가능한 경우에만 논의되며, 애당초 범행의 계속적 수행이 불가능한 때에는 장애미수가 될 뿐이다.

중지미수(범)와 장애미수(범)의 중요한 차이점은 자의성(Freiwilligkeit)에 있다. "자의"란 임의에 의한 결의를 말한다. 그러나 어떤 경우에 자의가 있다고 할 수 있느냐에 대해서 견해가 대립한다.

(1) 객관설

외부적 장애(물리적 장애) 이외의 사정으로 범죄를 완성하지 못한 경우에 자의가 있다고 하여, 외부적 장애로 범죄를 완성하지 못한 때에는 장애미수(범)이고, 그 이외의 내부적(내심적) 동기에 의하여 범죄를 완성하지 못한 때에는 중지미수(범)라 한다.

그러나 ① 인간의 의사는 원인 없는 순수한 자발적 의사결정이 아니라 외부적인 사정·환경의 영향을 받는 것이므로 구체적인 경우 어떤 경우가 외부적 장애에 의한 것이며, 내부적 동기에 의한 것인가를 판단하기 곤란하며, ② 만일 외부적 사정이 개입된 모든 경우를 장애미수(범)라 하면 중지미수(범)가 성립할 여지는 거의 없을 것이고, ③ 외부적 장애가 있을지라도 다소의 내부적 동기가 개입된 모든 경우를 중지미수(범)라 하면 자의의 범위가 부당하게 확대되어 장애미수(범)와 구별의 실익이 적어진다.

(2) 주관설

범죄의사를 포기하거나 동정·후회·양심의 가책 등 윤리적 동기로 범죄를 완성하지 못한 때에 자의가 있다 하고, 이러한 윤리적 동기로 범죄를 완성하지 못한 경우는 중지미수(범), 그 이외의 사정으로 범죄를 완성하지 못한 경우는 장애미수(범)라 한다. 이에 의하면 범죄장소가 쉽게 발각될 염려가 있어 범행을 후일로 미루고 일시 중지한 때와, 피해자가 자기 선친과 비슷하여 범행을 중지한 때에도 범죄의사의 포기나 후회의사 없이 중지한 것이므로 장애미수(범)가 된다.

그러나 ① 윤리성 자체가 명확한 개념이 아닐 뿐만 아니라 자의와 윤리성을 혼동한 것이며, ② 자의의 범위를 지나치게 제한하여 범죄 미연방지라는 정책적 효과를 등한시한다.

(3) 절충설

사회일반의 경험상 범죄수행에 장애가 될만한 사정이 없이 중지한 경우에 자의가 있는 중지미수(범)라 하고, 사회일반 경험상의 범죄수행 장애 때문에 범죄를 완성하지 못한 때에는 장애미수(범)라 한다. 우리나라 다수설이며,[64) 판례의 태도이다. 이에 의하면 중지 이유가 윤리적으로 부당한 경우에도 착수 시기가 부적당하여 중지하면 중지미수범이 된다.

그러나 사회일반의 경험상 범죄수행의 장애인가 아닌가를 판단하는 기준이 일정하지 아니하므로 판단자의 주관에 따라 달라질 수 있다는 결함이 있다.

【판례】 ① 중지미수와 장애미수를 구분하는 데 있어서는 범죄의 미수가 자의에 의한 중지이냐 또는 어떤 장애에 의한 미수이냐에 따라 가려야 하고, 특히 자의에 의한 중지 중에서도 일반사회통념상 장애에 의한 미수라고 보여지는 경우를 제외한 것을 중지미수라고 풀이함이 일반이다(대판, 1985. 11. 12, 85도2002).

② 피고인 갑, 을, 병이 강도행위를 하던 중 피고인 갑, 을은 피해자를 강간하려고 작은 방으로 끌고가 팬티를 강제로 벗기고 음부를 만지던 중 피해자가 수술한 지 얼마 안되어 배가 아프다면서 애원하는 바람에 그 뜻을 이루지 못하였다면 강도행위의 계속 중 이미 공포상태에 빠진 피해자를 강간하려고 한 이상 강간의 실행에 착수한 것이고, 피고인들이 간음행위를 중단한 것은 피해자를 불쌍히 여겨서가 아니라 피해자의 신체조건상 강간을 하기에 지장이 있다고 본 데에 기인한 것이므로, 이는 일반의 경험상 강간행위를 수행함에 장애가 되는 외부적 사정에 의하여 범행을 중지한 것에 지나지 않는 것으로서 중지범의 요건인 자의성을 결여하였다(대판, 1992. 7. 28, 92도917).

③ 피고인이 피해자를 강간하려다가 피해자의 다음 번에 만나 친해지면 응해 주겠다는 취지의 간곡한 부탁으로 인하여 그 목적을 이루지 못한 후 피해자를 자신의 차에 태워 집에까지 데려다 주었다면 피고인은 자의로 피해자에 대한 강간행위를 중지한 것이고 피해자의 다음에 만나 친해지면 응해 주겠다는 취지의 간곡한 부탁은 사회통념상 범죄실행에 대한 장애라고 여겨지지는 아니하므로 피고인의 행위는 중지미수에 해당한다(대판, 1993. 10. 12, 93도1851).

④ 피고인이 장롱 안에 있는 옷가지에 불을 놓아 건물을 소훼하려 하였으나 불길이 치솟는 것을 보고 겁이 나서 물을 부어 불을 끈 것이라면, 위와 같은 경우 치솟는 불길에 놀라거나 자신의 신체안전에 대한 위해 또는 범행 발각시의 처벌 등에 두려움을 느끼는 것은 일반 사회통념상 범죄를 완수함에 장애가 되는 사정에 해당한다고 보아야 할 것이므로, 이를 자의에 의한 중지미수라고는 볼 수 없다(대판, 1997. 6. 13, 97도957).[65)

---

64) 남흥우, 204면; 염정철, 412면; 유기천, 260면; 김종원(8人 공저), 297면; 이형국, 248면; 진계호, 461면; 이재상, 381면 이하; 안동준, 190면; 이정원, 284면; 신동운, 482면 이하.

65) 그러나 동기설에 따르면 이러한 경우는 범죄발각의 두려움 또는 공포심 등의 자율적 동기에 의하여 범행을 중지한 것이라 할 수 있고, 프랑크 공식에서도 자의성을 인정할 수 있다.

(4) 프랑크(Frank) 공식

행위자가 범죄를 완성시킬 수 있음에도 불구하고 원하지 않았기 때문에 중지한 경우에는 자의가 있다고 한다. 즉 자기로서는 범죄를 완성시킬 수 있으나 원하지 않기 때문에 완성하지 아니한 때에는 중지미수(범)이고, 범죄를 완성시키려고 했으나 완성시킬 수 없기 때문에 중지한 때에는 장애미수(범)라고 한다.[66] 이에 의하면 외부적 장애가 있어도 행위자가 이를 인식하지 못하고 중지하면 중지미수(범)가 되고, 외부적 장애가 없음에도 있다고 오인하고 중지하면 장애미수(범)가 된다.

"자의" 그 자체는 행위자의 내심적 심리상태이므로 이 공식은 이에 기초하고 있다는 점은 타당하다. 그러나 ① 자의로 중지한 자에 대해서 형 감경 또는 면제라는 보상 여부는 규범적 평가에 의한 판단이라는 점을 전혀 고려하지 않고 있으며, ② 범죄완성의 가능성 의미가 주관적인 심리적 가능성인지 객관적인 물리적 가능성인지가 명백하다고 할 수 없고, ③ 행위자가 달리 선택할 여지가 없어 마지못해 중지한 때에도 자의성을 인정해야 하므로 자의성을 인정하는 범위가 확대된다는 비판을 받는다.

(5) 동기설

중지자의 자율적 동기에 의한 범행중지는 자의성이 있는 중지미수(범)이고, 타율적 동기에서 범행을 계속하지 못하고 중지한 때에는 장애미수(범)가 된다고 한다.[67]

이에 의하면, ① 후회, 동정, 연민의 정 등 윤리적 동기나 수치심, 흥분, 용기상실 등 내심의 동기에 의한 때에는 물론, ② 범죄발각의 두려움, 공포심, 지면이 있는 피해자 등 외부적 사정이 있는 때에도 자발적 의사에 의한 지배력을 인정할 수 있는 상태에서 중지한 때에는 자율적 동기에 의한 중지미수(범)가 된다. 이에 대하여 외부적 사정이 자발적 의사에 의한 지배력을 곤란하게 할 정도이거나 행위상황의 중대변화로 마지못해 중지한 때에는 자발적 의사에 의한 지배력이 있다고 할 수 없으므로 타율적 동기에 의한 장애미수(범)가 된다. 예컨대 범행의 유리한 기회를 잡기 위한 범행연기, 기대했던 금액이 지나치게 근소한데 실망한 나머지 중지한 때는 장애미수(범)가 된다.

66) 정영석, 228면; 황산덕, 234면; 이건호, 161면; 임웅, 369면.
67) 배종대, 507면; 김성돈, 432면; Kühl, 16/61.

동기설에 대해서는 중지의 심리적 동기를 자율이냐 타율이냐 구별하기 어렵다는 비판이 있다. 그러나 동기 자체는 심리현상이지만 자율성은 자신의 결의로 지배할 수 있는 것을 의미하므로 자율과 타율을 구별할 수 없다는 비판은 타당하지 않다. 다만 이 설에 의하면 형을 감경·면제한다는 규범적 평가를 고려할 수 없다는 결함이 있을 뿐이다.

(6) 규범설

범행을 중지하게 된 내심의 태도를 규범적으로 평가하여 자의성 여부를 결정하는 견해이다. 즉, 범죄자의 이성적 판단에 따라 중지한 때에는 자의성이 부정되고, 비이성적 이유로 중지한 때에는 자의성이 있는 중지미수(범)라 한다.[68] 여기의 "이성적 판단"은 예컨대 범행발각, 처벌위험을 이성적으로 판단하여 중지하는 것을 말한다. 또 범행동기가 형감면의 특전을 받을 만한 가치가 있는가를 평가하여 그것이 긍정되는 경우에 자의성을 인정하는 견해[69]도 같은 규범설이다. 이에 따르면 범행기회연기, 공포심으로 범행포기, 근소한 재물의 실망으로 중지한 때에는 자의성이 부정되고, 막연한 두려움, 피해자의 설득이나 연민으로 중지한 때에는 자의성을 인정한다. 이 견해에 대해서는 자의성 판단의 구체적 기준이 없고, 자의성을 지나치게 엄격하게 판단하여 중지미수(범)의 성립범위를 축소시킨다는 비판이 있다.

(7) 결 어

자의성 자체는 행위자의 내심적 심리 상태에 기초하므로 이를 기초로 해야 한다. 반면에 중지한 자의 형감면에 관한 보상 여부는 전적으로 규범적 평가에 의해서 결정된다. 즉, 형감면이라는 보상을 받을만한 자의성이 있는 때 자의가 있다고 해야 한다. 따라서 자의성 유무도 행위자의 내심적 심리상태를 구별하는 동기설과 보상에 대한 형감면을 규범적으로 평가하는 규범설을 동시에 고려하여 판단하는 것이 타당하다(동기설과 규범설의 결합설)고 본다.[70]

---

68) Roxin, Über dem Rücktritt vom unbeendeten Vorsuch, Heinitz F/S, 1972. S. 256ff.; Rudolphi, SK. §24 Rdn. 25.

69) 박상기, 347면.

70) 김일수/서보학, 539면; 정성근, 510면.

3. 중지행위(객관적 구성요건요소)

중지행위란 실행에 착수한 범행의 완성을 저지시키는 것을 말한다. 범행완성의 저지는 구성요건적 실행행위가 가져오는 인과관계를 차단함으로써 구체화된다. 이러한 중지행위를 형법 제26조는 실행에 착수한 행위를 중지하는 착수중지와, 그 행위로 인한 결과의 발생을 방지하는 실행중지(실행방지)의 두 가지를 구별하고 있다.

(1) 착수중지

1) 착수중지의 의의 　실행에 착수한 행위를 실행행위 종료 전에 자의로 그만 두는 것을 착수중지라 한다. 실행행위 종료 전에 그만 두는 것이므로 작위범의 경우는 실행행위의 계속을 더 이상 하지 않는 부작위에 의해서, 부작위범의 경우는 요구된 보증의무의 이행에 의해서 중지행위가 완성된다. 예컨대 사람을 독살시킬 의사로 상대방에게 독약을 교부하던 순간에 마음을 고쳐먹고 스스로 그 교부행위를 중단한 경우는 전자, 물에 빠진 아들을 구조하는 경우는 후자에 해당한다. 그리고 실행행위 종료 전에 그 행위를 그만 두는 것이므로 일정한 행위(태도)만 있으면 바로 기수가 되는 형식범(거동범)은 착수중지가 무의미하다. 착수중지는 실행의 착수와 그 종료 사이에 시간적 간격이 있는 결과범에서 실익이 있다.

> 착수중지가 되기 위해서는 고의(행위의 목표달성)의 종국적 포기가 있어야 한다는 것이 독일의 통설이다. 그러나 착수중지란 계획한 구체적인 범죄실현 그 자체가 아니라 이미 실행 중인 실행행위를 더 이상 계속하지 않는 것을 의미하며, 중지미수는 불가벌이 아니라 형면제와 형감경을 선택할 수 있는 우리 형법의 해석에서는 중지의 의미를 지나치게 엄격하게 해석할 필요가 없다. 따라서 고의의 포기 없이 잠정적으로 범행을 중지한 때에도 착수중지가 된다고 해야 한다.

2) 실행행위 종료시기 　실행에 착수한 행위가 착수중지가 되느냐 실행중지가 되느냐는 실행행위 종료시기가 언제인가에 달려 있다. 이에 대해서 학설이 대립한다.

(a) 주관설(범행계획설) 　실행행위를 중지하는 시점에서 행위자의 주관적 의사(범행계획)를 기준으로 종료시기를 결정한다.[71] 예컨대 2발로 사살하려고

한 경우에 제2탄까지 발사하여야 실행행위가 종료된다. 제1탄을 발사하여 중상을 입혔으나 마침 의사의 도움으로 생명이 구조된 때에도 제2탄을 발사하지 아니하면 착수중지가 있는 중지미수(범)가 되므로 불합리하다.

(b) 객관설 행위자의 의사와 관계없이 객관적으로 결과발생의 가능성이 있는 행위가 사실상 종료하면 실행행위는 종료한다는 것이다. 2발로 사살할 계획인 경우에 제1탄이 명중하지 아니하여도 실행행위는 종료하므로 행위자가 제2탄의 발사로 충분히 살해할 수 있는 발사행위를 중지하여도 장애미수(범)가 된다.

(c) 절충설 행위자의 범행계획과 행위당시의 객관적 사정을 모두 고려하여 법익침해의 위험성이 있는 행위가 종료되었다고 인정되면 실행행위는 종료한다는 것이다. 위의 예에서는 객관설과 결론이 같으나 실행의 착수에 관한 절충설(주관적 객관설)에 의할 때는 이 견해가 타당하다고 본다. 우리나라 통설[72]이다.

(2) 실행중지

실행에 착수한 행위 그 자체는 종료하였으나 행위로 인한 결과발생을 자의로 방지하는 것을 실행중지라 한다. 결과발생을 방지하였다고 하기 위해서는 결과발생 방지를 위한 적극적 행위(적극성)가 있고, 실제로 결과발생이 방지(현실성)되어야 한다. 즉, 실행중지가 되기 위해서는 적극성과 현실성이 있어야 하며, 양자 사이에 인과관계가 있어야 한다.

1) 적극성 결과발생 방지행위는 인과적 진행을 의식적으로 중단시키는 적극적인 작위가 있어야 한다. 결과발생 방지는 소극적 방치로는 불가능하기 때문이다. 예컨대 살해의사로 상대방에게 음독시킨 후에 마음을 고쳐먹고 스스로 해독제를 복용시켜 사망의 결과를 방지하는 것이 그 예이다. 결과발생을 방지하기 위한 적극성이 있다고 하기 위해서는 다음의 요건을 갖추어야 한다.

(a) 상당성 그 결과 발생을 방지하는데 객관적으로 상당한 것이라야 한다. 예컨대 독약을 음독시킨 자는 그 독약의 약효를 소멸시킬 만한 해독제를 복용시켜야 한다.

(b) 방지의사 행위자는 그 결과발생을 방지하려는 주관적 의사가 있어야

71) 이재상, 385면; 이형국, 249면; 이정원, 289면.

72) 정성근, 512면; 김일수/서보학, 543면; 진계호, 463면; 배종대, 513면; 이영란, 408면; 임웅, 373면; 안동준, 192면; 정영일, 348면; 오영근, 516면.

한다. 방지의사가 있어도 우연적 사정으로 결과발생이 방지된 때에는 실행중지가 될 수 없다.

(c) 행위의 진지성　결과방지는 진지한 노력에 의한 것이라야 한다. 진지한 노력이 있다고 하기 위해서는 실행행위와 결과발생의 인과관계를 스스로 차단한 것으로 볼 수 있어야 한다. 예컨대 방화한 후 화세(火勢)에 놀라 "불이야" 고함을 치고 소화하는 이웃사람에게 잘 부탁한다고 말하고 달아난 때에는 소화가 되었어도 진지한 노력에 의한 결과방지가 있다고 할 수 없으므로 실행중지가 될 수 없다.

(d) 직접성　원칙적으로 행위자 자신이 방지해야 한다. 그러나 행위자의 진지한 주도 하에 행해지거나 제3자에 의한 결과방지가 스스로 방지한 것과 동일시 할 수 있는 정도의 노력이 있으면 타인의 도움을 받거나 타인과 합세하여도 무방하다. 따라서 독약을 복용시킨 후 피해자의 고통을 보고 급히 병원에 업고 가서 의사의 도움으로 구출한 때에도 진지한 노력에 의한 방지행위가 된다.

2) 현실성　방지행위로 인하여 실제로 결과발생이 방지되어야 한다. 방지를 위한 진지한 노력이 있어도 결과가 발생하면 실행중지가 될 수 없고 기수범이 된다. 다만, 이 경우에는 정상을 참작하여 감경할 수 있을 뿐이다(제53조 참조). 결과발생 방지를 위한 진지한 노력이 있는 이상 결과가 발생한 때에도 중지미수(범) 규정을 적용해야 한다는 견해도 있으나 중지미수(범)도 미수범의 일종이므로 결과발생이 방지되어야 한다. 그리고 결과발생 방지가 되려면 결과 전부의 발생을 방지하여야 한다. 그러므로 예컨대 1개의 방화죄의 객체인 여러 곳에 방화하여 그 일부를 소화하였어도 나머지 부분을 소화하지 못하면 기수범이 된다. 현실성과 관련하여 문제되는 것은 다음과 같다.

(a) 제3자의 개입　제3자의 개입이 있는 경우에도 진지한 방지행위에 의해서 결과가 방지된 이상 중지범이 된다.

(b) 불능미수(범)의 중지범　결과발생이 애당초 불가능한 경우에도 결과발생을 방지하기 위한 진지한 노력이 있으면 중지미수가 될 수 있는가, 즉 불능미수(범)에 대한 중지미수가 가능한가에 관해서 학설이 대립한다. 예컨대 설탕을 독약으로 오인하고 복용시킨 후 해독제를 먹인 경우, 치사량 미달의 독약을 복용시킨 후 해독제를 먹인 경우도 중지미수(범)가 되느냐이다.

부정설은 행위자의 방지행위로 결과발생이 방지된 것이 아니며, 불능미수(범)도 형감경과 형면제를 할 수 있다는 이유로 중지미수(범)의 성립을 부정한다.[73] 그러나 ① 불능미수(범)의 형은 임의적 감면이고 중지미수(범)의 형은 필요적 감면이므로 부정설에 의하면 동일한 중지노력자에 대해서 결과발생의 위험이 적은 경우가 오히려 중하게 취급되는 결과가 되어 불합리하며, ② 중지한 자에 대한 형감면의 보상 여부는 모든 중지자에게 동일해야 하므로 이 경우에도 중지미수(범)의 성립을 인정함이 타당하다. 우리나라의 통설[74]이다.

(c) 인과관계 진지한 노력에 의한 방지행위가 있는 이상 실행행위와 인과관계가 없는 사유로 결과가 발생한 때에도 중지미수(범)가 된다. 예컨대 살해의사로 중상을 입힌 후 후회하고 피해자를 입원시켰으나 병원에 화재가 발생하여 피해자가 사망한 때에도 중지미수(범)가 된다.

Ⅲ. 중지미수(범)의 처벌

중지미수(범)의 수정구성요건이 충족되어도 위법성과 책임이 있어야 가벌적 범죄가 성립한다. 중지미수(범)의 위법성과 책임도 기수범의 그것과 같다(다만, 불법의 내용에 대해서는 미수범 처벌근거 참조).

중지미수범도 미수범의 일종이므로 미수범을 처벌하는 규정이 있는 범죄에 한하여 가벌성이 논의된다. 중지미수범의 형은 감경 또는 면제한다. 형을 면제할 것이냐 감경할 것이냐는 중지의 공적을 참작하여 법관이 결정한다. 다만, 착수중지의 경우가 실행중지보다 공적에서 더 참작되는 경우가 많을 것이다.

---

73) 유기천, 264면; 정영석, 205면; 김종원, 중지미수범, 89면; 김성돈, 434면.

74) 정성근, 514면; 이재상, 388면; 이형국, 250면; 김일수/서보학, 544면; 손해묵, 889면; 박상기, 353면; 배종대, 514면; 안동준, 194면; 조준현, 347면; 임웅, 375면 이하; 오영근, 520면; 신동운, 495면; 정영일, 351면.

Ⅳ. 중지미수(범)의 관련문제

1. 공범의 중지

(1) 공동정범과 중지

공동정범은 그 1인이 자의로 중지하거나 결과발생을 방지하는 것만으로 중지범이 되지 않는다. 공동자 모두의 실행을 중지시키거나 모든 결과발생을 방지한 경우에 중지미수(범)가 된다. 이 경우 다른 공동자는 장애미수(범)가 된다.

(2) 협의의 공범과 중지

정범이 자의로 중지·방지한 경우 그 효과는 협의의 공범에게 미치지 않는다. 따라서 자의로 중지·방지한 정범만이 중지미수(범)가 되고, 협의의 공범(교사범·종범)은 장애미수(범)의 공범이 된다.

협의의 공범이 자의로 정범의 실행행위를 중지 또는 결과발생을 방지한 경우에 그 중지의 효과는 정범에 미치지 아니한다. 따라서 협의의 공범만이 중지미수(범)가 되고 정범은 장애미수(범)가 된다.

2. 가중적 미수

중지미수범의 행위가 다른 경한 죄의 기수를 포함하고 있는 경우, 즉 범행은 중지하였으나 다른 경한 죄의 결과가 이미 발생한 경우를 가중적 미수라 한다. 예컨대 살인의 중지행위가 이미 상해의 기수로 되어 있는 경우이다.

우리 형법의 중지미수범은 불가벌이 아니라 필요적 감면이므로 따로 경한 죄의 기수로 처벌할 수 없다. 이 경우는 중한 죄의 미수범으로 처벌하면 충분하고 경한 죄는 따로 벌하지 아니한다(법조경합, 불가벌적 수반행위). 그러나 중지미수범과 상상적 경합 관계가 있는 경우의 중지는 다른 죄의 처벌에 영향을 미치지 않는다. 따라서 형법 제40조에 의하여 처리하여야 한다.

제4절 불능미수(범)

Ⅰ. 불능범과 불능미수(범)

1. 불능범과 불능미수(범)의 의의

불능범이란 범죄의사로 외관상 실행행위라고 볼 수 있는 행위는 있었으나 행위의 성질상 결과발생이 불가능하고 위험성도 없기 때문에 불가벌이 되는 행위를 말한다. 불능미수(범)란 범죄의사로 실행하였으나 애당초 결과발생은 불가능하지만 행위의 위험성으로 인하여 미수범으로 처벌되는 가벌미수를 말한다.

형법 제27조는 "실행의 수단 또는 대상의 착오로 인하여 결과의 발생이 불가능하더라도 위험성이 있으면 처벌한다. 단, 형을 감경 또는 면제할 수 있다" 라고 규정하여 결과발생은 불가능하여도 위험성이 있는 불능미수(범)의 가벌성을 명시하고 있다.

이 규정은 형법이 제정될 때 처음으로 성문화된 것이며, 그 이전에는 불능범에 대해서만 학설과 판례에서 논의되었을 뿐이다. 일본 형법은 불능미수(범)에 관한 규정을 두지 않았으며, 독일 형법도 종전까지는 불능미수(범)의 규정이 없었으나 1975년부터 시행되고 있는 형법 제23조 3항에 이를 규정하고 있는데, 위험성을 요건으로 하지 않는 점[75]이 우리 형법 제27조와 다르다.

2. 형법 제27조의 성격

형법 제27조의 표제가 불능범으로 되어 있으므로 그 성격을 어떻게 이해할 것이냐에 대해서, 종래까지는 위험성 유무로 미수범과 불능범을 구별하는 규정으로 파악하는 것이 통설이었으나, 불능범과 구별되는 가벌적인 흠결미수·준

75) 독일 형법 제23조 3항: "행위자가 범행한 대상 또는 수단의 성질상 기수로 될 수 없음을 심한 무지로 오인한 때에는 법원은 형을 면제하거나 재량에 의하여 감경할 수 있다."

불능범을 규정한 것이라는 견해도 있었다.

그러나 형법 제27조는 결과발생이 불가능하여도 "위험성이 있는 때" 처벌하기 위한 가벌미수를 규정한 것이므로 애당초 위험성도 없기 때문에 처벌하지 않는 불능범과 구별해야 한다. 불능범이란 표제를 달아 놓기는 하였으나 그것을 소극적으로 표현한 것이 아니라 또 다른 가벌적 미수범의 형태를 규정하였다고 보아야 한다. 즉, 결과발생이 가능한 미수범과 구별하여 애당초 결과발생이 불가능한 가벌미수를 인정한 것이다. 전자를 가능미수(tauglicher Versuch)라고 한다면, 후자는 불가능미수, 즉 불능미수(untauglicher Versuch)라고 해야 한다. 두 가지 미수형태는 결과가 발생하지 않았다는 점에서 같다. 그러나 전자는 결과발생이 가능함에도 불구하고 현실적으로 결과가 발생하지 않은 경우이고, 후자는 애당초 결과발생이 불가능한 경우이다. 후자의 경우에도 위험성이 있으면 가벌미수로 처벌되기 때문에 형법 제27조는 이러한 불능미수범을 규정한 것으로 해석해야 한다. 판례도 같은 태도이다.

【판례】 피고인이 피해자를 독살하려 하였으나 동인이 토함으로써 그 목적을 이루지 못한 경우에는 피고인이 사용한 독의 양이 치사량 미달이어서 결과 발생이 불가능한 경우도 있을 것이고, 한편 형법은 장애미수와 불능미수를 구별하여 처벌하고 있으므로 원심으로서는 이 사건 독약의 치사량을 좀더 심리하여 피고인의 소위가 위 미수 중 어느 경우에 해당하는지 가렸어야 할 것이다 (대판, 1984. 2. 14, 83도2967).

3. 불능미수(범)와 구별개념

(1) 환각범

불능미수(범)는 환각범(Wahndelikte)과 구별해야 한다. 환각범은 구성요건 자체가 존재하지 않거나 사실상 허용되어 있는 행위를 금지된 가벌행위라고 오인하고 그 행위를 하는 경우이다. 예컨대 동성연애도 범죄가 된다고 생각하거나 여자와 키스하는 것이 공연음란죄가 된다고 생각하면서 이러한 행위를 하는 경우이다. 애당초 가벌대상이 될 수 없다.

환각범은 허용되어 있는 행위를 금지된 가벌행위라고 오인한 것이므로 반전된 위법성의 착오에 해당한다. 불능미수(범)는 존재하는 구성요건에 대해서 실현가능한 구성요건사실이 존재하지 아니함에도 불구하고 그것이 존재한다고 오인한 것이므로 반전된 구성요건적 착오에 해당한다. 환각범에 해당하는 경우는 ① 존재하지 아니하는 구성요건(금지규범)이 존재한다고 착오한 경우, ② 위법성조각사유에 해당하는 행위를 처벌되는 행위라고 착오한 경우, ③ 인적 처벌조각사유가 존재함에도 불구하고 처벌된다고 오인한 경우 등이 있다.

(2) 미신범

미신범은 비과학적인 미신을 믿고 마력(魔力) 또는 초자연력에 의존하여 범죄를 실현하려는 행위를 말한다. 미신범은 결과발생이 불가능하다는 것은 불능미수(범)와 같으나, 불가벌적 행위라는 점에서 가벌적인 불능미수(범)와 구별된다.

미신범은 비현실적인 수단이나 영향력을 금지된 행위의 수단으로 하여 범행을 시도하는 경우이므로 인과관계와 실행의 정형성을 인정할 수 없고, 행위자가 그 결과를 단순히 희망하는 정도이면 고의도 없다고 해야 한다. 따라서 미신범은 행위반가치조차 없는 행위로 애당초 미수의 영역 밖에 있는 행위이다.

(3) 사실의 흠결

불능범과 관련하여 사실의 흠결 또는 구성요건 흠결(Mangel am Tatbestand)이 논의되어 왔다. 사실의 흠결이란 그 내용이 반드시 일정하지 않으나 보통 인과관계를 제외한 객관적 구성요건요소(행위의 주체 · 객체 · 행위태양 · 행위상황)를 구비하고 있지 않음에도 불구하고 이를 구비한 것으로 오신하고 범행으로 나아가는 것을 말한다. 그리고 사실의 흠결은 불가벌의 불능범이 된다는 이론을 사실의 흠결이론[76]이라 한다.

형법 제27조는 객체 · 수단의 흠결이 있어도 위험성이 있으면 가벌미수로 규정하고 있으므로 위험성 유무에 따라 가벌적 불능미수와 불가벌적 불능범으로 구별하는 것이 제27조의 취지에 부합한다. 따라서 사실의 흠결이론은 우리 형법상 아무런 의미가 없다고 해야 한다.

76) 사실의 흠결의 분류, 법적 성질에 대해서는 정성근, 519면 이하 참조.

Ⅱ. 불능미수(범)의 성립요건

불능미수(범)가 성립되기 위해서는, ① 고의를 가지고 실행에 착수하여야 하고, ② 실행의 수단 또는 대상의 착오로 인하여 결과발생이 불가능해야 하며, ③ 위험성이 있어야 한다. 이 이외에 불능미수가 범죄로서 가벌행위가 되기 위해서는 위법성과 책임을 구비하여야 한다. 불능미수(범)의 수정구성요건요소를 설명하면 다음과 같다.

1. 주관적 구성요건요소 · 실행의 착수

불능미수(범)도 미수범의 일종이므로 고의를 가지고 실행에 착수하여야 한다. 실행의 착수가 없는 때에는 애당초 불능미수(범)의 문제는 생기지 않는다.[77] 형법 제27조는 실행의 착수를 직접 명문으로 명시하고 있지 않으나 당연히 요구된다고 해야 한다. 고의와 실행의 착수는 장애미수(범)의 그것과 같다.

2. 결과발생의 불가능성

불능미수(범)는 실행의 수단 또는 대상의 착오로 인하여 결과발생이 불가능해야 한다. 여기의 결과발생의 불가능은 사실적 · 자연적 개념이며, 그 판단은 결과가 발생하지 않은 이후의 제반사정을 고려하여 판단한다(사후판단). 결과발생이 불가능하다는 점에서 결과발생이 가능한 장애미수(범)와 구별된다. 결과발생이 불가능해야 하므로 애당초 기수가 될 수 없는 미수범의 일종이다.

다만, 행위자는 결과발생이 가능하다고 믿었던 것이므로 일종의 착오에 해당한다. 이 경우의 착오는 행위자가 인식한 수단과 대상으로 애당초 구성요건적 결과발생이 불가능함에도 불구하고 가능하다고 오신한 것이므로 행위자가 인식한 구성요건적 결과발생의 가능성이 있는 구성요건적 착오와 다르다. 즉, 불능미수(범)는 발생할 수 없는 구성요건결과가 발생한다고 착오한 적극적 착오임에 반하여 구성요건적 착오는 발생할 수 있는 구성요건결과를 의도한 대로

---

77) 예컨대, 임신한 것으로 잘못 안 불임녀가 낙태할 의사로 낙태약을 구입하는 것은 예비행위에 지나지 아니하고 이 약을 직접 사용하는 단계에 이르러야 낙태의 불능미수가 논의될 수 있다.

발생시키지 못한 소극적 착오에 해당하므로 불능미수를 반전된 구성요건적 착오(umgekehrter Tatbestandsirrtum)라 한다.[78]

(1) 수단의 착오

수단의 착오란 행위자가 선택한 수단·방법으로 애당초 결과발생이 불가능함에도 불구하고 결과발생이 가능하다고 오신한 경우를 말한다. 따라서 그 수단으로 행위가 기수로 될 수 없는 수단의 불가능성을 말한다. 예컨대 두통약을 사용하여 낙태시키려고 하거나, 치사량 미달의 독약으로 사람을 살해하려고 복용시키는 경우가 이에 해당한다.

수단의 착오는 불가능한 수단 그 자체에 착오가 있는 것이므로 가능한 수단을 사용하였으나 행위자의 예상과 다르게 결과가 발생하는 방법의 착오와 구별된다.

(2) 대상의 착오

대상의 착오란 행위자가 인식한 객체에 대해서는 애당초 범죄의 결과가 발생할 수 없는 것임에도 불구하고 결과발생이 가능하다고 오신한 경우를 말한다. 따라서 범죄의 객체가 될 수 없는 객체의 불가능성을 말한다. 대상의 착오는 결과발생이 가능한 객체의 착오와 구별된다.

객체의 불가능성은 사실상 불가능한 경우도 있고, 법률상 불가능한 경우도 있다. 예컨대 사체에 대한 살인행위와 임신하지 않은 부녀에 대한 낙태행위는 전자에 해당하고, 소유자의 승낙이 있는 재물을 절취·손괴하는 것은 후자에 해당한다.

위법성조각사유의 전제사실이 존재함에도 불구하고 이를 인식하지 못하고 구성요건을 실행한 행위(우연적 방위·우연적 피난 등)에 대하여 불능미수범을 인정할 것이냐에 관해 의도한 고의범의 기수가 된다는 견해와[79] 불능미수의 규정을 유추적용해야 한다는 견해가[80] 대립하는데, 후설이 다수설이며 타당하다.

---

78) Jescheck/Weigend, §50 Ⅱ 1.

79) 이재상, 220면; 진계호, 288면; 배종대, 298면; Jescheck/Weigend, §31 Ⅳ 2; Sch/Sch/Lenckner, Vor §32 Rdn. 15.

80) 정성근, 286면; 진계호, 288면; 김일수/서보학, 282면; 이형국, 126면; 안동준, 104면; 임웅, 204면; 박상기, 152면; 오영근, 296면; 이정원, 165면.

(3) 주체의 착오

형법 제27조는 결과발생이 불가능한 원인으로서 실행의 수단과 대상의 착오만 규정하고 주체의 착오, 즉 주체의 불가능성 대해서는 언급하고 있지 않다. 주체의 불가능성이란 신분 없는 자가 신분 있는 것으로 오인하고 신분범을 범한 경우를 말한다. 예컨대 공무원 임용이 무효임을 알지 못한 자가 공무원이라 믿고 수뢰행위를 하거나 보증인이 될 수 없는 자가 보증인이라 믿고 부진정부작위범을 실행하는 경우가 이에 해당한다. 주체의 불가능성도 결과발생을 불가능하게 하는 요인이 되므로 이를 형법 제27조 불능미수의 요건에 포함시킬 것이냐가 문제된다.

이를 긍정하는 견해도[81] 있다. 그러나 우리 형법은, ① 결과발생이 불가능한 경우 언제나 미수로 처벌하는 것이 아니라 위험성이 있는 때에만 가벌미수가 되고, 그것도 ② 실행의 수단이나 대상의 착오가 있는 경우로 한정하고 있으며, ③ 신분범에 있어서는 비신분자의 행위는 미수범으로서의 행위반가치도 부정된다고 해야 하므로 가벌미수의 범위를 확대 적용하는 것은 죄형법정주의에 반한다고 해야 한다.[82] 따라서 주체의 착오가 있는 경우는 불능미수범이 될 수 없고, 환각범의 일종으로 애당초 구성요건해당성이 없다고 해야 한다.

> 독일 형법(제23조 3항)의 불능미수는 "범행의 대상 또는 수단의 성질상 기수로 될 수 없음을 심한 무지로 오인한 때"에 위험성 유무와 관계 없이 언제나 미수로 처벌하므로, 주체는 구성요건요소로서 객체와 수단과 같은 가치를 가진다는 이유로 주체의 착오도 불능미수범이 성립한다는 것이 다수설[83]과 판례[84]의 태도이다.

---

81) 이형국, 256면; 박상기, 361면 이하; 이정원, 306면; 독일의 다수설·판례.

82) 김종원, 불능미수(형사법강좌 Ⅱ), 629면; 정성근, 525면; 이재상, 400면; 신동운, 509면 이하; 오영근, 528면; 유기천, 272면; 손해목, 905면; 안동준, 201면; 임웅, 381면. 주체의 착오인 경우 원칙적으로는 환각범으로 처리해야 하나 그 착오가 대상의 흠결 또는 대상의 불능에 기인한 경우 예컨대, 자기의 보호감독을 받는 부녀로 오인하여 간음한 경우(제303조 1항)에는 범죄주체의 성질(자질)은 행위객체의 특성과 함께 고려된다는 이유로 불능미수가 된다는 견해는 김일수/서보학, 527면 이하; 오영근, 534면; 정영일, 357면; 김성돈, 417면; 김성천, 357면.

83) Blei, S. 204; Jescheck/Weigend, §50 Ⅲ 3; Lackner/Kühl, Vor §22, Rdn. 2b; Maurach/Gössel/Zipf, 40/175; Sch/Sch/Eser, Vor §22. Rdn. 76.

84) RGSt 60, 262; BGHSt 2, 114.

3. 위험성

(1) 위험성의 개념

형법 제27조는 "결과발생이 불가능하더라도 위험성이 있으면 처벌한다"고 규정하여 위험성 유무로 가벌적 불능미수와 불가벌적 불능범을 구별하고 있다. 이러한 형법 제27조의 위험성개념의 형법적 의미에 관해서는 두 가지 다른 시각을 가진 견해가 대립하고 있다.

1) 비독자적 위험성개념설　　형법 제27조의 위험성개념을 구성요건실현가능성 내지 결과발생의 개연성으로 이해하는 견해로 종래의 다수설[85]이며, 판례의 태도[86]이다. 즉, 여기에서의 위험성개념은 미수범 일반의 처벌근거로 이론상 등장하는 위험성개념(결과발생의 가능성)과 동일한 개념으로 이해한다. 이에 따르면 형법 제27조는 결과발생이 불가능하다는 점에서 장애미수(범)와 다를 뿐 위험성이라는 점에서는 장애미수(범)와 같다고 해야 하므로, 수단 또는 대상의 착오가 있고 결과발생이 불가능하면 위험성 유무와 상관없이 항상 가벌적인 불능미수가 된다고 한다.

【판례】 불능범은 범죄행위의 성질상 결과발생의 위험이 절대로 불능한 경우를 말하는 것인 바 향정신성의약품인 메스암페타민, 속칭 "히로뽕" 제조를 위해 그 원료인 염산에페트린 및 수종의 약품을 교반하여 "히로뽕" 제조를 시도하였으나 그 약품배합 미숙으로 그 완제품을 제조하지 못하였다면 위 소위는 그 성질상 결과발생의 위험성이 있다고 할 것이므로 이를 습관성 의약품제조 미수범으로 처단한 것은 정당하다(대판, 1985. 3. 26, 85도206).

2) 독자적 위험성개념설　　형법 제27조의 위험성개념을 '결과발생의 가능성'과 다르게 보거나 '형법적 평가상의 구성요건실현가능성'으로 해석하는 견해이다.[87] 즉, 여기에서의 위험성개념은 미수범 일반의 처벌근거로 이론상 등장하는 위험성개념(결과발생의 가능성)과 본질적으로 다른 개념으로 본다.[88] 이에 따

85) 김종원(8人 공저), 302면; 정성근, 525면; 이재상, 401면 註 1; 김봉태, 불능범에 있어서의 위험성의 개념(부산대학교 법학연구 제24권 제1호, 통권 제31호, 1981. 12), 77면 이하; 임웅, 382면; 이정원, 307면 이하; 천진호, 형법 제27조의 위험성개념에 대한 해석상의 오류(비교형사법연구 제2권 제1호), 85면; 허일태, 불능미수범에 있어 위험성의 의미(형사법연구 제13권), 118면.

86) 대판, 2007. 7. 26, 2007도3687; 대판, 1985. 3. 26, 85도206; 대판, 1978. 3. 28, 77도4049.

87) 김종원, 형사법강좌 Ⅱ, 625면; 배종대, 525면; 오영근, 539면; 권오걸, 460면.

르면 형법 제27조의 가벌적인 불능미수가 되기 위해서는 수단 또는 대상의 착오로 인해 결과발생이 불가능할 뿐만 아니라, 형법 제27조에서 말하는 '또 다른 위험성'이 있어야 한다고 한다. 이와 같이 가벌적 불능미수의 '또 다른 위험성'은 미수범 일반의 이론상 처벌근거인 위험성과는 다른 독자적인 의미내용을 가진 독립적인 표지로 이해한다.[89]

3) 결 어 생각건대 형법 제27조의 위험성개념은 미수범 일반의 이론상 처벌근거인 위험성과는 다른 독자적인 의미내용을 가진 독립적인 표지로 이해하는 견해가 타당하다고 본다. 왜냐하면, ① 미수범 일반의 이론상 처벌근거인 위험성의 판단은 '사후적·객관적' 관점에서의 사실적·자연과학적인 판단에 중점을 두고 있다. 그러나 형법 제27조의 위험성 판단은 '사후적'으로 볼 때 이미 결과발생이 사실상 불가능하다는 전제하에, 그럼에도 불구하고 또 다른 시점인 행위당시의 '사전적인' 시점에서 '형법적 평가상' 결과발생이 가능한지를 판단하도록 하고 있는 것으로 볼 수 있으며,[90] ② 그 입법경위를 보면 형법 제27조의 위험성이라는 표지는 불능미수범의 가벌성의 범위를 제한하기 위해 마련한 것[91]으로 다른 나라의 입법례에서는 없는 독자적 표지이다. 따라서 비독자적 위험성개념설의 주장은 우리 형법 제27조의 위험성표지를 무시함으로써 형법이 마련한 법치국가적 안전핀의 하나를 무시하는 결과를 초래할 수 있기 때문이다.[92]

(2) 위험성 판단기준

위험성 유무를 판단하는 기준에 대해서는 여러 가지 견해가 대립하고 있다.

1) 구객관설 포이엘바하(Feuerbach)에 의하여 창시되고[93] 종래의 우리 판

88) 김성돈, 418면; 김태명, 형법 제27조(불능범)의 위험성요건의 독자성과 구체적 의미(형사법연구 제26호, 2006), 246면.

89) 이런 관점에서 형법 제27조의 포섭대상에는 착오가 있지만 위험성이 없어서 가벌성이 부정되는 불가벌적 불능미수사례와 착오도 있고 위험성도 있어서 가벌성이 인정되는 가벌적 불능미수사례가 모두 포함된다(김성돈, 418면)고 주장하기도 한다.

90) 결과불법의 영역에서 말하는 결과발생의 불가능성은 객관적·사후적 판단에 의하여 그 유무가 결정되며, 행위불법의 영역에서 말하는 위험성은 행위시점을 기준으로 장래적 판단에 의하여 그 유무를 결정한다(신동운, 513면). 同旨: 김성돈, 418면.

91) 원래 1951년의 형법전 정부초안은 불능범에 대하여 형의 임의적 감경 또는 면제만을 인정하고 있었다. 그러나 6·25 전쟁 중에 행해진 전시 형사사법의 가혹함을 목격한 제2대 국회의 국회의원들은 형법의 보충성 원칙을 강조하는 방향으로 국회 법제사법위원회의 수정안을 마련하였으며, 이 과정에서 불능범의 성립요건으로 위험성 표지를 형법 제27조에 규정하기에 이르렀다(신동운, 515면).

92) 배종대, 525면.

례가[94] 취해 온 견해로 절대적 불능·상대적 불능설이라고도 한다. 이에 의하면 결과발생이 개념적으로 불가능한 절대적 불능과 구체적 특수한 경우에만 불가능한 상대적 불능으로 구별하여 후자만이 가벌적 미수가 된다고 한다.

예컨대 사체에 대한 살인미수는 객체의 절대적 불능이고, 방탄복을 입은 자에 대한 살인미수와 부재 중인 자의 침실에 수류탄을 던지는 것은 객체의 상대적 불능이며, 독살하기 위해서 설탕물을 복용시킨 것은 수단의 절대적 불능이고, 독살하기 위해서 치사량 미달의 독약을 복용시킨 경우는 수단의 상대적 불능이라고 한다.

그러나 이 설은, ① 결과발생의 가능성을 판단함에 있어 일체의 구체적 사정을 고려하지 않고 추상적으로 판단하기 때문에 절대적·상대적이라는 구별 자체가 명백하지 못하며, ② 절대적 불능이라는 경우도 판단의 기준에 따라 상대적 불능으로 될 수 있고(예컨대 사망자를 생존자라 믿고 발포한 경우에 생존자를 전제로 하면 상대적 불능이다), 상대적 불능이라는 경우도 절대적 불능이 될 수 있으며(예컨대 방탄조끼를 착용하고 있었기 때문에 탄환이 관통하지 못한 경우에 방탄조끼를 입은 객체를 기준으로 하면 절대적 불능이 된다), ③ 경우에 따라 객체의 불능인지 수단의 불능인지 구별도 애매하므로(예컨대 착탄거리 밖에 있는 사람을 그 안에 있다고 믿고 발사한 경우에 수단 또는 객체의 불능인지 명백하지 않다) 타당하지 않다. 현재 이 설에 따르는 학자는 없다.

2) 사실적 불능·법률적 불능설 사실적 불능과 법률적 불능으로 구별하여 사실적 불능은 미수범이 되지만 법률적 불능은 불능범이 된다는 견해로, 프랑스 학자들이 주장한 이론이다. 주장자에 따라 상대적 불능·절대적 불능과 같은 의미로 사용하는 견해와, 법률적 불능은 사실의 흠결과 같으나 사실적 불능은 구성요건 내용을 충족하지 못한 것이라는 견해가 있다.

이에 대해서는 절대적 불능·상대적 불능에 대한 비판과 사실의 흠결이론에 대한 비판이 그대로 타당하며, 우리 형법상 사실의 흠결은 특별한 의미도 없다.

3) 구체적 위험설 리스트(Liszt)에 의하여 제창된 이후 비르크마이어(Birk-

93) Vgl. Maurach/Gössel/Zipf, 40/133. Feuerbach는 미수의 처벌은 행위의 외적 성질에 따라 의도된 행위와 인과관계가 있어야 하고, 객관적으로 위험해야 한다고 하여 객관설을 창시하였고, Mittermayer는 실패한 행위의 객체와 단계를 추상적(절대적)·구체적(상대적) 불능의 객체와 수단으로 구분하였다고 한다.

94) 대판, 1966. 4. 22, 66도152.

meyer), 릴리엔탈(Lilienthal), 힙펠(Hippel) 등 다수학자의 지지를 받아 온 유력설로, 신객관설이라고도 한다.

구체적 위험설은 행위 당시에 행위자가 인식한 사정과 일반인이 인식할 수 있었던 사정을 기초로 일반적 경험칙(법관 내지 통찰력 있는 인간의 판단)에 따라 사후판단을 하여 구체적으로 위험성이 인정되면 가벌적 미수가 되고, 구체적으로 위험성이 없으면 불능범이라 한다.[95] 예컨대 제3자가 몰래 탄환을 빼어버린 총기에 탄환이 들어 있는 것으로 알고 발사한 경우와, 치사량 미달의 독약으로 살해하는 경우에는 구체적 위험성이 있으므로 가벌미수가 되지만, 사자(死者)에 대한 살해행위는 일반인이 죽은 자임을 알고 있는 경우에는 구체적 위험이 없으므로 불능범이 된다.

이에 대해서는, ① 행위자가 인식한 사정과 일반인이 인식가능한 사정이 일치하지 않는 경우에 어느 사정을 기초로 위험성을 판단할지 명백하지 않으며, 이 경우는 ② 일반인이 알 수 있는 사정만을 기초로 판단하는데, 행위자의 인식을 고려하지 않고 결과발생이 불가능한 불능미수범을 인정할 수 없을 뿐만 아니라 법익침해의 위험성이라는 객관적 사정에 치중하여 행위반가치를 고려하지 아니하며, ③ 만일 이 경우도 행위자가 특히 알고 있는 사정도 고려한다면 이는 다음의 추상적 위험설에 귀착한다고 해야 한다.

4) 추상적 위험설　행위자가 행위시에 인식한 실현계획을 위험판단의 기초(대상)로 하여 일반인의 일반경험칙에 비추어, 그러한 계획이 현실적으로 결과발생에 대한 위험성이 있다고 인정되면 가벌미수이고 위험성이 없다고 인정되면 불능범이라 한다(주관적 위험설).[96] 이 설은 실행의 착수에 관한 주관적 객관설에 상응하는 것으로, 그 취지는 아래의 법질서 위험설과 같다. 그러나 위험판단을 일반경험법칙에 따라 하고, 사실의 흠결을 부인하여 가벌적 미수가 되는 경우도 있다는 점에서 법질서 위험설과 다르다.

> 추상적 위험설의 일종으로서 법질서 위험설이 있다. 행위시에 행위자가 인식했던 주관적 사정을 위험판단의 대상으로 하여 일반인의 입장에서 결과발생

95) 김종원(8人 공저), 304면; 이재상, 403면; 박상기, 364면; 배종대, 528면; 김일수/서보학, 532면; 신동운, 515면; 오영근, 540면; 이정원, 314면; 안동준, 204면.

96) 황산덕, 240면; 이건호, 168면; 정성근, 528면; 진계호, 476면; 임웅, 387면; 김성돈, 422면; 정영일, 363면; 김성천, 361면. 또 형감경의 경우는 구체적 위험설, 형면제의 경우는 추상적 위험설이 타당하다는 견해는 손동권, 439면.

에 대한 위험성이 있는가를 판단한다는 점에서 추상적 위험설과 같다. 즉, 행위자가 행위당시에 예상한 대로의 사정이 그대로 존재하였으면 일반인의 판단에서 결과발생의 위험성이 있다고 인정된 때 법질서 효력에 대한 위험성이 인정되므로 가벌적 미수가 된다고 한다.[97] 예컨대 행위자가 치사량 미달의 독약을 투여한 경우와, 설탕을 독약으로 혼동하여 투여한 경우에는 행위자가 의도했던 독약의 투여가 일반인의 입장에서 보면 결과발생의 추상적 위험을 느끼게 하므로 가벌미수가 되지만, 행위자가 설탕을 다량으로 투여하면 사람이 죽을 것이라고 믿고 투여한 경우에는 일반인의 입장에서 보면 위험성이 없으므로 불능범이 된다.

이 설은, ① 판단의 기초를 행위자가 알고 있는 사정에 국한하므로 행위자가 경솔하게 잘못 안 경우에도 그 사정만을 기초로 위험성을 판단하므로 위험판단의 객관성이 결여되어 있으며, ② 사실의 흠결의 경우는 모두 불능범과 별개의 불가벌적 미수라 하여 특별 취급한다는 점에서 타당하지 않다.

추상적 위험설에 대해서 종래에는 행위자가 경솔하게 잘못 안 경우에 이를 기초로 위험성을 판단해야 하므로 부당하다는 비판이 있었다. 그러나 현재의 추상적 위험설은 일반경험칙에 따라 판단하므로 타당한 비판이 아니다. 즉 ① 행위자가 경솔하게 잘못 인식한 경우는 일반인의 일반경험칙에 따라 판단하므로 위험성 판단의 객관성을 유지할 수 있으며, 특히 ② 제27조의 "결과발생 불가능"과 "위험성"(형법적 평가상 결과발생 가능성)의 내용이 상호 모순처럼 보이는 두 요건에 대해서 전자는 일반인의 판단으로, 후자는 행위자의 사전인식으로 파악할 수 있으므로 양자의 관계를 합리적으로 해결할 수 있고,[98] ③ 행위자의 인식을 판단대상으로 하여 일반인이 객관적으로 판단하므로 결과반가치와 행위반가치를 모두 고려하고 있으므로 이 설이 타당하다고 본다. 판례도 같은 태도이다.

【판례】 불능범의 판단기준으로서 위험성 판단은 피고인이 행위 당시에 인식한 사정을 놓고 이것이 객관적으로 일반인의 판단으로 보아 결과발생의 가능성이 있느냐를 따져야 하므로 히로뽕제조를 위하여 에페트린에 빙초산을 혼합한 행위가 불능범이 아니라고 인정하려면 위와 같은 사정을 놓고 객관적으로 제약방법을 아는 과학적 일반인의 판단으로 보아 결과발생의 가능성이 있어야 한다(대판, 1978. 3. 28, 77도4049).[99]

97) 염정철, 421면; 정영석, 238면.
98) 임웅, 375면.
99) 이 판결에서 위험성 판단의 기준으로서 단순한 '일반인'의 관점이 아니라 '과학적 일반인'의

5) 주관설　범죄를 직접적으로 실현하려는 의사를 표현하는 행위가 있으면 그것만으로 법질서는 위험하게 되므로 결과 발생에 대한 객관적 위험성 여부를 불문하고 가벌적 미수가 된다고[100] 한다. 이 설은 원래 주관주의 범죄이론에서 주장하여 범죄의사가 있고 실행행위가 있는 이상 모두 가벌적 미수가 된다고 하므로 불능범이라는 개념을 인정하지 아니하고, 다만 미신범의 경우만은 실행행위의 정형성이 없기 때문에 가벌미수에서 제외한다.

그러나 ① 행위자의 범죄의사만으로 위험성을 판단하므로 위험성 판단의 객관성을 유지할 수 없고, ② 위험성 판단에서 행위자 개인적 사정 이외의 요소를 전혀 고려하지 아니하므로 가벌적 미수의 범위가 지나치게 확대되며, ③ 결과반가치를 전혀 고려하지 않는다는 결함이 있다. 현재 주장자도 없다.

6) 인상설　행위자의 법적대적 의사의 실행이 일반인의 법적 안정감이나 법적 평온상태를 교란시키는 법동요적 인상을 줄 때, 위험성이 있는 가벌미수범이 된다고[101] 한다.

그러나 ① 법질서 평온상태는 법익이 될 수 없을 뿐만 아니라 이로 인한 법동요적 인상 정도로 미수범을 처벌하는 것은 지나치게 처벌 범위를 확대시키며, ② 법동요적 인상은 위험성의 내용은 설명할 수 있지만 가벌적 미수의 위험성 판단기준은 될 수 없다고 해야 한다.

7) 결　어　위험성 유무는 추상적 위험설에 따라 판단하여 불능범과 가벌미수를 구별하는 것이 타당하다. 다만, 위험성은 모든 가벌미수의 공통되는 요건이므로 추상적 위험설에 의하여 위험성이 인정된다고 해서 항상 불능미수(범)만 성립하는 것은 아니다. 결과발생이 불가능하고 위험성이 있는 행위만이 불능미수(범)가 되고, 결과발생 가능이 있는 경우는 장애미수(범)가 된다.

그리하여 설탕을 독약으로 오인하여 복용시킨 경우, 치사량미달의 독약을 복용시킨 경우, 타인의 빈 호주머지에 돈지갑이 있는 줄 알고 손을 넣는 경우,[102]

관점을 내세우고 있는 점에 착안하여 대법원이 구체적 위험설의 입장을 취한 것으로 보는 견해(신동운, 515면)가 있다. 그러나 이 판결의 판시내용은 행위자가 행위당시에 인식한 사정을 판단대상으로 일반인이 행위자의 관점으로 돌아가 판단하는 사전판단을 내용으로 하는 것이므로 추상적 위험설을 취한 것으로 보는 다수설의 견해(이재상, 404면; 김일수/서보학, 531면; 임웅, 385면; 오영근, 537면; 김성돈, 421면)가 타당하다. 同旨: 대판, 2005. 12. 8, 2005도8105.

100) Welzel, S. 192; 신동욱, 미수범의 이론구조, 30면; 유병진, 161면 이하.

101) 이형국, 260면; 손해목, 914면; 손동권, 불능(미수)범에 관한 연구(법치국가와 형법, 1998), 270면 이하.

탄환이 있는 줄 알고 빈총을 발사하는 경우, 사체를 생존자로 오인하고 살해하는 경우 등은 결과발생이 불가능하고 위험성만 있으므로 불능미수(범)가 된다. 그러나 설탕도 살인력이 있다고 생각하고 복용시키거나, 소화제로 낙태가 된다고 믿고 복용시키거나, 물을 많이 먹이면 방광이 터져 죽는다고 믿고 과음시킨 경우와 미신범은 애당초 결과발생 가능성과 위험성 모두가 없으므로 불능범이 된다.

【판례】 소매치기가 피해자의 주머니에 손을 넣어 금품을 절취하려 한 경우 비록 그 주머니 속에 금품이 들어있지 않았었다 하더라도 위 소위는 절도라는 결과발생의 위험성을 충분히 내포하고 있으므로 이는 절도미수에 해당한다(대판, 1986. 11. 25, 86도2090).

Ⅲ. 불능미수(범)의 처벌

불능미수(범)는 결과발생이 불가능하더라도 위험성이 있으면 가벌미수가 된다. 위법성과 책임을 조각시키는 사유가 없으면 범죄가 성립할 것이다. 단, 형을 감경 또는 면제할 수 있다. 임의적 감면이므로 장애미수(범)보다는 관대하게 취급한다. 불능미수(범)도 미수범의 일종이므로 형법 각 본조에 미수범을 처벌하는 규정이 있는 경우에만 처벌할 수 있다.

102) 대판, 1986. 11. 25, 86도2090는 이 경우 장애미수를 인정하는데 타당한 판례라는 견해는 배종대, 497-498면.

제 7 장 과실범론

제 1 절 과실범 일반론

Ⅰ. 과실의 의의 · 체계상의 지위

1. 과실의 의의

형법 제14조는 과실(Fahrlässigkeit)에 관하여 "정상의 주의를 태만함으로 인하여 죄의 성립요소인 사실을 인식하지 못한 행위는 법률에 특별한 규정이 있는 경우에 한하여 처벌한다"라고 규정하고 있다. 이에 의하면 과실이란 정상의 주의를 태만함으로 인하여 죄의 성립요소인 사실을 인식하지 못한 것을 말한다. 형법 제14조의 문언은 "인식없는 과실"만 규정한 것처럼 보이나, 구성요건사실을 인식하였어도 결과가 발생하지 아니한다고 부주의로 신뢰한 "인식있는 과실"도 포함한다. 고의는 객관적 구성요건표지를 인식하고 이를 실현하는 의사임에 대해서 과실은 주의의무위반으로 객관적 구성요건표지를 인식하지 못하였으나 그 인식의 가능성이 있는 것을 말한다. 그리고 과실범이란 주의의무위반으로 구성요건적 결과가 발생한 경우에 가벌적인 행위가 되는 것을 말한다. 과실범은 언제나 처벌되는 것이 아니라 법률에 특별한 규정이 있는 경우에 한하여 예외적으로 처벌되며, 고의범보다 경하게 처벌한다.[1)]

형법에서 과실범을 처벌하는 범죄는 실화(제170조), 업무상 중실화(제171조), 과실폭발물파열(제172조 2항), 과실일수(제181조), 과실 · 업무상 과실 · 중과실교통방해(제189조), 과실 · 업무상 과실 · 중과실치사상(제266조 이하), 업무상 과실 · 중과실장물취득(제364조) 등 극히 예외적으로 인정하고 있다.

1) 종래까지 과실범은 극히 예외적인 범죄로서 등한시되었으나 최근 기술문명의 급속한 발전으로 생명 · 신체에 대한 위험을 수반하는 업무 · 행위가 증대하면서 과실범도 비약적으로 증가하여 고의범을 능가하고 있다.

2. 과실의 체계상의 지위

(1) 책임요소설

과실은 고의와 함께 책임의 심리적·주관적 요소로서 책임조건·책임형식이라는 견해이다(신고전적 범죄체계).[2] 이 견해는 과실범의 객관적 구성요건요소는 결과발생과 인과관계뿐이므로 결과발생(법익침해)과 인과관계만 확정되면 과실범의 구성요건해당성과 원칙적으로 위법성까지 인정한다. 그리하여 책임단계에 와서 고의가 부정될 경우에 비로소 과실 유무를 확정하기 위해 주의의무를 검토하고, 주의의무의 내용은 결과예견의무로 파악한다(전통적 과실이론).

그러나 책임요소설은 다음과 같은 결함 때문에 이미 극복된 이론이라 해도 좋다. 즉, 책임요소설에 의하면, ① 과실 유무와 관계없이 결과발생과 인과관계만으로 과실범의 구성요건해당성과 위법성을 인정해야 하므로 과실도 없는 우연적·불가항력적 사고까지 과실범의 구성요건에 해당하는 위법행위로 평가되어 구성요건의 보장적 기능을 부정할 뿐만 아니라 불법의 본질에도 반한다. 또 ② 고의범과 과실범은 법익침해의 결과발생이 있다는 점은 동일하므로 양자의 불법의 차이를 설명할 수 없으며, ③ 허용된 위험은 정당화 됨에도 불구하고 이러한 행위로 법익침해 결과가 발생하면 위법행위를 인정하게 되므로 허용된 위험의 법리와 위법성의 본질에도 반한다. ④ 허용된 위험의 법리는 주의의무를 판단하는 기준으로서 위법성을 부정하는 이론이므로 과실을 책임요소라고 할 때에는 위법성 단계에서 허용된 위험에 의해 주의의무를 판단할 수 없다는 체계 모순에 빠질 수밖에 없다.

(2) 구성요건요소설

과실은 과실범의 구성요건요소로서 과실범의 행위반가치를 구성하는 불법요소가 된다는 견해이다. 이 견해는 과실범의 불법은 목적적 행위의 수행방법이 사회생활상 요구되는 주의의무(객관적 주의의무)에 위반하여 구성요건적 결과를 발생시킨 행위반가치에 그 본질이 있다는 목적적 행위론에서 주장하였지만[3] 사회적 행위론에서도[4] 행위자가 개인적으로 준수할 수 있는 주관적 주의의무

2) 정영석, 174면 이하; 백남억, 182면, 187면; 남흥우, 173면; 염정철, 329면; 차용석, 873면.
3) 황산덕, 126면; 진계호, 239면 이하; Welzel, S. 130; Stratenwerth, 15/10f.; Samson, SK, §16 Rdn. 13.
4) Jescheck/Weigend, S. 577.

만이 구성요건요소가 된다는 견해도[5] 있다. 객관적 주의의무는 행위반가치 내용이 된다는 견해는 주의의무 내용을 결과회피의무로 한정하고 이에 의해서 과실범의 불법과 위법성을 인정하는 데에 특색이 있다(신과실이론).

이 견해는 고의범과 과실범은 책임단계에 와서 구별되는 것이 아니라 양자의 불법의 차이를 인정하여 구성요건해당성 단계에서 이를 구별하고, 불가항력이나 우연적인 사고 등 무과실에 의한 결과발생에 대해서는 애당초 과실범의 구성요건해당성을 배제하여 과실범과 고의범의 불법의 차이를 인정하므로 책임요소설의 결함은 시정할 수 있다. 따라서 과실은 일단 구성요건요소가 된다는 그 자체는 타당하다.

그러나 구성요건해당성과 위법성 판단의 대상은 행위의 규범위반성 자체이므로 객관적 주의의무위반 유무로 판단해야 하지만 책임은 행위자의 규범준수가능성 유무로 판단해야 하므로 행위자가 객관적 주의의무를 준수할 수 있는 주관적 주의의무를 인정하지 않을 수 없다. 즉, 과실범의 책임을 긍정하기 위해서는 위법성의 인식가능성과 기대가능성뿐만 아니라 객관적 주의의무를 평가할 수 있는 주관적 주의의무도 요구된다고 해야 한다.

(3) 구성요건 · 책임요소설

과실은 구성요건요소인 동시에 책임요소가 된다는 견해이다.[6] 이 견해는 주의의무를 객관적 주의의무와 주관적 주의의무로 구별하여, 사회생활상 일반인에게 요구되는 객관적 주의의무는 구성요건요소로서 과실범의 행위반가치를 구성하는 불법요소가 되며, 행위자가 객관적 주의의무를 준수할 수 있는 주관적 주의의무는 과실범의 책임요소가 된다는 것이다. 객관적인 규범위반은 불법에, 행위자 개인의 규범준수가능성은 책임에 귀속시킴으로써 불법과 책임을 체계상 구별한 것이라 할 수 있고, 우리나라 통설이다.

(4) 결 어

무과실행위는 애당초 과실범의 구성요건에 해당할 수 없으므로 과실의 유무

---

5) 김성돈, 461면; 同, 과실개념의 주의의무위반성과 예견가능성(형사정책연구 제6권, 1995), 168면 이하. 西原, 過失犯の構造, 現代刑法講座 3券, 1979, 12면.

6) 유기천, 166면; 김종원, 과실범(형사법강좌Ⅰ), 336면; 손해목, 700면; 정성근, 423면; 이형국, 328면; 이재상, 187면; 김일수/서보학, 439면; 배종대, 668면; 신동운, 227면; 조준현, 360면; 임웅, 497면; 오영근, 199면; 정영일, 154면; 박상기, 274면; 김성천/김형준, 200면; 손동권, 324면 이하.

는 구성요건단계에서 확정되어야 한다. 그리고 책임은 행위자에 대한 비난가능성이며, 타행위가능성을 전제로 하므로 행위자가 준수 불가능한 주의의무를 요구할 수 없다. 불법단계에서 객관적 주의의무위반이 인정되어도 행위자 개인적인 능력으로 그 객관적 주의의무를 준수 불가능하다고 한다면 책임은 없다고 해야 한다. 따라서 객관적 주의의무는 과실범의 구성요건요소이지만 이에 대한 책임비난을 평가하기 위해서는 주관적 주의의무도 필요하다고 해야하므로 주관적 과실은 과실범의 책임요소가 된다고 해야 한다.

Ⅱ. 과실의 종류

1. 인식있는 과실과 인식없는 과실

인식 있는 과실과 인식 없는 과실은 결과발생의 가능성을 예견하고 있었느냐에 따른 구별이다. 즉, 구성요건적 결과발생의 가능성은 예견하였으나 주의의무위반으로 인하여 결과가 발생하지 않는다고 부인한 경우를 인식 있는 과실(bewußte Fahrlässigkeit)이라 하고, 결과발생의 가능성조차도 예견하지 못하고 주의의무위반으로 결과가 발생된 경우를 인식 없는 과실(unbewußte Fahrlässigkeit)이라 한다. 후자가 전형적인 과실이다.

인식 있는 과실과 인식 없는 과실은 불법과 책임에서 차이가 없고, 과실인정의 구조도 동일하므로 과실의 내부에서 구별의 실익은 없다. 다만, 고의 특히 미필적 고의와 구별하기 위해서는 인식 있는 과실의 내용을 명백히 하여야 하고, 그 반사적 결과로 인식 없는 과실과 구별되는 데 지나지 않는다. 인식 있는 과실은 고의와 경계를 접하는 것이고, 양자는 인용설에 의해서 구별하여야 한다.

2. 업무상 과실과 중과실

업무상 과실과 중과실은 형법의 규정을 전제로 한 분류로서 양자는 대립하는 개념이 아니다.

(1) 업무상 과실

업무상 과실(Berufsfahrlässigkeit)이란 보통과실에 대응하는 것으로 일정한 업무에 종사하는 자가 그 업무상 준수해야 할 주의의무에 위반한 경우를 말한다. 여기의 업무란 사람이 사회생활상의 지위에 의하여 계속·반복의 의사로 종사하는 사무를 말하며, 반드시 직업적·영업적 업무일 필요가 없고, 보수의 유무·주된 업무인가 아닌가도 묻지 않는다.

형법은 업무상 실화(제171조), 업무상 과실교통방해(제189조), 업무상 과실사상(제268조), 업무상 장물취득(제364조) 등 업무상 과실에 대하여 보통과실보다 가중규정을 두고 있다. 그 이유에 대해서는, ① 업무자는 일반인보다 고도의 주의의무가 과해져 있다는 견해,[7] ② 업무자의 과실은 재해의 위험성이 크기 때문에 일반예방의 목적상 가중한다는 견해[8]가 대립한다. 그러나 업무자의 주의의무도 일반인의 그것과 차이가 없다(객관설). 업무자는 일반인에 비하여 예견가능성이 크기 때문에 책임이 가중된다고 해야 한다.[9]

(2) 중과실

중과실(grobe fahrlässigkeit)이란 경과실에 대해서 사용되는 개념으로 주의의무위반의 정도가 큰 경우이다. 중과실의 내용에 대해서도, ① 조금만 주의했더라면 주의의무를 다할 수 있음에도 불구하고 이를 태만한 경우라는 견해,[10] ② 중대한 피해를 야기할 위험이 있는 부주의한 행위라는 견해[11]가 있으나 양자 모두 고려하여야 한다. 따라서 보통의 주의의무위반이라도 그 부주의한 행위가 그로부터 다수의 피해가 생길 가능성이 있었던 경우에는 중과실이라 할 수 있다. 판례는 ①의 입장에서 중과실과 경과실의 구별은 구체적인 경우에 사회통념에 비추어 결정하고 있다.

형법은 중실화(제171조), 중과실교통방해(제189조), 중과실치사상(제268조) 등 중과실범에 대해서는 보통과실보다 중한 형을 규정하고 있는데, 이러한 규정이 없어도 과실의 대소는 보통의 과실범의 법정형의 범위 내에서 양형상 고려된다. 그리고 중과실과 업무상 과실은 현행형법에서는 동일하게 취급하고 있다.[12]

---

7) 황산덕, 각론, 190면; 서일교, 각론, 43면; 김종원, 각론(상), 78면; 임웅, 500면.
8) 백남억, 151면; 유기천, 170면; 정창운, 223면.
9) 정성근, 424면 이하; 이재상, 184면.
10) 이재상, 184면; 배종대, 670면; 임웅, 501면.
11) 藤木, 業務上 過失致傷罪, 注釋刑法(5), 1968, 178면; 井上(正), 過失犯の構造, 1960, 45면.

【판례】 ① 중과실은 행위자가 극히 근소한 주의를 함으로써 결과발행을 예견할 수 있었음에도 불구하고 부주의로 이를 예견하지 못하는 경우를 말하는 것으로서 중과실과 경과실의 구별은 구체적인 경우에 사회통념을 고려하여 결정될 문제이다(대판, 1980. 10. 14, 79도305).

② 형법 제171조가 정하는 중실화는 행위자가 극히 작은 주의를 함으로써 결과발생을 예견할 수 있었는데도 부주의로 이를 예견하지 못하는 경우를 말한다(대판, 1988. 8. 23, 88도855).

③ 중과실을 인정한 사례 : ㉠ 성냥불로 담배를 붙인 다음 그 성냥불이 꺼진 것을 확인하지 아니한 채 휴지가 들어 있는 플라스틱 휴지통에 던진 경우(대판, 1993. 7. 27, 93도135). ㉡ 84세 여자 노인과 11세의 여자 아이를 상대로 안수기도를 함에 있어서 한 손 또는 두 손으로 그들의 배와 가슴 부분을 세게 때리고 누르는 등의 행위를 여자 노인에게는 약 20분간, 여자아이에게는 약 30분간 반복하여 그들을 사망케 한 경우(대판, 1997. 4. 22, 97도538).

④ 중과실을 부정한 사례 : ㉠ 방문에 약간의 틈이 있다거나 연통 등 가스배출시설에 결함이 있는 정도의 하자가 있는 방에서 임차인이 연탄가스에 중독되어 사망한 경우 임대인에게 중과실치사죄를 부정(대판, 1986. 6. 24, 85도2070)하였고, ㉡ 함께 술을 마시고 놀았던 일행이 '러시아 룰렛' 게임을 하다가 한 명이 죽은 경우에 이를 즉시 제지하지 못한 동료에게 중과실치사죄를 부정(대판, 1992. 3. 10, 91도3172)하였다.

제2절 과실범의 성립요건

Ⅰ. 과실범의 구성요건해당성

과실범은 고의가 부정되는 경우에 논의되는 결과범이다. 그리고 과실범의 불법도 고의범과 마찬가지로 행위반가치와 결과반가치로 구성된다. 과실범의 행위반가치는 객관적 주의의무위반에서, 결과반가치는 구성요건적 결과발생과 그 결과에 대한 인과관계에서 각각 인정된다. 따라서 과실범의 구성요건은 범죄사실의 인식가능성, 객관적 주의의무위반, 결과발생 및 결과에 대한 인과관계로

12) 실제상 양자를 구별할 실익이 없으므로 입법론상으로 중과실 속에 업무상 과실을 흡수시켜야 한다는 견해(西原, 總論, 186면)도 있다.

구성된다.

형법 제14조는 과실의 요건으로 정상적인 주의태만, 즉 주의의무위반(부주의)과 죄의 성립요소인 사실의 불인식, 즉 범죄사실의 불인식을 규정하고 있다. 여기의 불인식은 전혀 인식할 수 없는 것이 아니라 인식가능성이 있는 경우를 의미한다. 그리고 범죄사실은 인식하였으나 부주의로 그것이 실현되지 않는다고 신뢰한 때에도 과실은 인정된다. 따라서 여기의 불인식은 인식은 없으나 최소한 인식가능성이 있다는 의미로 해석해야 하고, 나아가서 인식이 있는 경우에도 의적(意的) 요소가 없으면 과실은 인정된다고 해야 한다. 주의의무위반은 과실의 규범적 요소이고, 사실의 인식가능성 또는 인식은 과실의 심리적 요소라 할 수 있다.

1. 범죄사실의 인식가능성

범죄사실은 인식하지 못하였으나 그 인식의 가능성이 있거나 이를 인식한 때에도 그 실현에 대한 의적 요소가 없는 경우에만 과실이 인정된다. 범죄사실을 인식하고 그 실현의사가 있으면 고의가 성립하므로 과실은 고의 없는 것 중에서 적어도 범죄사실을 인식가능한 경우라고 할 수 있다.

2. 객관적 주의의무위반

(1) 객관적 주의의무위반의 의의

과실의 본질적 요소는 정상적인 주의태만인 객관적 주의의무위반에 있다. 즉 범죄사실의 불인식으로 인한 결과발생이 객관적 주의의무위반에 의한 것임을 요한다. 객관적 주의의무위반이란 사회생활상 일반적으로 요구되는 주의의무(객관적 과실)에 위반한 것을 말하고, 과실불법의 행위반가치 내용이 된다.

(2) 객관적 주의의무의 내용

객관적 주의의무의 내용은 결과발생의 가능성(위험)을 예견하고 그 예견한 결과발생을 회피하기 위한 필요한 조치를 취할 의무이다. 여기서 그 중점을 어디에 두는가에 따라 결과예견의무라는 견해,[13] 결과회피의무라는 견해,[14] 결

13) 정영석, 182면; 유기천, 168면; 박동희, 159면 이하.
14) 정성근, 427면.

과회피의무와 결과예견의무라는 견해[15]가 대립하고 있다.

예견의무를 요구하면, ① 결과발생의 가능성은 인식하였으나 그 결과의 발생을 부인하는 인식 있는 과실은 결과예견의무를 다하고 있으므로 주의의무위반을 인정할 수 없고, ② 인식 없는 과실에서만 결과예견의무를 인정해야 하므로 과실의 종류에 따라 예견의무의 인정여부가 달라진다는 결함이 있다.

주의의무는 ① 예견가능성이 있는 경우에만 인정되며, ② 결과예견의무를 다하고 있어도 결과회피의무위반이 있으면 과실이 인정되며, 결과예견 없는 결과회피를 생각할 수 없으므로 주의의무의 핵심은 결과회피의무라 해야 하고, ③ 결과예견의무는 결과회피를 위한 당연한 전제가 되므로 결과예견의무를 특별히 주의의무의 내용으로 강조할 필요가 없다. 따라서 주의의무의 본질적 내용은 결과회피의무라 해야 한다. 결과회피의무는 주의력을 집중하여 결과발생을 방지하기 위한 의무이므로 신중한 태도·과오 없는 태도를 취하여야 할 의무라 할 수 있다.

(3) 객관적 주의의무와 예견가능성

객관적 주의의무가 있다고 하기 위해서는 그 전제로서 결과발생에 대한 예견가능성이 있어야 한다. 예견가능성도 없는 경우에는 법질서가 행위자에 대해 종래의 행위계획을 변경하도록 요구할 수 없기 때문이다. 예견가능성은 전통적 과실이론에서도 결과예견의무의 내용으로 파악하여 결과발생에 대해서 상당한 정도의 구체적 예견가능성이 필요하다고 하며, 결과예견의무와 결과회피의무 모두 주의의무의 내용이 된다는 입장에서도 구체적 예견가능이 있어야 한다고[16] 한다. 그러나 결과발생을 회피하기 위한 결과회피의무는 필연적으로 예견가능성을 전제해야 하므로 예견가능성은 결과회피태도를 선택·측정하기 위한 자료를 제공하는 의미를 가질 뿐이고, 결과발생에 대한 구체적인 예견가능성일 필요가 없다.

(4) 예견가능성의 판단대상

예견가능성을 판단하는 대상이 무엇이냐에 대해서, ① 일반인의 결과발생에

15) 황산덕, 128면; 손동권, 325면; 이재상, 188면; 진계호, 265면; 임웅, 502면; 배종대, 672면(내적주의, 외적주의로 구별하는 것도 동일).

16) 임웅, 502면.

대한 단순한 불안감, 위구감(危惧感)이라는 견해[17]와 ② 개개의 결과발생의 원인이 되는 사실이라는 견해[18]가 대립한다.

위구감설은 특히 산업폐기물에 의한 공해와 신제품개발에 수반된 재해 등 현대형 범죄를 방지하기 위해서 제창되었으나,[19] ① 이를 과실범 일반에 적용하면 비교적 가혹한 처벌이 될 우려가 있으며, ② 인간은 미지의 위험에 대해서 만전의 조치를 강구한 때에도 막연한 불안감을 갖는 것이므로 이러한 경우에도 불안감이 있다고 하여 예견가능성을 인정한다면 결국 결과책임을 인정하는 것과 다름없게 된다. 따라서 예견가능성은 개개의 결과발생의 원인이 되는 사실을 예견할 수 있으면 충분하다고 본다.

(5) 객관적 주의의무의 근거

주의의무의 근거는 법령에 규정되어 있는 경우가 있다. 예컨대 자동차운전자의 안전운전의무(도로교통법 제44조), 의약품판매업자에 대한 독극약취급방법에 관한 의무(약사법 제47조), 식품판매업자 등에 대한 청결위생유지의무(식품위생법 제3조) 등을 들 수 있다. 그러나 과실범이 성립할 수 있는 모든 주의의무를 법률에 유형화하는 것은 입법기술상 불가능하므로 주의의무는 결국 일반적인 도의·조리[20]·관습 등 사회규범과 규칙·내규·계약 등에 따라 객관적·개별적으로 그 근거와 범위를 결정할 수밖에 없다.

주의의무는 항상 일정한 범죄사실, 행위시의 상황, 행위자와의 관계에서 개별적으로 판단한다. 예컨대 자동차운전자에 대한 속도조정 배려의무는 일반 도로와 사람의 왕래가 많은 혼잡한 도로, 주간과 야간, 맑은 날과 비오는 날, 숙련된 운전자와 초보운전자에 차이가 있다. 또 대향차(對向車)의 불빛에 현혹된 경우에 제한속도 준수만으로 주의의무를 준수하였다고 볼 수 없다. 구체적 상황에 따라 새로운 주의의무가 발생하기 때문이다.

17) 藤木, 過失犯(新舊過失論争), 1975, 33면 이하; 同, 總論, 240면. 일본에서는 이러한 학설을 "신신과실론"이라고도 한다.
18) 西原, 總論, 174면.
19) 일본 판례로서 森永ドライミルク사건 파기환송 후의 1973. 11. 28의 제1심판결이 이러한 입장을 취하고 있다(判例タイムズ 302호, 123면).
20) 대판, 1986. 8. 19, 86도915 : 자전거 전용도로에 도시가스 배관공사를 위하여 웅덩이를 파놓은 곳을 야간에 통과하던 통행인이 빠져서 상해를 입은 경우에 공사현장 감독자는 안전관리를 소홀히 한 주의의무위반이 있다.

(6) 객관적 주의의무의 판단기준

주의의무(결과회피의무)를 판단하는 기준을 어디에 둘 것이냐, 즉 어떤 사람의 주의능력을 기준으로 판단할 것이냐에 대해서 학설이 대립한다.

1) 주관설　주관설은 행위자 본인의 주의능력을 기준으로 주의의무위반 유무를 결정하여야 한다는 견해로,[21] 행위자 본인이 주의할 수 있는 능력 이상의 것을 기대할 수 없다는 데에 근거한다.

2) 객관설　객관설은 사회일반인의 주의능력을 기준으로 주의의무위반 유무를 결정하여야 한다는 견해로, 규범은 일반인이 준수할 수 있는 경우에만 타당하다는 것을 그 근거로 한다.

3) 절충설　절충설은 주의의무의 정도는 사회일반인을 기준으로 하여 객관적으로 결정하지만, 주의력의 정도는 행위자 본인의 주의능력을 기준으로 해야 한다는 견해이다. 규범은 일반인의 주의 이상을 요구할 수 없는 동시에 행위자 본인에게 불가능을 강요할 수 없다는 점을 근거로 한다.

4) 결 어　원래 주의의무는 행위자 본인을 포함하여 행위자와 동일한 사정에서 행위를 하는 모든 일반인에게 요구하는 것이다. 주의의무위반에 대한 평가는 동일한 사정에서 행위를 하는 타인이라면 누구도 주의할 수 있다는 전제가 없이는 생각할 수 없기 때문이다. 동시에 규범은 일반인이 준수할 수 있는 것을 전제로 하므로 일반인에게 불가능한 것은 주의의무의 내용이 될 수 없다. 형법 제14조에서 "정상의 주의"를 태만함으로라고 한 것도 이를 의미하며, 행위자 개인적인 주의능력은 과실범의 책임요소가 되는 주관적 주의의무라고 해야 한다. 따라서 객관적 주의의무는 객관설에 의해서 판단하는 것이 타당하다. 우리나라 통설이며[22] 판례의 태도이다.[23]

객관설에 따라 주의의무가 확정되면 예외적으로 주의능력이 낮은 자에 대해서도 그대로 효력을 갖는다. 예컨대 근시자(近視者)가 안경을 사용하지 않고 어두운 밤에 운전하던 중 보행자를 인식하지 못하고 충돌사고가 난 경우에도 과실은 부정되지 않는다. 또 무자격으로 의료에 종사하는 자가 일반 의사라면 성

21) Stratenwerth, 15/12; Samson, SK, §16 Rdn. 13; Jakobs, 9/13.

22) 유기천, 170면; 이건호(8인 공저), 242면; 황산덕, 129면; 김종원, 과실범, 338면; 정성근, 430면; 이재상, 189면; 이형국, 331면; 배종대, 673면; 박상기, 283면; 김일수/서보학, 450면; 안동준, 274면; 진계호, 244면; 조준현, 362면; 김성천/김형준, 218면.

23) 대판, 1969. 10. 23, 69도1650; 대판, 1971. 5. 24, 71도623.

공할 수 있는 수술을 실패한 경우에 그 수술이 그 자의 기술 이상의 수술이었다 하여도 과실책임을 면할 수 없다.

반대로 행위자가 일반인 이상의 주의능력을 가진 경우에는 주의의무는 그 능력을 기준으로 판단한다.[24] 예컨대 교통사고를 야기한 운전자가 현장 부근에 살고 있기 때문에 다른 운전자는 예견할 수 없지만 자신은 갑자기 골목에서 뛰어 나오는 어린이를 종종 목격하고 있었던 경우에는 과실이 인정된다. 주의의무가 일정한 업무운영상 필요한 것일 때에는 표준적으로는 그 업무에 종사하는 자 일반의 주의능력이다. 이러한 종류의 주의의무는 그 업무에 종사하지 않는 일반인의 준수가 불가능한 경우가 많다. 그러나 일반인이 우연히 그 업무에 종사한 경우에도 마찬가지의 효력이 발생한다. 따라서 이러한 경우에는 준수불가능한 주의의무에 위반한 일반인에 대해서도 과실을 인정할 수 있고, 특히 위험한 업무인 경우에는 이로 인하여 중과실이 된다.

(7) 최근의 주관설(이중지위설)과 그 비판

최근의 주관설은 객관적 주의의무위반은 과실범의 객관적 귀속의 척도가 될 뿐이고, 주관적 주의의무위반만이 과실범의 구성요건과 책임의 요소가 된다고 하여 과실의 이중지위를 인정한다. 즉, 주관적 주의의무위반은 과실범의 주관적 불법요소로서 과실범의 주관적 구성요건요소이고 동시에 과실범의 심정반가치를 인정하는 책임요소가 된다고 하고, 주관적 주의의무위반의 이중지위에 의해 고의범의 이중지위 구조와 같은 체계를 구성한다고 한다.[25]

그러나 주관적 주의의무위반을 구성요건요소라 할 때에는, ① 평균인에 미달하는 주의능력자는 자신이 할 수 있는 주의만 하면 과실불법이 배제되므로 주관적 주의의무위반이라는 책임표지를 인정할 의미가 없거나 구성요건단계에서 불법과 책임을 함께 부정한다는 체계상의 불합리가 생기고, ② 모든 법적 의무는 불법요소가 됨에도 불구하고 객관적 주의의무위반에 한하여 불법에서 배제해야 할 근거가 없으며, ③ 불법은 사회일반인의 규범위반에 대해서, 책임은 행위자 개인의 규범준수 가능성에 대해서 부정적 평가를 하는 것이므로 객관적 주의의무는 과실범의 불법내용을 구성한다고 해야 한다. 그리고 ④ 주관적 주의의무위반이라 할 때의 "주관적"이란 내부적 · 심리적 사실이 아니라 "행위자 개인"을 의미하므로 이러한 개인적 주의의무위반이 고의처럼 "주관적" 불법요

---

24) Kühl, 17/31.

25) 김일수/서보학, 441면 이하; 조상제, 형법상 과실의 체계적 정서(고시계, 1998. 9), 57면; 이용식, 객관적 귀속이론에 관한 일반적 논의(서울대법학 제38권 2호, 1997), 134면, Jakobs, AT, 9/8ff; Samson, SK, §15 Rdn. 13f.

소나 "주관적" 구성요건요소가 되는 것도 아니다.[26]

3. 결과발생 · 인과관계 · 객관적 귀속

(1) 결과발생

과실범은 결과가 발생된 때에만 구성요건해당성을 인정할 수 있으므로 결과발생은 과실범의 구성요건요소이며, 과실불법의 결과반가치 내용이 된다. 과실침해범에서는 법익침해가, 과실위험범에서는 일정한 위험이 있어야 한다.

과실범에 있어서 결과발생이 없으면 과실범의 결과불법이 부정되지만 결과발생이 있어도 결과회피의무위반(행위반가치)이 없으면 과실범의 불법도 없다(과실미수는 불가벌). 과실위험범(자기소유물건 · 건조물 실화 · 중실화, 과실일수 등)에 있어서는 결과회피의무위반(행위반가치)과 위험의 발생, 즉 통찰력 있는 일반인의 판단에 따라 법익침해의 위험성(결과반가치)이 인정되어야 한다.

(2) 인과관계

구성요건적 결과발생과 주의의무위반 사이에는 인과관계가 있어야 한다. 합법칙적 조건관계가 있으면 인과관계를 인정할 수 있다.

(3) 객관적 귀속

인과관계가 확정되어도 결과를 행위자의 작품으로 구속시킬 수 없다면 과실범의 구성요건을 충족시킬 수 없고 불가벌이 된다. 과실범의 객관적 귀속을 인정하기 위해서는 다음 요건을 구비해야 한다.

첫째, 과실범의 결과는 주의의무위반으로 인하여 발생한 것임을 요한다(의무위반관련성). 주의의무위반과 아무런 관계없는 사유로 결과가 발생하였거나 주의의무위반으로 결과는 발생하였지만 주의의무를 다한 때에도 같은 결과발생의 개연성이 있는 때에는 객관적 귀속이 부정된다.

둘째, 결과는 과실범 구성요건이 금지하는 의무위반 자체에서 직접 발생한 것이라야 한다. 과실과 결과발생이 있어도 그 구성요건이 금지하는 의무위반 때문에 직접 발생한 것이 아니면 규범의 보호목적 밖에서 야기된 것이므로 객관적 귀속은 부정된다(보호목적 관련성).

26) 이재상, 190면.

셋째, 객관적 주의의무위반이 허용되지 않은 위험을 창출하고 그 위험의 구체적 실현이 있어야 함은 고의범과 같다.

Ⅱ. 과실범의 위법성과 책임

1. 과실범의 위법성

객관적 주의의무에 위반한 결과야기는 불법구성요건에 해당할 뿐만 아니라 원칙적으로 과실범의 위법성을 근거지운다. 다만 위법성조각사유가 있으면 정당화된다. 과실결과범에는 주관적 정당화요소를 인정할 수 없다.[27] 과실범의 위법성조각사유로서 정당행위 · 정당방위 · 긴급피난 · 피해자의 승낙을 생각할 수 있다. 이 외에 신뢰의 원칙이 적용되는 때에도 정당화 될 수 있다.

첫째, 상대방의 침해행위에 대해서 정당방위의 요건을 구비한 때에는 과실에 의한 정당방위가 된다.

둘째, 응급환자에게 왕진가는 의사가 일정 지역에서 과실로 허용된 최고속도를 초과한 때에는 긴급피난이 된다.

셋째, 피해자의 승낙이나 추정적 승낙에 의해서도 위법성이 조각될 수 있다. 도로교통이나 운동경기에 실제로 의미가 있다. 예컨대 4명이 물건을 초과 적재한 Motorroller(오토바이의 일종)를 타고 가는 때에는 이미 사고의 위험을 감수하고 있으므로 사고로 발생된 신체상해는 승낙에 의한 위법성조각이 된다. 또 규칙의 범위 내에서 발생하는 과실에 의한 스포츠 상해와 사소한 비도의적 규칙침해는 승낙에 의해서 위법성이 조각된다. 그러나 고의 또는 중대한 규칙위반의 신체상해는 위법성이 조각될 수 없다.

2. 과실범의 책임

과실범의 책임도 원칙적으로 고의범과 같다. 과실범의 책임을 인정하기 위해

27) 정성근, 432면; 이재상, 198면; 배종대, 685면 이하; 박상기, 288면; 신양균, 주관적 정당화 요소에 대한 검토(성시탁 교수 화갑기념논문집), 239면. 주관적 정당화요소가 필요하다는 견해는 김일수/서보학, 461면 이하; 손해목, 732면; 안동준, 280면; 임웅, 520면.

서는 책임능력·주관적 주의의무위반·위법성의 인식가능성이 있고 기대불가능성이 없어야 한다.

(1) 책임능력

과실범에서의 책임능력은 주의의무를 인식하고 이를 준수할 수 있는 정신능력이다. 이러한 능력이 없는 책임무능력자의 과실행위는 주관적 주의의무위반이 있어도 책임이 조각된다.

(2) 주관적 주의의무위반

규범은 준수불가능한 것을 요구할 수 없으므로 행위자가 자신의 개인적 능력으로 객관적 주의의무를 이행할 수 있음에도 불구하고 이에 위반한 때에만 과실책임을 인정할 수 있다. 행위자의 객관적 주의의무 이행가능성을 주관적 주의의무라 하고 이에 위반한 것이 주관적 주의의무 위반이 된다. 주관적 주의의무위반 여부는 행위자의 개인적인 지식, 능력과 경험에 따라 판단한다.

(3) 위법성의 인식가능성

과실범에 있어서는 위법성의 인식은 있을 수 없으나 그 인식의 가능성은 있어야 한다. 과실범의 위법성의 인식가능성은 객관적 주의의무 위반에 대한 인식의 가능성이다. 인식 있는 과실은 물론 인식 없는 과실도 주의의무위반에 대한 인식가능성은 있다. 다만, 과실범은 고의와 달리 주의의무위반을 판단할 때에 동시에 위법성의 인식가능성 유무도 확정된다.

(4) 기대가능성

주의의무를 준수하는 것이 외부적 특수사정으로 기대불가능한 때에는 과실범의 책임은 조각된다. 행위자가 객관적 주의의무위반을 예견하였거나 예견할 수 있었지만 주의의무이행이 현저한 불이익을 초래하기 때문에 부득이 그 이행을 기대할 수 없는 때에는 기대가능성이 없다고 하여야 한다.

Ⅲ. 과실범의 관련문제

1. 과실범의 미수

과실범은 고의범처럼 결과발생을 인식·예견하여 이를 실행에 옮기는 과정이 없기 때문에 실행의 착수나 미수를 논의할 여지가 없다.

2. 과실범의 공범

협의의 공범에 있어서는 과실범이 성립할 수 없다는 것이 통설이다. 즉, 과실에 의한 교사·방조는 있을 수 없고, 과실범에 대한 교사·방조는 간접정범이 된다. 다만, 최근에는 과실에 의한 공범을 인정하는 견해도 주장되고 있다. 또 과실의 공동정범을 인정할 것이냐에 대해서도 견해가 대립하는데 긍정하는 것이 타당하다고 본다(과실의 공동정범 참조).

3. 신뢰의 원칙

(1) 신뢰원칙의 의의

신뢰의 원칙(Vertrauensgrundsatz)이란 사회적으로 필요불가결하면서도 위험을 수반하고 있는 업무(허용된 위험)의 규칙을 준수한 자는 특별사정이 없는 한 다른 관여자(피해자·제3자)도 자기와 같이 규칙을 준수하여 적절한 행위를 할 것이라 신뢰하고 행했으면 족하고, 타인이 신뢰에 반한 부적절한 행위까지 예견하여 회피조치를 취해야 할 주의의무는 없다는 원칙을 말한다.

신뢰의 원칙은 성질상 결과발생의 위험성이 불가피하게 수반되지만 사회생활상 필요불가결한 업무·활동의 신속·원활·정확성을 보장하기 위해서 이에 관여한 다른 사람까지 위험방지에 협력할 것을 요구함으로써 업무자의 주의의무를 감경·제한한다는 "사회적 위험의 적정한 분배" 사상을 배경으로[28] 판례에서 확립된 것이다.[29] 신뢰의 원칙은 교통사고에 관한 독일 판례에서 처음으

28) Welzel, S. 132; Sch/Sch/Cramer, §15 Rdn. 144; Samson, SK, §16 Rdn. 17. 신뢰의 원칙에 관한 자세한 논문은 강영철, 신뢰의 원칙에 관한 연구(중앙대 대학원 박사학위논문, 1986) 참조.

로 확립되었으나[30] 최근에 와서는 의료업무와 같이 수인이 조직적 협력으로 분담수행하는 위험 업무에까지 이 원칙을 확대 적용하는 추세에 있다.[31]

[신뢰원칙의 확립] 신뢰의 원칙이 확립되기 전까지는 필요불가결한 위험 업무 활동으로 결과가 발생되면 피해자측의 과실 유무를 묻지 않고 대부분 과실책임을 인정하는 불신의 원칙이 지배하고 있었다.[32] 그러나 불신의 원칙은 자동차와 도로교통의 기술화·고속화·다량화가 일반화되고, 교통질서가 정비되어 교통도덕이 널리 보급된 오늘날에 그대로 유지될 수 없다. 현대산업사회에서 운전자가 사고 방지를 위해 타인의 위반가능성까지 예상하여 만전의 조치를 취해야 한다면, 교통정체를 야기시키고 자동차의 사회적 유용성이 도외시되어 자동차가 지닌 현대적 기능에 차질을 가져 올 수밖에 없다. 특히 자동차의 고속화는 시대적 요청이므로 사고발생방지 때문에 고속도로의 고속운전에까지 모든 사고에 대비한 만전의 조치를 취해야 한다면 사실상 고속운전을 금지하는 것이 되어 고속도로의 기능도 수행할 수 없다. 여기에 허용된 위험의 법리와 사회적 위험의 적정분배라는 합리성을 근거로 독일 제국재판소(1935년)가 신뢰의 원칙을 확립한 후,[33] 일본(1966년)과[34] 우리나라(1957년 철도교통, 1971년 고속도로교통, 1972년 일반교통) 판례도 이를 적용하고 있다.

신뢰의 원칙이 확립되던 초기에는 교통환경의 불비와 교통도덕의 미숙 등을 이유로 이를 거부하는 견해도 있었으나 오늘에는 이견 없는 통설로 되었다 해도 좋다. 그리하여 이 원칙은 주의의무를 감경 내지 제한하여 과실범 처벌의 엄격성을 완화하고, 과실을 판단하는 기준을 제공해 준다는 적극적 의미를 지니고 있다.

【판례】 ① 피해자가 과거 역원으로 6년간 기관조수견습으로 1년간 근무한 자로서 본건 사고발생 당일도 기관조수견습으로서 기관사인 피고인과 같이 기관차의 체환(입환)작업에 종사중이였음으로 여사한 경우에 있어서는 피해자 자

29) 최초의 교통관계의 판례에 나타난 정의에 의하면, 신뢰의 원칙이란 스스로 교통규칙을 준수한 교통 관여자는 특수한 사정이 없으면 다른 교통 관여자(피해자 또는 제3자)도 자기와 같이 교통법규 기타의 교통질서를 준수하고 적절한 행동을 취할 것이라고 신뢰하고 행동해도 좋으며, 만약 다른 교통 관여자의 부적절한 행동으로 말미암아 발생한 결과에 대하여 과실책임을 지지 않는다는 원칙을 말한다.

30) RGSt 70. 71; 72. 55, RGJW 1936, 450ff.; BGHSt 4, 191; 7. 118; 9. 92; 14. 97; 14, 201.

31) 정성근, 439면 이하; 이재상, 191면; 임웅, 513면; Welzel, S. 133; Schmidhäuser, AT, S. 239.

32) 예컨대, "도로에서의 모든 교통 관여자는 사고를 방지해야 할 의무가 부과되어 있고, 타인이 법질서에 따른 행위를 할 것이라고 신뢰해서는 아니 되며, 인가(人家)나 보도(步道)에서 갑자기 사람이 차도에 뛰어드는 것을 항상 염두에 두지 않으면 아니 된다."(RGSt 65. 136; 61. 120; 77. 66) 등을 들 수 있다.

33) RGSt 70. 71(1935. 12. 9. 판결).

34) 日最判, 1966. 12. 20, 刑集 20. 10, 1212면.

신이 기관차의 속력, 도승(비승)의 편부를 감안하야 안전히 도승할 수 있는 시기와 장소를 정할 것이요 그 하차, 승차에 일일히 기관차를 정차 또는 서행치 아니하였다 하여 피고인이 업무상 필요한 주의의무를 다하지 아니하였다 할 수 없고 특히 기록에 의하야 인정되는 피해자가 기관차 좌측으로부터 도승한 관계로 기관차 우측에 좌정한 피고인이 피해자를 目見할 수 없었던 당시의 사정을 종합하면 본건 사고는 피해자의 과실에 기인하여 발생된 것이며 피고인의 업무상 과실에 기인한 것이라 할 수 없다(대판, 1957. 2. 22, 4289형상330).

② 자동차 전용의 고속도로상에서는 통상의 경우 그 주행선상에 장애물이 나타나리라는 것을 예견할 수 있는 것이 아니므로, 구체적으로 위험을 예견할 수 있는 사정이 없는 한 고속도로에서 자동차를 운행함에 있어서는 일반적으로 감속 서행하여야 할 주의의무가 있다고 할 수 없으며, … 또 자동차전용의 고속도로의 주행선상에 아무런 위험표시 없이 노면보수를 위한 모래더미가 있으리라는 것은 일반적으로 예견할 수 있는 사정이 아니다(대판, 1971. 5. 24, 71도623).[35]

③ 상대방 차량이 신호대기선을 넘어 피고인 차량의 전면을 가로질러 네거리를 횡단하려는 의도아래 계속 진행하여 올 것을 사전에 예견하고 이에 대한 사전조치를 강구할 것을 기대할 수 없다 할 것이다(대판, 1972. 2. 22, 71도2354).

④ 1972년 이후 판례는 자동차와 자동차, 자동차와 자전거의 충돌사고에 관하여는 신뢰의 원칙을 광범위하게 인정하고 있는데, 이를 간단히 요약하여 정리하면 다음과 같다.

자동차운전자는 상대방이 차선을 침범하거나 도로의 좌측부분으로 운행하는 것까지 예상하여 이에 대비할 주의의무는 없고,[36] 우선권을 가진 차량의 운전자는 상대방 차가 대기할 것을 기대하면 족하고,[37] 진행신호에 따라 진행하는 차는 신호를 무시하고 진행하는 차가 있음을 예상하여 사고를 방지해야 할 주의의무가 없고,[38] 자동차전용도로(서울시 잠수교)에 자전거를 탄 사람이 갑자기 나타날 것을 예견할 수는 없고,[39] 자동차운전자에게 야간에 無燈火인 자전거가 차도를 무단횡단하는 경우까지 예상할 주의의무는 없다.[40]

⑤ 이에 반하여 보행자에 대한 사고에 관해서는 신뢰의 원칙을 제한적으로 적용하고 있다. 즉, 육교 밑을 횡단한 보행자 충격사고,[41] 적색신호를 무시하고 횡단보도를 건너온 보행자에 대한 사고,[42] 자동차전용도로에서의 보행자 충격사고[43] 등에서는 운전자의 과실을 부정하지만 횡단보도 아닌 곳에서 횡단하는 보행자를 다치게 한 운전자에 대해서는 과실을 인정하고 있다.[44]

35) 同旨: 대판, 1977. 6. 28, 77도403.
36) 대판, 1984. 2. 14, 83도3086; 대판, 1984. 4. 24, 84도240; 대판, 1992. 7. 28, 92도1137.
37) 대판, 1977. 3. 8, 77도409; 대판, 1984. 4. 24, 84도185; 대판, 1992. 8. 18, 92도934.
38) 대판, 1983. 2. 22, 82도3071; 대판, 1990. 2. 9, 89도1774.
39) 대판, 1980. 8. 12, 80도1446.
40) 대판, 1984. 9. 25, 84도1695.
41) 대판, 1985. 9. 10, 84도1572.
42) 대판, 1987. 9. 8, 87도1332.
43) 대판, 1985. 7. 9, 85도833; 대판, 1989. 3. 28, 88도1484; 대판, 1990. 1. 23, 89도1395.
44) 대판, 1980. 5. 27, 80도842: 사고당시의 시간이 통행금지시간이 임박한 23:45경이라면 일반적

(2) 신뢰원칙과 허용된 위험의 법리

신뢰의 원칙과 허용된 위험의 법리와의 관계에 관해서는 과실범 이론구성의 차이에 따라 결론이 달라진다. "허용된 위험의 법리"는 허용된 위험행위로부터 결과가 발생된 때에도 행위 그 자체는 항상 적법행위라고 하는데 대해서 "신뢰의 원칙"은 위험부담의 적정한 분배에 의하여 주의의무를 제한하는 기능을 갖는다.

전통적 과실이론에서는 과실은 책임의 형식·조건이라 하므로 신뢰의 원칙을 과실에 적용하여도 행위의 위법성을 부정하는 허용된 위험의 법리와 관계없다.

이에 대해서 불법구성요건요소로서 과실을 인정하는 신과실이론에 의하면 신뢰의 원칙은 객관적 주의의무를 제한하여 불법이 배제되므로 허용된 위험행위의 객관적 과실을 부정하여 정당화 된다.

(3) 신뢰원칙과 주의의무의 내용

신뢰의 원칙은 객관적 주의의무를 제한한다고 할 때 주의의무 내용 중에서 어느 것을 제한하느냐에 관해서 견해가 대립한다. 결과예견의무를 제한한다는 견해,[45] 결과회피의무를 제한한다는 견해,[46] 결과예견의무와 결과회피의무 모두 제한한다는 견해[47]가 있다.

학설의 대립은 객관적 주의의무의 내용을 어떻게 파악하느냐에 따른 것이고 객관적 주의의무를 제한한다는 데는 차이가 없다. 허용된 위험행위는 결과발생에 대한 예견가능성뿐만 아니라 예견도 되고 있는 행위이며, 결과에 대한 예견은 결과회피의무를 선택·측정하기 위한 자료를 제공하는데 지나지 않는다고 하는 한 신뢰의 원칙은 결과회피의무를 제한하는 기준이라 해야 한다.

(4) 신뢰원칙의 적용요건과 한계

1) 적용요건　도로교통에 있어서 신뢰의 원칙을 적용하기 위해서는 다음과

으로 차량의 통행이 적어 통금에 쫓긴 통행인들이 도로를 횡단하는 것이 예사이고, 이 사건 사고 당시와 같이 사고지점의 3차선상에 버스들이 정차하고 있었다면 버스에서 내려 버스사이로 뛰어나와 도로를 횡단하려고 하는 사람이 있으리라는 것은 우리의 경험상 능히 예측할 수 있는 일이다.

45) 차용석, 신뢰의 원칙(형사법강좌 Ⅰ), 357·359면; 平野(Ⅰ), 193면; 西原, 180면.

46) 정성근, 438면; 藤木, 總論, 249면.

47) 이형국, 339면; 이재상, 191면.

같은 요건이 필요하다. 먼저, 객관적 요건으로서, ① 자동차의 고속화·원활한 교통의 필요성, ② 교통환경의 정비, ③ 교통교육·교통도덕의 보급, ④ 신뢰자의 규칙준수가 구비되어 있어야 한다. 구체적으로 차량 대 차량의 사고인가 차량 대 보행자의 사고인가를 분석하여 판단하여야 한다. 주관적 요건으로서 ① 신뢰의 존재, ② 신뢰의 상당성이 있는 경우에 한하여 신뢰의 원칙을 적용할 수 있다.

2) 적용한계 신뢰의 원칙은 다른 관여자를 신뢰할 수 있는 정상적 상태(관계)를 전제로 해서 인정되므로 타인의 적절한 행위를 신뢰하기 곤란한 특별사정이 있는 때에는 이 원칙은 배제된다.

(a) 상대방의 규칙위반을 인식한 경우 신뢰자가 다른 관여자의 규칙위반을 이미 알고 있거나 알 수 있는 경우에는 신뢰의 원칙을 적용할 수 없다. 예컨대 다른 운전자가 음주운전하는 것을 알고 있었거나, 무모한 보행자임이 명백한 경우가 이에 해당한다.

【판례】 ① 고속도로상을 운행하는 자동차 운전자는 통상의 경우 보행인이 그 도로의 중앙방면으로 갑자기 뛰어드는 일이 없으리라는 신뢰 하에서 운행하는 것이지만 위 도로를 횡단하려는 피해자를 그 차의 제동거리 밖에서 발견하였다면 피해자가 반대 차선의 교행차량 때문에 도로를 완전히 횡단하지 못하고 그 진행차선 쪽에서 멈추거나 다시 되돌아 나가는 경우를 예견해야 하는 것이다(대판, 1981. 3. 24, 80도3305).

② 반대방향에서 오는 차량이 이미 중앙선을 침범하여 비정상적인 운행을 하고 있음을 목격한 자동차 운전자는 그 차량이 자기의 진행전방에 돌입할 가능성을 예견하여 그 차량의 동태를 주의깊게 살피면서 속도를 줄여 피행하는 등 적절한 조치를 취함으로써 사고발생을 미연에 방지할 업무상 주의의무가 있다(대판, 1986. 2. 25, 85도2651).

③ 횡단보도의 보행자신호가 녹색신호에서 적색신호로 바뀔 무렵 전후에 횡단보도를 통과하는 자동차 운전자는 보행자가 교통신호를 철저히 준수할 것이라는 신뢰만으로 자동차를 운전할 것이 아니라 좌우에서 이미 횡단보도에 진입한 보행자가 있는지 여부를 살펴보고 또한 그의 동태를 두루 살피면서 서행하는 등 하여 그와 같은 상황에 있는 보행자의 안전을 위해 어느 때라도 정지할 수 있는 태세를 갖추고 자동차를 운전하여야 할 업무상의 주의의무가 있다(대판, 1986. 5. 27, 86도549).

(b) 상대방의 규칙준수를 신뢰할 수 없는 경우 어린아이, 노인, 신체장애자, 명정자, 극도로 흥분·당황하고 있는 자와 같이 정신적·신체적·심리적

결함이나 지적 능력의 흠결로 상대방의 의무규칙 준수를 신뢰할 수 없는 사정이 있는 때에는 신뢰의 원칙은 배제된다. 또 빈번하게 교통위반행위가 발생하고 있는 장소에서도 이 원칙의 적용은 배제된다.[48] 판례도 버스운전자가 40m 전방 우측도로에서 어린아이가 같은 방향으로 걸어가고 있음을 목격한 때 신뢰의 원칙을 부정하고 있다.[49]

(c) 스스로 규칙을 위반한 경우 스스로 규칙을 위반하여 야기된 위험을 타인이 극복할 것으로 신뢰할 수는 없다. 따라서 사고의 원인이 되는 교통규칙 위반이 가해자에게 존재하는 경우에는 원칙적으로 적용이 배제된다. 다만, 운전면허불휴대죄와 같이 직접사고와 관계없는 단속상의 위반이거나 신뢰자의 규칙위반이 결과발생의 중요한 원인이 아닌 때에는 사정에 따라 신뢰의 원칙을 적용할 수 있다(아래 판례②).

【판례】 ① 위험한 곡로에서 도로중앙선을 제한시속을 초과한 과속으로 운전하다가 반대방향에서 우측으로 진행하여 오던 택시의 전면좌측부분을 충돌케 하였다면 이는 오로지 피고인의 과실로 인하여 발생한 것이다(대판, 1973. 6. 12, 73다280).

② 같은 방향으로 달려오는 후방차량이 교통법규를 준수하여 진행할 것이라고 신뢰하며 우측전방에 진행 중인 손수레를 피하여 자동차를 진행하는 운전수로서는 위 손수레를 피하기 위하여 중앙선을 약간 침범하였다 하더라도 구 도로교통법(61.12.31. 법률 제941호) 제11조 소정의 규정을 위반한 점에 관한 책임이 있음은 별론으로 하고 후방에서 오는 차량의 동정을 살펴 그 차량이 무모하게 추월함으로써 야기될지도 모르는 사고를 미연에 방지하여야 할 주의의무까지 있다고는 볼 수 없다(대판, 1970. 2. 24, 70도176; 同旨 대판, 1998. 9. 28, 98도1854).

(5) 신뢰의 원칙과 조직적 위험업무

신뢰의 원칙은 주로 도로교통 분야에서 인정되어 왔으나, 최근에는 분업적 의료행위와 같이 다수인이 일정한 목적을 달성하기 위하여 조직적 협력으로 분담수행하는 공동작업에도 확대적용하고 있다. 위험업무를 조직적 협력으로 분담 수행하는 다수인 각자의 책임범위 내지 위험분담을 확정할 필요에 의한 것이다. 그리하여 공동협력으로 외과수술을 행하는 의사는 특별사정이 없는 한 다른 의사가 주의의무를 다하였다고 신뢰하면 족하고, 다른 의사의 행위가 적

48) 정성근, 439면; 배종대, 682면. 반대 견해는 이재상, 194면.
49) 대판, 1970. 8. 18, 70도1336.

절한지 검사결과가 정당한지를 조사·확인할 주의의무는 없다.[50] 또 수술의사는 특별사정이 없는 한 수술 중에 간호사가 제공하는 수술도구가 정상적으로 소독되었다고 신뢰해도 좋으며, 의사의 처방전에 대한 약제사의 약조제에도 특별사정이 없는 한 신뢰의 원칙은 적용할 수 있다. 판례는 약품제조업자와 약사간에도 신뢰의 원칙을 적용한 바 있다.

【판례】 약사는 의약품을 판매하거나 조제함에 있어서 그 의약품이 그 표시 포장상에 있어서 약사법 소정의 검인 합격품이고 또한 부패 변질 변색되지 아니하고 유효기간이 경과되지 아니함을 확인하고 조제판매한 경우에는 특별한 사정이 없는 한 관능시험 및 기기시험까지 할 주의의무가 없으므로 그 약의 표시를 신뢰하고 이를 사용한 경우에는 과실이 있다고 볼 수 없다(대판, 1976. 2. 10, 74도2046).

다만 조직적 위험업무에까지 신뢰의 원칙을 적용하기 위해서는 각자의 분담업무가 확립되어 있고, 공동작업의 능률화를 위해서 신뢰를 보장해야 할 필요성이 있어야 한다. 따라서 의사와 보조자의 관계와 같이 지휘·감독관계가 있는 경우에 그 의무를 다하지 않은 때에는 신뢰의 원칙은 제한되지 않을 수 없다. 예컨대 의사가 애당초 자격·능력이 없는 의료보조자를 채용한 경우,[51] 의사의 지시를 간호사가 잘못 판단한 경우에는[52] 의사의 주의의무위반을 고려해야 한다. 또 다수인에게 위임된 부분업무의 한계가 불분명한 경우에는 엄격한 분업과 지휘·감독에 의하여 적절한 조정을 배려할 의무가 있다.

이에 대해서 의료보조자는 원칙적으로 의사의 지시를 정당하다고 신뢰해도 좋다. 다만, 의사의 지시가 보조자의 개인적 지식에 의하여 부당한 것으로 판명될 수 있는 경우에는 과실책임을 부담한다.[53]

의사와 환자의 관계에서 환자는 의사를 신뢰할 수밖에 없으므로 의사는 환자의 적절한 행동을 신뢰하고 의료행위를 하여서는 아니된다. 식품·약품의 제품업자와 소비자 사이에서도 같다. 식품이나 약품의 제조업자는 오히려 소비자에게 그 제품의 안전성을 보증해야 할 지위에 있고, 소비자는 이를 신뢰할 수밖에 없는 관계에 있으므로 소비자는 식품·약품에 의한 사고발생을 방지하는 데에 아무런 역할을 할 수 없다.

---

50) 이재상, 193면; Sch/Sch/Cramer, §15 Rdn. 151; Schröder, LK, Rdn. 176.
51) BGHSt 3, 91.
52) BGHSt 6, 287.
53) Vgl. Sch/Sch/Cramer, §15 Rdn. 153; Schmidhäuser, AT, S. 239.

제3절 결과적 가중범

I. 결과적 가중범의 기초이론

1. 결과적 가중범의 의의

결과적 가중범(erfolgsqualifizierte Delikte)이란 기본범죄 실행에 의하여 그보다 중한 결과가 발생한 경우에 기본범죄와 중한 결과를 하나의 범죄로 하여 기본범죄보다 형을 가중하는 범죄유형을 말한다. 고의로 실행한 기본범죄를 기본구성요건이라 하고, 중한 결과부분의 범죄를 결과구성요건이라 한다. 그 전형적인 예로 상해(또는 폭행)의사로 구타하여 피해자가 사망한 상해치사죄(제259조) 또는 폭행치사죄(제262조)를 들 수 있다.[54] 상해치사죄(폭행치사죄)는 상해죄(폭행죄)·과실치사죄보다 형을 가중하고 살인죄보다는 경하다. 우리 형법상의 원칙적인 결과적 가중범은 기본범죄가 고의범이고 중한 결과부분의 범죄는 과실범이다(고의의 결과적 가중범). 즉, 고의범과 과실범이 결합된 범죄가 원칙적인 결과적 가중범이다. 다만 환경범죄단속에관한특별조치법 제5조 2항은 "업무상 과실로 인하여" 유해물질 배출에 의해 사상에 이르게 한 결과적 가중범을 인정하고 있으므로 기본범죄와 결과부분의 범죄 모두 과실범인 경우도 있다(과실의 결과적 가중범).

이에 대하여 다수설은 중한 결과부분의 범죄도 고의범인 경우가 있다고 해석하여 두 개의 고의범이 결합된 결과적 가중범도 예외로 인정한다. 두 개의 범죄가 결합된 범죄이지만 결과적 가중범은 고의범과 과실범(또는 과실범과 과실범, 고의범과 고의범)의 단순한 가중적 구성요건이 아니라 독립된 불법내용을

54) 형법이 규정하고 있는 결과적 가중범은 이 외에도 연소죄(제168조), 가스 등 공작물손괴치사상죄(제173조 3항), 현주건조물일수치사죄(제177조), 교통방해치사상죄(제188조), 음용수혼독치사상죄(제194조), 존속상해치사죄(제259조 2항), 동의낙태치사상죄(제269조 3항), 업무상 부동의낙태치사상죄(제270조 3항), 유기치사상죄(제275조), 체포감금치사상죄(제281조), 강간추행치사상죄(제301조), 강도치상죄(제337조), 강도치사죄(제338조), 해상강도치사상죄(제340조 2·3항) 등이 있다.

가진 독자적 단일범죄이다.

2. 결과적 가중범과 책임주의

(1) 결과책임사상과 책임주의

원래 결과적 가중범은 행위로 인하여 발생된 모든 결과에 대해서 죄책을 인정하였던 결과책임사상의 유물로 볼 수 있다. 현재에도 결과적 가중범의 법정형은 고의범과 과실범의 결합형식과 비교하여 지나치게 무겁다는 것은 이 사상에서 완전히 해방되었다고 할 수 없다. 이에 대해서 결과적 가중범은 위험범의 일종이므로 책임주의를 강조할 필요가 없다는 견해도 있다.[55] 즉, 기본범죄의 행위 중에는 이미 중한 결과발생의 위험이 포함되어 있고, 이 위험이 중한 결과의 발생과 합하여 형벌가중의 원인이 된다고 한다. 그러나 형법의 보장적 기능을 고려할 때 결과적 가중범을 위험범으로 설명하는 것은 타당하다고 할 수 없고 결과책임의 유물이라고 해야 한다.

형벌의 근거와 정도를 책임의 범위로 한정하는 책임주의는 결과적 가중범에 대해서도 중한 결과에 대한 책임이 있을 것과, 가중형의 정도가 책임을 초과하지 않을 것을 요구한다. 두 개 범죄의 결합형태인 결과적 가중범은 중한 결과에 대해서 과실이 있음을 요구하므로 기본범죄보다 책임이 중한 가중형은 책임주의 취지에 반하지 않는다고 할 수 있다. 그러나 가중된 형이 결합된 두 죄의 총합보다 무거운 결과적 가중범(폭행치상죄, 상해치사상죄)은 결합형태의 범죄만으로 책임주의로부터 완전히 해방될 수 없다. 종래부터 책임주의와 조화시키기 위한 노력이 계속되고 있는 이유도 여기에 있다.

(2) 인과관계이론과 결과적 가중범

종래까지는 결과적 가중범의 가중형 근거를 인과관계이론으로 설명해 왔다. 즉, 고의에 의한 기본범죄에 의하여 결과가 발생한 이상 기본범죄와 중한 결과 사이에 조건적 인과관계만 있으면 중한 결과에 따라 가중처벌할 수 있다고 하여 책임주의 예외를 인정하였다.[56] 종래의 판례태도이다.[57]

---

55) Kohlrausch/Lange, StGB, 41. Aufl., 1956, S. 193; Oehler, Das erfolgsqualifizierte Delikt als Gefährdungsdelikt, ZStW, Bd. 69. S. 503.

56) Schönke, StGB, 6. Aufl., 1952. S. 614. 이 견해는 1953. 8. 4. 독일 형법 제3차 개정으로 제56조(현행 독일형법 제18조)가 신설된 이후 개설하였다. 이 규정은 결과적 가중범의 성립요건

그러나 조건설은 결과적 가중범의 처벌범위를 지나치게 확대하므로 결과적 가중범은 만족스럽지 못한 시대착오적 유형 또는 우리 시대의 불유쾌한 치욕이라는 비판을[58] 받았다.

조건설에 의한 결과적 가중범의 처벌확대를 제한함으로써 결과책임사상을 최소화 하려고 등장한 것이 상당인과관계설이다. 이에 의하면 기본범죄와 중한 결과 사이에 상당인과관계가 있는 때에만 결과적 가중범의 성립을 인정한다.

그러나 상당성 있는 인과관계 범위 내에서 중한 결과에 대한 처벌이 제한된다고 해서 책임주의와 조화되는 것은 아니다. 처벌범위만 축소되었을 뿐이고 가중근거 없이 책임주의 예외를 인정한 것은 조건적 인과관계의 경우와 같다.

(3) 고의・과실의 결합형식

중한 결과에 대해서 과실을 인정함으로써 책임주의와 조화시키려고 한다. 즉, 과실범이 결합된 결과적 가중범은 중한 결과에 대하여 과실책임정도가 부가 되었으므로 가중형의 근거도 책임주의와 부합시킬 수 있다는 것이다. 결합형식에 의하면 기본범죄의 고의가 없으면 중한 결과에 대한 과실범만 성립하고, 반대로 중한 결과에 대한 과실이 없으면 기본범죄의 고의범만 성립한다.

형법 제15조 2항은 "결과로 인하여 형이 중한 죄에 있어서 그 결과발생을 예견할 수 없었을 때에는 중한 죄로 처벌하지 아니한다"고 규정하여 "결과발생의 예견가능성"(반대해석)을 중한 결과의 요건으로 한다. "예견할 수 있었다"는 것은 과실이 있음을 의미한다는 데는 이견이 없다. 즉, 형법도 원칙적으로 고의범과 과실범의 결합형식을 입법화하고 있다. 다만 예견할 수 있었다는 취지는 최소한 과실이 있다는 의미이고 더 나아가서 고의가 있었음을 배제하지 않는다는 견해가 다수설이다. 다수설은 독일 형법(제18조), 오스트리아 형법(제7조) 등이 결합형식의 결과적 가중범을 규정하면서 "적어도 과실이 있음"을 요구한 것과 같은 취지로 해석한 것이다.

결과적 가중범이 원칙적으로 고의범과 과실범의 결합형식의 범죄이고 과실책임만큼 형을 가중한다면 책임주의와 조화될 수 있다. 그러나 고의범・과실범

으로 중한 결과에 대하여 "적어도 과실"이 있을 것을 요구한다.

57) 대판, 1968. 4. 30, 68도365; 대판, 1970. 9. 22, 70도1387; 대판, 1972. 3. 28, 72도296; BGHSt 1, 3; 237, 112; 日最判, 1957. 2. 26, 刑集 11. 2, 906면; 日最判, 1971. 6. 17, 刑集 25. 4, 567면.

58) Mezger, Studienbuch, S. 173; Arthur kaufmann, Schuldprinzip, S. 240.

의 총합된 형을 초과하는 결과적 가중범에 대해서는 책임주의와 조화될 수 없다고 해야 한다.

(4) 책임주의조화와 직접성의 원칙

고의범과 과실범의 결합형식만으로 책임주의와 조화시킬 수 없으므로 책임주의와 조화시키기 위한 새로운 주장이 제시되었다. 그 하나는 결과적 가중범 모두를 폐지하고 기본범죄인 고의범과 중한 결과의 과실범을 상상적 경합으로 처벌하자는 견해이다.[59] 그러나 결과적 가중범의 불법은 상상적 경합에 의한 단일 형보다 현저히 무거울 뿐만 아니라 현행법이 상상적 경합의 예외를 인정하면서까지 가중처벌 규정을 두고 있으므로, 이 견해는 입법론에 불과하고 해석론이 아니다.

다른 하나는 결과적 가중범의 중한 결과인 과실범을 엄격히 제한하여 인식 있는 과실이나[60] 중과실 또는 경솔성이 있는 과실범으로[61] 한정하는 견해이다. 인식 있는 과실과 인식 없는 과실은 양형참작의 자료는 될 수 있지만 두 과실의 불법과 책임에는 차이가 없으므로, 중한 결과를 인식 있는 과실로 한정하여도 책임주의와 조화될 수 없다. 이에 대해서 중한 결과의 중과실에 대해서만 결과적 가중범을 인정하는 것은 책임주의와 조화시킬 수 있는 하나의 방법은 될 수 있다. 다만 중과실은 행위자의 개인적 심리상태에 기초한 것이므로 이를 객관적 기준에 의한 제한이 필요하다.

여기서 객관적 기준으로 제시된 것이 직접성의 원칙이다. "직접성의 원칙"은 결과적 가중범의 객관적 귀속 척도로서 기본범죄에 내재하는 전형적인 위험이 중간원인을 거치지 않고 중한 결과에로 직접 실현된 때에만 귀책된다는 원칙이다. 이 원칙에 따르면 가중결과의 귀책근거는 기본범죄에 있으므로 책임주의를 크게 벗어나지 않는다. 그리하여 결과적 가중범은 고의의 기본범과 중한 결과의 단순한 결합이 아니라 특별한 결합이고, 고의의 기본범죄 안에 이미 중한 결과가 발생할 전형적인 위험이 내포되어 있고 이 위험이 현실화되었기 때문에 가중처벌하는 것이다.[62] 형법은 중한 결과에 대해서 과실을 요구하고 있으나

59) Schubarth, Das Problem der erfolgsqualizierten Delikte, ZStW. 85, 775. 스웨덴 형법은 1965년 이후 같은 취지에서 결과적 가중범을 모두 삭제하였다.

60) Arthur kaufmann, Schuldprinzip, S. 154, 244.

61) 조상제, 결과적 가중범의 문제점(형사법학의 현대적 과제), 398면; 허일태, 결과적 가중범과 책임주의(김종원 교수 화갑기념논문집), 235면.

중과실의 과실범으로 한정하여 직접성의 원칙의 범위 내에서 결과적 가중범을 인정할 때에 책임주의와 더욱 밀접하게 조화될 수 있을 것이다.[63)]

Ⅱ. 결과적 가중범의 종류

1. 진정결과적 가중범과 부진정결과적 가중범

다수설은 결과적 가중범을 진정결과적 가중범과 부진정결과적 가중범으로 구별한다. 즉, 가중적 결과가 과실에 의하여 발생한 것이냐 고의에 의하여 발생한 것이냐에 따른 구별이다.

(1) 진정결과적 가중범

"진정결과적 가중범"이란 고의의 기본범죄에 의하여 과실로 중한 결과가 발생한 경우를 말하며, 고의의 기본범죄와 중한 결과의 과실범이 결합된 결과적 가중범의 기본형태이다. 진정결과적 가중범만이 결과적 가중범이 된다는 견해에 의하면 중한 결과에 대해 고의가 있는 때에는 결과적 가중범이 아니라 고의범이 성립한다. 예컨대 상해행위 시에 사망에 대한 고의가 있으면 살인죄가 성립하며, 인질에 대한 상해 · 살인의 고의가 있으면 인질치사상죄가 아니라 인질상해 · 인질살인죄가 성립하며, 강간범이 상해 · 살해의 고의가 있으면 강간치사상죄가 아니라 강간상해죄 · 강간살인죄가 성립한다.

다수설은 상해치사죄, 폭행치사죄, 강도치사상죄, 낙태치사상죄, 강간치사상죄, 인질치사상죄, 유기치사상죄, 체포감금치사상죄, 특수공무방해치사죄, 현주건조물일수치사죄, 교통방해치사죄 등은 중한 결과가 과실에 의한 경우에만 성립할 수 있다고 한다.

(2) 부진정결과적 가중범

"부진정결과적 가중범"이란 기본범죄뿐만 아니라 가중 결과도 고의로 발생한 경우를 말한다.[64)] 다수설은 대부분의 결과적 가중범은 진정결과적 가중범이

62) '직접성의 원칙'에 대한 자세한 설명은 박광민, 결과적 가중범의 본질과 직접성의 원칙(저스티스 제94호, 2006. 10.), 128면 이하 참조.
63) 이재상, 201면; 김일수/서보학, 470면. 이에 반하여 형법해석상 직접성의 원칙이 불필요하다는 견해는 배종대, 693면; 신동운, 242면; 오영근, 212면.

지만 부진정결과적 가중범의 예로 중상해죄(제258조) · 중권리행사방해죄(제326조) · 중손괴죄(제368조 1항) · 현주건조물방화치사상죄(제164조 2항), 교통방해치상죄(제188조) · 특수공무방해치상죄(제144조 2항 전단) · 음용수혼독치상죄(제194조 2항 전단)를 들고 있다. 그러나 부진정결과적 가중범을 인정하는 다수설도 구체적으로 어떤 범죄가 여기에 해당하느냐에 대해서는 견해가 일정하지 않다.

1) 부진정결과적 가중범 인정이유 부진정결과적 가중범을 인정하는 주된 이유는 이를 부정함으로써 생기는 처벌상의 불균형을 해결하기 위한 것이라고 한다. 예컨대, 현주건조물방화치사죄(제164조 2항 후단, 사형 · 무기 · 7년 이상의 징역)에서 사망이라는 중한 결과가 과실로 발생한 경우에만 이 죄가 성립한다고 하면, 사망이라는 중한 결과에 대하여 고의가 있는 경우에는 현주건조물방화죄(무기 · 3년 이상의 징역)와 살인죄(사형 · 무기 · 5년 이상의 징역)의 상상적 경합으로 처리하여야 하는데(결국 중한 살인죄의 형으로 처벌), 그렇게되면 중한 결과에 대하여 고의 있는 경우가 과실 있는 경우(현주건조물방화치사죄)보다 오히려 법정형의 하한이 낮게 되는 불균형이 생기므로, 부진정결과적 가중범을 인정할 필요가 있다는 것이다. 판례도 부진정결과적 가중범을 인정한다.

2) 부진정결과적 가중범의 죄수 부진정결과적 가중범을 인정하는 다수설은 그 죄수에 대해서는 중한 결과에 대한 고의범도 별도로 인정하여 부진정결과적 가중범과 중한 결과인 고의범의 상상적 경합으로 처리한다.[65] 즉, 부진정결과적 가중범의 불법에는 독립된 중한 고의범의 불법내용이 포함될 수 없다는 이유로, 예컨대 방화를 통해 살해의 고의를 실현한 때에는 현주건조물방화치사죄와 살인죄의 상상적 경합으로 처리한다.

이에 대해서 판례는 현주건조물방화치사죄와 살인죄가 문제된 사안에서는 형의 불균형이 생기지 아니하므로 부진정결과적 가중범인 현주건조물방화치사죄만 성립하고, 기타의 부진정결과적 가중범에 대해서는 중한 결과가 별도의 구성요건에 해당하는 경우(예: 재물강취 후 피해자를 살해목적으로 현주건조물에 방화하여 사망케 한 경우의 강도살인죄와 현주건조물방화치사죄)에는 부진정결과적 가

---

64) Sch/Sch/Cramer, §18 Rdn. 2; 유기천, 161면; 김종원, 각론(상), 61면; 이형국, 342면; 이재상, 202면; 김일수/서보학, 467면 이하; 박상기, 291면 이하; 배종대, 697면; 진계호, 289면; 신동운, 245면; 임웅, 526면; 오영근, 214면; 안동준, 285면; 김성돈, 487면; 임석원, 결과적 가중범의 미수에 관한 연구(성균관대 대학원 박사학위 청구논문, 2004), 18면.

65) 이재상, 202면; 박상기, 291면; 신동운, 247면; 임웅, 528면; 오영근, 217면.

중범과 중한 고의범의 상상적 경합을 인정하고 있다.[66)]

【판례】 ① 형법 제164조 후단이 규정하는 현주건조물방화치사상죄는 그 전단이 규정하는 죄에 대한 일종의 가중처벌 규정으로서 과실이 있는 경우뿐만 아니라, 고의가 있는 경우에도 포함된다고 볼 것이므로 사람을 살해할 목적으로 현주건조물에 방화하여 사망에 이르게 한 경우에는 현주건조물방화치사죄로 의율하여야 하고 이와 더불어 살인죄와의 상상적경합범으로 의율할 것은 아니며, 다만 존속살인죄와 현주건조물방화치사죄는 상상적경합범 관계에 있으므로, 법정형이 중한 존속살인죄로 의율함이 타당하다(대판, 1996. 4. 26, 96도485).[67)]

② 특수공무집행방해치상죄는…그 결과에 대한 예견가능성이 있었음에도 불구하고 예견하지 못한 경우뿐만 아니라 고의가 있는 경우까지도 포함하는 부진정결과적 가중범이다. … 기본범죄를 통하여 고의로 중한 결과를 발생케 한 부진정결과적 가중범의 경우에 그 중한 결과가 별도의 구성요건에 해당한다면 이는 결과적 가중범과 중한 결과에 대한 고의범의 상상적 경합관계에 있다고 보아야 할 것이다(대판, 1995. 1. 20, 94도2842).

3) 부진정결과적 가중범 부인　부진정결과적 가중범을 인정할 때에는 결과적 가중범의 성립범위가 확대되며, 형의 불균형 유무에 따라 결과적 가중범의 개념(고의와 과실의 결합형태)이 달라지므로 불합리하다. 특히 부진정결과적 가중범을 인정하면서 여기에 "포함되어 있는 중한 결과의 고의범을 또 인정"하여 상상적 경합으로 처리하면 이중평가금지에도 반한다. 중한결과에 고의가 있는 행위는 어디까지나 고의범이고 이를 결과적 가중범이라 할 이유가 없다. 형의 불균형으로 예시된 죄들은 중한 결과를 고의로 실현한 것이므로 결과적 가중범과 관계없는 경합론(또는 법조경합)으로 처리하면 형의 불균형문제는 해결할 수 있다.[68)] 즉, 현주건조물방화로 사람을 살해한 때에는 현주건조물방화치

66) 대판, 1998. 12. 8, 98도3416: 또 대판, 1995. 1. 20, 94도2842는 기본범죄를 통하여 고의로 중한 결과를 발생케 한 부진정결과적 가중범의 경우에 그 "중한 결과가 별도의 구성요건에 해당"한다면 이는 결과적 가중범과 중한 결과에 대한 고의범의 상상적 경합관계에 있다하고 특수공무집행방해치상죄와 상해죄의 상상적 경합으로 처리한다.

67) 판례는 부진정결과적 가중범의 죄수에 대하여 이와 같이 중한 결과에 대한 (본래의) 고의범이 부진정결과적 가중범에 비하여 중한 죄인가 경한 죄인가를 구분하여, 전자의 경우에는 두 범죄의 상상적 경합을 인정하고, 후자의 경우에는 부진정결과적 가중범의 일죄만을 인정한다.

68) 이에 관한 보다 자세한 설명은 김용욱, 부진정결과적 가중범에 대한 비판적 고찰(죽헌 박양빈교수 화갑기념논문집, 1996), 84면 이하 참조. 또한 일본·독일의 학설을 상세하게 검토하고 있는 丸山雅夫, 結果的加重犯論, 1990, 255면 이하는 경합론으로 취급하는 견해가 일본의 통설이라고 한다(同, 260면).

사죄와 살인죄의 상상적 경합(또는 법조경합)으로 처리하면 족하고, 부진정결과적 가중범을 인정해야 형의 불균형이 해결되는 것은 아니다. 독일 형법(제18조)처럼 "적어도 과실"이 있음을 요구하지 않는 우리 형법의 해석에서 부진정결과적 가중범을 인정할 필요는 없다. 그리고 중상해의 미수는 당연히 단순상해의 미수범으로 처벌할 수 있으므로 미수범 처벌 때문에 특별히 부진정결과적 가중범을 인정할 이유도 없다고 해야 한다.[69]

2. 고의의 결과적 가중범과 과실의 결과적 가중범

기본범죄의 행위가 고의행위이냐 과실행위이냐에 따른 구별이다. 기본범죄의 행위가 고의에 의한 경우를 고의의 결과적 가중범, 과실에 의한 경우를 과실의 결과적 가중범이라 한다. 통설은 결과적 가중범에 있어서의 기본범죄는 고의가 있는 경우로 한정하지만 독일에서는 과실이 있는 경우도 포함하는 것이 유력하다.[70] 그 이유는 결과적 가중범에 관한 독일 형법 제18조에서 "법률이 범행의 결과에 대하여 특별히 중한 형을 규정하고 있는 경우"라고 규정하여 기본행위를 단지 "범행"(Tat)이라고 하고 있을 뿐, 고의행위로 한정하지 않았기 때문이다. 이 점에서는 우리 형법도 같다. 중한 결과에 대한 예견가능성을 요구하고 있을 뿐, 기본행위를 고의행위로 한정해야 할 근거는 없다. 오히려 이론상으로 과실행위도 포함한다고 할 수 있다. 환경범죄단속에관한특별조치법 제5조 2항도 과실의 결과적 가중범을 인정하고 있다. 다만, 우리 형법전은 과실의 결과적 가중범을 인정하지 않고 있으므로 논의의 실익은 크지 않다.[71]

---

69) 황산덕, 141면; 권문택, 형법문제연구, 133면; 박상원, 결과적 가중범(형사법강좌 Ⅰ), 380면; 김선복, 결과적 가중범의 미수(비교형사법연구, 창간호, 1999), 102면; 백형구, 결과적 가중범(월간고시, 1988. 1), 101-102면; 신동운, 결과적가중범(고시연구, 1993. 6), 116면; 김용욱, 부진정결과적 가중범에 대한 비판적 고찰(박양빈 교수 화갑기념논문집, 1996), 95면.

70) K.H. Gössel, Dogmatische Überlegungen zur Teilnahme am erfolgsqualifizierten Delikt nach §18, StGB, Richard Lange-FS, 1976, S. 220ff.; Sch/Sch/Cramer, §18 Rdn. 2; Maurach/Zipf, 20/40.

71) 독일형법은 1998. 1. 26.의 개정에서 종래의 실화치사죄와 과실일수치사죄를 삭제하고 제306조d 제2항과 제6항 제2호의 과실결과적 가중범을 신설하였다.

Ⅲ. 결과적 가중범의 성립요건

1. 구성요건해당성

결과적 가중범의 가중구성요건은, ① 고의의 기본적 구성요건 실행행위가 있어야 하고, ② 기본행위를 초과하는 중한 결과가 발생하여야 하며, ③ 기본행위와 중한 결과발생 사이에는 인과관계가 있고 객관적 귀속이 가능해야 하며, ④ 중한 결과발생에 대한 예견 가능성이 있어야 한다.

(1) 고의의 기본범죄

형법 제15조 2항은 기본범죄를 고의범으로 한정하지 않았으나 특별법에서 예외적으로 과실의 결과적 가중범을 인정하고 있음에 비추어 우리 형법상의 원칙적인 기본범죄는 고의범이라고 해야 한다. 고의범의 구성요건은 일반의 구성요건과 같다. 기본범죄가 기수에 이르러야 하느냐에 대해서는 검토를 요한다.

강간상해 · 치상죄(제301조)와 강간살인 · 치사죄(제301조의2)의 규정과 같이 "제297조 내지 제300조(미수범)의 죄를 범한 자"라고 규정하여 강간(강제추행, 준강간, 준강제추행)의 기수뿐만 아니라 미수범 처벌규정도 포함하고 있으므로 강간미수로 치상 · 치사 한 때에도 강간치사상죄가 성립한다는 점에 이견이 없다. 체포감금치사상죄, 강도치사상죄, 낙태치사죄, 상해치사죄도 같다(낙태치사와 상해치사는 피해자가 사망하면 낙태나 상해는 당연히 기수가 된다).

이에 대하여 교통방해치사상죄(제188조)의 규정과 같이 "제185조 내지 제187조의 죄"를 범하여라는 법문에 미수범 처벌규정이 포함되어 있지 아니하므로 기본범죄가 미수인 때에는 결과적 가중범이 될 수 없다고 해야 한다. 후술하는 판례도 같은 취지이다. 기본범죄의 미수범 처벌규정이 없는 낙태미수의 부녀치상(유기미수의 치사상도 같다)은 과실치상죄만 성립하고 낙태치상죄가 될 수 없다고 해야 한다.

(2) 중한 결과발생

결과적 가중범이 성립하기 위해서는 기본범죄보다 중한 결과가 발생해야 한다. 중한 결과는 치사상과 같이 생명 · 신체의 법익을 침해하는 침해범이 대부분이지만, 중권리행사방해 · 중손괴와 같이 생명에 대한 위험발생(구체적 위험범)인 경우도 있다. 중한 결과가 발생하지 않거나 중한 결과발생을 예견할 수 없는 경우에는 애당초 결과적 가중범이 성립하지 않는다. 중한 결과는 객관적 처벌조건이 아니라 불법의 내용(결과반가치)이 된다.

중한 결과는 과실로 야기해야 한다. 여기의 과실도 과실범에 있어서의 과실과 같다. 즉, 중한 결과발생에 대한 예견가능성이 있어야 하며, 그 중한 결과를 회피해야 할 객관적 주의의무위반이 있어야 한다. 주의의무의 내용과 정도는 과실범의 그것과 같다. 다만, 결과적 가중범에 있어서의 중한 결과는 기본범죄의 행위에 포함된 위험을 실현한 것이므로 기본범죄의 실행시에 이미 결과회피의무위반이 있다고 해야 하고, 과실의 판단은 예견가능성 판단으로 족하다.[72] 그러므로 중한 결과에 대한 과실은 기본범죄의 행위를 실행할 때에 있어야 한다. 기본범죄의 결과를 실행한 후 새로운 고의가 생겼거나 새로운 과실이 있으면 결과적 가중범이 아니라 새로운 고의범, 과실범이 성립한다. 중한 결과가 고의에 의하여 발생하는 경우도 있다는 것이 다수설이다. 이는 부진정결과적 가중범을 인정할 것이냐의 문제에 귀착하는데, 부정하는 것이 옳다고 본다.

(3) 인과관계 · 객관적 귀속

1) 인과관계 결과적 가중범도 결과범이므로 기본범죄의 행위와 중한 결과 사이에 인과관계가 있어야 한다. 결과적 가중범에 있어서의 인과관계도 일반결과범의 인과관계와 같다.

2) 객관적 귀속 인과관계가 있어도 중한 결과를 행위자에게 객관적 귀속이 가능해야 구성요건을 충족할 수 있다. 중한 결과의 객관적 귀속은 중한 결과가 다른 사람이나 사고의 개입 없이 기본범죄 행위에 전형적으로 내재하는 위험으로부터 직접 초래되어야 한다(직접성의 원칙).[73] 중한 결과가 제3자나 피해자의 행위(자살 등)로 야기된 때에는 직접성이 없으므로 결과적 가중범이 성립하지 않는다. 예컨대 상해를 피해 혼자 도망가다가 추락사 한 경우, 강도피해자가 강취를 모면하기 위해 급히 서둘러 도망치다가 다친 경우, 강간피해자가

72) 이형국, 343면 이하; 이재상, 205면; Jescheck/Weigend, §54 Ⅲ 2; Sch/Sch/Cramer, §18 Rdn. 3.

73) 결과적 가중범에 있어서 이러한 직접성의 원칙은 상해치사죄에 있어서는 상해결과의 치명상을 요구하고, 방화치사죄의 경우에는 화재건물 안에 있던 자의 희생에 한정할 것을 요구한다.

자살한 경우에는 직접성이 없다. 이에 대하여 기본범죄 자체를 피하기 위하여 행한 것이면 결과귀속이 될 수 있다. 판례도 강간·폭행 등의 기본범죄 자체를 피하기 위하여 피해자가 초래한 중한 결과에 대해서 결과적 가중범을 인정하고 있다. 귀속의 척도는 일반적 척도가 그대로 적용된다. 다만 중한 결과는 기본범죄로부터 직접 발생한 것이면 족하고, 반드시 기본범죄의 결과에 의하여 발생한 것임을 요하지 아니한다.[74)]

【판례】 피고인들이 공동하여 피해자를 폭행하여 당구장 3층에 있는 화장실에 숨어 있던 피해자를 다시 폭행하려고 피고인 갑은 화장실을 지키고, 피고인 을은 당구치는 기구로 문을 내려쳐 부수자 위협을 느낀 피해자가 화장실 창문 밖으로 숨으려다가 실족하여 떨어짐으로써 사망한 경우에는 피고인들의 위 폭행행위와 피해자의 사망 사이에는 인과관계가 있다고 할 것이므로 폭행치사죄의 공동정범이 성립된다(대판, 1990. 10. 16, 90도1786).[75)]

2. 위법성·책임

결과적 가중범의 위법성과 책임은 고의범과 과실범에 관한 일반원칙이 그대로 타당하다. 즉, 기본범죄의 고의행위에 위법성조각사유가 없으면 위법성이 확정되고, 중한 결과발생에 대한 예견가능성이 있으면 과실범의 위법성이 인정된다. 이 경우 만일 고의행위에 위법성조각사유가 있으면 단순히 과실범만이 성립될 것이다. 고의행위시에 행위자가 자기 행위에 대한 위법성의 인식가능성이 있고, 이에 따라 적법행위의 기대가 가능하고, 중한결과에 대한 주관적 주의의무위반이 있으면 결과적 가중범의 책임이 인정된다.

Ⅳ. 결과적 가중범의 관련문제

1. 결과적 가중범의 미수

형법은 인질상해·치상죄, 인질살해·치사죄와 강도상해·치상죄, 강도살인·치사죄, 해상강도상해·치상죄, 해상강도살인·치사죄의 조문에 대해서 미수

74) 이재상, 205면; 조상제, 전게논문, 61면 이하; 안경옥, 전게논문, 144면.
75) 同旨: 대판, 1991. 10. 25, 91도2085; 대판, 1996. 7. 12, 96도1142.

범 처벌규정(제324조의5, 제342조)의 적용대상에 포함시키고 있고, 성폭력범죄의처벌및피해자보호등에관한법률도 특수강도・강간, 친족의 강간, 장애인 강간 등에 의한 상해・치상과 살인・치사의 조문에 대해서도 미수범 처벌 규정(동법 제12조)의 적용대상에 포함하고 있으므로 결과적 가중범의 미수범을 인정할 수 있느냐가 문제된다. 결과적 가중범의 미수가 논의될 수 있는 경우는 두 가지로 상정하여 검토해야 한다.

(1) 기본범죄의 미수유형

기본범죄는 미수에 그쳤으나 중한 결과가 발생한 경우이다. 긍정설은 ① 중한 결과가 기본범죄의 구성요건적 "행위"에 직접 연결되어 발생한 때에만 결과적 가중범의 미수범이 성립하고, 중한 결과가 기본범죄의 구성요건적 "결과"에 연결되어 발생한 때에는 애당초 결과적 가중범이 아니라 기본범죄의 미수와 과실치사상죄의 상상적 경합이 된다는 견해와,[76] ② 기본범죄의 기수와 미수는 불법에서 차이가 있으므로 이에 의한 결과적 가중범도 불법의 차이를 인정해야 한다는 이유로 인질치사상 · 강도치사상 등 중요범죄에 대해서 결과적 가중범의 미수범을 인정한다.[77]

그러나 ① 강도치사상죄와 같이 강도의 기회에 중한 결과가 발생하면 재물탈취의 기수 · 미수와 관계 없이 결과적 가중범의 기수가 되므로 기본범죄의 행위에 연결된 것인가 결과에 연결된 것인가에 따라 명백히 획일적으로 구별되는 것은 아니다. ② 결과적 가중범은 중한 결과발생이 기본범죄에 단지 누적된 범죄형태가 아니라 기본범죄에 내재하는 잠재적 위험성이 행위에 의해 직접 현실화된 독립범죄유형이므로, 중한 결과발생에 대한 직접적인 위험성은 중한 결과와 함께 결과적 가중범의 불법을 구성한다고 해야 한다. 즉, 기본범죄의 기수 · 미수와 관계 없이 결과적 가중범의 고유한 불법이 인정되면 결과적 가중범의 기수가 된다고 해야 하고, 이에 대한 미수는 부정하는 것이 타당하다. 우리나라 다수설이다. 다만 기본범죄의 기수와 미수는 행위자의 정상에 차이가 있을 수 있으므로 이 점은 양형에서 고려하면 족하다고 본다. 그리고 기본범죄의 미수가 불가벌인 경우(낙태죄)에는 중한 결과에 대한 과실범 성립만 문제된

76) 김일수, 한국형법 II, 458면. 이 견해는 독일 학자들이 주장하는 견해(Welzel, S. 195f.; Sch/Sch/Cramer, StGB, §18 Rdn. 9)이지만 부정설도 유력하다.

77) 임웅, 531면.

다. 따라서 형법의 미수범 적용대상은 인질상해·인질살해, 강도상해·살해 등 고의범에 한정하여 적용된다고 해야 한다. 판례도 최근 성폭력특별법에서 결과적 가중범의 미수성립을 사실상 배제시키는 판결을 내리고 있다.

【판례】 형벌법규는 그 규정내용이 명확하여야 할 뿐만 아니라 그 해석에 있어서도 엄격함을 요하고 유추적용은 허용되지 않는 것이므로 성폭력범죄의 처벌및피해자보호등에관한법률 제9조 제1항의 죄의 주체는 "제6조의 죄를 범한 자"로 한정되고, 같은 법 제6조 제1항의 미수범까지 여기에 포함되는 것으로 풀이할 수는 없다(대판, 1995. 4. 7, 95도94).[78] 다만 이 판례 후 성폭력특별법이 개정되어 동법 제9조 1항은 미수범까지 포함되는 것으로 규정하고 있으므로 기본범죄가 미수인 경우에 결과적 가중범의 미수를 인정하는 견해도 있다.

(2) 중한 결과의 미수유형

기본범죄는 기수이지만 중한 결과가 미수형태인 경우이다. 부진정결과적 가중범을 부정하는 입장에서는 중한 결과발생은 과실범이고 과실범에는 미수가 있을 수 없으므로 결과적 가중범의 미수도 부정한다. 이 결론은 진정결과적 가중범의 미수를 부정하는 데 일치하고 있다. 이에 반하여 부진정결과적 가중범을 인정하는 다수설에 의하면 중한 결과는 고의범이므로 이론적으로 미수범 인정이 가능하다.[79]

그러나 중한 결과에 대한 고의가 있는 경우에는 기본범죄에 포함된 위험결과와 고의 있는 중한 결과 미수범의 상상적 경합으로 처리하면 족하고 이 경우를 두 죄의 결과적 가중범이라 할 필요가 없고, 특히 우리 형법은 부진정결과적 가중범에 대한 직접적인 미수범 처벌규정도 없으므로 애당초 결과적 가중범의 미수는 문제되지 않는다고 해야 한다. 다만, 현주건조물등일수치사상죄(제177조 2항) 조문이 미수범처벌규정(제182조)의 적용대상에 포함되어 있지만 1995년 개정에서 현주건조물방화치사상죄의 미수범처벌을 의도적으로 배제하였고, 강도미수범 처벌규정(제342조)에서도 개정전의 단서규정을 삭제한 이유도 결과적 가중범의 미수를 인정할 수 없다는 취지이므로 현주건조물일수치사상죄의 미수범 처벌포함 규정을 그대로 둔 것은 입법과정에서의 오류라 할 수밖에 없

78) 이 판례에 대한 평석은 배종대, 711면 이하 참조.

79) 부진정결과적 가중범의 미수범을 인정하는 견해는 손해목, 763면; 이정원, 397면; 김성천/김형준, 242면.

다.

2. 결과적 가중범과 공범

기본범죄의 공동정범자 모두가 중한 결과에 대해서 과실이 있을 때에는 결과적 가중범의 공동정범이 된다. 과실의 공동정범을 인정할 때에는 결과적 가중범의 공동정범도 당연히 인정한다. 결과적 가중범의 공동정범을 인정하는 경우에도 기본범죄에 대한 공동정범이 중한 결과에 대해서 주의의무를 공동으로 위반한 경우에만 인정된다.[80] 판례는 행위공동설에 의하여 결과적 가중범의 공동정범을 인정하고 있지만, 기본범죄를 공동으로 할 의사가 있으면 공동정범이 성립한다는 것(아래 판례①)과, 중한 결과의 예견가능성까지 있어야 한다는 것(아래 판례②)으로 나누어져 있다. 그러나 과실의 공동정범을 부정하는 입장은 견해가 일정하지 않고 부정설과 긍정설이 대립한다.

【판례】 ① 결과적가중범인 상해치사죄의 공동정범은 폭행기타의 신체침해행위를 공동으로 할 의사가 있으면 성립되고 결과를 공동으로 할 의사는 필요없다고 할 것이므로, 패싸움 중 한 사람이 칼로 찔러 상대방을 죽게 한 경우에 다른 공범자가 그 결과인식이 없다 하여 상해치사죄의 책임이 없다고 할 수 없다(대판, 1978. 1. 17, 77도2193).[81]

② 강도의 공범자 중 1인이 강도의 기회에 피해자에게 폭행 또는 상해를 가하여 살해한 경우, 다른 공모자가 살인의 공모를 하지 아니하였다고 하여도 그 살인행위나 치사의 결과를 예견할 수 없었던 경우가 아니면 강도치사죄의 죄책을 면할 수 없다(대판, 1991. 11. 12, 91도2156).[82]

결과적 가중범에 대한 교사·방조도 가능하다. 다만 결과적 가중범에 대한 교사·방조의 성립은 기본범죄에 대한 교사·방조 이외에 교사범·종범에게도 중한 결과에 대한 예견가능성(과실)이 있어야 한다.[83]

---

80) 김일수/서보학, 475면; 이재상, 207면.

81) 同旨: 대판, 1984. 2. 14, 83도3120; 대판, 1987. 5. 26, 87도832; 대판, 1990. 10. 12, 90도1887; 대판, 1990. 12. 26, 90도2362; 대판, 1998. 4. 14, 98도356 등.

82) 同旨: 대판, 1993. 8. 24, 93도1674 등.

83) 이형국, 345면; 이재상, 207면; 김일수/서보학, 476면; 배종대, 706면; 박상원, 결과적 가중범, 380면.

3. 폭행치상죄

구형법상으로 상해죄를 폭행죄의 결과적 가중범으로 보는 견해가 다수설이었다. 그 이유는 구형법 제208조가 폭행죄에 대하여 "폭행을 가한 자가 사람을 상해함에 이르지 아니한 때"라고 규정하였으므로 상해의 결과발생 유무에 따라 상해죄 또는 폭행죄의 적용을 결정할 수밖에 없고, 현행형법과 같은 폭행치상죄(제262조)를 인정하지 않았기 때문이다.

그러나 현행형법은 "사람의 신체를 상해한 자"(제257조 1항)와 "사람의 신체에 대하여 폭행을 가한 자"(제260조 1항)를 명백히 구별하였고, 또 폭행치상죄를 규정하고 있으므로 상해죄를 폭행죄의 결과적 가중범으로 보아야 할 이유가 없다. 즉, 폭행의 고의로 상해의 결과를 발생시킨 때에는 폭행치상죄가 된다. 따라서 폭행치상죄는 폭행죄의 결과적 가중범이다. 다만, 폭행치상죄의 처벌에 있어서는 상해죄의 예에 의하고 있다. 이는 상해죄와 폭행치상죄를 구별하면서도 양자를 동일한 형으로 처벌하게 한 것은 형벌의 균형을 잃은 것이라 하겠다.

제 8 장 부작위범론

제 1 절 부작위범 일반론

Ⅰ. 작위와 부작위

1. 작위 · 부작위의 개념

형법상 행위의 기본형태는 작위(Begehung, Tun)와 부작위(Unterlassung)로 나눌 수 있다. 종래에는 존재론적 관점에서 일정한 신체운동을 하는 적극적 태도를 작위, 일정한 신체운동을 하지 않는 소극적 태도를 부작위라고 하였다. 그러나 형법상 작위와 부작위는 법적 · 규범적 관점에서 파악해야 한다.[1)] 즉, 작위는 살인 · 방화 등과 같이 법규범이 금지하고 있는 행위를 위반하는 것(금지규범 위반)이고, 부작위는 법규범이 일정한 행위를 요구하고 있음에도 불구하고 그 행위를 하지 않는 것(요구규범 위반)이다. 이와 같이 부작위는 아무 것도 하지 않는 무위(無爲, Nichts-Tun)가 아니라 규범적으로 요구 내지 기대되는 특정한 행위를 하지 않는 것을 의미한다.

2. 부작위의 행위성

부작위가 형법상 행위가 될 수 있느냐는 각 행위론의 입장에 따라 달라진다. 인과적 행위론은 행위의 요소로 유의성(有意性)과 유체성(有體性)을 요구하므로

---

1) 어머니가 세탁을 하거나 춤바람이 나서 젖먹이 아이에게 수유하지 않아 아기가 사망하였다는 예를 들어보자. 이를 수유한다는 신체운동을 표준으로 하면 직접 우유를 먹이는 태도는 작위이고, 이를 하지 않는 것은 부작위이다. 그런데 존재론적 관점에서 보면 세탁을 하거나 디스코클럽에서 춤을 추는 것은 작위가 될 수도 있다. 이것이 형법상 부작위가 되려면 어머니가 젖먹이 아이에게 수유하는 적극적 태도를 취하지 않는 것이 부당하다는 법적 · 규범적 평가를 받을 때에만 가능하다.

유체성이 없는 부작위를 애당초 행위라고 하기가 곤란하다.[2] 목적적 행위론도 행위를 목적활동성의 수행으로 보기 때문에 유체성과 인과과정의 지배·조정이 없는 부작위는 행위가 아니라고 한다.[3] 이에 대해서 사회적 행위론은 행위자의 태도가 타인에 대하여 미치는 사회적 효과를 규범적으로 평가하여 행위개념을 정립하기 때문에 부작위는 타인에게 긍정적인 사회적 효과를 미치는 태도를 소극적으로 취하지 않는 것이라고 설명할 수 있다. 그리고 부작위도 의사에 의하여 지배가능한 외부적 태도이므로 부작위의 행위성은 사회적 행위론에서 가장 잘 설명할 수 있다.

3. 작위와 부작위의 구별

작위와 부작위는 외적 행위현상에 의하여 대부분 쉽게 구별할 수 있다. 즉, 일정방향의 물리적 동작이 있으면 작위, 그것이 없으면 부작위이다. 기본적으로는 이 기준에 의해 일단 양자는 구별할 수 있다. 예컨대 타살은 작위에 의한 것이고, 굶어 죽게 한 것은 부작위에 의한 것이다. 그러나 하나의 행위에 작위요소와 부작위요소가 동시에 포함되어 있는 때는 그 구별이 쉽지 않다.

(1) 과실범의 경우

과실범에 있어서는 일반적으로 주의의무위반 행위(작위)가 동시에 보증의무를 다하지 않은 것(부작위)으로 평가될 수 있기 때문에 작위와 부작위의 요소가 함께 포함되어 있다. 이 경우의 부작위는 행위수행의 한 내용을 이룰 뿐이고, 법적 평가의 중점은 결과를 야기하는 적극적인 작위에 있다고 해야 한다. 과실범에 있어서는 예견가능한 결과의 인식이 요구되는 것이 아니라 인식가능한 결과예방에 대해서 부주의한 행위가 금지되고 있기 때문이다.

예컨대 약제사가 의사의 처방전을 갱신하지 않고 독약을 투여하여 환자가 사망한 경우,[4] 공장주인이 중국산 산양(山羊)의 털을 소독하지 않고 노동자에

---

2) 부작위를 행위기대라는 규범적 관점에서 이해하더라도 이 행위론에서는 유체성이 있는 작위와 행위기대인 부작위는 존재론적으로 "a"와 "non-a"의 관계가 있으므로, Radbruch가 말한 바와 같이 작위와 부작위를 행위라고 하는 하나의 상위개념 하에 포섭하는 것은 불가능하다.

3) Welzel은 작위와 부작위가 갖고 있는 행위와 비행위의 상반관계를 극복하기 위하여 행태(Verhalten)라는 상위개념을 정립하고 그 밑에 작위와 부작위를 두었다. 그러나 행태라는 상위개념을 정립한다 할지라도 그 밑에 두어진 행위와 비행위의 존재구조가 달라지는 것은 아니므로 "a"와 "non-a"의 상반관계는 해소되지 않은 채 그대로 남게 된다.

게 가공시켰기 때문에 탄저병(炭疽病)에 감염되어 노동자가 사망한 경우[5]와 같이 하나의 태도가 작위(독약투여, 산양털의 교부)와 부작위(의사의 허가를 구하지 않았다는 것, 소독을 하지 않았다는 것)의 양면성을 가진 경우가 문제된다. 이 경우에는 법적 평가의 중점이 부작위에 있는 것이 아니라 독약투여, 산양털의 교부라는 주의의무위반적 작위에 있으므로 작위범이라고 해야 한다.[6]

이에 대해서 행위자가 처음부터 의무이행이 불가능하도록 자기를 행위무능력 상태에 빠지게 한 경우에는 원인행위에 작위요소가 있었지만, 그가 요구된 행위를 하지 않았다는 부작위에 법적 평가의 중점이 있으므로 부작위로 보아야 한다.[7] 이를 "원인에 있어서 자유로운 부작위"라 하는데, 음주대취하여 기차차단기를 내리지 않은 건널목지기의 예와 같은 망각범이 그 유형이다.

(2) 고의범의 경우

고의범에 있어서는 작위와 부작위가 복합적으로 나타나는 경우는 드물다. 고의범에 있어서 작위와 부작위의 구별이 명백하지 않은 경우에는 그 구별기준이 문제된다. 부작위는 작위에 대하여 보충관계에 있으므로 먼저 작위가 성립하는가를 검토하고 그것이 성립하지 않을 경우에 부작위를 검토하자는 견해(작위우선설)가 있다.[8] 이러한 입장을 따르는 판례도 있다.

【판례】 공무원이 어떠한 위법사실을 발견하고도 직무상 의무에 따른 적절한 조치를 취하지 아니하고 위법사실을 적극적으로 은폐할 목적으로 허위공문서를 작성 행사한 경우에는 직무위배의 위법상태는 허위공문서작성 당시부터 그 속에 포함되는 것으로 작위범인 허위공문서작성·동행사죄만이 성립하고 부작위범인 직무유기죄는 따로 성립하지 아니한다(대판, 1993. 12. 24, 92도3334).

그러나 이 경우에는 행위의 외적 현상만으로 작위와 부작위 중 어느 한 쪽에 중점이 있다고 단정할 수 없고, 작위와 부작위의 구별은 구성요건의 해석과 적용을 고려한 법적 평가의 문제이므로 규범적 고찰과 행위의 사회적 의미를 고려하여 법적 평가의 중점이 어느 쪽에 있는가에 따라 판단해야 한다(중점설).[9]

---

4) RGSt 15, 151.
5) RGSt 63, 211.
6) 이형국, 346면; 진계호, 171면; 임웅, 536면 이하.
7) Kühl, 18/12.
8) 이재상, 119면; 배종대, 716면; 이정원, 456면; 양화식, 작위와 부작위의 구별(성균관 법학 제14권 1호, 2002), 34면.

이러한 입장에 따르는 판례도 있다.

【판례】 ① 어떠한 범죄가 적극적 작위에 의하여 이루어질 수 있음은 물론 결과의 발생을 방지하지 아니하는 소극적 부작위에 의하여도 실현될 수 있는 경우에, 행위자가 자신의 신체적 활동이나 물리적·화학적 작용을 통하여 적극적으로 타인의 법익 상황을 악화시킴으로써 결국 그 타인의 법익을 침해하기에 이르렀다면, 이는 작위에 의한 범죄로 봄이 원칙이고, 작위에 의하여 악화된 법익 상황을 다시 되돌이키지 아니한 점에 주목하여 이를 부작위범으로 볼 것은 아니며, 나아가 악화되기 이전의 법익 상황이, 그 행위자가 과거에 행한 또 다른 작위의 결과에 의하여 유지되고 있었다 하여 이와 달리 볼 이유가 없다(대판, 2004. 6. 24, 2002도995).[10]

② 화약을 호송하던 중 화차 내에서 금지된 촛불을 켜놓은 채 잠자다가 화약상자에 불이 붙는 순간 잠에서 깨어나 이를 발견하였다면 … 쉽게 진화할 수 있고 또 그 상자를 화차 밖으로 던지는 방법 등으로 대형폭발사고만은 방지할 수 있었는데도 불구하고 … 화약호송책임자로서 더구나 위험발생의 원인을 야기한 자로서 진화 및 위험발생 원인제거에 관한 의무에 위반하여 이를 방치하였다면 … 부작위에 의한 폭발물파열죄가 성립한다(대판, 1978. 9. 26, 78도1996).

이러한 중점설에 대해서는, ① 법적 비난의 중점을 어디에 둘 것인가는 법적 평가의 결과에 불과하고, ② 법적 비난의 중점이 어디에 있는가라는 문제는 결국 판단자의 주관적인 사고에 의존할 수밖에 없다라는 비판이 있다. 최근에는 작위와 부작위의 구별기준을 자연과학적 척도에 따라 일정한 방향으로 에너지의 투입이 있으면 작위이고 그러한 에너지의 투입이 없으면 부작위로 보는 견해(에너지투입설)[11]도 있다. 그러나 이 견해는 형법상 부작위라는 개념자체가 법적·규범적관점에서 파악해야 한다는 점을 도외시하고 있어 타당하지 않다.

따라서 우물에 빠진 익사자를 구조하기 위하여 밧줄을 던졌다가 마음이 변하여 밧줄을 거둬들인 경우와, 의사가 치료 중인 중환자에게 부착시킨 인공심폐기를 제거하는 경우(소극적 안락사)에는 법적 평가의 중점이 행위자가 일단 시작

---

9) 이형국, 346면; 김일수/서보학, 480면; 신동운, 119면; 진계호, 182면; 임웅, 537면; Wessels/Beulke, Rdn. 699; Sch/Sch/Stree, Vor §13 Rdn. 158.

10) 이 판결은 작위와 부작위의 구별기준에 관하여 명확한 입장표명을 하고 있지 않지만, "의사(意思)관점에서 비난의 중점이 치료중단에 있는 것이 아니라 피해자 가족의 퇴원요청을 받아들여 적극적으로 퇴원에 필요한 조치를 취한 점에 집중되어야 한다"고 판시한 원심을 그대로 인정한 점에 비추어 중점설을 취한 것으로 보인다.

11) 박상기, 306면 이하; 손동권, 365면; 김성돈, 509면; 김성룡, 치료중단에 있어서 작위와 부작위의 구별(형사판례연구 13, 2005), 167면.

한 보증의무의 이행을 계속하지 아니한 부작위에 있다고 해야 한다.[12] 이와 달리 익사자에게 던진 밧줄을 익사자가 잡고 나서 마음이 변하여 놓아버린 경우에는 상대방의 구조효과를 빼앗는 작위라고 평가해야 한다. 한편 제3자의 구조행위를 작위에 의해 방해하는 경우, 예컨대 익사자를 구조하려는 자로부터 자기 소유의 보트를 사용하지 못하게 하여 구조행위를 방해하는 경우에는 비록 부작위요소가 있다 하여도 법적 평가의 중점이 작위에 있으므로 작위로 평가된다.

Ⅱ. 작위범과 부작위범

1. 작위범 · 부작위범

행위는 그 사회적 의미에 따라 작위와 부작위로 나누어지고, 작위에 의해서 범하는 범죄를 작위범(Begehungsdelikt), 부작위에 의해서 범하는 범죄를 부작위범(Unterlassungsdelikt)이라 한다.

2. 진정부작위범 · 부진정부작위범

부작위범은 다시 진정부작위범(echtes Unterlassungsdelikt)과 부진정부작위범(unechtes Unterlassungsdelikt)으로 구별된다.

(1) 구별기준

진정부작위범과 부진정부작위범을 구별하는 기준에 대해서는 두 가지 견해가 있다.

1) 실질설　범죄의 내용과 성질을 검토하여 실질적으로 구별하는 견해이다. 이에 의하면 부작위 자체가 구성요건을 충족할 수 있는 범죄는 진정부작위범이고, 부작위 이외에도 일정한 결과가 발생해야 구성요건을 충족하게 되는 범죄를 부진정부작위범이라 한다. 즉, 진정부작위범은 순수한 거동범의, 부진정부작위범은 결과범의 성질을 가진 것이라 한다. 진정부작위범은 결과발생을 요하지 아니하므로 특별규정이 있는 경우에만 처벌되고, 구성요건에 규정되어 있는 일

12) 다만, 우물구조 사례는 보증의무 없는 긴급구조이므로 죄가 되지 않으나 의사의 치료중단사례는 부작위에 의한 살인이 된다.

정한 작위만 요구한다. 이에 반하여 결과발생을 필요로 하는 부진정부작위범은 특별규정이 없어도 처벌되며, 항상 모든 결과방지를 직접적으로 요구하고 있다. 독일의 다수설이고,[13] 우리나라 일부학자가 따른다.[14]

2) 형식설　부작위 자체를 범죄로 규정하고 있는 경우가 진정부작위범이고, 규정 없이 해석에 의해서 부작위를 처벌할 수 있는 경우가 부진정부작위범이라 한다.[15] 즉, 구성요건의 내용이 부작위만을 예정하고 있는 범죄는 진정부작위범이고, 작위만을 예정하고 있는 구성요건의 내용을 부작위에 의해서 실행하는 범죄가 부진정부작위범이라 한다. 이에 의하면 부진정부작위범은 부작위에 의하여 작위범을 실현하는 것이므로 부작위에 의한 작위범이고, 진정부작위범은 부작위에 의해서만 실현할 수 있는 부작위범이므로 부작위에 의한 부작위범이 된다. 우리나라 통설이다

3) 결　어　실질설은 진정부작위범과 부진정부작위범 사이에 실질적인 차이가 있고, 후자는 결과범으로서 오히려 작위범과 공통성을 가지고 있다고 본다. 형식설은 진정부작위범과 부진정부작위범의 차이는 실정법상의 규정 유무에 있고, 부작위범으로서의 실질은 동일하다고 본다.

그러나 ① 부진정부작위범의 대부분이 결과범이지만 거동범에 대해서도 부진정부작위범이 불가능하지 않으며(추상적 위험범), ② 부진정부작위범은 결과범이기 때문에 형법에 규정하지 않았다고 할 수 없고, ③ 실질설에 의하면 결과의 발생을 요하지 아니하는 위증죄는 부진정부작위범이 불가능하다고 해야 하므로 형식설이 타당하다고 본다.[16]

(2) 규범구조

1) 작위범과 진정부작위범　형법규범은 일정한 행위를 금지・명령(요구)한

---

13) Blei, (Ⅰ), S. 273; Jescheck/Weigend, §58 Ⅲ 2; Wessels/Beulke, Rdn. 697; Bockelmann/Volk, S. 132; Rudolphi, SK, §13 Rdn. 10.

14) 박상기, 308면 이하; 이정원, 453면.

15) 유기천, 117면; 정영석, 103면; 황산덕, 64면; 정성근, 454면; 이재상, 121면; 진계호, 173면; 차용석, 부작위범(상)(고시계, 1983. 5), 97면; 배종대, 718면; 안동준, 291면; 임웅, 524면; 신동운, 122면; 김성천/김형준, 247면; 김성돈, 513면; 김성천, 151면. 한편 실질설과 형식설을 결합한 견해는 김일수/서보학, 494면; 손해목, 785면; 조준현, 385면 등이다.

16) 독일 형법 제13조는 '부작위에 의한 작위범'이란 표제 하에 부진정부작위범이 결과범임을 전제하고 있으나, 부작위 일반에 대한 처벌규정(긴급구조의무위반죄)이 없는 우리 형법은 독일 형법해석과 구별해야 한다.

다. 따라서 범죄도 금지위반과 명령위반이 있다. 명령규범에서 법이 요구하는 태도는 작위이므로 명령규범위반은 부작위에 의해서 행해진다. 금지규범에서 법이 요구하는 태도는 일반적으로 부작위이므로 금지규범위반은 작위에 의해서 행해진다. 전자는 진정부작위범이고, 후자는 작위범이다. 그러나 금지위반은 작위에 의해서만 행해지는 것이 아니고 부작위에 의해서도 행해질 수 있다.

2) 부진정부작위범 부진정부작위범은 금지규범에 위반한 것이냐 명령규범에 위반한 것이냐, 말을 바꾸면 작위범의 구성요건은 금지규범만을 규정한 것이냐 명령규범도 포함하는 것이냐가 문제된다. 이에 관해서 학설이 대립하는데, 금지규범은 부작위에 의하여 범죄를 실행하는 것도 금지하고 있다고 해야 하므로 부진정부작위범은 금지규범위반이라는 견해가 타당하다. 따라서 금지규범은 작위뿐만 아니라 부작위에 의해도 행할 수 있으므로 금지규범을 작위에 의해서 실행하면 작위범, 부작위에 의해서 실행하면 부진정부작위범이라 해야 한다.

【규범구조에 대한 학설대립】 부진정 부작위범의 규범구조에 대해서 다음과 같은 학설의 대립이 있다.

1) 금지규범위반설 작위범의 구성요건은 금지규범만을 규정한 것이고, 금지규범은 작위에 의한 범행뿐만 아니라, 예컨대 모친이 수유하지 않는 부작위로 영아를 살해하는 것도 금지하고 있으므로 부진정부작위범은 금지규범에 위반한 것이라고 한다.[17] 이에 의하면 부진정부작위범은 금지규범인 작위범의 구성요건을 부작위로 실현하는 것이므로 부작위에 의한 작위범이 된다.

2) 명령규범위반설 부진정부작위범은 명령규범에 위반하는 것이라고 한다.[18] 규범이 금지규범이냐 명령규범이냐는 규범대상의 구조에 따라 결정되므로 규범이 일정한 행위로 나아가지 않을 것을 요구하고 있으면 금지규범이고, 일정한 행위로 나아갈 것을 요구하고 있으면 명령규범이라고 한다. 부진정부작위범은 일정한 작위로 나아가도록 요구하고 있고, 그 작위로 나아가지 않는 부작위가 범죄를 구성하므로 명령규범위반이라고 한다.

3) 결합설 부진정부작위범은 금지규범과 명령규범을 이중으로 위반하는 것이라고 한다.[19] 즉, 부진정부작위범의 보증의무는 원래 명령규범으로부터 발생하는 것이므로 부진정부작위범은 보증의무에 위반하여 명령규범을 침해하고 동시에 금지규범을 내용으로 하는 작위범의 구성요건을 실현하는 것이라고 한다.

---

17) 정성근, 456면; 이재상, 123면; 진계호, 173면.

18) 배종대, 739면; Armin Kaufmann, Die Dogmatik der Unterlassungsdelikte, 1959, S. 256ff.; Welzel, S. 200.

19) 권문택, 주석형법총칙(상), 6인 공저, 393면; 손해목, 부작위범의 구조(법철학과 형법), 260면.

4) 개별설 작위범의 구성요건은 금지규범만을 규정한 것이 아니라 명령규범도 규정하고 있으므로 금지규범에 위반하면 작위범이 되고, 명령규범에 위반하면 부진정부작위범이 된다고 한다.[20] 형벌법규는 구성요건에 의해서 법익침해행위를 금지할 뿐만 아니라 법익유지행위도 명령하므로 원칙적으로 모든 구성요건은 금지규범과 명령규범을 포함한다는 것이다. 예컨대 생명의 존중을 요구하는 살인죄의 규범은 자식을 목졸라 죽이면 금지규범에 위반하고, 빈사상태에 있는 자식을 구조하지 않으면 명령규범에 위반한다는 것이다.

5) 학설의 비판 개별설에 의하면 모든 규범이 금지규범과 명령규범을 포함해야 하므로 진정부작위범의 구성요건에도 금지규범이 포함되어 있다고 해야 하고, 작위에 의한 부작위범도 인정하여야 한다. 그러나 작위에 의해서 부작위범을 실현한다는 것은 상상할 수 없다. 명령규범위반설과 결합설에 의하면, ① 명령규범에서 발생하는 작위의무가 금지규범에 위반하게 되는 이유를 설명할 수 없으며, ② 부진정부작위범이 명령규범위반이라 하면 그것이 금지규범을 규정한 작위범의 구성요건에 해당하는 이유를 설명할 수 없고 죄형법정주의에 반한다는 비판을 받는다.

Ⅲ. 부작위범의 공통성립요건

1. 일반적 행위가능성

부작위범의 구성요건해당성 판단 이전에 일반인이 법이 요구하는 작위를 할 수 있는 행위가능성이 있어야 한다. 행위가능성조차 없으면 애당초 부작위 문제도 생길 수 없다. 예컨대 낙동강에 빠진 자식을 서울에 있는 아버지가 구조할 작위가능성은 없으므로 부작위행위 자체가 부정된다.

2. 구성요건적 부작위의 존재

진정부작위범·부진정부작위범은 모두 구성요건적 부작위가 존재할 때에 구성요건해당성이 인정되며, 다음의 세 가지 요건을 갖추어야 한다.

(1) 구성요건적 상황

작위의무의 내용과 작위의무자의 신분을 인식시켜 주는 사정을 구성요건적

20) Maurach/Gössel/Zipf, 45/36; 內藤, 總論(上), 225면; 손해목, 부작위범의 구조, 261면 이하; 同, 부작위범의 구조(중)(고시연구, 1979. 5), 49면; 차용석, 부작위범(상), 100면.

상황이라 하고, 작위를 하지 않음으로써 부작위의 당벌성(當罰性)을 근거지우는 상황이다. ① 구성요건 상황에 대해서 진정부작위범의 경우는 구성요건에 명시(예, 제103조 1항 전시군수계약 불이행죄의 "전쟁 또는 사변", 제145조 2항 집합명령위반죄의 "천재·사변 기타 법령에 의해 잠시 해금"된 경우 등)되어 있으므로 구성요건 내용에서 이를 확인할 수 있다. 이에 대해서 부진정부작위범의 경우는 기술되지 않은 구성요건요소이므로 이론적으로 해결해야 한다. 일반적으로 구성요건 결과발생의 위험, 즉 법익침해의 위태화가 부진정부작위범의 구성요건적 상황이 된다.

그리고 ② 작위의무자의 신분이 구성요건적 상황에 포함되어 있는 예로서, 진정부작위범의 경우는 다중불해산죄(제116조)의 "다중", 집합명령위반죄의 "법률에 의하여 체포 또는 구금된 자"가 있고, 부진정부작위범의 경우는 영아살해죄(제251조)와 영아유기죄(제272조)의 "직계존속"이 있다. 이러한 범죄는 신분 있는 자만이 정범이 될 수 있다.

(2) 요구된 부작위의 존재

구체적 상황에서 행위자가 규범이 요구하는 작위(구성요건 실현을 회피하는 행위)를 하지 아니한 때 구성요건적 부작위가 성립한다. 애당초 작위의무가 없거나 규범의 요구에 반하지 아니하는 때에는 부작위범도 부정된다. 이러한 부작위는 정형성이 없기 때문에 정형적인 행위유형일 필요가 없고 여러 개의 행위유형도 가능하다. 수 개의 행위유형 중 어느 것도 이행하지 않으면 구성요건적 부작위가 인정되며, 요구되는 작위를 하였으나 결과발생을 저지하지 못한 때에는 과실에 의한 부작위범이 성립할 수 있다.

(3) 개별적 작위가능성

개별적 작위가능성이란 행위가능성 있는 자가 규범이 요구하는 작위의무를 이행할 수 있는 작위의무 이행가능성을 말한다. 규범은 불가능한 것을 요구할 수 없으므로 작위의무 이행의 가능성이 없으면 작위의무위반은 부정된다.

개별적 작위의무 이행가능성 유무는 통찰력 있는 제3자의 입장에서 객관적·구체적으로 판단해야 한다. 결과방지를 위한 구조장비의 유무, 신체적 조건, 기술적 수단 유무, 결과방지의 용이성 여부 등 객관적·사실적 상황을 고려하여야 한다. 따라서 예컨대 소화(消火)의 가능성이 있는 때에도 처음부터 중화상을 입게 될 가능성이 있거나 수영할 줄 모르는 아버지가 익사 직전의 아들을 구조하지 못한 경우에는 개별적 작위의무 이행의 가능성은 부정된다.

3. 위법성과 책임

(1) 위법성

부작위가 부작위범의 불법구성요건에 해당하고, 위법성조각사유가 없으면 위법성이 확정된다. 부진정부작위범에 있어서는 보증의무위반이 있으면 원칙적으로 위법성이 인정된다.

작위의무를 동시에 2개 이상 이행해야 할 법적 의무가 있는 때에 어느 하나를 이행하지 못한 의무의 충돌에서는 우월적 가치의 의무이행이 있으면 위법성이 조각된다.[21] 작위의무 이행을 위해 제3자의 법익을 침해한 때에는 긴급피난이론이 적용될 수 있다.

(2) 책 임

작위범의 경우와 같이 책임능력, 위법성의 인식, 책임조각사유의 부존재가 확정되면 책임을 인정할 수 있다. 과실범인 경우에는 주관적 과실까지 있어야 책임을 인정할 수 있다. 그러나 회피불가능한 위법성의 착오가 있거나 책임조각사유가 존재하면 책임이 조각된다.

부작위범에 있어서의 위법성의 인식은 작위의무를 방임해서는 안된다는 인식이고, 위법성의 인식가능성은 이를 방임해서는 안된다는 것을 인식할 수 있었던 경우를 의미한다. 작위의무이행의 기대불가능성도 책임조각사유가 된다.

> 부작위범에 있어서의 기대가능성은 작위의무와 그 이행능력을 인정하기 위한 전제조건이 된다는 이유로 책임조각사유가 아니라 구성요건요소로서 구성요건단계에서 검토해야 한다는 견해도[22] 있다. 그러나 작위의무의 이행가능성이라는 개별적 작위가능성과 이러한 작위의무 이행가능성이 있는 행위자가 행위 당시의 특수사정으로 작위를 이행할 수 없었느냐라는 기대가능성 문제는 구별해야 하므로 작위의무의 기대불가능성은 책임조각사유라고 해야 한다.

---

21) 이에 관해서는 제2편 제3장 제5절 Ⅵ 2. 참조.
22) 박상기, 320면.

제 2 절 부진정부작위범의 특별한 성립요건

부진정부작위범은 작위범의 구성요건을 부작위로 실현하는 것이므로 부작위범에 공통되는 성립요건 외에 다시 부진정부작위범에 고유한 특별요건이 필요하다.

부진정부작위범의 객관적 구성요건요소는 부작위범의 공통적 성립요건인 "구성요건적 부작위의 존재" 외에, ① 부작위가 작위에 의하여 구성요건을 실현한 것과 상응하다고 평가될 수 있는 부작위의 동치성(同置性), ② 부작위에 의한 구성요건적 결과의 발생, ③ 부작위와 발생결과 사이의 인과관계와 객관적 귀속 등이다. 주관적 구성요건요소는 고의와 과실이며, 특수한 주관적 불법구성요건요소가 필요한 범죄도 있다.

Ⅰ. 부진정부작위범의 객관적 구성요건요소

1. 부작위의 동치성

부진정부작위범은 부작위에 의하여 작위범의 구성요건을 실현하는 것이므로 그 부작위가 작위에 의하여 구성요건적 결과를 실현한 것과 상응하다고 평가될 때 구성요건해당성을 인정할 수 있다. 이를 부작위의 동치성(同置性, Gleichstellung)이라 한다. 부작위의 동치성을 인정하기 위해서는 작위의무(보증의무)를 발생시키는 법적 사정인 보증인적 지위와 실행행위의 동가치성이 인정되어야 한다.[23]

【작위의무의 체계적 지위와 보증인적 지위】 부작위범이 성립하기 위해서는 작위의무가 있어야 한다. 즉, 모든 부작위범은 작위의무 있는 자의 부작위만이

23) 부진정부작위범에 있어서의 동치성에 관해서는 정대관, 부진정부작위범에 관한 연구(성균관대 대학원 박사학위논문, 1990), 92면 이하 참조.

범죄가 되므로 신분범이다.

그런데 진정부작위범에 있어서는 작위의무가 명령의 형식으로 구성요건에 예정되어 있으므로[24] 진정부작위범의 작위의무는 구성요건적 상황인식에 의해서 파악할 수 있다. 이에 대해서 부진정부작위범은 부작위에 의해서 작위범의 구성요건을 실현하는 것이므로 작위의무를 예정하고 있지 않다. 따라서 부진정부작위범에는 특별한 작위의무가 요구되는데, 이에 대한 체계상의 지위가 문제된다.

1) 위법요소설 부진정부작위범이 위법하기 위해서는 작위의무위반이 있어야 하므로 작위의무는 위법요소가 된다는 견해이다.[25] 부진정부작위범의 구성요건은 행위자가 무엇을 하여야 할 것인가를 예정하고 있지 아니하므로 그 구성요건은 위법성을 징표할 수 없고, 작위의무위반이 있는 때에 비로소 그 부작위가 위법으로 된다는 것이다.

그러나 ① 모든 구성요건은 잠정적 위법인정기능이 있음에도 불구하고 부진정부작위범의 구성요건에 한하여 이를 부정하는 것은 체계의 일관성이 없고, ② 작위의무를 위법요소라고 하면 구성요건해당성을 판단할 때에 작위의무의 유무를 묻지 않고 부진정부작위범의 구성요건해당성을 인정해야 하므로 구성요건해당성 판단이 부당하게 확대된다는 비판을 받는다.[26]

2) 구성요건요소설 부진정부작위범에 있어서의 작위의무는 위법요소가 아니라 구성요건요소라는 견해이다.[27] 이를 보증인설(Garantentheorie)이라 한다. 보증인설에 의하면 피해법익과 긴밀한 관계가 있고, 법익이 침해되지 않도록 법적으로 보증해야 할 지위에 있는 자를 보증인(Garanten)이라 하고, 보증인의 작위의무위반이 있는 때에 한하여 그 부작위는 작위범의 구성요건을 실현한 것과 동치성을 인정할 수 있다고[28] 한다.

이 견해는, ① 작위의무 없는 자의 부작위는 애당초 구성요건에 해당할 수 없으므로 위법요소설의 결함을 시정하고 부진정부작위범의 성립범위를 한정하였으며, ② 이를 근거로 작위의무에 대한 착오를 구성요건적 착오로 취급할 수 있다는 장점이 있다.

그러나 이에 따르면, ① 작위범을 포함한 형법상의 모든 법적 의무는 위법요소가 된다고 하면서 부진정부작위범의 작위의무에 대해서만 구성요건요소가 된다는 것은 논리일관된 이론이라 할 수 없고,[29] ② 작위의무를 구성요건요소

---

24) 예컨대 퇴거불응죄(제319조 2항)에 있어 퇴거에 응할 의무, 다중불해산죄(제116조)에 있어 공무원의 해산명령에 응할 의무 등을 들 수 있다.

25) 정창운, 138면; 박문복, 121면; 유기천, 120면.

26) 예컨대, 친권자 이외의 사람이 유아에게 젖을 주지 않아서 유아가 사망한 경우까지도 구성요건에 해당한다는 불합리한 결과가 된다.

27) Nagler, Die Problematik der Begehung durch Unterlassung, Gerichtssal, Bd. 111, 1938, S. 1ff.; 정영석, 107면; 황산덕, 67면 이하; 남흥우, 93면; 이건호, 61면; 김성돈, 527면 이하.

28) 다만, 소극적 구성요건표지이론에서는 범죄이단계설을 취하므로 보증인설에 따라도 보증의무는 위법요소라고 한다.

라고 하면 작위범의 구성요건을 실현하는 부진정부작위범의 위법성을 적극적으로 논증할 수 있는 표지가 없어진다는 결함이 생긴다.

3) 이분설 보증인설을 수정하여 작위의무를 발생시키는 법적 사정인 "보증인적 지위"와 "작위의무" 자체를 구별하여 후자를 특별히 보증의무(Garantenpflicht)라 하고, 보증의무는 위법요소이지만 보증인적 지위는 구성요건요소가 된다는 견해로서 수정된 보증인설이라 한다.[30] 이 견해는 보증인적 지위에 있는 자의 부작위만이 구성요건에 해당하므로 위법요소설의 결함을 시정하고, 보증의무 자체는 위법요소가 되므로 구성요건요소설의 결함도 시정할 수 있다. 통설이며 타당하다고 해야 한다. 이에 따르면 보증인적 지위는 부진정부작위범이 구성요건에 해당하기 위한 동치성의 요건이 된다.

(1) 보증인적 지위

부진정부작위범에 있어 구성요건적 결과(법익침해)가 발생하지 아니하도록 법적으로 보증해야 할 행위자의 특별한 인적 지위를 보증인적 지위라 한다. 보증인적 지위는 부진정부작위범의 기술되지 아니한 규범적 구성요건요소이며, 행위자를 특정지우는 신분이 된다.

보증인적 지위는 법익의 주체가 자기법익에 대한 침해의 위험으로부터 스스로 대처할 능력이 없는 경우에 그 법익침해의 위험을 방지해주어야 할 특별한 법적 의무를 부담하고 있고, 법익침해의 위험한 사태를 지배하고 있거나 지배할 수 있는 지위에 있을 때에 인정된다.

1) 보증인적 지위의 내용・발생근거 형법 제18조는 "위험의 발생을 방지할 의무가 있거나 자기행위로 인하여 위험발생의 원인을 야기한 자가 그 위험발생을 방지하지 아니한 때에는 그 발생된 결과에 의하여 처벌한다"고 규정하여 부진정부작위범 처벌의 실정법적 근거를 명시함과 동시에 보증인적 지위와 보증의무의 내용에 대해서 위험발생방지의무와 선행행위에 의한 결과방지의무라는 추상적 기준을 예시하고 있다. 그러나 위험발생방지의무와 결과방지의무의 구체적 내용과 발생근거에 대해서는 아무런 언급이 없으므로 학설과 판례에 의하여 확정할 수밖에 없다.

---

29) 왜냐하면 동일한 법적 의무가 범죄유형에 따라 체계상의 지위가 달라지는 이유가 불명하기 때문이다.

30) Welzel, S. 219; Maurach/Gössel/Zipf, 46/126; 정영석, 107면; 황산덕, 70면; 정성근, 461면; 이형국, 부진정부작위범에 있어서의 작위의무(고시계, 1980. 9), 84면; 차용석, 306면; 이재상, 126면; 손해목, 793면; 진계호, 177면; 김일수/서보학, 492면; 박상기, 310면; 배종대, 721면 이하; 안동준, 296면; 임웅, 544면.

(a) 형식설　형식설은 보증인지위와 보증의무의 실질적 내용보다 그 발생근거가 되는 원인을 중심으로 법령, 법률행위(계약, 사무관리), 선행행위(사회상규, 신의성실, 조리) 등 세 가지 유형에 따라 보증인지위와 보증의무가 발생한다는 견해로 종래의 통설이다.[31] 이를 형식적 삼분설, 형식적 법의무설 또는 법원설이라고도 한다.

그러나 형식설은, ① 형법적 의무를 형법 이외의 민법적 의무에까지 확대하여 이를 형법에 적용하는 이유와 근거가 명백하지 않으며, ② 이에 따르면 형법상의 법적 의무가 윤리화되어 보증인지위와 보증의무의 내용·한계를 확정할 수 없고 처벌의 범위가 확대된다는 비판을 받는다.

(b) 기능설　기능설은 보증인적 지위와 보증의무의 내용을 법익보호라는 실질적 기준에 따라 한정하여 법익보호를 위한 보호의무(Obhutspflicht)와 위험원인을 감독해야 할 안전의무(Sicherungspflicht)로 제한한다. 실질설이라고도 한다.

> 기능설에 의하면 보호의무는 자연적 결합관계(가족적 보호관계), 긴밀한 공동체관계(긴밀한 연대관계), 자의적 인수에 의한 보호관계로 세분하고, 안전의무는 다시 선행행위로 인한 보증의무, 위험원에 대한 감독의무, 타인행위에 대한 감독의무로 세분하여 이 범위 내에서 보증인지위와 보증의무의 범위를 한정한다.[32]

기능설은 보증인적 지위와 보증의무의 내용 및 한계를 명백히 하여 작위와 부작위의 동치성을 인정하는 데에 의미가 있으므로 형식설보다 그 내용이 명확하고 제한적이다. 그러나 보호의무와 안전의무의 발생근거를 전혀 고려하지 않고 법익보호라는 실질적 기준만을 제시하므로 그 발생근거가 불명하여 해석에 의하여 그 범위가 확대될 가능성이 있다.

(c) 절충설　보증인지위와 보증의무의 내용에 대해서는 기능설에 의하여 한정하고, 그 발생근거에 대해서는 형식설을 고려하는 견해이다. 결합설이라고

---

31) 정영석, 108면; 남흥우, 95면 이하; 유기천, 122면 이하; 배종대, 724면.

32) Armin Kaufmann, Die Dogmatik der Unterlassungsdelikte, 1959, S. 283ff. 한편 Jescheck에 의하면 보호의무는 ① 자연적 연대관계, ② 긴밀한 공동체관계, ③ 위험에 대한 자의적 인수관계에서 생기고, 안전의무는 ① 선행된 위험행위, ② 자기의 지배 내에서의 위험원에 대한 감독책임, ③ 자의적 인수와 관계 없이 보증책임이 있는 경우에 보증의무가 생긴다고 한다. 이형국, 360면 이하; 안동준, 297면; 이정원, 467면.

도 하며, 현재의 통설이다.[33)]

(d) 결 어 ① 부진정부작위범의 보증의무는 형법적 의무이며, 단순한 윤리적 의무이거나 모든 법적 의무는 아니다. 즉, 법익보호를 위해서 의무위반자에게 형벌이라는 법적 효과를 부담시킬 필요가 있는 범위로 한정해야 하고, 조리·신의성실 등 단순한 윤리적 의무는 원칙적으로 보증인의 법적 의무가 될 수 없다고 해야 한다. ② 부진정부작위범에 있어서는 부작위가 작위에 상응하는 동치성이 인정되어야 하므로, 보증인적 지위와 보증의무의 근거와 내용도 이를 전제로 확정해야 한다. 수정 보증인설은 작위와 동치성을 인정하기 위하여 보증인적 지위를 구성요건요소로 하여 법익보호를 보증할 지위에 있는 자에 대해서만 가벌성의 범위를 한정한다. 따라서 보증인적 지위는 법익보호에 기준을 두는 기능설에 의해서 확정해야 한다. 다만, 기능설은 발생근거를 제시하지 못하므로 이에 대해서는 형식설을 고려하여 구체적 범위를 한정하는 것이 타당하다고 본다(결합설).

2) 보증인적 지위의 내용과 범위 보증인적 지위는 보증의무의 내용이 되는 보호의무와 안전의무에 의해서 생긴다.

(a) 보호의무에 의한 보증인 지위 보증인과 법익의 주체 사이의 특별한 결합관계·연대관계가 있기 때문에 보증인이 법익에 대한 위험으로부터 그 법익을 보호해야 할 보증인적 지위로서 세 가지가 있다.

aa) 가족적 보호관계 가족적인 혈연관계와 같이 자연적 결합관계로 인하여 상호의존적 생활관계가 있는 때에는 상호간에 상대방의 법익에 대한 위험을 방지해야 할 보증인적 지위에 있다. 부부 사이와 친권자와 자녀사이는 서로 생명·신체를 보호할 보증인이 된다. 이러한 보증인 지위는 부부간 상호부양의무(민법 제826조 1항), 자녀보호의무(민법 제913조), 자녀재산관리의무(민법 제916조), 친족간의 상호부양의무(민법 제974조)와 같이 법률규정에 의해서 생기는 경우도 있으나 법률의 규정 없이도 생길 수 있다.

이러한 보증인적 지위에 있는 자의 보호범위는 구체적인 보호관계에 따라 차이가 있다. 부모는 자식의 생명·신체·재산관리에 대한 보호의무를 부담하

33) 정성근, 463면; 이재상, 127면; 김일수/서보학, 494면; 박상기, 316면; 신동운, 138면 이하; 손동권, 371면; 손해목, 795면; 임웅, 550면; 오영근, 270면; 조준현, 388면 이하; 김성돈, 523면; 김성천, 159면.

지만 부부 사이에는 상대방의 생명·신체에 대한 중대한 위험으로부터의 보호에 한정된다. 따라서 부부 사이에 상대방의 범죄행위까지 저지해야 할 보증의무는 없다. 또 상호간의 신뢰와 의존관계가 현실적으로 존재하지 않는 별거 중인 부부 사이에도 보증인적 지위는 인정되지 않는다. 그러나 남편은 산모의 자기낙태를 저지해야 할 보증인적 지위에 있다고 본다. 사실혼관계가 있는 부부 사이에도 밀접한 유대와 신뢰관계가 존재할 때에만 상호간 보증인지위에 있다.

bb) 긴밀한 연대관계　법률에 의한 직접 보호관계는 아니지만 탐험·등산과 같은 위험한 모험을 함께 하는 사람들 사이에도 특별한 신뢰관계가 있고, 자의에 의하여 위험공동체가 형성된 경우에는 상호간에 일정한 보증인적 지위가 생긴다. 예컨대 해저탐험대나 등산대의 사실상의 책임자는 소속대원이 공동체생활 중에 생긴 생명·신체에 대한 위험으로부터 보호해야 할 지위에 있으며, 참여자도 일정한 범위에서 타인의 안전을 위해 기대되는 조치를 취해야 할 보증인적 지위에 있다.

긴밀한 자연적 결합관계가 있는 동거자·약혼자 사이도 개인적 유대와 신뢰관계가 존재할 때에는 상호간에 보증인지위가 생긴다. 다만, 이러한 보호조치는 참여자가 상호 간에 도움을 기대할 수 있는 위험제거에 한정된다. 이러한 지위는 법적으로 인정된 것은 아니지만 실질적인 신뢰와 의존관계가 있는 한 보증인적 지위로 인정함이 타당하다고 본다.

그러나 단순한 숙식공동체, 낚시·바둑 동호인회, 비법인 단체는 특별한 연대관계를 기초로 한 위험공동체가 아니므로 개인적인 특별유대관계가 없는 한 보증인적 지위가 생기지 않는다. 또 교도소 재소자, 군내무반의 동료군인 등 비자의적인 연대관계가 있는 때에는 공동체 관계가 있는 경우에도 보증인적 지위가 생기지 않는다. 우연히 공동의 위험에 처한 경우도 마찬가지이다.

cc) 자의적 인수에 의한 보호관계　피해자의 법익보호를 사실상 자의로 인수하여 피해자와 인수인 사이에 보호·의존관계가 생긴 때에도 인수인에게 보증인적 지위가 생긴다. 예컨대 위험한 등산안내·동굴관광안내를 자의로 맡거나 수영지도나 의사·간호사가 환자치료를 맡은 때 인수인에게 보증인적 지위가 생긴다.

인수관계는 보통 계약·사무관리에 의해 생기는 경우가 많으나 반드시 계약 기타 사법상의 근거를 필요로 하는 것은 아니다. 계약이 무효·취소되거나 유효기간 경과 후에도 사실상 보호기능을 맡고 있으면 다른 구조의 가능성이 없는 한 보증인적 지위도 계속된다. 그러나 자의에 의한 인수가 아니거나 계약상 의무가 있어도 현실적으로 보호를 맡아 보호활동을 개시하지 않았으면 보증인적 지위는 생기지 않는다.

(b) 안전의무로 인한 보증인지위 불특정 또는 다수인의 법익에 대한 위험원이 있을 때 그 위험원에 대해서 직접 통제하거나 지배관계가 있는 자는 그 위험원으로부터 법익침해의 결과가 발생하지 않도록 안전조치를 취하거나 감시할 보증인적 지위에 있다. 위험원에 대한 안전의무는 원칙적으로 그 위험원을 통제하는 데 그친다. 여기에도 세 가지 있다.

aa) 선행행위 자기행위에 의하여 법익에 대한 근접하고 상당한 위험을 창출한 자는 그 법익이 침해되지 않도록 위험을 제거하거나 침해의 결과로 발전하지 않도록 해야 할 보증인적 지위에 있다. 따라서 타인에게 상해를 입힌 자는 의료조치나 생명구조의 필요조치를 해야 할 보증인적 지위에 있다.

선행행위에 의한 안전의무는 다음의 요건을 충족하여야 한다. ① 선행행위는 법익침해에 대하여 직접적이고 상당한 위험을 야기할 수 있는 것이라야 하며, ② 선행행위는 객관적으로 의무에 위반한 위법한 것[34]이라야 하고, ③ 의무위반은 그 법익보호를 위한 규범을 침해한 것이라야 한다.

판례는 탈진상태에 있는 피감호자 구조의무,[35] 실화자의 소화조치의무,[36] 어린 조카를 저수지에 빠뜨린 삼촌의 구조의무[37] 등을 선행행위에 의한 보증의무로 인정하고 있다.

bb) 위험원의 감시 자기의 관할 · 지배영역 안에 위험한 물건 · 시설 ·

34) 이와 같이 선행행위는 위법한 행위여야 하지만 유책할 필요가 없다는 것이 우리나라의 통설(이형국, 360면; 이재상, 130면; 김일수/서보학, 500면; 임웅, 545면; 배종대, 726면; 신동운, 143면; 이정원, 472면; 손동권, 378면 등)이다. 따라서 정당방위에 의하여 방위한 자와 같이 적법한 선행행위가 있는 경우에는 보증인적 지위가 발생하지 않는다.

문제는 선행행위로 인한 작위의무를 입법화한 도로교통법 제54조 1항의 합리적 해석이다. 도로교통법 제54조 1항(2006년 개정전 제50조 1항)에서 규정한 교통사고 운전자의 구호의무는 고의 · 과실 혹은 위법 · 유책 유무에 관계없이 부과된 의무로 해석하며(대판, 2002. 5. 24. 2000도1731 등), 동법 제148조에서는 이 의무불이행에 대하여 벌칙을 규정하고 있기 때문이다. 선행행위로 인한 보증인적 지위의 부당한 확장을 방지하기 위해서는 선행행위는 위법행위로 한정하는 것이 타당하나, 도로교통법 제54조 1항은 이에 대한 특별규정으로 교통사고 운전자에게 고의 · 과실 혹은 위법 · 유책 유무에 관계없이 사상자에 대한 신속한 구조의무를 부과하고 있다고 본다(同旨: 임웅, 546면).

35) 대판, 1982. 11. 23. 82도2024.

36) 대판, 1978. 9. 26. 78도1996(소위 이리역 열차폭발사건).

37) 대판, 1992. 2. 11. 91도2951.

기계·동물 등 위험원을 점유하거나 소유한 자는 그 위험원으로부터 타인의 법익이 침해되지 않도록 안전조치를 취하거나 감시해야 할 보증인적 지위에 있다. ① 건축공사자와 그 감독자의 안전조치의무, ② 경찰관, 소방관, 자동차 소유자와 생산기업체의 안전관리책임자, 운동시설 내의 안전시설 의무자의 안전의무가 그 예이다. 이러한 감시·안전의무는 법령·계약에 의해 생기는 경우가 많으나 사실상의 생활관계에서 생기는 경우도 있다. 위험한 물건에 타인이 접근하지 못하도록 감시하는 일을 인수한 자, 위험한 맹견을 소유한 자의 안전의무는 사실상의 생활관계에서 생긴다.

위험원의 지배에서 발생하는 감시의무의 범위는 그것이 장소적 성격을 가진 것인 때에는 위험원의 장소적 폐쇄나 자기의 지배범위를 차단할 의무에 한정되며, 위험원의 지배에서 반드시 구조의무까지 발생하는 것은 아니다.

cc) 타인행위에 대한 감독　타인을 지휘·통솔할 책임있는 자는 그 타인의 행위로 다른 사람의 법익이 침해되지 않도록 감독해야 할 보증인의 지위가 생길 수 있다. 책임무능력자의 친권자·후견인, 학생을 지도·감독하는 교사, 부하직원을 감독하는 상관, 선원을 통솔하는 선장, 사병을 지휘하는 군지휘관, 재소자를 감독하는 교도관 등이 그 예이다. 그러나 부부상호간에는 일방의 범죄행위를 저지해야 할 의무를 부담하지 않는다.

감독권에 의한 보증인적 지위는 피감독자의 범죄행위를 방지하는 데 그치며, 피해자를 구조할 의무까지 요구하는 것은 아니다. 따라서 미성년자인 자식의 상해행위를 알면서 방치한 부모는 부작위에 의한 상해종범이 될 뿐이고, 부작위 상해까지 책임을 지지 않는다.

또 책임무능력자에 대한 감독은 법령의 근거가 있는 경우에 한한다. 금치산자에 대한 후견인의 감호의무(민법 제947조 1항), 친권자의 미성년자 보호교양의무(민법 제913조)가 그 예이다. 그 이외의 경우에는 법령상의 근거가 없어도 계약상 또는 사실상 배타적인 인수관계에 의하여 감독책임이 생길 수 있다. 배타적 인수관계란 자신이 직접 보호감독 하지 않으면 법익침해의 위험이 생기는 경우를 말한다. 예컨대 정신박약아나 거동불가능한 중환자를 사실상 인수하여 감독책임이 생기는 경우가 그 예이다.

(2) 실행행위의 동가치성

동치성이 인정되기 위해서는 보증인적 지위에 있다는 것만으로 부족하고 다시 그 부작위에 의한 범죄수행이 작위에 의한 범죄수행 내지 행위태양과 구성요건적으로 동일하다고 평가될 수 있어야 한다.[38] 이를 실행행위 또는 행위정형의 동가치성(同價値性, Gleichwertigkeit)이라 한다.

실행행위의 동가치성 판단은 개개의 구성요건에 따라 다르다. 살인죄, 상해죄, 손괴죄, 방화죄와 같이 구성요건적 결과만 발생하면 가벌성이 인정되는 순수한 결과야기범에 있어서는 행위에 의해 결과발생만 있으면 범죄가 성립하므로 동가치성은 특별히 문제되지 않는다. 이에 반하여 구성요건적 실행행위가 일정한 방법이나 수단을 요구하는 행위의존적 결과범[39]의 경우에는 부작위가 그 구성요건적 행위태양과 동가치성이 있어야 한다. 즉, 행위의존적 결과범은 부작위가 결과야기 자체뿐만 아니라 결과야기의 행위태양에까지 동가치성을 가질 때 구성요건적 부작위로 평가할 수 있다. 따라서 동가치성의 구체적 판단은 행위의존적 결과범의 개개 구성요건의 해석문제에 귀착한다. 대체로 작위범의 불법내용을 고려하여 작위범의 행태와 행위반가치에서 사회적 의미·내용이 동일하다고 평가할 수 있을 때에 동가치성이 인정될 것이다.

2. 구성요건적 결과발생

부진정부작위범의 대부분은 결과범이므로 작위범의 경우와 마찬가지로 결과발생이 있어야 한다. 결과발생이 없으면 미수범이 될 뿐이다. 가중결과가 발생한 때에는 결과적 가중범의 취급예에 따라 가중처벌된다.

3. 인과관계·객관적 귀속

거동범적 성질을 갖는 진정부작위범에 있어서는 인과관계가 문제될 여지가 없으나 부진정부작위범에 있어서는 발생된 결과를 행위자에게 귀속시키기 위해서 부작위와 결과 사이에 인과관계가 있어야 하며 객관적 귀속이 가능해야 한다. 부진정부작위범의 인과관계에 대해서는 종래까지 학설의 대립이 있었다.

---

38) 유기천, 126면; 차용석, 부작위범(하), 72면; 정성근, 467면; 이형국, 362면; 이재상, 132면; 김일수/서보학, 502면; 박상기, 317면; 배종대, 729면; 임웅, 551면; 오영근, 273면; 손동권, 380면.

39) 예컨대 사기죄(기망에 의한 재물편취), 공갈죄(폭행·협박에 의한 갈취), 특수협박죄(다중의 위력·위험물 휴대), 모욕죄(모욕), 강요죄(강요), 주거침입죄(침입), 강제추행죄(추행), 도주죄(도주) 등을 들 수 있다.

그러나 현재 독일과 우리나라 통설은 부작위의 인과관계를 긍정하면서 결과발생을 방지하지 않은 부작위 자체가 결과에 대한 인과적 원인이라고 본다.

부작위범도 보증의무를 이행하였다면 결과가 발생하지 않았을 것임에도 불구하고 규범이 요구하는 보증의무를 이행하지 아니하여 결과가 발생한 것이므로 작위의 경우와 그 이론구조가 다르지 않다. 따라서 부진정부작위범의 인과관계는 부작위 그 자체에서 찾아야 한다. 즉, 부작위가 없었다면, 따라서 사회적으로 기대되는 보증의무를 이행하였다면 결과가 발생하지 아니하였다는 관계가 인정될 경우 그 부작위와 결과 사이에 인과관계를 인정할 수 있다. 이 경우 인과관계는 합법칙적 조건관계의 유무로 판단해야 할 것이다. 다만 부작위의 인과관계는 존재하는 것에 대한 심사가 아니라 가능한 것에 대한 가정적 인과관계이므로 인간의 인식능력에 의해 판단할 수밖에 없다. 그러므로 인과관계가 있어도 다시 객관적 귀속이론에 의하여 그 결과를 행위자의 부작위에 의한 작품으로 귀속시킬 수 있을 때 결과귀속을 인정해야 한다. 귀속의 척도는 작위범의 그것과 동일하다.

【종래의 학설】 부진정부작위범에 있어서의 인과관계에 관해서 종래에는 부작위 그 자체가 아니라 부작위시에 병존했던 작위의무자의 다른 행위(Unterlassung)에 원인이 있다는 타행행위설, 부작위에 선행했던 활동이 결과에 대한 원인이라는 선행행위설, 법에 적대하는 결의, 즉 결과방지를 지향하는 선량한 동기를 억제하는 작위의무자의 심적 작용(간섭)이 원인이라는 간섭설, 부작위의 인과성은 존재하지 않으나 부작위로 나온 자에게 결과발생을 방지할 작위의무는 있으므로 이 작위의무위반이 있는 경우에는 인과관계가 법적으로 인정된다는 법적 인과관계설, 부작위는 자연적·물리적으로 무(無)이기 때문에 작위범과 같은 결과의 현실적 야기가 없고 단지 결과방지의 작위의무만 있으므로 작위의무에 위반하여 결과를 방지하지 않았다는 관계뿐이라는 인과관계부정설 등이 있었으나 오늘날 거의 소멸된 이론이다.

Ⅱ. 부진정부작위범의 주관적 구성요건요소

1. 고 의

부진정부작위범은 작위범과 마찬가지로 원칙적으로 금지규범의 객관적 구성요건요소를 인식·인용하는 고의가 있어야 한다. 다만, 구성요건적 결과에 대한 적극적인 실현의사가 없는 경우가 많다. 또 부작위범에 고유한 객관적 구성요건 요소, 즉 구성요건적 상황의 존재와 부작위 및 개별적 작위가능성·보증인적 지위·동가치성·결과범에 있어서의 인과관계의 인식도 고의내용이 된다. 그러나 보증의무는 고의와 무관한 일반적 범죄표지이므로 고의의 인식대상은 아니다. 고의는 작위의 고의범과 마찬가지의 미필적 고의로 족하다.

2. 목 적

각종 위조죄의 행사의 목적, 음행매개죄 및 영리목적 약취유인죄의 영리의 목적과 같은 "불완전한 두 행위범"은 부작위에 의하여 실현할 수 없는 행위태양이다. 이에 대해서 출판물에 의한 명예훼손죄의 비방할 목적, 내란죄의 국헌문란의 목적 등 "단절된 결과범"은 부작위에 의한 목적실현이 가능하므로 이러한 목적범의 목적은 부진정부작위범의 특수한 주관적 불법요소가 된다고 본다.

3. 과 실

구성요건실현에 대한 위험을 객관적 주의의무에 위반하여 이를 방지하지 아니한 때 과실부작위범이 성립한다. 과실범이므로 과실범 처벌규정이 있는 때에 한하여 논의된다.

Ⅲ. 부진정부작위범의 처벌

형법은 부진정부작위범의 처벌에 관하여 규정을 두지 않았다. 부진정부작위범은 작위범의 구성요건을 실현하는 것이므로 작위범의 가벌성과 달리 취급할 필요가 없다는 취지로 이해할 수 있다. 부진정부작위범은 작위범과 같이 처벌된다는 점에 이론이 없다. 그러나 작위범의 경우보다 행위반가치와 책임에서 경하다고 해야 하므로 형에 있어서는 임의적 감경으로 하는 것이 타당하다.[40] 형법개정법률안(제15조)에도 부진정부작위범에 대해 임의적 감경조항이 들어 있

40) 독일 형법 제13조 2항과 오스트리아 형법 제34조 5호 참조.

었으나 법률안 자체가 채택되지 않았다.

Ⅳ. 관련문제

1. 부작위범에 있어서의 착오

(1) 진정부작위범에 있어서의 착오

진정부작위범에서는 구성요건적 제사정(객관적 사실)을 인식하지 못하고 일정한 작위를 하지 않은 경우가 구성요건적 착오이고, 그 사정은 인식하였으나 자신의 부작위가 위법하지 않다고 인식하고 행위로 나아가지 아니한 경우가 위법성의 착오로 된다. 따라서 진정부작위범에서의 착오, 특히 구성요건적 착오 문제는 작위범과 같다. 위법성의 착오에서도 작위범과 부작위범은 위법성의 인식의 대상은 다르지만 그 구조에는 차이가 없으므로 작위범과 다르지 않다.

예컨대 퇴거불응죄에 있어서 자기의 주거라고 믿고 타인의 주거에 들어갔다가 퇴거요구에 응하지 아니한 경우는 구성요건적 착오가 된다. 그리고 타인의 주거에 들어가는 것이 허용되어 있다고 오신한 경우는 위법성의 착오이다.

(2) 부진정부작위범에 있어서의 착오

부진정부작위범에서는 모든 자의 부작위가 아니라 일정한 법익침해의 위험을 방지해야 할 보증인적 지위에 있는 자의 부작위만이 중요하다. 보증의무의 체계상의 지위에 따라 구성요건적 착오 또는 위법성의 착오가 된다. 수정된 보증인설(이분설)에 따르면 작위의무를 보증인적 지위와 보증의무로 구별하여, 전자는 구성요건요소, 후자는 위법성의 요소가 된다고 하므로 보증인적 지위에 관한 착오는 구성요건적 착오이고, 보증의무에 관한 착오는 위법성의 착오가 된다.

작위의무를 보증인적 지위와 보증의무로 분리하지 않고 모두 구성요건요소가 된다는 입장(구성요건요소설)에서는 부작위자가 보증인적 지위를 오인하였거나 보증의무를 인식하지 못한 때에는 구성요건적 착오가 된다. 그리고 작위의무를 보증인적 지위와 보증의무를 구별하지 않고 모두 위법성의 요소로 보는 입장(위법성요소설)에서는 작위의무에 관한 착오는 위법성의 착오가 된다.

2. 부작위범의 미수

부작위범에도 고의범과 과실범이 있다. 과실범의 미수를 인정할 수 있느냐에 대해 이론상으로 논의될 수 있으나 현행법상 과실범의 미수를 처벌하는 규정이 없으므로 실익이 없는 논의이다. 과실부작위범의 미수도 같다. 따라서 고의의 부작위범에 대해서만 미수범 처벌규정이 있는 경우에 한하여 미수범의 문제가 논의된다.

(1) 진정부작위범

다중불해산죄·퇴거불응죄 등과 같은 진정부작위범에 있어서는 작위의 요구가 전달되고 이에 따라서 작위로 나올 태세를 갖추어야 할 때(최초의 작위가능시)가 실행의 착수시기라 할 수 있다. 그러나 형법이 규정하고 있는 진정부작위범은 거동범이므로 미수범의 성립을 인정하기 곤란하다.

다만, 퇴거불응죄를 포함한 주거침입의 죄의 장이 미수범 처벌규정(제322조)을 두고 있다는 이유로 해석상 논의가 생긴다. 그러나 이론상으로 진정부작위범의 미수를 인정할 수 있다고 하여도 기수시기와 구별이 불가능하기 때문에 부정하는 것이 옳다. 따라서 주거침입의 죄의 장에 대한 미수범 처벌규정은 퇴거불응죄(제319조 2항)에 적용되지 않는다고 해석해야 한다.

(2) 부진정부작위범

부진정부작위범은 작위범의 구성요건을 실현하는 것이므로 미수범도 성립할 수 있다. 다만 부작위범은 외부적으로 나타나는 동작 없이 부작위 형태로 범죄를 실현하므로 부작위에 대한 규범적 평가에 의해 실행의 착수를 판단해야 하는 어려움이 있다. 보증인적 지위에 있는 자는 요구되는 작위를 지체함으로써 보호법익에 대한 직접적 위험을 야기하거나 증대시킨 시점에서 실행의 착수가 있다고 해야 한다. 우리나라 통설이다.[41]

문제는 법익침해의 직접적인 위험야기 또는 위험증대시킨 시점을 어떻게 파악할 것이냐에 있다. 두 가지로 구별하여 생각할 필요가 있다. 예컨대 물에 빠진 자식을 본 부모나 사무소 일부에 불이 나고 있음을 본 관리자는 위험의 존재를 인식하고 작위가능한 상태가 되었을 때라고 해야 하고, 갓난아이에게 우

41) 정성근, 473면; 이재상, 372면; 김일수/서보학, 523면; 이형국, 238면; 진계호, 202면; 손해목, 807면; 임웅, 555면 이하; 오영근, 486면; 박상기, 322면; 김성돈, 537면; 김성천, 324면.

유나 젖을 주지 않는 산모의 경우에는 작위의무가 이미 사전에 발생하고 있었으므로 위험의 존재를 인식한 시점이라고 본다.

부진정부작위범의 실행의 착수시기에 관해 독일에서는 최초의 구조가능성을 방임한 때(최초구조가능시설)라는 견해[42]와, 최후의 구조가능성을 방임한 때라는 견해(최후구조가능시설)[43]가 대립한다. 그러나 보증인적 지위에 있는 자는 법익침해의 직접적 위험이 있으면 즉시 그 위험을 제거해야 할 작위로 나아가야 하므로 구조가능성이 최초의 시점이냐 최후의 시점이냐는 중요하지 않다고 본다.

부진정부작위범도 착수미수와 실행미수가 가능하다. 착수미수는 요구된 작위를 함으로써 결과발생을 방지할 수 있다고 생각한 때에 성립하고, 실행미수는 요구된 작위를 하는 것이 결과발생 방지에 충분하지 않다고 생각한 때에 성립한다.

3. 부작위범과 공범

부작위범과 공범이 교차하는 경우는 "부작위에 의한 공범"과 "부작위에 대한 공범"으로 대별할 수 있다. 전자는 다시 부작위에 의한 교사 · 방조 · 공동정범이 논의되고, 후자는 부작위에 대한 교사 · 방조가 논의된다.

(1) 부작위에 의한 공범

1) 부작위에 의한 교사　교사는 범죄실행의 의사가 없는 자에게 범죄실행의 결의를 생기게 하는 것이므로 적극적인 동작을 하지 않는 부작위에 의해서 교사가 가능한가에 대해 긍정설[44]과 부정설이[45] 대립한다. 우리 나라와 독일의 통설은 부정설이지만 그 논거는 다양하다.

부작위에 의한 교사를 인정하려면 교사자는 보증인적 지위에 있어야 하고, 이 경우의 보증의무는 정범과의 관계에서 생겨야 하며, 정범에게 일정한 범죄

42) Herzberg, Der Versuch beim unechten Unterlassungsdelikt, MDR. 1973. S. 89.
43) Welzel, S. 221; Armin Kaufmann, Unterlassungsdelikte, S. 210ff.
44) Maurach/Gössel/Zipf, 51/17.
45) Armin Kaufmann, Unterlassungsdelikte, S. 292; Roxin, Täterschaft und Tatherrschaft, 3. Aufl., 1975, S. 484; 정성근, 474면; 이재상, 135면; 김일수/서보학, 654면; 배종대, 733면; 박상기, 322면; 김성돈, 540면.

를 실행할 의사가 생기지 않도록 할 보증의무가 전제되어야 한다. 그러나 이러한 보증인 지위에 있는 자가 보증의무의 불이행이라는 부작위로 정범에게 범죄실행의 의사를 생기게 한다는 것은 생각할 수 없다. 정범에게 범죄실행의 의사를 갖도록 할 어떤 작위도 없는 이상 부작위에 의한 교사는 부정해야 한다.

2) 부작위에 의한 방조　방조는 물리적·심리적으로 가능하므로 부작위에 의한 방조도 가능하다는 것이 통설[46]·판례의 입장이다. 작위의 정범자에 대해서 범죄실행을 저지해야 할 보증인적 지위에 있는 자가 이를 저지할 수 있음에도 불구하고 저지하지 않음으로써 행위수행을 용이하도록 방임한 경우에는 부작위에 의한 종범이 성립한다.

【판례】 형법상 방조는 작위에 의하여 정범의 실행행위를 용이하게 하는 경우는 물론, 직무상의 의무가 있는 자가 정범의 범죄행위를 인식하면서도 그것을 방지하여야 할 제반조치를 취하지 아니하는 부작위로 인하여 정범의 실행행위를 용이하게 하는 경우에도 성립된다 할 것이므로 은행지점장이 정범인 부하직원들의 범행을 인식하면서도 그들의 은행에 대한 배임행위를 방치하였다면 배임죄의 방조범이 성립된다(대판, 1984. 11. 26, 84도1906).

이에 대해서 부작위에 의한 종범을 부정하고 이를 부작위 정범(단, 형은 작위에 의한 종범의 정도로 감경)이 된다는 견해도 있다.[47] 부작위에 의한 종범도 부작위범의 구성요건적 결과발생을 방지하여야 할 의무를 태만하였다는 점에서는 부작위정범과 다르지 않다는 것이 그 이유이다. 또 살해행위를 저지하지 않는 보증인은 살해를 저지하는 데 대해 목적적 행위지배를 하고 있으므로 부작위에 의한 부작위정범이라고 한다.[48] 그러나 행위지배를 하고 있는 고의적 작위범인 정범에 대해서 그 행위의 결과를 방지하지 않은 보증인은 공동실행을 하지 않는 이상 행위지배를 할 수 없고 방조의 의미를 가질 뿐이므로 종범이 된다는 견해가 타당하다.

3) 부작위에 의한 공동정범　부작위에 의한 공동정범에 대해서도 긍정설과 부정설이 대립한다. 다수설인 긍정설은 보증의무가 있는 2인 이상이 의사연락에 의해 공동으로 결과발생을 방지하지 않고 범죄를 실현할 수 있다고 한다.[49]

---

46) 정성근, 474면; 이재상, 134면; 김일수/서보학, 654면; 배종대, 733면; 박상기, 323면; 임웅, 556면; 김성돈, 540면.

47) Armin Kaufmann, Unterlassungsdelikte, S. 291ff.

48) Welzel, S. 222.

이에 대해서 부정설은 부작위범은 부작위의 고의라는 것이 존재하지 아니하므로 의사의 공동이란 것을 생각할 수 없고, 또 부작위는 행위성도 없으므로 공동실행행위를 생각할 수 없다고 한다.[50]

부작위범도 실현의사와 지배가능한 사회적 의미 있는 실행행위성을 인정할 수 있으므로 긍정설이 타당하다. 또 작위와 부작위의 공동정범도 성립할 수 있다. 공동정범의 실행분담을 어떻게 이해하느냐에 따라 결론의 차이가 생길 수 있으나 공동자 중 1인은 작위의 실행행위를 분담하고 다른 공동자는 이를 저지해야 할 보증의무를 이행하지 아니한 경우에 양자는 공동정범이 된다고 본다.

(2) 부작위에 대한 공범

1) 부작위에 대한 교사 통설은 보증인적 지위에 있는 자에 대해서 결과발생을 방지하지 아니하도록 결의시킬 수 있으므로 부작위에 대한 교사를 인정한다.[51] 이에 대해서 부정설은 교사는 인과과정을 지배조종하는 실행행위를 결의시키는 것이므로 인과과정을 지배 조종할 수 없는 부작위에 대해서는 교사 그 자체가 불가능하다고 한다.[52] 부작위는 행위가 아니라는 생각이 전제되어 있다. 그러나 보증인에게 보증의무를 이행하지 아니하도록 결의시키고 고의로 부작위에 머물게 할 수 있으므로 긍정설이 타당하다.

2) 부작위에 대한 방조 부작위정범자에 대해서 정신적으로 범행을 강화시키고 이를 원조할 수 있으므로 방조는 부작위 행위자에 대해서도 가능하다. 통설도 이를 긍정한다. 이에 대해서 부작위의 행위성을 부정하는 목적적 행위론 중에는 부작위범은 정신적으로 지배해야 할 행위결의와 지배해야 할 행위도 없다는 이유로 부작위에 대한 방조를 부정하고 이를 부작위 정범이라 한다.[53] 그러나 부작위도 행위라고 해야 하고, 부작위에도 실현의사를 인정할 수 있으므로 부작위에 대한 정신적 강화행위를 결과발생에 직접 원인력 있는 정범으로 보는 것은 타당하지 않다.

---

49) 정성근, 475면; 김일수/서보학, 614면; 임웅, 556면.

50) Armin Kaufmann, Unterlassungsdelikte, S. 189; Welzel, S. 206.

51) 정성근, 476면; 김일수/서보학, 653면; 이재상, 134면; 배종대, 733면; 박상기, 322면; 김성돈; 540면. Roxin, Tät. u. Tat., S. 510ff.

52) Armin Kaufmann, Unterlassungsdelikte, S. 190ff.; Welzel, S. 206, 221.

53) A.a.O.

(3) 부작위에 대한 간접정범

보증의무자를 강제 또는 기망하여 보증의무 이행을 할 수 없도록 도구처럼 이용하면 간접정범이 된다. 그러나 정신병자를 감호하는 자가 정신병자의 위험한 행위를 고의로 방치하면 부작위정범이 된다.

4. 과실의 부작위범

과실에 의한 부작위범은 과실의 종류에 따라서 두 가지로 생각할 수 있다. 인식 있는 과실에 의한 경우와 인식 없는 과실에 의한 경우이다. 어느 경우이건 과실범이 처벌되는 경우에 문제가 된다.[54] 진정부작위범의 경우에는 과실범 처벌규정이 없기 때문에 과실에 의한 진정부작위범이란 무의미하다. 특히 문제가 되는 것은 인식 없는 과실에 의한 부진정부작위범이다. 이를 보통 망각범(忘却犯, Vergeßichkeitsdelikt)이라 한다.

망각범이란 기대되는 행위시에 보증의무에 대한 인식이 없이 결과가 발생한 경우의 과실범이다. 예컨대 철도 신호수가 음주하여 수면함으로써 신호를 하지 못하여 기차가 전복된 경우, 또는 유모가 젖먹이 아이에게 젖을 물린 채 잠들어 버린 결과 젖먹이 아이가 질식사한 경우가 이에 해당한다. 망각범은 의사에 기인한 것은 아니지만 범죄가 된다는 데는 의심이 없다. 망각범은 원인에 있어서 자유로운 행위의 일종인 과실에 의한 부작위범과 일치하지 않는다. 전자는 보증의무 자체를 과실(인식없는 과실)로 망각하고 부작위로 나아간 경우이며, 후자는 원인행위 자체를 과실(인식있는 과실)로 야기하고 보증의무를 이행하지 못한 경우가 대부분이다.

54) 과실에 의한 부진정부작위범의 특색, 성립요건 등에 대한 자세한 설명은 김성돈, 538~539면 참조.

제 9 장 정범과 공범의 이론

제 1 절 정범과 공범의 기초이론

Ⅰ. 범죄의 참가형태·입법형식

1. 범죄의 참가형태

범죄는 그 주체가 1인이냐 수인이냐에 따라 단독범(Alleintäterschaft)과 광의의 공범으로 나눌 수 있다. 그리고 광의의 공범은 다시 공동정범과 협의의 공범(Teilnahme)으로 구별된다. 공동정범은 단독범에 대해서는 공범이라 할 수 있으나, 이 경우의 공범은 단순히 다수인이 범죄실행에 참가하고 있다는 의미이므로 정범(Täterschaft)에 대립하는 협의의 공범과 다르다. 즉, 공동정범은 수인의 정범이 범죄를 실행하는 정범의 공동이고, 그 본질에서는 정범의 일종이다.

정범은 범죄를 행위자 자신이 직접 실행하는가 타인을 이용하여 간접적으로 실행하는가에 따라 직접정범과 간접정범으로 구별된다. 그리고 직접정범은 다시 범죄를 실행하는 자가 1인인가 수인인가에 따라 단독정범과 공동정범으로 구별된다. 또 외형상으로는 수인이 범죄를 실행하고 있지만 그 수인이 공동하여 실행하는 것이 아니라 우연히 동시(同時) 또는 이시(異時)에 단독범이 병존하여 범죄를 실행하는 동시범도 단독정범의 일종이다.

정범에 대립하는 공범(Teilnahme)은 교사범과 종범이 있다. 이를 협의의 공범이라 한다. 또 협의의 공범과 공동정범은 1인이 실행할 수 있는 범죄를 수인이 참가하여 범죄를 실행한다는 의미에서 임의적 공범(zufällige Teilnahme)이라 한다(총칙상의 공범). 이에 대해서 애당초 수인이 참가해야만 범죄를 실행할 수 있고 단독으로 실행할 수 없는 범죄를 필요적 공범이라 한다. 가장 넓은 의미에서 공범이라 할 때에는 필요적 공범도 포함한다. 그러나 필요적 공범은 특별유형의 범죄를 각칙에 개별적으로 규정하고 있는 정범의 형태이고, 다수인이 범행에 참가하고 있다는 의미에서 강학상 필요적 공범이라 할 뿐이며, 공범이라 할 때에는 임의적 공범만을 말한다.

2. 입법형식

다수인이 범죄에 참가하는 경우 그 입법형식과 관련하여 두 가지 체계가 있다.

(1) 단일정범체계

정범과 교사범·종범 등 범죄실행에 관여한 형태를 구별하지 아니하고 범죄의 모든 관여자를 포괄하여 정범이라 하고, 처벌에서만 각자의 행위 관여정도에 따라 양형에서 차이를 두거나 동일하게 처벌하는 입법형식이다. 이 형식은 정범·교사범·종범 모두 구성요건 결과에 대해 인과적으로 기여하였다는 점에서 동일하고, 공범 특히 종범을 경하게 처벌하는 근거가 불명확하다는 것을 이유로 한다. 오스트리아 형법(제12조)과 독일 질서위반법(제14조)이 이에 따른다.

그러나 구성요건적 실행행위를 행하는 자와 그 실행에 단순히 가담하는 자를 구별하여 규정할 때에 처벌의 확대를 방지할 수 있으며, 범죄 관여의 질적·양적 차이를 인정하지 않고 모두 정범으로 인정하는 것은 사리와 법감정에도 반한다. 이론상으로도 공범의 종속성을 부정하고 행위불법을 고려할 수 없으며, 비신분자도 신분범으로 처벌이 가능하다는 문제점이 있다.

(2) 이원적 체계

범죄에 관여한 자의 참가 형태에 따라 정범(간접정범, 공동정범)과 공범(교사범, 종범)을 구성요건상으로 구별하고, 각칙상의 구성요건이 총칙상의 공범을 보완하도록 하는 입법형식이다. 대부분의 법체계가 채택하고 있다. 우리 형법도 기본적으로 이 체계에 따라 공동정범·간접정범과 교사범·종범을 구별하고 종범의 형을 필요적 감경하고 있다. 다만 과실범에 대해서는 단일 정범체계에 가까운 형식을 취하고 있다.

Ⅱ. 정범과 공범의 구별

여러 종류의 정범을 구별하는 표지(標識)가 무엇이며, 정범과 이에 대립하는 협의의 공범을 어떻게 구별할 것이냐에 대해서 종래부터 많은 논의가 있어왔다. 오늘날의 통설적 견해에 따르면 공범은 정범에 대립되는 개념이므로 정범의 개념과 내용이 밝혀지면 자연히 공범의 개념도 밝혀진다고 이해하고 정범개념의 표지에 관해서 먼저 논의한다. 즉, 정범과 공범의 구별에서는 항상 정범개념의 우위성(Apriorität des Täterschaft)이 요구된다.[1]

1. 제한적 정범개념과 확장적 정범개념

정범개념에 대해 명문규정이 없는 우리 형법상 정범개념을 어떻게 파악할 것이냐가 문제된다.[2] 종래부터 두 가지 견해가 주장되어 왔다.

(1) 제한적 정범개념

모든 가벌적 범죄는 형법 각칙에 규정되어 있으므로 형법 각칙상의 기본적 구성요건에 해당하는 정형적 행위를 스스로 실행한 자만이 정범으로 가벌적 행위가 되고, 그 이외의 행위로 결과발생에 조건을 준 자는 정범이 될 수 없고 원칙적으로 가벌적 행위도 될 수 없다는 견해이다. 기본적 구성요건을 직접 실행한 자만이 정범이라고 제한하므로 제한적 정범개념이라 한다. 따라서 형법 각칙에 예정하지 않은 간접정범·공동정범·교사범·종범과 나아가서 미수범은 원래 가벌적 행위가 아니지만 총칙에 그 가벌성을 인정하는 특별규정을 두었기 때문에 비로소 처벌된다. 따라서 총칙상의 공범규정(모든 다수 참가자)과 미수범 규정은 형벌확장사유이고, 수정구성요건이 된다.

---

1) 철학적·인식론적 사유방법에 따라 주로 독일 형법학계를 중심으로 전개된 정범이론의 시대적 배경에 관하여는 정성근, 531면 이하; 同, 공모공동정범론에 관한 연구(성균관대 대학원 박사학위논문, 1979), 90면 이하 참조.

2) 독일 형법 제25조는, ① 범죄를 스스로 또는 타인을 통하여 죄를 범한 자는 정범으로 처벌한다. ② 다수인이 공동하여 죄를 범한 때에는 각자를 정범으로 처벌한다고 규정하여 정범을 정의하고 있다.

(2) 확장적 정범개념

구성요건이론과 인간관계론의 조건설을 결부시켜 정범개념을 넓게 인정하는 견해로, 구성요건적 결과 발생에 대하여 조건을 준 자는 실행행위 유무를 묻지 않고 모두 정범이라 한다. 이에 의하면 교사범과 종범도 결과발생에 조건을 준 자이므로 원래 정범으로 처벌되어야 하지만 총칙상 형벌을 제한하고 있으므로 이 경우에만 실정법상의 공범이며, 총칙의 공범 규정에 의하여 특별취급을 하고 있는 공범규정은 형벌축소사유가 된다.

(3) 평 가

확장적 정범개념은 원래 간접정범을 정범으로 인정하지 못하고 공범으로 처벌할 수밖에 없다는 제한적 정범개념의 난점을 해결하기 위해 등장한 이론이다. 그러나 확장적 정범개념은 정범개념을 범죄참가 형태에 따라 정립하지 아니하고, 구성요건적 결과발생에 대해 조건을 주기만 하면 모두 정범이라 하므로 이론상 가벌성의 범위가 확대되어 형법의 보장적 기능을 도외시한다. 또 확장적 정범개념에 의하면 형벌제한 없이 정범과 동일하게 처벌하는 교사범은 공범이 아니라 정범이라 해야 하고, 진정신분범에 가담한 비신분자를 공범으로 처벌하는 것도 형벌확장사유라고 할 수 밖에 없고 달리 이를 설명할 수 없다. 그리고 실정법상의 공범을 제외한 나머지를 정범이라 하므로 정범개념의 우위성 원칙에 반할 뿐만 아니라 정범 · 공범 개념이 순환논법에 빠져 있다.

제한적 정범개념은 실행행위의 정형성을 기초로 정범개념을 정립하고 수정구성요건 개념을 인정한 것은 타당하다. 그러나 구성요건의 정형성만 강조한 결과 정형적 실행행위 이외에 전체로서 구성요건 실현에 기여하는 간접정범과 공동정범의 정범성을 인정하기 곤란하다. 여기에 정범 · 공범구별 기준을 다시 정립할 필요가 있다.

2. 정범과 공범의 구별기준

(1) 주관설

인과관계론의 조건설에 의하면 결과발생에 기여한 모든 조건은 기인력(起因力)이라는 점에서 동가치이므로 결과발생에 대해 다 같이 조건을 제공하는 정범과 공범은 구별할 수 없다. 그래서 조건설에서는 행위자의 주관적 의사를 기준으로 정범과 공범을 구별한다. 이를 주관설 또는 주관적 공범론이라 한다. 여기에는 두 가지가 있다.

1) 의사설 정범자 의사(Täterwillen: animus auctoris), 즉 자기의 범죄를 실현하려는 의사를 가지고 행위한 자는 정범이고, 공범자 의사(Teilnahmewillen: animus socii), 즉 타인의 범죄에 가담할 의사를 가지고 행위한 자는 공범이라 한다. 고의설이라고도 하며, 독일 판례가 전통적으로 지지해 온 학설이다.

그러나 ① 정범자 의사·공범자 의사는 논리적으로 정범·공범의 개념을 전제로 하므로 정범과 공범 개념의 정립은 순환논법에 불과하며, ② 정범과 공범은 법적 평가 문제이므로 이를 단순한 인과성(조건설) 유무로 설명할 수 없고, ③ 예컨대 미혼모의 부탁을 받고 신생아를 욕조에서 익사시킨 간호사는 자기의 죄를 범할 의사가 없다고 해서 공범(종범)으로 취급할 수 없으며,[3] ④ 청부살인처럼 타인의 범죄를 수행한다는 의사를 가지고 실행한 때에는 정범 없는 공범만 성립하므로 타당하지 않다.[4]

2) 이익설 자기의 이익이나 목적을 위하여 범죄를 실행하면 정범, 타인의 이익이나 목적을 위하여 실행하면 공범이라 한다. 목적설이라고도 하며 부리(Buri)에 의해 대표된다. 이 설은 의사설에 대한 비판에서 출발하여 종범은 결과야기에 대해서 독자적인 이익을 가질 수 없다는 사고를 전제로 한다.

그러나 ① 구체적인 경우 결과에 대한 이익이 자기이익을 위한 것인지 타인이익을 위한 것인지 반드시 명백한 것은 아니며, ② 단독으로 범죄를 실행한 때에도 타인이익을 위한 경우에는 항상 종범이 되어야 하므로 촉탁에 의한 살인·낙태와 제3자의 이익을 위한 사기·공갈·배임 등은 모두 공범(종범)이라고 할 수 밖에 없으며, ③ 목적·이익 등은 행위동기에 불과하므로 법적 개념인 정범·공범의 구별기준이 될 수 없다고 해야 한다.

(2) 객관설

1) 실질적 객관설 인과관계론의 원인설(원인·조건구별설)을 근거로 결과발생에 직접 원인을 주었는가, 단순한 조건을 주었는가라는 행위가담의 위험성 정도에 따라 정범과 공범을 구별하는 견해이다. 여기에도 결과에 대한 원인 또

---

3) RGSt 74, 85: Badewannen 사건에서 피고인은 공범의 의사로 행위 하였다는 이유로 종범이고 생모가 정범이 된다고 하였다.

4) 심재우, 정범과 공범의 구별(형사법강좌 II), 640면: 임웅, 399면: 오영근, 558면.

는 위험을 판단하는 기준에 따라 견해가 나누어진다.

(a) 필연설 비르크마이어(Birkmeyer)에 의해 대표되는 이 견해는 결과발생에 대하여 필요불가결한 원인을 준 자는 정범, 그 이외의 단순한 조건을 준 자는 공범이라 한다. 학자에 따라 결과발생에 대해서 결정적 조건 또는 우세조건을 준 자는 정범이라는 견해도 있다.

그러나 ① 순수한 자연과학적 인과개념은 법적 가치판단에 그대로 적용할 수 없고, ② 이러한 인과개념은 그것이 있느냐 없느냐의 문제일 뿐 그 정도의 차이를 인정하지 않으며, ③ 실제로 필요불가결한 원인과 단순한 조건을 구별하기도 곤란하고, ④ 이에 따르면 교사범도 언제나 정범으로 보아야 하므로 간접정범과 교사범을 구별할 수 없으며, ⑤ 인과관계가 문제되지 않는 거동범은 정범과 공범도 구별할 수 없다.

(b) 동시설 범죄실행의 시간적 관련을 기준으로 실행행위시에 공동으로 작용한 자는 결과에 원인을 준 정범이고, 실행행위 이전이나 그 후에 가담한 자는 단순한 조건을 준 공범이라 한다.[5)]

그러나 ① 범죄실행에 기여하는 구체적 관여 형태를 전혀 배제하므로 정범과 공범의 실질을 파악할 수 없고, ② 예컨대 甲과 乙이 공모하여 甲이 피해자를 유인하고 乙이 살해한 경우에 乙만이 정범이 되고 甲은 종범이 되어야 하므로 공동정범을 합리적으로 설명할 수 없으며, ③ 간접정범은 애당초 정범으로 설명할 수 없다.

2) 형식적 객관설 구성요건론을 기초로 범죄 개념을 규범적으로 파악하려는 종래의 지배적 견해로, 형법 각칙상의 기본적 구성요건을 실행하는 자만이 원칙적인 가벌적 정범이라는 제한적 정범개념에서 주장한다. 즉, 기본적 구성요건에 해당하는 정형적인 실행행위를 직접 실행한 자는 정범이고, 그 이외의 행위로 가담한 자는 모두 공범이라 한다. 결국 형법 각칙상의 구성요건이 예정하고 있는 정형적인 실행행위 유무로 정범과 공범을 구별한다.

그러나 ① 구성요건적 행위(예컨대 살인죄의 "사람을 살해하는 행위")만 실행행위라 하고 그 이외의 구성요건적 사실을 실현하는데 필요한 모든 행위는 실행행위에서 제외하여 정범의 성립범위를 지나치게 제한하므로 전체 범행을 위해 기능적으로 행위기여를 하는 공동정범의 정범성을 설명하기 곤란하며(예컨대

5) 심재우, 정범과 공범의 구별, 638면 참조; Vgl. Roxin, LK, §25 Rdn. 6.

甲·乙·丙이 공모하여 乙은 반항하는 피해자를 붙잡고, 丙은 망을 보고, 甲이 살해한 경우에 甲만이 정범이 된다), ② 생명있는 사람을 도구로 이용하는 간접정범은 직접 실행행위를 하지 아니하므로 간접정범의 정범성도 인정할 수 없고, ③ 이에 철저하면 집단범이나 내란죄의 수괴·두목 등은 현장에서 직접 실행행위를 하지 않는 한 정범이 될 수 없으므로 내란죄의 수괴를 중하게 처벌하는 이유도 설명할 수 없다.

(3) 행위지배설(범행지배설)

1) 목적적 행위지배설 목적적 실현의사를 행위의 본질적 요소라고 하는 목적적 행위론에서 행위지배설과 결부시켜 주장된 이론이다. 구성요건 실행의 목적을 가지고 그 의사실현에 적합한 수단·방법을 사용하여 행위자가 실제로 지배가능한 외부적 행위를 하는 목적적 행위지배(finale Tatherrschaft)가 있으면 정범이고, 이러한 행위지배 없이 정범의 행위지배를 지원하거나 범죄의사를 자극하는 자는 공범이라 한다.[6] 목적한 범죄에 대한 행위지배가 있으면 정범이고 정형적 실행행위를 하는가 않는가는 문제 삼지 않는다는 점에서 형식적 객관설과 다르다. 또 단순한 실현의사(고의)만으로 부족하고 행위지배가 필요하다는 점에서 주관설과 다르다.

이 설은, ① 행위지배가 현실적 행위지배를 의미하는지 가능적 행위지배를 의미하는지 명백하지 않으나, 전자이면 정범의 기수에 대해서만 행위지배가 있다고 해야 하고, 후자이면 과실행위도 행위지배가 있다고 하여야 하므로 고의행위만 정범·공범의 구별이 가능하다는 목적적 행위지배설과 모순되며, ② 정도의 차이는 있지만 교사범도 목적적 행위지배가 있을 수 있으므로 반드시 목적적 행위지배 유무로 정범과 공범이 구별되는 것은 아니며, ③ 목적 없는 고의 있는 도구(악의의 도구)를 이용하여 범죄를 실행하는 간접정범은 목적·고의는 있으나 이를 실행하는 사실상의 행위가 없음에도 불구하고 정범이 되는데 반하여, 고의를 가지고 사실상 행위지배를 하는 악의의 피이용자는 단순한 도구라고 해야 하므로 불합리하다.

2) 규범적 행위지배설 주관적 목적성을 강조하는 목적적 행위지배설을 비판하고, 행위지배 개념은 행위자가 관여한 작용에 따라서 규범적·가치적 측면

6) Welzel, S. 100f.; Maurach/Gössel/Zipf, 47/85; Stratenwerth, 12/15; 황산덕, 251면; 진계호, 488면.

과 존재론적 측면을 종합적으로 고려하여 행위지배의 실체를 유형별로 파악하는 록신(Roxin)의 행위지배설이다. 이에 의하면 행위지배란 행위사상(行爲事象)의 진행을 직접 또는 우월적 지위에서 조종·장악할 수 있는 상태를 말하며, 행위자가 금지된 행위 및 결과에 대해 이러한 지배를 할 수 있는 범죄를 지배범죄(Herrschaftsdelikte)라 하고, 지배범죄의 범행에 대해 이러한 행위지배를 하고 있는 자(사건진행의 중심인물)가 정범이고, 행위지배 없이 타인의 범행을 유발·촉진·원조하여 그 범행에 가담하면 그 관여 형태에 따라 교사범 또는 종범이 된다고 한다. 이 견해는 행위지배의 형태를 다음과 같이 구별한다.[7)]

(a) 실행지배　사태의 진행을 조종·장악하여 스스로 구성요건 내용을 직접 실현하는 행위지배를 실행지배(Handlungsherrschaft)라 하고, 직접의 단독정범의 정범성 표지가 된다.

(b) 의사지배　우월적 지위에서 조종의사에 의하여 강요나 착오에 빠진 자 또는 정을 모르는 자를 조종·장악하여 자신의 범행계획에 따라 구성요건 결과를 실현하는 행위지배를 의사지배(Willensherrschaft)라 하고, 간접정범의 정범성 표지가 된다.

(c) 기능적 행위지배　공동의 결의에 따라 분업적 협력으로 전체적 범행계획을 실현함에 있어 불가결한 행위 기여를 하는 행위지배를 기능적 행위지배(funktionelle Tatherrschaft)라 하고, 공동정범의 정범성 표지가 된다.

범죄는 주관과 객관의 의미통일체이므로 정범과 공범의 구별에 있어서도 조종의사와 행위가담의 태양을 고려하여 목적론적으로 결정해야 한다. 따라서 지배범죄에 대해서는 이 행위지배설이 가장 타당하다고 본다. 우리나라 통설이고, 최근의 판례 중에도 공동정범에 대해 기능적 행위지배가 있어야 한다는 판시가 증가 추세이다.

【판례】 공동정범이 성립하기 위하여는 주관적 요건으로서 공동가공의 의사와 객관적 요건으로서 공동의사에 기한 기능적 행위지배를 통한 범죄의 실행사실이 필요하고, 공동가공의 의사는 타인의 범행을 인식하면서도 이를 제지하지 아니하고 용인하는 것만으로는 부족하고 공동의 의사로 특정한 범죄행위

7) Roxin, Täterschaft und Tatherrschaft, 5. Aufl., S. 127ff.: 정성근, 537면 이하: 이재상, 427면: 이형국, 277면: 김일수/서보학, 563면: 박상기, 371면: 배종대, 545면: 손해목, 936면: 안동준, 218면: 오영근, 559면 이하: 임웅, 401면 이하: 조준현, 401면: 김성천/김형준, 548면: 김성돈, 553면 이하: 손동권, 466면: 정영일, 387면.

를 하기 위하여 일체가 되어 서로 다른 사람의 행위를 이용하여 자기의 의사를 실행에 옮기는 것을 내용으로 하는 것이어야 한다(대판, 2003. 3. 28, 2002도7477).[8)]

그러나 범죄주체가 특별히 제한되어 있는 의무범, 신분범, 자수범(自手犯)에 대해서는 행위지배설이 그대로 적용되지 않는다. 진정신분범은 행위지배 여부와 관계없이 일정한 신분을 가진 자이면 정범이 된다. 구성요건에 앞서 존재하는 특별의무(형법외적 의무)를 가진 자만이 그 범죄의 정범이 될 수 있는 의무범도 작위 또는 부작위로 의무위반이 있으면 정범이 된다.[9)] 횡령죄, 배임죄, 유기죄, 위증죄, 공무원범죄, 부진정부작위범 등이 의무범에 해당한다. 자수범은 자신이 스스로 구성요건을 실행하면 정범이 되며, 행위지배와 행위기여는 정범성 판단의 기준이 되지 않는다.[10)]

Ⅲ. 정범의 형태

정범에는 직접정범 · 간접정범 · 공동정범(합동범) · 동시범 · 필요적 공범 등이 있고, 공동정범과 필요적 공범을 제외하면 모두 단독정범이다. 이 중에서 각칙이 예정하고 있는 정범 형태는 직접정범과 필요적 공범이고 구성요건 해석의 문제에 속한다. 간접정범과 공동정범은 협의의 공범과 관련된 정범형태이므로 장을 바꾸어 설명하고 여기서는 동시범과 필요적 공범에 대해서만 설명하기로 한다.

---

8) 피해자 일행을 한 사람씩 나누어 강간하자는 피고인 일행의 제의에 아무런 대답도 하지 않고 따라 다니다가 자신의 강간 상대방으로 남겨진 공소외인에게 일체의 신체적 접촉도 시도하지 않은 채 다른 일행이 인근 숲 속에서 강간을 마칠 때까지 공소외인과 함께 이야기만 나눈 경우, 피고인에게 다른 일행의 강간 범행에 공동으로 가공할 의사가 있었다고 볼 수 없다고 한 사례. 同旨: 대판, 1993. 3. 9, 92도3204; 대판, 1989. 4. 11, 88도1247; 대판, 1996. 1. 26, 95도2461; 대판, 1997. 1. 24, 96도2427; 대판, 1997. 9. 30, 97도1940; 대판, 2001. 11. 9, 2001도4792; 대판, 2010. 1. 28, 2009도10139.

9) 의무범에 대해서는 김성돈, 이른바 "의무범"에 있어서 정범과 공범(정성근 교수 화갑기념논문집), 11면 이하.

10) Roxin, LK, §25 Rdn. 37; Wessels/Beulke, Rdn. 520; 정성근, 538면; 이재상, 428면; 김일수/서보학, 568면.

1. 동시범

(1) 동시범의 의의

동시범(Nebentäterschaft: 동시정범, 다수정범)이란 2인 이상의 정범이 의사연락 없이 동일객체에 대해서 동시 또는 근접한 전후관계에서 각자 범죄를 실행하는 범행형태를 말한다. 외관상 공동정범과 유사하나 의사연락이 없으므로 단독범이 병존·경합한 경우이다(독립행위의 경합). 의사연락이 없다는 점에서 합동범·공동정범과 구별된다.

(2) 동시범의 요건

형법 제19조는 "동시(同時) 또는 이시(異時)의 독립행위가 경합한 경우에 그 결과발생의 원인된 행위가 판명되지 아니한 때에는 각 행위를 미수범으로 처벌한다"라고 규정하고 있다. 이 규정에 따르면 동시범은 동시 또는 다른 시기에 정범이 경합한 범죄형태이고, 그 성립요건은 다음과 같다.

첫째, 2인 이상의 실행행위가 있어야 한다. 법문(法文)에 명시하지 않았으나 당연한 요건이다. 따라서 실행행위 자체가 분명하지 않은 때에는 동시범으로 취급할 수 없다. 판례도 같은 취지이다.

> **【판례】** 상해죄에 있어서의 동시범은 두 사람 이상이 가해행위를 하여 상해의 결과를 가져올 경우에 그 상해의 가해행위로 인한 것인지가 분명치 않다면 가해자 모두를 공동정범으로 본다는 것이므로, 가해행위를 한 것 자체가 분명치 않은 사람에 대하여는 동시범으로 다스릴 수 없다(대판, 1984. 5. 15, 84도488).

둘째, 행위자 사이에는 의사연락이 없어야 한다. 이 점에서 공동정범·합동범과 구별된다.

셋째, 행위객체는 동일해야 한다. 행위객체만 동일하면 충분하고 반드시 각자의 행위가 구성요건적으로 일치할 필요는 없다.

넷째, 행위의 장소와 시간이 반드시 같을 필요가 없다. 따라서 실행의 착수, 실행의 종료, 결과발생 모두가 정확하게 동시일 필요가 없고 시간적으로 전후관계가 있는 경우는 물론, 다른 시기에도 가능하다. 즉, 동시 또는 이시에 병렬적인 행위가 존재하면 충분하다. 판례도 상해죄의 동시범 사안에서 같은 취지로 판시하고 있다.

【판례】 형법 제19조와 같은 법 제263조의 규정취지를 새겨 보면 본건의 경우와 같은 이시의 상해의 독립행위가 경합하여 사망의 결과가 일어난 경우에도 그 원인된 행위가 판명되지 아니한 때에는 공동정범의 예에 의하여야 한다고 해석하여야 할 것이다(대판, 1981. 3. 10, 80도3321).

그러나 1인의 행위가 종료하기 이전에(실행도중에) 의사연락이 되어 공동실행을 하는 승계적 공동정범은 일응 동시행위의 외관을 보이더라도 행위의 병렬적 존재를 인정할 수 없으므로 동시범은 아니다.

다섯째, 동시범에는 결과발생의 원인행위가 명백한 동시범과 원인행위가 분명하지 아니한 동시범이 있다. 형법 제19조의 독립행위의 경합은 원인행위가 분명하지 아니한 동시범에 대하여 특별취급을 규정하고 있으므로 동시범 모두가 이 규정의 적용을 받는 것은 아니다.

(3) 동시범의 범위

동시범의 본질은 2인 이상의 행위가 의사연락 없이 동시에 행해진다는 점에 있다. 따라서 동시범과 관련하여 중요한 것은 의사연락의 유무 내지 의사의 내용이다. 즉, 공동정범에 있어서의 공동의사가 무엇을 공동으로 하느냐에 따라 동시범의 성립범위가 달라진다. 결국 공동정범의 성립범위에 따라 상대적으로 동시범의 범위가 결정되는 셈이다.

원래의 범죄공동설은 2인 이상이 공동하여 특정된 하나의 범죄를 실현하는 고의공동이 있는 때에 공동정범을 인정한다. 따라서 공동정범은 1개의 고의범에 대해서 그 고의 범위 내에서만 성립한다. 그 결과 고의공동이 없는 수개의 고의범 상호간, 과실범 상호간 및 고의범과 과실범 상호간에는 동시범이 된다.

이에 대해서 행위공동설은 2인 이상이 각자 자기의 실행행위를 공동한다는 의사가 있으면 충분하고 반드시 결과를 공동으로 한다는 1개의 고의공동이 아니라도 공동정범을 인정한다. 이에 의하면 수개의 고의범 상호간은 물론 과실의 공동정범, 고의범과 과실범의 공동정범도 인정할 수 있으므로 동시범의 범위는 범죄공동설의 경우보다 상대적으로 좁게 되어 실행행위를 공동한다는 의사가 없는 경우로 한정된다.

의사연락이 없는 경우는 두 가지 태양이 있다. 하나는 甲·乙 두 사람 모두가 의사연락이 없는 경우이고, 또 하나는 甲은 공동의사가 있으나 乙은 공동의사가 없는 경우이다. 전자가 동시범의 전형이고, 후자는 소위 편면적 공동정범이라고 하는 견해도 있었으나 현재는 소멸된 주장이므로 역시 동시범이라 해야 한다.

(4) 동시범의 취급

동시범은 동시 또는 이시에 2인 이상의 단독정범이 병존하는 것이므로 행위자는 각각 자기행위에 대해서 각자 책임의 한도 내에서 독립하여 정범의 책임을 부담할 뿐이다. 따라서, 예컨대 甲과 乙이 각자 살의(殺意)를 갖고 동시에 발사하여 甲의 탄환에 의해 사망하고 乙의 탄환은 경상에 그친 때에는 甲은 살인죄, 乙은 살인미수죄의 책임을 진다. 이 경우 그 원인된 행위는 검사가 입증해야 한다.

이에 대해서 누구의 탄환에 의하여 결과가 발생한 것인지 원인 행위가 판명되지 아니한 때에는 각자를 미수범으로 처벌할 수 밖에 없다. 형법 제19조는 이를 입법적으로 해결하고 있다. 만일 이 경우에도 기수책임을 묻는다면 결과책임을 인정하는 것이 되어 "의심스러운 때에는 피고인의 이익으로"라는 원칙에 반하기 때문이다. 따라서 두 개의 고의행위가 경합한 때에는 미수범 처벌규정이 있는 경우에 한하여 각자 미수범으로 처벌되며, 고의행위와 과실행위, 과실행위와 과실행위가 경합한 때에는 고의행위만 미수범으로 처벌되며, 과실행위는 불가벌이 된다.

(5) 상해의 동시범

1) 상해동시범의 의의와 취지　상해의 동시범은 그 원인된 행위가 판명되지 아니한 때에도 의사연락이 있었던 경우와 같이 "공동정범의 예에 의하여 처벌한다"(제263조). 이 규정에 대해서는 책임주의원칙에 대한 중대한 예외로서 일종의 혐의형과 같은 결과책임을 인정한 시대착오적 규정이라 하거나[11] 법치국가 원칙에 어긋나는 의심스러운 입법형식이라는 비판이[12] 있다. 그러나 ① 상해의 결과는 일상생활에서 빈번하게 발생하며, 그 결과 또한 중대하므로 이에 대한 일반예방적 효과를 마련할 필요성과, ② 상해결과에 대한 원인의 입증곤란을 구제하기 위한 정책적 고려라는 실용성이 이 규정의 입법취지라고[13]

---

11) 官本, 大綱, 289면.
12) 배종대, 570면.

본다.

2) 상해동시범의 법적 성질 이 규정의 성질에 대해서는, ① 입증의 곤란을 구제하기 위하여 법률상 공동정범의 책임을 추정한다는 견해(법률상 추정설), ② 입증의 곤란을 구제하기 위하여 공동정범 아닌 것을 공동정범으로 의제한다는 견해(법률상 의제설), ③ 피고인에게 자기의 행위로 상해의 결과가 발생하지 않았다는 것을 증명하도록 거증책임을 지운 규정이라는 견해(거증책임전환설), ④ 소송법상으로 상해결과에 대한 거증책임을 피고인에게 전환시킴과 동시에 실체법상으로 공동정범의 범위를 확장시킨 일종의 의제라는 견해(이원설) 등이 있다.

어느 견해이건 의문은 있으나 이 규정의 입법취지가 입증곤란을 구제하기 위한 정책적 고려에 있다는 점, 소송법적 측면과 실체법적 측면 어느 하나만으로는 합리적 설명이 불가능하다는 점을 고려할 때 이원설이 그런대로 타당하다.

3) 상해동시범의 적용범위 이 규정은 "상해의 결과가 발생"한 경우에 인정되는 예외 규정이므로 그 적용범위가 문제된다.

첫째, 입법취지와 규정내용에 비추어 반드시 상해의 고의행위에 한정할 필요가 없으므로 폭행치상죄[14]와 과실치상죄에도[15] 적용된다.

둘째, 폭행치사죄와 상해치사죄에 대하여는 긍정설[16]과 부정설[17]이 대립하는데, 판례는 폭행치사,[18] 상해치사[19]는 물론, 상해와 폭행이 경합하여 사망결과가 발생한 때[20]에도 이 규정을 적용하고 있다. 이는 결과적 가중범의 공동정범을 인정할 수 있느냐에 귀착하는 문제이다. 따라서 상해동시범의 특별규정과 관계없이 이론적으로 해결해야 한다. 행위공동설에 의할 때에는 가중결과에 대한 주의의무의 상호이해가 있고 과실행위에 대한 공동의 행위기여가 있으면 결과적 가중범의 공동정범을 인정할 수 있다고 본다.

---

13) 성시탁, 상해의 동시범(고시연구, 1975. 1), 60면 이하: 정성근, 541면.
14) 대판, 1970. 6. 30, 70도991.
15) 대판, 1984. 4. 24, 84도372는 이 규정을 상해와 폭행죄에 관한 특별규정이라 한다.
16) 황산덕, 각론, 183면: 서일교, 각론, 35면: 남흥우, 각론, 38면: 정성근/박광민, 각론, 57면.
17) 김종원, 각론, 63면: 강구진, 각론(Ⅰ), 71면: 이형국, 각론, 66면: 박상기, 각론, 59면: 배종대, 각론, 109면: 임웅, 각론, 69면.
18) 대판, 1970. 6. 30, 70도991.
19) 대판, 1981. 3. 10, 80도3321: 대판, 1985. 5. 14, 84도2118.
20) 대판, 2000. 7. 28, 2000도2466.

【판례】 시간적 차이가 있는 독립된 상해행위나 폭행행위가 경합하여 사망의 결과가 일어나고 그 사망의 원인된 행위가 판명되지 않은 경우에는 공동정범의 예에 의하여 처벌할 것이다(대판, 2000. 7. 28, 2000도2466).[21]

셋째, 폭행과 상해의 죄에 관한 특례규정이므로 보호법익을 달리하는 강간치상죄와 강도치상죄에 대하여는 적용되지 않는다. 판례도 강간치상죄에 대하여 이 규정의 적용을 배제하고 있다.[22]

4) 상해동시범의 적용요건　① 독립행위의 경합이 있어야 한다. 2인 이상의 행위가 서로 의사연락 없이 동일객체에 대하여 행하여져야 한다. 예외규정은 엄격하게 해석하여야 하므로 여기의 독립행위는 시간적·장소적으로 근접하여 적어도 동일기회라고 할 수 있는 정도의 행위라야 한다. ② 상해결과가 발생해야 한다. ③ 원인행위가 판명되지 않아야 한다. 원인된 행위가 증명되었을 때에는 각자의 행위로부터 발생된 결과에 대해서만 책임을 부담한다.

5) 상해동시범의 효과　공동정범의 예에 의한다.[23] 즉, 상해동시범은 의사연락이 없어도 그 죄의 공동정범과 같이 결과 모두에 대한 정범의 기수범으로 처벌한다. 따라서 고의의 상해가 경합한 때에는 상해죄의 공동정범과 같이, 고의상해와 과실치상이 경합한 때에는 상해죄와 과실치상죄의 공동정범(행위공동설)과 같이, 과실치상이 경합한 때에는 과실치상죄의 공동정범(결과적 가중범의 공동정범)과 같이 결과 모두에 대한 정범의 기수범으로 처벌한다.

2. 필요적 공범

(1) 필요적 공범의 의의

2인 이상이 실행행위에 관여해야만 구성요건 내용을 실현할 수 있고 단독으로는 실현할 수 없는 범죄를 필요적 공범(notwendige Teilnahme)이라 한다. 즉, 범죄의 성질상 다수인의 참가가 필요로 하는 범죄유형을 말한다. 필요적 공범은 각칙에 개별적으로 규정하고 있는 특별유형의 범죄를 실행하는 정범의 일종

21) 同旨: 대판, 1981. 3. 10, 80도3321; 대판, 1985. 5. 14, 84도2118.

22) 대판, 1984. 4. 24, 84도372.

23) 이는 공동정범의 일반이론 및 성립요건을 입법적으로 수정하여 확대적용하고 있는 것이므로 "각자를 공동정범으로 취급한다"는 의미이지 "각자를 동시범으로 본다"는 의미는 아니다(同旨: 김성돈, 606면). 판례의 입장(대판, 1984. 5. 15, 84도488)도 동일하다.

이며, 강학상 필요적 공범이라 할 뿐이다.

(2) 필요적 공범의 종류

필요적 공범은 집단범(다중범, 군집범)과 대향범(대립범)으로 구분된다.

1) 집단범 집단범은 범죄성립상 다수 행위자가 동일목표를 향하여 같은 방향의 공동행위를 요구하는 범죄유형을 말한다. 집단범에는, ① 소요죄(제115조)와 같이 범행에 참가하는 다수인에게 동일한 법정형이 예정되어 있는 범죄와, ② 내란죄(제87조), 반국가단체구성죄(국가보안법 제3조)와 같이 참가자의 지위·역할·행위 관여의 형태에 따라 법정형을 단계적으로 차이를 두는 경우가 있다.

합동범(특수절도죄, 특수강도죄, 특수도주죄, 성폭력범죄의처벌및피해자보호등에관한법률상의 특수강간 등)도 필요적 공범(집단범)이라 할 수 있느냐에 대하여는, 부진정 필요적 공범이라는 견해,[24] 필요적 공범에 해당한다는 견해,[25] 합동범의 본질은 현장성설이 타당하지만 공동정범의 특수한 경우에 해당한다는 견해[26] 등이 대립한다. 합동범은 범행현장에서 함께 협동한다는 점이 다를 뿐 공동정범의 성립요건을 그대로 갖추고 있어야 하며, 합동범도 단독으로 실행할 수 있는 범행에 대해서 2인 이상이 협동한다는 행위의 위험성 때문에 특별히 가중형을 규정한 것이므로 필요적 공범과 성질을 달리하는 공동정범의 특수형태라고 해야 한다.

이 외에 특수공무방해죄, 특수주거침입죄, 해상강도죄, 특수손괴죄, 폭력행위등처벌에관한법률상의 집단적 폭행·협박·손괴도 필요적 공범(부진정 필요적 공범)이라는 견해가 많다. 그러나 필요적 공범은 원래 단독으로 실행할 수 없는 행위유형을 특별유형의 범죄로 규정한 것이므로 부진정 필요적 공범이라는 개념을 인정할 필요가 없다고 본다.

2) 대향범 대향범(협의의 필요적 공범)은 범죄성립상 2인 이상이 상호 대립방향의 행위를 통하여 동일목표를 실현하는 범죄유형을 말한다. 대향범에는, ① 간통죄(제241조), 아동혹사죄(제274조), 부녀매매죄(제288조 2항), 외국환거래(외국환거래법 제27조, 제6조)와 같이 대립방향에 있는 행위자 쌍방의 법정형이 같은 범죄

24) 김종원, 필요적 공범(고시계, 1968. 2), 71면; 배종대, 550면.
25) 신동운, 698면; 임웅, 394면; 오영근, 547면. 同旨: 박상기, 376면.
26) 정성근, 각론, 390면; 이형국, 264면; 이재상, 419면; 김일수/서보학, 620면.

와, ② 뇌물죄에 있어서의 수뢰죄(제129조)와 뇌물공여죄(제133조), 배임수증재죄에 있어서의 배임수재죄와 배임증재죄(제357조)의 경우와 같이 대향자 쌍방에 대한 법정형이 다른 범죄가 있다. 이 외에 ③ 음화문서반포죄(제243조), 범인은닉죄(제151조)와 같이 대향자 일방(판매자, 은닉자)만 처벌하고 타방(매수자 또는 피은닉자)은 처벌규정이 없는 경우도 있다(소위 편면적 대향범). 이 경우 처벌되지 않는 자를 불가벌적 필요적 공범이라 한다.

(3) 공범규정의 적용여부

필요적 공범에 대해서 총칙상의 공범규정(제30조 이하)을 적용할 수 있느냐가 문제된다. 필요적 공범 중 집단범은 그 행위에 관여하는 행위태양이 구성요건에 명시되어 있고, 이에 따른 각 관여자의 형벌이 한정되어 있으며, 대향범도 수인의 협력으로 범죄가 성립하도록 예정되어 있고, 형벌도 형법 각칙에 별도 규정을 두고 있으므로 각 관여자 상호간에는 임의적 공범에 적용되는 총칙상의 공범규정을 적용할 여지가 없다. 판례도[27] 같은 취지이다. 문제는 필요적 공범 외부에서 관여하는 자에 대해서 공범규정을 적용할 수 있느냐에 있다.

1) 집단범의 경우 내란죄의 구성요건은 상당한 범위의 교사·방조 행위를 세분하여 규정하고 있고, 가벌적 행위의 관여 형태와 이에 대한 형벌을 한정하고 있으므로 교사범·종범의 규정을 적용할 수 없다는 견해도[28] 있다. 그러나 내란죄와 같이 중요한 범죄에 대해서 정보제공이나 무기제공 또는 다른 사람의 가담을 권유하는 등 집단 밖에서 가담하는 행위를 처벌대상에서 제외할 이유가 없으므로 교사범 또는 종범의 규정을 적용해야 한다고 본다.

또 관여형태와 형벌을 한정하지 않는 소요죄에 있어서도 집단적 행동에 관여한 자만 처벌하는 필요적 공범이므로 집단 밖에서 관여한 자에 대해서도 교사범·종범규정을 적용해야 할 것이다. 다만 집단 구성원이 아닌 자에 대해서는 공동정범은 인정할 수 없다고 본다.[29]

2) 대향범의 경우 대향범에 있어서도 쌍방 모두 처벌되는 경우에는 외부에서 각 대향자에 관여하는 행위에 대해 공범규정이 적용된다고 본다. 예컨대

27) 대판, 1985. 3. 12, 84도2747.
28) 김일수/서보학, 636면; 배종대, 552면
29) 이재상, 420면; 임웅, 395면; 신동운, 701면. 외부 가담자에 대해 공동정범이 성립할 수 있는가는 각 구성요건의 해석에 따라 달라질 수 있다는 견해는 김일수/서보학, 636면; 배종대, 551면.

간통교사나 수뢰교사 등도 교사범으로 처벌된다. 일방만이 처벌되는 경우에 처벌되는 자에 대한 교사·방조행위도 공범으로 처벌된다. 처벌규정이 없는 자에게 관여한 행위는 적극적으로 가담하여 교사·방조한 때 교사범·종범이 성립한다는 견해도[30] 있다. 그러나 예컨대 음란문서판매죄의 매수자는 형식적으로 가담자이나 실제로는 피해자이며, 일방을 처벌하지 않는 것은 그 행위를 불문에 붙인다는 취지(정범으로 처벌할 수 없는 자는 공범으로도 처벌할 수 없다)이므로 이에 관여한 자도 처벌할 수 없다고 해야 한다. 판례도 같은 태도이다.

【판례】 매도, 매수와 같이 2인 이상의 서로 대향된 행위의 존재를 필요로 하는 관계에 있어서는 공범이나 방조범에 관한 형법총칙 규정의 적용이 있을 수 없고, 따라서 매도인에게 따로 처벌규정이 없는 이상 매도인의 매도행위는 그와 대향적 행위의 존재를 필요로 하는 상대방의 매수범행에 대하여 공범이나 방조범관계가 성립되지 아니한다(대판, 2001. 12. 28, 2001도5158).[31]

제2절 공범의 종속성과 처벌근거

Ⅰ. 공범의 종속성

1. 공범의 종속성의 의미

정범과 공범의 관계에 대해서 공범은 주범인 정범에 종속하여 성립하느냐 아니면 정범과 독립하여 성립하느냐의 문제가 있다. 공범의 본질에 관한 논의로 공범의 종속성설과 공범의 독립성설이 대립한다.

30) 김일수/서보학, 637면.

31) 약사법위반죄의 방조범에 대한 공소사실 중 정범의 범죄사실이 전혀 특정되지 않아 방조범에 대한 공소사실 역시 특정되었다고 할 수 없고, 정범의 판매목적의 의약품 취득범행과 대향범 관계에 있는 정범에 대한 의약품 판매행위에 대하여는 형법총칙상 공범이나 방조범규정의 적용이 있을 수 없어 정범의 범행에 대한 방조범으로 처벌할 수 없다고 한 사례. 同旨: 대판, 1985. 3. 12, 84도2747; 대판, 1988. 4. 25, 87도2451.

【공범과 종속성의 의미】 "공범" 및 "종속성"의 의미·내용은 여러 가지로 사용되고 있으므로 공범의 종속성이라 할 때의 그 의미·내용을 정리할 필요가 있다.

1) 공범의 의미 여기의 "공범"(Teilnahme)은 협의의 공범, 즉 교사범·종범을 의미한다. 학설 중에 공범의 종속성은 광의의 공범에 공통된 문제로 이해하여 공동정범의 종속성까지 주장하는 견해도 있다.[32] 그러나 공범의 종속성은 정범과 공범의 관계에서만 생기며, 공동정범은 정범의 공동이므로 공동하는 정범 상호간에는 종속관계가 있을 수 없다고 해야 한다.

2) 논리적 종속성과 구별 교사범·종범은 항상 정범과의 관계에서만 논의되는 개념이므로 정범행위와 관계없이 정범행위를 전제로 하지 않는 공범이란 실제로 존재할 수 없다. 즉, 공범은 예컨대, "살인의" 교사범, "절도의" 종범이라고 하는 것과 같이 살인 또는 절도 등 정범행위를 논리적·개념적으로 전제(결합)하여서만 존재할 수 있다. 이러한 의미의 종속을 논리적 종속성 또는 개념적 종속성이라 한다. 이 의미의 종속성은 공범의 종속성설은 물론, 독립성설도 당연히 인정한다. 정범과 공범의 관계문제로 여기서 논의하려는 공범의 종속성은 논리적 종속성이 아니라 공범의 실행행위와 범죄가 성립하기 위해서 주범인 정범의 실행행위와 범죄성에 종속하느냐 독립하느냐(실행종속과 성립상의 종속)의 문제이므로 논리적 종속성과 구별해야 한다.

3) 종속개념의 상대성 공범이 주범인 정범에 종속하느냐 독립하느냐의 문제는 주범인 정범의 행위가 구비해야 할 범죄성립요건 중 어느 단계의 요건을 기준으로 종속 여부를 판단할 것이냐에 따라 상대적이다. 극단종속형식에 의하면 주범의 위법·유책한 실행행위가 있는 때에 이에 종속하여 공범이 성립한다고 하므로, 주범의 위법한 실행행위만 있으면 이에 종속하여 공범이 성립한다는 제한종속형식의 경우는 종속이 될 수 없고 독립적이다. 또 제한종속형식에 의하면 주범의 위법한 실행행위가 있으면 이에 종속하여 공범이 성립한다고 하므로, 주범의 구성요건에 해당하는 실행행위만 있어도 이에 종속하여 공범이 성립한다는 최소종속형식의 경우는 종속이 될 수 없고 독립적이다. 이렇게 되면 종속성 여부는 주범인 정범이 어느 단계까지의 범죄성립요건을 구비하였느냐에 따라 상대적으로 결정되므로 모든 종속형식에 공통되는 종속성 개념을 정립할 수 없다. 따라서 공범의 종속성 논의는, 먼저 종속의 기준이 되는 주범의 어느 단계의 행위를 확정해 두고 이를 기준으로 모든 종속형식에 타당한 종속성 여부를 심사하고(종속유무, 실행종속), 다음으로 이에 종속이 된다고 할 경우에 공범은 주범인 정범이 어느 단계까지의 범죄 성립요건을 구비한 때 이에 종속하여 가벌적 공범이 성립하느냐(종속의 정도, 성립상의 종속)를 다시 심사하지 않으면 안 된다.

---

32) Birkmeyer, Die Lehre von der Teilnahme, 1890, S. 148; 김종원, 새로운 공범구조론의 체계(上)(사법행정, 1979. 7), 28면.

공범은 주범인 정범에 종속하여 가벌적 공범이 성립하느냐를 검토하기 위해서는 두 단계 심사를 거쳐야 한다. 먼저 ① 공범은 주범인 정범의 실행행위와 관계없이 공범행위 자체의 실행행위성을 인정할 수 있느냐, 아니면 공범은 주범인 정범의 실행행위에 종속해서만 실행행위가 인정되느냐라는 "종속의 유무"(실행종속) 문제를 확정해야 한다. 공범의 실행행위성(실행종속)이 확정되면, 다음으로 ② 주범인 정범의 행위가 구성요건해당성, 위법성, 책임 중에서 어느 단계까지의 범죄성립요건을 구비한 때에 가벌적 공범이 성립하느냐라는 "종속의 정도"(성립상의 종속) 문제를 심사하여야 한다.

2. 종속의 유무(실행종속)

(1) 공범의 종속성설

1) 공범의 종속성설의 의의 공범의 종속성설이란 공범(교사범·종범)은 주범인 "정범에 종속"하여 성립한다는 견해[33]를 말한다. 공범이 주범인 정범에 종속하기 위해서는 먼저 공범은 정범의 "실행행위"에 종속하여야 한다. 이를 실행종속이라 한다. 이에 의하면 공범의 교사행위·방조행위는 공범의 실행행위가 될 수 없고 정범의 실행행위가 있는 때에 비로소 이에 종속하여 공범의 실행행위를 인정할 수 있다. 따라서 교사행위·방조행위 그 자체는 예비단계에 불과하고 소위 효과없는 교사, 실패한 교사(제31조 2항, 3항)는 교사의 미수가 될 수 없는 기도된 교사(企圖된 教唆)일 뿐이고,[34] 피교사자·피방조자의 범죄실행이 미수에 그친 경우에 한하여 교사의 미수·종범의 미수가 된다.

2) 공범의 종속성설의 근거 종속성의 근거는, ① 교사범·종범에 관한 형법규정이 타인을 교사하여 "죄를 범하게 한" 자(제31조 1항), 타인의 "범죄를 방조한" 자(제32조 1항)라고 하여 정범의 범죄실행을 예정하고 있으며, ② 기본적 구성요건의 실행행위(예컨대 살인죄에서 살해하는 행위)와 수정된 구성요건의 교사행위·방조행위(예컨대 살해하라고 교사·방조하는 행위)는 실행행위의 정형성

---

33) 우리나라 대부분의 종속성설은 공범이 종속해야 하는 기준에 대해서 언급 없이 공범은 정범의 "성립"에 종속한다는 취지로 표현하고 있다. 이 표현에 따르면 극단종속형식만이 종속성설로 보아야 하지만 통설은 제한종속 형식이며, 최소종속형식도 종속성설이므로 모든 종속형식에 타당한 공범종속성설을 정의해야 할 것이다.

34) 기도된 교사를 교사의 미수라 함이 보통이지만 종속성설에서는 피교사자의 행위가 미수에 그친 때에만 교사의 미수가 되므로 기도된 교사라 해야 한다.

에서 현저한 차이가 있으므로 교사행위·방조행위 자체는 실행행위가 될 수 없고, 주범인 정범의 실행행위에 종속해서만 공범의 실행행위를 인정할 수 있다는 것이다.

종속성설의 이론적 근거에 대해서 종래에는 인과관계론을 근거로 설명하여 왔다. 즉, 교사의 경우는 정범의 자유로운 의사의 개입으로 인과관계가 중단되기 때문에,[35] 혹은 교사행위는 결과에 대해서 무형적 원인을 주는데 불과하므로,[36] 혹은 원인설을 기초로 공범은 결과에 대해서 단순한 조건을 준 것이므로[37] 교사행위·방조행위 자체는 실행행위가 될 수 없고 정범의 실행행위에 종속하여서만 공범의 실행행위도 인정된다는 것이다. 그러나 인과관계중단론, 원인설, 무형적 원인설 등은 부정되고 있으므로 이를 근거로 종속성을 설명할 수 없다. 오늘날에는 실정법의 규정 또는 정형설을 근거로 종속성을 설명한다.

(2) 공범의 독립성설

1) 공범의 독립성설의 의의 공범의 독립성설이란 공범(교사범·종범)은 주범인 정범의 실행행위나 범죄성 여부와 관계없이 독립하여 성립한다는 견해를[38] 말한다. 이에 의하면 공범의 교사행위·방조행위 자체가 교사범·종범의 실행행위가 되며, 피교사자인 정범의 행위가 미수에 그친 경우 뿐만 아니라 기도된 교사도 당연히 가벌적 미수에 속하는 교사의 미수가 된다.

2) 공범의 독립성설의 근거 ① 타인의 행위 때문에 공범의 실행행위와 범죄성을 인정하면 개인책임원칙에 반하므로 공범 자신의 자기행위와 자기책임에 의하여 실행행위와 범죄성이 인정되는 공범고유의 범죄라 해야 하고(공범고유범설), ② 실패한 교사와 효과 없는 교사는 종속성설에 의하면 예비단계에 불과하여 불가벌로 보아야 하나 형법은 이를 가벌행위로 규정하고 있으며, ③ 종속성설에 의하면 인적 처벌조각사유인 친족상도(제328조)의 친족범행에 공범으로 가담한 비친족은 불가벌이라 해야 하지만, 형법이 공범의 가벌성을 인정한 것은 독립성설에 따른 것이고, ④ 자살 그 자체는 범죄가 아님에도 불구하고 이를 교사·방조한 자를 자살의 교사죄·방조죄(제252조 2항)로 처벌하는 것은 독립성설에 의해서만 설명이 가능하다는 것이다.

35) Liszt, Lehrbuch, 24. Aufl., S. 129f., 215.
36) Frank, StGB, 14. Aufl., S. 14, 81, 91f.
37) Birkmeyer, Die Lehre von Teilnahme, S. 126.
38) 이건호, 175면: 염정철(8인 공저), 326면: 진계호, 490면 이하. 정영석, 총론, 247-248면은 이론상으로 독립성설이 타당하지만 형법의 해석상으로는 종속성설을 취한다.

【양설의 해석상의 차이】

1) 공범의 미수범　종속성설은 정범행위가 가벌미수로 된 때 한하여 공범의 미수범을 인정하고, 실패한 교사와 효과 없는 교사는 교사의 미수가 아니라 기도된 교사에 불과하다. 이에 대해서 독립성설은 정범의 실행행위가 없는 때에도 교사행위·방조행위만 있으면 공범의 미수가 되므로 실패한 교사와 효과 없는 교사도 교사의 미수가 된다.

2) 간접정범　종속성설은 정범의 실행행위가 있는 때에 공범의 실행행위가 인정되므로 타인을 단순한 도구로 이용하는 간접정범에 있어서는 피이용자의 행위를 정범의 행위로 볼 수 없고 이용자를 (간접)정범으로 본다. 이에 대해서 독립성설은 교사행위·방조행위 그 자체가 공범의 실행행위가 되므로 이용자는 (간접)정범이 아니라 공범이 된다.

3) 형법 제33조 규정　학설 중에 종속성설에서는 신분의 연대작용을 규정한 형법 제33조 본문이 종속성설을 입법화한 규정이라 하는데 반하여 독립성설은 신분의 개별작용을 규정한 형법 제33조 단서가 독립성설을 입법화한 원칙규정이라 하거나 제33조 본문과 단서를 각각 종속성설과 독립성설에 따른 규정으로 파악하는 견해도 있다.

4) 범죄이론과 관계　일반적으로 종속성설은 객관주의와, 독립성설은 주관주의와 논리 필연적인 관계에 있다고 설명하는 것이 보통이다. 그러나 이러한 관계는 반드시 타당한 것은 아니다. 이론적으로 종속성설은 객관주의와, 독립성설은 주관주의와 결합하기 용이한 것은 사실이지만 그렇다고 해서 양자 사이에 논리필연적인 관계가 있는 것은 아니다.[39]

(3) 평 가

첫째, 공범도 그 자체 고유한 범죄성을 가지고 있다는 점에는 이견이 없다. 정범의 불법에 대한 공범의 가담은 공범 자신의 행위불법이므로 공범 종속성설도 공범 고유범설을 부정하는 것은 아니다.

둘째, 정범의 실행행위가 있는 때에 공범의 실행행위성이 인정된다고 해서 개인책임원칙에 반하는 것은 아니다. 개인책임원칙에 반하는 것은 정범의 책임·가벌성에 종속하여 공범의 책임·가벌성도 인정된다는 극단종속형식과 최극단종속형식에만 타당한 비판이다. 정범의 실행행위·정범의 위법행위에 종속하여 공범의 실행행위와 위법성이 인정된다는 것은 책임주의와 관계가 없다.

셋째, 자살교사·방조죄는 최대한 생명(절대)보호원칙에 따라 타인의 자살을 유발 또는 원조하여 그 타인의 생명에 대한 위험을 야기시키고, 교사행위·방

---

39) Liszt는 주관주의 입장에서 종속성설을, Hippel, Köhler는 객관주의 입장에서 독립성설을 주장한다.

조행위로 인하여 행위불법이 인정되므로 독립된 범죄로 처벌하는 것이며, 종속성·독립성과 관계없다.

넷째, 형법이 기도된 교사의 가벌성을 인정한다고 해서 이 규정이 독립성설의 근거가 되는 것은 아니다. 독립성설에 의하면 기도된 교사는 교사의 미수로 처벌해야 하지만 형법은 예비·음모에 준해서 처벌하고 있고, 그것도 예비·음모를 처벌하는 규정이 있는 경우에만 가능하며, 종범에 대해서는 애당초 기도된 방조의 가벌성조차 인정하지 않는다. 공범독립성설에 의하면 방조행위가 실패하였거나 효과가 없는 경우에도 종범의 미수를 인정해야 하는데, 이러한 행위는 법익침해에 대한 구체적 위험성도 없음에도 불구하고 종범의 미수범을 인정해야 하므로 공범의 성립범위를 확대한다. 즉, 기도된 교사에 관한 규정은 교사행위가 실행의 착수 이전의 예비·음모에 불과하다는 것을 밝히고 있으므로 오히려 종속설의 취지에 부합한다.

다섯째, 인적 처벌조각사유의 신분범에 가담한 공범이 처벌되는 것은 독립성설과 관계없다. 처벌조각적 신분 있는 정범의 범죄도 성립하지만 가족적 정의(情誼)를 고려하여 형벌만 면제한 것이므로 신분 없는 공범의 범죄성과 가벌성을 인정하는 것은 당연하다고 해야 한다. 교사범·종범의 규정도 주범인 정범의 "범죄"행위를 예정하고 있으므로 공범종속성설이 타당하다고 해야 한다. 통설이며 판례의 태도이다.

【판례】 정범의 성립은 교사범·방조범의 구성요건의 일부를 형성하고 교사범·방조범이 성립함에는 먼저 정범의 범죄행위가 인정되는 것이 그 전제요건이 되는 것은 공범의 종속성에 연유하는 당연한 귀결이다(대판, 1981. 11. 24, 81도2422).[40]

3. 종속의 정도(성립상의 종속)

공범은 주범인 정범의 실행행위에 종속하여 실행행위가 인정되어도 공범의 가벌적 "범죄"가 "성립"하기 위해서는 다시 정범의 범죄 성립요건에 종속해야 한다. 이를 요소종속성 또는 성립상의 종속성이라 한다. 즉, 주범인 정범이 어느 단계까지의 범죄 성립요건을 구비하였을 때에 공범이 성립하느냐의 문제이

40) 同旨: 대판, 1970. 3. 10, 69도2492; 대판, 1978. 2. 28, 77도3406; 대판, 1979. 2. 27, 78도3113.

다. 간접정범과 교사범의 한계에 관련된 문제이기도 하다.

(1) 종속형식

마이어(M. E. Mayer)는 정범에 종속하여 공범이 성립할 수 있는 종속형식을 다음의 네 가지로 분류하였는데 오늘날에도 그대로 통용된다.

1) 최소종속형식 주된 행위자인 정범의 행위가 구성요건에 해당하는 실행행위만 있으면 그 행위가 위법·유책하지 아니 하여도 가벌적 공범이 성립한다는 종속형식이다.

2) 제한종속형식 주된 행위자인 정범의 행위가 구성요건에 해당하고 위법한 행위가 있으면 유책하지 아니하여도 가벌적 공범이 성립한다는 종속형식이다.

3) 극단종속형식 주된 행위자인 정범의 행위가 구성요건에 해당하는 위법·유책한 행위가 있는 때, 즉 정범이 범죄 성립요건을 완전히 구비한 때에 가벌적 공범이 성립한다는 종속형식이다.

4) 최극단종속형식 주된 행위자인 정범의 행위가 구성요건에 해당하는 위법·유책할 뿐만 아니라 형의 가중·감경 및 가벌요건에까지 종속하여 가벌적 공범이 성립한다는 종속형식이다. 이에 따르면 정범의 형이 가중·감경 또는 인적 처벌조각사유로 형면제되는 경우에 공범도 형이 가중·감경 또는 형면제된다.

(2) 형법의 규정과 종속의 정도

네 가지 종속형식 중에서 종래까지는 최소종속형식과 최극단종속형식은 입법적으로 채택할 수 없다는 이유로 이를 제외하는 것이 일반적이었다. 그러나 최근에는 최소종속형식에 따르는 견해[41]도 있고, 또 최극단종속형식은 종래 공동의사주체설에서 처벌상의 종속이라는 표현으로 주장된 바 있다.

최소종속형식은 종속으로는 가장 철저한 종속형식이다. 즉, 다른 종속형식보다 공범의 성립범위가 가장 넓다고 할 수 있고, 주된 행위자의 적법한 행위에 가담하는 경우에도 공범은 성립한다. 그러나 ① 적법행위를 이용하는 경우에는 의사지배가 있는 범위 내에서 간접정범이 성립한다고 해야 하며(제34조 1항 참조), ② 공범은 교사행위 또는 방조행위에 의하여 정범의 불법을 야기 또는 원

41) 김종원, 공범의 구조, 형사법강좌 Ⅱ, 680면.

조하고(행위불법) 있으나 정범의 결과불법 없이는 공범의 결과불법을 근거지울 수 없으므로 공범은 정범의 결과불법에 종속하지 않을 수 없다.[42]

최극단종속형식과 극단종속형식은[43] 책임의 연대성을 인정한다. 공범종속성설이 개인책임원칙에 반한다는 비판은 이러한 종속형식에 타당하다. ① 개인책임원칙은 책임주의의 당연한 결론이므로 최극단과 극단종속형식은 이 원칙에 정면으로 배치된다. 특히 최극단종속형식은 정범의 가벌성에까지 종속하므로 공범 고유범성에도 반하며 처벌을 확대시킨다. ② 극단종속형식의 입장에서는 교사범(제31조)은 "타인을 교사하여 죄를 범하게 한 자"라고 하고, 종범 (제32조) 은 "타인의 범죄를 방조한 자"라 하여 "죄"·"범죄"라는 정범의 완전한 범죄성을 예정하고 있으며, 형법 제34조 1항은 책임 없는 자를 교사·방조한 경우에 교사범·종범이 성립하지 않고 간접정범이 성립하도록 규정하고 있으므로 극단종속형식이 타당하다고 한다.

그러나 ① 여기의 "죄"·"범죄"는 반드시 완전한 범죄 성립요건을 구비한 것으로 보아야 할 이유가 없다. 범죄개념의 상대성에 따라 이를 광의의 범죄, 즉 불법행위(구성요건에 해당하는 위법행위)라고 이해할 수 있으며, ② 교사자·방조자의 입장에서는 정범의 불법행위를 야기 또는 원조하여 불법한 범죄행위를 실행하였다고 할 수 있으며, ③ 공범은 정범의 책임과 관계없이 정범의 불법을 야기·촉진 또는 원조하였기 때문에 처벌된다고 할 때에 개인책임원칙에 부합할 뿐만 아니라 공범 고유범성도 인정할 수 있으며, ④ 극단종속형식에 의하면 과실범으로 처벌되는 자를 이용한 경우에도 완전한 범죄성립요건을 구비하였으므로 공범이라고 해야 하지만, 형법은 이 경우를 간접정범이라 하고 있으며, ⑤ 책임무능력자를 이용한 경우는 간접정범 이외에도 교사범이 성립하는 경우도 있으며, ⑥ 제34조 1항은 "어느 행위로 처벌되지 않는 자"라고 하고 있을 뿐이고, 반드시 책임없는 자를 교사 또는 방조한 때에 간접정범이 성립하도록 규정한 것은 아니므로 극단종속형식은 타당하다고 할 수 없다. 따라서 개인책임원칙에 부합하는 제한종속형식이 타당하다고 해야 한다. 우리나라 통설이다.[44]

---

42) 다만, 행위반가치 일원론에서는 공범도 행위불법을 할 수 있으므로 최소종속형식이 타당하다는 주장도 가능하지만 이원적 인적 불법론에서는 타당하지 않다.

43) 백남억, 283면 이하; 정영석, 235면; 신동운, 611면 이하; 오영근, 589면 이하.

44) 유기천, 282면; 황산덕, 246면; 남흥우, 238면; 정성근, 552면; 이형국, 270면; 이재상, 432면;

Ⅱ. 공범의 처벌근거

공범은 정범에 종속하여 성립한다면 직접 범죄를 실행하지 아니함에도 불구하고 혹은 정범과 동일한 형으로, 혹은 필요적 감경형으로 처벌하는 근거가 무엇이냐가 문제된다. 공범의 종속성과 관련하여 공범의 불법근거에 관한 과제이다.

1. 책임가담설

공범은 주범인 정범으로 하여금 범행에 끌어들여 유책한 범죄를 범하게 하고 형벌을 받게 하였기 때문에 처벌된다는 견해로,[45] 극단종속형식과 결부되어 기도된 교사, 미수의 교사, 불가벌적 필요적 공범에 대한 가벌성을 인정하는 것이 논리적 귀결이다.

그러나 이 설은 정범의 책임에 종속하여 공범의 책임과 가벌성을 인정하므로 자기책임원칙에 반한다. 독일 형법이 제한종속형식을 채택하면서 소멸된 이론이다.

2. 불법가담설

공범은 주범인 정범으로 하여금 불법행위를 하도록 하여 법적 평화를 침해하였기 때문에 처벌된다는 견해로,[46] 책임가담설을 제한종속형식과 조화시키기 위하여 수정한 이론이다. 이에 의하면 책임무능력자를 이용한 경우에는 책임무능력자로 하여금 수사와 보안처분을 받게 함으로써 사회와의 관계를 악화시켰기 때문에 처벌되며, 기도된 교사와 미수의 교사는 책임가담설과 동일하게 가벌성을 인정한다.

그러나 이 견해는, ① 정범에게 불법행위를 하게 한 교사범의 처벌근거는 설

김일수/서보학, 633면; 박상기, 375면; 배종대, 555면; 손해목, 1053면; 안동준, 222면; 이영란, 436면; 임웅, 406면; 김성돈, 569면; 정영일, 391면; 김성천, 386면.

45) H. Mayer, S. 318ff.

46) Trechsel, Der Strafgrund der Teilnahme, 1967, S. 54ff.; 김일수, 공범의 처벌근거(월간고시, 1986. 4), 117면 참조.

명할 수 있으나 종범의 처벌근거는 설명할 수 없으므로 모든 공범의 처벌근거를 설명할 수 없고, ② 공범의 처벌근거는 정범의 불법에서 그대로 도출하고 있을 뿐 공범 자체의 처벌근거는 직접 밝히지 못하며, ③ 법적 평화란 불확실한 법익이므로 이를 불법의 주된 내용으로 볼 수 없고, ④ 함정수사(未遂의 敎唆)의 불가벌성을 설명하기 곤란하다.

3. 순수야기설

공범은 주범인 정범의 불법행위와 독립하여 스스로 법익존중 요구를 침해하여 구성요건을 실현하거나 공범구성요건(타인에 가담하여 구성요건의 보호법익)을 스스로 침해하여 결과불법을 야기한 것이므로[47] 공범의 고유한 결과불법이 인정되어 처벌되는 것이며, 미수의 교사는 불가벌이라 한다. 이에 대하여 공범은 정범으로 하여금 사회적으로 참을 수 없는 행위에로 결의를 환기시키거나 이를 관철하도록 원조하여 정범의 행위불법을 야기하였기 때문에 처벌된다는 견해도 있다.[48]

그러나 ① 모든 가벌적 행위의 불법은 결과불법과 행위불법이 있어야 하므로 어느 하나의 불법만으로 공범불법을 인정할 수 없으며, ② 공범의 종속성과 제한종속형식에 의하면 공범의 불법은 정범과 완전히 독립하여 논의할 수 없으므로 공범종속성설과 부합할 수 없다.

4. 종속야기설

공범은 주범인 정범과 함께 법익침해를 야기·촉진하거나 원조하였기 때문에 처벌되며, 공범의 불법은 정범 불법의 근거와 정도에 종속하고 책임에서는 공범 스스로 유책행위를 한다는 견해이다.[49] 이 견해는 제한종속형식과 이론적으로 부합하며 순수 야기설의 결함을 보완하고 있다는 이유로 수정야기설이라 하는데, 이 이론을 관철하면 기도된 교사는 불가벌, 미수의 교사는 가벌적 행위

47) Lüderssen, Zum Strafgrund der Teilnahme, 1967, S. 192; Schmidhäuser, S. 532ff.
48) Welzel, S. 112.
49) 이형국, 270면; 이재상, 435면; 차용석, 공범과 신분(월간고시, 1986. 2), 37면; 박상기, 373면; 배종대, 557면; 손해목, 1060면; 안동준, 224면 이하; 조준현, 407면; 이정원, 331면; 정영일, 383면; 김성천, 388면.

가 된다. 우리나라 다수설이다.

이 견해는 공범이 종속하는 불법은 결과불법에 한정하여 공범의 처벌근거를 인정한다. 공범은 스스로 결과불법을 행할 수 없으므로 정범의 결과불법에 종속한다는 것은 타당하다. 그러나 공범은 소위 이중의 고의로 정범을 교사·방조하고 있으므로 공범도 공범구성요건의 행위불법을 스스로 행한다고 해야 하고, 공범의 행위불법을 인정할 때에 공범고유범성도 인정할 수 있다. 따라서 정범의 결과불법에만 종속하여 행위불법 없는 공범불법을 인정하는 것은 타당하지 않으며, 기도된 교사의 처벌근거와 미수의 교사 및 불가벌적 필요적 공범의 불가벌성을 설명하기 곤란하다.

5. 혼합야기설

순수야기설(독립적 결과불법 또는 행위불법)과 종속야기설(종속적 결과불법)의 획일적인 불법의 근거를 지양(止揚)하고 불법의 일부는 정범에 종속하지만 다른 일부는 공범 자신이 독자적으로 실행한다는 견해이다. 여기에는 두 가지 다른 견해가 있다.

첫째, 공범은 범익침해라는 결과불법을 직접 실현할 수 없으므로 정범의 결과불법에 종속하지만, 공범도 이중의 고의로서 교사행위 또는 방조행위를 하여 정범으로 하여금 범죄실행에 나아가게 하거나 범죄실행을 촉진·원조하였으므로 행위불법은 공범 독자적으로 실현한다는 것이다(행위불법독립·결과불법종속설).[50] 제한종속형식과 결부시키면서 공범의 이원적 불법을 근거지우고 있다.

둘째, 공범은 결과불법의 일부는 정범행위에 종속하지만, 결과불법의 나머지 일부는 공범 독자적인 법익침해에서 도출되므로 공범은 종속적이면서 동시에 독립된 법익침해를 한다는 견해이다. 공범은 정범의 실행행위에 가공하여 공범 스스로 자기의 고의로서 정범을 통해 간접적으로 법익을 침해하여 자신의 결과불법을 실현하였기 때문에 처벌된다는 것이다. 록신(Roxin)이 주장한 견해로[51] 우리나라에서 이에 따르는 학자도[52] 있다.

---

50) 정성근, 555면; 김성돈, 572면.
51) Roxin, LK, Vor §26 Rdn. 16.
52) 김일수/서보학, 630면; 오영근, 597면; 손동권, 528면.

6. 결 어

공범은 정범에 종속하고, 종속의 정도는 제한종속형식이 타당하다면 공범의 불법이 정범의 그것에 종속하는 것은 당연하다. 그러나 정범의 기본적 구성요건과 공범의 수정된 구성요건(공범구성요건)은 구별해야 한다. 법익침해의 결과는 정범의 기본적 구성요건에만 존재하며 공범구성요건에는 없다. 공범은 결과발생에 대한 정범의 고의와 교사 또는 방조의 고의(이중고의)로 교사행위 · 방조행위를 하여 정범으로 하여금 기본적 구성요건의 실행행위를 야기 · 촉진 또는 원조하므로 공범도 공범구성요건을 실행하는 공범고유범이다. 따라서 행위불법은 공범 스스로 실현한다고 해야 하고, 행위불법에서는 정범과 공범은 독립적이다. 이에 대해서 법익침해라는 결과불법은 기본적 구성요건을 실행하는 정범만이 가능하고 공범 스스로 불가능하다. 따라서 공범은 정범의 결과불법에 종속한다. 정범의 결과불법에 일부종속 일부독립을 인정하는 혼합야기설은 정범을 통한 간접적 법익침해가 공범의 독자적 결과불법이라 하고 있다. 그러나 "간접적"이란 직접 결과불법을 실현할 수 없는 종속의 의미에 불과하다고 해야 한다. 정범의 기본적 구성요건과 공범의 공범구성요건이 다르다고 한다면 공범은 정범의 결과불법에 전적으로 종속한다고 해야 한다.[53] 요컨대 행위불법은 공범 스스로, 결과불법은 정범에 종속한다는 혼합야기설에 의해서 공범의 처벌근거를 찾아야 한다.

제 3 절 간접정범

Ⅰ. 간접정범의 의의 · 본질

1. 간접정범의 의의

간접정범(mittelbare Täterschaft)이란 우월적 지위에 있는 자가 조종의사에 의

53) 이를 지지하는 견해는 임웅, 409면; 진계호, 494면; 김성돈, 572면.

하여 타인을 조종·장악하여 간접적으로 범죄를 실행하는 정범의 형태를 말한다. 자기 스스로 또는 생명 없는 도구를 사용하여 범죄를 실행하는 직접정범에 대응하는 개념이다. 예컨대 정신병자를 충동하여 방화를 하게 하거나 정을 모르는 간호사에게 독이 들어 있는 주사를 놓게 하여 환자를 살해한 경우가 간접정범에 해당한다.

간접정범도 행위지배를 하고 있는 정범이라는 점에서는 직접정범·공동정범과 같으나 행위지배의 형태가 의사지배이고, 단독정범이라는 점에서 실행지배를 하는 직접정범과, 2인 이상이 기능적 행위지배를 하는 공동정범과 구별된다.

2. 간접정범의 본질

간접정범은 타인을 이용하여 범죄를 실행한다는 점에서는 교사범과 유사하며, 행위지배를 하는 단독정범이라는 점에서는 직접정범과 성질을 같이하므로 간접정범은 정범과 공범의 한계선상에 놓여 있다. 특히 형법은 간접정범을 교사 또는 방조의 예에 의하여 처벌한다(제34조 1항)고 규정하고 있으므로 종래부터 간접정범이 정범인가 공범인가가 논의되어 왔다.

(1) 정범설

1) 확장적 정범론 확장적 정범론에 의하면, 직접적·적극적이건 간접적·소극적이건 묻지 않고 구성요건적 결과발생에 대하여 조건을 준 자는 모두 정범이라 하므로 간접정범은 당연히 정범이 된다. 공범도 구성요건 결과발생에 대하여 조건을 준 자이므로 정범에 해당하지만 총칙상의 공범규정(수정구성요건)에 의하여 그 처벌범위를 제한하는 경우에만 실정법상의 공범이 된다고 하므로 간접정범과 공범은 그 본질에 있어서 차이가 없다.

그러나 확장적 정범론은, ① 행위자가 범죄에 참가하는 형태에 따라 정범 개념을 정립하지 아니하고 결과발생에 대한 조건적 인과관계만으로 정범성 여부를 결정하므로 정범의 범위가 확대되어 형법의 보장적 기능을 저해할 위험이 있으며, ② 정범과 공범은 법적 평가개념이므로 이를 자연과학적 인과관계 유무로 확정할 수 없으며, ③ 교사범의 형은 정범과 동일하여 형벌제한이 없으므로 교사범은 정범인지 공범인지가 불명하게 된다.

2) 도구이론 도구이론에 의하면, 물적 도구나 생명 없는 타인을 도구로 이

용하는 직접정범과, 생명 있는 타인을 도구로 이용하는 간접정범은 모두 도구를 이용하여 범죄를 실행한다는 점에서 법적 평가에 차이가 없으므로 간접정범도 정범이 된다고 한다. 이 견해는 공범종속성설에서 간접정범의 정범성을 인정하기 위하여 주장된 이론으로, 종래까지는 주로 이 이론을 기초로 간접정범의 정범성을 인정하여 왔다.

그러나 도구이론은 사람을 도구로 취급하는 합리적 근거를 제시하지 못할 뿐만 아니라, 피이용자의 도구의 성질을 기준으로 정범성을 인정하므로 피이용자가 도구로 이용되었느냐에 따라 혹은 정범, 혹은 공범이 되어야 하는 것은 불합리하다.

3) 행위지배설　행위지배설에 의하면, 우월적 지위에 있는 자가 조종의사에 의하여 피이용자를 조종·장악하여 범행을 실행하는 간접정범과, 범행의 진행을 직접 조종·장악하여 스스로 실행하는 직접정범은 규범적으로 동일한 행위지배라고 평가되므로 간접정범도 행위지배를 하는 정범이라 한다.

공범과 구별되는 정범의 표지는 행위지배이며, 행위지배를 하고 있는 이용자의 이용형태를 기준으로 정범성을 판단해야 하므로 이 견해가 타당하다. 즉, 간접정범도 직접정범과 마찬가지로 행위지배(의사지배)를 하는 정범이라고 해야 한다.[54] 현재의 통설이다.

(2) 공범설

1) 제한적 정범론　구성요건에 해당하는 정형적 실행행위를 직접 실행한 자만이 정범이 된다고 하는 제한적 정범론에 의하면 타인을 생명 있는 도구로 이용하여 범행을 실행하는 간접정범은 정범이 될 수 없고 공범의 일종이 된다.

그러나 범죄의 실행은 정형적 실행행위 이외에 구성요건적 결과발생에 불가결한 기여를 한 경우에도 실행행위성을 인정하지 않으면 공동정범과 집단범의 정범성을 인정할 수 없으므로 제한적 정범론은 실행행위를 지나치게 제한한다는 비판을 받는다.

2) 공범독립성설　자신의 범죄수행을 위하여 타인의 행위를 이용하는 것이

54) 정성근, 627면; 이형국, 296면; 이재상, 437면; 김일수/서보학, 576면; 배종대, 607면; 박상기, 406면; 진계호, 523면; 손해목, 949면; 안동준, 239면; 임웅, 440면; 이영란, 470면; 이정원, 345면; 강기정, 간접정범의 정범성(정성근 교수 화갑기념논문집, 1997), 147면 이하; 최우찬, 간접정범(고시계, 1994. 3), 16면 이하; 손동권, 468면 이하; 김성돈, 611-613면; 정영일, 438면.

공범이라고 하는 공범독립성설에 의하면 교사행위·방조행위 그 자체가 공범의 실행행위가 되므로 교사자·방조자는 피교사자·피방조자의 범죄성립과 관계없이 항상 공범이 될 뿐이며, 형법도 간접정범을 공범의 예로 처벌하도록 규정하였으므로 간접정범은 공범의 일종이며, 간접정범이라는 개념 자체도 인정할 필요가 없다고 한다.

그러나 ① 교사행위·방조행위 자체는 기본적 구성요건의 실행행위와 구별해야 하며, ② 형법 제34조의 표제도 간접정범이라 하고 있을 뿐만 아니라 처벌에 있어서도 교사·방조의 "예에 의하여" 처벌하도록 하였을 뿐, 그것이 곧 교사범·종범이라는 취지가 아니므로 이 규정을 이유로 공범이라 할 수 없고, ③ 형법은 공범종속성설에 의하고 있다고 해석해야 하므로 이 견해도 타당하지 않다.

3) 간접정범형식의 공범설 간접정범의 규정은 형식상으로는 간접정범 형식의 공범을 규정한 것이고, 실질상으로는 일종의 공범형태를 규정한 것이라 한다.[55]

입법론적으로 형법 제34조 1항의 규정 내용은 타당하다고 할 수 없다. 그러나 그 표제가 간접정범으로 되어 있는 이상 이를 공범이라 할 수 없다. 또 교사범·종범 이외의 공범은 따로 존재하지 않는다고 해야 하므로 간접정범형식의 공범이라는 제3의 공범을 인정할 수도 없으며, 공범독립성설의 공범설에 대한 비판은 여기에 그대로 타당하다.

3. 간접정범의 성립범위

간접정범은 원래 공범종속성설, 특히 극단종속형식에 의할 경우 세 가지 범죄성립요소를 구비하지 못한 피이용자는 물론, 이를 이용한 자까지도 처벌할 수 없게 되는 공백을 메우기 위하여 마련된 개념이다.

공범설의 입장에서는 간접정범의 성립범위도 종속의 정도에 따라 교사범과의 한계가 달라진다고 생각하여 왔다. 즉, 최소종속형식에 의하면 피이용자의 행위가 구성요건에도 해당하지 아니한 경우에만 그 이용자는 간접정범이 성립하므로 다른 종속형식보다 교사범의 성립범위가 가장 넓고 상대적으로 간접정범의 성립범위는 가장 좁아진다. 제한종속형식에 의하면 피이용자의 행위가

---

55) 차용석, 간접정범(형사법강좌 Ⅱ), 685면; 신동운, 646면; 同, 간접정범의 본질에 관한 일고찰(유기천 박사 고희기념논문집), 194면; 同, 판례백선(총론), 552면.

> 구성요건해당성이나 위법성을 결할 경우에, 그리고 극단종속형식에 의하면 피이용자의 행위가 구성요건해당성, 위법성, 책임 중 어느 하나가 결한 경우에 간접정범이 성립하므로 간접정범의 성립범위가 점차 확대되어 상대적으로 교사범의 성립범위가 좁아진다는 것이다.

그러나 간접정범은 공범이 아니라 정범이라고 하는 이상, 공범종속성의 정도에 따라 공범의 성립을 부정하는 절차에 의하여 간접정범의 성립과 그 범위를 결정하는 것은 정범개념의 우위성원칙에 정면으로 배치된다. 간접정범과 공범의 한계기준은 어디까지나 행위지배의 유무에 있으므로 간접정범의 표지인 의사지배가 있으면 공범종속의 정도와 관계없이 간접정범은 성립한다고 해야 한다. 따라서 공범종속의 정도는 의사지배가 부정되어 간접정범이 성립할 수 없는 경우에 공범의 성립에 대해서만 의미를 가질 뿐이다.

Ⅱ. 간접정범의 성립요건

형법 제34조 1항은 "어느 행위로 인하여 처벌되지 아니하는 자 또는 과실범으로 처벌되는 자를 교사 또는 방조하여 범죄행위의 결과를 발생하게 한 자는 교사 또는 방조의 예에 의하여 처벌한다"라고 규정하고 있다. 이 규정에서 간접정범의 고유한 수정구성요건은, ① 피이용자가 어느 행위로 인하여 처벌되지 아니하는 자 또는 과실범으로 처벌되는 자임을 요하고, ② 이용자의 교사 또는 방조행위에 의하여 범죄행위의 결과발생이라는 이용행위가 있어야 한다.

1. 피이용자

(1) 어느 행위로 인하여 처벌되지 아니하는 자

1) 구성요건해당성이 없는 행위이용

(a) 고의 또는 과실없는 도구이용 　의사지배를 할 수 있는 전형적인 형태는 타인을 "생명있는 도구"로 이용하는 경우이므로 고의 또는 과실이 없는 자를 도구로 이용한 때에는 간접정범이 성립한다. 절도의사로 정을 모르는 자에게 자기의 소유물로 오신시켜 가져오게 하거나, 의사가 정을 모르는 간호사로

하여금 환자에게 독약을 주사하게 한 경우, 또는 내용을 모르는 여행객을 이용하여 마약을 국내에 반입하게 한 경우가 그 예이다. 형법은 간접정범에 해당하는 형태로서 공정증서원본등부실기재죄(제228조)를 특별히 규정해 두고 있으므로 이 죄는 형법 제34조 1항의 특별규정이라 할 수 있다. 구성요건적 착오가 있는 자를 이용한 때에도 경우에 따라 간접정범이 될 수 있다. 예컨대 병풍 뒤에 사람을 숨겨두고 손괴의사만 있는 자에게 총을 쏘게 하여 살해한 경우이다. 판례도 고의 없는 도구를 이용한 간접정범을 인정하고 있다.

【판례】 경찰서 보안과장인 피고인이 甲의 음주운전을 눈감아주기 위하여 그에 대한 음주운전자 적발보고서를 찢어버리고, 부하로 하여금 일련번호가 동일한 가짜 음주운전 적발보고서에 乙에 대한 음주운전 사실을 기재케 하여 그 정을 모르는 담당 경찰관으로 하여금 주취운전자 음주측정처리부에 乙에 대한 음주운전 사실을 기재하도록 한 이상, 乙이 음주운전으로 인하여 처벌을 받았는지 여부와는 관계없이 허위공문서작성죄 및 동 행사죄의 간접정범으로서의 죄책을 면할 수 없다(대판, 1996. 10. 11, 95도1706).

(b) 목적없는 고의있는 도구이용 목적범에 있어서 목적있는 이용자가 목적없는 자의 고의행위를 이용한 경우에도 간접정범이 성립하느냐에 대해서 견해가 대립한다.

aa) 긍정설 이용자가 당해 구성요건이 요구하는 목적을 제공함으로써 형법적으로 중요성이 있는 것으로 취급되거나 사회적 행위지배[56] 또는 규범적 · 심리적 행위지배[57]가 인정되어 간접정범이 성립한다고[58] 한다. 이에 의하면 행사의 목적이 있는 자가 목적은 없으나 고의있는 자로 하여금 통화 · 문서 등을 위조하게 한 경우[59]에 이용자는 통화 · 문서위조죄의 간접정범, 피이용자는 그 종범이 된다. 우리나라 통설이다.

bb) 부정설 목적있는 이용자가 목적없는 고의있는 자를 강요에 의하여 조종한 경우에는 간접정범을 인정할 수 있지만, 행위지배는 규범적 · 법적인 지배가 아니라 행위과정에 대한 객관적 · 사실적 지배가 있어야 하므로 고의있는

56) Welzel, S. 101.
57) Jescheck/Weigend, §62 Ⅱ 7; Sch/Sch/Cramer, §25 Rdn. 19.
58) 정성근, 630면; 이형국, 298면; 이재상, 440면; 배종대, 611면; 손해목, 955면; 조준현, 420면; 손동권, 475면; 신동운, 650면; 오영근, 627면; 김성돈, 615면.
59) 예컨대, 통화위조죄(제207조)에서 행사의 목적으로 통화를 위조하려는 자가 그 목적이 없는 인쇄기술자에게 기념용이라 하고 위조지폐를 인쇄하게 한 경우를 들 수 있다.

행위자에 대해서는 이용자의 행위지배를 인정할 수 없다는 이유로 간접정범의 성립을 부정한다.[60] 이에 의하면 영득의사가 있는 농부가 그 사정을 알고 있는 하인으로 하여금 남의 거위를 자신의 우리 속으로 몰아넣게 한 경우에 하인은 절도죄의 정범, 농부는 그 교사범이 된다.

cc) 결 어 목적있는 자가 목적이 결여되어 구성요건해당성이 없는 자를 시켜서 그 구성요건을 실현한 때에는 목적없는 자를 이용하여 결과불법을 실현하였다고 할 수 있으며, 행위지배는 순수한 사실적 개념이 아니라 규범적 평가개념이므로 피이용자에게 목적을 제공하여 그 구성요건을 실현한 때에는 사실적 의미의 행위지배는 없으나 목적없는 자를 이용하여 자기의 목적을 실현한다는 의미에서 규범적·심리적 행위지배가 있는 간접정범이라 해석하는 것이 형법 제34조 1항의 취지에 부합된다고 본다. 판례도 12·12군사반란과 관련된 내란죄 사건에서 목적없는 고의있는 도구를 이용한 경우 간접정범을 긍정하고 있다.[61]

(c) 진정신분범의 신분없는 고의행위이용 진정신분범에 있어서 신분자가 신분없는 고의행위를 이용한 경우에도 목적없는 도구이용에서와 같이 피이용자를 순수한 도구라고 보기 어렵기 때문에 간접정범을 인정할 수 있느냐에 대해서 견해가 대립한다.

aa) 긍정설 진정신분범에 있어서는 신분자에 대해서만 법규범의 준수를 요구하고 비신분자의 행위는 구성요건해당성이 없으므로 신분자가 비신분자에게 신분을 제공하여 의도한 범죄의 구성요건을 실현시킨 때에는 규범적·심리적 행위지배가 인정되어 간접정범이 된다고[62] 한다. 예컨대 공무원이 그의 처를 이용하여 수뢰한 경우에 공무원은 수뢰죄의 간접정범이 성립하고 그 처는 정을 알고 있는 경우에 한하여 그 종범이 된다. 또 신분범 중에서 의무범의 경우에는 신분자가 신분없는 고의있는 도구를 이용하기만 하면 의사지배와 관계없이 의무위반 그 자체로서 간접정범이 성립하지만, 지배범인 경우에는 의사지배가 있는 경우에 한하여 간접정범이 성립하고, 피이용자는 그 정을 알고 있는 때에 종

60) 김일수/서보학, 580면; 박상기, 414면 이하; 임웅, 448면 이하; 한정환, 간접정범의 고의 있는 도구(정성근 교수 화갑기념논문집, 1997), 194면; Roxin, Tät. u. Tat.(5. Aufl.), S. 345f.
61) 대판(전원합의체), 1997. 4. 17, 96도3376.
62) 정성근, 631면; 이재상, 440-441면; 배종대, 611면; 한정환, 전게논문, 180면. 공범형 간접정범으로 이해하는 견해는 오영근, 628면.

범이 성립한다는 견해도[63] 같은 취지이다. 긍정설이 우리나라 통설이다.

bb) 부정설 비신분자의 도구성을 부정하고 교사범이 성립한다고[64] 한다. 이에 의하면 신분있는 이용자는 교사범, 신분없는 피이용자는 제33조에 의해 종범 또는 공동정범이 될 수 있다고 한다.

cc) 결 어 의무범의 경우는 특별의무자만이 그 범죄를 실현할 수 있으므로 신분없는 고의있는 도구이용의 경우도 당연히 간접정범이 되지만, 지배범의 경우는 목적없는 고의행위 이용과 동일한 이유로 신분없는 고의행위 이용도 간접정범이 된다고 본다. 다만, 신분자와 비신분자가 공동정범으로 참가한 때에는 형법 제33조 본문에 의하여 공동정범이 성립한다.

(d) 자살・자상을 강요・기망한 경우 구성요건해당성이 없는 자살 또는 자상을 강요하거나 기망하여 그가 자살 또는 자상한 때에는 살인죄 또는 상해죄의 간접정범이 성립한다는[65] 것이 종래의 통설이다.

그러나 형법은 위계・위력에 의한 살인죄(제253조)를 규정하고 있으므로 강요・기망이 있었다고 해서 항상 의사지배가 있는 간접정범이 된다고 할 수 없다. 강요・기망이 있어도 의사지배에 의하여 피이용자를 조종하여 자신의 의사를 실현하였다고 할 수 있는 경우에 한하여 살인죄・상해죄의 간접정범이 성립한다고 해야 한다.[66] 이에 반하여 단순한 위계사용의 경우와 의사지배가 없는 위력에 의한 자살은 위계・위력에 의한 살인죄가 성립하고, 의사지배가 없는 自傷은 불가벌이라고 본다. 판례의 태도는 분명하지 않으나, 자살의 의미를 이해하지 못할 경우에는 살인죄가 성립한다고 판시한 바 있다.

【판례】 피고인이 7세, 3세 남짓된 어린 자식들에 대하여 함께 죽자고 권유하여 물속에 따라 들어오게 하여 결국 익사하게 하였다면 비록 피해자들을 물속에 직접 밀어서 빠뜨리지는 않았다고 하더라도 자살의 의미를 이해할 능력이 없고, 피고인의 말이라면 무엇이나 복종하는 자식을 권유하여 익사케 한 이상 살인죄의 범의는 있었음이 분명하다(대판, 1987. 10. 20, 86도2395).

2) 위법성이 없는 행위이용 피이용자의 정당행위, 즉 위법성조각사유에 해

63) 김일수/서보학, 578면; 손동권, 474면; Roxin, Tät. u. Tat., S. 354.
64) 임웅, 448면.
65) 이형국, 297면; 이재상, 439면; 김일수/서보학, 576-577면; 배종대, 610면.
66) 정성근, 631면; 박상기, 411면 이하; 임웅, 446면 이하; 오영근, 630면; 同, 간접정범(고시계, 1992. 10), 99면; 하태훈, 간접정범의 피이용자의 행위유형(고시계, 1998. 11), 88면.

당하는 행위를 이용하여 범죄를 실현하는 경우에도 원칙적으로 간접정범이 된다.

(a) 정당행위이용 수사공무원을 속여 죄없는 자를 체포·구금케 하거나 폭행의사로 정을 모르는 징계권자로 하여금 징계에 해당하는 폭행을 하게 한 경우와 같이 타인의 정당행위를 이용한 때에도 간접정범이 성립한다. 그러나 정당행위를 이용한 때에도 이용행위 자체가 적법이면 간접정범은 성립하지 않는다. 또 수사공무원을 속여 체포·구금하게 한 이용행위가 무고죄의 요건을 구비한 때에는 무고죄가 성립한다.

(b) 정당방위이용 예컨대, 광인(狂人)을 살해하기 위하여 그 광인으로 하여금 타인을 살해하도록 사주하고 이에 대한 타인의 정당방위에 의하여 광인이 살해된 경우와 같이 의도적으로 정당방위상황을 이용한 경우에는 공격자와 방위자를 모두 도구로 이용한 때에 간접정범이 된다. 다만 방위자가 방위행위를 선택하지 않아도 될 상황에 있었거나 공격자가 단순한 동기의 착오를 일으킨 경우에는 이용자에게 의사지배가 있다고 할 수 없으므로 간접정범이 되지 않는다.[67] 예컨대 甲이 乙에게 거짓으로 丙이 乙에 대해 심한 모욕을 하였다고 하자 화가 난 乙이 丙을 폭행하고, 이에 丙이 정당방위로 乙에게 상해를 입힌 경우에는 乙과 丙은 甲의 도구가 아니므로 甲은 불가벌이다.

(c) 정당화적 긴급피난이용 예컨대 낙태에 실패한 임부(姙婦)가 과다출혈로 인한 생명의 위험을 피하기 위하여 의사의 긴급피난을 이용, 낙태수술을 받은 경우에도 자기낙태죄의 간접정범이 된다. 그러나 임부의 자초위난이 임부자신의 적법한 긴급피난에 해당하는 경우에는 불가벌이다.

3) 책임 없는 행위이용 책임무능력자, 책임조각사유 있는 자를 도구로 이용한 경우, 극단종속형식과 최극단종속형식에 의하면 항상 간접정범이 성립하지만 제한종속형식에 의하면 간접정범 외에 교사범도 성립할 수 있다. 이 경우 정범개념의 우위성 원칙에 따라 먼저 의사지배가 있는 간접정범 성립 여부를 검토하고, 간접정범이 부정될 경우에 한하여 교사범이 성립한다. 따라서 이용자가 피이용자의 책임조각사유를 인식하고 우월적 지위에서 조종의사에 의한 이용행위가 있는 때에는 간접정범이 성립할 뿐이다.

---

67) 정성근, 632면; 박상기, 416면; Sch/Sch/Cramer, Vor §25 Rdn. 28; Jescheck/Weigend, §62 II 3.

(a) 책임무능력자이용　절도의사로 5·6세 이하의 어린이나 심신상실자를 이용하여 타인의 물건을 가져오게 한 경우, 또는 정신병자를 이용하여 폭행하게 한 경우에는 절도죄 또는 폭행죄의 간접정범이 된다. 그러나 14세 미만 자라도 통찰력과 의사결정능력이 있는 자를 이용한 경우에는 의사지배가 없는 이상 교사범이 성립한다고[68] 본다.

(b) 강요된 행위이용　심리적 폭력에 의해 강요된 자의 행위를 이용한 경우에는 의사지배가 있는 간접정범이 성립한다. 형법 제12조의 강요된 행위가 그 전형적 형태이다. 형법 제12조의 생명·신체 이외의 법익에 대해서도 간접정범이 성립한다.

그러나 절대적 폭력에 의해 강요된 행위는 형법상의 행위라 할 수 없으므로 이용자는 실행지배를 하는 직접정범이 된다.

(c) 상관의 구속적 위법명령집행　구속적 위법명령을 집행하도록 한 상관은 그 위법행위의 간접정범이 성립한다. 군의 상관이 작전상의 지휘를 이용하여 위법 명령을 한 경우가 여기에 해당한다. 다만 이 경우에는 특수간접정범(제34조 2항)에 해당할 것이다. 그러나 위법명령에 전적으로 구속을 받지 않는 경우에는 특수교사범이 된다고 본다.

(d) 기대불가능한 행위이용　기대불가능한 초법규적 책임조각사유가 있는 자를 이용한 때에도 의사지배가 있으면 간접정범이 성립한다. 그러나 인적 처벌조각사유가 있는 자를 이용한 때에는 피이용자는 신분이 있을 뿐이고 의사지배를 받는 것은 아니므로 공범이 성립한다(제328조 3항).

4) 구성요건해당성·위법성·책임있는 행위이용　고의있는 정범으로 처벌되는 자를 이용한 경우에는 원칙적으로 공범이 성립하고 간접정범은 부정된다. 이러한 자를 이용한 때에 간접정범의 성립이 문제될 수 있는 경우는 위법성의 착오자를 이용한 경우, 위법성조각사유의 전제사실 착오자를 이용한 경우, 정범배후의 정범이론이 있다.

(a) 위법성의 착오이용　위법성의 착오에 빠진 자를 이용한 경우에 간접정

68) 황산덕, 256면; 남흥우, 250면; 정성근, 632면; 이재상, 442면; 배종대, 441면; 손해목, 958면; 진계호, 529면; 임웅, 450면; 오영근, 630면; 同, 간접정범, 102면; 최우찬, 간접정범(고시계, 1994. 3), 19면. 이에 대해서 이 경우에 피이용자의 도구성 여부는 피이용자가 자기결정능력을 할 수 있느냐가 아니라 비난가능성 여부에 따라 결정해야 한다는 이유로 간접정범이 성립하고, 피이용자가 이미 범행결의를 하고 있는 경우에 이를 원조·지도하는 경우에 한하여 교사범이 성립한다는 견해는 박상기, 417면.

범 또는 교사범 중 어느 것이 성립하느냐에 대해서 다양한 견해가 주장된다.

> ① 회피불가능한 위법성의 착오를 이용한 경우에는 간접정범이 성립하고, 회피가능한 위법성의 착오를 이용한 경우에는 교사범이 성립한다는 견해,[69] ② 착오의 회피가능·불가능을 묻지 않고 위법성의 착오를 이용하면 항상 교사범만 성립한다는 견해,[70] ③ 회피가능·불가능을 묻지 않고 위법성의 착오를 이용하면 항상 간접정범이 성립한다는 견해,[71] ④ 회피가능·불가능을 묻지 않고 이용자가 착오상태를 야기하였거나 착오상태를 인식하고 이용한 때에는 간접정범, 피이용자의 착오를 인식하지 못하고 이용한 경우에는 교사범이 성립한다는 견해,[72] ⑤ 회피가능·불가능을 묻지 않고 피이용자의 행위가 자유롭지 못한 상태이면 간접정범, 그렇지 않으면 교사범이 성립한다는 견해[73] 등이 있다.

간접정범은 이용자의 의사지배 유무로 판단해야 하고 피이용자의 회피가능 여부나 착오의 원인제공 여부를 기준으로 판단할 것은 아니다. 다만, 형법 제34조 1항은 피이용자의 범위를 어느 행위로 인하여 처벌되지 아니하는 자로 한정하고 있으므로 처벌되는 회피가능한 위법성의 착오자가 정범이고 그 이용자는 교사범이라 해야 한다. 회피불가능한 위법성의 착오를 이용한 경우에도 이용자의 의사지배를 인정할 수 있는 경우에만 간접정범이 성립한다고 본다.[74]

(b) 위법성조각사유의 전제사실착오이용 전제사실의 착오취급에 따라 이론구성은 달라질 수 있으나, 이 착오를 이용한 때에도 이용자의 의사지배가 인정되면 간접정범이 성립한다는 데에는 거의 견해가 일치한다. 다만, 이 착오를 위법성의 착오로 취급할 때에는 회피불가능한 착오에 한하여 의사지배가 있는 경우에만 간접정범이 성립한다고 해야 한다.

(c) 정범배후의 정범이론 정범배후의 정범(Täter hinter dem Täter)이론이란 예외적 상황에서 유책하게 행위한 고의의 정범을 배후에서 지배하는 자도 간접정범이 될 수 있다는 이론으로, 우리 형법처럼 피이용자의 범위를 제한하지 않는 독일 형법의 해석에서 주장된 이론이다. 이 이론에 의하면 배후정범이 될 수 있는 경우로서 전술한 회피가능한 위법성의 착오를 이용한 경우, 객체의

---

69) 신동운, 655면; 同, 간접정범, 102면; Jakobs, 21/96.
70) Welzel, S. 103.
71) 최우찬, 간접정범, 23면; Sch/Sch/Cramer, §25 Rdn. 38; Baumann/Weber/Mitsch, S. 629.
72) 이재상, 443면; 배종대, 613면. 同旨: 정영일, 442면.
73) 박상기, 418면.
74) 同旨: 김성돈, 619면. 이 경우에도 의사지배 개념을 사실상의 지배개념으로 이해할 것인가 규범적인 개념으로 이해할 것인가에 따라 결론이 달라질 수 있다고 보는 견해로는 Kühl, 20/81.

착오를 유도하여 이용한 경우, 조직적 권력구조를 통해 범죄실현을 조정할 수 있는 경우를 들고 있다.

aa) 객체의 착오이용 예컨대 甲은 乙이 자기를 죽이기 위해 한적한 곳에 잠복해 있음을 알고, 甲은 자기와 원수지간인 A를 그곳으로 유인하여 甲으로 오인한 乙에 의해 살해되도록 한 사례(소위 Dohna의 사례)와 같이 객체의 착오를 유도하여 이를 이용한 경우에 간접정범을 인정할 수 있느냐가 논의된다.

독일에서는 배후인물(甲)이 피이용자(乙)에게 객체의 착오를 일으켜 그의 범행을 유발하였으므로 배후정범이론에 의하여 간접정범이 성립한다는 견해,[75] 피이용자의 범행계획을 자기의 범행계획달성에 이용한 것에 불과하므로 각자 동시범이 된다는 견해,[76] 배후인물이 객체의 착오를 유발한 것이므로 교사범이 성립한다는 견해[77] 등이 있고, 우리나라에서도 배후정범이론에 의하여 간접정범을 인정하는 견해가[78] 있다.

형법 제34조 1항은 피이용자의 범위를 "처벌되지 않는 자"로 한정하고 있으며, 도나(Dohna)의 사례에서 甲에 대한 乙의 살해계획 자체는 단순한 주관적 동기에 불과하고 형법적으로 무의미한 것이므로 이를 처벌되지 않는 자에 포함시킬 수 없으며, 이미 범행계획에 의하여 범행준비가 완료된 자에 대해서 의사지배가 있다고 할 수 없으므로 간접정범을 인정할 수 없다고 본다. 따라서 Dohna 사례에서는 乙은 살인죄의 직접정범, 甲은 그 종범이 된다고 해야 한다.

bb) 조직적 권력구조에 의한 범죄실현 예컨대 마피아 등 조직범죄의 수뇌부와 그의 명령에 복종하는 하수인의 관계와, KAL기를 폭파한 김현희와 북한 대남공작부의 관계와 같이 조직범죄의 하수인을 이용하는 경우에도 간접정범이 성립하느냐에 대해서 견해가 대립한다.

배후정범이론에 의하여 간접정범이 성립한다는 견해,[79] 조직지배를 하는 수뇌부는 실행자와 같이 공동정범이 된다는 견해,[80] 하수자를 이용하는 형태에

75) Sch/Sch/Cramer, §25 Rdn. 23; Kühl, 20/74.
76) Welzel, S. 111; Herzberg, Täterschaft and Teilnahme, 1977. S. 24.
77) Schuman, Selbestverantwortung, 1986. S. 765.
78) 김일수/서보학, 582면; 박상기, 422면.
79) 김일수/서보학, 582면; 박상기, 422면; 손동권, 간접정범에 관한 고찰(손해목 교수 화갑기념논문집), 336면; 정영일, 간접정범(고시연구, 2002. 11), 90면 이하; Roxin, LK, §25 Rdn. 88; derselbe, Tät. u. Tat.(5. Aufl.), S. 245.
80) Jescheck/Weigend, §62 II 8. 同旨: 하태훈, 사례중심(총론), 416면.

따라 공동정범 또는 교사범이 성립한다는 견해[81] 등이 있다.

"처벌되지 않는 자"의 이용행위에 대해서 간접정범을 인정하는 형법 제34조 1항의 취지에 비추어 배후정범이론은 부정해야 하므로[82] 객체의 착오이용의 경우와 마찬가지로 간접정범은 성립하지 않는다고 해야 한다. 조직지배를 하는 수뇌부는 관여형태에 따라 공동정범 또는 교사범이 성립한다고 본다. 대부분의 경우에는 기능적 행위지배가 인정되어 공동정범이 될 것이고, 교사범이 성립할 때에는 특수교사(제34조 2항)에 해당하는 경우가 많을 것이다.

(2) 과실범으로 처벌되는 자 이용

가벌적인 과실범의 행위를 이용하는 경우에도 이용자는 고의범의 간접정범이 성립한다(제34조 1항 후단). 인식없는 과실, 인식있는 과실은 묻지 않는다. 예컨대 간호사가 주사기에 든 약물의 내용을 확인하지 않고 의사가 시키는 데로 주사하여 의사의 의도대로 환자가 사망한 경우, 간호사는 업무상과실치사죄, 의사는 살인죄의 간접정범이 성립한다. 또 구성요건적 착오자가 과실범으로 처벌되는 경우를 이용한 때에도 여기에 해당할 수 있다.

2. 이용행위

(1) 교사 또는 방조

이용자는 피이용자를 범죄실현의 수단으로 이용하고 있어야 한다. 형법 제34조 1항은 이용행위에 관하여 "교사 또는 방조하여"라 규정하고 있으나 간접정범은 의사지배를 하는 정범이므로 여기의 교사·방조는 의사지배가 없는 교사범·종범의 그것과 구별해야 한다. 즉, 간접정범에 있어서는 피이용자에게 자유로운 의사결정에 의한 범행을 결의시키거나 이미 범죄의사를 결의한 자에 대하여 원조한다는 것은 원칙적으로 생각할 수 없다. 따라서 여기의 교사·방조는 사주·이용한다는 의미로 넓게 해석해야 한다. 다만, 교사·방조의 방법도 이용행위에 포함되므로 의사지배가 인정되면 간접정범이 성립할 수 있다. 예컨대 상해의 고의 있는 자가 설사약이 들어 있는 음식물 배달자 몰래 독약을 혼

---

81) Jakobs, 21/35f.; 정성근, 635면; 조병선, 국가권력을 이용한 살상행위의 배후자(정성근 교수 화갑기념논문집, 1997), 207면 이하.

82) 이재상, 445면; 배종대, 615면; 신동운, 657면; 임웅, 446면; 김성돈, 624면; 김성천, 412면.

입한 때에는 방조행위를 이용한 간접정범이 된다.

(2) 과실 또는 부작위에 의한 간접정범

이용행위 자체가 과실행위인 경우, 즉 과실에 의한 간접정범은 의사지배가 있는 이용행위가 있다고 할 수 없으므로 부정함이 타당하다.

부작위에 의한 간접정범이 가능하느냐에 대해서는 견해가 대립한다. 그러나 도구로 이용되는 피이용자의 행위를 저지할 보증의무에 위반한 부작위 자체는 피이용자에 대하여 의사지배를 할 수 없으므로 간접정범의 성립은 부정해야 할 것이다.

(3) 실행의 착수

간접정범의 실행의 착수시점은 선의의 도구를 이용하는 경우에는 이용자의 이용행위시에, 고의있는 도구를 이용하는 경우에는 피이용자의 실행의 착수시라고 본다.

3. 결과의 발생

범죄행위의 결과발생이란 구성요건적 사실을 실현한 것을 말하고, 반드시 결과범에 있어서의 결과발생을 의미하는 것은 아니다. 또 미수범의 성립을 배제하는 것도 아니므로 범죄행위의 결과가 발생하지 않으면 가벌미수에 한하여 미수범의 간접정범으로 처벌된다.

Ⅲ. 간접정범의 처벌

1. 기수범의 처벌

간접정범은 위법성조각사유와 책임조각사유가 없는 이상 교사 또는 방조의 예의 의하여 처벌한다. 따라서 이용행위가 교사에 해당하는 때에는 정범과 동일한 형으로 처벌되며(제31조 1항), 방조에 해당하는 때에는 정범의 형보다 감경한다(제32조 1항).

간접정범은 정범임에도 불구하고 공범의 예에 의하여 처벌하도록 한 것은 입법론상 타당하다고 할 수 없다.

2. 미수범의 처벌

간접정범의 미수는 교사에 해당하는 경우에 공범의 예에 의하여 예비 또는 음모에 준하여 처벌해야 한다는 견해도 있다.[83] 그러나 간접정범은 공범이 아니라 정범이며, 교사·방조의 예에 의하여 처벌되는 것은 범죄행위의 결과가 발생한 경우에 한한다고 해야 하므로 간접정범의 미수도 일반의 미수범 규정에 의하여 처벌하여야 한다.

Ⅳ. 간접정범의 관련문제

1. 간접정범의 착오

(1) 피이용자에 대한 착오

피이용자에 대한 착오는 두 가지가 있다.

첫째는 피이용자에게 고의나 책임능력이 없다(선의의 도구)고 오인하고 이용하였으나, 실은 고의 또는 책임능력이 있었던 경우(악의의 도구)이다. 이 경우는 이용자의 인식(주관)을 기준으로 결정해야 한다는 이유로 간접정범이 성립한다는 견해가 종래의 통설이다.[84] 그러나 고의 또는 책임능력이 있는 자에 대한 이용은 우월적 지위에서 의사지배를 하고 있다고 할 수 없으므로 교사범이 성립한다고[85] 해야 한다.

둘째는 이와 반대로 피이용자에게 고의 또는 책임능력이 있다고(악의의 도구) 오인하고 교사 또는 방조하였으나 실은 고의 또는 책임능력이 없었던 경우(선의의 도구)에도 이용자의 의사지배를 인정 할 수 없으므로 교사범이 성립한다.

---

83) 정창운, 간접정범의 본질(법정, 1965. 8), 47면; 손해목(8인 공저), 485면.
84) 유기천, 296; 손해목(8인 공저), 492면; 진계호, 521면.
85) 김종원, 교사범(고시계, 1975. 6), 100면; 이재상, 447면; 이형국, 303면; 김일수/서보학, 586면; 배종대, 620면; 박상기, 423면; 신동운, 657면; 오영근, 609면; 임웅, 453면; 정영일, 455면; 김성천, 411면.

(2) 피이용자의 실행행위에 대한 착오

이용자가 사주한 범죄와 피이용자가 실행한 범죄가 일치하지 아니한 경우에는 착오론의 일반원칙에 의하여 해결해야 한다.

1) 동일구성요건내의 착오　동일구성요건 내의 피이용자의 객체의 착오·방법의 착오는 법정적 부합설에 따르면 이용자에게도 마찬가지로 객체의 착오·방법의 착오가 되므로 이용자는 발생사실에 대한 간접정범이 성립한다. 예컨대 甲이 정신병자를 사주하여 A를 살해하게 하였으나 정신병자가 B를 살해한 때에는 B에 대한 살인죄의 간접정범이 성립한다.

이에 대하여 구체적 부합설에 따르면 피이용자의 객체의 착오·방법의 착오는 이용자에게는 모두 방법의 착오가 되므로 위 정신병자 예에서 甲은 A에 대한 살인미수와 B에 대한 과실치사죄의 상상적 경합이 되고 이용자는 이에 대한 간접정범이 성립한다.[86)]

2) 다른 구성요건 사이의 착오　피이용자가 사주한 범위를 초과하여 실행한 때에는 이용자는 초과부분에 대하여 책임을 부담하지 아니하고 사주한 범위 내에서만 간접정범의 책임을 부담한다. 다만 이용자에게 초과부분에 대하여 미필적 고의가 있거나 중한 결과에 대해서 예견가능성이 있는 때에는 전체에 대한 간접정범 또는 결과적 가중범의 간접정범이 성립한다.

2. 자수범과 간접정범

(1) 자수범의 의의

자수범(自手犯, eigenhändige Delikte)이란 정범 자신이 구성요건적 실행행위를 직접 실행하여야 그 범죄가 성립하고, 타인을 도구로 이용하는 간접정범의 형태로 실행할 수 없는 범죄를 말한다. 위증죄, 준강간죄, 피구금부녀간음죄, 간통죄, 업무상 비밀누설죄, 군무이탈죄 등이 자수범에 해당한다.[87)] 자수범은 직접의 단독정범으로만 범죄를 실행할 수 있으므로 간접정범은 물론, 자수적 실행이 없는 공동정범도 성립할 수 없으며, 배후의 이용자는 교사범 또는 종범이 될 수 있을

86) 김일수/서보학, 587면; 이형국, 303면; 배종대, 620면 이하; 정영일, 456면.

87) 대판, 1992. 11. 10, 92도1342는 부정수표단속법 제4조의 허위신고죄의 주체는 수표금액의 지급금액을 부담하는 자 또는 거래정지처분을 당하는 자로서 발행인에 한정되므로 수표발행인이 아닌 자는 허위신고의 고의가 없는 발행인을 이용하여 간접정범의 형태로 이 죄를 범할 수 없다고 하여 동법의 허위신고죄도 자수범이라 하고 있다.

뿐이다.

(2) 자수범의 인정여부

자수범을 인정할 것이냐에 대해서 종래부터 견해가 대립되어 왔고, 현재에도 부정하는 견해가 있다.

1) 부정설

(a) 자연과학적 인과론 타인을 이용하는 행위와 결과발생 사이에 인과관계만 있으면 항상 정범의 책임을 부담하므로 자수범 개념은 인정할 필요가 없다는 견해로[88] 자연과학적 인과만능의 사상이 지배하던 시대의 이론이다. 그러나 범죄개념은 규범적으로 고찰해야 함에도 불구하고 인과관계만으로 설명하려는 태도는 이미 극복되었다 해도 좋다.

(b) 확장적 정범론 구성요건적 결과에 대해서 조건을 준 자는 모두 정범이 된다고 하므로 자수범의 개념은 인정할 필요가 없게 된다.[89]

그러나 확장적 정범론은 이론상으로 공범의 존재를 부정하여 모두 정범이라 하므로, 정범의 표지와 요소를 적극적으로 설명하지 못할 뿐만 아니라 정범개념을 지나치게 확대시킨다.

(c) 공범독립성설 타인을 이용・원조하는 행위 자체가 공범의 실행행위가 되므로 자수범이란 생각할 수 없다고 한다.

그러나 형법은 공범종속설을 취하고 있다고 해야 하므로 공범독립성설을 근거로 자수범을 부정하는 것은 타당하지 않다.

(d) 실정법을 근거로 한 부정설 자수범은 실정법의 해석을 떠나서 생각할 수 없다는 전제에서 형법 제34조 1항이 간접정범에 대하여 교사・방조의 "예에 의한다"고 규정하여 형법 제33조를 적용하도록 하였으므로 현행법상으로 자수범을 인정할 수 없다거나(간접정범형식의 공범설),[90] 형법 각칙상의 자수범은 있을 수 없다는 견해이다.[91]

그러나 형법 각칙의 개개 구성요건의 성질상 자수적 실행에 의하여 불법이 실현되는 범죄가 있을 뿐만 아니라 형법은 교사범・종범 이외의 공범을 인정

88) Liszt, Lehrbuch(22. Aufl.), S. 205.

89) E. Schmidt, Die mittelbare Täteschaft, FS-Frank, Bd. 2. 1930, S. 1285; Mezeger, Lehrbuch., S. 411ff.

90) 차용석, 간접정범(형사법강좌 II), 717면.

91) 유기천, 135면.

하지 아니하므로 간접정범형식의 공범은 인정할 수 없다고 해야 한다.

2) 긍정설

(a) 형식설 개개 구성요건의 문언(文言)에서 특히 일정한 자의 행위만이 그 범죄의 구성요건을 충족할 수 있도록 요구하고 있는 경우에는 그 이외의 자는 정범이 될 수 없으므로 이러한 죄는 자수범이라는 견해로, 문언설이라고도 한다.[92] 이에 의하면 신분범, 진정부작위범, 성범죄 등은 자수범이 된다.

그러나 어떤 범죄가 자수범인가는 형식적인 규정만으로 결정할 수 없을 뿐만 아니라 언어의 의미는 다양하므로 이를 일의적으로 해석하여 정범과 공범을 구별하는 기준으로 삼을 수 없다. 실제로 신분범, 진정부작위범 중에도 자수범이 아닌 범죄도 있고, 거동범 중에도 자수범이 있으므로 타당하지 않다.

(b) 거동범설 구성요건적 실행행위만 있으면 범죄가 성립하는 거동범은 자수범이라고 하는 견해이다. 즉, 자수범이란 행위반가치가 전면에 있는 거동범이며, 정범의 실행행위가 있으면 반가치가 인정된다고 한다.[93]

거동범의 불법내용이 행위 자체에 있는 것은 사실이지만 거동범도 사회적으로 비난할만한 상태를 야기했거나 추상적 위험이 있는 결과가 간접적으로 연결될 때에만 처벌되므로 모든 거동범이 자수범이 되는 것은 아니며(예컨대 폭행죄, 주거침입죄, 공무원자격사칭죄),[94] 결과범 중에도 자수범이 있을 수 있으므로(예컨대 신분범) 거동범설도 타당하지 않다.

(c) 진정·부진정자수범 이분설 범죄를 지배범과 의무범으로 구별하는 록신(Roxin)은 지배범 중에서 제3자가 구성요건적 불법에 대하여 행위지배를 할 수 없는 행위자형법적 범죄와 법익침해 없는 행위관련적 범죄는 진정자수범이고, 의무범 중에서 극도의 일신전속적 의무범은 부진정자수범이 된다고 하여 자수범을 인정한다.[95]

【이분설에 따른 자수범의 예】 이분설에 따라 우리 형법상의 자수범을 예시하면 다음과 같다.

---

92) 손해목, 978면; 오영근, 646면 이하.
93) Maurach/Zipf, 21/3.
94) 이재상, 450면.
95) Roxin, LK, § 25 Rdn. 35f. 우리나라에서는 김일수(Ⅱ), 291면과 신동운, 674면; 同, 자수범(김종원 교수 회갑기념논문집, 1991), 518면; 同, 판례백선 형법총론, 534면 등이 Roxin의 견해에 따르고 있다.

(1) 진정자수범[96)]

1) 행위자형법적 범죄(Täterstrafrechtlicher Delikte) 제3자는 구성요건적 불법에 대해서 행위지배를 할 수 없고, 오로지 행위자의 일정한 생활방식(특성)이 그 불법을 지배할 수 있는 범죄이다. 상습도박죄(제246조 2항) 등 상습범, 영리 등 목적의 약취·유인·매매·수수·은닉죄(제288조, 제293조 2항) 등이 있다.

2) 법익침해 없는 행위관련적 범죄(verhaltensgebundene Delikte) 법익침해 때문에 처벌되는 것이 아니라 법익침해는 없으나 윤리적으로 비난 받을 행위이기 때문에 처벌되는 범죄이다. 간통죄(제241조), 직무유기죄(제122조), 윤락행위금지위반(동법 제25조), 군형법상 계간죄(鷄姦罪,동법 제92조) 등이다.

(2) 부진정자수범[97)]

의무범의 일종이지만 극도의 일신전속적 의무를 침해하기 때문에 타인이 이를 침해할 수 없고, 자수적으로만 범할 수 있는 범죄이다. 도주죄(제145조), 위증죄(제152조), 허위감정죄(제154조), 유기죄(제271조, 제272조), 학대죄(제273조), 군형법상의 군무이탈죄(동법 제30조)와 적진으로의 도주죄(동법 제33조), 뺑소니 운전죄(특가법 제5조의3) 등이 있다.

그러나 간통죄와 같이 법익침해를 수반하지 않는 행위관련적 범죄는 행위의 반윤리성 때문에 처벌되는 것이 아니라 일부일처의 혼인제도를 보호하기 위해서 처벌된다고 해야 하며, 일신전속적 의무범도 의무 그 자체 때문에 자수범이 되는 것이 아니라 구성요건적 행위 그 자체의 특성, 예컨대 군무이탈죄는 군무를 이탈할 목적으로 이탈하였기 때문에, 위증죄는 허위 진술을 하였기 때문에 처벌 된다고 해야 하므로 자수범 인정의 이론구성이 타당하다고 할 수 없다.

(d) 삼분설 진정·부진정자수범의 구별을 부정하고 모두 전형적인 자수범이 된다고 하는 헤르츠베르그(Herzberg)는 다음의 세 가지를 기준으로 자수범을 인정한다.[98)] 즉, ① 행위자 자신의 신체를 범행수단으로 사용하는 행위만이 구성요건실현이 가능한 범죄로서,[99)] 간통죄(제241조), 준강간·강제추행죄(제299조), 피구금부녀간음죄(제303조 2항), 혼인빙자등 간음죄(제304조), 군형법상의

96) Roxin, LK, §25 Rdn. 35.

97) Roxin, LK, §25 Rdn. 36.

98) Herzberg, Eigenhändige Delikte, ZStW, 82(1970), S. 922ff. 우리나라에서는 이재상, 451-452면; 배종대, 623면; 박상기, 86-87면; 임웅, 456면; 정영일, 448면; 김성돈, 560면은 이 기준에 따라 자수범을 인정하고 있다. 기본적으로 삼분설에 기초하면서, 자수범은 결국 "행위자의 자수적인 신체적 가담"에 의해서만 행해질 수 있는 범죄라는 한 가지 형태로만 존재한다고 보는 견해는 김일수/서보학, 570면 이하.

99) Herzberg, ZStW, 82, S. 922. Herzberg의 분류에 따른 자수범의 예는 우리 형법상의 자수범을 예시한 것이다.

군무이탈목적 자상행위(동법 제41조)와 계간(동법 제92조) 등이 여기에 해당하는 자수범이고, ② 제3자의 행위는 법익침해가 될 수 없고, 오로지 행위자의 인격적 태도표현만이 구성요건을 실현할 수 있는 범죄로서,[100] 명예훼손죄(제307조), 모욕죄(제311조), 업무상 비밀누설죄(제317조)가 여기에 해당하는 자수범이며, ③ 범죄 그 자체의 성질 때문이 아니라 형법 이외의 소송법 기타의 법률에 의해서 행위자 스스로의 행위를 요구하는 범죄로서,[101] 위증죄(제152조), 군형법상의 군무이탈죄(동법 제30조)가 여기에 해당하는 자수범이라 한다.

3) 결 어　형벌법규 중에는 행위자의 행위만이 그 구성요건을 실현할 수 있거나 자수적 방법에 의해서만 행위반가치가 인정되는 범죄도 있으므로 자수범 긍정설이 타당하다.

문제는 어떤 범죄가 자수범에 해당하느냐에 있다. 자수범의 본질은 범죄 자체의 성질상 행위자의 자수적 실행이 요구된다는 데 있으므로 이것이 요구되는 범죄인가를 기준으로 범죄 주체를 제한하는 취지를 고려하여 개별적으로 판단해야 한다. 이분설은 행위자의 생활방식이나 행위의 반윤리성을 기준으로 진정자수범을 인정하므로 자수범 본질에 따른 구별이 아니다. 따라서 진정자수범과 부진정자수범을 구별할 의미는 없다.

삼분설의 내용 중 범죄 자체의 성질상 행위자의 자수적 실행을 요구하는 범죄에 한하여 자수범을 인정하는 것이 타당하다. 즉, ① 행위자 자신의 신체를 범행수단으로 사용해야 구성요건실현이 가능한 간통죄, 준강간·준강제추행죄와 피구금부녀간음죄,[102] 혼인빙자간음죄, 직무유기죄, 군무이탈목적 자상죄, 계간죄, 윤락행위금지위반 등은 자수범이다. 이에 대하여, ② 행위자의 인격적 태도 표현이 범죄가 되는 명예훼손죄·모욕죄·엄무상비밀누설죄와 도주죄는 의사지배를 통하여 제3자를 이용할 수 있으므로 자수적 실행이 요구되는 자수범이 아니라고 해야 한다. 그리고 ③ 위증죄·허위공문서작성죄·군무이탈죄는 행위의 자수적 실행이 요구되는 범죄이기 때문에 자수범이 될 뿐이고, 형법 외적인 소송법 기타 법률의 제약을 이유로 자수범성을 설명할 필요가 없다. 위증죄의 경우 선서한 증인이 허위진술한 행위 자체의 자수성 때문에 자수범이

100) Herzberg, ZStW, 82, S. 939.
101) Herzberg, ZStW, 82, S. 943.
102) 준강간·준강제추행·피구금부녀간음죄의 자수범성을 부정하는 견해는 김일수/서보학, 571면.

된다고 해야 한다. 이 밖에 범죄의 성질상 일정한 주체의 일정행위만이 범행이 가능한 실질적 자수범(진정부작위범, 거동범 중 일부)과 구성요건 자체가 간접정범형태로 규정하고 있는 형식적 자수범(공정증서원본등부실기재죄)이 있다.

3. 개별범죄유형과 자수범

(1) 신분범과 간접정범

진정신분범에 있어서 신분자가 비신분자를 이용하여 신분범을 범하게 한 때에는 그 간접정범이 되며, 비신분자는 그 정을 알고 있는 경우에 한하여 종범이 된다. 따라서 강간죄, 수뢰죄, 도주죄 등 진정신분범의 대부분은 자수범이 아니다. 그러나 간통죄와 위증죄는 타인을 이용하여 죄를 범할 수 없으므로 자수범이 된다. 한편, 비신분자가 신분자를 이용하여 간접정범이 될 수 있는가에 대하여는 판례는 부정적 입장을 취하고 있다.

【판례】 … 수표금액의 지급책임을 부담하는 자 또는 거래정지처분을 당하는 자는 오로지 발행인에 국한되는 점에 비추어 볼 때 발행인이 아닌 피고인은 위 법조가 정한 허위신고죄의 주체가 될 수 없고, 허위신고의 고의 없는 발행인을 이용하여 간접정범의 형태로 허위신고죄를 범할 수도 없다(대판, 1992. 11. 10, 92도1342).

(2) 목적범과 자수범

각종의 위조죄, 무고죄, 영리목적 약취・유인죄 등 목적범에 있어서 목적있는 자는 목적없는 자를 이용하여 그 범죄를 실현할 수 있으므로 자수범이 아니다. 다만 부진정자수범을 인정하는 견해 중에는 목적범도 부진정자수범이 된다는 견해도 있다.

(3) 허위공문서작성죄와 간접정범

종래의 통설은 허위공문서작성죄(제227조)의 간접정범의 형태를 공정증서원본부실기재죄(제228조)로 규정하고 있으므로 허위공문서작성죄는 형식적 자수범,[103] 또는 부진정 자수범이라고[104] 해석하였고, 판례도[105] 자수범이라 하고

---

103) 황산덕, 261면; 진계호, 534면.
104) 김일수(Ⅱ), 481면.
105) 대판, 1976. 8. 24, 76도151.

있다. 다만 판례는 예외적으로 공문서의 기안을 담당하는 공무원이 허위공문서를 기안하여 그 정을 모르는 공문서작성권한이 있는 상사의 결재를 받은 경우에 허위공문서작성죄의 간접정범이 된다고 하고 있으며,[106] 공정증서부실기재죄는 허위공문서작성죄의 간접정범을 처벌하기 위한 규정이므로, 비신분자가 허위공문서작성죄의 간접정범이 될 수 없다고 한다. 한편 판례는 이와 공모한 비신분자도 간접정범의 공범이 될 수 있다고 판시하고 있다.

【판례】 공문서의 작성권한이 있는 공무원의 직무를 보좌하는 자가 그 직무를 이용하여 행사할 목적으로 허위의 내용이 기재된 문서초안을 그 정을 모르는 상사에게 제출하여 결재하게 하는 등의 방법으로 작성권한이 있는 공무원으로 하여금 허위의 공문서를 작성하게 한 경우에는 간접정범이 성립하고 이와 공모한 자 역시 그 간접정범의 공범으로서의 죄책을 면할 수 없는 것이고, 여기서 말하는 공범은 반드시 공무원의 신분 있는 자로 한정되는 것은 아니라고 할 것이다(대판, 1992. 1. 17, 91도2873).

V. 특수교사·방조

1. 형법 제34조 2항의 형가중

형법 제34조 2항은 "자기의 지휘·감독을 받는 자를 교사 또는 방조하여 전항의 결과를 발생하게 한 자는 교사인 때에는 정범에 정한 형의 장기 또는 다액에 그 2분의 1까지 가중하고, 방조인 때에는 정범의 형으로 처벌한다"라고 규정하고 있다. 지휘·감독자가 그 지위를 이용하여 피지휘자·피감독자를 교사·방조하는 것은 더욱 비난가능성이 크기 때문에 형을 가중하기로 한 것이다. 그런데 이 조항이 공범의 특수한 경우를 규정한 것이냐, 간접정범의 특수한 경우를 규정한 것이냐에 대하여 학설이 대립하고 있다.

1) 특수교사·종범설 　이 규정은 교사범·종범의 특수한 경우를 규정하고 있다는 견해로, 법문상의 "전항의 결과"는 교사 또는 방조한 범죄결과를 의미한다고[107] 해석한다.

---

106) 대판, 1977. 12. 13, 77도1900; 대판, 1986. 8. 19, 85도2728; 대판, 1990. 2. 27, 89도1816 등.
107) 남흥우, 256면; 이건호, 196면; 황산덕, 262면; 신동운, 633면.

2) 특수간접정범설　이 규정은 간접정범의 특수한 경우를 규정하고 있다는 견해로, 법문상의 "전항의 결과"는 간접정범의 범죄결과를 의미한다고[108] 해석한다.

3) 결합설　이 규정은 특수한 교사범·종범과 특수한 간접정범을 모두 규정하고 있다는 견해이다. "전항의 결과"는 간접정범의 범죄결과와 교사·방조한 범죄결과까지 포함한다고 해석한다.

4) 결 어　형법 제34조 1항의 피교사자·피방조자는 "어느 행위로 인하여 처벌되지 아니하는 자 또는 과실범으로 처벌되는 자"임에 반하여, 동조 2항은 "자기의 지휘·감독을 받는 자"이므로 양자는 다르다고 해야 한다. 즉, 동조 2항의 "지휘·감독을 받는 자"는 반드시 처벌되지 않는 자·과실범으로 처벌되는 자라고 해야 할 이유가 없다. 2항은 "교사 또는 방조하여 전항의 결과를 발생하게 한 자"라 하고 있고, 1항은 간접정범을 교사·방조하는 것이므로 간접정범의 범죄결과 뿐만 아니라 교사·방조한 범죄결과까지도 포함한 것이라 해석할 수 있다. 따라서 특수한 교사범·특수한 종범·특수한 간접정범을 모두 포함하고 있다는 견해가 타당하다. 우리나라 다수설이다.[109]

2. 지휘·감독의 근거와 범위

지휘·감독의 근거는 법령·계약·사무관리에 한하지 않고, 사회관습상으로 사실상 지휘·감독관계가 있으면 충분하다. 이러한 지휘·감독은 구속적 명령에 복종하는 자 사이에 존재하는 경우와 그렇지 않은 경우를 구별할 수 있다. 전자의 예는 군대, 특수공무원(예컨대 정보요원), 지하단체, 비밀결사, 마피아, 깽단 등 조직사회에서 찾아 볼 수 있고, 후자의 예는 일반공무원, 친권자와 미성년자 사이, 교육자와 피교육자 사이, 개인회사의 사장과 사원 사이, 가장과 그 가(家)의 고용인 사이에서 찾아 볼 수 있다. 보통 전자의 경우는 특수한 간접정범의 형태가, 후자의 경우는 특수한 교사범·종범의 형태가 많을 것이다.

또 판례와 일부 학설은 공모공동정범을 인정하는 이유의 하나로 집단범의 배후조종자인 막후거물을 중하게 처벌하기 위해서 공모에 그친 자를 공동정범

108) 김일수/서보학, 590면; 김성천/김형준, 591면.
109) 유기천, 136면; 정성근, 645면; 이형국, 305면; 이재상, 452-453면 이하; 박상기, 431면; 배종대, 619면; 임웅, 451면; 김성돈, 630면.

으로 처벌하는 것이 집단범 대책상 필요하다고 하고 있다. 그러나 공모공동정범을 인정하여 집단범의 막후거물을 공동정범으로 처벌한다 하여도 하수자인 실행자보다 법정형이 중한 것은 아니므로 막후거물이 중하게 처벌되는 것은 아니다. 오히려 공모공동정범을 부정하고 막후거물이 하수자를 교사·방조한 것이라고 한다면 특수한 교사범, 특수한 종범, 특수한 간접정범으로 가중처벌할 수 있다. 따라서 공모공동정범의 관념을 부정하고 집단범에 대한 대책의 하나로서 막후거물을 중하게 처벌하려는 데에 형법 제34조 2항의 존재의의를 인정할 수 있다고 본다.

제 4 절 공동정범

Ⅰ. 공동정범의 의의·본질

1. 공동정범의 의의

공동정범(Mittäterschaft)이란 여러 사람이 공동하여 범죄를 실행하는 범죄유형을 말한다(제30조). 공동정범은 공범의 공동이 아니라 정범의 공동이므로 행위지배가 그 표지로 된다. 여기의 행위지배는 2인 이상이 분업적 협력에 의하여 전체 범행계획을 실현함에 있어서 불가결한 행위기여를 하는 기능적 행위지배를 말한다. 따라서 스스로 범행의 사태진행을 조종·장악하는 실행지배적 직접정범과 구별되며, 우월적 지위에 있는 자가 조종의사에 의하여 타인을 생명있는 도구처럼 이용하여 범행을 실행하는 의사지배적 간접정범과 구별된다. 또 공동정범에 있어 공동자는 공동실행의 의사를 상호적으로 가지면서 분업적 협력에 의하여 구성요건을 실현한다는 점에서 의사연락 없이 각자가 단독으로 실행지배를 하는 동시범과도 구별된다.

공동정범은 2인 이상의 다수인이 참가하여 범죄를 실현한다는 점에서 필요적 공범 또는 협의의 공범과 유사하다. 그러나 공동정범은 1인이 실현가능한 구성요건을 수인이 참가하여 실현하는 임의적 공범이라는 점에서 애당초 수인이 있어야만 구성요건을 실현할 수 있는 필요적 공범과 다르며, 2인 이상이 상호의존적 관계에서 기능적으로 분담·협력하면서 전체범행계획을 실현하는 행위지배자라는 점에서 행위지배 없이 단순히 타인의 범죄에 가담하는 교사범·종범과 다르다. 공동정범은 결과 전부에 대해서 정범으로 책임을 부담하는데 특색이 있다(일부실행·전부책임의 원리).

2. 공동정범의 본질

공동정범은 2인 이상이 공동한다고 할 때 그 공동은 무엇을 공동으로 하느냐, 즉 공동정범의 성립범위에 관하여 범죄공동설과 행위공동설이 대립한다.

【본질론에 관한 학설의 의의】

1) 범죄이론과의 관계　종래까지 범죄이론의 대립은 공범론에서 구체화되어 범죄공동설과 행위공동설의 대립으로 나타난다고 생각하여 왔다. 그래서 범죄공동설은 객관주의의, 행위공동설은 주관주의의 논리적 귀결이라 하고, 공범론에서의 두 학설의 대립은 엄격한 것으로 이해하였다.[110] 주관주의와 행위공동설이 결합하기가 용이하고, 객관주의와 범죄공동설이 결합하기 쉽다는 것은 사실이다. 그러나 이러한 결합관계는 일본의 牧野英一에 의해서 비로소 이루어졌을 뿐, 그 이전에는 이와 같은 결합관계를 인정하지 않았으며,[111] 현재도 객관주의 입장에서 행위공동설을 주장하는 견해가[112] 증가하고 있으므로 반드시 범죄이론과 논리적 결합관계로 보는 것은 타당하지 않다.

2) 학설의 필요성　최근에 범죄공동설은 공동정범의 성립범위를 지나치게 제약하고 행위공동설은 공동의 범죄의사가 없는 과실의 공동정범을 인정하므로 타당하지 않다고 하고, 두 학설은 공동정범의 본질 내지 성립범위를 설명함에 있어 무의미하며 그 성립범위는 (기능적) 행위지배설에 의하여 공범과 한계지울 수 있다는 견해도 있다.[113]

그러나 범죄공동설과 행위공동설의 대립은 공동정범과 공범을 구별하는데

110) 정영석, 244면 이하; 유기천, 277면; 염정철, 444면.
111) 이에 관해서는 정성근, 범죄공동설과 행위공동설(동아대학교 법경논총 제18집, 1978), 22면 참조.
112) 김종원, 공동정범의 본질(법정, 1977. 6), 53면; 이재상, 457면; 임웅, 416면.
113) 이형국, 284면; 김일수/서보학, 592면; 배종대, 561면; 박상기, 우리나라 학설과 판례에 나타나는 공동정범의 유형과 문제점(형사법연구 제13호, 2000), 6면. 공동정범의 본질을 기능적 행위지배설에 따르면서도 형법 제30조는 범죄공동설을 취한 것으로 보는 입장은 신동운, 565면.

있는 것이 아니라 동시범과의 한계가 문제되는 공동정범의 성립범위에 대해서 의미를 갖는다고 해야 한다. 즉, 수인일죄(數人一罪)에 한하여 공동정범의 성립을 인정할 것이냐(범죄공동설), 수인수죄(數人數罪)에 대해서도 공동정범의 성립을 인정할 것이냐(행위공동설)에 따라 공동정범과 동시범의 성립범위가 달라진다. 행위지배설은 정범과 공범의 구별기준이므로 이에 의해 종범과 구별할 수 있으나 수인 수죄에 대해서 공동정범이 성립하느냐 동시범이 되느냐라는 공동정범의 성립범위는 확정할 수 없다. 또 과실의 공동정범은 행위공동설과 관계없이도 인정되므로114) 이를 이유로 한 행위공동설의 무용론은 설득력이 없다. 그리고 범죄공동설과 행위공동설은 다수인이 참가하여 공동실행하는 공동정범에서만 의미를 가지며 광의의 공범일반에 관련된 학설은 아니다.

(1) 범죄공동설

범죄공동설은 하나의 고의범, 즉 수인일죄에 한하여 공동정범이 성립한다는 견해이다. 이 견해도 수인일죄의 범위를 어떻게 정하느냐에 따라 다시 견해가 나누어진다.

1) 고의공동설　하나의 동일한 고의범을 예정하고 이를 공동으로 실행하는 것이 공동정범이라고 하는 견해로, 범죄공동설의 원형이다.115) 이 견해는 형법 제30조의 "공동하여 죄를 범한 때"라 할 경우 그 죄는 특정된 동일한 고의범이라고 제한하여 해석한다.

그러나 이 규정의 죄를 반드시 특정된 동일한 고의범으로 한정하여야 할 근거는 없으며, "공동하여 〈각자의〉 또는 〈수개의〉 죄를 범한 때"라고 해석하여도 무방하다. 또 이에 의하면, 예컨대 甲과 乙이 공동하여 乙의 부친을 살해한 때에는 각자의 고의가 다르므로 공동정범 관계를 인정할 수 없고 이론적으로는 각자 동시범이 되고, 다만 제33조 단서에 의해 공동정범으로 처벌될 뿐이다. 이 경우 만일 乙의 부친도 아니라면 甲·乙 누구에 의하여 살해되었어도 공동정범 관계를 인정하는 것과 비교하여 공동정범의 성립범위가 지나치게 제한된다. 그래서 고의공동설의 지나친 엄격성을 시정하고, 고의가 다른 경우에도 수인일죄의 범위 내에서 공동정범 관계를 인정하려는 견해가 자체적 비판으로 생기게 되었는데, 완전범죄공동설과 부분적 범죄공동설이 그것이다.

2) 완전범죄공동설　공동정범의 "성립"과 "책임"의 문제를 구별하여 그 성

114) 이에 관해서는 정진연, 과실범의 공동정범에 관한 연구(성균관대 대학원 박사학위논문, 1982), 37면 이하 참조.

115) 백남억, 227면; 남흥우, 220면; 유기천, 281면.

립은 구성요건충족의 문제로서, 각자의 고의는 달라도 하나의 중한 범죄에 대해서 공동정범의 성립을 인정하고, 책임은 각자의 고의·과실의 범위 내에서 개별적으로 부담한다는 견해이다.[116] 예컨대 甲은 강도의사로 강도행위를 하고, 乙은 절도의사로 甲의 행위를 망(파수) 본 경우에 甲·乙은 강도죄의 공동정범이 성립하고 乙은 절도죄의 형으로 처단한다는 것이다.

그러나 절도의 고의만 있는 자에게 고의와 관계없는 중한 강도죄를 인정하므로 유추적용이 되며, 공동정범의 성립과 그 책임을 구별하여 평가하면 절도의 고의가 있는 자에게 강도죄를 인정하고, 강도죄가 인정된 자에게 절도죄의 책임을 인정하여 죄명이 갖는 사회적 법적 평가를 부정한다. 이 설을 지지하는 우리나라의 학자는 없다.

3) **부분적 범죄공동설** 공동하는 수인의 죄가 각각 다른 경우에도 그 수개의 죄가 구성요건적으로 중합하는 범위 내에서 경한 죄의 공동정범을 인정하고, 책임은 각자의 고의·과실의 범위 내에서 부담한다는 견해이다.[117] 예컨대 甲은 상해의사로, 乙은 살인의사로 공동하여 A가 살해된 경우, 살인의사 중에는 상해의사가 포함되어 있고, 실행행위에서도 상해라는 점에서 중합되므로 상해죄의 공동정범이 성립하고, 책임은 각자의 고의·과실의 범위 내에서 달라진다. 즉, A의 사망이 누구에 의해서 발생되어도 甲은 A의 사망을 예견할 수 있는 범위 내에서 상해치사죄의 책임을 부담하지만, 乙은 자기의 행위로 A가 사망한 경우에는 살인죄의 책임을, 甲의 행위로 사망한 경우에는 살인미수죄의 책임만 부담한다. 이러한 결론은 경한 상해의 고의를 가진 甲은 중한 살인의 고의를 가진 乙의 행위결과에 대해서까지 책임을 부담하는 데 반하여 중한 살인의 고의를 가진 乙은 경한 상해의 고의를 가진 甲의 행위결과에 대해서 책임을 부담하지 아니하므로 불공평한 처벌이 아닐 수 없다. 특히 乙이 A가 甲의 행위로 사망할 수 있다는 것을 예상한 경우에는 그러한 처벌이 불공평함은 더욱 명백하게 나타난다. 뿐만 아니라 상해죄의 공동정범을 인정하면서 甲은 상해치사죄의 형으로, 乙은 살인죄 아니면 살인미수죄의 형으로 처단하는 것은 죄형법정주의에 반한다고 해야 한다.

---

116) 中野次雄, 窃盗の意思て強盗の見張をした者の責任(刑事判例評釋集 8巻, 1950), 265면.
117) 정영석, 245면 이하; 團藤, 綱要, 364면 이하; 福田, 總論, 199면 이하.

⑵ 행위공동설

수인일죄의 경우는 물론, 수인수죄의 경우에도 공동정범이 성립하고, 각자의 고의 · 과실의 범위 내에서 발생된 결과 모두에 대해서 책임을 부담한다는 견해이다. 즉, 2人 이상이 〈실행〉 행위를 공동하여 각자 자기의 범죄를 실행하는 것이 공동정범이라고 한다.[118] 행위공동설에 의하면 예컨대 甲은 폭행의 의사로, 乙은 상해의 의사로, 丙은 살인의 의사로 각자의 구성요건적 실행행위를 공동하여 丙의 행위로 살해된 경우에 원칙적으로 폭행죄, 상해죄, 살인죄(3개의 죄)의 공동정범이 성립하고, 각자의 고의 · 과실의 범위 내에서 甲은 폭행죄(또는 폭행치상 내지 폭행치사죄), 乙은 상해죄(또는 상해치사죄), 丙은 살인죄의 책임을 부담한다. 따라서 수인의 공동자는 반드시 동일한 고의를 가질 필요가 없으며, 고의범에 한하여 공동정범의 성립을 인정할 이유도 없다. 즉, 수개의 고의범 상호 간에, 고의범과 과실범 내지 과실범 상호 간에도 공동정범은 성립할 수 있다.

행위공동설에 의하면 범죄공동설의 경우보다 공동정범의 성립범위가 넓어지지만(따라서 동시범의 성립범위가 상대적으로 줄어진다) 그렇다고 해서 반드시 처벌의 범위까지 확대되는 것은 아니며, 범죄공동설과 같은 불합리성도 생기지 않는다. 종래 사실적 행위를 공동한다는 견해를 사실공동설이라 하고 이러한 행위공동설에 대해서는 전구성요건적 사실적 행위를 공동하는 것은 형법적으로 의미 없는 행위의 공동이므로 이에 의해 법적 개념인 공동정범의 본질을 설명할 수 없다는 비판이 있었다.

그러나 행위공동 그 본래의 의미는 범죄행위 그 전부에 대해서 공동이 있을 필요가 없고, 그 일부(실행행위)에 대한 공동이 있으면 충분하다는 취지이며, 행위공동에서 중요한 것은 수인수죄의 공동에 있다. 수죄의 공동인 이상 행위공동설도 범죄와 그 실행행위를 예정하고 있으며, 전구성요건적 사실행위의 공동을 의미하지 않는다. 사실공동설은 오늘날 거의 소멸되어 가고 있다.[119] 즉, 행위공동설의 공동행위는 각자 "구성요건적 실행행위"의 공동을 의미하므로 이를 사실공동설과 구별하여 구성요건적 행위공동설 또는 실행행위공동설이라

---

118) 김종원, 공범의 구조(형사법강좌 Ⅱ), 622면; 정성근, 561면; 정영일, 394면. 이재상, 458면은 행위공동설이 타당하나 오늘날 두 학설이 구체적 문제 해결에 있어 상호 접근하여 그 한계가 명백하지 않게 되었으므로 그 구별의 의의를 잃었다고 하고 있다.

119) 임웅, 415-416면은 공동의 의미에 대해서는 사실공동설(전구성요건적 행위공동)이 타당하고 공동정범의 범위에 대해서는 기능적 행위지배설이 타당하다고 한다.

하는 것이 타당하다.[120] 요컨대 행위공동설에 의하여 공동정범의 성립범위를 판단하는 것이 타당하다고 본다. 판례도 행위공동설의 입장이다.

【판례】 형법 제30조에 "공동하여 죄를 범한 때"의 "죄"는 고의범이고 과실범이고를 불문한다고 해석하여야 할 것이고, 따라서 공동정범의 주관적 요건인 공동의 의사도 고의를 공동으로 가질 의사임을 필요로 하지 않고 고의행위이고 과실행위이고 간에 그 행위를 공동으로 할 의사이면 족하다고 해석하여야 할 것이다(대판, 1962. 3. 29, 4294형상598; 대판, 1962. 6. 14, 62도57).

Ⅱ. 공동정범의 성립요건

공동정범은 수정구성요건이므로 각칙상의 개개 범죄를 개념적으로 전제 해서만 존재한다(개념적 종속). 공동정범의 고유한 수정구성요건은 2인 이상이 주관적으로 실행행위를 공동으로 하려는 의사, 즉 공동실행의 의사가 있어야 하고, 객관적으로 공동으로 실행하는 행위, 즉 공동의 실행행위가 있음을 요한다.

1. 주관적 요건

(1) 공동실행의 의사

공동자 사이에 함께 범죄를 실행한다는 주관적 의사가 있어야 한다. 공동실행의 의사는 공동가공의 의사,[121] 의사의 연락 또는 공동범행의 의사라고 하며, 공동자가 역할 분담하여 실행한 행위결과에 대해 구성요건 귀속을 인정할 수 있게 하며, 기능적 행위지배의 전제요건이 된다.[122] 최근의 판례도 공동가공의 의사를 적극적으로 정의하고 있다.

【판례】 공동정범이 성립하기 위하여는 주관적 요건으로서 공동가공의 의사와 객관적 요건으로서 공동의사에 기한 기능적 행위지배를 통한 범죄의 실행사실이 필요한 바, 주관적 요건으로서 공동가공의 의사는 타인의 범행을 인식

120) 김종원, 공동정범의 본질, 54면; 정성근, 범죄공동설과 행위공동설(법조, 1972. 2), 82면; 이재상, 458면.
121) 대판, 1986. 6. 10, 85도119; 대판, 1984. 1. 31, 83도2941.
122) Samson, SK, §25 Rdn. 127; 정성근, 561면; 이형국, 공동정범(中)(고시연구, 1985. 9), 114면; 이재상, 458면; 김일수/서보학, 593면.

하면서도 이를 제지하지 아니하고 용인하는 것만으로 부족하고, 공동의 의사로 특정한 범죄행위를 하기 위하여 일체가 되어 서로 다른 사람의 행위를 이용하여 자기의 의사를 옮기는 것을 내용으로 하는 것이어야 한다(대판, 1998. 9. 22, 98도1832).

1) 공동의사의 방법　공동실행의 의사는 공동자 사이에 반드시 의사의 표시 교환이나 합의 또는 모의가 있어야 하는 것은 아니며,[123] 의식적 · 의욕적 공동실행의 의사가 아니라도 무방하다. 이 의사는 결의된 행위를 통해서도 가능하며 묵시적으로 양해만 되어 있으면 충분하다.[124] 따라서 공동자는 다른 공동자의 범죄실행에 함께 작용하고 있음을 인식하고 있으면 충분하고, 공동자 상호 간에 면식이 있거나 다른 공동자의 행위내용을 구체적으로 미리 알고 있을 필요도 없다.[125] 그러므로 공동모의, 의사교환, 합의, 단순한 양해는 모두 공동실행 의사에 포함되는 내용이다.

공동실행의 의사는 공동자 상호 간에 직접 형성하였건 순차로 다른 사람을 통해서 간접적으로 형성하였건 묻지 않으나,[126] 공동자 각자에게 상호적으로 존재해야 한다. 최근의 판례도[127] 이를 확인하고 있다.

2) 편면적 공동정범　행위공동설 중에는 공동실행의 의사가 상호적으로 존재할 필요가 없고 일방에게만 존재하는 편면적 공동정범도 공동정범의 일종이라고 하고 있다.[128] 수인수죄의 공동정범 관계를 강조할 때에는 일방적인 공동실행의 의사와 사실만 있어도 그에게 공동정범이 성립할 수 있다는 해석도 가능하다.

그러나 이러한 경우는 타인의 실행행위를 이용하는 범죄형태, 특히 종범에서는 인정할 수 있지만 공동형태로 범죄를 실행하는 공동정범은 각자가 역할분담하여 전체 범행계획을 실행하는 것이므로 일방적 공동실행의 의사란 애당초 생각할 수 없다. 따라서 편면적 공동정범은 공동정범이 아니라 동시범 또는 종범이 될 뿐이다. 판례도 편면적 공동정범을 부인하고 있다.

---

123) 대판, 1985. 12. 10, 85도1892; 대판, 1986. 8. 19, 85도2728; 대판, 1988. 6. 28, 88도601.
124) 정성근, 561면; 이재상, 459면; 김일수/서보학, 594면; 박상기, 379면; 배종대, 565면; 신동운, 565면; 임웅, 417면; 오영근, 571면; 대판, 1986. 1. 25, 85도2421; 대판, 1994. 3. 11, 93도2305.
125) 정성근, 561면 이하; 이재상, 460면; 임웅, 417면.
126) 대판, 1981. 7. 7, 80도2544; 대판, 1985. 11. 12, 85도2002.
127) 대판, 1997. 2. 14, 96도1959.
128) 이건호, 182면.

【판례】 공동정범은 행위자 상호간에 범죄행위를 공동으로 한다는 공동가공의 의사를 가지고 범죄를 공동실행하는 경우에 성립하는 것으로서, 여기에서의 공동가공의 의사는 공동행위자 상호간에 있어야 하며 행위자 일방의 가공의사만으로는 상해치사죄의 공동정범관계가 성립할 수 없다(대판, 1985. 5. 14, 84도2118).

3) 공동의사의 범위　공동실행의 의사는 공동자 각자가 구성요건적 결과까지 인식하고 있어야 하느냐에 대해서 견해가 대립한다.

(a) 범죄공동설　범죄공동설(고의공동설)은 범죄를 공동으로 할 의사가 필요하므로 구성요건적 결과의 인식, 즉 고의공동이 있어야 한다. 이에 의하면 공동정범은 고의의 범위 내에서만 성립한다. 그 결론으로, ① 고의의 범위를 초과하여 성립된 결과에 대해서는 다른 공동자의 예견가능성이 없는 한 이를 성립시킨 자만이 책임을 부담한다. 예컨대 甲과 乙이 공동 폭행의 의사로 丙에게 폭행을 가하여 甲의 행위로 丙이 사망한 경우에 乙의 예견가능성이 없는 한 甲만이 폭행치사죄의 책임을 부담한다. ② 공동실행의 의사를 벗어난 과잉행위의 결과에 대해서는 과잉행위를 한 자의 단독범이 성립한다. 예컨대 甲과 乙이 공동으로 상해하기로 하였으나 甲이 고의로 살인을 한 경우 사망의 결과는 甲의 단독범행이 된다. ③ 과실범에 대해서는 공동정범을 부정하고 과실동시범이 된다.

(b) 행위공동설　행위공동설은 구성요건적 "실행행위"를 공동하려는 의사만 있으면 충분하므로 반드시 결과를 공동으로 실행할 의사, 즉 고의공동일 필요가 없다. 따라서 과실범의 공동정범은 물론, 결과적 가중범에 대해서도 공동정범은 성립할 수 있다.[129] 과실의 공동정범을 부정하는 것이 다수설이지만, 공동자 사이에 주의의무에 대해서 상호 이해하고 그 위반을 예견하면서 과실행위에 대한 공동의 행위기여가 있으면 과실범의 공동정범이 된다[130]고 본다(과실의 공동정범 참조).

(2) 공동의사의 성립시기

공동실행의 의사가 형성되는 시기는 공동의 실행 이전이건 실행행위시 또는

129) 결과적 가중범의 경우 행위공동설과 관계없이도 공동정범을 인정한다. 이형국, 전게논문(中), 115면; Roxin, LK, §25 Rdn. 112. 과실의 공동정범은 행위공동설과 관계없이 인정하는 견해는 정진연, 과실범의 공동정범에 관한 연구, 37면 이하.

130) 판례도 과실의 공동정범을 인정한다. 대판, 1979. 8. 21, 79도1249; 대판, 1982. 6. 8, 82도781; 대판, 1997. 11. 28, 97도1740. 이에 대한 상세는 후술하는 Ⅵ. 과실의 공동정범 참조.

실행행위 도중이건 묻지 않는다. 공동정범은 공동실행의 의사가 형성되는 시기에 따라, ① 공동실행의 의사가 공동실행행위 이전에 형성되는 예모공동정범, ② 공동실행의 의사가 실행행위시에 우연히 형성되는 우연적 공동정범, ③ 공동실행의 의사가 실행행위의 일부를 종료한 후 나머지 실행행위의 계속 중에 형성되는 승계적 공동정범으로 구분된다.

(3) 예모공동정범

예모공동정범은 공동실행의 의사가 공동실행행위 이전에 형성되고 이 의사에 의하여 미리 계획한 공동실행행위를 분담하는 공동정범을 말하며, 우연적 및 승계적 공동정범과 함께 공동정범의 종류에 속한다. 공동실행의 의사가 공동실행행위 이전에 있는 경우는 대부분 공동모의(Verabredung)에 의해서 형성되므로 이 의미의 공동정범을 정확하게 정의하면 "2인 이상이 공동모의하여 죄를 범한 자" 즉, "공모(예모)에 의한 공동정범"이라 해야 한다(판례의 공모공동정범과 구별하기 위해 강학상 예모공동정범이라 할 뿐이다).

공동정범을 공동실행 이전의 공동모의 유무로 분류한다면 "공모있는 공동정범"(예모공동정범)과 "공모없는 공동정범"(우연적·승계적 공동정범)으로 구별할 수 있다. 이 경우 공동실행의 의사를 공모와 같은 의미로 해석하면 공동정범은 모두 공모가 있는 예모공동정범이라고 해야 하므로 공모없는 공동정범과의 구별이 불가능하게 된다. 그러므로 여기의 공모는 공동실행의 의사와 같은 의미로 해석할 수 없고 음모 내지 공동모의로 해석하지 않으면 안 된다. 그리고 예모공동정범은 공모 후 공동실행행위를 분담하는 것이므로 판례가 해석론으로 인정하는 공모공동정범과 그 내용이 전혀 다르다.

(4) 승계적 공동정범

1) 승계적 공동정범의 의의와 문제 승계적 공동정범이란 선행자가 범죄실행을 개시하여 아직 종료하기 이전에 후행자가 의사연락 하에 그 범죄완성에 개입하는 공동범행 형태를 말한다. 이 경우 후에 가담한 자와 선행자를 공동정범이라 할 수 있느냐, 공동정범이라 한다면 후에 가담한 자는 가담 이전의 선행자의 행위부분에 대해서 책임을 부담하느냐가 문제된다.

2) 공동정범 인정여부 공동정범은 원래 특정범죄의 공동을 요구하므로 처음부터 특정범죄를 공동한다는 의사없이 후에 가담한 자는 공동정범이 될 수

없고 전체 범죄의 종범이 된다는[131] 부정설이 있다.

그러나 ① 부정설에 의하면 후에 가담한 자가 선행자보다 중하게 처벌되기도 하고 선행자의 종범이 되기도 하는데 그 구별기준과 근거가 명백하지 않으며,[132] ② 공동정범에 있어서의 의사연락은 반드시 공동실행행위 이전에 있을 것을 요하지 아니하므로 승계적 공동정범 자체를 부정할 이유가 없다.[133] 판례도 긍정설을 취하고 있다.[134] 승계적 공동정범의 성립시기는 선행자의 행위종료 이전까지라 해야 한다.

3) 승계적 공동정범의 성립범위　승계적 공동정범의 문제는 공동정범의 인정 여부가 아니라 그 책임범위의 문제라 할 수 있다. 즉, 후에 가담한 자가 가담 이전의 선행자의 행위에 대해서까지 공동정범의 책임을 부담하느냐, 가담 이후의 행위에 대해서만 공동정범의 책임을 부담하느냐에 있다.

(a) 소극설(제한 인정설)　후에 가담한 자는 가담 이후의 행위에 대해서만 공동정범의 책임을 부담한다고[135] 한다. ① 후에 가담한 자는 전체행위에 대한 공동실행의 의사가 없으며, ② 선행자의 행위결과에 대해서 인과관계와 행위지배를 인정할 수 없고,[136] ③ 형법상으로 추인 또는 소급을 인정할 수 없다는 것을 근거로 한다.

(b) 적극설(전부 인정설)　후에 가담한 자는 선행자의 행위결과를 포함하여 전체 행위에 대해서 공동정범의 책임을 부담한다는 견해로 종래의 다수설이다.[137] ① 가담 이후에만 공동정범을 인정하면 실질적으로 승계적 공동정범을

131) 유기천, 290면; 김일수, 489면.

132) 부정설에 의하면, 예컨대 甲이 강간의사로 피해자의 반항을 억압한 후에 乙이 의사연락하에 가담하여 간음한 경우 甲은 강간미수죄, 乙은 준강간죄(또는 강간미수죄의 종범)가 되고, 또 강도의사로 甲이 폭행한 후에 乙이 의사연락하에 재물탈취에 개입한 경우 甲은 강도미수죄, 乙은 특수절도죄(또는 강도미수죄의 종범)로 취급한다. 즉, 후에 가담한 乙은 선행자인 甲보다 중한 죄책을 부담하기도 하고, 혹은 중한 죄의 종범이 되기도 하는데 그 기준과 근거가 불명하다.

133) 긍정설이 종래의 통설이다. 황산덕, 266면; 권문택, 승계적 공동정범(고시계, 1972. 4), 35면; 김종원, 승계적 공동정범(사법행정, 1969. 7), 25면; 정성근, 565면; 이재상, 461면(종래의 부정설에서 긍정설로 개설); 진계호, 500면; 임웅, 418면; 이보영, 승계적 공동정범(김종원 교수 화갑기념논문집, 1991), 489면; 손동권, 499면; 김성돈, 581면.

134) 대판, 1982. 6. 8, 82도884.

135) 백남억, 308면; 남흥우, 332면; 정창운, 298면; 정성근, 566면; 이형국, 288면; 이재상, 463면; 진계호, 500면; 김일수/서보학, 597면; 배종대, 567면; 박상기, 388면; 안동준, 230면; 이영란, 463면; 임웅, 419면; 하태훈, 442면 이하; 손동권, 502면; 오영근, 578면; 정영일, 398면; 김성천, 399면.

136) Kühl, 20/129.

부정하는 것이며, ② 후행자가 선행자의 행위결과를 인식하고 의사연락 하에 함께 실행에 참가하면 공동정범의 주관적·객관적 요건을 모두 충족한다는 것을 근거로 한다.

(c) 결 어　후에 가담한 자는 선행자의 실행부분에 대해서 공동의 실행의 사가 있었다고 할 수 없고, 협력·분담하는 기능적 행위지배와 인과관계도 인정할 수 없다. 따라서 승계적 공동정범은 후행자가 가담한 이후에만 선행자와 함께 공동정범의 책임을 부담한다는 소극설이 타당하다고 해야 한다. 현재의 다수설이며, 판례도 같은 취지이다.

【판례】 ① 연속된 히로뽕 제조행위 도중에 공동정범으로 범행에 가담한 甲은 비록 그가 범행에 가담할 때에 이미 이루어진 종전의 범행을 알았다 하더라도 그 가담 이후의 범행에 대해서만 공동정범의 책임을 지는 것이기 때문에 … 제조행위 전체가 포괄하여 하나의 죄가 된다고 할지라도 … 가담 이전의 제조행위에 대해서까지 유죄를 인정할 수 없다(대판, 1982. 6. 8, 82도884).[138]

② 계속된 거래행위 도중에 공동정범으로 범행에 가담한 자는 비록 그가 그 범행에 가담할 때에 이미 이루어진 종전의 범행을 알았다 하더라도 그 가담 이후의 범행에 대하여만 공동정범으로 책임을 지는 것이라고 할 것이므로, 농협의 간부직원이 백미를 외상 판매하는 등의 업무상 배임행위를 하여오던 중, 피고인이 판매부장으로 발령 받아 이에 가담하여 배임행위를 계속하여 왔다면, 거래행위 전체가 포괄하여 하나의 죄가 된다 할지라도 피고인에게 그 가담이전의 거래행위에 대하여서까지 유죄로 인정할 수는 없다(대판, 1997. 6. 27, 97도163).

이에 대해서 결합범의 실행 도중 종범으로 가담한 경우 전체범죄에 대하여 종범이 성립한다는 다음과 같은 판례가 있는데 결합범에 대해서는 적극설(전부인정설)을 취한 것으로 보인다.

【판례】 특정범죄가중처벌등에관한법률 제5조의2 제2항 제1호 소정의 죄는 형법 제287조의 미성년자 약취유인행위와 약취 또는 유인한 미성년자의 부모 기타 그 미성년자의 안전을 염려하는 자의 우려를 이용하여 재물이나 재산상의 이익을 취득하거나 이를 요구하는 행위가 결합된 단순일죄라고 봄이 상당

137) 정영석, 252면; 황산덕, 266면; 권문택, 승계적 공동정범, 40면 이하; 김종원, 승계적 공동정범, 25면 이하; 손해목, 1010면; 김성돈, 581면; 이보영, 승계적 공동정범, 492면.

138) 이 판례에 대해 승계적 공동정범을 부정한 것이라는 오해(박상기, 전게논문, 16면; 배종대, 567면)도 있으나 후에 가담한 자는 가담 이후의 행위에 대해서 공동정범의 책임을 진다는 책임범위에 관한 판결이고, 승계적 공동정범 자체를 부정한 것은 아니다.

하므로, 피고인이 미성년자를 유인한 사실을 알면서 공동 피고인이 위 미성년자의 안전을 염려한 부모의 우려를 이용하여 금품을 요구한 범행을 방조한 피고인의 소위는 특정범죄가중처벌등에관한법률 제5조의 2 제2항 제1호 위반죄의 종범이 된다(대판, 1982. 11. 23. 82도2024).

2. 객관적 요건

(1) 공동의 실행행위

1) 기능적 행위지배 객관적 요건으로 공동의 실행행위(공동실행의 사실)가 있어야 한다. 공동의 실행행위는 공동자 상호간에 협력하고 역할 분담하면서 공동작업을 하는 것이다. 전체 범행계획을 실현하는 데에 불가결한 행위기여가 있으면 충분하다. 이러한 공동실행의 형태를 기능적 행위지배라 한다.139)

기능적 행위지배가 있는 공동실행행위는 공동자 각자의 역할분담 행위가 구성요건에 해당하는 경우뿐만 아니라 단독으로 구성요건에 해당할 수 없더라도 전체로서 구성요건을 실현하는데 기여하거나 범죄실현의 일부분이 되어도 무방하다. 의사연락을 한 다음 다른 공모자가 도피할 수 있도록 자동차를 대기하거나 망을 보거나 장물의 운반·처분을 담당하는 것도 공동실행이 된다. 또 범죄수행에 필수적인 역할을 분담한 이상 반드시 공동자 모두가 범죄현장에 함께 있을 필요도 없다. 범죄계획을 수립하고 그 실행을 지휘하는 집단범의 수괴는 범행현장에 나가지 않아도 공동정범이 된다. 판례는 폭력단체의 두목급 수괴가 현장에 모습을 드러낸 채 "전부 죽이라"는 고함을 친 경우와140) 망보는 행위에 대하여 공동정범을 인정하고 있다.

【판례】 피고인이 공범들과 함께 강도범행을 저지른 후 피해자의 신고를 막기 위하여 공범들이 묶여있는 피해자를 옆방으로 끌고 가 강간범행을 할 때에 피고인은 자녀들을 감시하고 있었다면 공범들의 강도강간범죄에 공동가공한 것이라 하겠으므로 비록 피고인이 직접 강간행위를 하지 않았다 하더라도 강도강간의 공동죄책을 면할 수 없다(대판, 1986. 1. 21, 85도2411).

---

139) 판례(대판, 1988. 4. 11, 88도1247)도 공동정범은 기능적 행위지배를 한다는 것을 명백히 하고 있다. 同旨: 대판, 1993. 3. 9, 92도3204; 대판, 1996. 1. 26, 95도2461; 대판, 1997. 1. 24, 96도2427; 대판, 2004. 12. 24, 2004도5494. 또 기능적 행위지배를 인정할 수 없다는 이유로 공동정범의 성립을 부정한 대판, 2004. 6. 24, 2002도995(소위 보라매병원사건).

140) 대판, 1987. 10. 13, 87도1240.

2) 공동실행의 형태　공동의 실행행위는, 예컨대 ① 甲과 乙이 동시에 A에 대해서 상해를 가하는 경우와 같이 동시·동종류의 행위가 많으나, ② 甲은 A에 대하여 권총으로 협박하고, 乙은 재물을 탈취하는 경우와 같이 서로 다른 종류의 행위도 있으며, ③ 甲이 치사량 반분의 독약을 복용시킨 다음에 乙이 나머지 반분의 독약을 복용시키는 경우와 같이 시간적으로 전후 관계가 있을 수 있다.

3) 공동모의 참가　공동의 실행행위는 공동실행의 의사를 전제로 하므로 범죄적 의사를 형성하기 위한 공동모의에 참가하는 것은 공동실행행위라고 할 수 없다. 따라서 기능적 행위지배가 없는 단순한 공모자는 공동정범이 될 수 없고 관여 형태에 따라 교사범 또는 종범이 될 뿐이다. 기능적 행위지배가 있으면 바로 공동정범이 성립하므로 판례가 인정하는 공모공동정범이라는 개념 자체도 사용할 필요가 없다.

4) 공동실행행위의 방법　공동의 실행행위는 작위는 물론, 부작위도 가능하다. 보호의무 있는 부모가 보호의무에 위반하여 젖먹이 아이를 아사(餓死)시킨 때에는 부작위에 의한 공동정범이 된다. 또 공동의 실행행위는 고의행위이건 과실행위이건 묻지 않으므로(행위공동설) 고의행위와 과실행위 사이 또는 과실행위 상호간의 공동정범도 성립할 수 있다.

(2) 공동정범에서의 이탈

1) 실행착수전의 이탈　공모자 중의 한 사람이 다른 공모자의 실행행위가 있기 이전에 공모관계에서 이탈한 때에는 그 이후의 다른 공모자의 행위에 대해서 공동정범의 책임을 부담하지 않는다는 것이 판례의 태도이다.

그러나 이 경우 이탈자가 다른 공모자의 범죄 실행에 직접 영향을 미치고 있는 때에는 그 영향력을 제거하기 위한 진지한 노력이 있는 때에 한하여 공동정범의 책임을 부담하지 않는다고 해야 한다.

【판례】 ① 구체적인 살해방법이 확정되어 피고인을 제외한 나머지 공범들이 피해자의 팔, 다리를 묶어 저수지 안으로 던지는 순간에 피해자에 대한 살인행위의 실행의 착수가 있다 할 것이고 따라서 피고인은 살해모의에는 가담하였으나 다른 공모자들이 실행행위에 이르기 전에 그 공모관계에서 이탈한 이후의 다른 공모자의 행위에 관하여는 공동정범으로서의 책임을 지지않는다 할 것이고, 그 이탈의 표시는 반드시 명시적임을 요하지 않는다(대판, 1986. 1. 21.

85도2371).[141]

② 공모공동정범에 있어서 공모자 중의 1인이 다른 공모자가 실행행위에 이르기 전에 그 공모관계에서 이탈한 때에는 그 이후의 다른 공모자의 행위에 관하여는 공동정범으로서의 책임은 지지 않는다 할 것이나, 공모관계에서의 이탈은 공모자가 공모에 의하여 담당한 기능적 행위지배를 해소하는 것이 필요하므로 공모자가 공모에 주도적으로 참여하여 다른 공모자의 실행에 영향을 미친 때에는 범행을 저지하기 위하여 적극적으로 노력하는 등 실행에 미친 영향력을 제거하지 아니하는 한 공모관계에서 이탈하였다고 할 수 없다(대판, 2008.4.10, 2008도1274).[142][143]

2) 실행착수 후(종료 전)의 이탈 　공동정범과 중지미수 또는 장애미수의 문제가 된다. 판례도 실행착수 후의 이탈에 대해서 공동정범의 성립을 인정한 사안이 있다.

【판례】 행위자 상호간에 범죄의 실행을 공모하였다면 다른 공모자가 이미 실행에 착수한 이후에는 그 공모관계에서 이탈하였다고 하더라고 공동정범의 책임을 면할 수는 없는 것이므로 피고인 등이 금품을 강취할 것을 공모하고 피고인은 집밖에서 망을 보기로 하였으나, 다른 공모자들이 피해자의 집에 침입한 후 담배를 사기 위해서 망을 보지 않았다고 하더라도 피고인은 강도상해죄의 죄책을 면할 수 없다(대판, 1984. 1. 31, 83도2941).

3) 실행종료후의 이탈 　공동실행의 의사로 공동의 실행행위를 하였으나 공동자의 일부가 공동범행계획에서 이탈하여 그의 의사로 따로 범행을 한 경우, 예컨대 甲과 乙이 공동하여 A를 살해하려고 하였으나 미수에 그친 후 乙과 관계없이 甲 단독으로 A를 살해한 때에는 甲만이 살인기수의 단독범행이 되고 살인미수에 대해서만 공동정범이 된다.

---

141) 同旨: 대판, 1972. 4. 20, 71도2277; 1995. 7. 11, 95도955; 대판, 1996. 1. 26, 94도2654.

142) 다른 3명의 공모자들과 강도 모의를 주도한 피고인이, 다른 공모자들이 피해자를 뒤쫓아 가자 단지 "어?"라고만 하고 비대한 체격 때문에 뒤따라가지 못한 채 범행현장에서 200m 정도 떨어진 곳에 앉아 있었으나 위 공모자들이 피해자를 쫓아가 강도상해의 범행을 한 사안에서, 피고인이 그 공모관계에서 이탈하였다고 볼 수 없으므로 강도상해죄의 공동정범으로서의 죄책을 진다고 한 사례.

143) 同旨: 대판, 2010. 9. 9, 2010도6924.

Ⅲ. 공동정범의 처벌

1) 일부실행 전부책임　　공동정범이 가벌적 행위가 되기 위해서는 공동정범의 성립요건(구성요건) 이외에 위법성과 책임을 구비하여야 한다. 위법성과 책임은 단독정범의 그것과 같다. 공동정범은 반드시 공동자 모두가 구성요건적 실행행위를 완성시킬 필요가 없고 기능적 분담이 있으면 각자를 정범으로 처벌한다. 즉, 일부실행이 있어도 결과 전부에 대한 책임을 부담한다. 이를 일부실행·전부책임의 법리라 한다. 다만 공동정범은 법정형의 범위 내에서 각자의 책임에 따라 양형이 달라질 수 있다.

일부실행·전부책임의 내용에 대해서 공동정범을 단독정범과 동일한 원리로 설명하여 단체책임을 인정한 것이라는 견해도 있으나[144] 통설은 객관적 행위의 부족부분을 주관적 의사에 의해서 보충한다는 의미로 이해한다.[145] 그러나 행위지배는 목적론적·규범적으로 파악해야 하므로 일부실행·전부책임은 외부적 객관적 사실에 대한 행위지배의 가능성을 기준으로 판단하여야 한다. 즉, 일부실행·전부책임은 상호의존적·역할분담적·분업적 활동에 중요성이 있으므로 기능적 행위지배의 범위 내에서 전체 계획을 실현하는 정범, 즉 전체의 공동범행자(Mittäter am Ganzen)이기 때문에 결과 전부에 대해서 책임을 부담한다는 의미로 이해하여야 한다.

2) 공동정범의 책임범위　　공동정범은 공동의사의 범위 내에서만 책임을 부담한다. 공동의사의 범위를 초과한 때에는 원칙적으로 그 초과부분은 단독정범으로서 실행한 자만 책임을 진다. 판례는 강도의 공동정범 가운데 한 사람이 상해를 가하면 다른 공동자도 강도상해죄의 죄책을 부담하고,[146] 절도의 공동정범 가운데 1인이 준강도행위를 하였으면 다른 공모자도 준강도죄의 죄책을 면할 수 없다[147]고 판시하고 있다. 그러나 공동정범은 공동의사의 범위를 초과하여 성립할 수 없으므로 초과부분에 대한 공동정범이 성립하기 위하여는 다른 공동자에게 적어도 미필적 고의가 있어야 한다. 다만 초과부분에 대하여 결과

144) 西原, 共謀共同正犯(論爭刑法, 1976), 229면.
145) Vgl. Roxin, Tät. u. Tat., S. 127ff.
146) 대판, 1984. 2. 28, 83도3162; 대판, 1984. 1. 31, 83도2941.
147) 대판, 1972. 1. 13, 72도2073.

를 예견할 수 있었을 때에는 결과적 가중범의 죄책을 부담할 수 있다.

Ⅳ. 공동정범의 관련문제

1. 공동정범의 미수

공동정범의 실행의 착수에 대해서, ① 공동자 개인의 행위가 아니라 전체행위를 기준으로 공동자 중 어느 한 사람이 실행에 나아가면 다른 공동자가 아직 실행에 나아가지 아니한 때에도 모든 공동정범의 실행의 착수를 인정하는 견해(전체행위설)와, ② 공동자 각자가 예비단계를 지나 자기의 기능적 역할분담에 따른 행위의 개시가 있는 때에 실행의 착수가 있다는 견해(개별행위설)[148]가 대립하는데 전체행위설이 다수설이다.[149]

공동정범은 기능적 행위지배가 있는 때에 성립하므로 미수범의 공동정범도 각자의 기능적 역할분담에 따른 행위개시가 있는 때에 실행의 착수를 인정하는 개별행위설이 타당하다고 본다. 따라서 모의에만 참가하고 아직 실행에 착수하지 못한 자는 참가형태에 따라 협의의 공범 또는 예비·음모죄로 처벌해야 한다.

공동정범은 일부실행이 있어도 결과 전부에 대해서 기수의 책임을 부담하므로 분담자 한사람의 미수는 기수책임에 영향이 없다. 따라서 모든 공동자의 행위가 미수로 된 때에만 공동정범의 미수가 된다. 공동자의 한사람이 다른 모든 공동자의 범행을 중지시킨 때에는 중지시킨 자만 중지미수범이 되고 다른 공동자는 장애미수범이 된다.

2. 공동정범의 착오

공동정범의 착오란 실행자가 공동의사의 내용과 다른 것을 실행하여 공동자 상호간에 범죄의 내용이 일치하지 아니한 경우를 말한다. 예컨대 甲·乙이 공

148) 김일수/서보학, 604면; 이정원, 376면.
149) 이형국, 294면; 이재상, 469면; 박상기, 380면, 배종대, 576면; 김성천/김형준, 562면; 진계호, 451면.

모하여 각자 A·B를 살해하기로 하여, 甲은 A를 살해하는데 실패하였으나 乙은 C를 B로 오인하고 살해한 경우, 또는 절도를 모의한 후 甲이 밖에서 망을 보는 동안 乙은 강도를 한 경우이다. 이러한 공동정범의 착오에 관하여는 구성요건적 착오에 관한 이론이 그대로 적용된다. 법정적 부합설 중 죄질부합설에 따라 착오의 태양을 나누어 책임범위를 살펴보면 다음과 같다.

(1) 동일구성요건내의 착오

공동자 상호 간에 인식의 차이가 있어도 그것이 동일구성요건 내의 착오인 때에는 공동정범의 고의는 조각하지 않는다. 위의 예에서 甲·乙은 모두 A(살인미수)와 C에 대한 살인의 공동정범(수인수죄)이 된다.

(2) 다른 구성요건간의 착오

첫째, 공동자가 인식한 사실과 발생사실이 전혀 죄질이 다른 구성요건인 경우(질적 초과)에는 공동정범은 성립하지 아니한다. 다만 공동실행하기로 한 부분에 한하여 예비·음모죄의 책임을 지게 되는 것은 별개의 문제이다. 예컨대 甲과 乙이 재물을 절취하기로 하였는데 乙이 甲과 의사연락없이 부녀를 강간한 경우에 甲은 乙의 강간죄에 대하여 책임을 지지 않는다.

둘째, 공동자의 인식사실과 발생사실이 각각 다른 구성요건에 해당하고 죄질이 같은 경우(양적 초과)에는 죄질이 부합하는 범위 내에서 공동정범이 성립한다. 예컨대 甲과 乙이 재물을 절취하기로 하였는데 乙이 강도를 실행한 때에는 절도부분에 대하여 공동정범이 성립한다. 따라서 甲의 절도죄와 乙의 강도죄의 공동정범이 성립하고(수인수죄) 강도죄의 책임은 乙만이 부담한다. 다만 예견가능한 경우에 결과적 가중범의 문제는 될 수 있다.

Ⅴ. 공모공동정범

1. 공모공동정범의 의의

공모공동정범이라는 용어에는 두 가지 다른 개념이 있다. 유개념(類概念)으로서의 공모공동정범(예모공동정범)과 해석론으로서의 공모공동정범이 그것이

다.[150]

유개념으로서의 공모공동정범은 판례가 인정하고 있는 공모공동정범과 구별하기 위해서 예모공동정범이라 하며, 공동실행행위 이전에 공동모의가 있고 이에 의하여 각자가 공동실행행위를 분담하는 공동정범을 말한다.

해석론으로서의 공모공동정범은 공모에 참가한 자 중 그 일부가 공모의 내용을 실행하면 실행행위의 분담이 없는 단순한 공모자도 공동정범이 된다고 해석하는 것을 말한다(예모공동정범을 공모공동정범이라 할 때에는 이를 "이른바 공모공동정범"이라고 하여 구별한다). 보통 공모공동정범이라 할 때에는 이를 말한다. 이러한 공모공동정범도 공동정범이 된다는 해석론을 공모공동정범의 이론 또는 공모공동정범론이라 한다.[151]

공모공동정범에 있어서의 공모는 판례에 따르면 공동가공의 의사,[152] 의사연락,[153] 공모,[154] 모의[155] 등 다양한 표현을 사용하여 공동정범에 있어서의 주관적 요건인 공동실행의 의사와 혼용·동일시하고 있으므로 공모의 개념이 반드시 명백하지 않다. 만일 공모를 공동실행의 의사와 같은 의미라고 한다면 공모는 공동모의와 다르다고 해야 하며, 공동정범은 모두 공모가 있는 경우라고 해야 하므로 공모는 공동실행의사와 동일시 할 수 없고 공동실행의사의 내용 중 하나일 뿐이다.

> **【공모공동정범의 형성】** 일본 대심원에서 일본 구형법 제104조의 해석론으로 인정되어 처음에는 지능범에만 인정하여 오다가 점차 실력범을 포함한 거의 모든 범죄에 확대 적용하여[156] 오늘에 이르렀고, 우리 대법원도 이에 따르고 있다. 다만 일본의 판례는 종래까지 무제한적으로 확대 적용하여 오던 것을 공모가 있는 경우에만 엄격하게 제한적으로 적용해야 한다는 최고재판소의 판결[157]을 계기로 공모의 범위 내에서 제한하고 있다. 이에 대해서 우리 대법원

150) 유개념으로서 공모공동정범과 해석론으로서의 공모공동정범에 관해서는 정성근, 공모공동정범의 개념문제(고시계, 1979. 10), 80-88면 참조.

151) 공모공동정범의 이론에 대한 비판적 검토는 정성근, 공모공동정범론에 관한 연구(성균관대 대학원 박사학위논문, 1979); 同, 공모공동정범론 재론(김종원 교수 화갑기념논문집, 1991), 449-475면 참조.

152) 대판, 1983. 3. 8, 82도3248.

153) 대판, 1980. 5. 27, 80도907.

154) 대판, 1967. 9. 19, 67도1027; 대판, 1946. 7. 30, 4279형상53.

155) 대판, 1983. 2. 22, 82도3103.

156) 日大判, 1936. 5. 8, 刑集 15, 715면. 사실상 이 판례에서 공동의사주체설이 확립되었다고 볼 수 있다.

은 공모에 한하지 않고 공동가공의 의사 또는 의사연락이 있으면 공모공동정범을 인정하고 있고, 공동정범의 주관적 요건인 공동실행의 의사와 공모를 혼용 내지 동일하게 사용하고 있다. 판례이론으로 형성된 공모공동정범도 공동정범으로 인정할 것이냐에 대해서 긍정설과 부정설이 크게 대립하고 있으나 부정설이 통설이다.

2. 긍정설(공모공동정범의 이론)

(1) 공동의사주체설

1) 공동의사주체설의 내용 공모공동정범의 이론적 근거로 최초로 주장된 학설이다. 이 견해는 2인 이상의 이심별체(異心別體)인 개개인이 일정한 범죄를 실현하려는 공동목적으로 공모를 하게 되면 일심동체(一心同體)가 되는 초개인적 공동의사주체(단체)가 형성되고, 그 중의 일부가 범죄를 실행하면 그 실행행위는 공동의사주체의 활동이 되어, 직접 실행을 분담하지 않은 다른 공모자도 공모에 참가하는 그 자체만으로도 중요한 역할을 한 것이므로 실행자에 종속하여 공동정범이 된다고 한다.[158] 최근까지 대법원은 주로 이 설에 근거하여 공모공동정범을 인정하여 왔다.

【판례】 공모공동정범은 공동범행의 인식으로 범죄를 실행하는 것으로 공동의사주체로서의 집단전체의 하나의 범죄행위의 실행이 있음으로 성립하고 공모자 모두가 그 실행행위를 분담하여 이를 실행할 필요가 없고, 실행행위를 분담하지 않아도 공모에 의하여 수인간에 공동의사주체가 형성되어 범죄의 실행행위가 있으면 그 실행행위를 분담하지 않았다고 하더라도 공동의사주체로서의 정범의 죄책을 지게 하는 것이니 범죄의 집단화현상으로 볼 때 범행의 모의만 하고 실행행위는 분담하지 않아도 그 범행에 중요한 소임을 하는 것을 간과할 수 없기 때문에 이를 공모공동정범으로서 처단되는 것이다(대판, 1983. 3. 8, 82도3248).[159]

2) 공동의사주체설 특색 공동의사주체설은, ① 공범현상을 군중심리에 지

157) 공모가 있는 경우에만 제한적으로 인정해야 한다는 획기적인 판결은 日最判, 1958. 5. 28, 刑集 12. 8, 1718면이고, 이 판결을 계기로 간접정범유사설이 생기게 되었다.

158) 草野, 刑法改正上の重要問題, 1950, 262면 이하; 齊藤, 共犯理論の研究, 1954, 113면 이하; 下村, 共謀共同正犯と共犯理論, 1976, 47면. 우리나라에서는 최만조, 공모공동정범이론에 관한 연구(중앙대 대학원 박사학위논문, 1987), 129면에서 공동의사주체설을 지지하고 있다.

159) 同旨: 대판, 1967. 9. 19, 67도1027; 대판, 1971. 4. 30, 71도496; 대판, 1980. 5. 27, 80도907; 대판, 1988. 3. 22, 87도2539; 대판, 1990. 9. 11, 90도1639 등.

배되는 단체범죄로 파악하여, 공동정범은 공동자 개인의 범죄가 아니라 공동의사주체라는 초개인적 단체범죄이며, ② 공모에만 참가한 자는 실행자에 종속하여 공동정범이 된다고 하여 공동정범의 종속성을 인정하고, ③ 정범과 공범은 중요역할의 유무에 따라 구별하여, 공모에 참여하는 그 자체가 실행자와 마찬가지로 중요한 역할을 하므로 공동정범이 된다고 한다.

3) 공동의사주체설 비판　이 설은, ① 공동정범을 군중심리에 지배되는 단체범죄로 파악함으로써 군중심리와 단체를 혼동하고 있다. 군중심리는 군중 속의 개개인의 심리상태이며, 단체는 개인을 초월한 초개인적 조직체이므로 군중심리와 조직체인 단체는 전혀 별개라고 해야 한다. ② 공모자의 범죄실행을 초개인적 단체인 공동의사주체의 활동이라 하면 이에 대한 책임도 공동의사주체가 부담해야 함에도 불구하고 개인이 부담하므로 자기책임원칙에 반하며, 단체활동을 이유로 실행분담이 없는 공모자에게 책임을 인정하는 것은 개인책임원칙에 반한다. ③ 공동정범은 공동자 모두가 행위지배를 하는 정범이며, 정범 상호간에 종속성을 인정할 수 없으므로 공동정범의 종속성을 인정하는 것은 정범과 공범을 혼동한 것이며, 정범의 본질에도 반한다. ④ 중요역할의 의미와 내용이 명백하지 아니하므로 정범과 공범을 구별하는 표지가 될 수 없고, 공모에 참가하는 그 자체가 중요역할이라 한다면 모의에 참가할 때 실행행위가 있다고 해야 하므로 음모와 구별이 불가능하고, 공모자 중 일부가 실행으로 나아갔느냐에 따라 단순히 모의에 참여한 자가 혹은 정범, 혹은 음모가 되는 이상한 결론이 된다.

(2) 공동행위지배설

1) 공동행위지배설의 내용　단체책임을 부정하고 공모자의 공동의 행위지배가 있는 범위 내에서 공모공동정범이 성립한다는 견해이다. 즉, 공동정범에 있어서의 공동실행은 구성요건적 실행행위 전체에 대한 공동의 행위지배가 있으면 충분하다고 하고, 실행담당자가 중지하고 싶어도 다른 공모자와의 약속 때문에 중지할 수 없다는 관계가 있으면 공모에 그친 자도 공동의 행위지배를 하고 있는 공동정범이 된다. 그러나 실행자가 자기의사로 중지하려고 하면 언제든지 중지할 수 있으므로 다른 공모자와의 약속에 구속을 받지 않는다는 관계가 있을 때에는 공모에 그친 자는 공동의 행위지배를 하지 못한 것이므로 관

여 형태에 따라 교사범 또는 종범이 된다고[160] 한다. 또 공모자가 다른 공모자로 하여금 실행행위 전부를 실행하도록 주선하고 있으면 목적적 행위지배가 인정되므로 공동정범이 된다는 견해도[161] 있다.

2) 공동행위지배설 비판 ① 합의에 의하여 범죄를 실행하는 공동정범도 범행의 구체적 실행단계에서는 그 일시·수단·방법 등을 실행담당자가 구체적 사정을 참작하여 결정할 수밖에 없으므로 실행담당자가 합의 내용대로 구속을 받아 실행하였다면 이는 생명 있는 도구를 이용한 간접정범으로 보아야 하며, ② 중지의 불가능성, 합의의 구속성 때문에 공동정범이 된다고 한다면 공동정범은 중지범이 있을 수 없다고 해야 하고, ③ 실행의 주선이란 의미의 내용이 명백하지 않으나 이를 단순한 심리적 사실의 주선이라 하면 목적적 행위지배가 있다고 보기 어렵고, 적극적으로 범죄실행을 용이하게 하는 것이면 그 자체로서 실행을 분담하는 공동정범이 되므로 특별히 공모공동정범이라는 개념을 사용할 필요가 없으며, ④ 목적적 행위지배설 주장자의 대부분도 공동실행이 필요하다고 하고 있으므로 목적적 행위지배설에 의해서 공모공동정범이 긍정되는 것은 아니다.

(3) 간접정범유사설

1) 간접정범유사설의 내용 공모공동정범에 있어서의 공모에 그친 자가 실행자를 이용하는 행위는 간접정범에 있어서의 도구 이용행위와 유사하므로 공모공동정범도 간접정범의 정범성에 유사한 공동정범의 일종으로 보는 견해이다. 즉, 범죄수행을 위한 의사합의(공모)가 있으면 실행자는 다른 합의자와의 약속 때문에 합의내용을 임의로 번복하거나 포기할 수 없고, 다른 합의자에게 이용되고 있으므로 공모에 그친 자는 공동정범이 된다고[162] 한다. 또 공모자간에 공모가 있으면 자타구속력(自他拘束力)이 생기게 되어 공모자 모두가 그 합의에 구속되므로 공모에 그친 자의 이용행위가 실행행위와 가치적으로 동일시할 수 있는 정도로 범죄수행을 용이하게 하면서 적극적으로 이용하는 때에는 공범정범이 된다는 견해(적극적 이용설)도[163] 동일한 내용이다.

160) 平場, 講義, 157면 이하.
161) 황산덕, 271면; 진계호, 508면; 박동희, 220면 이하; 이정부, 공모공동정범에 관한 연구(단국대 대학원 박사학위논문, 1983), 83면 이하.
162) 藤木, 共謀共同正犯, 刑法判例百選(第2版), 1984, 159면; 同, 可罰的 違法性の理論, 331면 이하.
163) 김종수, 공모공동정범의 이론(1973), 96면.

2) 간접정범유사설 비판 ① 공동정범은 역할을 분담하여 분업적으로 협력하여 전체 범행계획을 실현하는 것이고, 단순히 타인의 행위를 도구로 이용하는 것이 아니다. 그러므로 이를 단독범인 간접정범과 유사하다는 것은 공동정범과 단독정범을 혼동한 것이고 공동정범을 부정하는 것과 같다. ② 실제로 합의 내지 공모가 있다고 해서 실행자가 반드시 도구처럼 이용되는 것도 아니며, 가령 공동자 상호간에 이용형태가 있다 하더라도 그 이용은 생명 있는 도구를 이용하는 간접정범의 행위지배와 동일하게 취급할 수 없다. ③ 간접정범과 유사하다면 공동정범은 공모 또는 합의시에 실행의 착수가 있다고 해야 하므로 단순한 음모와 구별도 불가능 할 것이고, ④ 실행자가 합의내용을 번복·포기할 수 없다면 공동정범은 중지범도 있을 수 없으므로 이 경우는 바로 간접정범이라 해야 한다. 판례 중에 간접정범유사설의 기초가 된 일본 판례의 취지를 그대로 따른 것이 있으나 이 판례가 반드시 간접정범유사설에 의한 것인지는 명백하지 않다.

【판례】 공모공동정범이 성립하려면 두 사람 이상이 공동의 의사로 특정한 범죄행위를 하기 위하여 일체가 되어 서로가 다른 사람의 행위를 이용하여 각자 의사를 실행에 옮기는 것을 내용으로 하는 모의를 하여 그에 따라 범죄를 실행한 사실이 인정되어야 하는 것이고, 이와 같이 공모에 참여한 사실이 인정되는 이상 직접 실행행위에 관여하지 안했더라도 다른 사람의 행위를 자기의사의 수단으로 하여 범죄를 하였다는 점에서 자기가 직접 실행행위를 분담한 경우와 형사책임의 성립에 차이를 둘 이유가 없는 것이다(대판, 1988. 4. 12, 87도2368).[164]

그리고 적극적 이용설에 대해서는, ① 적극적 이용행위와 단순한 이용행위 사이에는 정도의 차이에 불과하므로 적극적 이용행위가 기능적 행위지배에 이르지 않는 한 이를 정범의 표지로 볼 수 없으며, ② 공모가 있으면 자타구속성이 인정되어 공모자 상호간에 이용하고 있다고 하는 이상 간접정범유사설과 실질적 차이가 없으므로 간접정범유사설에 대한 비판이 그대로 타당하다.

---

164) 同旨: 대판, 1989. 6. 27, 88도2381; 대판, 1993. 3. 23, 92도3327; 대판, 1994. 10. 11, 94도1832; 대판, 1996. 3. 8, 95도2930; 대판, 2003. 10. 10, 2003도3516.

3. 부정설(공모공동정범의 이론 부정설)

통설은 실행의 분담이 있는 공동정범만 인정하여 공모공동정범을 부인하고 기능적 행위지배에 해당하는 실행의 분담이 없는 공모자는 관여형태에 따라 교사범 또는 종범이 된다고 한다.[165] 공모공동정범을 인정하면, ① 공동정범의 성립범위가 확대되어 행위책임원칙에 반할뿐만 아니라 실행행위의 공동을 요구하는 형법 제30조의 취지에 비추어 죄형법정주의 원칙에도 반하며, ② 소송법상 공모자의 자백만 있으면 유죄를 인정할 수 있으므로 공모사실만으로 공동정범을 인정할 때에는 피고인의 방어권까지 침해할 우려가 있으며, ③ 공모 또는 의사합의가 있다고 해서 모두 공모공동정범을 인정하면 공동정범과 교사범·종범을 구별하고 있는 형법의 체계도 부인하게 된다는 것이다.

이에 대해서 공모공동정범을 부인할 때에는, ① 집단범 배후의 두목이나 간부를 정범으로 처벌할 수 없기 때문에 집단범에 대한 대책으로 타당하지 않을 뿐만 아니라 사회실정에도 맞지 않으며, ② 판례이론의 변경을 기대할 수 없으므로 기능적 행위지배설에 의해 공모의 범위를 합리적으로 제한하여 한정된 범위에서 인정해야 한다는 견해가 제시되고 있다.[166] 그러나 기능적 행위지배를 하고 있는 공모자는 의사연락의 범위 내에서 당연히 공동정범이 되므로 이를 특별히 공모공동정범 이론으로 설명할 필요가 없다. 대법원은 최근에 와서 공동정범의 성립요건으로 공동가공의 의사와 기능적 행위지배에 의한 실행사실이 필요하다고 하면서 단순 모의가담자에 대해 공모공동정범을 인정하고 있다.[167]

4. 결 어

판례가 인정하는 공모공동정범은 정범·공범 구별에 관한 종래의 형식적 객관설이 지나치게 정범의 범위를 제한함으로써 집단범의 배후자를 중하게 처벌할 수 없다는 막후중벌론(幕後重罰論) 때문에 창안된 것이다. 그러나 공모공동

---

165) 유기천, 228면; 정영석, 256면; 이건호, 185면; 권문택, 공모공동정범에 관하여(고시계, 1977. 6), 28면; 남흥우, 234면; 염정철(8인 공저), 364면; 정성근, 575면; 이형국, 293면; 김일수/서보학, 603면; 박상기, 392면 이하; 배종대, 582면; 임웅, 427-429면; 안동준, 237면; 신동운, 577면; 오영근, 580-581면; 조준현, 417면; 이정원, 375면; 김성천/김형준, 565면; 손동권, 511- 512면; 정영일, 402면.

166) 이재상, 474-475면; 손해목, 1022면.

167) 대판, 2004. 12. 24, 2004도5494; 대판, 2006. 12. 22, 2006도1623.

정범을 인정한다 하여도 배후자는 정범의 법정형으로 처단할 수밖에 없으므로 중하게 처벌되는 것도 아니다. 교사범을 인정하여도 법정형은 같다. 오히려 공모공동정범을 부인하면 집단범의 배후거물에 대하여 형법 제34조 2항에 의하여 특수교사범으로 가중처벌할 수 있다. 즉, 집단범 대책이라는 점에서도 공모공동정범을 부인할 때에만 막후중벌도 가능하다고 해야 한다.

공동실행의 의사와 기능적 행위지배가 있으면 공동자 모두가 반드시 범죄현장에 직접 참가하지 않아도 범행계획에 따라 무전으로 지시하는 배후의 두목·거물도 공동정범으로 처벌할 수 있다. 따라서 이러한 경우는 공모공동정범이라는 특수 개념을 사용할 필요 없이 공동정범이 된다. 이에 대해서 기능적 행위지배가 있다고 할 수 없는 수괴·두목은 공동정범이 될 수 없고, 관여형태에 따라 교사범 또는 종범이 될 뿐이다. 이 경우의 수괴·두목은 특수교사·특수방조에 해당하는 경우가 많을 것이다.

Ⅵ. 과실의 공동정범

1. 과실의 공동정범의 의의

과실의 공동정범이란 2인 이상이 일정한 행위를 공동하면서 공동의 과실로 인하여 과실범의 구성요건 결과를 발생시킨 경우에 공동정범으로 취급하는 것을 말한다. 예컨대 두 사람의 인부가 함께 언덕에서 바위돌을 굴러내리다가 부주의로 통행인을 다치게 하였거나, 열차 건널목을 지키는 두 사람이 함께 술을 마시다가 취하여 잠들어 버림으로써 충돌사고가 일어난 경우에 과실의 공동정범이 되느냐의 문제로서 논의된다. 과실의 공동정범을 인정할 것이냐에 대하여 학설은 긍정설과 부정설이 대립하고 있으며, 판례는 종래의 부정적인 태도를 바꾸어 긍정설을 취하고 있다.

2. 판례의 입장

대법원은 처음에 “과실범에 있어서는 의사연락의 관념을 논할 수 없으므로 고의범과 같은 공동정범이 있을 수 없고 과실범에 대한 교사·방조도 있을 수 없다"고 하여[168] 부정설을 취하였다.[169] 그러나 1962년부터 태도를 바꾸어 "형법 제30조에서 공동하여 죄를 범한 때의 "죄"는 고의범·과실범을 불문하며, 공동의 의사도 고의공동의 의사일 필요가 없고 고의행위이건 과실행위이건 행위를 공동으로 할 의사면 족하므로 2인 이상이 어떠한 과실행위를 서로의 의사연락 아래 행하여 범죄되는 결과를 발생케 한 것이면 과실의 공동정범이 성립되는 것이다"라고 하여[170] 긍정설로 변경한 이래 일관하여 긍정설을 유지하고 있다. 과실범의 공동정범을 인정한 판례사안은 다음과 같다.

【판례】 ① 화물트럭운전수와 화주가 서로 의사를 연락하여 경관의 검문에 응하지 않고 트럭을 질주케 한 사안(대판, 1962. 3. 29, 4294형상598), ② 국민학교 아동 급식용 크림빵을 만드는 공장에서 상한 크림빵을 공급하여 아동들이 식중독을 일으킨 사안에서의 공장장과 회사 대표이사(대판, 1978. 9. 26, 78도2082), ③ 운전병이 운전하던 짚차의 선임탑승자가 운전병을 데리고 주점에 들어가서 같이 음주한 다음 운전케 한 결과 운전병이 음주로 인하여 취한 탓으로 사고가 발생한 사안(대판, 1979. 8. 21, 79도1249), ④ 사고열차의 퇴행에 관하여 서로 상론, 동의한 정기관사와 부기관사(대판, 1982. 6. 8, 82도781), ⑤ 터널공사현장의 열차전복사건에서 도급받은 건설회사의 현장소장과 공사를 발주한 한국전력공사 지소장(대판, 1994. 5. 24, 94도660), ⑥ 건물(삼풍백화점) 붕괴의 원인이 된 건축계획의 수립, 건축설계, 건축공사공정, 건물 완공 후의 유지관리 등에 관여한 각 단계별 관련자(대판, 1996. 8. 23, 96도12310), ⑦ 성수대교와 같은 교량이 그 수명을 유지하기 위하여는 건설업자의 완벽한 시공, 감독공무원들의 … 시공과정 등의 철저한 현장확인, 시공상의 감독 유지·관리를 담당하고 있는 공무원들의 철저한 유지·관리라는 조건이 합치되어야 하는 것이므로 … 위 각 단계에 관여한 자는 전혀 과실이 없다거나 과실이 있다고 하여도 교량 붕괴의 원인이 되지 않았다는 등의 특별한 사정이 있는 경우를 제외하고는 붕괴에 대한 공동책임을 면할 수 없다(대판, 1997. 11. 28, 97도1740).

3. 학설의 대립

(1) 부정설

과실의 공동정범을 부정하는 견해는 과실동시범으로 취급하면 충분하다고 하는데 그 이유는 다양하다.

---

168) 대판, 1956. 12. 21, 4289형상276; 대판, 1974. 7. 23, 74도778.

169) 참고로 독일 판례는 시종일관하여 과실의 공동정범을 부정하고 있으며, 일본 대심원판결도 부정하여 왔으나 최고재판소에 이르러 유독음식물 등 取締令違反事件에서 이를 긍정하는 태도로 바꾸었다(日最判, 昭和 28. 1. 23, 刑集 7. 1, 30면).

170) 대판, 1962. 3. 29, 4294형상598.

1) 범죄공동설 범죄공동설의 대부분은 특정한 범죄를 공동으로 하는 고의 공동이라 하므로 과실의 공동정범은 물론, 고의범과 과실범의 공동정범을 부인한다.171)

그러나 범죄공동설 그 자체의 타당성 여부는 차치하고 범죄공동설에서도 부주의한 의사로 하나의 구성요건에 해당하는 위법한 결과를 야기시키면 공동정범으로 귀책이 가능하다고 하고 이를 인정하는 견해도 있으므로172) 범죄공동설 자체가 과실의 공동정범을 부정하는 결정적 근거는 아니다.

2) 공동의사주체설 공동의사주체설은 일정한 범죄를 실현하려는 공모가 있으면 공동의사주체가 형성되고, 그 활동이 있으면 공동의 범죄를 실현하는 단체활동이 있다고 하므로 일정한 목적을 향한 공모가 없는 과실의 공동정범은 부정한다.

그러나 공동의사주체설 그 자체가 타당하지 않을 뿐만 아니라, ① 이 입장에서도 과실은 무의식이 아니라 인식 있는 의사상태가 규범적으로 비난받는 것이므로 과실도 인식의 범위 내에서는 공동이 가능하여 과실의 공동정범도 성립할 수 있다는 견해도 있으며,173) ② 단체의사라는 특수한 사회심리현상은 반드시 고의범의 범죄결과에서만 생기는 것이 아니라 과실적 공동으로 발생된 결과에서도 생길 수 있으므로 반드시 과실의 공동정범을 부정할 것은 아니라는 비판이 있다.174)

3) 목적적 행위지배설 정범이 되려면 고의와 목적적 행위지배가 있어야 하는데,175) 과실행위와 같이 구성요건적 결과 이외의 사실을 지향하는 의사상태에서는 목적적 행위지배를 인정할 수 있으나 구성요건이 실현되는 과정에서는 맹목적·인과적 사실에 지나지 아니하므로 과실의 공동정범을 인정할 수 없다고 한다. 이에 의하면 사회생활상 요구되는 주의의무를 태만하여 구성요건적 결과를 야기시킨 모든 자가 과실범의 직접 정범(과실동시범)이 된다.

---

171) 범죄공동설 중 고의공동설이건 부분적 범죄공동설이건 대체로 이러한 결론은 동일하다. 정영석, 253면; 同, 과실범의 공동정범(연세논총 10, 1973), 304면 이하; 정창운, 300면; 백남억, 295면; 남흥우, 231면 이하; 박정근, 공동정범(사법행정, 1966. 8), 16면.

172) 大塚, 過失の共同正犯, 刑法總論(福田/大塚 編), 1979, 379면 이하; 內田, 刑法(Ⅰ), 281면.

173) 小泉, 刑法要論(總論), 1943, 228면.

174) 內田, 刑法における過失共働の理論, 1973, 40면.

175) 황산덕, 272면. 진계호(전정판), 482면에서는 목적적 행위지배설에서 부정설을 지지했으나 그 후 기능적행위지배설의 부정설로 개설하였다.

그러나 목적적 행위지배설에 대한 비판은 차치하고, 과실의 공동은 행위자 상호간에 부주의로 결과를 발생시킨다는 규범적 평가 문제임에도 불구하고 이를 단순한 사실적·인과적 문제로 파악하므로 타당하지 않다.

4) 기능적 행위지배설 공동의 범행결의에 근거한 공동의 역할분담이 있을 때에 기능적 행위지배가 인정되므로 이것이 불가능한 과실범의 경우는 과실동시범이 될 뿐이라고 한다. 우리나라 다수설이다.[176]

행위지배가 고의범을 전제로 출발한 것임은 틀림없으나 과실범도 지배범으로 보는 이상 이 견해에 의하면 과실범에 있어서는 행위지배가 없으므로 과실공동정범뿐만 아니라 과실 단독범도 부정해야 할 것이다.

(2) 긍정설

과실의 공동정범도 성립할 수 있다는 견해는 소수설에 지나지 않으나 그 근거는 여러 가지가 있다.

1) 공동행위주체설 범죄실현을 위하여 실행행위를 분담한 경우에만 공동정범이 성립한다는 공동행위주체설에 의하면 공동행위주체가 성립되어 실행행위를 하면 그 실행행위는 개인의 행위가 아니라 공동행위주체의 실행행위가 되므로 수인이 과실행위로 구성요건적 결과를 야기시킨 경우에도 공동행위주체의 실행이 있으므로 공동정범이 된다[177]고 한다.

그러나 공동정범은 전체 범행을 실현하기 위하여 각자가 기능적으로 공동작업을 하는 관계에 있을 뿐이고 개개인의 실행행위와 구별되는 공동행위주체의 실행행위란 생각할 수 없으며, 공동행위주체라는 단체 범죄와 단체책임을 인정하므로 타당하지 않다.

2) 행위공동설 수인수죄에 대한 공동정범을 인정하는 행위공동설은 실행행위를 공동으로 하면 공동정범이 성립하고, 반드시 고의를 공동으로 할 필요가 없다고 하므로 과실의 공동정범을 인정한다.[178] 판례도[179] 행위공동설의 입장에서 과실의 공동정범을 인정하고 있다.

그러나 이론적으로 행위공동설이 타당하다 하여도 이 견해는 실행행위만 공

---

176) 이형국, 287면; 배종대, 573면; 박상기, 395면 이하; 손해목, 1028면; 진계호, 503호; 신동운, 584-585면 이하; 임웅, 422-423면; 김성돈, 587면; 손동권, 504면; 오영근, 573면.

177) 유기천, 288면.

178) 이건호, 182면; 염정철(8인 공저), 352면.

179) 대판, 1962. 3. 29, 4294형상598 등 앞에서 소개한 판례 참조.

동하면 공동정범이 성립한다고 하여 과실의 공동정범을 인정하고 있을 뿐 과실의 공동정범의 성립요건이 무엇이냐에 대해서는 구체적으로 설명하지 못한다.

3) 기능적 행위지배설 과실의 공동정범도 기능적 행위지배가 인정되는 범위내에서 성립할 수 있다는 견해이다. 즉, 고의범에 필요한 의사연락을 요하지 않으나 주의의무위반의 공동과 과실행위에 대한 기능적 행위지배가 있으면 과실공동정범이 성립한다는 것이다.[180]

이에 대하여 기능적 행위지배설은 고의범에 타당할 수 있어도 과실범에는 인정할 수 없으며, 공모가 있을 수 없는 과실범에 대해 공동정범을 인정하는 것은 책임주의에 반한다는 비판이 있다.

(3) 결 어

과실범의 공동정범을 인정할 것이냐는 과실범의 본질에 대한 이해가 전제되어야 한다. 과실범은 주의의무위반에 본질이 있으므로 과실행위는 부주의한 행위가 된다. 그리고 과실의 공동정범도 행위공동설에 의하여 공동정범의 일종으로 이해할 수 있지만 공동정범으로서의 기본요건은 구비하여야 한다. 과실범에 있어서도 주의의무에 대한 상호 양해(이해)와 그 위반에 대한 예견은 가능하다. 그리고 과실범의 본질상 범죄의 실현계획이 있을 수 없으므로 고의범을 전제로 한 행위지배는 있을 수 없다. 그러나 과실행위(주의의무위반)에 대한 공동의 행위기여는 가능하므로 과실행위에 대한 역할분담과 공동의 행위기여는 할 수 있다. 즉, 주의의무에 대한 상호 양해와 그 위반을 예견하고 과실행위에 대한 역할분담과 공동의 행위기여가 있으면 과실의 공동정범은 성립한다고 본다(과실공동·행위공동설).[181]

공동정범의 주관적 요건은 특정범죄의 실행의사가 아니라 구성요건적 실행행위를 공동할 의사이면 충분하며, 과실범의 공동정범을 인정한다고 해서 과실공동이 있는 경우를 항상 가벌행위로 취급하는 것도 아니다. 과실공동정범도 과실범이므로 과실범 처벌규정이 있을 때에만 처벌되며, 과실동시범이나 과실공동정범이나 모두 정범이므로 이를 인정한다고 해서 책임주의에 반한다고 할

---

180) 심재우, 과실범의 공동정범(고시계, 1980. 4), 37면 이하; 문채규, 과실범의 공동정범에 대한 논증도구로서의 기능적 범행지배표지(법치국가와 형법, 1998), 375면 이하.

181) 同旨: 이재상, 467면; 김일수/서보학, 609면 이하; 이용식, 과실범의 공동정범(형사판례연구 7), 81면 이하.

수 없다.

4. 과실의 공동정범을 인정하는 실익

부정설은 과실범의 공동정범을 인정한다 하여도 실익이 없으므로 무리하게 과실의 공동정범을 인정할 필요가 없으며, 과실범의 공동현상은 동시범이론으로 설명하면 족하다고 한다.[182] 그러나 형법은 과실범의 미수를 처벌하지 않기 때문에 이를 동시범으로 해결하기는 충분치 못하므로 과실의 공동정범을 인정할 때에는 "일부실행·전부책임의 원칙"을 적용할 수 있으며, 과실 공동행위자 중에서 누구의 행위에 의하여 과실적 결과가 발생한 것인지 묻지 않고 모두 공동정범으로 취급할 수 있다는 실익이 있다.[183]

Ⅶ. 합동범의 공동정범

1. 합동범의 의의

합동범(合同犯)이란 2인 이상이 합동하여 범죄를 실현하는 범죄유형을 말한다. 형법상의 합동범은 특수절도, 특수강도, 특수도주와 성폭력범죄의처벌및피해자보호등에관한법률상의 특수강간·특수강제추행·특수준강간·특수준강제추행(동법 제6조 1·2·3항)이 있다. 이러한 합동범에 대해서는 합동범의 본질과 관련하여 공동정범이 성립할 수 있느냐가 문제된다.

2. 판례의 태도

합동범의 본질에 관한 초기의 판례는[184] 가중적 공동정범설의 입장에서 공모공동정범을 인정하고 있으므로 합동범에 대해서도 공동정범을 인정하였다. 그 후 현장성설을 채택한 후에는 이에 대한 입장표명이 없다가 1976년의 판

---

182) 이형국, 287면; 박상기, 396면; 배종대, 573면; 임웅, 423면; 오영근, 573면; 김성돈, 587면; 김성천, 391면.

183) 정진연, 과실범의 공동정범에 관한 연구, 5면. 同旨: 이재상, 467면; 김일수/서보학, 610면.

184) 대판, 1956. 5. 1, 4289형상35; 대판, 1960. 6. 15, 4293형상60.

결[185]에서 합동범의 공동정범을 명백하게 부인하는 태도를 취하였다. 그러나 최근에 와서 강취한 현금카드로 현금자동지급기에서 합동으로 현금을 인출한 다음의 판례사안에서 긍정하는 태도로 바꾸었다.

【판례】 3인 이상의 범인이 합동절도의 범행을 공모한 후 적어도 2인 이상의 범인이 범행현장에서 시간적, 장소적 협동관계를 이루어 절도의 실행행위를 분담하여 절도범행을 한 경우에는 … 공모에는 참여하였으나 현장에서 절도의 실행행위를 직접 분담하지 아니한 다른 범인에 대하여도 그가 현장에서 절도범행을 실행한 2인 이상의 범인행위를 자기 의사의 수단으로 하여 합동절도의 범행을 하였다고 평가할 수 있는 정범성의 표지를 갖추고 있다고 보여지는 한 … 합동절도의 공동정범 성립을 부정할 이유가 없다. … 형법 제331조 2항 후단의 규정이 … 2인 이상이 합동절도의 범행을 실행한 경우에 이에 대한 공동정범의 성립을 부정하는 취지라고 해석할 이유가 없으며 … 만일 … (이를) 제한한다면 그 행위의 기여도가 강력함에도 불구하고 공동정범으로 처벌되지 아니하는 불합리한 현상이 나타날 수 있다. … 범행현장에서는 존재하지 아니한 범인도 공동정범이 될 수 있으며, 반대로 상황에 따라서는 장소적으로 협동한 범인도 방조만 한 경우에는 종범으로 처벌할 수 있다(대법원 전원합의체, 1998. 5. 21, 98도321).

3. 학설의 대립

(1) 부정설

합동범에 대한 공동정범의 성립을 부정하는 견해로, 합동범은 현장에서 협동한 자만이 합동범이 될 수 있고 공동정범의 규정은 적용할 수 없다는 견해,[186] 합동범은 필요적 공범이므로 공동정범을 인정할 여지가 없으며,[187] 만일 필요적 공범에 대해 공동정범을 인정하면 유추해석이 되고 책임원칙에 반한다는 견해[188]이다.

---

185) 대판, 1976. 7. 27, 75도2720: 형법 제331조 제2항 후단의 합동절도의 경우에는 주관적 요건으로서 공모외에 객관적 요건으로서 시간적으로나 장소적으로 협동관계가 있는 실행행위의 분담이 있어야 하므로 "갑"이 공모한 내용대로 국도상에서 "을", "병" 등이 당일 마을에서 절취하여 온 황소를 대기하던 트럭에 싣고 운반한 행위는 시간적으로나 장소적으로 절취행위와 협동관계가 있다고 할 수 없어 합동절도죄로 문의할 수는 없으나 공동정범에 있어서 범죄행위를 공모한 후 그 실행행위에 직접 가담하지 아니하더라도 다른 공범자의 죄책을 면할 수 없으니 "갑"의 소위는 본건 공소사실의 범위에 속한다고 보아지므로 "갑"은 일반 절도죄의 공동정범 또는 합동절도방조로서의 죄책을 면할 수 없다.

186) 이형국, 295면: 이재상, 각론, 287면: 배종대, 596면: 박상기, 402면: 임웅, 436면: 정영일, 407면.

187) 강구진, 각론(Ⅰ), 289면: 신동운, 710면.

188) 하태훈, 기능적 행위지배와 합동범(고시계, 1998. 7), 95면.

⑵ 긍정설

합동범에 대해서도 공동정범이 성립할 수 있다는 견해로, 합동범은 공동정범의 한 형태로서 단지 현장요소에 의해 제한된 현장적 공동정범으로만 성립하고, 합동범에 대해서 기능적 행위지배가 있는 이상 배후거물이나 수괴도 공동정범으로 처벌해야 한다는 것이다(소위 현장적 공동정범설).[189]

⑶ 학설의 평가

합동범에 대한 공동정범 성립 여부는 그 출발이 되는 합동범의 본질과 형법이 합동범을 특별히 제한적으로 인정한 취지에 비추어 판단해야 하고, 필요적 공범설을 고정화시켜 유추해석 또는 책임원칙에 반한다는 자의적 해석을 할 것은 아니다.

합동범의 본질에 대해서 첫째, 합동범에 한하여 공모공동정범을 인정하는 공모공동정범설에 의하면 합동범의 공동정범도 당연히 인정할 수 있다. 판례는 모든 범죄에 대해서 공모공동정범을 인정하므로 긍정적 판단을 한 것으로 보인다. 그러나 공모공동정범을 부정하는 입장에서는 타당성을 인정할 수 없고, 합동범의 본질이 공모공동정범이라는 견해 자체도 사실상 소멸되었으므로 의미가 없다.

둘째, 합동범은 본질상 공동정범이지만 집단범에 대한 대책으로 특별히 형을 가중한 것이라는 가중적 공동정범설에 의하면 합동범의 현장집합성을 요구하지 아니하므로 합동범의 공동정범을 부정할 이유가 없다.

셋째, 합동범은 현장에서 시간적·장소적 협동이 필요하다는 현장성설에서는 견해가 나누어진다. 먼저 ① 필요적 공범설에 의하면 합동범 상호간은 물론, 집단 외부에서도(협의의 공범을 제외하고는) 공동정범이 성립할 여지가 없다. 이에 대해서 ② 합동범은 반드시 동시에 동일 장소가 아니라도 시간적·장소적 협동이 있어야 하는 공동정범의 형태이고 현장에서 기능적 역할을 분담한 사람만이 합동범이 된다는 소위 현장적 공동정범설에 의하면 합동범의 공동정범 성립을 인정한다.

그러나 필요적 공범은 단독으로 구성요건을 실현할 수 없는 독립범죄 유형이

---

189) 김일수/서보학, 620면; 이충상, 합동범의 공동정범의 성립가능성(법조, 1998. 10), 174면 이하; 서보학, 합동범의 공동정범 성립 여부(법률신문, 1997. 6. 14), 15면; 이호중, 합동절도의 공동정범(형사판례연구 제7권), 130면 이하.

고, 합동범은 범죄유형이 아니라 강학상 사용되는 명칭으로서, 합동범에 해당하는 범죄는 단독으로 범할 수 있으므로 필요적 공범이 아니라고 해야 한다. 그리고 합동은 현장에서의 시간적 · 장소적 협동을 요구하므로 이를 확대하는 해석은 현장성설의 취지에 반한다고 본다.

(4) 결 어

합동은 함께 협동 · 공연하는 것임에 반하여, 공동실행은 전체로서 범죄완성에 기여하는 것이므로 양자는 구별해야 한다. 합동은 시간적 · 장소적 협동이 있어야 하고 공동보다 일층 현실적 실행이 요구되므로 현장성설이 타당하다. 현장성설에 의하면 현장에서 의사연락하고 함께 공동실행하는 경우와, 의사연락한 다음 현장에서 함께 공동실행하는 경우에도 합동범은 성립하므로 합동범도 본질상으로 공동정범의 일종이라 해야 한다. 즉, 의사연락한 후 공동실행 한다는 점에서 양자는 같지만, 공동정범은 반드시 현장협동이 없어도 기능적 행위지배가 있으면 충분함에 반하여, 합동범은 반드시 현장에서 협동하여 범죄를 실현하는 데 차이가 있다. 따라서 합동범은 공동정범보다 성립요건이 엄격하여 현장성이 있는 때에만 제한적으로 합동범을 규정한 "현장 제한적 공동정범"이라[190] 해야 하고, 이를 필요적 공범이라고 할 이유가 없다. 합동범은 현장협동이 있는 경우에 한하여 가중처벌을 하겠다는 특별규정이므로 그 성립도 엄격히 제한적으로 해석해야 한다. 따라서 현장협동이 없는 합동범의 공동정범은 부정하는 것이 타당하다. 다만 집단 외부에서 합동범에 관여한 때에는 협의의 공범은 성립할 수 있다고 본다.

190) 이에 대해서는 정성근, 각론, 390면 이하; 정성근/박광민, 각론, 제2편 제2장 특수절도죄 참조.

제5절 교 사 범

Ⅰ. 교사범의 의의

교사범(Anstiftung)이란 타인으로 하여금 범죄실행의 결의를 하게 하여 범죄를 실행시킨 자를 말한다. 형법 제31조 1항은 "타인을 교사하여 죄를 범하게 한 자는 죄를 실행한 자와 동일한 형으로 처벌한다"고 규정하고 있는데, 여기의 "죄를 범하게 한 자"란 피교사자에게 범죄결의를 하게 하여 "구성요건에 해당하는 위법한" 범죄를 실행시킨 자를 말한다.[191)]

교사범은 타인을 교사하여 위법행위를 실행시키는 것이므로 자기 스스로 행위지배를 하지 아니한다. 실행행위를 기능적으로 역할 분담하는 공동정범과 구별된다. 또 교사범은 타인에게 범죄결의를 생기게 하는 것이므로 이미 범죄실행을 결의한 자에 대해서 그 실행을 유형적·무형적으로 원조하는 종범과 구별된다. 그리고 교사범은 타인을 이용하여 죄를 범하는 것이므로 간접정범과 유사하다. 그러나 교사범은 행위지배가 없는 공범이고, 이용되는 피교사자가 정범으로 처벌될 수 있는 자임에 대해서 간접정범은 의사지배를 하는 정범이며, 피이용자는 범죄실행에 대한 고의가 없거나 정범으로 처벌될 수 없는 자를 이용한다는 점에서 구별된다.

> 형법 각칙에 교사에 해당하는 행위를 특별구성요건으로 규정하고 있는 음행매개(제242조)와 자살교사(제252조 2항)도 넓은 의미에서는 교사행위라 할 수 있다. 그러나 각칙에 규정된 범죄는 독립범죄이며, 총칙상의 공범이 아니므로 총칙상의 제31조 규정을 적용하지 않는다.

---

191) 독일 형법은 "고의로 타인으로 하여금 고의적인 위법행위를 수행하도록 결의시킨 자"(제26조)라고 하여 제한종속형식을 입법적으로 규정하였다. 우리 형법의 교사범은 규정형식으로 보아 종속성을 인정하고 있으나 종속의 정도에 관해서는 명백하지 않다. 그러나 피교사자의 죄는 광의의 죄, 즉 구성요건에 해당하는 위법행위라고 이해해야 한다.

Ⅱ. 교사범의 성립요건

교사범이 성립하기 위해서는 교사범의 구성요건(수정구성요건)에 해당하는 행위가 있어야 하고 다시 가벌적 행위가 되기 위해서는 위법성과 책임을 구비하여야 한다.

교사범의 구성요건상의 성립요건은 다음 세 가지 요건이 필요하다. ① 타인으로 하여금 죄를 범하도록 하는 교사자의 교사행위가 있고, ② 교사에 의하여 피교사자가 범죄실행의 결의를 해야 하며, ③ 이 결의에 의하여 피교사자가 범죄를 실행하여야 한다.

1. 교사자의 교사행위

(1) 교사행위의 의의

"교사행위"의 의의에 대해서 견해가 대립한다. 통설은 타인으로 하여금 범죄실행의 결의를 생기게 하는 것으로 충분하다고 하는 데[192] 반하여 교사행위는 타인으로 하여금 범죄실행의 결의를 생기게 할 뿐만 아니라 다시 피교사자가 그 결의에 의하여 실행행위로 나아가게 한다는 견해도[193] 있다.

교사범이 성립하기 위해서는 피교사자의 실행행위가 있어야 하지만 교사행위 자체에 범죄실행의 결의 외에 다시 피교사자의 실행행위까지 요구하면 정범의 실행행위와 교사자의 교사행위를 구별하기 곤란하므로 범죄실행의 결의를 생기게 하는 것으로 충분하다고 해야 한다.

이미 범죄결의를 한 자에 대한 동일범죄의 교사는 무형적 방법에 의한 종범 또는 실패한 교사가 될 수 있고, 이미 범행결의자에 대해서 가중적 구성요건을 교사한 때에는 범행 전체에 대한 교사가 되며, 경미범죄를 교사한 때에는 위험감소로 인하여 객관적 귀속이 부정되므로 교사가 될 수 없고 방조가 가능할 뿐이다.

---

192) 황산덕, 277면; 정영석, 258면; 유기천, 294면; 남흥우, 236면; 김종원, 교사범(上), 39면; 정성근, 582; 이형국, 308면; 이재상, 481면; 김일수/서보학, 638면; 박상기, 432면; 배종대, 628면; 임웅, 459면; 신동운, 619면; 오영근, 599면.

193) 주로 공범독립성설에서 주장하지만 공범종속성설에서도 주장된다. 이건호, 개론, 187면; 염정철, 462면; 瀧川, 序說, 230면; 木村, 新構造(下), 334면; M. E. Mayer, S. 232.

(2) 특정범죄의 교사

교사는 타인에게 특정한 구체적 범죄실행을 결의시켜야 한다. 막연히 범죄를 범하라 또는 절도를 범하라고 하는 것은 교사라 할 수 없다. 범죄실행의 결의를 생기게 하면 족하므로 더 나아가서 일시·장소·방법 등 자세하게 범행계획을 지시까지 할 필요는 없다. 판례는 단순히 "밥값을 구하여 오라"고 말한 것이 절도범행을 교사한 것이라고 할 수 없다[194]고 하였으나, 드라이버를 사주면서 "열심히 일을 하라"고 하였다면 절도죄의 교사가 된다고 판시하고 있다.

【판례】 막연히 "범죄를 하라"거나 "절도를 하라"고 하는 등의 행위만으로는 교사행위가 되기에 부족하다 하겠으나, 교사범이 성립하기 위해서는 범행의 일시·장소·방법 등의 세부적인 사항까지를 교사할 필요는 없는 것이고, 정범으로 하여금 일정한 범죄의 실행을 결의할 정도에 이르게 하면 교사범이 성립된다. 피고인이 甲·乙·丙이 절취하여 온 장물을 상습으로 매수하여 취득하여 오다가, 甲·乙에게 일제 드라이버 1개를 사주면서 "丙이 구속되어 도망 다니려면 돈도 필요할 텐데 열심히 일을 하라"고 말하였다면, 그 취지는 종전에 丙과 같이 하던 범위의 절도를 다시 계속하면 그 장물은 매수하여 주겠다는 것으로서 절도의 교사가 있었다고 보아야 한다(대판, 1991. 5. 14, 91도542).

(3) 교사행위의 방법

"타인을 교사한다"는 것은 타인으로 하여금 범죄실행의 결의를 생기게 할 의사로 범죄실행의 결의가 생길 수 있는 상당한 행위를 하는 것을 말한다. 그 수단·방법에는 제한이 없다. 명령·촉탁·위협·협박·기망·감언·유도·종용·애원·이익제공 등 여러 가지 수단·방법이 가능하다. 다만 기망·위협 등의 정도가 지나친 때에는 간접정범이 될 수 있다.[195] 또 교사행위는 명시적·직접적 방법일 필요가 없고 묵시적·암시적 방법에 의한 것도 좋다. 판례도 묵시적·암시적 방법의 교사를 인정하고 있다. 또 교사행위는 범행객체의 출현을 조건으로 한 조건부 교사도 할 수 있다. 출산을 조건으로 영아살해를 교사하는 경우가 그 예이다.

【판례】 대리 응시자들의 시험장의 입장은 시험관리자의 승낙 또는 그 추정된 의사에 반한 불법침입이라 아니할 수 없고, 따라서 피고인이 대리 응시자에게

194) 대판, 1984. 5. 15, 84도418.

195) 황산덕, 277면; 이재상, 482면; 김일수/서보학, 639면; 배종대, 628면; 임웅, 459면; 오영근, 599면.

시험장 입장을 교사한 이상 주거침입 교사죄가 성립된다(대판, 1967. 12. 19, 67도1281).

(4) 교사의 상대방

피교사자는 특정되어 있어야 한다. 특정되어 있으면 피교사자가 누구인지는 알 필요까지 없으며, 다수인이라도 상관 없다. 불특정인에 대한 교사는 선동이 문제될 것이다. 피교사자는 책임능력자임을 요하는가에 대해서, 극단종속형식에 따를 때에는 책임능력자라고 해야 하지만,[196] 제한종속형식 또는 최소종속형식 내지 공범독립성설에 따를 때에는 책임능력자일 필요가 없다. 다만 자기의 지휘·감독을 받는 자를 교사한 때에는 형법 제34조 2항에 의하여 특수한 교사가 되며, 어린아이나 중증의 정신병자를 이용한 때에는 간접정범이 된다.

(5) 공동교사

교사행위는 2인 이상이 공동으로 할 수 있다. 이를 공동교사라 한다. 예컨대 甲과 乙이 공동하여 丙을 교사하는 경우이다. 일본 판례는 수인이 교사할 것을 공모하고 그 중 일부가 교사행위를 한 때에는 교사행위를 하지 않는 공모자도 교사범이 된다고 하였다.[197] 이 경우 실행한 범죄의 교사범을 인정하는 것은 공모공동정범의 이론을 여기에 적용한 것이다. 그러나 공모공동정범이론을 부정할 때에는 공모에 그친 자는 교사자를 교사한 자가 된다(간접교사). 교사범은 공동정범이 아니므로 공모공동정범이론은 애당초 타당할 수 없다.

(6) 부작위에 의한 교사

부작위에 의한 교사도 가능한가에 대해서 부작위도 교사의 수단이 될 수 있다는 긍정설과[198] 단순한 부작위는 교사의 수단이 될 수 없다는 부정설이 대립한다. 부작위 자체는 피교사자에 대해서 현실적으로 아무런 물리적 영향을 주지 못할 뿐만 아니라 심리적 작용도 할 수 없으므로 부정설이 타당하며, 통설이다.

(7) 과실에 의한 교사

과실에 의한 교사를 인정할 수 있느냐에 대해서도 적극설과[199] 소극설이[200]

196) 정영석, 259면.
197) 日大判, 1931. 12. 3, 刑集 10, 677면.
198) 염정철(8인 공저), 367면.
199) 이건호, 188면; 염정철, 462면.

대립하는 데 소극설이 통설이다. 적극설은 독일 형법(구형법 제48조, 현행형법 제26조)의 교사범과 같이 "고의로"라는 명문규정을 두지 아니한 이상 과실에 의한 교사를 부정할 이유가 없다고 한다.

그러나 교사는 타인으로 하여금 범죄실행의 결의를 생기게 하는 것이므로 과실에 의한 교사를 인정하는 것은 교사 그 본래의 관념과 부합될 수 없고, 과실은 일정한 범죄를 목적으로 한 행위가 아니므로 일정한 범죄실행을 결의시키는 교사는 고의에 한하고 과실교사는 부정해야 한다. 적극설은 과실범에 대하여 고의에 의한 교사와 과실에 의한 교사도 인정하는데, 전자는 간접정범이 될 것이고 후자는 과실경합(과실의 동시범)이라 함이 타당하다. 예컨대 의사의 부주의로 독약을 복용약으로 오인하고 간호사에게 교부하여 환자에게 복용하게 한 경우는 과실동시범이 된다.

2. 교사자의 고의

(1) 교사범의 고의

교사는 고의가 있어야 한다. 교사자의 고의에 대해서는, ① 교사자의 고의는 피교사자에게 범죄실행의 결의를 생기게 할 의사로 충분하다는 견해와,[201] ② 정범을 통하여 구성요건적 결과가 실현된다는 인식·의사 뿐만 아니라 그 범죄행위를 타인에게 결의시킨다는 의사가 있어야 한다는 견해가 있는데 후설이 통설이다.[202] 범죄실행의 결의를 생기게 하는 의사는 피교사자가 실행하게 될 범죄결과의 인식이 없이는 불가능하다. 교사자의 고의는 정범의 고의를 포함한다고 할 때에 교사범 고유의 범죄성도 인정할 수 있다. 따라서 교사범은 교사의 고의와 정범의 고의도 있어야 한다는 이중의 고의설이 타당하다. 그리고 구성요건적 결과발생에 대한 인식은 미필적 인식으로 충분하다. 그러나 교사자는

---

200) 황산덕, 278면; 남흥우, 236면; 유기천, 294면; 김종원, 교사범(上), 39면; 정영석, 242면; 정성근, 584면; 이형국, 307면; 이재상, 483면; 김일수/서보학, 640면; 배종대, 628면; 진계호, 540면; 손해목, 1072면; 임웅, 460면; 오영근, 601면; 박상기, 437면; 신동운, 620면; 김성돈, 640면; 김성천, 422면.

201) 남흥우, 236면; 백남억, 303면; 김종원, 교사범(상), 39면.

202) 황산덕, 279면; 유기천, 300면; 정영석, 258면; 염정철, 463면 이하; 이건호, 189면; 권문택, 미수의 교사(고시계, 1978. 9), 27면; 정성근, 585면; 이재상, 483면; 김일수/서보학, 640면; 박상기, 434면; 배종대, 629면; 임웅, 460-461면; 김성돈, 640면; 신동운, 620면; 오영근, 602면.

구성요건적 결과가 위법하다는 것까지 인식할 필요는 없다. 목적범의 경우에는 교사자에게 행사의 목적이 있어야 하며, 신분범에 대한 교사에 있어서는 정범의 신분에 대한 인식도 있어야 한다.

1) 고의의 특정 교사자의 고의는 특정되어야 한다. 피교사자가 실행하게 될 특정 범죄에 대한 고의가 있어야 한다.

2) 기수의 고의 교사자의 고의는 피교사자를 통해서 구성요건 결과를 실현하려는 기수의 고의가 있어야 한다.

(2) 미수의 교사

피교사자의 행위가 미수에 그치게 할 의사로 교사하는 경우를 미수의 교사(Anstiftung zum Versuch)라 한다. 예컨대 텅빈 금고인 줄 알면서 피교사자에게 그 금고로부터 금전을 절취하라고 교사하는 경우이다. 미수의 교사에 있어 피교사자는 범죄를 범할 의사가 있고 또 범죄실행에 착수한 것이므로 미수범 처벌규정이 있는 한 미수범이 성립한다. 문제는 교사자도 교사의 미수로 처벌할 수 있느냐이다.

교사자의 고의는 피교사자에게 범죄실행의 결의를 생기게 할 의사로 충분하다고 할 때에는 미수의 교사도 가벌적 행위가 된다. 이에 대해서 피교사자에 대한 범죄결의와 정범을 통한 구성요건 결과가 실현된다는 인식・의사도 필요하다고 할 때에는 미수의 교사는 불가벌이 된다. 구성요건 결과실현을 예정하지 않는 고의는 있을 수 없으므로 미수의 교사는 불가벌이라 해야 한다.

1) 미수의 교사의 기수유발 피교사자가 미수에 그칠 것이라 믿고 교사하였으나 예상과 달리 기수가 된 경우에 그 취급이 문제된다. 범죄실행의 결의를 생기게 할 의사로 충분하다는 입장에서는 공범의 착오로 해결하여 미수의 교사범을 인정한다.

그러나 구성요건적 결과에 대한 인식・의사까지 필요하다고 할 때에는 기수의 고의는 없으나 위험성은 있으므로 결과발생에 대하여 과실이 있는 때에는 과실범이 성립한다.[203] 또 교사자의 당초의 예상과 다른 구성요건에 해당하는 결과가 발생한 때에도 동일하다. 예컨대 살인의 미수를 교사하여 상해의 결과

203) 정영석, 263면; 정성근, 586면; 이재상, 485면; 김일수/서보학, 641면. 방조범으로 처벌함이 타당하다는 견해는 박상기, 434면; 배종대, 630면. 또 범행의 형식적 기수가 아닌 실질적 종료(종국적 법익침해)에까지 이른 경우에 과실범으로 처벌할 수 있다는 견해는 임웅, 462면.

가 발생한 경우에 교사자가 예상하지 못한 상해의 결과에 대해서 과실이 있으면 과실치상죄의 교사범이 된다.

2) 함정교사 미수의 교사와 관련된 문제로서 "아쟝 쁘로보까뜨르"(agent provocateur)가 있다. 보통 함정교사라 하고 소송법상으로 함정수사[204]라 하는데, 반드시 미수의 교사와 일치하는 것은 아니다. 이는 피교사자의 실행행위가 기수로 될 것을 인식하고 교사하여 기수가 되는 단계에서 체포하는 경우도 있고, 범인체포의 목적으로 교사한 후 실행의 착수가 있으면 곧 체포하는 경우도 있기 때문이다. 전자의 경우에 교사자에게 교사범이 성립함은 당연하다. 그러나 미수의 교사에 해당하는 후자의 경우에는 결과실현에 대한 의사가 없으므로 불가벌이라 해야 한다.

3) 편면적 교사 피교사자가 교사받고 있다는 사실을 알지 못한 경우의 교사를 편면적 교사라 한다. 편면적 교사범을 인정하는 견해도[205] 있으나 교사의 관념상 부정해야 한다. 통설도 편면적 종범은 인정하고 있으나 편면적 공동정범과 편면적 교사범은 부정한다.

3. 피교사자의 실행결의

피교사자는 교사에 의하여 비로소 범죄실행의 결의가 생겨야 한다. 교사 이전에 이미 범행결의를 가지고 있는 때에는 그 결의를 강화시켰다는 의미에서 종범이 되거나 실패한 교사가 될 뿐이고 교사범은 성립하지 않는다. 교사가 있었으나 피교사자가 범죄실행의 결의를 하지 아니한 경우에는 실패한 교사로서 교사자는 음모 또는 예비에 준하여 처벌한다(제31조 3항). 범죄실행의 결의는 교사행위에 기인한 것이라야 하므로 양자 사이에 인과관계가 없으면 교사범은 성립하지 아니한다.

---

204) 한편 판례는 함정수사의 개념에 대해서 "소위 함정수사라 함은 본래 범의를 가지지 아니한 자에 대하여 수사기관이 사술이나 계략 등을 써서 범죄를 유발케 하여 범죄인을 검거하는 수사방법을 말하는 것이므로, 범의를 가진 자에 대하여 범행의 기회를 주거나 용이하게 한 것에 불과한 경우에는 함정수사라고 말할 수 없다"(대판, 1983. 4. 12, 82도2433)고 하여 범의유발형만을 함정수사라고 하고 기회제공형은 개념에서 제외시키고 있다.

205) 염정철, 464면; 同, (8인 공저), 369면.

4. 피교사자의 실행

(1) 피교사자의 실행행위

피교사자는 교사에 의하여 범죄실행의 결의를 하였을 뿐만 아니라 그 결의를 실행에 옮겨야 한다. 공범종속성설의 당연한 결론이다.[206] 피교사자가 범죄실행의 결의를 가졌어도 실행행위로 나아가지 아니한 때에는 효과 없는 교사로서 교사자와 피교사자 모두 음모 또는 예비에 준하여 처벌한다(제31조 2항). 또 피교사자가 범죄실행을 결의하여 실행행위를 하였어도 교사행위와 범죄실행 사이에 인과관계가 없는 때에도 같다.

피교사자의 범죄실행은 원칙적으로 기본적 구성요건에 해당하는 행위라야 하고, 피교사자의 실행의 착수가 있는 때에 교사범의 실행의 착수도 인정된다. 피교사자의 범죄실행은 반드시 교사가 유일한 원인일 필요가 없다. 예컨대 범죄습벽이 주된 원인이 되어 범행결의를 하고 실행한 경우에도 교사와 합쳐서 실행한 것이면 교사범이 성립한다.

(2) 교사의 미수

광의로 교사의 미수(Versuch der Anstiftung)라 할 때에는 협의의 교사의 미수와 기도된 교사를 포함한다.

1) 협의의 교사의 미수　피교사자가 실행에 착수하였으나 미수가 된 경우 교사자도 미수가 되는데 이를 협의의 교사의 미수라 한다. 이 경우는 미수범 처벌규정이 있는 한 교사자도 그 미수죄의 교사범으로 처벌한다. 공범종속성설에서 교사의 미수라 할 때에는 협의의 교사의 미수만을 말한다. 그리고 공범독립성설에서도 이러한 교사의 미수를 인정하는 데에 이견이 없다.

협의의 교사의 미수에 있어서 정범의 미수가 장애미수이고 그 장애가 교사자에게 의외의 사실인 경우에는 정범은 장애미수, 교사자는 장애미수의 교사범이 된다. 정범이 자의로 중지한 경우에는 정범은 중지미수가 되지만 교사자는 장애미수의 교사범이 된다. 그러나 정범의 미수는 장애미수이지만 그 장애가 교사자의 자의에 의하여 중지된 경우에는 교사자만 중지미수의 교사범이 된다.

---

206) 공범독립성설에 의하면 교사행위 그 자체가 실행행위이므로 교사행위만 있으면 충분하고 피교사자의 범죄 실행행위를 요건으로 하지 않는다는 견해(염정철, 464면)도 있으나 타당하지 않다.

정범이 불능범인 경우에는 그 교사자도 불가벌이 된다.

2) 기도된 교사　실패한 교사와 효과 없는 교사를 합하여 기도된 교사(企圖된 敎唆, versuchte Anstiftung)라고 한다. ① 실패한 교사란 교사를 하였으나 피교사자가 이에 응하지 않았거나, 교사 이전에 이미 범죄실행을 결의하고 있는 경우를 말하며, ② 효과 없는 교사란 피교사자가 범죄실행을 승낙만 하고 실행에 착수하지 아니한 경우, 또는 실행에 착수하였으나 불가벌적 미수에 그쳤거나 예비 또는 음모에 이른 경우를 말한다.

(a) 교사의 미수여부　기도된 교사도 교사의 미수로 처벌할 수 있느냐에 대해서 공범종속성설과 독립성설은 결론을 달리한다. 독립성설에 의하면 교사행위 그 자체가 교사자의 실행행위가 되므로 실패한 교사와 효과 없는 교사도 교사의 미수가 되어 미수범 처벌규정이 있는 한 가벌적 미수가 된다.[207] 이에 대해서 종속성설은 피교사자의 실행행위가 있어야 교사자의 실행행위를 인정할 수 있으므로 실패한 교사와 효과 없는 교사는 교사의 미수가 될 수 없고 단지 기도된 교사로서[208] 교사의 미수범으로 처벌할 수 없다고 한다.

(b) 형법의 규정　형법은 실패한 교사에 대해서는 교사자를, 효과 없는 교사에 대해서는 교사자와 피교사자를 음모 또는 예비에 준하여 처벌하도록 규정하고 있다(제31조 2항, 3항). 이 규정에 대해서 형법의 공범규정은 독립성설에 근거하고 있다는 견해도 있고, 독립성설과 종속성설을 절충한 것이라는 견해도[209] 있는데 후설이 다수설이다.

교사범은 교사하여 "죄를 범하게 한" 때에 성립하고(제31조), 실행의 착수를 기준으로 미수와 예비를 구별(제25조)하므로 예비·음모에 준하여 처벌하는 경우를 〈협의의〉 교사의 미수와 동일시 할 수 없다. 특히 교사에 한하여 기도된 교사를 인정하고 소위 기도된 방조는 불가벌이며, 기도된 교사를 처벌한다 하여도 예비·음모를 처벌하는 규정이 있는 경우에 한하므로 이 규정을 독립성설의 근거라고 할 수 없다. 또 종속성설에 의하면 기도된 교사는 실행의 착수도 없는 그 이전의 예비·음모단계일 뿐이므로 이 규정은 종속성설과 독립성설의 절충이 아니라 공범종속성설의 당연한 귀결이라 해야 한다.

---

207) 염정철, 466면 이하; 同, (8인공저), 379면 이하; 이건호, 177면 이하.
208) 황산덕, 280면; 남흥우, 225면 이하; 백남억, 307면 이하; 정성근, 589면.
209) 이재상, 492면; 김일수/서보학, 647면; 배종대, 638면; 박상기, 439면; 손해목, 1083면; 안동준, 255면.

5. 위법성과 책임

교사범의 구성요건을 충족한 때에도 그것이 가벌적 행위가 되려면 다시 그 교사행위가 위법하고 책임 있는 행위가 되어야 한다.

구성요건은 불법유형이므로 위법성조각사유가 없으면 위법성이 확정된다. 다만 행위불법은 교사행위에서 인정되지만 결과불법은 정범에 종속한다(혼합야기설 중 결과불법종속설). 그리고 교사행위가 구성요건에 해당하고 위법하여도 책임비난이 가능하여야 한다. 책임비난을 하기 위해서는 교사자는 책임능력자라야 하고 교사행위에 대한 위법성의 인식이 가능하여야 하며 책임조각사유가 없어야 한다.

Ⅲ. 교사범의 처벌

교사범은 정범과 동일한 형으로 처벌한다(제31조). 동일한 형으로 처벌한다는 것은 피교사자가 행한 죄의 법정형과 동일하다는 의미이고, 반드시 선고형까지 같아야 한다는 의미는 아니다. 교사범은 직접 범죄실행에는 가담하지 않았으나 정범에게 범죄를 결의시키고 범행에 결정적인 원인이 되었기 때문에 정범과 동일하게 처벌하는 것이다. 교사범을 처벌하기 위해서 정범의 처벌이 반드시 전제가 되는 것은 아니다. 다만 자기의 지휘·감독을 받는자를 교사한 때에는 형법 제34조 2항에 의하여 정범의 형의 2분의 1까지 가중한다(신분범에 대한 교사에 대해서는 공범과 신분 참조).

Ⅳ. 교사범의 관련문제

1. 예비죄의 교사

기수의 고의 없이 예비에만 그치게 할 의사로 교사한 때에는 불가벌이지만 기수의 고의로 교사하였으나 정범의 행위가 예비에 그친 때에는 효과 없는 교사에 해당한다.

2. 교사의 교사와 방조의 교사

(1) 간접교사

간접교사(mittelbare Anstiftung)란 교사자를 교사하는 범죄가담 형태로, 교사자와 정범자 사이에 또 다른 중간 교사자가 개입하고 있는 경우에 그 중간 교사자를 교사하는 것을 말한다. 예컨대 甲이 乙에게 A의 살해를 교사하였더니 乙은 다시 丙을 교사하여 丙이 A를 살해하는 경우가 대표적 예이지만, 甲이 乙에게 丙을 교사하게 하여 A의 살해를 교사한 경우에도 이에 해당한다. 이 경우 乙은 교사범으로 가벌행위가 된다는 데 의문이 없으나 甲의 가벌성에 대해서는 논의가 있다.

구형법 제62조 2항은 "교사자를 교사한 자도 교사범으로 처벌한다"고 규정하였으므로 간접교사의 가벌성을 인정할 수 있었으나 이러한 규정이 없는 현행법의 해석상 다툼이 있고, 또 간접교사의 가벌성을 입법화한 일본에서는 재간접교사에 대해서 동일한 논의가 있다. 공범독립성설은 교사행위 자체를 범죄의 실행행위라 하므로 간접교사와 재간접교사도 당연히 교사범으로 가벌적 행위가 된다.[210]

긍정설과 부정설이 대립한다. 부정설은 범죄의 실행은 기본적 구성요건에 해당하는 정범의 실행행위에 한하며, 이러한 정범의 실행행위를 교사한 자만이 교사범으로 가벌적 행위가 되고, 교사행위를 교사하는 간접교사는 불가벌이라고 한다.[211]

이에 대해서 긍정설은 교사범에 제한이 없고 피교사자도 반드시 정범임을 요하지 않으며, 간접교사자와 직접교사자 사이의 차이도 없으므로 간접교사도 교사범이 된다고[212] 한다. 판례도 같은 태도이다.

【판례】 허위진단서작성죄의 교사죄가 성립되려면 환자가 의사에게 교사하였을 경우에만 성립되고 교사자에게 대하여 교사를 한 경우에는 성립될 수 없다고 주장하나, 피고인이 의사에게 직접이건 간접이건 면담한 사실이 없다손치더라도 피고인으로부터 교사를 받은 자가 피고인이 교사한대로 의사와 공모하여 허위진단서를 작성하였다면 형법 제33조에 의하여 피고인은 허위진단서

210) 염정철, 470면 이하; 同, (8인 공저), 371면 이하; 이건호, 191면.
211) 백남억, 304면; 남흥우, 238면 이하; 정영석, 261면; 황산덕, 283면.
212) 정성근, 591면; 이형국, 309면; 이재상, 490면; 김일수/서보학, 645면; 박상기, 445면; 배종대, 637면; 신동운, 619면; 오영근, 602면; 임웅, 470면; 정영일, 423면.

작성의 교사죄의 죄책을 면할 수 없다(대판, 1967. 1. 24, 66도1586).[213]

교사의 방법에 제한이 없으므로 간접교사와 직접교사 및 정범의 실행행위 사이에 연쇄적인 인과관계가 있으면 직접교사와 간접교사를 구별할 필요가 없으므로 긍정설이 타당하다고 본다.

(2) 연쇄교사

교사자와 피교사자 사이에 순차적으로 계속되는 여러 사람의 중간교사자가 개입된 경우를 연쇄교사(連鎖教唆, Kettenanstiftung)라고 한다. 최초의 교사자와 정범 사이에 몇 사람이 개입되었느냐에 관계없이 교사행위로 인한 실행행위가 있다고 인정되는 이상 교사범으로 처벌된다고 해야 한다.[214] 이 경우 중간 개입자의 수나 이름을 알지 못한 때에도 상관 없으며 선의의 중간교사자가 개입되어도 무방하다.[215]

(3) 방조의 교사

방조의 교사에 대해서도 구형법 제62조 2항은 "종범을 교사한 자는 종범에 준한다"라는 규정을 두었으나 현행법에는 아무런 규정이 없으므로 논의가 생긴다.[216] 그러나 예컨대 甲의 범죄실행에 대해 방조의사가 없는 乙에게 교사하여 방조의 결의를 가지게 하고 방조행위로 나아가게 한 경우에는 실질적으로 甲의 범죄실행을 방조한 것이므로 이 교사자는 종범이 된다고 본다.[217]

3. 교사의 착오

교사의 착오에 대해서도 단독범의 착오이론이 원칙적으로 적용된다. 다만 교사자와 피교사자 사이의 착오가 논의된다는 점이 단독범에 비하여 다소 복잡한

---

213) 同旨: 대판, 1974. 1. 29, 73도3104.

214) 이재상, 490면; 박상기, 445면; 배종대, 637면; 김일수/서보학, 646면; 임웅, 470면. 간접교사와는 달리 연쇄교사의 경우엔 교사자가 최종 실행행위자를 인식하지 못하였다는 점에서 차이가 있으며, 따라서 교사자가 연쇄교사를 인식·인용하지 않은 한 교사범이 성립하지 않는다는 견해는 오영근, 602면.

215) 이에 반해 중간교사자가 선의인 경우에는 최초의 교사자가 간접정범이 된다는 견해도 있다(Kühl, 20/194).

216) 방조의 교사를 불가벌로 보는 견해는 황산덕, 287면; 남흥우, 242면; 백남억, 312면.

217) 김일수/서보학, 653면; 박상기, 460면; 배종대, 647면; 이재상, 501면; 임웅, 480면; 김성돈, 654면.

양상을 띄게 된다. 다수설·판례가 취하고 있는 법정적 부합설에 따르면 다음과 같다.

(1) 정범의 실행행위에 대한 착오

교사자의 교사내용과 피교사자의 실행사실이 일치하지 아니하는 경우이다.

1) 동일구성요건내의 착오 교사자의 교사내용과 피교사자의 실행이 구체적으로 일치하지 아니하여도 양자가 동일구성요건 범위 내에 있는 경우에는 범행의 일시·장소·객체·방법이 달라도 교사자의 고의는 조각되지 않는다. 예컨대 A의 보석을 절취하라고 교사하였는데 A의 의류를 절취한 경우, A집의 금품절취를 교사하였는데 B집의 상품을 절취한 경우에도 절도교사범이 된다. 또 A집에 방화하라고 교사하였는데 A집에 연소시킬 의사로 B집에 방화하여 이를 소훼하였으나 A집을 소훼하지 못한 경우에도 방화교사범이 성립한다. 교사자가 지정한 범행의 대상·장소·방법과 다소 차이가 있어도 동일구성요건 범위 내에 있고 교사와 실행행위 사이에 인과관계가 있는 한 교사범이 성립한다.

이에 대하여 구체적 부합설에 의하면 ① 피교사자의 동일구성요건 내의 착오 중 방법의 착오는 교사자에게도 방법의 착오가 된다. 예컨대 A의 살해를 교사받은 피교사자가 B를 살해한 경우 교사자는 A에 대한 살인미수죄의 교사범과 B에 대한 과실치사죄의 교사범이 성립하고 상상적 경합이 된다. ② 피교사자의 동일구성요건 내의 객체의 착오에 있어서는 교사자도 객체의 착오가 된다는 독일판례도 있으나 우리나라 학설은 교사자의 방법의 착오가 된다고 한다.[218] 위의 예에서 교사자의 죄책은 ①과 같다.

2) 다른 구성요건간의 착오 세 가지 경우로 나누어 검토해야 한다.

(a) 교사의 내용보다 적게 실행한 경우 ① 교사자는 피교사자가 실행한 범위 내에서 교사의 책임을 부담한다(양적 과소실행). 다만 피교사자가 실행한 범죄보다 교사한 범죄의 예비·음모죄가 중한 때에는 실행한 죄의 교사범과 상상적 경합이 된다. 예컨대 강도를 교사받은 피교사자가 절도를 한 경우 교사자는 절도의 교사범과 강도의 예비·음모죄의 상상적 경합이 된다. ② 교사한 범죄보다 죄질이 다른 경한 범죄를 실행한 때에는 교사자는 피교사자의 범죄에

218) 김일수/서보학, 643면; 박상기, 437면 이하; 배종대, 633면; 하태훈, 502면.

대한 책임을 지지 않고 교사한 범죄의 예비·음모에 준해서 처벌한다(질적 과소실행). 예컨대 살인을 교사받은 피교사자가 재물절취를 한 경우에는 교사자는 살인예비·음모죄에 준하여 처벌한다.

(b) 교사내용을 초과한 경우 피교사자가 교사의 내용보다 초과하여 실행한 경우도 두 가지로 나누어 검토해야 한다. ① 죄질이 전혀 다른 질적 초과의 경우는 구체적 부합설·법정적 부합설 어느 입장에서도 교사자는 교사의 책임을 지지 않는다. 예컨대 절도를 교사받고 강간을 한 경우에 강간교사가 될 수 없다. 다만 예비·음모를 처벌하는 규정이 있을 때에는 예비·음모에 준하여 처벌한다. ② 구성요건 또는 죄질이 같은 범죄에 대한 양적 초과인 경우에는 교사자는 초과 부분에 대해서 책임을 지지 않는다. 양적 초과란 교사의 내용과 실행한 범죄가 공통적 요소를 포함하지만 그 정도를 초과한 경우를 말한다. 예컨대 절도를 교사하였는데 강도를 실행한 경우에는 절도교사범이 된다. 다만 예견가능성 여부에 따라 결과적 가중범이 될 수 있다.

(c) 결과적 가중범이 된 경우 교사자는 기본적 범죄를 교사하였는데 피교사자의 실행이 중한 결과적 가중범으로 되었을 경우에는 견해가 대립한다. 경한 죄의 범위 내에서는 교사자와 피교사자의 고의가 일치하므로 중한 결과발생에 대해서까지 교사의 책임을 부담한다는 견해도[219] 있으나, 중한 결과발생에 대해서 교사자가 예견가능한 경우에 한하여 결과적 가중범의 교사범이 된다고 해야 한다(제15조 2항).[220] 판례도 예견가능성이 있는 경우에 결과적 가중범의 교사범을 인정한다.

【판례】 교사자가 피교사자에 대하여 상해를 교사하였는데 피교사자가 이를 넘어 살인을 실행한 경우, 일반적으로 교사자는 상해죄에 대한 교사범이 되는 것이고, 다만 이 경우 교사자에게 피해자의 사망이라는 결과에 대하여 과실 내지 예견가능성이 있는 때에는 상해치사죄의 교사범으로서의 죄책을 지울 수 있다(대판, 1997. 6. 24, 97도1075).

(2) 공범상호간의 착오

이미 범죄실행의 결의를 하고 있는 자에 대해서 범죄결의를 하지 않은 것으

219) 황산덕, 282면.
220) 정영석, 260면; 김종원, 교사범(하), 101면; 정성근, 594면; 김일수/서보학, 643면; 이재상, 488면; 임웅, 469면; 박상기, 435면; 김성돈, 650면; 배종대, 634면. 기본범죄에 대한 교사범과 중한 결과에 대한 과실범의 상상적 경합이 된다는 견해는 오영근, 609면.

로 오신하고 교사하였는데 피교사자의 결의가 강화된 경우, 또는 범죄실행의 결의가 있는 것으로 오신하고 그 결의를 강화시키려고 조언을 하였는데 피교사자가 이로 인하여 범죄실행의 결의를 하게 된 경우이다. 전자는 교사의 의사로 방조의 결과가 생긴 경우이고, 후자는 방조의 의사로 교사의 결과가 생긴 경우이다. 이러한 경우는 모두 종범이 성립한다고 본다.

(3) 피교사자에 대한 착오

피교사자의 책임능력에 대한 인식은 교사자의 고의 내용에 포함되지 않는다. 따라서 피교사자를 책임능력자로 믿고 교사하였으나 책임무능력자인 경우, 반대로 피교사자를 책임무능력자로 믿고 교사하였으나 책임능력자인 경우에 제한종속형식과 최소종속형식에 의하면 모두 교사범이 된다.

제 6 절 종 범

Ⅰ. 종범의 의의 · 성질

1. 종범의 의의

종범(從犯, Beihilfe)이란 정범의 범죄실행을 방조하는 공범형태를 말하며, 방조범이라고도 한다. 형법 제32조는 "타인의 범죄를 방조한 자는 종범으로 처벌한다. 종범의 형은 정범의 형보다 감경한다"라고 규정하고 있다. 종범은 필요적 감경사유이므로 교사범, 공동정범과의 구별은 중요한 의미가 있다.

종범과 교사범은 자기 스스로 범죄를 실행하지 않고 정범의 실행행위에 가담하는 것이며, 행위지배가 없다는 점에서 같은 공범이다. 특히 조언 · 충고 · 격려 등 정신적 방법에 의한 무형적 종범(언어종범)은 그 외부적 형태가 교사범과 유사하다. 그러나 종범은 이미 특정범죄의 실행을 결의하고 있는 자에 대하여 그 결의를 강화시키거나 실행을 용이하게 한다는 점에서 범죄실행의 결의를 시키는 교사와 구별된다.

공동정범과 종범은 행위지배 유무에 따라 구별된다. 즉, 공동정범은 의사연락이 있고 기능적 행위지배를 하는 정범임에 대해서 종범은 반드시 의사연락을 필요로 하지 않고, 행위지배가 없는 공범이다.

> 정범의 실행을 방조하는 행위가 각칙상의 특별구성요건으로 규정되어 있는 도주원조(제147조), 아편흡식등 장소제공(제201조 2항), 자살방조(제252조 2항), 간첩방조(제98조) 등은 넓은 의미의 방조행위에 해당하지만 형법 제32조의 규정을 적용하지 않는 독립된 정범의 범죄유형이다.

2. 종범의 성질

종범의 성질에 관해서 공범독립성설과 공범종속성설이 대립한다. 공범독립성설에 의하면 방조행위는 반사회적 성격의 징표이므로 정범과 관계없이 독자적으로 범죄를 구성한다고 하여 방조행위 그 자체를 범죄실행이라 한다. 이에 반하여 공범종속성설에 의하면 방조행위 그 자체는 범죄 실행행위가 아니므로 그것이 범죄가 되려면 피방조자(정범)의 실행행위가 있어야 한다. 양설의 대립은 종범의 시·장소·죄수·종범의 미수의 성립범위에서 차이가 나타난다.

형법은 종범에 대해 "타인의 범죄를 방조한 자"라고 규정하여 피방조자(정범)의 범죄실행을 요구하고, 또 "종범의 형은 정범의 형보다 감경한다"라고 규정하여 종범의 처벌은 정범의 법정형을 기준으로 하여 그 형보다 감경하도록 명시한 점에 비추어 공범종속성설에 근거하고 있다고 해야 한다.

Ⅱ. 종범의 성립요건

종범이 성립하기 위한 수정구성요건은, ① 정범의 범죄를 방조할 종범의 고의를 가지고, ② 정범의 범죄실행을 방조하여야 하며, ③ 정범의 실행행위가 있어야 한다.

1. 종범의 고의

(1) 고의의 내용

종범의 고의는 방조의 고의와 정범의 고의로 구성된다. 이중의 고의가 있어야 한다는 것은 교사범과 같다. 방조의 고의는 정범의 실행을 방조한다는 의사이고, 정범의 고의는 정범의 행위가 구성요건을 실현하여 결과를 발생시킨다는 인식이다. 방조의 고의가 있어도 정범의 행위가 구성요건 결과를 발생시킨다는 정범의 고의가 없으면 종범의 고의를 인정할 수 없다. 예컨대 낙태의사가 있는 부녀에게 낙태에 유효한 약이 아니라는 것을 알면서 그 약을 준 경우에는 낙태의 결과발생에 대한 고의가 없으므로 낙태죄의 종범이 될 수 없다. 정범의 고의는 정범이 실현할 범죄의 본질적 요소를 인식하면 족하다. 그러나 방조자가 정범의 범행계획, 실행방법, 범행의 일시·장소 등을 상세하게 인식하고 있을 필요가 없으며, 정범이 누구인지 알아야 하는 것도 아니다. 판례도 같은 취지로 판시하고 있다.

【판례】 정범이 범행을 한다는 점을 알면서 그 실행행위를 용이하게 한 이상 그 방조행위가 정범의 실행에 대하여 직접적이든 간접적이든 종범으로 처벌함이 마땅하며, 간접적으로 정범을 방조하는 경우 방조자에 있어 정범이 누구에 의하여 실행되어지는가를 확지할 필요가 없다. 피고인이 외국상품을 위장수입하는 실수요자의 조세를 포탈케 한 이상 실수요자가 누구인지 그 소재나 실존유무를 확정하지 아니하였다 하여도 방조범의 성립에 아무런 지장이 없다고 할 것이다(대판, 1977. 9. 28, 76도4133).

종범은 방조의 고의와 정범의 고의가 있어야 하므로 과실에 의한 방조는 있을 수 없다. 과실에 의한 방조를 인정하는 견해도[221] 있으나 과실에 의한 교사를 인정하지 않는 것처럼 부정해야 하며, 경우에 따라 과실범의 정범으로 처벌될 뿐이다. 목적범을 방조하는 경우에는 정범은 물론 방조자도 목적을 가지고 있어야 하며, 방조자가 정범에게 목적이 있음을 인식하고 방조한 경우에 그 목적범의 종범이 될 수 있다.

(2) 미수의 방조

정범의 실행행위가 미수에 그치게 할 의사로 방조하는 미수의 방조는 정범

---

221) 염정철, 479면.

의 구성요건적 결과 실현에 대한 고의가 없으므로 종범이 아니다. 정범의 범죄가 실현될 수 없는 수단을 제공한 경우도 같다.

2. 방조행위

방조란 실행행위 이외의 행위로서 정신적·물질적으로 정범을 원조하고 그 실행행위를 용이하게 하는 직접·간접의 모든 행위를 말한다. 그러나 정범의 실행에 대해서 필요불가결한 행위일 필요가 없으며, 행위지배가 없어야 한다.

(1) 방조의 방법

방조의 수단·방법은 제한이 없다. 흉기대여·범죄장소 제공, 범죄에 필요한 자금제공[222] 등 유형적·물질적 방법에 의하든, 충고·조언·격려·정보제공 등 무형적·정신적 방법에 의하든 묻지 않는다. 전자를 유형적 종범(거동종범), 후자를 무형적 종범(언어종범)이라 한다.[223] 따라서 절취하여 온 장물을 처분하여 주겠다고 약속하거나, 범행시에 알리바이를 증명해 주겠다고 하여 범죄결의를 강화시킨 경우도 방조(무형적 종범)에 해당한다. 판례도 유형적·무형적 방조를 묻지 않는다.

【판례】 형법상 방조행위는 정범이 범행을 한다는 정을 알면서 그 실행행위를 용이하게 하는 직접·간접의 모든 행위를 가리키는 것으로서 그 방조는 유형적·물질적인 방조뿐만 아니라 정범에게 범행의 결의를 강화하도록 하는 것과 같은 무형적·정신적 방조행위까지도 이에 해당한다. 총학생회 사회부장인 피고인은 시위주도자로부터의 전화를 통해 시위의 내용을 알면서, 주로 시청옥상에서 학생들이 구호를 외치는 장면의 사진을 촬영하는 행위는 사후에 시위현장 사진을 일반인이 볼 수 있도록 게시할 수 있다는 점에서 범행을 함에 있어 정신적으로 고무되고 범행결의도 강화한 것이므로 방조행위가 된다(대판, 1997. 1. 24, 96도2427).[224]

---

222) 대판, 1957. 5. 10, 4290형상343.

223) 유형적 방조와 무형적 방조는 반드시 절대적으로 구별되는 것은 아니다. 예컨대 흉기대여가 동시에 정범자의 심리작용에 영향을 주고 그 결의를 강화시킨 때에는 유형적 방조가 동시에 무형적 방조에 해당한다(木村, 總論, 422면).

224) 판례는 자동차운전면허가 없는 자에게 승용차를 제공하여 그로 하여금 무면허운전을 하게 한 경우도 도로교통법위반(무면허운전) 범행의 방조행위에 해당한다고 판시하였으며(대판, 2000. 8. 18, 2000도1914), 소리바다 서비스를 운영하여 그 이용자들로 하여금 구 저작권법상 복제권의 침해행위를 할 수 있도록 한 소리바다 서비스 운영자의 행위는 구 저작권법상 복제권 침해행위의 방조에 해당한다고 판시하였다(대판, 2007. 12. 14, 2005도872). 다만, 입영기피

(2) 부작위에 의한 방조

방조행위는 작위에 의한 경우가 보통이지만 부작위로서도 가능하다. 즉, 정범의 범죄실행을 저지해야 할 보증인적 지위에 있는 자가 이를 저지할 수 있었음에도 불구하고 고의로 저지하지 않고 범죄수행을 용이하게 한 때에는 부작위에 의한 종범이 성립한다(이 점은 부작위에 의한 교사를 인정하지 않는 것과 다르다). 예컨대 공장수위가 절도의 침입을 인식하면서 이를 묵인하여 절도실행을 방치하거나 보험가입자가 허위서류를 제출하여 보험금을 사취하려는 것을 알면서 이를 묵비하고 회사에 그대로 보고한 경우가 이에 해당한다. 부작위에 의한 위증죄의 방조도 성립할 수 있다. 판례도 결과발생을 방지할 보증인적 지위에 있는 자의 종범을 인정하고 있다.

【판례】 ① 종범의 방조행위는 작위에 의한 경우뿐만 아니라 부작위에 의한 경우도 포함하는 것으로서 법률상 정범의 범행을 방지할 의무있는 자가 그 범행을 알면서도 방지하지 아니하여 범행을 용이하게 한 때에는 부작위에 의한 종범이 성립한다(대판, 1985. 11. 26, 85도19060).

② 부작위에 의한 종범을 인정한 사안 : 법원의 입찰담당 공무원이 사무원의 계속된 입찰보증금 횡령사실을 알면서도 방치한 경우(대판, 1996. 9. 6, 95도2551), 백화점에서 특정매장에 관한 상품관리 등의 업무를 담당하는 직원이 자신이 관리하는 매장의 점포에 가짜 상표가 새겨진 상품이 진열·판매되고 있는 사실을 발견하고도 방치한 경우(대판, 1997. 3. 14, 96도1639), 의사가 입원치료를 받을 필요가 없는 환자들이 보험금 수령을 위하여 입원치료를 받으려고 하는 사실을 알면서도 입원을 허가하여 형식상으로 입원치료를 받도록 한 후 입원확인서를 발급하여 준 경우(대판, 2006. 1. 12, 2004도6557), 인터넷 포털사이트 내 오락채널 총괄팀장과 위 오락채널 내 만화사업의 운영 직원이 콘텐츠제공업체들이 게재하는 음란만화의 삭제를 요구하지 않고 방치한 경우(대판, 2006. 4. 28, 2003도4128).[225)]

(3) 방조시기

방조행위는 시간적으로 정범의 실행행위와 동시에 있었거나, 실행행위 중에

를 결심하고 집을 나서는 자에게 이별을 안타까워하는 뜻에서 "잘되겠지 몸조심하라"고 하고 악수를 나눈 행위는 입영기피의 범죄의사를 강화시킨 방조행위에 해당한다고 볼 수 없다(대판, 1983. 4. 12, 82도43).

225) 이는 인터넷서비스제공자(ISP)에게 조리상의 작위의무를 인정하여 구 전기통신기본법 제48조의2 위반 방조죄의 성립을 긍정한 사례이다. 인터넷서비스제공자(ISP)의 형사책임에 대한 자세한 설명은 박광민, 인터넷상의 명예훼손에 대한 형사법적 규제(형사법연구, 제24호, 2005 겨울), 113면 이하 참조.

우연히 있었거나, 실행행위 이전에 있었거나 묻지 않는다. 실행행위와 동시에 있는 경우를 "수반적 종범", 실행행위 중에 우연히 있는 경우를 "우연적 종범", 실행행위 이전의 예비행위를 방조하고 그 후 정범의 실행착수가 있는 경우를 "예비적 종범"이라 한다. 판례도 실행행위를 예상한 방조라도 그 뒤에 실행의 착수가 있다면 종범을 인정하고 있다.

【판례】 종범은 정범의 실행행위 중에 이를 방조하는 경우는 물론이고 실행의 착수 전에 장래의 실행행위를 예상하고 이를 용이하게 하는 행위를 하여 방조한 경우에도 정범이 그 실행행위에 나아갔다면 성립하는 것이므로, 피고인이 위 전직 대통령이 기업인들로부터 뇌물을 수수하기 전에 그 면담을 주선한 것으로서 정범이 실행행위에 나아가기 전에 방조하였으나 정범이 실행행위에 나아갔다면 피고인은 수뢰죄의 종범으로 처벌할 수 있다(대판, 1997. 4. 17, 96도3377).

또 정범이 실행행위의 일부를 종료한 후 나머지 실행행위시에 그 정을 알면서 방조하는 "승계적 종범"도 종범이다. 이미 범죄일부를 실행한 자의 결의를 장려하고 흉기 · 도구를 대여하거나 정범의 실행행위 중에 망을 보아주는 것이다. 계속범에 있어서도 행위가 계속되는 동안은 종범이 성립할 수 있다.

범죄의 기수와 종료는 구별해야 하므로 기수가 된 후에도 아직 종료 이전이면 종범의 성립도 가능하다. 정범의 법익침해를 강화하는 것도 방조행위에 포함될 수 있기 때문이다. 예컨대 절도범을 추격하는 자를 방해하여 도주를 도와주는 것도 방조행위에 해당한다. 판례도 기수가 된 이후 종료 이전에는 방조가 가능하다고 판시하고 있다.

【판례】 진료부는 환자의 계속적인 진료에 참고로 공하여지는 진료상황부이므로 간호보조원의 무면허 진료행위가 있은 후에 이를 의사가 진료부에다 기재하는 행위는 정범의 사실행위 종료 후의 단순한 사후행위에 불과하다고 볼 수 없고 무면허 의료행위의 방조에 해당한다(대판, 1982. 4. 27, 82도122).

그러나 정범의 범죄행위가 종료한 이후에는 방조라는 관념은 있을 수 없다. 범죄가 종료한 이후에 범인을 은닉하고 증거를 인멸하거나 장물을 보관 · 알선하는 행위를 강학상 사후종범(nachfolgte Beihilfe)이라 하는데, 이는 독립된 범죄유형(범인은닉죄, 증거인멸죄, 장물에 관한 죄)이고, 종범은 아니다.

정범의 실행행위는 종료되었으나 결과가 발생하기 전에 방조가 가능한가에 대해서 견해가 대립한다. 예컨대 甲이 살해의사로 발사하여 A가 중상을 입었으나 아직 사망하기 전에 乙이 의사의 구조활동을 저지한 경우가 이에 해당한다. 공범독립성설은 이를 부정하고 있으나[226] 공범종속성설은 긍정하는 것이 일반적이다.[227]

(4) 공동방조

정범의 실행을 방조하기로 모의하고 각자가 방조하면 공동방조에 해당하는 종범이 된다. 이에 대해서 일본 판례는 공모공동정범을 인정하는 취지에 따라 방조를 모의한 자 중 일부의 방조행위가 있으면 방조 모의에만 참가한 자도 종범이 된다고[228] 하고 있다. 공모공동정범의 이론을 부정하는 입장에서는 간접방조라고 해야 한다.

(5) 편면적 종범

정범이 방조행위를 인식하지 못한 경우를 편면적 종범이라 한다. 부정하는 견해도 있다.

종범은 방조의 고의와 정범의 고의가 있으면 족하고, 종범과 정범 사이의 의사의 일치를 요하지 않는다. 또 방조의 성질상 의사연락이 필요한 것도 아니다. 따라서 편면적 종범도 종범이 된다. 편면적 공동정범을 인정하지 않는 것과 구별된다. 통설이며 판례도 같다.

> **【판례】** 원래 방조범은 종범으로서 정범의 존재를 전제로 하는 것이다. 즉 정범의 범죄행위 없이 방조범만이 성립될 수는 없다. 이른바 편면적 종범에 있어서도 그 이론은 같다. 이 사건에서 피고인은 스스로가 단독으로 자기 아들에 대한 징집을 면탈케 할 목적으로 시위행위를 한 것으로서, 아들의 범죄행위는 아무 것도 없어 피고인이 위 아들의 범죄행위에 가공하거나 또는 이를 방조한 것이라고 볼 수 없다(대판, 1974. 5. 28, 74도509).

3. 정범의 실행행위

(1) 정범의 고의

정범의 실행행위는 고의에 의한 것이라야 한다. 과실범을 방조하는 것은 간

226) 木村, 新構造(下), 352면.
227) 정성근, 599면; 이재상, 495면; 이형국, 316면; 김일수/서보학, 649면; 배종대, 641면.
228) 日大判, 1935. 10. 24, 刑集 14, 1267면.

접정범이 되며 종범은 아니다. 정범의 고의는 방조행위로 인하여 생긴 것이 아니라야 한다.

(2) 정범의 실행행위

종범은 정범에 종속하므로 정범의 실행행위가 있어야 한다. 공범독립성설에 의하면 정범의 실행행위가 없는 때에도 방조의 미수가 된다. 그러나 이 경우는 기도된 교사에 해당하는 규정이 없기 때문에 불가벌이다. 따라서 정범의 실행행위가 증명되지 않으면 종범도 성립할 수 없다.[229] 정범의 실행행위는 구성요건에 해당하는 위법행위이면 족하고 유책할 것까지 요하지 않는다. 정범의 행위는 기수가 되었거나 처벌되는 미수단계에 이르러야 한다. 즉, 적어도 실행의 착수가 있어야 한다. 정범이 예비단계에 그치고 실행이 없는 예비의 종범은 있을 수 없다(예비죄의 종범 참조).

(3) 방조행위의 인과관계・객관적 귀속

정범의 실행행위와 방조행위 사이에 인과관계가 있어야 하느냐, 있어야 한다면 그 내용은 어떤 인과관계를 의미하느냐에 대해서 학설이 대립한다.

1) 인과관계요부

(a) 불요설 정범의 행위가 종료하기 전에 정범행위를 방조하면 족하고 정범의 실행행위에 원인이 될 필요가 없다고 한다. 방조행위는 종범의 처벌규정에 의해서 성립하고 처벌되며, 정범에 의해 야기된 결과는 방조자의 작품으로 귀속시킬 수 없다는 점을 그 이유로 한다.[230] 판례[231]도 "형법상 방조행위는 정범이 범행을 한다는 정을 알면서 그 실행행위를 용이하게 하는 직접・간접의 행위를 말한다"고 하여 부정설을 취하고 있다.[232]

불요설에는 ① 종범을 추상적 위험범의 일종으로 파악하여 방조행위를 통해 결과발생의 개연성을 높인 것만으로 충분하다는 위험증대이론, ② 방조행위는 정범에 의한 구체적인 법익침해의 위험을 실현할 필요가 없고 모종의 위험을 야기하기만 하면 충분하다는 위험야기이론, ③ 방조행위는 정범에 의해 야기

229) 대판, 1970. 3. 10, 69도2492.

230) Wessels/Beulke, Rdn. 582; Baumann/Weber/Mitsch, S. 667f.

231) 대판, 1986. 12. 9, 86도198; 대판, 1977. 9. 28, 76도4133.

232) 다만, 판례는 간첩죄에 대해서는 간첩이란 정을 알면서 간첩에게 숙식을 제공하였거나(대판, 1967. 1. 31, 66도1661), 간첩의 심부름으로 안부편지나 사진을 전달한 것만으로는 간첩죄에 대한 방조가 될 수 없다(대판, 1966. 7. 12, 66도470)고 하여 방조범 인정을 제한하고 있다.

된 결과에 대해 인과적 원인일 필요가 없고 단지 정범행위를 사실상 촉진·용이하게 하면 충분하다는 정범행위촉진설 등이 있다.

(b) 필요설 방조행위는 정범행위에 대하여 인과관계가 있어야 하고, 적어도 실행방법이나 수단에 영향을 미쳐야 한다고[233] 한다. 인과관계가 필요 없다면 방조의 시도만으로 방조행위가 되어 미수행위가 기수로 될 수 있고, 인과관계가 없는 방조행위는 단순한 연대감 표시에 불과하여 가벌적인 방조기수와 불가벌의 기도된 방조의 구별이 불가능하며, 실질적으로 정범에 도움을 주지 못하므로 종속성원칙에 반한다는 점을 그 이유로 한다. 우리나라 통설이다.

필요설에는, ① 방조행위가 정범의 실행행위 또는 정범의 구성요건적 결과발생에 합법칙적 조건관계가 성립될 정도로 영향을 미쳤거나 기여했을 때 인과관계가 인정된다는 합법칙적 조건설, ② 방조범의 기여가 어떤 형태로든지 정범의 범행에 영향을 끼쳤을 때 인과관계를 인정하는 수정 인과관계설, ③ 가벌적 방조행위가 성립하려면 통상의 인과관계나 수정된 인과관계 존재만으로 부족하고 방조행위가 특정한 구성요건적 결과발생의 기회를 증대시켜야 한다는 기회증대설 등이 있다.

(c) 결 어 공범의 처벌근거가 종속야기설이나 혼합야기설에 의해서 정범의 불법에 종속한다고 하는 이상 종범도 이 범위 내에서 정범의 범죄실현에 대해서 인과관계가 있어야 하며, 가벌적인 기수의 방조행위와 불가벌적인 기도된 방조행위를 구별하기 위해서도 인과관계 필요설이 타당하다고 해야 한다. 이 경우의 인과관계는 합법칙적 조건관계라 해야 한다. 따라서 甲이 乙에게 범죄에 사용할 흉기를 제공했으나 乙이 이를 사용하지 않고 범행한 경우에는 甲의 물질적 방조는 인과관계가 없으나, 이로 인하여 乙의 범죄의사를 강화하고 정신적 방조가 되었음을 입증할 수 있는 한 인과관계는 인정할 수 있다.

2) 기회증대이론 필요설의 대부분은 인과관계가 있어야 한다고 할 뿐이고 구체적 내용에 대해서 아무런 언급이 없거나 정범행위의 인과관계이론을 그대로 적용하여 합법칙적 조건관계가 있거나[234] 상당인과관계가[235] 있으면 족하

233) 정성근, 602면; 이재상, 496면 이하; 이형국, 317면; 김일수/서보학, 650면; 박상기, 456면; 배종대, 641면; 오영근, 618면; 신동운, 639면; 임웅, 475면; 정영일, 429면; 김성돈, 657면; Kühl, 20/220.

234) 이재상, 497면; 이형국, 317면.

235) 배종대, 641면.

다고 하고 있다. 그러나 정범의 실행행위와 결과 사이의 인과관계와, 방조행위와 정범의 실현행위 사이의 인과관계는 구별해야 한다. 왜냐하면 정신적·무형적 방조행위에 대해서는 정범의 인과관계 이론으로 방조행위를 인정할 수 없기 때문이다.

따라서 합법칙적 조건관계가 있는 방조행위가 정범의 실행행위와 직접적으로 밀접한 관련성을 가지고 정범의 범죄실현에 현실적으로 기여(범행기회를 증대)했다고 인정할 수 있는 때에 방조행위를 인정하는 것이 타당하다고 본다. 이를 기회증대이론이라 한다.[236] 즉, 정범의 구성요건적 결과발생을 가능하게 하거나 용이하게 하는 경우, 정범의 범행을 강화시키거나 확실하게 하는 경우에는 방조행위가 되지만 정범의 범행계획과 결과발생을 축소시키거나 위험감소가 있는 때에는 방조행위를 부정해야 한다.

(4) 종범의 미수

정범이 실행에 착수하였으나 범죄를 완성하지 못한 때에는 가벌적 미수에 한하여 미수범의 종범으로 처벌한다. 종범이 중지미수가 되려면 종범의 자의로 정범의 실행행위를 중지시키거나 결과발생을 방지하여야 한다. 이 경우 정범은 장애미수가 된다. 정범이 자의로 실행행위를 중지하거나 결과발생을 방지한 때에는 그것이 방조자의 의사에 의한 것이 아니면 정범은 중지미수가 되지만 방조자는 장애미수의 종범이 된다. 정범이 불능미수 또는 불능범이면 방조자도 불능미수의 종범 또는 불가벌이 된다.

Ⅲ. 종범의 처벌

종범의 형은 정범의 형보다 감경한다(제32조 2항). 종범은 정범의 범죄를 용이하도록 하는 것이며, 결과발생에 대해서는 간접적인 영향을 미칠 뿐이므로 정범의 불법과 책임보다 종범의 그것이 경하기 때문이다. 필요적 감경은 정범에 대한 법정형보다 법률상의 감경(제55조 참조)된 형으로 처단한다는 의미이고, 언제나 정범에 대한 선고형보다 경해야 한다는 것은 아니다. 독립범죄인 간첩방조는

236) 정성근, 602면; 김일수/서보학, 650면; 박상기, 457면 이하; 신동운, 639면; 김성돈, 658면; Roxin, LK, §27 Rdn. 4.

방조 그 자체가 간첩죄가 되므로 간첩죄(제98조 1항)로 처벌하며,[237] 관세법(제278조 1항) 위반의 범죄는 정범과 동일한 형으로 처벌한다. 또 정범이 방조자의 지휘·감독을 받는 자인 때에는 특수방조로서 정범과 동일한 형으로 처벌한다(제34조 2항). 정범이 미수에 그친 경우 종범은 이중으로 형이 감경될 수 있다.

진정신분범의 경우 비신분자도 신분범의 종범이 될 수 있으며(제33조 본문), 부진정신분범의 경우는 통상범죄의 종범이 된다(제33조 단서). 책임조각사유 또는 형벌조각사유는 그러한 사유가 있는 정범 또는 공범에게만 영향을 미친다. 종범이 실행행위를 분담했거나 교사행위까지 한 때에는 공동정범 또는 교사범으로 처벌한다(보충관계).

Ⅳ. 종범의 관련문제

1. 간접방조·교사의 방조·예비죄의 종범

1) 방조의 방조 　종범을 다시 방조하는 간접방조(mittelbare Beihilfe)를 인정할 것이냐에 대해서 부정설이 있으나, 종범에 대한 방조는 종범을 방조하는 데 그치지 않고 정범에 대한 간접방조 내지 연쇄방조가 되므로 간접방조도 정범에 대한 종범이 성립한다고[238] 본다. 판례도 간접방조를 인정한다.

> **【판례】** 형법이 방조행위를 종범으로 처벌하는 까닭은 정범의 실행을 용이하게 하는 점에 있으므로 그 방조행위가 정범의 실행에 대하여 간접적이거나 직접적이거나를 가리지 아니하고 정범이 범행을 한다는 점을 알면서 그 실행행위를 용이하게 한 이상 종범으로 처벌함이 마땅하며 간접적으로 정범을 방조하는 경우 방조자에 있어 정범이 누구에 의하여 실행되어지는가를 확지할 필요가 없다(대판, 1979. 9. 28, 76도4133).

2) 교사의 방조 　교사범을 방조한 자도 정범의 종범이 된다고 본다.[239] 다만 이 경우는 정범이 실행에 착수하여야 함은 물론이다. 종범을 교사한 자(방조

---

237) 대판, 1958. 12. 29, 4291형상441.

238) 이재상, 501면; 임웅, 480면.

239) 이재상, 501면; 김일수/서보학, 653면; 박상기, 460면; 배종대, 647면; 진계호, 614면; 임웅, 480면; 정영일, 435면; 김성돈, 654면.

의 교사)도 정범을 방조한 종범이 된다고 본다.

3) 예비죄의 종범　정범이 범죄의 실행에 착수할 것을 예상하고 방조하였으나 정범의 행위가 예비단계에 그친 경우에 예비죄의 종범으로 처벌할 수 있느냐가 문제된다. 공범종속성설에 의하면 정범의 실행행위를 전제로 해서 종범의 가벌성을 논할 수 있고, 특히 기도된 방조규정을 두지 않는 형법의 취지에 비추어 부정해야 한다.[240]

2. 종범의 착오 · 공범의 경합

1) 종범의 착오　종범의 착오는 정범의 실행행위에 대한 착오와 정범에 대한 착오를 포함한다. 문제되는 착오는 방조자가 인식한 범죄와 정범이 실행한 범죄가 일치하지 않는 전자의 경우이다. 이에 관하여는 원칙적으로 교사의 착오에 관한 이론이 그대로 적용된다. 다만 기도된 교사에 해당하는 규정이 없으므로 방조의 미수에 해당하여도 예비 · 음모로도 처벌하지 않는 점이 착오의 효과에서 차이가 있다.

동일구성요건내의 착오(구체적 사실의 착오)인 경우에는 발생된 고의범의 종범이 성립한다.

다른 구성요건 사이의 착오(추상적 사실의 착오)인 경우에는 다음과 같이 나누어 검토해야 한다. ① 양적 초과의 경우에는 죄질이 부합하는 범위(방조자의 고의범위) 내에서 책임을 지고, 초과부분에 대해서는 종범이 성립하지 않는다.[241] ② 질적 초과의 경우에는 죄질부합이 없으므로 정범이 초과 실행한 범죄뿐만 아니라 종범이 인식한 범죄에 대해서도 종범은 성립하지 않는다. 기도된 방조는 불가벌이므로 예비 · 음모의 처벌규정이 있어도 그 종범은 언제나 불가벌이 된다. ③ 정범이 종범의 고의내용보다 적게 실행한 때에는 죄질이 같은 정범의 실행행위의 범위 내에서만 종범의 책임을 진다. ④ 결과적 가중범의 경우에는 방조자가 결과발생을 예견할 수 있었던 범위 내에서만 중한 결과에 대한 종범의

---

240) 제2편 제6장 제1절 Ⅱ. 5. (2) 참조.

241) 대판, 1985. 2. 26, 84도2987: 피고인 등이 특정범죄가중처벌등에 관한 법률 제6조 제2항에 해당하는 범죄행위를 한 것을 전연 인식하지 못하고 오로지 관세법 제180조에 해당하는 범죄를 방조하는 것으로만 인식하였다면 특정범죄가중처벌등에 관한 법률 제6조 제2항의 방조범으로서 처벌할 수는 없고 동죄와 구성요건이 중복되는 관세법 제180조의 종범으로서만 처벌하여야 할 것이다.

책임을 부담한다. ⑤ 교사의 의사로 방조의 결과가 생긴 경우와 방조의 의사로 교사의 결과가 생긴 경우는 모두 종범의 책임을 부담한다고 본다.

2) 공범의 경합 방조자가 정범의 실행행위를 분담하면 공동정범이 되며, 교사자가 방조행위를 하면 방조행위는 교사행위에 흡수되어 교사범만 성립한다.

제7절 공범과 신분

Ⅰ. 공범과 신분의 형법적 과제

일정한 신분이 있는 자만이 그 범죄의 주체가 되거나 신분자의 범행에 대해서는 비신분자의 범행보다 법정형을 가중 또는 감경하는 범죄를 신분범이라 한다. 강학상 전자를 진정신분범, 후자를 부진정신분범이라 한다. 이러한 신분범은 신분자가 단독으로 실행하였을 때에는 문제가 없으나 비신분자와 공범관계가 있는 경우에는 신분자와 비신분자의 형법적 취급이 문제된다. 공범과 신분은 바로 이 문제를 해결하기 위한 과제이다.

형법 제33조는 "신분관계로 인하여 성립될 범죄에 가공한 행위는 신분관계가 없는 자에게도 전3조(공동정범, 교사범·종범: 필자 주)의 규정을 적용한다. 단, 신분관계로 인하여 형의 경중이 있는 경우에는 중한 형으로 벌하지 아니한다"고 규정하여, 본문의 신분은 비신분자인 공범에 대하여 연대작용을, 단서의 신분은 공범관계가 있는 신분자와 비신분자에 대하여 각각 개별작용을 인정하고 있다. 여기서 우선 신분이란 무엇이며, 본문의 신분과 단서의 신분이 각각 연대작용과 개별작용을 하는 이론적 근거와, 연대와 개별이라는 서로 상반·모순된 작용처럼 보이는 본문과 단서의 관계가 상반·모순되지 않는 규정으로 해석할 수 있는 근거가 무엇이냐를 이론적으로 해결하는 것이 형법 제33조를 해석하는 기본전제가 된다.

Ⅱ. 신분의 의의 · 종류

1. 신분의 의의

신분의 의의에 대해서 특별한 일신적 요소, 혹은 특별한 일신적 자격 또는 관계라고 정의규정을 둔 입법례도 있으나, 우리 형법은 정의규정을 두지 않았으므로 형법 제33조를 근거로 신분의 의의와 개념을 정할 수밖에 없다.

(1) 공범종속성설의 입장

신분이란 범죄의 성립이나 형의 가중 · 감경에 영향을 미치는 범인의 인적 표지로서, 행위자의 일신(一身)과 관련된 특별한 성질 · 지위(자격) · 상태를 말하고, 이러한 신분은 형법 제33조 본문과 단서에 공통되는 신분이라 한다. 우리나라 통설이다.[242)]

1) 내 용 ① 일신적 성질이란 정신적 · 육체적 · 법적으로 사람의 본질적 표지가 되는 것을 말한다. 예컨대 연령(14세 미만자), 성별(남자), 내외국인의 구별(상호주의에 의해 처벌되지 않는 외국인), 직계존속 · 직계비속 · 친족관계 등이다. ② 일신적 지위란 사람이 타인이나 국가 또는 사물에 대하여 갖는 사회적 지위 · 자격이나 관계를 말한다. 예컨대 공무원, 중재인, 재물보관자, 사무처리자, 선서한 증인 · 감정인 · 통역인, 의사, 약사, 조산사, 변호사, 사법경찰관, 면허 있는 운전자, 배우자 등이다. ③ 일신적 상태란 위의 ①, ②에 포함되지 않는 행위자 일신상의 특별한 상태를 말한다. 예컨대 상습성, 업무성, 누범, 자수, 보증인적 지위[243)] 등이다.

2) 성 질 ① 신분은 행위자 개인이 일신상 구비한 것이라야 한다. 이를 행위자관련적 표지(täterbezogene Merkmale)라 한다. 따라서 단순히 행위에 관련

242) 유기천, 99면, 305면; 황산덕, 288면; 정영석, 81면, 268면; 남흥우, 공범과 신분(사법행정, 1966. 9), 12면; 김종원, 공범과 신분(법정, 1976. 1), 51면; 성시탁, 공범과 신분(고시계, 1978. 2), 65면 이하; 권문택, 공범과 신분(형사법강좌 Ⅱ, 1984), 782면; 정성근, 607면; 이형국, 319면; 이재상, 502면; 김일수/서보학, 655면; 배종대, 649면 이하; 진계호, 561면; 신동운, 공범과 신분(고시계, 1991. 12), 39면 이하; 임웅, 482면; 오영근, 648면.

243) 부진정부작위범에 있어 보증인지위도 신분이라는 것이 우리나라 통설이다. 독일에서는 신분이라는 견해(Bauman/Weber/Mitsch, S. 678-679; Eser, Jakobs, Roxin, Stratenwerth 등)와 신분이 아니라는 견해(Sch/Sch/Cramer, §28 Rdn. 19; Jescheck, Lackner, Stein, Herzberg)가 대립한다.

된 행위관련적 표지(tatbezogene Merkmale)는 그것이 인적 불법과 불가분의 관련을 가진 것이라도 이는 누구에게나 존재할 수 있는 일반적 요소에 해당하므로 신분이 될 수 없다. 예컨대 고의, 목적, 경향, 동기, 승낙살인죄의 승낙, 불법영득의사, 행위상황 등은 신분이 아니다. ② 신분은 반드시 계속적 성질을 가질 필요가 없다.[244] 일신적 성질이나 일신적 지위·자격은 계속적 성질을 가진 것이지만, 일신적 상태는 일시적 성격을 띠는 것도 신분이 될 수 있다. ③ 신분은 원칙적으로 구성요건요소이지만 누범·자수자와 같이 구성요건요소가 아닌 것도 있다.

(2) 공범독립성설의 입장

본문의 신분과 단서의 신분을 구별하여, 본문의 신분보다 단서의 신분 개념을 확대하고 그 적용범위도 확장하는 이원적 신분개념을 주장한다.[245]

1) 내 용 ① 본문의 신분은 사회적·법적으로 인적 관계에서 특별한 의무를 부담하는 지위 또는 자격이라 한다. 예컨대 공무원, 선서한 증인, 사무처리자, 재물보관자 등이다. 이에 의하면 내외국인의 구별은 신분이 아니며, 강간죄도 남자만이 간음하지 않아야 할 의무를 부담하는 것이 아니므로 신분범이 아니라고 한다. ② 이에 대하여 단서의 신분은 형을 가중 또는 감경하는 원인이 되는 일신적 상태이면 족하다고 한다. 예컨대 상습성, 업무, 누범, 자수자 등과 영리목적과 같은 일시적 심리상태도 단서의 신분이 된다는 것이다. 판례도 모해목적(謀害目的)으로 위증한 자에 대해서 모해목적은 단서의 신분이라 하고 있다.

【판례】 형법 제152조 1항과 2항은 위증을 한 범인이 형사사건의 피고인 등을 "모해할 목적"을 가지고 있었는가 아니면 그러한 목적이 없었는가 하는 범인의 특수한 상태의 차이에 따라 범인에게 과할 형의 경중을 구별하고 있으므로 이는 바로 형법 제33조 단서 소정의 "신분관계로 인하여 형의 경중이 있는 경우"에 해당한다고 봄이 상당하다. 형사피고인을 모해할 목적으로 증인에게 위증을 교사한 이상, 가사 정범인 증인에게 모해의 목적이 없었다고 하더라도, 형법 제33조 단서의 규정에 의하여 교사자를 모해위증교사죄로 처단할 수 있

244) 신분의 계속적 성질을 요구하는 견해는, 종래의 통설이며 현재에도 주장하는 분이 있다. 유기천, 99면, 305면; 황산덕, 228면; 정영석, 81면, 268면; 진계호, 123면; 임웅, 483면; 오영근, 650면.

245) 염정철, 공범과 신분의 그 법적 구조에 관한 연구(1974), 183면 이하.

다(대판, 1994. 12. 23, 93도1002).[246]

2) 성 질 본문의 신분은 계속적 성질을 가져야 하지만 단서의 신분은 형을 가중·감경하는 원인이 되는 것이면 일시적인 것도 신분이 된다고 한다.

(3) 결 어

본문의 신분과 단서의 신분을 구별하는 이원적 신분개념은 신분의 개별작용을 규정한 단서가 공범독립성설을 입법화한 것으로 본다. 신분개념의 광협의 차이를 인정하여 단서를 원칙규정으로, 본문을 예외규정이라고 함으로써 형법이 공범독립성설을 취하고 있다고 하기 위해서 주장된 것이다.

그러나 ① 형식논리적으로 단서를 원칙규정으로 볼 수 없고, ② 본문과 단서의 신분개념을 구별해야 할 근거도 없으며, ③ 공범종속성설이 타당하다고 해야 하므로 본문이건 단서이건 모두 공범종속성설에 부합하는 규정이라 해야 한다. 통설이 타당하며, 신분의 계속적 성질은 반드시 요구할 필요가 없다.

종래까지 신분범에 가공한 공범의 성립을 제한하기 위해 신분의 계속적 성질을 요구해 왔다. 그 근거는 신분의 개별작용을 규정한 개정 전 독일 형법 제50조(우리 형법 33조 단서 해당)가 종속성원칙에 대한 예외규정에 해당하므로 예외규정에 대해서 엄격한 문리해석을 하기 위해 주장되었다. 그러나 이 규정이 종속성원칙의 예외규정이라 하면 교사범(제48조)·종범(제49조) 규정과 배치되므로 종속성원칙에 합치되는 규정으로 이해하여 책임의 개별성을 규정한 것으로 파악하면서 신분의 계속적 성질을 부정하였다. 우리 형법상으로는 제33조 본문이 없다 해도 공범종속성설에 의해 비신분자를 신분범의 공범으로 처벌할 수 있고, 제33조 단서에 가공한 비신분자는 당연히 가벌행위가 예정되어 있으므로 신분의 계속적 성질에 의해 신분범에 가공한 공범 성립을 제한한다는 것은 의미가 없다.

2. 신분의 종류

(1) 형식적 분류

형법 제33조의 본문과 단서의 규정 내용에 따라 본문의 신분은 구성적 신분, 단서의 신분은 가감적 신분으로 분류하고, 이와 관계없이 소극적 신분을 인정

246) 그러나 공범종속성설을 따르는 통설에 의하면 모해목적은 행위관련적 표지이므로 신분이 될 수 없다.

하는 것이 우리나라 통설이다.[247)]

1) 구성적 신분

(a) 의 의 범죄의 구성요소가 되어 있는 신분을 구성적 신분이라 하고, 신분 있는 자의 행위만이 그 범죄가 성립한다. 예컨대 수뢰죄의 공무원·중재인, 위증죄의 선서한 증인, 횡령죄의 재물보관자, 배임죄의 사무처리자, 허위진단서작성죄의 의사·한의사·치과의사·조산사, 자기낙태죄의 임신부녀, 간통죄의 배우자 있는 자 등이다.

(b) 특 색 신분은 범죄의 구성요소이므로 신분이 결여되면 구성요건해당성이 부정되어 범죄가 성립할 수 없고, 신분의 착오는 고의를 조각한다.

2) 가감적 신분

(a) 의 의 형을 가중 또는 감경하는 신분을 가감적 신분이라 하고, 신분자가 범죄를 범할 때에는 비신분자보다 법정형이 가중 또는 감경된다. 예컨대 존속살해죄의 직계비속, 상습도박죄의 상습자, 업무상 낙태죄의 업무자, 영아살해죄의 직계존속,[248)] 누범자, 형이 감경되는 자수자 등이다.

(b) 특 색 가감적 신분은 범죄 성립과 관계가 없고, 단지 법정형을 가중 또는 감경하는데 영향을 줄 뿐이므로 가감적 신분에 대한 착오는 고의를 조각하지 않으며, 형법 제15조 1항에 의하여 중한 죄로 벌하지 아니할 뿐이다.

3) 소극적 신분 범죄성립을 부정하거나 처벌만 조각시키는 신분으로 세 가지가 있다.

(a) 위법성조각적 신분 일정한 신분을 가진 자에 한하여 일반인에게 금지되어 있는 행위를 특히 허용하는 경우의 신분이다. 예컨대 의료행위를 하는 의사, 무기휴대를 한 사법경찰관, 소송사건을 위임받은 변호사, 운전행위를 하는 운전면허소지자 등이다.

(b) 책임조각적 신분 일정한 신분이 존재하면 책임을 조각시키는 신분으로, 신분 있는 자에 한하여 책임이 조각된다. 예컨대 범인은닉죄·증거인멸죄에 있어서의 친족·호주·동거가족, 14세 미만자, 심신상실자 등이다.

247) 황산덕, 288면; 정영석, 268면; 이형국, 320면 이하; 이재상, 504면 이하; 김일수/서보학, 657면 이하; 진계호, 562면; 배종대, 650면; 임웅, 484면; 오영근, 651면 이하; 정영일, 460면 이하.

248) 영아살해죄의 직계존속을 가감적 신분으로 보는 견해가 최근의 다수설이다. 정성근, 608면; 이형국, 321면; 이재상, 504면; 진계호, 508면; 김일수/서보학, 657면; 안동준, 262면; 배종대, 650면; 박상기, 469면; 오영근, 651면; 임웅, 483면; 정영일, 460면.

(c) 처벌조각적 신분 형을 면제하는 신분으로 신분 있는 자의 범죄는 성립하지만 그 형만 면제시킨다. 예컨대 친족상도례의 직계혈족 · 동거친족 · 배우자(제328조 1항)와 형이 면제되는 자수자 등이다.

4) 형식적 분류에 대한 비판 ① 공무원이라는 신분은 구성적이냐 가감적이냐에 따라 그 성질 · 내용이 달라지는 것은 아니므로 그 신분은 항상 같은 작용을 해야 한다. 따라서 그것이 구성적 신분이면 공범에게 연대작용을 하고 가감적 신분이면 정범과 공범 사이에 개별작용 하는 것은 불합리하다고 해야 하며, ② 구성적 신분의 경우 비신분자는 그 범죄를 범할 수 없음에도 불구하고 비신분자가 신분자의 범행에 공범으로 가공한 때에는 그 신분자에 연대하여 처벌되는 이론적 근거를 설명할 수 없으며, ③ 구성적 신분은 연대작용을, 가감적 신분은 개별작용을 하게 되는 이유도 설명할 수 없고, ④ 연대작용을 규정한 본문과 개별작용을 규정한 단서가 서로 상반되는 모순관계의 규정이 아니라는 이유도 설명할 수 없다.

(2) 실질적 분류

실질적 분류는 신분이 구성적인가 가감적인가를 묻지 않고, 위법은 공범에게 연대작용을, 책임은 정범과 공범 사이에 개별작용을 한다는 제한종속형식의 사리에 따라 분류한다. 즉, 신분이 갖는 법적 성질이 위법에 관련된 것이면 연대작용을, 책임에 관련된 것이면 개별작용을 한다는 견해로 다음과 같이 세 가지로 분류한다.[249]

1) 위법신분 신분자만이 그 범죄의 법익을 침해할 수 있거나 법익침해에 영향을 주는 신분으로, 그 신분은 공범에게 연대작용을 한다. 예컨대 구성적 신분에서 예시한 것 외에도 직권남용죄의 공무원, 간수자도주원조죄의 간수자, 업무상과실장물죄의 업무자와 위법성조각적 신분 모두가 여기에 해당한다.

2) 책임신분 신분자의 행위에 대해서 비신분자보다 책임을 가중 · 감경하거나 책임을 조각시키는 신분으로, 그 신분은 정범과 공범 사이에 개별작용을 한다. 예컨대 존속범죄에 대한 직계비속, 영아살해죄 · 영아유기죄 등의 직계존속, 상습범의 상습성, 업무상과실범죄의 업무자, 14세 미만자, 심신상실자, 심신미약자 및 책임조각적 신분 등이다.

---

249) 정성근, 610-614면; 차용석, 공범과 신분(월간고시, 1986. 2), 35면 이하; 최선호, 공범과 신분에 관한 연구(1986), 82면 이하; 박양빈, 공범과 신분(고시연구, 1991. 6), 43면 이하.

3) 처벌조각적 신분 처벌을 면제하는 신분으로, 신분자 비신분자를 묻지 않고 범죄 자체는 성립하지만 신분자에 한하여 처벌을 면제한다. 형식적 분류의 처벌조각적 신분이 여기에 해당한다.

【실질적 분류에 대한 비판】 ① 위법신분과 책임신분의 구별기준이 불명확하여 양자 구별이 곤란하고, ② 구성적 책임신분의 예를 제시하지 못하며, ③ 가감적 신분에 해당하는 것을 위법신분으로 연대작용을 인정하면 공범의 처벌이 부당하게 가중되며, ④ 위법신분이 되는 가감적 신분은 신분관계로 인하여 성립될 범죄가 아님에도 불구하고 본문의 신분으로 보는 것은 문리해석의 한계를 이탈한 것이고, ⑤ 가중적 신분자에게 공범으로 가공한 비신분자를 위법신분에 가공한 것이라 하여 연대해서 처벌하는 것은 단서 규정에 반한다는 비판이 있다.

【비판에 대한 반론】 ① 각칙상의 범죄는 신분자만이 법익침해·법익침해위험을 가중하는 범죄와 책임가중·감경 또는 조각하는 범죄를 구별하고 있으므로 위법신분·책임신분을 구별할 수 있다. ② 신분의 실질적 분류는 구성적·가감적임을 묻지 않고 신분의 법적 성질에 따라 연대작용과 개별작용을 하는 신분을 구별하므로 "구성적" 책임신분의 유무가 문제될 이유가 없다. ③ 제33조 본문은 단독으로 처벌할 수 없는 비신분자에 대해 가벌성을 확대하고 있으므로 신분의 형식적 분류이건 실질적 분류이건 모두 진정 신분범에 가담한 비신분자에 대해서는 형감경 규정을 두지 않는 이상 그 처벌을 완화할 수 없다. ④ 형법해석은 목적론적 해석이 필수적이며 이 해석이 형법해석의 주축을 이루고 있으므로 직권남용죄는 공무원만이 범할 수 있는 "신분관계로 인하여 성립"하는 범죄라고 해석해도 무방하며, 이러한 해석은 형식적 분류와 판례에서도 이미 인정하고 있다. 따라서 반드시 문리해석에 따라야 할 이유가 없다. ⑤ 형법 제33조 단서는 책임신분의 개별작용을 규정한 것이라고 한다면 책임신분이 아니면 단서를 적용할 수 없고, 가중적 위법신분에 가공한 비신분자에 대해서는 형을 감경할 수 있으므로 반드시 단서 취지에 반한다고 할 수 없다.[250] 형식적 분류에서도 특수공무원의 직권남용죄는 진정신분범(구성적 신분)이라는 견해가[251] 다수설이므로 실질적 분류에서 위법신분이라 할 때에만 단서규정에 반한다고 할 수 없다.

(3) 결 어

신분의 연대작용과 개별작용의 이론적 근거는 "위법은 연대적으로, 책임은

250) 이에 대한 자세한 재비판은 정성근, 609-614면; 同, 형법상의 신분개념(형사법연구 제11호, 1999), 123-127면 참조.

251) 권문택(공저), 687면. 또 공무원의 직권남용죄도 부진정신분범이라는 견해도 있으나 진정신분범이라는 견해가 다수설이다(정성근, 각론, 884면; 김일수/서보학, 각론, 813면 이하; 진계호, 각론, 716면; 이정원, 각론, 731면; 임웅, 각론, 809면 등).

개별적으로" 작용한다는 제한종속형식의 사리에 의해서만 합리적으로 설명할

【형식적 분류와 실질적 분류의 대비】

학설공통	형식적 분류 (제33조 법문규정의 내용에 따른 분류)		실질적 분류 (신분의 법적 성질에 따른 분류)	
적극적 신분	구성적 신분	① 횡령죄의 재물보관자, 배임죄의 사무처리자, 배임수뢰죄의 사무처리자, 업무상비밀누설죄의 의사·변호사·종교의 직에 있는 자 등, 자기낙태죄의 임신부녀, 학대죄와 아동혹사죄의 보호감독자, 강간죄·의제강간죄·준강간죄의 남자, 업무상과실장물죄의 업무자, 피구금부녀간음죄의 감호자. ② 간통죄의 배우자 있는 자, 집합명령위반죄의 석방된 자, 허위진단서작성죄의 의사·한의사·치과의사·조산사 등 ③ 수뢰죄(공무원이 주체)의 공무원·중재인, 위증죄·허위감정·통역·번역인, 도주죄·특수도주죄의 체포·구금된 자, 허위공문서작성죄의 공무원, 직무유기죄의 공무원, 피의사실공표죄의 특수공무원, 공무상비밀누설죄의 공무원, 특수공무원의 인권옹호직무방해죄의 공무원. ④ 일반공무원직권남용죄(제123조)의 공무원, 특수공무원의 불법체포·감금죄의 공무원, 특수공무원의 폭행·가혹행위죄의 공무원, 선거방해죄의 공무원, 공무상보관물무효죄의 재물소유자(소수설의 입장). ⑤ 부진정부작위범의 보증인. ⑥ 준강도죄의 절도범인(극히 소수견해), 권리행사방해죄의 재물제공자, 강제집행면탈죄의 채무자	위법신분	구성적 신분의 ①, ②, ③, ④, ⑤ 모두, 가감적 신분의 ③, ④ 모두, 위법조각적 신분. 위법신분에 포함되는 구성적 신분의 ①②③에는, ① 한정된 주체만이 그 범죄의 법익을 침해할 수 있는 경우(대부분의 위법신분), ② 비신분자도 법익을 침해할 수 있으나 특히 법익침해의 빈도가 높고 법익에 대한 요보호성(要保護性)이 요구되는 자를 한정한 경우(업무상비밀누설죄, 공무상 비밀누설죄의 행위주체)가 있다.
	가감적 신분	① 존속살해·상해·폭행 등 모든 존속에 대한 범죄의 직계비속, 영아살해·영아유기죄의 직계존속, 업무상 과실상해·업무상 낙태·업무상 횡령·배임 등 재산죄의 모든 업무자, 상습상해·협박·절도·사기 등 모든 상습범의 상습자. ② 업무상과실실화·교통방해죄의 업무자. ③ 구성적 신분의 ④는 가감적 신분으로 보는 견해가 다수설임. ④ 간수자도주원조죄의 간수자, 세관공무원아편수입죄의 세관공무원. ⑤ 누범자, 형감경자수자, 한정책임능력자.	책임신분	가감적 신분의 ①, ②, ⑤ 모두 소극적 신분 중 책임조각적 신분 모두.
소극적 신분	위법조각신분	의료법상의 의사·한의사·약사·조산사, 변호사법상의 변호사, 사법경찰관직무집행법상의 무기휴대 사법경찰관, 도로교통법상의 면허 있는 운전자.	처벌조각신분	소극적 신분 중 처벌조각적 신분 모두
	책임조각신분	① 14세 미만자, 심신상실자. ② 범인은닉죄·증거인멸죄의 친족·호주·동거가족.		
	처벌조각신분	친족상도례의 직계친족·동거친족·호주·배우자 등, 형면제의 자수자, 형이 면제되는 외국인.		

※ 구성적 신분 ①과 가감적 신분의 ①은 개인적 법익죄, ②는 사회적 법익죄, ③은 국가적 법익죄이며, 구성적 신분의 ④와 ⑥ 그리고 가감적 신분의 ③은 형식적 분류에서도 구성적 신분이라는 견해와 가감적 신분이라는 견해가 대립한다. 특별법에는 더 많은 신분범이 있다.

수 있으므로 신분은 위법신분・책임신분으로 분류하는 것이 타당한 해석이며, 이러한 해석이 범죄체계에도 적합하다. 또 실질적 신분분류에 따를 때에만 동일한 성질・내용의 신분(예: 공무원)은 항상 동일한 작용을 인정할 수 있으며, 본문과 단서의 관계도 서로 상반・모순관계의 규정이 아니라 양자 모두 제한종속형식에 부합하는 규정으로 파악할 수 있다. 그리고 신분의 분류방법에는 차이가 있지만 형법 제33조의 해석에 있어서는 어느 분류방법에 의하건 같은 결론이 된다.

Ⅲ. 형법 제33조의 해석

1. 본문과 단서의 관계

형법 제33조 본문은 신분의 연대작용을, 단서는 신분의 개별작용을 각각 규정하고 있다. 연대작용과 개별작용은 서로 모순 상반된 작용이므로 본문과 단서를 모순・대립되는 규정으로 파악할 것이냐의 여부가 문제된다. 만일 모순・대립된다고 해석한다면 입법의 오류라고 해야 하므로 법해석론이라 할 수 없다. 그래서 종래부터 학설은 본문과 단서는 모순・대립되는 규정이 아니라는 것을 이론적으로 설명하려고 노력하고 있다.

정범과 공범사이의 연대작용과 개별작용을 이론적으로 설명할 수 있는 방법은 두 가지가 있다. 그 하나는 공범종속성설의 연대작용과 공범독립성설의 개별작용이다. 이 방법에 따르면 본문은 공범종속성설에 따른 규정이며, 단서는 공범독립성설에 따른 규정이라고 한다.[252] 그러나 공범종속성설과 공범독립성설은 이론적으로 조화될 수 없는 서로 대립되는 학설이므로 이에 따르면 본문과 단서는 모순・대립하는 규정으로 파악해야 한다.

다른 하나는 위법의 연대작용과 책임의 개별화 작용이다. 이 방법에 따르면 행위의 위법성에 관련되는 신분은 연대작용을 하며, 행위자의 책임에 관련되는 신분은 개별작용을 한다. 책임의 개별화 원칙에 의문이 있을 수 없고, 이 원칙에 기초한 제한종속형식은 거의 일치된 견해이다. 그리고 위법의 연대작용과

252) 배종대, 649면 이하.

책임의 개별작용 사이의 모순관계가 있을 수 없다. 즉, 본문과 단서는 모두 제한종속형식에 부합하는 규정이고, 위법성의 근거가 되거나 위법성에 영향을 주는 신분은 공범에게 연대작용을 하며, 책임에 영향을 주는 신분은 정범과 공범 사이에 개별작용을 한다고 할 때에 본문과 단서도 모순없는 규정이라고 해석할 수 있다.[253)]

【본문과 단서의 관계에 관한 학설】 본문과 단서의 관계가 서로 모순·대립되는 규정이 아니라고 주장하는 중요한 학설의 내용은 다음과 같다.[254)]

1) 위법요소·책임요소설 본문의 구성적 신분은 행위의 위법성을 규제하는 위법요소이므로 연대작용을, 단서의 가감적 신분은 행위의 책임을 규제하는 책임요소이므로 개별작용을 한다는 견해이다.[255)] 본문·단서 모두 제한종속형식에 부합하는 규정이고, 위법은 공범에게 연대작용을 하며 책임은 정범과 공범 사이에 개별작용을 하는 것은 당연한 것이므로 서로 모순없는 규정이라 한다. 그러나 위법의 연대작용과 책임의 개별작용은 타당하지만 구성적 신분은 연대작용, 가감적 신분은 개별작용을 하는 근거가 없으며, 가감적 신분중에도 위법요소가 되는 신분이 있으므로 구성적 신분은 위법요소, 가감적 신분은 책임요소라는 관계가 항상 성립할 수 없다.

2) 공범종속성 기본설 본문의 연대작용은 공범종속성설에 따른 규정이며 단서의 개별작용은 공범독립성설에 따른 규정이라 하고,[256)] 종속성설에 따른 본문의 적용범위를 단서의 신분에까지 확대적용 한다. 그리하여 본문은 신분범 일반, 즉 진정신분범과 부진정신분범에 대한 공범의 성립에 적용되는 규정이고, 단서는 부진정신분범에 한하여 그 과형(科刑)에만 적용되는 규정이라 한다. 그러나 종속성설과 독립성설은 서로 모순·대립되는 학설이므로 종속성설에 따른 본문의 적용범위를 확대한다 하여도 단서의 독립성설의 취지를 그대로 인정하므로 모순·대립관계는 그대로 남게 된다.

3) 공범독립성 기본설 신분의 연대작용을 규정한 본문은 공범종속성설을 입법화한 것이며, 신분의 개별작용을 규정한 단서는 공범독립성설을 입법화한 것이라 하고 이원적 신분개념을 주장한다. 그리하여 공범독립성설을 입법화한 단서의 적용범위를 본문의 적용범위 보다 확대하여 이를 원칙규정이라 하고 공범종속성설을 입법화한 본문은 그 예외규정이라고 한다.[257)] 그러나 형식논리상으로 단서를 원칙규정이라 할 수 없으며, 공범독립성설의 입장에서 본문

253) 정성근, 619면; 同, 형법상의 신분개념(형사법연구 제11호, 1999), 117면; 박양빈, 형사사례연습, 145면.

254) 이에 관해서는 정성근, 616-619면; 同, 형법상의 신분개념, 114-117면 참조.

255) 유기천, 299면; 남흥우, 256면; 권문택, 공범과 신분, 786면.

256) 정영석, 270면. 특히 註 24); 백남억, 316면; 진계호, 621면; 신동운, 공범과 신분(고시계, 1991. 12), 45면 이하. 다만 배종대, 674면 이하는 본문의 적용범위를 확대하지 않는다.

257) 염정철, 연구, 55면.

의 종속성을 인정하므로 모순관계도 그대로 남게 된다.

4) 기타의 견해 본문은 구성적 신분(진정신분범)에 관한 규정이고, 단서는 가감적 신분(부진정신분범)에 관한 규정이라고 하는 견해도 있다.[258] 그러나 이 견해는 본문과 단서의 모순관계를 해소하는 설명이 아니라 신분의 종류를 설명한 것이며, 구성적 신분은 연대작용을 하고 가감적 신분은 개별작용을 하는 이유와 근거도 없다. 또 최근에는 본문은 진정신분범의 성립과 과형을 규정한 것이고, 단서는 부진정신분범의 성립과 과형을 규정한 것이라고 하여 이를 양자의 관계에 관한 설명이라 하는 견해도 있다.[259] 그러나 이 설명도 신분범의 종류와 본문·단서의 적용범위를 설명한 것이고 양자의 모순관계를 해소하는 내용이 아니다. 기타의 견해들은 본문과 단서의 관계문제와 신분범의 종류·적용범위를 오해하고 있다고 해야 한다.

2. 진정신분범과 공범

(1) 본문의 적용범위

신분관계로 인하여 성립될 범죄, 즉 진정신분범에 가공한 비신분자인 공범의 성립과 과형에 대해서 적용된다는 것이 통설이다. 이에 대해서 본문의 적용범위를 단서의 신분범에까지 확대하여 본문은 진정신분범 뿐만 아니라 부진정신분범의 공범의 성립에도 적용된다는 소수설이 있다(본문 단서관계에 대한 공범종속성 기본설). 단서는 부진정신분범의 과형에 대해서만 규정한 것이 명백하며, 본문을 진정신분에 한하여 적용해야 할 근거가 없다는 것이 이유이다. 판례도 같은 태도이다.

【판례】 신분관계가 없는 자가 그러한 신분관계에 있는 자와 공모하여 위 상호신용금고법위반죄를 저질렀다면, 그러한 신분관계가 없는 자에 대하여는 형법 제33조 단서에 의하여 형법 제355조 제2항에 따라 처단하여야 할 것인바, 그러한 경우에는 신분관계가 없는 자에게도 일단 업무상배임으로 인한 상호신용금고법 제39조 제1항 제2호 위반죄가 성립한 다음 형법 제33조 단서에 의하여 중한 형이 아닌 형법 제355조 제2항(배임죄)에 정한 형으로 처벌되는 것이다(대판, 1997. 12. 26, 97도2609).[260]

---

258) 이형국, 322면 이하.

259) 이인영, 형법 제33조 규정의 입법연혁과 해석론(형사법연구 제18호, 2002 겨울), 263면.

260) 同旨: 대판, 1961. 8. 2, 4294형상284(처가 아들과 같이 남편을 살해한 사건); 대판, 1986. 10. 28, 86도1517(은행원이 비은행원과 공동으로 업무상배임죄를 범한 사건); 대판, 1989. 10. 10, 87도1901; 대판, 1999. 4. 27, 99도883.

그러나 본문이 진정신분범과 부진정신분범의 공범의 성립근거를 규정한 것이라 하면 진정신분범에 대하여는 과형을 근거지우는 규정이 없어지므로 본문은 진정신분범의 성립과 과형에만 적용되는 규정이라 해야 하며, 본문을 부진정신분범의 성립에까지 적용하면 공범의 죄명과 이에 대한 과형이 각각 다르게 되어 죄명이 갖는 법적·사회적 평가를 부정하게 된다. 통설이 타당하다.

(2) 비신분자가 신분자의 범행에 가공한 경우

진정신분범에 가공한 비신분자도 그 가공형태에 따라 공동정범·교사범·종범이 성립하고, 성립된 그 공범의 형으로 처벌한다.

1) 공동정범　　비신분자는 진정신분범의 정범적격이 없으므로 예외적으로 공동정범이 될 수 있도록 한 특별규정으로 보는 견해도[261] 있으나, 통설은 당연한 규정으로 본다. 본문의 신분을 위법신분으로 이해할 때에는 법익침해에 공동정범으로 가공한 비신분자도 공동정범으로 처벌할 수 있으므로 예외규정으로 보아야 할 이유가 없다. 예컨대 공무원이 비공무원과 공동하여 뇌물을 받은 경우, 수뢰죄의 공동정범으로 수뢰죄의 형으로 처벌한다.

판례는 공모공동정범을 인정하는 입장에서 병가중인 자의 직무유기죄의 공동정범을 인정하고 있다.

【판례】 ① 쟁의행위에 참가한 일부 조합원이 병가중이어서 직무유기죄의 주체로 될 수는 없다 하더라도 직무유기죄의 주체가 되는 다른 조합원들과의 공범관계가 인정된다면 그 쟁의행위에 참가한 조합원들 모두 직무유기죄로 처단되어야 한다(대판, 1997. 4. 22, 96도748).

② 또한 공무원 아닌 자가 공무원의 허위공문서작성죄를 공동하여 범한 때 허위공문서작성죄의 공동정범이 되고(대판, 1971. 6. 8, 71도795), 타인의 재물을 보관하지 않는 자도 재물보관자와 함께 횡령죄의 공동정범이 된다(대판, 1965. 8. 24, 65도493).

2) 교사범·종범　　비신분자가 신분자를 교사·방조하여 진정신분범을 범하게 한 때에는 비신분자도 신분자의 법익침해에 가공한 것이므로 당연히 그 죄의 교사범·종범이 성립한다. 예컨대 비공무원이 공무원의 수뢰행위를 교사·방조한 경우, 비신분자도 수뢰죄의 교사범·종범이 성립하고 교사범·종범의 형으로 처벌한다. 판례도 같다.

261) 남흥우, 256면; 김종원, 공범과 신분, 54면; 이재상, 506면; 이형국, 323면; 박상기, 468면.

【판례】 피고인이 건축물조사 및 가옥대장 정리업무를 담당하는 지방행정서기를 교사하여 무허가건물을 허가 받은 건축물인 것처럼 가옥대장 등에 등재케 하여 허위공문서 등을 작성케 한 사실이 인정된다면 허위공문서작성죄의 교사범으로 처단한 것은 정당하다(대판, 1983. 12. 13, 83도1458).

3) 간접정범 본문의 "전3조"는 공동정범·교사범·종범을 말하므로 교사·방조의 예에 의하여 처벌되는 간접정범은 이론적으로 진정신분범의 성립 여부와 관계없이 비신분자가 단독으로 진정신분범의 정범이 될 수 없다. 이에 대해서 형법 제34조가 간접정범을 공범의 예에 따라 처벌하도록 규정되어 있다는 이유로 간접정범도 이 규정을 적용해야 한다는 견해도[262] 있다. 그러나 형법 제33조 본문은 비신분자가 진정신분범의 공동정범(공범)이 될 수 있다는 것을 규정한 것이고, 단독범을 인정한 것은 아니라고 해야 한다. 다만 판례는 간접정범의 공동정범은 될 수 있다는 취지로 판시하고 있다.

【판례】 공문서의 작성권한이 있는 공무원의 직무를 보좌하는 자가 그 직위를 이용하여 행사할 목적으로 허위의 내용이 기재된 문서초안을 그 정을 모르는 상사에게 제출하여 결재하도록 하는 등의 방법으로 작성권한이 있는 공무원으로 하여금 허위의 공문서를 작성하게 한 경우에는 간접정범이 성립되고 이와 공모한 자 역시 그 간접정범의 공범으로서의 죄책을 면할 수 없는 것이고, 여기서 말하는 공범은 반드시 공무원의 신분이 있는 자로 한정되는 것은 아니라고 할 것이다(대판, 1992. 1. 17, 91도2837).[263]

(3) 신분자가 비신분자에게 가공한 경우

신분자가 비신분자의 행위에 공범으로 가공한 경우에도 본문을 적용할 수 있느냐가 문제된다. 예컨대 공무원이 비신분자를 교사하여 뇌물을 받게 한 경우에 공무원을 수뢰죄의 교사범으로 처벌할 수 있느냐이다.

1) 공범독립성설의 입장 신분자가 비신분자에게 가공한 경우에도 신분관계로 인하여 성립될 범죄에 가공한 것이라 하고 본문을 적용하여 신분자는 신분범의 교사범, 비신분자는 그 종범이 된다고 한다.[264]

---

262) 유기천, 135면; 신동운, 691면; 同, 공범과 신분, 42면; 진계호, 622면.

263) 이 판례에 대해서는 허위공문서작성죄는 자수범이고 의무범이므로 국외자인 비신분자는 정범이 될 수 없고 단지 협의의 공범이 성립하는 것이 아닌지 의문이 제기된다.

264) 염정철, 연구, 191면. 또 차용석, 간접정범(형사법의 제문제, 신동욱 교수 정년기념논문집, 1983), 191면도 종속성설의 입장에서 같은 주장을 한다.

2) 공범종속성설의 입장　본문은 신분이 정범에게 있는 경우에만 적용되는 규정이며, 정범을 전제로 하지 않는 교사범·종범을 생각할 수 없으므로 본문을 적용할 수 없다고 한다. 이에 따르면 신분자는 신분 없는 고의 있는 도구를 이용한 간접정범이 성립하고, 피이용자는 그 정을 알고 있는 경우에만 종범이 성립한다(통설). 예컨대 공무원이 그의 처를 교사하여 뇌물을 받게 한 경우, 공무원은 수뢰죄의 간접정범이 성립하고, 그 처는 정을 알고 있는 경우에 한하여 수뢰죄의 종범이 성립한다.

3) 결 어　이 경우에 본문을 적용하면 정범 없는 공범의 성립만 인정하게 되며, 본문의 신분은 범죄의 구성요건요소이므로 비신분자의 단독행위는 구성요건에도 해당할 수 없다. 따라서 처벌되지 않는 자의 행위를 도구로 이용한 간접정범이라 해야 한다. 본문은 신분이 정범에게 있는 경우에만 적용되는 규정이라 해야 한다.

3. 부진정신분범과 공범

(1) 단서의 적용범위

신분관계로 인하여 형의 경중이 있는 경우, 즉 부진정신분범의 공범의 성립과 과형에 대해서 적용된다는 것이 통설이다. 이에 대해서 단서는 부진정신분범에 가공한 공범의 과형에 대해서만 적용되고, 부진정신분범의 공범의 성립에 대해서는 본문이 적용된다는 소수설과 판례가 있으나[265] 타당하지 않다는 것은 전술한 바와 같다.

(2) 비신분자가 신분자의 범행에 가공한 경우

비신분자가 신분자의 범죄행위(부진정신분범)에 대해 공동정범·교사범·종범으로 가공할 수 있다는 점에 대해서는 견해가 일치한다. 문제는 단서의 신분은 정범과 공범에 대해서 개별작용을 하므로 부진정신분범에 가공한 비신분자의 죄명과 과형이 모두 개별화되느냐, 죄명은 신분자에 연대하고 과형만이 개별화되느냐에 있다.

1) 죄명과 과형의 개별화

(a) 통 설　단서의 신분은 정범과 공범의 과형뿐만 아니라 죄명도 개별화

265) 전술한 진정신분범과 공범 (1) 본문의 적용범위 참조.

한다는 것이 통설이다. 예컨대 甲과 乙이 공동하여 甲의 아버지를 살해한 경우, 甲은 존속살해죄가 성립하고 乙은 보통살인죄가 성립하며(행위공동설에 의하면 두 죄의 공동정범 성립) 각자의 죄에 정한 형으로 처벌한다. 또 乙이 甲을 교사하여 甲의 아버지를 살해하게 한 경우, 甲은 존속살해죄로서 존속살해죄의 형으로 처벌하고, 乙은 보통살인죄의 교사범으로 보통살인죄의 형으로 처벌한다. 신분을 형식적으로 분류하건 실질적으로 분류하건 정범과 공범의 죄명과 과형이 모두 개별화된다는 데에 일치한다.

(b) 소수설 본문은 진정신분범과 부진정신분범의 공범의 성립근거를 규정한 것이므로 부진정신분범에 가공한 비신분자도 연대작용을 하는 본문이 적용되어 부진정신분범의 공범이 성립하고, 과형에서만 단서가 적용되어 개별화된다고 한다.[266] 예컨대 甲과 乙이 공동하여 甲의 아버지를 살해한 경우, 甲과 乙은 존속살해죄의 공동정범이 성립하지만 과형에서 甲은 존속살해죄의 형으로 처벌하고, 乙은 보통살인죄의 형으로 처벌한다. 또 乙이 甲을 교사하여 甲의 아버지를 살해하게 한 경우, 甲은 존속살해죄가 성립하고 그 형으로 처벌하며, 乙은 존속살해죄의 교사범이 성립하고 보통살인죄의 형으로 처벌한다. 신분을 가감적·구성적으로 분류하는 공범종속성기본설에서 주장하는 견해이다.

(c) 판 례 판례는 소수설과 같은 태도이다. 처(妻)와 아들이 공동하여 남편을 살해한 때에 처도 아들과 같이 존속살해죄의 공동정범을 인정하지만 과형에서 보통살인죄의 형으로 처벌한다.[267] 또 비신분자가 신분자와 공모하여 업무상배임행위에 가공한 때에는 업무상배임죄의 공동정범이 성립하고 과형에서만 비신분자를 단순배임죄의 형으로 처벌하고 있다.[268]

(d) 결 어 ① 본문은 진정신분범(위법신분)에 대해서 적용되는 규정이므로 이를 부진정신분범(책임신분)에까지 확대적용할 수 없으며, ② 죄명과 과형을 분리하여 적용할 때에는 죄명이 갖는 법적·사회적 평가를 부정하게 되므로 소수설은 타당하지 않다. ③ 제한종속형식과 책임개별화원칙에 따르는 한 책임은 정범과 공범의 과형에서 개별화되어야 한다. 책임개별화원칙은 책임(과형)의 개별화만 요구할 뿐 죄명의 개별화까지 요구하는 것은 아니다. 그러나 정범의

266) 백남억, 316면; 정영석, 270면 이하; 진계호, 564면; 김성돈, 672면 이하.
267) 대판, 1961. 8. 2, 4294형상284.
268) 대판, 1986. 10. 28, 86도1517.

기본적 구성요건과 공범의 수정구성요건이 구별되어 있는 이상 단서의 내용에는 죄명도 개별화된다는 규범적 의미가 당연히 전제 내지 포함되어 있다고 해석해야 한다. 즉, 단서는 죄명과 과형을 모두 개별화한다. 따라서 단서의 신분은 공범관계가 있는 정범과 공범에 대하여 범죄의 성립과 처벌이 모두 개별작용한다는 통설이 타당하다.

2) 중한 형으로 벌하지 않는다의 의미

부진정신분범에 가담한 비신분자는 "중한 형으로 벌하지 아니한다". 여기의 "중한 형으로 벌하지 아니한다"의 의미에 대해서 견해가 대립한다.

(a) **통상범죄설** 신분자는 신분범의 형으로, 비신분자는 통상범죄의 형으로 처벌한다는 견해이다(통설). 예컨대 乙이 甲을 교사하여 甲의 영아를 살해하게 한 경우, 甲은 영아살해죄의 형으로 처벌하고 乙은 통상범죄인 보통살인죄의 (교사범)형으로 처벌된다.

(b) **감경형설** 신분자는 신분범의 형으로, 비신분자는 항상 경한 죄의 감경된 형으로 처벌한다는 견해이다(소수설).[269] 이 견해는 단서신분 중 가중적 신분에 있어서는 비신분자는 경한 죄의 형으로 처벌되므로 문제가 없다. 그러나 감경적 신분에 가공한 비신분자의 처벌에서는 항상 경한 범죄의 형으로 처벌하여야 한다는 점이 통설과 다르다. 예컨대 乙이 甲을 교사하여 甲의 영아를 살해하게 한 경우, 甲은 물론 乙도 경한 영아살해죄(甲은 영아살해죄, 乙은 영아살해죄 교사범)의 형으로 처벌된다(과형개별화 부인).

(c) 결 어 ① 단서의 개별작용은 죄명과 과형을 모두 개별화하므로 비신분자를 항상 경한 죄의 형으로 처벌한다고 할 수 없고, ② 책임신분은 언제나 신분자 일신에 한하고 공범에게 미치지 않는다고 해야 하므로 통설이 타당하다.

(3) 신분자가 비신분자의 범행에 가공한 경우

1) 단서적용설 신분이 정범·공범 누구에게 있건 묻지 않고 단서를 적용하여 죄명과 과형이 모두 개별화된다고 한다(통설). 예컨대 甲이 乙을 교사하여 甲의 영아를 살해하게 한 경우, 乙은 보통살인죄가 성립하고 보통살인죄의 형으로 처벌되며 甲은 영아살해죄의 교사범이 성립하고 그 형으로 처벌된다.

---

269) 황산덕, 291면; 권문택, 공범과 신분, 791면.

2) 단서적용배제설　단서는 신분이 정범에게 있는 경우에 적용된다는 이유로 신분이 공범에게 있는 경우에는 단서를 적용할 수 없고, 공범종속성원칙에 따라 신분자도 비신분자의 범죄에 종속하여 통상범죄의 공범이 성립한다고 한다(소수설).270) 예컨대 甲이 乙을 교사하여 甲의 영아를 살해하게 한 경우에 乙은 보통살인죄의 정범, 甲은 보통살인죄의 교사범이 성립하고 각각 그 죄에 정한 형으로 처벌된다.

3) 결 어　① 단서는 신분관계로 인하여 형의 경중이 있는 경우라고 하였으므로 신분이 정범·공범 누구에게 있건 묻지 않는다고 해야 하며, ② 단서는 죄명과 과형을 모두 개별화하는 것이므로 단서적용을 인정하는 통설이 타당하다.

4. 소극적 신분과 공범

형법은 소극적 신분과 공범에 관한 규정을 두지 않았으므로 신분개념과 제한종속형식의 일반이론에 따라 형법 제33조의 규정에 비추어 이론적으로 해결해야 한다.

(1) 위법성조각적 신분과 공범

1) 비신분자가 위법성조각 신분자에 가공한 경우　비신분자는 신분자의 정당행위에 관여한 것이므로 원칙적으로 범죄성립이 부정된다. 다만 비신분자가 허용된 범위를 초과하여 위법행위를 한 경우에는 초과부분에 대해서만 범죄가 성립한다. 예컨대 의사 아닌 자가 허용된 범위를 초과하여 의사와 함께 의료행위를 한 때에는 의사는 위법성이 조각되지만 의사 아닌 자는 의료법 위반으로 처벌된다.

2) 위법성조각 신분자가 비신분자에 가공한 경우　신분자는 단독으로 그 법익을 침해할 수 없으나 비신분자의 법익침해에 가공한 때에는 그 죄의 공동정범·교사범·종범이 성립한다. 예컨대 의사가 제3자의 무면허의료행위에 공범으로 가공한 경우, 그 가공형태에 따라 무면허의료법 위반의 공동정범·교사범·종범이 된다. 판례는 치과의사가 무면허의료행위에 가담한 경우에는 그 공범이 성립한다고 하였으나, 변호사 아닌 자의 법률사무소 운영에 가담한 변호

270) 백남억, 276면; 황산덕, 292면.

사에 대해서는 공범의 성립을 부정하고 있다.

【판례】 ① 치과의사가 환자 대량유치를 위해 치과기공사들에게 내원환자를 진료하도록 지시하여 치과기공사들이 각 단독으로 진료행위를 하였다면 무면허의료행위의 교사범에 해당한다고 하였다(대판, 1986. 7. 8, 86도749).[271]
이에 반하여 ② 변호사 아닌 자가 변호사를 고용하여 법률사무소를 개설·운영하는 행위는 변호사법 제34조 4항 위반죄로 처벌되지만 고용된 변호사는 변호사 아닌 자의 법률사무소 개설·운영에 관여한 행위가 공모·교사 또는 방조에 해당한다 하더라도 그 공범으로 처벌할 수 없다(대판, 2004. 10. 28, 2004도3994).

⑵ 책임조각적 신분과 공범

1) 비신분자가 책임조각적 신분자에 가공한 경우 단서(책임신분)의 취지에 따라 죄명과 과형이 모두 개별화되므로 신분자는 책임이 조각되어 범죄성립이 부정되지만 비신분자는 범죄가 성립한다(통설). 따라서 비신분자는 가공형태에 따라 공동정범, 교사범, 종범이 성립한다. 다만, 책임조각적 신분자를 교사·방조한 비신분자에게 의사지배가 인정되면 간접정범이 성립할 수 있다. 예컨대 제3자가 甲을 교사하여 범인인 甲의 아들을 은닉하게 한 때에는 甲은 책임이 조각되어 불가벌이 되지만 제3자는 범인은닉죄의 교사범이 성립하고, 강제로 은닉하게 하였다면 제3자는 간접정범이 된다(제151조 2항 참조).

2) 책임조각적 신분자가 비신분자에 가공한 경우 단서의 개별화취지(개별작용)에 따라 비신분자만 범죄가 성립하고 신분자는 책임이 조각된다(통설). 예컨대 책임조각적 신분자 甲이 제3자 乙을 교사하여 범인인 甲의 아들을 은닉하게 한 때에 乙은 범인은닉죄로 처벌되지만 甲은 책임이 조각되어 불가벌이다.

⑶ 처벌조각적 신분과 공범

1) 비신분자가 처벌조각적 신분자에 가공한 경우 비신분자가 형이 면제되는 처벌조각적 신분자(친족상도례의 근친족)의 범행에 가공한 경우에는 신분자·비신분자 모두 범죄가 성립하고, 신분자에 대해서만 형이 면제된다. 예컨대 甲이 乙과 공동하여 甲의 아버지 집에서 절취를 한 경우에 甲과 乙은 특수절도죄가 성립하고, 乙만 처벌되며 甲은 그 형이 면제된다.

---

271) 同旨: 대판, 1986. 2. 11, 85도448.

2) 처벌조각적 신분자가 비신분자에 가공한 경우

(a) 신분자처벌설 처벌조각적 신분자는 단독으로 실행한 때에는 형벌이 면제되지만 타인을 교사·방조한 때에는 새로운 범인을 창조한 것이므로 신분자도 비신분자의 공범으로 처벌된다고 한다(소수설).[272] 예컨대 형이 면제되는 처벌조각적 신분자 甲이 친구 乙을 교사하여 甲의 아버지 집에서 절도하라고 교사한 경우에 甲은 절도교사범, 乙은 절도죄가 성립하고 각각 그 죄의 형으로 처벌한다.

(b) 신분자처벌조각설 비신분자만 실행한 범죄로 처벌하고 처벌조각적 신분자는 항상 형벌이 면제된다고 한다. 위의 예에서 처벌조각적 신분자 甲은 형면제, 친구 乙은 절도죄로 처벌된다. 제328조 1항은 근친족에 대해서 형을 면제하도록 규정하고 있으므로 신분자는 직접·간접의 단독실행 여부를 묻지 않고 형이 면제된다고 한다. 형법 제328조 3항과 제한종속형식의 취지에 비추어 신분자의 형을 면제함이 타당하다고 해야 한다. 우리나라 통설이다.

272) 염정철, 연구, 221면; 권문택, 공범과 신분, 795면; 김종원, 공범과 신분, 57면.

제 3 편
죄 수 론

제 1 장 죄수와 범죄경합의 기초이론

Ⅰ. 죄수론과 경합론

형법 각 본조에 기술된 구성요건은 원칙적으로 한 사람이 하나의 죄를 범할 것을 예정하고 있으나, 실제로는 한 사람이 동시에 또는 계속해서 수개의 범죄결과를 발생시키거나 일시·장소를 달리하여 수개의 죄를 범하는 경우도 있다. 하나의 범죄가 성립하는 것이 명백한 경우에는 그 죄에 정하고 있는 법정형을 적용하면 족하므로 처벌에서 특별한 문제가 생기지 않는다. 그러나 수개의 행위가 있거나 수개의 결과가 발생한 경우에 하나의 죄가 성립하는지 수개의 죄가 성립하는지가 명백하지 않는 경우가 있고, 이 경우 수개의 범죄가 성립한다고 하여도 그 수죄를 어떤 방법으로 어떻게 처벌할 것이냐가 문제된다.

그리하여 죄가 한 개인가 수개인가라는 죄의 개수를 논의하는 이론을 죄수론(罪數論)이라 하고, 수죄의 성립이 인정된 경우에 성립된 수죄 상호간의 경합에 대해서 어떤 방법으로 어떻게 처벌할 것인가를 논의하는 이론을 경합론(競合論, Konkurrenzlehre) 또는 범죄경합론이라 한다. 즉 죄수론은 범죄의 단일성과 다수성을 구별하기 위한 이론이고, 경합론은 경합된 수죄에 대해서 적용할 처벌원칙을 정하는 이론이라 할 수 있다. 따라서 죄수론과 경합론은 통일적·일원적으로 논의되는 하나의 과제[1]가 아니라 전자를 먼저 확정한 다음에 확정된 수죄에 대해서 비로소 후자를 논의하는 이원적 방법으로 구별하여 논의해야 한다.[2]

1) 우리나라의 통설적 견해는 죄수론의 과제에 대하여 몇 개의 죄가 성립하느냐의 죄수문제와 성립된 죄에 대해 어떻게 처벌할 것인가의 문제를 해결하는데 있다고 하여 죄수론과 경합론의 구별없이 통일적인 일원적 과제로 보고 있다. 이재상, 514면; 김일수/서보학, 669면; 임웅, 죄수론의 기본이론(고시계, 83. 5), 113면.

2) 김성돈, 형법상 죄수론의 구조(형사법연구 제9호, 1997), 189면 이하; 이경렬, 죄수론의 체계구성에 관한 시론(비교형사법연구 제2호, 2000), 96면 주4; 김용욱, 경합론의 체계적 구조, 현대형사법의 쟁점과 과제(이형국교수화갑기념논문집, 1998), 390면; 이기헌, 경합범과 상상적 경합(형사판례연구 7권), 155면. 다만 김용욱 교수는 죄수론과 경합론을 구별하는 이원적 방법에 따르면서 1인 1개의 "법조"침해에 대해서만 죄수론의 대상이고, 수개의 "법조"침해가 있는 법조경합, 포괄일죄, 상상적 경합, 실체적 경합(경합범)은 모두 경합론으로 취급한다.

> 통설은 "죄수론"에서 일죄(一罪)와 수죄(數罪)로 나누어 죄수론과 경합론을 구별하지 않고 이를 함께 서술하는 형식을 취하고 있으나 구체적 내용면에서는 수죄에 대한 경합론을 사실상 다루고 있다. 형법은 죄수에 대해서는 아무런 언급 없이 수죄의 경합에 대해서만 상상적 경합(제40조)과 실체적 경합(제37조 내지 제39조)으로 나누어 이에 대한 처벌원칙을 규정하고 있다. 즉, 형법은 경합론에 대한 규정만 두고 있을 뿐이고 죄수론에 대해서는 전적으로 학설에 맡기고 있다.

죄수론은 몇 개의 범죄성립을 인정할 수 있느냐라는 범죄성립 자체를 논의하는 것이므로[3] 범죄론의 영역에 속한다. 이에 대하여 경합론은 성립된 수죄 사이의 경합형태에 따라 어떤 형을 적용할 것이냐라는 처벌원칙을 논의하는 것이므로 형벌론에 속한다. 이와 같이 두 가지는 체계상 구별되지만 경합론은 죄수를 전제해서만 논의할 수 있고, 죄수론도 결국에는 그 범죄에 대한 형의 적용문제를 해결하기 위한 것이므로 편의상 두 가지를 같은 영역에서 논의하고 있다. 특히 죄가 하나인가 수개인가는 형의 적용에서 뿐만 아니라 소송법적으로 공소의 효력과 확정판결의 효력(기판력) 범위를 결정하는데 중요한 차이가 있다.

Ⅱ. 죄수결정의 기준

죄수(죄의 단일성과 다수성)를 어떤 기준으로 결정할 것이냐에 대하여 종래부터 다음과 같은 학설들이 주장되어 왔다.

1. 행위표준설

자연적 의미의 행위의 수에 따라 죄수를 결정하는 견해이다. 즉, 자연적 의미의 행위가 하나이면 죄도 하나이고 행위가 수개이면 죄도 수개가 된다고 한다. 행위는 의사표동(意思表動)과 결과를 포함하는 것이므로 결과가 수개이라도 의사표동이 단일하거나 의사표동이 수개라도 결과가 단일한 경우에는 모두 행위

3) 여기의 범죄성립은 어떤 범죄가 몇 개 성립하느냐의 문제이므로 범죄의 일반적 성립요건(구성요건해당성 · 위법성 · 책임)과 구별해야 한다.

가 하나이고, 죄도 하나가 된다. 이에 따르면 상상적 경합(제40조)은 1개의 행위로 수개의 죄를 범한 것이므로 실질상으로나 과형상으로 당연히 일죄가 되며, 연속범은 수죄가 된다. 판례 중에는 강간죄, 간통죄, 공갈죄에 대하여 접속범의 요건을 구비하지 못한 경우에 행위의 수에 따라 죄수를 결정한 것이 있다.

【판례】 ① 미성년자 의제강간죄 또는 미성년자 의제강제추행죄는 행위시마다 1개의 범죄가 성립한다(대판, 1983. 12. 14, 82도2442).

② 간통죄는 성교행위마다 1개의 간통죄가 성립한다(대판, 1982. 12. 14, 82도2448; 대판, 1985. 11. 12, 84도2971 등).

③ 동일인에 대하여 여러 차례에 걸쳐 금전갈취를 위한 협박의 서신이나 전화를 한 경우에 포괄일죄가 아니라 1개의 협박행위마다 1개의 공갈미수죄가 성립한다(대판, 1958. 4. 11, 4291형상370).

행위표준설에 의하면 하나의 구성요건이 수개의 행위로 구성되어 있는 다행위범(多行爲犯) 또는 결합범(結合犯)과, 수개의 행위가 하나의 법익을 침해하는 포괄일죄를 수죄로 보아야 한다는 결함이 있다. 이러한 결함을 보완하기 위해서 주장된 학설이 사회적·법적 행위표준설(수정행위표준설)[4]이다. 이에 의하면 수개의 자연적 행위가 있다고 하여도 사회적·법적 의미에서 단일행위로 평가될 때에는 하나의 행위가 되므로 포괄일죄(결합범·계속범·집합범·접속범 또는 연속범)도 일죄가 된다. 그러나 하나의 행위로 수죄가 성립하는 상상적 경합은 사회적·법적 행위표준으로 행위의 단일성은 확정할 수 있으나 수죄성은 설명할 수 없다.

2. 법익표준설(결과표준설)

범죄의 본질은 법익침해에 있다는 점을 기초로 침해 또는 위태화 되는 법익의 수 또는 행위로부터 발생하는 결과의 수를 가지고 죄수를 결정하는 견해이다. 이에 따르면 하나의 행위로 수개의 법익침해나 결과발생이 있으면 수죄가 되지만, 수개의 행위로 하나의 법익을 침해하면 일죄가 된다. 또 이 견해는 법익을 생명·신체·자유·명예 등과 같이 법익의 주체와 불가분의 관계가 있는 일신전속적 법익과 재산·공공의 안전 등과 같이 법익의 주체와 분리할 수 있

4) 정성근, 637면; 임웅, 565면; 안동준, 305면.

는 비전속적 법익으로 구별하여, 전자는 피해자의 수에 따라 결정하고, 후자는 침해 법익의 수에 따라 결정한다.5) 이에 의하면 상상적 경합은 실질상으로 수죄이지만 제40조에 의하여 일죄로 취급될 뿐이라 한다. 판례 중에 비전속적 법익의 경우, 침해법익의 동일성 여부에 따라 포괄일죄를 결정한 것이 있다.

【판례】 ① 수인의 피해자에 대하여 각별로 기망행위를 하여 각각 재물을 편취한 경우에는 범의가 단일하고 범행방법이 동일하더라도 각 피해자의 피해법익은 독립한 것이므로 이를 포괄일죄로 파악할 수 없고 피해자별로 독립한 사기죄가 성립된다(대판, 2001. 12. 28, 2001도6130).6)

② 위조통화행사죄와 사기죄는 그 보호법익을 달리하고 있으므로 위조통화를 행사하여 재물을 불법영득한 때에는 위조통화행사죄와 사기죄의 양자는 경합범의 관계에 있다(1979. 7. 10, 78도840).7)

③ 유가증권위조죄의 죄수는 원칙적으로 위조된 유가증권의 매수를 기준으로 정할 것이므로, 약속어음 2매의 위조행위는 포괄일죄가 아니라 경합범이다(대판, 1983. 4. 12, 82도2938).8)

법익표준설은 수개의 법익침해가 하나의 죄를 구성하는 이중법익에 대한 죄와, 상상적 경합이 과형상의 일죄로 취급되는 이유를 설명할 수 없다는 결함이 있다.

3. 구성요건표준설(구성요건충족설)

죄수의 결정은 어디까지나 실정법 해석의 문제이므로 법적 구성요건을 충족하는 회수를 기준으로 죄수를 결정해야 한다는 견해이다. 즉, 행위의 개수를 묻지 않고 행위사실이 구성요건을 1회 충족하면 일죄이고, 수회 충족하면 수죄가 된다고 한다. 이에 따르면 상상적 경합은 실질상으로 수죄이지만 과형상으로만 일죄로 취급한다. 우리나라의 다수설9)이며, 판례 중에도 구성요건 자체의 특수성이나 불가벌적 사후행위의 요건 여하에 따라 구성요건을 기준으로 죄수를 결

5) 대판, 1969. 12. 30, 69도2062; 대판, 1970. 7. 21, 70도1133; 대판, 1983. 4. 26, 83도524.
6) 同旨: 대판, 2003. 4. 8, 2003도382.
7) 同旨: 대판, 1981. 6. 9, 81도1039; 대판, 1983. 4. 12, 82도2938.
8) 同旨: 대판, 1982. 6. 8, 82도486.
9) 유기천, 311면; 남흥우, 264면; 백남억, 316면; 염정철, 469면; 이형국, 366면; 이재상, 518면 이하; 신동운, 716면; 조준현, 348면; 하태훈, 576면; 김성돈, 691면; 同, 죄수결정의 기준(경북대 법학논고 제14집, 1998), 198면; 同, 형법상 죄수론의 구조, 217면.

정한 것이 있다.

【판례】 ① 판매목적으로 향정신성의약품(히로뽕)을 제조하여 이를 판매한 경우에 그 제조행위와 제조품의 판매행위는 각각 독립된 가벌적 행위로서 별개의 죄를 구성한다고 봄이 상당하고 판매행위가 판매목적의 제조행위에 흡수되는 불가벌적 사후행위라고 볼 수 없으므로 경합범으로 처단하여야 한다(대판, 1983. 11. 8, 83도2031).[10)]

② 원래 조세포탈범의 죄수는 위반사실의 구성요건 충족 회수를 기준으로 1죄가 성립하는 것이 원칙이지만, 특정범죄가중처벌등에관한법률 제8조 제1항은 연간 포탈세액이 일정액 이상이라는 가중사유를 구성요건화 하여 조세범처벌법 제9조 제1항의 행위와 합쳐서 하나의 범죄유형으로 하고 그에 대한 법정형을 규정한 것이므로, 조세의 종류를 불문하고 1년간 포탈한 세액을 모두 합산한 금액이 특정범죄가중처벌등에관한법률 제8조 제1항 소정의 금액 이상인 때에는 같은 항 위반의 1죄만이 성립하고, 같은 항 위반죄는 1년 단위로 하나의 죄를 구성하며 그 상호간에는 경합범 관계에 있고, 같은 항에 있어서의 '연간 포탈세액 등'은 각 세목의 과세기간과 관계없이 각 연도별(1월 1일부터 12월 31일까지)로 포탈한 세액을 합산한 금액을 의미한다(대판, 2001. 3. 13, 2000도4880)[11)]

구성요건표준설에 대해서는 종래부터 하나의 행위가 수인에 대한 같은 구성요건을 "충족"(수인의 일신전속적 법익침해)하거나 수개의 행위가 하나의 구성요건을 반복적으로 실현한 경우에 일죄인가 수죄인가를 명백히 할 수 없고, 수회의 구성요건 "충족"이 있어도 하나의 죄가 되는 포괄일죄를 설명하기 어렵다는 비판을 하고 있다.

4. 의사표준설(범의표준설)

행위자의 범죄의사의 수를 기준으로 죄수를 결정하는 견해이다. 여기의 범죄의사는 고의뿐만 아니라 과실도 포함한다. 행위나 결과발생의 수에 관계없이 하나의 범죄의사가 있으면 예견 또는 예견가능한 범위 내에서 하나의 죄가 되고 수개의 범죄의사가 있으면 수죄가 된다. 원래 주관주의 범죄이론에서 주장된 학설이다.[12)] 이에 따르면 상상적 경합과 연속범은 의사의 단일성이 있으므로 일죄가 된다. 판례는 연속범에 관하여 단일한 범의의 계속으로 같은 행위를 반복

10) 同旨: 대판, 1968. 12. 24, 68도1501(예금통장·인장 절취 후 예금청구서 위조행위).
11) 同旨: 대판(전원합의체), 2000. 4. 20, 99도3822; 대판, 2002. 7. 23, 2000도746.
12) 이건호, 204면.

한 때에는 포괄일죄로서 일죄가 되지만, 폭행 후에 강간의 범의가 일어난 경우에는 별개의 독립범죄가 성립한다고 하여 행위의 유사성, 피해법익의 단일성 외에 범의의 계속성 유무에 따라 포괄일죄를 결정한 것이 많다.

【판례】 ① 피고인이 … (6개월간 7회에 걸쳐) … 그 직무에 관하여 뇌물을 수수한 것이라면, 이는 피고인이 뇌물수수의 단일한 범의의 계속하에 일정기간 동종행위를 같은 장소에서 반복한 것이 분명하므로 피고인의 수회에 걸친 뇌물수수행위는 포괄일죄를 구성한다고 해석함이 상당하다(대판, 1982. 10. 26, 81도1409).[13]

② 폭행과 강간행위가 불과 1시간 전후에 이루어진 것이기는 하나 강간의 범의를 일으킨 것이 폭행 후의 다른 상해범행의 실행 중이었음이 인정되는 이상 폭행사실은 별개의 독립한 죄를 구성한다(대판, 1983. 4. 12, 83도304).

의사표준설은 범죄성립의 문제인 죄수결정에서 범죄에 대한 사회적 유형개념을 도외시할 뿐만 아니라 범죄의사가 단일하면 수개의 법익침해(결과)가 있는 때에도 항상 하나의 죄라고 해야 하는 불합리성이 있고, 제40조(상상적 경합)와 조화될 수 없다는 결함이 있다.

5. 결 어

죄수결정에 관한 이상의 학설은 모두 결함이 있다는 이유로 어느 하나의 기준으로 해결할 수 없고 이상의 모든 기준을 종합적으로 고려하여 합목적적으로 판단해야 한다는 주장(종합판단설)[14]도 있다. 그러나 종합적 고려는 어떤 기준을 어떤 방법으로 고려하여 적용할 것인지가 구체화 되지 않으면 판단자의 경험적 분별력에 맡기게 된다.

형법은 "수개의 죄"에 해당하는 경합형태로서, 1개의 행위가 "수개의 죄"에 해당하는 상상적 경합(제40조)과, 수개의 행위를 전제로 하여 "수개의 죄"가 성립하는 실체적 경합(제37조)을 규정하고 있다. 이 규정에서 "수개의 죄"라 할 때의 "죄"는 구성요건충족 또는 구성요건해당성을 떠나서 생각할 수 없다. "죄"가 구성요건충족을 전제요건으로 한다면 그 요건으로서 구성요건요소를 갖추어야

13) 同旨: 대판, 1983. 3. 8, 83도122; 대판, 1987. 5. 26, 86도1648; 대판, 1990. 6. 26, 90도466 등.

14) 손해목, 1123면; 同, 죄수론(상)(고시계, 1974. 5), 28면; 배종대, 741면; 진계호, 575면; 손동권, 582면 이하; 오영근, 682면; 이기헌, 죄수의 결정(형사판례연구 8), 111면 이하; 이경렬, 상상적 경합의 바른 이해, 한국형사법의 새로운 지평(오선주 교수 정년기념논문집, 2001), 20면.

한다. 행위·결과·범죄의사(고의)는 구성요건요소이고 법익침해는 불법구성요건을 구성하는 결과반가치의 내용이다. 따라서 구성요건충족은 범죄구성사실이 불법구성요건의 모든 객관적·주관적 요소를 완전히 실현(부합)하였다고 판단될 때 인정할 수 있다. 즉 구성요건표준설은 종래의 학설처럼 구성요건요소의 일부만을 기준으로 "죄"의 개수를 결정하는 것이 아니라 애당초 그 모든 요소를 함께 평가한 구성요건충족을 기준으로 결정할 수 있다. 따라서 죄수결정에 있어서는 따로 종합판단설을 주장할 것도 없이 구성요건표준설이 타당하다고 해야 한다.

구성요건표준설에서 죄수결정을 함에 있어서는 구성요건요소 뿐만 아니라 침해법익의 동일성(법익의 종류·양과 질)과 구성요건 자체의 특수성(수개의 행위 요구 또는 범행계속·반복을 예정한 구성요건) 등 그 구성요건을 실현하는데 "통상적으로 수반되는 현상"을 함께 평가하여 구성요건충족 횟수를 결정해야 한다. 판례도 표면상으로는 구성요건요소의 일부분을 기준으로 한 것처럼 보이지만 내용적으로는 통상적으로 수반되는 사정까지 고려하고 있다고 할 수 있다.

Ⅲ. 죄수심사순서

구성요건표준설에 의하여 죄수를 판단할 때에는 다음과 같은 순서로 심사해야 한다. 첫째, 행위자가 어떤 구성요건을 몇 회 충족하였는가를 심사하여 하나의 같은 구성요건을 일회 충족하였다고 인정되면 하나의 죄가 성립하므로 범죄의 단복과 경합문제는 더 이상 논할 필요가 없다.

둘째, 수개의 구성요건이나 같은 구성요건을 수회 충족한 때에는 두 가지 방법으로 일죄성 여부를 심사해야 한다. 먼저, ① 형벌법규 상호간의 성질에 따라 다른 법조(구성요건)의 적용배제(법조경합) 여부를 심사하여 일죄를 확정한다. 다른 법조(구성요건)의 적용이 배제되느냐의 여부는 법조경합의 본질과 관련하여 판단할 문제이다. 다음으로, ② 포괄일죄(결합범, 계속범, 집합범, 접속범)에 해당하느냐를 심사하여 일죄 여부를 확정한다. 포괄일죄는 구성요건 자체의 성질상 애당초 수개의 행위를 요구하고 있거나 행위의 계속·반복을 예정하고 그 모든 불법을 하나로 통합하고 있으므로 구성요건충족을 판단함에 있어서도 이러한 구성요건의 성질을 함께 평가하여야 한다. 특히 행위의 계속·반복을 예정하고 있는 집합범과, 수개의 같은 종류의 행위가 접속하는 접속범의 경우에는 침해법익의 동일성(법익의 종류·양과 질)과, 범죄의사 등의 불법 내용이 동일구성요건을 실현함에 있어 통상적으로 수반되는 현상인가를 검토하여 일죄성 여부를 판단해야 한다.

셋째, 법조경합과 포괄일죄에도 해당하지 아니하는 경우에는 수개의 구성요건을 충족하는 수죄의 경합을 인정해야 한다. 수죄에 대해서는 "1개의 행위"로 인한 수죄인가 "수개의 행위"로 인한 수죄인가에 따라 전자는 상상적 경합, 후자는 실체적 경합(경합범)이 된다. 범죄경합에 대해서는 형법에 규정된 처벌원칙에 따라 해결해야 한다(범죄경합론).

【죄수론과 경합론의 체계】

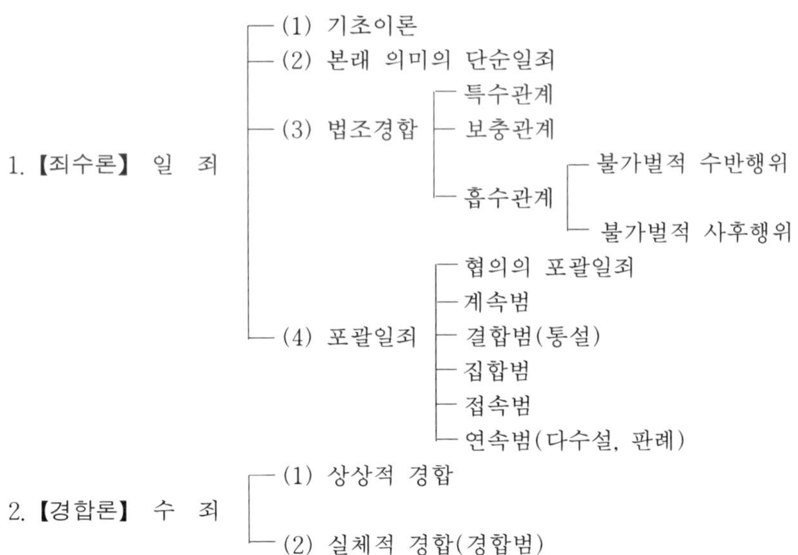

제 2 장 일죄와 수죄

제 1 절 일 죄

I. 일죄의 의의

범죄의 수가 하나인 것을 일죄(一罪) 또는 단순일죄(單純一罪)라 한다. 하나의 행위가 하나의 법익을 침해하여 하나의 구성요건을 충족한 때에는 죄수에 관한 어느 학설에서도 일죄가 된다. 이를 본래 의미의 단순일죄라 한다. 예컨대 살해 의사로 1회 발사하여 한 사람을 살해한 때에는 살인죄(제250조 1항)의 단순일죄이다. 이 의미의 단순일죄는 행위가 반드시 하나임을 요하지 않는다. 구성요건의 내용이 수개의 행위태양을 요구하고 있는 경우에는 그 수개의 행위가 하나의 구성요건을 충족한 때에도 단순일죄가 된다. 사기죄(제347조)의 기망과 재물취득이 그 예이다(제324조, 제288조 등). 이 경우의 수개의 행위는 그 전부 또는 일부가 독립해서 다른 구성요건에 해당할 수 없는 다행위범(多行爲犯)이다. 그리고 이와 구별되는 단순일죄도 있다. 각각 독립한 범죄가 될 수 있는 수개의 행위가 포괄적으로 1개의 구성요건을 충족하는 포괄일죄(包括一罪)와, 하나 또는 수개의 행위가 수개의 구성요건을 실현하였지만 법규 상호간의 성질 때문에 하나의 형벌법규(法條)만 적용하는 법조경합(法條競合)도 단순일죄이다.

단순일죄는 과형상의 일죄와 구별해야 한다. 과형상의 일죄는 실질상으로 수죄이지만 형 적용에서만 일죄로 처벌한다는 의미이다. 형법상 과형상의 일죄는 상상적 경합(제40조)이 있다. 상상적 경합은 1개의 행위로 수개의 구성요건을 충족하는 수죄이다.

Ⅱ. 법조경합

1. 법조경합의 의의

법조경합(Gesetzeskonkurrenz)이란 하나 또는 수개의 행위가 외관상 수개의 형벌법규에 해당(구성요건 충족)하지만 법규의 성질상 하나의 형벌법규(法條)만 적용하고 다른 법조의 적용을 배제하여 일죄만 성립하는 경우를 말한다.[1] 외관상 수개의 형벌법규에 해당할 뿐이고 실제로는 하나의 형벌법규만 적용한다는 점에서 수개의 형벌법규가 적용되는 상상적 경합이나 실체적 경합(경합범)과 구별되며, 외형상의 경합 또는 부진정 경합이라고도 한다.

법조경합은 "1개의 행위"가 수개의 형벌법규에 해당하는 경우에 한한다는 견해[2]도 있다. 그러나 법조경합은 동일한 구성요건적 사실 내지 불법에 대하여 "이중평가를 금지"하는 데에 본질이 있으며, 구성요건사실이 되는 행위는 하나인 경우도 있고 두 개인 경우도 있으므로 행위의 단복문제와 관계없다고 본다.

2. 법조경합의 본질

법조경합에 있어서는 외관상 수개의 형벌법규에 해당(구성요건 충족)함에도 불구하고 하나의 형벌법규만 적용하고 다른 법조의 적용을 배제하는 이유는 동일한 범죄사실에 대하여 이중평가를 할 수 없다는 데에 있다(이중평가금지원칙).[3] 즉, 법조경합이 되는 수개의 범죄를 모두 인정하면 동일 범죄사실에 대하여 이중평가를 하게 되므로 하나의 범죄성립만 인정하는 데에 법조경합의 본질이 있다. 이 점에서 수개의 범죄사실을 인정하여도 이중평가가 되지 않는 상상적 경합 및 실체적 경합과는 본질적으로 다르다. 여기의 이중평가는 수개의 구성요건 사이에 개념적 포섭관계가 있는 구성요건사실이나 불법에 대한 이중평가를 의미한다.

---

1) 법조경합은 실질적인 범죄의 경합이 없다는 이유로 법조단일(Gesetzeseinheit)이라는 표현이 정확하다는 견해(이재상, 522면)도 있다. 그러나 법조경합은 범죄의 경합은 없으나 수개의 형벌법규에 해당하는 "법조(法條)"의 경합은 있으므로 법조경합이라는 용어가 부정확하다고 할 수 없다.

2) 임웅, 573면.

3) 이재상, 521면; 김일수/서보학, 678면; Jescheck/Weigend, §69 I 2.

예컨대, 자기의 직계존속을 살해하면 존속살해죄와 보통살인죄 두 개의 구성요건을 충족하지만 존속살해의 개념에는 보통살인의 개념도 포함하므로 이에 대해 두 개의 범죄성립을 인정하면 동일한 범죄사실에 대해서 이중평가를 하게 되므로 법조경합이 된다. 또 실행에 착수하여 사람을 살해한다는 사실은 살인미수죄와 살인기수죄 두 개의 구성요건에 해당하지만 살인기수의 개념에는 실행의 착수에서부터 살해의 결과발생까지 포함하며, 실행의 착수만 문제삼는 살인미수는 살인기수에 당연히 포함되므로 이 두 죄의 성립을 인정하면 동일한 범죄사실에 대하여 이중평가를 하게 되므로 법조경합이다.

이에 대하여 하나의 행위로 직계존속과 타인을 살해한 때에는 자기의 직계존속이 살해된다는 범죄사실은 존속살해죄로, 타인이 살해된다는 범죄사실은 보통살인죄로 각각 평가되므로 이중평가 문제는 생기지 않고 상상적 경합이 된다. 또 하나의 행위로 두 사람을 살해할 고의로 한 사람만 살해한 때에는 살인죄와 살인미수죄의 상상적 경합이 되고, 이 경우 각각 별개의 행위로 한 사람만 살해한 때에는 경합범이 된다. 이는 살해되었다는 범죄사실은 살인기수죄로 미수에 그친 범죄사실은 살인미수죄로 각각 평가되므로 이중평가 문제는 생기지 않는다.

3. 법조경합의 형식

법조경합의 형식으로서 종래에는 특별관계, 보충관계, 흡수관계, 택일관계의 네 가지를 유형화 하였다.[4] 그러나 최근에는 이 중에서 택일관계를 제외하는 견해가 다수설이고,[5] 택일관계와 흡수관계까지 부정하는 견해[6]도 있다.

법조경합은 하나의 범죄사실에 대하여 외관상 수개의 법조가 적용가능한 경우에만 논의되는 것이므로 양립할 수 없는 법규 사이에 배타적 관계가 있는 택일관계에서는 애당초 이중평가가 문제되는 "법조"의 경합은 생기지 않는다고 해야 한다.

택일관계란 양립할 수 없는 두 개의 구성요건 사이에 어느 하나가 적용되면 다른 것은 논리적으로 배타적 관계가 있는 경우를 말한다. 절도죄(제329조)와 횡령죄(제355조 1항), 강도죄(제333조)와 공갈죄(제350조), 살인죄(제250조 1항)와 사체손괴죄(제161조), 생명위험의 중상해죄(제258조 1항)와 불구·난치의 중상해

---

4) 유기천, 313면; 정영석, 281면; 정성근/박광민(초판), 617면; 임웅, 574면 이하; 오영근, 687면; 신동운, 727면 이하.

5) 이형국, 370면; 이재상, 522면; 김일수/서보학, 685면; 배종대, 744면; 김성돈, 696면; 손동권, 589면.

6) 김성천/김형준, 638-643면; Sch/Sch/Stree, §§52ff. Rdn. 131.

죄(제258조 2항)[7] 등이 택일관계가 있는 법조경합의 예[8]로 들고 있다. 그러나 절도죄와 횡령죄는 타인의 점유침해가 있느냐의 여부에 따라 죄의 성부가 결정되는 사실인정의 문제일 뿐이고 "법조"의 경합은 아니다. 그 이외의 예들은 특별관계 또는 흡수관계나 보충관계로 설명할 수 있으므로 택일관계를 인정할 실익은 없다.

흡수관계는 하나의 구성요건이 다른 구성요건의 내용을 당연히 포함하는 것은 아니다. 포섭관계가 있는 구성요건 상호간에만 법조경합을 인정할 때에는 흡수관계는 법조경합이 될 수 없다. 그러나 포섭관계가 있는 구성요건 뿐만 아니라 행위의 불법에 대해서도 이중평가는 금지해야 하므로 흡수관계는 불법에 대한 이중평가 때문에 다른 법조의 적용이 배제되는 법조경합의 형식이라 할 수 있다. 다만 흡수관계는 행위의 "불법"에 대한 이중평가라는 점에서 "구성요건사실"에 대한 이중평가가 금지되는 특별관계·보충관계와 다를 뿐이다.

(1) 특별관계

하나의 행위가 일반법(보통법)과 특별법 모두에 해당하는 경우를 특별관계라 한다. 특별법은 일반법의 모든 구성요건 요소와 이 이외의 특별한 요소까지 포함(포섭)하고 있으므로 일반법에 대해서 특수적으로 구성되는 관계에 있고, 동일한 법익침해에 대해서만 인정된다. 특별관계인가의 여부는 두 법규의 구성요건을 비교하여 논리적으로 결정할 수 있다. 즉, 특별법의 구성요건을 실현하는 행위는 일반법의 구성요건도 충족하지만 일반법의 구성요건을 실현하는 행위는 특별법의 구성요건을 충족할 수 없다. 따라서 특별법만 적용하고 일반법의 적용은 배제된다(특별법우선적용의 원칙). 특별관계가 인정되는 대표적 예는 다음과 같다.

첫째, 가중적 또는 감경적 구성요건과 기본적 구성요건과의 관계이다. 존속살해죄(제250조 2항)는 살인죄(제250조 1항)의 특별법이며, 영아살해죄(제251조)와 촉탁·승낙살인죄(제252조 1항)는 살인죄의 특별법이다. 업무상 횡령죄(제356조)와 횡령죄(제355조), 특수폭행죄(제261조)와 폭행죄(제260조 1항), 특수절도죄(제331조)와 절도죄(제329조), 상습도박죄(제246조 1항)와 단순도박죄(제246조 1항)의 관계도 각각 전자가 특별법이다.

7) 임웅, 577면.
8) 횡령죄와 배임죄를 택일관계로 보는 견해는 신동운, 730면.

동일한 기본범죄에 대하여 서로 다른 형태의 가중요건이 이중으로 특별화(가중구성요건의 경합)된 경우, 예컨대 존속에 대한 중상해를 한 경우에는 "존속" 상해죄의 가중에 대하여 다시 "중상해"라는 가중요건이 부가된 존속중상해죄(제258조 3항)만 성립하는 특별관계가 된다. 또 존속살해죄(가중구성요건)와 촉탁·승낙살인죄(감경 구성요건)가 경합한 때에도 촉탁·승낙살인죄에는 존속에 대한 촉탁·승낙도 포함하므로 특별관계에 의하여 촉탁·승낙살인죄만 성립한다. 이에 대하여 강도가 자기의 존속을 상해한 경우와 같이 상해죄에 대하여 "강도"와 "존속"이라는 가중 구성요건이 경합한 경우에는 강도상해죄와 존속상해죄의 상상적 경합이 된다. 이는 그 가중의 취지가 서로 다르고 독립적인 때에는 이중평가 문제는 생기지 아니하므로 법조경합을 인정할 수 없기 때문이다.

둘째, 결과적 가중범과 기본범죄 사이에도 특별관계가 인정된다. 예컨대 상해치사죄(제259조 1항)는 상해죄(제257조 1항)와 과실치사죄(제267조)에 대한 특별법이 된다.

셋째, 특별형법상의 범죄는 협의의 형법상의 범죄에 대하여 특별법이 된다. 예컨대, 폭력행위등처벌에관한법률(제2조 2항, 제3조 1항)의 단체·위력·흉기·위험물 휴대의 폭행죄는 형법전의 폭행죄·특수폭행죄에 대한 특별법이다.

이 외에 특별관계를 인정할 수 있는 예는 유가증권위조죄(제241조)와 사문서위조죄(제231조), 강간죄(제297조)와 강제추행죄(제298조), 강도죄(제333조)와 절도죄(제329조), 강간죄 또는 강도죄와 폭행·협박죄 또는 강요죄(제324조)의 관계에서도 각각 전자가 특별법이 된다.

특별관계에서, ① 특별법이 소송조건의 흠결로 적용불가능한 경우에는 일반법에 의해서 처벌할 수 없다. 예컨대, 강간죄에 대한 고소가 없는 경우 폭행·협박 또는 강요죄로 처벌할 수 없다. ② 범죄 후 중한 특별법이 폐지된 때에는 경한 일반법에 의해 처벌할 수 있다. 이에 대해서 경한 특별법이 폐지된 때에는 면소판결설과 경한 특별법의 범위 내에서 처벌해야 한다는 견해가 나누어질 수 있다. 예컨대, 촉탁(영아)살인 후 그 규정이 폐지된 경우에 논의될 수 있는 문제이다. 중한 특별법이 폐지되면 일반법으로 처벌하는 취지에 비추어 후설이 타당하다고 본다.

【판례】 형법 제238조 제1항(공기호부정사용죄)과 자동차관리법 제71조(자동차번호판 부정사용죄)는 그 보호법익을 달리 하고 있을 뿐 아니라 그 주관적 구성요건으로서 형법상의 위 공기호부정사용죄는 고의와 더불어 '행사할 목적'이 있음을 요하는 반면 위 자동차관리법은 '행사할 목적'을 그 주관적 구성요건으로 하지 아니하고 있는 점에 비추어 보면, 자동차관리법 제78조(벌칙조항),

제71조가 형법 제238조 제1항 소정의 공기호부정사용죄의 특별법 관계에 있다고는 보여지지 아니한다(대판, 1997. 6. 27, 97도1085).[9]

(2) 보충관계

어떤 형벌법규가 다른 형벌법규의 적용이 없는 경우에 한하여 보충적으로 적용되는 법규를 보충관계라 한다. 보충관계는 수개의 형벌법규가 같은 법익에 대해서 서로 다른 공격단계에서 보호되는 경우에 인정되며, 그 수개의 법규는 기본법과 보충법의 관계에서 기본법이 우선 적용되고 보충법의 적용이 배제된다(기본법 우선적용의 원칙). 통설은 보충관계가 인정되는 경우를 다음의 두 가지를 들고 있다.

1) 명시적 보충관계 다른 형벌법규의 적용이 없는 때에 한하여 보충적으로 적용한다는 취지가 법규의 문언상 명백한 경우를 명시적 보충관계라 한다. 일반이적죄(제99조), 일반건조물방화죄(제166조), 일반물건방화죄(제167조)는 각각 그 기본범죄의 적용이 없는 경우에 보충적으로 적용된다.

일반건조물방화죄는 현주건조물방화죄(제164조 1항)와 공용건조물방화죄(제165조)가 성립하지 않는 때에만 적용되는 규정이므로 보충관계에 있음은 명백하다. 다만, 일반건조물방화죄는 "전2조에 기재한 이외의 건조물"에 대해서 성립하므로 행위 객체에 따라 현주건조물방화죄 또는 일반건조물방화죄가 성립하고 이중평가 문제는 애당초 생기지 않는다. 일반이적죄와 일반물건방화죄도 "전7조" 또는"전3조에 기재한 이외에"만 성립하므로 마찬가지이다. 이러한 죄는 보충규정이지만 이중평가가 문제되는 법조경합은 아니라고 해야 한다.[10] 따라서 보충관계가 있다고 해서 반드시 법조경합이 되는 것은 아니다.

2) 묵시적 보충관계 명시된 것은 없으나 구성요건의 상호 의미연관성에 의한 해석을 통해서 보충관계가 인정되는 경우를 말한다. 통설은 불가벌적 사전행위와 동일법익에 대한 침해방법의 경중이 있는 경우에 묵시적 보충관계를 인정하고 있다.

(a) 불가벌적 사전행위 행위 자체는 구성요건을 충족하는 가벌적 행위이

---

9) 대판, 2006. 5. 26, 2006도1713는 위와 동일한 취지로 구 정치자금에관한법률 제30조 제2항 제5호, 제13조 제3호의 규정이 형법 제132조(알선수뢰죄)의 규정에 대하여 특별관계에 있다고는 볼 수 없다고 판시하였다.

10) 결론이 같은 취지: 김용욱, 법조경합의 문제점(사회과학연구 제14집, 배재대학교 사회과학연구소, 1997), 258-259면.

지만 주된 가벌적 행위의 수단이나 준비행위로서 주된 행위의 일부분을 구성하기 때문에 별도로 처벌할 필요가 없는 행위를 불가벌적 사전행위라 한다. 불가벌적 사전행위 자체는 가벌행위가 될 수 있는 행위이므로 주된 행위의 범죄성립이 부정된 때에만 처벌할 수 있는 보충관계에 있다. 불가벌적 사전행위가 법조경합이 되기 위해서는, ① 주된 가벌적 행위에 이르는 일련의 행위과정이 중단 없이 진행되어야 하고, ② 주된 사후행위의 법익침해를 지향하고 있어야 하며, ③ 주된 행위의 불법보다 가벼워야 한다. 예비는 미수죄에 대하여, 미수는 기수죄에 대하여, 상해는 살인죄에 대하여,[11] 위험범은 침해범에 대하여 각각 보충관계에 있다.

실행에 착수하여 기수에 이른 때에는 미수는 기수에 대한 보충규정으로서 법조경합이 되지만, 실행에 착수하여 실패한 후 다시 실행하여 같은 사람을 살해한 때에는 접속범의 요건을 구비한 경우에 살인미수와 살인기수의 포괄일죄이고 법조경합은 아니다(통화위조죄와 통화위조 예비죄의 관계도 같다). 주된 사후행위의 법익침해를 지향하고 있는 경우에 구체적 위험범은 침해범에 대하여 보충관계를 인정할 수 있지만, 추상적 위험범의 경우는 구체적 내용에 따라 다르다. 살해의 고의로 유기하여 사망한 경우에는 유기죄는 살인죄에 대하여 보충관계가 있는 법조경합을 인정할 수 있으나, 법익을 달리하는 공공위험범인 추상적 위험범과 개인적 법익에 대한 침해범 사이에는 법조경합을 인정할 수 없다.[12]

(b) 침해방법의 경중 동일 범죄행위에서 같은 범인에게 정범과 공범이 경합하거나 공범의 다른 형식이 경합한 경우에 통설은 같은 법익에 대한 가벼운 침해방법은 무거운 침해방법에 대하여 보충관계를 인정한다. 즉 종범은 교사범과 정범에 대하여, 교사범은 정범에 대하여 각각 보충관계에 있다고 한다. 그러나 교사한 후 공동정범으로 가공한 때에는 공동정범으로, 교사한 후 종범으로 가담한 때에는 교사범으로 처벌된다. 이러한 경우는 법조경합이 아니라 포괄일죄라고 해야 한다. 다만, 공동정범은 당연히 타인을 방조하는 내용도 포함하므로 방조한 후 공동정범으로 가공한 경우에만 법조경합이라 해야 한다.

---

11) 오영근, 696면 이하는 보충관계를 부정한다.

12) 불가벌적 사전행위와 유사한 개념으로 이른바 경과범죄가 있다. 경과범죄란 범죄실현이 일정한 과정을 거치는 경우의 앞 단계의 침해행위를 말하는데, 이는 불가벌적 사전행위에 해당하는 경우와 그렇지 않은 경우가 있으므로 양자는 같은 것이 아니다.

교사한 후 공동정범으로 가공하거나 교사한 후 종범으로 가담한 경우에는 교사범으로 평가되는 부분과 공동정범으로 평가되는 부분이 각각 별개이고, 교사와 종범으로 평가되는 부분도 중복되지 아니하므로 이중평가가 문제되는 법조경합은 아니다. 또 과실범은 고의 없는 경우에만 성립하므로 고의범에 대하여 보충관계라 할 수 있으나, 고의범이 성립한 때에는 과실범의 구성요건에 해당할 수 없으므로 이중평가가 문제되는 법조경합은 애당초 생길 수 없다. 작위범과 부작위범이 경합하는 경우에 부작위범은 작위범에 대하여 보충관계에 있다는 견해가[13] 있다. 그러나 양자는 규범적 평가의 문제이므로 침해방법이라는 사실적 존재만으로 보충관계를 인정할 수 없고, 침해방법의 경중이 필연적으로 보충관계를 결정짓는 것도 아니다.[14]

(3) 흡수관계

하나의 구성요건을 충족하는 불법행위가 다른 구성요건도 충족하는 불법행위를 통상적으로 또는 전형적으로 수반하고 있는 때에는 수반되는 형벌법규의 구성요건과 불법은 수반하는 형벌법규의 구성요건과 불법에 흡수되어 함께 처벌되는 경우를 흡수관계라 한다. 흡수관계에서는 "흡수법은 피흡수법을 배제한다"는 원칙에 따라 흡수법만 적용하고 피흡수법의 구성요건은 중복하여 평가할 필요가 없다(흡수법적용의 원칙). 흡수관계는 수개의 구성요건을 추상적으로 비교함으로써 논리적으로 결정되는 것이 아니라, 개별적 사실관계를 판단하여 확정해야 하므로 흡수법의 구성요건은 피흡수법의 구성요건을 당연히 포함하지 않는다. 이 점에서 특별관계와 구별된다. 또 다른 범죄행위에 통상적으로 또는 전형적으로 결부되어 수반된다는 점에서 다른 법규의 적용이 없는 경우에 보충적으로 적용되는 보충관계와 구별된다. 통설은 불가벌적(전형적) 수반행위와 불가벌적 사후행위에 대해서 흡수관계를 인정한다.

흡수관계에 대해서 흡수법은 피흡수법의 불법뿐만 아니라 책임의 내용까지 포함하여 함께 평가한다는 견해도[15] 있다. 이 견해는 법조경합의 본질을 설명하기 위해서 독일에서 주장된 것이다.[16] 그러나 법조경합의 본질이 이중평가금지에 있다고 보는 한 구성요건과 불법에 대한 이중평가금지만으로 이미 피

13) Haft, 8. Aufl., S. 273; 이재상, 524면; 배종대, 745면; 손동권, 586면.
14) 김일수/서보학, 681면; 김성돈, 법조경합과 그 판단방법(법조 2005. 1.) 36면. 한편 오영근, 696면은 택일관계로 본다.
15) 이형국(Ⅱ), 720면 이하; 이재상, 524면.
16) Jeschech, 4. Aufl., S. 666. 이 견해는 Jescheck/Weigend, 5. Aufl., S. 733에서 이중평가금지로 개설되었다.

흡수법의 적용은 배제되므로 더 나아가서 책임의 이중평가금지까지 요구할 필요가 없다. 따라서 흡수법은 피흡수법의 구성요건과 불법에 대해서만 함께 평가하여 처벌한다고 해야 한다. 그리고 이중평가가 되는 내용을 구성요건적 사실에 한정하면 흡수관계에 해당하는 두 죄는 구성요건적 사실이 다르므로 이중평가가 되는 법조경합이 될 수 없다. 이에 따르면 불가벌적 사후행위와 대부분의 불가벌적 수반행위는 법조경합이 아니라 포괄일죄가 된다.

1) 불가벌적 수반행위 주된 범죄와 통상적으로 또는 전형적으로 결부되어 수반하는 종된 범죄행위는 그 행위의 불법내용이 주된 범죄가 예정하는 범위 내에 있고, 주된 범죄의 불법내용보다 경미하여 법적으로 중요하지 않기 때문에 주된 범죄만 처벌하고, 처벌을 고려하지 않는 종된 행위를 불가벌적 수반행위라 한다. 주된 범죄에 수반된 행위는 애당초 불가벌적인 행위가 아니라 주된 범죄의 처벌법규에 의해서 함께 처벌된 것이므로 "함께 처벌된 수반행위"라 할 수 있다. 종된 범죄행위는 주된 범죄에 통상적으로 또는 전형적으로 결부되어 수반될 뿐이고 논리 필연적인 수반이 아니다. 불가벌적 수반행위는 주된 범죄가 예상하고 있는 불법을 초과하지 않는 범위 내에서만 법조경합이 되고 이를 초과한 때에는 상상적 경합이 될 수 있다. 예컨대 살인미수와 중상해 사이에는 상상적 경합이 된다.

통설과 판례는 살인죄에 수반된 폭행·의복 손괴, 자동차절도에 수반된 열쇠취득·휘발유 소비, 도주죄에 수반된 수의(囚衣) 영득, 사문서위조에 수반된 인장위조,[17] 방화죄에 수반된 건조물 등 재물손괴, 상해죄에 수반된 협박,[18] 공갈죄에 수반된 협박,[19] 체포·감금죄에 수반된 폭행·협박,[20] 낙태죄에 수반된 부녀 신체상해, 여신전문금융업법상의 신용카드 부정사용죄(제70조)에 수반된 사문서위조·매출전표서명·동행사,[21] 향정신성의약품수수죄(제42조 1항 1호, 현행 마약류관리에관한법률 제3조)에 수반된 향정신성의약품소지[22] 등을 불가벌적 수반행위의 예로 들고 있다.

그러나 자동차에 부착된 열쇠와 휘발유는 자동차의 부속물에 불과하므로 이를 사용하는 행위는 수반행위가 아니라 자동차 절도 자체에 포함된 것이고, 도주자가 입고 있는 수의는 점유침해가 없으므로 절취했다고 할 수 없고, 중한

17) 대판, 1978. 9. 26, 78도1787.
18) 대판, 1976. 12. 14, 76도3375.
19) 대판, 1996. 9. 24, 96도2151.
20) 대판, 1998. 6. 22, 82도705.
21) 대판, 1992. 6. 9, 92도77.
22) 대판, 1990. 1. 25, 89도1211.

절도죄가 경한 도주죄에 흡수될 수도 없다. 그리고 방화죄가 성립할 때에는 필연적으로 재물손괴죄에도 해당하므로 방화죄와 손괴죄의 두 죄를 인정하면 동일 사실에 대한 이중평가가 되므로 법조경합의 흡수관계를 인정할 수 있다. 이에 대하여 현주건조물방화로 사람을 살해한 경우에는 상상적 경합이 된다.[23)]

2) 불가벌적 사후행위

(a) 의 의 주된 사전행위의 결과를 이용 또는 유지하는 사후행위는 구성요건을 충족하는 가벌행위에 해당하지만, 그 불법은 사전행위의 구성요건에 포함하여 포괄적으로 평가되었기 때문에 그 범위 내에서 별도로 처벌할 필요가 없는 사후행위를 불가벌적 사후행위(straflose Nachtat)라 한다. 예컨대, 절도죄의 구성요건은 범죄완성 후에도 재물에 대한 점유침해라는 위법상태의 계속이 애당초 예상되어 있으므로 절도범인이 절취한 재물을 손괴하여도 그 손괴행위의 불법은 절도죄의 불법과 함께 평가되었기 때문에 절도죄만 처벌하고 손괴죄는 구성하지 않는 것이 그 전형적인 예이다. 불가벌적 사후행위는 사전행위의 지위나 결과를 유지·이용하거나 특히 상태범과 같이 범죄완성 이후에도 위법상태의 계속이 예상되는 범죄에서 인정된다.

(b) 성 질 불가벌적 사후행위의 법적 성질은 법조경합의 흡수관계라는 것이 통설이다.[24)] 이에 대해서 보충관계[25)] 또는 사전·사후 두 개의 행위가 있다는 이유로 부진정 실체적 경합이라는[26)] 견해도 있다.

그러나 불가벌적 사후행위는 독립된 범죄성립이 가능한 경우이지만 선행행위에 포함하여 함께 평가·처벌하였기 때문에 불가벌로 하는 것이므로 다른 법규의 적용이 없는 경우에 한하여 보충적으로 적용하는 보충관계와 구별해야 한다. 또 불가벌적 사후행위는 사전행위의 가벌성만 인정하고 사후행위의 가벌성을 부정하는 것이므로 수개의 독립범죄가 각각 성립하는 실체적 경합과 다르며, 법조경합에 있어서 수개의 범죄에 해당하는 행위는 1개임을 요하지 아니하므로 수개의 행위 때문에 법조경합을 부정할 이유가 없다. 그리고 불가벌적 사후행위는 사전행위에 포함하여 포괄적으로 평가·처벌된 것이므로 이에 대해 다시 가

23) 이 경우를 현주건조물방화치사죄의 부진정결과적 가중범으로 취급할 필요가 없다.

24) 정성근/박광민(初版), 652면; 이형국(Ⅱ), 721면; 이재상, 526면; 김일수/서보학, 683면; 배종대, 746면; 박상기, 493면; 손해목, 1130면; 조준현, 437면; 손동권, 588면; 안동준, 310면; Jescheck/Weigend, §69 Ⅱ 3 a); Baumann/Weber/Mitsch, S. 725.

25) 김성천/김형준, 640면; Sch/Sch/Stree, Vor §§52 Rdn. 112.

26) 임웅, 575면 이하.

벌성을 인정하면 이중평가가 된다. 즉, 불가벌적 사후행위는 사전행위와 "함께 처벌된 행위(공벌적 사후행위)"이고, 흡수관계에 있는 법조경합이라 해야 한다.

(c) 요 건 불가벌적 사후행위가 되기 위해서는 다음의 요건이 필요하다.

첫째, 사후행위는 구성요건에 해당하는 위법행위라야 한다. 구성요건 해당성이 없거나 위법하지 않는 행위는 당연히 불가벌이므로 불가벌적 사후행위라고 할 필요가 없다. 보통살인죄를 범한 후 사체를 그 자리에 방치하는 경우 사체유기는 불가벌적 사후행위가 된다는 견해도[27] 있으나 이 경우는 살해 이외의 사후행위 자체가 없으므로 불가벌적 사후행위라고 할 수 없다.

> 절도범이 절취한 장물을 양도·운반·알선하거나 소비 또는 매각한 때에는 장물죄나 횡령죄의 구성요건에 해당할 수 없으므로 불가벌적 사후행위가 아니다. 절도범(본범)은 장물죄의 주체가 될 수 없고, 위탁관계가 없는 횡령죄도 성립하지 않기 때문이다. 이 경우는 애당초 단순일죄가 될 뿐이다. 또 절도범과 공동하여 장물을 취득·운반·보관·알선한 장물범은 절도의 공동정범(합동범)이 아니라 독립된 장물죄가 성립하므로 장물취득 등은 불가벌적 사후행위가 아니다.[28]

둘째, 불가벌적 사후행위는 그 불법 내지 위법성이 사전행위에 의해 포괄적으로 평가된 범위 내에서만 인정된다. 따라서 그 범위를 초과하거나 다른 사람에 대한 새로운 법익을 침해한 때에는 불가벌적 사후행위가 될 수 없고 새로운 범죄가 성립한다. 사후행위가 사전행위보다 법정형이 중한 구성요건을 충족한 경우에도 그 불법이 포괄적으로 평가된 범위 내에서 불가벌적 사후행위가 된다. 예컨대 점유이탈물을 횡령한 후 그 물건을 손괴한 때에도 손괴죄는 불가벌이다.

> **【불가벌적 사후행위 부정 판례】** ① 절취(갈취·강취)한 예금통장과 인장 또는 전당표를 이용하여 예금인출 또는 전당물을 교부받은 때에는 절도죄(공갈죄·강도죄) 이외에 전자는 사문서 위조·동행사·사기죄(대판, 1979. 10. 30, 79도489),[29] 후자는 사기죄가 각각 성립한다(대판, 1980. 10. 14, 80도2155). ② 신용카드를 절취한 후 부정사용한 때에는 절도죄 이외에 절도보다 법익침해가 큰 신용카드부정사용죄도 성립하고(대판, 1996. 7. 12, 96도1181), ③ 주식회사의 대표이사가 타인을 기망하여 회사가 발행하는 신주를 인수하게 한 다음 그로부터 납입받은 신주인수대금을 보관하던 중 횡령한 행위는 사기죄와는 전혀 다른

27) 김일수/서보학, 각론, 23면.
28) 대판, 1986. 9. 9, 86도1273.
29) 同旨: 대판, 1980. 10. 14, 80도2155; 대판, 1990. 7. 10, 90도1176.

새로운 보호법익을 침해하는 행위로서 별죄를 구성하며(대판, 2006. 10. 27. 2004도6503), ④ 대마취급자 아닌 자가 절취한 대마를 흡입할 목적으로 소지한 때에는 대마소지죄는 절도죄의 보호법익과 다르므로 절도죄에 포괄흡수된다고 할 수 없고 경합범이 된다(대판, 1999. 4. 13. 98도3619).

【불가벌적 사후행위 인정 판례】 ① 횡령한 재물의 처분행위가 횡령죄에서 함께 평가된 범위 내에 있는 경우(대판, 1978. 11. 28. 78도2175),[30] ② 절취한 열차 승차권으로 요금환불을 받은 경우(대판, 1975. 8. 29. 75도1996), ③ 약속어음을 편취하여 피해자에 대한 채무변제에 충당한 경우(대판, 1983. 4. 26. 82도3079), ④ 명의신탁으로 보관 중인 토지를 임의로 근저당설정등기를 한 후 다시 타인에게 매각한 경우(대판, 2000. 3. 24. 2000도310),[31] ⑤ 장물인 자기앞수표를 취득한 후 현금대신 교부한 경우(대판, 1993. 11. 23. 93도213) 등은 불가벌적 사후행위가 된다.

셋째, 주된 행위는 재산죄에 한하지 않고 그 지위나 결과를 이용·유지하는 범죄에서도 불가벌적 사후행위가 될 수 있다. 예컨대 간첩이 탐지·수집한 국가기밀을 누설한 행위도 불가벌적 사후행위가 된다.[32]

넷째, 불가벌적 사후행위는 선행행위가 구성요건에 해당하는 이상 그 선행행위가 처벌되었음을 요하지 않는다. 따라서 선행행위가 공소시효 완성 또는 친고죄에 있어 고소 기타 소송조건의 결여로 처벌할 수 없는 경우에도 사후행위는 처벌할 수 없다. 학설 중에는 이 경우의 사후행위는 처벌해야 한다는 견해도 있으나 사후행위가 중한 경우에 시효완성 등 여부에 따라 중하게 처벌되는 불합리가 생기므로 불가벌설이 타당하다. 이에 대하여 선행행위 자체가 범죄의 증명이 없거나 정당화사유 또는 면책사유로 애당초 범죄성립이 없는 때에는 사후행위를 처벌할 수 있다.

다섯째, 불가벌적 사후행위는 선행행위자 또는 그 공범자 스스로 사후행위를 하거나 이에 가담한 때에만 불가벌이 되고, 제3자가 사후행위에 가담한 때에는 사후행위의 공범은 성립한다. 예컨대 절도범인이 절취한 장물을 공동하여 손괴한 제3자는 손괴죄로 처벌되며, 절도범인에게 장물손괴를 교사한 자도 손괴교사범이 성립한다.

30) 同旨: 대판, 1993. 3. 9. 92도2999.
31) 同旨: 대판, 1999. 4. 27. 99도5.
32) 대판, 1982. 4. 27. 82도 285.

4. 법조경합의 처리

법조경합으로 적용이 배제된 법규는 형사처벌의 근거가 되지 아니한다. 따라서 행위자는 적용된 법규에 정한 형으로 처벌되며, 배제된 법조는 판결주문과 판결이유에 기재되지 않는다. 이 점은 상상적 경합에서 경한 범죄의 내용이 추가로 평가되어 판결이유에 명시하는 것과 구별된다. 그러나 제3자는 배제되는 범죄에 대하여 인식 또는 예견가능한 범위 내에서 공범이 성립할 수 있다.

【가중적 미수의 문제】 법조경합으로 적용되는 법조의 행위가 중지미수로 형이 면제된 경우 배제되는 법조의 기수범으로 처벌할 수 있느냐가 문제된다. 예컨대 촉탁살인의 중지미수에 대해서 형이 면제되었으나 이미 상해의 결과는 발생하고 있는 경우에 상해죄의 기수범으로 처벌할 수 있느냐이다. 중지미수의 법적 성질에 따라 결론이 달라질 수 있다. 중지미수는 위법·책임이 소멸된다고 하면 적용되는 법조의 미수범 성립이 불가능하므로 배제되는 법조의 기수범으로 처벌할 수 있다는 주장이 가능하다. 그러나 중지미수는 일신적 형벌감경·조각사유 또는 책임감경사유라고 하면 중지미수범 자체는 성립하므로 배제되는 법조의 기수범은 성립할 수 없다고 해야 한다.

Ⅲ. 포괄일죄

1. 포괄일죄의 의의

포괄일죄의 의의는 학자에 따라 사용하는 의미가 다르다. 보통 넓은 의미로 사용하여 포괄일죄란 개별적으로 각각 범죄가 될 수 있는 수개의 행위가 구성요건의 특수한 성질상 포괄적으로 하나의 구성요건을 충족하여 단순일죄가 되는 것을 말한다. 포괄일죄는 각각 독립되는 수개의 범죄행위에 대한 이중평가가 생기지 않는다는 점에서, 수개의 범죄사실에 대한 이중평가가 되는 법조경합과, 하나의 행위가 수죄를 구성하면서 처벌만 일죄로 하는 상상적 경합과 구별된다.

2. 포괄일죄의 유형

(1) 협의의 포괄일죄

행위 상호간에 수단과 목적 또는 원인과 결과의 관계가 있는 여러 종류의 행위태양이 동일한 법익을 침해하는 하나의 구성요건에 포함되어 있는 경우, 그 수개의 행위가 계속하여 하나의 법익을 침해하는 일련의 행위를 포괄하여 일죄로 취급하는 것을 협의의 포괄일죄라 한다.[33] 예컨대 장물범이 동일한 장물을 운반 또는 보관하여 이를 취득하는 경우에는 장물취득죄(제362조)만이, 같은 사람에 대하여 뇌물을 요구 또는 약속하여 이를 수수하는 경우에는 뇌물수수죄(제129조)만이 성립하는 포괄일죄가 된다.

(2) 계속범

계속범의 계속되는 일련의 행위에 대해서 포괄일죄를 인정하는 것이 다수설이다. 이에 대해서 단순일죄가 된다는 견해도 있지만,[34] 두 가지 경우를 나누어 검토해야 한다. 범죄행위가 계속하는 동안은 위법상태도 계속되므로 같은 행위가 종료하기까지의 동일한 위법상태를 유지하기 위해 계속되는 행위는 하나의 행위로서 단순일죄일 뿐이다. 예컨대 감금장소를 다른 장소로 옮겨 계속 감금하는 경우이다. 이에 대해서 체포한 후 다시 감금한 경우에는 동일한 위법상태를 유지하고 있지만 행위태양이 다르고 체포는 감금을 하는 수단이라 할 수 있으므로 이를 포괄하여 감금죄(제276조) 일죄가 성립한다고 해야 한다. 따라서 계속범도 협의의 포괄일죄가 되는 경우가 있다.

(3) 결합범

개별적으로 독립된 범죄를 구성(구성요건을 충족)하는 수개의 행위가 결합하여 하나의 구성요건을 충족하는 범죄를 결합범(zusammengesetztes Delikt)이라 한다. 예컨대 강도살인죄(제338조)는 강도죄와 살인죄의 결합범이고,[35] 강도죄(제333조)는 폭행죄 또는 협박죄와 절도죄의 결합범이다.

결합범은 수개의 행위가 반드시 결합해야만 구성요건을 충족할 수 있으므로 임의의 어느 하나의 행위만 존재하여도 구성요건이 충족되는 포괄일죄 보다 불법의 질이 초과한다는 이유로 포괄일죄가 아니라 애당초 단순일죄라는 견해[36]도 있다. 그러나 결합범은 수개 행위의 불법(위법) 내용을 함께 평가하고 있으

33) 일반적으로 포괄일죄라 하면 이 이외에도 연속범 · 집합범 · 접속범 등을 포함시키고 있기 때문에 이와 구별하여 협의의 포괄일죄라고 하는데 단순일죄라는 데에는 차이가 없다.

34) 김일수/서보학, 689면; 임웅, 584면.

35) 절취의 범행 중에 죄적을 인멸할 목적으로 사람을 살해한 경우는 강도살인죄가 성립한다(대판, 1983. 6. 28, 83도1210).

36) 염정철, 500면; 김일수(Ⅱ), 620면.

므로 수개 행위를 포괄한 포괄일죄라고 해야 한다. 결합범에 있어서는 결합되는 행위의 일부분에 대한 실행의 착수가 있으면 결합범 전체에 대한 실행의 착수가 된다.

(4) 집합범

구성요건 자체의 성질상 개별적으로 구성요건을 충족할 수 있는 수개의 같은 종류의 독립된 행위가 반복하여 행해질 것을 예정하고 있는 범죄를 집합범(Kollektdelikt)이라 한다. 집합범에 있어서는 반복되는 수개의 행위를 포괄하여 일죄로 평가한다. 동종의 범죄 반복을 직업적·경제활동으로 행하는 직업범(무면허의료행위, 변호사법 제19조 위반행위), 범죄 습벽으로 반복하는 상습범(제246조 2항의 상습도박죄), 경제적 수입을 얻기 위해 행위 반복을 영업적으로 행하는 영업범(제243조의 음화등의 반포·판매·상영죄, 무자격자의 약품판매행위)이 있다. 판례도 상습범·영업범을 포괄일죄라고 하고 있다. 직업범·영업범은 구성요건 자체가 같은 종류의 행위반복을 예상한 유형이므로 의사의 계속이나 포괄적 범의(犯意)는 필수요건이 아니다.

【상습범 판례】 ① 폭력행위등처벌에관한법률 제2조 제1항에서 말하는 상습성이라 함은 동법 조항에 기한 형법 각조에 해당하는 각개 범죄행위의 상습성만을 의미하는 것이 아니고 각개 범죄행위를 포괄한 폭력행위를 하는 습벽도 포함하는 것이라고 해석되므로 손괴죄의 상습성을 따로 인정할 자료 없이 상해죄의 전과사실 등에 의하여 손괴를 포함한 폭력행위범행의 상습성을 인정하고 상해와 재물손괴 행위를 상습폭력행위 범행의 포괄일죄로 인정 처단할 수 있다(대판, 1990. 4. 24, 90도653).

② 형법 제341조나 특정범죄가중처벌등에관한법률에서 강도, 특수강도, 약취강도, 해상강도의 각 죄에 관해서는 상습범가중처벌규정을 두고 있으나 강도상해, 강도강간 등 각 죄에 관해서는 상습범가중처벌규정을 두고 있지 아니하므로 특수강도죄와 그 후에 범한 강도강간 및 강도상해 등 죄는 포괄일죄의 관계에 있지 아니하다(대판, 1992. 4. 14, 92도297).

【영업범 판례】 ① 무허가유료직업소개 행위는 범죄구성요건의 성질상 동종 행위의 반복이 예상되는데, 반복된 수개의 행위 상호간에 일시·장소의 근접, 방법의 유사성, 기회의 동일, 범의의 계속 등 밀접한 관계가 있어 전체를 1개의 행위로 평가함이 상당한 경우에는 포괄적으로 한 개의 범죄를 구성한다(대판, 1993. 3. 26, 92도3405). ② 일정한 기간 동안 계속하여 환자를 보내준 자에게 환자를 보내준 때마다 대가를 지급한 경우 포괄일죄를 구성한다(대판, 1998. 5. 9, 97도1126). ③ 단일의사로 반복 계속한 무면허의료행위는 포괄일죄이다(대판, 1970. 8.

31, 70도1393). ④ **다른 제목의 불량만화를 제작한 각 행위는 포괄일죄에 해당한다**(대판, 1996. 4. 23, 96도417).

상습범, 영업범 등 집합범을 포괄일죄로 취급하면 범죄자에게 부당한 특혜를 준다는 이유로 이를 경합범으로 해야 한다는 비판이 있다.[37] 그러나 형법각칙상의 상습범 조항은 이미 가중된 형벌을 규정하고 있고, 여기에 다시 특정범죄가중처벌등에관한법률과 특정강력범죄의처벌에관한특례법에 의해 또 가중되고 있으므로 상습범에 대해서는 부당한 특혜라고 할 수 없다. 그리고 영업범을 경합범으로 하면 다수의 영업행위 중 일부만 처벌된 경우 나머지 행위를 별도로 처벌해야 하므로 피고인에게 지나치게 불리한 처벌을 피하기 위해 포괄일죄로 취급해야 한다. 다만 상습범이 누범에 해당하는 경우에는 상습범가중 외에 누범가중도 하게 되면 과잉처벌금지 원칙에 반한다는 비판을 받는다. 따라서 재범의 위험성이 있는 상습범과 상습범의 누범에 대해서는 특별예방의 관점에서 입법적으로 조정할 필요가 있다고 본다.

(5) 접속범

개별적으로 각각 같은 구성요건을 충족할 수 있는 수개의 같은 종류의 행위가 시간적·장소적으로 불가분적으로 접속하여 행해지는 범행형태를 접속범(verklammertes Delikt)이라 한다. 예컨대 같은 기회와 장소에서 수인의 재물을 절취하거나, 같은 날 밤에 2시간에 걸쳐 수회의 절취를 한 경우, 같은 기회에 같은 부녀를 수회 강간한 경우에는 접속범이 된다. 접속범에 있어서는 접속되는 수개의 같은 종류의 행위는 같은 구성요건을 충족하므로 이를 포괄하여 일죄로 평가한다. 수개의 행위가 같은 구성요건을 충족한다는 점은 집합범과 유사하다. 그러나 접속범은 집합범처럼 구성요건 자체가 수개 행위의 반복을 예정한 것이 아니며 시간적·장소적 접속성이 있다는 점이 다르다.

접속범이 되려면, ① 반복된 행위가 시간적·장소적으로 접속하고 있어야 하고, ② 동일한 고의로 같은 종류의 법익침해를 지향하고 있어야 한다. 피해자가 반드시 같을 필요는 없으나 법익의 주체를 달리하는 일신전속적 법익(생명, 신체)을 침해하는 경우에는 포괄일죄가 아니라 경합범이 된다.

---

37) 이형국(Ⅱ), 724면; 이재상, 536면; 박상기, 482면; 안동준, 317면.

【판례】 ① 피해자를 위협하여 항거불능케 한 후 1회 간음하고 2백 미터쯤 오다가 다시 1회 간음한 경우에 있어 피고인의 의사 및 그 범행시각과 장소로 보아 두번째의 간음행위는 처음 한 행위의 계속으로 볼 수 있어 이를 단순일죄로 처단한 것은 정당하다(대판, 1970. 9. 29, 70도1516).

② 공무원이 동일인으로부터 관광호텔사업승인의 알선에 관하여 교제비 명목으로 3개월여 동안 3회에 걸쳐 합계 4백50만원을 받은 경우는 뇌물수수죄의 포괄일죄에 해당한다(대판, 1990. 6. 20, 90도466).

③ 피해자를 1회 강간하여 상처를 입게 한 후 약 1시간 후에 장소를 옮겨 같은 피해자를 다시 1회 강간한 행위는 그 범행시간과 장소를 달리하고 있을 뿐만 아니라 각 별개의 범의에서 이루어진 행위로서 형법 제37조 전단의 실체적 경합범에 해당한다(대판, 1987. 5. 12, 87도694).

④ 피고인이 단일한 범의로 동일한 장소에서 동일한 방법으로 시간적으로 접착된 상황에서 처와 자식들을 살해하였다고 하더라도 휴대하고 있던 권총에 실탄 6발을 장전하여 처와 자식들의 머리에 각기 1발씩 순차로 발사하여 살해하였다면, 피해자들의 수에 따라 수개의 살인죄를 구성한다(대판, 1991. 8. 27, 91도1637).

(6) 연속범

1) 연속범의 의의 　연속범(連續犯, fortgesetztes Delikt)이란 단일한 의사로 행해진 연속된 수개의 행위가 시간적·장소적으로 근접한 상태에서 반복적으로 동일 법익을 침해하는 범행형태를 말한다. 예컨대 절도범이 정부미 보관창고에서 수일에 걸쳐 매일 밤마다 쌀 한 가마씩 절취하는 경우이다. 연속된 수개의 행위가 반드시 구성요건적으로 일치할 필요가 없고, 시간적·장소적 근접성도 긴밀하지 않다는 점에서 접속범과 구별된다. 또 개별적으로 독립된 범죄가 될 수 있는 수개의 행위가 하나의 구성요건을 충족하는 결합범과, 반드시 범죄 습벽이나[38] 동일 행위의 반복을 요하는 집합범과 구별된다.

(구)형법은 제55조에서 "연속한 수 개의 행위가 동일한 죄명에 걸릴 때에는 일죄로 처벌한다"라고 규정하여 연속범을 과형상의 일죄로 취급하였다. 따라서 상점점원이 수일동안 계속해서 상품을 절취하거나, 절도가 창고에서 매일 밤마다 쌀 한가마씩 절취한 행위는 수개의 절도행위이지만 과형상의 일죄로 처벌하였다. 그러나 연속범의 범위가 모호하여 확대 적용하는 폐단이 있었고, 연속범의 전부를 발견하여 일시에 기소하기가 곤란하다는 이유로 현행 형법에서는 이를 삭제하였으며, 일본 형법도 전후 일부개정에서 삭제하였다.

---

38) 연속범의 범죄학적 특성은 상습성에 있고 상습누범으로 분류될 수 있는 범죄군이라는 견해는 임웅, 579면 이하.

2) 연속범의 법적 취급 연속범에 해당하는 수개의 범행을 어떻게 취급할 것이냐에 대해서 견해가 대립한다. ① 연속범은 동일 법익에 대하여 동일한 의사와 동일한 방법으로 계속하여 침해하기 때문에 포괄일죄라는 견해,[39] ② 접속범과 구별되는 수죄로서 경합범이라는 견해,[40] ③ 고의의 단일성이 없으므로 단일행위로 포괄할 수 없고 과형상의 일죄로 취급해야 한다는 견해,[41] ④ 연속범에 해당하는 사례를 구별하여 일부는 일죄이고 일부는 수죄라는 견해[42]가 있는데 포괄일죄설이 다수설이다. 판례도 일관하여 피해법익이 단일하고 범죄태양이 동일하면 단일한 고의의 발현에 기인한 행위에 대해서는 포괄일죄라고 하고 있다.[43]

【최근 판례】 ① … 피고인이 피해자로부터 현금카드를 사용한 예금인출의 승낙을 받고 현금카드를 교부받은 행위와 이를 사용하여 현금자동지급기에서 예금을 여러번 인출한 행위들은 모두 피해자의 예금을 갈취하고자 하는 피고인의 단일하고 계속된 범의 아래에서 이루어진 일련의 행위로서 포괄하여 하나의 공갈죄를 구성한다고 볼 것이지, … 이를 현금카드 갈취행위와 분리하여 따로 절도죄로 처단할 수는 없다(대판, 1996. 9. 20, 95도1728).

② 주식매매에 따른 시세차익을 얻을 목적으로 허수주문을 내어 주가를 상승시킨 다음 보유 주식을 고가에 매도하는 방법으로 수회에 걸쳐 여러 종목의 유가증권에 관하여 시세조종행위를 한 경우, 시세조종행위금지위반죄의 포괄일죄가 성립한다(대판, 2002. 6. 14, 2002도1256).

③ 사기죄에 있어서 동일한 피해자에 대하여 수회에 걸쳐 기망행위를 하여 금원을 편취한 경우, 그 범의가 단일하고 범행 방법이 동일하다면 사기죄의 포괄일죄만이 성립한다 할 것이고, 포괄일죄는 그 중간에 별종의 범죄에 대한 확정판결이 끼어 있어도 그 때문에 포괄적 범죄가 둘로 나눠는 것은 아니라 할 것이고, 또 이 경우에는 그 확정판결 후의 범죄로서 다루어야 한다(대판, 2002. 7. 12, 2002도2029).

그러나 판례에 의하여 연속범을 인정하고 이를 발전시켜 온 독일[44]에서는

---

39) 우리나라의 다수설이다. 유기천, 318면; 염정철, 501면; 이건호, 213면; 정성근, 655면; 이형국, 372면; 이재상, 532면; 배종대, 751면; 진계호, 584면; 손해목, 1136면; 임웅, 580면; 손동권, 593면; 오영근, 703면.

40) 정영석, 282면; 백남억, 360면.

41) 황산덕, 299면.

42) 허일태, 죄수론과 연속범(고시연구, 1993. 8), 85면.

43) 대판, 1960. 8. 3, 4293형상64; 대판, 1979. 8. 14, 79도1393; 대판, 1984. 8. 14, 84도1139; 대판, 1987. 5. 26, 86도1648; 대판, 1990. 6. 26, 90도466; 대판, 1996. 7. 12, 96도1181; 대판, 2002. 6. 14, 2002도1256 등.

44) 예컨대 RGSt 70, 243; BGHSt 3, 165; 5, 136; 19, 323; 36, 105.

1994년의 연방대법원 판결에서 그 간에 학계에서 제기되었던 비판을 수용하여 연속범을 부정하는 방향으로 태도를 변경하였다.[45] 우리나라에서도 연속범은 포괄일죄가 아니라 수죄로서 경합범으로 처리해야 한다는 견해가[46] 증가하고 있다.

3) 연속범의 성립요건 연속범이 성립하기 위해서는 연속된 수개의 행위가 각각 독립하여 범죄의 성립요건을 충족시킨다는 것을 전제로 하여 객관적 요건과 주관적 요건을 갖추어야 한다.

(a) 객관적 요건 객관적 요건은 다음과 같다.

aa) 침해법익의 동일성 개개의 행위가 같은 법익을 침해해야 한다. 침해법익이 같지 않으면 행위자가 추구하는 목적이 단일하다 할지라도 연속범은 성립하지 않는다. 따라서 절도죄와 주거침입죄, 감금죄와 상해죄 사이에는 연속범이 될 수 없다. 침해법익의 동일성은 법익의 주체가 반드시 동일인이어야 한다는 의미는 아니다. 따라서 재산범죄에 있어서는 법익의 주체가 서로 달라도 연속범이 성립한다. 그러나 생명, 신체, 자유, 명예 등과 같은 일신전속적 법익의 경우에는 공격의 객체까지도 동일해야 한다. 따라서 수인에 대한 살인(상해), 여러 부녀에 대한 강간 또는 낙태는 포괄일죄가 될 수 없다. 그러나 같은 여자를 매일 밤 강간하는 것처럼 인격적 법익을 수회 침해하여도 범의가 단일하고 침해방법이 같으면 포괄일죄가 된다.

> 개개의 행위는 원칙적으로 같은 구성요건을 침해해야 한다. 여기의 같은 구성요건은 같은 장·같은 조문이 아니라 금지 내용이 같은 것을 말한다. 따라서 절도죄와 강도죄, 절도죄와 횡령죄, 공갈죄와 준강도죄, 문서위조죄와 문서손괴죄 사이의 연속범은 있을 수 없다. 그러나 기수와 미수 사이에는 연속범이 가능하고 기수 또는 가중적 범죄의 일죄가 된다.

---

45) BGH, Beschl. vom 3. 5. 1994 = GSSt 2 und 3/93(BGHSt 40, 138) = NJW 1994, 1663 = NStZ 1994, 383 = StV 1994, 306 = JA 1994, 272 = JuS 1994, 1076 = NJ 1994, 527. 이 판결에 대한 내용과 그 후의 연속범관련 판례의 경향에 대한 비판적 검토는 이경렬, 연속범 관련에 관한 독일 판례의 경향(형사법연구 제11호, 한국형사법학회, 1999), 380면 이하 참조. 그 후 독일은 또 1998년 제6차 형법개정법률에서 상습범가중처벌규정(제29조 제3항, 제293조 제3항)까지 삭제하였다.

46) 박광민, 연속범이론의 재검토(형사법연구 제13호, 한국형사법학회, 2000), 125면 이하; 김성돈, 연속범의 죄수(형사정책연구 제8권 1호, 한국형사정책연구원, 1997. 봄), 187면 이하; 서보학, 연속범 이론에 대한 비판적 고찰(공범론과 형사법의 제문제(상), 心耕 정성근교수 화갑기념 논문집, 1997), 607면 이하; 김용욱, 경합론의 체계적 구조, 현대 형사법의 쟁점과 과제(東巖 이형국 교수 화갑기념논문집, 1998), 407-408면; 안동준, 313면.

bb) 침해행위의 유사성 연속된 개개의 행위는 구성요건실행의 외부적 형태가 유사해야 한다. 따라서 고의범과 과실범, 작위범과 부작위범, 정범과 공범 간에는 일죄의 연속범이 성립할 수 없다. 그렇다고 범행의 객체나 실행의 목적이 같을 필요는 없다.[47]

【연속범 인정판례】 ① 신용카드를 절취한 후 바로 물품을 구입하여 카드로 대금을 결제하고, 다음 날 새벽까지 7개의 가맹점에서 2백만원 상당의 물품구입대금을 각각 카드로 결제한 경우, 단일하고 계속된 범의 아래 동일한 범행방법으로 일정기간 반복하여 동일 법익을 침해한 것이므로 각 범행을 통틀어 포괄일죄로 보아야 하고 절도죄와 신용카드부정사용죄는 경합범이 아니다(대판, 1996. 7. 12, 96도1181).

【연속범 부인판례】 ① 신용카드와 현금을 절취한 후 카드를 사용하여 현금자동인출기에서 20일 사이에 2회의 현금인출을 한 경우에, 신용카드업법상의 신용카드부정사용죄와 현금인출기관리자의 의사에 반하여 현금을 자기 지배하에 옮기는 절도죄는 보호법익과 행위형태가 전혀 다르므로 두 죄는 실체적 경합관계에 있다(대판, 1995. 7. 28, 95도997).

② 수인의 피해자에게 각각 기망행위를 하여 각자로부터 재물을 편취한 경우에 범의가 단일하고 범행방법이 동일하여도 각 피해자의 피해 법익은 독립한 것이므로 포괄일죄로 파악할 수 없고 수개의 사기죄가 성립한다(대판, 2000. 7. 7, 2000도1899; 대판, 2000. 3. 34, 2000도28).

cc) 시간적 · 장소적 근접성 개개의 범행간에 어느 정도의 시간적 · 장소적 근접(계속)성이 있어야 하며, 동일한 기회를 이용하는 것이라야 한다.[48] 판례는 범죄 사이에 기간이 4개월 이상이 된 경우 연속범을 부인하고 있다.

그러나 각 범행 사이에 어느 정도의 시간적 · 장소적 근접성이 있어야 하느냐에 대해서는 명백한 기준이 없으므로 접속범과의 구별이 애매하고 자칫 확장될 위험성을 내포하고 있다.

【연속범 부인판례】 앞의 히로뽕 제조행위와 뒤의 히로뽕 제조행위 사이에 4개월의 간격이 있고 범행장소도 다른 경우에는 범의의 단일성과 계속성을 인정하기 어렵다(대판, 1982. 11. 9, 82도2055).

(b) 주관적 요건 주관적 요건은 범의의 단일성이 있어야 한다. 단일성의

47) 정성근, 655면; 김일수/서보학, 692면; 배종대, 752면; 이재상, 534면; 김성돈, 연속범의 죄수, 208면. 정범과 공범, 작위범과 부작위범 사이에 연속범이 될 수 있다는 견해는 오영근, 705면.
48) 이재상, 534면; 안동준, 314면.

내용에 대하여, ① 범의의 계속성, 이른바 연속고의(Fortsetzungsvorsatz)가 있으면 충분하다는 견해[49]와, ② 연속범의 성립범위를 엄격히 제한하는 전체고의(Gesamtvorsatz)가 있어야 한다는 견해[50]가 대립한다. 전체고의란 행위자가 사전에 범행의 시간·장소·범행방법·피해자를 포함한 행위의 전체상황을 인식하고 이를 개별행위에 대하여 단계적으로 실현할 의사를 말한다. 예컨대 범인이 창고에 있는 쌀가마를 몇 회에 걸쳐 얼마를 절취하겠다고 계획한 경우가 전체고의이다.

판례는 범의의 계속성이 있으면 포괄일죄를 인정하므로 이른바 연속고의를 취한 것으로 보인다.[51] 이에 따르면 범행자가 최초의 부분행위를 하는 때 또는 최후의 부분행위를 종료하기 이전에 동종의 다른 범행을 결의한 때에는 개개의 고의가 심리적 연장선 위에 있기 때문에 범의의 계속성을 인정한다.[52]

4) 결 어 현행 형법은 연속범 규정을 폐지하였음에도 불구하고, 다수설·판례에서 연속범 개념을 인정하여 포괄일죄로 취급하는 것은 다음과 같은 이유로 부정하는 것이 타당하다.[53]

첫째, 성립요건에 대해서, ① 법익침해의 동일성에 대한 판단기준이 일정하지 않고, ② 시간적·장소적 근접성이라는 요건도 각 범행 사이에 어느 정도의 근접성이 요구되는지가 명백하지 않기 때문에 접속범과 구별이 곤란하고, ③ 주관적 요건에 대해서는 "전체고의설"을 취하든 "연속고의설"을 취하든 그 어느 것이나 행위자의 심리적 사실이므로 실제 재판 과정에서 쉽게 확정되는 것이 아니다.

둘째, 소송법적 효과로서, 연속범을 일죄로 인정하면 연속범에 대한 유죄판결의 기판력 인정범위가 확장되어 피고인에게 유리하게 된다는 장점이 있다. 반면에 피고인의 방어권이 침해될 우려가 있을 뿐만 아니라 공소시효의 기산점도 현저하게 연기되거나 공소시효 규정이 사실상 무의미하게 된다.

셋째, 연속범이론은 양형과정에서 단순일죄처럼 간단하게 처리할 수 있다는 소송경제상의 이점은 있다. 그러나 수개의 범죄사실을 일죄로 취급하면 실제 범

49) 이재상, 535면; 임웅, 581면; 오영근, 707면. 同旨 김일수/서보학, 693면 이하.
50) 서보학, 연속범 이론에 관한 비판적 고찰, 613면. 허일태, 214면도 같은 취지이다.
51) 대판, 1978. 12. 13, 78도2545; 대판, 1982. 10. 26, 81도1409.
52) 이재상, 535면; Sch/Sch/Stree, Vor §52ff. Rdn. 52; Maurach/Gössel/Zipf, 54/78; Samson, SK-StGB, Vor §52 Rdn. 44; Blei, AT., 18. Aufl., S. 354f.
53) 자세한 설명은 박광민, 연속범이론의 재검토, 131면 이하 참조.

행사실과 행위책임이 일치할 수 없으므로 정당한 양형을 할 수 없고, 특히 악질적으로 반복하는 범죄자에게 부당한 특혜를 주게 된다.

넷째, 연속범과 유사한 접속범을 인정하고 있으므로 접속범에 해당하지 않는 수개의 반복행위에 대해서 다시 연속범이라는 이름으로 포괄일죄로 평가하여 악질적 범죄자에게 특혜를 줄 필요가 없다고 본다.

3. 포괄일죄의 법적 효과

포괄일죄는 실체법상 일죄이므로 하나의 죄로 처벌된다. 구성요건을 달리하는 수개의 행위가 포괄일죄가 되는 때에는 가장 중한 죄의 일죄만 성립한다. 행위의 진행 중에 형의 변경이 있으면 최후의 행위시법을 적용한다.[54] 포괄일죄의 일부분에 대한 공범의 성립도 가능하다.

포괄일죄는 소송법상으로도 일죄이다. 따라서 포괄일죄에 대한 공소의 효력과 판결의 기판력은 사실심리의 가능성이 있는 항소심 판결선고시까지 범하여진 다른 범행에까지 미친다. 그러나 이미 기판력이 발생한 포괄일죄의 일부분에 대하여 공소가 제기된 때에는 면소판결을 하여야 한다.[55]

제 2 절 수 죄

Ⅰ. 상상적 경합

1. 상상적 경합의 의의

상상적 경합(관념적 경합, Idealkonkurrenz)이란 “1개의 행위가 수개의 죄에 해

54) 대판, 1970. 8. 31, 70도1398; 대판, 1998. 2. 24, 97도183.

55) 다만, 최근 대법원 판례(대판 전원합의체, 2004. 9. 16, 2001도3206)는 상습범에 있어서 이러한 법리가 적용되기 위해서는 전의 확정판결에서 상습범으로 기소되어 처단된 것임을 요한다고 판시하고 있다.

당"하는 경우를 말한다. 예컨대 총알 1발을 발사하여 사람을 살해하고 또 재물을 손괴하거나, 1발의 발사로 수명을 살해하는 경우이다. 전자는 살인죄(제250조 1항)와 손괴죄(제257조)가 성립하고, 후자는 수개의 살인죄가 성립한다. 따라서 하나의 행위에 대한 수죄의 법적 평가가 상상적 경합이라 할 수 있다. 형법 제40조는 상상적 경합에 대하여 "1개의 행위가 수개의 죄에 해당하는 경우에는 가장 중한 죄에 정한 형으로 처벌한다"라고 규정하고 있다.

구형법은 과형상의 일죄로서 상상적 경합 이외에 견련범(동법 제54조 1항)과 연속범(동법 제55조)을 인정하였다. 견련범(牽聯犯)이란 범죄의 수단과 결과의 관계가 있는 행위가 각각 다른 죄명에 해당하는 것을 말한다. 예컨대 타인의 주거에 침입하여 절도를 하는 경우 주거침입행위와 절취행위는 수단과 결과의 관계가 있으므로 과형상의 일죄로 취급한 것이다. 문서위조와 위조문서행사·사기의 관계도 같다. 그러나 현행형법은 견련범과 연속범에 관한 규정을 삭제하였다. 현행법상 견련범에 해당하는 경우에, ① 의사와 행위의 단일성이 인정되는 범위 내에서 상상적 경합이 된다는 견해와,[56] ② 의사의 단복(單複)에 따라 상상적 경합 또는 경합범이 된다는 견해[57]가 있으나 경합범이라 해야 한다.[58]

2. 상상적 경합의 본질

상상적 경합이 일죄냐 수죄냐에 대하여 견해가 대립한다. 의사표준설과 자연적 행위표준설은 실질상으로나 과형상으로 당연히 일죄라고 하는데[59] 대해서 법익표준설과 구성요건표준설은 실질상 수죄라고 한다. 사회적·법적 행위표준설은 행위에 대한 법적 평가가 수개라는 이유로 수죄라고 하지만 하나의 행위는 수개의 행위로 평가될 수 없고 구성요건을 충족한 결과가 수개일 뿐이다. 수죄설은 과형상으로만 일죄로 취급한다. 수죄설이 통설이며[60] 판례의 태도이다.[61]

56) 이건호, 210면 참조; 유기천, 324면, 이재상 540면은 행위의 동일성이 인정되는 경우에만 상상적 경합이고 원칙으로 경합범으로 본다.
57) 황산덕, 301면.
58) 정영석, 283면; 백남억, 360면; 진계호, 422면.
59) 황산덕, 300면.
60) 유기천, 322면; 정영석, 284면; 남흥우, 269면; 손해목(8인 공저), 506면; 이재상, 539면; 이형국, 374면; 김일수/서보학, 697면; 진계호, 586면; 박상기, 487면; 배종대, 760면; 임웅, 586면; 김성돈, 721면 이하; 오영근; 719면; 신동운, 745면.
61) 대판, 1961. 9. 28, 4294형상415.

상상적 경합에 대해서 제40조는 "수개의 죄"로 명시하고 있고, 경합범(실체적 경합)에 대해서도 "수개의 죄"라고 규정하고 있으므로 실질상 수죄라고 해야 한다. 실질상 수죄임에도 불구하고 과형상 일죄로 취급하여 경합범보다 경한 단일형으로 처벌하는 이유는 동일한 "양형사유"에 대해서 이중평가를 금지함으로써 행위책임에 상응하는 책임주의 원칙을 관철하려는 데에 있다. 즉 상상적 경합은 수개의 행위가 있는 경합범과 비교하여 "불법과 책임이 감소"하기 때문에 경한 단일형으로 처벌하는 데에 특색이 있다.[62)]

3. 상상적 경합의 유형

상상적 경합은 동종(同種)의 상상적 경합(1발로 여러 사람 살해)과 이종(異種)의 상상적 경합(1발로 살인과 재물손괴)이 있다.[63)] 이종의 상상적 경합이 성립한다는 데는 이견이 없다. 동종의 상상적 경합에 대해서는 피해법익에 따라 다르다.

비일신전속적 법익(재산·공공법익)에 대해서는 원칙적으로 동종의 상상적 경합을 인정하지 않는다. 예컨대 1발을 발사하여 수인의 재물을 손괴한 경우에는 행위도 단일하고 법적 판단도 단일행위에 의한 일죄로 평가되므로 이 경우는 애당초 단순일죄이고 동종의 상상적 경합이 아니다.[64)] 이 경우는 피해자는 수인이지만 단지 불법이 양적으로 증가되거나 강화되는 데 불과하기 때문이다. 다만 재산죄 가운데 강도죄, 공갈죄와 같이 개인의 일신전속적 법익(자유)이 동시에 침해되는 범죄에서는 동종의 상상적 경합이 가능하다.

일신전속적 법익(생명·신체·자유·명예)이나 국가·사회적 법익 중 고유가치를 가진 법익에 대해서는 하나의 행위로 수개 법익을 침해한 경우에 수죄가 성립하고 동종의 상상적 경합을 인정해야 한다.[65)] 예컨대 하나의 행위로 수인

62) 同旨: 김성돈, 형법 제40조의 '한개의 행위', 현대형사법의 쟁점과 과제(이형국 교수 화갑기념 논문집, 1998), 444면, 주3); Samson, SK (5. Aufl.), §52 Rdn. 2; Vogler, Leipziger Kommentar, 10. Aufl., 1984, §52 Rdn. 4. 이에 대하여 책임감소설은 Sch/Sch/Stree, StGB, §52 Rdn.1; Jescheck/Weigend, S. 718

63) 동종의 상상적 경합을 인정한 판례는 두 사람을 한꺼번에 치어 사상케 한 경우로 대판, 1972. 10. 31, 72도201이 있고, 이종의 상상적 경합을 인정한 판례는 입시문제를 절취하여 이용한 경우에는 공용서류등무효죄와 위계에 의한 공무집행방해죄의 상상적 경합을 인정한 대판, 1966. 4. 26, 66도30이 있다.

64) 모든 범죄에 대하여 동종의 상상적 경합을 인정하는 견해는 이형국, 375면.

을 상해하거나 1발을 발사하여 수인을 살해한 경우, 하나의 행위로 공무원 각자의 공무집행을 방해한 경우,[66] 수인에게 동시에 위증을 교사한 경우, 수개의 위조문서를 동시에 행사한 경우, 하나의 고소장으로 수인을 무고한 경우에는 동종의 상상적 경합이 된다.

4. 상상적 경합의 요건

"1개의 행위가 수개의 죄"에 해당할 때에 성립하므로 행위의 단일성이 있어야 하고 수개의 죄에 해당하여야 한다.

(1) 행위의 단일성

1) 1개의 행위　1개의 행위가 있어야 한다. 즉, 하나의 행위로 수개의 죄를 범해야 한다. "1개의 행위"의 의미에 대해서는 ① 법적 평가 이전의 사회관념상 자연상태로서의 행위가 하나라고 볼 수 있는 경우라는 견해(자연적 관찰방법)와,[67] ② 법적·구성요건적으로 하나라고 평가할 수 있는 경우라는 견해(법적·구성요건적 관찰방법)가[68] 대립한다. 대법원은 일본 최고재판소 판례와[69] 일치하여 자연적 관찰방법에 따르고 있다.[70]

사회적 관념·자연적 상태라는 기준은 많은 경우 일단 쉽게 행위단일성을 판단할 수 있다. 그러나 구체적 사안에 들어가면 막연하다고 할 수 밖에 없다. 예컨대 말(口頭)로 모욕하면서 동시에 구타하거나 손으로 때리면서 동시에 발로 차는 경우에 사회적 관념·자연적 상태라는 기준만으로 행위의 단복 또는 행위동일성을 확정하기 곤란하다. 즉, 이 기준은 하나의 행위를 결정하는 필요요건은 되지만 충분요건은 아니다.

"1개의 행위"는 상상적 경합과 경합범을 구별하는 죄수(수죄)의 문제이므로 그 행위가 해당하게 될 구성요건을 떠나서 결정할 수 없다. 따라서 1개의 행위는 "구성요건적 행위가 형태적으로 일치"하는 경우라고 해야 한다. 위의 예에서

---

65) 이재상, 545면.

66) 대판, 1956. 9. 7, 4289형상188.

67) 정영석, 284면; 손해목(공저), 506면; 이경렬, 상상적 경합의 바른 이해, 208면 이하.

68) 이재상, 540면; 배종대, 761면; 김성돈, 형법 제40조의 한개의 행위, 현대형사법의 과제와 쟁점(이형국 교수 화갑기념논문집, 1998), 455면.

69) 日最判, 1974. 5. 29, 集 28. 4, 114면 이하.

70) 대판, 1987. 2. 24, 86도2731.

말로 모욕한 경우는 시간적 · 장소적 일치가 있으나 모욕 자체가 구성요건에 해당하는 완결된 행위이고 폭행은 모욕행위와 별개의 구성요건적 행위이므로 형태적으로 구별되는 두 개의 행위가 되어 경합범이 되며, 손과 발로 구타하는 경우는 하나의 폭행을 손과 발로 분담해서 행한 동종의 상상적 경합이 된다.

【도로교통법위반의 구체적 사례】 ① 무면허운전으로 과실치사한 경우는 무면허운전과 과실치사행위의 구성요건적 행위의 형태적 일치(동일성)가 없으므로 무면허운전죄와 업무상과실치사죄는 경합범이 된다. 판례는 자연적 관찰방법에 따라 경합범을 인정한다(대판, 1972. 10. 31, 72도2001). ② 음주운전으로 과실치사한 경우는 음주가 과실치사의 원인인 때(명정정도가 심한 때) 과실행위의 구성요건적 동일성이 있으므로 상상적 경합이 된다. 그러나 음주가 과실치사의 직접 원인으로 볼 수 없는 때(경미한 음주)에는 경합범이 된다고 본다. ③ 무면허 음주운전으로 과실치사한 경우에 판례는(대판, 1987. 2. 24, 86도2731) 무면허 "운전"과 음주"운전"행위를 자연적 의미에서 하나의 운전행위라고 하여 상상적 경합을 인정하였다. 그러나 무면허운전행위와 음주운전행위는 각각 독립된 별개의 구성요건적 행위이고 실행의 동일성도 없으므로 경합범이 된다고 해야 한다.[71] 일본 판례도[72] 이 경우 경합범을 인정한다. ④ 최근 판례는 음주로 인한 특정범죄가중처벌 등에 관한 법률 위반(위험운전치사상)죄와 도로교통법 위반(음주운전)죄는 입법 취지와 보호법익 및 적용영역을 달리하는 별개의 범죄이므로, 양 죄가 모두 성립하는 경우 두 죄는 실체적 경합관계에 있다(대판, 2008. 11. 13, 2008도7143)고 하였으며, 음주 또는 약물의 영향으로 정상적인 운전이 곤란한 상태에서 자동차를 운전하여 사람을 상해에 이르게 함과 동시에 다른 사람의 재물을 손괴한 때에는 특정범죄가중처벌 등에 관한 법률 위반(위험운전치사상)죄 외에 업무상과실 재물손괴로 인한 도로교통법 위반죄가 성립하고, 위 두 죄는 1개의 운전행위로 인한 것으로서 상상적 경합관계에 있다(대판, 2010. 1. 14, 2009도10845)고 하였다. ⑤ 졸음운전 · 일단정지 · 신호위반으로 과실치사상한 경우는 두 가지 모두 구성요건적 과실행위가 일치하므로 1개의 행위로 인한 상상적 경합이 된다. 정비불량으로 인한 사상에 대해서는 정비불량이 과실행위인 경우에 상상적 경합이 될 수 있다. ⑥ 두 개의 제한속도위반은 원칙적으로 경합범이 된다.

2) 행위의 동일성 "1개의 행위"는 행위의 동일성이 인정되어야 하고, 주관적인 동기 · 목적은 그 기준이 될 수 없다. 따라서 절도와 이를 위한 도구의 절취는 1개의 행위가 아니다.

---

71) 김일수/서보학, 702면.
72) 日最判, 1958. 3. 17, 集 28. 4, 581면.

(a) 행위의 완전동일성 구성요건적 행위가 완전히 같으면 언제나 1개의 행위가 된다. 행위의 완전 동일성은 어느 구성요건을 충족할 수 있는 모든 행위가 동시에 다른 구성요건도 충족하는 경우에 인정된다. 완전동일성이 있으면 고의범과 과실범(폭탄을 던져 재물을 손괴하고 과실로 타인을 상해한 경우), 부작위범 상호 간에도 상상적 경합이 가능하다. 작위범과 부작위범 사이에는 행위의 동일성이 없으므로 상상적 경합이 아니라 경합범이 된다. 다만 부작위범이 계속범이고 작위범이 그 부작위범에 의해 야기된 위법상태의 유지에 기여하는 경우에 한하여 부작위범과 작위범 사이에도 상상적 경합을 인정할 수 있다.[73]

다만 부작위 상호간에는 작위의무위반의 동일성이 아니라 기대되는 행위의 동일성이 기준이 된다. 예컨대 사람을 치사상한 뺑소니 운전자의 경우 도로교통법(제50조)상의 구조의무위반죄와 사고의 보고의무위반죄는 작위의무위반은 동일하지만 기대되는 구조를 하지 않는 행위와 보고하지 않는 행위는 구성요건적 행위의 형태적 일치(동일성)가 없으므로 두 개의 행위가 되는 경합범이 된다. 판례는 구호의무위반죄와 보고하지 않은 도주차량운전죄(특정범죄가중처벌법 제5조의3)는 상상적 경합이 되며, 이 두 죄와 도로교통법(제44조)상 안전의무위반죄는 경합범이 된다고 한다.[74]

(b) 행위의 부분적 동일성 행위가 부분적으로 동일성이 있는 경우에도 1개의 행위가 된다. 동일성이 인정되는 부분행위는 실행의 착수부터 실질적으로 행위가 종료하기까지 존재하기만 하면 족하다. 이와 관련하여 문제가 되는 부분은 다음과 같다.

aa) 결과적 가중범 결과적 가중범에 있어서는 실행행위의 일부가 같으면 상상적 경합이 된다.[75] 예컨대 강간을 위한 폭행으로 사망한 경우의 강간치사죄와 폭행치사죄, 현주건조물방화로 사람을 살해한 경우의 현주건조물방화치사죄와 살인죄는 상상적 경합이 된다. 다수설 · 판례에 따르면 연속범의 일부행위로 인하여 일어난 범죄에 대하여도 같다(연속된 절도의 과정에서 일어난 재물손괴).

bb) 목적범 목적범에 대해서는 목적 달성 이전까지 1개의 행위가 될 수

73) Kühl, 21/34a.

74) 대판, 1993. 5. 11, 93도49. 이 판례는 일본 最判, 1976. 9. 22 (刑集, 30巻 8號, 1640면)의 판시 내용과 일치한다.

75) 대판, 1998. 12. 8, 98도3416: 피고인들이 피해자들의 재물을 강취한 후 그들을 살해할 목적으로 현주건조물에 방화하여 사망에 이르게 한 경우, 피고인들의 행위는 강도살인죄와 현주건조물방화치사죄에 모두 해당하고, 그 두 죄는 상상적 경합관계에 있다.

있다는 견해(사문서위조와 동행사, 사문서위조와 사기죄)도[76] 있다. 그러나 목적범에 있어서의 목적 달성행위(위조문서행사)와 그 실행행위(문서위조)는 별개이고, 목적 달성은 실행행위 종료 이후에 가능하므로 수개의 행위가 있는 경합범이라 해야 한다. 판례도 같다.[77] 다만 기망의 목적으로 문서를 위조한 때(문서위조 자체가 기망인 때)에는 사기와 문서위조죄는 상상적 경합이 된다.

cc) 계속범 주거침입죄·감금죄와 같은 계속범과 그 범행 중에 범한 상태범(예컨대 절도·강도) 사이에, ① 계속범이 상태범을 실현하기 위한 수단인 경우에는 행위의 동시성만으로 부분적 동일성이 인정되지 아니하므로 행위의 동일성을 인정할 수 없고(강간·절도·강도를 하기 위한 주거침입은 예비단계이다) 경합범이 되지만, ② 감금죄가 동시에 강간 또는 강도의 수단이 되는 경우와 같이 계속범에 의해서 상태범 실행의 전제조건이 충족되는 때에는 실행의 부분적 동일성이 인정되므로 상상적 경합이 된다.

3) 연결효과에 의한 상상적 경합 두 개의 독립된 행위가 제3의 다른 행위에 의하여 각각 상상적 경합으로 연결되어 있을 때 그 연결된 두 개의 독립행위 사이에도 상상적 경합을 인정할 수 있느냐가 문제된다. 예컨대 공무원인 예비군 중대장이 돈을 받고 예비군 훈련에 참석한 것처럼 허위공문서를 작성하여 이를 행사한 경우에, 수뢰후 부정처사죄(丙)는 허위공문서작성죄(甲)와 동행사죄(乙) 사이에 각각 상상적 경합관계가 있음은 명백하지만 허위공문서작성죄(甲)와 동행사죄(乙) 사이에도 상상적 경합을 인정할 수 있느냐이다.

이에 대해 상상적 경합을 부정하는 견해와[78] 연결하는 제3의 범죄가 연결되는 두 개의 범죄보다 불법이 중하거나 같을 때에는 그 두 개의 독립범죄 사이에 상상적 경합을 긍정하는 견해가[79] 대립한다. 부정설에 따르면 연결되는 두 개의 범죄(甲과 乙)가 연결하는 범죄(丙)와 각각 실행행위의 부분적 동일성이 인

76) 이재상, 542면.

77) 대판, 1983. 7. 26, 83도1378은 "허위공문서작성죄와 동행사죄는 실체적 경합관계에 있다"고 하고, 대판, 1981. 7. 28, 81도529는 "위조사문서 행사와 이로 인한 사기죄는 상상적 경합관계에 있다고 볼 수 없다"고 하고 있다.

78) 이재상, 544면; 박상기, 492면; 손해목, 1145면; 오영근, 727면; 김용욱, 경합론의 체계적 구조, 416면; 이경렬, 상상적 경합의 바른 이해(한국형사법학의 새로운 지평, 柚一堂 오선주 교수 정년기념논문집, 2001), 216면.

79) 이형국, 375면; 김일수/서보학, 700면; 배종대, 762-763면; 임웅, 588면; 정영일, 491면; 김성돈, 726면; 同, 연결효과에 의한 상상적 경합(영남법학 제3권 제1·2호, 영남대학교 법학연구소, 1997), 301면 이하.

정되어 두 개의 상상적 경합(甲과 丙, 乙과 丙)이 되므로 연결한 범죄(丙)는 이중으로 평가되는 불합리한 결과가 된다. 따라서 이중평가를 피하기 위해서는 연결효과에 의한 상상적 경합(甲·乙·丙 의 상상적 경합)을 인정하는 것이 타당하다. 판례는 위의 예에서 실체적 경합관계(경합범)를 인정하면서 처벌에서는 두 죄 사이의 상상적 경합 예에 따르고 있다.

【판례】 가. 예비군 중대장이 그 소속예비군으로부터 금원을 교부받고 그 예비군이 예비군훈련에 불참하였음에도 불구하고 참석한 것처럼 허위내용의 중대학급편성명부를 작성, 행사한 경우라면 수뢰후 부정처사죄 외에 별도로 허위공문서작성 및 동행사죄가 성립하고 이들 죄와 수뢰후 부정처사죄는 각각 상상적 경합관계에 있다고 할 것이다.
나. 허위공문서작성죄와 동행사죄가 수뢰후 부정처사죄와 각각 상상적 경합관계에 있을 때에는 허위공문서작성죄와 동행사죄 상호간은 실체적 경합범 관계에 있다고 할지라도 상상적 경합 관계에 있는 수뢰후 부정처사죄와 대비하여 가장 중한 죄에 정한 형으로 처단하면 족한 것이고 따로이 경합범가중을 할 필요가 없다(대판, 1983. 7. 26, 83도1378).[80]

(2) 수개의 죄에 해당

"수개의 죄에 해당하는" 경우란 수개의 구성요건을 충족하는 범죄가 성립하는 것을 말한다. 이 경우 수개의 범죄는 모두 위법·유책함을 요한다. 그리고 수개의 죄에 해당한다는 것은 법적 평가의 문제이므로 범죄의 종류, 즉 고의범과 과실범, 형사범과 행정범, 미수죄와 예비죄, 실행정범과 교사범 또는 종범이든 묻지 않는다.

5. 상상적 경합의 법적 효과

(1) 실체법적 효과

1) 중한 죄의 형 상상적 경합은 실체법상 수죄이지만 과형상의 일죄로 취급하여, 수개의 죄 중 가장 중한 죄에 정한 형으로 처벌한다(제40조). "가장 중한 죄에 정한 형"이란 수개의 죄의 법정형 중에서 가장 중한 법정형으로 처단한다는 의미이다(형의 경중에 관하여는 제50조에 의한다). 예컨대 사람을 살해함과 동시에 재물을 손괴한 때에는 손괴죄(제366조) 보다 법정형이 중한 살인죄(제250조 1항)에

80) 同旨: 대판, 2001. 2. 9, 2000도1216.

"정한 형"으로 처벌한다. 그리고 가장 중한 죄에 정한 형으로 처벌한다는 것은 형만을 말하고, 가장 중한 형을 규정한 구성요건을 적용한다는 취지가 아니다. 그러므로 가장 중한 죄에 정한 형에 몰수가 없는 경우에도 다른 죄에 몰수가 있으면 이를 부가할 수 있다(제38조 1항 2호 단서 참조).

2) 전체적 대조주의 문제는 중한 법정형을 선택하였을 경우에 중한 죄의 법정형의 하한(下限)이 경한 죄의 법정형의 하한보다 가벼운 경우에 경한 죄의 법정형의 하한보다 가벼운 형으로 처벌할 수 있느냐에 있다. 이는 법정형의 비교방법의 문제이다. 예컨대 공무집행방해죄(제136조)와 상해죄(제257조)가 상상적 경합 관계가 있는 때에 전자의 법정형은 "5년 이하의 징역 또는 1천만원 이하의 벌금"인데 대하여, 후자의 법정형은 "7년 이하의 징역, 10년 이하의 자격정지 또는 1천만원 이하의 벌금"이므로 상해죄의 법정형으로 처단한다. 여기서 공무집행방해죄에 규정이 없는 자격정지라는 경한 형으로 처벌할 수 있느냐의 문제이다. 만일 경한 형으로 처벌할 수 있다면 이것은 상해라는 중한 결과를 수반하는 행위가 상해를 수반하지 않는 행위보다도 도리어 경하게 처벌되는 불합리한 결과가 생긴다.

법정형의 경중의 비교에는 중점적 대조주의와 전체적 대조주의가 있다. 중점적 대조주의는 중한 상한(上限)의 형만 비교 대조하는 원칙임에 반하여 전체적 대조주의는 중한 상한 뿐만 아니라 경한 하한의 형까지 전체를 비교 대조하는 원칙이다. 상상적 경합의 경우에 위와 같은 불합리를 제거하기 위해서는 전체적 대조주의에 의하여 두 죄의 법정형 중 상한과 하한이 모두 중한 형으로 처벌해야 한다(통설).[81] 판례도 같은 취지이다. 따라서 위의 경우에는 자격정지의 형을 과할 수 없다. 다만 경한 죄에 병과형·부가형이 있을 때에는 이를 병과할 수 있다.

【판례】 형법 제40조가 규정하는 1개의 행위가 수개의 죄에 해당하는 경우에는 "가장 중한 죄에 정한 형으로 처벌한다"함은 그 수개의 죄명 중 가장 중한 형을 규정한 법조에 의하여 처단한다는 취지와 함께 다른 법조의 최하한의 형보다 가볍게 처단할 수는 없다는 취지 즉, 각법조의 상한과 하한을 모두 중한 형의 범위내에서 처단한다는 것을 포함하는 것으로 새겨야 할 것이다(대판,

81) 유기천, 322면; 정영석, 285면; 정성근, 661면; 이형국, 376면; 이재상, 546면; 김일수/서보학, 703면; 진계호, 591면; 박상기, 492면; 배종대, 766면; 임웅, 590면; 정영일, 494면; 김성돈, 727면; 안동준, 321면.

1984. 2. 28, 83도3160; 대판, 2006. 1. 27, 2005도8704).[82)]

(2) 소송법적 효과

상상적 경합관계가 있는 수개의 죄 중에 어느 하나의 죄에 대하여 확정판결이 있는 때에는 그 전부에 대하여 기판력이 발생하여 일사부재리의 원칙이 적용된다. 예컨대 강간과정에서 영아가 압사한 경우, 강간죄(제297조)에 대하여 고소가 없고 과실치사죄에 대해서만 공소를 제기하여 이에 대한 확정판결이 있는 때에는 그 후 강간죄에 대하여 고소가 있었다 하여도 이에 대한 공소를 제기할 수 없다. 이 점은 경합범 중에서 판결을 받지 아니한 죄가 있으면 다시 재판을 하는 것(제39조 1항)과 그 취지가 다르다. 또한 그 일부에 대하여 공소제기가 있는 경우에는 공소불가분의 원칙이 적용되어 그 전부에 대하여 효력이 발생한다. 다만, 상상적 경합은 실질적으로 수죄이므로 판결이유에는 상상적 경합관계가 있는 모든 범죄사실과 그 적용법조를 기재해야 하고, 일부 무죄인 때에는 그 이유를 설시해야 한다. 친고죄에 있어서 고소와 공소시효도 따로 논해야 한다.

Ⅱ. 경합범(실체적 경합)

1. 경합범의 의의와 종류

경합범(競合犯)이란 판결이 확정되지 아니한 수개의 죄(제37조 전단), 또는 금고 이상의 형에 처한 판결이 확정된 죄와 그 판결확정 전에 범한 죄(제37조 후단)를 말한다. 병합죄 또는 실체적 경합(Realkonkurrenz)이라고 한다. 예컨대 동일 장소에서 같은 방법으로 순차로 수인을 살해 또는 상해한 경우가 이에 해당한다. 형법은 같은 사람이 수죄를 범하였을 경우에 동시에 심판할 가능성이 있는 경우를 고려하여 형의 적용 및 집행에 관하여 특별규정을 두고 있다(제37조 내지 제39조).

원래 경합범이라는 용어를 광의로 사용하면 상상적 경합까지도 포함되나,

82) 상상적 경합의 관계에 있는 사기죄와 변호사법 위반죄에 대하여 형이 더 무거운 사기죄에 정한 형으로 처벌하기로 하면서도, 필요적 몰수·추징에 관한 변호사법 제116조, 제111조에 의하여 청탁 명목으로 받은 금품 상당액을 추징한 사례.

> 본래 의미의 경합범은 실체적 경합만을 말한다. 경합범은 수개의 행위가 수개의 죄명에 해당하여 실질상 수죄이므로 행위가 1개임을 이유로 과형상 일죄로 취급하는 상상적 경합과 구별된다. 또 경합범은 수개의 행위를 전제로 하여 수죄로 취급하므로 단지 적용될 법조(法條) 사이에 외관상의 경합이 있을 뿐이고 당연히 일죄가 되는 법조경합과 구별된다. 그리고 경합범과 상상적 경합은 이중평가가 문제되지 않는다는 점에서 그것이 문제되는 법조경합과 본질상의 차이가 있다.

경합범은 동일 행위자에 의하여 사실상 수죄가 실현된 경우이므로 이론상으로는 경합범에 대해서 행위자가 실행한 범죄의 형을 병과하는 것이 논리적이라 할 수 있다. 그러나 병과주의는 자유형의 성질을 변경하는 결과가 되며, 형벌의 효과도 누진되므로 형법은 원칙으로 가중주의를 채택하고 있다.

경합범이 되기 위해서는 수개의 행위로 수개의 죄를 범하였다는 사실과 수죄가 동일한 재판에서 동시에 심판할 가능성이 있어야 한다. 형법 제37조는 "판결이 확정되지 아니한 수개의 죄", 또는 "금고 이상의 형에 처한 판결이 확정된 죄와 그 확정판결 전에 범한 죄"를 경합범이라 규정하여, 전자는 동시에 심판할 수 있는 동시적 경합범을, 후자는 동시심판의 가능성이 있었던 사후적 경합범을 규정하고 있다. 경합하는 수개의 죄는 구성요건이 같은 경우(동종의 경합범)도 있고 다른 경우(이종의 경합범)도 있다.

2. 경합범의 요건

형법은 동시에 심판할 수 있는 동시적 경합범과 동시에 심판할 가능성이 있었던 사후적 경합범을 인정하고 있으므로 그 요건도 구별하여 검토해야 한다.

(1) 동시적 경합범의 요건

판결이 확정되지 아니한 같은 사람의 수개의 죄(제37조 전단)는 동시에 심판할 수 있는 경우의 경합범이므로 동시적 경합범이라 한다. 수개의 죄를 범하고 그 어느 것도 확정 판결을 받지 아니한 때에는 모두 동시적 경합범이 된다. 예컨대 1월에 A죄, 2월에 B죄, 3월에 C죄를 범하고, 4월에 이 모두를 동시에 재판할 경우에는 A · B · C죄는 동시적 경합범이 된다.

동시적 경합범이 성립하기 위해서는 다음의 요건이 필요하다.

1) 수개의 행위로 수개의 죄를 범할 것 하나의 행위로 수개의 죄를 범하거

나 수개의 행위로 하나의 죄를 범한 때에는 경합범이 될 수 없다. 여기의 "수개의 행위"란 행위의 단일성과 동일성이 인정되지 않는 것을 말한다. 예컨대 같은 피해자로부터 수회에 걸쳐 재물을 편취하였으나 범의의 단일성과 계속성이 인정되지 않는 경우,[83] 예금통장을 절취하고 예금청구서를 위조한 경우,[84] 강간미수에 그친 자가 피해자를 살해한 경우,[85] 예금청구서를 위조한 후 이를 은행에 제시하여 돈을 교부받은 경우,[86] 횡령을 교사하고 재물을 취득한 경우,[87] 주거침입하여 강간한 경우[88]에는 행위의 단일성과 동일성을 인정할 수 없으므로 수개의 행위가 된다.

【판례】 컴퓨터로 음란 동영상을 제공한 제1범죄행위로 서버컴퓨터가 압수된 이후 다시 장비를 갖추어 동종의 제2범죄행위를 하고 제2범죄행위로 인하여 약식명령을 받아 확정된 사안에서, 피고인에게 범의의 갱신이 있어 제1범죄행위는 약식명령이 확정된 제2범죄행위와 실체적(동시적) 경합관계에 있다(대판, 2005. 9. 30, 2005도4051).

2) 수개의 죄는 모두 판결이 확정되지 않았을 것 판결의 확정이란 형식적으로는 상소기간의 경과 등에 의하여 통상의 불복절차로 다툴 수 없는 상태가 된 판결을 말하고,[89] 실질적으로는 형의 면제, 형의 집행유예, 형집행의 면제, 형의 선고유예와 같이 그 판결의 대상인 사건에 대하여 다시 공소를 제기할 수 없는 상태가 된 판결을 포함한다. 따라서 원래는 동시적 경합범의 관계가 있었으나 검사가 일죄만 먼저 기소하여 판결이 확정되거나[90] 경합범 중 일죄에 대한 부분만 파기환송 되고 다른 죄가 확정된 때에는 동시적 경합범이 되지 않는다.[91]

3) 수개의 죄는 동시에 판결될 것 수개의 죄가 모두 판결이 확정되지 아니한 죄일지라도 같은 심판의 대상이 되어 있지 않으면 동시적 경합범이 될 수 없

83) 대판, 1956. 11. 2, 4289형상243; 대판, 1997. 6. 27, 97도508.
84) 대판, 1968. 12. 24, 68도1510.
85) 대판, 1970. 4. 28, 70도431; 대판, 1987. 1. 20, 86도2630.
86) 대판, 1991. 9. 10, 91도1722.
87) 대판, 1969. 6. 24, 69도692.
88) 대판, 1988. 12. 13, 88도1807.
89) 대판, 1983. 7. 12, 83도1200.
90) 대판, 1966. 6. 7, 66도526.
91) 대판, 1974. 10. 8, 74도1301: 경합범 중 1죄에 관한 부분을 파기 환송받은 법원은 다른 죄는 이미 확정된 것이므로 환송받은 죄에 대해서만 형법 제39조 1항에 따라 별개의 형을 선고해야 한다.

다. 따라서 판결이 확정되지 아니한 수개의 죄 가운데 일부가 기소되지 아니한 때에는 경합범이 될 수 없다. 그 죄가 후에 추가 기소된 때에도 병합심리가 된 경우에만 동시적 경합범이 된다.

(2) 사후적 경합범의 요건

같은 사람이 범한 수죄 중 일부의 죄에 대하여 금고 이상의 형에 처한 확정판결이 있는 경우에 금고 이상의 형에 처한 판결이 확정된 죄와 그 판결확정 전에 범한 죄(제37조 후단) 사이의 경합관계를 사후적 경합범이라 한다. 판결이 확정된 죄와 판결확정 후에 새로 범한 죄 사이에는 경합범이 되지 않는다. 다만, 판결확정 후에 범한 수죄 사이에는 별도의 동시적 경합범이 성립할 수 있다.

예컨대 피고인이 A・B・C・D의 4개 죄를 범한 후에 B죄만이 발각되어 B죄에 대하여 금고 이상의 형에 처한 확정판결이 있는 경우에는 A・B・C・D의 죄 사이에 사후적 경합범이 성립한다. 이 경우 B죄에 대해서는 이미 확정판결이 있으므로 다시 심판할 수 없고, 형법 제39조 1항에 의하여 A・C・D의 죄에 대하여 형을 선고한다.

이에 대하여 B죄에 대하여 확정판결이 있고 A죄는 B죄의 확정판결 전에 범하였지만 C・D죄는 B죄의 확정판결 후에 범하였을 경우에는 A・B죄는 사후적 경합범(제1류의 경합범)이 되고, C・D죄는 별도의 동시적 경합범(제2류의 경합범)이 된다. 이 경우 제1류의 경합범과 제2류의 경합범 사이에는 경합범 관계가 되지 아니한다. 따라서 A・C・D죄 모두가 발각되어서 재판을 받을 경우에는 제1류의 경합범과 제2류의 경합범에 대하여 각각 경합범의 처벌규정을 적용하여 형을 정한 후에 두 경합범의 형을 병과하게 된다.

1) 확정판결의 범위 2004. 1. 20. 형법 개정(일부개정, 법률 제7077호)에 의하여 확정판결은 반드시 "금고 이상의 형에 처하는 것"임을 요한다. 따라서 약식명령・즉결심판에 대해서는 사후적 경합을 인정할 수 없고, 그 판결 전 또는 후의 각 범죄에 대한 동시적 경합만 인정할 수 있다. 금고 이상의 형에 처하는 판결이 확정된 경우에는 확정판결이 있는 죄의 형집행종료나 형의 집행유예의 실효여부는 묻지 않는다.[92]

2004. 1. 20. 형법 개정 전의 제37조는 경합범의 범위에 대하여 아무런 제한

---

92) 대판, 1984. 8. 21, 84도1297; 대판, 1992. 11. 24, 92도1417.

없이 "판결이 확정된 죄와 그 판결 확정 전에 범한 죄"라고 규정하였기 때문에, 벌금·구류·과료에 처하는 약식명령·즉결심판까지 판결이 확정된 죄에 포함된다고 해석할 수밖에 없었다. 그 결과 약식명령과 즉결심판 확정 전과 후에 범한 두 개의 죄에 대하여 각각 두 개의 형을 선고해야 하므로, 이를 동시 경합으로 처리하여 하나의 형을 선고하는 경우보다 피고인에게 불리할 수밖에 없었다. 개정형법은 이를 개선한 것이다.

2) 죄를 범한 시기 죄를 범한 시기는 범죄의 종료시를 기준으로 한다. 계속범에 있어서 위법상태가 계속 중에 확정판결이 있을 때에는 사후적 경합범이 되지 않는다. 기타의 포괄일죄의 중간에 확정판결이 있으면 그 범죄는 확정판결 후에 종료되었으므로 경합범이 되지 않는다.[93]

3. 경합범의 처분

(1) 경합범의 처벌원칙

경합범 처벌에는 몇 가지 원칙이 있다. ① 수개의 죄 중에서 가장 중한 죄에 정한 형에 일정한 형을 가중하여 처벌하는 가중주의(Asperationsprinzip), ② 수개의 죄 중에서 경한 죄의 형을 흡수하여 가장 중한 죄에 정한 형으로 처벌하는 흡수주의(Absorptionsprinzip), ③ 수개의 죄에 정한 형을 모두 합산하여 처벌하는 병과주의(Kumulationsprinnzip)가 있다.

객관주의 범죄론에서는 범죄의 수만큼의 형벌을 주장하므로 병과주의가 논리적이고, 주관주의 범죄론에서는 범죄적 성격에 따른 형벌의 개별화를 주장하므로 범죄마다 형벌을 정하는 것은 무의미하다고 한다. 우리 형법은 경합범 처벌에 관하여 가중주의를 원칙으로 하고 흡수주의와 병과주의를 예외적으로 가미하고 있다.

(2) 형법의 규정

1) 경합범을 동시에 판결할 경우(동시적 경합범)

(a) 흡수주의 경합범 중 가장 중한 죄에 정한 형이 사형·무기징역·무기금고인 때에는 가장 중한 죄에 정한 형으로 처단한다(제38조 1항 1호).

(b) 가중주의 각 죄에 정한 형이 사형·무기징역·무기금고 이외의 동종

93) 대판, 1974. 11. 16, 74도2957; 대판, 1986. 2. 25, 85도2767; 대판, 1997. 10. 10, 97도1834.

의 형(각각 동종의 유기징역·유기금고·벌금)인 때에는 가장 중한 죄에 정한 형의 장기 또는 다액의 2분의 1까지 가중하되, 각 죄에 정한 형의 장기 또는 다액을 합산한 형기 또는 액수를 초과할 수 없다(제38조 1항 2호). 그리고 징역과 금고는 동종의 형으로 간주하여 징역형으로 처벌한다(제38조 2항).

"2분의 1까지 가중한다"는 것은 처단할 형을 선택한 후 중한 죄에 정한 형의 2분의 1까지 가중한다는 의미이다. 예컨대 경합범 중의 하나는 절도죄(장기 6년)이고 다른 하나는 장물취득죄(장기 7년)인 경우, 가장 중한 죄인 장물취득죄에 정한 형을 가중하여 10년 6월을 한도로 처단하게 된다. 다만 이때에 각 죄에 정한 형이 과료와 과료 또는 몰수와 몰수인 경우에는 제한 없이 병과할 수 있다(제38조 1항 2호 단서). 그리고 유기자유형을 가중할 때에는 25년을 넘지 못한다(제42조 단서).

(c) 병과주의 각 죄에 정한 형이 무기징역이나 무기금고 이외의 다른 종류의 형인 때에는 병과한다(제38조 1항 3호). "다른 종류의 형"이란 유기자유형과 벌금 또는 과료, 벌금과 과료, 자격정지와 구류와 같이 다른 종류의 형을 말한다. 예컨대 간통죄(장기 2년 이하의 징역)와 도박죄(500만원 이하의 벌금·과료)가 경합범이면 2년 이하의 징역형에 500만원 이하의 벌금·과료를 병과한다.

2) 경합범을 동시에 판결하지 아니할 경우(사후적 경합범)

(a) 판결받지 않은 죄 "경합범 중 판결을 받지 아니한 죄가 있는 때에는 그 죄와 판결이 확정된 죄를 동시에 판결할 경우와 형평을 고려하여 그 죄에 대하여 형을 선고한다. 이 경우 그 형을 감경 또는 면제할 수 있다"(제39조 : 2005. 7. 29 개정). 확정판결을 받은 죄에 대해서는 일사부재리의 원칙상 다시 판결할 수 없으므로 확정재판을 받지 아니한 죄에 대해서 형을 선고할 수 있도록 하되, 동시적 경합으로 처리하였을 때와 선고형의 형평을 유지하기 위해 임의적 감면 규정을 둔 것이다.

2005. 7. 29. 형법 개정(일부개정, 법률 제7623호) 전에는 원래 동시적 경합으로 하나의 형이 선고될 수 있는 경우가 피고인의 책임없는 사유로 사후적 경합으로 두 개의 형이 선고되어 피고인에게 불리한 경우가 있었다. 이번 개정은 동시적 경합으로 판결할 경우와 "형평을 고려하여" 형을 선고하도록 하고, 이 경우 "그 형을 감경 또는 면제할 수 있도록" 하였다. 임의적 감면이지만 형평을 고려해야 한다는 취지에 비추어 실제로 감경은 불가피할 것으로 보인다. 그리고 감경할 경우 법률상 감경(제55조 제1항) 이하로 감경할 수 있느냐가 해석상 논의될

수 있는데, 입법자의 의도는 법원의 해석 여지를 남겨 둔 것으로 보인다.

(b) 금고 이상의 확정판결 전후에 범한 죄 금고 이상의 형에 처한 확정판결 전과 후에 범한 죄는 경합범이 아니므로 이 경우에는 두 개의 주문에 의하여 형을 선고해야 한다. 예컨대 피고인이 범한 A·B·C·D·E 5개의 죄 중 C죄에 대하여 금고 이상의 확정판결이 있다면, A·B·C죄와 D·E죄는 경합범이 아니다. 따라서 법원은 "A·B죄에 대하여 징역 1년, D·E죄에 대하여 징역 2년에 처한다"라고 판결해야 한다. 이 때에는 두 형이 병과되는 것이므로 두 형의 합계가 어떤가는 문제되지 않는다. 따라서 소년에 대한 두 단기형의 합계가 5년을 초과하여도 소년범 제54조 1항 단서에 반하지 않는다.[94] 또 두 개의 형을 선고하는 경우, 사전·사후의 선고형이 자유형인 때에는 그 각각의 자유형에 대하여 집행유예도 선고할 수 있다.[95]

(c) 경합범의 형 집행 2005. 7. 29. 형법 개정 전에는 경합범에 수개의 판결이 있는 경우에 형의 집행은 형법 제38조의 경합범의 처벌례에 따른다(개정전 제39조 2항)는 규정이 있었으나, 이번 개정으로 삭제되었다. 따라서 새로 선고된 형에 대해서 집행하면 될 것이다.

【개정 전의 판례】 경합범 관계에 있는 죄에 대해서 여러 개의 형이 선고, 확정된 경우에 경합범의 처벌예에 따라 집행하도록 되어 있으므로 두 개의 형 중 한 개의 형이 무기징역이고 다른 것은 징역 5년형인 때에는 무기징역이 사후에 징역 20년으로 감형되더라도 그 감형된 형만 집행하고 5년형은 집행할 수 없고, 20년 형에 5년형을 합산하여 집행하라는 검사의 집행지휘처분은 위법하다(대판, 1991. 8. 9, 91도54).

3) 경합범의 일부사면과 형면제

경합범으로 판결선고를 받은 자가 경합범 중의 어떤 죄에 대하여 사면 또는 형의 집행이 면제된 때에는 다른 죄에 대하여 다시 형을 정한다(제39조 3항). 이는 경합범에 대하여 하나의 형이 선고되었을 때에 적용된다. "다시 형을 정한다"란 심판을 다시 한다는 뜻이 아니라 집행될 형의 부분만 다시 정한다는 의미이다. 이 경우 형 집행에서는 이미 집행한 형기를 통산한다(제39조 4항).

94) 대판, 1983. 10. 25, 83도2323.
95) 대판, 2002. 2. 26, 2000도4637.

제4편
형벌과 보안처분의 이론

제1장 형 벌 론

제1절 형벌의 의의와 종류

Ⅰ. 서 론

1. 형벌의 의의

범죄에 대한 법률효과 또는 제재에는 형벌(刑罰)과 보안처분(保安處分)이 있다. 형벌(Strafe)은 국가가 범죄에 대한 법률상의 효과로서 범죄자에 대하여 그의 책임의 범위 내에서 과하는 법익의 박탈이다. 이와 같이 형벌은 책임을 전제로 하고 과거의 범죄행위를 대상으로 한다는 점에서, 장래의 범죄적 위험성을 전제로 하는 보안처분과 구별된다.

형벌권의 주체는 국가이므로 형벌은 공형벌(公刑罰)에 한하며, 이른바 사형벌(私刑罰)은 형벌의 개념에 속하지 아니한다. 즉, 형벌은 개인 사이의 사적 제재나 민사상의 손해배상과 다르다. 또 형벌은 범죄를 전제로 이에 대한 법률효과로서 과해지므로 범죄가 없으면 형벌도 있을 수 없다. 형벌은 범죄에 대한 법률효과이지만 범죄에 대하여 과하는 것이 아니라 범죄의 주체인 범죄자에 대하여 과해진다. 범죄자에게 과해지는 형벌은 법익의 박탈을 내용으로 한다. 예컨대 사형은 사람의 생명을, 자유형은 사람의 자유를, 자격형은 일정한 자격을, 재산형은 일정한 재산을 각각 박탈하고 있다. 다만 오늘날의 형벌은 범죄 예방목적을 강조하고 있으므로 형벌의 내용인 법익박탈의 의미도 단순한 응보적 법익박탈이 아니라 범죄예방과 범죄자 개선에 중점을 두는 법익박탈이라 해야 한다.

2. 형벌의 종류

형법이 규정하고 있는 형벌의 종류는 사형·징역·금고·자격상실·자격정지·벌금·구류·과료 및 몰수의 9종류가 있다(제41조). 강학상으로 형벌은 박탈되는 법익의 종류에 따라 생명형·자유형·명예형·재산형의 4종류로 구분할 수 있다. 사형은 생명형이고, 징역·금고·구류는 자유형이며, 자격상실·자격정지는 명예형이고, 벌금·과료·몰수는 재산형이다.

근대 이전에 태형(笞刑)·장형(杖刑) 등과 같이 수형자의 신체를 훼손하는 신체형도 있었으나 근대형법 이후에는 대부분의 국가가 이를 인정하지 않고 있다. 또 구형법에는 몰수 이외의 형은 모두 독립하여 선고할 수 있는 주형(Hauptstrafe)으로 하고, 몰수는 주형에 부가하여서만 선고할 수 있는 부가형(Nebenstrafe)으로 규정하였으나(구형법 제9조), 현행형법은 주형과 부가형의 구별을 폐지하고 몰수형의 부가성도 인정하고 있다(제49조 참조).

Ⅱ. 생명형(사형)

1. 생명형의 의의

생명형(Todesstrafe)은 생명박탈을 내용으로 하는 형벌로서 사형(死刑)을 말한다. 형벌 중에서 가장 중한 형벌이라는 의미에서 극형(極刑)이라고도 한다.

사형은 형벌 중에서 가장 오랜 역사를 가지고 있고, 형벌사(刑罰史)는 사형의 역사라고 할 만큼 형벌 중에서 중요한 지위를 차지하여 왔다. 특히 근대 이전의 위하시대(威嚇時代)에는 형벌의 대부분이 사형이었으며, 그 집행방법도 극히 잔인한 방법을 사용하기도 하였으나 오늘날에는 그 수도 감소되었고 집행방법도 완화하여 가급적 수형자의 고통을 제거하고 있다.

사형 집행방법은 국가에 따라 다르다. 교수형, 총살형, 전기살, 가스살, 독물주사살 등이 오늘날의 집행방법이라 할 수 있다. 형법의 사형집행은 교도소 내에서 교수(絞首)하여 집행하고(제66조), 군형법은 총살형으로 집행하도록 규정하고 있다(군형법 제3조).

형법상 절대적 법정형으로 사형만을 과할 수 있는 죄는 여적죄(제93조) 뿐이고, 그 이외에는 상대적 법정형으로 법관의 재량에 의하여 사형과 자유형을 선택적으로 과할 수 있게 되어 있다. 그러나 사형을 절대적 법정형으로 하는 여적죄도 작량감경(제53조)의 여지가 있으므로 사형에 처하지 아니할 수 있다.

【형법상 사형범죄】 내란죄(제87조), 내란목적 살인죄(제88조), 외환유치죄(제92조), 여적죄(제93조), 모병이적죄(제94조 1항), 시설제공이적죄(제95조), 시설파괴이적죄(제96조), 간첩죄(제98조), 폭발물사용죄(제119조), 현주건조물등방화치사죄(제164조 2항), 살인죄(제250조), 인질살해죄(제324조 4항), 강도살인죄(제338조), 강간·강제추행·준강간등살인죄(제301조의 2), 해상강도살인·치사·강간죄(제340조 3항) 등 15개 조문이 있다. 이 외에 특별법에는 사형범죄의 범위를 확대하여 규정하고 있다.

【특별법상 사형범죄】 '폭력행위등처벌에관한법률'상의 폭력단체구성·활동(제4조), '특정범죄가중처벌등에관한법률'상의 약취유인죄(제5조의 2), 도주차량운전자(제5조의 3), 상습강도(제5조의 4), 강도상해·강도강간의 재범(제5조의 5), 절도목적단체조직(제5조의 8), 보복목적살인(제5조의 9), 통화위조가중처벌(제10조), 마약사범가중처벌(제11조) 등 9개 조문, '성폭력범죄의처벌및피해자보호에관한법률'상의 특수강도·강간등죄(제5조 2항), 강간등살인죄(제10조 1항)가 있고, 군형법(45개 조문)·국가보안법(4개 조문), '보건범죄단속에관한특별조치법'(3개 조문), '성폭력범죄의처벌및피해자보호등에관한법률'(2개 조문) 등 21개 법률에 총97개 조문의 사형규정이 있다.

2. 사형존폐론

(1) 사형폐지론[1)]

사형제도를 존치할 것이냐 폐지할 것이냐에 대해서는 근세 이후 오래 동안 논의되어 왔다. 베까리아(Beccaria)가 1746년 "범죄와 형벌"에서 사형의 불필요성을 역설한 이후 계몽사상가 들에 의하여 인도주의적 견지에서 폐지론이 강력히 전개되었으며, 현재에도 많은 학자들에 의하여 사형폐지가 주장되고 있다. 사형폐지를 주장하는 중요한 근거는 다음과 같다.

첫째, 사형은 집행방법 여하를 불문하고 야만적이며, 잔혹하여 인도주의 견

1) 심재우, 인간의 존엄과 사형폐지론(법학논집 제34집, 고려대 법학연구소, 1998), 454면; 이형국, 390면; 김일수/서보학, 733면; 배종대, 787면; 임웅, 606면; 김성돈, 747면; 김성천, 476면; 허일태, 한국의 사형제도의 위헌성, 저스티스 제31권 제2호(한국법학원, 1998), 16면; 이정원, 466~467면; 최선호, 사형제도에 관한 연구, 법학연구 제9집(한국법학회, 2002), 514면 이하; 하태영, 사형제도의 폐지, 경남법학 제13집(경남대 법학연구소, 1997), 168면; 윤종행, 사형제도와 인간의 존엄성, 법학연구 제13권 제2호(연세대 법학연구소, 2003), 92면.

지에서 허용될 수 없고, 명백히 인간의 존엄성 보장요구에 반한다. 국가가 인간에게 생명을 부여할 수 없는 것과 같이 국가는 인간의 생명을 박탈할 수도 없다.

둘째, 오판(誤判)에 의하여 사형이 집행되었을 경우에는 다시는 만회할 수 없는 결과를 가져온다.

셋째, 사형은 일반인이 기대하는 것과 같은 위하적 효과도 적다. 사형을 폐지한 국가의 범죄가 증가하지 않는 것은 이를 말해 준다.

넷째, 사형은 형벌의 개선적 기능과 교육적 기능을 전혀 갖지 못한다.

(2) 사형존치론[2)]

사형제도의 존속을 주장하는 사형존치론의 중요한 근거는 다음과 같다.

첫째, 사형에 위하적 요소가 있음을 부인할 수 없다. 생명은 인간이 가장 애착을 느끼는 것이므로 생명의 박탈을 의미하는 사형의 예고는 범죄에 대한 최대의 억제력이 될 수 있다.

둘째, 형벌의 본질이 응보에 있음을 완전히 부인할 수 없는 것과 마찬가지로 극악한 죄인에게는 사형을 과할 수밖에 없으며, 범죄로부터 사회방위 목적을 달성함에 있어서 절대적 확실성을 기할 수가 있다.

셋째, 살인을 한 자에 대하여 그 생명을 박탈하는 것은 일반국민의 법적 확신이며, 국민이 주권자임을 부정하지 않는 한 국민의 법감정에 반하는 사형제도의 변경은 바람직하지 않다.

넷째, 선진・문명국인 미국, 일본 등 78개 국가에서도 여전히 사형제도를 유지하고 있고, 사형폐지국인 영국의 경우 사형폐지 후 살인사건 발생률이 증가하여 제도부활론이 비등하고 있다.

(3) 결 어

사형제도 존폐의 문제는 당해 국가의 현실적인 정치적・문화적・사회적 기반과 관련하여 상대적으로 논의되어야 한다. 우리나라 다수설은 사형의 전면적 폐지가 아직 시기상조라는 태도를 취하고 있다.[3)] 대법원도 현재 우리나라의 실

2) 이재상, 562면 이하; 손동권, 624면; 이태언, 형벌제도개선에 관한 연구, 외대논총 제9호(부산외국어대학교, 1991), 551면; 김인선, 우리나라 사형제도의 역사적 고찰과 그 위헌성 여부, 교정 제287호(법무부, 2000), 30면; 김진혁, 사형제도에 관한 연구, 교정연구 제21호(한국교정학회, 2003), 202면 이하.

정과 국민의 도덕적 감정을 고려하여 사형은 합헌이라 하여 계속 이를 유지하고 있고, 헌법재판소도 우리 문화수준과 사회현실에 비추어 아직은 합헌이라 판단하고 있다.

다만 사형존폐에 대한 결론을 내리기에 앞서 사형제도를 운영함에 있어서 노정되는 현실적인 문제점은 시급히 개선되어야 한다. 예컨대 생명에 대한 침해 또는 침해의 구체적 위험성이 없는 범죄에 대한 사형규정, 미수범 또는 예비음모범에 대한 사형규정, 중한 결과가 상해 또는 사상(死傷)인 결과적 가중범에 대한 사형규정 등은 폐지하여야 할 것이다. 또한 중국의 "사형의 집행유예제도"를 우리 실정에 맞게 도입하여 일정한 집행유예 취소사유(예컨대 도주, 교도소 내에서의 살인, 상해 등)가 없는 때에는 유예기간 종료시에 법원의 선고에 의하여 무기징역으로 전환하는 방법을 고려할 필요가 있다.[4]

한편 국회의원 과반수이상의 발의로 사형제도를 폐지하고 그 대체형으로서 사망할 때까지 가석방을 할 수 없는 종신형(절대적 종신형) 제도를 도입하는 "사형제폐지특별법안"이 2004. 12. 8. 국회에 제출된 바 있으므로 앞으로 존폐 여부에 대한 논쟁은 더욱 심화될 것으로 보인다.

【판례】 ① 인도적 또는 종교적 견지에서 존귀한 생명을 빼앗아 가는 사형이 피해야할 것임에는 이론이 있을 수 없을 것이나, 한편으로는 범죄로 인하여 침해되는 또 다른 존귀한 생명을 외면할 수 없고, 또 사회공공의 안녕과 질서를 위하여 생명형의 존치를 이해하지 못할 바가 아니며, 이것은 바로 그 나라의 실정법에 나타나는 국민의 총의라고 파악될 것이다(대판, 1983. 3. 8, 82도3248).[5]

② 생명권 역시 헌법 제37조 제2항에 의한 일반적 법률유보의 대상이 될 수 밖에 없는 것이나, 생명권에 대한 제한은 곧 생명권의 완전한 박탈을 의미한다 할 것이므로, 사형이 비례의 원칙에 따라서 최소한 동등한 가치가 있는 다른 생명 또는 그에 못지 아니한 공공의 이익을 보호하기 위한 불가피성이 충족되는 예외적인 경우에만 적용되는 한, 그것이 비록 생명을 빼앗는 형벌이라 하더라도 헌법 제37조 제2항 단서에 위반되는 것으로 볼 수는 없다(헌재결, 1996. 11. 28,

3) 위의 존치론 외에 손해목, 1178면; 안동준, 331면; 정영일, 520면; 오선주/이병희, 사형존폐론에 관한 비판적 고찰(법학논집 제15호, 청주대 법학연구소, 1999), 56면 이하; 김영옥, 우리나라의 사형현황과 개선방안(인문사회과학연구 제4집, 호남대 인문사회과학연구소), 1997, 332면; 이훈동, 사형제도에 대한 새로운 시각(교정연구 제16호, 한국교정학회, 2002), 160면 이하; 전지연, 대한민국에서의 사형제도(비교형사법연구 제6권 제2호, 한국비교형사법학회 2004, 특집호), 53면.

4) 중국의 사형집행유예제도에 관해서는 飯田忠雄, 中華人民共和國における刑罰思想と刑罰の執行猶豫制度(刑法雜誌 第13卷), 189면 이하.

5) 同旨: 대판, 1963. 2. 28, 62도241; 1967. 9. 12, 67도988; 1991. 2. 26, 90도2906 등.

95 헌바 1).

Ⅲ. 자유형(징역 · 금고 · 구류)

1. 자유형의 의의

자유형(自由刑, Freiheitsstrafe)은 신체적 자유를 박탈하는 형벌로서, 근대적 형벌체계의 중심을 이루고 있다. 형법은 징역 · 금고 · 구류 3종의 자유형을 인정하고 있다.

자유형 본래의 목적은 범죄인을 처단하기 위하여 일시적으로 구금하는 데서부터 시작되었으나, 점차 육체적 고통을 주기 위한 원시적인 목적으로 집행되었다. 그 후 자유형의 내용은 서서히 순화되어 오늘에 와서는 범죄인으로 하여금 개과천선 시키려는 개선적 교육적 내용이 중요한 목적으로 되어 있다. 이 이외에도 수형자의 명예심을 저하시키는 작용을 가지고 있으며, 노역(勞役)을 통해서 재화를 생산케 하여 국가재정에도 간접적인 도움을 주는 부수적인 내용도 포함하고 있다.

2. 자유형의 종류

(1) 징 역

징역(懲役)은 수형자를 교도소에 구치하고 정역(定役)에 복무하게 하는 형벌이다(제67조). 징역은 자유형 중에서 가장 무거운 형벌로 되어 있고(제50조, 제41조 참조) 무기(無期)와 유기(有期)의 두 가지가 있다. 유기는 1월 이상 15년 이하이고, 특별한 사유가 있는 때에는 25년까지 형을 가중할 수 있다(제42조).

(2) 금 고

금고(禁錮)는 수형자를 교도소에 구치하고 자유를 박탈하는 형벌이며(제68조), 정역을 과하지 않는 점에서 징역과 구별된다. 금고는 자유형 중 수형자의 명예를 존중하는 형벌로 이해하여 왔다. 그래서 과실범, 정치범 같은 범인의 명예를 존중할 필요가 있는 자에게 과하고 있으며 명예적 구금이라고 한다.

금고도 징역과 같이 무기와 유기가 있으며(제42조) 형기(刑期)도 같다. 정역을 과하지 않는 것은 노동을 천시하던 구시대의 사상에 기인한다. 행형법은 금고 수형자도 신청이 있으면 작업을 과할 수 있으므로(행형법 제38조) 징역과 본질적 차이는 없다.

(3) 구 류

구류(拘留)도 자유형이므로 그 본질에 있어서 징역·금고와 같으나 그 기간이 1일 이상 30일 미만이라는 점이 다르다(제46조). 구류는 형법전에는 아주 예외적인 경우에만 적용되고(제266조 과실치상죄) 주로 경범죄처벌법 기타 질서위반 법규에 규정되어 있다. 구류는 자유형의 일종이라는 점에서 형사소송법상 재판 확정 전의 법원의 강제처분인 미결구금과 구별된다.

구류도 구류형을 받은 자의 신청에 의하여 작업을 과할 수 있다(행형법 제38조). 그러나 형의 집행상 필요한 노역장유치와 구별해야 한다. 노역장유치는 수형자가 벌금 또는 과료를 납부하지 않을 때에 그 환형처분으로서 일정한 비율로 환산한 기간동안 수형자를 노역장에 유치하는 것이다(제69조 2항, 제70조, 제71조).

3. 자유형 제도상의 문제

(1) 자유형의 단일화문제

자유형의 단일화 문제(단일형론)란 광의로는 징역·금고·구류의 세 가지의 자유형을 단일화해야 한다는 논의를 의미하지만, 협의로는 징역과 금고의 구별을 폐지하자는 논의를 말한다. 오늘날 세계의 입법동향은 단일화를 인정하는 방향으로 나아가고 있다. 최근에 시행되고 있는 독일 형법총칙과 오스트리아 형법은 완전히 자유형을 단일화하였다. 일본에서도 전후의 형법개정작업 과정에서 자유형의 단일화문제가 논의되고 있으며,[6] 우리나라에서도 자유형의 단일화를 주장하는 견해가 지배적이다.[7]

범죄를 파렴치범과 비파렴치범으로 구별하는 것은 반드시 범죄의 종류마다

6) 西原, 總論, 42면 註 2 참조.

7) 정영석, 303면 註 3; 유기천, 351면; 황산덕, 308면; 정성근, 679면; 이재상, 567면 이하; 이형국, 392면; 김일수/서보학, 736면; 박상기, 507면; 손해목, 1181면; 진계호, 608면; 배종대, 789면; 안동준, 333면; 임웅, 609면; 정영일, 523-524면; 김성돈, 750면.

가능한 것은 아니며, 이러한 구별은 지나치게 상대적이다. 뿐만 아니라 정역(定役)은 종래까지 형벌의 내용인 해악(害惡)의 일종이었고, 자유박탈에 비견되는 것으로 이해되어 왔다. 그러나 오늘날의 정역은 교도소 생활의 규율을 훈치시키는 수단으로 집단작업요법의 일종으로 이해하고, 이를 통해서 일정한 기능을 부여함으로써 석방 후의 갱생을 촉진하여 재범을 예방하기 위한 수단이라고 이해하게 되었다. 따라서 정역을 과할 것이냐의 문제 여부는 범죄의 성격에 의해서가 아니라 수형자의 개선 갱생이라는 관점에서 결정하지 않으면 안 된다. 이렇게 볼 때에 징역형과 금고형을 구별하는 기준은 그 합리성이 없으므로 이를 단일화해야 하며, 나아가서 구류도 단일형 중에 포함시켜야 할 것이다.[8)]

(2) 단기자유형의 폐지문제

단기자유형이란 형기가 짧은 자유형을 말한다. 단기의 기준에 관하여 1949년의 국제형법 및 형무회의는 3월 이하설이, 1959년의 UN범죄방지회의는 6월 이하설이, 미국은 1년 이하설 등이 있으나 통설은 6월 이하설이다.

단기자유형은 비교적 경한 범죄를 범한 자와 특히 초범자에게 과해지는 것이 보통이다. 이러한 자를 교도소에 수용하면 형기가 단기이므로 수형자의 개선에도 적합치 않고, 도리어 다른 수형자로부터 범죄의 감염을 받을 가능성이 많으므로 형벌의 개선적 목적에 위배되는 결과를 초래할 가능성이 많다. 그러므로 단기자유형의 제도는 폐지하고 벌금형이나 기타 보호관찰부 집행유예·선고유예·주말구금·휴일구금·피해배상제 벌금형 등으로 이를 대체함이 타당하다고 본다.[9)]

Ⅳ. 재산형(벌금·과료·몰수)

재산형(財産刑, Vermögensstrafe)은 범인으로부터 일정한 재산을 박탈하는 형벌로서 벌금·과료·몰수 세 종류가 있다.

8) 오스트리아 형법 제18조 2항은 "유기자유형은 1일 이상 20년 이하로 한다"고 하여 구류를 자유형에 포함시키고 있고, 독일 형법 제38조 2항은 "자유형은 1월 이상 15년 이하로 한다"고 규정하여 구류를 폐지하고 있다.

9) 정성근, 679면; 이형국, 391면; 이재상, 567면; 김일수/서보학, 737면; 박상기, 507면; 진계호, 609면; 임웅, 609면.

역사적으로 재산형, 특히 벌금은 로마의 12동표법상의 배상(Poena)이나 고대 독일법상의 속죄금(Busse), 우리나라 고대법의 배상과 같이 처음에는 개인적 배상제도로 인정되어 왔으나 점차 공형벌(公刑罰)의 성격으로 변화되었다. 특히 19세기 후반부터 자본주의 경제질서 확립과 더불어 벌금이 주형(主刑)의 하나로 자리 잡았으며, 단기자유형의 대체수단으로서 오늘날 세계적으로 점차 그 비중과 중요성이 증대하고 있다.

1. 벌금형

(1) 벌금형의 의의

벌금형(罰金刑, Geldstrafe)은 범인에 대하여 일정한 금액의 지급의무를 강제적으로 부담케하는 형벌로서 재산형 중에서 가장 중한 형벌이다. 벌금은 5만원 이상으로 하며, 그 상한(上限)은 제한이 없다. 다만, 감경하는 경우에는 5만원 미만으로 할 수 있다(제45조).[10] 또한 벌금을 판결확정일로부터 30일 이내에 완납하지 못한 경우에 환형처분으로서 1일 이상 3년 이하의 기간동안 노역장유치를 인정하고 있다(제69조, 제70조). 그 일부만 납입한 경우에는 벌금액과 유치기간의 일수(日數)에 비례하여 납입금액에 상당한 일수를 공제한다(제71조).

(2) 벌금형의 법적 성질

벌금형은 일신전속성을 갖기 때문에 제3자의 대납, 국가에 대한 채권과의 상계, 범인 이외의 자와의 공동연대책임, 상속 등이 허용되지 않는다. 다만 다음의 경우에는 예외가 인정된다. 재판확정 후 피고인 사망으로 인한 상속재산(형소법 제478조)과, 재판확정 후 합병으로 인한 존속법인 또는 설립법인의 재산(형소법 제479조)에 대해서는 벌금형을 집행할 수 있다. 벌금형은 일정한 금액의 지급의무만을 과하는 데에 그치고, 몰수처럼 재산권을 일방적으로 국가에 이전시키는 물권적 효력을 수반하는 것은 아니다.

(3) 현행벌금형 제도의 개선점

벌금형은 범인을 사회로부터 격리시키지 않고 사회생활을 계속하게 하면서 단기자유형의 폐해를 피할 수 있고, 오판(誤判)의 경우에 그 회복이 용이하며, 집행비용도 저렴하면서 일반적인 위하력을 가질 수 있다는 장점이 있다. 반면

10) 개정된 현행형법(1995. 12. 29. 법률 제5057호)은 개정 전에 각칙에 규정된 벌금형(40만원 이하부터 300만원 이하)을 인상하여 200만원 이하부터 3천만원 이하까지로 상향 조정하였다.

에 그 집행으로 가족의 생계에 지장을 주게 되어 실질적으로 일신전속적 성질을 가질 수 없고, 벌금을 범죄에 대한 세금으로 생각하거나, 재력이 있는 자와 없는 자에 따라 형벌로서의 효과가 다르게 나타나게 된다. 그러므로 재력 있는 자에 대해서는 예방효과를 거두기 어렵고, 개선교육의 효과도 크지 않다는 비판이 있다. 특히 벌금액의 산정은 범죄인의 경제상황보다 범죄사실을 기준으로 결정하기 때문에 형벌의 효과가 불평등하게 나타나고, 벌금을 납입하지 못하는 경우에 노역장에 유치하면 다시 단기자유형의 폐해가 나타난다는 단점이 있다.

따라서 벌금형의 장점을 유지하면서 개선방안으로 일수벌금제도, 벌금분납제도, 벌금형의 집행유예제도, 벌금형의 적용범위의 확대가 주장되고 있다.

1) 일수벌금제도 현행 벌금제도는 그 액수산정을 총액벌금제도에 의하고 있으므로 범죄인의 빈부격차를 고려한 벌금형의 선고를 기대하기 어렵다. 여기에 벌금형 집행방법을 개선하여 일수벌금제도를 도입할 필요가 있다. 일수벌금제도란 범죄의 경중에 따라 일수(日數)를 정한 다음, 피고인의 수입상황을 고려하여 일수당 정액(日數當 定額)을 결정하여 일수에 일수정액을 곱하여 벌금액을 산정하는 제도를 말한다.[11]

일수벌금제도도 범죄인의 경제상황조사의 곤란성과 법관의 자의적인 일수정액산정의 위험이 없지 않으나 일수벌금제도의 기능자체를 해할 정도는 아니라고 본다. 핀란드, 독일, 오스트리아 등이 도입하고 있다.

2) 벌금분납제도 피고인이 일시에 벌금액을 납입할 수 없는 경우에는 벌금의 분납 또는 납입기간을 나누어주는 제도이다. 벌금을 납입하지 못할 경우에 노역장에 유치하는 환형처분으로 나타날 단기자유형의 폐해를 방지하고, 피고인의 벌금납입의 가능성을 고려한 제도이다. 독일, 영국, 스위스, 이탈리아 등 다수국가가 채택하고 있다.

3) 벌금형의 집행유예제도 현행법은 벌금형에 대한 선고유예는 인정하지만 집행유예는 인정하지 않고 있다. 벌금형보다 중한 자유형에 대해서 집행유예를 인정하고 있음에 비추어 벌금형에도 집행유예를 인정하여 집행유예제도의 형사정책적 취지를 살릴 필요가 있다.[12] 오스트리아, 일본이 도입하고 있다.

---

11) 독일 형법 제40조는 일수의 최저수는 5일, 최상한 수는 360일이며, 1일수에 대한 최저 일수정액은 1 EUR, 최고 일수정액은 5,000 EUR로 하고 있다.

12) 형법개정법률안 제62조 1항은 벌금형에 대하여도 집행유예를 인정하고 있다.

4) 벌금형의 적용범위 확대 벌금형이 단기자유형의 대체형(代替刑)으로서 그 효과를 기대하기 위해서는 벌금형을 규정하지 않은 간통죄(제241조), 동의낙태죄(제270조) 등 일정 형기 이하의 경미한 범죄에 대해서 벌금형을 선택형으로 과할 수 있도록 그 적용범위를 확대할 필요가 있다.

2. 과 료

과료(科料)는 재산형의 일종으로서 범죄인에게 일정금액의 지급을 강제적으로 부담지우는 형벌이다. 일정금액의 지급을 강제부담시킨다는 점에서 벌금과 같으나 과료는 벌금에 비하여 그 금액이 적고, 또 비교적 경미한 범죄에 대해서 부과한다는 데에 차이가 있다. 과료에 해당하는 범죄는 형법전의 경우 예외적으로 규정되어 있고,[13] 주로 경범죄처벌법 기타 질서위반법에 많이 규정되어 있다. 과료는 형벌의 일종이므로 행정법상의 제재인 과태료(過怠料) 또는 범칙금(犯則金)과는 구별해야 한다.

과료는 2천원 이상 5만원 미만으로 한다(제47조). 과료를 납입하지 아니한 자에 대해서도 1일 이상 30일 미만의 기간 노역장유치를 하여 작업에 복무케 하는 등 벌금형과 동일한 방법을 채택하고 있다(제69조, 제70조, 제71조).

3. 몰 수

(1) 몰수의 의의

몰수(沒收, Einziehung)는 범죄의 반복을 방지하거나 범죄로부터 이득을 하지 못하게 할 목적으로 범행과 관련된 재산을 박탈하여 이를 국고(國庫)에 귀속시키는 재산형이다. 다른 형벌에 부가하여 과하는 것을 원칙으로 한다(부가형, 제49조 본문). 다만, 예외적으로 행위자에게 유죄의 재판을 하지 아니한 경우에도 몰수요건이 있는 때에는 몰수만을 선고할 수 있다(제49조 단서). 몰수는 임의적 몰수와 필요적 몰수가 있다. 몰수는 임의적 몰수가 원칙이다(제48조 1항). 따라서 몰수 여부는 원칙적으로 법관의 재량에 맡겨져 있다(제49조 단서).[14]

---

13) 형법전에서 과료를 과할 수 있는 범죄는 변사자검시방해죄(제163조), 공연음란죄(제245조), 도박죄(제246조), 폭행죄(제260조 1항), 협박죄(제283조 1항), 과실치상죄(제266조), 점유이탈물횡령죄(제360조), 자동차등불법사용죄(제331조의2), 편의시설부정이용죄(제348조의2), 복표취득죄(제248조 3항) 등이다.

필요적 몰수는 반드시 몰수해야 하는 경우를 말한다. 뇌물죄에 있어서 범인 또는 정을 아는 제3자가 받은 뇌물 또는 뇌물에 공할 금품(제134조)과, 아편에 관한 죄에 있어서 아편, 몰핀이나 그 화합물, 아편흡식기구(제206조) 등이 그 예이다(또 관세법 제198조 2항, 특정범죄가중처벌법 제13조, 국가보안법 제15조에도 규정되어 있다).

(2) 몰수의 법적 성질

몰수의 성질에 대해서 다수설은,[15] 형식적으로는 일종의 형벌이지만 실질적으로는 일종의 대물적 보안처분이라 하고 있다. 이에 대해서 형벌이라는 견해,[16] 행위자 소유물은 재산형, 제3자의 소유물은 대물적 보안처분이라는 견해도[17] 있다.

몰수는 원래 자유형·벌금과 같이 범인에 대한 응보적 형벌로서의 성질을 가지고 있었다. 그러나 오늘에 와서는 벌금형과 몰수형을 분리시켜 몰수를 부가형으로 하고 있으므로 형식적으로는 형벌로 하면서도 실질적으로는 보안처분의 성질을 지니게 하고 있다. 현행 형법도 몰수는 범인으로부터 사회적으로 위험한 물건(범죄행위에 제공된 물건)을 제거하여 범죄반복의 위험성을 예방하고, 또 범죄로 인한 부당한 이익을 박탈한다는 보안처분적 성질을 인정하고 있다. 특히 일정한 경우에는 범인 이외의 자의 소유에 속하는 물건의 몰수를 인정한 것은 몰수의 보안처분적 성질을 더욱 명백히 하고 있다.

(3) 몰수의 대상

몰수의 대상은 다음에 열거한 물건의 전부 또는 일부이다(제48조 1항). 여기의 물건은 민법(제98조)상의 물건과 다른 개념이고, 유체물 뿐만 아니라 권리 또는 이익도 포함한다.[18]

1) 범죄행위에 제공하였거나 제공하려고 한 물건 현실적으로 범죄수행에 사용한 물건과 범죄수행에 사용하려고 준비한 물건을 말한다. 살인행위에 사용하였던 권총·칼, 범죄행위에 사용하려고 준비한 흉기·약품, 도박에 내건 금품 등이다. 사행성게임기는 당국으로부터 적법하게 등급심사를 받은 것이라고

---

14) 대판, 1977. 9. 13, 77도2028.
15) 유기천, 355면; 정영석, 305면; 황산덕, 310면; 정성근, 682면; 이형국, 394면; 손해목, 1187면; 김일수/서보학, 741면; 김성돈, 755면.
16) 배종대, 792면.
17) 이재상, 571면; 진계호, 612면; 박상기, 513면.
18) 대판, 1976. 9. 28, 76도2607.

하더라도 본체를 포함한 그 전부가 범죄행위에 제공된 물건으로서 몰수의 대상이 된다.[19] 그러나 피해자를 발로 걷어찰 때에 신고 있던 구두와 같이 범행에 제공할 의사 없이 우연히 범행에 도움을 준 물건은 여기에 해당하지 않는다.[20]

2) 범죄행위로 인하여 생겼거나 이로 인하여 취득한 물건 범죄행위로 인하여 비로소 생긴 물건과 범행당시에도 이미 존재하였으나 범행으로 인하여 범인이 취득한 물건을 말한다. 예컨대 문서위조행위에 의하여 작성된 위조문서나 통화위조행위에 의하여 작성된 위조통화가 전자에 해당하고, 도박으로 취득한 금품은 후자에 해당한다. 그러나 구 외국환관리법(제18조)에 의하여 등록하지 아니한 미화(美貨)는 그 행위 자체에 의하여 취득한 물건이 아니므로 몰수할 수 없다.[21]

3) 위 물건의 대가로 취득한 물건 장물의 매각대금, 위조통화로 매입한 물건, 인신매매의 대금과 같이 범죄행위로 인하여 간접적으로 취득한 부정한 이익을 말한다.

한편 '공무원범죄에관한몰수특례법'(1995. 1. 5 법률 제4934호)과 '마약류불법거래방지에관한특례법'(1995. 12. 6 법률 제5011호) 및 '불법정치자금등의몰수에관한특례법'(2005. 8. 4 법률 제7652호)에는 몰수대상을 범죄행위로 얻은 불법수익에 국한하지 아니하고 불법수익에서 유래한 재산에까지 확대하고 있다.

(4) 몰수의 요건

몰수를 하려면 그 대상물이 범인 이외의 자의 소유물에 속하지 아니하거나, 범죄 후 범인 이외의 자가 정(情)을 알면서 취득한 물건임을 요한다(제48조 1항).

1) 범인 이외의 자의 소유에 속하지 아니하는 물건 범인의 소유물뿐만 아니라 무주물, 소유자 불명의 물건, 누구도 소유할 수 없는 금제품도 포함한다. 범인 이외의 자의 소유에 속하는 물건은 몰수할 수 없다.[22] 여기의 범인은 공

19) 대판, 2006. 12. 8, 2006도6400.
20) 대판, 1974. 6. 11, 34도352.
21) 대판, 1982. 3. 9, 81도2930.
22) 예컨대 장물의 대가로 취득한 금전이라도 그 장물의 피해자가 있을 때에는 범인 이외의 자의 소유에 속하는 물건이므로 몰수할 수 없으며, 피해자의 교부청구가 있을 때에는 환부해야 한다(대판, 1966. 9. 6, 66도853). 또 부실기재된 등기부(대판, 1957. 8. 2, 4290형상190), 허위기재 부분이 있는 공문서(대판, 1983. 6. 14, 83도808), 매각위탁을 받은 엽총(대판, 1966. 1. 31, 65오4), 국고에 환부해야 할 국고수표(대판, 1961. 2. 24, 4293형상759) 등도 같은 이유로 몰수할 수 없다.

범도 포함한다.[23] 그리고 누구의 소유에 속하는 물건이냐의 판단은 판결선고시에 권리관계를 기초로 결정해야 한다. 따라서 판결선고 전에 상속에 의하여 소유권이 상속인에게 이전되었을 때에는 범인 이외의 자의 소유에 속하게 된다. 몰수는 특정물에 한하므로 특정되지 않으면 몰수할 수 없다.[24]

【판례】 ① 형법 제48조 제1항의 '범인'에는 공범자도 포함되므로 피고인의 소유물은 물론 공범자의 소유물도 그 공범자의 소추 여부를 불문하고 몰수할 수 있고, 여기에서의 공범자에는 공동정범, 교사범, 방조범에 해당하는 자는 물론 필요적 공범관계에 있는 자도 포함된다. 또 여기에서의 공범자는 반드시 유죄의 죄책을 지는 자에 국한된다고 볼 수 없고 공범에 해당하는 행위를 한 자이면 족하다(대판, 2006. 11. 23, 2005도9546).

② 밀수전용의 선박·자동차 기타 운반기구가 관세법 제183조에 의하여 몰수대상이 되는지의 여부를 판단함에 있어 당해 운반기구가 누구의 소유에 속하는가 하는 것은 그 공부상의 명의 여하에 불구하고 권리의 실질적인 귀속관계에 따라 판단하여야 한다(대판, 1999. 12. 10, 99도3478).

2) 범죄 후 범인 이외의 자가 정을 알면서 취득한 물건 범인 이외의 자의 소유에 속하는 물건이라도 범죄 후 범인 이외의 자가 취득당시에 그 물건이 형법 제48조 1항 각호에 해당한다는 사실을 알고 있었으면 몰수할 수 있다.

(5) 추 징

몰수의 대상인 물건을 몰수하기 불가능한 때에는 그 가액을 추징(追徵)하고, 문서 · 도서 · 전자기록 등 특수매체기록 또는 유가증권의 일부가 몰수에 해당하는 때에는 그 부분을 폐기한다(제48조 3항).

추징은 몰수 대상물의 전부 또는 일부를 몰수할 수 없는 경우에 그 대가의 납부를 몰수에 갈음하여 명하는 사법처분이며, 부가형의 성질을 갖는다. 판례는 추징을 형의 일종으로 보고 있다.[25] 몰수와 마찬가지로 특정되지 않은 물건에 대한 추징은 할 수 없다. 추징도 범죄로 인하여 취득한 부당한 이익을 범인으로부터 박탈하는 몰수의 취지를 관철하려는 것으로, 실질적으로는 몰수에 준하는 부가형의 성질을 띠고 있다. 따라서 추징에 대해서도 불이익변경금지원칙이 적용된다.[26]

23) 대판, 2000. 5. 12, 2000도745; 대판, 2006. 11. 23, 2006도5586.
24) 대판, 1996. 5. 8, 96도221.
25) 대판, 1989. 2. 14, 88도2211.

"몰수하기 불능한 때"라 함은 소비·분실·훼손 등 사실상의 원인이나 혼동·선의취득 등 법률상의 원인으로 몰수할 수 없는 때를 의미한다. 따라서 뇌물로 받은 돈이나 자기앞수표를 소비한 후에 그 금액 상당을 반환한 때에는 몰수할 수 없으므로 그 가액을 추징해야 한다.[27] 수인의 공동피고인으로부터 추징할 때에는 원칙적으로 개별추징을 하여야 하며, 개별액을 알 수 없으면 평균분할액을 추징해야 한다.[28] 다만 대법원은 외국환관리법상의 몰수 추징과 같이 징벌적 성격을 띤 몰수에 대해서는 공동연대추징을 하고 있다.[29] 추징가액을 산정하는 기준에 대해서는 범행당시의 가액을 기준으로 산정해야 한다는 범행시설과, 판결시를 기준으로 산정해야 한다는 판결선고시설이 대립하는데 범죄인의 이익을 고려해서 판결선고시를 기준으로 함이 타당하다. 판례[30]도 같은 취지이다.

【판례】 ① 외국환관리법상의 몰수와 추징은 일반 형사법의 경우와 달리 범죄사실에 대한 징벌적 제재의 성격을 띠고 있다고 할 것이므로, 여러 사람이 공모하여 범칙행위를 한 경우 몰수대상인 외국환 등을 몰수할 수 없을 때에는 각 범칙자 전원에 대하여 그 취득한 외국환 등의 가액 전부의 추징을 명하여야 하고, 그 중 한 사람이 추징금 전액을 납부하였을 때에는 다른 사람은 추징의 집행을 면할 것이나, 그 일부라도 납부되지 아니하였을 때에는 그 범위 내에서 각 범칙자는 추징의 집행을 면할 수 없다(대판, 1998. 5. 21, 95도2002 전원합의체).

② 공무원의 직무에 속한 사항의 알선에 관하여 금품을 받고 그 금품 중의 일부를 받은 취지에 따라 청탁과 관련하여 관계 공무원에게 뇌물로 공여하거나 다른 알선행위자에게 청탁의 명목으로 교부한 경우에는 그 부분의 이익은 실질적으로 범인에게 귀속된 것이 아니어서 이를 제외한 나머지 금품만을 몰수하거나 그 가액을 추징하여야 한다(대판, 2002. 6. 14, 2002도1283).

③ 몰수의 취지가 범죄에 의한 이득의 박탈을 그 목적으로 하는 것이고 추징도 이러한 몰수의 취지를 관철하기 위한 것이라는 점을 고려하면 몰수하기 불능한 때에 추징하여야 할 가액은 범인이 그 물건을 보유하고 있다가 몰수의 선고를 받았더라면 잃었을 이득상당액을 의미한다고 보아야 할 것이므로 그 가액산정은 재판선고시의 가격을 기준으로 하여야 할 것이다(대판, 1991. 5. 28, 91도352).

---

26) 대판, 1961. 11. 9, 4294형상572.

27) 대판, 1984. 2. 14, 83도2871; 대판, 1999. 1. 29, 98도3584; 대판, 2002. 6. 14, 2002도1283 등.

28) 대판, 1977. 3. 8, 76도1982; 대판, 1995. 1. 12, 94도2687; 대판, 2001. 10. 12, 99도5294 등.

29) 대판(전원합의체), 1998. 5. 21, 95도2002. 이 판례에 대한 자세한 평석은 김대휘, 징벌적 추징에 대하여(형사판례연구 8, 2000), 151면 이하; 서보학, 공범간에 취득한 이익이 다른 경우의 추징방법(형사판례연구 8, 2000), 178면 이하 참조.

30) 대판, 1991. 5. 28, 91도352.

(6) 폐 기

폐기(廢棄)는 문서・도서・전자기록 등 특수매체기록 또는 유가증권의 일부가 몰수에 해당하는 때에 사법처분으로 명해진다. 전부가 몰수에 해당하는 때에는 폐기하지 않고 몰수한다. 개정된 현행형법은 전자기록 등의 특수매체기록을 폐기대상에 추가시켰다. 이는 각종의 문서위조죄(제277조의2, 제288조 1항, 제299조, 제232조의2, 제234조, 제237조의2), 공무상 비밀표시무효죄(제140조), 업무방해죄(제314조 2항), 비밀침해죄(제316조 2항), 권리행사방해죄(제323조), 재물손괴죄(제333조)의 행위객체에 전자기록 등의 특수매체기록이 추가된 것과 보조를 같이하기 위한 것이다.

V. 명예형(자격상실・자격정지)

1. 명예형의 의의

명예형(名譽刑, Ehrenstrafe)은 범인이 명예적으로 누릴 수 있는 권리 또는 일정한 자격을 박탈하거나 제한하는 형벌이며, 자격형이라고 한다. 형법은 자격상실과 자격정지의 두 가지를 인정하고 있다.

2. 명예형의 종류

(1) 자격상실

자격상실(資格喪失)이란 일정한 형의 선고가 있으면 그 형의 효력으로 당연히 일정한 자격이 상실되는 형벌을 말한다. 즉 피고인이 사형・무기징역 또는 무기금고의 판결을 받은 경우에는, ① 공무원이 되는 자격, ② 공법상의 선거권과 피선거권, ③ 법률로서 요건을 정한 공법상의 업무에 관한 자격, ④ 법인의 이사・감사 또는 지배인 기타 법인의 업무에 관한 검사역이나 재산관리인이 되는 자격을 당연히 상실한다(제43조 1항).

(2) 자격정지

자격정지(資格停止)란 일정한 기간 동안 일정한 자격의 전부 또는 일부를 정지시키는 형벌을 말한다. 자격정지는 범죄의 성질에 따라서 선택형 또는 병과

형으로 하고 있다. 그리고 자격정지는 일정한 형의 판결을 받은 자가 당연히 정지되는 당연정지와 판결선고에 의하여 정지되는 선고정지가 있다.

1) 일정한 자격의 당연정지 유기징역 또는 유기금고의 판결을 받은 자는 그 형의 집행이 종료하거나 면제될 때까지 위 자격상실 내용 중 ①, ②, ③의 자격이 당연히 정지된다(제43조 2항).

2) 판결선고에 의한 자격정지 판결선고에 의하여 일정한 자격의 전부 또는 일부를 일정기간 정지시키는 경우를 말한다. 범죄를 범한 후 외국국적을 취득하였어도 자격정지형을 선고할 수 있다.[31] 자격정지 기간은 1년 이상 15년 이하로 한다(제44조 1항). 판결선고에 의한 자격정지는 자격정지의 형이 다른 형과 선택형으로 되어 있을 경우(제105조, 제106조, 국기에 관한 죄)에는 단독으로 과할 수 있고, 또 다른 형에 병과할 수 있는 경우(제345조 참조, 절도와 강도의 죄)에는 병과형으로 과할 수 있다.

자격정지기간의 기산점은, 유기징역 또는 유기금고에 병과한 때에는 징역 또는 금고의 집행을 종료하거나 면제된 날로부터 기산하고(제44조 2항), 자격정지가 선택형인 때에는 판결이 확정된 날로부터 기산한다(제84조 참조).

제 2 절 형의 적용

Ⅰ. 형적용의 단계

범죄자에 대하여 형벌을 구체적으로 적용하는 것을 형의 적용이라 한다. 형벌법규는 일정한 범죄에 대하여 일정한 형벌을 과할 것을 규정하고 있으나 동일한 범죄에 대하여도 형벌의 종류 및 그 범위를 상대적으로 규정하여 그 범위 내에서 법원의 재량의 여지를 주고 있다. 따라서 일정한 범죄에 대해서 구체적으로 형벌을 과할 경우에는 형벌을 구체화하는 것이 필요하다. 여기에 형벌의

31) 대판, 1988. 11. 8, 88도1630.

적용문제가 생긴다.

1. 법정형

법정형(法定刑)이란 일정한 범죄에 대하여 법률상 추상적으로 정해진 형벌을 말하고, 형법 각본조(刑法 各本條)에 규정되어 있는 형벌을 말한다. 따라서 법정형은 구체적인 형의 선택을 위한 일차적 기준이 된다. 현행형법은 법정형의 규정형식에 대해서 상대적 법정형주의를 채택하고 있다. 상대적 법정형주의란 법률에는 형벌의 종류와 범위만을 규정하고 그 범위 내에서 형벌의 적용을 법관의 재량에 일임하는 형식을 말한다. 다만, 유일한 예외로서 여적죄(제93조)에 한하여 사형만을 규정하여 절대적 법정형주의를 채택하고 있다. 그러나 이 경우에도 법관의 작량감경의 여지가 있으므로 실제상으로는 절대적 법정형이라고 할 수는 없다.

【법정형의 규정형식】 법정형을 정하는 입법형식은 종래부터 절대적 전단형주의, 절대적 법정형주의, 상대적 법정형주의가 있어 왔다. 절대적 전단형주의는 일정한 범죄에 대한 형벌을 법률로 특정하지 않고 형벌의 적용을 전적으로 법원의 재량에 일임하는 형식이며, 절대적 법정형주의는 일정한 범죄에 대한 형벌의 종류와 분량을 법률상 엄격히 규정하여 법원의 재량의 여지를 전혀 인정하지 아니하는 형식이다. 절대적 전단형주의는 중세 및 근세 초기의 위하시대에 성행하였으나 근대 이후에는 죄형법정주의 원칙에 반하므로 오늘날은 인정하지 아니하며, 절대적 법정형주의는 개인의 인권보장을 강조한 프랑스혁명 직후에 지배적이었으나 구체적 타당성을 기하기 어렵다는 문제점이 있다. 따라서 오늘의 현대국가에서는 형사정책적 고려와 형벌제도에 대한 점차적인 반성으로 상대적 법정형주의를 채택하고 있다.

2. 처단형

처단형(處斷刑)은 법정형에 대하여 법률상 및 재판상의 가중 · 감경을 한 형을 말한다. 즉, 법정형에서 형종(刑種)의 선택을 인정하고 있는 경우에는 먼저 적용할 형의 종류를 선택하고, 이 선택한 형에 대해서 다시 법률상 또는 재판상 가중 · 감경을 하여 처단의 범위가 구체화된 형의 범위를 말한다. 예컨대 형법 제333조의 강도죄의 법정형은 장기 15년, 단기 3년의 유기징역이나, 형법

제55조 1항 3호에 의하여 감경할 때에는 그 형기의 2분의 1까지 감경하여 장기 7년 6월, 단기 1년 6월의 유기징역으로 된다. 이것이 처단형이다.

3. 선고형

선고형(宣告刑)이란 법원이 처단형의 범위 내에서 구체적으로 형을 양정하여 피고인에게 선고하는 형을 말한다. 예컨대 위 처단형의 예에서 강도죄의 처단형의 범위인 장기 7년 6월, 단기 1년 6월의 범위 내에서 징역 3년을 선고하면 이것이 선고형이다. 형의 가중·감경이 없는 때에는 법정형을 기준으로 선고형이 정해진다.

자유형의 선고형식에는 정기형과 부정기형이 있다. 정기형은 재판에서 자유형의 기간을 확정하여 선고하는 것을 말하며, 부정기형은 재판에서 자유형의 기간을 확정하지 않고 선고한 후 그 집행상황에 따라서 집행이 종료되는 것을 말한다. 그리고 부정기형은 다시 재판에서 전혀 형기를 정하지 않고 선고하는 절대적 부정기형과 재판에서 형기의 장기와 단기를 정하여 선고하는 상대적 부정기형의 두 종류가 있다. 형법은 정기형을 원칙으로 하고 있으며, 다만 소년법은 소년범에 대하여 상대적 부정기형을 인정하고 있다(소년법 제60조).

Ⅱ. 형의 경중

1. 형의 경중의 논의실익

형벌의 적용상 형의 경중을 정해야 할 필요가 있는 경우가 있다. 예컨대 신법과 구법의 경중비교(제1조 2항), 상상적 경합의 처벌(제40조), 실체적 경합의 처벌(제38조 1항)에서는 형의 경중이 먼저 확정되어야 한다. 또 형사소송법상 불이익변경금지의 원칙(제368조)을 적용하기 위해서도 법정형의 경중을 정해둘 필요가 있다.

2. 형의 경중의 판단기준

형의 경중에 관한 판단기준은 형법 제50조에서 다음과 같이 규정하고 있다.

(1) 형법 제50조 1항

형의 경중(輕重)은 형법 제41조 기재의 순서에 의한다(동 본문). 따라서 사형이 가장 중하고 징역, 금고, 자격상실, 자격정지, 벌금, 구류, 과료, 몰수의 순서로 경하게 된다. 다만 무기금고와 유기징역은 금고를 중한 것으로 하고, 유기금고의 장기가 유기징역의 장기를 초과하는 때에는 금고를 중한 것으로 한다(동 단서).

(2) 형법 제50조 2항

동종(同種)의 형은 장기가 긴 것과 다액이 많은 것을 중한 것으로 하고, 장기 또는 다액이 동일한 때에는 그 단기가 긴 것과 소액이 많은 것을 중한 것으로 한다. 따라서 동종의 형의 상호 간에 있어서의 경중은 먼저 각각 그 상한(장기 또는 다액)을 비교하여 상한이 큰 것은 하한(단기 또는 소액)의 대소를 불문하고 항상 중한 것으로 된다.

(3) 형법 제50조 3항

위의 두 가지 규정에 의한 이외에는 죄질과 범정(犯情)에 의하여 경중을 정한다. 예컨대 사기죄(제347조)와 공갈죄(제350조)와 같이 법정형이 동일한 때 적용되는 기준이다. 법정형이 동일하다는 것은 자유형에 있어서는 장기와 단기, 재산형에 있어서는 다액과 소액이 모두 동일함을 의미한다.

(4) 처단형과 선고형의 경중

이상은 법정형의 경중에 관한 것이나 처단형과 선고형에 대해서도 동일한 취지에서 그 경중을 논할 수 있다. 판례에 의하면 징역과 집행유예된 징역 사이의 경중에 대하여, 처음에는 징역기간이 짧아도 전자가 더 무겁다고 하였으나[32] 그 후에는 집행유예된 징역형의 기간이 길면 집행유예 없는 징역형보다 더 무겁다고 판시하고 있다.[33]

---

32) 대판, 1965. 12. 10, 65도826.
33) 대판, 1966. 12. 8, 66도1319; 대판, 1976. 1. 27, 75도1543.

Ⅲ. 형의 가중 · 감경 · 면제

1. 형의 가중

형법은 형의 가중에 대해서 형 감경의 경우와 달리 죄형법정주의 원칙상 재판상의 가중은 허용하지 않고 법률상의 가중만 인정한다. 법률상의 가중에는 일반적 가중사유와 특수적 가중사유가 있다.

(1) 일반적 가중사유

모든 범죄에 공통되는 일반적 가중사유를 말하며, 형법총칙은, ① 경합범가중(제38조), ② 누범가중(제35조 이하), ③ 특수교사 · 방조의 가중(제34조 2항)의 세 가지를 규정하고 있다.

(2) 특수적 가중사유

특정범죄에 대해서만 인정되는 각칙상의 가중사유이다. 상습범 가중(제203조, 제264조, 제279조, 제285조, 제331조, 제351조)과 특수범죄의 가중(제141조, 제278조)이 있다.

2. 형의 감경

형의 감경에는 법률상의 감경과 재판상의 감경(작량감경)이 있다.

(1) 법률상의 감경

법률의 특별규정에 의하여 감경되는 경우를 말한다. 법률상의 감경에는 일정한 사유가 있으면 당연히 감경해야 하는 필요적 감경과, 일정한 사유가 있으면 이를 고려하여 법원이 재량으로 감경할 수 있는 임의적 감경이 있다.

또 법률상의 감경에도 모든 범죄에 공통적인 일반적 감경사유(형법총칙에 의한 감경)와 일정한 범죄에 한하여 특별히 감경하는 특수적 감경사유(각 본조에 의한 감경)의 두 종류가 있으나 후자는 형법각론에서 다루게 된다. 형법총칙이 규정하는 법률상의 일반적 감경사유를 들면 다음과 같다.

1) 필요적 감경사유 심신미약자(제10조 2항), 농아자(제11조), 중지범(제26조, 면제와 택일), 종범(제32조 2항)이 있다.

2) 임의적 감경사유　외국에서 받은 형의 집행으로 인한 감경(제7조, 면제와 택일), 과잉방위(제21조 2항, 면제와 택일), 과잉피난(제22조 2항, 면제와 택일), 과잉자구행위(제23조 2항, 면제와 택일), 미수범(제25조 2항), 불능미수범(제27조 단서, 면제와 택일), 자수 또는 자복(제52조 1항, 면제와 택일)이 있다.

"자수(自首)"란 범인이 수사기관에 대하여 자발적으로 자기의 범죄사실을 신고하여 소추를 구하는 의사표시를 말한다. 자수자는 수사기관에 자발적으로 범죄사실을 신고한 이상 법적으로 그 요건을 완전히 갖춘 범죄행위라고 적극적으로 인식하고 있을 필요까지는 없다.[34] 범죄사실을 신고하는 시기에는 제한이 없으므로 범행발각 전후나 지명수배 여부와 관계없이 체포 전에만 자수하면 자수에 해당한다.[35] 언론에 혐의사실이 보도되기 시작한 후 수사기관에 전화를 걸어 조사를 요청한 경우도 자수가 된다.[36] 신고하는 방법에도 제한이 없으므로 범인이 직접 하지 않고 제3자를 통해서 할 수 있으나,[37] 제3자에게 자수의사를 전달하여 달라고 한 것만으로 자수라고 할 수 없다.[38]

"자복(自服)"이란 반의사불벌죄에 있어서 범인이 피해자에게 범죄를 고백하는 것을 말한다. 반의사불벌죄가 아닌 범죄에서 피해자에게 범죄를 고백하는 것은 자복이 아니므로[39] 양형참작사유가 될 뿐이다.

임의적 감경사유는 법원의 재량에 속한다. 따라서 피고인이 자수하였다 하더라도 법원이 자수감경을 하지 아니하거나 자수감경 주장에 대하여 판단을 하지 아니하여도 위법이라고 할 수 없다.[40]

【판례】 ① 피고인이 검찰의 소환에 따라 자진 출석하여 검사에게 범죄사실에 관하여 자백함으로써 형법상 자수의 효력이 발생하였다면, 그 후에 검찰이나 법정에서 범죄사실을 일부 부인하였다고 하더라도 일단 발생한 자수의 효력이 소멸하는 것은 아니다(대판, 2002. 8. 23, 2002도46).

② 자수서를 소지하고 수사기관에 자발적으로 출석하였으나 자수서를 제출하지 아니하고 범행사실도 부인하였다면 자수가 성립하지 아니하고, 그 이후 구속까지 된 상태에서 자수서를 제출하고 범행사실을 시인한 것을 자수에 해

34) 대판, 1995. 6. 30, 94도1017.
35) 대판, 1968. 7. 30, 68도754; 대판(전원합의체), 1997. 3. 20, 96도1167.
36) 대판, 1994. 9. 9, 94도619.
37) 대판, 1964. 8. 31, 64도252.
38) 대판, 1967. 1. 24, 66도1662.
39) 대판, 1968. 3. 5, 68도105.
40) 대판, 2001. 4. 24, 2001도872; 대판, 2004. 6. 11, 2004도2018.

당한다고 인정할 수 없다(대판, 2004. 10. 14, 2003도3133).

(2) 재판상의 감경(작량감경)

법률상 특별한 감경사유가 없는 경우에도 법원이 범죄의 정상에 참작할 만한 사유가 있는 때에는 작량하여 그 형을 감경할 수 있다(제53조). 작량감경이라 한다. 작량감경은 법률상 형을 가중 또는 감경한 경우에도 다시 감경을 할 수 있다(제56조 6호 참조). 작량감경은 법원의 재량에 속하는 것이며, 법원은 반드시 감경사유가 되는 사실을 구체적으로 판시할 필요는 없으나[41] 법률상의 감경에 관한 형법 제55조의 범위에서만 허용된다.[42]

3. 형의 면제

형의 면제란 범죄가 성립하고 형벌권도 발생하였으나 일정한 사유로 인하여 형만을 과하지 아니하는 경우를 말한다. 따라서 형의 면제판결은 유죄판결의 일종이다(형소법 제322조, 제323조 2항 참조). 형의 면제는 확정재판 전의 사유로 인하여 형이 면제된다는 점에서 확정재판 이후의 사유로 집행이 면제되는 형집행의 면제와 구별된다.

형법상 형의 면제는 필요적 면제(법정면제)와 임의적 면제(재정면제)가 있는데, 다같이 법률상의 면제에 한하고 재판상의 면제(작량면제)는 인정하지 아니한다. 그리고 법률상의 면제도 모든 범죄에 공통되는 일반적 면제사유와 일정한 범죄에만 특별히 면제하는 특수적 면제사유가 있다. 특수적 면제사유는 형법각론에서 다루게 된다.

법률상의 일반적 면제사유는 다음과 같다. 즉, 외국에서 받는 형의 집행으로 인한 면제(제7조), 중지범(제26조), 불능미수범(제27조 단서), 과잉방위(제21조 2항), 과잉피난(제22조 3항), 과잉자구행위(제23조 2항), 자수·자복(제52조 1항)이다. 이상의 면제사유는 모두 감경(減輕)과 택일적으로 규정되어 있으며, 중지범만은 필요적 면제이고, 그 이외는 모두 임의적 면제이다.

41) 대판, 1958. 9. 12, 4291형상389.
42) 대판, 1959. 8. 21, 4292형상358; 대판, 1964. 10. 28, 64도454.

Ⅳ. 형의 가감례

형을 가중 또는 감경할 경우에 그 정도·방법 및 순서에 관한 준칙을 형의 가감례라고 한다.

1. 형의 가중·감경의 순서

1개의 죄에 정한 형이 여러 개인 때에는, 먼저 적용할 형을 정하고, 그 형을 감경한다(제54조). 다만, 2개의 형의 종류를 병과할 경우(예컨대 제363조의 장물에 관한 상습범)에는 쌍방을 같이 감경하여야 한다.

형을 가중·감경할 사유가 경합된 때에는, ① 형법 각칙 본조에 의한 가중, ② 형법 제34조 2항(특수한 교사·방조·간접정범)의 가중, ③ 누범가중, ④ 법률상 감경, ⑤ 경합범가중, ⑥ 작량감경의 순서에 의한다(제56조).

2. 형의 가중·감경의 정도·방법

(1) 법률상의 감경의 정도와 방법

법률상의 감경은 다음과 같이 한다(제55조 1항). ① 사형을 감경할 때에는 무기 또는 10년 이상의 징역 또는 금고로 한다. ② 무기징역 또는 무기금고를 감경할 때에는 7년 이상의 징역 또는 금고로 한다. ③ 유기징역 또는 유기금고를 감경할 때에는 그 형기의 2분의 1로 한다. ④ 자격상실을 감경할 때에는 7년 이상의 자격정지로 한다. ⑤ 자격정지를 감경할 때에는 그 형기의 2분의 1로 한다. ⑥ 벌금을 감경할 때에는 그 다액의 2분의 1로 한다. 여기서 "다액"이란 "금액"이라고 해석하여 그 상한과 함께 하한도 2분의 1로 내려간다.[43] ⑦ 구류를 감경할 때에는 그 장기의 2분의 1로 한다. ⑧ 과료를 감경할 때에는 그 다액의 2분의 1로 한다. 형기의 2분의 1을 감경할 때에는 그 형기의 상한과 하한까지도 2분의 1로 한다.

법률상 감경할 사유가 여러 개 있는 때에는 거듭 감경할 수 있다(제55조 2항).

---

43) 대판(전원합의체), 1978. 4. 25, 78도246.

(2) 작량감경의 정도 · 방법

형법은 아무런 규정을 두지 않았으나 법리상 당연히 법률상의 감경례에 준한 것으로 해석해야 한다.[44] 다만, 작량감경에 있어서는 범죄의 모든 정황을 종합적으로 관찰하여 판단하는 것이므로 작량감경할 사유가 여러 개 있더라도 거듭 감경할 수 없다.[45] 그러나 법률상의 감경을 한 후에는 다시 작량감경을 할 수가 있다(제56조 4호, 6호 참조). 징역형과 벌금형을 병과하는 경우에는 특별한 규정이 없는 한 어느 한쪽에만 작량감경을 할 수 없다.[46] 무기징역을 작량감경하는 경우에는 15년을 초과하는 징역형을 선고할 수 없다.[47]

V. 형의 양정(양형)

1. 양형의 의의

형의 양정 또는 양형(Strafzumessung)이란 법정형에 법률상의 가중·감경 또는 작량감경을 하여 그 처단형의 범위 내에서 구체적으로 선고할 형을 정하는 것을 말한다. 형법은 형의 양정에 있어 법원의 광범위한 재량권을 인정하고 있다. 그러나 그것이 법원의 주관적 자의가 되어서는 안되며 객관적인 합리성을 가져야 한다. 이러한 의미에서 양형은 구조상으로는 법적용의 문제이며, 형사소송법에서 양형부당을 상소이유(형소법 제361조의5 제15호 및 제383조 제4호 참조)로 하고 있는 이유도 이러한 취지라고 하겠다.[48]

---

44) 대판, 1964. 10. 28, 64도454.

45) 대판, 1964. 4. 7, 63도410.

46) 대판, 1976. 9. 14, 76도2012; 대판, 1977. 6. 28, 77도1094; 대판, 1977. 7. 26, 77도1827; 대판, 1997. 8. 26, 96도3466.

47) 대판(전원합의체), 1992. 10. 13, 92도1428; 대판, 1992. 11. 24, 92도2432.

48) 이러한 양형의 개념은 입법자와 법관의 권한분배와 관련하여 「법률적 양형과 법관의 양형」으로 나누기도 하고, 양형은 법관의 재량에 속한다는 전제하에서 그 행위의 속성에 따라 「협의의 양형과 광의의 양형」으로 나누기도 한다. 또한 형법 제3장 제2절의 표제어로 사용된 「형의 양정」과 형법 제51조(양형의 조건)에 규정된 양형개념 및 형사소송법 제361조의 5(항소이유) 제15호와 제383조(상고이유) 제4호에 규정된 「형의 양정」 등도 그 개념이 항상 동일하다고는 할 수 없다. 이와 같이 양형의 개념은 매우 다의적이지만, 우리나라에서 형법상 양형은 법관의 양형 중에서 협의의 양형, 즉 형종의 선택과 형량결정을 의미한다는 전제에서 논의를 전개하는 것이 일반적이다. 양형의 개념에 대한 보다 자세한 내용은 박광민/강석구/김재희, 양형에서 범죄피해자의 역할 제고방안(형사정책연구원, 2009), 15-19면 참조.

2. 합리적 양형과 양형의 적정성

형사절차의 가장 마지막 단계는 양형이기 때문에 양형의 합리성이 의심된다면 형사절차 전반에 대하여도 결국 적정성이 결여되었다는 평가를 받을 수밖에 없다. 그러므로 합리적 양형과 양형의 적정성은 사법부에 대한 신뢰의 근거가 되는 것이다.

그러나 우리나라의 전통적인 양형은 체계적·분석적이지 않고 경험적·통계적이었으며, 불공정한 양형편차의 존재 등으로 국민들로부터 불만과 불신을 초래하였다.[49] 이러한 국민의 불만과 불신을 해소하고 체계적·분석적인 양형기준을 만들기 위한 노력의 일환으로 대법원 산하기관인 사법개혁위원회에서 법관에 대한 권고적 효력을 가지는 양형기준제의 도입을 건의하였다. 뒤이어 법원조직법의 개정(법원조직법 제81조의2 제1항)을 통하여 2007. 4. 26. 제1기 양형위원회가 설치되었으며, 그로부터 2년 후인 2009. 4. 24. 살인 등 8개 범죄[50]에 대한 우리나라 최초의 양형기준이 마련되었고 2009. 7. 1부터 시행에 들어갔다.

제1기 양형위원회의 양형기준은 영미의 수량화모델 가운데에서도 영국식의 개별적·서술적 모델을 표준으로 작성되었다. 이와 같이 제1기 양형위원회의 양형기준이 개별 범죄유형별로 고유하고 특수한 양형인자를 충분히 반영하기 어려운 미국식의 종합적·망라적 양형기준제 모델을 따르지 않고 개별사안마다 서로 다른 특별양형인자를 고려할 수 있는 영국식 모델을 따른 것은 양형의 적정화 내지 개별화요청을 균등성이나 일관성보다 중시하겠다는 것으로 해석된다.[51]

이어 2009. 9. 21. 제2기 양형기준설정 대상범죄로 사기 등 8개 범죄[52]를 정

---

49) 그동안 우리나라의 양형실무에 대한 대표적인 문제점으로는 '전관예우에 의한 양형의 왜곡', '불공정한 양형편차의 존재', '집행유예의 남발' 및 '화이트칼라 내지 공무원범죄에 대한 관대한 양형' 등이 지적되고 있다(이주형, 우리나라에 적합한 양형기준제 관련쟁점에 대한 보고서, 대법원 양형위원회 전문위원 연구자료 33, 2008, 2면 등). 우리나라의 양형실태에 대한 경험적 · 실증적 연구에 관하여는 이영란, 한국양형론, 1996, 17면 이하 참조.

50) 제1기 양형위원회의 양형기준 대상범죄는 살인범죄, 뇌물범죄, 성범죄, 강도범죄, 횡령 · 배임범죄, 위증범죄, 무고범죄이다. 이들 범죄의 구체적 양형기준은 대법원 양형위원회 간, 양형기준, 2010. 7. 15. 기준 참조.

51) 박강우, 대법원 양형기준안과 바람직한 양형개혁의 방향(저스티스 제114호, 2009. 12), 226면.

52) 제2기 양형위원회는 사기범죄, 공문서·사문서범죄, 절도범죄, 식품·보건(중한 유형)범죄, 약취·유인, 마약, 공무집행방해 범죄군에 대한 추가 양형기준 설정 및 현행 양형기준 점검에 집중하여 활동하고 있다.

하여 각 범죄별 양형기준을 설정하는 작업을 현재(2011. 2.)도 계속하고 있다. 양형위원회의 양형기준은 법관에 대한 법적기속력은 없으나, 법관이 양형기준과 다른 양형을 할 때, 판결서에 양형의 이유를 기재하여야 한다.

【판례】 대법원 양형위원회 설치의 목적, 구성, 업무내용, 양형기준을 설정·변경하면서 준수하여야 하는 여러 원칙 및 고려사항, 양형기준의 효력 등에 관한 각 규정의 내용 및 그 입법 경위 등을 종합하면, 법관은 양형을 할 때에 위와 같은 양형기준을 존중하여야 하고, 법원은 약식절차 또는 즉결심판절차에 의하여 심판하는 경우가 아닌 한, 양형기준을 벗어난 판결을 함에 따라 판결서에 양형의 이유를 기재하여야 하는 경우에는 위와 같은 양형기준의 의의, 효력 등을 감안하여 당해 양형을 하게 된 사유를 합리적이고 설득력 있게 표현하는 방식으로 그 이유를 기재하여야 한다. 따라서 항소법원은 항소이유에 포함된 사유에 관하여 심판하여야 하므로(형사소송법 제364조 제1항), 양형부당을 이유로 항소된 경우 항소심 판결서에 제1심 양형의 이유가 부당한지 여부에 관한 판단을 구체적으로 설시하였다면, 항소심이 제1심판결을 파기하고 양형기준을 벗어난 판결을 하면서 같은 내용의 양형의 이유를 중복하여 설시하지 않았다고 하여 위법하다고 할 수 없다(대판, 2010. 12. 9, 2010도7410).

3. 양형의 기준

합리적인 양형을 도출하기 위한 양형의 기준을 무엇으로 삼을 것인가에 대한 대답은 양형의 목적, 즉 형벌을 부과하는 목적에서 찾을 수 있다. 특히 합리적인 양형기준을 마련하기 위해서는 양형의 목표를 설정하고, 양형목표에서 고려되어야 할 양형요소가 결정되어야 한다.

따라서 양형기준은 형벌목적에 근거하여 양형은 책임과 예방목적을 고려하여 결정해야 하며, 책임주의 원칙상 책임의 범위를 초과한 양형은 허용되지 않는다. 그런데 양형에 있어서의 책임은 (행위의) 불법을 전제로 한 책임이며, 책임의 질과 정도뿐만 아니라 '불법'의 질과 정도로 양형에 고려된다는 의미[53]로 이해된다. 따라서 결국 양형책임의 실체로 남는 것은 형벌근거책임으로 책임의 존부가 확인된 유책한 '불법'이다. 이러한 점에서 형벌근거책임과 양형책임이 구별된다.[54]

---

53) 임 웅, 628면.

54) 이와 같이 양자를 구별하는 견해를 취하는 학자들도 양형책임의 범위와 개념을 모두 같은 것으로 보는 것은 아니다. 김성돈, 768면; 김일수/서보학, 752면; 오영근, 774면; 이재상, 583면 등 참조.

또한 양형의 기준으로 이 외에 예방목적을 고려해야 한다. 하지만 예방목적은 행위자의 책임을 초과하지 않는 범위 내에서만 고려될 수 있으며, 특별예방·일반예방을 위하여 책임의 범위를 초과하는 양형을 할 수 없다. 이러한 양형기준을 위한 형벌목적으로 책임과 일반예방 및 특별예방의 문제를 어떻게 조화할 것인가와 관련하여 학설의 대립이 있다.

1) 유일점이론(점이론) 유일점형이론(Punktstrafentheorie) 또는 점이론은 책임은 언제나 고정된 일정한 크기를 가진 것이므로 그러한 책임을 기초로 하면 정당한 형벌은 언제나 하나일수 밖에 없다고 한다. 따라서 책임이라는 것은 확정할 수 있는 실체라는 전제하에서 책임과 예방의 목적을 분리하여, 책임만이 형벌의 유일한 정당성의 근거가 될 수 있고, 또한 책임주의가 예방목적에 대한 규제적 기능을 담당할 수 있다는 입장이다.[55] 책임만이 형벌확립의 기초가 되며 예방에 의해 수정될 수는 있지만, 책임을 넘는 양형은 불가능하다.

그러나 책임과 일치하는 정확한 점을 계산하는 것은 불가능하며, 상대적 부정기선고형을 용납할 수 없다[56]는 비판을 받는다.

2) 위가이론(단계이론) 위가이론(Stellenwerttheorie) 내지 단계이론(Stufentheorie)이란 단계에 따라 개별적인 형벌목적의 의의와 가치를 결정해야 한다는 이론이다.[57] 이 이론은 양형에서 책임과 예방의 문제를 양형과정의 각각의 단계에 배치시킴으로써 책임과 예방의 문제를 해결하려고 한다. 형량의 결정의 단계에서는 책임의 정도에 의해 정해지고, 형종의 선택과 집행여부의 결정은 예방을 고려하여 결정하여야 한다는 견해이다.[58]

이 견해는 예방과 책임을 분리하여 양자의 불분명한 혼합을 피하고 논리적 일관성과 간결성이 있다는 점에서 예방과 책임의 이율배반적 문제를 쉽게 해결하게 된다. 그러나 이 견해는 형량의 결정에서 예방적 고려를 무시하고 오로지 불법과 책임으로만 정하게 된다면, 즉 협의의 양형에서 예방적인 측면을 경시

55) Arthur Kaufmann, Das Schuldprinzip - eine strafrechtlich-rechtsphilosophische Untersuchung, 2. Aufl., 1976, S. 261f.

56) 임웅, 629면.

57) Horn, SK, Vor §46 Rdn. 24.

58) Henkel, "Die 'richtige' Strafe", 「Recht und Staat」, Heft 381/382, 1969. S. 29f; Eckhard Horn, Kiel, "Wider die Doppelspurige Strafhöhenyzumessung", Festschrift für Friedrich Schaffstein zum 70. Geburtstag, Göttingen, 1975, S. 242ff; ders., Festschrift für Hans-Jürgen Bruns zum 70. Geburtstag, 1998, Osnabrück, S. 165ff; Schöch, "Grundlage und Wirkungen der Strafe", FS-Schaffstein, S. 262ff.

하여 행위자의 탈사회화를 초래하는 장기간의 형벌을 제한할 가능성을 잃게 된다[59]는 비판이 가능해진다.

3) 책임범위이론(폭의 이론) 책임범위이론(Schuldrahmentheorie) 또는 폭이론(Spielrahmentheorie)은 1955년 독일연방최고법원의 판결을 통해서 지배적인 양형이론으로 통용되어 왔다.[60]

양형의 기초는 불법과 책임이며 양형에 있어서는 책임뿐만 아니라 예방목적 또한 고려해야 한다. 책임범위로 '존재하는 양(Quantität)은 그 개념을 유지하면서 질적 개념을 잃지 않고 증감할 수가 있는 일정한 폭(Spielrahm)을 가지고 있다. 입법단계 또는 재판단계에 있어서 "양"의 개념이 응보에 따라 틀이 형성된 "폭"의 범위 내에서 위하와 개선목적을 고려하여 개별적인 형을 정하여야 하는 것이라고 하였다.[61] 여기에 예방목적은 행위자의 책임을 초과하지 않는 범위 내에서만 고려될 수 있으며, 특별예방 · 일반예방을 위하여 책임의 범위를 초과하는 양형을 할 수 없다. 다만 책임과 정확히 일치하는 형벌을 부과한다는 것은 불가능하므로 형벌의 상한과 하한에서 책임과 적합한 범위 내에서 특별예방과 일반예방을 고려하여 양형을 해야 한다는 주장으로 현재의 다수설적 견해[62]이다.

4) 소 결 양형의 기준과 관련하여 책임과 예방을 어떻게 조화시킬 것인가에 대한 견해들은 각자 결함을 가지고 있다. 그러나 '책임원칙'에 따라 형벌의 기초는 책임이지만, 양형을 하는 때에는 책임뿐만 아니라 예방도 고려되어야 전제에서 책임에 상응한 형벌의 상한과 하한을 정하고 이 범위 내에서 일반예방과 특별예방도 고려하여야 한다. 형량결정에 책임을 기초로 하면서 위하와 개선목적과 같은 예방도 함께 고려에 넣는다고 하는 의미에서 책임범위이론은

59) 최석윤, 양형위원회와 양형이론, 433면.

60) BGHSt 7, 28; 20, 264, 266; Schaffstein, Spielraum-Theorie, Schuldbegriff und Strafzumessung nach den Strafrechtsreforgesetzen, in: FS-Gallas, 1973, S.99ff; Baumann/Weber, Strafrecht, 9. Aufl., 1985, S. 630; Hirsch-Günter, Strafgesetzbuch, LK, vor §46, Rdn. 23; Maurach/Gössel-Zipf, Strafrecht, AT.Ⅱ, 6. Aufl.,1984, S.490; Roxin, Claus, Strafzumessung, im Lichte der Strafrechtzwecke, FS-Schulz, 1977, S.466; Bruns, Das Recht der Strafzumessung, S. 103ff; Lackner, StGB, 20. Aufl., 1993, §46 Rn. 24ff; Schünemann, Georg, Plädoyer für eine neue Theorie der Strafzumessung, in : Esser / Cornils (hrsg.), Neuere Tendenzen der Kriminalpolitik. 1987. S.209ff.

61) 城下裕二, 量刑基準の硏究, 成文堂, 1995, 85면.

62) 김성돈, 770면; 배종대, 807면; 손동권, 666면; 오영근, 776면; 이형국, 406면; 임웅, 629면.

형벌목적들 사이의 모순을 해결하는데 출발점을 두고 있다고 하는 점에서 비교적 타당견해로 평가할 수 있다.

4. 양형의 조건

양형의 조건이란 양형 시에 고려되어야 할 구체적·개별적 요소를 말한다. 양형은 법원의 재량에 속한다. 그러나 양형이 객관적인 합리성을 갖기 위해서는 일반적 지침을 설정하여야 한다. 형법은 양형상 참작하여야 할 조건으로 제51조에서 "양형조건"을 규정하고 있다. 이러한 구체적 양형근거들은 그 성질상 예시적인 것으로 보아야 한다.[63] 따라서 법관은 이러한 모든 조건을 종합적으로 참작하여 재판과 그 집행이 현실로 어떠한 효과를 가져 올 것인가를 구체적으로 고려하여 양형을 하게 된다.[64]

1) 범인의 연령·성행·지능과 환경　범인의 노유(老幼)·성격·소질·경력·관습·유전·지능의 발달과정 기타 범인의 개인적·사회적 환경 등은 사회복귀와 특별예방의 필요성을 판단하는 중요사항이며, 범인의 성행 특히 전과(前科)는 책임가중의 요소로 작용할 수 있다.

2) 피해자에 대한 관계　범인과 피해자의 친족·후견·사제(師弟)·고용, 기타 이와 유사한 관계를 남용하거나 신뢰관계를 이용하여 죄를 범하거나 결과에 대한 피해자의 태도(고소·고발취하, 화해 등)는 형을 가중 또는 감경하는 자료가 된다. 이처럼 피해자의 일정한 행위가 가해자의 불법을 감경하거나 가중하는 요소로 작용하기도 하고, 예방적 관점에서 형량을 가중 혹은 감경하기도 한다. 특히 범행이라고 하는 행위가 가해자와 피해자의 상호관계에 의한 결과

63) 박은정, "양형론", 846면; 이형국(Ⅱ), 774면; 임웅, 630면.

64) 양형의 조건에 관하여 규정한 형법 제51조의 사항은 널리 형의 양정에 관한 법원의 재량사항에 속한다고 해 석되므로, 상고심으로서는 형사소송법 제383조 제4호에 의하여 사형·무기 또는 10년 이상의 징역·금고가 선고된 사건에서 형의 양정의 당부에 관한 상고이유를 심판하는 경우가 아닌 이상, 사실심법원이 양형의 기초 사실에 관하여 사실을 오인하였다거나 양형의 조건이 되는 정상에 관하여 심리를 제대로 하지 아니하였다는 주장은 적법한 상고이유가 될 수 없다(대판, 2008. 5. 29, 2008도1816); 법원으로서는 마땅히 기록에 나타난 양형조건들을 평면적으로만 참작하는 것에서 더 나아가, 피고인의 주관적인 양형요소인 성행과 환경, 지능, 재범의 위험성, 개선교화 가능성 등을 심사할 수 있는 객관적인 자료를 확보하여 이를 통하여 사형선택 여부를 심사하여야 할 것은 물론이고, 피고인이 범행을 결의하고 준비하며 실행할 당시를 전후한 피고인의 정신상태나 심리상태의 변화 등에 대하여서도 정신의학이나 심리학 등 관련 분야의 전문적인 의견을 들어 보는 등 깊이 있는 심리를 하여 본 다음에 그 결과를 종합하여 양형에 나아가야 할 것이다(대판, 1999. 6. 11, 99도763 참조).

라는 점에서 피해자라고 하는 양형조건은 다른 양형조건과 달리 접근할 필요가 있다.[65]

3) 범행의 동기·수단과 결과 범행의 동기는 행위자의 위험성과 행위책임을 판단하는 중요한 자료가 된다. 계획적 범행인가 또는 충동·공포·흥분·경악·낭패·위압·군중암시·사감·유혹에 의한 것인가에 따라 책임의 정도를 달리 판단할 수 있다. 범죄의 수단이 잔혹하거나 교활하였는가, 그리고 범행으로 인하여 발생한 위험이나 실해(實害)의 정도 등 결과는 불법의 양을 판단하는 자료가 된다. 결과는 책임있는 결과만이 양형의 기준이 된다.

4) 범행 후의 정황 범행 후 범인이 후회·참회의 여부, 피해회복이나 피해감소를 위한 노력과 피해보상 등 범행 후 범인의 태도는 양형책임의 본질적 요소는 아니지만 예방적 관점에서 양형책임에 적합한 형벌의 종류와 정도를 선택하는데 영향을 줄 수 있다. 주로 형벌완화에 작용한다. 피고인의 법정에서의 범행부인, 진술거부권의 행사는 양형에서 불리하게 작용할 수 있다.

형법은 양형에 있어서 이상과 같은 참작할 일반적 기준을 규정하였으나, 이러한 모든 조건을 종합적으로 참작하여 재판과 그 집행이 현실로 어떠한 효과를 가져오겠는가를 구체적으로 고려하여 양형을 하여야 한다.

Ⅵ. 판결선고전의 구금·판결의 공시

1. 판결선고전의 구금

범죄혐의를 받고 있는 자를 재판이 확정될 때까지 구금하는 것을 판결선고전 구금 또는 미결구금이라 한다. 미결구금은 형은 아니지만 자유를 구속한다는 점에서 자유형과 차이가 없다. 따라서 미결구금일수는 그 전부 또는 일부를 유기징역, 유기금고, 벌금이나 과료에 관한 유치 또는 구류에 산입한다(제57조 1항). 이 경우 구금일수의 1일은 징역, 금고, 벌금이나 과료에 관한 유치 또는 구

65) 특히 피해자학의 발달의 영향에 의한 형사사법패러다임 속에 피해자를 포섭해서, 형사사법절차에 피해자를 참가시키고자 하는 움직임 또한 양형에 영향을 미치게 되었다. 이에 관한 보다 자세한 설명은 김재희, 양형에서 범죄피해자에 대한 연구(성균관대학교 대학원 박사학위논문, 2009), 48면 이하 참조.

류기간의 1일로 계산한다(제57조 2항).

전부 또는 일부 산입 여부와 통산의 정도는 법원의 재량이다. 그러나 전혀 산입하지 않거나 구금일수보다 많은 일수를 산입하는 것은 위법이다. 무기형에 대하여는 미결구금일수를 산입할 수 없지만, 항소심에서 무기징역을 선고한 1심판결을 파기하고 유기징역형을 선고할 경우에는 1심 판결선고전 구금일수의 전부 또는 일부를 산입해야 한다.[66] 형의 집행과 구속영장의 집행이 경합하고 있는 경우에는 구속 여부와 관계없이 피고인 또는 피의자는 형의 집행에 의하여 구금을 당하고 있는 것이므로 미결구금 기간을 본형에 통산하지 않는다.[67] 피고인을 노역장에 유치하는 것도 형의 집행이므로 그 유치기간은 미결구금일수에 해당하지 아니한다.[68]

【판례】 판결선고전 구금일수의 전부를 본형에 산입하면서 판결에서 그 산입일수를 명시하지 않고 단지 그 전부를 산입한다고만 표시하더라도 구금일수의 일부를 산입하는 경우와는 달리 형의 집행단계에서 소송기록을 통하여 그 산입의 범위가 충분히 확정되므로, 이 때문에 판결주문의 내용이 명확하지 아니하다거나 또는 형사소송법 제321조 제2항에 위배되어 위법하다고 말할 수는 없다(대법원 전원합의체, 1999. 4. 15, 99도357).

2. 판결의 공시

판결의 공시(öffentliche Bekanntmachung des Urteils)란 피해자의 이익이나 피고인의 명예회복을 위해서 판결의 선고와 동시에 관보 또는 일간신문 등을 이용하여 판결의 전부 또는 일부를 공적으로 주지시키는 제도를 말한다. 형법은 다음의 두 가지 경우에 판결의 공시를 인정하고 있다.

첫째, 피해자의 이익을 위하여 필요하다고 인정한 때에는 피해자의 청구가 있는 경우에 한하여 피고인의 부담으로 판결공시의 취지를 선고할 수 있다(제58조 1항). 피해자의 이익을 위한 제도이며, 피해자의 청구가 있을 것을 요건으로 한다. 판결공시의 취지선고 여부는 법원의 재량에 속한다.

둘째, 피고사건에 대하여 무죄 또는 면소의 판결을 선고할 때에는 판결공시

66) 대판, 1972. 9. 28, 71도1289.
67) 대판, 2001. 10. 26, 2001도4583.
68) 대판, 2004. 7. 9, 2004도908; 대판, 2007. 5. 10, 2007도2517.

의 취지를 선고할 수 있다(제58조 2항). 피고인의 명예회복을 위한 제도이며, 피고인의 청구를 요건으로 하지 아니한다.

제 3 절 누 범

Ⅰ. 누범의 기초이론

1. 누범의 개념

(1) 누범의 의의

누범(累犯, Rückfall)이란 범죄를 누적적으로 반복하여 범하는 것을 말한다. 누범은 광·협의 두 가지 의미가 있다. 광의(실질적 의의)의 누범은 확정판결을 받은 범죄가 있는 경우에 그 후에 다시 범한 범죄를 말한다. 이때 전자를 전범(前犯), 후자를 후범(後犯)이라고 한다. 이에 대하여 협의(형식적 의의)의 누범은 광의의 누범 중에서 법률상의 요건을 구비하여 형을 가중하는 누범을 말한다. 형법에서 누범이라고 할 때에는 일반적으로 협의의 누범을 가리킨다.

형법은 누범에 관하여 "금고 이상의 형을 받아 그 집행을 종료하거나 면제를 받은 후 3년 내에 금고 이상에 해당하는 죄를 범한 자는 누범으로 처벌한다"(제35조 1항), "누범의 형은 그 죄에 정한 형의 장기의 2배까지 가중한다"(동조 2항)라고 규정하고 있다.

(2) 누범과 경합범

누범과 경합범(競合犯)은 수개의 죄를 범한 수개의 죄에 대한 관계를 의미한다는 점에서 같다. 그러나 누범은 수개의 범죄가 누적적 관계에 있는 것임에 반하여 경합범은 수개의 범죄가 병행적 관계에 있다는 점에서 다르다. 즉 누범에 있어서의 전범은 심판의 대상이 될 수 없고 양형에 관한 형가중사유가 될 뿐이다. 이에 대해서 경합범에 있어서의 수개의 죄는 모두 심판의 대상이 되며,

수죄에 적용할 처벌기준이 된다. 따라서 누범은 죄수론에서 취급할 것이 아니라 형가중을 위한 양형규칙이라 해야 한다.

(3) 누범과 상습범

누범과 상습범(常習犯)은 범죄를 누적적으로 반복하여 범한다는 의미에서 밀접한 관계가 있으나 같은 개념이 아니다. 누범은 이미 받은 형의 체험에도 불구하고 아무런 감명을 받지 못하였다고 하는 책임증대의 의미가 포함되어 있으나, 상습범은 같은 종류의 범죄를 습벽적으로 반복·실행하는 행위자의 위험성에 착안한 개념이다. 즉, 누범은 범죄의 횟수를 바탕으로 하는 개념이고, 상습범은 범죄의 회수보다도 행위자의 범죄적 습벽(범죄적 경향)을 바탕으로 하는 개념이다. 따라서 누범은 전과를 요건으로 하는데 대하여 상습범은 반드시 전과가 있을 필요가 없으며, 처벌의 근거도 누범은 행위책임의 측면에서 초범자보다 책임을 가중하는데 중점이 있는데 반하여 상습범은 행위자의 상습성이라는 행위자책임사상이 기초로 되어 있다. 형법총칙은 상습범을 일반적으로 규정하지 않고 각칙에서 개별적으로 규정하여 형을 가중하고 있다(예컨대 제246조 2항 상습도박죄, 제332조 상습절도죄 등). 따라서 상습범가중과 누범가중 사유가 경합한 경우에는 양자 병과하여 상습범에 대한 누범가중도 할 수 있다.

(4) 누범가중의 근거

책임주의에 따르는 한 누범가중의 근거는 책임가중에 있다고 해야 한다. 책임의 내용에 대해서, ① 인격책임·행위자책임으로 파악할 때에는 한번 처벌된 자가 형벌경고에도 불구하고 개전하지 않고 다시 죄를 범한 범죄인의 잘못된 인격태도·성격 때문에 책임이 가중된다고 설명하기 용이하다. 그러나 이러한 책임은 범죄 이외의 생활태도나 인격형성 과정을 책임판단의 대상으로 하므로 책임주의와 조화될 수 없다. ② 행위책임으로 파악하면 형벌경고에도 불구하고 後犯의 실현을 통해 범죄추진을 다시 강화하였기 때문에 책임이 가중된다고 한다. 형법적 책임이 의사책임·행위책임에 근거한 법적 책임이고, 책임주의는 행위책임을 근간으로 하므로 누범가중의 근거는 원칙적으로 행위책임에 있다고 해야 한다.

한편 전형적인 누범·상습범의 다수는 전범(前犯)에 의한 형벌경고를 수용할 수 없는 성격·인격의 결함자이거나 사회적 도움이 결여된 자이므로 이에 대해서는 행위책임만으로 책임을 가중할 수 없다. 오히려 특별예방적 관점에서 형을 감경하거나 특별처우가 요구된다고 할 수 있다. 따라서 누범가중은 형벌경고를 무시하고 재범을 하게 된데 대하여 강한 비난을 할 수 있는 자에 한정하는 것이 책임주의와 조화된다고 본다.

오늘날 누범·상습누범에 대한 형가중은 누범예방에 큰 효과를 얻지 못하고 있다. 그래서 특별예방적 측면에서 보안처분으로 대체하자는 주장도 있다.

2. 누범가중과 위헌성

(1) 누범가중과 일사부재리원칙

누범가중은 전범(前犯)이 존재하기 때문에 형이 가중되는 것이므로 전범이 다시 처벌되는 것같이 보여 진다. 즉, 전범은 이미 과형(科刑)이 끝났음에도 불구하고 다만 그것이 누범이라는 이유 때문에 후범(後犯)을 중하게 벌하게 되면 결국 후범과 전범을 병합하여 일괄 처벌하는 것과 같게 된다. 따라서 헌법 제13조 1항 후단의 일사부재리의 원칙에 반하는 것이 아닌가라는 의문이 생긴다.

그러나 누범가중은 전범을 다시 처벌하는 것이 아니라 범행 이전에 형의 집행을 완료하였거나 집행의 면제를 받고 그 후 일정 기간 내에 다시 죄를 범하였다는 사실 때문에 후범의 책임을 가중하는 것이고, 처벌의 대상이 되는 것은 어디까지나 후범 만이다. 특히 누범가중은 전범에 의하여 처벌되었음에도 불구하고 개전하지 못하고 또 다시 죄를 범하였다는 점에서 비난성이 크다는 것을 전제로 한 것이다. 즉, 전과(前科)가 있다는 것은 후범의 정상의 일종으로 참작되는데 불과하고 결코 전범에 대하여 또 다시 문책하는 것은 아니다. 이런 의미에서 일사부재리의 원칙에 반한 것은 아니다. 판례도 같은 입장이다.[69]

(2) 누범가중과 평등의 원칙

헌법 제11조 1항은 법 앞의 평등을 규정하고 있는데 누범가중의 제도는 국민평등의 원칙에 반하는 것이 아니냐라는 문제가 제기될 수 있다. 그러나 범인의 처벌은 헌법 제11조 1항의 이유에 근거한 특별대우가 아니라 책임과 특별예방 및 일반예방이라는 형벌목적에 의하여 각 범죄·각 범죄인에 따라 타당한

---

69) 대판, 1968. 5. 21, 68도336; 대판, 1970. 9. 29, 70도1656.

처우를 하는 것이므로 개개의 경우에 그 처우를 달리하는 것은 오히려 당연하다. 그리고 법원이 범인의 연령·성행·지능과 환경, 피해자에 대한 관계, 범행의 동기·수단과 결과, 범행 후의 정황 등을 참작한 결과(제51조) 범정(犯情)에서 이와 다른 범인보다 중하게 처벌하더라도 국민평등의 원칙에 위반된다고는 할 수 없다.

Ⅱ. 누범가중의 요건

형법상 누범가중의 형식적 요건을 나누어 설명하면 다음과 같다(제35조 1항).

1. 전범에 대한 요건

(1) 금고 이상의 형을 받았을 것

전범의 형은 금고 이상의 형임을 요한다. 금고 이상의 형이란 선고형이 유기징역과 유기금고에 해당하는 것을 말한다. 따라서 금고 이하의 형인 자격상실·자격정지·벌금·구류·과료·몰수에 해당하는 경우에는 애당초 누범의 문제는 생기지 아니한다. 사형 또는 무기징역이나 무기금고도 금고 이상의 형에 해당하나 이러한 형을 선고받은 자가 누범이 될 여지는 없다. 다만 사형·무기징역·무기금고를 받은 자가 감형으로 인하여 유기징역이나 유기금고로 되거나, 특별사면 또는 기타 사유(예컨대 형의 시효)로 인하여 형의 집행이 면제된 때에는 누범요건을 충족할 수 있다.

전범이 금고 이상의 형에 처한 사실이 있으면 충분하고, 그 적용되는 법률은 형법이건 특별법이건 묻지 않는다. 따라서 군사법원에서 처벌을 받은 전과도 누범의 요건을 구비하면 누범가중한다.[70] 다만 외국에서 받은 판결은 누범사유가 되지 아니한다.

금고 이상의 형의 선고는 유효하여야 한다. 따라서 일반사면,[71] 집행유예기간의 경과로[72] 형의 선고의 효력이 상실되면 누범전과로 인정되지 않는다. 다

---

70) 대판, 1956. 12. 21, 4289형상296.

71) 대판, 1964. 3. 31, 64도34; 대판, 1965. 4. 6, 65도163; 대판, 1965. 11. 9, 65도801; 대판, 1965. 11. 30, 65도910.

만 복권(復權)은 형의 선고로 인하여 상실 또는 정지된 자격을 회복시킴에 불과하므로 그 전과사실은 누범가중사유에 해당한다.[73]

(2) 형의 집행이 종료되었거나 형의 집행을 면제받았을 것

선고된 금고 이상의 형은 집행이 종료되었거나 집행을 면제받았을 것을 요한다. 형의 집행이 종료되었다는 것은 형기가 만료된 경우를 말하며, 형의 집행을 면제받은 경우는 형의 시효가 완성된 때(제77조), 특별사면으로 형의 집행이 면제된 때(사면법 제5조), 외국에서 형의 집행을 받았을 때(제7조) 등을 들 수 있다. 전형(前刑)은 집행종료 또는 면제되었음을 요하므로 전형의 집행 전, 집행 중, 집행유예기간 중, 형집행정지 중, 가석방기간 중에 다시 죄를 범하여도 누범이 될 수 없다. 교도소 복역 중 도주하여 범한 죄나 교도소 안에서 범한 죄도 전범과 누범이 되지 않는다.

2. 후범에 대한 요건

(1) 금고 이상에 해당하는 죄

후범도 금고 이상에 해당하는 죄임을 요한다. 여기의 금고 이상의 형도 선고형을 의미한다.[74] 따라서 법정형으로 금고 이상의 형이 규정되어 있어도 벌금형을 선택한 때에는 누범가중을 할 수 없다.[75] 비교적 경한 범죄에 대하여 누범가중을 제한하는 의미가 있다. 후범은 전범과 같은 죄명이나 죄질일 필요가 없다. 또 후범이 고의범·과실범인가도 문제되지 않는다. 입법론으로 고의범에 한정하는 것이 타당하다(형법개정 법률안 제51조는 고의범으로 제한한다).

(2) 전범의 형집행종료 또는 면제후 3년 이내에 범한 죄

전범의 형집행을 종료하거나 면제 받은 후, 3년 이내에 후범이 있을 때에만 누범이 된다. 이를 누범시효라 한다. 오랜 기간이 경과한 전과(前科)는 이미 경고기능을 상실하였다는 고려에 근거하고 있다.[76] 따라서 전과 이전에 죄를 범한 경우[77]는 물론, 형집행 종료 후 3년이 경과된 후에 다시 죄를 범한 때에는

72) 대판, 1970. 9. 22, 70도1627.
73) 대판, 1981. 4. 14, 81도543.
74) 대판, 1960. 12. 21, 4293형상841; 대판, 1982. 7. 27, 82도1018.
75) 대판, 1982. 9. 14, 82도1702.
76) Baumann/Weber, S. 643; 이재상, 596면.

누범에 해당하지 않는다.[78)]

3년 이내의 기간은 형의 집행을 종료한 날, 또는 형집행의 면제를 받은 날부터 기산한다는 것이 통설이다. 3년의 기간 내에 후범인 죄를 범하였는가는 후범의 실행의 착수시기를 기준으로 하여 정하여야 한다. 따라서 3년 이내에 실행의 착수가 있으면 족하고, 후범에 대한 재판이 3년 이내에 선고되어 그것이 확정되어 있을 필요는 없다. 예비·음모를 처벌하는 범죄에 있어서는 당연히 실행의 착수 전이라도 예비·음모 자체의 착수가 3년 이내에 있으면 이 요건을 충족한다고 보아야 한다. 상습범에 있어서는 상습범 중의 일부가 3년 내에 이루어지면 나머지 행위가 누범기간 경과 후에 행해졌어도 그 행위 전부가 누범이 된다.[79)]

전범의 형의 집행전 또는 집행중에 범해진 죄에 대하여는 누범관계가 인정되지 않는다.[80)] 따라서 전범의 집행유예기간 중[81)] 또는 가석방기간 중에[82)] 다시 죄를 범한 때에는 누범이 성립하지 않는다.

Ⅲ. 누범의 형법적 취급

1. 누범의 처벌

누범의 형은 그 죄에 정한 장기의 2배까지 가중한다(제35조 2항). 따라서 누범의 처단형은 그 죄에 정한 장기의 2배 이하가 된다. 다만, 형법 제42조 단서의 적용상 장기 25년을 초과할 수 없다. 누범에 가중을 하는 형은 장기뿐이고, 단기에 대하여는 변경이 없다.[83)] 따라서 법원은 누범가중을 하여도 형법 각 본조에 정한 단기까지의 범위에서 선고형을 정할 수 있고, 누범이라 해서 법정형을 초과하여 선고해야 한다는 취지는 아니다.

---

77) 대판, 1976. 5. 25, 76도648; 대판, 1966. 12. 6, 66도1430.
78) 대판, 1974. 5. 14, 74도956.
79) 대판, 1982. 5. 25, 82도200.
80) 대판, 1958. 1. 28, 4290형상438; 대판, 1976. 5. 25, 76도648.
81) 대판, 1965. 10. 5, 65도676.
82) 대판, 1976. 9. 14. 76도2071; 대판, 1976. 12. 31, 76도1857.
83) 대판, 1969. 8. 19, 69도1129.

예컨대 강도죄의 경우 법정형은 3년 이상 15년 이하의 징역이므로 강도죄의 누범의 처단형은 장기의 2배인 30년으로 되나 형법 제42조 단서에 의하여 25년이 된다. 따라서 강도죄의 처단형의 범위는 3년 이상 25년 이하의 징역이다. 누범이라 해도 반드시 그 정상이 초범보다 중하다고 할 수 없으므로 법은 단기를 가중하지 않기로 한 것이다. 따라서 법정형은 가중되어도 선고형은 그 범위 내에서 법관이 재량으로 선정할 수 있도록 하고 있다.

2. 판결선고후 누범발각

판결선고 후 누범이라는 것이 발각된 때에는 선고한 형을 통산하여 다시 형을 정할 수 있다(제36조 본문). 이 규정의 취지는 재판 당시 범죄자(피고인)가 거짓 이름 기타 연령・본적지 등을 사칭하는 등 사술(詐術)을 사용하여 전과사실을 은폐하고 누범가중을 면한 후 판결선고 후에 누범임이 발각되는 경우가 적지 않기 때문에 재판확정 후에 누범임이 발각되었을 때에도 다시 누범가중의 원칙에 의하여 먼저 선고한 형을 가중할 수 있도록 한 것이다.

그러나 이러한 가중은 동일한 범죄에 대하여 거듭 처벌받지 아니한다는 헌법 제13조 1항 후단의 일사부재리의 원칙에 위배되지 않느냐의 의문이 생긴다. 물론 확정판결 후에 누범사실이 발각되어 새로운 사정에 기하여 단지 가중형만을 추가하는 것은 반드시 일사부재리의 원칙에 저촉된다고 단정할 수는 없다고[84] 하여도, 적어도 동일한 행위에 대하여 이중심리의 위험(double jeopardy)은 있으므로 인권보장과 확정판결을 존중한다는 의미(법적 안정성)에서 이 규정은 입법론적으로 재고의 여지가 있다고 본다. 다만, 후범에 대해서 선고한 형의 집행을 종료하거나 그 집행이 면제된 이후에 누범임이 발각된 때에는 형을 가중하지 아니한다(제36조 단서).

---

84) 同旨: 대판, 1968. 5. 21, 68도336.

제4절 형의 집행

Ⅰ. 형의 집행일반

재판에서 피고인에게 선고된 형은 실제로 그 집행이 되면서 비로소 구체적·현실적인 형벌로 나타난다. 따라서 형의 집행이란 재판에서 특정 범죄자에 대하여 선고된 형의 내용을 구체적으로 실현하는 것을 말한다. 형의 집행의 내용은 선고형의 종류에 따라 다르다. 형법은 제66조 이하에 형의 집행에 관하여 그 기본적인 방법만을 규정하고 있을 뿐, 형의 집행절차 기타 이에 따른 상세한 내용은 형사소송법(제459조 이하)과 행형법에 위임하고 있다.

형의 집행은 신속성과 기동성에 대처하기 위하여 그 재판을 한 법원에 대응한 검찰청검사가 이를 지휘하나 재판의 성질상 예외가 있다(형소법 제460조 1항). 그리고 실제로 형의 집행에 종사하는 자는 교도관 및 집달관이다.

1. 사형의 집행

사형의 집행방법은 교수(絞首)이고, 집행장소는 교도소와 구치소 안의 사형장이다(행형법 제57조 1항). 사형의 집행시기는 법무부장관의 집행명령일로부터 5일 이내이며(형소법 제466조), 사형집행명령은 판결확정 후 6월 이내에 하여야 한다(형소법 제465조). 다만, 소년범의 경우에는 죄를 범할 당시 18세 미만의 자는 사형에 처하지 아니하고 15년의 유기징역으로 한다(소년법 제59조).

사형의 선고를 받은 자는 그 집행시까지 교도소에 구치되며, 국가경축일·일요일 기타 공휴일에는 사형을 집행하지 않으며(행형법 제57조 2항), 또 심신상실자와 임신부에 대하여는 법무부장관의 명령에 의하여 사형의 집행을 정지하고, 치료 또는 분만 후 법무부장관의 명령을 기다려 집행한다(형소법 제469조).

2. 자유형의 집행

징역·금고·구류는 다같이 교도소에 구치하여 교도소 내에서 집행한다. 다만, 징역은 정역(定役)에 복무하게 하는데 대하여, 금고 및 구류는 정역에 복무하지 아니한다(제67조, 제68조). 그러나 금고 수형자나 구류처분을 받은 자도 신청에 의해 작업을 과할 수 있다(행형법 제38조).

자유형의 집행을 행형(行刑)이라고 하며, 그 집행방법은 행형법에 상세히 규정되어 있다. 자유형의 집행을 받은 자를 특히 수형자라고 한다(행형법 제1조 참조). 또 심신장애자에 대하여는 자유형의 집행을 정지하고, 기타 일정한 사유가 있는 자에 대하여는 형의 집행을 정지할 수 있다(형소법 제470조 내지 제471조).

판결선고 전의 구금(미결구금)은 본래 형의 집행이 아니고 소송법상 인정된 구금에 불과하다. 그러나 미결구금은 범인의 자유를 박탈한다는 점에서 자유형과 차이가 없으므로 형평의 원칙에 따라 형집행의 일부로 인정되고 있다. 형법은 판결선고 전 구금일수의 통산에 관하여 다음과 같이 규정하고 있다. 즉, 판결선고전의 구금일수는 그 전부 또는 일부를 유기징역, 유기금고, 벌금이나 과료에 관한 구치 또는 구류에 산입한다(제57조 1항). 이 경우 구금일수의 1일은 징역, 금고, 벌금이나 과료에 관한 유치 또는 구류의 기간의 1일로 계산한다(동조 2항).

미결구금 통산일수를 어느 정도로 할 것이냐는 판결선고 법원의 재량에 속하는 사항이며,[85] 피고인의 귀책사유에 의한 구속일수의 연장인가의 여부에 관계없이 그 전부 또는 일부를 선고형에 산입할 수 있다는 것이 판례의 태도이다.[86] 그러나 입법취지에 비추어 피고인에게 귀책사유가 없는 한 전부를 통산함이 타당하다.[87] 판례 중에는 구금일수를 전혀 산입하지 아니하는 것은 제57조에 위반한다는 판례가 있다.[88]

3. 자격형의 집행

자격상실 또는 자격정지는 일정기간 동안 범인의 일정한 자격을 상실 또는

85) 대판, 1966. 7. 19, 66도777.
86) 대판, 1969. 9. 23, 69도1212.
87) 정성근, 702면. 同旨: 이형국, 416면.
88) 대판, 1963. 2. 14, 63도3.

정지시키는 형벌이므로 자격상실 또는 자격정지의 선고를 받은 자에 대하여는 이를 수형자 원부에 기재하고 지체없이 그 등본을 형의 선고를 받은 자의 본적지와 주거지의 시・읍・면장에게 송부하여야 한다(형소법 제476조).

4. 재산형의 집행

벌금과 과료는 판결확정일로부터 30일 이내에 납입하여야 한다. 단, 벌금을 선고할 때에는 동시에 그 금액을 완납할 때까지 노역장에 유치할 것을 명할 수 있다(제69조 1항). 벌금을 납입하지 아니한 자는 1일 이상 3년 이하, 과료를 납입하지 아니한 자는 1일 이상 30일 미만의 기간 동안 노역장에 유치하여 작업에 복무하게 한다(동조 2항). 벌금 또는 과료를 선고할 때에는 납입하지 아니하는 경우의 유치기간을 정하여 동시에 선고하여야 한다(제70조). 벌금 또는 과료의 선고를 받은 자가 그 일부를 납입한 때에는 벌금 또는 과료액과 유치기간의 일수에 비례하여 납입금에 상당한 일수를 공제한다(제71조). 재산형의 집행 방법에 대해서 형사소송법 제477조 내지 제481조에 규정되어 있고, 특히 민사소송법의 집행에 관한 법률을 준용한다(형소법 제477조 2항).

Ⅱ. 형의 선고유예

1. 선고유예의 의의

형의 선고유예(the conditional release; Verwarnung mit Strafvorbehalt)란 범정(犯情)이 경미한 범죄인에 대하여 일정기간 동안 형의 선고를 유예하고 그 유예기간을 특정한 사고 없이 무사히 경과하면 형의 선고를 면하게 하는 제도를 말한다(제59조). 이 제도는 유죄판결을 받을 피고인에게 형의 선고를 유예하여 처벌을 받았다는 인상을 주지 않고 사회복귀를 용이하게 하려는 특별예방목적에 그 취지가 있다.

【연혁】 선고유예제도는 1842년경부터 영국에서 관습적으로 행하여 진 조건부 석방제도에서 유래한 것으로, 미국에 계수되어 보호관찰제도(Probation)와 결합되어 발전된 제도이다. 즉 미국에서는 관습상의 조건부 석방이 독지가에 의

한 보호관찰과 결합되어 널리 적용되었으며, 1878년에는 세계 최초로 매사추세츠(Massachusetts)주에서 선고유예에 관한 제정법이 성립되었다. 영국에서는 그 다음 해인 1879년에 간이재판소법이 제정되면서 이를 정면으로 인정하였다.

한편 유럽 제국이 이 제도에 대하여 관심을 갖게 된 것은 그 보다 훨씬 이후의 일이다. 독일은 현행 형법총칙에서 이 제도를 도입하여 집행유예와 나란히 규정하면서 벌금형에 한하여 적용하고 있다(제57조). 우리 형법도 집행유예 이외에 선고유예제도를 채택하고 있는데, 1995년의 개정 전까지는 형의 선고만을 유예할 뿐이고 보호관찰을 명하는 방법을 채택하지 않았다. 그러나 원래 선고유예제도는 집행유예제도와 함께 일종의 보호관찰제도의 하나로 발전된 것이므로 보호관찰이 없는 선고유예 그 자체만으로는 이 제도 본래의 효과를 크게 기대할 수 없다. 개정형법은 이 점을 고려하여 선고유예를 받은 자에게 보호관찰을 명할 수 있는 길을 열어 두었다.

따라서 이 제도는 집행유예보다 보호관찰(Probation)에 가깝다고 볼 수도 있다. 그러나 보호관찰이 유죄의 판결만 하고 형을 정하지 않는 것임에 반하여, 선고유예는 유죄판결뿐만 아니라 선고할 형의 종류와 양을 정하여 둔다는 점에서 보호관찰과 구별된다.[89] 또 집행유예는 선고된 형의 집행변경으로서의 성질을 가짐에 반하여, 선고유예는 책임과 형벌을 확정하여 두지만 선고를 유예한다는 점에서 다르다. 따라서 우리 형법의 선고유예는 고유한 제재로서의 성질을 갖는다고 할 수 있다.

2. 선고유예의 요건

형의 선고유예를 하려면 다음의 요건을 구비하여야 한다(제59조 1항).

(1) 1년 이하의 징역, 금고, 자격정지 또는 벌금의 형을 선고할 경우일 것

선고유예를 할 수 있는 형이란 주형과 부가형을 포함한 처단형 전부를 의미하므로 주형을 선고유예하는 경우에는 몰수 또는 추징에 대해서도 선고유예할 수 있다.[90] 그러나 주형에 대하여 선고유예를 하지 않으면서 부가형에 대해서만 선고를 유예할 수 없다.[91]

몰수는 선고유예의 대상으로 규정되어 있지 않는데, 몰수와 추징은 부가형적 성질을 띠고 있기 때문이다. 이에 대해서 형을 병과하는 경우에는 그 일부 또는 전부에 대해서 선고를 유예할 수 있으므로(제59조 2항) 징역형과 벌금형을 병

89) 대판, 1975. 4. 8, 74도618; 대판, 1968. 9. 24, 68도983.
90) 대판, 1980. 3. 11, 77도2027; 대판, 1990. 4. 27, 89도2291.
91) 대판, 1979. 4. 10, 78도3098; 대판, 1988. 6. 21, 88도551.

과한 때에는 어느 한쪽에 대해서만 선고유예를 할 수 있으며,[92] 징역형에 대해서는 집행유예를 하고 벌금형에 대해서는 선고유예를 할 수 있다.[93]

(2) 양형의 조건(제51조)을 참작하여 개전의 정상이 현저할 것

개전의 정상이 현저하다는 것은 판결선고시를 기준으로 행위자에게 형을 선고하지 않아도 재범의 위험성이 없다고 인정되는 경우를 의미한다. 이에 대한 판단의 기초는 형법 제51조에 규정된 양형의 조건이며, 판단은 법원의 재량사항에 속한다.[94]

문제는 피고인이 범죄사실을 부인하는 경우에도 선고유예를 할 수 있는가이다. 개전의 정이 현저한가는 형법 제51조의 양형조건을 종합적으로 고려하여 판단하여야 하므로 피고인이 부인하는 경우에도 다른 정상을 참작하여 선고유예를 할 수 있다고 해야 한다.[95] 종래의 판례는 "개전의 정이 현저한 때"란 죄를 깊이 뉘우치고 있는 경우를 의미하므로 피고인이 범죄사실을 부인하는 때에는 선고유예를 할 수 없다고 하였으나,[96] 최근 전원합의체 판결을 통하여 이를 변경하고 피고인이 범죄사실을 부인하는 경우에도 선고유예를 할 수 있다고 판시하였다.

> 【판례】 선고유예의 요건 중 '개전의 정상이 현저한 때'라고 함은, 반성의 정도를 포함하여 널리 형법 제51조가 규정하는 양형의 조건을 종합적으로 참작하여 볼 때 형을 선고하지 않더라도 피고인이 다시 범행을 저지르지 않으리라는 사정이 현저하게 기대되는 경우를 가리킨다고 해석할 것이고, 이와 달리 여기서의 '개전의 정상이 현저한 때'가 반드시 피고인이 죄를 깊이 뉘우치는 경우만을 뜻하는 것으로 제한하여 해석하거나, 피고인이 범죄사실을 자백하지 않고 부인할 경우에는 언제나 선고유예를 할 수 없다고 해석할 것은 아니다(대판, 2003. 2. 20, 2001도6138 전원합의체).

(3) 자격정지 이상의 형을 받은 전과가 없을 것

재범의 위험성이 가장 적은 초범자에 대해서만 인정할 수 있다는 취지이다. 문제는 "자격정지 이상의 형을 받은 전과"에 형의 집행유예를 선고한 판결이

92) 대판, 1973. 5. 8, 73도649.
93) 대판, 1976. 6. 8, 74도1266.
94) 대판(전원합의체), 2003. 2. 20, 2001도6138; 대판, 1979. 2. 27, 78도2246.
95) 이재상, 612면; 손동권, 671면.
96) 대판, 1999. 7. 9, 99도1635; 대판, 1999. 11. 22, 99도3140.

실효한 경우도 포함하느냐이다. 즉 형의 집행유예를 선고한 판결이 집행유예기간의 경과 등으로 형의 선고가 효력을 잃은 경우에도 선고유예를 선고할 수 있느냐의 문제이다. 판례는 "자격정지 이상의 형을 받은 전과"라 함은 자격정지 이상의 형을 선고받은 범죄경력 자체를 의미하는 것이므로 그 형의 효력이 상실된 여부는 묻지 않는 것으로 해석한다. 따라서 형의 집행유예를 선고한 판결이 후에 실효된 경우에도 "자격정지 이상의 형을 받은 전과"에 해당한다고 보아 선고유예를 선고할 수 없다고 한다.97) 그러나 이와 같이 선고유예의 요건을 엄격하게 해석하는 판례의 태도는 특별예방목적이라는 선고유예제도와 선고유예에 보호관찰을 부과할 수 있도록 한 형법의 취지에 부합하지 않는다고 본다.

3. 선고유예와 보호관찰

형의 선고를 유예하는 경우에 재범방지를 위하여 지도 및 원호가 필요한 때에는 보호관찰을 받을 것을 명할 수 있다(제59조의 2, 1항). 보호관찰기간은 1년으로 한다(제59조의 2, 2항). 보호관찰이란 유죄판결을 선고받는 범인에 대하여 사회내처우가 필요하다고 인정되는 자를 특정인에게 위탁하여 그 행상(行狀)을 지도 및 원호하게 하여 사회에 정상적으로 복귀할 수 있도록 노력하게 하는 보안처분의 일종이다.

현행법에서 인정하는 보호관찰제도는 ① 선고유예와 집행유예를 선고받은 자 및 치료감호법상 피치료감호자에게 인정하는 지도·감독으로서의 보호관찰(probation), ② 가석방자에게 인정하는 지도·감독으로서의 보호관찰(parole supervision), ③ 양자를 포함하는 보호관찰등에관한법률상의 소년에 대한 보호처분(동법 제3조) 등 세 가지가 있는데, 선고유예와 집행유예에 부과하는 보호관찰은 ①의 보호관찰(probation)을 의미한다. 따라서 1995년의 형법개정에서는 종래 소년범에 대해서만 적용하던 보호관찰을 성인범죄자에게 확대하였다고 할 수 있다. 보호관찰등에관한법률에는 보호관찰을 맡을 자로 국가공무원인 보호관찰관과 민간인인 보호선도위원을 두고 있다(동법 제16조, 제18조).

4. 선고유예의 효과

선고유예의 판결을 할 것인가의 여부는 법원의 재량에 속한다. 선고유예도

97) 대판, 2003. 12. 26, 2003도3768; 대판, 2007. 5. 11, 2005도5756.

유죄판결의 일종이므로 선고유예의 판결을 하는 경우에는 범죄사실과 선고할 형을 결정해야 한다.

형의 선고유예를 받은 날로부터 2년을 경과한 때에는 면소된 것으로 간주한다. 유예기간은 언제나 2년이므로 법원이 선고할 때에 유예기간을 정해야 하는 것은 아니다.

5. 선고유예의 실효

형의 선고유예를 받은 자가 유예기간 중 자격정지 이상의 형에 처한 판결이 확정되거나 자격정지 이상의 형에 처한 전과가 발견된 때에는 유예한 형을 선고한다(제61조 1항). 이 경우 선고유예의 실효는 필요적이다. 선고유예를 받은 자가 보호관찰 기간 중에 준수사항을 위반하고, 그 정도가 무거운 때에는 유예한 형을 선고할 수 있다(제61조 2항). 이 경우 선고유예의 실효는 임의적이다. 유예된 형의 선고는 검사의 청구에 의하여 그 범죄사실에 대한 최종판결을 한 법원이 한다(형소법 제336조).

선고유예는 그 선고판결 이후의 재범방지를 위한 것이므로 유예기간 중에 다시 죄를 범한 때에 한하여 실효사유로 하는 것이 입법론적으로 타당하다고 본다.

Ⅲ. 형의 집행유예

1. 집행유예의 의의와 법적 성질

(1) 집행유예의 의의

형의 집행유예(Strafaussetzung zur Bewährung)란 유죄를 인정하여 형을 선고하면서 일정기간 동안 그 형의 집행을 유예하고, 그 집행의 유예가 취소 또는 실효되지 않고 유예기간을 경과한 때에는 형 선고의 효력을 상실시키는 제도를 말한다(제62조). 이 제도는 단기자유형의 폐단을 피하고 단기자유형에 대한 대용제도로서의 의미를 가지고 있으며, 더 나아가 선행유지를 조건으로 그 위반시 소정의 형을 받아야 한다는 심리강제를 담보로 하여 재범을 방지함과 아울러 범죄자의 자발적 갱생의 실현을 촉진하려는 데에 그 의의가 있다.

(2) 집행유예의 법적 성질

집행유예의 법적 성질이 무엇이냐에 대해서는 견해가 대립한다. ① 형벌과 보안처분의 성질을 함께 가지고 있는 고유한 종류의 제재라는 견해,[98] ② 일반예방적 관점에서는 형집행의 필요가 없고, 특별예방적 관점에서는 형벌완화가 필요한 때에 형집행을 변용하는 제재수단이므로 형벌 및 보안처분과 구별되는 제3의 독립된 제재라는 견해,[99] ③ 사회내 처우를 위한 형집행방법의 변형에 지나지 않는다는 견해[100] 등이 있다.

연혁적으로 유죄판결만 하고 보호관찰을 하는 영국의 보호관찰(Probation)제도는 형벌과 보안처분의 성질을 가졌다고 할 수 있다. 그러나 조건부 유죄판결제도를 채택하고 있는 우리나라 집행유예는 자유형을 선고하고 그 집행만 유예하는 것이므로 사회내 처우를 위한 집행방법의 변형으로 보아야 한다. 형법은 형집행을 유예할 경우에 보호관찰을 명할 수 있도록 규정하고 있는데 이는 집행유예의 재사회화 목적의 실효를 거두기 위한 방법이고 보호관찰이 집행유예의 본질적 요소가 되는 것은 아니다.

> **【연혁】** 집행유예제도는 영미의 보호관찰(Probation)에서 유래한다. 1830년 이후 미국의 보호관찰은 형을 선고하지 않고 일단 유죄판결만 하여 피고인을 보호관찰에 부치고, 보호관찰기간을 무사히 경과하면 형을 선고하지 않도록 하며, 보호관찰이 실패한 때에만 다시 형을 선고하는 제도였다. 이 제도가 19세기 말엽에 단기자유형의 폐해를 회피하기 위한 방안의 하나로 유럽에 도입되면서 두 가지 형태로 제도화되었다. 먼저 벨기에(1888년)와 프랑스(1891년)에서 채택한 조건부 유죄판결주의는 형의 집행을 유예한 후에 유예기간을 경과하면 형선고의 효력을 상실케 하는 제도로 변형되었고, 독일(1895년)에서 채택한 조건부 특사주의는 형집행의 유예기간을 경과하면 행정기관의 사면처분에 의하여 형의 집행만을 면제하는 제도로 발전되었다. 다만 독일은 1953년의 형법개정으로 행정기관을 배제하고, 법원의 처분으로 유예기간을 무사히 경과한 때에 형의 집행을 면제하는 조건부 면제주의로 바꾸었다.
>
> 우리 형법이 채택하고 있는 집행유예는 조건부 유죄판결주의이다. 영미의 보호관찰제도는 집행유예가 취소되는 경우에 선고될 형이 불명확하고, 행위

---

98) Baumann/Weber(9. Aufl.), S. 694; Jescheck/Weigend, §79 I 2.

99) 김일수/서보학, 780면.

100) 정성근, 707; 이재상, 601면; 이형국, 421면; 박상기, 540면; 임웅, 645면; 김성돈, 780면; 안동준, 357면.

후의 피관찰자의 태도에 따라 형이 결정되므로 행위책임에 적합하지 않다는 비판이 있다. 또 조건부 특사 내지 조건부 면제는 형선고의 효력을 인정하고 있으므로 범죄인의 사회복귀라는 측면에서 조건부 유죄판결주의가 보다 나은 제도라 하여야 한다. 다만 집행유예제도가 범죄자의 자력갱생을 장려하고 사회복귀에 효율적으로 운영하기 위해서는 보호관찰과 유기적인 결합이 요청된다. 우리 형법이 집행유예를 하는 경우에 보호관찰이나 사회봉사 또는 수강을 명할 수 있도록 한 이유도 여기에 있다.

2. 집행유예의 요건

법원은 다음의 요건이 구비되면 형의 선고와 동시에 그 형의 집행을 유예할 수 있다(제62조 1항). 유예의 여부는 법원의 재량이다. 하나의 형의 일부에 대한 집행유예는 허용되지 않는다.[101] 그러나 형을 병과하는 경우에는 그 형의 일부에 대해서도 집행을 유예할 수 있다(제62조 2항).

(1) 3년 이하의 징역 또는 금고의 형을 선고할 경우

3년 이하로 선고될 징역 또는 금고에 대해서만 집행유예를 할 수 있다. 따라서 벌금형을 선고할 때에는 집행유예가 불가능하다. 이론상으로도 벌금형에 대해서는 집행유예를 인정할 필요가 없다는[102] 견해도 있다. 벌금형에 있어서는 단기자유형의 폐해가 없고, 벌금형에 대해서 집행유예를 인정하면 벌금형의 형벌로서의 효과를 거둘 수 없다는 점을 그 이유로 한다.

그러나 벌금형은 징역·금고보다 가벼운 형이며, 벌금을 납입할 수 없는 경우에 노역장유치를 하면 단기자유형의 폐해가 생길 뿐만 아니라 실질적으로 자유형과 동일하게 되거나 집행유예가 인정되는 자유형보다 불리한 처벌이 되므로 벌금형에 대해서도 집행유예를 인정하는 것이 입법론적으로 타당하다.[103] 형법개정법률안에도 벌금형에 대하여 집행유예를 인정하고 있다(제62조 1항). 또 독일 형법(제56조)과 오스트리아 형법(제43조)이 2년 이하, 스위스 형법(제41조)이

101) 대판, 2007. 2. 22, 2006도8555.

102) Dreher/Tröndle, §56 Rdn. 2; Ruß, LK(10. Aufl.), §56 Rdn. 4.

103) 同旨: 김일수, 형의 집행유예제도에 관한 일고찰(현대형사법의 쟁점과 과제, 東巖 이형국교수 화갑기념논문집, 1998), 797면; 박상기, 형의 집행유예에 관한 연구(한국형사정책연구원 보고서, 1993), 129면; 강동범, 재산형의 문제와 개선방향(형사정책 제5호, 1990), 92면; 서보학, 집행유예제도(형사정책 제13권 제1호, 2001), 71면; 한영수, 유예제도의 개선방안, 형사법연구 제22호(2004년 겨울 특집호), 591면.

18월 이하의 자유형을 선고할 때에 집행유예를 할 수 있도록 규정한 것과 비교하여 3년 이하의 징역·금고는 그 범위가 확대되었다고 하겠다.

(2) 정상에 참작할만한 사유

제51조(양형의 조건)의 사항을 참작하여 그 정상에 참작할만한 사유가 있어야 한다. 정상에 참작할만한 사유란 형의 선고 그 자체만으로도 위하적 기능을 다하여 이를 집행하지 않아도 장래에 재범의 위험성이 없다고 사료되는 경우를 말한다.[104] 판단의 기준은 제51조의 사항이다. 즉, 범인의 연령·성행·지능과 환경, 피해자에 대한 관계, 범행의 동기·수단과 결과, 범행 후의 정황이다. 이러한 모든 사정을 종합하여 판단하여야 하며, 판단의 기준시기는 판결선고시이다.

(3) 금고 이상의 형을 선고한 판결이 확정된 때부터 그 집행을 종료하거나 면제된 후 3년까지의 기간에 범한 죄의 형선고가 아닌 경우

금고 이상의 형을 선고한 판결이 확정된 때부터 그 집행을 종료하거나 면제된 후 3년까지의 기간에 범한 죄에 대한 형선고가 아닌 경우에만 집행유예를 선고할 수 있다. 즉, 금고 이상의 형선고 판결확정 때부터 집행종료·면제된 후 3년까지 기간에 범한 죄에 대해서는 집행유예를 할 수 없다. 집행유예 결격사유이다.

> 2005. 7. 29. 형법 개정(일부개정 법률 제7623호) 전에는 이미 선고받은 범죄보다 선행하는 죄에 대해서 집행유예를 할 수 없었고, 집행유예 제한기간도 형집행 종료나 면제된 때부터 5년 경과까지로 장기간이었으므로 집행유예 제도의 취지에 반한다는 비판을 받았다. 이번 개정형법은 금고 이상의 형이 확정된 후에 범한 죄에 한하여 집행유예 결격사유를 제한하고 제한기간도 3년으로 단축하였다.

"금고 이상의 형을 선고한 판결"이란 실형의 선고만을 의미하느냐 형의 집행유예를 선고받은 때도 포함하느냐에 관하여 견해가 대립하고 있다. 즉 집행유예기간 중의 범죄행위에 대해서도 집행유예를 선고할 수 있느냐의 문제이다.

1) 부정설 집행유예기간 중의 범죄에 대하여 다시 집행유예를 선고할 수 없다는 견해이다. 즉, "금고 이상의 형의 선고"는 실형의 선고뿐만 아니라 형의 집행유예 선고도 포함한다고 해석한다. 종래의 판례[105]와 다수설[106]의 입장이

104) 정성근, 709면; 이재상, 603면; 김일수/서보학, 780면.

었다. 그리하여 집행유예 기간 중에 새로 범한 범죄와, 집행유예선고를 받은 범죄 이전에 범하여진 범죄에 대해서도 집행유예를 선고할 수 없다고[107] 하고 있다.

2) 제한적 긍정설(여죄설) 형의 집행유예를 선고받은 사람이 형법 제37조의 경합범 관계에 있는 수죄(數罪)에 관하여 같은 절차에서 동시에 재판을 받았더라면 한꺼번에 집행유예의 선고를 받았으리라고 여겨지는 경우에 한하여, 집행유예기간 중의 범죄에 대한 재차의 집행유예를 제한적으로 허용하는 견해이다. 대법원 전원합의체[108]에 의한 판례변경의 다수의견이며, 현재 계속 유지되고 있는 대법원의 태도이다.[109]

【판례】 형법 제62조 제1항 단서에서 규정한 '금고 이상의 형의 선고를 받아 집행을 종료한 후 또는 집행이 면제된 후로부터 5년을 경과하지 아니한 자'라는 의미는 실형선고를 받고 집행종료나 집행면제 후 5년을 경과하지 않은 경우만을 가리키는 것이 아니라 형의 집행유예를 선고받고 그 유예기간이 경과하지 않은 경우를 포함하나 형법 제37조의 경합범 관계에 있는 수죄가 전후로 기소되어 각각 별개의 절차에서 재판을 받게 된 결과 어느 하나의 사건에서 먼저 집행유예가 선고되어 그 형이 확정되었을 경우 다른 사건의 판결에서는 다시 집행유예를 선고할 수 없다면 그 수죄가 같은 절차에서 동시에 재판을 받아 한꺼번에 집행유예를 선고받을 수 있었던 경우와 비교하여 현저히 균형을 잃게 되므로 이러한 불합리가 생기는 경우에 한하여 위 단서규정의 '형의 선고를 받아'라는 의미는 실형이 선고된 경우만을 가리키고 형의 집행유예를 선고받은 경우는 포함되지 않는다고 해석함이 상당하다(대판, 1989. 9. 12, 87도2365 전원합의체).

3) 긍정설 집행유예기간 중에 범한 죄에 대해서 재차의 집행유예를 선고할 수 있다는 견해로, "금고 이상의 형의 선고"는 실형만을 의미하고 집행유예는 포함되지 않는다고[110] 한다. 개정 전 형법 제62조 1항 단서의 "집행종료 또

105) 대판, 1960. 5. 18, 4292형상563; 대판, 1968. 7. 2, 68도720; 대판, 1969. 6. 10, 69도669; 대판, 1971. 3. 9, 70누167.

106) 정성근, 709면; 이재상, 604면.

107) 대판, 1969. 9. 30, 67모67; 대판, 1969. 10. 28, 68오26; 대판, 1984. 6. 26, 83도2198; 대판, 1989. 4. 11, 88도1155.

108) 대판(전원합의체), 1989. 9. 12, 87도2365.

109) 대결, 1990. 8. 24, 89모36; 대판, 1991. 5. 10, 91도473; 대판, 1992. 8. 14, 92도1246; 대결, 1997. 7. 18, 97모18; 대결, 1997. 10. 13, 96모118; 대판, 2002. 2. 22, 2001도5891.

110) 김일수/서보학, 782면 이하; 배종대, 828면; 진계호, 642면; 박상기, 539면; 오영근, 798면; 김성돈, 782면; 신동운, 806면 이하.

는 집행면제 후 5년이 경과하지 아니한 자"는 실형선고를 받아 현실적으로 집행절차를 거쳤음을 전제로 한 표현이기 때문에 집행유예가 포함되지 않는 것은 당연하다고[111] 한다.

4) 결 어 집행유예는 단기자유형의 폐해를 피하고 피고인의 재사회화를 도모하기 위한 형사정책적 목적을 위하여 인정된 제도이므로 집행유예의 적용범위를 넓히는 것이 바람직하다. 제한적 긍정설은 집행유예의 적용범위를 넓힌다는 점에서는 타당하지만, 유독 여죄(餘罪)의 경우에만 재차의 집행유예를 선고할 수 있도록 하는 이유가 명백하지 않다. 또 형법 제62조 1항 단서의 "집행종료"나 "면제된 후"는 집행유예 제한기간의 범위한정이고 집행유예 판결자체와 무관하므로 "금고 이상의 형의 선고"에는 집행유예가 포함되지 않고 집행유예기간 중에도 다시 집행유예판결을 선고할 수 있다고 해야 한다.

한편 집행유예가 실효 또는 취소됨이 없이 유예기간을 경과한 때에는 형의 선고가 이미 그 효력을 잃게 되어 '금고 이상의 형을 선고'한 경우에 해당하지 않으므로, 그 후에 범한 죄에 대하여는 당연히 집행유예를 할 수 있다. 판례[112]도 집행유예 기간 중에 범한 죄에 대하여 공소가 제기된 후 그 재판 도중에 집행유예 기간이 경과한 경우 집행유예 기간 중에 범한 죄에 대하여 다시 집행유예를 선고할 수 있다고 한다.

(4) 집행유예기간은 1년 이상 5년 이하이다

보통 판결주문에 위 기간의 범위 내에서 선고된 형의 기간보다 장기간으로 선고되며, 법원의 재량으로 결정한다.

3. 집행유예와 보호관찰·사회봉사명령·수강명령

형의 집행을 유예하는 경우에는 보호관찰을 받을 것을 명하거나 사회봉사 또는 수강을 명할 수 있다(제62조의2). 집행유예제도 그 본래의 목적인 사회복귀의 실효를 거두기 위하여 개정형법에서 신설한 조건부 부담처분이다. 이 세 가지 부담처분은 상호 선택적이지만 보호관찰과 사회봉사 또는 수강을 동시에 명할 수 있는[113] 임의처분이다.

---

111) 김일수/서보학, 782면 이하: 배종대, 828면.

112) 대판, 2007. 2. 8, 2006도6196.

(1) 보호관찰

사회복귀를 위하여 사회내 처우가 필요하다고 인정되는 유죄판결을 선고받은 자를 특정인에게 위탁하여 그 행상을 지도 및 원호하게 하는 일종의 보안처분이다(선고유예의 보호관찰과 같다). 보호관찰 기간은 집행을 유예한 기간으로 한다. 다만 법원은 유예기간의 범위 내에서 보호관찰 기간을 정할 수 있다(제62조의2 2항). 보호관찰은 법무부장관에 소속된 보호관찰소가 실시하고, 보호관찰소에는 보호관찰을 맡을 보호관찰관과 보호선도위원이 있다(보호관찰등에관한법률 제16조, 제18조).

(2) 사회봉사명령

1) 사회봉사명령의 의의 　사회봉사명령(community service order; gemeinnützige Arbeit)이란 유죄판결을 받은 범죄인에 대하여 자유형의 집행에 대신하여 사회에 유용한 활동이나 급부(給付)를 제공하도록 의무지우는 제재를 말한다.[114]

사회봉사명령제도는 각국의 형벌체계에 따라 그 법적 성격이 다르고, 각국의 행형실무와 사회·문화적 여건에 따라 매우 상이한 형태로 운영되고 있기 때문에 아직 통일된 개념정의는 없다. 그러나 이 제도가 사회내처우의 일종으로 단기자유형의 폐해를 방지하기 위한 대체수단으로 인정된 제재이고, 이를 통하여 범죄인을 사회에 정상적으로 복귀할 수 있도록 촉진하는 제도라는 데에는 견해가 일치한다. 이 제도는 특히 범죄자에게 낙인을 찍지 않고, 사회에 속죄한다는 심리적 보상감을 주고, 근로정신의 함양과 여가선용의 기회가 되어 교화·개선에 효과적이라는 장점을 가진 것으로 지적되고 있다.

【연혁】 현대적 형태의 사회봉사제도를 처음 실시한 나라는 영국이다. 영국은 1970년 형벌제도에 관한 자문위원회의 보고서(Wootton위원회의 보고서)에서 사회봉사명령제도를 제안하였는데, 이 제안은 1972년에 형사사법법에 수용 통과되어 1973. 1. 1.부터 시행하고 있다. 다만, 처음 2년간은 한정된 지역을 대상으로 시험실시 하였다가 1975년부터 전국으로 확대실시 하고 있다.

독일은 19세기 말부터 단기자유형의 폐해와 과대한 구금수용을 방지하기 위한 방안으로 사회봉사명령이 논의되어 왔다. 그러나 입법화는 1924년 제국형법 제28조의 b에서 처음으로 채택되었는데, 이는 주로 벌금형 미납에 대한 환

113) 대판, 1998. 4. 24, 98도98.

114) 정성근, 711면; 김일수/서보학, 786면; 임웅, 678면.

형처분의 대안으로 파악한 것이었다. 그 후 형법개정과정에서는 나치 정권이 강제노역의 정당화 방안으로 사회봉사명령제도를 악용하였기 때문에 소극적 태도를 취하다가, 1974년 형법시행법 제293조에 사회봉사명령이 다시 규정되면서 각 주(州)가 이에 대한 세부규칙을 만들고 각종 유예처분의 부가조건으로 수용되었다. 1986년 이후 독일의 모든 주가 이 시행법에 근거하여 개별적인 시행령을 갖고 있다. 다만 영국과는 다르게 기소유예, 공판절차중지, 선고유예, 집행유예 등 각 단계에서 사회봉사명령을 할 수 있다는 점이 특색이다.

우리나라는 1988. 12. 31 개정된 소년법에서 보호관찰처분을 받는 16세 이상의 소년에 대하여 사회봉사명령 또는 수강명령을 할 수 있도록 한 것이 이 제도의 시작이다(소년법 제32조 3항). 개정형법은 다시 집행유예를 받는 성인범죄자 일반에게도 이 제도를 적용할 수 있게 한 것이다.

2) 사회봉사명령의 기간 사회봉사명령은 집행유예기간 내에 이를 집행한다(제62조의2 3항). 다만, 사회봉사의 내용과 집행절차에 대해서는 별도의 구체적 규정을 마련해야 한다. 현재 예상할 수 있는 내용은 자연보호활동, 공공시설에서 근로봉사(공원·동물원·식물원 등), 교통정리, 공공의료·공공도서관·양로원·고아원·장애복지시설 등 요양시설이나 고궁 등에서의 봉사활동을 예시할 수 있다.

(3) 수강명령

1) 수강명령의 의의 수강명령이란 유죄판결을 받는 범죄인이 자유형 집행에 대신하여 지정된 사회교육·교화시설에서 일정시간 이상의 교육 또는 학습을 받도록 명하는 것을 말한다.[115] 주로 경미한 범죄자에 대하여 교정시설에 수용하지 아니하고 정상적인 사회생활을 영위토록 하면서 일과 후나 주말에 수강센터에서 교화프로그램을 수강하게 함으로써 심성을 개발하고 올바른 가치관을 심어주며, 성행을 교정하여 사회에 정상적으로 복귀할 수 있도록 촉진하는 데에 주된 목적이 있다.

【沿革】 우리나라 소년법에 규정된 수강명령제도의 모체는 영국의 Attendance Center Order이다. 이는 비교적 비행성이 약한 21세 미만의 자가 징역형을 선고할 수 있는 범죄를 범하여 유죄로 인정된 경우에 징역형을 선고하지 아니하고 24시간 이내의 시간 동안 Attendance Center에 참석하여 강의, 훈련 또는 상담을 받도록 명하는 제도이다. Attendance Center의 종류는 17세 미만

115) 정성근, 712면; 김일수/서보학, 787면; 임웅, 680면.

자를 위한 센터, 17세 이상 21세 미만자를 위한 센터, 여성센터 등이 있다.[116)]

우리나라에서는 검찰에서 비행청소년에 대한 선도조건부 기소유예처분의 조건으로 실시해 오던 것을 1988. 12. 31 개정된 소년법에서 보호관찰처분을 받는 16세 이상의 소년에게 사회봉사명령과 선택적으로 수강명령을 할 수 있도록 입법화하였다. 여기에 의하면 단기보호관찰을 받은 소년은 50시간을, 일반보호관찰을 받은 소년은 200시간을 초과하지 않는 범위 내에서 수강명령(사회봉사명령과 선택적이다)을 명할 수 있고(소년법 제33조 4항), 보호관찰관이 그 집행을 맡고 있다(소년법 제32조 1항 2, 3호 참조). 개정형법은 이 제도를 성인범죄자에게까지 확장하여 200시간의 범위 내에서 법원이 수강할 분야와 장소 등을 지정할 수 있도록 하여(보호관찰등에관한법률 제59조) 적용범위를 넓히고 있다.

2) 수강명령의 기간 수강명령도 사회봉사명령과 같이 집행유예기간 내에 이를 집행한다(제62조의2 3항). 다만 소년법상의 수강명령은 비행청소년을 대상으로 하므로 이를 그대로 성인에게 적용하는 것은 문제가 있다고 본다. 구체적인 수강내용과 절차 및 교육프로그램을 별도로 개발하여야 할 것이다.

4. 집행유예의 효과

집행유예의 선고를 받은 후 그 선고의 실효 또는 취소됨이 없이 유예기간을 경과한 때에는 형의 선고는 효력을 잃는다(제65조). 따라서 선고된 형의 집행을 하지 아니할 뿐만 아니라 처음부터 형의 선고가 없었던 상태로 돌아가게 된다. 다만 형의 선고가 효력을 잃는다는 것은 선고의 법률적 효과가 없어진다는 것을 의미할 뿐이며, 형의 선고가 있었다는 기왕의 사실 자체까지 없어지는 것은 아니다.[117)] 따라서 형의 선고에 의하여 이미 발생한 법률효과에는 영향을 미치지 않는다.

5. 집행유예의 실효와 취소

(1) 집행유예의 실효

집행유예의 선고를 받은 자가 "유예기간 중" "고의로 범한 죄로" 금고 이상의 "실형"을 선고받아 그 판결이 확정된 때에는 집행유예의 선고는 그 효력을

116) 이병기/노성호, 수강명령제도와 교육내용에 관한 연구(형사정책연구원, 1995), 10면.
117) 대결, 1983. 4. 2, 83도8.

잃는다(제63조: 2005. 7. 29. 개정). 개정형법은 실효사유를 유예기간 중에 고의로 범한 죄로 금고 이상의 실형선고를 받아 확정된 때로 제한하였다. 개정 전에는 범죄시기와 고의범·과실범 구별없이 유예기간 중에 금고 이상의 형 확정판결이 있으면 집행유예가 실효되도록 규정하였으나, 개정형법은 유예기간 중의 고의범과 실형선고에 대해서만 실효될 수 있도록 하였기 때문에 새로이 재판받는 범죄가 과실범이거나 집행유예가 선고될 뿐인 경우에는 기존의 집행유예가 실효되지 않는다.118) 집행유예선고의 효력이 상실되면 선고된 형을 집행한다.

(2) 집행유예의 취소

1) 필요적 취소　집행유예의 선고를 받은 후 "금고 이상의 형을 선고한 판결이 확정된 때부터 그 집행을 종료하거나 면제된 후 3년까지의 기간에 범한 죄"라는 것이 발각된 때에는 집행유예의 선고를 취소한다(제64조 1항). 금고 이상의 형을 선고한 판결은 집행유예의 선고도 포함한다.119) "집행유예의 선고를 받은 후"란 집행유예를 선고한 판결이 확정된 후를 의미한다. 이러한 사실은 집행유예의 선고를 받은 후에 발각되어야 하므로 그 확정판결 전에 발각된 때에는 집행유예를 취소할 수 없다.120) 집행유예의 취소는 임의적이 아니고 필요적이다.

2) 임의적 취소　형집행을 유예하는 경우 보호관찰이나 사회봉사 또는 수강명령을 받은 자가 준수사항이나 명령을 위반하고, 그 정도가 무거운 때에는 법원의 재량으로 집행유예의 선고를 취소할 수 있다. 집행유예를 취소할 경우에는 검사는 피고인의 현재지 또는 최후 거주지를 관할하는 법원에 청구하여야 한다(형소법 제335조). 집행유예가 취소되면 유예되었던 형을 집행한다.

집행유예의 취소에 관한 규정은 범죄인의 사회복귀를 장려하는 형사정책적

---

118) 다만 형법 제62조 1항 단서 "금고 이상의 형을 선고한 판결"의 해석에 관한 제한적 긍정설(여죄설)에 따르면 법원이 앞의 집행유예의 사실을 알고서 금고 이상의 자유형에 해당하는 새로운 고의범죄에 대해 재차 집행유예를 선고할 수는 없다. 그러나 적극설에 따르면 법원이 알면서도 재차 집행유예의 선고가 가능하다. 그리고 새로이 재판받는 범죄는 유예기간 중에 새로이 범한 범죄이어야 하므로, 처음부터 경합범 관계에 있는 범죄 중에서 그 일죄에 대해 집행유예가 선고된 이후에 여죄에 대해 다른 절차에서 금고 이상의 실형이 선고(확정)된 경우에도 기존의 집행유예는 실효되지 않는다. 이 때문에 앞의 집행유예와 새로운 실형선고 사이의 집행문제를 해결하는 입법조치가 있어야 한다. 참고로 일본 형법 제26조 2호는 이 경우 앞의 집행유예에 대해 필요적 취소를 하도록 규정하고 있다(손동권, 집행유예의 조건과 예외, 한국비교형사법학회·한국형사정책학회 공동 2005년도 추계학술논문발표회 발표문, 19면).

119) 대결, 1975. 11. 13, 75도63; 대판, 1983. 2. 5, 83도1.

120) 대결, 1984. 1. 18, 83도58; 1982. 1. 19, 81도44.

방향과 일치하지 않으며,[121] 소송법상의 일사부재리의 원칙 및 거증책임의 원칙에도 반한다는[122] 비판이 있다.

Ⅳ. 가석방

1. 가석방의 의의와 법적 성질

(1) 가석방의 의의

가석방(Aussetzung des Strafrestes; bedingte Entlassung)이란 자유형을 집행 받고 있는 수형자가 개전의 정이 현저하다고 인정되는 때에 형기만료 전에 조건부로 그를 석방하고 그 석방이 취소 또는 실효되지 않고 일정한 기간을 경과한 때에는 형의 집행을 종료한 것으로 간주하는 제도를 말한다(제72조, 제76조).

가석방제도는 개전의 정이 현저한 자에 대한 불필요한 형집행기간을 단축시켜 줌으로써 형집행에 있어 수형자의 자발적이고 적극적인 노력을 촉진토록 하여 사회복귀를 용이하게 하며, 수형자의 개과천선상황을 전혀 고려하지 않고 정해진 형을 집행하는 정기형제도의 결함을 보완하여 구체적으로 타당성 있는 형집행을 실현하려는 데에 그 존재 의의가 있다.

(2) 가석방의 법적 성질

가석방은 범죄자의 사회복귀라는 형사정책 목적에서는 형의 집행유예와 그 취지가 같지만 법무부장관의 행정처분으로 수형자를 석방하는 것이므로 그 법적 성질은 형집행작용이라 해야 한다. 다만, 가석방제도의 형사정책 목적의 효율성 확보와 형벌실현의 법적 안정성이라는 점에서 가석방자에게 보호관찰을 실시하고, 그 처분도 사법처분으로 할 필요가 있다. 개정형법에서 가석방된 자에 대하여 보호관찰을 받도록 한 것은 이러한 취지에서 나온 것이지만 그 처분은 여전히 행정처분에 맡기고 있다.

【연혁】 가석방제도는 1800년 영국의 유형지였던 오스트레일리아에서 유형수에 대하여 섬 안에 있을 것을 조건으로 가출옥허가장(ticket of leave)을 발급해

---

121) 정성근, 714면; 김일수/서보학, 789면.
122) 정성근, 714면; 이재상, 608면 이하.

주고 석방하는 관행에서 유래한다. 그 후 이 제도는 영국 본국을 거쳐 미국에 도입되고, 대륙에서는 1862년 작센(Sachsen)에서 최초로 이 제도가 실시된 후 유럽 각국에 전파되었다. 독일에서는 1871년의 형법전에 도입한 이래 가석방을 인정하고 있고, 우리나라도 구형법(제28조 내지 제30조) 이후 현행 형법(제72조 내지 제76조)에 규정하고 있다. 가석방제도를 채택하고 있는 대부분의 국가에서 가석방자에게 보호관찰을 실시하고 있는 것과 보조를 맞추어 개정형법(제73조의2 2항)도 보호관찰을 새로 채택하였다.

2. 가석방의 요건

가석방은 다음의 요건을 구비한 경우에 가석방심사위원회의 신청에 의하여 법무부장관이 허가한다(제72조 내지 제73조의2 1항, 행형법 제52조).

(1) 징역 또는 금고의 집행 중에 있는 자가 무기는 10년, 유기는 형기의 3분의 1을 경과한 후일 것

가석방은 징역 또는 금고의 집행 중에 있는 자에 대하여만 인정한다. 따라서 자유형 이외의 형벌에는 가석방이 인정될 여지가 없다.

벌금을 납입하지 않아 노역장유치가 된 경우도 가석방을 할 수 있느냐에 대해서 논의가 있다. 징역 또는 금고의 집행 중에 있는 자에 대해서 가석방을 인정하고 있다는 이유로 이를 부정하는 견해도[123] 있다. 그러나 노역장유치는 대체 자유형에 지나지 않는 것이며, 자유형을 선고받은 자에 비하여 경한 벌금형을 선고받은 자를 더 불이익하게 처우해야 할 이유가 없으므로 이 경우에도 가석방을 허용하는 것이 타당하다.[124]

여기의 무기 또는 유기의 형기는 선고형을 의미하며, 사면 등으로 감형된 때에는 감형된 형을 기준으로 한다. 이상의 기간을 계산하는 경우에 형기에 산입된 미결구금일수는 집행을 경과한 기간에 산입한다. 수개의 독립된 자유형이 선고되어 있는 경우에 형기의 3분의 1을 경과하였느냐의 판단을 함에 있어서는 가석방제도의 형사정책 목적에 비추어 수개의 형을 종합하여 집행기간을 판단하는 것이 타당하다. 소년범에 대한 가석방에 대해서는 특별규정이 있다(소년법 제65조).

---

123) Horn, SK, Vor §57, Rdn. 3.

124) 정성근, 715면; 이재상, 615면; 김일수/서보학, 796면; 안동준, 362면; 임웅, 659면 이하; 배종대, 837면; 김성돈, 793면; 오영근, 803면; 진계호, 716면.

⑵ 행상(行狀)이 양호하여 개전(改悛)의 정(情)이 현저할 것

수형자에 대하여 나머지 형을 집행하지 아니하여도 재범의 위험이 없다는 예측이 가능한 정도의 참작할 정상이 있어야 한다. 수형자에 대한 특별예방적 관점을 기준으로 개전의 정이 현저한가를 판단해야 하며, 범죄의 중대성이나 일반예방적 요소를 고려해서는 안된다.

⑶ 벌금 또는 과료의 병과가 있는 때에는 그 금액을 완납할 것

다만 벌금 또는 과료에 관한 노역장유치기간에 산입된 판결선고전 구금일수는 그에 해당하는 금액이 납입된 것으로 간주한다.

3. 가석방기간과 보호관찰

가석방의 기간은 무기형에 있어서는 10년, 유기형에 있어서는 남은 형기로 하되 그 기간은 10년을 초과할 수 없다(제73조의2 1항).

가석방된 자는 가석방 기간 중 보호관찰을 받는다(제73조의2 2항 본문). 가석방자의 재범방지와 사회복귀를 위해서 개정형법이 신설한 사회내처우이다. 다만 가석방을 허가한 행정관청이 보호관찰의 필요가 없다고 인정한 때에는 그러하지 아니한다(제73조의2 2항). 가석방자에 대한 보호관찰은 지도·감독으로서의 보호관찰(Parole supervision)이다.

4. 가석방의 효과

가석방의 처분을 받은 후 그 처분이 실효 또는 취소되지 아니하고 가석방 기간을 경과한 때에는 형의 집행을 종료한 것으로 본다(제78조 1항). 가석방 기간 중에는 아직 형의 집행이 종료된 것이 아니므로 가석방 기간 중에 다시 죄를 범하여도 누범에 해당하지 않는다.[125] 형의 집행을 종료한 것으로 보는데 그치며,[126] 집행유예와 같이 형 선고의 효력이 없어지는 것은 아니다. 소년범에 대해서는 가석방 기간 종료에 대하여 특칙을 두고 있다(소년법 제66조).

125) 대판, 1976. 9. 14, 76도2058.
126) 대판, 1976. 3. 9, 75도3434.

5. 가석방의 실효와 취소

(1) 실 효

가석방 기간 중에 금고 이상의 형 선고를 받아 그 판결이 확정된 때에는 가석방처분은 그 효력을 잃는다. 다만, 과실로 인한 죄로 형의 선고를 받았을 때에는 예외로 한다(제74조).

(2) 취 소

가석방 처분을 받은 자가 감시에 관한 규칙을 위배하거나, 보호관찰의 준수사항을 위반하고, 그 정도가 무거운 때에는 가석방처분을 취소할 수 있다(제75조). 가석방된 자는 가석방 기간 중 선행을 하고, 정상적인 업무에 취업하여야 하며, 기타 다른 법령에서 정하는 가석방자가 지켜야 할 사항을 준수하여야 한다(행형법 시행령 제157조). 가석방의 취소 여부는 법무부장관의 재량에 속한다.

(3) 실효 및 취소의 효과

가석방이 실효되거나 취소되었을 때에는 가석방 중의 일수(日數)는 형기에 산입하지 아니한다(제76조 2항). 따라서 가석방이 실효 또는 취소되면 가석방 당시의 잔여형기(무기인 때는 무기)의 형을 집행한다. 가석방 중의 일수란 가석방된 다음날부터 가석방이 실효 또는 취소되어 구금된 전날까지의 일수를 말한다.

제5절 형의 시효·소멸·기간

Ⅰ. 형의 시효

1. 시효의 의의

형의 시효(刑의 時效)란 형의 선고를 받은 자가 재판이 확정된 후 그 형의 집행을 받지 않고 일정한 기간이 경과한 때에 형의 집행이 면제되는 것을 말한다. 현행법상 형사시효는 형법상의 형의 시효와 형사소송법상의 공소시효의 두 종류가 있다. 전자는 일정한 기간이 경과한 때에 이미 확정된 형벌의 집행권을 소멸시키는 제도임에 대하여, 후자는 일정한 기간이 경과한 때에 미확정 상태의 형벌권, 즉 공소권을 소멸시키는 제도라는 점에 차이가 있다. 다만 양자는 모두 실체적 형벌권 그 자체를 소멸시킨다는 점에서는 같다.

형사시효를 인정하는 근거는, 오랜 시일의 경과로 인하여 범인의 개전을 추측할 수 있고, 범죄의 입증도 곤란하며, 범인이 장기에 걸친 도피로 인하여 형벌에 대체할 만한 충분한 가책을 받았다는 점을 들고 있다. 그러나 오히려 시일의 경과로 인하여 형의 선고와 그 집행에 대한 사회적 의식이 감소되고, 일정한 기간 동안 계속된 평온한 상태를 존중·유지시킨다는 점에 더 중요한 이유가 있다고 본다.

2. 시효의 기간

형의 시효는 형을 선고하는 재판이 확정된 후(확정한 날로부터) 그 집행을 받음이 없이, ① 사형은 30년, ② 무기의 징역 또는 금고는 20년, ③ 10년 이상의 징역 또는 금고는 15년, ④ 3년 이상의 징역이나 금고 또는 10년 이상의 자격정지는 10년, ⑤ 3년 미만의 징역이나 금고 또는 5년 이상의 자격정지는 5년, ⑥ 5년 미만의 자격정지, 벌금, 몰수 또는 추징은 3년, ⑦ 구류 또는 과료는 1년의 기간을 경과함으로 인하여 완성된다(제78조).

3. 시효의 효과

형의 선고를 받은 자는 시효의 완성으로 당연히 형의 집행이 면제된다(제77조). 따라서 별도로 재판 기타의 처분을 할 필요가 없다. 그러나 형 선고 자체는 실효되지 아니한다.

4. 시효의 정지·중단

(1) 시효의 정지

시효는 형의 집행유예나 집행정지 또는 가석방 기타 집행할 수 없는 기간은 진행되지 아니한다(제79조). 시효정지의 특색은 정지사유가 소멸한 때로부터 잔여 시효기간이 진행하는데 있다(형소법 제253조 참조). 다만, 이 규정의 시효정지는 주로 시효기간의 진행을 개시하지 않는 정지에 그친다. 기타 집행할 수 없는 기간이라 함은 천재지변 기타 사변으로 인하여 형을 집행할 수 없는 기간을 말하고, 형의 선고를 받은 자의 도주 또는 소재불명의 기간은 이에 포함하지 아니한다.[127] 이 경우를 포함시킨다면 시효제도는 사실상 무의미하기 때문이다.

(2) 시효의 중단

시효는 사형·징역·금고와 구류에 있어서는 수형자를 체포함으로써, 벌금·과료·몰수와 추징에 있어서는 강제처분을 개시함으로써 중단된다(제80조). 시효중단의 특색은 이미 경과한 시효기간의 효과가 모두 상실되는데 있다. 따라서 한 번 시효가 중단된 때에는 새로이 시효의 전(全)기간이 경과되어야만 시효가 완성된다.

Ⅱ. 형의 소멸

1. 형소멸의 의의

형의 소멸(刑의 消滅)이란 유죄판결의 확정으로 발생한 국가의 형집행권을 소멸시키는 것을 말하며, 검사의 형벌청구권을 소멸시키는 공소권의 소멸과 구별하여야 한다.

형의 소멸원인은 형 집행의 종료, 형 집행의 면제, 형의 선고유예·집행유예기간의 경과, 가석방 기간의 만료, 시효의 완성, 범인의 사망 등이 있다.

또 형집행권의 소멸 이외의 형소멸 사유는 사면, 형의 실효, 복권 등이 있다.

2. 범인의 사망

형벌의 일신전속성에 비추어 범인이 사망한 때에는 그에 대한 형의 집행권은 소멸한다. 다만 몰수는 보안 및 경제적 가치의 부당한 귀속을 저지시키는

127) 정영석, 330면 이하; 정성근, 719면; 이형국, 428면; 이재상, 618면; 김일수/서보학, 800면.

데에 그 목적이 있으며, 또 조세·전매 기타 공과(公課)에 관한 법령에 의한 벌금 또는 추징은 이를 징수하는데 주목적이 있으므로 재판을 받은 자가 재판확정 후 사망한 경우에도 그 상속재산에 대하여 집행할 수 있다(형소법 제478조). 또 법인에 대한 벌금·과료·몰수는 판결확정 후에 그 법인이 합병에 의하여 소멸한 때에도 합병 후 존속하는 법인 또는 합병에 의하여 설립된 법인에 대하여 이를 집행할 수 있다(형소법 제479조). 이는 법인의 특별한 경제적 기능을 고려하여 인정된 예외규정이다.

3. 사 면

사면(赦免)이란 국가원수의 특권에 의하여 형사소추와 확정판결에 의한 처벌을 포기시키게 하는 제도이다. 대통령은 법률(사면법)이 정하는 바에 의하여 사면·감형·복권을 명할 수 있다(헌법 제79조 1항). 이에 따라 사면법은 사면·감형과 복권에 관한 사항을 규정하고 있다.

사면에는 일반사면과 특별사면이 있다. 일반사면은 특정한 범죄 또는 일반의 범죄를 범한 자에 대하여 미리 죄 또는 형의 종류를 정하여 형사소추와 처벌을 포기시키는 제도이고(사면법 제3조, 제8조), 특별사면은 확정판결을 받은 특정인에 대하여 형집행을 포기시키는 제도이다(사면법 제3조 2호, 제9조).

일반사면의 효력은 형선고를 받은 자에 대하여는 장래에 향하여 형선고의 효력이 상실되며, 형선고를 받지 않은 자에 대하여는 공소권이 상실된다. 특별사면은 원칙적으로 형집행이 면제된다. 다만 특별사정이 있는 때에는 장래에 향하여 형선고의 효력을 상실케 할 수 있다(사면법 제5조 1항 2호).

4. 형의 실효와 복권

형벌권은 형 집행의 종료, 형 집행의 면제, 기타 일정한 원인으로 소멸되어도 형 선고의 법률상 효과, 즉 전과사실은 그대로 남게 된다. 이 전과사실로 인하여 공무원이 되는 자격(국가공무원법 제33조 참조), 일정한 직업(예컨대 의사, 변호사, 교원 등)에 종사하는 자격, 기타 필요한 자격에 제한을 받게 되어 불리한 입장에 있게 되므로 전과사실을 말소시켜 전과자의 자격을 회복시키고, 그로 하여금 사회복귀를 용이하도록 하는 것이 형사정책상 요청된다. 이를 위하여 형법과 형의 실효에 관한 법률은 형의 실효 및 복권에 관한 규정을 두고 있다.

(1) 형의 실효

1) 재판상의 실효 징역 또는 금고의 집행을 종료하거나 집행이 면제된 자가 피해자의 손해를 보상하고 자격정지 이상의 형을 받음이 없이 7년을 경과한 때에는 본인 또는 검사의 신청에 의하여 그 재판의 실효를 선고할 수 있다(제81조). 형을 받음이 없이 7년을 경과해야 하므로 형집행 종료 후 7년 이내에 집행유예의 판결을 받고 유예기간이 경과되어도 형의 실효를 선고할 수 없다.[128]

2) 당연실효 수형자가 자격정지 이상의 형을 받음이 없이 형의 집행을 종료하거나 그 집행이 면제된 날로부터 다음의 기간이 경과된 때에는 그 형은 실효된다(형의실효에관한법률 제7조). ① 3년을 초과하는 징역 또는 금고는 10년, ② 3년 이하의 징역 또는 금고는 5년, ③ 벌금은 2년. 다만 구류와 과료는 형의 집행을 종료하거나 그 집행이 면제된 때에 그 형이 실효된다.

3) 효 력 형이 실효되면 형의 선고에 기한 법적 효과는 장래에 향하여 소멸되며, 형의 선고가 있었다는 기왕의 사실 그 자체까지 없어지는 것은 아니다.[129] 형의 실효를 받은 후 다른 사건으로 공소제기된 경우 실효된 전과를 양형자료로 할 수 있느냐에 대해서는 논의가 있다.[130]

(2) 복 권

자격정지의 선고를 받은 자가 피해자의 손해를 보상하고 자격정지 이상의 형을 받음이 없이 정지기간의 2분의 1을 경과한 때에는 본인 또는 검사의 신청에 의하여 자격의 회복을 선고할 수 있다(제82조).

이 규정은 자격정지의 선고를 받은 자가 자격정지의 기간이 만료되지 아니하여도 일정한 조건하에 자격을 회복시켜 사회복귀의 장애를 제거시키려는 데에 그 취지가 있다. 복권이 되어도 형선고의 효력은 소멸되지 아니하므로 그 전과사실은 누범가중 사유에 해당한다.[131]

---

128) 대판, 1983. 4. 2, 83도8.
129) 대판, 1974. 5. 14, 74누2(변호사명부등록취소처분무효확인).
130) 백형구, 형의 실효와 복권(월간고시, 1986. 11), 75면 참조.
131) 대판, 1981. 4. 14, 81도543.

Ⅲ. 형의 기간

1. 기간의 계산

년 또는 월로 정한 기간은 역수(曆數)에 따라 계산한다(제83조). 이 규정은 형법상의 기간 계산방법으로 역법적(曆法的) 계산방법(民法 제160조 참조)을 채용한 것이다. 역법적 계산방법이란 중간의 일·시·분·초를 정산하지 않고 역(曆)에 따라 월(月)·년(年)을 단위로 하여 계산하는 방법을 말한다. 예컨대 징역 6월의 기간을 1월 1일부터 계산하면 6월 30일에 만료한다.

2. 형기의 기산

형기는 판결이 확정된 날로부터 기산한다(제84조 1항). 여기서 형기라 함은 자유형의 기간을 말하며, 판결의 확정이란 판결의 효력이 변경될 수 없는 상태에 이른 것을 말한다.

징역·금고·구류·노역장유치에 있어서는 구속되지 아니한 일수는 형기에 산입하지 아니한다(제84조 2항). 예컨대 판결이 확정되어도 구속되지 않은 경우, 또는 형의 집행 중에 도주 등으로 구속되지 아니한 일수가 있는 때에는 형기에 산입하지 아니한다는 취지이다.

형의 집행과 시효기간의 첫날(初日)은 시간을 계산함이 없이 1일로 산정하며(제85조), 석방은 형기만료일에 하여야 한다(제86조).

제 2 장 보안처분론

제 1 절 보안처분 일반론

Ⅰ. 보안처분의 의의 · 연혁

(1) 보안처분의 의의

보안처분(Maßregeln der Besserung und Sicherung)이란 형벌로서는 행위자의 사회복귀와 범죄예방이 곤란하거나 행위자의 사회적 위험성 때문에 형벌의 목적을 달성할 수 없는 경우에 행위자를 개선 · 치료하고 그 위험성으로부터 사회를 방위하기 위하여 형벌을 대체하거나 보충하기 위한 국가의 예방적 조치를 말한다.

보안처분은 행위자의 사회적 위험성에 기초하여 장래적 범죄에 대한 예방적 성질을 가진 조치라는 점에서 행위책임을 기초로 책임주의 범위 내에서 과거의 행위에 대한 제재인 형벌과 개념적으로 구별된다.

(2) 보안처분의 연혁

1) 근대 이전의 보안처분 광의의 보안처분에 해당하는 국가적 강제조치는 고대사회에서도 보이는데, 예컨대 정치범의 국외추방이나 음주자의 범죄방지를 위한 주류판매 금지 등이 그것이다. 중세에는 치안유지를 목적으로 부랑자, 걸인에 대하여 사형 · 신체상해형 등을 과했고, 특히 16세기 독일에서는 부정기의 보안구금, 교정구금, 노역장유치(카로리나 형법 제136조 참조) 등이 있었다. 그러나 이 시대에는 아직 형벌과 보안처분의 구별이 명확하지 아니하였다.

보안처분을 형벌과 구별하여 보안처분의 필요성을 최초로 주장한 학자는 18세기 말엽 독일의 '클라인'(E.F. Klein)이다. 그는 형법이론을 행위자 중심으로 재편성할 것을 요구하고, 일반예방 · 응보목적의 형벌제도와 개개인의 위험성에 대응한 특별예방·교정목적의 보안처분제도의 본질적 차이를 인정하면서 형벌과 함께 보안처분의 필요성을 역설하였다. 그 후 1794년 '클라인'이 기초한 프로이센 일반 란트법(ALR) 가운데 형법부분(제1조 제6조)에 형벌인 자유형 이외에 부정기의 보안구금을 규정하였다. 그러나 19세기에 들어와서 당시의 자유인권사상과 포이엘바하를 중심으로 하는 죄형법정주의 및 완고한 응보형주의에 의하여 클라인의 보안처분론은 좌절되고 말았다.

2) 근대 이후의 보안처분　근대적 보안처분은 19세기 후반에 이르러 누범 및 소년범죄의 증가와 행형제도의 불만 등으로 표출된 고전학파의 응보형론에 대한 반성과 근대학파의 특별예방적 목적형사상에서 구체화된 상대주의 형벌이론을 배경으로 발달하였다. 즉, 응보형론은 소질적·정신적으로 결함 있는 범죄인과 상습범인에 대하여는 범죄예방에 무력하고, 특히 범죄행위와 결과발생의 경중에 따라 형벌의 양을 결정하는 고전학파의 형법이론은 행위자의 위험성으로부터 사회를 방위할 수 없다는 것을 인식하여, 종래의 형벌을 보충 또는 대체할 제도로서 보안처분제도를 고려하기에 이르렀다.

형법에 대한 형사정책적 필요성은 특히 실증학파의 이론을 계승한 독일의 리스트(Liszt)에 의하여 활발히 전개되었다. 리스트는 1882년 '마르부르그'강령(Marburger Program)에서 응보형을 목적형으로, 진압형을 방위형으로 전환할 필요가 있다고 하고, 특히 형벌만으로 특별예방의 효과를 거둘 수 없는 경우에는 보안·개선을 위한 형사처분을 해야 한다고 주장하여 형벌과 보안처분의 일원적 파악을 도모하고, 개선불가능자에 대한 보안처분제도의 개발을 역설하였다. 이 주장을 구체화하여 보안처분제도를 최초로 체계적으로 형법전에 도입한 것은 1893년 칼 슈토스(Carl Stooss)에 의해 기초된 스위스 형법초안으로 보통 '슈토스안(案)'이라 한다. '슈토스안'은 신·구 양학파의 입장을 절충하여 형벌과 함께 보안처분에 관한 장을 따로 두어 형과 보안처분의 이원주의를 채택하였다.[1)]

'슈토스안'을 기초로 보안처분을 최초로 채택한 법률은 1908년 영국의 '범죄

1) Stooss안(Entwurf Stooss)에 규정되어 있는 보안처분은 ① 위험성이 있는 책임무능력자·한정책임능력자에 대한 치료감호처분, ② '알콜'중독자에 대한 교정소수용처분 및 음식점출입금지처분, ③ 노동혐기자에 대한 노역장수용처분, ④ 누범자에 대한 교정 및 감호처분, ⑤ 가석방자에 대한 보호관찰처분, ⑥ 직권 또는 친권의 남용자에 대한 권리박탈처분, ⑦ 위험물의 파기처분, ⑧ 예방처분 등 8種이 있다.

예방법'(Prevention of Crime Act)이다. 이 법률은 중죄를 범한 관습범에 대하여 징역형 집행 후의 위험을 방지하기 위한 보안처분으로서 예방구금을 인정하고 1921년부터 실시하였다. 그 후 보안처분은 여러 나라에서 채택하였는데, 특히 벨기에는 1930년의 사회방위법에서 이에 관한 광범위한 규정을 두어 세계의 주목을 받았다. 그리고 형법전에 보안처분에 관한 규정을 두지 아니한 국가에서도 거의 예외 없이 소년범에 대해서는 보호처분을 채용하고 있다.[2)]

3) 우리나라의 상황 우리나라는 1953년 형법제정당시 법전편찬위원회에서 보안처분제도의 채택 여부에 관한 논의가 있었으나, 미비된 법률체제와 보안처분을 빙자한 인권침해의 가능성 등 당시의 복잡한 사회여건 때문에 당분간 이의 채택을 유보하였다.[3)] 그리하여 1995년 개정 전까지의 형법은 전혀 보안처분을 고려하지 않고, 단지 몇 개의 특별법에서 그에 관한 규정을 두었을 뿐이다.

그러나 1995년 개정형법은 형의 집행유예시에 보호관찰과 사회봉사 및 수강명령을 할 수 있도록 하고, 선고유예를 선고한 경우와 가석방자에게 보호관찰을 실시할 수 있도록 하여 형법에 보안처분제도를 도입하였다. 특별법으로는 보호관찰등에관한법률을 위시하여 소년법상의 보호처분, 국가보안법상의 공소보유대상자에 대한 감시·보도, 치료감호법[4)]상의 보안처분, 보안관찰법상의 보안관찰처분 기타 성폭력범죄처벌및피해자보호등에관한법률(제16조, 제17조), 마약법(제50조) 등에 보안처분을 규정하고 있다.

Ⅱ. 보안처분의 성질

1. 보안처분과 형벌의 관계

보안처분과 형벌의 관계를 어떻게 파악할 것이냐에 대하여, 응보형주의는 보안처분의 필요성을 인정하면서 양자 사이에는 본질적인 차이가 있다고 하는 이

2) 宮內 裕, 刑罰と保安處分, 刑法講座(Ⅰ), 1963, 105면 참조.

3) 법전편찬위원회 형법초안이유설명서 제3의 3 보안처분의 유보 참조.

4) 치료감호법(2005. 8. 4 법률 제7655호)은 2005. 8. 4. 폐지된 사회보호법의 대체입법으로 제정되었는데, 1980. 12. 18. 제정된 사회보호법은 그동안 우리나라의 대표적인 보안처분법으로서 역할을 하였다.

원론을 주장하는데 대하여 목적형주의는 형벌과 보안처분은 본질적으로 동일하다는 일원론 내지 대체주의를 주장한다.

이원론의 논거는 다음과 같다. ① 형벌의 본질은 범죄에 대한 응보인데 반하여 보안처분은 사회방위와 본인에 대한 교정·개선을 목적으로 하는 처분이다. ② 형벌의 기초는 책임인데 반하여 보안처분의 기초는 행위자의 사회적 위험성이다. ③ 형벌은 범죄를 필연적인 전제로 하지만 보안처분은 위험한 성격에 착안한다. ④ 형벌은 범죄의 진압인데 반하여 보안처분은 범죄의 예방이다. ⑤ 형벌은 과거의 범죄에 대한 형사처분인데 대하여 보안처분은 장래의 위험성에 대한 행정처분이다.

한편, 일원론은 형벌과 보안처분 사이에 실질적인 차이는 없으며, 단지 양적인 차이가 있음에 지나지 않는다고 한다. 즉, 양자는 다같이 범인의 개선·교정과 사회의 보전을 목적으로 하며, 행위자의 사회적 위험성을 기초로 하여 과하는 사회방위처분의 성질을 가진 것이므로 양자는 본질적으로 차이가 없다고 한다. 다만 행위자의 성격이 형벌적응성이 없는 경우에는 형벌에 대체하여 보안처분을 과하는 것이므로 양자는 그 정도와 분량에 차이가 있을 뿐이라고 한다.

현재까지는 아직 보안처분을 형벌에 대한 보충적·부수적인 것으로 이해하고 있는 상태에 있다. 형벌은 책임을 전제로 하여 책임주의 범위 내에서 과해지는 것임에 대하여, 보안처분은 행위자의 사회적 위험성을 전제로 하여 특별예방적 관점에서 과해지며, 형벌은 과거의 범행에 대한 법적 비난을 대상으로 하는 제재임에 대해서, 보안처분은 장래에 대한 순수한 예방적 성격을 가졌다는 점에서 양자를 구별하는 이원론이 타당하다고 본다.

2. 병과주의와 대체주의

보안처분은 형벌에 대체하여 선택할 수 있느냐, 또는 형벌의 보충으로 병과해야 하느냐에 대해서 대체주의와 병과주의로 나누어진다. 이원론은 그 논리적 귀결로서 병과주의를 인정하는데 대해서 일원론은 양자간의 본질적 차이를 인정하지 않기 때문에 대체주의를 인정한다. 그러나 이러한 관계는 반드시 절대적인 것이 아니다. 최근의 입법 및 초안은 대체주의를 인정하는 경향이 현저하다. 예컨대 스위스 형법 제42조는 상습범인에 대한 예방처분을 선고하는 경우에 그 처분은 형벌에 대체한다고 규정하고 있으며, 또 독일 형법(제67조의 a)은 보호감호를 제외한 모든 보안처분에 대해서, 그리고 신설된 우리나라의 치료감호법(제18조)은 치료감호에 대해서 대체주의를 채택하고 있다.

병과와 대체의 절충적 형식으로 선고에 있어서는 이원주의, 집행에 있어서는 일원주의를 채택한 입법례도 있다. 예컨대 독일의 1925년 형법초안 제47조·제48조, 일본 개정형법가안의 감호처분(제127조, 제132조)·교정처분(제133조 2항, 제135조)·노작처분(제138조)에 관한 원칙이 이에 속한다.

형벌과 보안처분은 그 성질은 다르지만 법익박탈·자유제한이라는 실질상의 효과는 같으며, 범죄예방과 행위자의 사회복귀라는 목적도 같다는 점에 비추어 보안처분은 형벌을 보충하여 병과하는 데 그칠 것이 아니라 그 목적에 따라 대체할 수 있도록 하여야 할 것이다. 형벌의 보안처분화, 형법에서 보안처분법에로 변천하는 것이 범죄법의 진화방향이라 할 수 있다.[5]

3. 집행의 순서

형벌과 보안처분이 동시에 선고된 경우에 그 집행순서는 어떻게 할 것이냐의 문제가 있다. 이에 관하여 형벌선집행주의와 보안처분선집행주의가 있다. 각국의 입법례는 일정하지 않다. 예컨대 독일은 보안감호(제66조)를 제외하고는 원칙으로 형벌보다 보안처분을 먼저 집행하고 보안처분 기간을 형기에 산입하며(독일 형법 제67조), 일본 초안은 형벌선집행을 원칙으로 하고 법원이 적절히 선택하여 변경할 수 있도록 하고 있다. 우리 치료감호법(제18조)은 치료감호와 형이 병과된 경우에는 치료감호를 먼저 집행하도록 하고 있으며, 이 경우 치료감호의 집행기간은 형기에 산입한다.

4. 선고기관

이원론에서는 보안처분을 행정처분으로 이해하는 논리적 귀결로서 그 선고기관을 법원과 구별하는데 반하여 일원론과 대체주의에서는 형벌과 보안처분을 다 같이 형사처분으로 이해하여 선고기관은 원칙적으로 법원으로 통일할 것을 주장한다. 최근의 입법경향은 보안처분을 법원의 권한에 속하게 함으로써

---

5) 木村, 保安處分, 刑事法講座(3), 1957, 669면.

보안처분에 관하여 사법처분설에 따르는 추세에 있다.

5. 보안처분과 인권보장

보안처분은 그 처분 자체가 부정기화할 가능성이 있으며, 그 내용에 있어서도 법익(자유 또는 재산)을 박탈 내지 제한하는 것이므로 사실상 형벌과 다름없다. 따라서 인권보장의 견지에서 법률로써 명시한 범위 내에서만 보안처분을 인정하여야 한다(헌법 제12조 1항 참조). 보안처분은 사회적 위험성에 대한 예방적 처분이므로 책임주의가 적용되지 않는다. 그러나 보안처분도 개인의 자유·재산을 제한하는 제재이므로 법의 일반원칙인 비례성의 원칙이 적용되는 범위 내에서만 정당화될 수 있다고 해야 한다. 즉, 보안처분은 이미 행해진 범죄와 장래 예상되는 범죄 및 범죄적 위험성의 정도와 균형이 유지되는 최소한의 제재라야 한다.

Ⅲ. 보안처분의 종류

보안처분은 여러 가지 관점에서 분류할 수 있으나 각국의 형법, 형법초안 또는 단행법에 규정되어 있는 보안처분의 종류를 비교법적으로 분류해 본다면 다음과 같다.

1. 대인적 보안처분

(1) 자유박탈을 수반하는 보안처분

1) 치료감호처분 정신병자, 신경쇠약자, 히스테리 환자, 농아자와 같은 책임무능력자 내지 한정책임능력자 등 심신장애로 인하여 범죄를 행하는 자에 대하여 불기소, 무죄선고, 또는 형의 집행 전에 치료·감호를 위하여 일정기간 동안 수용하는 처분이다. 독일 형법 제63조, 스위스 형법 제43조, 그리이스 형법 제69조, 일본 개정형법초안 제97조 1, 우리나라 치료감호법 제12조 등이 있다.

2) 교정소 또는 금단시설수용처분 알코올 또는 마약의 중독자에 대하여 일정기간 교정소 또는 금단시설에 수용하여 그 습벽제거를 위한 처분이다. 독

일 형법 제64조, 스위스 형법 제44조, 그리스 형법 제71조, 오스트리아 형법 제22조, 폐지된 우리 사회보호법 제8조 1항 2호, 이태리 형법 제219조, 덴마크 형법 제62조, 일본 개정형법초안 제105조 등이 있다.

3) 노동시설수용처분　부랑자 · 걸인 · 매춘부 등 노동혐기로 인하여 상습적으로 범죄를 행하는 자에 대하여 형을 선고하는 경우에 그 재판과 함께 선고하는 노동개선처분으로, 일정한 작업에 종사케 함으로써 근면하고 규율있는 습관을 훈치시키는 처분이다. 브라질 형법 제93조, 덴마크 형법 제62조, 그리스 형법 제72조 등이 있다.

4) 보안감호처분　사상범, 상습범, 누범의 위험성이 있는 강력범 등 재범의 위험성이 있는 자에 대하여 자유형 집행종료 후 예방소 또는 보안감호시설에 수용하는 처분을 말하며, 예방구금이라고도 한다. 이 제도를 최초로 인정한 법률은 1908년 영국의 범죄예방법이다. 독일 형법 제66조, 스위스 형법 제42조, 덴마크 형법 제65조, 벨기에 사회방위법 제22조 내지 제26조, 오스트리아 형법 제23조, 폐지된 우리 사회보호법 제5조 등이 있다. 그러나 보안감치시설의 수용처분은 그 효과가 예상한 것과 같지 아니하므로 점차 폐지하는 경향이 있고, 현재 법관이 예방구금을 선고하는 예는 극히 드물다.

5) 사회치료처분　인격장애가 있는 누범자, 성적 충동범 등 범죄성 정신병질자에 대하여 인격의 장애를 제거하기 위하여 일정기간 동안 각종의 사회치료시설에 수용하는 처분이다. 덴마크 형법 제17조, 네덜란드 형법 제37조 등이 있다.

⑵ 자유박탈을 제한하는 보안처분

1) 보호관찰　범인에 대하여 형벌을 집행하지 아니하고 일상의 사회생활을 영위하게 하면서 보호관찰기관의 지도 · 감독과 보도를 받도록 함으로써 그 개선과 사회복귀를 도모하는 처분이다. 이 제도는 일찍이 미국에서 선고유예와 불가분의 관계에서 발달한 것으로, 1878년 '매사추세츠'(Massachusetts)주(州)에서 최초로 법률(보호관찰법: Probation Act)로서 제정하였다. 이 제도는 보호관찰을 수행하기 위하여 보호관찰관과 같은 특별한 기관이 필요하다. 독일 형법 제68조, 프랑스 형법 제132-40조, 스위스 형법 제47조, 덴마크 형법 제56조 이하, 이태리 형법 제215조 3항, 일본 개정형법초안 제108조 · 제109조 · 제110조 등

이 있다. 우리나라 형법과 보호관찰등에관한법률(제3조)은 형의 선고유예, 집행유예, 가석방 받은 수형자 또는 가퇴원 받은 소년과 보호처분을 받은 자에 대하여 보호관찰을 받을 수 있도록 규정하였고, 폐지된 사회보호법(제10조)과 소년법(제32조 1항 2·3호)에도 규정하고 있다.

2) 선행보증 형의 집행유예 또는 가석방을 선고하는 경우에 상당한 금액 기타 유가증권을 보증금으로 제공하거나 보증인을 세워 보증금의 몰수라는 심리적 압박을 통하여 범죄를 예방하는 제도이다. 형의 집행유예 또는 가석방이 취소된 경우에는 그 제공된 금액 또는 유가증권은 몰수한다. 스위스 형법 제53조가 이를 인정하고 있다.

3) 단종·거세 단종(斷種)은 사람의 생식능력을 불가능하게 하는 보안처분이다. 여기서 생식능력을 불가능하게 하는 것은 성생활을 불가능하게 하는 것이 아니므로 거세와 다르다. 거세(去勢)는 고환 또는 난소를 제거하는 처분이므로 생식을 불가능하게 할 뿐만 아니라 성생활을 불가능하게 한다. 거세는 독일 나치스에서 단종의 방법으로 채용하였으나 전후에 인도주의 입장에서 인정할 수 없다는 이유로 1946년에 삭제되었다. 단종은 현재 범죄대책이라는 형사정책상의 문제 외에도 국민우생의 입장에서 단종입법을 두고 있는 예가 많다. 덴마크·핀란드·멕시코·일본의 우생보호법 등이 있다.

4) 기타의 보안처분 이 이외에 자유박탈을 수반하는 보안처분으로는 직업금지, 거주제한, 음식점 출입금지, 운전면허박탈, 외국인의 외국추방 등이 있다.

2. 대물적 보안처분

대물적 보안처분의 대표적인 예로 몰수, 영업소 폐쇄처분, 법인의 해산·업무(영업)정지·주식공모(증자)정지·법인활동 제한 등 처분이 있다.

제 2 절 우리나라의 보안처분

헌법은 "누구든지 …법률과 적법한 절차에 의하지 아니하고는 처벌·보안처분 또는 강제노역을 받지 아니한다"(제11조 1항 후단)라고 규정하여 보안처분 법정주의를 명시하였다. 형법전에는 보호관찰, 사회봉사명령, 수강명령 이외에는 보안처분에 관한 규정을 두지 않았으나 특별법에는 이에 관한 규정들이 산재해 있다. 이는 기본적으로 형벌과 보안처분을 구별하는 이원주의에 입각하고 있다고 하겠다.

특별법에서 보안처분적 요소를 지닌 규정은 치료감호법상의 치료감호와 이와 결부된 보호관찰, 소년법상의 보호처분, 보호관찰등에관한법률상의 보호관찰, 보안관찰법상의 보안관찰, 국가보안법상의 감시·보도와, 윤락행위방지법, 마약법(마약중독자 강제수용), 전염병예방법, 모자보건법(불임수술명령) 등에 보안처분이라고 할 수 있는 것이 있다. 그 밖에 2005. 8. 4. 폐지된 사회보호법에는 보호처분으로서 보호감호, 치료감호, 보호관찰을 규정하고 있었으나 법률 그 자체가 폐지되었다.[6] 여기서는 치료감호법상의 치료감호와 이와 결부된 보호관찰, 소년법상의 보호처분, 보안관찰법상의 보안관찰, 보호관찰등에관한법률상의 보호관찰을 개괄적으로 살펴보고자 한다.

Ⅰ. 치료감호법상의 보안처분

1. 치료감호

(1) 의 의

치료감호는 심신장애 또는 마약류·알코올 그 밖에 약물중독 상태에서 범죄행위를 한 자로서 재범의 위험성이 있고 특수한 교육·개선 및 치료가 필요하

6) 사회보호법의 폐지에 따른 보완입법으로는 치료감호법의 신설 외에, (구)사회보호법에서 보호감호청구의 주요대상이었던 성폭력사범에 대한 대책으로서 특정강력범죄의처벌에관한특례법의 개정(동법 제2조 1항 제3호의2)과 상습절도사범 등에 대한 대책으로서 특정범죄가중처벌등에관한법률의 개정(동법 제5조의4 제6항의 신설)이 있었다.

다고 인정되는 자에 대하여 적절한 보호와 치료를 함으로써 재범을 방지하고 사회복귀를 촉진하는 것을 목적으로 하는 보안처분이다(동법 제1조). 법원의 판단에 의하여 재범의 위험성이 있다고 인정되는 때 치료감호에 처하므로 임의적 치료감호라 할 수 있다.

(2) 요 건

치료감호는 다음 하나에 해당하고 재범의 위험성이 있는 때 행해진다(동법 제2조 1항). ① 심신장애자로서 형법 제10조 1항의 규정에 의하여 벌할 수 없거나(심신상실자), 동조 2항의 규정에 의하여 형이 감경되는 자(심신미약자)가 금고 이상의 형에 해당하는 죄를 범한 때, ② 마약 · 향정신성의약품 · 대마 그 밖에 남용되거나 해독작용을 일으킬 우려가 있는 물질이나 알코올을 식음 · 섭취 · 흡입 · 흡연 또는 주입받는 습벽이 있거나, 그에 중독된 자가 금고 이상의 형에 해당하는 죄를 범한 때이다. 제1항 제2호의 "남용되거나 해독작용을 일으킬 우려가 있는 물질"에 관하여 자세한 사항은 대통령령으로 정한다(동조 2항).

(3) 주요내용

1) **치료감호청구** 치료감호의 청구는 검사가 관할법원에 청구할 수 있으나(제4조 1항), 공소제기된 사건의 심리결과 치료감호에 처함이 상당하다고 인정할 때에는 법원이 검사에게 치료감호청구를 요구할 수 있다(동조 7항). 검사가 치료감호대상자에 대한 치료감호를 청구함에는 정신과 등의 전문의의 진단 또는 감정을 참고하여야 한다(동조 2항).

2) **치료감호대상자의 보호구속** 치료감호대상자에 대하여 치료감호에 처함이 필요하다고 인정되고, 일정한 주거가 없는 때 등의 사유에 해당하는 경우 검사는 관할 지방법원 판사에게 청구하여 치료감호영장을 발부받아 치료감호대상자를 보호구속(보호구금과 보호구인을 포함)할 수 있다(제6조 1항). 보호구속된 보호대상자에게 형사소송법상의 보석청구권, 구속적부심사청구권 등을 인정한다(동조 3항).

3) **치료감호의 선고** 법원은 치료감호청구가 이유 있다고 인정하는 때에는 판결로써 치료감호를 선고하여야 하고, 그 이유 없다고 인정하는 때 또는 피고사건에 대하여 심신상실 외의 사유로 무죄를 선고하거나 사형을 선고할 때에는 판결로써 청구기각을 선고하여야 한다(제12조 1항). 치료감호사건의 판결은 피고

사건의 판결과 동시에 선고하여야 한다(동조 2항).

4) **치료감호의 집행** 치료감호의 선고를 받은 자(피치료감호자)에 대하여는 치료감호시설에 수용하여 치료를 위한 조치를 한다(제16조 1항). 치료감호시설에의 수용은 15년을 초과할 수 없다. 다만, 약물중독의 피치료감호자를 치료감호시설에 수용하는 때에는 2년을 초과할 수 없다(동조 2항). 치료감호의 집행은 검사가 지휘한다(제17조 1항). 치료감호와 형이 병과된 경우에는 대체주의가 적용되어 치료감호를 먼저 집행하고, 그 집행기간은 형기에 산입한다(제18조).

5) **치료위탁·종료 등의 심의결정** 치료감호심의위원회는 피치료감호자에 대하여는 그 집행개시 후 매 6월 종료 또는 가종료 여부를, 가종료 또는 치료위탁된 피치료감호자에 대하여는 가종료 또는 치료위탁 후 매 6월 종료 여부를 심사·결정한다(제22조). 치료감호심의위원회는 치료감호만을 선고받은 피치료감호자가 그 집행개시 후 1년을 경과한 때에는 상당한 기간을 정하여 그의 법정대리인, 배우자, 직계친족, 형제자매에게 치료감호시설 외에서의 치료를 위탁할 수 있다(제23조 1항).

2. 보호관찰

(1) 의 의

치료감호법상의 보호관찰은 치료위탁된 피치료감호자를 감호시설 외에서 지도·감독하는 것을 내용으로 하는 보안처분이다. 이는 상당기간 시설감호에 의해 단절되었던 피감호자의 사회복귀를 사회내처우를 통해 도와주기 위한 조치로 치료감호에 대한 보충수단으로서 의의가 있다.

(2) 요 건

치료감호법상의 보호관찰은, ① 피치료감호자에 대한 치료감호가 가종료된 때, ② 피치료감호자가 치료감호시설 외에서의 치료를 위하여 법정대리인등에게 위탁된 때에 개시된다(제32조 1항).

(3) 주요내용

보호관찰기간은 3년이다(제32조 2항). 보호관찰이 개시된 자(피보호관찰자)가, ① 보호관찰기간이 만료된 때, ② 보호관찰기간 만료 전이라도 치료감호심의 위원회의 치료감호의 종료결정이 있는 때, ③ 보호관찰기간 만료 전이라도 피보호관찰자가 다시 치료감호의 집행을 받게 되어 재수용되거나 새로운 범죄로 금고 이상의 형의 집행을 받게 된 때 보호관찰이 종료된다(동조 3항). 피보호관찰자는 '보호관찰등에관한법률'의 규정(동법 제32조 2항)에 따른 준수사항을 성실히 이행하여야 하며(제33조 1항), 치료감호심의위원회는 피보호관찰자의 특성을 고려하여 위의 규정에 따른 준수사항 외에 치료 그 밖에 특별히 준수하여야 할 사항을 과할 수 있다(동조 2항).

보호관찰기간이 만료된 때에는 피보호관찰자에 대하여 치료감호가 종료된다(제35조 1항). 치료감호심의위원회는 피보호관찰자의 관찰성적 및 치료경과가 양호한 때에는 보호관찰기간 만료 전에 보호관찰의 종료를 결정할 수 있다(동조 2항). 치료감호심의위원회는 피보호관찰자가, ① 금고 이상의 형에 해당하는 죄를 범한 때(다만, 과실범을 제외한다), ② 제33조의 준수사항 그 밖에 보호관찰에 관한 지시 · 감독을 위반한 때, ③ 보호관찰이 개시된 피보호관찰자가 증상이 악화되어 치료감호가 필요하다고 인정되는 때에는 결정으로 가종료 또는 치료의 위탁을 취소하고 다시 치료감호를 집행할 수 있다(제36조).

Ⅱ. 소년법상의 보호처분

소년범은 범죄자를 연령상으로 분류한 것으로, 그 범죄주체의 특수성으로 인하여 입법적 · 제재적 · 행형적으로 성인범과 구별하여 특별취급을 하고 있다. 소년범은 연령과 지능이 미숙하여 성인범보다 교화 · 개선이 용이하고, 또 소년은 장래가 원대하고 범죄의 습성도 뿌리 박혀 있지 아니하므로 교화 · 개선주의를 기본으로 하여야 한다. 이에 따라 소년법은 소년범에 대한 교화 · 개선의 조치로서 다음과 같은 1호 내지 7호의 보호처분을 규정하고 있다(동법 제32조).

즉, ① 보호자 또는 보호자를 대신하여 소년을 보호할 수 있는 자에게 감호를 위탁하는 것, ② 보호관찰관의 단기보호관찰을 받게 하는 것, ③ 보호관찰관의 보호관찰을 받게 하는 것, ④ 아동복지법상의 아동복지시설 기타 소년보호시설에 감호를 위탁하는 것, ⑤ 병원 · 요양소에 위탁하는 것, ⑥ 단기로 소년원에 송치하는 것, ⑦ 소년원에 송치하는 것 등이다. 보호관찰관의 보호관찰을 받게 하는 처분을 할 때 16세 이상의 소년에 대하여는 사회봉사명령 또는 수강명령을 동시에 명할 수 있다(동법 제32조 3항).

보호처분기간은, ① 위 1호, 4호, 5호 처분의 위탁기간은 6월로 하되 소년부 판사의 결정으로 6월의 범위 내에서 연장할 수 있으며, ② 단기보호관찰기간은 6월, 보호관찰기간은 2년으로 하고, 후자의 경우에는 보호관찰관의 신청에 따라 소년부 판사의 결정으로 1년의 범위 내에서 1차에 한하여 연장할 수 있고, ③ 단기로 소년원에 송치된 소년의 수용기간은 6월을 초과하지 못하도록 하였으며(동법 제33조), ④ 사회봉사명령 또는 수강명령은 단기보호관찰의 경우에는 50시간을, 보호관찰의 경우에는 200시간을 각각 초과할 수 없다.

이러한 보호처분을 결정하는 기관은 가정법원 또는 지방법원의 소년부 판사이다(동법 제3조, 제32조 1항). 보호처분은 형벌이 아니므로 전과가 되지 않으며, 그 소년의 장래의 신상에 어떠한 영향도 미치지 아니한다(동법 제32조 5항). 그리고 보호처분 계속 중에 징역・금고・구류의 선고를 받은 소년에 대하여는 먼저 그 형을 집행한다(동법 제64조).

Ⅲ. 보안관찰법상의 보안관찰처분

종래까지 시행하여 오던 사회안전법(1975. 7. 16. 제정)을 전면 개정하여 그 법률의 명칭을 보안관찰법(1989. 6. 16. 전문개정)으로 변경함과 동시에 사회안전법에서 인정하였던 보안감호처분과 주거제한처분은 폐지하고 보호관찰처분은 이를 다시 보강・조정하여 보안관찰처분제도를 신설하였다.

보안관찰법에 의하면 보안관찰 해당범죄(동법 제2조) 또는 이와 경합된 범죄로 금고 이상의 형의 선고를 받고 그 형기 합계가 3년 이상인 자로서 형의 전부 또는 일부의 집행을 받은 사실이 있는 자를 보안관찰처분 대상자로 하고(동법 제3조), 보안관찰처분 대상자 중 보안관찰 해당범죄를 다시 범할 위험성이 있다고 인정할 충분한 이유가 있고 재범방지를 위한 관찰이 필요한 자에게 보안관찰처분을 하고, 이 처분을 받은 자는 주거지 관할 경찰서장의 지시에 따라 2년간 보안관찰을 받도록 되어 있다(동법 제4조, 제5조).

보안관찰처분은 검사가 법무부장관에게 처분청구를 하고, 법무부소속의 보안관찰처분 심의위원회의 의결을 거쳐 법무부장관이 결정하며(동법 제7조 내지 제14조), 검사가 처분집행을 지휘한다. 법무부장관의 결정에 이의가 있는 때에는 그 결정이 집행된 날로부터 60일 이내에 서울고등법원에 행정소송을 제기할 수 있다(동법 제23조).

보안관찰법은 보안관찰의 심사 · 결정을 행정처분의 형태로 하고 있어 인권침해의 여지가 많으므로 이에 대한 사법적 통제가 필요하며, 동법의 보안처분이 주로 사상범 등에 대한 감시 · 전향을 목적으로 하고 있어 헌법상 기본권인 양심의 자유를 침해할 우려가 있다.

Ⅳ. 보호관찰등에관한법률상의 보호관찰

보호관찰등에관한법률(1996. 12. 12. 전문개정)은 범죄인에 대한 사회내처우를 확대적용하여 범죄인의 건전한 사회복귀를 촉진하고 재범방지와 공공의 복지를 증진시키기 위하여 보호관찰처분을 규정하고 있다. 제정당시에는 소년범죄인에게 한정하여 실시하였으나, 1995년 개정형법은 1997년 1월 1일부터 성인범죄자에 대해서도 선고유예, 집행유예, 가석방을 할 경우에 보호관찰을 실시할 수 있도록 하여 그 대상자를 확대하였다.

이 법률의 보호관찰 대상자는, ① 형법에 의하여 보호관찰조건부 선고유예 또는 집행유예를 선고받은 자(형법 제59조의2, 제62조의2)와 가석방된 자(형법 제73조의2 2항), ② 소년법 제32조 제1항 2호 및 3호의 보호처분을 받은 소년(보호관찰등에관한법률 제3조 1항 4호) 또는 가석방된 소년수형자 · 가퇴원한 보호소년(동법 제3조 1항 3호), ③ 다른 법률에 의하여 보호관찰등에관한법률에 의한 보호관찰을 받도록 규정된 자(동법 제3조 1항 5호)이다.

보호관찰기간은, ① 선고유예의 경우는 1년, ② 집행유예의 경우는 집행유예기간, ③ 가석방자는 형법 제73조의2 또는 소년법 제66조에 정한 기간, 그리고 보호소년으로서 가퇴원 결정을 받은 자는 퇴원일로부터 6월 이상 2년 이하의 범위 내에서 보호관찰 심사위원회가 결정한 기간이다. ④ 소년법 제32조 제1항 2호의 단기보호관찰을 받게 된 자는 6월, 동 3호의 보호관찰을 받게 된 자는 2년의 기간동안 보호관찰을 받게 하되 소년부 판사의 결정으로 연장할 수 있다

(동법 제30조).

보호관찰은 법원의 판결이나 결정이 확정된 때, 또는 가석방·가퇴원된 때로부터 개시되며(동법 제34조 1항), 보호관찰기간의 경과, 선고유예의 실효, 집행유예의 취소, 가석방·가퇴원의 취소, 소년법 제60조의 부정기형 종료의 결정이 있는 때에 종료한다(동법 제54조). 보호관찰에 관한 사항은 법무부장관 소속하에 있는 보호관찰 심사위원회에서 심사·결정하며(동법 제5조, 제6조), 보호관찰의 실시에 관한 사무는 보호관찰소에서 관장하고 보호관찰관이 그 사무를 처리한다(동법 제14조 내지 제16조).

찾아보기

【ㅅ】

【ㅈ】

【ㅊ】

[저자약력]

정성근(鄭盛根)
성균관대학교 법과대학 졸업
성균관대학교 대학원 법학박사
성균관대학교 법과대학 교수・법과대학장
독일 Köln대학 형사법연구소 초빙교수
한국형사법학회 회장
사법시험위원회 위원
사법시험・군법무관시험・행정고시・입법고시 출제위원
현재 성균관대학교 법과대학 명예교수

박광민(朴光玟)
성균관대학교 법과대학 졸업
성균관대학교 대학원 법학박사
서원대학교 법학과 조교수・부교수
日本 東京大學 法學部 客員硏究員
캐나다 UBC Visiting Scholar
성균관대학교 법학연구소장
사법시험・군법무관시험・행정고시・입법고시 출제위원
현재 성균관대학교 법학전문대학원 교수
한국피해자학회 회장

[저서 및 논문]

정성근:
공동정범의 이론(신양출판사)
형법총론(6판, 법지사, 1998)
형법각론(3판, 법지사, 1993)
형법연습 '97(유스티니아누스사)
공모공동정범론에 관한 연구(1979)
형법각론(공저, 2판, 삼지원, 2006)
위법성조각사유의 전제사실에 대한 착오(1993)
형법상의 신분개념(1999) 외 논문 다수

박광민:
강의 형사소송법(성균관대 비교법연구소)
법학개론(공저, 삼조사, 2001)
형법각론(공저, 2판, 삼지원, 2006)
조직범죄와 형사법(공저, 법문사, 2004)
로스쿨 형법각론(공저, 세창출판사, 2009)
정당화사유의 일반원리에 관한 연구(1989)
피해자의 승낙과 정당화원리(1997)
연속범이론의 재검토(2000) 외 논문 다수
E-mail:kmpark@skku.edu

형법총론(제5판)

2001년 8월 27일 제1판 발행
2005년 1월 27일 제2판 발행
2006년 2월 28일 제3판 발행
2008년 3월 10일 제4판 발행
2011년 3월 15일 제5판 1쇄 발행

공저자 정 성 근・박 광 민
발행인 고 덕 환
組 판 대 경 문 화 사

발행처
110-102
서울특별시 종로구 평동 19번지의 1호
도서출판 三 英 社
등록 제300-1972-1호
전화 737-1052, 734-8979 FAX. 739-2386

定價 34,000원
ISBN 978-89-445-0231-6-93360